W0287059

Jean-Pierre
CHABROL

Les Rebelles

Les Rebelles
La Gueuse
L'Embellie
et
Le Crève-Cévenne

Préface de l'auteur

LE GRAND LIVRE DU MOIS

Dessins de Jean-Pierre Chabrol

© Librairie Plon.
Les Rebelles, 1965. La Gueuse, 1966.
L'Embellie, 1968. Le Crève-Cévenne, 1972.
© Presses de la Cité, 1993, pour la présente édition.
ISBN : 2-7028-1778-5
Dépôt légal : février 1993

SOMMAIRE

Préface de l'auteur 2

Les Rebelles 7

La Gueuse 269

L'Embellie 627

Le Crève-Cévenne 959

Œuvres de Jean-Pierre Chabrol 1074

1933, 1963, 1993

Trente ans déjà ! Je voudrais comprendre, me comprendre... Je crois bien que je n'y arriverai jamais. La vie, ma vie, se sera passée dans l'inconscience (ma « légèreté » comme disaient les professeurs). Et puis, bizarrement, un beau jour, je me suis laissé pousser la barbe et on m'a pris pour un homme sérieux. On parlait de « ma sérénité », alors que je n'étais qu'un paquet d'angoisses. Je dégageais, paraît-il, une sérénité contagieuse !

Les Rebelles se situent dans ce virage où la barbe a poussé sur les anxiétés comme le buisson sur les sables mouvants. Staline venait de mourir, nous n'avions plus de tuteur.

Je voudrais retrouver aujourd'hui l'état d'esprit qui était le mien ce jour où je traçai les premières lignes du premier tome. Comme toujours, je dois m'appuyer sur des circonstances purement matérielles. Voyons... Je sais que c'était en plein mois d'août. J'habitais une jolie maison à Saint-Cyr-sur-Morin, à deux pas du cher Pierre Mac Orlan qui me recevait les bras ouverts, mais oui, il ouvrait les bras quand j'arrivais, trois ou quatre fois par semaine, en fin d'après-midi. C'était les vacances pour tout le monde et j'étais resté seul à la maison. Je rôdais d'une pièce à l'autre, m'attardais dans la chambre des petits, à renifler des senteurs d'enfance.

Les Rebelles n'étaient pas prémédités. Contrairement à mes habitudes d'angoissé, je n'avais pas préparé de plan détaillé, pas ou peu de documentation. Il faisait très chaud. Je me suis attablé devant une rame de papier. François Mauriac a dit qu'on n'en finit jamais d'étouffer le petit enfant qui est en nous. Mon fils Olivier, parti en Corse, avait l'âge qui était le mien à l'époque où je me fabriquais des épées en branche de platane, bois cassant auquel j'en voulais toujours. C'était parti, je me suis mis à écrire du mal de cet « arbre à pépères, grassouillet », auquel on ne peut pas se fier. Les platanes étaient au bord du Gardon et cette rivière partageait la ville en deux, entre pauvres et riches, comme un Jourdain malveillant.

J'ai écrit tout le mois, en transe. Les lieux, les personnages surgissaient au détour d'un paragraphe, j'en étais le premier surpris.

J'étais malade : j'avais une terrible poussée d'urticaire (« érythème bulleux récidivant... »), le visage boursouflé de cloques gonflées d'un liquide qui suintait en larmes, qui dorait en séchant et formait sur mon manuscrit de curieuses perles oblongues. Je n'étais pas montrable. J'ai téléphoné à mon ami Gérard Gross pour qu'il me fasse mes courses. Je ne voulais pas qu'il me voie. Je lui laissais dans l'entrée ma liste et de l'argent. Jamais je n'ai été aussi seul, mais j'étais habité, en communication directe avec mon enfance, ces années de simple bonheur entre sept et onze ans. Tous les miens étaient au loin, j'ai vécu, entre la table et le lit, un fabuleux mois d'août.

J'étais dans ma trentaine, j'écrivais sur des événements qui s'étaient passés trente ans auparavant et j'en suis aujourd'hui à écrire sur cette trilogie publiée voici trente ans. Le monde a bien changé, au moins trois fois, et moi sans doute encore plus. Je ne suis ni un critique ni un professeur, je ne suis pas capable de porter sur cette œuvre le regard universitaire et précieux qui séduit dans les préfaces, ni de trouver le ton savant commun aux thèses élaborées sur elle par plusieurs générations d'étudiants.

Je cherche toujours à savoir qui je suis, qui j'étais alors, et pourquoi mes angoisses se multiplient avec l'âge, et s'incrustent. D'après Zola, y a-t-il autre chose en art que de livrer ce qu'on a dans le ventre ? Alors cet été-là, pardonnez-moi, je me suis soulagé : ma Cévenne, mes voisins, mes parents, mes amis, les mineurs, les paysans, mon atavisme huguenot, mes idéaux marxistes, sur la terre comme au ciel, et sous la terre, la tramontane, la vigne et le charbon, un cocktail, un « mescladis » selon le vocable occitan, tout cela partait d'un lieu, un village que je nommais Clerguemort, qui rayonnait comme un soleil dont la chaleur allait réverbérer jusqu'à Paris, jusqu'à Hambourg…

J'étais loin de ma vallée, physiquement, loin de mon enfance. La nostalgie est créative. La nostalgie se vend formidablement, de mieux en mieux : les poutres apparentes, c'est de la nostalgie, le feu de bois ou le « barbecue », le sable fin, « l'odeur d'un matin en forêt », la voile, la poterie, le gazon, le cheval, l'air pur et le chèvre chaud sur la salade… tout ce qui est bon est nostalgie. « Sais-tu la différence entre un réactionnaire et un homme de progrès ? me demandait Jacques Brel. Le progressiste regrette le meilleur du passé, le réactionnaire le pire. »

Les Rebelles, je persiste et signe, c'était le meilleur de mon passé.

Dans le petit village que j'ai baptisé Clerguemort, voilà soixante ans, il y avait trois épiceries, deux bistrots, une laiterie, une boulangerie, un coiffeur, un cordonnier, un menuisier, un facteur, un serrurier, une école, un temple… Tout autour, dans la vallée, il y avait des moulins, une filature, des mines, des vignes, des châtaigneraies… il n'en reste rien.

Seule, très seule, la guérite vitrée d'une cabine téléphonique se dresse sur la placette, lueur dans la nuit.

Et il y en avait du monde ! du beau monde ! Paysans, mineurs, gaillards, gaillardes, marmaille, ça grouillait, ça piaillait, gueulait, roucoulait, chantait... Des personnages, des rebelles, en veux-tu, en voilà !

Qu'en reste-t-il ? Beaucoup sont morts, bien tristement pour la plupart. Restent quelques retraités frileux, deux ou trois subventionnés craintifs. Quatre ou cinq maisons ont été achetées et « réhabilitées » par des citadins, vacanciers qui redonnent le temps d'un court mois d'août un peu de vie bariolée sur le pas des portes rouvertes.

Clerguemort s'est délité dans les années de l'après dernière Grande Guerre, un village qui n'avait pratiquement pas changé pendant plus de trois siècles ! Le docteur Pellet, de Génolhac, m'avait montré le compoix de 1610, il y avait alors les mêmes familles dans les mêmes maisons qu'en 1950.

— Comme à Saint-Cyr-sur-Morin, commentait Pierre Mac Orlan. Il reste ici aussi des familles qui n'ont même pas traversé la rue en quatre cents ans. C'est pas de la noblesse, ça ? La noblesse paysanne, qui vaut bien l'autre !

Mais qu'est-ce qui nous est arrivé dans ce virage brutal du milieu de notre XXe siècle ? Dans les années 60, quand j'écrivais la trilogie, je croyais encore que Clerguemort perdurerait... qu'au moins l'esprit rebelle de ces descendants de camisards et de maquisards serait éternel.

L'évolution d'une épidémie s'étudie dans une éprouvette en laboratoire, l'évolution d'une humanité dans un village. En 1993, mes *Rebelles* distillent pour moi une savoureuse mélancolie.

Dans les années 30, le dimanche matin, pendant que les femmes étaient au temple, sur la placette, les hommes par groupes discutaient politique, à haute et forte voix. Ils étaient communistes, socialistes, royalistes... ils se battaient bruyamment à coups d'idées. Maintenant, quand j'essaye d'engager ce genre de discussion, j'entends souvent cette phrase pudique : « Oh ! moi, je fais pas de politique... » Comme une protestation de politesse : « Oh ! moi, je pète pas à table. » On n'a plus d'idées politiques, on a des champions. « Tu as entendu Giscard, hier à la télé ? — Oui, mais Mitterrand, qu'est-ce qu'il lui a mis ! » On n'est plus des citoyens, on est des supporters.

Félix Leclerc regrettait le temps des loups qui rapprochaient les hommes. Jadis, quand le voisin tombait malade, tout le village se mobilisait pour rentrer ses foins, se relayer à son chevet. Maintenant, le voisin a la sécu, qu'il se démerde !

Les grand-mères ne bercent plus les petits enfants avec des refrains occitans, elles se dissolvent discrètement dans les mouroirs, les petits sont à la crèche dans les cités proches ou lointaines.

Les temps ont changé. Le Temps aussi.

Ma grand-mère allait acheter son pain deux fois par semaine :

— Il est neuf heures, je serai de retour vers midi.

— Mais, Mamée, la boulangerie, c'est à cinq cents mètres !

Elle se retournait vers moi, offusquée.

— Mais... je parle !

C'est qu'elle en rencontrait, du monde, sur son demi-kilomètre. Elle revenait pleine de petites nouvelles et de vieilles histoires.

Sur le chemin, devant le mas, chaque passant s'arrêtait pour faire la causette. Maintenant les voitures passent à 50 à l'heure. Il n'y a plus de piétons. Le paysan ne fait plus la pause en bout de sillon, pour faire souffler le cheval et blaguer avec le promeneur en roulant une cigarette.

On n'a plus le temps, on n'a plus d'idées, même les quelques survivants ne parlent plus que de ce qu'ils ont vu la veille à la télé. Le pays de mes rebelles n'existe plus. Il a d'autant plus de valeur. Cet espace romanesque gagne en exotisme ce qu'il perd en réalité, en actualité. Il répand le parfum perdu des puissantes armoires de jadis que l'on ne préservait pas des mites avec des poisons mais avec des sachets de lavande.

Les rares Cévenols de 1993 m'apparaissent aussi différents de mes Cévenols rebelles de 1933 que les taggers texans des Indiens du Far West, aussi loin que le verbe AVOIR l'est du verbe ÊTRE, aussi loin qu'est l'Avoir de l'Être. Entre les deux, c'est une distance de légende.

Il me plairait de croire que ce temps qui, de plus en plus, échappe à l'homme-consommateur, à l'homme-main-d'œuvre mobile, agit sur les *Rebelles* comme les ans sur le bon vin, et les agrémente d'un bouquet d'histoire et de pittoresque.

Voire... Dans les années 30, c'était le krach à la bourse de New York, le chômage partout, Hitler prenait le pouvoir, la guerre civile entre la gauche et la droite faisait un million de morts en Espagne... Peut-être bien que, soixante ans plus tard, à la fin de notre putain de siècle, ces trois bouquins, et *Le Crève-Cévenne* qui en est en quelque sorte l'épilogue prémonitoire, retrouveront une nouvelle jeunesse, un charme mélancolique porteur de méditation.

Et moi, est-ce que j'ai beaucoup changé en trente années ? Si je me regarde dans la glace, oh oui ! Si je plonge en moi-même, pas tellement, hélas ! Déjà, en 1962, j'écrivais dans *La Chatte rouge*[1] : « Hélas ! J'ai perdu mes illusions, mais sur moi-même seulement. Jobard je suis, jobard je resterai, je me connais, il suffirait que "ça raccroche" à portée de mon cœur, j'arriverais, Gros-Jean, tout feu tout flamme, avec ma tête des grands jours, ma bonne gueule enfarinée... »

En 1993, je n'y change pas un mot. Je n'ai toujours pas une très bonne opinion de moi. C'est peut-être pour ça que je suis fréquentable et qu'on me fait si souvent une confiance qui m'intimide.

1. Gallimard (et Folio).

Les Rebelles et *Le Crève-Cévenne* m'ont valu tant de sympathie, d'amitiés... J'ai reçu tant de témoignages, et tant de lettres que j'ai lues, et relues, avec surprise, avec étonnement. Mes lecteurs trouvaient dans ces livres des choses auxquelles je n'avais même pas songé !

J'ai fini par le comprendre, ce qu'il y a de meilleur dans une œuvre c'est ce que l'auteur n'y a pas mis laborieusement, qui s'y trouve pourtant, que les lecteurs dénichent, ressentent, ce que l'écrivain a pondu inconsciemment, ce qui est sorti de sa plume sans calcul, sans même passer par sa tête, parce que ça venait de son cœur, que ça sortait de ses tripes, comme disait l'ami Zola.

Jean-Pierre Chabrol

LES REBELLES

A André Chamson.

Sache donc que ce n'est point à cause de ta justice que l'Éternel, ton Dieu, te donne ce bon pays pour que tu le possèdes ; car tu es un peuple au cou roide.

Deutéronome, IX, 6.

1

La ville

On ne peut pas se fier au platane, c'est flasque, c'est veule ; un arbre à pépères, grassouillet, confortable, ce n'est même plus de l'arbre, c'est de l'ersatz, de l'ombre pour la pétanque. On ne peut même pas parler d'écorce, les croûtes friables et racornies de sa pelade ne cachent rien de sa mauvaise graisse. Il n'est bon ni pour les cannes, ni pour les sabres de bois, ni pour les fourches de lance-pierres. Ce pète-sec lâche ses feuilles à poignées au premier grondement de l'orage, ce qui ne l'empêche pas d'en étaler, à droite, alignement ! aux places d'honneur, coiffé de neuf une fois l'an aux frais de la ville. C'est le bourgeois des arbres, de longtemps mis au ban des forêts.

Chez nous, on dit « la platane », ou mieux « l'aplatane ». C'est au *Café de la Grosse Aplatane* que passent leur temps les messieurs qui disposent de souvenirs et d'opinions.

Le Gardon traverse la ville tout du long ; rivière dont des crues sauvages sauvent l'honneur. La grand-route la suit en corniche ; dans sa traversée des quartiers chics elle se nomme la Chaussée, chez les pouilleux, dans la Cayenne, on dit « le quai », tout simplement. Pour la marmaille, il n'y a que le parapet ; c'est, pour elle, beaucoup plus qu'un mur en pierres de taille à pic sur la caillasse de la rivière, c'est le chemin de ronde, la lice, la piste, le stade, c'est l'arène aux paris meurtriers, aux défis effroyables d'inconscience ; c'est sur le parapet, c'est là seulement que se conquiert l'empire sur les « minots » de la Cayenne, la fine fleur, c'est le pavois des enfants, la roche Tarpéienne aussi : de temps en temps, on ramasse un gosse disloqué sur la caillasse, on le ramène précautionneusement par l'échelle de fer de la passerelle Lénine. Il en est qui vivent encore, tel Brandecul qui marche en touchant terre du bout des doigts à chaque pas, un coup à gauche, un coup à droite. Son vrai nom est de Padilhac, sa noblesse est authentique mais les siens logent dans une baraque Adrian et touchent aux indigents.

La surface du parapet est luisante, lisse, incroyablement, c'est du granit pourtant ! son grain réapparaît, intact, dès qu'on quitte le quai de la Cayenne pour la Chaussée où les enfants sont surveillés.

La rivière semble partager la vie de la cité ; à quelques exceptions près, on loge sur la rive gauche, on travaille, on s'amuse en face, de l'autre côté du vaste lit caillouteux emprisonné entre les deux murailles sur lesquelles court le fameux parapet. En face de la Cayenne : les fonderies, leurs hauts fourneaux, les mines, leurs chevalements, leurs crassiers, leurs baraques, leurs cantines, leurs bistrots, et le bordel. En face du quartier résidentiel : le stade, les tennis, la prairie, des vergers, des clubs, des guinguettes et, quelque part, dans beaucoup de verdure, la maison de plaisir.

La Cayenne passe par le Pont-Vieux, les autres par le Pont-Neuf.

Le no man's land est constitué par les grands magasins, le fort servant de prison, de caserne et de musée, le lycée, le palais de justice et la cathédrale, cela pour la rive habitée ; sur la rive droite, la zone franche est le foiral où prospèrent en quinconces des platanes colossaux, indécents.

Tout le long du quai, tout le long de la prairie, s'alignent encore des platanes.

Le tableau paraît schématique, il l'est, la population est présentée comme deux équipes, de part et d'autre du terrain. Ce n'est qu'avant-propos, « les vestiaires » en somme. La ville vivante, c'est le match, les mêlées.

Voilà qui n'a d'ailleurs pas beaucoup d'importance, ce qui importe vraiment c'est le pépiement appétissant des petits nageurs tout nus. Dès les premiers beaux jours, sur les morceaux dispersés de la digue — rompue jadis par quelque crue — la marmaille se bousculait, jouait, criaillait, à poil. Le grouillement enfantin des trous d'eau, parmi les blocs noyés, c'était l'image même de la liberté, on n'en a jamais trouvé de plus précise, de plus pure. Les bruissements aigus du jeune poulailler, de loin déjà, donnaient envie de vivre.

Les eaux dévalaient droit de la montagne mais les abattoirs, en bordure du foiral, se déversaient carrément dans la rivière, pas loin des ruines de la digue dont les parages étaient particulièrement poissonneux. La guerre sournoise que se livraient pêcheurs et gamins, pour « l'espace vital » comme on disait volontiers alors, éclatait en batailles soudaines, verbales ou brutales, dont le spectacle incomparable garnissait le parapet comme les balcons d'un théâtre.

Les piaillements continuaient dans la nuit, on entendait encore quelques ploufs tandis que la Concepcion chantait son paso-doble. La Concepcion était espagnole, mais on en doutait quand elle braillait ainsi, roulant les « r » ou, le dimanche, quand elle se faisait d'énormes accroche-cœurs à la colle d'affiches.

Tout ce qui était jeune veillait sur le parapet. Celui ou celle qui racontait ou chantait se plaçait debout, face au public assis. Les jambes courtes battaient machinalement, il y avait ainsi, le long du parapet, un bourdonnement très doux, le bruit des talons nus creusant le granit.

Le sommeil reculait, battu d'avance, devant les nuits d'été. La Cayenne s'endormait tard, s'enfonçait dans des rêves à faire peur. Dans la saison moite, plus de coups de couteau, rien n'était possible, que l'amour ou la bataille rangée.

Les femmes vieillissaient mal dans cette ville. A la Cayenne, le temps de tourner le dos, la beauté du diable mûrissait en commères mamelues et criardes, marquées, comme il se doit, de la résille lie-de-vin, périodiquement décorées d'un œil au beurre noir. La gent féminine de qualité usait de produits de beauté, de cures amaigrissantes pour les unes mais les autres, qui tournaient à l'aigre et à l'os, se dépensaient dans les œuvres pieuses. Il fallait sortir des murs pour trouver de jolies vieilles, dès qu'on attaquait la montagne, elles étaient presque toutes belles.

La Concepcion n'avait que seize ans mais sa grosse poitrine tremblotante, ses hanches épaisses, quelques grincements dans la voix étaient plus qu'assez pour donner à voir la mégère qui viendrait, dans très peu d'ans, injurier sa marmaille à l'heure de la soupe, du haut du parapet. Dès la puberté, les poitrines menues faisaient prime chez les garçons qui voyaient loin.

Quelques collines à peine, et la montagne s'élevait derrière les terrils. Beaucoup de gens, beaucoup de choses fraîches en descendaient, comme la rivière.

Vers le sud, il y avait la mer, la Cayenne le savait. La mer, c'était la rivière inimaginablement multipliée, ce que la grande aventure est à la liberté, le paradis aux petits bonheurs, c'était, sans fin, un éblouissement, la Cayenne le sentait. Ceux qui en revenaient tenaient sous le charme les groupes sombres du parapet. Jeannot Pantel jouissait d'une faveur spéciale parce qu'il était né, par hasard, aux Martigues. La rengaine sur la *Venise provençale*, fameuse alors, prenait, quand il était là, des profondeurs mystiques, les regards se détournaient de lui, discrètement, on ne comprenait plus rien aux paroles pourtant simples de cette romance, et Jeannot, l'œil mi-clos, l'écoutait en initié, comme si c'eût été du latin.

Le jour du marché, le lundi, la montagne descendait, la mer, elle, ne remontait jamais. Le lundi, c'était un jour redoutable. Les instituteurs le passaient comme un obstacle, les contremaîtres aussi. Le lundi, d'abord, cuvait le dimanche, là-dessus le marché donnait à la ville un regain de laisser-aller. A l'heure de midi, la marmaille se glissait entre les camions de châtaignons, les « blanchettes » séchées sur les claies de la montagne. Les gamins éventraient quelques sacs du milieu pour se bourrer les poches. L'après-midi, les maîtres d'école, impuissants et bientôt blasés, entendaient la classe se remettre à ruminer dans leur dos dès qu'ils se retournaient pour écrire au tableau.

Les minots de la Cayenne avaient toujours la bouche pleine. Des châtaignons aux fleurs d'acacia, le catalogue des choses qu'on peut se mettre sous la dent est beaucoup plus fourni qu'on ne le sait communément. A la Bourse enfantine, tout ce qui pouvait se sucer, se mâcher, s'avaler, sinon se digérer, approchait les valeurs sûres des larcins : le couteau, le roulement à billes, le ceinturon et le porte-plume à lentille pornographique. Les minots collaient leur pâte à mâcher sous le pupitre lorsqu'elle était devenue absolument incolore et insipide, mais, pour la réglisse de bois, quelques-uns allaient plus loin, quand ils l'avaient broyée, qu'elle n'était plus que de la fibre de bois soyeuse et sans saveur, ils l'avalaient. La maigreur des minots n'en était que plus remarquable. Leurs dents étaient blanches et pointues, inquiétantes en quelque sorte, surtout qu'ils les montraient en jeunes rongeurs ; rire, ils ne savaient pas, mais railler, ricaner, hurler.

Certains jours, la ville sursautait. De sèches explosions la secouaient de l'aube au tournant de la nuit. Ces bombes étaient la façon de la Cayenne pour se réjouir. Espagnols, Italiens, Polonais, Arabes, Arméniens, Français, les hommes de la Cayenne étaient surtout mineurs, et la dynamite, un de leurs outils. Toute fête pétait comme une Sainte-Barbe, toute joie sentait la poudre, les plaisanteries creusaient des entonnoirs sur les berges. La marmaille recherchait le salpêtre.

Les deux grandes communales étaient l'École du Palais, ainsi nommée parce qu'elle faisait corps avec le palais de justice, et l'École du Quai, celle de la Cayenne, longue et vieille bâtisse surpeuplée, face au foiral, aux abattoirs, au niveau de la digue disloquée. Toute la ville l'appelait l' « École des Pouilleux », d'un côté par dégoût, de l'autre par défi. « Avoir appris au Quai », c'était une marque, de la même sorte qu'Oxford ou les Bat' d'Af', cela comptait dans une querelle, ou une plaidoirie.

Jean Hur venait d'avoir sept ans lorsqu'il franchit pour la première fois les grilles renforcées de la cour de récréation. Le 1er octobre, les instituteurs se retrouvaient après deux mois, mais la cloche qui sonna la première classe de l'année les trouva en pleine discussion, déjà, sur cet Hitler qui, en Allemagne, sait-on jamais, qu'en pensez-vous ? avec les Boches, vous savez...

A la fin de cette première journée d'école, Jean Hur était complètement déniaisé. Il avait même sur la procréation quelques renseignements d'une belle fantaisie.

Le soir, il regarda son père, puis sa mère, curieusement. Il dut fermer les yeux pour faire le rapprochement. Comme il avait aussi appris un refrain de java, ce jour-là, il entonna, pour penser à autre chose, avec une superbe innocence :

Mon père, ce barbeau,
Jouait du banjo
Dans les bals-musettes,
Ma mère, au bordel...

Il reçut, de sa mère, sa première paire de gifles qui n'étaient plus maternelles. Son père n'eut qu'un léger mouvement d'épaules. Un moment après, comme M. Hur roulait une cigarette en sifflotant, Jean crut reconnaître l'air du refrain dangereux.

2

La montagne

Il y a la ville. Il y a la montagne.

On ne comprendra jamais que ce fut, pour Jean Hur, comme un plongeon dans une fournaise, on ne verra plus rien, si l'on perd un instant de vue que la ville se blottit au pied de la montagne comme la souris de la fable. C'est tout à fait « la montagne en mal d'enfant », jetant ses clameurs si hautes, et, sa fausse couche, là, mise bas, sa souris qui voudrait se faire aussi grosse que Paris.

La montagne d'abord. La Cévenne.

Chacun la sienne. Atlas, géographie, dictionnaire, on ne trouve jamais imprimé que « les Cévennes » ; en passant de la vie sur le papier, cet étrange pays prend le pluriel.

La Cévenne n'est pas de ces contrées qui se laissent apercevoir, côtoyer, toiser, parcourir, aimer, quitter, elle ne peut être ni un passage, ni une passade. On est dedans ou dehors.

Dans ses vieux mas d'une hautaine misère, l'hospitalité s'applique comme une loi martiale. Dès qu'on a poussé la porte, on entend ce cri : « Entre ou sors ! » Il faut décider sur l'instant, la tramontane n'attend pas, mais la décision prise peut l'être à vie.

Dedans, c'est bien dit : le monde, tout le reste du monde est dehors, derrière les trois montagnes, le Lozère qui tourne le dos au Vivarais, le Bougès qui le tourne au Gévaudan, l'Aigoual qui le tourne à l'Afrique. Trois monts chauves, trapus, râblés, épaule contre épaule, pour retenir le ciel gaulois.

A même le ciel, à hauteur des derniers rapaces, les derniers survivants de la première race du monde, sur les sommets : les pâtres.

Tout en bas de l'échelle, dans le caniveau du chemin creux des vallées basses, d'autres nomades, survivants aussi d'une espèce primitive, ceux qu'on appelle tziganes dans l'Europe centrale, gitans en Espagne, plus généralement bohémiens, *caraques* en Cévennes, qui se nommaient jadis l'Égypte.

Sur les pics, des Moïse, des Abraham tutoyeurs de l'Éternel. A leurs pieds, souples, sauvages, les fiers pharaons de la maraude et de la rapine. Les eaux de neige dévalent des premiers vers les derniers, en s'adoucissant.

Il y a encore des hommes, sous la terre, les mineurs, mais ils ne s'en trouvent pas plus bas, au contraire, plus ils s'enfoncent plus ils s'élèvent. La hiérarchie remonte, en sens inverse. Les enfants unissent ainsi, instinctivement, dans la même ferveur, Philéas Fogg et le capitaine Nemo.

Le plus bas de l'échelle humaine reste toujours le niveau de la terre, le ras de terre, pour celui qui n'en possède pas.

Entre Nil et Sinaï, toutes les humanités, tous les caractères, toutes les fortunes se superposent comme les couches sédimentaires, suivant les stratifications du blé, de l'olivier, de la vigne, des prés, des châtaigniers, des pins, des bruyères, de l'herbe courte dans la caillasse des pâturages d'un jour.

A tout seigneur, tout honneur, c'est par le sommet qu'il faut commencer, par le Lozère.

Là-haut, lorsque la tramontane reprend souffle, le silence est fait de mille et une sources d'eau pure, assez d'eau pour un paradis sur terre, mais, là-haut, il n'y a pas assez de terre, alors l'eau s'en va, se déploie vers les quatre points cardinaux, se disperse en la France. Prenez la carte, vous verrez le rayonnement bleu qui jaillit de ce cœur : l'Allier, le Lot, le Tarn, l'Hérault, les trois Gardons naissent dans le roc du même sommet ! comme les garçons du pays perdu, ils quittent leur montagne dès qu'ils se sentent assez de force pour travailler pour les autres.

L'un des chevriers de là-haut disait :

— ... Et pourtant, les neiges et les glaces qui font leurs fleuves, leurs grasses prairies, leurs jardins, leurs vergers, c'est bien nous qui en avons souffert le froid. Mais, voici : le bien, ce n'est pas souvent celui qui le souffre de sa peine qui s'en peut réjouir...

Ses yeux fanés remontaient de la source à la cime : « Toute vérité, toute lumière vient de là-haut. »

Rare pays que celui dont les chevriers savent méditer sur l'eau.

Ainsi donc, lorsque les eaux vives arrivent dans leur force, le garçon abandonne sa source. Il *monte à Paris*, par exemple. Après une nuit suffocante de poussière noire, il débarque dans la capitale, regarde l'heure et sait que le jour est levé dans son val pourtant profond, et comprend pourquoi, sur les calendriers imprimés dans la capitale, on ne juge pas superflu de marquer l'heure officielle de l'aurore. Puis il découvre douloureusement des immeubles hideux qui font la queue devant de grands magasins. Tout est petit à Paris pour qui s'est élevé face à la montagne.

Jusqu'à cette minute, exactement, les Cévennes avaient été le monde pour ce garçon. L'angoisse le prend. Il a peur, soudain, que, passées les portes du cher petit pays, il ne se rencontre plus que de méchantes gens.

Comme il a « de l'accent », les Parisiens lui demandent avec un sourire entendu, insupportable :

— Vous êtes marseillais ?

— Non. Cévenol.

— Ah... tiens...

— Je suis originaire des Cévennes.

— Ah bon. Et... les Cévennes, où c'est ?

3

Un Cévenol à Paris

Léon Larguier, dit « Cherchemidi » de son pseudonyme littéraire, se posait encore parfois la question : de nos jours, quand les us et coutumes les plus rudimentaires de la plus reculée des îles et du moindre atoll du Pacifique sont l'objet de longues études (qui passionnent l'opinion, et c'est tant mieux), comment se fait-il qu'une ancienne et si singulière civilisation reste à ce point méconnue ?

Non seulement personne ne paraît se soucier d'un folklore en voie de disparition, non seulement on est loin de se douter de ce qu'on perd, mais encore on tombe sans cesse sur des gens qui ne savent même pas où se trouve ce petit pays, l'un des plus beaux de France.

« Les Cévennes, où c'est ? »

Avant même d'être devenu « Cherchemidi », Léon Larguier s'était fabriqué une série de réponses toutes prêtes, une sorte de « tirade du nez », du pied de nez !

Vulgarisateur : Vous voyez le Massif central, vous voyez la Méditerranée ? A mi-chemin, par le chemin le plus court, la ligne droite...

Consolant : Vous connaissez Nîmes ? Bien sûr. Quand vous quittez la « Cité romaine » en direction du nord-est, avant d'arriver au Puy (vous connaissez Le Puy ? Naturellement !), vous traversez tout un troupeau de montagnettes désolées, quelques hameaux dépeuplés que personne ne connaît... Une grande ville, pour vous fixer les idées ? Attendez... attendez... Non, il n'y a pas de grande ville dans les Cévennes. Les Cévennes sont ce désert où personne ne passe, dont personne ne parle... vous voyez : il n'y a pas de honte...

Anatomique : Les Cévennes, c'est quand le Massif central met les pieds dans le plat. Ce sont ses gros orteils qui se tendent vers la Méditerranée, pour voir si l'eau est bonne entre Sète et Marseille.

Touristique : Au lieu de foncer à tombeau ouvert sur la grand-route bleue, prenez donc à droite, après Moulins. Si vous connaissez déjà la Côte d'Azur, il y a un endroit où vous aurez envie de vous arrêter, cet endroit, c'est les Cévennes...

Superbe : Les Cévennes ? mais c'est le petit pays devant lequel le Roi-Soleil dut mettre les pouces !

Cuistre : *Quod se Cevenna ut muro munitos existimabant*... Relisez donc César ! *De bello Gallico*, livre VII, chapitre VIII...

Et bien d'autres, hélas ! devenues machinales, dont il était le premier fatigué, si bien qu'il lui arrivait de répondre : Je ne vous le dirai pas ! si trop de gens le savaient, les Cévennes ne seraient plus ce qu'elles sont !

Et puis, ailleurs qu'au pays, les gens étaient toujours trop pressés. On n'avait pas le temps de se répondre vraiment. Les Cévennes ne se présentent pas par téléphone.

Mais, insensiblement, devenant Cherchemidi, Léon Larguier finissait par oublier lui-même ses Cévennes, il n'avait plus, devant la fameuse question, le sursaut cévenol fait de pudeur et d'orgueil. Pour un Cévenol, parler de sa Cévenne, c'est parler de la vie, du péché, de la mort, de la vie éternelle, de la responsabilité, de la mort à attendre, de la mort à recevoir, de la mort à donner aussi, parfois...

La Cévenne, c'est une confidence.

« Estime » est un mot pâle, d'une souplesse, d'une élasticité de baleine de corset. C'est la mention bien. Ni le meilleur, ni le pire qui peut annoncer le cancre de génie. Le bien, comme dans « bon ouvrier », « bon père », « bon bougre », « bonhomme »... La moyenne restait le pire pour Cherchemidi, la trentaine passée. Il était né en 1900. « Succès d'estime », ce vieux cliché l'agaçait jusqu'à la douleur, il l'avait même cherché dans son Littré, il travaillait ainsi ses caries lancinantes, au canif.

« Succès d'estime, succès sans éclat qu'obtient un ouvrage seulement estimable. Elle — l'Académie — n'a obtenu qu'un de ces succès tièdes qui ont reçu le nom euphémique de succès d'estime, F. Sarcey, Opinion nationale, 13 avril 1867. »

On ne saurait mieux dire, sacrée vieille garce de langue des dieux !

« Les putains de Marseille ont des sœurs océanes... »

Que c'est beau ! Desnos. Succès d'estime. Un peu mieux même déjà : le surréalisme, le mouvement dada, on en parle quand même, les chroniques pour *La Nouvelle Revue française*... Desnos, né en 1900, comme Cherchemidi, seulement, si vous permettez ! né tout près de la Bastille ! Paris, c'est dix bonnes longueurs d'avance, on n'y est jamais bébé, Gavroche n'est pas puéril, pousser le cerceau dans la Quincampoix, la Brise-Miche et les Truanderies, voilà qui vaccine contre l'infantilisme. Pauvres Cévennes...

Desnos, au fait, qu'est-ce qu'il fait en ce moment ? Courtier... non, démarcheur plutôt, il est au service d'un certain Schwob, agent immobilier, il recherche dans Paris les appartements à louer, Robert : succès d'estime. Il a commencé par le dessin, lui aussi, par la gouache, comme Mac Orlan, comme d'autres (c'est plutôt bon signe)...

Car c'est tout fiérot que l'enfant cévenol monte à Paris. Ses parents l'envoyaient à la conquête de cette fameuse rue d'Ulm, pépinière des présidents du Conseil, mais lui, il courait vers Rodin pour donner enfin à la France un Michel-Ange. Lorsqu'il débarqua, Rodin venait de mourir, restaient Pompon et Despiau, c'est ainsi qu'il fut versé dans la littérature, naturellement, dans ces années, qui démontèrent dragons, lanciers, spahis, cuirassiers et chasseurs d'Afrique, qui firent des charges de jadis de lourds charrois, des brillants cavaliers de sombres terrassiers.

Paris parlait alors du nouveau recueil de Léo Larguier, et lui se nommait Léon Larguier, plate coïncidence : les Larguier pullulent en Cévennes. Léo avait vu le jour à La Grand'Combe, à quatre lieues de Clerguemort en 1878, et Léon logeait, en 1917, rue du *Cherche-Midi*...

Pour être le premier venu, ce pseudonyme lui plut, il ne s'en fatiguait pas. Mac Orlan donna sa bénédiction au jeune Cherchemidi, lui fournit même des raisons qu'il n'aurait pas trouvées tout seul. En quittant l'ex-Pierre Dumarchey, l'ex-Léon Larguier voyait les patronymes comme des tares héréditaires dont savent se débarrasser vivement les êtres d'élite résolus à prendre leur destin en main, sans rien devoir à personne et sans regarder derrière eux. Jules Romains lui-même n'avait pu troubler que très passagèrement la joie baptismale. L'auteur comblé de *La Vie unanime* avait soupesé le cadet d'un regard bleu, le temps de laisser tomber un commentaire du genre : quels adjectifs pourra bien en tirer l'histoire littéraire ? « Chercheméridien » ? « Cherchemidinette », peut-être...

— Hein ? ça le travaille ! soufflèrent les copains ravis.

Ils n'aimaient guère Farigoule dit « Romains », ils en aimèrent d'autant plus Cherchemidi. Ils se formèrent en cortège, rue Fontaine et, par la rue Lepic, montèrent avec solennité vers Montmartre.

> La mère de la concierge et la concierge laisseront tout passer
> Si tu es un homme tu m'accompagneras ce soir...

Étranges funérailles menées par une ombre immense au front ceint de cuir.

> Trois becs de gaz allumés
> La patronne est poitrinaire...

Tzara, déjà saoul, criait Guillaume à tue-tête : « Guillaume ! Guillaume ! ex-Guillaume de Kostrowitzky !... » beuglait-il ; même saoul il savait par cœur le nom légal d'Apollinaire, même il eût pu l'écrire encore beaucoup plus saoul, sans rater un Z ou un T, Tzara avait de ces bizarreries.

Ça a l'air de rimer
Des piles de soucoupes des fleurs un calendrier
Pim pam pim.

Aragon déclamait :

Je dois fiche près de trois cents francs à ma probloque
Je préférerais me couper le parfaitement que de les lui donner...

C'était comme un aveu, dans la bouche d'Aragon, comme une protestation, et comme un appel au crime dans sa bouche et pourtant c'était toujours de l'Apollinaire :

Je crois que nous allons nous embrouiller encore davantage
Cher monsieur
Vous êtes un mec à la mie de pain
Cette dame a le nez comme un ver solitaire
Louise a oublié sa fourrure...

— Quoi ! Quoi ! On a bien dit que ce serait feu Léon Larguier qu'on porterait en bière ? demandait Philippe Soupault vaguement inquiet ; ils étaient quelques-uns en qui remontait encore par surprise le conditionnel magique des enfants : alors, on serait des Peaux-Rouges, et alors, moi, je serais le Grand Chef des Aucas...

Écoutez c'est charmant
A Smyrne à Naples en Tunisie
Mais nom de Dieu où est-ce
La dernière fois que j'ai été en Chine.

Le mieux c'est que pas un ne s'en souvenait de la même façon, les récits les plus vraisemblables venaient de ceux qui, à l'évidence, n'avaient pu de près ni de loin y participer.

— Apollinaire, voyons ! protestait Sadoul, mais il ne pouvait en être, il était mort depuis longtemps, c'est en 18 qu'il est parti, Guillaume...

La guerre aux mots faisait rage. Les patronymes, ce n'était plus la piétaille des noms communs par vagues anonymes, inépuisables, les patronymes c'étaient les personnalités, les galonnés, les étoilés d'en face. Dans la furie des assauts contre l'état civil, il arrivait qu'on dût avaler deux fois son bulletin de naissance, deux fois on enterrait les mêmes, une fois sur le champ, l'autre sous l'Arc, et le vin des brocs de Bouscarat n'était ni du blanc ni du rosé, un pinard poisseux d'une sale couleur, corrosif comme l'ypérite.

Un buveur larmoyant se cramponnait à la table souillée, réclamait le silence en criant « Debout les porcs ! » puis il expliquait aux banqueteurs béats :

— Cherchemidi sied à la pie voleuse comme à l'écornifleur, les exemples à l'appui ne se peuvent compter, qui doivent spontanément se bousculer dans la mémoire de ceux, parmi vous, qui ne sont pas seulement des plantigrades analphabètes... Patience ! ne me l'ôtez point de la bouche !... Jadis, aux temps réformés où l'on usait encore d'un parler qui pouvait se vanter d'être mâle, on nommait « chercheurs de midi » ceux qui, alors qu'on dînait à midi, se glissaient dans les maisons pour tâcher de dérober quelque chose. *Beati possidentes...*

— *Beati pauperes spiritu !*

— *Ruhig !*

— *Shut up !*

— ... Secundo : attendu que les écornifleurs cherchent midi où il n'est que onze heures, « chercheurs de midi » se disait également des parasites qui couraient après un dîner. *Ita est. Dixi !*

— *Amen !*

Tels étaient leurs transports que Cherchemidi dut prendre, avec le titre, les travers ; sa renommée de pique-assiette le précédait, on ne l'eût point laissé repartir avant d'avoir recompté solennellement les couverts.

C'est qu'il était délicieux d'être fou. La folie n'avait pas seulement des saveurs méconnues jusqu'alors, des saveurs originelles, elle n'avait plus que des vertus ; la folie, c'était alors la santé, la vie, et puis : c'était irrépressible, comme la chair de poule, c'était les grands jets intérieurs du sang, le fantastique hoquet d'une génération, cela vous parcourait le corps humain au hasard des positions, des températures, de n'importe quoi, avec moins d'extravagance après tout que les constellations de cuivre et de plomb, les myriades d'éclats d'obus qui voyagent au petit bonheur sous la peau des poilus rescapés, tant qu'il y a de la vie, peut-être même un peu après.

Breton, Soupault, Éluard, Aragon, Paulhan, Ribemont-Dessaignes... Cherchemidi se sentait des leurs, avec eux, avec Masson, Fraenkel, Neveux, Vitrac, Roussel, Duchamp, Crevel, Salmon, il se sentait bien, mais jamais il n'avait été surréaliste, ou dada, l'idée ne serait même pas venue à ses amis de le compter dans l'une ou l'autre de leurs chapelles éphémères, pour ou contre. Il restait ainsi l'ami de tous, il les voyait séparément, les reliait, les rapprochait parfois. Il les aimait d'homme à homme, suivait chacun sans peine dans les mouvements de son cœur, par contre les mouvements de groupe le touchaient peu. Le moindre manifeste le refroidissait, son attitude empruntait à la réserve d'un hôte ami mais étranger. Son indifférence n'était pas volontaire, il s'en désolait parfois, s'accusait, en son for intérieur, de manquer de finesse ou d'ardeur, doutait de lui. Il avait beau se forcer, seuls l'emportaient les élans unanimes, haine de Maurras, mépris de Barrès, ignorance hautaine de Bourget, de Sarment, de Maurois, de Mauriac, des académies, des corps constitués, coups de foudre pour Copeau, Conrad, René Clair, passion pour Charlot, King Oliver et l'Art Nègre... Neutre dans les luttes intestines, il payait de sa personne, sans balancer, pour n'importe quelle faction, dès qu'il s'agissait de se manifester vers l'extérieur, contre « les autres ». L'étranger prenait les armes pour défendre ses hôtes.

Il était venu, par exemple, pour cette navrante manifestation de Saint-Julien-le-Pauvre, la dernière du mouvement dada. Au premier rang des trois douzaines de badauds, stoïque, il écouta le Petit Larousse illustré qu'Aragon lisait gravement, sous une pluie battante. Pour tout l'or du monde, il ne serait pas parti avant la fin. Il était trempé, il claquait des dents, il s'ennuyait à mourir, mais il aimait bien l'orateur.

Il était ainsi. De ces bourrasques mêlées d'étiquetages hostiles, il n'avait gardé aucune appellation, aucune caractéristique ; tel était son drame qui le poussait, aux moments de fatigue et de solitude, jusqu'à se prendre pour un raté.

Je ne suis ni ceci ni cela, je ne l'ai même pas été. Que pourrait dire de moi, plus tard, l'historien le plus indulgent de ces années de révolutions littéraires ? Il était là. C'est tout.

Succès d'estime... la douleur reprenait, lancinante.

Juste assez de crédit, d'échos, pour ne pas faire tiroir chez les éditeurs. Les appréciations flatteuses des professionnels blasés mais courtois, et prudents surtout (sait-on jamais ? Vous avez vu, avec Proust ?), lauriers imprécis, trop souvent verbaux. Par bonheur, l'amitié de ces hordes hallucinées, de ces jeunes fous merveilleux, ce bonheur aussi, non : cette chance, d'être là.

Cherchemidi venait de publier encore un livre, une manière de conte philosophique dont, tout en affichant le flegme bienséant, dont il attendait enfin... enfin ! dont il attendait beaucoup. Trois semaines lui avaient ôté toute illusion : il reconnaissait les poignées de main, les coups de téléphone, les clins d'œil, les adjectifs toujours les mêmes. Succès d'estime.

L'envie de partir l'avait jeté hors du studio mansardé de la rue du Cherche-Midi. Aller où ? Retrouver sa mère dans sa retraite de Saint-Aygulf ne le tentait pas. L'idée lui vint sous la plume, avec le prétexte, des plus communs, pour prendre congé de Marceline, lâchement, par lettre : des affaires de famille l'appelaient d'urgence au pays.

C'est alors qu'il identifia ce besoin, dont la brutale envie de tout quitter n'était que le symptôme, un besoin physique de revenir au pays.

La vergogne le prit seulement au guichet, en faisant le télégramme pour annoncer son arrivée à la vieille : C'est vrai, au fait, depuis combien de temps ne suis-je pas redescendu chez nous ? cinq, six ans ?... pas croyable.

4

Le seuil natal

La ligne de chemin de fer Paris-Clermont-Nîmes est redoutable par les cent tunnels de ses cent derniers kilomètres.

La rêche puanteur, le grésillement à fleur de peau que chaque tunnel aggravait ramenaient Cherchemidi des années en arrière, lorsque étudiant encore il couvrait ce trajet plusieurs fois, de novembre à juin.

A partir de Prévenchères, il ne put tenir en place, il ne voulait rien perdre des gorges et des torrents de Villefort, de Concoules, du passage à niveau de Belle-Poêle, il finit le trajet sur le marche-pied, comme jadis.

Sur les trente derniers kilomètres, l'unique locomotive freinait sa charge de wagons sur la rude pente, au flanc de vallons et de gorges étroites couvertes de pins. Cherchemidi se rappelait soudain les grands feux d'août de son enfance, quand, au milieu d'un après-midi caniculaire, quelques longues flammes jaillies d'une crête jetaient brutalement les villages en bas de leur sieste : la guerre commençait, elle pouvait durer des semaines ; les hommes partaient comme des soldats, la cognée, le pic sur l'épaule, les femmes assuraient le ravitaillement, les liaisons avec l'arrière : les villages allongés le long de leurs rivières, au fond des vallées, dernier refuge d'un reste de fraîcheur. Le combat contre les flammes n'avait pas de cesse, même la nuit. Les hommes, abrutis de fatigue, ivres de chaleur, étouffés par les bouffées rousses, crachant la cendre et suant la suie, se relayaient sur la ligne de feu. Le premier geste de ceux qui redescendaient au repos était de regarder le ciel. Dans ces guerres-là, l'on écoutait les vents, l'on injuriait les soleils, et les croyants priaient pour un petit orage, pour quatre gouttes de pluie. Jamais le ciel n'était aussi grand, aussi pesant sur la Cévenne que lors des grands feux d'été dans les pinèdes...

En gare du Chambon, au lieu de se diriger vers la sortie, il traversa les voies et descendit vers sa rivière par le sentier connu des gamins. Sa valise d'une main, il sautait d'un roc sur l'autre, coupant les zigzags de la pente, sans une hésitation.

Le bruit des eaux, les senteurs et les murmures l'arrêtèrent. Il s'assit en surplomb, ferma les yeux, respira longuement, profondément, et s'ouvrit alors tout entier, des oreilles, des narines, des pores... et il en fut ivre.

Sa chair reconnut par des frissons l'atteinte particulière du soleil toujours retardé par les crêtes du levant. Il rouvrit les yeux et fut secoué d'une jeune émotion d'antan : un puissant chevesne, un vieux de la vieille, glissait paisiblement le long de la rivière, en eau si basse que sa nageoire dorsale laissait un sillage. Cherchemidi se fouilla sournoisement. Il dénicha le croûton de la nuit. Il façonna une boulette de mie qu'il lança précisément à l'endroit voulu, devant le nez du gros poisson qui se retrouva sous une baume de l'autre rive, à trente mètres. Cherchemidi attendit sans bouger d'un cil : « ... Sacré vieux maquignon de *tchaboutas'* ! tu vas y regarder de loin, et plus d'un coup, avant d'y toucher !... »

Pour une fois, Cherchemidi se parlait tout haut, et en patois, sans s'en apercevoir. Le chevesne décrivit des cercles précautionneux, de plus en plus larges pour agrandir son angle de vue, mais, soudain, après un arrêt d'une seconde, il donna un grand coup de queue, dédaigneux, et disparut définitivement dans ce remous qui brouillait la transparence.

« Il m'a quand même vu, le monstre ! » grogna Cherchemidi, non sans fierté.

Il remonta sa rivière par cœur, suivant la piste des fins pêcheurs. Après leurs folies d'automne et de printemps, les eaux de neige et d'orage revenaient fidèlement au creux du même lit qu'une crue défaisait, qu'une autre retapait.

Il connaissait une source dissimulée sous un roc moussu, au niveau de l'embranchement du chemin vicinal de Clerguemort, en vue du pont en dos d'âne à la mesure des attelages de postes que les ronces et le lierre échevelaient comme un prophète.

Cherchemidi ouvrit sa valise, en sortit sa trousse de toilette. Mais, avant, il s'agenouilla devant la vasque de pierre envahie de cresson. Il accomplissait chaque geste avec une lenteur sacrée. Il tendit la tête sous le jaillissement printanier, la première fonte, en lame de cimeterre.

Avec la même lenteur baptismale, il se releva.

Il ne s'ébroua point comme l'eût fait n'importe quelle bête du bon Dieu.

Il savourait un vertige inexprimable. S'il avait appris à s'écouter un peu, au lieu de toujours se parler, il aurait peut-être compris qu'en cette brève minute il rencontrait, pour une fois, l'âme qui l'habitait.

Un moment après, Cherchemidi se redressait dans son costume neuf pour faire, dans son village, l'entrée du Monsieur qui revient de Paris.

Il pleut, il fait soleil,
Le diable bat sa femme,
A grands coups de bâton,
Le diable est un couillon...

Le ciel, la lumière, les tièdes bouffées, les coloris nuancés et changeants, les menaces et les sourires des quatre airs de la vallée, la vieille comptine les traduisait avec la rare précision des poètes.

Propret, la raie sur le côté, mais l'épi frémissant au-dessus d'un col marin soulevé par la tramontane, le garçonnet s'était tu quand il avait entendu, dans son dos, les pas de Cherchemidi, les deux derniers, quand l'écrivain avait quitté l'herbe du sentier pour l'empierrement du chemin vicinal.

— Comment t'appelles-tu, *droulet* ?

Cherchemidi avait retrouvé le mot patois, machinalement, et une fameuse pointe d'accent, du même coup.

Le « drôle » était sans doute sur ses terres, à portée de ses parents, car il examina « ce long *dèspinjô-figuo* (dépendeur-de-figues) qui nous tombait dessus de quelque ville... lointaine, pas la nôtre en tout cas... jamais vu de costumes pareils, même sur les mannequins dans la vitrine de la Belle Jardinière »...

— Jean Hur. Et toi ?

— Cherchemidi... heu... Larguier.

— Des Larguier de l'Espinas ou des Larguier du Casquillé ?

— Des Larguier du Casquillé.

— Par hasard, tu ne serais pas Léon, celui qui est écrivain à Paris ?

— Si justement.

— Ça doit faire une belle lune que tu n'es pas descendu.

— Ben... Quel âge as-tu ?

— Sept ans.

— La dernière fois, tu n'étais pas né.

Le calcul se fit machinalement dans la tête de l'écrivain : il avait eu, lui, ses dix-huit ans en 1918, tandis que cet heureux gosse, ce petit Hur tout neuf, si éveillé déjà, il aurait ses dix-huit ans, lui, en... en 1943, le veinard...

— Et ça fait deux ans que je vais à l'école !

— Bien sûr, ton père est instituteur !

Jean Hur rit :

— Comme si je ne savais pas que tu le savais, que mon père, il est instituteur !

— Je ne disais pas ça pour ça...

— *Té !* à part ça...

— Et puis, j'aurais pu l'oublier...

Cherchemidi s'arrêta : visiblement, cette hypothèse, qu'on pût oublier que son père était instituteur, paraissait tout à fait invraisemblable au petit Hur.

— A propos, ton papa, il va toujours bien ?

— *Annèn' !* il est derrière le pailler, *poudès y anna !* (vous pouvez y aller !) fit une voix criarde qui tombait du ciel.

Cherchemidi leva la tête.

— ... *Bounjour, moussu* Larguier ! alors, *ün po-ou d'aïssi*...

« Un peu d'ici... » oui, pas encore tout à fait revenu mais ça ne tarderait guère, eut-il envie de répondre à la vieille Hur dont le profil osseux sous le fichu en pointe sortait comme un crochet noir par le fenestron de la magnanerie, sous le toit de pierres plates.

Derrière le pailler se dressait, carrée, haute sur roues, cubique, fastueuse, une Mathis dernier modèle, carrossée tout cuir rouge et qui répandait autour d'elle un encens de bonne cire d'abeilles. Drieu La Rochelle avait la même en décapotable.

— Alors, cher maître, on daigne revenir voir un peu ces pauvres montagnards attardés ?...

La voix sortait de dessous la voiture. Cherchemidi aperçut une paire de vieux sabots sous les phares, puis une paire de pieds nus dont les orteils en éventail pianotaient un peu.

M. Hur sortit de dessous sa voiture neuve, se redressa péniblement. Cherchemidi pouffa.

— Ah, oui... fit l'instituteur.

Rompu à ce genre de devinettes, il avait compris qu'il avait du cambouis quelque part sur le visage. Il s'essuya paisiblement les mains aux cuisses de son pantalon. Il est vrai qu'il était en *peillarôt*, comme on dit à Clerguemort, c'est-à-dire qu'il portait des loques, pantalon, veste et gilet, telles qu'on n'avait pas osé les donner au Bésougnous, le mendiant du village.

— C'est que, cher maître... reprit M. Hur, comme vous le voyez, bricoler mon automobile, moi, c'est loin de me déplaire...

Et c'était vrai, mais vrai ! c'était la plus exemplaire des litotes.

— ... Inutile de s'inquiéter de votre santé, poursuivait l'instituteur, il n'est que de vous voir. Mais, dites-moi, et notre littérature contemporaine ?... L'accueil de votre dernier ouvrage répond-il à votre attente ?

Cherchemidi observa M. Hur, son air entendu, son nez en tubercule, le regrettable losange de sa moustache, sa magnifique chevelure ondulée, son bedon : il portait vingt ans de plus que l'écrivain dont il n'était pourtant que de six ou sept ans l'aîné. Ils se tutoyaient jadis.

— ... C'est l'évidence, poursuivait l'instituteur, on ne peut pas à chaque fois écrire les *Lettres d'Amabed*.

La surprise fut trop vive pour que l'écrivain pût la cacher. Ce chef-d'œuvre beaucoup moins connu que *Zadig* ou *Candide*, Cherchemidi n'avait cessé de l'avoir en tête pendant qu'il travaillait sur son *Tam Tam Mail*, mais il était assez sûr de son métier pour brouiller la piste. De fait, ni critique, ni lecteur n'avait parlé d'*Amabed* jusqu'ici.

Le rire de M. Hur était paisible, pas désagréable.

— Ce n'est pas de moi, bien sûr. D'abord, je n'ai pas lu votre livre... (Il se reprit courtoisement :) Je veux dire : pas encore. J'ai lu cette remarque dans *Le Petit Provençal*, sous la plume de Skeptikos...

— *Qu'ès aco ?*

— Le pseudonyme de M. Cambodargens.
— Le prof de lettres ? Je l'ai eu. Il doit se faire vieux...
— C'est depuis sa retraite qu'il a pris le billet littéraire du *Petit Provençal*. On a lu pire... Il doit se souvenir de vous, lui aussi ; dès que vous publiez quelque chose, il en fait une étude, sévère, mais sérieuse.
— En seconde, il notait déjà sec !
Il y eut un silence. Pour le rompre, Cherchemidi précisa :
— Sec mais juste.
M. Hur dit avec gêne :
— Un homme se cherche longtemps. Voltaire n'a écrit *Amabed* qu'à soixante-quinze ans. Il n'a donné le meilleur de lui-même que sur la fin. Il a perdu sa belle jeunesse sur *La Henriade, Zaïre, César, Mahomet, Mérope...*
— Ah... il dit ça aussi, Skeptikos ?
— Non... Si vous permettez, mon cher maître, ce dernier commentaire est de moi.
Sa raillerie n'était qu'apaisante. Cherchemidi avait eu le temps de se déshabituer de la taquinerie d'agrément, « bonne manière », comme on dit à Clerguemort, sans piège et sans fiel.
Jean Hur rappelait à son père le tour promis dans la belle Mathis.
— *Es escarabilhat', sas !*
« Escarabillé »... Le mot patois vint tout seul à Cherchemidi, intraduisible : éveillé, vif, brillant, nerveux, beau... tout à la fois.
Le mot leur fit plaisir, à tous les trois.

5

Clerguemort

Pour monter jusqu'au mas des siens, le Casquillé, Cherchemidi ne voulut pas passer par le village, naturellement. Il l'évita sans réflexion, instinctivement, par une de ces lois naturelles du savoir-vivre montagnard jamais énoncées, jamais apprises, toujours appliquées sans effort, qui demande qu'on se présente d'abord aux siens avant d'aller se présenter, comme il se doit aussi, mais en deuxième temps seulement, aux différentes familles de son village.

L'écrivain de Paris emprunta le sentier, au flanc de la rive droite. La pente était rude, le chemin muletier, taillé dans le rocher, irrégulier, caillouteux ; à l'une des *vistes*, l'un de ces virages abrupts au tranchant d'une arête d'où l'on a toutes les vues (les *vistes)* possibles, Cherchemidi fit une pause, pour reprendre souffle, pour contempler son village, à ses pieds.

Clerguemort s'allongeait sur la rive gauche de cette rivière lunatique, du jour au lendemain jaunâtre ou verdâtre, torrentueuse et puis paisible, dévastatrice ; ou enjôleuse, seulement asservie aux humeurs du Lozère, vieux mont farouche, souverain absolu, pesant de toute sa masse chauve sur le village, trônant là-bas, à main gauche, au bout de la verte et fraîche vallée de Clerguemort.

Le rocher en corne, au saillant de la pente, sur lequel Cherchemidi s'était assis, sur la rive droite, surplombait la farouche petite rivière d'une trentaine de mètres. Les toits étaient pour la plupart de ces lourdes pierres plates qu'on nomme *lauzo* en patois, quelques-uns, plus neufs, étaient en tuiles romaines déjà pâlies par les grands soleils. Vus de ce perchoir, tous les toits de Clerguemort semblaient se toucher.

Le village suivait trois lignes parallèles qui épousaient étroitement le S étiré de la rivière, sur la rive gauche ; la première ligne était une rangée de maisons dont les murs extérieurs trempaient dans l'eau, la deuxième était la rue, chemin vicinal et grand-rue tout à la fois, qu'il fallait connaître pour la deviner, d'ici, à son tracé noir qui séparait la première ligne des maisons de la deuxième, c'était une rue étroite, profonde, fraîche et sonore.

A l'entrée de Clerguemort, le vieux pont bossu, fait de gros galets ronds, avec, de part et d'autre du sommet, les deux saillies aiguës dans lesquelles on pouvait s'abriter quand se lançait au galop sur les galets de sa pente un coche ou l'attelage de la poste, le bon vieux pont jetait d'un élan l'arche unique et bien ronde sur le grand gouffre dont on ne pouvait même pas deviner le fond.

A ce bout de Clerguemort, la filature, à l'autre bout, le temple et le moulin, c'était le vrai village protestant de la Cévenne.

La filature, avec ses quatre étages, ses quatre verrières en demi-cercle, toute en longueur, massive, était, de loin, la construction la plus imposante de Clerguemort, la seule aussi qui s'élevait sur la rive droite, à l'entrée du pont, avec, bien sûr, quelques baraquettes qui servaient de dépendances et, surtout, la demeure du maître, belle bastide bien carrée sur trois étages, qu'on voyait d'abord car elle était la seule crépie en blanc, où filait ses derniers jours le filateur, M. Huguet qu'on appelait *lù richo*, ou, plus souvent, *lù moussu*, le monsieur.

Si l'on se présentait à l'entrée du vieux pont, en venant de la rive droite, on avait donc, à sa droite : la filature abandonnée, à sa gauche : la maison Huguet. On traversait le pont ; on arrivait ainsi sur un terre-plein triangulaire qui était l'entrée du village ; là s'ouvrait, à gauche, la grand-rue-chemin vicinal, à droite, à l'angle du pont, il n'y avait qu'une maisonnette inhabitée.

Cherchemidi perçut les échos d'un rire énorme, fracassant, qui se répercutait sous la voûte du pont, le rire incomparable, inquiétant, le rire du Cagnar. Un autre rire lui répondait du tac au tac, à l'opposé, mais qui ne lui cédait en rien pour la sonorité, cet autre rire était féminin, jeune, parcouru d'une joie lascive, presque indécente. Cherchemidi comprit que le père Cagnar interpellait sa fille aînée, Marion, laquelle lui répondait de même. Les Cagnar père, mère, fils et filles occupaient la première maison sur la gauche, au bord de la rivière, le Cagnar, sa Cagnarde, son Cagnardou, sa Cagnardoune et sa Cagnardette étaient « culs-blancs » *(kïoublan*, selon le dire de Clerguemort), l'une des trois familles catholiques du village.

La deuxième des familles cul-blanc était celle du Vigne, le facteur manchot, qui avait deux filles aussi, les Vignettes. Comme, dans sa tournée, chaque jour, de mas en mas, il chargeait une cuite carabinée, braillant à tous les échos les secrets de son courrier (c'est ainsi, par exemple, que les familles du bout du village étaient les dernières averties de ce qui leur arrivait), les gens de Clerguemort prétendaient volontiers que ce n'était pas à Verdun que ce mutilé de guerre avait laissé son bras mais dans la portière d'un train de permissionnaires, un soir de cuite patriotique.

La troisième et dernière famille papiste était celle de Passevin, l'employé du P.L.M. Comme fait exprès, il n'y avait pas de mineurs dans ces trois familles que le hasard avait groupées à l'entrée du village : le Cagnar était paysan, le Vigne, facteur, le Passevin, homme d'équipe au chemin de fer ; de même, comme le Passevin avait deux filles aussi, on pouvait dire que tous ces culs-blancs, à l'exception unique du Cagnar avec son Cagnardou (mais l'exception confirme la règle), tous ces royalistes, bref ! n'étaient bons qu'à avoir des filles. Clerguemort ne se faisait pas peine d'en tirer de vertes conclusions.

Vers le haut du village, les maisons en bordure de la rivière s'interrompaient pour la placette sur laquelle Cherchemidi aperçut un bonhomme très blanc qui transportait des fagots. C'était le boulanger, le frère du maire de Clerguemort. Un grand vieux, moustachu comme les Gaulois du manuel scolaire, calmait à grands coups de gueule son mulet pendant le déchargement du bois ; ce géant noueux, secouant sa crinière argentée, c'était le père Chapon, dit *le Barbaste* (la gelée blanche), le lève-tôt du village, le père de l'Edemond et du Jaurès.

Sous la placette, qui surplombait la rivière comme une terrasse, une étroite passerelle haut perchée permettait de franchir l'eau sans avoir à faire le tour par le vieux pont. Pas une crue ne passait sans l'emporter, mais elle était faite pour ça, elle n'allait pas loin, ses deux planches étaient retenues par une forte chaîne scellée dans le rocher ; il suffisait, quand la rivière se calmait, de replacer les deux planches bout à bout sur les piliers, lesquels ressemblaient trop, sans elles, à trois guillotines désemparées.

Le *La Chino* traversait sur la passerelle branlante, ce qui devait le chatouiller agréablement : on racontait encore aux veillées comment, un soir d'hiver, il y avait longtemps, bien longtemps, le vieux braconnier avait, en deux coups d'épaule, balancé dans l'eau glacée les gendarmes qui le flanquaient. Cherchemidi se demandait pourquoi le vieux renard avait été surnommé « La Chino » : *la chiennerie*, parce qu'il était souvent accompagné d'une troupe de chiens qu'il était habile à dresser, chacun dans sa spécialité ?... Ou La Chino de « la chine », du verbe populaire « chiner », parce que le vieux, trafiquant de tout et de rien, avait toujours une merveilleuse affaire à vous proposer dans le tuyau de l'oreille ?

Des femmes s'interpellaient d'une façade à l'autre. Cherchemidi crut reconnaître à leurs voix l'Armance, la tante Mélie, la belle Véronique...

L'écrivain se laissait aller dans un engourdissement délicieux : cinq ? six ans ? ainsi, rien n'avait changé, rien ne changerait jamais à Clerguemort.

Évidemment, il n'y avait plus les fileuses, les fraîches et rudes filles de la montagne qui arrivaient par groupes, passant les crêtes, pour venir gagner leur trousseau. Douze heures de rang, les deux mains dans l'eau bouillante, sous l'œil des contremaîtres du *Moussu*, elles se dépêtraient de tous ces fils qui cassaient sans cesse mais, à l'aller, au retour, elles séduisaient les gaillards de Clerguemort, les beaux partis qui s'arrêtaient de sulfater la vigne ou d'arracher les pommes de terre pour moquer nos luronnes en tablier noir, au châle noué sur la tête, en groupe, aussi serrées que les grains dans une grappe d'aramon, mais qui n'en perdaient pas une. L'Armance et la tante Mélie avaient été de ces « jeunesses » d'outre-montagne, et la mamé du Casquillé aussi. Ces images dataient de beaucoup plus que cinq ou six ans, elles remontaient à l'enfance de Cherchemidi, jaunies déjà comme les daguerréotypes enfouis dans le placard de la « salle à manger » du Casquillé, la petite pièce du fond où l'on ne va jamais.

Quelque chose retenait Cherchemidi. Il aurait attendu volontiers le retour du chevrier de Clerguemort, le vieil Esaïe de Canaan (un nom qui ferait son effet dans certaines conversations parisiennes) ! Tout enfant, Cherchemidi aimait déjà ce double spectacle quotidien : au petit jour, le pâtre descendait de son mas de Canaan, entrait dans le village, suivi des six ou sept chèvres de son troupeau personnel. A mesure qu'il remontait la rue unique de Clerguemort, les chèvres de chacun sortaient des écuries, toutes seules, comme des grandes, pour se joindre à celles de l'Esaïe, lequel ressortait du village à la tête d'un énorme troupeau. Le soir, le film se déroulait à l'envers : le chevrier entrait dans Clerguemort par le bout du moulin et du temple à la tête d'un grand troupeau, il en ressortait par le bout du pont avec seulement sa demi-douzaine de bêtes à lui ; dans la traversée du village, les chèvres de chacun avaient tout naturellement regagné leur écurie.

Mais il était encore trop tôt pour le retour du chevrier, Cherchemidi le savait, pourtant, il attendait quelque chose, mais quoi ?...

Son ouïe s'était faite à l'acoustique particulière de la vallée, elle avait « accommodé ». Les grenouilles s'en donnaient du côté de la filature abandonnée. Des merles se poursuivaient dans les branches mortes des mûriers du Cagnar. Une pierre, échappée d'un mur de soutènement que la montagne minait sourdement, roula dans les fougères d'une vigne morte.

Cherchemidi, les yeux fermés, se demandait ce qu'il attendait à cette heure de ce mois, quand le soleil est encore loin de glisser le roux de sa barbe derrière le Lozère. L'herbe encore tiède s'humidifiait déjà, mais exactement, les rayons cassés par les crêtes traînaient ce qu'il fallait de douceur pour ne céder qu'à la bonne seconde sa juste part d'ombre à la fraîche. Les remous entre les galets, le tourbillon sous l'arche, fredonnaient sans une fausse note dans la sourdine inchangée des tentures de lierre ; la brise du soir s'annonçait harmonieusement dans les frissons de la pinède ; il y avait même le double ferraillement des patins du char des bûcherons dans la draille des Bories et même le battoir de la Cagnardoune répercuté par la vieille voûte...

Cherchemidi attendait...

Il épiait les bruits familiers, ménagers, il se saisissait de quelques rires de gorge, des moqueries de femmes criardes, robustes... d'un bouillonnement aussi, des vapeurs d'une propreté singulière... La puissante haleine du savon noir...

Subitement, il entendit le premier bruissement des chaînes de vélos, aussitôt suivi d'autres bruissements plus précis, le murmure de vélos, de nombreux vélos, par petits pelotons, conversant, les uns derrière les autres...

Cherchemidi avait trouvé. Il se coucha sur le dos, bras en croix, les yeux au ciel qui s'assombrissait.

Les mineurs !

C'était l'heure où rentrait le poste de jour, le plus nombreux.

Le premier peloton était celui des champions, des gaillards comme le Félobre, le Chicane, le Tarabastier, Roméro dit « Libertade », les Ribeyrolles, trois frères, Julien, Robert dit « le Longeon », Émile dit « le Musique », des jeunes, vélos à guidon bas, cale-pieds serrés, qui avaient encore dans les mollets, après dix heures de pelle et de pic, de quoi jouer les Leducq et les Ronsse sur les six kilomètres de la lampisterie à la placette. « Baisse la tête, tu auras l'air d'un coureur ! » leur criait invariablement au passage une lavandière, qu'elle soit la robuste Marion Cagnar ou une autre.

Les gaillards du deuxième peloton n'étaient pas moins costauds, moins fous seulement : le Sang-Caillé, le Sec-Sec, la Pitance, jeunes mariés presque tous, qui ne lambinaient quand même pas, à cause des jardins.

Les pères de famille arrivaient en troisième position, pédalant du talon, « à la papa »...

Loin derrière, les derniers, arrivaient les marcheurs dont les der-des-der étaient trois, toujours les mêmes, trois vétérans terribles, croquenots à clous et canne ferrée, dans le même ordre, sauf accident : le Dévarié, le plus gai, le Pétardur dont les poumons grondaient comme trente tarares, le Ribeyrolles enfin, le père, dit le « Sercomalur » (le Cherchemalheur), parce que ses yeux furetaient sans cesse sur les talus : dès qu'un cèpe soulevait sa feuille morte, il était bon pour la poêle...

Il y avait longtemps que les femmes, les mères et les sœurs avaient rangé, nettoyé, rincé la maison à grande eau. Les deux balais pouvaient sécher dehors, appuyés de part et d'autre de chaque porte, dressés la brosse en l'air à chaque seuil, au présentez-armes pour l'entrée de la gueule-noire.

L'accueil du foyer, c'était aussi le beau nuage de vapeur bleutée que chaque porte lâchait avant de se refermer. Devant le feu spécialement attisé, au centre de la cuisine dont les tomettes rouges rosissaient de propreté, une grande lessiveuse d'eau chaude attendait le mineur.

Le village était alors parcouru de murmures sans pareils, gloussements de plaisir, clapotis, grognements, soupirs virils, cliquetis de quincaillerie, braves coups de gueule, piaillements apeurés, voluptueux brouhaha ponctué d'un hurlement d'ébouillanté... Parfois, l'énorme plouf d'une lessiveuse déséquilibrée faisait pouffer cinq ou six familles voisines. La ménagère sortait en coup de vent pour récupérer sa paire de balais tandis que le malheureux à poil, les fesses dans sa mare, éternuait et jurait comme un démon, tandis qu'un nouveau nuage bleuté rejoignait les autres qui formaient déjà le long de l'unique rue comme une voie lactée modeste, à hauteur d'homme.

Dès les premiers beaux jours, les portes restaient ouvertes. Il était alors merveilleux de remonter le village qui allongeait à plaisir le long de sa rivière ses deux rangées de maisons soufflant leur belle buée dans la grand-rue, on passait alors l'étrange revue des Hercule sans peau de bête, des Adam d'avant le péché, encore noirs, déjà blancs, ou panachés, ou moussus, debout dans leur lessiveuse, ou accroupis, membres repliés, et dorés comme lièvres en broche... Et pas un de ces Jésus au bain-marie ne vous aurait laissé passer sans un bon mot ou une raide plaisanterie, quitte à recevoir le châtiment immédiat : du savon dans l'œil, ou mieux : du bouillon plein la gueule si la bonne femme debout sur sa chaise pour rincer M. Languemoque renversait sa bassine avec malice ; les fameux blasphèmes qui vous poursuivaient alors !

Les heures d'après étaient plus délicieuses encore, pendant les trois bonnes saisons du moins. On retrouvait les mineurs par grappes autour d'un qui sarclait ses aubergines, d'un qui collait une rustine, d'un qui rattachait la treille de son perron, d'un qui remplaçait trois lauzes de son toit, à deux pour étamer une casserole, à quatre pour tirer une cuve sous la gouttière, à six pour la pétanque sur la placette, au grand complet à cause de trois gouttes « sur le regain du Jaurès qui n'est toujours pas rentré... ».

On les retrouvait après le coup de vapeur, « propres comme des sous neufs », détendus, les pores et l'esprit dilatés, souples dans les vieilles espadrilles librement enfilées, la démarche, les gestes, le maintien veloutés.

Ils s'étaient frictionnés au sang avec le sec de rugueuses serviettes, ce qui n'empêchait pas une irréelle rosée de sourdre encore à la lisière de leurs crinières luisantes, comme faite exprès pour mettre en valeur leurs gueules taillées au pic.

Ils avaient alors la singulière élégance qui ne s'obtient qu'en multipliant la propreté par la pauvreté. Au sortir de la lessiveuse, ils n'enfilaient que des vêtements beaucoup trop délicats pour la mine, des bleus qui s'étaient attendris suivant la même chimie que les tomettes du parquet, si doux, si légers, si fins qu'on n'osait y toucher ; ils tiraient leur tabac avec des gestes d'horloger. Il n'était pas rare de voir pour un atchoum une chemise se déchirer par le milieu du dos avec un soupir, « à tes amours... ».

Même les reprises hétéroclites, les vastes *pétassages* aux coudes, aux fesses, aux genoux, aux cols, aux poignets, semblaient choisis et composés pour leurs accords plastiques, et la minutie de la double couture par le verso avec des points minuscules portait à croire à des artistes du ravaudage ne plaignant ni leur temps ni leurs yeux...

6

Une des grandes veuves noires

L'accueil de la veuve noire du Casquillé fut à la hauteur cévenole.

La grande vieille, droite et sèche, attendait l'écrivain, les mains sur les hanches, devant le portail, sans faire un pas en avant. Seuls, ses yeux perçants allaient et venaient d'un coin à l'autre des orbites creusées par l'âge pour suivre « le petit » dans les épingles à cheveux du raidillon, sans plus d'aménité que s'il s'était attardé en sortant de l'école.

— Alors ! te voilà, toi !

C'est tout ce qu'elle sut dire. Elle se décida à lui donner le triple baiser de la montagne cévenole, comme elle eût payé une amende.

— Les fainéants, ça ne fait pas de vieux os ! dit-elle, parce qu'il était essoufflé.

D'un geste superbe, elle jeta sur son dos un sac de cinquante kilos de pommes de terre qu'elle avait préparé pour cet effet-là.

— Alors ! entre, monsieur le gandin ! si tu n'as pas trop la vergogne du mas des tiens !

Elle dit cela dans son patois cévenol, incomparable parler pour le mépris.

La semaine précédente, sa cousine, la veuve noire du mas de Donnarel, lui ayant appris que le sabotier du Chambon se permettait d'exprimer des doutes sur l'honorable, mais bien mystérieux, gagne-pain de son petit-fils le Parisien, la mère Larguier était descendue de son Casquillé pour casser sur la tête du bavard une ébauche forte pointure qu'il n'avait pas encore évidée.

Malgré ses efforts, Cherchemidi ne put faire entendre à la vieille quelle était la nature de ses occupations intellectuelles dans la capitale.

— Paris... Paris... marmonnait-elle avec de hautaines saccades de menton.

Elle ne voulait pas en entendre plus long : elle savait à quoi s'en tenir !

Son voyage de noces, le seul de sa vie, l'avait conduite jusqu'en Alès, à trente kilomètres ; après, c'était l'inconnu ; Paris, c'était le bout du monde, la fin de tout. Rien ne pouvait être plus loin ni pire que ce Paris qui lui galvaudait son petit-fils.

Le costume neuf devait être à ses yeux ce que l'attaque est à la malemort. Elle ne savait pas ce qu'est un complet, ne disons pas élégant, mais convenable. Quand son regard tombait sur la coupe sévère des épaules et du col, elle fermait vivement les yeux, elle détournait la tête, avec un coup de menton vers le haut, comme devant une impudicité.

— Ah !... Ton pauvre père est bien heureux ! ton pauvre papé aussi...

Elle en appelait toujours à ses chers morts, au bout de l'indignation.

Une nuit, elle était partie dans la forêt, une lanterne à la main, pour chercher son mari. Elle l'avait découvert au milieu de ses fagots, raide mort : il venait d'avoir son attaque.

Elle avait ramené le cadavre sur son dos, l'avait lavé, changé, puis elle était descendue chercher l' « homme de Dieu » et le menuisier.

Après la cérémonie, le pasteur, qui connaissait bien ses montagnards, la prit à part pour lui conseiller de suivre les offices : elle se sentirait moins seule, elle écouterait les sermons...

Elle lui cria dans l'oreille qu'elle était sourde, qu'elle en entendait autant de son Casquillé sur la montagne que si elle descendait au temple. Elle lui glissa dans la poche une offrande princière et le poussa dans le raidillon.

Le lendemain, à l'aube, elle retournait dans la forêt pour finir les fagots.

Bien avant la nuit, Cherchemidi avait changé son costume neuf contre une défroque de velours honnêtement rapiécée. Néanmoins, le jour suivant, il n'y put résister : il attendit que la vieille eût le dos tourné pour glisser le complet sur mesure sous la vieille vareuse de berger, et il dégringola le raidillon.

Au bord du torrent, il reprit souffle et se changea. En face de lui, la vieille, dont la noire silhouette immobile se fondait dans la rocaille schisteuse, le contemplait, les yeux pleins de larmes. Il ne la vit pas : il n'avait plus l'habitude. Elle l'avait toujours suivi. Tout enfant, quand le poisson tardait à mordre, il s'amusait à chercher, sans lever le nez de sa ligne, derrière quel taillis, dans quel demi-jour du paysage, était plantée, droite, immobile, l'ombre qui veillait sur lui. Elle ne savait pas nager mais se serait jetée, pour lui, d'un élan, dans le gouffre du Moulin et s'y serait noyée de grand cœur, en l'injuriant, bien sûr.

7

La lettre d'Allemagne

Le facteur montait au Casquillé, un événement ! La vieille s'attendait au pire et surveillait d'un œil impitoyable l'ascension du cul-blanc manchot. Parvenu sous le tilleul, sur le terre-plein qui dominait le vallon, en terrasse, devant le mas des Larguier, le père Vigne fit cette annonce solennelle, d'une voix forte qui tremblait à peine :

— Une lettre !

Il était déjà fin saoul.

Clerguemort écrivait peu, recevait donc peu de lettres. On disait, par manière de plaisanterie, qu'on était bien bon parce qu'il serait facile d'avoir la peau du facteur, il suffirait que chaque famille s'abonne à un quotidien, ce *pébro* (poivre... poivrot...) de Vigne serait bien obligé de monter chaque jour dans tous les mas, *oï ! pébro ! pébras ! pébrino !* une semaine serait assez... à bon entendeur, salut !

Le bras gauche du Vigne avait été coupé à mi-chemin entre le coude et l'épaule, ce qui lui permettait de faire toutes sortes d'effets avec sa manche vide. C'est avec une lenteur calculée qu'il ouvrait sa boîte à malices, il allongeait à plaisir le moment de montrer au destinataire une enveloppe qu'il venait d'exhiber dans toutes les cuisines de la vallée. Il croyait de bonne foi, dans sa simplicité, faire durer le plaisir des intéressés quand il ne faisait que les tourner et les retourner sur les charbons ardents. Le facteur Vigne était bien le seul à Clerguemort pour lequel une lettre pût être une bonne chose. On affectait de voir dans sa joie de vous donner du courrier la preuve d'une méchanceté diabolique.

Sous couleur d'une nouvelle vérification, en réalité : pour ménager la sensation, il lut, très fort, l'adresse :

— Madame veuve Larguier Herminie, Le Casquillé, par Clerguemort... Hein, c'est bien vous ça ?...

Il se donnait l'air finaud. La vieille le contemplait, droite, raide, pétrifiée, glacée dans une patience redoutable. Le facteur coinça son képi sous son moignon, à cause de la visière, approcha l'enveloppe à dix centimètres de ses yeux, la tourna, la retourna :

— *Té !* même que ça vient d'Allemagne, de Hambourg ! C'est sûrement de votre petite-fille ! Ben ! on peut dire qu'elle ne vous écrit pas souvent ! Ah ! on peut dire que c'est une drôle de *droulette*, celle-là !

Il remit son képi, ainsi le geste de donner la lettre « en main propre » restait cérémonieux, puis il attendit.

— Quand même ! vous boirez bien un coup, monsieur Vigne ! dit la vieille, en patois.

A l'exception des trois familles catholiques et royalistes, toujours solidaires, personne à Clerguemort ne parlait du facteur sans commencer par déplorer qu'il se laissât aller à boire à chaque porte de sa tournée mais personne, non plus, n'aurait accepté son courrier tranquillement sans verser un verre de vin à ce *pébras* de Vigne. C'était une obligation, au même titre que le timbre-poste : à chacun son dû.

Le facteur fit durer son verre de clinton des Larguier du Casquillé. En une dernière tentative, louchant sur l'enveloppe que la vieille avait négligemment jetée sur la crédence, il murmura :

— Enfin... espérons que les nouvelles sont bonnes... Qu'il n'est rien arrivé, un malheur est si vite là, comme on dit...

La vieille ne lui répondit pas vertement, dans sa manière, avec quelques vocables patois, de son premier choix, qui lui venaient aux lèvres tout seuls au bon moment et qui cognaient dur ; mais un facteur, on a beau dire, ce n'est pas n'importe qui, c'est un fonctionnaire, et qui porte uniforme ; elle s'en tira avec des truismes amers sur le malheur contre lequel rien ne peut rien, une lettre encore moins, et nous, pauvres mortels, nous avons tellement à faire, de moins futile et de plus pressé que la lecture...

Pour finir, sans un regard vers la crédence, elle annonça qu'elle devait « aller donner aux lapins », tout en se harnachant avec le tablier-poche en toile de sac.

A l'entrée du raidillon, une fois encore, le facteur se retourna pour crier : « Dites, madame Larguier, si vous n'en avez pas mieux à faire, gardez le timbre pour le petit Raoul Ardailhan, il me l'a demandé, il fait une collection... »

Il n'avait même pas la pudeur de ses indiscrétions ! Clerguemort voulait voir des allusions calculées, un chantage aux secrets familiaux, où il n'y avait tout bêtement qu'étourderie.

Les poings sur les hanches, la vieille surveilla jusqu'au bout la descente du facteur dont le pas montagnard était beaucoup trop ancien pour se laisser troubler par l'ivresse.

Elle revint aussitôt à la crédence, mit ses lunettes, qui la gênaient beaucoup pour lire, mais une lettre ne se lit pas l'œil nu.

Non seulement elle avait toujours son jeune regard mais on peut dire qu'elle l'avait particulièrement perçant. Elle avait acheté une paire de lunettes d'occasion, par élégance, et en usait précisément quand elle recevait une de ses commères, une autre veuve noire de la vallée dont la vue était en baisse. Elle tenait la lettre à bout de bras, légèrement de côté, la tête rejetée en arrière, le menton relevé, dans une attitude qui ne manquait ni de naturel ni de superbe. Elle lisait à haute voix, lentement, sur un ton uniforme toujours teinté d'un raillement de doute.

« Bien chère mamée,

Ma lettre va bien te surprendre. Je te vois d'ici en train de *rondiner* contre moi en la lisant. "Ah ! elle n'a rien voulu entendre ! elle l'a voulu, elle l'a eu ! Seulement, il fallait s'y attendre, une fois que la bêtise est faite, et bien faite ! elle sait vers qui se tourner pour en supporter les conséquences ! c'est toujours les mêmes qui sont bons ! Mais elle n'a donc plus aucune vergogne !..."

Eh bien, non, vois-tu, grand-mère, je n'ai pas de vergogne !

Je ne te fais pas cette lettre pour demander pardon, ni pour supplier qui que ce soit pour quoi que ce soit ; même pas pour demander des sous. Des sous, j'en ai. Si je t'écris, c'est parce que je sais combien tu m'aimes, autant que toujours, quoi que tu puisses en dire, parce que je sais que tu peux comprendre ta petite-fille, toi aussi, tu es une Larguier de ce Casquillé des *idéïous !* Même sans cesser de me maudire (oh ! je ne t'en demande pas tant !), peut-être bien que, dans le fond de toi-même, tu n'es pas tellement mécontente de cette petite-fille qui a fait ce qu'elle voulait, toujours, envers et contre tous ! Oh ! je sais que tu n'aimes guère les filles désobéissantes, et encore moins celles qui ne savent pas se tenir, qui froissent nos vieilles traditions, portent tache sur le nom et vous rendent *vergogneux*, à ne plus savoir si on a encore le droit de traverser Clerguemort en portant la tête haute. D'abord, je sais qu'il n'est pas encore né celui (ou celle) qui te fera baisser la tête, à toi ; enfin, ce qui me rassure le plus c'est que tu détestes plus que tout les gens qui manquent de caractère, les gens qu'on tourne et vire comme on veut ; voilà un reproche qu'on ne peut pas me faire, hein, mamée ? ça rattrape quand même bien des choses...

C'est encore une justice à me rendre, je ne suis pas "une dissimulée", tu me l'as dit souvent, et pas sans fierté ! aussi, je veux te dire tout de suite que je n'ai aucun repentir de ce que j'ai fait. Bien plus, plus je vais, plus j'en suis contente, je n'aurai pas raté ma vie, oh non ! mamée chérie, je te le dis bien fort parce que je sens bien que, tout en rouspétant de plus belle contre moi, tu en seras heureuse.

Mon mari est le plus merveilleux des hommes. Pas un jour ne passe sans qu'il me donne quelques nouveaux petits bonheurs et des sujets d'être encore plus fière de lui. Le terrible Dieu de la Cévenne doit être meilleur que les bonnes gens de Clerguemort puisqu'il nous a donné deux fils splendides : Franck, qui va sur ses douze ans, et Ludwig d'un an son cadet, deux arrière-petits-fils robustes, intelligents, et volontaires, mamée ! dont la race du Casquillé n'aura pas à rougir, je t'en réponds ! "Race fait race", comme on dit *(Mèno faï mèno !* tu vois, je n'oublie rien, même pas notre patois !), et le sang de mon mari n'était pas fait pour gâter le nôtre !

Mais je ne veux pas te fatiguer par trop de lecture, j'en viens à ma demande, car j'ai quelque chose à te demander, comme tu le savais avant même d'ouvrir l'enveloppe.

Je ne vais pas perdre mon temps (et le tien) à te faire un discours politique, surtout que tu ne manques pas de gens au village pour t'expliquer tout ça en long, en large, et en travers, avec beaucoup de plaisir, trop contents ! et qui ne se tromperaient pas d'un kilomètre, va ! Toujours est-il que la situation n'est pas très brillante en Allemagne de nos jours, surtout à Hambourg, elle devient même de plus en plus inquiétante (et tu sais qu'il en faut quand même pas mal pour inquiéter ta petite-fille !). Tu as dû en entendre parler : une bande de brigands, de bons à rien, prêts à toutes les malfaisances, des scélérats, se préparent à prendre le pouvoir pour leur chef, une espèce de fou nommé Hitler. Jànos (mon mari) et moi pensons qu'ils ne sont pas loin d'y parvenir et quand ils y seront, alors, ici, la vie ne sera plus tenable. Dans notre ville, à Hambourg, ce serait encore pire (s'il est possible !). Il faut te dire que Hambourg est un grand port, qu'il y a donc beaucoup de marins qui sont presque tous communistes, c'est-à-dire le contraire des autres. Il y a souvent des batailles de rues, pas seulement à coups de poing comme il arrive même chez nous pour les élections, mais à coups de fusil, et même de mitrailleuse (oui, dans les rues où on passe tous les jours, essaie de t'imaginer !).

Naturellement, avec mon mari, nous avons décidé de prendre des mesures. Nous avons d'abord pensé aux enfants, à les mettre à l'abri ne serait-ce que le temps de nous retourner, de trouver pour Jànos un autre poste, un autre orchestre, et là, nous ne sommes pas embarrassés, mon mari est très demandé dans le monde entier (on est loin de se douter, chez nous, combien on peut devenir important rien qu'avec de la musique. Évidemment, ce n'est plus l'accordéon du Félobre !). Seulement, il nous faut du temps, au moins quelques mois, d'ici là les *nazis* (c'est ainsi qu'on appelle les autres monstres !) peuvent nous tomber dessus. *Raille* de nous encore ! Jànos et moi, on se débrouillera toujours, mais on ne peut risquer les deux petits. Aussi, nous avons décidé de les confier, dès maintenant, à nos familles. Ludwig partira pour la Hongrie : les parents de Jànos veulent bien s'en charger, il sera bien, et nous serons tranquilles, de ce côté. Reste Franck. Naturellement, j'ai pensé à vous.

Remarque bien, mamée, que ce n'est pas la charité que je demande à la famille, au contraire : nous verserons régulièrement une pension très large, ton arrière-petit-fils ne manquera jamais de rien tant qu'il aura son père, même à l'autre bout du monde. Nous aurions même pu nous adresser directement à un pensionnat, il en est de parfaits, et puisque nous avons de quoi... Mais j'ai pensé que ce serait un peu vexant pour la famille. Je te vois déjà me dire que je n'ai pas été toujours aussi délicate envers les miens, d'accord ! mais... raison de plus, pas vrai ?

D'autre part, comme Ludwig bénéficiera d'une chaleur familiale chez le père de son père, il serait un peu injuste que son frère soit privé d'une famille de secours, alors que sa mère est une fille Larguier du Casquillé — non ! mamée ! je n'ai jamais eu conscience d'être rejetée de la *mèno* ! — D'autant plus que, comme tu le sais, nous avons décidé, d'un commun accord, Jànos et moi, de donner chacun notre nationalité à un de nos enfants : c'est Ludwig le Hongrois et Franck le Français (ça fait drôle, écrit comme ça, froidement). Mais, que je te rassure ! Franck parle parfaitement le français (Ludwig aussi), et même un peu de patois, il fallait bien que je me fasse le plaisir du parler de mon enfance, au moins à la maison, chez moi, même à Hambourg ! Si vous preniez Franck, la charge ne serait pas si lourde : vous l'inscririez comme pensionnaire au lycée d'Alès, il doit être largement au niveau de la sixième, avec l'allemand comme langue étrangère, ça va de soi ! Restent les vacances. Il pourrait les passer au Casquillé. Ce serait bien qu'il se retrempe aux sources de ses aïeux Larguier (encore que je l'aie élevé dans leur respect et leur connaissance familière). Si tu te sens trop seule, ou trop fatiguée pour t'occuper d'un gamin de onze ans (mais il est très sage... et ne dis pas que je dis ça pour le placer, tu le verras par toi-même, enfin... peut-être !), l'oncle Roure t'aiderait (à propos, j'ai appris que tout était arrangé pour son incendie, l'assurance aurait payé ! ça arrive donc parfois, ces choses là !). D'autres vacances, Franck pourrait les passer à Paris puisqu'on n'y manque pas de parenté. L'oncle Justin pourrait l'accueillir, il doit être au large, avec sa réussite, oui ! sa renommée de sabreur est venue jusqu'au fond de l'Allemagne ! (Naturellement, nous paierions tous ces voyages, et les frais, avec les trimestres du lycée.) Pour Paris, je ne parle pas de notre Léon, je l'aime bien, il a bien été le plus gentil et aux moments les plus mauvais pour moi ! mais je me méfie quand même maternellement d'un (presque) vieux garçon comme lui, poète (donc distrait), quand il s'agit de s'occuper de mon fils ! Je vais d'ailleurs lui faire une lettre, à mon fréron, pour lui expliquer tout ça et lui proposer de venir se rendre compte sur place. Je l'invite à venir nous voir à Hambourg, là, il comprendra tout à fait, ainsi, il pourra ramener notre petit Franck (je le souhaite ardemment). Un voyage, pour un écrivain, n'est-ce pas toujours bon ? J'ai pu lire quelques-uns de ses écrits, je ne suis pas si maligne en littérature qu'en musique mais quand même il me semble que ça manque un peu d'air, un peu de vent de Hambourg ne peut que lui faire du bien ! Je vais lui écrire, mais j'ai voulu te parler à toi d'abord, chère mamée !

Voilà, j'ai tout dit. Je sais que je ne suis guère en position de demander quoi que ce soit, moi ; non ! mais Franck ! si tu le voyais, tu comprendrais qu'à lui tout est dû ! J'ai failli te mettre une photo de lui dans l'enveloppe mais je m'en suis gardée, parce que je connais le terrible esprit cévenol et je ne veux pas qu'on dise que j'essaie d'amadouer les miens en me servant de la bonne mine d'un enfant.

J'attends avec la plus grande impatience ta réponse. J'ai confiance, je sais que tu auras à cœur de rassurer une mère qui ne t'est quand même pas une étrangère ! et que tu vas nous trouver des raisons merveilleuses, je ne sais pas, moi, par exemple, que ça commence à manquer de jeunesse autour du Casquillé... J'ai confiance, dans toi, dans l'avenir, dans tout, j'en suis bête ! c'est une maladie que m'a passée Jànos et qui me donne bien du bonheur. J'ai confiance, particulièrement dans la force des choses, et je suis sûre qu'un jour tu comprendras que, s'il en est qui font rougir leurs vieux, je n'en suis pas !

Je te fais mille baisers affectueux,

Lilette.

P.-S. — Encore une chose : figure-toi que le jour de mon mariage maudit par la famille, j'ai reçu, je ne me souviens plus par quel biais, un petit rouleau de pièces de vingt francs en or. Je voudrais que la personne qui a eu cette bonne pensée sache bien que je ne l'oublierai jamais, fais-le-lui savoir vite, tu n'auras pas à te déranger beaucoup. »

8

Les « idéïous »

La grande veuve du Casquillé n'en dit mot de toute une semaine. Elle relut la lettre, en cachette, une fois par jour, au moins. Le septième matin, en servant le café de Cherchemidi, elle fit ce bougonnement des paroles importantes, très proche d'une certaine manière qu'ont les enfants entre eux : juste assez nettement pour être entendu, juste assez vaguement pour pouvoir toujours protester qu'on n'a jamais dit ça, qu'on serait même le premier à en rire. Le bougonnement patois de la vieille demandait :

— Pas de nouvelles de la folle ?

C'est ainsi qu'elle nommait sa petite-fille.

Cherchemidi fut stupéfait : elle, demander des nouvelles de Lilette ! elle, parler de la dévergondée ! et en parler la première !

Des nouvelles de Lilette, à la vérité, la vieille n'en avait jamais manqué longtemps. Par son entremise d'abord (il n'avait jamais cessé de correspondre avec la terrible sœurette). Au début, la grand-mère avait crié qu'elle ne voulait plus entendre parler de la débauchée mais, dès le début, elle attendait d'avoir tout entendu pour récriminer. « D'ailleurs, je deviens de plus en plus sourde ! » grondait-elle quand son attention devenait trop visible ; elle se lançait aussitôt dans de bruyants travaux ménagers, mais les chaudrons restaient en suspens quand il était question de quelque chose de pas très normal que Franck avait au cœur, de naissance... « Lilette m'écrit qu'il n'y a pas là de quoi s'inquiéter, on vit très bien, et même très vieux avec ça... » Les chaudrons reprenaient aussitôt leur tintamarre. Lilette écrivait même directement à la vieille plusieurs fois par an ; la fine mouche saisissait le prétexte des fêtes traditionnelles pour lui envoyer des lettres brèves, protocolaires, mais nourries de détails. La grande veuve du Casquillé ne parlait jamais de cette correspondance, n'y répondait pas, se répandait, au contraire, en malédictions sur les progénitures ingrates ; elle eut même le front de prétendre un jour, devant Cherchemidi qui l'interrogeait précisément, qu'elle avait, en effet, reçu la lettre dont il parlait mais qu'elle l'avait aussitôt *fourrée au feu* sans même l'ouvrir.

Maintenant, elle vaquait à son ménage comme si elle n'avait rien dit.

— Pourquoi ? demanda Cherchemidi qui avait de quoi être inquiet. Il y aurait du nouveau ?

— Hein ?

Sa prétendue surdité lui était d'un secours constant.

— Oui. Puisque tu me demandes des nouvelles de Lilette.

— J'ai dit ça, moi ?

C'était son secours en second, quand elle était dans l'embarras : elle parlait français ; comme elle le savait mal, elle pouvait parler très lentement, dire un peu n'importe quoi et se dédire à volonté. Cherchemidi connaissait tous ses trucs depuis l'enfance, il connaissait aussi le maniement de la mamée. Sans la brusquer, sans secousse, il lâcha le fil, ramena doucement, plusieurs fois, avec la patience émue d'un pêcheur qui fatigue la vieille truite de la vallée, la belle prise de l'année.

Finalement, les yeux au ciel, avec un énorme haussement d'épaules et un soupir assorti, la vieille souleva le coin de son tablier, plongea le bras jusqu'au coude dans la poche latérale de son jupon. Avec une mouc dégoûtée, elle jeta sur la table la lettre qu'elle avait soigneusement froissée en boule auparavant.

Cherchemidi lut avidement la prose de la petite sœur.

— Bon, et alors ?

— Alors quoi ? fit la vieille sans y mettre la moindre bonne volonté.

— Qu'est-ce que tu penses de tout ça ?

La vieille ferraillait avec entrain dans ce recoin-évier qu'on nomme

« patouille » en Cévennes. Elle se borna à demander ce que voulait dire « *P.-S.* ».

Cherchemidi le lui expliqua, sans illusion, il savait bien qu'il n'était pas tellement question de latin, même abrégé, mais de pièces d'or, et d'un grief tacite. C'est lui qui s'était chargé de faire passer le cadeau de mariage. La vieille, avec son air le plus écœuré, s'était lancée dans un embrouillamini d'explications : que ces pièces d'or se transmettaient dans la famille de fille en fille au jour des noces, que c'était une sorte de dot en somme. Elle poussa le souci de vraisemblance jusqu'à ressortir son propre contrat de mariage, sur lequel Cherchemidi put voir que les pièces étaient effectivement mentionnées comme un des apports de l'épousée. C'était ainsi, c'était la tradition, on n'y pouvait rien, oh ! si ça ne tenait qu'à elle ! on n'était pas des voleurs dans la famille, enfin, jusqu'à présent du moins... Elle lui avait jeté ça, comme ça, selon sa manière d'être généreuse, comme si cet or lui brûlait les doigts, et elle lui avait fait jurer ses grands dieux qu'il ne laisserait même pas deviner d'où ces pièces pouvaient provenir, qu'il s'y prenne comme il voudrait...

— Mais alors, qu'est-ce qu'on va faire ? demanda-t-il ramenant en douceur la vieille truite finaude.

— Faire quoi ? pour quoi ?

— Pour ce que Lilette nous propose dans sa lettre, *pardine* !

— Quelle lettre ? Ah... cette lettre ? Moi, je n'y ai rien compris, rien ! Ce qui s'appelle rien.

Il n'en crut rien, bien sûr. Il savait que la vieille lisait très bien, et comprenait ce qu'elle lisait beaucoup plus profondément qu'on ne l'imaginait. Elle jouait volontiers l'abrutissement, par humilité, par ruse surtout. Faire l'âne est un procédé fort ancien, et toujours de pratique courante dans le pays. Périodiquement, on lisait des articles, on voyait des statistiques ahurissantes sur le nombre d'analphabètes, d'attardés et d'idiots congénitaux qu'on trouvait encore de nos jours dans la montagne cévenole. L'une des sources de ces informations était le bureau de recrutement de la subdivision militaire de Nîmes, qui n'avait jamais compris que chaque appelé recevait de ses parents, de ses aînés, de son village, ce genre de conseil : Dès que tu mets les pieds dans la caserne, tu ne sais plus lire, ni écrire, tu ne comprends rien, tu fais l'imbécile, comme ça tu seras un bon soldat, tu auras la paix, tu seras tranquille pendant tout ton service...

A la réflexion, Cherchemidi s'aperçut qu'il l'avait, lui-même, parcourue trop rapidement, la lettre de la sœurette. Il entreprit une seconde lecture, posée. Il dut prendre sur lui, souvent remonter de quelques lignes, pour savourer vraiment cette prose qui l'enchantait, qui l'entraînait, désordonnée, volubile, insouciante, relevée de malices, et de certains petits rires, bref : l'auteur tout craché !

Il s'en régalait, en aurait ronronné...

Parfois, les souvenirs réels ou imaginaires jaillissaient de cette grande écriture angulaire fougueusement distribuée, avec une présence telle qu'il tournait un ou deux des feuillets petit format (que six lignes d'un gribouillage de cette véhémence suffisaient à remplir) sans comprendre un seul mot de ce qu'il venait de lire.

Ainsi, quand Lilette avait « fait son coup », il n'était pas là, lui, mais son imagination avait promptement reconstitué le forfait à partir des deux sons de cloche : le bourdon indigné de Clerguemort et le carillon guilleret de l'amoureuse. Il la voyait comme s'il l'avait vue vraiment, l'étonnante Lilette, l'orgueil de Clerguemort village laïque, un sujet comme le père Lhermet, le maître d'école au bord de la retraite, n'en avait jamais rencontré dans toute sa longue carrière : première au certificat d'études, première aux bourses, première au concours d'entrée à l'École normale de Nîmes, et une voix, et un sens musical, un don du ciel, la perle de la chorale. Tout le mal venait de là...

« Saltimbanques et grimaciers, quand on touche à ces manigances-là, on ne peut plus s'en dépêtrer, on ne sait jamais où ça vous emmène, ça finit toujours mal... » marmonnait Clerguemort, l'œil levé vers le Casquillé.

De tout temps, les Nîmois ont été férus de bel canto ; ils n'aiment guère qu'on regarde à la dépense quand il s'agit de grand opéra ; aussi l'École normale fournissait-elle, en choristes de supplément, les galas à grand spectacle. C'est ainsi que notre Lilette du Casquillé fut mise en présence du fameux chef d'orchestre hongrois, le maestro Joszà, « qui aurait pu être son père », comme dit chacun. La petite fille du Casquillé eut le coup de foudre pour le musicien, déclara sa flamme, partit avec lui, l'enleva littéralement, l'épousa, lui fit l'amour, le dévora, lui demanda pardon, se fit pardonner et accepter. Elle avait quinze ans.

« Et elle sait comment prendre la vieille, remarquait *in petto* Cherchemidi plein d'admiration, elle la rassure d'abord sur l'essentiel : il ne s'agit pas de sous. Elle se garde bien de s'aplatir, au contraire, elle joue sur l'omnipotente fierté du Casquillé, elle va même plus loin, elle va chercher au fond des siècles cette inclination cévenole (qu'elle me fait découvrir, ma foi, bien réelle pourtant, et vivace...), ce goût de la virilité que montrent, inconsciemment certes, mais couramment, les gens de nos montagnes. Et cette invocation à la race, à la *mèno* ! c'est d'une habileté ! J'essaye de me mettre à sa place : ayant une lettre aussi délicate, aussi gênante à pondre, je me serais senti dans mes petits souliers, jamais je ne m'en serais tiré avec une désinvolture de cette qualité ! Dans son ardeur elle en remet un peu, il est clair qu'elle force à propos des dangers que présente le mouvement hitlérien mais elle s'en soucie peu, elle sait que la vieille suit de trop loin la politique mondiale pour voir la ficelle. Comment s'y prend-elle pour communiquer l'envie de connaître ce petit Franck ? L'enfant ne doit pas manquer d'intérêt. Cévenol et hongrois, un mélange détonant, élevé à Hambourg, dans un bain de musique, suivant l'école en allemand, comprenant le patois, nourri de triples croches sans doute, à pleins biberons... c'est à voir, un pareil phénomène ! Cela dit, elle ne me ménage pas, la sœurette, ce n'est pas d'aujourd'hui, je suis cuirassé, heureusement qu'elle l'avoue, elle a indubitablement l'oreille musicale, par contre, elle n'a pas... l'œil littéraire, si j'ose dire : “manquer d'air”, qu'est-ce que ça veut dire ?... Sa finesse, son efficacité réapparaissent dès qu'elle revient sur le terrain familial, et familier : cette évocation, mine de rien, de l'oncle Roure et du maître d'armes des petits ducs du Tout-Paris, c'est la prescription, c'est l'atavisme... Que voulez-vous lui reprocher, après ça ? Elle n'est, en fin de compte, que la dernière en date, et la moins encombrante, de notre lignée d'*idéïous*, l'*idéïous* amoureuse, c'est une espèce qui manquait encore à la collection du Casquillé... »

Idéïous, Clerguemort avait-il inventé le mot ? on l'entendait bien par-ci par-là dans les villages de la Cévenne, mais les muletiers *clerguemourtéù* passaient un peu partout...

Idéïous désigne dans une intention péjorative celui qui a des idées, des idées étranges s'entend, qui ne sont pas celles de tout le monde, ni d'un parti, ni d'un journal, des idées individuelles, à usage personnel, et, certainement, singulières.

Selon le contexte, selon celui qui l'emploie, le mot peut s'enrichir de sens nouveaux mais il est toujours d'une valeur beaucoup plus suggestive que significative.

L'idéïous est généralement un homme du commun, ni mieux ni plus mal né que vous et moi, descendu de quelque mas ou remonté de la mine, et qui se met soudain en tête de ne plus faire comme tout le monde, qui n'arrive pas à s'y faire au train-train qui est notre lot : travailler, manger, dormir jusqu'à mourir et c'est tout, qui veut en sortir, s'en sortir, à n'importe quel prix, quels qu'en soient les risques mais, attention ! ces risques ne sont que pour lui, lui seul paye, la nuance est capitale ! L'*idéïous* n'est jamais un révolutionnaire, c'est un doux rêveur, ou un illuminé, sa passion, à lui, n'est pas « la Sociale », c'est une chimère et il en est une infinité d'espèces.

Il arrive qu'un *idéïous* réussisse, on dit alors que la Fortune sourit aux simples, et on retourne travailler, manger, dormir et mourir.

« Le pays où je suis né est plein de pêcheurs de lune et d'attrapeurs de nuages », proclame André Chamson dont le père se lançait tour à tour dans les biscuits alésiens (madeleines Daphné, croquants Léda, gaufrettes Suivantes de Diane, que personne jamais ne croqua), dans les charbons d'Olympie, dans l'aménagement du petit port marocain de Safi... « ... Il aura le ciel en partage », soupirait la grand-mère Aldebert après chaque échec de son gendre Chamson, « ... mais son royaume ne sera pas de ce monde ! »

Le jeune Fontane ne prenait pas son parti du charbon pour la vie. Il sentait si profond sous la terre ce trou dans lequel il crevait de désespoir qu'il pensa tout de suite au ciel. Il devint « le Roi de l'Abîme ». Ce mineur tout noir, à croupetons, se vêtit de soie rouge pour chevaucher les nuages : « Sur un fil de 5 millimètres, à 60 mètres de hauteur, sur 350 mètres de longueur, il exécutera la série de ses prodigieux exploits, précisait le prospectus, acrobatie sur trapèze avec les tours les plus impressionnants, traversée sur bicyclette avec arrêt dans le milieu pour exécuter debout un superbe tir aux ballons, exercices d'équilibre de premier ordre (à genoux, debout sur la selle, etc.), il jouera un air de chasse à genoux sur une trottinette, se livrera aux tours les plus périlleux (couché sur le dos, debout sur les mains, etc.) et terminera en abandonnant son trapèze pour travailler sur le fil seulement... »

L'Agasse s'était fait chansonnier, presque troubadour. Il mettait en complainte les faits divers de la région, tirait lui-même ses couplets sur une presse à bras, puis allait les vendre. « Ici, maître l'Agasse qui fait la chanson et qui la débite ! » annonçait-il plaisamment. Il faisait les bistrots de mineurs, s'installait un soir ici, l'autre là, étalait ses chansons, et les entonnait, en s'accompagnant sur un petit accordéon diatonique, afin de les mettre dans l'oreille du public au point de faire sortir les piécettes enfouies bien au chaud sous les blagues à tabac. En rayonnant sur le pays minier, entre Bessèges, La Grand'Combe et La Vernarède, il arrivait à vivre de ses complaintes, petitement. Son grand succès actuel était la *Chanson de l'Huissier*. Le crime datait de l'automne : aux premiers froids, un huissier s'était rendu vers Portes pour saisir un pauvre diable qui, sur le coup de l'indignation, lui avait « serré la gargamelle » disait un vers rimant avec « de quoi je me mêle ! » et puis l'avait mis à cuire dans un four. L'Agasse donnait le beau rôle au « justicier », « le vengeur boulanger », et, après chacun des calembours savoureux mais totalement incompréhensibles en dehors de la Cévenne patoisante, revenait le refrain : « Il n'est bon feu que de bon bois de justice ! » qui était en passe de devenir un proverbe dans tout le pays minier. Quant aux élections, elles étaient pour le chansonnier local ce que sont pour les charcutiers les fêtes de Noël et du Jour de l'An.

Pour parfaire cet échantillonnage des chimères dans leur diversité, il suffit d'ajouter que, sur la nationale 598, entre Chamborigaud et Belle-Poêle très exactement, on peut toujours voir, sur la droite, percées en plein roc, étouffées par les ronces et décorées de fleurettes, l'entrée de plusieurs galeries abandonnées. Ce sont des mines d'or.

A Clerguemort, sans concurrence possible, le nid des *idéïous* restait le Casquillé. *Lou Casquilla*, ce qui signifie approximativement « le Perché », mais peu importe ! aucune étymologie n'envoie, comme le fait superbement le patois cévenol, notre Casquillé dans les nuages, vers son vrai royaume : la lune. Il était de notoriété que, lorsqu'on venait au monde dans ce Casquillé, on était voué par le destin à une vie qui ne pouvait pas rester dans l'ordinaire.

L'Herminie Larguier, déjà, était une fille Roure, une autre *mèno* d'*idéïous*, l'oncle Roure était son frère : le Casquillé n'attirait que des brus de cette espèce. Cette fille Roure, qui se rattrapait aujourd'hui en donnant de la morale gratis à qui ne lui demandait rien, venait à peine d'avoir ses quinze ans quand elle tomba folle d'amour pour le beau violoneux de Clerguemort, le Larguier du Casquillé, un qui s'y entendait à les faire danser, les jeunes, et les écus. Sa bourse, disait-on, jamais ne fut pleine que de romances. A peine mariée, la nouvelle Mme Larguier donnait à son *vïoulounaïré* un premier fils, Hilaire, et, plus de dix ans après, quand les époux comme il faut sont assagis, un deuxième fils : Justin.

Ce *cure-nid*, Clerguemort put croire un moment que le sort chimérique du Casquillé l'avait épargné. Justin était entré à la mine, raisonnablement, à onze ans. Neuf ans, sans manquer une heure, il pelleta du charbon, tranquillement, ni jaloux, ni méchant. Ce n'est qu'au service militaire que la chimère tenace devait le rattraper. Tout à fait par hasard, Justin fut amené à tirer dans la salle d'armes de la caserne. On cria au génie. En quelques mois, il avait tout appris des coups, des positions, des mouvements, des bottes et des parades tant du fleuret que de l'épée et du sabre. L'armée le supplia de rempiler pour se faire un beau champion militaire. Il le fut. Rendu à la vie civile, Justin ne retourna pas au charbon, il monta directement à Paris. Il traîna quelque temps, de salles d'armes en académies d'escrime, demandant si l'on n'avait pas besoin d'un prévôt. Un beau soir, un maître d'armes, apitoyé, lui dit : « Nous n'avons besoin de personne pour l'instant mais, attendez, si ça peut vous faire plaisir de tirer une fois contre l'un de ces messieurs, tenez, justement, notre jeune vicomte attend un partenaire à l'épée... » Justin battit le vicomte en cinq sec. On l'opposa au chevalier d'Entrechay, une fine lame. Justin battit le chevalier. On l'opposa au commandant d'Herbager, le plus fameux sabreur de toute la cavalerie française. Justin battit le cavalier d'estoc et de taille, dans la même reprise, la première. Alors, ce fut de la rage, on l'opposa successivement à tous les prévôts, à tous les maîtres d'armes de la salle, on convoqua, par téléphone, la fine fleur des académies de Paris, on manda séance tenante des nobles, des champions, des spadassins, le gratin des ferrailleurs français, les plus fabuleuses flamberges du pays de d'Artagnan et de Cyrano, pour un peu, on eût émoucheté les pointes ! dans la même soirée (jusqu'au matin, à vrai dire), notre petit mineur cévenol battit tout ce monde, avec beaucoup d'excuses, mais promptement. A l'aube, sa fortune était faite : ces messieurs n'avaient pu être défaits que par un génie de l'escrime [1]. Depuis, Justin Larguier du Casquillé menait la grande

1. « C'est curieux. Dans son *Voyage avec un baudet dans les Cévennes* (1878), R.-L. Stevenson parle de Régis Senac, *professeur d'escrime et champion des deux Amériques*. Nos Cévenols, si propres à la guerre *(Bavillus ipse dixit)*, auraient-ils jadis pratiqué l'escrime ? De là cet atavisme ? » Me André Fabre de la Montade d'Anduze (dans une lettre à l'auteur).

vie. Nombre de seigneurs ne pouvaient absolument pas se déplacer sans leur maître d'armes, « surtout qu'il est très rigolo, vous savez, mon cher, il a de ces reparties, le côté chic du petit peuple... » Moyennant quelques heures de fleuret par semaine (qui lui procuraient plus de plaisir que de désagrément car le maître Larguier adorait son métier), il se payait des vacances princières ; l'hiver à Zermatt, sur le lac de Côme, l'été dans les palaces de Venise, dans un château de la Loire ou sur un voilier de croisière. Quand un Cévenol montait à Paris, Justin l'hébergeait fastueusement et lui faisait faire la tournée des grands ducs aux frais des petits.

Il avait épousé une Parisienne délicate qui n'avait à l'évidence jamais rien fait de ses dix doigts, une femmette de cristal, d'un modèle qui ne se fait qu'à Paris, on tremblait toujours de la casser, le moindre courant d'air la faisait vibrer, on n'osait plus claquer les portes. Le seul regret de Justin, dans sa réussite, c'était de ne pouvoir revenir que très rarement à Clerguemort, il devait attendre l'ankylose problématique du bon bras de l'un des nobles sabreurs qui le retenaient au mois. Une fois même, son envie de la Cévenne fut telle qu'il provoqua, d'un bref revers de lame, l'incapacité temporaire de son employeur...

Hilaire était né trop tôt après le mariage de cette fille Roure avec le violoneux du Casquillé, trop tôt si l'on en croyait les mauvaises langues. L'aîné, lui, semblait doué pour le négoce, vocation de tout repos s'il en est ! et bien propre à rassurer les parents les plus timorés, mais Hilaire Larguier était de la race du Casquillé, lui aussi. Parmi tant et tant de marchandises possibles, c'est l'hévéa qu'il choisit pour son commerce, et l'Indochine pour ouvrir sa boutique...

Il ne revint chez lui que trois fois.

La première en 1900. Pour toute fortune, il ramenait une femme, une sorte d'animal souple et lisse comme Clerguemort n'en avait jamais vu, d'une beauté inquiétante, une « Eurasienne », au dire d'Hilaire, muette et langoureuse, à croire qu'elle avait laissé sa cervelle et ses nerfs dans son « Eurasie » ; jusqu'à son prénom qui n'était pas possible. A la surprise générale (qui l'eût imaginée enceinte à la voir ?), elle mit au monde un bébé magnifique, Léon, que les jeunes époux dépareillés confièrent froidement à la mère Larguier avant de repartir à leur commerce de caoutchouc, de l'autre côté de la terre.

A leur deuxième retour en France, trois ans après, l'Eurasienne d'Hilaire mit au monde un deuxième bébé magnifique, une fille cette fois : Lilette, que les parents abandonnèrent pareillement au Casquillé avant de repartir vers leur diable Vauvert comme s'ils avaient le feu au derrière.

Leur troisième retour en France fut définitif. C'était en 1914. Hilaire fut tué le premier jour de la guerre, tout bêtement, comme s'il n'avait jamais vu l'Indochine. Son Eurasienne se retira sur le bord de la mer, à cause du climat, pour y soigner une maladie bizarre, à ce qu'on disait. Sa pension de veuve et ses titres suffisaient-ils, disposait-elle de ressources qu'on ne connaissait pas, en tout cas, elle devait vivre largement, elle avait payé à son aîné autant d'études qu'il avait été capable d'en supporter, et lui permettait encore, sans en faire une histoire, de mener la vie qu'il voulait dans la capitale sans se soucier de son manger du lendemain. Cela dit, elle ne venait jamais à Clerguemort et ne semblait pas se soucier outre mesure de ses enfants. Ne s'était-il pas trouvé des gens pour la comparer à une chatte, la première fois qu'ils l'avaient vue ?

Voilà pour les trois générations présentes. On pouvait remonter aussi haut qu'on voulait dans la lignée du Casquillé, dorées ou noires, les chimères étaient toujours là, et, pour donner un avant-goût de la suite, il y avait Cherchemidi, il y avait Lilette, et on allait bien voir, avec ce Franck...

— Alors, mamée, qu'est-ce qu'on décide, pour ce petit ?

— Qu'est-ce que tu veux que je décide, moi ? qu'est-ce que je suis, moi, dans toute cette histoire, hein ? répondit-elle avec une mauvaise foi de la meilleure venue.

Pour conclure, elle ajouta :

— On peut toujours en parler avec ton oncle !

Dans ses bons jours, elle disait « mon frère ». Cherchemidi comprit qu'il n'en tirerait plus rien pour l'instant.

9

Les univers de Jean Hur

C'est le 12 avril 1927, à dix-neuf heures, que brûla la maison de l'oncle Roure. Le petit mas était à flanc de Lozère au-dessus de Clerguemort. L'incendie fit la lumière sur le village.

Le lendemain, vers la fin de l'après-midi, les gendarmes enquêtaient encore, gênés, intimidés par une manière de policier sans uniforme qui semblait plus préoccupé des intérêts de la compagnie d'assurances que de ceux de la justice.

Lorsqu'ils le lâchèrent enfin, l'oncle Roure, assis parmi les ruines de sa maison, racontait calmement aux gens de Clerguemort montés jusqu'à lui par gentillesse :

— ... C'est que, je ne vous dis que ça ! ces gens ont une façon de vous traiter, mon ami ! Ils n'auraient certes pas employé un autre parler, un autre biais, si j'avais été un voleur, un assassin, un gibier de potence ! Ce policier n'a-t-il pas eu l'outrecuidance... Je dis bien l'outre-cui-dan-ce...

Il disait bien. L'oncle Roure lisait beaucoup. Quand il rencontrait un mot rare, il prenait son vieux Bescherelle, étudiait l'article consacré à sa découverte et s'en pénétrait. Désormais, il usait du mot comme d'une fleur de serre, il le plaçait, le mettait en valeur, sans jamais le définir pour ne vexer personne mais en l'éclairant par le contexte. Il le répétait avec un plaisir presque physique et une fierté qui n'étaient pas sans efficacité pédagogique. L'oncle Roure articulait, alignait les mots, avec sa minutie d'horloger. Il parlait avec une lenteur qui donnait le frisson.

— ... N'a-t-il pas eu l'outrecuidance de me demander ce que je faisais, hier, à sept heures du soir ? Monsieur, lui ai-je répondu, sans offense de ma part, je me permets de vous poser à mon tour cette question très simple : Monsieur, lui ai-je demandé, pourriez-vous me dire quelle est la dix-septième lettre de l'alphabet ? « Mais... mais... qu'est-ce que vous me demandez là, monsieur Roure... » Il s'est mis à bafouiller, vous imaginez ?

L'oncle Roure se taisait et les gens de Clerguemort imaginaient passionnément. Le vieil horloger savait qu'il n'est pas assez de parler lentement, il faut aussi ménager des pauses aux bons endroits pour laisser travailler l'esprit de qui écoute.

« La dix-septième lettre de l'alphabet... » Cinq et cinq... On voyait des doigts s'appuyer subrepticement, l'un après l'autre, sur la couture du pantalon ou dans la poche du tablier. Les gens calculaient, c'était plus fort qu'eux, car c'était bien la dix-septième, ni la quinzième, ni la vingtième, la dix-septième, cela, Jean Hur pouvait l'affirmer. Il était bien petit à l'époque, mais il avait si souvent entendu raconter comment l'oncle Roure avait fait *mouquett* le policier, il le raconta si souvent lui-même par la suite qu'il finit par ne plus savoir s'il était là, parmi les gens, devant les ruines du petit mas ; pourtant, il s'y voyait, il en avait le souvenir de circonstances vécues ; qu'il en ait été ou non, voilà qui ne fit bientôt plus aucune différence.

C'est par la dix-septième lettre de l'alphabet que l'oncle Roure avait fait une entrée royale dans les univers de Jean Hur.

Elle avait fait le tour de la Cévenne, cette dix-septième lettre, on la rappelait encore avec plaisir à l'occasion, et avec orgueil, sans trop savoir pourquoi, c'était le type même de l'historiette dont Clerguemort ne se lassait jamais.

On n'y avait pas le mépris du flic dans la tradition anarchiste de l'ouvrier parisien. C'était plutôt la manifestation d'un dégoût tacite pour des personnages, rares par bonheur, qu'on connaissait mal, qu'on ne tenait pas à connaître, qui acceptaient d'accomplir des besognes salissantes, avilissantes, des êtres qui restent dans l'ombre et font bien, sur lesquels il n'est pas besoin de s'étendre.

Cet enquêteur, on se le représentait comme un homme de la ville, à l'aspect douteux, qui était venu fourrer partout son nez pointu, « anister », pour employer l'un de ces vocables patois plus ou moins francisés que Jean Hur devait traîner de bonne foi jusqu'à ses dissertations de licence.

L'*anistaïré* n'avait-il pas poussé l'audace jusqu'à essayer de tirer les vers du nez des gens de Clerguemort, et au sujet de l'oncle Roure encore ! mais, même les mauvaises langues n'auraient pu en dire pis qu'*idéïous*, ce qui est à peine méchant (et tellement vrai, allons !) ; en tout cas la plus fourchue de nos vipères ne l'eût jamais dit à un policier qui n'était même pas d'ici, et qui ne portait même pas d'uniforme !

— ... Alors, lui ai-je dit, vous voyez ! Vous connaissez parfaitement votre alphabet, du moins je le suppose ! mais pour dire quelle est la dix-septième lettre ainsi, à brûle-pourpoint... Je l'ai dit comme ça : à brûle-pourpoint !... Vous allez me dire qu'il vous faut le temps de calculer, et, cher monsieur ! j'en tomberai d'accord... « cher monsieur », lui ai-je dit, je l'avoue, mais il faut bien parfois faire le renard...

Clerguemort, dans le ravissement, n'en perdait pas une, mais, au dernier mot de la parenthèse, le plaisir public, douillettement silencieux jusque-là, jaillissait brièvement sous la forme sonore d'une douzaine de rires retenus. Renard, cet *idéïous* d'oncle Roure savait l'être quand il fallait, ce qui n'empêche pas qu'*idéïous*, il l'était toujours.

— ... Le temps, oui, il faut toujours le temps, le temps, c'est le plus important, répétait sans impatience l'oncle Roure en attendant que s'apaise jusqu'au moindre bruit (un murmure suffisait à lui brouiller la pensée)... Rien n'est plus naturel, cher « monsieur » — je le lui ai redit. Rien que deux fois, mais bien deux fois ! —, mais alors, vous trouverez aussi naturel que moi, de mon côté, je vous dise : aussi bien que mon alphabet, je sais ce que je faisais hier, mais il faut du temps, tout le temps nécessaire, pour retrouver ce que je pouvais bien faire pendant la dix-neuvième heure...

Clerguemort fermait les yeux, remuait la tête avec l'expression d'une tristesse particulièrement agréable : « Ces gens de la ville sont toujours tellement pressés, et pourtant ! au grand galop comme au petit pas, ils n'iront pas ailleurs que nous, on s'y retrouvera tous, à son heure... » Les dures vérités de cette sorte, d'applications trop courantes, n'étaient que pensées, unanimement c'est vrai, mais on n'éprouvait plus le besoin de se les répéter à haute voix, il y avait si longtemps qu'on se les était dites, si longtemps que ceux qui se les étaient dites pour la dernière fois n'étaient plus là ; payant d'exemple, ils nous avaient quittés. A l'image de l'oncle Roure, Clerguemort préservait son temps pour le neuf, le droit, le solide, qu'on peut toucher, ne serait-ce qu'un seul mot, mais qu'on n'avait jamais entendu jusqu'alors, dans son pur éclat, comme à la création du monde. C'est la raison pour laquelle il fallait du temps, il tombait quand même quelquefois dans le vrai, ce vieil *idéïous* ! ruminait étourdiment Clerguemort qui n'avait jamais donné tort à son vieil horloger.

L'oncle Roure ne manquait pas de travail, mais, là aussi, il prenait son temps.

Il disait : « L'homme n'est pas fait pour aller plus vite que le soleil du bon Dieu. »

Il disposait ainsi d'une batterie de formules de son cru sur le même sujet. Alors, les gens n'avaient plus qu'à attendre, pour la pendule.

Il est à présumer que les horloges de Clerguemort faisaient toilette plus souvent qu'à leur tour : c'est plus pour leur propre agrément que par souci de leur pendule que les gens « commandaient » l'oncle Roure. Quand il annonçait enfin sa venue, il y avait dans la cuisine un remue-ménage comparable à celui du grand chaulage annuel des murs.

Ce trottinement féminin, la grande bassine et le pétrole qui baignerait longuement les pièces démontées une à une, le « kaol » pour l'escarpolette du motif en cuivre qu'on ne pouvait vraiment faire à fond que lorsque tout était démonté, et encore, ce n'était pas rien pour *ravoir* le cuivre dans le profond des plis du bas-relief ! le lapin qu'on allait *ensuquer* pour honorer l'artisan, les hommes qui bâclaient le travail urgent pour avoir tout le temps d'écouter le fameux *idéïous*, le civet qui *tchourrait* des heures durant à petit feu (« c'est comme ça qu'il l'aime ! » se glissaient les femmes, en confidence, l'air de se passer des secrets osés), les beaux draps rugueux qu'on tirait de l'armoire, qu'on secouait pour les « aérer » (le nettoyage d'une seule pendule demandait deux jours au moins à l'oncle Roure, mais on en avait pour une année, et... tranquille !), les beaux draps si longtemps pliés que les bras les plus vigoureux ne leur faisaient pas perdre leurs grands plis mais seulement leur parfum de romarin à grands coups de vent de long en large dans la mansarde sous les toits, l'ancien *tristet* du berger de partout grand ouvert pour en chasser le renfermé des mêmes coups de long en large, de rares tintements et crissements, ceux, très personnels, du service à motifs patriotiques des grandes occasions, et l'échelle double soudain remontée du fin fond de l'écurie, épluchée de ses toiles d'araignée pour être précautionneusement introduite dans la cuisine et prendre sa place annuelle devant la pendule, sa place exacte, à vérifier plusieurs fois en prenant du recul, l'effarement des chats, et ce courant de joie timide, sans expression concrète, ressentie néanmoins par chacun du plus petit jusqu'au plus grand, tout cela, ces fortes senteurs de pétrole, du « kaol » à *ravoir* le cuivre, du romarin, ces bruits, le roucoulement paisible du civet exaltant ses trois feuilles de laurier dans le bouquet d'un très vieux clinton familial, la précipitation à mettre rondement du temps de côté, tout cela, et beaucoup d'autres parfums, d'autres bruits encore, et puis, après, subitement, le grand silence, la grande immobilité, quand il était là, quand on ne pouvait plus rien faire d'autre que l'écouter, le regarder, à n'en pas perdre un geste, pas une parole, à l'écouter, à le regarder sans fin, délicieusement, jusqu'au bout, jusqu'à l'imbécile, l'invincible nostalgie du balancier qui se remettait en branle pour douze mois sous sa mécanique fleurant bon le pétrole, dans sa poitrine toute rajeunie par la cire des abeilles, et même ce geste de la fin, ce mouvement très doux, un peu trop solennel sans doute mais noble dans sa beauté, dans son harmonie, ce petit mouvement si simple, auquel pourtant il ne s'habituait pas, ce mouvement caressant qui entraînait tout le corps sans nécessité dans une révérence un peu dérisoire, rien qu'un coup de pouce après tout, et toujours le même, par lequel l'artisan bouleversé, devant la famille réunie, rendait la vie au cœur de la maison, tout cela, plus d'innombrables autres choses de non moindre importance (des mondes), cette révision périodique de la pendule suffit à constituer l'un des tout premiers univers de Jean Hur.

Il devra mettre, hélas ! bien des années avant de s'apercevoir qu'il avait toujours traîné au plus creux de lui-même ce trésor caché. Du jour enfin où il s'en apercevra, il se mettra à regretter tout le temps perdu, ces dizaines d'années pendant lesquelles, lorsqu'il pensait à l'oncle Roure (c'était fort rare), il se contentait d'un seul mot pour régler le souvenir et passer aux urgences présentes : *idéïous*.

C'est alors, dans longtemps, alors qu'il sera dans la force de l'âge, c'est alors que Jean Hur comprendra qu'il n'est pas un homme fait. Il s'en retournera. Tâtonnant et courbé jusqu'à terre, il s'appliquera désormais, avec des fortunes diverses, à remettre ses pas dans ses pas. Son vain cheminement sera incomparablement plus dur qu'à l'aller, mais il lui arrivera d'y goûter parfois une saveur inconnue de lui jusque-là, une saveur imperceptible mais qui ne devra plus rien à personne, un rien odorant, dans les nuances gris-amer. Si ses forces physiques et morales ne le trahissent pas, s'il a beaucoup de chance *(si Dieu le veut !* il en sera peut-être alors à dire des choses comme ça !), si tout marche bien en somme et s'il tient le coup, notre heureux Jean Hur vivra peut-être cette victoire éblouissante : s'être enfin recouvré pour mourir soi-même.

La Cévenne est le petit pays qui greffe ce qui naît sur ce qui meurt. Où toute vie grandit de la Mort.

C'est donc une autre grande veuve noire qui veilla sur les premières années de Jean Hur. Son père et sa mère étaient instituteurs au Chambon, un gros village situé sur la rive droite de la même rivière, à deux kilomètres environ en aval de Clerguemort. Les deux salles de classe occupaient le rez-de-chaussée de la mairie dont le premier étage était, pour une moitié, le logement des maîtres, pour l'autre, les locaux à usage municipal.

Une simple cloison séparait du bureau des mariages la chambre dans laquelle Jean Hur vint au monde, par un torride après-midi de juin, le mois où les jours sont les plus longs, sur le coup de quatre heures, tandis que de l'autre côté de la rue, au *Grand Café de la Mairie*, le piano mécanique, dans lequel un mineur en congé de longue maladie venait de glisser subrepticement une des rondelles qu'il limait minutieusement à la dimension exacte des pièces de cinq centimes, moulait vaillamment, frémissant, hoquetant :

> Sur les grands flots bleus,
> Où se viennent mirer les étoiles...

Comme il va de soi, le pittoresque de l'événement échappa complètement au principal intéressé dont la sensibilité devait sommeiller des semaines, des mois encore.

Sitôt relevée de ses couches, la maman reprit sa classe, ne s'interrompant que pour donner furtivement le sein au nourrisson sur lequel veillait, pendant les heures d'école, une dame du village, infirmière diplômée. Le bébé, dès qu'il put être sevré, fut confié à sa grand-mère, la veuve Hur qui vivait seule dans son grand mas planté au-dessus de la rivière, en bordure du chemin vicinal, à une centaine de mètres du pont en dos d'âne de Clerguemort. Cette solution dura cinq années, les cinq premières de la vie de Jean Hur. Cependant ses parents se souciaient déjà du moment où il commencerait ses études secondaires. Les postes en ville étaient recherchés. Pour avoir plus de chances d'obtenir leurs nominations au moins onze années après, M. Hur rédigea les deux demandes de changement le jour même de la naissance de son fils ; elles furent agréées moins de six ans plus tard.

Même lorsqu'il fut citadin, Jean Hur continua de venir chez sa grand-mère une fois par semaine pour le moins, sans parler des vacances scolaires, petites et grandes, qui s'allongèrent largement par les deux bouts jusqu'à son entrée en sixième ; il y eut en outre les convalescences, largement comptées, de ses maladies d'enfant, et maints autres prétextes pour le laisser « au pays où l'air était sans pareil pour la santé d'un gosse », si l'on en croyait tous les natifs de la vallée de Clerguemort.

Les premiers univers de Jean Hur peuvent donc se grouper sur deux plans tout à fait différents, on pourrait presque dire antagonistes.

10

Les bouillants univers de la ville

La première fois, très tôt, que Jean Hur tomba sur l'image hugolesque :

> ... Comme une onde qui bout dans une urne trop pleine,
> Dans ton cirque de bois, de coteaux, de vallons...

il vit sa ville.

Et encore ne pouvait-il, comme un adulte, l'embrasser d'un seul regard. Il la percevait seulement de très bas, selon les éléments primitifs fournis par ses cinq sens encore assoupis.

Tout garçonnet qu'il était, Jean Hur se sentit bel et bien tomber dans la fournaise avec un plouf ! dans l'urne trop pleine et bouillonnante qu'était alors cette ville.

Cette ville se nommait Alès, pourquoi ne le dirais-je point ?

Jadis l'écrivain, qui ne pouvait résister à l'envie de situer son histoire dans le cadre de sa ville natale, devait au savoir-vivre d'en changer le nom et de la situer en Arcadie. Notre époque a rendu la précaution sans objet. Le temps de coucher le récit sur le papier, c'est la ville en question qui n'est plus la même, à quoi bon alors l'affubler d'un nom de guerre ?

Plusieurs Alès différents se sont relayés sur place au cours des siècles ; bourgade qu'une boucle du Gardon moulait en forme d'aile ; ensuite, place forte se poussant des créneaux pour surpasser sa rivale Anduze, puis aimable cité pour la main des artisans, offrant aux potiers la terre à faire danser devant les fours jamais à court de sarments et de *bougnes* d'un bois à faire le charbon qu'il fallait ; puis la houille et le fer s'étaient fait un nouvel Alès à leur convenance ; là-dessus, les gandins vifs et voraces du négoce et des affaires étaient accourus, avec des fanfreluches et des romances à suffisance pour mettre au goût du jour une ville qui se réveillait avec la bouche pâteuse, et ne se reconnaissait plus, qui était un autre Alès, encore une fois, et puis... puis...

Mais l'Alès des années 30, dont je veux écrire, n'a plus rien à voir avec l'Alès qu'on peut traverser en tirailleur d'un bout à l'autre, par bonds successifs, de parking en parking, l'Alès d'aujourd'hui que ne reconnaissent même pas les Alésiens qui ne l'ont jamais quitté depuis un demi-siècle, qui n'ont pas quitté des yeux l'affreuse métamorphose en trois temps : un, table rase ; deux, pilonnage ; trois, alignements blanchâtres inspirés par les cimetières militaires...

Et pas une bâtisse qui ne soit costumée en infirmière ! Ce bloc opératoire, c'est la poste ; ce bidet chirurgical, c'est « le sens giratoire » qui remplace le petit marché aux puces, souvenez-vous, chaque lundi, jadis... Quel est ce grand bruit ? La place du Vieux-Marché qu'on vient de faire sauter, vous savez, cette placette humble et secrète, renfermée comme un cloître, à croire que c'était quelque pillerie de Florence ou de Salzbourg qu'on nous aurait ramenée frauduleusement voilà des siècles, dans ces temps où nos monstres de drôles s'en allaient guerroyer n'importe où sans plus de façons que ceux d'aujourd'hui pour aller aux vendanges et pour plus petite paye si c'est possible... Ce boum, c'est toutes les arcades du pourtour qui sont parties en poussière, d'un coup, ce qu'on arrive à faire avec le progrès !...

Bref, rien ne ressemble moins à une ville que ce qu'on nomme Alès aujourd'hui.

Alès, dans les années 30, c'était une petite cité crasseuse et puante, elle ne l'est plus, on y riait, on y chantait, on s'y saoulait, on s'y battait, on s'y aimait, on braillait et pour trois fois rien les mineurs se réjouissaient l'âme à grands coups de dynamite dans le lit du Gardon. Aujourd'hui, on n'entend plus qu'un seul bruit : la note unique et roulée du sifflet des agents qui veillent sur les parkings. L'éclairage public était piteux jadis, on ne retrouvait son chemin qu'à vue de nez. On n'y connaît plus la nuit ; un jour métallisé, implacable, a chassé la nuit de son arme blanche aux reflets bleuâtres. Il n'y a plus une seule mauvaise odeur, plus d'odeur du tout : dans l'atmosphère de formol et d'éther, on n'entend plus que des voix étouffées, comme à la morgue.

La dernière des métamorphoses est d'un type tout à fait nouveau. De son origine jusqu'à nos jours, Alès avait toujours conservé, de vieilles villes en villes nouvelles, une chose au moins, mais essentielle : son âme. Chaque nouvel Alès descendait doucement sur l'ancien sans le chasser, sans même l'écraser. Les deux villes s'épousaient insensiblement, leurs noces duraient ce qu'il fallait, un siècle au besoin, pour que naisse un troisième Alès. Le croisement ne rejetait que les éléments de fortune, rapportés sans discernement, qui eussent juré avec le ton que les siècles avaient donné, et qui n'avaient pu s'ouvrir le cœur jaloux de l'Alès éternel.

Rien de semblable maintenant : on avait aligné des buildings *fashionable* dernier cri, mais, auparavant, on avait pris soin de raser Alès. Le résultat ne donnait pas pour autant une ville. Notre Alès séculaire était mort la saison précédente, assassiné par un *gang* de *bulldozers, de profundis !*

Sur la table rase de Carthage détruite, on avait semé du sel, sur celle d'Alès on aligna, comme des morceaux de sucre, des pierres tombales de série.

Les Hur logèrent d'abord aux confins du quartier résidentiel, où les maisons clairsemées, séparées par des jardinets ou par des parcs prétentieux et minuscules, se donnaient le titre patricien de « villas ».

La villa, dont les Hur louèrent l'un des quatre appartements, n'était qu'une sombre bâtisse cubique et sans grâce.

Une étroite venelle envahie par les herbes séparait le mur latéral, sans fenêtres, du jardin des voisins. Ce fut le premier terrain de Jean Hur ; il y passait des heures à jouer, solitaire et tranquille.

Derrière la villa, dans une cour que le soleil ne pouvait jamais atteindre, deux jeunes gens montaient par leurs propres moyens une petite voiture de course aux membres grêles. Ils passèrent des mois, les pieds en l'air, à raccorder les fils aux cadrans, la tête sous le tableau de bord. L'embrouillamini multicolore des pelotes électriques frappa Jean Hur, lui donnant la première mesure de l'infinie complexité du monde dans lequel il entrait.

Sur le devant de la villa se trouvait un jardin dont chaque locataire cultivait un carré. La terre était incroyablement caillouteuse. Un grillage séparait le jardin du jardin de la villa voisine. Un soir, pour une question de cailloux rejetés par-dessus le grillage, une querelle attroupa les habitants des deux villas en deux groupes enragés comme les fauves des cages mitoyennes d'un zoo. Il fut juré de s'envoyer en prison. Jean Hur n'oublia jamais la menace : son père en prison, la fin de tout. Ainsi naquit chez lui l'appréhension d'autrui, méfiance, crainte des voisins, et du populaire bientôt car la ville était populeuse.

Seul dans le soir, Jean Hur, souvent, se couchait sur le dos dans les herbes folles de sa venelle pour suivre le carrousel des hirondelles encore très nombreuses dans le ciel impur. Ses jeux étaient rudimentaires. Dans la cuisine, il couchait quelques chaises, les alignait, c'était un train dans lequel il transportait tout ce qui lui tombait sous la main. Il joua ainsi toute une matinée à transporter une boîte de sucre ; comme son père rentrait, Jean eut l'idée de lui demander l'autorisation de prendre un morceau. Un moment après, l'enfant surprit son père qui disait à sa mère :

— ... Tu te rends compte ! il jouait depuis des heures avec ce paquet de sucre sans en prendre un seul !

Jean Hur, à la vérité, n'y avait pas pensé, trop accaparé par son jeu jusqu'à l'arrivée de son père, mais le bonheur de ses parents d'avoir un petit garçon aussi bien élevé fut plus efficace qu'une leçon de morale, il s'appliqua désormais à une honnêteté qu'on lui supposait de naissance.

Dès l'âge de cinq ans, il prêtait la meilleure attention à ce que ses parents pensaient réellement de lui, qui lui était d'une autre importance que tout ce qu'ils pouvaient bien lui dire. Manifestaient-ils, auprès des voisins par exemple, quelque fierté d'une attitude que leur fils avait adoptée pour la première fois, et tout à fait par hasard, l'enfant aussitôt s'en faisait une habitude et un penchant de son caractère en formation.

On lui abandonnait la serrure du buffet de la cuisine, qui était à sa portée. Elle était fixée par quatre vis faciles à défaire. On lui abandonnait aussi un tournevis léger, dont le manche galbé, le fer plat et luisant, marquèrent sa mémoire. Ses parents contaient aux voisins les premiers exploits mécaniques de leur progéniture, si naïvement heureux que Jean s'accroupissait devant le buffet pour entreprendre la serrure dès qu'on sonnait à la porte.

Il commença la lecture à quatre ans, il pouvait lire couramment à cinq ans, précocité qui n'allait pas sans inconvénients, il lui fallut beaucoup plus de temps que les enfants de son âge pour comprendre ce qu'il lisait déjà sans faute et sans hésitation. Son premier livre ne lui laissa que des images, le dessin d'un petit garçon prénommé Rémi qui tentait de croquer une poire plus grande que lui. Il s'agissait d'un rêve, Jean Hur en fit des cauchemars.

Sur le même palier demeurait la famille du cuisinier en titre du meilleur hôtel de la ville. Les Hur parlaient de lui avec respect, comme de quelqu'un qui a réussi, si élevé dans sa corporation que la besogne devenait un art, sans parler des à-côtés, des avantages de toutes sortes, bonnes bouteilles et restes succulents en telles quantités que les voisins en profitaient largement.

M. Hur reçut en cadeau un couteau-réclame à manche métallique qui faisait aussi tire-bouchon et décapsuleur. Jean Hur considéra longtemps avec un respect religieux la formule magique gravée sur le manche nickelé : BLANQUETTE DE LIMOUX.

Le cuisinier avait un phonographe, dépense superflue, petite folie mais qui ne manquait pas d'allure, dans l'esprit des Hur, « enfin, quand on peut se le permettre... ». Les disques n'étaient pas plus de trois ou quatre, on entendait toujours les mêmes rengaines : *Les Gars de la Marine, Quand la brise vagabonde...*

... Je lui chante pour ma blonde...

Avant même de savoir lire, Jean Hur fredonnait :

Si l'on ne s'était pas connu,
Jamais mon cœur, jamais mes lèvres,
Non jamais n'auraient retenu
Le souvenir de ces heures de fièvre...

Le Provençal, le quotidien en faveur à la villa, publiait souvent la caricature de M. Tardieu. Jean Hur s'amusa un jour à la copier, c'était facile à cause des pince-nez, de la denture proéminente et d'un interminable fume-cigarette. Les Hur ouvrirent la fenêtre de la cuisine, qui donnait, du premier étage, sur la cour, ils appelèrent les jeunes mécaniciens amateurs, qui s'exhumèrent de dessous leur tableau de bord, les voisins qui passaient, les voisines qui étendaient leur linge, et tout le monde, sans hésitation, reconnut Tardieu.

Ainsi naquit une vocation.

Les Hur ne doutèrent jamais du destin exceptionnel de leur fils. De formation primaire, ils dissimulaient mal, sous les louanges passionnelles de l'enseignement laïque de base, une dévotion jalouse pour le secondaire. La haute destinée de leur rejeton ne pouvait être qu'intellectuelle et supérieure. Le père et la mère de Jean Hur, issus tous deux d'une lignée de paysans pauvres qui tenaient le maître d'école pour la haute personnalité du village, parvenus à cette dignité, avaient tout simplement monté d'un cran les ambitions ancestrales. Leur enfant se vit tacitement promis à l'École normale supérieure avant même d'avoir appris son B, A, BA.

Ainsi, sa vocation artistique, à peine née, se trouva contredite, donc confirmée. Des années avant d'en pouvoir discuter avec l'intéressé, les Hur tenaient les dons graphiques de Jean pour un aimable violon d'Ingres, quand il les tenait déjà, lui, plus ou moins consciemment, pour l'essentiel de sa vie.

Jean Hur vécut des mois avec une connaissance fragmentaire de sa ville. Il fréquenta, durant les deux premières années, l'École du Palais, proche de la villa, et voisine de l'école de filles où sa mère enseignait.

Pour gagner le centre, les gens des villas empruntaient la Tirelongue, ruelle étroite qui n'avait de joli que le nom et serpentait, se tortillait entre les murettes et les grillages des jardinets mesquins et des parcs envieux. On débouchait dans le quartier de la gare. Deux rues larges, d'une paisible froideur, conduisaient à l'École du Palais, avant de déboucher sur la place du lycée, entre la poste et le tribunal. Le trajet semblait interminable au petit Jean Hur, les immeubles gigantesques, la ville insondable, infinie, inextricable. Avant de ressentir Alès comme une grosse soupe en ébullition, l'enfant s'y faufila dans le sillage maternel, sans même voir la ville, frissonnant du froid de ce décor encore flou, de la grisaille de ces murs humides et sombres qui l'empêchaient de voir la ville.

La première saveur d'Alès fut l'anis des tubes de « coco » qu'on lui offrait lorsqu'on passait devant l'Arménien qui vendait, au coin de la place du lycée, des glaces l'été, des marrons chauds l'hiver et des babioles hétéroclites parmi lesquelles un petit pistolet à amorces, du même métal brillant que le couteau de la Blanquette de Limoux, qui fut le premier trésor, longtemps préservé, du petit Hur.

La première histoire qu'eut l'enfant avec sa ville fut celle des pommes de terre nouvelles. Sur le trottoir de la rue Saint-Vincent fonctionnait une étonnante machine. Pour mieux voir ce qui se passait à l'intérieur de cette baratte à peler automatiquement les pommes de terre, Jean, qui s'y était agrippé, renversa l'étal du primeur. Tomates, oranges, pommes et pêches roulèrent sur le trottoir. Les passants se précipitèrent pour les ramasser. Le dommage n'était pas grand, il paraissait catastrophique à l'enfant qui n'en finissait pas de sangloter, toute sa vie lui semblait compromise.

— Allons ! tu ne l'as pas fait exprès, lui dit gentiment le marchand.

— Je ne l'ai pas fait exprès, mais je l'ai fait quand même ! répondit l'enfant du tac au tac.

La réplique eut un effet triomphal, les passants se la répétaient, les Hur la rappelèrent pendant des années sans en épuiser le suc mystérieux.

Jean Hur n'était pas tout à fait dupe. Son vocabulaire s'enrichissait chaque jour. Il était dans sa nature profonde d'aimer les mots dans tous leurs sens, il les retenait, et en jouait, avec une rare précocité.

Il suffit d'une prédisposition de ce genre, et de parents vaniteux, pour fabriquer l'un de ces petits monstres capables d'imiter à la perfection les vieux cabotins dans ce qu'ils ont de plus détestable ; on connaît ces « enfants prodiges » qui n'ont plus d'enfance.

Jean Hur ne fit jamais de « mots d'enfant », il n'avait déjà plus assez de fraîcheur. Il sauta presque directement des vagissements aux calembours de commis-voyageurs. Voici l'une des plaisanteries que commit, entre cinq et six ans, notre grandissant prodige : il avait noté que son père et sa mère parlaient avec mépris des « femmes de mauvaise vie », ou « grues ». Un soir, autour de la table familiale, le petit Hur lança :

— Dis, maman, toi, tu fais la grue !

Tableau... L'enfant savoura son effet, puis s'expliqua :

— Oui, man, tu es là, entre moi et papa. Tu me sers la soupe, tu passes le sel à papa, tu attrapes le pain, tu en donnes un morceau à chacun, ton bras fait comme ça, et comme ça, comme ma grue... (Il montrait le jouet.)

Le père et la mère se regardèrent, sans rire.

La chose en resta là, et l'enfant fut un peu déçu de n'entendre jamais ses parents raconter un propos qu'il jugeait remarquable.

Le père et le fils faisaient de longues promenades, en copains. Un soir qu'ils longeaient la grande minoterie du cours Jean-Jaurès, Jean dit, très intentionnellement une fois encore :

— Dis, papa, c'est là qu'on fabrique les enfants ?

— Pourquoi ?

— Une minoterie, ce n'est pas une fabrique de *minots ?*

Les minots sont les enfants dans le parler populaire alésien. Curieusement, M. Hur sourit avec complaisance, comme s'il n'était pas tout à fait dupe de la naïveté de ce « mot d'enfant ». Il n'en fit, d'ailleurs, jamais état.

Les promenades en famille étaient toujours plus cérémonieuses, d'une allure toujours guindée. Quand elle en était, Mme Hur vérifiait la tenue du père et de l'enfant avec l'œil tatillon d'un adjudant de semaine. Elle arborait elle-même un achat longuement médité, vêtement à la mode dont l'exhibition était la raison profonde de la sortie. Un chapeau neuf de sa mère déplut à Jean Hur au point qu'il fit toute la longueur de la route de Bagnols à reculons, six pas devant ses parents, en répétant : « Oh ! man ! qu'il est laid ton nouveau chapeau ! » Mme Hur retourna chez la modiste, pour le changer, expliquant orgueilleusement que son fils, malgré son jeune âge, avait des goûts très arrêtés déjà et très sûrs.

Une autre fois, Jean Hur se refusa avec entêtement à porter la casquette plate du petit costume d'aviateur que sa mère venait de lui faire faire sur mesure à la Belle Jardinière.

Mais ce que les Hur prenaient pour les manifestations d'un sens artistique merveilleusement précoce n'était que les mouvements d'une grande timidité. L'enfant avait remarqué, pour le fameux chapeau, que les promeneurs se retournaient sur le passage de sa mère ; quant à la casquette d'aviateur, elle l'écœurait depuis qu'un petit voisin l'avait baptisée « patinoire à mouches ».

La communale la plus proche était l'École du Palais. C'est là que Jean Hur passa les deux premières années de sa scolarité, c'est dans la cour de récréation du Palais qu'il ressentit, à la manière instinctive d'un primitif, pour la première fois, les atteintes du vertige devant l'infini, sa première angoisse de petit mortel. Il observait les élèves de la classe supérieure. Ils lui semblaient beaucoup plus grands que lui, et ils l'étaient d'autant plus que les Hur s'étaient débrouillés pour que leur fils démarre avec un an d'avance, « compte tenu de la limite d'âge pour les concours d'admission aux grandes écoles ».

Jean Hur serait donc comme ces grands, l'an prochain... Un an ! comme c'était long ! Une classe, deux classes, trois classes, un an, deux ans, trois ans... et ce serait la classe du certificat d'études... Il osait à peine y penser, il y serait, voyons... en 1935-36... Mais où en serait-il en 1940... et en 1950... En 1950, il aurait... vingt-cinq ans... Il mit beaucoup de temps à faire ce calcul. Vingt-cinq ans ! il serait un vieux, sa vie serait finie. Il s'arrêta là, dans une tristesse vague, qu'il n'avait jamais ressentie jusqu'ici. Il se força à penser à autre chose. Il y réussit, pour des années.

Il passa par une épreuve semblable, de longs mois après, à propos de la connaissance. Il apprenait l'emploi du trait d'union en bout de ligne. D'abord, la somme des choses dont il fallait tenir compte pour couper correctement un mot lui parut disproportionnée, mais alors ? que ne faudrait-il pas apprendre encore pour tout savoir ! il n'en finirait jamais... Sans compter que cette masse inextricable, écrasante de connaissances était loin de tout régler, ainsi le mode d'emploi du tiret présentait une lacune dont il souffrit : si l'on se trouve en présence d'un mot composé comportant déjà le trait d'union et si la ligne se termine justement sur ce tiret, ne devrait-on pas prévoir, par exemple, un deuxième tiret pour commencer la ligne suivante afin de bien montrer que ce n'est plus seulement un mot qui est coupé, mais le tiret lui-même ?...

Des problèmes aussi dérisoires occupaient longuement sa méditation d'écolier solitaire.

L'année suivante, les Hur bénéficièrent de l'appartement d'un instituteur qui prenait sa retraite, au premier étage de cette « École des Pouilleux » où le père de Jean faisait la classe enfantine. Logés enfin aux frais de la municipalité, ils quittèrent la villa pour l'autre bout d'Alès. Ils sortaient de quarantaine. Ils abrégèrent leurs vacances à Clerguemort, quitte à remonter pour les vendanges familiales. Le déménagement, l'emménagement firent comme une tourmente d'insurrection dans la petite vie de Jean Hur.

C'était par un automne sec et chaud. L'enfant poussa une chaise sous la fenêtre pour voir son nouvel univers.

Le premier étage était à la hauteur de l'énorme feuillage des platanes, arbres inconnus d'une exubérance tropicale, aux feuilles puissantes et grasses ; les gros troncs pelés et blêmes sortaient du trottoir par des ouvertures trop larges semi-circulaires, avec la bordure du trottoir pour diamètre. Les cars de Nîmes faisaient trembler, de la cave aux combles, la vieille bâtisse toute en longueur et en hauteur. Après, on voyait le parapet et, derrière, les morceaux de la digue disloquée, dans le lit du Gardon, en contrebas. Des grappes de gamins tout nus s'y agglutinaient, s'y bousculaient, plongeant, nageant, braillant, jouant, vifs et libres comme si les parents n'existaient pas. L'autre rive, en pente douce, était la ligne de repli sur laquelle se cramponnaient quelques pêcheurs opiniâtres adossés à l'abattoir qui les fournissait en asticots à bas prix.

Sur la droite, la colline et le roc de l'Ermitage, avec, à ses pieds, l'orageux quartier minier de Rochebelle. Sur la gauche, le foiral sous son épaisse toison de platanes que perçaient les cris des joueurs de pétanque.

La fenêtre de la nouvelle cuisine encadrait ça, ce grouillement hostile, ce brasier humain.

Des grappes de minots recuits remontaient de leur baignade nauséabonde en renouant la ficelle de leurs culottes. Quand ils apercevaient Jean Hur à sa fenêtre, ils le reconnaissaient aussitôt pour un fils d'instituteurs et ricanaient en conséquence. Quelques-uns le menacèrent avec des gestes obscènes et l'injurièrent en espagnol.

11

La Léonie de la Gronde

Le bien familial des Hur portait un nom terrible : LA GRONDE.

Les étymologies proposées pour ce lieu-dit ne sont pas moins nombreuses que pour le patronyme de ses propriétaires. Instituteurs curieux, érudits locaux voulurent voir dans Hur l'altération d'un scribe, par ce goût des beaux paraphes auquel le roi dut d'être le roy sur le parchemin des siècles durant. D'autres penchèrent pour l'altération sonore, excipant de la vivace tradition orale des Cévennes, démontrant, exemples à l'appui, les erreurs voulues de prononciation avec intention railleuse ou péjorative. On trouve en Languedoc beaucoup de familles Huc, on connaît aussi quelques Hugues, des Hué, Huet, Huette, Houette... Hur par contre est singulier. On parla d'abréviations (Hurand, Hurard, Hurault, Hurbain, Huret, Hurez, Hurlot, Hurteaux, Hurtevent...), on fit légende d'un charretier toujours « hurlant hue ! »... sans parler de tous les sobriquets possibles dont, bien sûr, « Ben Hur », cuistrerie de potaches qui n'épargna pas un des Hur qui s'élevèrent jusqu'au niveau de culture nécessaire.

La Gronde avait été une belle propriété, elle l'était restée jusqu'au Hur disparu avec le siècle dernier, celui qui avait perdu sa belle jeunesse à gagner une Tunisie à la France, sept années à l'ombre des drapeaux pour n'avoir pas tiré le bon numéro. Il avait épousé la belle fileuse qui passait par le sentier, le long de sa vigne du Rieu ; par le mariage, il en avait fait la reine de la Gronde, par sa mort, il en fit la régente indiscutée.

On parla de maladie tunisienne... De la mort prématurée de son époux jusqu'à sa propre mort, la grande veuve noire de la Gronde ne changea plus. Elle avait pris d'un coup la vieillesse et le deuil, à jamais.

C'était une de ces grandes veuves noires, anguleuses, sèches de corps et de comportement, comme il s'en trouve à la tête de tous les biens décapités de la Cévenne.

Quand il lui naquit un petit-fils, elle vint au berceau d'une démarche qui fit s'écarter les autres, la sage-femme et le père en premier. Elle découvrit l'enfant, le démaillota, observa longuement la petite larve bleuâtre et ridée. Du regard et du geste, elle s'assura du sexe du nouveau-né. Elle lui compta les doigts et les orteils, lui souffla dans les yeux, dans les oreilles, l'écouta hurler, enfin elle exprima sa satisfaction dans cette formule :

— Les vers à soie sont manqués, l'enfant est réussi, l'un dans l'autre, ce ne sera pas une mauvaise année...

Ce fut la dernière année où l'on fit des vers à soie à la Gronde : la vieille Hur éleva son petit-fils, Jean. En sortant de la chambre de l'accouchée, elle avait murmuré, inquiète : « Qui sait si cet enfant aimera le fromage ? » Le fromage de chèvre, le *pélardon*, avait été de tout temps la nourriture de base des Hur. Elle fut bientôt rassurée : mamée, un peu de pain pour finir mon fromage... mamée, un peu de fromage pour finir mon pain... cela ne tombait jamais juste, le jeu se poursuivit pendant des années, la vieille y prenait, secrètement, maugréant quand même, un plaisir aigu, toujours renouvelé. Jean Hur fit sa croissance au pélardon.

La Léonie de la Gronde, comme l'appelait Clerguemort, était une fille Bailhe, de ces Bailhe de Champdomergue durs au gain et durs aux coups. C'est une race qui vit centenaire sans savoir ce que sont les lunettes ou les cannes et sans s'arrêter de gagner ce qu'on mange à la sueur de son front. Des Bailhe, la grande veuve noire de la Gronde avait cette façon de se camper sur son seuil pour faire d'un seul regard circulaire la revue de son bien, regard bleu qui dénichait le voleur de pignes sur la crête des Fossats, ce regard que n'ont pas les reines, qui fait reculer même la Mort, la Mort finit toujours par revenir, mais par-derrière.

Un jour, Jean Hur s'en vint à penser à la jeune fille qu'avait été sa grand-mère, quand elle était fileuse, et il la vit, c'était le jour qu'on lui conta Blanche-Neige.

Chaque matin, à la pointe du jour, elle montait à son jardin, là-haut sur l'avant-dernier traversier de la montagne. Elle glissait ses sabots cloutés sur les pierres branlantes et verglacées, marches d'escaliers presque droits à flanc de murette, sans jamais baisser la tête ni le regard, portant au bout de chaque bras un seau pour l'eau de source, et, passés dans le tablier, le bêchard ou la houe, avec la faucille ou la hache, selon le travail projeté, et, enfin, sur la tête, un moïse de fumier d'un poids considérable. Le dimanche après-midi, elle aimait à recevoir d'autres veuves noires, ses cousines de la vallée ; elle leur servait une liqueur de coing dont personne ne sut jamais le secret, surtout pas sa belle-fille, la mère de Jean Hur, une « Ardéchoise » ! étrangère à laquelle on ne la vit jamais s'adresser qu'avec une hautaine rigueur, que, dans l'ordinaire, elle ignorait parfaitement, sans aucune affectation. Elle entraînait ensuite son cortège de grandes veuves droites sur les escaliers édentés et sournois des vieux traversiers pour la visite du jardin. Son orgueil s'exprimait dans une formule immuable : « Misère de chien ! un peu de tout, mais pas grand-chose de rien ! » Néanmoins, les régentes noires repartaient vers leurs douaires avec, au bout des doigts, trois brins de persil, une doucette ou deux aubergines comme il n'en pouvait pousser sur leurs terres de Donnarel ou du Casquillé.

Elle n'acceptait, elle n'attendait rien de personne, et ne ratait pas une occasion de le dire. Elle louait ses foins des Pratelles au Cagnar qui avait des vaches, vendait une coupe de pins de temps en temps, elle en avait plus qu'assez pour le sel, le café, le pétrole de sa lampe, la bougie de son chevet, la boule de gomme qui « fait bonne bouche pour le sommeil ».

Après le repas du soir, la vieille et l'enfant jouaient à la bataille avec un paquet de cartes dépareillées. Parfois, elle lui racontait une histoire, ou lui enseignait une de ces comptines patoises qui s'accompagnent d'un jeu des mains et des doigts (la levrette poursuivie sur la *planette* de la main par chacun des cinq doigts, du pouce au plus petit qui n'a plus rien pour lui, *pa-oùro pitchété* !), ou elle lui fredonnait d'anciennes rengaines patoises qui volent leurs mélodies à l'Auvergne des bourrées ou à la Provence des farandoles car la Cévenne est dépourvue de tradition musicale. Jouant ou psalmodiant, la vieille ne perdait pas de vue le niveau du pétrole dans le ballon de verre glauque d'une lampe qui éclairait à l'économie, la mèche aussi bas qu'il était possible de la ramener sans qu'elle s'éteigne.

En instituteurs parvenus, les parents de Jean Hur faisaient toujours mille recommandations à la vieille, l'une des plus formelles étant de ne jamais parler patois au petit. La grand-mère commençait donc ses histoires en français, ce qui l'emportait dans de tels embarras qu'il lui fallait bien pour en finir recourir au patois ; elle baissait alors la voix comme si les jeunes Hur pouvaient l'entendre d'Alès.

Elle écartait, cependant, progressivement les meilleures bûches du foyer, connaissait l'art immémorial de conserver le bon tison sous la cendre pour économiser l'allumette de l'aube. Jusqu'au dernier rougeoiement, le feu servait, pour le tilleul enfin que la vieille versait avec une formule invariable : « Ça fait venir vieux, à condition d'en boire jusqu'à quatre-vingts ans. »

Pendant que Jean avalait son bol de tisane, elle revenait de la chambre avec le bougeoir. Elle allumait la chandelle au verre de la lampe, puis éteignait la première flamme d'un seul souffle, la lèvre supérieure en avant. L'enfant n'essaya qu'une fois de l'imiter : il se brûla le bout du nez ; la vieille l'avait laissé faire, jugeant sans doute qu'une telle expérience n'était pas sans utilité. L'opération remplissait la pièce d'un mélange dosé de senteurs de pétrole et de chandelle, elle économisait une allumette encore.

Jean Hur courait à la chambre et procédait à l'ascension du lit antique. Sa grand-mère l'appelait en riant « le trône » (mot qui servait aussi pour le caisson des cabinets de campagne). L'enfant attendait le mot avec plaisir, quand il manquait, quand manquait au juste moment l'une de ces courtes plaisanteries rituelles, il savait sa mamée fâchée, malade peut-être, il se sentait terriblement menacé, affreusement fragile sous un ciel pesant, fissuré...

Son trône accueillait le cure-nid de la Gronde avec de bruissants chatouillis qui n'en finissaient plus. Il n'y avait pas de matelas mais une paillasse de maïs, simple enveloppe de gros drap écru, fendue de longues boutonnières qui permettaient de changer fréquemment la couche dans sa totalité. Cette enveloppe, comme les draps, se blanchissait dans le torrent, séchait sur la grève, au grand soleil, pour ne rapporter que les forces et les parfums essentiels de la nature au sein des sommeils de l'enfant.

La grand-mère donnait la boule de gomme de la bonne bouche, soufflait la chandelle, se déshabillait et se couchait. Les bruissements de sa paillasse relayaient les cris de l'autre dont le maïs avait fini de prendre la forme de l'enfant. C'était le moment où Jean Hur mettait à l'épreuve sa volonté, s'efforçant à ne pas croquer la boule de gomme, à la laisser fondre dans sa bouche, chaque soir, en vain.

Alors il entamait la lutte sournoise contre le sommeil, le combat quotidien que mènent les enfants jusqu'à l'extrême limite de leurs forces, jusqu'à l'inconscience. Quels sombres, quels primitifs instincts poussent les enfants de toujours et de partout à vouloir durer jusqu'à l'aube, comme cette petite chèvre de M. Seguin dont Jean Hur venait d'entendre l'histoire ?

— Mamée, comment il l'a rencontrée, le Cagnar, sa Cagnarde, pour se marier avec elle ?...

— C'est à cause de sa luzerne, à côté de la filature. La Cagnarde est une fille Cantarel, des Cantarel de Saint-Maurice-de-Ventalon. Elle descendait de son Saint-Maurice pour venir travailler à la filature, pour gagner son trousseau comme ça se faisait dans le temps... (soupirs)... Quand il travaillait dans sa luzerne, *pardine*, le Cagnar la voyait passer...

— C'était encore le Larguier du Casquillé qui faisait danser, avec son violon ? relançait l'enfant quand il sentait s'amollir la voix de la vieille.

La vieille racontait la noce Cagnar dans tous les détails.

— Mais, mamée, ce que je ne comprends pas, c'est comment le Vigne, le facteur, qui n'a pas de bien, près de la filature, il a connu sa Vignesse, parce que, mamée ? la Vignesse, c'est bien la sœur de la Cagnarde ?

— Tout ça, c'est catholique, papiste et compagnie ! Pour ses noces, le Cagnar, il avait invité tous les culs-blancs du pays, il pouvait, il n'y en a pas tellement...

L'enfant calait le premier, la Léonie de la Gronde aurait passé la nuit à raconter les noces de Clerguemort. Au vrai, Jean Hur s'en moquait éperdument, l'important, c'était d'entendre cette voix familière dans les ténèbres embuées par les senteurs persistantes de la chandelle éteinte. Il s'endormait sans s'en rendre compte, niché, enfoncé, protégé par les petits cris affectueux du maïs à chacun de ses mouvements.

Quand il se réveillait, la vieille avait déjà terminé une journée de travail. Elle redescendait du jardin avec l'eau pure pour la journée, des brassées d'herbe pour les lapins, ses cueillettes de haricots, de salade, de poireaux, de blettes, des fruits sauvages, *pessaigres* des pêchers non greffés, poires ou cerises minuscules mais violentes par les couleurs et les saveurs.

Jean Hur ouvrait un œil dans les senteurs pénétrantes de toute une verdure humide de rosée. Il tendait l'oreille aux bruits du matin : la vieille, accroupie, ranimait le feu. Quand le moulin à café se taisait, Jean Hur appelait la mamée. Elle venait l'embrasser dans son lit, le rebordait, lui conseillait de profiter encore un peu de la chaleur du lit, de faire sa « couadette », un mot bien à elle encore pour lui dire de se musser dans les draps, le temps de terminer le déjeuner.

Il y avait, au-dessus du trône, un raisin qui pendait, accroché à un clou de la poutre. Jean Hur pouvait l'atteindre en se mettant debout sur le lit. Il le croquait ainsi, sans le décrocher, veillant à laisser toujours un grain, à cause du Chamois féerique. On lui avait conté l'histoire du chasseur qui avait blessé un chamois, puis s'était refusé à l'achever d'un second coup de fusil en apercevant la grosse larme qui coulait de l'œil attendrissant de l'animal. Ce chamois, qui était un bon génie, l'en remercia par ces mots : « Tu trouveras dans ton placard un fromage, si tu fais bien attention à ne jamais le manger tout, à en laisser toujours un bout, le lendemain tu retrouveras le fromage entier... » Chaque matin, Jean Hur retrouvait son raisin entier, comme une grappe magique...

Les sensations toutes simples, mais d'une richesse inaltérable : odeurs, bruits, saveurs du raisin magique sur l'arrière-goût de la boule de gomme, poussières en émoi dans un rayon de soleil, tout cela, comme tout dans la visite de l'oncle Roure, le vieil horloger, pénétrait dans le petit Jean Hur sans qu'il y prenne garde. Comme pour l'*idéïous* des pendules, il faudra que passent sur sa vie les années de sang, de feu, les cataclysmes et les folies, pour qu'il découvre ce qui était au plus profond de lui, et pour qu'il en comprenne le prix.

Même quand ses parents arrivaient pour prendre leurs quartiers de vacances, il ne se rendait pas compte qu'entre deux portes, en quelques mètres, il franchissait des siècles.

La redoutable régente de la Gronde s'était opposée à l'installation de l'électricité. La seule concession que les Hur finirent par lui arracher, ce fut d'aménager à leur goût les pièces qu'ils habitaient, au fond du mas, pendant leurs congés. Ainsi, la moitié du mas était éclairée à l'électricité, tandis que l'autre continuait à s'éclairer comme au Moyen Age. Mettre l'opiniâtre refus de la vieille sur le compte d'un esprit retardataire et avaricieux serait trop sévère pour la Léonie de la Gronde, certes, il y avait aussi de ça, mais il y avait des raisons moins communes : ses protestations laissaient percer une sorte de fidélité instinctive à l'époux défunt, comme si elle ne survivait que pour maintenir la propriété dans l'état où le maître l'avait laissée. Et puis, l'électricité, c'était reconnaître à un étranger le droit d'entrer chez vous quand bon lui semblerait, soi-disant pour relever le compteur ! Enfin, elle était trop vieille, maintenant, pour se faire à toutes ces nouveautés, à une lumière qui continuait à vous coûter des sous même si vous ne vous en serviez jamais...

De l'autre côté de la Gronde, le courant amenait la radio, des instruments de toutes sortes. Dans ce nouvel univers, tout était propre, net, clair, sous la lumière égale et dure. Pourtant, il faut bien le reconnaître, Jean Hur passait d'un univers dans l'autre sans voir la différence. Le soir, son père et sa mère lisaient (plus tard, ils écouteront la radio), quand l'heure venait, « clic » une lumière s'allumait dans la chambre, « bonne nuit, Jeannot », « clic », elle s'éteignait vite et bien, inodore, insipide, c'était tout.

Jean Hur fit donc ses premiers pas autour de la Gronde. Ses premiers pas, exactement, furent pour couvrir les cinq ou six enjambées d'homme du portail au chemin vicinal, distance énorme pour des premiers pas. A mi-distance, comme par hasard, il y avait toujours une brouette sur laquelle la vieille et l'enfant faisaient la pause avant de se rendre jusqu'au bord du chemin, pour attendre le passage du Planteur de Caïffa. C'était dans le temps où elle le portait encore pour monter au jardin, sous le bras, tête et membres pendants, tel un sac de patates, parce qu'elle n'en portait pas moins ses deux seaux, ses outils, ses graines, et son fumier sur la tête. Peu à peu, les étapes s'allongèrent, jusqu'au petit moulin, jusqu'au figuier, finalement jusqu'à l'*embranchement*, le rendez-vous des amoureux de la vallée, là où le chemin de Clerguemort rejoignait la route nationale. Ils n'allèrent guère plus loin, les temps venaient, pour l'enfant, de sortir seul, « de courir les chemins, d'*emporter les carrières* », comme disait la vieille, avec une fière mauvaise humeur.

L'heure de la promenade, c'était selon le temps ; au fort des chaleurs, Jean Hur faisait la sieste, de gré ou de force, deuxième sommeil qu'il n'avait aucun mal à repousser. Il rêvassait dans la pénombre qu'une seule mouche suffisait à animer, tandis que la vieille faisait mine de dormir, se refusant à tout questionnaire, même sur les alliances de Clerguemort. La sieste, pour elle, c'était sacré comme une médecine, et ces brigands de drôles ne voudraient jamais dormir l'après-midi. Plus il grandissait, plus Jean Hur avait du mal à supporter cette punition. Il était à l'affût du moindre bruit du dehors, d'un pas sur le chemin, d'un cri sur la montagne, pour imaginer le bonheur de soleil, de baignades, de jeux, de courses folles, à volonté, des enfants libres. Il souffrait alors dans son corps d'être frustré des heures les plus belles, tant d'heures perdues à jamais pour lui, l'enfant trop gâté (on ne se faisait pas faute de le lui dire), lui, condamné à des heures de sieste forcée.

Mais la vie recommençait aussitôt après : un peu de fromage pour finir mon pain... un peu de pain pour finir..., les gorgées à perdre haleine de l'eau de notre source, à peine teintée d'une piquette qui la parfumait âprement, les belles gorgées, quand la mamée tournait le dos, parce qu'elle prétendait que, plus on a soif, moins il faut boire, que, plus il fait chaud, moins il faut chercher le frais.

A l'embranchement, but des plus longues promenades, qui paraissait si lointain au tout petit Jean Hur et lui parut si près bientôt, la grand-mère et le petit-fils s'asseyaient sur la bordure du rocher, de l'autre côté du parapet à pic sur la rivière. Leurs conversations s'allongeaient comme les pas de l'enfant.

La première loi des hommes, c'est la vieille qui l'enseigna à Jean Hur.

A quelques mètres de l'embranchement, un arbre magnifique pendait du haut d'un rocher sur le chemin. Un figuier. La vieille Hur fit défense à son petit-fils de toucher aux belles figues noires qui tiraient l'œil, et la main :

— Ce sont les figues du Bésougnous, disait-elle.

Le *Bésougnous* (le Besogneux), c'était le mendiant de Clerguemort.

Chaque jour, il passait beaucoup de gens, des grands et des petits, des pauvres et des riches, des gens comme il faut et des coquins, sous ces figues lourdes et mûres à toucher le nez, mais il n'y en avait qu'un qui les cueillait au passage, c'était ce pauvre vieux Bésougnous.

Il était l'unique mendiant de la vallée. Son sort était, par bien des côtés, assez enviable. Clerguemort lui témoignait des égards qui n'étaient pas pour le commun de la besace, c'était plus que de la charité, cela tenait de l'estime due à qui va jusqu'au bout de ses pensées, et même d'un respect teinté de philosophie. Chacun savait l'histoire de sa misère, on la racontait si volontiers, depuis si longtemps, qu'elle se dépouillait, s'embellissait, se purifiait, devenait un apologue digne de la Bible. C'était un mendiant pour livre d'images. A l'école du dimanche, les petits huguenots de Clerguemort, lorsque le pasteur leur racontait Abraham, le voyaient sous l'apparence du Bésougnous, avec sa cape de pâtre gonflée par les tramontanes, passée par les soleils, griffée par les ronces, poudrée par tous les chemins, avec ses cheveux sur les épaules, si fins, si longs, qu'un coup de vent les soulevait en auréole, et sa barbe jusqu'à la ceinture, cheveux et poils pas tout à fait assez fournis pour être si longs, comme impalpables, et que le soleil dorait de manière surnaturelle.

Il avait vécu en petit propriétaire ni riche ni pauvre, au niveau moyen des paysans de la Cévenne. Il avait perdu les siens, un à un, au fil des ans. Son épouse mourut la dernière ; à soixante-dix ans, il se retrouva seul. Alors, froidement, il calcula qu'il lui restait, dans le meilleur des cas, une dizaine d'années à vivre, et décida de les vivre dans les meilleures conditions possibles. Puisqu'il était le dernier, qu'au moins sa race finisse en beauté ! Il bazarda ses biens, fit dix parts de la somme rondelette qu'il en retira et se crut obligé d'en claquer une par an jusqu'à la dernière incluse, jusqu'au dernier liard. Il allait maintenant sur ses nonantes, et, depuis près de dix ans, tendait la main aux passants en marmonnant :

— Donnez quelque chose au pauvre homme qui a le malheur de dépasser sa vie...

Pour le merci, il tirait lui-même la morale de ses erreurs :

— Au nom du pauvre homme qui croyait savoir son heure, et que l'Éternel qui est seul à savoir punit cruellement, que votre bonne manière vous soit rendue avec les intérêts sur cette terre comme au ciel, *amen !*

Il ne faudrait surtout pas en déduire que la vieille Hur témoignait de la même miséricorde en toute occasion, au contraire, sa défense des figues du Bésougnous était une exception. Elle chassait les nomades de ses terres, les chemineaux de ses chemins, les grappilleurs de ses vignes, les colporteurs de son devant de porte, les chercheurs de champignons de sa châtaigneraie, les ramasseurs de pignes et de bois mort de sa pinède et les roulottes de l'abri naturel du roc de la Gronde.

Pendant la pause à l'embranchement, elle épiait le bivouac des caraques sur le pont du Chambon, s'efforçant de communiquer à Jean Hur sa méfiance pour les rétameurs, les rempailleurs, les ramasseurs de peaux de lapin, les chiffonniers, les vanniers, pour tout ce qui vit des grands chemins, gens sans feu ni lieu, engeance de voleurs de pommes, ravageurs nocturnes des poulaillers qui savent arriver derrière vous sans bruit quand vous oubliez un outil au jardin ou quand vous venez d'étendre le linge...

Elle se défiait de tout ce qui était *étranger*, le mot étant pris dans le sens le plus large : étranger non seulement à la France, mais à la Cévenne, à Clerguemort, aux traditions, à la coutume, aux habitudes ; l'étranger pouvait commencer pour elle, à l'occasion, en dehors des bornes limitant la Gronde, un étranger pouvait manquer seulement de cousinage avec les Hur.

Un jour, elle surprit son petit-fils en train de jouer avec le petit Manuel, qu'on appelait Manole ; elle chassa furieusement l'étranger, le poursuivit même en courant jusqu'aux abords de Clerguemort, criant des invectives, poussant l'horrible sifflement qu'on réserve aux chiens errants qui peuvent colporter la rage ; de retour, encore essoufflée, elle chapitra longuement Jean Hur. Le petit Manole avait pourtant, à une semaine près, le même âge que Jean, coïncidence dont les grandes veuves de Clerguemort tenaient ordinairement le plus grand compte, qu'elles marquaient dès la naissance pour grouper les enfants de Clerguemort par années, par mois, le fait d'être « de la classe » pour les fillettes comme pour les garçons étant à leurs yeux un lien naturel presque aussi légitime que ceux du sang. Mais le petit Manuel, dit Manole, était l'un des innombrables enfants du misérable mineur espagnol Roméro, dit Libertade, une famille, *une troupe* serait mieux dit... des gens qui ne parlent pas comme nous, qui ont d'étranges façons de faire, des manières de *Sarrasins* pour manger, dormir, boire, vivre et mettre bas...

L'affaire lui parut d'une telle conséquence qu'elle rompit un silence qui durait depuis des mois entre elle et sa bru, s'apercevant soudain de l'existence de la mère de Jean Hur, une Ardéchoise, certes, mais quand il s'agit d'un Espagnol... Ce fut la première fois, et la seule, que la Léonie de la Gronde commit une action qui ressemblait tristement à un mouchardage, et aussi la première fois que la grande veuve Hur fut à peu près d'accord avec l'étrangère qui était venue des bords de la Cèze pour lui voler son fils, l'héritier de la Gronde. La grand-mère n'eût pas mis plus de véhémence dans son rapport de l'incident s'il s'était agi d'une faute assez grave pour qu'on lui retire son petit-fils.

Et pourtant... pourtant, il y avait peut-être, dans la xénophobie maniaque de la vieille Hur, moins de méchanceté foncière que d'agressive timidité, cette inquiétante inversion des âmes, une infirmité mal connue, dont il est fort peu parlé, beaucoup plus répandue qu'on n'imagine. C'est comme un récif non homologué, un rocher qui s'est détaché d'une des falaises battues et rongées, sur le bord extrême de l'humanité, qui a glissé dans les ténèbres sans que personne s'en aperçoive, qui s'est abîmé sous les eaux, absolument invisible par calme plat, et qu'un coup de lune, soudain, au pire de la tempête, révèle en pleine lumière, quand il est trop tard.

Clerguemort devait bien sentir qu'il y avait, là-dessous, quelque chose comme ça. Le village ne partageait en rien la haine de la Léonie Hur pour les étrangers, il avait admis la famille du mineur Libertade qui s'y sentait parfaitement à l'aise, et bien d'autres... Il n'empêche que Clerguemort ne tenait aucune rigueur à la grande veuve Hur pour les excès de son chauvinisme, les gens n'auraient su dire pourquoi ; ils étaient de la même race, de la même Cévenne, peut-on aller plus loin pour éclairer leur indulgence ? Leur compréhension, ici comme souvent, allait par nature, c'était une sorte d'instinct, se sentaient-ils vraiment tout à fait à l'abri des haines, ou des peurs de l'inconnu ? N'étaient-ils pas retenus, à leur insu, dans une réprobation qui aurait dû éclater, par un même durcissement de l'âme qui s'accomplissait en chacun d'eux, à des degrés divers, cette longue trempe des cœurs portés au rouge qui avait fait jadis, en un siècle, du petit peuple attendri de la Douce Colombe, le flamboyant acier des vengeurs impitoyables du Dieu des armées ? La concrétion peut se poursuivre un siècle, on l'a bien vu, sans bruit, sans éclat, sans rien pour alarmer, c'est l'escarbille sur la mousse trop sèche, avec son feu qui chemine sans fumée sous le couvert des hautes fougères humides, qui attend son jour de canicule, et la trouée vers les branches basses d'un vieux tronc bien sec, il est toujours trop tard alors, c'est le pays tout entier qui s'embrase par bon vent, il est toujours trop tard quand les brebis éternelles, subitement, se jettent sur les loups pour les égorger, trop tard même quand elles dévorent les pâtres, trop tard surtout quand elles en sont à se dévorer entre elles (si brutal est le revirement qu'elles commencent par là plus d'une fois). Pas un habitant de Clerguemort qui sût le premier mot de cela, mais personne qui n'eût subi la première atteinte d'un mal ancestral dont la Léonie de la Gronde montrait par crises rares mais foudroyantes, et sur un seul point bien particulier, l'exacerbation : ce durcissement qui est au cœur du petit peuple ce que le cal est à ses mains.

C'est par la Léonie de la Gronde que Jean Hur fut introduit dans Clerguemort.

Ses jambes lui permirent bientôt d'accompagner sa grand-mère aux commissions. Il descendait avec elle chez les « Cordonnières », l'épicerie, vaste sous-sol encombré qui n'avait de jour que celui de la porte, lumière de soupirail puisqu'il fallait remonter trois hautes marches pour se retrouver au niveau de la rue. La porte bousculait, en s'ouvrant, les tubes sonores suspendus sur le pourtour d'un timbre grand modèle, l'ensemble tintinnabulait follement, il fallait plus de trois minutes pour que se calme le tintamarre aigrelet qui ravissait Jean Hur, mais souvent une autre cliente arrivait avant. Il fallait encore crier qu'on était là car les Cordonnières étaient très sourdes. Elles étaient aussi myopes comme des taupes, on ne savait plus en somme de quels maux elles ne souffraient pas. C'étaient deux extraordinaires petites vieilles filles, parfaitement semblables jusqu'au détail microscopique de rides si compactes que leur fichu avait l'air noué autour d'une des grosses pelotes de laine qu'elles vendaient. L'une des deux finissait par entendre, la trappe se soulevait : une bottine à boutons apparaissait, puis une deuxième, puis, très vite, une main minuscule qui serrait pudiquement le bas de la jupe, geste jadis explicable qu'un demi-siècle avait rendu machinal. La Cordonnière descendait l'escalier de bois, apparaissant, une marche après l'autre, la tête en dernier. Les Cordonnières étaient sœurs. Leur père tenait échoppe de cordonnier, en son temps, dans ce sous-sol au plafond si bas que les deux patronnes étaient les seules qui n'avaient pas à baisser la tête, les seules faites au moule de leur logis. On n'en voyait jamais qu'une, l'autre était toujours malade, on ne savait jamais laquelle était là, laquelle là-haut, après tout, c'était peut-être toujours la même en bas, et la même au lit, qui pouvait encore dire si elles se ressemblaient tellement. Même les grandes veuves noires de la vallée, si sourcilleuses en ces matières, devaient faire effort pour se rappeler le prénom de chaque Cordonnière. Tout était petit, à commencer par la balance dont les plateaux, demi-sphères de cuivre, étaient là pour témoigner que, dans cette boutique, on ne s'attendait pas à faire de grosses ventes. Qu'elle soit l'une ou l'autre, la Cordonnière de service trottinait, s'affairait, avec le sérieux d'une fillette qui joue à l'épicerie, allant et venant de la balance à peser trois berlingots jusqu'à l'une des menues boîtes en carton, qui, étagées par milliers, couvraient deux murs, la boîte contenant trois mètres soixante-trois de cordonnet gris perle, ou bien deux aiguilles pour fil écru...

Il y avait, chez les Cordonnières, des bonbons ayant plus de trente ans d'âge. Ils avaient un goût particulier, Jean Hur qui en recevait un en cadeau à chaque visite ne l'oublia jamais, et pourtant sa grand-mère le lui faisait cracher dès qu'ils étaient remontés sur la rue. Il n'oublia pas, non plus, les senteurs de tabac, de poivre, de cannelle, de camphre, de sulfate et de teinture d'iode que le plafond bas compressait comme un piston dans la pénombre humide du sous-sol.

On trouvait de tout chez les Cordonnières, depuis le jupon jusqu'aux clous de tapissier, de la brouette au mouchoir, de la sulfateuse dorsale à l'hameçon anglais Kendal n° 15, idéal pour les vairons, de la scie passe-partout à deux mains (dite *tiradouïré)* jusqu'à l'*azégadouïré*, outil de jardin constitué par un récipient en forme de poire fixé sur un manche d'un mètre cinquante, qui sert à puiser l'eau dans les bassins de retenue pour en arroser, à la volée, les haricots grimpants.

Quand on remontait de chez les Cordonnières, il ne restait plus que le pain à prendre. En arrivant dans la boulangerie-buvette-téléphone, la vieille Hur, sans rien dire, se dirigeait d'un pas oblique vers la gauche, dans un coin sombre réservé à cet effet, tandis que l'Edemond se tournait ostensiblement vers le mur. La Léonie de la Gronde troussait vivement son jupon, décrochait la baguette de bois marquée d'encoches qu'elle venait donner au boulanger, après s'être vivement rajustée. L'Edemond la saisissait, l'accolait à la réglette correspondante marquée d'un HUR au fer rouge qu'il avait prise parmi une trentaine de baguettes semblables alignées en râtelier derrière le comptoir. D'un seul coup de scie, il traçait sur le côté des deux réglettes une encoche de même profondeur, deux encoches pour deux pains, et ainsi de suite. Il rendait ensuite la réglette à la vieille qui se retirait dans le même coin. L'Edemond, après avoir rangé la pige HUR parmi les baguettes de Clerguemort, glissait à l'enfant un morceau de fougasse odorante dont la croûte luisante était semée de quelques grains de sucre coloré, ou, si c'était le jour, une *barquette* dorée qui brûlait les doigts. Les enfants attendrissaient l'Edemond ; il les gâtait, il chuchotait pour eux seuls des maladresses touchantes qui eussent bien étonné ses pairs, les autres célibataires gaillards.

C'est un matin pareil en allant chez les Cordonnières, que la vieille et l'enfant trouvèrent Clerguemort en ébullition : le Raoul Ardailhan, le fils du Laguerre, le petit-fils de l'Esaïe de Canaan, avait disparu.

Le père Ardailhan, capitaine en retraite, Matthieu, dit *La Guerre*, courait de l'un à l'autre, jurait, parlait d'alerter toutes les brigades de gendarmerie de la Cévenne, criait qu'il allait remuer ciel et terre, et qu'on verrait ce qu'on verrait ; avec des gestes de théâtre, il tournait en rond.

— Dis, mamée ! qu'est-ce qu'il a fait, le Raoul du Canaan ?

— Ah ! tu le comprendras bien assez tôt, monstre de sort ! grogna seulement la vieille.

Le grand-père Ardailhan, le vieux chevrier du Canaan, tentait de calmer son Laguerre de fils :

— Allons, Matthieu, arrête de faire tant de volume ! Tu le sais bien, que tu le retrouveras, ton Raoul, tu t'en doutes bien, va, de ce qu'il a fait : il s'est envolé, c'est de son âge, il fallait que ça lui arrive, à lui aussi. Tu l'as bien fait, toi aussi, ta fugue, au même âge...

— Qu'est-ce que tu *répapieu*, le père ? rugissait son Laguerre de fils, à son âge, moi ?

— Ma foi, tu as peut-être bien raison, répondait calmement l'Esaïe du Canaan, tu avais peut-être bien un an de plus que ton Raoul, ou même deux, quand tu as fait ta montée vers le ciel...

Par le ton, le grand-père Ardailhan se trahissait, il donnait à son petit-fils le bénéfice de la comparaison. Clerguemort se remuait, bien sûr, les hommes présents se partageaient les crêtes et les sommets, fixaient les points de rassemblement, convenaient des cris de ralliement. Mais, c'était visible, le village ne se pressait guère de s'accorder au diapason dramatique du Laguerre.

— *Annèn !* droulet... fit la Léonie de la Gronde, entraînant Jean Hur un peu brusquement.

Quand ils firent la pause, à mi-chemin entre le village et le mas des Hur, l'enfant était à peu près sûr d'avoir compris l'aventure du Raoul de Canaan.

Les adultes ont eu tout le temps d'oublier de quelle subtilité peut faire preuve, très tôt, le cerveau d'un tout jeune enfant, et quelles finesses peut montrer, dans le discernement, un esprit neuf, pour peu qu'il soit doué de naissance.

Comme il n'était pas très grand pour son âge, à six ans passés, Jean Hur se voyait encore traité en bébé, par ses proches les premiers ; cependant, il avait déjà fait le tour des mystères de la vie dont on lui cachait volontairement les clés. Il s'était même déjà fixé des attitudes et des principes que n'auraient pas dédaignés de vieux diplomates. Il avait pris, par exemple, le parti de ne plus poser de questions quand il butait sur l'un des mystères qu'il savait, par expérience, ou devinait, par intuition, devoir gêner les grandes personnes. Il s'était rabattu sur cette habile réserve à la suite de deux remarques : de telles questions n'obtenaient de réponses satisfaisantes ni pour lui, ni pour ses parents, lesquels conservaient de l'humeur soit de leur embarras, soit de leurs petits mensonges hâtifs. (Évidemment le petit Hur ne s'expliquait pas à lui-même aussi nettement ; décider le silence et une attention redoublée, c'était déjà très beau vu son âge.)

Jean Hur s'était aperçu qu'après ces questions demeurées sans réponse véritable, les grands redoublaient de précautions pour lui dérober un mystère qui piquait fort, ils venaient de s'en apercevoir, la curiosité d'un enfant trop en avance pour son âge, et qu'on n'eût quand même pas supposé tellement éveillé déjà !

C'est tout le résultat qu'il aurait obtenu s'il avait questionné sa grand-mère, l'avant-veille, sous la crête des Fossats, quand ils étaient tombés sur l'Alberte, l'aînée des Vignettes, qui se roulait sur la mousse avec le Chicane.

Avec son regard d'aigle qui balayait régulièrement le bien de la Gronde, la vieille avait dû repérer le passage d'une silhouette étrangère du côté de sa pinède. Même ça, le petit Hur l'avait compris immédiatement : d'abord, cette promenade aux Fossats s'était décidée bien vite ; d'habitude, pour une escalade de cette importance, la vieille commençait d'en parler plusieurs jours d'avance et préparait la veille la fouillette de piquette allongée d'eau et, le matin au plus tard, les tranches de pain, le pélardon et les *pessaigres* du goûter. Comme, en outre, la mamée ronchonna pendant l'escalade contre les voleurs de pignes, les brigands, les coquins, les monstres qui se croient tout permis, qui profitent, sans se gêner, du bien des autres, et après, jettent leurs sales mégots dans les aiguilles de pins, ou mieux : s'allument un bon feu ; n'importe où, n'importe comment, pour faire leur fricot, ou même pour rien, pour voir, pour s'amuser, et vous trouverez encore des gens pour vous demander comment le feu peut bien prendre dans les pinèdes et vous détruire en moins d'une heure de quoi vivre plus d'un an... Voilà plus qu'il n'en fallait à Jean Hur pour deviner que cette promenade n'était qu'un prétexte pour faire une patrouille vengeresse.

D'ailleurs, plus ils approchaient du périmètre suspect, moins la vieille s'en cachait, elle se courbait pour longer les murettes et recommandait sans cesse, par gestes complices, le plus grand silence.

Et c'est ainsi qu'ils étaient tombés sur l'Alberte Vigne et le Chicane en pleine action.

Il ne faudrait pas croire non plus, à l'opposé, que Jean Hur avait tout compris, sa vivacité et sa retenue lui avaient permis d'en apprendre seulement un peu plus, le maximum possible. Acharnée sur des intrus incendiaires, la Léonie de la Gronde s'était trouvée toute bête en découvrant le couple qui s'enflammait d'une autre façon, il lui fallut quelques secondes pour revenir de sa stupeur et laisser retomber, sans la lâcher trop brutalement, la touffe de bruyère qui se referma, comme un rideau d'alcôve, sur la scène à peine entrevue. Les amants tout à leur affaire ne s'étaient aperçus de rien. Un bon moment encore, la vieille resta là, clouée sur place, toute tremblante. Ce n'était plus de la stupeur. Léonie Bailhe, la belle fileuse, jeune fille huguenote de ces Bailhe de Champdomergue tant raides et droits sur leurs droits et leur dû que sur l'honneur et le devoir, avait une grande pudeur. Épouse, puis mère, puis veuve, elle avait gardé toute sa pudeur intacte, par l'un de ces charmes clairs qui sont dans la nature des féminités les plus humbles. Par la stupeur, puis la pudeur, la grande veuve glissa dans une colère blanche qui la pétrifia quelques minutes encore.

Jean Hur n'avait pas les mêmes raisons d'être déconcerté. Il n'avait aucune raison de ne pas appliquer ses nouveaux principes, d'autant plus que jamais rien n'avait à ce point excité sa curiosité : la première idée qu'il avait eue était fantastique, pas moins, il avait cru que la Vignette et le Chicane étaient en train de se battre ! il n'avait qu'entrevu la scène, sous le bras de la vieille écartant la bruyère. Il n'eut pas une hésitation, il fit comme s'il n'avait rien vu, il s'esquiva, en douce.

La spontanéité de ces réactions est moins étonnantes quand on se souvient que se faire tout petit pour disparaître sans bruit est le premier réflexe de beaucoup d'enfants devant l'imprévu, et des enfants timides particulièrement.

La curiosité de Jean Hur demeurait la plus forte. Il voulait absolument assister à la bagarre du malin Chicane avec la robuste Alberte ! A l'abri des bruyères en rideau sur le bord de l'entonnoir moussu que les jeunes gens avaient choisi pour nid sans douter un instant de son inviolabilité, l'enfant remonta discrètement, suivit la courbe sur quatre-vingt-dix degrés environ, découvrit, là, sur un plan légèrement supérieur et presque en face de sa grand-mère qui, apparemment, ne se souciait pas encore de lui, le poste d'observation rêvé. Il ouvrit tant qu'il put ses yeux et ses oreilles.

La déception de Jean Hur fut immense : ce n'était pas une vraie bagarre. Pas de coups, pas d'injures, pas de cris, pas de bonds... Le jeune mineur et la fille du facteur étaient bien emmêlés comme des lutteurs, ils bougeaient bien, roulaient bien d'un côté, de l'autre, mais sans aucune brutalité, sans rudesse ni brusquerie, au ralenti, comme si le cœur n'y était pas ! Ce n'était pas ainsi qu'ils risquaient de se faire du mal ! Quant à savoir qui gagnerait l'autre !... Mais, qui sait, ce n'était peut-être ni de la lutte, ni de la boxe, ni la bagarre de la récréation, ni la bagarre de la sortie de quatre heures où tout est permis dans le fond d'un cul-de-sac désert, c'était peut-être un combat d'une nouvelle mode...

L'attention de Jean Hur s'intensifia.

Les prises, les coups restaient confus. S'il s'agissait vraiment d'un nouveau sport, l'Alberte et le Chicane le connaissaient mal encore. Un débrouillard comme le Chicane ! ses maladresses étaient incompréhensibles.

Il ne savait que faire de ses mains... il froissait les habits de la fille et il n'avait même pas l'idée de lui fermer le corsage ! comme s'il était aveugle ! comme si ça ne le gênait pas, ces seins qui lui ballottaient sous le nez (il avait peut-être *pété* les boutons ?), et ça devait sentir bon, tiens ! des seins tellement gros qu'on pouvait bien dire des... des *nichons* (un gros mot !).

Elle, n'empêche ! toute cul-blanc qu'elle était, faisait tout ce qu'elle pouvait, de toutes ses forces, tantôt pour étrangler son adversaire, tantôt pour l'étouffer en lui bloquant la poitrine, et elle n'y allait pas de main morte, la grande Vignette ! c'était bien grâce à elle que la lutte gagnait un peu en vitesse et en ampleur de mouvement, pas au point de faire vraie bagarre, mais presque... Elle s'en donnait, l'Alberte, elle ne manquait pas de cœur au ventre ! elle y mettait de la vaillance, on entendait son souffle pour accompagner les coups, comme un *bouscassier !* elle en gueulait même !...

Mais... qu'est-ce qui se passe ? elle en a déjà assez ? ils tombent chacun de leur côté, comme s'ils étaient à bout de forces, ah ! non, ils n'en ont pas fait assez ! ils ne vont quand même pas dormir, ces deux minables, peaux de zébi, va...

Ce qui suivit mit le comble à la déception de Jean Hur. Il en fut écœuré !

La robuste Alberte demeurait allongée sur le dos, les bras en croix, haletante, oubliant de refermer ses gros seins qui changeaient de place à chaque respiration, les yeux fermés, et souriant, d'un grand sourire satisfait, comme si elle avait vraiment gagné quelque chose, comme si elle pouvait s'endormir tranquille sur une victoire... Mais le pire vint du Chicane. Après s'être étiré tout son saoul, le jeune homme s'était rajusté, puis il s'était allongé sur le côté, contre la Vignette... Et que faisait-il maintenant ? Jamais Jean Hur ne l'aurait pu trouver tout seul : le grand Chicane, qui jouait si souvent au malin, poutounait la grande Alberte, tout bonnement ! mais pourquoi n'envoie-t-elle pas promener ce grand imbécile ? voilà maintenant qu'il lui passe la main dans les cheveux, qu'il lui fait des caresses, comme si c'était encore un bébé, l'aînée des Vigne ! Non... ça, alors... il ne se connaîtrait pas le plus bête des deux, c'est à n'en pas croire ses yeux ! cette grande drôlasse, au lieu de rembarrer un bon coup ce grand lambin, ne se met-elle pas à lui rendre ses poutous ?...

Incompréhensiblement, Jean Hur n'en put supporter davantage. Il se défila promptement, sans faire plus de bruit que les vives et souples *sauvagines*.

Sa grand-mère l'attendait, assise sur le rocher, à bonne distance du foyer de l'orgie. L'œil courroucé, mais la voix étouffée, elle lui demanda d'où il venait, comme ça. Il répondit :

— J'avais cru voir un écureuil, par là-bas derrière...

Il montrait la direction opposée, tandis qu'elle battait l'air de ses grandes mains ouvertes, pour lui faire comprendre qu'il devait baisser le ton. Il se tut, mais pour une autre raison.

L'enfant ne pouvait plus détourner son regard du visage de la vieille, il le scrutait, le déchiffrait, avec une pénétration irrésistible, insoutenable. Les jolis petits yeux marron clair de cet enfant avaient un regard qui n'était plus enfantin, un regard à faire baisser les yeux d'une Léonie de la Gronde !

La grand-mère se leva, elle prit la descente, sans se retourner.

Ainsi, ce n'était pas une bagarre, ce n'avait jamais été une bagarre, ni de près, ni de loin, rien à voir avec une bagarre. L'esprit de Jean Hur allait très vite : et ce n'était même pas un jeu ! il en était là, déjà :

— Mamée ! mamée...

— Oui ! Quoi ?... Qu'est-ce qu'il y a ? *Dé qué volès, moun droulet ?*

— Rien, rien, mamée !

Sa question avait avorté comme une plainte. Il s'était repris à temps ! Il était fier de s'être cramponné sur un principe bien à lui, qui n'avait jamais donné que du bon. Le mystère de l'attrapage de l'homme et de la femme était d'une importance, d'une gravité unique, son effet sur la vieille ne laissait plus de place pour le doute, c'était le Grand Mystère, le seul, peut-être sa solution éclairait-elle tous les autres qui rapetissaient là devant, menus, intéressants certes, mais il était passionnant, le mystère de l'homme et de la femme qui se nouent. Pas de regrets ! La vieille se serait d'autant plus fermée à toute question, de plus, mise en éveil, elle redoublerait de précautions.

— Qu'est-ce que tu voulais, mon Jeannot, tu n'es pas malade au moins ?... commença-t-elle, lui fournissant à son insu plus de preuves qu'il n'en fallait, et elle insistait, précisant son interrogatoire, lui imprimant, sournoise, une direction qui le tournait en aveu : ... mais qu'est-ce qui t'est arrivé, pendant que je ne te voyais pas ? Tu n'es pas tombé au moins ?... Fais-toi voir, il me semble que tu transpires beaucoup, non ! attends que je touche ton front ; tu n'es pas tellement chaud pourtant... Mais attends, ne te secoue pas comme un vermisseau ! Dis-moi ! dis-moi bien, mon gentil *droulet*, tu n'aurais pas vu... par hasard, tu n'aurais pas vu quelque chose qui t'aurait fait peur ? Hein, dis-le à ta pauvre mamée, mon *droulet* !...

Jean Hur voulut bien avouer qu'il était fatigué : l'escalade, beaucoup plus rapide qu'à l'accoutumée, ensuite, c'est vrai : il avait couru comme un vrai fou après cet écureuil, comme s'il avait eu une chance de le rattraper ! comme un fou, sans rien voir d'autre que cet écureuil qui tournait autour des troncs des châtaigniers.

Elle se rassurait, il n'y avait que des pins à proximité du repaire de la débauche. Elle fit encore quelques questions par acquit de conscience, enfin, elle se permit de soupirer de soulagement : elle l'avait échappé belle ! Elle oublia momentanément le garçonnet qui la suivait sagement pour ne plus repenser qu'à... « la chose », mais avec quelle rage !

Moins d'une heure après, Jean Hur recueillait les premiers fruits de sa fermeté : comme il lui arrivait parfois, en cours de méditation, sous la poussée d'une émotion violente, la vieille commençait à parler seule.

La violence des remous les répercutait jusqu'à ces profondeurs lointaines de son âme qu'aucun trouble n'avait atteintes depuis plus d'un quart de siècle ; il en remontait, comme des bulles à la surface du torrent patois, des mots français, jaunis, écrasés comme une pensée entre les pages d'une bible, vocables mal compris, inoubliables pourtant, des mots de malédiction :

— « Ses mamelles ont été pressées, elle s'est souillée... Et il a couché avec elle dans sa jeunesse, il a touché son sein virginal... Il a découvert sa nudité... Je vis qu'elle s'était souillée... elle a mis à nu son impudicité... l'Éternel dit : Fils de l'homme, tu les jugeras ! tu déclareras leur abomination... »

Le tour imprévu des méditations à haute voix de sa grand-mère dérouta l'enfant jusqu'à ce qu'il accepte cette évidence : les mots de ce français-là lui restaient décidément incompréhensibles, tandis que le torrent patois, tellement familier, l'emportait vite et loin. Il négligea les bribes de l'anathème d'Ézéchiel contre les sœurs prostituées, référence qu'il ignorait, que la vieille d'ailleurs avait de longtemps oubliée.

C'est ainsi que Jean Hur apprit en un soir tout, absolument tout ce qu'un petit garçon de cet âge, à l'esprit vif et clair, pouvait apprendre des seuls documents dont il disposait alors et qui pouvaient se classer en trois catégories : le tableau de l'homme et de la femme noués ; ses effets sur une vieille (son air, son attitude, ce qui s'entendait de ses méditations) ; enfin, pour complément : ce qui, dans son souvenir des conversations entre adultes surprises ici et là, pourrait fournir un chaînon manquant, faire une pièce de plus dans le puzzle.

Jean Hur, cela va sans dire, ne procédait pas suivant une méthode, il progressait plus par intuition que par réflexion, mais il faut bien qu'il y ait, au départ, l'embryon de l'instinct générateur chez le petit mâle humain ; et, comme il disposait, en plus, d'une intelligence froide et ordonnée, on peut réaffirmer qu'il était allé, ce soir-là, aussi loin qu'il était possible dans la connaissance du Grand Mystère.

Ce qui n'était pas loin.

Le plus énorme lui restait à découvrir, qui l'attendait, pour la première journée d'une prochaine rentrée scolaire, dans la bouillonnante cour de récréation du Quai. C'est là qu'en une heure il devait apprendre tout le reste, l'énorme, et même plus : du fantastique, je l'ai dit ; c'en serait trop, avec, par-dessus, cette gifle qui lui tomberait de sa mère et ne serait déjà plus d'elle, trop, beaucoup trop !

Il arrivera ceci, que je n'ai pas dit encore :

Jean Hur n'y croira pas.

Sa jeune intelligence disposera d'assez de logique pour repousser les fantaisies invraisemblables que les minots délurés de la Cayenne accumuleront pour effaroucher plus sûrement le nouveau, « un fils d'instituteur, on va se régaler ! ». A vouloir trop bien faire, ils déferont.

Jean Hur rejettera tout d'un coup : le vrai avec l'invraisemblable, ou, si l'on préfère : le bébé avec l'eau du bain, pour mieux dire, comme dit le peuple.

Jean Hur se conduira en sceptique, déjà.

Il ne disposera pas encore d'assez de discernement pour faire la part du faux, ou, si l'on veut : pour trier le bon grain de l'ivraie, comme dit le peuple, et si bien, toujours.

Ainsi se bouclera le tour rapide parmi les premiers univers de Jean Hur, ses univers de la ville, ses univers de la montagne, dans le désordre de leurs silhouettes changeantes.

L'enfant et sa grand-mère viennent de quitter le village de Clerguemort où l'on s'affaire, sans angoisse excessive, à la recherche de Raoul Ardailhan disparu depuis l'aube. Ils font la pause, à mi-chemin du mas de la Gronde.

Jean Hur se sourit à lui-même en se rappelant que sa grand-mère a voulu lui faire un nouveau mystère de l'envol du Raoul de Canaan. Il a compris, déjà, tout seul, il a tout compris, et beaucoup plus que la Léonie Hur de la Gronde n'en saura jamais.

Il suffisait de l'instinct.

Comme le petit-fils du vieil Esaïe, le petit Hur est déjà de l'autre bord, pauvre mamée, à cause de la graine infime, de cette chose inimaginable qui, selon l'immémoriale alchimie, se forme en lui, insensiblement, sûrement, dans le plus secret de son sein, qui contient déjà l'avenir entier de la race, ma pauvre vieille ! et qui n'est que la semence de l'homme, et sa seule survie.

L'enfant Hur, guère plus haut qu'un tabouret à traire, toise le colosse amical, son Lozère ! il sait où va le porteur de la *mèno* du Canaan, là même où il ira bientôt, lui aussi, Jean de la Gronde, l'avenir des Hur.

Il y a quelque chose de terrible en lui, la puissance de l'explosif dans la grenade. Tous les siècles à venir dans ce petit présent qui renifle, l'avenir dans un enfant, mais mortel déjà. Tous les deuils et tout le sang sont déjà là, concentrés encore dans la grenade ; la

Tragédie, autre nom du génie qui se fait fumée pour tenir dans la lampe d'Aladin, la Tragédie, la fille unique de l'Humanité, seul enfant légitime, et reconnu par ses parents, qu'elle eut d'un homme, un tel ou un autre, peu importe, l'Humanité couche facilement avec les forts-en-gueule et les forts-à-bras, la Tragédie, seule immortelle par-dessus les siècles, la sempiternelle Tragédie tient dans le creux d'une main, d'une menotte, *sus la planetto d'aquello manetto*, c'est la grenade que chacun serre dans la meilleure de ses deux mains en venant au monde.

Il en est beaucoup qui s'en débarrassent le plus tôt possible (on n'est jamais sûr de la goupille, n'est-ce pas ? et c'est la pure vérité !), par lâcheté, par lassitude, par amour, par distraction, par imbécillité, ils sautent sur la première occasion, un fauteuil, une femme, un ruban, trente deniers, pour la balancer dans la boue d'un lac, l'oublier sous la banquette, dans le métro, la glisser dans la poche de l'inconnu qui descend à la prochaine. D'autres s'adressent au laboratoire municipal qui est là pour ça : désamorcer ; les gens de qualité convoquent généralement un spécialiste en renom qui désamorce à domicile (il ne s'agit en aucune façon du légionnaire qui déminait n'importe quoi, pour n'importe qui, en échange d'une tournée — sa tête sauta pour une grenade qui avait un défaut de fabrication) ; quelques-uns, beaucoup plus rares, s'isolent soigneusement, dégoupillent leur grenade, après une courte prière, et l'avalent. Restent les derniers, une infime minorité. Ils n'ont trouvé que cette grenade, dans leur berceau, rien qu'une grenade en héritage. Ils s'y attachent. Une grenade, c'est exactement comme l'argent qui n'est vivant que lorsqu'on le dépense : la grenade n'est qu'en explosant.

Ils ne sont plus que quelques-uns, très rares, à travers le vaste monde, qui ont encore au poing leur grenade natale. Ils sont pourtant faciles à reconnaître : ils ne tendent jamais la main.

Ils errent. Ils marchent sans fin, leur regard balaye l'horizon. Ils gardent la grenade bien en main, toujours prête. Ils sont d'une patience, d'une endurance inhumaines. Ils vont... Ils ne s'arrêteront que lorsqu'ils auront trouvé, lorsqu'ils auront jeté la grenade.

Ils sont très peu.

Jean Hur en sera.

Le dernier-né de la Gronde rappela toute sa volonté pour fléchir sa nuque roidie. Il parvint à regarder par terre, à voir les chatons amassés dans la rigole du castanet. Il s'astreignit à ne penser qu'à ces chatons.

Il ne savait rien, ne soupçonnait pas le premier mot de ce qu'on vient de lire, néanmoins c'était en lui, et il le sentait, il venait de le sentir pour la première fois, cela suffisait pour qu'il ne fût plus le même désormais.

Il n'y a pas de raisons, c'est comme un grand coup de sang, voilà.

En dehors de sa peau, il ne s'est rien passé.

Il est toujours là, à mi-chemin de son mas et de son village. Il regarde les chatons, les voit, pense à eux, et rit d'un rire neuf, rit de lui-même, plus précisément de celui qu'il était il y a un instant : si nos lézards de la Cévenne avaient été pourvus des moyens de s'amuser, ne serait-ce que d'un tout petit rire, clair comme leur nom — *linglorres* — dans le patois de Clerguemort, soudain, au grand soleil, un bruit inouï ruissellerait des rocailles, des rancarèdes, des pierres, du pan de la moindre ruine, des vieux mas, branlants, de chaque lauze des couverts, de la grève des torrents, des murettes et des traversiers, ce serait comme un ruissellement guilleret. C'est ainsi qu'on pourrait entendre, après la mue, nos millions de millions de *linglorres*, toutes fiérotes d'étrenner la nouvelle robe sur mesure, qui va comme un gant, se moquer de la vieille loque racornie, craquelée, qu'elles vont balancer au pied de la murette d'un coup cinglant, la queue faisant fouet.

Ainsi Jean Hur rit doucement des chatons du castanet. N'est-ce pas hier encore qu'il jouait passionnément avec ça, seul ici, sous la garde de sa grand-mère ? Il imaginait que chacun était un magnifique ver de terre, bien vivant, et d'une espèce très rare dont raffolent les truites. Il en avait ramassé beaucoup, les avait bien rangés, exactement comme si c'était pour de vrai, calculant que plus il en mettrait de côté, plus il pêcherait longtemps, plus il attraperait de truites... Dire qu'il avait joué aussi bêtement pas plus tard qu'hier ! D'abord, ce n'étaient pas des vers de terre, ensuite il n'allait pas à la pêche, il n'avait même pas de ligne, d'ailleurs, on lui défendait d'aller seul au bord de la rivière, sous le prétexte qu'il était trop petit (il l'était peut-être bien hier ! maintenant il faudrait voir...) ; enfin, il n'y avait même plus de truites, avec ces chaleurs, elles avaient dû remonter depuis longtemps sous Vialas, ces dames délicates...

Il se dressa pour donner dans le tas de chatons quelques coups de pied désinvoltes.

— Et dire qu'hier, tu as passé des heures à les mettre en petits tas, soupira la vieille, toi, mon pauvret, on peut dire que quand tu sauras ce que tu veux, exactement !...

— Et si on passait par le sentier des vernes ? répondit-il seulement.

Elle descendit par l'escalier de la digue, et s'engagea dans le sentier. Elle prenait toujours la tête, surtout dans les sentiers à peine tracés, dont les herbes folles dissimulaient le galet instable ou le trou d'eau.

Parfois, elle s'arrêtait, s'écartait pour lui laisser le passage. Il avançait d'une dizaine de mètres et attendait, sans se retourner. Il était au courant depuis des années. Il savait la grande vieille immobile sur ses jambes largement écartées, bras allongés le long du corps, écartant légèrement ses jupes du bout des doigts, de chaque côté...

L'enfant reprenait lentement sa marche dès qu'il avait entendu le bruit très net, très bref, d'une cataracte. Il connaissait depuis toujours cette façon des vieilles, n'avait jamais entendu la moindre remarque à ce sujet, cela ne le dégoûtait ni le surprenait, à vrai dire, il n'y pensait même pas.

12

Le Psaume des batailles

Quand on a vu le jour dans ce pays, on a toujours envie de monter.

Un jour, l'enfant cévenol fait sa fugue, il monte, monte tant qu'il peut, jusqu'où les arbres perdent courage, le royaume des rocs, des *rancs*, la sauvage rancarède, où la tramontane lui coupe la face.

C'est là qu'on retrouve le gamin. La tête dans le ciel, planté sur sa montagne, il cherche l'Amérique au soleil couchant.

Le village sait alors que l'enfant vient d'entrer dans l'âge de raison. On ne saurait le dire, simplement les gens ne le traitent plus en enfant ; l'étranger qui dirait « quel enfant ! » s'entendrait répondre : « Oh... ce n'est plus un gamin ! »

Voilà, c'est ainsi dans la Cévenne ; pour comprendre, il faut avoir passé le doigt sur le grain de ces pierres ; après tout ce qu'on touche n'a plus l'air vrai, alors on y revient toujours ; les yeux fermés, on trouve l'abri comme le troupeau sent la bergerie ; tout vient de la montagne, et tout y revient, notre toit, nos murs si bien faits pour être murs qu'ils se passent de ciment depuis des siècles, au point que nos mas, notre bien, semblent tout simplement continuer la montagne.

Quand on a vu le jour ce pays, un jour, on n'y tient plus, on veut voir ce qu'il y a réellement derrière la montagne.

Au flanc du Lozère, c'est à monter qu'on pense, dès les premiers pas... On pourrait suivre sa vallée, longer *doucemennette* sa rivière, non ! c'est là-haut, le Malpertus qui vous tente, et surtout si le Lozère menace, s'il tire sur ses yeux son *capéù* à grains, avec des méchancetés derrière la tête... Gravir les traversiers trop bien peignés, dépasser les potagers, les sources qui mâchonnent paisiblement leur cresson avec un grand bruit d'abeilles, les sources toujours dépeignées, franges de ronces sur le nez, deux courgettes en pendants d'oreilles ; grappiller l'aramon précieux des Fossats enchâssé dans la meilleure *soleilhado* de la vallée... Et c'est la *Régordane*, la route de Paris.

Selon les historiens, pendant toute la durée de la guerre de Cent Ans, l'antique voie de l'empereur Gordien qui, de Nîmes, permettait d'atteindre Clermont, par Alès et la vallée de l'Allier, fut la seule route libre entre les rois et la province.

Mais le Cévenol marche mal sur le goudron, surtout l'été, quand on y enfonce, et puis on ne peut toucher cette brute de Lozère sans se prendre de bec et d'ongles avec rocs et pics. Il faut l'attaquer par le bois des Armes, au-dessus de Génolhac ; par là se dressait le

Camp de l'Éternel de la Troupe des Enfants de Dieu commandée par le Nicolas Jouany, le garçon de la tuilerie des Plos...

L'enfant doit vaincre sur le royaume des vernes, sur celui des chênes verts, passer en force le fief des châtaigniers qui furent, dit-on, plantés en l'an Mille par les moines, vaincre les pinèdes, jusqu'où plus rien ne pousse, jusqu'au pur royaume du roc, la farouche rancarède où les vents, en toutes saisons, sentent la neige...

L'enfant, là, se mord les lèvres, les yeux pleins de larmes, fouille le ciel à la recherche de l'Aigle.

Entre une dent de granit, le roc de l'Aigle, et une lame, la Tête-de-Bœuf, du granit, rien que du granit, un vagissement, les premières larmes du Tarn.

A travers ses larmes de tramontane, l'enfant épuisé fouille le grand large, l'horizon grisâtre où l'œil se perd, à la recherche de Paris...

Paris est loin, il était encore beaucoup plus loin dans les temps... Aux veillées de la Cévenne, on raconte encore qu'il n'y eut jamais de seigneurs pour tenir sur la Régordane, que jamais les Cévenols ne voulurent d'intermédiaire entre leur roi et eux, pas plus qu'entre Dieu et les pâtres. Cela dure depuis Pépin le Bref, depuis que la Cévenne s'est échenillée de ses Sarrasins pour devenir pays royal, gouvernée par les seuls fonctionnaires royaux et les Cévenols se nommèrent *Raïoùs*, « hommes du Roy », alors que toutes les provinces se bâtaient de châteaux, ici, dans la montagne *raïolle*, on se sentait *raïoullet*, et, pauvre comme Job sur son fumier, « *lou raïoullet si tibavo coumo s'avia dé blat à véndré !* » (le Petit Homme du Roi bombait le torse comme s'il avait du blé à vendre.)

Écrasé sous le poids de la fierté ancestrale, l'enfant *raïoullet* s'endort. C'est là que son village le retrouve. Il faut être le Laguerre pour le ramener en bas par les oreilles, mais le Laguerre est *nesci coumo un por négré*, selon le dire de Clerguemort, « bête comme un porc noir ».

Ramener à coups de pied au cul l'enfant qui vient de mesurer la petitesse du monde des vallées, qui vient de la surmonter ! rabaisser publiquement l'enfant qui vient tout seul de dresser la tête dans les nuages, histoire de montrer à son village qu'on est un père à la redresse, rester le dernier à s'apercevoir que son fils n'est plus un enfant, il n'y avait qu'un porc noir comme le Laguerre pour se conduire aussi bêtement.

Clerguemort préférait à la bêtise, surtout quand elle est méchante, la folie, la vraie, dont les coups éclatants jettent sur la vallée ses lueurs de soufre.

La plupart du temps, le Dévarié menait une vie des plus normales, bon travailleur, bon camarade, un des plus costauds pour abattre du charbon, que l'ingénieur plaçait en pointe, dans les avancées les plus dures, les plus dangereuses, à cause d'un flair qu'il avait pour sentir de loin le grisou, pour deviner aussi, avant tout le monde, où pouvait craquer un boisage apparemment à toute épreuve.

Mais, tout à coup, crac, quelque chose craquait sous le crâne du Dévarié.

Souvent, c'était la mort qui le tentait. Un jour qu'il avait mal aux dents, pour se venger de l'injustice de telles souffrances, il n'avait rien trouvé de mieux que de se percher sur le viaduc du Chambon pour se suicider. Il fit, de là-haut, avec solennité, ses adieux définitifs à ses contemporains ameutés en foule autour des piles, à ses pieds. Il s'attendrit sur leur sort, sur le sien, longuement... Cependant, là-haut, sa dent cessa de le faire souffrir. Il redescendit, fendit la foule des gens furieux de s'être dérangés pour rien, furieux maintenant d'avoir eu peur pour lui, rentra, le front haut, s'enferma chez lui, furieux, s'y terra le temps que lui passe la vergogne de ne s'être pas tué.

Il s'était planté, une autre fois, sur le bord du rocher, à pic, sur le gouffre du moulin, tenant à deux mains sur sa poitrine une pierre de trente kilos solidement ficelée par une bonne corde qu'il s'était nouée autour du cou. Cette fois-là, la véhémence de ses adieux à notre « vallée de larmes » lui fit perdre l'équilibre, et il tomba bel et bien dans le gouffre. Il en fut quitte pour une sacrée tasse, un point de pneumonie et une raclée mémorable. Clerguemort n'aimait guère avoir à plonger pour rien. Une autre fois, dans sa colère d'avoir raté son suicide, il se fit froidement sauter le petit orteil d'un coup de hache.

Clerguemort ne pouvait pas ne pas le prendre au sérieux, le Dévarié préparait toujours ses suicides avec la meilleure sincérité. L'envie de mourir le quittait toujours à la dernière seconde mais, forcément, elle durerait assez, un beau jour, et puis, l'animal était si maladroit...

Le village avait appris, peu à peu, à pressentir les crises du Dévarié. Il y avait quelques trucs pour les empêcher : lui faire boire un bon coup de gnôle *souko-miolo*, « à assommer les mules », ou lui lancer un défi qui l'épuiserait durablement, ainsi, assez souvent, on pariait avec lui qu'il n'était plus aussi rapide que dans les temps, qu'il ne pourrait plus arriver en moins de dix minutes à la gare du Chambon...

Le Dévarié s'enfonçait la casquette, réglait sa montre sur celles des parieurs, et démarrait comme une gazelle... Les gosses, à la sortie de l'école, s'appelaient pour aller acclamer le coureur aux passages difficiles. Long, squelettique, il était d'une vélocité, d'une endurance invraisemblables, à se demander d'où il tirait son souffle. Il améliorait toujours ses performances, il gagnait toujours l'enjeu du pari : une fouillette de *souko-miolo*, on ne prend jamais trop de précautions !

La chaleur d'un dimanche matin, en avance sur l'été, avait inspiré au pasteur le sujet de son sermon :

« ... On lui amena des petits enfants, afin qu'il les touchât. Mais les disciples reprirent ceux qui les amenaient. Jésus, voyant cela, fut indigné, et leur dit : Laissez venir à moi les petits enfants, et ne les empêchez pas ; car le royaume de Dieu est pour ceux qui leur ressemblent... »

Dieu sait pourquoi, c'est bien le cas de le dire, le Dévarié se crut visé. Il grommelait en quittant la Maison de l'Éternel. Ce n'est point sans appréhension que Clerguemort s'attabla pour le meilleur repas de la semaine.

Mais il était dit, bon sang de sort, qu'on ne pourrait même pas manger tranquille un dimanche ! Le Dévarié faisait encore des siennes...

L'animal ne manquait pas d'imagination pour faire du scandale, n'avait-il pas choisi le cimetière familial pour se pendre ? Il était là-haut, entre les deux cyprès et les quatre tombes, perché, la corde au cou, en équilibre instable sur quelques pierres glissantes qu'il avait superposées. Il insultait les arrivants :

— ... Alors, vous vous décidez quand même ! ce n'est pas malheureux ! c'est que j'allais vous quitter sans même vous faire mes adieux et vous dire mes dernières volontés ! commencez donc par aller me chercher le pasteur, autant que j'en profite, puisqu'il est là...

Le vieux pasteur demeurait à Génolhac dont Clerguemort n'était que l'une des paroisses. C'était un peu fête le dimanche qu'il réservait à Clerguemort. Après l'office, il partageait le repas de l'un des conseillers presbytéraux, il avait fallu établir un tour, on se serait disputé le pasteur, l'occasion était trop belle de mettre les petits plats dans les grands, de se lancer enfin dans les frais (l'esprit d'épargne se fût retourné comme une impiété !), de se remplir la panse enfin, pour la plus grande joie de l'Éternel, et avec sa bénédiction !

Le bon pasteur Donadilhe dut quitter une table sur laquelle venait d'arriver un levraut des plus appétissants, devant lequel le silence était de bon goût : la chasse était fermée, un mensonge eût été malvenu. Son hôte, le menuisier, l'oncle Roure et Cherchemidi, autres invités pour le festin, et le pasteur en tête, montèrent donc par le raidillon, sous un soleil debout, impitoyable.

— ... Dieu tout-puissant, voici ton ministre qui se décide quand même à venir assister une de ses pauvres brebis, brailla le Dévarié dès qu'il les aperçut.

— Veux-tu bien laisser Dieu tranquille ! et descendre de là tout de suite, grand imbécile, rétorqua le pasteur dans le même patois dépourvu de toute douceur évangélique, attends un peu que je vienne te dépendre, empoisonneur public et patenté ! Marchand de morts subites !

— Arrêtez, monsieur le pasteur ! n'approchez pas ! regardez ce qu'il a dans les mains !

Raille de le dépendre... Ce serait déjà fait, mais cet animal avait une imagination diabolique : il tenait un fagot de bougies qui n'étaient, en réalité, que ces bâtons de dynamite dont on se sert dans la mine pour faire sauter les rochers, avec un beau détonateur piqué dans le milieu. S'il perdait l'équilibre, s'il lâchait ça, non seulement on n'aurait plus la peine de le dépendre, mais les restes de ces anciens seraient bons pour un petit tour dans les cieux qui ne devrait rien à la clémence divine, en attendant de retomber comme des bombes, avec leurs pierres tombales, sur les toits de Clerguemort.

Bien qu'il eût parfaitement compris la situation, le vieux pasteur s'avança, tout seul, vers cette machine infernale en suspension instable au bout de la corde.

— Que Dieu protège notre pasteur, murmura Clerguemort au complet, y compris les Cagnar, les Vigne, et les Passevin, y compris ceux du bord opposé, comme le Mèffi, tous, culs-blancs et rouges vifs, priaient pour le pasteur non sans reculer insensiblement.

Cherchemidi eut ainsi, contre lui, les fesses rondes et dures, les épaules robustes de la Marion. Il résista, comme un qui ne veut pas reculer. La jeune fille accentua sa pression avec une frayeur aussi sincère, à peu près, que la témérité du jeune écrivain, angoisse qui se traduisait aussi par des gloussements qui n'étaient que voluptueux et des frissons qui n'étaient que troublants. Ils étaient pris, coincés, dans la foule en alerte. Cherchemidi profita de la situation pour glisser les mains sous les bras de la belle fille, geste qui ne pouvait se voir mais aurait pu passer à la rigueur pour rassurant, protecteur. La Cagnardoune répondit par un tortillement tremblant, comme pour creuser son trou dans la poitrine, le ventre et les cuisses du Parisien. Cherchemidi fit une découverte qui porta son désir à toute extrémité : la fille aînée du Cagnar ne portait pas de soutien gorge...

Cependant, intrépide et patient, le vieux pasteur poursuivait les pourparlers avec l'autre machine infernale toujours au bout de son fil :

— ... Écoutez, monsieur le pasteur ! puisque vous avez eu le bon vouloir de quitter la table en plein milieu des ripailles, et que c'est vous qui me le demandez, je veux bien me montrer raisonnable, je veux bien descendre de là, je veux bien désamorcer ma bombe, et même, tenez ! je veux bien vivre encore un peu, puisqu'il semble bien que ça ferait plaisir à tout le monde, mais à une condition ! à une seule condition !

— Bon, alors dis-la ! et finissons-en !

— Avant, il faut que nous chantions tous en chœur, nous allons chanter un psaume !

— D'accord, s'empressa de répondre le pasteur, trop heureux de s'en tirer à si bon compte, vous entendez, tous ? demanda-t-il en se retournant vers l'assistance qui se tenait à distance, prudemment, et il entonna le LXX, le plus court des psaumes que l'on chantait à

Clerguemort (avec le regret de n'y avoir pas enseigné le CXXVII qui n'a que cinq lignes) :

Ô Dieu, hâte-toi de me délivrer !
Éternel, hâte-toi de me secourir...

— Non ! non !... hurla le Dévarié.
— Qu'est-ce que tu veux encore ?
— *Volé pas d'aquel !*
— *Et quant'ün, volès grand couilloun ?*
— *Volé lou psa-oumo dé la Cévenno, moussu lou pastur !*
— *Et quant'ün ès, moussu ?*
— *Lou LXVIII, moussu !*
Le « Psaume des Batailles » !

Ici même, jadis, sur ces pentes du Lozère, les Camisards avaient fait de ce cantique de David leur hymne, un chant qui semait l'épouvante. Lorsque l'ennemi s'avançait, les farouches enfants de la Cévenne, à la manière des Suédois de Gustave-Adolphe, mettaient genou en terre, et entonnaient à pleine gorge :

Que Dieu se montre seulement...

Ils clamaient puissamment les versets du psaume, l'un des plus longs pourtant, sans en omettre un seul, et c'est après le dernier :

... Dieu d'Israël donne à son peuple
la force et la puissance.
Béni soit Dieu !

qu'ils se relevaient, dressaient leurs forêts de lames et de fourches et se jetaient sur les dragons.

« Quand ces diables-là se mettaient à brailler leur bougre de chanson, écrit un officier du roi, nous n'étions plus maîtres de nos gens... »

— Mais on ne le connaît pas, ton fameux psaume, répondit le pasteur, choisis-en un autre !

Le père Donadilhe ne haïssait que la violence, il en négligeait même un peu l'Ancien Testament au seul profit des Évangiles. Ses paroissiens ne vivaient que trop dans le souvenir d'un passé terrifiant, ne rappelaient que trop volontiers les guerres de religion, la férocité de leurs ancêtres camisards, et sans beaucoup de contrition, sur un ton que n'aimait guère le doux vieillard. Quand il ne pouvait faire autrement, il parlait surtout des souffrances du Petit Peuple sous la Croix, qui sut pendant plus d'un siècle accepter les épreuves voulues par l'Éternel et chanter ses louanges, en actions de grâces, jusque sur l'échafaud, jusque sous la potence, et danser de la joie d'avoir ainsi l'occasion de mériter son ciel, danser sur ses os brisés par le chevalet des tortures ordinaires et extraordinaires, au point de mériter le beau nom de *parpailhots*, papillons, parce que les papillons de nuit aussi dansent joyeusement autour de la chandelle avant de se brûler à sa flamme. Le pasteur semblait tout ignorer de la formidable explosion qui termina soudainement le siècle de la Douce Colombe, des farouches randonnées de la révolte, des ruses, des traquenards, des victoires, des massacres, des atrocités de la meute enragée des Soldats de l'Éternel. Il ne manquait pas de psaumes plus calmes, qui convenaient mieux aux descendants sourcilleux des furieux Camisards !

— Parlez pour vous, monsieur le pasteur ! répondit le Dévarié, haussant les épaules, autant que le lui permettaient sa corde au cou et son colis d'explosifs.

Et il entonna :

Dieu se lève, ses ennemis se dispersent...

que Clerguemort aussitôt reprit en chœur.

Les paroissiens du pasteur stupéfait en étaient déjà à :

Les rebelles seuls habitent des lieux arides...

quand le Dévarié les arrêta :

— Hep ! hep !... ça ne compte pas, le pasteur ne chante pas !

Il fallut tout recommencer, au premier vers, et que le pasteur chante bien visiblement, le plus fort possible.

Le Dévarié était fou mais homme de parole : à la dernière note, il désamorça son paquet de dynamite, le lança au Mèffi, un expert en matière d'explosifs, quitta sa cravate de chanvre, descendit de son perchoir, déclara qu'il avait une faim de loup, et demanda qui lui offrait l'apéritif.

Clerguemort put revenir à table. On n'en voulait même pas au Dévarié. On le maudissait, bien sûr, mais pour la forme. Il en était toujours ainsi, cet animal avait le chic pour trouver la petite note finale qui faisait oublier le reste.

Quand les gens se dispersèrent, tranquilles (jusqu'à la prochaine), la coquette Marion salua Cherchemidi, montrant le ciel, histoire de ne parler que de la pluie et du beau temps :

— Ouf !... qu'il fait chaud ! Et ce n'est rien à côté de ce qu'il va tomber en plein après-midi, on ne risque pas de rencontrer des gens dehors ! il n'y a que moi, qui suis bien obligée d'aller mettre l'eau dans mes prés quand c'est l'heure, le dimanche, nous avons nos deux heures entre quatre et six, bah ! je me mettrai à l'ombrette dans les *viges* de la rivière, allez ! bonne journée, monsieur Larguier !

Après le repas chez le menuisier, Cherchemidi raccompagna l'oncle Roure chez lui.

Quand il avait touché l'argent de l'assurance, le vieil horloger, qui n'avait jamais vu tant de sous devant lui, avait aussitôt pensé qu'il y avait beaucoup mieux à en faire que de reconstruire son mas détruit par le feu. Il avait acheté un petit moulin désaffecté, inhabité depuis longtemps, quatre murs et un toit, qui lui faisait envie depuis longtemps pour y monter une sorte de petite usine à sa façon, équipée de toutes les machines dont il avait besoin pour fabriquer des engins de son invention...

Cherchemidi l'arrêta, le plus gentiment qu'il put, en plein exposé d'une de ses chimères scientifiques :

— Et pour Lilette, l'oncle, qu'est-ce que tu en penses ? tu ne crois pas qu'elle s'exagère un peu le danger ?

— Je ne pense pas, mon petit Léon, je la connais assez bien, vois-tu, notre Lilette. Sous ses airs... d'évaporée, comme on dit, c'est un caractère solide, à rester ferme sur les arçons. Lilette n'est pas quelqu'un à s'affoler facilement, au contraire, elle se buterait plutôt. Souviens-toi, Léon, elle aimait assez le risque. Oui... plus j'y pense, plus sa lettre m'inquiète. Je me demande si ce n'est pas encore plus grave que ce qu'elle en dit. Ou alors, il faudrait que le mariage l'ait rudement changée...

Ils étaient dans le logis de l'oncle, une tanière. Le petit moulin qu'il avait acquis ne pouvait loger et l'usine de ses rêves et sa modeste personne. Il avait donc loué, dans le village même, tout près de sa future fabrique (alors qu'il eût disposé de toute la place voulue dans le Casquillé de sa sœur), l'entresol du menuisier, pour entasser ses affaires, ses frusques, ses livres surtout. On y trouvait de tout :

— Et ces cailloux, qu'est-ce que c'est, l'oncle ?

— C'est de la galène, du minerai de plomb si tu préfères. On en trouve tant qu'on veut sous la crête des Fossats ! tu te rends compte qu'avec ça, je peux faire marcher sans électricité un poste de télégraphie sans fil. Tu vois, sur cette plaque d'ébonite, j'ai commencé d'en construire un, un modèle à moi... J'ai déjà obtenu des résultats. Je te passerais bien les écouteurs, mais il n'y a pas encore d'émissions, ce n'est que trois heures et demie...

— Déjà ! Je te laisse faire ta sieste, au revoir, l'oncle...

— Tu ne vas pas sortir en plein après-midi, remonter au Casquillé sous ce feu qui tombe du ciel !

— Rassure-toi, l'oncle, je vais faire un tour, en longeant la rivière, il y fait toujours frais...

Cherchemidi rejoignit la rivière par l'escalier de la placette, en face de la passerelle. Il n'y avait pas un chat dehors.

13

Les régalades

Vers l'amont, Clerguemort se terminait sur le moulin. Il ne s'agissait plus de la petite ruine dont l'oncle Roure ambitionnait de faire une usine à concrétiser les chimères et qui se trouvait en aval, de l'autre côté du village, sur l'autre rive, presque en face de la Gronde, le mas des Hur, et à quelques centaines de mètres de la filature et du vieux pont bossu et barbu qui marquaient l'entrée de Clerguemort, lorsqu'on venait du Chambon et qu'on remontait vers la montagne. Le grand moulin, toujours en activité, se présentait sous la forme d'une puissante bastide, flanquée d'une tourelle pointue qui contribuait à lui donner fière allure, entourée, et comme enjuponnée, par les toitures à forte pente de granges, de paillers, de hangars et d'appentis divers. L'ensemble, dévoré par le lierre, le lilas, la vigne vierge et le liseron, se détachait de Clerguemort pour se percher sur un vaste roc, à pic sur le gouffre le plus étendu, le plus profond aussi que la rivière ait formé, de sa source en amont sur le Lozère, jusqu'à son confluent à une quinzaine de kilomètres en aval du village sous Peyremale où elle se jetait dans la Cèze ; c'était presque un hameau qui se mirait, au soleil couchant, et la moindre brise du soir, ridant la surface des eaux profondes, donnait au grand moulin feuillu la gentillesse et le flou qui plaisent aux fées.

A partir du gouffre, la rivière décrivait une vaste courbe, sur plus d'un kilomètre, coulant tout contre la montagne, au pied de véritables falaises de rocher sur la rive droite, comme si elle avait voulu repousser la pente en faisant dos rond, afin de ménager, sur sa rive gauche, assez d'espace pour les prés, au fond de la vallée que ce coup d'épaule des eaux avait ainsi élargie jusqu'à y ménager une assez vaste plaine en forme d'arc. A un bout se situait le grand moulin, à l'autre, la rivière disparaissait derrière un coude brusque, au niveau du mas de Donnarel, entre des gorges étroites qui s'étaient admirablement prêtées au barrage de cailloux, de terre, de pieux et de fascines. Le canal, en ligne droite, qui reliait ce barrage au moulin, formait la corde tendue de cet arc de bonne terre dont le bois était la courbe de la rivière.

Les différents propriétaires avaient échangé le droit de passage du canal contre des heures d'arrosage, clauses qui étaient soigneusement mentionnées dans les titres de propriété. La plaine en demi-cercle s'appelait « les Pratelles », sa prospérité, sa vie même étaient liées à celles du moulin, par le canal. Les Pratelles étaient non seulement l'espace en terrain plat le plus vaste du canton mais encore le plus fertile en raison des possibilités d'irrigation qu'offrait le passage du canal. Les plus anciennes familles de Clerguemort en possédaient chacune un morceau, une bande en longueur allant du canal à la rivière. Relativement à sa superficie, ce ruban était, de loin, le plus productif de chaque propriété, toujours à cause des facilités d'arrosage, c'est assez dire que chacune des vingt-quatre heures de la journée, de chaque jour, y compris les dimanches et les fêtes, était attribuée ; pas un propriétaire des biens traversés n'eût laissé perdre une minute du temps qui lui revenait par un système de roulement assez compliqué, conçu pour mettre tout le monde sur un pied d'égalité. Les gens ne rechignaient pas à se lever au milieu de la nuit pour aller « donner l'eau » quand c'était leur tour.

Les crues de la petite rivière violente et rageuse emportaient fréquemment le barrage du moulin, à l'étranglement des gorges ; le meunier n'était jamais en peine de trouver de l'aide pour repiquer ses pieux et rétablir au plus vite le cours normal d'un canal qui fertilisait le bien commun des Pratelles avant de faire tourner son moulin.

Cherchemidi remontait « sa » rivière avec délices, le possessif s'imposait au départ, comme un début d'explication raisonnable pour le plaisir déraisonnable qu'il éprouvait. L'écrivain se demanda si la cause n'en était pas, d'abord, dans l'approche de l'aventure qu'il espérait, dans l'attente même d'un plaisir sans magie, sinon sans charmes, l'émotion à fleur de peau qui est celle du chasseur sur la bonne piste. Il repoussa l'hypothèse sans s'y attarder : il se connaissait assez, il connaissait la timidité qu'il conservait encore, à son âge ! pour les choses de l'amour charnel (il s'en voulait !) ; ce genre de piste, au contraire, était de nature à lui gâter n'importe quel plaisir.

Et pourtant, il se sentait à l'aise, il était merveilleusement bien, en remontant « sa » rivière.

D'abord, il reconnaissait tout, et tout lui était familier, rassurant, même le gouffre du moulin qui était un aspect tout à fait exceptionnel de sa rivière. Cherchemidi connaissait le point le plus profond, il s'y arrêta. Les eaux s'accumulaient tout naturellement dans cette énorme baignoire creusée dans le rocher. A ses pieds, il y avait plus de cinq mètres de profondeur, néanmoins le gouffre, qui paraissait d'un glauque tirant sur le noir lorsqu'on était encore à quelques mètres de distance, devenait, à l'aplomb, d'une limpidité de source. Cherchemidi pouvait distinguer les cailloux du fond. Une ombre grisâtre, inquiétante, glissa et disparut dans une des baumes, véritables caves qui se prolongeaient loin sous le rocher, repaire inaccessible des truites légendaires dont il fallait bien attendre qu'elles aient envie de mourir selon les lois, par l'hameçon, puisque les plus fins plongeurs, comme le Félobre et Libertade, l'Espagnol, qui tenaient sous l'eau un temps mortel, puisque même le Chicane, qui ajoutait aux qualités des précédents sa passion pour la pêche et ses penchants pour la braconne, n'avaient osé pousser jusqu'au bout l'exploration des grottes noyées, de peur de rester coincés dans un des siphons, ou à l'étranglement d'un des corridors du labyrinthe qu'il était logique d'imaginer sous ce roc fantastique. Même par les plus grandes sécheresses, quand la rivière ne coulait plus que par un fil qui se perdait en maints endroits dans le gravier brûlant, le gouffre du moulin n'était jamais à sec, à peine son niveau baissait-il d'un mètre ou deux ; aussi, d'aval comme d'amont, les poissons les plus malins, autrement dit les plus gros, les plus recherchés, venaient-ils s'y réfugier. Cette mine, ce trésor en belles pièces, devenait une obsession pour les fanatiques de la pêche. Des gens comme le Chicane, et surtout le La Chino, le vieux braconnier qui ne voulait jamais s'avouer battu, s'en réveillaient la nuit : il devait bien y avoir un moyen ! ils n'en avaient trouvé qu'un jusqu'ici : détourner la rivière, mais, pour ce faire il eût fallu déplacer la montagne. Clerguemort conçut quelques inquiétudes quand il s'aperçut que le La Chino « chinait » de la dynamite aux mineurs depuis des mois. Un bâton après l'autre, le vieux renard ne devait plus être à court d'explosifs... Le Jaurès, le maire de Clerguemort, n'en fit pas une histoire, mais il alla frapper sur l'épaule du père La Chino, pour lui signifier courtoisement qu'il devait en rester là...

Voilà ce que racontait, entre autres, le gouffre du moulin à Cherchemidi. Vingt mètres plus loin, le paysage, et même le climat changeaient totalement. On entrait sous le couvert des *viges*, comme on disait à Clerguemort quand on s'efforçait de parler en bon français. Cherchemidi n'avait trouvé le mot dans aucun dictionnaire. Comme il n'avait jamais été très fort en botanique, il restait sans savoir le nom français de ces arbustes dépourvus de tronc mais extraordinairement touffus, végétation principale des berges, dont les rameaux longs et flexibles poussaient si drus qu'il était impossible de passer à travers. Les hautes vernes lançaient au-dessus des *viges* leurs épais feuillages. Entrer là-dessous, c'était changer de saison.

La rivière, ensuite, s'étalait largement, s'attardait. Il y avait si peu d'eau que les cailloux les plus gros dépassaient. Le courant était assez fort pour se rassembler sur chacun, s'y partager comme une chevelure d'eau, d'une raie sur le milieu des fronts de pierre, avec, de part et d'autre, deux tresses défaites. Les écueils, la voûte des feuillages superposés, le courant, les criquets, quelques oiseaux engourdis, le sifflement des rameaux flexibles qui reprenaient vite leur position, les pas du promeneur sur les graviers, ou le bois mort, tout concourait à un bruissement singulier qui enchantait Cherchemidi.

« Sa » rivière... pour se permettre le possessif, il fallait la connaître à fond, et depuis longtemps.

Plus loin, sur trente mètres, il n'y avait plus de végétation, ce n'était que rocher, que cailloux. La rivière faisait peine à voir, offerte au soleil, sans défense, silencieuse, médusée. Un désert à traverser vite, le cœur serré, pour rentrer sous le couvert sombre, humide, vivant et frissonnant des nouvelles frondaisons.

Il ne put s'empêcher de s'arrêter un moment pour observer le manège d'une paire de soffies, deux petits poissons dont le dos gris-brun se pailletait d'or dans un rayon de soleil. Les deux soffies jouaient à se poursuivre, de long en large, de la surface jusqu'au fond d'où elles remontaient sur un coup de queue qui soulevait un petit nuage de vase. Cherchemidi ne put se retenir de se moquer d'elles : cette vivacité, ces virages brefs ne sont pas dans la nature de la soffie, ces deux écervelées jouaient à la Truite, la reine incontestée de la rivière. Elles disparurent d'ailleurs, comme pour lui donner raison, apeurées par un gros père de cabot qui traînait son ventre blanc et mou dans la vase, sans désir, sans appétit, n'ouvrant sa grande bouche aux fortes lèvres blanches que pour bâiller...

Cherchemidi s'aperçut qu'il allait dépasser le niveau de la prairie des Cagnar. Il remonta, perpendiculairement au cours de la rivière, en faisant le moins de bruit possible, la vingtaine de mètres couvertes de *viges*, de vernes et autres libres végétations, largeur abandonnée aux caprices des eaux, entre le lit de la rivière et le commencement des prés. Il ne sortit pas des couverts mais, quand il écarta les derniers rameaux, le grand soleil des Pratelles l'éblouit. Lorsque ses yeux s'y furent accommodés, il découvrit une silhouette courte qui le déçut : « Au dernier moment sa sœur (non, elle est plus élancée), sa mère l'aura remplacée... » La silhouette rosâtre, en fichu noir, courbée sur le canal, s'occupait à ouvrir les petites vannes faites de simples pierres plates, les mêmes lauzes que sur les toits. Une bouffée de chaleur l'envahit : c'était bien la Marion : elle avait changé de robe, elle avait emprunté un foulard, à cause du soleil pardi ! et elle était courbée, voilà tout. Au choc éprouvé d'abord, Cherchemidi mesura le prix qu'il attachait à ce rendez-vous, cela lui fut désagréable, il fut soudain vaguement inquiet.

Il fit retraite de quelques mètres, sous le couvert, choisit quand même un endroit où se mêlaient la première mousse de la berge et les dernières touffes de l'herbe des Pratelles. Il prit la décision d'attendre là. Il se donna sa parole que ce serait la toute dernière concession qu'il faisait à cette invraisemblable timidité : il ne ferait pas un pas vers la Cagnardoune, mais, si elle venait toute seule, d'elle-même, le retrouver ici, sans qu'il fasse seulement hou ! hou ! alors, ce serait tant pis pour elle, elle l'aurait bien voulu...

Herbe et mousses rendaient le tapis confortable. En s'allongeant, il sentit, dans sa poche revolver, le rouleau du magazine qu'il avait emprunté à l'oncle Roure. Pour se montrer à lui-même son indifférence, il entreprit de le parcourir.

Le vieil horloger, bien sûr, n'achetait jamais journal ni revue, il « se les procurait », c'est-à-dire qu'il avait la bonne manière de se les faire offrir. Dès qu'il arrivait chez quelqu'un, il se mettait à feuilleter sans façons tout ce qui se trouvait à portée de sa main en fait de lectures. Il n'y voyait aucune incorrection, lire étant pour lui le plus sacré des rites de l'être humain, rien de fâcheux n'en pouvait jamais découler. Un soir, à l'appel angoissé de la Mélie, un groupe de costauds s'étaient rendus au fond du jardinet de la bonne femme pour enfoncer une porte derrière laquelle l'oncle Roure était enfermé depuis le matin. Ils le découvrirent en position sur le trône, imperturbable, plongé dans un vieux manuel de chimie organique qu'il avait décroché du clou auquel la Mélie l'avait mis pour un usage moins noble, passionné à un point tel qu'il leur demanda de quel droit les citoyens évolués d'une démocratie digne de ce nom se permettaient de forcer l'intimité d'un électeur conscient jusque dans le dernier retranchement de sa vie privée ! La semaine précédente, cet horloger à tout faire avait été appelé chez l'ancien filateur, la seule maison de Clerguemort qui avait l'eau sur l'évier, pour réparer la pompe Guinard. Il se tira d'affaire comme s'il avait passé sa vie sur les pompes aspirantes et refoulantes à système électrique. Lorsque les Huguet lui demandèrent combien ils lui devaient pour la réparation, l'oncle Roure répondit, avec sa lenteur précautionneuse et ses scrupules de précision dans le vocabulaire, qu'il ne voulait pas d'argent, mais serait comblé si on lui prêtait quelques-uns des magazines qu'il avait aperçus sur l'étagère du salon et qui semblaient contenir quelques articles de vulgarisation scientifique du plus haut intérêt. Le Monsieur de la filature, qui s'était vu, déjà, contraint d'envoyer sa pompe chez le fabricant à Paris, insista pour donner au bricoleur précieux non seulement les magazines en question, mais encore le juste salaire de son travail.

La partie scientifique n'était qu'accessoire, heureusement pour Cherchemidi qui voulait profiter de l'occasion pour reprendre le vent de l'actualité. Autre chance, la publication datait de moins de quinze jours.

Une photo représentait MM. Herriot, Flandin et Tardieu sortant de l'Élysée où les avait réunis le président de la République. Une autre, plus petite, représentait le général Weygand en costume d'académicien, sortant de l'Institut, après sa réception sous la Coupole. D'autres documents montraient le président du Conseil turc avec le roi d'Italie et M. Mussolini à Rome, le monument aux morts du IXe arrondissement par Sicard, l'arrivée au Bourget de Mittelholzer venant de Bâle, avec quatre passagers, à 330 kilomètres-heure, le baptême de la princesse Isabelle de France, Cochet renvoyant une balle dans la finale du championnat double-messieurs, les nouveaux ministres allemands sortant du palais du président Hindenburg : von Papen, le Dr Günther, le général von Schleicher, von Neurath, von Braun, von Gayl, le professeur Warmbold...

Il se reporta à l'article.

On y apprenait de curieuses choses sur la personnalité de M. von Papen, le nouveau chancelier, issu du « Centre catholique » : ancien officier de carrière qui, au début de la guerre, se trouvait à Washington au titre d'attaché militaire à l'ambassade d'Allemagne ; son rappel fut demandé à cause du rôle assez triste qu'il y joua, cherchant à fomenter des troubles dans les usines de munitions travaillant pour le compte de l'Entente, la serviette de documents, qu'il eut la maladresse d'oublier, enleva les derniers doutes sur son activité... Début 1916, il se livrait à l'espionnage en Hollande, en 1917, en Argentine, où il dirigeait la propagande allemande, il termina la guerre comme chef d'état-major de la IVe armée turque...

« Les autres membres du gouvernement ne sont guère que des

hobereaux ou des fonctionnaires, conservateurs et nationalistes... », poursuivait le commentateur qui concluait : « Le président Hindenburg aurait voulu voir les hitlériens participer sans attendre au pouvoir, mais M. Hitler a dédaigné l'offre : Mon parti se tiendra en dehors de toute combinaison ministérielle tant que des élections nouvelles ne seront pas intervenues. Le chef des nazis paraissait très sûr de lui, pourquoi ne le serait-il pas d'ailleurs : le premier acte du ministère von Papen a été de soumettre à la signature du président d'Empire un décret de dissolution du Reichstag qui a été publié sur-le-champ, et radiodiffusé sans que l'assemblée ait été réunie pour en entendre la lecture suivant la procédure constitutionnelle. Attendons ces élections qui décideront de l'avenir de notre terrible voisine, M. Hitler a depuis longtemps commencé sa campagne électorale, préparation à grand spectacle comme on n'en avait encore jamais vu dans aucun pays. »

Cherchemidi fut obligé de reprendre plusieurs fois certaines phrases pour les comprendre. Il était ordinairement plus ouvert aux problèmes politiques, il continua à feuilleter le magazine pour voir si d'autres sujets ne retiendraient pas mieux son attention.

La Comédie-Française venait d'inscrire à son répertoire *La Navette*, un acte d'Henry Becque, et *La Jalousie*, pièce de M. Sacha Guitry créée aux Bouffes-Parisiens en 1915. Le Grand-Guignol affichait *La Bafouille*, drame sentimental, et *Pigal's chambre n° 3*, drame horrible...

Son attention lui échappait de plus en plus.

Marcel Thil était devenu champion du monde de boxe poids moyens en battant l'Américain « Gorilla » Jones par disqualification...

Cherchemidi s'en foutait, sans aucune animosité ! Il s'en foutait... langoureusement.

Il y avait, à son niveau, le croisement des haleines de la rivière et de la prairie, la respiration humide et savoureuse, à peine parfumée de menthe sauvage, qui montait de l'eau, et le souffle ardent des prés surchauffés. Il y avait si peu de vent que les perles de soleil, que laissait passer le feuillage, bougeaient à peine. A sa tête, les Pratelles grésillaient sur l'étendue de la plaine arquée. A ses pieds, le courant familier bruissait à l'ordinaire ; mais ce n'étaient que la transpiration, l'infime buée de surface, des forces profondes qui se croisaient et s'unissaient au cœur de la terre pour le pousser aux reins...

L'endroit était unique pour l'amour, à l'écart du monde, fortifié par les eaux courantes et défendu par les feux du ciel...

Cherchemidi prit soudain conscience de toute sa chair, il la sentit peser de son poids, palpiter sous les jets de sang, prise dans le filet à mailles minuscules des nerfs dont chacun se terminait par une gueule microscopique ouverte à fleur de peau, vorace éperdue, mâchant le vide... Jamais encore il n'avait senti son corps entier, ne l'avait mesuré, pesé, palpé de l'intérieur par le dessous de la peau ;

il en prenait soudain connaissance, il se connaissait physiquement, totalement. La sensation était brutale, animale, d'une encombrante réalité.

Marion viendrait-elle enfin ? Ferait-elle comme si c'était par hasard ? Quels seraient ses premiers mots ? Que devrait-il répondre ? Le premier geste osé devrait venir de lui, en tout cas...

Il se répondit qu'elle ne le rejoindrait pas, qu'il s'était monté la tête. Bizarrement, malgré la concupiscence qui lui faisait craquer les articulations, croire à un lapin le rassurait et, sans calmer pour autant un désir croissant, le rendait supportable, aimable. Il discernait mieux soudain la responsabilité de sa rivière, du couvert de feuillages, de la prairie ardente, du lieu, de la saison, du temps...

Il se contraignit à revenir au magazine. Il choisit le sujet qui pouvait le mieux accaparer son attention : l'article nécrologique sur le reporter Albert Londres disparu le mois précédent, au cours du naufrage du paquebot *Georges-Philippar*, à l'entrée du golfe d'Aden...

Il dut se faire une raison : il ne comprenait rien de ce qu'il lisait. Il abandonna la revue, s'étendit de tout son long, les bras en croix. Il ferma les yeux. Il n'entendait, ne voyait, ne sentait plus rien que son corps.

Et son corps n'était qu'une moitié du tout nécessaire.

Marion ne le surprend pas.

Il ne l'a pas entendue, ne l'a pas vue venir, il l'a sentie venir de beaucoup plus loin, du canal même, à l'autre bout de la plaine arquée sous le soleil. Son oreille avait encore du temps devant elle avant de percevoir les pas dans l'herbe, son œil encore plus avant de saisir l'ombre au passage, c'est de son corps qu'il a su qu'elle venait, et du moment même qu'elle se mettait en marche vers lui, attirée sans doute elle-même par l'appel sans fil du grand corps d'homme assoiffé d'elle, de toute son étendue, là-bas, sur l'herbe et la mousse mêlées sous le couvert de la *vigère*.

Elle n'a pas eu à chercher. Elle est venue tout droit à travers la prairie, droit sur lui, perpendiculairement à la rivière, un phare ne l'eût pas mieux guidée.

Elle passe le long de lui.

Cherchemidi se tourne par côté, se relève sur un coude, la regarde en clignant des yeux, comme un qui se réveille juste. Elle répond d'un plissement de paupières, fait signe qu'elle revient tout de suite.

Il l'entend barboter. Il s'assoit. Il peut détourner ses regards, son attention, il ne peut se détourner vraiment de ces bruits d'eau, il n'en peut détourner son imagination.

Marion revient.

De la main droite, elle finit de boutonner sa poitrine ; dans la gauche, elle tient son fichu, ses galoches et le devant de sa robe relevée jusqu'au-dessus des genoux sur ses jambes ruisselantes. Elle s'arrête dans un rayon de soleil pour secouer sa chevelure. Il en jaillit une couronne scintillante, des gouttes d'eau qui semblent demeurer un instant en suspension autour de sa tête. Elle part de son rire étouffé dans la gorge, et sonore pourtant, d'une impudeur inexplicable.

— Ouf... ce que ça fait du bien, un grand coup d'eau, quand on est resté un grand moment au soleil...

Elle s'assoit à côté de Cherchemidi, tout contre, sans plus de façons, rayonnante de fraîcheur et gonflée de soleil.

De près, sa robe n'est plus rose, mais blanche, d'une étoffe légère imprimée de fleurs roses très serrées. Ce n'est peut-être même pas une robe, mais ce vêtement à tout faire, qui ne « craint pas », se lave facilement, peut se garder chez soi pour les travaux salissants, et pour sortir dans la rue quand on entend la trompette du Planteur de Caïffa. Les femmes de Clerguemort appellent cela un « peignoir », c'est en réalité une robe de coupe sommaire, boutonnée par le devant sur toute sa hauteur.

— Vous étiez en train de lire ?

Elle ramasse le magazine, le feuillette.

Marion est seulement jolie, c'est-à-dire qu'on a moins envie de la chanter que de mordre dedans.

Sa chevelure châtain, à reflets roux, coupée court, haut sur la nuque, la coiffure d'été, ondule un peu ; elle doit y passer le fer une fois par semaine au moins, le dimanche matin en tout cas : dans les mouvements brusques, il s'en échappe quelques relents de roussi pas désagréables. Une large ondulation masque entièrement le front. La coiffure forme boule, elle est assortie au reste, tout est arrondi chez Marion, le visage, le nez, les yeux, les joues, mais *arrondi* comme on le dit des angles, dans le sens le plus bienveillant. Rien de mou, de poupin, de fade ou de rigolo.

L'expression enfantine ne vient que de la bouche, trop petite, très en relief, dont la lèvre inférieure et la lèvre supérieure, de même volume, font une grosse cerise très mûre que le moindre mot partage en deux, nettement. La mouche qui rehausse le teint du visage n'est point de taffetas, c'est un grain de beauté, vrai comme Marion.

Elle lit, dans le magazine ouvert au hasard, le premier article qui s'offre. Elle s'applique, articulant, comme pour montrer à l'écrivain qu'elle sait lire :

— « Une rétrospective François Boucher. Plus de deux cent cinquante œuvres de François Boucher sont réunies chez M. Jean Charpentier, au bénéfice de la fondation Foch, et c'est une partie des œuvres du grand improvisateur qui a rempli le XVIIIe siècle de son... »

Cherchemidi se penche sur l'épaule de Marion. Il n'avait même pas vu l'article en question. Le critique n'a pas l'air d'aimer beaucoup le peintre galant :

— « ... Nymphes d'alcôves, déesses à fossettes, vives et faciles, dévoilent des chairs fleuries... c'est la jeune Mme Boucher qui lui fournit ce type de la petite nymphe de boudoir, blanche et grasse... »

« Sombre crétin », songe Cherchemidi. Il prend sans y songer Marion par les épaules. Pour illustrer l'article, il y a la reproduction du tableau *Sylvie guérit Philis de la piqûre d'une abeille*, les deux jeunes femmes gracieusement dénudées disparaissent. Marion, dont il vient d'étreindre convulsivement les épaules, a renversé la tête en arrière. Elle tend ses lèvres entrouvertes.

C'est un baiser sans réserves, le premier baiser d'amants qui n'ont que trop attendu, le baiser par lequel chacun prend la mesure de l'autre, violent comme le premier contact d'un retour volé, c'est un baiser de déserteur ou d'évadé.

La main de Marion dégrafe la chemise de Cherchemidi. Sur la peau sèche de la poitrine osseuse, les doigts et la paume fourmillent des milliers de plis et de replis serrés, profonds, qui sont le cal des lavandières.

Marion n'a que la robe-peignoir sur elle. D'une main, Cherchemidi déboutonne par le bas, de l'autre par le haut. Marion se musse contre lui, en chien de fusil, pour qu'il agisse à l'aise. D'un bouton à l'autre, la main de l'homme reconnaît par une caresse le terrain découvert. Parfois, Marion frémit sous le contact, avec un profond soupir qui parle de « Vierge Marie » ou de « Sainte Mère », Cherchemidi ne rit pas, il lâche le bouton pour bisser la caresse et marquer la place dans sa mémoire.

Quand la robe est déboutonnée, Marion resserre les épaules et s'ébroue, avec une sorte de fureur contre le tissu qui ne glisse pas assez vite le long de ses bras.

Elle a des seins puissants, lourds, qui se repoussent l'un l'autre au moindre mouvement, comme des jumeaux jaloux qui se bousculent gonflés d'envie et d'avidité.

Son corps nu crie.

Cherchemidi reconnaît le cri que son corps ne pouvait étouffer tout à l'heure. Une seconde encore, il perçoit les souffles ardents de la prairie, l'haleine humide et familière de sa rivière, l'immense bruissement sous les feuillages, le temps d'une remarque pauvrement quotidienne : Marion porte, sur son corps immaculé, les gants très longs, jusqu'au dessus des coudes, et les bas de la même couleur dorée que les grands soleils de la rivière et des prairies ont gravés dans sa peau.

Une seconde après, l'homme est au-dessus de ça.

Trois fois, Marion étonna Cherchemidi, comme fille, comme amante, comme amie.

La première fois, ce fut au commencement. Quand elle sentit que le plaisir, qui montait en elle, allait lui ôter la volonté et la conscience, elle eut la force de se maîtriser un instant :

— Surtout, fais attention, ne me fais pas d'enfant !

Puis elle s'abandonna sans réserve, confiante.

Après la fille, elle fut l'amante, aussi parfaitement.

A la pointe de leur union, elle se mit à psalmodier que c'était extraordinaire, merveilleux, que rien d'autre au monde n'était comparable, qu'on pouvait mourir ensuite... C'était doux et tendre, une sorte de prière à l'homme.

Rarement plaisir se fit entendre aussi directement. Il n'y avait plus d'intermédiaires, plus trace des barrières de l'éducation, des mœurs, des voiles religieux ou philosophiques, plus de censures de l'âme, de sourdines du cœur, rien que la volupté, de vive voix.

C'est ainsi que Marion fut, absolument, l'*amante*.

La troisième fois, ce fut la fin de l'amour.

Après le couple, dès qu'ils se retrouvèrent deux, avant de retomber pantelante de son côté, Marion eut encore cette attention : elle déposa, du bout des lèvres, un léger baiser sur le front du jeune homme.

Un simple baiser, chaste, inutile, un baiser d'amie.

Le moment qui suit l'amour était un des pires pour Cherchemidi, un des rares où il ne pouvait s'empêcher de se dégoûter. Son plaisir une fois pris, il n'avait plus aussitôt qu'une seule envie : se rajuster promptement, prendre congé, penser à autre chose et passer à un autre genre d'exercice.

Ce n'était pas facile, c'était même, la plupart du temps, tout à fait impossible, en tout cas pour lui. La femme, au même moment, n'avait que des aspirations opposées ; le plaisir la plongeait dans une sorte de langueur, elle s'attardait sur la couche, s'y prélassait, tendait les bras, levait ses regards pitoyables, implorait une étreinte encore, une caresse, un moment, quelques minutes, un baiser, rien qu'un baiser, le dernier ! elle avait un grand besoin de prolongements attendris, de douceurs, pour laisser s'éteindre insensiblement jusqu'à la dernière escarbille le grand brasier de tout à l'heure. Cependant, Cherchemidi n'avait toujours envie que de dégringoler l'escalier quatre à quatre. Il ne le faisait pas. Il se cramponnait, parce qu'il respectait la femme qui lui avait donné du plaisir, quelle qu'elle soit.

Il ne se prenait pas pour un monstre : les libres confidences mâles prouvaient que le travers manquait d'originalité. Ne restait plus que le choix entre la muflerie et l'amour à contrecœur, que l'on accepte comme le gastralgique accepte l'invitation à un repas fin. Mais les gourmands, à force d'être cruellement punis par la digestion, y regardent à deux fois avant d'accepter une place dans les festins ; Cherchemidi laissait passer pas mal d'appétissantes occasions, de plus en plus. La muflerie n'était pas dans sa nature. Sa réserve n'allait pas sans efforts méritoires. Il n'était certes pas de ces collectionneurs qui n'aspirent qu'à rajouter la belle pièce à leur tableau de chasse, ni de ces mâles à performances qui doivent installer sur leur table de nuit le boulier des salles de billard.

Il était surtout curieux de la femme, plein de délicatesse, redoutable dans la séduction. Ébloui par une fossette, tourneboulé par un jupon, l'enthousiasme qui le soulevait sur-le-champ l'amenait sans peine à toutes les audaces, à des victoires foudroyantes, plus souvent qu'à son tour ! hélas ! les réveils étaient amers, la fossette effacée par le plaisir, le jupon froissé, on en trouvait partout, des filles comme celle qui lui avait, la veille, fait commettre des folies ! et il n'avait même pas le droit de lever le camp dès que le désir le cédait au bon sens. Il en avait quand même froissé pas mal avant d'en arriver à ne plus démarrer au quart de tour, à patienter au moins jusqu'au lendemain, à essayer au moins d'imaginer quelle tête elle fera, au réveil, après, la frimousse qu'on rêve ce soir d'endormir dans ses bras...

A trente ans passés, il s'était quand même un peu calmé, pourtant cette pondération, loin de devenir doucement habitude, lui demandait de plus en plus d'efforts, pour cette raison que loin de s'apaiser, sa curiosité de la femme entrevue et son goût des femmes tournaient à la passion.

Toutes les objections raisonnables qu'il aurait dû se faire au préalable ne se présentèrent en bloc qu'après, juste après ce baiser sur le front d'une tendresse qui barrait la route aux marches arrière. Dans Clerguemort, tout se sait ! Pour la petite paysanne, il était le bon parti, le Parisien, la fortune et l'exotisme ! Sans aller chercher la catastrophe dernière, de quelles mornes fadeurs ne serait pas capable, dans ses langueurs à rallonge, et de quels attendrissements patauds ! une bécasse de village, quand on savait les pénibles suites d'un bon moment avec ces Parigotes réputées spirituelles et délurées...

Atterré, mesurant le faux pas et le bourbier, Cherchemidi s'attendait au pire.

Marion avait fait l'amour en toute simplicité. Elle apprit à Cherchemidi ce que pouvait être le naturel d'après l'amour.

Elle s'étira modérément. Elle s'agenouilla, se pencha très en avant pour rattraper sa robe.

Du point de vue de Cherchemidi qui, pour une fois, n'était pas le premier debout, l'ensemble, en raccourci, des fesses et des cuisses de la Cagnardoune formait un cœur. L'image fut brève, Marion, déjà, s'habillait.

Il attendait encore des questions, des protestations, des projets, des menaces, des plaintes, n'importe quoi... Le silence de la jeune fille, qui s'arrangeait paisiblement, lui pesait. Il en vint à craindre la ruse inaccoutumée, quelque maquignonnage à mettre le Parisien capot.

— Alors, maintenant ?... ne put-il s'empêcher de demander.

Elle se retourna vers lui vivement. Son visage exprimait un étonnement plein de bonne humeur.

— Je voudrais dire : ça va bien... enfin, tu n'as besoin de rien ?

La première question reçut en réponse un volupteux étirement des bras en croix, puis tirés vers l'arrière, repliés derrière la tête, où les mains se rejoignirent pour glisser les doigts qui farfouillèrent démonstrativement dans la chevelure embroussaillée. Elle était restée debout sur ses jambes assez écartées, elle avait accompli le mouvement complexe avec un naturel tout d'ampleur et de grâce, dans le « style couché » cher aux maîtres de ballet. Aucune réplique n'eût si bien exprimé son intense et juvénile bien-être. Elle répondit sans détours à la deuxième question :

— J'ai oublié mon peigne.

Cherchemidi se fouilla, avec un empressement un peu outré ; il était, toutefois, réellement confus :

— J'ai toujours mon peigne de poche dans ma veste, mais par ces chaleurs, naturellement...

Avec son rire, qui prenait ses claires sonorités dans la gorge et vous rendait l'envie de la toucher encore, elle coupa court à ses mondanités :

— Bah ! j'ai mon foulard.

Lui restait assis dans l'herbe, appuyé sur les coudes. Elle restait debout à ses pieds. Quand son foulard fut noué, elle mit les mains derrière le dos. Lui n'osait bouger, elle semblait attendre qu'il l'autorise à partir. Il observait son visage heureux, le regard simple de ses yeux d'un bleu tendre.

Il se sentit vaguement coupable de machiavélisme.

Marion tendit l'oreille, chercha le soleil dans le ciel, et murmura :

— Il va être l'heure de « rendre l'eau », et le pré a toujours soif !

Cherchemidi songea tout à coup qu'elle était allée à la messe le matin même...

Il n'y a pas d'église à Clerguemort. Les trois familles catholiques du village doivent aller au Chambon, gros bourg à prédominance papiste qui se paye un curé à demeure. Les filles seules vont régulièrement à la messe. Les mères, la Vignesse, la femme du facteur, et la Passevine, la femme de l'employé du chemin de fer, accompagnent leurs filles dans les grandes occasions, quand il n'y a pas trop de travail à la maison, jamais la Cagnarde, presque impotente, qui n'a guère dépassé le seuil de sa cour depuis des années. Mais quelque temps qu'il fasse, on est sûr de rencontrer sur le coup de dix heures, en chemin de Clerguemort au Chambon, le troupeau des petites culs-blancs au grand complet, dans le même ordre : les grandes en tête, la Marion flanquée des deux Vignettes, les dames, quoi ! derrière, en deuxième ligne, la Cagnardette et l'aînée des Passevin, bras dessus, bras dessous, nez à nez, et toujours en train de s'en raconter sans arrêt, avec un chuchotement de bonde qui fuit, continu, si bien qu'on ne pourrait comprendre laquelle parle, ou si c'est toujours la même qui parle et la même qui écoute ou si elles parlent toutes les deux ensemble, sans reprendre respiration. Et toutes ces demoiselles en grande toilette n'ont pas besoin de fards, le savon de Marseille suffit à leur tirer le sang sous la peau, et toutes chapeautées, y compris la toute petite, la benjamine des Passevin qui trottine pour tenir le train des longues quilles. Gants blancs, sacs à main tout perles, dentelles en veux-tu en voilà, peaux de lapin sur tous les revers, on ne lésine pas chez les culs-blancs de Clerguemort quand il s'agit d'aller porter ses sous au *capélan* du Chambon. Leur grande mode est de changer de chapeaux, au point qu'on se demande comment elles s'y prennent, en changeant si souvent, pour ne jamais tomber sur un qui soit possible.

Une chance que les trois familles habitent à l'entrée de Clerguemort, et non à la sortie, le cortège des *mességettes* n'a pas à gravir le calvaire moqueur de la Grand-Rue par un dimanche matin. Dans le temps, les gamins s'amusaient encore à venir attendre, à l'entrée du pont, le passage des petites culs-blancs, mais toutes les plaisanteries possibles sont usées, même les *minots* ne se dérangent plus, ce n'est plus que pour les papistes bornés du Chambon que la demi-douzaine de filles catholiques se met en frais de toilette.

Marion demande à Cherchemidi :

— On se dit « tu » ou « vous » ?

Il hésite le temps de trouver une formule impersonnelle :

— Qu'est-ce qui serait le mieux ?

— Devant les autres, « vous », naturellement ! Et, *té !* même entre nous, on devrait recommencer à se dire « vous », tout de suite, pour ne pas perdre l'habitude... (Son rire fuse.) Le « tu », ce serait bien de le garder pour quand il sort tout seul !

Les bribes de son rire retombent en pluie, renvoyées par le feuillage des vernes.

Tout était dit. Son histoire de « vous » et de « tu » n'avait l'air de rien, Marion y avait mis tout ce qu'il fallait : le secret, la complicité, le libre échange des plaisirs, le content pour chacun, pas de rancune, pas de dettes, pas de crédit, rien qui traîne, à chaque fois : un nouveau compte ouvert et refermé, rubis sur l'ongle.

Cherchemidi sentit soudain affluer les questions. Il voulait toujours des réponses immédiates. Alors, il s'en inventait, avec frénésie... Marion approfondissait son mystère. Il chercha des filles de Clerguemort, pour comparer. Il pensa presque aussitôt à Milca, la fille du maire, la plus belle, la plus pure des jeunes filles de Clerguemort ; comme il eût été heureux d'être son frère, son père, mais la dépouiller, la toucher, non, ce serait trop dégoûtant, quand même...

A s'inventer les réponses de toutes pièces, Cherchemidi les voulait fastueuses. Il s'offrait ainsi, dans le secret de son imagination, de fulgurantes revanches, d'autant plus qu'il était ainsi seul à seul avec lui-même, très accommodant sur le chapitre de la vraisemblance. Et plus l'hypothèse présentait d'impossibilités, plus l'écrivain s'en donnait à cœur joie.

Pour la circonstance, il s'en prenait à l'Église catholique fermant les yeux pour mieux se la montrer comme la religion charnelle par excellence. Il voulait voir une savante perversité dans les rites, un raffinement suggestif dans l'imagerie, un philtre aphrodisiaque dans l'encens, un symbole phallique dans le goupillon...

« Les cathédrales sont les serres chaudes où peuvent croître les jeunes filles en fleurs, se disait-il, là, et là seulement, leur chair prend la saveur et le parfum qui attirent l'homme depuis Adam... »

Il n'en croyait pas un mot, bien sûr, mais il trouvait ça joli, et puis ça le soulageait, Dieu sait pourquoi !

« Seules, les jeunes filles bonnes catholiques savent servir l'homme sur sa couche, elles seules ont le privilège d'ouvrir au mâle et leur corps et leur cœur sans appréhender l'irréparable, car il y a dans la maison de Dieu l'eau bénite et le confessionnal, et, dans leur maison, l'équivalent nickelé sur faïence... »

La trouvaille ne lui déplaisait pas, pourtant c'était assez méchant, aussi cherchait-il bientôt un morceau de bravoure d'un autre ton, pour s'attendrir :

« Pauvres petites protestantes, innocentes glacées dans la pénombre nue d'un temple qui ne sent que la poussière, où ne tombent que les quatre vérités, telles des pierres.

» Pauvres petites protestantes, boutonnées, reboutonnées, toute chair cadenassée, dont il est si facile d'arracher le cœur...

» On entre aussi facilement dans leurs petites âmes meurtries que dans les couches catholiques !...

— Monsieur Larguier, il faut que je m'en aille, maintenant, vous savez !

— Ah ! mais, alors, Marion, quand nous... enfin : comment nous... pour convenir de nouveau ?

— Oh ! on arrive toujours à se faire comprendre, quand on veut, vous avez bien vu, monsieur Larguier ?

— Bien sûr, bien sûr... mais, Marion, tu as bien une petite minute encore ?...

— Hélas, non ! mon bon monsieur Larguier, regardez le soleil, où il en est, le monstre ! il me dit qu'il n'est que temps de « rendre l'eau ». Il n'y a pas de raison, puisque mes prairies, maintenant, ont bu tout leur saoul, écoutez...

Ils tendirent l'oreille. Ce fut le dernier geste qu'ils firent ensemble ce jour-là, dans cette harmonie de fortune qui avait été la leur.

Depuis le canal jusqu'au bombé de la rivière, toute la bande verte du bien des Cagnar était parcourue d'un sourire sous les herbes, comme un rire de gorge miniaturé, mais multiplié par chaque brin, le rire intérieur d'une longue soif enfin apaisée : l'eau était arrivée jusqu'au bout des rigoles d'irrigation qui rayaient le regain, à intervalles réguliers.

Cherchemidi s'aperçut qu'une petite flaque se formait à ses pieds, trop-plein que la prairie n'avait pu absorber, un peu de l'eau dérobée dans l'étranglement des rocs de Donnarel, et dont le premier mouvement était de retourner dans sa rivière.

14

Lettre à Pierre Mac Orlan

« Le Casquillé, par Clerguemort,
Ce 20 juin 1932.

Cher Pierre Mac Orlan,

Après quelques semaines au pays natal, c'est pour vous écrire que je reprends la plume. Ces mots, je le jure, sont les premiers que je trace depuis mon départ de Paris.

Je flemmarde, délicieusement...

Bah !... La littérature contemporaine n'a pas l'air de s'en porter plus mal !

Le pays natal me reprend, irrésistiblement. Je m'y enlise. Cher Pierre, je vous écris comme on se raccroche aux branches.

Nulle flagornerie, là-dedans, preuves suivent.

Conjoncture ou contingence, c'est toujours une remarque, ou une anecdote, à votre façon qui me revient. Ce sont les seules ressouvenances parisiennes qui me soient utiles, et agréables ; qui soient. Comme si je n'avais que perdu mon temps, ces dernières années, dans la capitale, à l'unique exception de nos entretiens.

C'est que je tire, déjà, un plaisir non négligeable d'évoquer, dans ma mémoire, l'accueil, l'atmosphère Mac Orlan, comme un cercle magique... Mais, pardonnez-moi, vous voyez : à vouloir fixer l'impression, l'expression n'est qu'ordinaire. Il est des charmes inséparables du silence complice. L'amitié d'une certaine qualité n'a plus besoin de se proclamer. Le bien-être va de soi. On peut, à la rigueur, se le remémorer, pour son plaisir secret. Mais à l'aide du plus concret, du plus menu. Un ton. Une façon de bourrer la pipe, de s'y reprendre à dix fois pour l'allumer. Le sourire d'autodéfense d'un cœur qui ferme mal. Le bombardement de soi-même, à grosses bouffées, du bâtiment de haute mer, armé, cuirassé pour la bataille, qui se retire derrière son rideau grosse-coupe, de peur de rougir à la face des nations sur pied de guerre... L'interlocuteur profite également des beaux nuages bleutés à feutrer les combats : il a moins peur.

Voilà. Je vous écris, cher Pierre, comme je n'écrirais à personne.

Pour retrouver le goût d'écrire, d'abord.

Il me fallait être sûr du lecteur. Pour une fois ! N'écrire point de futilités, mais ne point redouter des brocards en écho.

L'importance et la liberté, ce ne pourrait être, pour moi, qu'une lettre à Mac Orlan.

Il y a, aussi, que je suis sur le départ pour Hambourg.

Hambourg, Naples, Bruges, Londres, Rouen... Il faut vous y faire, désormais, quelques villes et ports dans le monde dégagent, au seul énoncé de leur nom, une essence singulière. C'est vous qui l'avez distillée. Ces ports et ces villes, on ne savait pas les respirer.

C'est une affaire de famille (dont je vous entretiendrai, car elle est assez curieuse), qui m'appelle à Hambourg. Mon départ est trop proche pour que je vous demande des tuyaux. Et puis, tel n'est pas mon propos, qui est d'une autre conséquence, à mon sens en tout cas.

Vraiment ! comment eussé-je pu faire ma valise pour Hambourg sans voir se projeter Mac Orlan ? C'est avec un ara sur l'épaule que débarquent vos matelots, moi, je partirai avec, perché sur mon épaule, un de ces fantômes rouges de la marine Abteilung que vous m'avez présentés chez Fultah Fisher, *au milieu des brumes où le passé se dissout...*

C'est tout simple : sans vous, je serais parti pour Hambourg sans émerveillement. Ce serait resté une corvée familiale.

Donner plus que son prix au plus humble du quotidien, n'est-ce pas la seule raison d'être de l'artiste ? Créateur, cela ne signifie-t-il point créer, de toutes pièces, des merveilles avec le plus commun du matériel ? Rendre l'étonnement de vivre aux vivants blasés ? Rendre l'extraordinaire à l'ordinaire ?

L'art n'est-il point une autre sorte de soleil... *sans qui les choses ne seraient que ce qu'elles sont...*

Voilà l'essentiel de ma dette envers vous, Pierre.

En regard d'une aussi haute leçon, l'accueil, si généreux soit-il, reste au niveau d'un mérite commun, à la portée de tous, des simples mortels.

Mais je vous vois déjà bougonner, tourner le dos, trottiner à travers la pièce pour aller bourrer votre pipe vers ce pot à tabac opportunément situé dans un lointain obscur.

C'est donc chez un autre écrivain, que vous aimez beaucoup, que j'irai chercher mon exemple.

C'est du vécu d'hier.

J'ai été stupéfait de retrouver le mas tout petit à mon retour ; il faut que je vous dise cela, d'abord.

Les étonnements d'un retour au pays natal sont au rebours des surprises du voyageur. D'abord, ce n'est qu'à la réflexion qu'on s'étonne. Ensuite, c'est la familiarité qui surprend, non l'étrangeté.

Agréablement ou désagréablement, les yeux du voyageur butent sur de l'inconnu, ses sens sont surpris par la nouveauté. Le pays natal, c'est la *recouvrance*... Je ne peux résister au plaisir d'employer un de ces vocables perdus, que vous avez ranimés, qui ne sont pas près de perdre la marque P.M.O.

Je me sens repris si fort qu'il ne m'étonnerait guère de me retrouver d'ici peu bucolique comme un Auvergnat de comice agricole.

Plus je regarde vivre les gens de mon village, plus je m'étonne de leur simplicité, de leur tranquillité de nature.

Après six ans de Montparnasse, c'est la Polynésie.

Clerguemort est leur lieu. Oh ! ils ne sont pas en peine de recouvrance ! ils ne sont jamais sortis de leur village !

Le temps et l'énergie que j'ai dépensés à découvrir, à m'adapter, ils les ont consacrés, eux, à mieux profiter d'un quotidien familier, du train-train éternel.

Je relisais une page de Colette entièrement consacrée à la description d'une grappe de raisin. Un voisin, un vieux chevrier qui porte un prénom biblique : Esaïe — quel personnage étonnant ! je vous le conterai un jour... — m'apporta un panier de muscat. C'est le premier raisin à mûrir à Clerguemort, une célébrité locale.

Je me jetai dessus.

Jamais raisin ne fut aussi parfaitement, aussi profondément raisin que ce raisin dans ma bouche après la page de Colette.

La littérature, c'est ça. N'est-ce pas ?

Alors, si j'examine, à la lumière de cette révélation, tout ce que j'ai *créé* jusqu'à présent...

C'est désespérant.

Et comment expliquez-vous, mon cher Pierre, que c'est ici que je vous comprends le mieux ? Vu d'ici, tout prend des mesures différentes. Tout comme si on abandonnait soudain le système métrique intellectuel en usage à Paris.

Mais ne faudrait-il point d'abord que je dise le rapetissement, bien matériel celui-là, des murs et des distances de mes jours d'enfant ? Six années d'absence rendent ce phénomène particulièrement sensible.

Seules, les premières impressions m'étaient restées. Quand j'y pensais, de Paris, c'était encore avec mes yeux d'enfant que je revoyais mon mas du Casquillé. Je revoyais sa masse énorme, sa façade immense, très haut dans le ciel.

Certes, les villageois me regardent curieusement, mais, le croiriez-vous ? ce n'est point ce que j'ai pu gagner à l'apprentissage de la capitale, ce que j'en peux rapporter, qui les intéresse. Non. Au contraire, ils s'inquiètent seulement de savoir si Paris ne m'a pas trop changé.

Ils ne se montrent cordiaux que dans la mesure où ils me retrouvent tel quel. Je me surprends plus d'une fois à jouer le Gros-Jean pour une bonne poignée de main !

Et encore, je n'achète ainsi qu'un accueil pour exilé. Pas question de tuer le veau gras. Il est vrai qu'ils ne se sont déportés ni dans l'espace ni dans le temps, eux ! Leur lit est fait. Les erreurs ont été commises dans le passé. Le reste, ce qui nous est transmis, n'est que du bon. L'essentiel de leur activité physique et cérébrale doit tout aux coutumes, aux traditions, aux habitudes, aux préjugés. La routine est leur vie.

L'amertume marque ces méditations. J'étais si loin de ces mornes pensées, à Paris ! Mais, à la vérité, médite-t-on à Paris ?

En somme, à Clerguemort, je ne me sens plus rien. J'oublie que je reviens de Paris. Je n'ai pas eu l'impression de revenir, même le jour du retour. C'est comme si je n'étais jamais parti. Non, je ne suis pas de retour...

Je mesure mieux, sans l'envier pour autant, la tranquillité de ces gens qui n'ont jamais quitté leur village, leur lieu...

Lieu, notion qui m'en impose !

Moralement, je me découvre. Cela vous a je ne sais quoi de grand, de vrai, comme de l'antique. Présence gigantesque et vague, qui projette son ombre sur la ciselure maniaque de mes essais à prétentions philosophiques pour les rendre dérisoires. Dans mon village, je me sens regardé, non pas comme le fils prodigue, mais comme un foutriquet de gravure de mode tombé au milieu d'un bon peuple de velours à grosses côtes.

Je passe d'un extrême à l'autre. C'est assez dans ma nature. Il me semble bien que je suis en train de changer profondément. Je me sens en devoir de vous en avertir, vous le premier. Le seul.

Il faut plus que de l'amitié pour dévoiler sans pudeur son désarroi dans ses moindres disgrâces.

Je nage dans la nigauderie. Le meunier m'inspire la déférence de Jeannot pour *not' bon maître* , je n'y peux résister. Dire qu'il m'est arrivé de rire de mon village, et d'en faire rire les autres. Assez bassement, j'en conviens, pour faire passer cette tare : la Province ! je ne peux m'en souvenir sans des renvois désagréables.

Le fait est là : mes villageois ont plus de fierté que moi !

C'est qu'ils ne se mettent guère en question, eux ! Pour ce faire, il faut sortir de soi-même, et d'abord, donc, sortir de son lieu. Ils ne se prennent pas la tête à deux mains. Ils connaissent leur nombril. Il n'a pas changé depuis le Moyen Age, depuis avant même, qui sait ?

Le centre du monde était l'autel. Puis, l'église (à Clerguemort, le temple, mais qu'importe !). Puis, la place de l'église. Autour, les échoppes, le menuisier, le forgeron, le sabotier, l'épicier, l'herboriste... Sur cette place, on se retrouve, on discute. Comme toujours. On n'a ôté que la potence. Tout le monde se connaît.

Saluer chaque passant rencontré, c'est la Polynésie, je le maintiens, quand on vient de Paris. C'est aussi s'entendre rappeler ses cousinages oubliés.

Dans mon cas, la vieille coutume montagnarde commande d'aller *faire visite* à chacun. Je n'entre pas dans un seul mas sans qu'il y ait un aïeul qui me parle de mon aïeul, sans que le chef de famille me rappelle des liens de parenté qui remontent à des générations. On vous annonce pareillement les mariages, les naissances, les espoirs et les héritages. Curieuse courtoisie qui s'empresse de vous faire sentir la chaîne ! Du coup, votre vie se réduit aux dimensions étriquées d'un chaînon humain. On vous remet à votre place dans votre *mèno*, un mot de notre patois, beaucoup plus précis que *race* ou *lignée* par lesquels je serais tenté de le traduire. La *mène* est le tronc généalogique, toute sève nourricière passe par là, c'est ce qui rattache l'ensemble du feuillage à la terre.

Et la *mène* vous garde une importance chez ces gens majeurs et civilisés, en l'an de grâce et de progrès 1932 !

Ajoutez que la terre natale vous reprend si complètement que vous ne retrouverez plus la désinvolture parisienne si prompte à expédier toutes ces vieilleries.

Pour n'être point taxé de généralisation systématique, je dois marquer ici que la montagne cévenole n'est quand même pas à la pointe de la civilisation moderne ! Mon pauvre pays garde une simplesse insulaire. Le qualificatif n'est pas aventuré. La comparaison avec la Corse ou la Sicile par exemple se soutient, non seulement par les caractères montagnards et ruraux de sa pauvre population, mais aussi par l'isolement. André Ducasse, un grand ami, m'écrivait, après un séjour au pied du Lozère : *Cette province a toujours vécu en vase clos, séparée de la Provence par les tourbillons du Rhône, de la catholique Auvergne par les Causses et la barrière des monts. Même à l'ouest, les contacts restent difficiles avec le Narbonnais, car il faut contourner les salins d'Agde et les étangs de Sète...*

L'ami Ducasse est historien, faut-il le préciser ? Je lui dois nombre de renseignements qui éclairent ce côté farouche du Cévenol. Mais il suffit de voir l'état de nos routes, même de celles qu'on a pompeusement baptisées : *nationales*, pour comprendre que la montagne cévenole n'est guère plus fréquentée qu'un roc perdu dans la Méditerranée. On ne vient pas chez nous sans le faire exprès.

Hospitalité, générosité, solidarité, indépendance d'esprit, passion de la liberté, culte des anciens, souci de la *mène*, de la virilité, obéissance au père, dévotion à la mère... les qualités et les défauts du caractère insulaire s'expriment chez nous avec la même force, les mêmes outrances, qu'en Crète ou en Sardaigne. Les mêmes violences aussi, un goût du sang, la contagion du sang répandu. Les abeilles, auxquelles nos prêcheurs huguenots se réfèrent volontiers, s'affolent pareillement à l'odeur de leur propre venin : il est fortement recommandé de s'écarter discrètement des ruches après une première piqûre...

Quand on s'est donné de tout son cœur, de toutes ses forces dans les luttes contre la guerre, comme moi, avouez que ce n'est pas sans peine qu'on se sent repris par un peuple, le sien. Surtout quand on a vécu quelques années ailleurs, qu'on a appris à voir sans indulgence, même les siens.

Mes villageois sont ainsi. Ils sont déconcertants.

Car l'on est communiste, à Clerguemort, voyez-vous !

Ce rouge bon teint nous vient de l'ouverture des mines et de l'industrialisation progressive des vallées et du bas pays. Et nos mêmes vertus et travers immémoriaux de ressembler furieusement à ces mêmes qualités et défauts qu'on voudrait modernes et tout à fait particuliers au prolétariat marxiste.

Que n'entendez-vous ces discussions sur la grande crise, la lutte des classes, Staline, l'unification de la classe ouvrière et *la maîtrise des monopoles capitalistes sous le régime général de la production marchande et de la propriété privée devenant la domination d'une oligarchie financière... (sic)*. Je n'ajoute rien. J'ai entendu ces mots de la bouche du meneur communiste de Clerguemort, un simple mineur, le secrétaire de la cellule !

Autre constatation déroutante :

Les Cévennes se sont toujours farouchement insurgées contre les envahisseurs. Il faut néanmoins reconnaître que, si elles ont toujours repoussé qui se présentait l'arme à la main, elles ont mêmement accueilli à bras ouverts qui se présentait les mains nues : le proscrit, le hors-la-loi, le fugitif, d'où qu'il vienne...

Mais maintenant ! quand le chômage menace, et la crise ! (et nos mineurs le savent, il n'est que de les entendre sur la placette...) on pourrait attendre, en toute logique et sans mauvais esprit, que ce pays refermé sur lui-même, solidaire, *familial*, repoussât l'afflux des travailleurs étrangers ? Eh bien pas du tout, au contraire !

Je voyais des familles que je ne reconnaissais pas, mais dont je ne doutais pas qu'elles fussent cévenoles. Elles étaient d'origine italienne ou espagnole. Les mines ont fait appel à la main-d'œuvre immigrée. En quelques années, ces étrangers ont pris l'allure, les manières, le ton, la pensée, les traditions de la Cévenne. Ce creux de montagnes farouches, où l'on est si soucieux de sa *mène*, s'est fait soudain, inexplicablement, le creuset parfait de toutes ces races. Comprenne qui pourra !

Enfin ! Italiens, Polonais, Arabes, Arméniens, Espagnols, si ces pauvres bougres accourus de partout ont trouvé ici beaucoup plus que du travail et du pain, ce n'est pas moi qui le déplorerai !

Je vous livre le tout, en vrac, pour que vous participiez amicalement à mon désordre intérieur. Vous verrez que, finalement, le pays natal détraque ma boussole plus que ne le fit jamais *la capitale des arts et des lettres*.

Votre sentiment prend d'autant plus d'importance que vous êtes, par votre vie, par votre œuvre surtout, au-dessus de ce terrain, je ne parle pas seulement des Cévennes.

Il serait présomptueux de ma part d'établir le moindre parallèle. Néanmoins tant de fibres sensibles nous relient qu'il me semble naturel de me compter dans votre famille littéraire. Cependant, il en est peut-être comme dans les vraies familles : l'aîné part pour l'aventure. Il fait fortune sur les mers. Le cadet, moins doué, moins audacieux, reste à labourer le bien d'héritage.

On peut suivre les deux filons à travers notre patrimoine culturel. D'une part : les fruits de la terre, qui ne seraient pas sans racines. D'autre part, le butin merveilleux des vagabonds de la création, des aventuriers, des solitaires sans feu ni lieu, qui rapportent dans leurs basques le pétun, le grain de café, les épices des mondes nouveaux...

Cher maître, j'en suis là, à me demander si je ne me suis pas mal embarqué, si je n'étais pas en train de me prendre pour un Marco Polo quand je ne suis qu'un Jacques. Voyez-vous un capitaine d'aventure bouleversé par la vue d'un troupeau d'oies devant une mare ? Non, ce serait vraiment trop triste.

J'en suis à retourner toutes les glaces contre le mur. Chaque matin, c'est Brid'oison qui se rase en face de moi ! Je m'assois sous l'un de nos châtaigniers. Je me frotte les épaules contre la bonne vieille écorce, à la façon de nos biques. Paris s'éloigne, se perd. J'ai des illuminations, de belles vérités nues : il n'est pas de sots métiers ! l'agriculture manque de bras !

Je prends soudain conscience de n'être qu'un simplet, qu'un pauvre chimérique. Notre patois dispose là d'un vocable sans second : *idéïous*.

Je me sais influençable, je me dis : Tu t'étais laissé emporter par le courant des modes parisiennes ! maintenant, tu te laisses avoir par le pays natal, mais, après tout ! l'empire du pays natal n'est-il pas plus légitime ?...

C'est ainsi que mon laborieux équilibre de Parisien volontaire et empressé s'est retrouvé par terre en mille miettes...

Tout me quitte, de Paris, mais rien ne me revient de la Cévenne natale qui pourrait suppléer : le bel esprit méditatif du protestant, par exemple. J'en dois faire mon deuil, je ne serai jamais le pâtre prophétique...

En revanche, je me sens à jamais exclu de la coterie des malins. Je le regrette à peine. J'ai tant connu de malins ! J'ai la vague impression que l'avenir n'est plus aux malins...

L'idée, les idées, fuyons ! vous avez raison !

Tout bien considéré, d'ailleurs, c'est fou ce qu'on pense peu, et toujours les mêmes choses.

Je marche ? Chacun de mes pas sonne comme un reproche. Le val de Clerguemort gronde comme un sillon fertile.

Que c'est bon de se laisser glisser dans le sommeil des brutes, de sombrer, de ne plus résister, de se laisser encroûter, dieu ! quelle douce ivresse...

Comme des éclairs de demi-inconscience, me reviennent quelques-unes des idées chères et chéries qui firent ma vie, mon idéal durant les dernières années :

Mon parti pris de brièveté, de concision...

L'élégante hauteur qui relègue les sentiments dans la sensiblerie, les enthousiasmes, les élans lyriques dans la jobardise...

La pureté, la froideur d'un style de cristal...

Je me récite quelques-unes de mes courtes phrases chantournées. Sans plaisir. Elles sentent le renfermé. Voilà ! je retrouve l'expression populaire qui me vient toute seule quand je relis mes textes à présent : *tout ça manque d'air*...

Je ne fais plus rien.

J'ai laissé tomber l'un de mes projets les plus chers.

Après le style, après le genre, c'est la vocation littéraire que je mets en cause.

Il ne serait que temps de devenir fonctionnaire !

Le spectre du raté, c'est la hantise de l'*idéïous*. Tous mes aïeux misérables me tombent sur les épaules, avec leurs chimères pitoyables...

Un de plus, un de moins...

J'attends.

Quoi ?

Tout. Un événement. Dans ma vie. Ou dans celle du monde. Un coup de théâtre à rendre le sommeil impossible.

Que l'humanité se retourne enfin, qu'elle change un peu de côté. Elle nous fatigue, depuis qu'elle dure. On demande un changement à l'affiche !

Ou un bel amour.

Aragon me fait envie.

Qu'elle me vienne aussi, celle qui me donnera les clés du monde réel !

Faut-il que je revienne au bar de *La Coupole* ? Ou suffit-il que j'apprenne à voir dans le val fertile de Clerguemort ?

Elles ne manquent pourtant pas, les filles rudes et claires, fières et droites, qui lisent, qui pensent et qui rêvent !

La jeune fille protestante de la Cévenne, c'est toute la pureté du monde.

Hambourg aussi est une fille, n'est-ce pas, Pierre, alors, qui sait ?

La guerre aussi est une fille. Les hommes ne parlent que d'elle.

J'attends.

Tout. Mais une seule chose précisément : votre réponse, mon cher maître.

Il n'est qu'une influence dont je n'ai jamais eu à me mordre les doigts, celle d'un homme qui voit clair sans en avoir l'air, qui ne donne jamais de conseils mais se fait entendre en parlant d'autre chose, de l'uniforme des zouaves pontificaux, du risque d'abattre un druide si l'on chasse à l'aveuglette en terre d'Armor...

Pardonnez-moi ces pages verbeuses et diffuses. Ajouter une formule choisie pour protester de la qualité de mes sentiments ne

serait qu'une redondance de plus, la plus vaine de toutes.
Votre

Cherchemidi. »

Cherchemidi avait écrit d'un élan, sans revenir une seule fois en arrière. Il venait de signer la lettre quand la vieille l'appela pour le souper. Il se promit de reprendre la lettre et de la relire soigneusement après le repas.

Quand il se leva de table, effectivement, il revint prendre place au petit pupitre, près de la fenêtre de la cuisine. Le découragement l'envahit dès les premières phrases de sa relecture. Il se dit qu'après tout l'envoyer telle quelle serait plus fidèle à l'esprit qui l'avait poussé à l'écrire. Le jour baissait. Il fit l'enveloppe, glissa la lettre dedans, mais se dit qu'il serait temps de cacheter avant de la jeter dans la boîte. Il se réservait encore la possibilité d'un remords.

— Il fait nuit. Tu vas te crever les yeux, ronchonna la vieille dans son dos.

Ce qui voulait dire qu'il ne faisait pas encore assez nuit pour « user la lampe ».

Cherchemidi mit l'enveloppe encore ouverte dans la poche de sa veste et annonça qu'il allait faire un tour au village.

La douceur du soir montrait combien la saison des chaleurs avait de l'avance. Clerguemort avait déjà repris la coutume estivale de sortir les chaises dans la rue pour veiller par groupes devant les portes.

A l'entrée du village, un bout de fillette renfrognée, âgée de cinq ou six ans, campée sur ses jambes courtes, regardait Cherchemidi bien en face. L'écrivain, le Parisien, s'approcha doucement pour ne pas l'effaroucher. La gamine ne broncha même pas lorsqu'il s'accroupit devant elle pour être à sa hauteur. Il lui sourit.

— Non ! fit-elle violemment.

— Non... quoi ? demanda-t-il, interloqué.

Il lui sourit de nouveau, plus aimablement encore.

— Non ! dit-elle, avec plus de violence.

Cherchemidi la regarda mieux. Il comprit que cette fillette disait non au sourire. Visiblement, elle refusait un sourire qu'elle n'avait en rien sollicité, qui ne lui plaisait pas. Bien plus, qu'on se permît de lui sourire, sans lui demander son avis, lui semblait intolérable, comme une intrusion dans son intimité.

Cherchemidi en fut impressionné. Il se redressa, quitta sans un mot l'étrange fillette qui frémissait d'indignation.

Les groupes à l'entrée du village étaient, naturellement, ceux de la minorité catholique. Mais, dans la pénombre tiède des soirs d'été, les gens ne se groupaient pas par famille, mais plutôt par âge et par affinités. C'est dans les coins tout à fait sombres, bien à l'écart, que fusaient, sur de mystérieuses confidences, les rires étouffés des jeunes filles. Les garçons se racontaient leurs secrets, dans des positions acrobatiques.

Les hommes dans la force de l'âge s'étaient alignés sur la murette de la place, le dos sur la rivière : le Sec-Sec, le Roux, la Pitance, le Jaurès, son frère l'Edemond, le Mèffi, le Libertade et le Sang-Caillé formaient le parlement de Clerguemort.

Cherchemidi entendit parler là de la conférence de Lausanne sur les réparations et le désarmement, où « les commissions techniques étaient dans un beau pastis ! ». Il entendit des appréciations curieuses sur Herriot et Macdonald, dont les récents entretiens remplissaient les journaux. M. Lebrun, le nouveau président de la République, fut examiné du seul point de vue physique et représentatif, ce qui n'était pas mal vu pour le rôle à remplir. Il fut rapidement laissé en plan, au bénéfice du doute.

Le Mèffi et le Laguerre s'attrapèrent brutalement au sujet du XIIIe congrès de l'Union nationale des Combattants et du seizième anniversaire de la victoire de Verdun. Le militant communiste avait fait sortir de ses gonds le héros de la Grande Guerre en prétendant que ce genre d'association n'était que des nids à fascistes. Quand l'assistance eut tiré suffisamment de plaisir de la querelle entre deux adversaires renommés chacun dans sa spécialité, le Jaurès, le maire de Clerguemort, intervint pour les calmer au moment où, après l'avoir longtemps annoncé, le Laguerre et le Mèffi allaient réellement en venir aux mains. L'un et l'autre l'écoutèrent parce que le Jaurès était à la fois ancien combattant et communiste, et, surtout, parce qu'ils n'avaient pas tellement envie de se battre.

Les femmes d'âge étaient assises sur leurs chaises, le long des échoppes du coiffeur et de la mairie : on reconnaissait par-dessus le brouhaha les voix fortes de la tante Mélie et de l'Armance, et le beau rire de la Véronique.

Clerguemort appelait ces groupes des soirées estivales, sur la rue, des *clus*.

Le *clu* des vieux s'étageait sur les larges escaliers qui montaient chez le La Chino, juste en face du parlement des hommes. L'Esaïe, le Barbaste, le vieux braconnier, le Pétardur, le père Ribeyrolles, dit « le Sercomalur », l'oncle Roure, et même Bésougnous le mendiant, siégeaient là comme sur un amphithéâtre. Ils en étaient à pronostiquer les récoltes, compte tenu de l'avance des chaleurs et des menaces de la canicule, essayant d'imaginer le bouquet des vins de l'année en cours.

Ce *clu* s'appelait « le Sénat ». A Clerguemort, on vous donnait volontiers, à partir d'un certain âge, le titre de « sénateur ».

Plus loin, en face de la buvette-épicerie, les jeunes filles, étroitement tassées, caquetaient rapidement mais tout bas.

Au-dessus d'elles, jambes pendantes, les jeunes gens s'étaient assis sur le bord du grenier, ouvert sur la rue, dans lequel le boulanger serrait son bois. Il y avait là le Chicane, le Tarabastier, le Félobre, les Ribeyrolles, les jeunes : Julien, Émile dit « le Musique », Robert, dit « le Longeon »... Ils faisaient des pronostics sur le prochain Tour de France, mais sans passion, une oreille tendue pour surprendre quelque chose de ce que disaient les filles, en dessous, et les filles, sans en avoir l'air, poussaient quelques répliques piquantes vers le haut.

La boîte aux lettres se trouvait dans le mur de la buvette-boulangerie-téléphone, à l'angle de la placette. Cherchemidi sortit sa lettre, la cacheta, et la posta.

Il surprit, comme il donnait ses deux coups de langue sur la colle des revers, la jolie Milca qui l'observait par-dessus les épaules du groupe dans lequel, à la manière des filles, elle s'était imbriquée. La fille du maire n'avait pu s'empêcher de sortir le bout pointu de sa langue, à peine, en manière de gentille moquerie. Dans la pénombre, si bref qu'ait été le regard qu'elle lui accorda, ses grands yeux parurent incroyablement lumineux et doux à l'écrivain.

Pour rentrer au Casquillé, il fit une partie du chemin avec le Maqué qui remontait à ses Sarrasins. La lune venait de sortir. Elle argentait les traînées de plâtre sur les bleus de travail du maçon. Les deux hommes parlèrent des chaleurs, des grands feux d'il y avait trois ans, dans les pinèdes, derrière les Bories...

Cherchemidi ne pouvait penser qu'à l'incroyable lumière, et si douce, qu'il y avait dans les yeux de Milca, la fille du maire de Clerguemort.

A la fourche du chemin, l'écrivain et le maçon restèrent un bon moment, avant de se séparer : ils en étaient venus à parler de Mussolini.

Quand il fut tout seul sur le raidillon de son Casquillé, Cherchemidi découvrit d'infinies douceurs dans la timide lumière de la lune. Il entendit soudain, loin au-dessus de lui, sur le sentier des Sarrasins, le maçon qui entonnait à pleine voix *Bella Cathari*. Cherchemidi trouvait aisément toutes les rimes désirables à Milca.

15

Les Sarrasins

Les Sarrasins étaient arrivés sur la brune, un soir de l'hiver 1926, des gosses plein les bras, des gosses et rien d'autre. De la marmaille maigre et noire, rien que de l'os et des cris.

Clerguemort mit la barre aux contrevents, verrouilla les clapiers. Les chiens, pour une fois, jappèrent tout leur saoul, très tard dans la nuit blanche.

Les Sarrasins couchèrent d'abord dans un fossé. Pas longtemps, pour le village : le temps de les connaître, de les reconnaître ; leur premier trou fut creusé dans le foin d'un pailler ; la première chaleur de Clerguemort leur vint de l'âne et de l'agneau.

— C'est qu'on va vers Noël, quand même ! avait annoncé le vieil Esaïe de Canaan.

Mais Noël et l'An Neuf passèrent sans nouveau-né dans l'étable.

— En tout cas, si ce n'est pas des chrétiens, c'est quand même des créatures du bon Dieu, disait l'Esaïe Ardailhan jamais à court sur la parole.

En dépit des jérémiades de son Laguerre, le vieux de Canaan était aussi heureux de voir les Sarrasins nicher dans sa grange que s'ils avaient été des hirondelles.

Les Sarrasins avaient donc un pied dans Clerguemort déjà, le plus dur était fait. Le dragon de la Cévenne est le feu, on ne laisse pas de bon cœur l'inconnu seul pour la nuit dans les paillers.

Pourquoi les Sarrasins s'étaient-ils arrêtés à Clerguemort ? Apparemment pour cette raison qu'ils avaient été, en ce crépuscule de décembre 1926, incapables de faire un pas de plus.

— C'est l'Éternel qui nous les a envoyés, affirmait encore à l'occasion le chevrier de Canaan.

Non seulement aucun doute ne l'effleurait quant au caractère providentiel des Sarrasins, mais encore il en persuadait peu à peu Clerguemort.

Le grand-père Ardailhan avait l'élocution lente et lourde, lorsqu'il s'exprimait en français. Il parlait patois et prêchait français. Exception faite pour *La Vie des abeilles* de Maeterlinck, il ne lut jamais qu'un seul livre, Le Livre, mais il le lisait tout le jour, tous les jours que le bon Dieu faisait, en gardant les chèvres de Clerguemort. Les gens le respectaient à cause de cette lecture infinie. Ils avaient beau s'en défendre comme de beaux diables, se gausser de lui, devant lui, le traiter comme une sorte de grand *blaguaïré* biblique, derrière lui, les railleurs perdaient leur entrain. Ils protestaient, se cramponnaient, mais rien à faire : ils ne pensaient plus tout à fait de même quand l'Esaïe Ardailhan, le chevrier de Canaan, avait fini d'aligner pesamment ses mots comme les cailloux d'un gué, avec tout ce qu'il faut d'eau claire et vive pour choisir soigneusement le suivant, et l'assurer, avant d'y risquer le pied pour aller de l'avant. Ils n'arrivaient pas à rejeter les vocables ronds, lisses et rafraîchissants que le papé Ardailhan rapportait chaque soir des pâtures en pente où la truite saumonée se faufile sous les herbes avec la fonte des neiges.

Jusqu'au Mèffi, le meneur communiste de Clerguemort, qui s'était battu pour le vieux prêcheur : le colossal mineur avait corrigé d'un revers de battoir un colporteur qui se croyait plein d'esprit mais n'était que méchant.

— Té ! ce Mèffi ! il est pas fort, peut-être ! Comme laïc ! libre penseur ! et sans-dieu, pardon...

Le Mèffi avait frappé sur le coup de l'indignation, ce qui lui arrivait plus souvent qu'à son tour, il rassemblait ses principes après coup, non sans peine, non sans éclats :

— On ne peut pas être un vrai communiste si l'on ne fait pas respecter l'honnêteté, surtout quand elle a des cheveux blancs. Ceci dit... *ceci dit*... (Il répétait à plaisir, moins pour se donner le temps de trouver la suite que pour la rare sonorité des formules de ce genre à Clerguemort, c'était à son oreille, le nouveau, le moderne, le scientifique, le progrès, le haut style d'avant-garde libéralement ouvert aux autodidactes...) *Ceci dit*, je le souligne ! Certes, nous sommes entre travailleurs, entre opprimés, nous pouvons aborder une discussion fraternelle dans le *calme*, dans la *sérénité*, sans *parti pris*...

Des mots comme ces trois derniers, quand il lui arrivait d'en lâcher, lui, le Mèffi ! déclenchaient un rire énorme, qui couvrait sa voix, alors, naturellement, il élevait le ton, criait, martelant sa poitrine de pierre qu'un étrange sternum en lame tendait comme une étrave :

— ... Oui, moi, pauvre prolétaire ! qui n'ai pas pu suivre les écoles, moi qui suis descendu dans la mine à l'âge de dix ans, et pour toujours ! les principes ainsi fermement posés, moi qui ne sais que ce que le Parti m'a appris, je suis prêt à discuter avec le camarade travailleur de la terre — et avec n'importe lequel : ici, je ne vois ni capitaliste ni grand bourgeois ! — je le ré-affirme solennellement ! je suis prêt à étudier la question de la religion du point de vue qu'elle est l'opium du peuple...

Le vieil Ardailhan était déjà parti, pour traire ses biques ou mettre l'eau dans ses haricots, mais les autres s'installaient sur la murette en pierres sèches de la placette, se carraient. Les proclamations tonitruantes du « Rouge » le plus éclatant du canton les impressionnaient beaucoup moins que la parole du chevrier de Canaan. Plus il criait, plus il gesticulait, plus le Mèffi rassurait Clerguemort, et ses adversaires politiques d'abord. Au rebours, si par malheur ses dents ne laissaient plus filer qu'un souffle, si sa face blêmissait subitement, alors : méfiance... méfi... Mèffi !

Paradoxalement, l'éclair blanc, destructeur, des rages sourdes du Mèffi n'était jamais provoqué par des questions politiques ou idéologiques.

Les fins palabreurs des soirs d'été rêvaient depuis toujours de dresser l'un contre l'autre le chevrier biblique et le prophète matérialiste, comme deux coqs de combat : Lénine contre Jésus, quel programme sur la placette ! En vain... Un jour qu'ils réussirent à coincer le communiste dans une position telle qu'il dût se prononcer sans ambiguïté sur le vieil Esaïe, le Mèffi murmura simplement :

— Des vieux comme ça, on n'en fait plus, le moule est cassé ! Si seulement ses enfants lui arrivaient à la cheville ! La race *s'abourrït !*...

Les palabreurs n'insistèrent pas : le Mèffi blêmissait. Il était à couteaux tirés avec le Matthieu Ardailhan, l'ancien capitaine de 14, le fils aîné du chevrier, celui qu'on appelait « le Laguerre ».

Pris au même piège, quelque temps après, le vieil Esaïe, passant de l'un à l'autre des intrigants, leur dit sans se presser :

— Écoutez donc ceci, pour ne point pervertir tout ce qui est droit : c'est dans l'abomination de la désolation que se pèse la miséricorde. Toi, le Dévarié, quand tu t'es cassé le bras, qui t'a fauché ton regain avant la pluie — et après sa journée dans la mine ? Toi, Sang-Caillé, qui a arrêté ton mulet quand il s'est emballé, avec tes enfants dans ta jardinière ? Toi, La Chino, qui a fait courir les gendarmes quand ils t'ont mis le grappin sur ton tramail bourré de truites ? Toi, la Pitance, qui a ramené tes cent kilos sur ses épaules, onze kilomètres de long, et dans la neige ? Ta vigne, où elle serait, Chicane, si le Mèffi n'était pas venu relever ton traversier, tout de suite, en sortant de la mine, sans même prendre le temps de se laver sa gueule noire ? Alors ? Pourquoi voudriez-vous que le Tout-Puissant en demande plus que vous ? Le Mèffi, c'est un homme, et il est bon... Oh ! je ne dis pas qu'ils ne discutailleront pas, tous les deux, quand Il fera monter jusqu'à Lui notre grand *escamandras*, sans cela, ce ne serait plus de la béatitude... Voilà.

La Providence, ou la bienveillance du chevrier, ou les deux, l'accueil revêche mais droit de la Cévenne firent de l'adoption des Sarrasins l'affaire de quelques mois. Ils avaient commencé par dormir dans le fossé, au pied de la montagne. Cinq ans après, sous la crête de la même montagne, au cagnard le plus ensoleillé, ils habitaient une maisonnette bien à eux, la plus coquette, la mieux construite de la vallée. Ils avaient une adresse. Pour leur écrire, il suffisait de ces mots, sur l'enveloppe :

Famille Passola
Les Sarrasins
par Clerguemort
Gard.

Coller un timbre et glisser dans une boîte à lettres. La lettre arrivait normalement. Il faut avoir couché sous les ponts pour savoir ce que ça représente.

On ne fait pas fortune si vite à Clerguemort. L'immigré clandestin Guiseppe Passola était italien, c'est-à-dire qu'il savait la maçonnerie et qu'il aimait le travail. Pendant sa première nuit cévenole, Guiseppe Passola serra dans ses bras tout ce qu'il possédait au monde : Gina, sa femme, ses fils, Gino, quatre ans, et Fausto, deux ans, ses filles, Bianca et Rosa, des jumelles nouveau-nées. Dès l'aube, il partit à la recherche du travail. Il ne demandait même pas de quoi il s'agissait, il acceptait d'avance. On ne lui offrait bien sûr que le plus dur et le plus gros. Quinze jours après, les mineurs le saluaient. Les paysans hochaient la tête en murmurant : « Au moins, il n'est pas fainéant, ce Sarrasin ! » Puis les mineurs l'invitèrent à boire un coup, il accepta, ce fut très dur parce qu'il n'avait pas soif, faim seulement, faim toujours ; il se battit pour qu'on lui laisse rendre les tournées, ce fut pire : ces nuits-là, ses quatre gosses, jusqu'à l'aube, se tordirent de faim. Guiseppe connaissait les lois, les épreuves implacables des petits peuples besogneux, il en souriait de bonheur, même tout seul : il se rassurait. Rompu, à bout de force et de courage, il se glissait dans le pailler (sans éclairage, et pour cause !) du grand-père Ardailhan, mais il voyait déjà sa belle maisonnette bien à lui, la faisait voir à sa Gina. De bonheur, ils fredonnaient les *stornelli* de leurs amours, si tendrement que les enfants endormis souriaient aux anges.

Quand les gendarmes vinrent pour l'enquête, ils furent, dans la traversée de Clerguemort, encadrés par une escorte, bon enfant mais étroite, formée de mineurs et de quelques paysans. Humiliations et tracas furent épargnés aux Sarrasins. Il y eut quand même d'interminables palabres à la buvette où la maréchaussée dut se garder sur sa droite et sur sa gauche, attaquée tour à tour par le diable et par le bon Dieu.

Sans savoir ni pourquoi ni comment, Guiseppe reçut le mois suivant sa carte d'identité d'étranger, une vraie, en bonne et due forme. Il la palpa, puis il regarda Clerguemort, sa longue rue unique, sa rivière, les flancs de roc, le sommet du Lozère qui rougissait à l'aube. Des raclements de gorge, des toux de première cigarette, des cliquetis de roues libres, des salutations bourrues et des sifflotements annonçaient que le poste de jour partait pour la mine.

Le Sarrasin restait bêtement debout au milieu du chemin, son bout de carton vert entre les doigts. Il murmura :

— *Io mi sento de morire por questo paese.*

Il était seul. Autour de lui, il y avait la Cévenne. Lui, il était dedans. Au chaud.

Comme à chaque printemps, quelques traversiers *s'esbouzénèrent* pour la fonte des neiges. On demanda au Sarrasin de relever les murettes. Monter sans ciment les pierres plates, les *lauzo*, a toujours été considéré à Clerguemort comme un art ancestral. L'habileté, la rapidité du maçon italien stupéfièrent. On lui demanda, ensuite, pour essayer, de monter une petite claie, puis ce furent des bergeries... En quelques années, il devint le maçon officiel, le maître bâtisseur de Clerguemort.

Avant de construire sa propre maison, le dimanche, Guiseppe Passola voulut acquérir le terrain. Plus on montait vers la caillasse des sommets, moins c'était cher. C'est d'après le soleil et les vents, comme il se doit, que le Sarrasin choisit son cagnard sous la crête, au-dessus du Casquillé. L'oncle Roure, qui en était propriétaire, lui aurait volontiers fait cadeau de cette jasse oubliée dans laquelle il n'était pas passé vingt fois dans sa longue vie. S'il n'accepta de la lui céder qu'après des palabres délicieusement prolongées, et pour une bouchée de pain, c'est par principe et délicatesse, parce que des gens honnêtes ne sauraient vraiment jouir de ce qui ne leur a rien coûté.

Le choix de ce perchoir ne fut pas pour rien dans l'élévation des Sarrasins à Clerguemort, la Cévenne est le petit pays « littéral » où des vocables comme « hauteur » sont employés dans toute leur force et avec tous leurs sens simultanément. Les graves parleurs de l'espèce de l'Esaïe de Canaan ne sont pas des phénomènes exceptionnels ; sans le savoir, ils entretiennent le feu sacré du langage.

Le grand-père Esaïe, le doyen des Ardailhan, était dans le ravissement chaque fois que se bâtissait un nid, lui au moins savait y voir la naissance d'une race, d'une espèce nouvelle, d'une *mèno*, le vieux chevrier avait le regard neuf, le regard merveilleux des enfants, des premiers enfants du monde, il revoyait la genèse partout avec les yeux mêmes d'Abel et d'Abraham.

Les Ardailhan de Clerguemort avaient commencé ainsi. Au début étaient la misère et l'amour.

Des Ardailhan vivaient dans un de ces mas aujourd'hui disparus quelque part dans un repli de la Cévenne entre Saint-Frézal-de-Ventalon et Saint-Julien-d'Arpaon. Nul ne savait comment avaient vécu ces premiers Ardailhan car c'étaient petites gens sans importance dont l'histoire ne s'écrit pas. Plus de monde que de bien, sans doute, un bien qui ne pouvait nourrir qu'une famille, et encore tout juste. Les enfants qui voulaient fonder un foyer devaient partir creuser leur trou ailleurs. Des cadets comme Abel, le cure-nid, étaient bien trop fiers pour discuter sur leur part d'héritage. Il aimait la fille Manifas, Régina, d'un amour comme on en voyait encore peu dans ces temps-là, un amour qui passait sur tout le reste.

Les Manifas avaient de quoi doter leur fille, ils avaient conçu d'autres espoirs pour elle, ils s'étaient presque engagés avec les Huguet de la filature de Clerguemort dont le fils était le plus beau parti du pays.

La foire du Chambon était alors la seule occasion, dans l'année, où filles et garçons pouvaient danser librement. C'était ce jour-là, le 9 septembre, que se concluaient les mariages. La mère Manifas et sa fille étaient presque rendues à la foire quand se déroula ce dialogue, qui se raconte encore tel quel aux veillées :

— Alors, Régina, tu refuses toujours le fils Huguet ? Fais bien attention à ce que tu vas répondre parce que, comme tu me vois, on fait demi-tour !

— C'est mon Abel que je veux ! répondit Régina et, d'elle-même, elle fit demi-tour.

Les gens continuaient à rapporter ces propos avec un plaisir qu'on imagine mal, sur le ton lyrique naturel pour les prouesses d'un gueux.

L'Abel et sa Régina se nichèrent d'abord dans une hutte de bûcheron sur la montagne au-dessus du village. Ils avaient des chèvres et des abeilles mais se privaient de fromage et de miel pour acheter sou par sou le sol sur lequel ils dormaient. Le dimanche matin, ils descendaient à l'assemblée. A la sortie du temple, il se trouvait toujours quelqu'un pour demander :

— Et d'où vous êtes, comme ça, vous ?

— Eh, nous venons de notre *Canaan*, répondait fièrement l'Abel.

La réponse fit fortune, on continua de poser la question pour le plaisir d'entendre l'Abel parler de sa Terre promise.

Un tic de langage fournit à Guiseppe Passola son surnom définitif : il devint le Ma-Qué ! Gina resta la Sarrasine. Elle comprenait le français mais le parlait peu, on la voyait rarement, il faut dire qu'avec tous ses enfants elle n'avait guère le temps de descendre de ses Sarrasins.

Pour les faire définitivement de Clerguemort, le malheur devait frapper au moins une fois à la porte des Sarrasins. Ils perdirent leur second fils, Fausto, emporté par le croup à l'âge de six ans.

Quand le vieil Esaïe monta faire visite aux Sarrasins, le pasteur en sortait.

— Quelqu'un, maintenant je ne parviens pas à me rappeler qui, m'a dit un jour qu'en Italie vous étiez tous catholiques et romains ? demanda le vieux chevrier.

— C'est vrai...

— Oh ! je ne dis pas que vous auriez dû mettre à la porte l'Homme de Dieu...

Le Maqué baissa la tête pour avouer qu'il ne croyait plus en Dieu.

— Alors vous êtes deux fois malheureux, murmura l'Esaïe comme s'il demandait pardon au maçon italien.

En le quittant, il lui donna le triple baiser de la montagne cévenole.

Tout Clerguemort monta aux Sarrasins pour l'enterrement. En tête, sur le même plan, marchaient le pasteur, et le Mèffi portant le drapeau rouge de la cellule, mais seul l'instituteur parla devant la petite fosse qu'on avait creusée sous la maisonnette neuve, la première. Désormais les Sarrasins avaient leur mort dans notre terre, ils étaient, eux aussi, la Cévenne.

L'année suivante, il leur naquit une fille encore, l'un des plus beaux bébés qui soient venus au monde. Francesca lui fut donné comme nom. C'était en 1930. Gino, l'aîné des Sarrasins, allait sur ses neuf ans. C'était un solide garçonnet, tête ronde et crépue, gros yeux pleins de rêve, le torse un peu trop long peut-être pour les jambes, qui tenait implacablement la tête de sa division à l'école de Clerguemort.

16

Le maître d'école

Cette odeur allait peu à peu devenir la sienne, si bien qu'un jour il ne la sentirait plus. Car il y avait alors, et pour de longues années encore, une odeur particulière à l'école primaire, subtil mélange de senteurs désagréables pour la plupart où dominaient l'encre violette en grains et la poudre de craie. Il y avait aussi, plus sournoise et tout à fait indéfinissable, cette odeur brutale des crasses d'enfant qui annulent en quelques heures le récurage renouvelé chaque matin.

M. Doiren ouvrit les deux fenêtres. L'unique salle de classe de l'école fut envahie d'une bouffée d'ardente propreté, l'odeur même de Clerguemort à ce moment-là de l'après-midi.

La plume en l'air, les élèves attendaient. L'attention de certains regards sonnait faux ; leur fixité couvrait un délicieux vagabondage de la pensée. Par contre, d'autres yeux, ceux de Raoul Ardailhan, du petit Luc, de Gino, de la petite Augusta, du Cagnardou, exprimaient beaucoup plus que la meilleure attention, une sorte d'avidité difficile à soutenir, gênante comme un biberon de vin rouge. Luc et Gino, par exemple, recueillaient chaque mot sur la bouche même du maître, à peine formé, ces deux enfants semblaient lui décoller chaque parole des lèvres pour la ranger vite, vite, comme une pièce d'or. Le petit Italien avait une mémoire étonnante et pouvait réciter la leçon non seulement avec les explications, plus ou moins heureuses, qu'avait improvisées le maître, mais encore avec les tournures de phrases, les redites et les respirations. Quand il y repensait, M. Doiren était saisi par le trac, comme un acteur. Gino était premier en français, il aurait pu facilement sauter deux classes. Il n'entendait pourtant parler que l'italien chez lui, il est vrai que les autres n'entendaient guère que du patois, ce qui était pire.

— Comme je vous l'ai dit mardi, nous allons parler aujourd'hui d'un grand Français, Léon Gambetta. Gambetta est né à Cahors, une petite ville située sur le Lot... Le Lot qui prend sa source ?...

— Derrière le mont Lozère, répondirent en chœur les écoliers et, d'un seul mouvement, ils tournèrent la tête vers leur vieille montagne, dont ils pouvaient apercevoir la rocaille mauve par la fenêtre du fond.

— Très bien... Donc, Léon Gambetta est né à Cahors en 1838. N'allez pas croire que notre grand homme sortait d'une grande famille très noble ou très riche. Savez-vous ce que faisait son père ?

— Moi ! Monsieur...

Luc s'était dressé, au garde-à-vous, le bras, l'index frémissants d'être trop tendus. L'instituteur se demanda pourquoi ce gosse l'effrayait parfois, à cause de ses beaux yeux trop grands, trop noirs, trop profonds, « qui lui mangeaient le visage » comme on disait par ici, par un sérieux qui n'était pas de son âge, par l'expression farouche d'une rare volonté baignée dans une rêverie permanente, qui venait peut-être du front vaste et plat, du nez parfaitement aquilin, cette expression d'innocence implacable qui frappe dans les portraits de Saint-Just.

— Tu sais quel était le métier du père de Gambetta ?

— Oui, monsieur, il tenait un bazar.

— Mais... qui donc t'a appris cela ?

— C'est que, monsieur, répondit Luc en baissant la tête, mardi, quand vous avez dit qu'on allait parler de Gambetta, j'ai regardé... d'avance... sur le livre d'histoire, puis je suis allé chez l'oncle Roure... oh ! mais j'ai la permission... quand il est là, il me laisse regarder dans son dictionnaire, dans ses autres livres aussi, je peux même lui poser des questions, il veut bien.

— Assieds-toi, Luc, c'est très bien ce que tu fais là. Oui, Léon Gambetta était le fils d'un bazar, il fit des études pour devenir avocat. Il montrait déjà une force de caractère très rare pour son âge. Je vais, à ce sujet, vous raconter une anecdote assez impressionnante...

M. Doiren avait redressé la taille, inconsciemment, tout en reprenant la leçon, il se sentait ainsi, parfois, à la tête d'une troupe d'élite.

M. Doiren n'avait jamais eu la vocation. Il avait préparé l'École normale de Nîmes comme on prend une assurance. Les dix années d'exercice, qu'il devait par contrat, à la sortie de l'école, lui permettraient de faire le point, de sortir ce qu'il avait dans le ventre, il ne savait pas quoi, pas encore. Il faisait des poèmes, bien sûr, et ne voulait pas savoir que tous les instituteurs de France en ont fait, qu'il en est qui continuent toute leur vie, à ceci près qu'à partir d'un certain âge, ils s'en cachent.

Clerguemort était son premier poste. Son village était Lédignan, entre Alès et Nîmes. Une douzaine de lieues à peine séparent Lédignan de Clerguemort, le jeune Alain Doiren pourtant se crut tombé dans un autre monde. Lédignan, c'est déjà la plaine, c'est la monoculture, on n'y connaît les gens de Clerguemort qu'aux vendanges, quand ils descendent se louer pour quinze jours, on les connaît mal, ils ne sont pas eux-mêmes, on les appelle du terme méprisant de « gavots », comme les gens de Clerguemort appellent « gavots » ceux du Gévaudan. Le « gavot », c'est toujours celui qui est plus au nord, plus haut dans la montagne.

Alain était le cadet de viticulteurs aisés. Il avait été élevé dans l'économie mais sans aucune des petites angoisses de l'enfant pauvre.

Les Doiren mangeaient sobrement mais Alain n'avait jamais eu à connaître le prix au kilo du gros pain et du beurre salé qu'on lui servait. Clerguemort lui enseigna tout cela.

Il avait pris ses fonctions sans goût, bien résolu à ne pas moisir dans ce trou. Il eut beaucoup plus de travail qu'il ne pensait : traditionnellement, l'instituteur assumait, en plus, les fonctions de secrétaire de mairie, sans parler de la permanence de la Caisse d'Épargne qu'il devait tenir une fois par semaine. Il se mit sans entrain au fait de ces deux métiers annexes.

A la fin de la première année scolaire, quand il fit son bilan personnel, il s'aperçut non sans surprise que, par la mairie, par l'épargne, et, surtout par leurs enfants, il avait acquis, des gavots de la Cévenne, une connaissance beaucoup plus profonde. Chez eux, ils n'avaient plus rien à voir avec les bandes abruties de fatigue et de soleil qui repartaient de Lédignan, les vendanges faites, en serrant leurs quatre sous dans un vaste mouchoir à carreaux gris.

Il était venu, assez légèrement, comme instituteur, Clerguemort en faisait un maître d'école, c'est-à-dire le grand homme du village. Il avait de la peine à reconnaître les mêmes paysans et mineurs qui venaient le voir à la mairie ou à la Caisse d'Épargne quand ils venaient le voir à l'école : ils faisaient alors la grande toilette, passaient leur plus beau costume, se coiffaient de leur chapeau de mariage, se cravataient, se munissaient du parapluie de soie, celui qu'on ne prend jamais quand il pleut, rien n'était assez beau pour faire visite à *nostré maistré d'escolo !* sur quel ton ils le disaient, avec quels saluts cérémonieux ! Ils ne se mettaient pas dans de tels frais pour aller à l'assemblée. Alain Doiren le fit malicieusement remarquer au vieux pasteur Donadilhe.

— C'est tout à fait exact, mon jeune ami, répondit le ministre du Seigneur, pourtant, cette comparaison, que vous faites un peu vite, loin de me désoler, me ravit. Il y a de la tradition là-dessous. Vous avez sans doute remarqué les hommes qui gardent leur chapeau à l'intérieur du temple ?

— Excusez-moi, mais je connaissais cette coutume bien avant de monter à Clerguemort. On dit qu'elle date d'après la Révocation de l'Édit de Nantes, quand les huguenots pourchassés s'assemblaient en cachette pour prier dans la montagne, « au désert », ils gardaient leur chapeau pour se protéger des intempéries...

— Pour dissimuler leurs traits aussi, car, vous savez, il pouvait toujours y avoir des mouchards, même dans les saintes assemblées du désert. Néanmoins, l'explication ne me satisfait qu'à demi...

— Elle est trop matérialiste ?

— Si vous voulez. Le chapeau, je le rangerais volontiers dans la belle familiarité du Cévenol avec l'Éternel. Vous verrez, par les dimanches de canicule, nos gaillards arriver devant le temple le chapeau à la main mais, avant de franchir la porte, ils s'épongent le front et se vissent solennellement le couvre-chef sur les oreilles. Ne le répétez pas, mais j'en suis ravi. Ils manifestent ainsi qu'ils entrent chez eux. « Tutoyeurs de Dieu », quel beau titre !

— Mais, alors, monsieur le pasteur, pourquoi ces montagnards, qui s'adressent si librement à Dieu, sont-ils si empressés pour tirer leur chapeau, pour faire des courbettes devant l'école publique, gratuite, laïque et obligatoire ?

— Mais, mon enfant, vous venez de le dire, parce qu'elle est gratuite, laïque, obligatoire et républicaine, et qu'il n'y a pas si longtemps, parce qu'ils se sont battus pour elle, parce qu'ils savent ce qu'ils lui doivent déjà. Si j'osais...

— Allez, monsieur le pasteur, à voix basse...

— Eh bien oui, monsieur l'instituteur, l'école de la République, pour mes braves Cévenols, elle est encore si belle, si jeune, si ardente qu'ils sont encore tout intimidés, c'est leur princesse lointaine, leur Dulcinée... Vous devriez être le premier à sentir un amour de cette qualité...

A partir de cette conversation, Alain Doiren commença à mieux se connaître lui-même.

— « ... Oui ! s'écria Gambetta, le 2 décembre, autour d'un prétendant se sont groupés des hommes que la France ne connaissait pas jusque-là, qui n'avaient ni talent, ni honneur, ni rang, ni situation, de ces gens qui, à toutes les époques, sont les complices des coups de force... »

Quand le maître referma le livre, il y eut quelques secondes de silence, puis les écoliers, imperceptiblement, tendirent une oreille vers les fenêtres ouvertes. Alain savait reconnaître à son brouhaha, ses cliquetis, ses lazzi, le retour du poste de jour. Il sut aussi reconnaître l'imperceptible soulagement de la classe quand le Félobre entonna de sa voix charnue : « Elle naquit par un dimanche, des plus jolis du mois de mai... » Et il traduisit machinalement, lui aussi : « Bon, il ne s'est rien passé de fâcheux dans la mine aujourd'hui... »

Les écoliers revenaient à leur instituteur, Luc fixait sur le livre refermé un regard à le rouvrir.

Alain Doiren eut une idée irrésistible, un devoir qu'il n'avait pas prévu la veille en préparant sa classe d'aujourd'hui.

— Mes enfants, avant de nous séparer jusqu'à demain, je vais vous donner un sujet de rédaction auquel je tiens beaucoup. Je veux vous laisser tout le temps de le faire bien, et la plus grande liberté pour l'écrire, je ne vous demande pas des devoirs parfaits, je vous demande d'écrire du fond du cœur...

Il traça, sur le tableau noir, l'énoncé que les plumes sergent-major recopiaient à l'encre violette dans un bruissement d'insectes :

RÉDACTION

Racontez l'événement (fait, accident, incident, aventure), personnel, familial, social ou intime, qui vous a marqué le plus profondément, auquel vous repensez le plus souvent...

Peu satisfait de cette improvisation, il prit tout le temps d'expliquer ce qu'il désirait, il avait grand-peur que les plus petits et les moins doués passent à côté du sujet.

Tandis qu'ils s'alignaient sur deux rangs pour la sortie, la pensée traversa l'instituteur que plusieurs de ces gosses iraient sans doute plus loin que lui, beaucoup plus loin... « Il y a déjà Cherchemidi, sa sœur, la cantatrice, l'honorable M. Huguet, et le fameux maître d'armes... rien que pour ce petit village de rien du tout, dont je ne sortirai sans doute jamais, moi... »

A Clerguemort, il y avait Milca. Il avait connu Milca. De Clerguemort, il ne repartirait jamais sans Milca.

Quand ses yeux arrivèrent sur Luc, un souvenir dérida malgré lui le jeune instituteur : c'était l'hiver dernier, Luc, fortement grippé, avait été dispensé de récréation. Il lui avait prêté un gros manuel d'histoire de France abondamment illustré. Vers le milieu de la récréation, l'instituteur rentra un instant dans la salle de classe pour prendre son cache-nez. Il surprit l'enfant qui feuilletait ardemment le livre en se parlant à haute voix :

— César, *forto testo !*... Vercingétorix, *forto testo !*... etc. Robespierre, *forto testo !* ... etc. Victor Hugo, *forto testo !* ...

Alain était ressorti sans cache-nez, à pas de loup. Il revenait aussi, insensiblement, sur ce mépris du père Hugo, de bon ton dans les milieux estudiantins. Dans chaque foyer de Clerguemort, quand il y avait un livre, en plus de la Bible que chaque ménage recevait pour ses noces, ce livre était *Notre-Dame de Paris*, s'il y en avait deux, le second était *Les Misérables*, s'il y en avait trois, le troisième était *Germinal*... Zola, encore une lecture à refaire.

Au premier coup de sifflet, la colonne franchit la porte, au second coup, les écoliers se dispersèrent avec des cris aigus.

— Eh ! Luc ! Écoute un peu ici !

— Oui, monsieur !

— Aimerais-tu que je te prête ce livre, celui des Discours de plaidoyers de Gambetta ?

— Oh oui, monsieur.

— Mais... Tu pourras le lire ? C'est que je voudrais que tu soignes la rédaction...

— Té ! monsieur, c'est en gardant les chèvres que je lis, le chien est très bon.

— Dis-moi, Luc, euh... à propos, qu'est-ce que tu veux faire plus tard ?

— Comment ça, monsieur ?

— Eh bien, je veux dire, après ton certificat. Je crois bien que tu réussirais dès maintenant, mais, enfin ! si tu veux le passer, il faut que tu attendes d'avoir l'âge, rien à faire, non... mais, après ?...

Pour la première fois, le maître d'école vit le petit Luc étonné. Le garçon leva sur lui ses yeux sombres, ses yeux immenses :

— Mais... la mine, pardi !

« Évidemment », murmura pour lui-même l'instituteur après consultation du fonctionnaire de la Caisse d'Épargne qu'il était aussi.

Alain Doiren demeurait seul, au milieu de la cour vide et silencieuse. D'un coin sombre, derrière les cabinets, jaillit la silhouette inquiétante d'un homme très maigre, en vêtements de vieux cadi, à la barbe ingrate, dont les petits yeux furtifs surveillaient sans cesse les alentours :

— Je vous attendais, monsieur l'instituteur, je vous rapporte vos livres, je les ai tous lus, si vous en avez d'autres à me prêter, je suis toujours client, vous savez !

C'était Jésus, le déserteur. De 1914 à 1918, il s'était pris de passion pour la lecture dans ses trous de rochers. Il n'avait pas pu profiter des différentes amnisties, parce qu'il s'obstinait à ne pas vouloir « se présenter ». Il était donc toujours, plus de dix ans après la fin de la guerre, sous le coup d'un demi-siècle de travaux forcés, et menait, avec des adoucissements progressifs, une vie toujours un peu en marge de la légalité.

Alain Doiren décida de faire une démarche auprès du maire pour monter une bibliothèque municipale. Il formerait une véritable délégation avec l'instituteur, le secrétaire de mairie et le fondé de pouvoirs de la Caisse d'Épargne.

17

Luc Roux

« Pourquoi diable il m'a demandé ça ? » se demandait toujours Luc Roux qui surveillait moins son langage quand il se parlait à lui-même que lorsque le Gino était sur les rangs. Mais il ne se posait pas la question avec la naïveté que l'on attribue communément à l'âge tendre.

Il montait chez lui en tirant sur son havresac et en pesant sur chaque pas comme un vieux soldat. Il montait à l'angle aigu, engrenant ses talons comme un chemin de fer à crémaillère. Le sentier des Fartailles ne se perdait pas en détours inutiles ; il passait du même élan la rangée de chênes verts, la châtaigneraie (sautant, sur les quatre ou cinq pierres branlantes qui formaient escalier au flanc des murettes), deux traversiers de châtaigniers, deux « barres » de vignes, trois de sarrasin, l'étage des jardins, deux autres encore de châtaigniers, pour atteindre le but : l'énorme tilleul qui ombrageait l'étroite placette en longueur au pied du mas.

« Qu'est-ce qu'il me verrait faire d'autre que la mine ? »

Luc Roux savait exactement tout ce qu'il y avait d'autre à faire pour gagner sa vie en dehors du charbon. Il le savait trop bien. S'il se posait la question sous toutes les formes possibles, c'était pour étouffer avant qu'il prenne force l'espoir insensé qui naissait dans son cœur, malgré lui, qui gonflait, grandissait, prenait force, et il ne fallait pas.

Il avait même entendu parler du système des bourses. Pas pour lui. Et ce n'était pas la difficulté des examens qui le rebutait. Il savait que la meilleure des bourses existantes ne payait pas tout... *tous* les frais d'un pensionnaire en ville. Et même si... la plus merveilleuse des bourses ne prévoit rien pour les parents, pour les rembourser du salaire qu'un mineur de douze ans « rentre » à la maison. Et pourtant, s'il y avait un truc ?... L'instituteur, il en connaît des choses, c'est un homme honnête et généreux, il l'a prouvé, mais non ! ne nous embarquons pas ainsi ! il parle à la légère, ça aussi, ça lui arrive souvent, il est jeune !

Ainsi méditait le fils aîné du mineur Roux.

Un galet de la murette céda sous son pied. Il se rattrapa de justesse à un gros rejet de châtaignier. Il se débarrassa de son sac pour remettre la pierre en place et la consolider : si ça arrivait au papé, et quand il est saoul... L'enfant frissonna, deux fois, de peur, et de dégoût.

Et l'accident ? Il avait surpris des conversations d'hommes. Il n'oubliait jamais rien. Il est de bons accidents comme il y avait pendant la guerre de bonnes blessures. Des accidents qui rapportent des cent et des mille. Mais il paraît qu'il faut que l'État soit dans le coup. L'accident tout seul ne rime à rien, au contraire, ça revient très cher. Une jambe en moins, ou un bras, la belle affaire ! on se débrouille très bien sans, la preuve : le facteur qui est mutilé de guerre, et même un bras et une jambe à la fois, pas du même côté si possible, si c'est pour arriver à quelque chose dans la vie... Un bras et une jambe ensemble, ça doit monter un bon prix...

La pierre solidement en place, il se redressa, et fit quelques pas à cloche-pied.

Mais comment se faire blesser par le gouvernement à Clerguemort, maintenant ? A supposer même qu'une autre guerre éclate, il faut avoir l'âge !

Alors ? Alors ? Pourquoi il m'a posé cette question, cet homme, ce jeune homme ? Il est vraiment très jeune pour être notre maître d'école ! Un mineur, à son âge, parle comme un homme fait...

Reste la ressource d'une blessure à la mine. Commencer le travail puis reprendre les études après ? Impossible, totalement idiot. D'abord, une fois descendu dans le trou personne n'en est jamais remonté pour faire autre chose ! et d'une ! Ensuite, la blessure au fond ne rapporte rien.

Luc n'avait pas loin à chercher : son père était revenu du front en 1917 comme affecté spécial à la mine. C'est là qu'il avait été blessé, au charbon (ah ! la même blessure quelques mois plus tôt, sous Verdun !). C'est sur le carreau de la mine, où on l'avait placé parce qu'il était handicapé pour redescendre, que le père de Luc avait fait la connaissance de sa femme qui travaillait au lavage du brai. Blessure du travail et mariage ouvrier, les Roux n'étaient jamais sortis de cette double misère.

A ses pieds, sous la murette de la vigne, le vieux fût à préparer le sulfate rappela à Luc qu'il avait eu lui-même un accident : en jouant au bateau, il était tombé dans le bas et s'y serait noyé si le papé n'avait pas été à portée, il ne buvait pas encore autant à l'époque, deuxième chance, chance, si on veut...

L'enfant ne parvint pas jusqu'à la maison devant laquelle sa mère étendait sa lessive :

— Luc ! tu as pensé à mes commissions ?

— Mer...

— Alors retourne !

— Dans un moment...

— Non. Tout de suite. Après, tu as les chèvres...

— Mais, man...

— Il n'y a pas de man qui tienne, tu crois que je n'en ai pas assez sur les reins pour que...

Pour ne pas entendre la suite, Luc redégringolait déjà dans le sentier abrupt ; une fois encore, il était rouge de honte.

— Hé ! Luc ! mais écoute donc un peu !

— Voilà, man, j'arrive, cria Luc en remontant à la course de la deuxième barre.

— Mais ne t'emballe donc pas comme ça, mon pauvre petit ! ce n'est pas parce que je dis « tout de suite » qu'il te faut te « dévarier »... Pose ton cartable contre le tilleul et prends le seau que je t'avais préparé ; en remontant, tu passeras par la source... Allez, en route, maintenant, mon petitou !... Hé, Luc ! Luc !

— Voilà, man !

— Non ! ne remonte pas, écoute seulement ! Cette fois, n'oublie pas les commissions !

— Je ne risque pas, man ! répondit la voix déjà lointaine de Luc.

— Hé, encore une chose ! ne fais pas le lambin, hein ? pense aux chèvres...

Son linge était étendu. Elle ramassa la lessiveuse vide et revint au bassin pour attaquer le deuxième épisode du blanchissage Roux. *Quantité mounstré, aquel drôlé !* marmonnait-elle, toute à son bonheur maternel.

Ce n'est pas pour le trajet que Luc maudissait son étourderie : ce contretemps retardait les chèvres, autrement dit la lecture des discours de Gambetta. Il recourut à son truc habituel, il proposa à son esprit un sujet agréable, le plus vaste possible. Cette fois, ce fut tout naturellement le choix de l'événement le plus marquant pour la rédaction à remettre dans dix jours.

Le maître n'en avait pas fini l'énoncé que la grande grève des mineurs de 1929 s'était offerte. Là, il ne pouvait rien trouver qui réponde plus exactement à la question telle qu'elle avait été posée. Et encore, qui sait... D'autres la choisiraient aussi, elle avait mis tout le pays sens dessus dessous. Rien à craindre du côté de Gino, son père était maçon, la grève, il l'avait vécue mais, qu'on le veuille ou non, un peu de l'extérieur. Les Sarrasins avaient aidé, mais on ne peut pas dire qu'ils en étaient complètement, et ça, le Gino le comprendrait immédiatement, on pouvait lui faire confiance. Restaient les autres, beaucoup d'autres. Et après tout, pourquoi reculer devant le concours ? La comparaison sera d'autant plus facile sur le même sujet, surtout avec le Gino en dehors de la course... Qu'est-ce qu'il va choisir, le fils des Sarrasins ?... Il y a peut-être bien un autre sujet, meilleur...

Le garçon s'arrêta en pleine pente, dans un tel dérapage poussiéreux qu'il ne pensa plus sur la seconde qu'à l'usure de ses galoches. Il fallait qu'elles tiennent jusqu'aux vacances.

Luc venait de penser au scandale du temple.

Non, il ne pourrait jamais. C'était trop horrible...

Mais, justement, si la seule pensée du sujet lui faisait cet effet-là ? Seulement, c'était lui le héros, lui le responsable, le seul... ou presque... Alors, l'instituteur, ça ne lui ferait pas le même effet. Et puis, non et non ! il ne pourrait jamais raconter ça...

Il se cabra : et pourquoi pas, justement ? Plus c'est dur, plus c'est bon ! Il allait essayer pour lui seul, tout de suite, il verrait bien. Les courses d'abord, et, en remontant...

Il faudrait expliquer les supplications de man, ses angoisses, sans ça, l'histoire perdrait beaucoup de sa valeur.

Avant, il faudrait dire que le grand-père buvait. Le pensionnaire aussi. Mais il faudrait aussi expliquer le pensionnaire... Comme tout ça était compliqué !

Le pensionnaire est un vieux garçon de trente-cinq ans, il descend de l'un de ces vieux mas qui meurent là-haut, trop haut sur le Lozère. Il travaille à la mine. Il s'est mis à boire, lui aussi...

Luc Roux voit sa mère. C'est une petite femme sèche, au profil... « de médaille », comme on dit. Vive de gestes et de pensées, qui sait à peine lire et écrire, qui a beaucoup travaillé dans sa vie : la filature, l'usine, le triage du charbon, qui travaille encore plus maintenant : l'entretien de sept personnes, les chèvres, les vers à soie, la lessive, la lessive toujours...

Dès qu'il rappelle à sa mémoire l'image de sa mère, Luc la voit en train de laver des bleus de mine dans ces bassins qui manquent d'eau et, sans cesser de laver, tout bas, elle lui fait jurer qu'il ne boira jamais : « Oh ! mon petit, jure-moi, jure à ta mère que jamais, jamais, tu m'entends ! tu ne boiras !... » Et Luc jure, il jure solennellement.

Quand le grand-père et le pensionnaire ont bu, ils se disputent, ils crient, parfois ils se battent, pour rien, pour de vieilles histoires, ils ramènent des querelles oubliées, des chamailles inextricables, qui viennent d'une lointaine parenté par les mas moribonds des sommets du Lozère. Un soir que le grand-père et le pensionnaire se colletaient, le petit Luc avait dû se cacher sous la table de la cuisine. Après l'orage, sa mère lui fit jurer encore qu'il ne boirait jamais, elle lui demandait ce serment sur un ton de prière, à voix basse, comme en cachette, suppliante, et l'enfant jurait, jurait encore, jurait passionnément...

Quand Luc passait par là, man s'assurait d'un coup d'œil qu'ils étaient bien seuls tous deux, que personne ne pouvait entendre, elle redoublait du battoir sur les bleus de mine et l'appelait doucement : « Luc, mon petit, écoute, il faut me promettre que jamais tu ne te saouleras, jamais, jure-le à ta mère ! que tu n'oublieras jamais ce serment !... »

Il ne pourrait jamais raconter ça dans une rédaction. Il n'avait pas le droit. D'abord, personne ne pourrait comprendre. Et c'était pourtant le plus facile à comprendre, parce que, pour la chose elle-même...

Il faudrait aussi expliquer les affreux paris qui ont cours chez nous. Comment un instituteur si jeune pourrait-il comprendre qu'il puisse réellement exister dans la Cévenne un être capable de plaisanteries comme celle-là ? Il faudrait sans doute raconter des paris comme celui des langues-de-chat : un gaillard de Vialas avait fait le pari d'avaler sans boire deux kilos de ces biscuits légers sur la balance mais terriblement *estouffarels*...

Et le vieux de Gibenne qui avait parié de manger une pierre de savon de Marseille en un mois, un bout chaque matin, dans un verre d'eau, et qui faillit en crever...

Un, du Collet-de-Dèze, avait parié de manger un coq avec les os. Il en est mort.

Un, de Coudouloux, avait parié de boire douze pastis pendant que sonnaient les douze coups de midi. Mort aussi.

On racontait ces paris, et d'autres, aux veillées. Mais Luc se trompait peut-être, il n'était pas sûr que c'était pour gagner un pari que le Chicane avait agi ainsi...

C'était un dimanche matin. Le Chicane apportait un tonneau de son meilleur vin pour la fête votive de l'après-midi. Il faisait très chaud. Luc avait très soif. Le Chicane en avait profité, rusé, diabolique... Puis il avait poussé l'enfant vers l'entrée du temple où Luc, titubant, avait fait irruption au milieu du sermon.

Il n'aurait jamais le courage de raconter le scandale. Ce qu'il en avait su après coup, parce que lui ne s'était rendu compte de rien, ne s'était souvenu de rien, si ce n'est du désespoir de sa mère. La malheureuse ne s'était pas rendu compte que cet accident était la meilleure garantie que le serment renouvelé serait tenu.

Quel scandale ! L'enfant ivre avait été insulté ; sans l'intervention du pasteur, il aurait été battu devant le temple par les gens de Clerguemort...

Il en avait été malade, physiquement d'abord. Il en restait marqué pour longtemps. Depuis, il fuyait les gens qui l'avaient insulté. Sa gorge se serrait encore à la seule perspective de remonter dans sa longueur la rue unique de Clerguemort.

Luc Roux était un solitaire. Les enfants de son âge ne montaient guère jusqu'aux Fartailles. Solitaire, il l'était aussi par obligation : il gardait les chèvres, aidait au jardin, ramassait la feuille de mûrier, ce dernier travail était le seul qu'il avait en horreur : d'abord, on se blessait facilement les mains à tirer sur les branches, ensuite les vers à soie le dégoûtaient irrésistiblement, avec leurs maladies, quand ils deviennent jaunes, glaireux, qu'il faut les trier, les enlever pour qu'ils ne contaminent pas les autres ; avec leur bruit de mandibules, leur incessant bruissement, car ils mangent, ils mangent sans arrêt, on n'arrive jamais à fournir, ils sont pires que les hommes...

Et la grève de 29, c'était aussi terrible mais Luc, au moins, ne s'était jamais senti seul, au contraire.

Luc remplit le seau.

Il redoutait la sécheresse comme un vieux paysan. La corvée d'eau prenait des proportions dramatiques. Le bassin du jardin était à sec. Ce n'était plus seulement l'eau pour la table et la cuisine qu'il fallait aller chercher, mais toute l'eau de la maison, même l'eau pour les lessives. La seule source qui tenait encore le coup était à près de deux kilomètres de sentiers en lacets et d'escaliers de pierres plates. On y allait avec des bonbonnes, des tonnelets, il fallait prendre son tour devant le filet d'eau, c'était plein de gens qui parlaient, qui plaisantaient...

Ils étaient sept autour de la table.

Le grand-père qui n'avait presque pas de pension. Il n'était entré à la mine que très tard, à quarante-cinq ans. Des malheurs, maladies, sécheresses, l'avaient amené à vendre une part du bien, la meilleure, les prés et les pins. Pour faire vivre les siens, ce paysan, sur le tard, avait dû se faire ouvrier. On laissait entendre qu'il s'était ainsi « détraqué », bref, qu'il avait des excuses à boire.

Il y avait la grand-mère, malade et silencieuse, presque aveugle, pauvre petite chose sombre, effacée dans le coin reculé de la cuisine, recroquevillée dans ses douleurs muettes, que son peu de vie ne finissait pas de quitter.

Luc avait aussi une sœur, venue au monde un an et demi après lui, et un frère, son cadet de cinq ans.

C'est pour nourrir tout ce monde que les Roux avaient pris le pensionnaire. Il partageait avec le grand-père la chambrette du haut. Pour se coucher, les deux hommes devaient sortir de la cuisine, monter derrière le mas, entrer par le pailler.

— Bonjour, papa.

Son père répondit par un grognement discret.

Le mineur Roux avait deux ans de moins que sa femme. C'était un petit homme sec, très renfermé, dont la sévérité marquait habituellement l'expression.

Luc rangea le seau dans le bas du placard encastré dans le mur, avec précaution pour n'en pas perdre une goutte.

Pendant ce temps, son père donnait à manger aux oiseaux. C'était sa seule passion. Elle ne coûtait rien. Le mineur savait dénicher les huppes. Il en gardait toujours quatre ou cinq dans une cage et leur donnait le millet qu'il cultivait dans son jardin.

En sortant de la cuisine pour aller aux chèvres, Luc surprit l'odeur de la viande.

Le matin, les Roux déjeunaient avec du *bajana* — des châtaignes sèches détrempées dans du lait de chèvre —, matin et soir, ils mangeaient la soupe au lard, la soupe d'abord, le lard ensuite, avec des oignons. Il y avait parfois, le dimanche, une poule ou un lapin.

Il n'y avait de la viande qu'une fois par semaine, mais elle était presque entièrement réservée aux mineurs, parce qu'elle donne de la bonne force. Le père et le pensionnaire se la partageaient, soit à table, soit, pour le reste, à la gamelle dans le cabas du lendemain, pour le repas au fond de la mine.

Luc mena ses chèvres loin au-dessus du mas, parmi les fougères et les broussailles, à bonne distance des potagers, il caressa longuement le bon chien en lui murmurant des encouragements à l'oreille, puis il ouvrit le livre de Gambetta, avec un frisson délicieux.

18

Cherchemidi à Hambourg

Il y avait tellement de raisons d'entreprendre ce voyage ! son retour dans la Cévenne natale les avait mises en valeur. Clerguemort conservait les vieilles curiosités, le respect du voyageur. Les temps n'étaient pas si lointains où le village déléguait le plus vieux, celui qui ne pouvait plus travailler, à la croisée de la Régordane, la vieille route de Paris, la voie romaine des crêtes. Le vieillard hélait ainsi le voyageur :

— Que se passe-t-il dans le monde ?

Le pèlerin ou le cavalier racontait les pestes et les guerres, la fortune des rois et les misères des peuples. S'il ne pouvait le convaincre de faire étape à Clerguemort, le vieillard se chargeait de rapporter de veillée en veillée ce qu'il avait appris du voyageur, les nouvelles du vaste monde.

Sans ce premier séjour au pays natal, s'il était parti directement de Paris, Cherchemidi n'aurait pas fait sa valise pour Hambourg dans les mêmes dispositions d'esprit. Il prit son train, tout rempli d'une curiosité rafraîchie, assez fier de lui.

Il était heureux, bien sûr, d'aller retrouver sa sœur qu'il n'avait pas vue depuis plus de dix ans, depuis qu'elle avait épousé son chef d'orchestre, cette petite sœur, de deux ans sa cadette, dont il gardait un souvenir éblouissant. Il ne parvenait pas à se l'imaginer mère, l'idée lui était même assez désagréable. Deux garçons, le premier, Franc (ou Franck ?), né trop tôt après le mariage, le second, Ludwig — des prénoms de musiciens, naturellement ! —, né moins d'un an après... Comment Cherchemidi s'entendrait-il avec eux ?... Il se sentait le cœur débordant d'indulgence.

Cendrars, Mac Orlan, Kessel, leur cher exemple inclinait Cherchemidi à considérer les voyages comme des sources vives de la littérature. Un voyage en Allemagne, maintenant ! Il pensait à son père tué début septembre 1914 à Monthyon, près de Meaux. Il pensait à « tout ce sang, Allemagne, Allemagne, entre nous... Tout ce sang qui montait encore à nos genoux... ». Pour parler comme Aragon qui avait occupé la Ruhr, et comme il savait parler du *Freischütz* à l'orchestre du *Café Wittelsbach*, des enfants fredonnant *Ach du Lieber Augustin*, du cri de mort des oies sauvages et de l'ombre du vieil ami Peter Schlemihl :

> ... *Den Schatten hab' ich, der mir angeboren,*
> *Ich habe meinen Schatten nie verloren*[1]...

Cherchemidi trouverait, au Ratskeller ou dans la fameuse brasserie de la Zillertal, une Mina Linda douce comme un lait d'amandes...

Il se munit de trois carnets vierges, pour les notes, et de ce qu'il fallait d'encre.

Hambourg est la ville du monde où tout peut encore arriver...

Cherchemidi avait omis d'écrire à sa sœur la date de son arrivée, intentionnellement. Il voulait se baigner dans Hambourg, seul d'abord, et avant que ses parents aient pu l'influencer.

Il laissa sa valise à la consigne de la gare et partit à pied, au hasard, les narines palpitantes. La brise sentait le goudron et le croupi. En passant les Landungsbrücken, il aperçut un morceau d'Elbe, sombres eaux bouillonnantes où dansaient des feux follets. Il choisit un hôtel de tourisme d'apparence modeste. Avec ses lourds rideaux, les dessus de dentelle couvrant les fauteuils et les deux lits jumeaux, la chambre semblait avoir été abandonnée par une vieille fille maniaque.

Il n'eut même pas la patience de déboucler sa valise. Hambourg

---

1. « ... Je l'ai, l'ombre qui m'est de naissance échue — Je n'ai jamais perdu mon ombre... » A. von CHAMISSO, *A mon vieil ami Peter Schlemihl*, Berlin, 1834.

l'appelait. Sortant de sa chambre, il heurta une dame qui préparait sa clé :

— Oh ! pardon, excusez-moi, madame !

Elle répondit en allemand mais, après un temps, avec un regard intéressé, elle ajouta : « Cher monzieur ! »

Cherchemidi remarqua sa chevelure bouffante, presque blanche, ses yeux profonds, d'une couleur bizarre, qu'il ne put saisir. Parvenu sur le palier, il se retourna, sans doute parce qu'il n'avait pas entendu la porte se refermer. La tête de sa voisine disparut immédiatement et la porte claqua.

Naturellement, Cherchemidi descendit vers le port.

Sa première surprise fut le silence. Un silence d'abandon.

Une angoisse inhumaine serrait le troupeau des remorqueurs sans équipage, sans fumée. Des cargos rouillaient, leur cheminée encapuchonnée, le long du Nieder Hafen. La même immobilité figeait les flèches des grues dans le lointain, une rame de wagons, des hangars et des docks.

Cherchemidi pensa qu'il était tombé sur un chenal en voie de désaffectation. Il tendit l'oreille pour se diriger vers la vie. Il n'entendit qu'une bande de jeunes gens qui braillaient, en cognant dans une porte, pour se faire ouvrir quelque tripot. Des vitrines poussiéreuses portaient des écriteaux : *zu vermieten* (à louer), *zu verkaufen* (à vendre). Un antique camion passa en trombe, dans un tonnerre de ferraille. Il transportait des hommes nu-tête, debout, serrés en groupe sombre entre les ridelles. Une mitrailleuse était en batterie sur le toit de la cabine. Un drapeau sombre, que Cherchemidi ne put identifier, flottait sur le chargement humain.

Il commençait à percevoir des flonflons lointains. Il se dirigea droit dessus et tomba ainsi dans la lumière, les lanternes du quartier des amusements, Sankt Pauli. Il s'ébroua machinalement de tout ce silence sombre et collant comme de la suie. Reeperbahn, il dut laisser le passage à la colonne farouche d'une sorte de monôme militaire : trois douzaines de garçons sur une seule file, l'un derrière l'autre, mais serrés au maximum, imbriqués l'un dans l'autre, chacun serrant son prédécesseur de toute la force des bras noués autour de sa poitrine, nez dans nuque. Cette chenille marchait au pas, au pas de l'oie, démarche lourde et lente que soulignait le mollet droit : ils avaient tous retroussé la jambe droite de leur pantalon jusqu'à la cuisse pour nouer leur mouchoir autour du mollet ainsi dégagé. Ils ne braillaient pas, ils chantaient, assez bien, parfaitement juste et en mesure, une marche militaire pesante et scandée. Les groupes de passants s'écartaient vivement, certains avec un dégoût discret. De-ci de-là jaillissait d'un attroupement le salut de mains tendues. Des jeunes gens se joignaient au groupe avec une étonnante violence, se jetant sur le dernier de la file pour s'encastrer dans son dos, sous ses fesses, le plus étroitement possible.

Cherchemidi choisit une guinguette. Cinq garçons en frac douteux l'entourèrent avec empressement. Il commanda une bière. Quatre garçons s'éloignèrent négligemment. Le cinquième lui demanda :

— Monsieur est français, sans doute ?

— Et vous, vous êtes bourguignon !

— Non, monsieur, mais j'ai vécu deux années près de Dijon, comme prisonnier de guerre.

Tout en le servant, le garçon résuma sa guerre : il avait eu de la chance d'être pris, il était le seul survivant de sa compagnie. La Bourgogne était pour lui synonyme de douceur de vivre, de vie tout court...

— Au début, j'avais peur. Mes paysans avaient un fils tué à Verdun. Mais c'est le contraire, ils ont fait pour moi comme pour un nouveau fils... Très bonnes gens, moins fous que les généraux et les führers...

Il était maigre, presque chauve et son menton carré avançait faute de dents. Il se plaignit longuement qu'il lui fût impossible d'obtenir la moindre pension de guerre, malgré les éclats d'obus qui lui couraient toujours sous la peau depuis la bataille de la Marne. Il répétait : « Hommes fous... tous fous... pourquoi les hommes veulent toujours la guerre, hein, monsieur ? »

Cherchemidi protesta mollement :

— Mais non voyons, les hommes qui veulent la guerre ne sont qu'une infime minorité. Tous les peuples veulent la paix...

Le garçon rétorqua :

— Non ! monsieur, les hommes fous, ils sont ! Nous, vous et moi, bientôt nous battrons encore, nous pas morts à la dernière, nous, morts à la prochaine...

Il proférait cela, claquant des gencives, il proclamait brutalement, cessant de surveiller son français, soucieux seulement de ne pas attirer l'attention des autres consommateurs : il criait en sourdine.

— ... Excusez-moi, je vous prie, monsieur.

Il disparut sur l'instant. Cherchemidi crut apercevoir la silhouette du maître d'hôtel derrière une colonne. Quand il voulut payer, c'est un autre garçon qui se présenta.

Lorsqu'il reprit sa promenade sur Reeperbahn, il eut l'impression qu'on le suivait. Il se coula dans la foule qui l'entraîna vers la Herbertstrasse, la rue des filles en vitrine.

A ses deux extrémités, la voie est condamnée par deux panneaux métalliques en chicane, dont l'entrebâillement ne laisse passer qu'un homme à la fois, et encore faut-il engager une épaule après l'autre.

Les deux trottoirs de la Herbertstrasse longent des vitrines, derrière lesquelles des filles déshabillées attendent le client sous des pancartes annonçant le prix de la passe.

C'est noir de monde.

Un remous plaqua Cherchemidi contre une vitrine. Ses yeux rencontrèrent ceux de la fille offerte à cinquante centimètres derrière la glace. Ils étaient vides. Cette fille ne le voyait pas. Abrutissement, mépris, ou simplement le fait que la rue était dans l'obscurité, tandis que des ampoules éclairaient les filles à l'intérieur des vitrines.

A côté de lui, un groupe de jeunes ivrognes insultaient d'autres filles, l'un d'eux crachait sur la vitrine, un autre vomissait entre ses jambes, en écartant des deux bras ses camarades, d'un geste plein de prévenance. Un officier de la marine marchande conversait amicalement avec une rouquine squelettique, nue dans un voile de gaze bleue. La femme, debout, avait ouvert le judas vitré : ils se parlaient en confidence, souriants, attendris.

Avant de sortir de la rue close, Cherchemidi fut poussé contre une autre vitrine et buta sur un autre regard. C'était une brunette potelée qui paraissait à peine pubère. Elle était vêtue d'un pantalon de pyjama et d'une liseuse en dentelles jetée sur ses épaules nues. Quand la face du Français vint s'écraser sur le verre, elle redressa machinalement sa lourde poitrine : ses gros seins étaient parfaits. C'est alors que leurs yeux se rencontrèrent. Le regard de cette fillette était vieux comme le monde, il disait clairement : « De la morale sans doute ? De la morale pour qui ? »

Cherchemidi comprit alors qu'il la regardait avec des yeux pleins de bêtise compatissante. Il s'enfuit.

Il dut attendre : la chicane était embouteillée par un joyeux cortège, gros bourgeois, leurs grosses bourgeoises au bras, leurs pâles et longues filles entre eux, leurs tristes rejetons derrière eux, faisaient une entrée de noce en goguette. Cherchemidi s'aperçut alors qu'il y avait dans la presse de l'Herbertstrasse de nombreux couples, des jeunes et des vieux, des pauvres et des riches qui passaient, pour leur digestion, la revue des filles à l'étal. Des épouses, qui présentaient tout ce qu'il faut de respectable sauf leurs ricanements, murmuraient douillettement dans le cou de leurs maris des choses qui mettaient l'homme en joie. C'étaient bien les chalands les plus consciencieux, ils s'attardaient devant chaque fille, sans en négliger une, et l'homme sollicitait suavement l'avis de sa compagne. Il y avait même une délégation de vieilles filles collet monté qui venaient vérifier de visu qu'il n'est pas vain de garder sa vertu. Au milieu de la rue, malgré la foule, des hommes éméchés commençaient une ronde. Les paroles de la chanson devaient être hautement suggestives si l'on en jugeait par les gloussements des visiteuses.

A la sortie de la rue close, sur les trottoirs, des deux côtés, des hommes tournaient le dos, jambes écartées, le front contre le mur, ils pissaient ou vomissaient. Dans l'embrasure d'une porte, un couple s'étreignait en soupirant très fort, Cherchemidi n'en vit qu'un chapeau melon et un béret de matelot. Les putains « libres » s'échelonnaient, à intervalle réglementaire, sur les trottoirs des rues voisines. Quelques-unes arboraient l'uniforme ou les insignes de leur spécialité, il y en avait de vêtues en homme, casquette, jaquette, pantalons, guêtres et godasses, il y en avait qui portaient le deuil, certaines faisaient, à chaque passant, claquer leur cravache sur la tige de leurs bottes rouges. Au-dessus de leurs petites portes blindées, les bordels portaient des noms français.

Un coup de vent tira d'une ruelle un remugle à soulever le cœur. Cherchemidi dégringola les quatre ou cinq marches d'une buvette en sous-sol. Il s'accrocha au comptoir pour commander un double schnaps. Têtes rapprochées au-dessus d'une table, une douzaine de marins irlandais psalmodiaient :

The whisky killed my dear old dad,
Whisky, Johnny !
The whisky drove my mother mad,
A whisky for my Johnny[1] *!*

Ils chantaient respectueusement, gravement, ils en faisaient un cantique :

The whisky killed my sister Sue,
Whisky, Johnny !
The whisky killed my brother too,
A whisky for my Johnny[2] *!*

Cherchemidi fit cul sec d'une lampée, puis il commanda aussitôt un autre double schnaps, avant même de se demander d'où venait la coulée de lave qui grésillait de son palais à son estomac.

Il se brûla la lèvre supérieure en attaquant le deuxième verre. L'envie de fuir le reprit. Il posa un billet sur le comptoir.

If whisky was a river and I was a duch[3]...

Derrière le comptoir, la serveuse défroissait le billet pour le vérifier à la lumière.

... *I'll swimm till the bottom and never come up*[4]...

Cherchemidi soudain entendit une voix lui demander s'il désirait la monnaie. Il regarda la serveuse qui pliait et repliait le billet avec un soin et une lenteur exagérés. C'était une jeune femme rondelette qui respirait la santé, la fraîcheur, avec ses joues rebondies, vernissées du rose le plus naturel, et le regard limpide de ses yeux de faïence. Sa robe simple et nette lui allait bien. Elle ne portait pas de tablier, c'était peut-être la patronne.

---

1. Le whisky m'a tué mon cher vieux
Whisky, Johnny !
Le whisky a rendu ma mère folle
Un whisky pour mon Johnny !
2. Le whisky a tué ma sœur Sue,
Whisky, Johnny !
Le whisky a tué mon frère aussi
Un whisky pour mon Johnny !
3. Si le whisky était une rivière et si j'étais un canard...
4. Je plongerais jusqu'au fond et ne remonterais jamais plus...

— *Ich verstehe nicht*[1], bredouilla le Français, ahuri.

Elle répéta la question : ce monsieur désirait-il qu'on lui rende la monnaie ?

Cherchemidi regarda le papier que la femme faisait craquer entre ses doigts courts mais gracieux : c'était vraiment un gros billet.

— *Warum, bitte, gnädige Frau*[2] ?

Elle ne répondit que par un imperceptible clignement des yeux et, du menton, lui fit signe de la suivre. Ils longèrent le comptoir, de part et d'autre, en se maintenant à la même hauteur, comme s'ils avaient peur de se perdre, et se rejoignirent au bout, à la retombée de la voûte, devant une porte basse qui s'ouvrit aussitôt, quand la femme eut frappé suivant un code, comme si quelqu'un avait été posté derrière, en permanence. Cherchemidi pourtant ne vit personne, d'ailleurs il ne se retourna même pas, une fois engagé dans le couloir étroit et sombre qui le forçait à baisser la tête.

Avec une clé qu'elle dut pêcher entre ses gros seins, la jeune femme ouvrit une porte-fenêtre à rideaux rouges. Elle fit entrer le Français, ressortit la tête dans le couloir pour tendre l'oreille, puis referma la porte.

Ils étaient dans une cuisine à plafond bas, sommairement équipée mais remarquable de pauvreté. Une cuisinière en trèfle, perchée sur ses trois pattes, un évier d'émail écaillé, une table recouverte de zinc n'occupaient qu'une partie de la pièce. Plus surprenant était un lit de fer, très bas, qui occupait le fond, devant une tenture élimée de velours grenat. La fillette, qui lisait dessus, s'était levée d'un bond quand ils étaient arrivés. Son livre d'images était tombé par terre. Elle ne songeait pas à le ramasser, elle fixait sur Cherchemidi le regard à peine inquiet de quelqu'un qui soupèse un adversaire inattendu.

— C'est ma petite sœur, glissa la femme dans l'oreille du Français.

Elle avait entre dix et quatorze ans, douze peut-être. Deux lourdes tresses mettaient en valeur la minceur de son visage pâlot. Elle était assurément trop grande pour son âge, montée en graine. Ses épaules étroites, son buste plat ne pouvaient qu'apitoyer. Ces sœurs-là ne se ressemblaient pas du tout.

L'aînée jeta un ordre bref. Après un furtif haussement d'épaules, la fillette ferma les yeux, puis, sans les rouvrir, mais en dodelinant de la tête sur le rythme d'un étrange roucoulement, elle entreprit de trousser doucement sa jupe. Elle portait des bas de laine noire mais pas de culotte. Quand elle eut enroulé toute la jupe autour de sa taille, elle se courba, joignant ses mains sur ses genoux serrés, puis, dans cette position, elle tourna vers le Français ses fesses charnues, elle tendait sa croupe ronde à la perfection.

Cherchemidi se retourna vers la femme : elle était à la porte, prête

---

1. Je ne comprends pas...
2. Pourquoi, s'il vous plaît, chère madame ?

à sortir. Elle lui fit un bon sourire rassurant, lui affirmant qu'il pouvait rester là autant qu'il voudrait. Enfin, elle montra le gros billet, puis l'enfouit dans sa poitrine en remerciant.

— Ah ! mais... pas du tout ! *Ich will nicht ! Bitte ! wollen Sie gefälligst*[1]...

Mais la femme lui barrait la sortie, adossée à la porte. C'était son tour de n'y comprendre rien. Elle protestait à petites phrases rapides que sa sœur était en parfaite santé, qu'il n'y avait aucun risque...

A bout de nerfs, Cherchemidi l'attrapa aux épaules pour dégager le passage par la force. La femme se mit aussitôt à appeler au secours d'une voix incroyablement aiguë. La fillette fit chorus. La comédie fut courte : des coups violents secouèrent la porte que la femme dégagea aussitôt. Un colosse en casaque de toile et casquette de marin fit irruption. D'autres voix retentissaient dans le couloir.

Sur un ton tout à fait normal soudain, la femme calma le matelot : elle lui expliqua brièvement que l'étranger ne demandait après tout qu'à partir discrètement, sans demander son reste. Et elle se frappait de l'index entre les seins, à l'endroit du billet. L'homme s'écarta, ricanant que si ce monsieur y tenait, on pourrait toujours appeler la police. Un deuxième gaillard en casquette bleu marine ouvrit à Cherchemidi la porte de communication avec la buvette, il échangeait déjà, d'un bout à l'autre du couloir sonore, des sarcasmes crus avec ses complices qui pouffaient dans la cuisine.

Pour remonter du caveau, Cherchemidi dut enjamber les Irlandais qui s'étaient mêlés pour une peignée générale à chacun pour soi.

Ce n'était pas la première mésaventure de cette espèce qui lui arrivait, mais, à chaque fois, il s'en voulait. « Je l'ai bien cherché, se disait-il ; si je m'étais rendu chez ma sœur en arrivant, tout ça ne serait pas arrivé, tout aurait été plus simple, et je me sentirais plus propre... »

Entre l'échoppe du tatoueur et celle de l'empailleur, une rangée de gars et de filles bras dessus, bras dessous, chemises ouvertes sur la poitrine, ceinturon et baudrier par-dessus, tous, filles et gars, avançaient en ligne, psalmodiant non sans émotion un lied très lent où il était beaucoup question de mère patrie, de *schöner Rhein* et de *Stimmung*, avec deux accordéons et une guitare qui titubaient autour de la mélodie.

... Heimatland bleibt Heimatland,
Gute Nacht[2]...

Cherchemidi se mit à aimer ce chœur, y compris cette façon de se pâmer facilement, pour une mélodie sirupeuse qui resta collée sur ses épaules jusqu'à l'entrée de l'hôtel.

---

1. ... Je ne veux pas ! S'il vous plaît ! Voulez-vous, s'il vous plaît...
2. ... La patrie demeure la patrie,
Bonne nuit...

Il venait de faire son menu quand la dame élégante qui occupait la chambre d'en face fit son entrée dans la salle à manger. D'un regard, elle passa la revue des tables et, quand ses yeux rencontrèrent Cherchemidi, elle lui sourit spontanément. Le Français n'eut pas l'audace de lui offrir une place à côté de lui, mais, d'elle-même, elle choisit une place à la table inoccupée qui se trouvait devant lui. Chaque fois qu'ils levaient le nez de leur assiette, leurs yeux se rencontraient. C'était toujours Cherchemidi qui baissait les siens le premier, comme si de tels regards n'eussent pas eu la même signification outre-Rhin. Le vin blanc très sec l'échauffait moins que ces messages.

Elle avait un beau visage triangulaire, le nez long, très droit, très fin, presque pointu, des lèvres épaisses mais belles dans chaque mouvement (elle mangeait), de fortes dents régulières. Une cloche de feutre maintenait en auréole cette chevelure d'étoupe immaculée, étrange en vérité. Ses épaules étaient larges, étonnantes de force et de souplesse. Dans un mouvement qu'elle fit pour ramasser sa serviette, le jeune homme entrevit, par le décolleté largement arrondi, assez de la poitrine pour se parier à lui-même qu'elle n'usait pas de soutien-gorge. Au sourire qu'il lui adressa, elle répondit seulement en remontant son corsage discrètement, en tirant les épaulettes.

Cherchemidi se sentait toutes les audaces ce soir. Il n'était pas ivre, à peine gris, d'une légèreté bienveillante, téméraire. Il fit traîner ses pâtisseries pour se lever de table à la même seconde que sa belle voisine. Ils se retrouvèrent au vestiaire. Il l'aida à passer son manteau. Avec le même naturel, il lui prit le bras dans l'escalier, d'un mouvement qui ne se pouvait refuser, vers le haut, pour la soulever un peu à chaque marche. Elle l'en remercia d'un regard qui le fit trébucher. Elle le retint, ce qui les fit rire ensemble.

Ils parvinrent ainsi au passage délicat, entre leurs seuils qui se faisaient face. Elle ouvrit sa porte, alluma sa chambre, et se tourna vers lui, les lèvres entrouvertes sur les dents trop larges. Souriait-elle encore ?

C'était ou l'adieu ou le baiser.

Cherchemidi fit un pas en avant, sa voix disait, harmonieuse comme jamais :

> J'ai peur d'un baiser
> Comme d'une abeille.
> Je souffre et je veille
> Sans me reposer.
> J'ai peur d'un baiser[1] !...

Cherchemidi fit un deuxième pas. Il n'en savait plus mais le même instinct le poussait à continuer qui fait parler sans s'interrompre le dompteur tenant la panthère en arrêt, les yeux dans les yeux :

---

1. *A poor young shepherd*, Verlaine.

Chair ! ô seul fruit mordu des vergers d'ici-bas,
Fruit amer et sucré qui jutes aux dents seules
Des affamés du seul amour, bouches ou gueules,

Et bon dessert des forts, et leurs joyeux repas,
« Amour ! le seul émoi de ceux que n'émeut pas
L'horreur de vivre. Amour qui presses sous tes meules
Les scrupules des libertins et des bégueules[1]*... »*

Alors, elle s'effaça pour le laisser entrer. Comme elle lui tournait le dos pour refermer la porte, il la saisit pour l'embrasser dans le cou. Elle ne fit rien pour se dérober, du moins pour échapper à l'étreinte, cependant, elle croisa les bras derrière sa nuque, en barrage entre sa chair et le baiser, ce qui eut, pour deuxième effet contradictoire, de livrer plus étroitement sa taille à l'étreinte. Ils demeurèrent ainsi quelques instants, debout, frémissants. Ces fesses dures appuyées sur ses cuisses rendaient Cherchemidi malade de désir. Ce fut presque avec soulagement qu'il laissa retomber ses bras quand elle se dégagea gentiment sur un tendre : « *Entschuldigen Sie, bitte*[2]*...* »

Elle disparut dans le cabinet de toilette. La porte s'entrebâilla un instant plus tard pour laisser passer un long bras nu offrant un verre de fine et une voix parcourue d'un sourire annonçant qu'on se prénommait Lotte.

Il se présenta. Il allait lentement d'un mur à l'autre, cinq pas dans un sens, cinq au retour, en suçant son verre d'alcool.

Quand Lotte revint s'asseoir au bord du lit, elle était nue dans un déshabillé de soie rose à volants de dentelle noire. D'une moue, d'un simple mouvement d'index, elle arrêta son élan. C'est en baissant les yeux qu'il vint s'asseoir à ses pieds. Lotte éteignit le lustre, ne laissant que la veilleuse. Il y eut un moment de silence et d'immobilité.

La main de Cherchemidi commença de remonter le long des plis de la soie. Lorsqu'elle parvint à l'arrondi de la cuisse, Lotte sursauta. Le jeune homme suspendit son avance. La jeune femme était agitée d'un tressaillement de bête qui ne s'apaisa que petit à petit.

Le déshabillé s'était ouvert sur la poitrine. La main de l'homme jaillit instinctivement, la main de la femme avait été plus prompte encore. Les réactions de Lotte surprenaient Cherchemidi : ainsi, elle n'avait nullement cherché à maîtriser un geste trop hardi, non, elle s'était contentée d'interposer sa propre main entre la caresse et la peau.

Elle haletait presque. Il en était à n'oser plus le moindre geste, quand un mouvement très doux, très lent, très régulier, presque

---

1. *Luxures*, VERLAINE.
2. Excusez, je vous prie...

insensible lui représenta leur attitude présente avec une intensité crue.

La main droite de Cherchemidi recouvrait la main gauche de Lotte et la main gauche de Lotte recouvrait elle-même le sein de Lotte.

« Nous sommes comme deux idiots », pensa-t-il. L'idée le traversa même qu'il ne serait pas tellement désagréable d'aller dans la chambre d'en face pour y dormir un bon coup, tout seul.

Seulement... seulement, la main de Lotte, sous la sienne, remuait de plus en plus précisément. Cherchemidi comprit qu'il était en train de caresser le sein de la jeune femme par main interposée. L'image l'indigna, mais la jouissance était plus forte, un plaisir insolite, insinuant, envoûtant et dégoûtant à la fois. Et il se laissait faire. La savoureuse torpeur qui l'enveloppait agissait à la manière de ces drogues qui vous élèvent jusqu'à des cieux inconnus en vous détruisant...

Et cela allait croissant, cela devenait intenable, insoutenable de plaisir ou de honte, il ne savait plus. Il en eut un fameux sursaut. Il rassembla toutes ses forces mâles pour conclure enfin selon la nature et, grâce au ciel, il était encore un mâle...

— *Moment, bitte, morgen, mein lieber, morgen, morgen* [1]... glissa Lotte en se levant.

Il franchit la porte mécaniquement, murmurant sans fin :

— Demain, demain, demain...

En se couchant, dans sa chambre, seul, il se rappela son carnet de notes. Il eut mauvaise conscience. Avant de succomber au sommeil, il se dit tout haut :

— Mais... je ne l'ai même pas touchée ! Pas réellement, pas physiquement touchée !

Et il sombra dans l'amertume.

19

Franck Joszà

D'abord, Cherchemidi ne reconnut pas sa sœur. Dans la pénombre de l'antichambre, il la prit même pour la bonne de la famille, quand elle vint lui ouvrir, après beaucoup de questions (en allemand) et avec beaucoup de précautions. Il s'était pourtant le matin même annoncé pour le déjeuner, depuis l'hôtel, par téléphone.

La malicieuse Lilette était donc maintenant cette bourgeoise rondelette, mise avec rigueur, encore appétissante, semblable, autant dire, à la plupart des femmes de la bonne société de Hambourg. Il finissait

1. — Minute, s'il vous plaît, demain, mon cher, demain, demain...

quand même par retrouver les restes de la pétulance de jadis, du brillant désordre de la sœurette merveilleusement brouillonne. Mais n'était-ce point pendant qu'il lui parlait justement, qu'un peigne s'était détaché du chignon, entraînant une mèche de cheveux bien connue, que le col empesé montant sous le menton grassouillet venait de se mettre de travers, que le parler français, d'abord scandé, brisé, s'amollissait insensiblement et même se teintait d'accent cévenol ?

Elle l'entraînait dans le salon avec des gestes de bourgeoise prussienne quand, imprévisibles, quelques bonds à cloche-pied ramenèrent la drôlette à gué par-dessus les années. Un de ses moulinets inconsidérés fit traverser la pièce à l'aigrette, artistiquement empaillée ailes ouvertes, dont la place devait rester le guéridon du téléphone.

— Té ! tu me fais venir chèvre !

De s'entendre dire ça, Mme Joszà fut interdite. Le frère et la sœur tombèrent dans les bras l'un de l'autre, secoués par l'un de ces fous rires magnifiques de leur enfance, rire aux larmes qu'ils tentèrent d'apaiser comme jadis, spontanément, par une danse des ours d'un pied sur l'autre, les jambes s'écartant vers l'arrière tandis que les bustes se serraient à s'étouffer.

— Bon, maintenant, petit frère, du calme et de la méditation, nous avons à causer sérieux...

Ce qui lui parut comique à elle d'abord. Ils repartirent dans un nouveau fou rire.

— Dieu tout-puissant ! et Jànos qui va rentrer, s'écria-t-elle soudain en pleine danse des ours.

— Qui ça ?

— Jànos Joszà, mon mari...

Le calme revint, pas « pour-de-rire » cette fois.

— Au fait, tu es arrivé quand, Léon ?

— Qui tu dis ?

— Je dis « Léon », Léon Larguier, mon frère ! Tu es devenu sourd, ou idiot ?

Il lui raconta de vive voix enfin comment il était devenu « Cherchemidi ». Il avait fait un peu exprès de buter sur « Léon ». Maintenant sa sœur n'avait plus que des questions embarrassantes à lui poser.

— Bon, alors, Cherchemidi (puisque Cherchemidi il y a !...), tu es arrivé quand à Hambourg ?

— Heu... Hier.

— Hier ! Mais où as-tu passé la nuit ?

— Ben... Dans un hôtel...

— Ah !

— Puisque j'y suis, petite sœur, peut-être vaudrait-il mieux que je continue à loger là-bas... Enfin, jusqu'à nouvel ordre...

Il s'attendait à de véhémentes protestations mais elle murmura sourdement :

— Oui... Tu as sans doute raison.

— C'est que je ne voudrais pas être une gêne pour vous, commença-t-il d'expliquer.

— Une gêne, pour qui ? Pour nous !

— Enfin, je veux dire... Vous êtes peut-être à l'étroit.

— *Raïlle* de coucher, on a des chambres de reste !...

Elle n'ajouta rien mais, visiblement, elle pensait à autre chose. L'éclat juvénile de son regard s'éteignit.

— Dis... dis-moi ! Qu'est-ce qu'il y a, ma Lilette ?

Il insistait, profondément alarmé.

Elle eut un geste d'impuissance :

— Mon pauvre fréron, va ! même si j'étais capable de tout t'expliquer d'un coup, tout, même ce que je ne sais pas encore, pas encore par bonheur ! tu ne me croirais pas !

— Mais si, je sais déjà : fascisme, racisme, et bidibi et bidiba... Si tu crois qu'on ne suit pas ces histoires-là, en France ? Bah ! aux prochaines élections, votre petit pantin prendra une bonne veste sur son brassard, et on passera à un autre genre d'hurluberlu...

Un cri souffrant lui coupa la parole :

— Oh, dis ! Léon ! mais alors, tu n'es pas venu pour emporter notre Franck au pays ?

— Mais si ! bien sûr... s'empressa-t-il de répondre, d'ailleurs, c'est bien simple, je ne partirai pas sans lui !

Il la prit dans ses bras, avec une rudesse gouailleuse, pour la consoler, comme quand elle avait douze ans et lui trois ans de plus. Il se mit à lui parler du pays. Le moyen était bon. Chaque nouvelle de Clerguemort rendait à la déracinée un peu de confiance en la vie. Ce fut elle, bientôt, qui le pressa de mille questions : le vieil Esaïe prêchait-il toujours derrière ses biques ? et l'oncle Roure, toujours après ses pendules ? Et Jésus, toujours pas amnistié ? toujours en marge ? toujours ses deux musettes, une pour les champignons et les merles, l'autre pour les bouquins ? Et la Véronique toujours aussi belle, et aussi courue ? Quels sont les derniers paris du Chicane ? les dernières affaires du La Chino avec les gendarmes ? les dernières chansons du Félobre ? et le Dévarié ? et le Sang-Caillé ? et la Pitance ? Au fait, qui est l'instituteur, maintenant... ?

La minutie de ce questionnaire dérisoire, dans ce petit salon sagement prussien, accablait Cherchemidi ; les détails les plus drôles s'endeuillaient, le meilleur et le plus fort des fraternités humaines noircissait à l'air qui pesait sur Hambourg. Cherchemidi ne se l'expliquait pas mais il en avait l'irrésistible intuition.

Cependant, Lilette regardait l'heure de plus en plus souvent, elle ne posait plus ses questions que pour parler, par courtoisie, et pourtant, l'âme en repos, elle en aurait eu dix fois autant à poser encore...

Elle finit par avouer :

— Franck devrait être là depuis un moment déjà... Il met de plus en plus de temps pour rentrer de l'école...

— Et Ludwig ?
— Il est déjà parti, je ne te l'ai pas dit ?
— Parti où ?
— En Hongrie, chez les parents de Jànos. On a eu une occasion pour le leur faire amener, on a sauté dessus, tu penses !
— Mais, c'était si urgent ?
— Pauvre fréron ! Tu ne peux pas savoir !

Cherchemidi n'avait jamais eu l'occasion de rencontrer son beau-frère. Dès qu'il vit Jànos Joszà, il comprit comment sa sœur, à peine âgée de quinze ans, était tombée amoureuse d'un homme de vingt ans plus âgé qu'elle, amoureuse à tout quitter, à tout ruiner, amoureuse à marcher sur le ventre de tout Clerguemort. Il sourit au souvenir de la petite choriste de Nîmes s'enlevant elle-même pour l'amour du grand chef d'orchestre hongrois, mais à l'insu de l'intéressé, passagère clandestine du fourgon des instruments...

Les époux s'embrassaient après une matinée seulement de séparation. Ni l'un ni l'autre n'avait dû se repentir souvent de ce que Clerguemort appelait encore « la folie de la petite *idéïouse* du Casquillé ». Cherchemidi s'aperçut qu'il donnait raison à sa sœur pour la première fois profondément, certes, il l'avait toujours soutenue ouvertement, mais ce n'était qu'instinct fraternel, par affectation d'anticonformisme aussi, pour taquiner les vieilles barbes de la morale.

Jànos Joszà restait droit et mince sur un mètre quatre-vingts. Sa chevelure immaculée, taillée court, lui renvoyait sans cesse deux mèches folâtres sur les yeux. Il ne se lassait pas de les remettre en place, il avait eu la malice d'en faire un agrément familier. Rien, dans ce grand sec et souple, qui annonçât les approches de la cinquantaine, si ce n'était, en cherchant bien, un certain penchant du cou qui portait la tête vers l'avant.

— Franck n'est toujours pas rentré ?
— Oh ! vous savez, mon cher beau-frère, avec les enfants...

Les yeux gris-vert, nettement bridés, du virtuose attachèrent sur Cherchemidi un regard définitif, sans trace de méchanceté pourtant, mais ce fut assez pour que le voyageur prenne la mesure d'effroyables possibilités. Les angoisses d'un homme véritable, et de cette force, en donnaient la mesure.

— Ma chérie, pendant que tu vas mettre la table, nous allons faire quelques pas dehors, ton frère et moi.

Les Joszà demeuraient au rez-de-chaussée d'une assez belle maison de style rococo. La rue, large et paisible, descendait vers l'Alster, le beau lac intérieur de la ville de Hambourg.

— Les parents de presque tous les pays du monde craignent pour leurs enfants à peu de chose près les mêmes accidents, disait le chef d'orchestre. Il y a quelques pays, où pères et mères ne savent plus quoi redouter, ils ne peuvent même pas imaginer ce qui peut arriver à leurs enfants, et d'abord parce que ce ne sont plus des accidents...

L'Alster, en vue maintenant, offrait le plus rassurant des spectacles : des canoteurs ralliaient la terrasse des restaurants du rivage ; sur le plus rapproché des établissements, on distinguait un orchestre de femmes, on percevait les basses rythmées d'une valse viennoise, puis les coups de sirène des vapeurs fluviaux qui se saluaient au passage. Par la grâce d'une brume soyeuse, le paysage était un pastel.

— Je voudrais vous raconter une histoire, disait Jànos Joszà, mais permettez-moi d'abord de vous demander le secret, n'en dites surtout pas un mot à votre sœur ! la malheureuse a déjà suffisamment de raisons de se tracasser...

Le chef d'orchestre tendait l'oreille dès qu'il percevait des voix enfantines. Six jeunes filles courbées sous d'énormes sacs tyroliens, la gourde battant la fesse gauche, les dépassèrent. Elles étaient rondes ou carrées, bovines, elles marquaient le pas, leurs gros mollets poilus tremblotaient à chaque coup de talon.

— Une histoire d'enfants, reprenait Jànos Joszà, mais des enfants allemands d'aujourd'hui, c'est-à-dire une histoire pour hommes seuls. En deux mots, un lycéen de treize ans s'est pendu, mardi dernier. Pendu, oui, tout seul, pour lui, c'est vrai. C'était un mordu du nazisme. Il venait aux cours en chemise d'Hitlerjugend, alors que l'uniforme est interdit... enfin, en principe ! dans l'enceinte de l'université. Il en avait plein la bouche, des slogans nazis, plein la tête, de leurs idées, au point qu'il agaçait jusqu'à sa mère. Mardi soir, la malheureuse, parvenue à bout de patience, finit par lui lâcher : « Assez ! d'ailleurs, c'est bien à toi de gueuler après les juifs, tu ne sais donc pas, petit misérable, que mon premier mari, ton père ! en était un ? » Sans un mot, le gosse est monté au grenier et s'est pendu.

Ils reprirent le chemin de la maison, de plus en plus lentement à mesure qu'ils approchaient. C'est ainsi que Cherchemidi remarqua de gigantesques cubes en cours d'édification derrière la rangée de maisonnettes rococo ; il prit le temps de les examiner, s'engagea même de quelques pas dans la ruelle qui y conduisait.

— Ce sont des *Siedlungen*, les nouvelles cités ouvrières !

— Ah, on construit quand même !

— Oui. On construit. *Quand même !*... On fait aussi beaucoup de vol à voile — 3 à 400 groupements, plus de 2 000 pilotes formés en moins d'un an — énormément de vol à voile...

Cherchemidi faillit lâcher : « Après tout, le vol à voile, ce n'est pas si mal... » Mais il observa Jànos Joszà, et se tut.

— Ah ! Franck ! Comment ? C'est par là que tu reviens ? Mais ce n'est pas du tout le chemin de l'école !

En serrant son fils dans ses bras, le musicien s'enquit calmement, sans aucune insistance :

— Dis-moi, Franck, il ne s'est rien passé de grave aujourd'hui ?

— Mais non, papa, sûr ! rien de plus que d'habitude.

— Bon, voici ton oncle Larguier, le frère de maman. Embrasse-le vite, et cours devant pour dire à la maison qu'on peut commencer à servir, je meurs de faim, moi, et vous, mon cher beau-frère ? La nourriture, hélas ! n'est pas à la hauteur des constructions. On n'a pas beaucoup de « beurre à mettre dans les épinards », comme on dit si joliment chez vous. Enfin, on parlera, on fera durer le repas... Soudain, il était devenu très bavard, mais plus il parlait de son appétit, plus il ralentissait le pas, trouvant tous les dix mètres un prétexte pour faire une pause. Cherchemidi fut sensible à la délicatesse de ce père qui voulait ménager à la mère et l'enfant le temps nécessaire pour se remettre de leurs émotions.

Il avait à peine vu le petit Franck. Il ne gardait d'une rapide accolade que le souvenir d'un gosse en sueur, haletant et poussiéreux.

— Sacré petit galopin... murmura-t-il, un peu étourdiment (comme s'il avait une telle expérience de la paternité !).

Jànos Joszà s'arrêta net, une fois encore :

— Écoutez-moi ! Franck est l'un des meilleurs petits garçons que la terre ait jamais portés...

Il détourna le beau regard gris de ses yeux étirés, avec gêne, il baissa la tête et le ton, il prit enfin le bras de son beau-frère dans un élan de familiarité que Cherchemidi n'attendait pas encore.

— Excusez-moi, cher ami Larguier ! Évidemment vous dites ça par pure gentillesse, vous. Par malheur, ici, maintenant, tout est à l'envers, même les simples mots, les plus communs, d'une âme claire et sans détours font sous ce ciel des grimaces patibulaires...

Pour cacher son émotion, Cherchemidi mit le pied sur la première des six marches du petit perron. Un ruban de gazon large d'un mètre, comportant deux rhododendrons maladifs et une rampe d'iris défleuris, séparait le trottoir de la maison. Jànos Joszà le retenait encore par le bras :

— Écoutez ! je vous trouve vraiment très sympathique. Vous m'êtes déjà très cher, surtout que je vais en plus vous confier mon Franck ! Je devrais peut-être vous dire de faire demi-tour, de ne pas passer cette porte... Je m'en voudrais tellement s'il vous arrivait malheur !...

L'exaltation soudaine du chef d'orchestre laissait Cherchemidi pantois. Une obscure angoisse le gagnait :

— Mais enfin ! dit-il avec irritation, vous craignez quand même quelque chose de précis. Dites-moi-le carrément ! Je ne suis pas une mauviette. J'en ai l'air ?

— Mais... c'est que je ne sais pas... soupira Jànos Joszà. A force de vivre avec les fauves, il vous vient un sens nouveau, celui des proies. On sent quelque chose, soudain, on ne sait pas quoi, on frémit, on dresse les oreilles, on cherche un trou, on attend la nuit...

Enfin il lui lâcha le bras et ils entrèrent.

Cherchemidi put examiner son neveu tout à loisir, pendant le repas : Franck Joszà mangeait en face de lui, dans la lumière de la fenêtre grande ouverte au soleil.

Franck ne serait jamais grand, sans doute, mais on voyait déjà venir le gaillard trapu fermement assuré sur la terre, voilà ; on ne pensait plus qu'à l'homme en le regardant avec attention ; en quelques minutes, l'homme qu'il serait faisait oublier l'enfant qu'il était. Plus rien de poupin dans ce visage marqué déjà pour la maturité. Sous la tignasse châtain, en brosse très courte, ses yeux globuleux avaient la couleur même des bleus de mine quand ils ont trop vu de lessives. La bouche était petite, les lèvres rondes et d'un rouge vif. Mais on avait beau faire le tour, on revenait toujours au nez, trop grand, trop marqué, un nez remarquable, pas une infirmité, plus impressionnant que risible, ce n'était pas le nez d'un Cyrano mais celui des Bourbon.

Après le dessert, Franck obtint l'autorisation de quitter la table.

— Ce nez ne vient ni des Larguier ni des Joszà... dit le chef d'orchestre dès que son fils fut sorti.

Cherchemidi se sentit rougir.

— Par bonheur, l'Allemagne d'aujourd'hui dispose à elle seule de plus de spécialistes du nez que tout le reste du monde. Il ne s'agit pas, vous l'avez compris, de rhinologie...

Il défilait nonchalamment des plaisanteries dont le thème devait lui être coutumier car Lilette pouffait parfois d'avance. Il dut mesurer combien ce genre d'humour-suicide risquait de mettre mal à l'aise l'hôte non prévenu, il crut bon de préciser :

— Non, mais, vous ne voudriez quand même pas que je les prenne au sérieux, moi aussi...

L'amertume avait percé dans cette précision, mais Cherchemidi put corriger cette notation brute au cours de la longue conversation qui suivit : l'aigreur ne viendrait jamais chez un tel homme des maux qui le menaçaient, mais de la perte d'un petit sourire en coin qui lui était personnel. Il était optimiste, comme on est malformé de naissance, il s'en arrangeait astucieusement, sachant qu'il le serait toujours, jusqu'au poteau inclus...

... « Douze balles dans l'optimiste ! » quel beau sujet pour un ballet...

Il glissa dans une songerie respectable. Lilette le contemplait, rayonnante, comblée, très belle tout d'un coup sous le soleil sans éclat de l'après-midi. Elle sortit subrepticement pour Cherchemidi l'une des moues de leur code enfantin, laquelle, transposée quelque vingt ans après, signifiait clairement : « Hein, que j'ai eu raison de me l'enlever, mon chef d'orchestre ! »

Jànos Joszà fit, sans s'écarter beaucoup du badinage, l'exposé de sa situation actuelle.

D'abord, il était hongrois, porteur d'un passeport magyar. Or la Hongrie était l'alliée de 1914, qualité primordiale pour « les fins penseurs des Casques d'Acier... ».

— Seulement votre sœur a voulu rester française, c'était son droit, mieux : son goût ! On n'allait pas se disputer pour ça ! J'ai même trouvé dans le partage un tel charme que nous l'avons répercuté sur nos fils : Franck sera français, Ludwig sera hongrois...

— Oh ! laisse-moi lui raconter moi-même, chéri ! Celle-là, je la raconte mieux que toi ! Figure-toi, fréron, qu'un soir voilà Jànos qui rentre à la maison courbé en deux, en se tenant les tripes à deux mains. On a d'abord cru qu'il sortait de sous un autobus. C'était le fou rire. On a dû attendre un bon moment avant qu'il puisse nous expliquer, aux petits et à moi, ce qui s'était passé. Ces salauds-là n'étaient-ils pas allés jusqu'à lui mettre ce marché en main : Tu auras la paix si tu divorces d'avec « ta Française » ! C'est moi, ça, Léon, tu imagines ? Et, pour l'allécher, des détails plus répugnants encore : « Rien ne vous empêche de la garder, comme femme de ménage, ou comme concubine, on fermera les yeux ; si vous continuiez à coucher avec, c'est vos oignons, pourvu qu'elle ne se montre plus, qu'elle ne vienne plus à l'Opéra pendue à votre bras... » Et, pour le décider, ils ont fait jouer le chantage-massue : qu'on pourrait bien se souvenir au besoin, au bon moment, que le sang des Joszà n'est pas tout à fait pur...

— Parfaitement exact, coupa le chef d'orchestre, et encore ils ne savent pas tout : mon sang est horriblement mélangé, c'est même un méli-mélo d'horrifiants mélanges. J'en souffre, vous pouvez m'en croire, secrètement, mais j'en souffre...

— Jànos leur a ri au nez ! Divorcer ?... Il en riait encore chez nous. De toute façon, la goutte de sang juif, elle nous pend au nez comme un sifflet de deux ronds, alors, un peu plus tôt, un peu plus tard...

— Mais... le passeport hongrois ? ne put s'empêcher d'objecter Cherchemidi.

— Horthy n'en fera pas une maladie, pas même une note au Consulat, trop content ! Il est de la même race, c'est une sorte de précurseur, comme Mussolini, mais en plus petit...

— Mais alors, qu'est-ce qui les retient encore ?

— Brahms.

— Hein ?

— Johannes Brahms. Ouvre n'importe quel dictionnaire à Hambourg, tu liras : « Patrie de Brahms. » Herr Professor Jànos Joszà — mon amour à moi ! — est simultanément le meilleur spécialiste et le meilleur interprète de Brahms sur le plan mondial.

— Voilà qui peut durer longtemps...

— Jusqu'à ce qu'on découvre la goutte d'impureté qui gâtait le sang de l'auteur du *Requiem* allemand, trancha Jànos.

Cherchemidi se demandait s'ils n'exagéraient pas un peu, ne serait-ce que par l'emphase naturelle aux tempéraments créateurs.

Mais les Joszà déployaient la même ardeur efficace dans la pratique :

— Notre premier souci a été de mettre au plus vite les enfants à l'abri, au moins provisoirement. D'autre part, il y a d'autres grandes villes dans le monde qui vouent un culte à Brahms. Jànos a déjà reçu deux ou trois propositions intéressantes, en principe nos enfants ne devraient manquer de rien...

— Comment ? mais... Hambourg ne vous empêcherait pas de quitter la Patrie de Brahms ? Pourquoi ? mais pourquoi donc ?

— Juif !

Cherchemidi réfléchit à voix basse, ce qui ne lui arrivait jamais :

— Mais alors... si c'est ainsi... l'Allemagne va se vider peu à peu du meilleur d'elle-même... C'est un peu comme si elle s'ouvrait les veines ?...

Les Joszà l'écoutaient sans mot dire, têtes baissées.

Quelques motocyclettes passèrent en trombe, faisant rugir leurs cylindres à plaisir sur une cadence voulue. Des camions suivirent, chargés d'hommes qui poussaient au commandement le même cri, toujours repris, le même hurlement...

— *Was ist los ?*

— *Mein Gott, wo ist unser Franck ?*

— *Bei der Frau Weizen.*

— *Gott sei Dank*[1] *!...*

Ils ne se rendaient pas compte qu'ils parlaient allemand. Jànos ferma les volets. Il dit qu'il valait mieux ne pas allumer l'électricité, qu'il fallait faire le moins de bruit possible.

Des camions s'étaient arrêtés devant la maison, le clapotis des bottes apprit aux Joszà et à Cherchemidi que les hommes sautaient sur le trottoir de la maison.

Jànos souffla dans l'oreille de son beau-frère :

— Excusez-moi ! J'aurais dû y penser : dimanche, c'est le grand rassemblement régional des Casques d'Acier. La coutume veut, dans ces cas-là, que, pour parfaire la préparation, chauffer l'enthousiasme populaire et mettre le climat, dans les jours qui précèdent, les bandes nazies fassent quelques grands coups, bien sanglants. Au début, c'était contre les communistes, mais figurez-vous que ces salauds-là avaient l'audace de riposter, à coups de fusil, de mitrailleuse même, et ils sont coriaces, à Hambourg surtout, avec les spartakistes, les marins rouges... alors, sagement, depuis quelque temps, les Chemises Brunes se sont rabattues sur les juifs qui ne sont que tendres et gémissants...

Ils reprirent leur place autour de la table, dans l'obscurité. Il n'y

---

1. — Qu'est-ce qui se passe ?
— Mon Dieu ! Où est notre Franck ?
— Chez la dame Weizen.
— Dieu soit loué !

avait rien d'autre à faire. Attendre. Ils ne pouvaient s'empêcher de détourner les yeux quand ils rencontraient la chaise vide de Franck.

Des jappements furieux ordonnaient un rassemblement considérable d'hommes bottés devant la maison. Il y avait aussi beaucoup de bruits métalliques, pas seulement des bruits d'armes, des tintements de cuivre.

Soudain, les Joszà se sentirent cernés. Au-dessus d'eux, les voisins se remuaient fébrilement, joyeusement. Jànos, Lilette et Cherchemidi levaient la tête au plafond comme si le ciel allait leur tomber dessus. Leur attente ressemblait à celle d'une population après la première secousse sismique, non : dans ces cas-là, les gens commencent par sortir des maisons, eux ne pouvaient pas sortir, ils étaient faits comme des rats.

— Notre voisin du premier, c'est un petit bureaucrate assez insignifiant. J'ai tout lieu de croire pourtant, précisa Jànos, qu'il marche avec... avec les « idées nouvelles ». Depuis quelque temps, il répond à peine à mes saluts.

L'arrangement des troupes sous la fenêtre se terminait. Des notes, des couacs, des canards... Jànos identifiait les instruments : « Hélicon... cor d'harmonie, petit bugle... ophicléide, trombone à pistons... timbale, carillon de fanfare... sarrussophone, triangle, chapeau chinois... cymbales... »

— Pourvu que Franck soit resté chez Frau Weizen, soupira Lilette.

— Sors donc cette bouteille de vieille fine, autant en profiter maintenant. les musiciens me l'ont offerte pour mon jubilé. Chérie, fais quand même attention de ne pas faire tinter les verres... (Il sourit à un souvenir et cita pieusement :) « Chaque verre qui tinte est un marin qui meurt... »

Une marche militaire fit trembler les vitres. Le rythme en était si fortement marqué par la contrebasse et les cymbales qu'il paraissait provenir de la cave, les maîtres murs de la maison ondulaient.

Il y eut ensuite un interminable discours débité suivant l'éloquence nazie, une suite de hurlements scandés ponctués de *Heil Hitler !* au sifflet. L'orateur annonçait que le S.A. donnait cette aubade pour honorer l'un de ses chefs à l'occasion de sa promotion à un grade supérieur et pour lui souhaiter un heureux anniversaire.

Les Joszà respiraient mieux.

— Voilà, murmura Jànos. J'avais bien entendu dire que notre voisin du dessus était quelque chose dans le N.S.D.A.P. [1], mais je n'y avais pas cru, tant cet être falot me paraissait insignifiant. Voilà. Il doit être à son balcon, en ce moment, au-dessus de notre fenêtre, en grand uniforme de S.A., en train de parader. Un mot de lui, un seul, et nous serions tous massacrés sur l'heure...

---

1. *Nationalsozialistische Deutsche Arbeiterpartei*, Parti ouvrier allemand national-socialiste.

Cherchemidi choisit de rentrer à l'hôtel par le chemin des écoliers. Il avait hâte de quitter Hambourg, aussi voulait-il en profiter au maximum, s'emplir les yeux et les oreilles.

Il passa par le Gänge Viertel, le quartier des ruelles, des corridors, où la misère semblait dégouliner le long des mornes façades aux encorbellements lézardés. Dans les rues principales du Gänge Viertel, de nombreuses fenêtres arboraient le drapeau rouge timbré d'une étoile blanche. Des banderoles en tissu rouge, portant des mots d'ordre spartakistes, avaient été tendues haut sur la chaussée d'une façade à l'autre. De place en place, une énorme étoile à cinq branches, en bois ou en métal, se balançait au milieu d'un fil tendu.

Le Gänge Viertel paraissait désert, peu ou pas de promeneurs, une voiture de temps en temps, qu'on entendait venir de loin, qui passait en trombe, comme saisie de panique. Cherchemidi sentait une vie sourde, intense, derrière ces murs. Les échos d'une discussion passionnée lui parvinrent d'un soupirail. Deux ombres disparurent dans une fissure à son apparition. Le silence se fit derrière le rideau baissé d'une échoppe dès que ses talons sonnèrent sur le trottoir.

Il fut frappé par le contraste avec l'animation et les lumières de Sankt Pauli. Le quartier des amusements grouillait et bruissait comme un soir de fête. La foule ivre et folle débordait largement de Reeperbahn. Un peu partout, des hommes nu-tête, en chemise brune, culotte de cheval et bottes, le baudrier sur la cravate. Quelques-uns portaient le brassard à croix gammée, certains arboraient leurs décorations. C'étaient tous des hommes d'au moins quarante ans, chauves, rasés ou les cheveux coupés très court, pour la plupart des gaillards épais, épais de partout, épais de taille, de cou, de nuque et de menton. Ils se remuaient et marchaient avec une sorte de lourdeur voulue. Quelques-uns étaient sortis en famille, s'étalant avec femme et gosses aux terrasses des brasseries ou sur toute la largeur du trottoir.

Même la rue de l'hôtel avec son petit square avait un peu perdu de sa tranquillité. Des troupes de garçons attendaient, assis sur leurs gros sacs tyroliens, discutant ou chantant. Ils portaient la culotte en cuir, à bretelles, de gros souliers cloutés, mais tous avaient ajouté un détail qui les distinguait des simples campeurs : brassard, foulard, souvent, un coutelas de ceinturon sur le côté gauche. Des étendards enroulés autour de leur hampe et gainés attendaient sur les tas de havresacs.

Des jeunes gens en chemise brune s'étaient groupés devant l'entrée de l'hôtel. Ils s'écartèrent sans empressement pour laisser passer Cherchemidi, l'un d'eux lui frappa sur l'épaule et lui demanda ses papiers sur un ton gouailleur. Une vingtaine d'années, gras, poudré, les cheveux ondulés et décolorés, il insistait, vérifiant si ses camarades qui se rapprochaient jugeaient son audace à sa juste valeur.

Hésitant, Cherchemidi vit le portier de l'hôtel. Il lui demanda si ces gens appartenaient à la police officielle et s'ils étaient qualifiés pour exiger ses papiers. Le portier parut très embarrassé ; il regarda brièvement le groupe ricanant :

— Écoutez, monsieur... Je crois, quand même, que vous feriez mieux de les leur montrer.

Cherchemidi sortit son passeport.

L'inverti le lui rendit aussitôt, sans l'ouvrir, ses camarades l'appelaient à un autre spectacle : deux schupos à bicyclette passaient au ralenti traînant sur les pavés l'étendard aux couleurs nationales, le drapeau noir, rouge et jaune.

— Et ces deux-là, ils sont bien de la police officielle ? demanda Cherchemidi qui franchissait le seuil de l'hôtel tandis que les S.A. acclamaient follement les deux cyclistes.

— Oui, monsieur, murmura le vieux portier, croyez-moi, j'ai honte.

Cherchemidi fit une toilette complète, changea de sous-vêtements, mit une chemise fraîche, et, le cœur battant, fit la traversée du couloir.

Avant de frapper, il tendit l'oreille. Il crut percevoir un doux murmure féminin, qui se tut lorsqu'il se décida à frapper. Il y eut alors une suite de petits bruits rapides, comme de bestioles affolées, puis un bref silence et la porte s'ouvrit.

Lotte sourit en l'introduisant. Elle était habillée. Elle portait un corsage à col Danton, en soie violette, et une très longue et ample jupe, de même couleur, qui bouffait à partir de la taille et s'évasait harmonieusement chaque fois que Lotte se retournait. L'étoupe argentée de sa chevelure s'était gonflée jusqu'à former, autour du visage, un irréel halo de nuages. La fragile carnation ressortait ainsi, douce et lumineuse.

Le désir envahit Cherchemidi comme un coup de vent torride. Il eut alors la sensation qu'ils n'étaient pas seuls.

La table basse avait été tirée devant le lit. Il y avait dessus une bouteille de vieille fine entre un compotier de fruits confits et une boîte de gâteaux secs. Lotte fit asseoir Cherchemidi sur la chaise, puis elle vint prendre place au bord du lit, de l'autre côté de la table basse.

La porte du cabinet de toilette s'ouvrit.

— Käthe, fit Lotte en guise de présentation.

Käthe était habillée suivant une mode qui avait surpris Montparnasse voilà cinq ou six ans : jupe droite, s'arrêtant au-dessus du genou, veston croisé, l'ensemble assez bien coupé dans du drap anglais d'un bleu très foncé, à fines rayures grises. La chemise de soie blanche avait un col Claudine, sous lequel était nouée une lavallière bleu de Prusse. Le visage carré, d'une belle régularité, la bouche large aux lèvres fines, le petit nez busqué, le regard vif des petits yeux noirs enfoncés sous d'épais sourcils qui se rejoignaient en se fronçant, donnaient une impression de force et de froideur, que soulignaient les cheveux bruns, coupés à la garçonne, la raie sur le côté.

— Je suis très intéressée de vous rencontrer, dit-elle en disposant trois verres sur la table. Lotte m'a beaucoup parlé de vous...

Elle avait ajouté cela comme un défi. Elle parlait français presque sans accent. Elle avait une voix de gorge, très basse, curieusement frémissante, comme intimidée.

Elle servit la fine, puis vint prendre place à côté de Lotte, au bord du lit, en face de Cherchemidi. Les deux jeunes femmes se regardèrent longuement, dans les yeux ; pour finir, Käthe appuya sur le bout du nez pointu de Lotte, comme sur une sonnette. Elles eurent un rire bref, sourd, qui fut pour Cherchemidi charmant et gênant à la fois.

— Vous habitez ensemble ? (Il voulait savoir très vite.)

— Non, répondit Käthe, mais nous sommes des amies, très amies.

Elles eurent le même regard et le même rire.

— Alors, vous écrivez, demanda Käthe, vous êtes journaliste ?

— Non, écrivain.

— Mais vous écrivez bien quelquefois dans les journaux ?

— Oui, cela m'arrive, mais c'est un à-côté...

— Et quel genre de chose écrivez-vous ?

— C'est difficile à dire à brûle-pourpoint, en trois mots... Disons que je suis préoccupé par les problèmes philosophiques actuels...

— Ah... Je suis très intéressée. Et vous avez trouvé beaucoup de matériel à Hambourg ?

— A Hambourg ?... Non. C'est-à-dire que je ne suis pas venu pour ça... (Elle commençait à l'agacer, celle-là !) Sans doute, maintenant, puis-je vous demander ce que vous faites, vous-même, dans l'existence ?

— Ce que je fais, moi ?...

Elle murmura quelques mots rapides à l'oreille de Lotte, elles rirent en se serrant l'une contre l'autre.

— Moi, dit Käthe en gloussant, je m'occupe des questions sociales, c'est un grand besoin dans notre Allemagne.

— Et Lotte ?

— Lotte ?... Lotte m'aide pour mon travail social. Je ne peux pas travailler sans Lotte. Nous... Comment dites-vous en français ? Nous ?...

— Vous collaborez ?

— C'est ça : nous collaborons.

Cependant, elle passait son bras autour des épaules de sa compagne pour murmurer quelques mots sous le nuage des cheveux argentés, puis elle déposa un baiser léger sur la narine de Lotte.

— Nous pouvons vous aider beaucoup pour vos articles, il faut parler de notre Allemagne pour le social...

— Mais je vous dis que je ne suis pas venu faire un reportage...

— Ah ?... Mais, alors... ?

La question restait entre eux, plus embarrassante encore de n'être pas formulée. Käthe croisait les jambes. Sa jupe remontait assez haut pour que Cherchemidi puisse voir un ruban de chair au-dessus du bas noir.

— Je voudrais vous demander une grande chose, fit Käthe, soudain.

— Je vous en prie.

— Je voudrais que nous portions un toast ensemble.

— Volontiers.

— Un toast au réveil de la Grande Allemagne.

— Ah...

Après courte réflexion, il leva son verre de fine : après tout, pourquoi pas ?

— Au réveil de l'Allemagne !

— Il faut boire d'un coup, tout !

Elles donnaient l'exemple. Käthe remplit les verres aussitôt.

— Je n'aime pas les Français, dit-elle.

— Ben ! vous... lâcha Cherchemidi.

Pendant le toast, le corsage violet de Lotte s'était entrouvert jusqu'à la taille. Käthe lui susurrait à l'oreille des mots qui la faisaient frissonner tout entière, la tête renversée en arrière, avec de faibles gémissements.

L'irrésistible montée du désir en Cherchemidi s'accompagnait de la montée d'une colère à double tranchant, contre ces deux femmes et contre lui-même. Elles ne s'occupaient plus de lui. Il regarda autour de lui, à la recherche d'un objet lourd, ou tranchant, pour les frapper.

La tête de Lotte était retombée en avant, sur sa poitrine, ses cheveux coulaient comme une écume. Elle poussait maintenant un roucoulement uniforme. Käthe ne lui parlait plus, mais lui mordillait la nuque, tandis que sa main glissait par l'entrebâillement du corsage.

Cherchemidi était hypnotisé.

Une puissance noire le clouait là. Jamais encore il n'avait souffert d'une telle soif de pureté, d'une telle envie de se laver, puis d'aller courir sur le Lozère avec une grande fille rieuse et claire, jamais de sa vie non plus une telle ardeur ne l'avait embrasé, un tel désir de volupté, de toutes les voluptés, un besoin bestial de nourritures charnelles... Il ne voulait, ne pouvait vraiment plus qu'une chose : se jeter sur ce couple de femelles, les attaquer, les soumettre, les vaincre, virilement, par le plaisir et par la douleur, les couvrir, les souiller, les faire gueuler de jouissance et de terreur, les mettre à genoux, leur poser le pied dessus, leur cracher dessus...

Käthe et Lotte se renversaient sur le lit. Cherchemidi ne voyait plus d'elles que leurs jambes, dans le retroussis des jupes, deux fines et longues jambes nues qui se mêlaient, se nouaient en saccades nerveuses à deux jambes torses gainées de noir.

Une très ancienne fierté d'homme remonta du fond des siècles. Sur le lit, les deux femmes ne s'aperçurent pas qu'il sortait, ou feignirent de l'ignorer, d'ailleurs il ne claqua même pas la porte.

Le lendemain matin, Cherchemidi et le petit Franck Joszà quittaient Hambourg pour Clerguemort.

C'était dimanche. Le brouillard matinal donnait à tout des tons métalliques, même aux faces humaines, il n'était pas sûr, néanmoins, que le soleil n'attendait pas derrière le brouillard. Pour l'instant, tout semblait de fer, d'acier, de bronze, même l'homme, tout semblait du métal, mais du métal soigné, récuré, huilé, graissé, car ce brouillard poissait un peu.

Les environs de la gare étaient embouteillés par des Casques d'Acier en tenue de campagne, groupés autour de pancartes indiquant qu'ils appartenaient à tel ou tel bataillon du Hanovre, du Mecklembourg, du Holstein, de Lubeck et de basse Saxe. Les étendards étaient encore dans leurs étuis. Des S.A. les accueillaient avec de perçantes harangues avant de les diriger sur leurs bases de départ pour la manifestation. Parfois un groupe de motocyclistes à brassard nazi, ou des voitures découvertes arborant la croix gammée, circulaient dangereusement parmi les carrés en formation.

Le hall de la gare immense et sonore sous le dôme en poutrelles d'acier grouillait des fidèles de la nouvelle religion métallique. Des groupes arrivés dans la nuit faisaient toilette ou déjeunaient. Des hommes se rasaient, torse nu, d'autres enroulaient leur couverture pour la fixer comme une saucisse autour de leur sac de campagne, d'autres en étaient déjà à boutonner sous le menton la jugulaire de leur casquette brune.

Des haut parleurs, auxquels tout le métal du hall fournissait de fantastiques échos métalliques, diffusaient des consignes, des mots d'ordre et des citations du Führer accueillies par de folles acclamations : « ... Notre Führer bien-aimé nous dit : Je suis prêt à prendre la charge des maux qui accablent le peuple allemand en assumant les responsabilités du pouvoir... »

Des anciens combattants chauves et bedonnants écoutaient ces proclamations au garde-à-vous, avec des tremblements de tout le corps. Un colosse balafré sanglotait.

L'arrivée d'un train spécial fut le signal d'un mouvement d'enthousiasme, il amenait des délégations d'apparence moins militaire, membres de la Ligue agraire, de la Ligue pangermaniste, associations patriotiques se réclamant du docteur Schacht...

Une voix plaintive, une seule, les insultait tous, sans fin : « Fous ! vous êtes fous ! des fous criminels ! fous ! vous l'êtes, et fous sanglants ! j'y vois plus clair que vous, bande de fous criminels... »

Quand un Casque d'Acier percevait dans le brouhaha quelque bribe de cette gémissante malédiction, il se retournait, furieux, mais se calmait aussitôt en reconnaissant un aveugle qui tendait sa sébile, parfois il lui faisait l'aumône.

Cherchemidi et son neveu prirent place dans une rame de wagons qui venaient de se vider de troupes en chemises brunes arrivant de l'autre bout de l'Allemagne.

Les haut-parleurs annonçaient que le prince Guillaume de Prusse assisterait au rassemblement dont l'attraction sensationnelle serait « un feu d'artifice monstre ayant pour thème l'Enfer de Verdun, accompagné par des salves de coups de canon, de tirs de barrage, de feux de mitrailleuse, d'éclatements de shrapnells, de lance-mines et de hurlements de sirènes et dont l'apothéose serait une pluie de grenades et de bombes avec éclairs simulés et grondements de tonnerre. Ce spectacle payant permettra de couvrir les frais occasionnés par la manifestation... ».

Cherchemidi et Franck étaient seuls dans le compartiment. Quelques instants avant le départ du train, une nuée de petites vieilles grises, vêtues de gris, en fichus gris, s'abattirent sur les wagons avec des balais, des pelles, des pinces et des seaux. Rapidement, habilement, elles ramassèrent les papiers gras, les boîtes de conserve, les bouteilles vides et les mégots. On ne voyait pas leur visage, elles travaillaient courbées, sans jamais relever la tête, se glissant sous les banquettes, marchant sur les genoux pour aller de l'une à l'autre. En un clin d'œil, le train parut propre.

Malgré le ferraillement des boggies et quelques sirènes au loin, du côté du port, le train gagnait le calme et le silence. Quand il pénétra dans la campagne, les premiers chariots de foin, les premières vaches causèrent aux deux voyageurs une émotion démesurée.

Franck se penchait si dangereusement pour voir Hambourg disparaître que Cherchemidi dut le rasseoir presque de force. L'enfant se rencogna, cachant son visage où des larmes cheminaient dans la suie.

Le wagon restait imbibé d'une étrange odeur, « une odeur de bottes laborieusement assouplies, l'odeur grasse et vieille, aiguë et renfermée, insistante comme la sueur, pénétrante comme l'urine, couleur caramel mou au mordant d'acide, l'odeur qu'apporte avec lui, que laisse derrière lui, même s'il n'a pas de bottes, le guerrier allemand... ».

C'est en ces termes que Cherchemidi la nota sur son carnet. Ce fut d'ailleurs la seule note qu'il rapporta de Hambourg.

20

Le feu

De Paris aux Cévennes, par le rail, le plus court est « la ligne de la montagne », par Nevers, Moulins, Saint-Germain-des-Fossés, Vichy, Riom, Clermont-Ferrand, Issoire, Arvant, Brioude, Saint-Georges-d'Aurac, Langeac, Monistrol-d'Allier, mais c'est à partir de Langogne qu'on commence à sentir l'air du pays.

Le train fait une longue pause, la locomotive fait de l'eau, les voyageurs se restaurent, on se prépare à l'abord du Petit Pays.

Au coup de sifflet, le train remonte encore la vallée de l'Allier pour atteindre le rebord abrupt du plateau de la Margeride. Après avoir franchi la ligne de faîte entre Allier et Chassezac, puis celle du partage des eaux entre Rhône et Garonne, dans une galerie entre des murs et des claires-voies pare-neige, le train descend. La pente est si rapide qu'après le tunnel de La Bastide, qui fait près d'un kilomètre, on passe de 1 077 mètres d'altitude à 605 mètres.

Cette dégringolade est un émerveillement : tunnels, viaducs, corniches, découvertes sur la profondeur de vallées secrètes aux châtaigneraies séculaires, falaises de rocs, que vous dérobe une nuit brutale : le tunnel d'Albespeyres long de 1 507 mètres. La gorge d'Altier ou le splendide viaduc de Bayard avec ses deux étages d'arcades, il y a toujours un tunnel, toujours un coup de nuit pour vous rappeler que toute splendeur est éphémère.

A Villefort, on a couvert 630 kilomètres depuis Paris, mais le plus dur reste à faire : les 20 derniers.

La voie passe, par un tunnel, sous le Collet de Villefort, contourne, par une série de viaducs et de tunnels, les vallons supérieurs de la Cèze, traverse des châtaigneraies, des pinèdes, beaucoup de pinèdes, des fougères, des broussailles, de la rocaille moussue, pour s'enfoncer enfin dans la verte vallée du Luech du fond de laquelle le mont Lozère vient de temps en temps vous donner un grand coup sur la droite car il y a toujours un tunnel, il n'y a que des tunnels, plus d'un tunnel par kilomètre en moyenne. Il n'y a, paraît-il, dans le monde, que fort peu de lignes de chemin de fer aussi accidentées, aussi tourmentées que cette *dévalade* en 60 kilomètres de Langogne à Chamborigaud.

Et la descente n'est rien.

Au départ d'Alès, les trains qui montent comportent deux locomotives, une qui tire, l'autre qui pousse. Dans chacune, les chauffeurs travaillent comme des forçats, pelletant sans répit, tisonnant, pour entretenir un feu d'enfer. Les cheminées de la locomotive qui tire en tête et de celle qui pousse en queue crachent feu et flammes.

Les escarbilles volent sur ces vallons où ne passent guère, une fois l'an, qu'un braconnier, ou un chercheur de champignons.

La graine du feu est semblable au grain de sénevé, selon qu'elle tombe dans la rocaille nue, selon qu'elle tombe sur une couche d'aiguilles de pin, ou de feuilles sèches, dans la fougère verte, luisante de pluie, ou sur un tapis de mousses grillées par la canicule, sèches comme l'amadou...

L'étincelle peut cheminer discrètement des semaines durant. Le feu peut s'étendre, progresser comme une lèpre, sous les hautes fougères, sans la moindre fumée. Il peut ravager tranquillement plusieurs de ces vallons profonds, de ces gorges perdues, croître en force et en étendue, se nourrir de vents et de soleils, prendre toute sa taille de monstre effroyable, avant que soit poussé le premier cri d'effroi...

Dès les premières chaleurs, on se tient sur la terrasse du mas, au-dessus du Luech, notre rivière fatiguée qui ronchonne contre ce soleil. On entend aussi les abeilles, parce qu'il y en a toujours quelques-unes pour venir rôder autour des hommes. Il n'y a pourtant rien à butiner et c'est plein de fleurs alentour, mais c'est ainsi, chez nous, elles aiment les gens, les abeilles. On entend aussi le vent, pas la tramontane qui est dure, mais l'anguiélas qui est doux et troublant, avec ce roucoulement qu'il a pour caresser les antiques châtaigniers du Poljille. On entend aussi un chat, qui ronronne pour les mêmes raisons que la rivière et le castanet.

On boit, pour finir, un verre de *clinton*.

C'est le pauvre vin de ceux qui n'ont pas de vignes, pas besoin de lui sacrifier une bonne barre à flanc de montagne, on la laissera pour la luzerne ou le jardin, le clinton se débrouillera toujours, c'est de la vigne *haute*, pauvre, robuste et rebutante. Pauvre au point d'être interdite, du raisin hors-la-loi, un vrai Cévenol ! Le verre de vin que tu tiens, ami, vient de la treille qui couvre la terrasse au-dessus de la rivière. Le clinton, avant de faire du vin, il fait de l'ombre, après, il allume le feu. Quand il sera mûr, il y aura sur notre tête d'assez belles grappes bleues comme la nuit, mais qui se défendent bien. *Malheïrous !* si vite que tu craches le grain picoré, tu iras te rincer la bouche. La loi interdit de faire du vin avec ce raisin, nos mairies ont reçu des instructions pour l'arrachage de ces treilles. Le misérable qui assassine son clinton reçoit une prime, de l'argent du gouvernement.

Franck Joszà prit le verre des deux mains, entre le pouce et l'index. C'était un vin sombre, épais. Il le porta vers ses lèvres avec un geste de prêtre. Il ferma les yeux, avala d'un trait une longue gorgée. Il en fut soulevé, crispé, il retomba sur sa chaise pour se rassembler contre l'insurrection de ses entrailles.

Nous le savons, au premier abord, le clinton est épouvantable.

Mais quand on n'a eu la bouche faite qu'à lui, les meilleurs vins paraissent toujours un peu fades. A Clerguemort, chaque famille fait son clinton pour l'année, ce qui fait trente clintons. Apportez-moi trente verres et je vous dirai : ça, c'est le clinton des Ardailhan, ça, c'est le clinton du Mèffi, ça, c'est celui du Sang-Caillé, mais il est de plus fines gargamelles, le Mèffi ou le Chicane pourraient dire : oui, c'est le clinton des Ardailhan, mais pas de cette année, c'est celui d'il y a deux ans, du septembre qu'il a tant plu, ils auraient dû le laisser bouillir quelques jours de plus ; oui, ça, c'est bien le clinton du Sang-Caillé, mais pas de sa vigne des Fossats, de sa vigne du Temple, sûr !

Ni le Mèffi ni le Chicane ne seraient capables de distinguer un bourgogne d'un bordeaux.

A retardement, Franck Joszà découvrait dans sa bouche une saveur incroyablement fruitée, un goût de framboise écrasée.

Le clinton est comme le cochon, bon de la tête aux pieds, rien à jeter. Ses sarments secs sont les meilleurs des allume-feu. Ses feuilles sont la meilleure enveloppe des fromages de chèvre. Ses grappes, on n'en finit plus de s'en servir : on les écrase dans une cuve, on laisse « bouillir », puis on tire du jus de raisin pour les enfants, du vin doux, puis le clinton, le premier. On jette par-dessus plusieurs arrosoirs d'eau et on tire la piquette. On recommence pour obtenir la deuxième piquette. On vide la cuve avec des fourches et on porte la « raque » au pressoir pour en tirer le vin de presse. On recourt à l'arrosoir pour obtenir le deuxième vin de presse. Le marc forme alors des blocs durs et secs. On les apporte à l'alambic pour en extraire encore différentes eaux-de-vie. Il ne reste alors de la grappe que du bois, des panneaux fibreux qui, convenablement traités, peuvent être encore utilisés pour toutes sortes de choses. Cependant, les femmes savent composer, avec les différents liquides obtenus par les différentes opérations, des liqueurs aromatiques, des apéritifs, des digestifs, des reconstituants et potions médicinales qu'elles gardent dans de curieuses fioles où macèrent des fruits choisis ou des plantes connues d'elles. Chaque famille prépare un vin de dessert dont le nom lui-même est curieux : la *carthagène*, souvenir d'une aventure espagnole...

Le maître de céans, le Jaurès, apportait gravement une bouteille poussiéreuse, cachetée d'une cire rouge qui avait coulé quelques stalactites le long du goulot. Il était allé la choisir lui-même, la cave est le domaine de l'homme.

— Il est juste d'avant la guerre. Pas moyen de faire tenir une étiquette, mais je le sais, je l'ai transvasé pour la naissance de Milca. Nous allons déboucher cette bouteille pour la bienvenue de ton neveu à Clerguemort. Je ne sais pas comment il a tenu, ce vin, je me méfie un peu...

En Cévenol bien né, le Jaurès entreprit de déprécier ce qu'il offrait. Le Jaurès était le maire du pays. C'était un Chapon, un de ces Chapon de l'Arboussas qui sont le pain blanc de la Cévenne. Quand on pouvait dire : « C'est le Jaurès qui l'a dit ! » personne ne doutait plus. Avec un tel maire, Clerguemort passait à côté de belles occasions, sans parler d'un tas de petits profits administratifs que les élus plus malins savent procurer à leur commune, on ne se faisait pas faute de le lui reprocher.

Jean Jaurès avait bouleversé le jeune Chapon de l'Arboussas qui avait mis un crêpe à son chapeau des dimanches après l'attentat de la rue du Croissant, et ne l'avait jamais ôté depuis. A Jaurès, le Chapon voulut rester fidèle jusqu'après sa mort, militant contre la guerre, farouchement, jusqu'à la mobilisation, et même après, ce qui lui valut des ennuis avec la justice militaire et une croisière gratuite aux Dardanelles en première ligne. A son retour, en 1919, les survivants de sa classe surent habilement évoquer Jean Jaurès pour qu'il accepte de se porter maire. Clerguemort l'avait élu au premier tour, les uns avaient voté pour Jaurès, d'autres avaient voté pour l'antimilitariste des bataillons disciplinaires de Salonique, d'autres pour l'ancien combattant *panard*, tirant son pied gauche alourdi d'éclats d'obus, d'autres pour le Chapon, de ces Chapon de l'Arboussas qui n'avaient jamais « fait tort d'un liard à personne ». Après le congrès de Tours, le maire de Clerguemort s'enferma chez lui pour relire les textes de Jaurès, réfléchit, puis se déclara communiste. Il ne perdit pas une voix. D'abord, parce qu'on ne savait pas très bien ce qu'était ce nouveau parti. Ensuite, parce que rien, même le pire des bolchevismes, ne pourrait tourner au mal un Chapon de l'Arboussas et, par le fait, c'est avec les jeunes de la mine, les vrais militants du parti comme le Mèffi, que le Jaurès avait le plus d' « attrapages ». Enfin, parce qu'il était le seul maire possible à Clerguemort, et le peuplier qu'on avait planté sur la placette, devant l'entrée de sa maison le lendemain de sa première élection, devenait un bel arbre qui dépassait d'un fier panache tous les toits du village.

C'est l'une ou l'autre des tranches de cette vie que chacun revoyait dans le rosé délicat et frémissant, chacun, en élevant pieusement la vieille bouteille entre le soleil et lui, repensait à l'épisode qui l'avait personnellement lié à son maire.

— Ne la *bouléguez* pas trop, il y a du dépôt, j'aurais peut-être dû la transvaser doucettement avant de la servir, mais ça n'aurait pas été pareil...

Le Jaurès présentait longuement ce vin, il disait la vigne, et ses maladies, et ses maux, le phylloxéra, les plans américains, pour fortifier nos ceps contre cette peste...

— ... C'est quand même quelque chose, quand on y pense, murmurait-il soudain comme saisi par l'idée qui venait de le traverser : quand on a greffé le plan américain, pendant quelque temps, nos vins n'ont plus eu le même goût, et puis peu à peu, la terre a repris le dessus, notre vin est redevenu ce qu'il était depuis toujours, à s'y tromper, notre terre a fini par avoir le dessus, le terroir d'origine, la race finit toujours par avoir le dessus...

Ce disant, il regardait Franck, rêveusement, ce neveu Larguier, des Larguier du Casquillé, qui venait on ne savait trop d'où, d'Allemagne du Nord, et qu'il fallait greffer sur le cep de sa lignée, de la *mèno* Larguier, le vieux cep croché dans la caillasse du Casquillé.

Le Mèffi, que ces propos « réactionnaires » indignaient dans la bouche d'un maire du Parti, renfonça ses critiques au fond de sa poche, avec son mouchoir dessus, parce qu'il venait, lui aussi, de penser à quelque chose, en regardant « la petite victime du fascisme ».

« Qu'on le veuille ou non, il y a quand même une civilisation du vin, se disait Cherchemidi. Il faudrait que je pense à noter les choses qui me viennent maintenant à ce propos. Sur le verre de vin, gage de l'hospitalité. Sur les longues explications que le maître de maison se croit tenu de donner en débouchant la bouteille : de la terre au tonneau, en passant par les coordonnées de la vigne par rapport au soleil et au ciel, c'est souvent toute une année qui défile, avec ses gels, ses maux, ses naissances, ses drames, ses bonheurs, le mariage, la guerre ou la grève... Ce n'est plus du vin qu'on avale d'une lampée, au comptoir, en pensant à autre chose, ce serait même de la dernière goujaterie, de l'insensibilité, presque une insulte, tant il semble qu'on les tient alors dans le creux de sa main, ces peines et ces joies si humblement, si terriblement humaines... Ce n'est plus le vin qui fait les ivrognes... »

— Ton vin, Jaurès, il est joli pour les yeux d'abord, disait le vieil Esaïe, puis, après y avoir trempé ses lèvres, après en avoir prélevé une petite gorgée pour se la promener dans tout l'intérieur de la bouche, il ajouta : Il est bon aussi au goût, ton vin, Jaurès ! Enfin, après avoir avalé cette première gorgée, le vieux chevrier fit claquer sa langue : Ton vin, Jaurès, c'est un petit bonheur sur l'âme, voilà, et voici qu'il est dit dans l'Écriture : « Ce n'est point aux rois, Lémuel ! ce n'est point aux rois de boire du vin, de peur qu'en buvant ils n'oublient la loi et ne méconnaissent les droits de tous les malheureux, donnez du vin à celui qui a l'amertume dans l'âme ; qu'il boive et oublie sa pauvreté, et qu'il ne se souvienne plus de ses peines [1]... »

« Il est compréhensible qu'un rouge, amateur de vin rouge comme le Mèffi, se montre tolérant pour une religion ainsi comprise ! pensait Cherchemidi. Il n'est pas moins remarquable que ce vieil Ardailhan a une façon bien à lui d'appuyer toujours ses bondieuseries sur des choses concrètes, tout à fait matérielles ; sa foi paraît tangible, presque physique, comme s'il vivait sa Bible, tout simplement. Certes, il ne la fausse pas, j'ai dû lire quelque part [2] quelque chose comme

1. *Proverbes*, XXXI, 4 à 8.
2. Robâ'iyât du Sage Khayyâm, 141.

cette histoire de vin pour les pauvres... Mais pourquoi ne pas citer Khayyâm l'Infidèle :

Quand je serai aux pieds de la mort
et que le fil de mes jours sera coupé,
qu'on fasse de mes cendres une cruche
et peut-être,
quand le vin l'emplira,
renaîtrai-je à la vie [1].

» ... On pourrait citer des Grecs, des Romains, des Espagnols, cette civilisation du vin tourne autour de la Méditerranée. Les peuples buveurs de bière sont essentiellement différents. Franck doit rentrer dans ce bain, ce n'est pas avec les Allemands... et encore, attention... »

Un souvenir s'imposait là, quelque chose qu'avait raconté devant lui... qui ?... ah ! oui, Mac Orlan.

L'auteur de *La Cavalière Elsa* était aussi grand reporter, c'est à ce titre qu'il avait suivi nos troupes en occupation dans la Rhénanie, après la guerre. La population allemande battait froid au militaire français, évidemment. Parmi nos soldats, il y avait des vignerons qui accomplissaient leurs temps de service. Ils aimaient se promener dans les vignes, naturellement, et, sur les coteaux du Rhin, ils commencèrent à faire quelques questions, quelques remarques montrant qu'ils connaissaient le travail, aux paysans qu'ils rencontraient en train de soufrer ou de sulfater. De fil en aiguille, l'occupé invitait l'occupant à goûter le vin qui poussait ici, chacun parlait de son cru, la glace était brisée, la guerre oubliée, il n'y avait plus autour de la table que des vignerons parlant de leur vin...

Cherchemidi présentait Franck à Clerguemort. Noblesse oblige, il avait commencé par le maire, le Jaurès, il continuerait par la parenté, par les amis. Pour une raison ou pour une autre, il faudrait en somme qu'il pousse son neveu dans toutes les maisons. Il faudrait aussi penser à l'inscrire au lycée d'Alès pour la rentrée, c'était entendu avec Lilette, Lilette...

Cherchemidi se mit à suivre avec attendrissement le manège de la jeune Milca, la fille du Jaurès, qui desservait la table. « Pas très grande pour ses seize ans, mais souple, vive, parfaitement proportionnée, avec cette peau tendre et fraîche qui fait montrer les dents, farouche à la manière d'ici : pas moyen de voir ses yeux, mais parcourue, cela se sent, d'un fou rire contenu, d'un rire permanent, ce rire des pucelles cévenoles, bien particulier, rire du prochain et rire à la vie... »

La maison du maire, donnant par sa façade sur la rue de Clerguemort, bordait par un côté la placette, en face de la boulangerie-buvette, et surplombait la rivière. Ils étaient sur cette terrasse

1. Robâ'iyât du Sage Khayyâm, 141.

qui, soutenue par deux piliers, avançait sur l'eau. Ils avaient fini de manger depuis longtemps. Ils s'attardaient sur le vin, ils en buvaient un peu, ils en parlaient beaucoup. Ils entraient ainsi dans l'un des après-midi les plus torrides qu'on ait connus dans la verte vallée.

— Té ! Jaurès ! tu as eu de l'idée, quand même ! de te faire ta terrasse les pieds dans la rivière... s'écriait le Mèffi, distrait au point de laisser percer un brin d'une bonhomie foncière qu'il tenait pour un devoir politique de cacher ordinairement.

La fraîcheur tombait surtout de la puissante treille maudite, qui ne laissait filtrer que ce qu'il fallait de soleil pour qu'on pense à tout le plomb fondu qui écrasait la Cévenne, et qu'on n'oublie pas une seconde de se sentir bien là où on était. Par groupes de deux ou trois, quelques abeilles faisaient toujours la traversée depuis les près et les buissons d'en face, le temps d'un tour d'honneur à la table du maire et de bourdonner à l'oreille de chacun le salut de l'été.

Un chien se mit à hurler du côté des Fartailles. Des coups de fusil tirèrent Clerguemort de la sieste. Des gamins remontaient la rue à la course, en braillant. L'un d'eux, congestionné, hors d'haleine, fit irruption sur la terrasse du maire. Il cria :

— Le feu !

Le brigadier n'avait pris son poste à la gendarmerie de Génolhac que le mois précédent. Il venait de la brigade de Rebais, en Seine-et-Marne. Sa promotion aussi était récente, promotion flatteuse vu son âge, mais, avec le galon, il avait reçu sa mutation afin de n'avoir pas à commander ses égaux d'hier.

Le brigadier Volkers n'était pas de bonne humeur : d'abord, depuis son arrivée, il n'avait pu faire autrement que de suivre le gendarme Lucchetti, un ancien de la brigade de Génolhac, qui connaissait les sentiers et les familles ; ensuite, cette histoire d'incendie tombait juste sur son jour de repos, au moment tant attendu de se consacrer à sa collection de timbres.

Tout Clerguemort se dressait depuis des heures devant le feu quand la maréchaussée parvint sur les lieux.

— Lucchetti, allez me chercher le maire !

Le feu menaçait de ravager tout le vallon. Déjà, il était passé d'un bond léger par-dessus le torrent à sec, au fond de la gorge. S'il franchissait l'autre crête, plus rien ne l'arrêterait, il fondrait sur les villages, les hameaux et les mas qui surplombent la vallée de la Cèze, et ses flammes de plus en plus longues grimpaient à mi-côte, sans ralentir. Le premier versant n'était plus que cendres et flammèches. Le feu occupait en maître la crête dominant Clerguemort. Sa rampe fantastique tailladait le ciel.

Le brigadier Volkers vit se dresser devant lui un gaillard torse nu, noir de suie, brillant de sueur, une jambe du pantalon roussie, qui fumait encore et puait le chiffon brûlé, une énorme cognée de bûcheron passée sur l'épaule.

— Qu'est-ce que vous voulez, vous ? qui êtes-vous ?

— Le maire de Clerguemort.

— Ah... eh bien, je ne vous fais pas mes compliments, monsieur le maire ! je viens d'étudier la situation, tout se passe en dépit du bon sens ici ! Là-haut, où le feu est déjà en vue du village, de votre village, il n'y a personne pour l'arrêter ! tout votre monde est là-bas, sur cette pente déserte que le feu attaque à peine ! Vous m'entendez, monsieur le maire ?

Le Jaurès passa ses doigts dans ses cheveux gris et ondulés, les secoua, puis les rejeta en arrière. Il se mit à gratter l'épaisse toison blanche qui bouffait sur sa vaste poitrine haletante.

— Naturellement, à partir de cet instant, je prends la direction des opérations. Rassemblez tous les anciens militaires, s'il y en a ! en tout cas tous vos conseillers municipaux pour qu'ils viennent prendre mes ordres !

Du pouce et de l'index, le Jaurès s'essuyait les yeux. Il dressa l'oreille, par côté, longuement, mouilla un doigt, le tendit au ciel, marmonna :

— *Manquavo pas qu'aco, l'à-ouro !*

Il jeta un seul regard au brigadier Volkers et partit en braillant, tirant rageusement sur sa patte gauche.

— Complètement fou ! Lucchetti, vous êtes témoin ! Vous avez noté le regard de cet homme ?

— Oh ! vous savez, brigadier, c'est surtout qu'il avait les cils et les sourcils brûlés.

— Mais qu'est-ce qu'il a dit, dans son patois ?

— Quelque chose comme : « Il ne manquait plus que ça ! » non... brigadier, c'est du vent qu'il parlait.

— Du vent ? quoi... quel vent ?

— Oui, pendant que vous lui parliez, sauf votre respect, il écoutait le vent et, d'un coup, le vent a changé. Tenez ! brigadier, vous voyez cette demi-douzaine d'hommes qui remontent de ce creux, là-bas ?

— Ce creux plein de flammes ?

— Exactement, brigadier, et si le maire n'était pas allé les avertir que le vent tournait, ces hommes seraient encore dans ce trou.

La belle Véronique et la fille du maire apportaient les paniers du boire et du manger. Milca offrit aux gendarmes une canette enveloppée dans une vieille chaussette mouillée.

— Qu'est-ce que c'est, mademoiselle ?

— Du café froid, très sucré. Excusez la chaussette, ajouta-t-elle en pouffant, c'est pour garder la fraîcheur.

En quelques bonds de chevrette, elle rejoignit la Véronique au flanc du vallon. Les gendarmes burent avec plaisir : des bouffées d'enfer montaient en grésillant du creux de l'étroite gorge carbonisée.

— ... Ils sont tellement habitués, disait le gendarme Lucchetti. Au premier cri du feu, les hommes partent avec la hache ou la bêche selon qu'ils sont meilleurs terrassiers ou bûcherons, et les femmes mettent en train des lessiveuses de café, comme elles font bouillir l'eau aux premières douleurs de l'accouchée... Chez nous, en Corse, c'est un peu pareil...

Les coups de cognée s'arrêtaient un instant pour un craquement différent des claquement de l'incendie : un grand pin s'abattait devant la montée des flammes, le martèlement pressé des cognées reprenait aussitôt, pas loin.

A quelques dizaines de mètres au-dessus de la première ligne d'assaut des flammes, une longue blessure rouge s'élargissait, au flanc de la montagne, à coups de bêches, de pics, de pelles, de pioches et de fourches.

— Ce que je ne comprends pas, murmura Volkers, c'est qu'ils laissent faire le feu sur l'autre crête, juste au-dessus de leur village ?

— Ils savent bien que, par là, le feu ne peut aller plus loin, qu'il va mourir tout seul, de sa belle mort, vu que, derrière cette crête, il y a que de la rocaille sur plusieurs centaines de mètres de large, sans même un brin d'herbe, tandis que si le feu passe, par là où ils sont, rien ne l'arrêtera avant qu'il ait ravagé trois communes...

— Quels villages ?

— Ceux qui donnent sur la Cèze. Des villages catholiques, d'ailleurs les gens de Clerguemort ne s'entendent pas très bien avec eux...

— Et c'est pour ça que les autres, qui sont les premiers intéressés, ne viennent pas les aider ?

— Ils sont loin, ils ne pouvaient même pas voir la fumée, avant que le vent tourne, le temps d'aller les avertir, le feu était sur eux, mais ils doivent être en route, maintenant, parce que, vous savez, brigadier, catholique ou protestant, ou autre chose, quand le feu arrive, rien ne compte plus, c'est comme chez moi. Alors, le Jaurès... je veux dire : le maire de Clerguemort a compris tout de suite la situation, il s'est souvenu de l'ancien canal de moulin qui coupe la montagne à mi-pente, et il essaye d'élargir la coupure...

La Véronique et Milca revenaient, leurs paniers vides. Devant cette belle grande femme, si droite, devant cette fille malicieuse, le brigadier sentit la vergogne l'envahir.

— Mais nous, qu'est-ce qu'on peut bien faire ? murmura-t-il avec une humilité soudaine.

— Ben... nous, brigadier, on fera l'enquête.

— Mais, maintenant ?

Le gendarme Lucchetti regardait ailleurs. Il finit par bredouiller gentiment :

— Bien sûr, il ne doit pas y avoir souvent des incendies de forêts en Seine-et-Marne...

— Lucchetti ! ne faites pas l'âne ! ce que je vous demande, c'est ce qu'on peut faire, pratiquement, pour aider ces gens... ces gens, là-bas !

Il avait crié, en montrant, à bout de bras, Clerguemort aligné sur la lèvre opposée de l'entaille rouge.

Les bûcherons avaient lâché les arbres pour s'en prendre eux aussi à la rocaille et à la terre car les premières pointes du feu approchaient de l'autre côté, son ardente haleine les fusillait déjà de si près que, dans quelques minutes, nul être vivant n'y pourrait plus tenir.

— Alors ? cria le brigadier Volkers.

— C'est que... voilà...

Le petit gendarme Lucchetti prit son courage à deux mains :

— Écoutez, brigadier ! finit-il par dire assez fermement, le mieux serait d'aller demander au Jaur... au maire en quoi on pourrait lui être le plus utile.

21

Raoul Ardailhan

C'est à l'aube que le Laguerre rentra chez lui. Sa rage montait à mesure qu'il remontait vers le Canaan. Rage contre lui-même, d'abord. La guerre, le feu, n'importe quoi, il fallait toujours qu'il soit le héros, hélas ! il était le plus lamentable trouillard de la vallée, de la commune, du canton, de l'arrondissement, du Gard, et du Languedoc ! par bonheur, personne ne pouvait s'en douter, du moins le croyait-il. La peur des autres, qu'ils savaient si mal cacher, leurs peurs communes n'étaient que frayeurs d'enfant à côté de l'intense terreur qui l'agitait sans cesse. Il avait peur de tout, de la mort, de la maladie, de la souffrance, de la faim, de la fatigue, de la misère, de la nuit, de l'inconnu, du lendemain, du passé, des souvenirs, des fantômes, de Dieu, du diable, du bruit, du silence, de l'orage, du vent, de l'eau, du feu, du feu surtout ! Il avait toujours peur. Résultat : croix de guerre, cinq citations, médaille militaire, trois blessures, trois galons d'or, la médaille de sauvetage, et, aujourd'hui : un pantalon de foutu.

Ses supérieurs n'avaient pas compris pourquoi ce fils de paysan, militaire-né, qui avait gravi les échelons un à un, depuis soldat de deuxième classe, uniquement par sa valeur au feu, pourquoi ce roturier devant lequel s'ouvrait une magnifique carrière dans l'armée de métier, donnait sa démission le jour même où il était porté sur le tableau d'avancement pour le grade de capitaine. L'explication était toute simple : le lieutenant Matthieu Ardailhan avait reçu, en même temps, l'annonce de son troisième galon et sa feuille de route pour le Maroc où venaient de se rallumer les guérillas. Il avait un mois de permission pour s'y préparer, c'était trop. Matthieu Ardailhan ne pouvait être un héros que si le danger se présentait tout de suite, sous son nez, et s'il ne pouvait pas se dérober. Lorsqu'il était acculé, sa Grande Peur se renversait totalement, il faisait n'importe quoi, comme un fou, c'est ainsi qu'il accomplissait ses exploits. Il n'était un héros que s'il ne pouvait pas faire autrement, mais alors il ne pouvait être qu'un héros. Il était totalement incapable d'un simple courage commun et quotidien. Pour l'empêcher de tourner les talons devant la gloire, il n'y avait que deux puissances : le conseil de guerre et les regards de Clerguemort.

Sa vie n'était qu'une suite d'innombrables petites lâchetés entrecoupées de quelques fulgurantes prouesses.

En ce petit matin-là, Matthieu Ardailhan, dit Laguerre, tremblait d'avoir pris un chaud et froid compliqué d'une hernie. Il redoutait d'avoir tant perdu d'argent dans l'incendie de ses pins, que sa pauvreté n'en finirait plus. L'idée l'obsédait que cette catastrophe n'était que la première d'une longue série. Outre ces frayeurs du jour s'ajoutant aux angoisses familières — pour n'en citer que deux : dans ce sentier, peur des vipères, de l'éboulement suivi de la chute malencontreuse..., — par-dessus tout, son sang se figeait à la pensée de ce qui avait pu arriver à son fils, Raoul, toute sa fierté.

Son père, le vieil Esaïe, sortait ses chèvres :

— Bonjour, père ! le petit est revenu ?

— Oui, juste pour se mettre à table. C'est de son âge, de vagabonder, ne le tourmente pas trop. Mais dans quel état tu es, Matthieu ! Aussi, tu es toujours à te porter volontaire. Il y en a assez, de plus jeunes que toi, qui auraient pu monter la garde au feu toute la nuit... A toujours se porter en avant, mon fils, même pour le danger, il peut y avoir quelquefois plus d'orgueil que de bons sentiments, et l'Éternel n'a pas grand goût pour l'orgueil !

Mais le Laguerre fonçait déjà sur la chambre de son fils. Il maudissait aussi sa mère

La mamée Rachel, l'épouse de l'Esaïe de Canaan, était une adorable petite vieille, douce, menue, trottinante, bredouillante, qui partageait sa vie entre une admiration sans bornes pour son mari, et un souci constant et minutieux de ne causer peine ni gêne à qui que ce soit, de ne pas dire une parole plus haute que l'autre, de se faire oublier le plus possible, et qui s'y efforçait tellement que sa vie se passait à mettre les pieds dans le plat, à renverser les piles d'assiettes, à susurrer le mot qui fâche, à vendre la mèche, et toujours avec l'innocence jolie qui est le charme des petites vieilles effarouchées.

La première fois que Raoul s'était brûlé, la mamée Rachel était au jardin. C'était le premier hiver. On avait placé le berceau du bébé sur le côté de la cheminée. C'était le berceau des Ardailhan, taillé jadis amoureusement, au couteau, pendant les longues veillées de la mauvaise saison, haut sur ses quatre pieds fichés dans deux arcs de châtaignier qui lui permettaient de conserver longtemps le bercement. Le bébé, resté seul dans la cuisine, avait tant secoué son berceau qu'il était tombé, la tête la première, dans le feu. On l'avait retiré juste à temps, mais aujourd'hui encore, dix ans après, Raoul gardait une cicatrice sur la tempe gauche. On la voyait surtout quand l'enfant éprouvait un sentiment violent.

La deuxième fois que Raoul s'était brûlé, c'était bel et bien la petite mamée Rachel qui le tenait dans ses bras. Elle avait voulu, sans réveiller le bébé endormi sur ses genoux, retirer du feu la casserole d'où le lait débordait à grosses bulles. Elle l'avait renversée sur les jambes de l'enfant. On rappelait encore avec horreur, chez les Ardailhan, que, lorsqu'on avait retiré les bas de Raoul, la peau s'en allait avec. On donnait force détails pour servir de leçon à l'incorrigible petite vieille.

C'est la troisième ou la quatrième fois que Raoul se brûla, la fois peut-être qu'il attrapa le fer à souder à pleine main, que la minuscule mamée déclara, croyant bien dire :

— Cet enfant est voué au feu. Notre pauvre petit Raoul, il périra par le feu !

Le Laguerre était superstitieux, en plus. Par ces quelques mots, sa mère avait ajouté une appréhension, et non des moindres, à la foule de celles qui le rongeaient en permanence. La veille, au moment de l'alerte au feu, on avait vainement cherché Raoul. En se levant de table, le garçon avait vaguement déclaré qu'il montait derrière les Fossats, avec Riquet, le fils du Jaurès, qui avait son âge. Riquet, bientôt retrouvé, leur avait répondu qu'effectivement ils avaient parlé, Raoul et lui, d'aller chercher des herbes derrière la crête des Fossats, mais qu'ils avaient changé d'avis et qu'il n'avait pas vu Raoul. Fou de peur, le Laguerre voyait déjà le petit singe de charbon friable qu'on lui ramenait, le cadavre de son fils unique raccourci, racorni par le feu : il disposait ainsi, pour la plus menue de ses angoisses, d'images parfaitement documentées. C'est avec ce spectre derrière la tête que le glorieux capitaine en retraite courut se jeter au pire de la guerre au feu.

Chaque effroi liquidé était aussitôt remplacé par un ou plusieurs autres ; c'est avec la hantise de n'être pas à la hauteur de la situation qu'il fit irruption dans la chambrette de Raoul. Les volets clos laissaient filtrer juste assez de jour pour distinguer l'enfant qui dormait en chien de fusil. Le Laguerre bondit sur son fils, le saisit par le col de sa chemise de nuit, et se mit à le gifler régulièrement, puissantes claques, aller, retour, qu'il accompagnait d'un balancement de faucheur.

C'est vers la fin seulement qu'il se prit à marmonner : « Où étais-tu, hier, hein ? où étais-tu, hein ? où ?... » de plus en plus fort à mesure qu'une nouvelle peur s'emparait de lui.

La tête de Raoul ballottait d'une claque à l'autre ; le reste du corps immobile, bras en croix sur le lit, il eût pu être mort.

Le Laguerre courut à la fenêtre, ouvrit tout grands les volets, et fit demi-tour en grelottant. Assis sur son lit, le garçon attendait, sans le regarder.

— Mais... dis quelque chose, au moins... bredouilla le père.

Le fils se leva, se débarrassa de sa chemise de nuit, enfila son tricot et sa culotte, chaussa ses espadrilles, les laça.

— Il ne dira rien, vous verrez... lâcha le Laguerre, plus bas encore.

Alors Raoul regarda son père, dans les yeux, puis il sortit. Une peur terrible, une peur encore inconnue, submergea le Laguerre, il prit peur de son propre enfant.

Sur le passage de son petits-fils, la mamée minuscule lança, guillerette :

— Oh ! toi, tu t'es mal réveillé, ce matin !

A onze ans, Raoul Ardailhan avait la taille et la force d'un garçon de quinze ans. Sur un cou puissant et long, sa tête semblait trop petite, carrée de mâchoires, carrée de front, avec de minuscules yeux noirs très rapprochés d'un nez presque inexistant.

Il dégringolait au trot le chemin du Canaan à Clerguemort. Il s'arrêta net. Du sang perlait à sa lèvre. Il l'essuya. Du bout des doigts, il toucha la brûlante cicatrice de sa tempe. Il était à mi-chemin. Il hésita. Il leva la tête vers le mas des siens, puis son regard descendit vers le village qui allongeait dans la fraîcheur du matin ses deux rangées des maisonnettes. Son grand-père y entrait par le pont en dos d'âne. Suivi de sa demi-douzaine de chèvres, il disparut entre les maisons.

Raoul attendit de voir ressortir son papé Esaïe par l'autre bout, vers le moulin. Le vieil Ardailhan parut à la tête du troupeau multiplié par toutes les chèvres de Clerguemort. Raoul s'était donné le chien comme limite. Lorsque Tango sortit à son tour de Clerguemort, poursuivant de ses jappements quelques biques à la traîne, l'enfant remonta vers le Canaan pour déjeuner, se laver et prendre son cartable. Il tombait quelques gouttes.

C'était dans les temps encore jeunes où les saisons avaient leur caractère, et le gardaient, farouchement ; farouches, elles l'étaient encore alors ! L'hiver, l'été avaient de la personnalité, les brutes ! Les deux saisons douces elles-mêmes, par un coup de foudre, des coliques de plomb soudaines, des caprices d'ivrogne ou d'enfant, tenaient à cœur de vous rappeler durement que ce n'était pas n'importe quel temps de l'année, mais le printemps, mais l'automne. Cuit ou trempé, on s'en sortait, furieux mais fiers, l'injure au ciel, mais un revers tout prêt à l'intention du premier crétin qui eût osé prétendre que ces grands éclairs n'étaient pas « un temps de saison ».

Les non-Cévenols n'en revenaient pas des fiertés qu'on avait ici de son tonnerre. Quand la foudre tombait tout près, sèche et grandiose, à secouer le Lozère, les gens à Clerguemort, tout réjouis, se regardaient avec l'air de se congratuler, certains même de baisser les yeux de confusion.

Pour trois gouttes de pluie qu'on n'attendait pas, les gosses entonnaient :

Il peut, il fait soleil,
Le diable bat sa femme,
A grands coups de bâton...
Le diable est un couillon !

C'est sur ce refrain de victoire, repris en chœur par tout le monde, que Clerguemort, cuit, recuit et trempé, s'était retourné la veille, après le feu.

L'orage, violent et bref, qui avait soudain crevé, n'avait pas été sans rapport avec la fin de l'incendie, sans doute avait-il sauvé quelques vies humaines. Terrassiers et bûcherons avaient accueilli par des clameurs délirantes ces quelques minutes d'eau à verse, retrouvant leurs forces pour des bonds prodigieux et des bourrades à se rendre bossus, s'offrant à la trombe céleste comme des canards après la sécheresse. Le vieil Esaïe était le seul qui attendait l'orage à cette minute-là, juste la bonne, puisqu'il en avait passé commande à l'Éternel. Les militants matérialistes de la trempe du Mèffi ne dédaignaient pas d'y voir un bon mouvement de cette « garce de Cévenne » qui n'est pas si méchante dans le fond.

Le lendemain matin la jolie vallée de Clerguemort était remise à neuf.

Après dix jours d'un formidable soleil, trois ondées avaient redressé l'herbe et les fleurs surchauffées. Tout reluisait dans une sombre lumière, les oiseaux pépiaient double, ne s'interrompant que pour prêter l'oreille à ces coups de tonnerre, dans les coulisses du ciel, qu'ils sont seuls à entendre. Les odeurs montaient en éventail de la rivière qui se gonflait, troublée par ces trois gouttes, par quelques orages de plus de conséquence en haute montagne, sans doute. Ce n'étaient qu'odeurs fortes, fidèles, ce n'étaient qu'odeurs d'enfance.

22

L'enquête

Le lieutenant avait pris la peine de téléphoner à la brigade de Génolhac, pour s'informer d'abord, pour annoncer le visiteur aussi : « ... Je n'aurais garde, Volkers, de vous dicter votre conduite, ou même de vous influencer, mais ces gens ont quand même leur mot à dire, ils payent aussi des impôts, des impôts énormes, il faut les entendre, et tenir compte de leurs déclarations dans la mesure où l'enquête... »

Le brigadier fut surpris : le visiteur était encore un homme jeune, nu-tête, en rase-pet, dont l'allure dégagée allait si peu avec la raison sociale que Volkers fut sur le point de lui demander ses papiers ; c'est le cabriolet décapotable qu'il avait aperçu, de la fenêtre de la gendarmerie, le roadster C-6 G du dernier salon, qui avait arrêté la vérification d'identité.

Dès les premiers mots du visiteur, le brigadier se félicita de ne s'être pas fié aux apparences :

— ... La Compagnie a bon dos. C'est trop facile. Notez bien que je ne suis pas en mesure d'affirmer que ce n'est pas une de nos locomotives qui a provoqué le sinistre. Ce ne serait pas la première fois. Je dis simplement : pas tous les coups, non, nous ne voulons plus casquer automatiquement. Il peut y avoir d'autres causes que les chemins de fer, beaucoup d'autres, il y a des incendies criminels qui vous intéressent directement, il y a les imprudents, les maniaques, les gosses... Ah ! les gosses !... Ils imaginent des jeux auxquels on ne penserait jamais ! On a tout à fait raison de dire : « Ne laissez pas les enfants jouer avec les allumettes... »

Quelques gouttes de pluie, poussées par un coup de vent, s'écrasèrent, éparses, sur les vitres. Le jeune homme vérifia que son roadster était bien capoté, puis il enveloppa Volkers d'un regard presque caressant :

— On a beau dire, l'intelligence facilite bien des choses, commença-t-il d'une voix très douce. Vous ne sauriez croire, brigadier, combien je suis heureux d'être tombé sur un homme tel que vous. C'est que le lieutenant m'a parlé de vous en des termes... excusez-le, ça lui a échappé, d'ailleurs, avec moi, il ne se gêne pas. Il suffit de vous voir, brigadier, pour se rendre compte que la bonne vieille maréchaussée de jadis, celle dont on se permettait de rire, fait partie du passé. Vous arrivez dans ce pays, vous n'avez encore aucun parti pris, même involontaire, vous débarquez avec des oreilles et un œil neufs, des idées sans tache, je suis rassuré : vous n'offrirez pas de prise aux racontars, ni aux superstitions. Loin de prétendre que ce sont de méchantes populations, j'irai jusqu'à dire, tout bas, entre nous — je sais que je le peux, que vous entendrez cela comme je le dis, comme une preuve de ma totale franchise envers un homme ouvert et réfléchi, un représentant de l'autorité digne de ce beau titre —, oui, j'irai jusqu'à vous dire, à vous, cette chose qui ne ferait pas plaisir à la Compagnie : je comprends ces gens, pire : je me mets à leur place. Tout devient clair alors, n'est-ce pas ? Leur problème est simple : obtenir l'indemnité maxima. Avec la Compagnie, plus de souci, elle paye toujours loyalement, rubis sur l'ongle — quand elle est responsable, s'entend ! —, ces pauvres gens se la représentent beaucoup plus riche qu'elle n'est en réalité. Et ils savent parfaitement qu'il n'y aurait pas grand-chose à tirer d'un chemineau qui aurait débourré sa pipe dans les aiguilles de pin, d'un idiot de village, d'un malade mental, ou de gosses qui auraient joué avec des allumettes, surtout que, dans cette dernière hypothèse, ces gosses seraient sans doute les propres enfants de ceux qui réclament à grands cris les plus fortes indemnités...

Le visiteur prenait congé, sur le pas de la porte, quand il se ravisa :

— Excusez-moi encore, brigadier, mais j'y pense tout à coup, souffla-t-il à l'oreille de Volkers, vous savez déjà, bien sûr, la couleur du maire de Clerguemort, et de la commune en général. Attendez, ça n'a rien à voir, chacun ses idées, nous sommes en République. Pourtant, il n'est peut-être pas superflu de savoir qu'un parti que je ne nommerai pas mène, en ce moment même, sur divers points de la ligne, une bagarre impitoyable contre la Compagnie. Rien à voir, je vous l'ai dit, si ce n'est que faire casquer la Compagnie ne peut être désagréable aux ressortissants dudit parti, où qu'ils soient, et sous quelque prétexte que ce soit. D'une pierre, deux coups. A vous de juger. Ce n'est qu'un élément d'information, à rejeter peut-être...

Ils s'étaient serré la main, mais le visiteur repassa la tête par l'entrebâillement de la porte pour soupirer :

— Ah ! brigadier, quand je songe à ce qu'un homme de votre valeur peut tirer d'une enquête comme celle-ci, qui n'a l'air de rien... au départ ! Vraiment, brigadier, je repars tout à fait tranquille.

C'était l'une de ces dernières classes de l'année qui sont délicieuses. Tout débutant qu'il était, M. Doiren lâchait la bride comme un pédagogue chevronné, d'instinct. L'année scolaire des communales a depuis longtemps creusé son lit ; son cours régulier, harmonieux, ne saurait se terminer brutalement, un point, à la ligne ! L'année se languit tendrement, progressivement, par évaporation. On rentre en retard. Les récréations s'allongent par les deux bouts. On fait des lectures qui ne sont pas au programme, des contes amusants, dont on sait qu'on peut rire librement. La botanique et le dessin passent au premier plan. On fait des expériences qui n'étaient pas indispensables, on s'initie à des jeux plus ou moins scientifiques, on apprend une saynète pour la fête des œuvres laïques, on ne note plus, on ne punit guère, on n'est plus si regardant pour les absences ou les retards, tout est prétexte à sortie, jusqu'au maître qui s'amuse à céder parfois un peu de son autorité, de ses responsabilités aux meilleurs élèves.

La classe rentrait quand même, ce matin-là, lorsque Milca pénétra timidement dans la cour de l'école. M. Doiren lui fit signe qu'il arrivait.

Il appela Gino :

— Fais asseoir tout le monde et commencer la lecture. J'arrive dans un instant. Et... je ne veux pas entendre de bruit...

La jeune fille protestait :

— Oh ! monsieur l'instituteur, je ne voulais surtout pas vous déranger...

— Mais... Milca ! vous ne pouvez pas... me déranger, répondit-il comme il put.

— Je venais simplement vous faire une commission de la part de mon père.

— Ah bon.

— Les gendarmes doivent venir, ce matin, pour l'affaire de l'incendie, mais mon père, il devait partir pour la mine ; il est de jour, alors, il m'a dit de vous dire que vous seriez gentil de les voir à sa place, vous êtes le secrétaire de mairie, après tout. Voilà, monsieur l'instituteur.

Pour repartir, elle tourna sur un pied, dans un mouvement d'hirondelle qui se gratte sous l'aile.

— Attendez, Milca ! Je voudrais...

— Ça n'ira pas pour les gendarmes ?

Il eût voulu crier : « Il est bien question des gendarmes ! », bredouilla :

— Mais si, ça ira...

— Bon, alors...

— Non, non ! Milca, ne partez pas si vite !

Elle ne partit pas. Elle restait plantée devant lui, pieds écartés, bras derrière le dos, son pur visage bien en face, le regard droit, qui ne fuyait pas, dans une affectation de patience et de respect qui masquait mal son émotion.

— Dites-moi, Milca, nous ne pourrions pas, un jour, faire une promenade... enfin, un bout de chemin, tous les deux... pour parler ?

La réponse immédiate de Milca, sa réponse sans une hésitation, fit Alain Doiren si heureux que le bonheur le parcourut entièrement, le bonheur était le sang. Réponse de rien pourtant, un regard et ces mots :

— C'est pas de besoin... pour nous !

Elle était repartie sur sa pirouette d'oiseau craintif. Sans tourner la tête, sans même ralentir, elle fredonna :

— Et puis, dimanche, c'est la fête votive !

Monsieur l'instituteur rallia sa classe avec des entrechats.

Gino céda, non sans regret, le bureau du maître. Dès qu'il fut revenu à sa place, Raoul Ardailhan lui glissa un bout de papier plié en quatre : « Lis vite et passe à Luc ! »

A son tour, Luc déplia, sans grande précaution, le billet de Raoul. Il lut : « Ne dites surtout pas que j'étais avec vous ! » Il entendit :

— Luc, veux-tu m'apporter tout de suite ce billet. Vous m'énervez, à la fin, de me passer et repasser votre petite correspondance sous le nez... Je voudrais bien jouer un peu, moi aussi !

Raoul Ardailhan regardait son billet arriver dans la main du maître. Il sentait la peau fine de sa cicatrice battre comme la joue d'une grenouille, mais l'instituteur déchira le billet sans même le déplier, et le jeta dans la corbeille à papier.

— Mes enfants, pour nous changer les idées, nous allons essayer de comparer... tenez ! *La Chèvre de M. Seguin* et... *La Mule du pape !* Est-ce que vous vous souvenez bien, tous, de ces deux contes que nous avons lus la semaine dernière ?

— Oui, monsieur ! répondirent-ils en chœur.

— Bien... Pour commencer : qui voit un trait commun entre *La Chèvre de M. Seguin* et *La Mule du pape ?* Luc !

— La volonté, monsieur !

— Explique-toi, Luc.

— La chèvre a assez de volonté pour se battre jusqu'au matin, et la mule a assez de volonté pour attendre sept ans...

— Oui... oui. Personne ne dit mieux ? Qu'est-ce que tu marmonnes, Raoul ? Dis-le donc à tout le monde, à haute voix ! tu as honte de ce que tu penses ?

— Non, monsieur !

— Alors ?

— Je disais que c'était le contraire, voilà !

— Le contraire ?... Je ne vois pas très bien...

— Té ! monsieur, une se laisse bouffer, l'autre rend coup pour coup !

Les fenêtres restaient ouvertes. Le soleil reparaissait, bien décidé, semblait-il, à rattraper le temps perdu. Les toits de pierres plates encore humides accrochaient diversement les rayons retardataires ; sur le fond vert et noir de la vallée, Clerguemort faisait gros dos d'écailles tel un crocodile qui ne se décide pas à émerger complètement de sa mare.

M. Doiren vit Jésus, le déserteur, qui passait et repassait devant l'école. Puis ce fut un panier de linge... en se levant de sa chaise, l'instituteur aperçut la belle Véronique, le panier sur la tête. Elle lui rendit le salut en agitant son bras nu. Un moment après, il entendit son battoir, sous le pont. Jésus avait disparu. Vers le moulin, un accordéon abordait timidement une nouvelle polka. C'était le Tarabastier qui se préparait pour le bal de dimanche. Alain Doiren ne put s'empêcher de sourire à tout ce bonheur...

La porte de la classe s'entrouvrit à peine : il en fallait si peu pour laisser passer la face en lame du La Chino. Le braconnier arbora l'expression d'un qui ne veut surtout pas déranger, l'air plus faux encore qu'à l'accoutumée.

— Luc, viens à ma place, prends mon livre, et lis à la classe l'introduction de *La Chèvre de M. Seguin*. Tu vois : « A M. Pierre Gringoire, poète lyrique, à Paris », jusqu'à : « Tu verras ce que l'on gagne à vouloir vivre libre. »

L'instituteur laissa la porte ouverte et s'entretint avec le braconnier sur le seuil.

— C'est que, voilà, je voulais savoir, en tant que vous êtes secrétaire de mairie, où on en est, pour l'action en dommages et intérêts, parce que les gendarmes, ils se démènent, eux, et sans doute pas pour le pauvre monde, c'est pas leur habitude ! Parce qu'ils sont depuis ce matin dans le village, si vous ne le saviez pas ! à farfouiller partout, je tenais à vous le dire, puisque le maire n'est pas là, moi, je croyais de mon devoir...

Suivant le tic des fripouilles de toutes les races, le La Chino ne pouvait rien dire sans parler de son honneur, de son honnêteté, de son bon vouloir, de ce qui menace de nos jours les honnêtes gens... L'instituteur était quand même un peu étonné, et d'abord de la présence du braconnier : d'habitude, il profitait des visites de la maréchaussée à Clerguemort pour filer aussitôt ravager l'Homol, torrent qui passait sous la gendarmerie. Il croyait savoir aussi que le braconnier ne possédait ni pinède, ni terre. Il eut beau le questionner, il ne put comprendre par quel biais cet animal tirerait profit du feu.

Le silence et l'immobilité de sa classe l'intriguèrent.

— Retourne à ta place, Luc. Que se passe-t-il, mes enfants ?

Ses élèves le regardaient, consternés, sans répondre. Il s'approcha de la petite Yvette Espérandieu, benjamine de la classe, qui terminait sa première année scolaire : elle retenait ses larmes :

— Voyons, ma petite Yvette, dis-moi gentiment ce qui s'est passé, dit-il, en lui caressant les cheveux.

— C'est le Luc, monsieur, le Luc Roux...

— Eh bien, quoi ? qu'est-ce qu'il a fait de si terrible, notre Luc !

— Il nous a expliqué qu'Alphonse Det... Dau...

— Alphonse Daudet.

— Oui, il nous a expliqué que ce Daudet, il était contre les malheureux... contre nous... finit-elle par dire avec de gros sanglots.

On frappait sèchement à la porte. « Entrez ! » cria l'instituteur, non sans irritation. C'étaient les gendarmes. Il regarda l'heure : encore une dizaine de minutes avant la sortie de midi. Il vint recevoir les gendarmes sur le seuil :

— Écoutez, messieurs, vraiment, j'aurais préféré vous voir à la mairie...

— Ce n'est pas le secrétaire de mairie, c'est l'instituteur que nous venons voir, trancha le brigadier Volkers.

M. Doiren entraîna les gendarmes dans la cour :

— Bon. De quoi s'agit-il ? demanda-t-il en regardant l'heure.

Le brigadier fit passer sa musette réglementaire sur son ventre, en extirpa un calepin qu'il consulta :

— Monsieur l'instituteur, avez-vous parmi vos élèves les enfants Roux, Luc et Passola, Gino ?

— Qu'est-ce que vous leur voulez ?

— Leur poser quelques questions.

— Ça, jamais ! d'ailleurs êtes-vous en droit de pénétrer ainsi dans l'enceinte d'une école, pendant les heures de classe ? Je n'en suis pas très sûr !

Le brigadier répondit avec hauteur :

— Écoutez, monsieur l'instituteur, ce droit nous pouvons l'obtenir, ça, vous le savez, ce que vous ignorez, c'est qu'avec les éléments que nous possédons déjà, nous pouvons obtenir sans délai tous les mandats nécessaires à l'action de la justice. Le parquet n'est pas encore alerté. Demain, il peut l'être. Si nous nous permettons de venir ainsi, monsieur l'instituteur, c'est dans l'intérêt supérieur de la justice, dans l'intérêt de tous, celui de l'école publique d'abord, peut-être pour éviter un scandale. Voilà. Nous ne demandons qu'une chose : poser quelques questions à ces deux gamins. Vous pouvez nous empêcher, aujourd'hui...

— Je vois... Mais, vous ne pouvez quand même pas les interroger en dehors de la présence de leurs parents !

— Vous permettez, brigadier ?...

Le gendarme Lucchetti s'était tenu, jusque-là, derrière le brigadier, à l'écart, ostensiblement :

— Écoutez, monsieur Doiren, nous nous sommes renseignés : Roux est à la mine, Passola est parti à Alès pour une commande de matériel de maçonnerie. Nous avons vu les mères, le plus discrètement possible, mais, déjà... L'une parle italien seulement, l'autre s'affolerait. Tant qu'on peut leur éviter ça... Peut-être, monsieur Doiren, que vous pourriez, vous, assister... Vous n'y voyez pas d'inconvénient, brigadier ?

— Je vois... Veuillez m'attendre quelques instants.

L'instituteur revint en classe. Il pria Luc et Gino de rester à leur pupitre, qu'il voulait leur parler après la sortie, ce qui était déjà arrivé. Il fit mettre les autres en rang, ordonna leur marche avec la même rigueur que si l'on était en plein trimestre :

— Je vous demande encore un instant, messieurs, lança-t-il en repassant devant les gendarmes qui faisaient les cent pas dans la cour de récréation.

Il vint s'asseoir, les jambes pendantes, sur un pupitre, familièrement, entre Luc et Gino. Il commença par annoncer aux deux garçons qu'il était leur ami, qu'il les défendrait quoi qu'il arrive, quoi qu'ils aient pu faire, qu'ils pouvaient, en tout état de cause, compter sur lui, absolument.

Il voulut être tout à fait sûr que Gino et Luc avaient une confiance sans réserve dans son assistance, avant de leur expliquer que les gendarmes désiraient leur poser quelques questions. Il précisa qu'ils pouvaient parfaitement refuser.

— Monsieur, vous pensez que nous devons accepter ?

— J'y réfléchis beaucoup depuis tout à l'heure, Luc, et je crois, en effet, que ce serait le mieux.

— Alors j'accepte, dit Luc.

— Moi aussi, dit Gino.

C'est alors que M. Doiren se demanda s'il avait bien agi, si, dans un sens, il n'avait pas apporté trop de gravité dans la présentation qu'il avait faite à ces enfants d'une affaire futile que des pandores grossissaient à plaisir pour se donner de l'importance, ou, dans le sens opposé, s'il ne venait pas de mettre étourdiment son autorité, son prestige au service des brutes policières qui allaient tracasser les deux gosses. Enfin...

Il fit signe aux gendarmes.

Le brigadier Volkers demanda à Gino d'aller attendre son tour dehors et il s'attaqua à Luc :

— Tu es allé dans la boutique des Cordonnières, hier matin ?

— Oui.

— Qu'as-tu acheté ?

— Une boîte d'allumettes.

— C'était une commission de tes parents ?

— Non.

— C'était pour qui ces allumettes ?

— Pour moi.

— Et c'était pour quoi faire ?

— ...

— Tu ne veux pas répondre ?

— ...

— A ton aise. Tu es allé aux Fossats, hier matin, en sortant de chez les Cordonnières ?

— Oui.

— Avec qui ?

— ...

— Tu n'étais pas seul ?

— ...

— Comme tu voudras. Qu'est-ce que tu as fait, aux Fossats ?

— ...

— Tu as joué ?

— Oui.

— Alors, dis-le ! A quoi ? A quel jeu ?

— ...

— Comment ! Tu ne veux pas répondre à une question aussi simple, aussi naturelle ? J'ai joué bien avant toi, tu sais, plus que toi peut-être, et j'en connais, des jeux ! des jeux que j'inventais moi-même ! Tu avais inventé un jeu ? En es-tu capable ?

— ...

— Tu sais que tu te mets dans un mauvais cas en ne répondant pas aux gendarmes, et tout ça pour un jeu ?

— ...

— Tu sais que les enfants ne sont pas responsables et que c'est ton père qui aura des ennuis ?

Luc Roux, pour la première fois, leva vers le brigadier ses yeux immenses, étincelants.

— Mais tu ne me fais pas peur, morpion ! s'écria le brigadier Volkers en se levant.

— Ça suffit comme ça, intervint l'instituteur, sur le même ton.

En haussant les épaules, le brigadier envoya Lucchetti chercher le suivant.

— Réfléchis bien à ça, c'est ton père que tu enfonces comme ça, et pourquoi ? pour un peu, jeta Volkers dans le dos de Luc qui sortait, penses-y, à ton père, et si jamais tu changes d'idée, tu me le diras quand j'en aurai fini avec ton petit camarade de jeu...

Gino entra, suivi du gendarme. Le fils des Sarrasins était très pâle. Il avait la chair de poule. Le brigadier s'installa devant lui, le fixa deux minutes, sans un mot, sans un geste. Il lui dit enfin lourdement :

— Ne t'en fais pas, mon petit, je n'ai pour ainsi dire plus besoin de toi, ton petit copain, Luc, nous a tout dit...

— Ce n'est pas vrai, cria M. Doiren, ce n'est pas vrai, Gino, Luc n'a rien dit !

— De quoi vous mêlez-vous ? gronda le brigadier.

— De ce qui me regarde. Tâchez de rester propre ou je vous empêche de continuer !

— Et de quel droit, monsieur l'instituteur ?

— Ça, je ne le sais pas, mais vous sortirez, je vous en réponds !

Ils étaient trois à ne plus regarder que le maître d'école, Gino, le petit gendarme et le brigadier, trois regards profondément différents.

— Vous êtes quand même un drôle d'instituteur, vous, marmonna le brigadier, je m'en souviendrai, les parents ne sont pas les seuls responsables de ce que font les écoliers...

— Je vous donne encore trois minutes, déclara froidement l'instituteur, et il tira sa montre.

Le brigadier revint vivement à Gino qu'il attrapa par le bras :

— A quoi jouais-tu, avec Luc, aux Fossats ?

— ...

Le brigadier jeta, par-dessus son épaule, vers le maître :

— Vous êtes content, hein... du beau travail !

— Une minute encore ! annonça M. Doiren.

Le brigadier prit Gino par les épaules, le secoua, lui cria dans les narines :

— Tu vas me le dire, hein, votre jeu ! tu vas me le dire tout de suite, hein ? Quel était ce jeu ? Tu vas le dire, hein ?

— Non, cria Gino.

Le brigadier lui balança une claque qui souleva l'enfant par-dessus le pupitre.

Le brigadier se sentit aussitôt emporté par le fond de la culotte et par le col de la vareuse, traîné vivement à travers la cour de la récréation, et jeté dans la ruelle. M. Doiren secoua ses mains une fois, au-dessus de lui.

— Excusez-moi, monsieur l'instituteur, balbutiait le gendarme Lucchetti qui avait suivi son chef en trottinant.

M. Doiren dégagea la porte pour le laisser sortir, referma, fit demi-tour et traversa calmement la cour.

— Viens, mon petit, lança-t-il au passage à Luc stupéfait.

Dans la salle de classe, ils retrouvèrent Gino debout, livide et glacé.

— Gino, mon petit Gino, ça ne va pas ?

Le fils des Sarrasins ne répondit pas. Il avait l'œil vide. L'instituteur se rendit compte que le Gino qu'il avait connu, qu'il avait appris à aimer, venait de mourir. Il fallait compter maintenant sur un autre Gino, un Gino dont personne ne savait rien encore, pas même lui-même.

Le maître d'école de Clerguemort prit chacun de ses élèves par la main, comme s'ils avaient été des tout petits, pour les ramener chez eux.

C'est ainsi, debout entre ses deux élèves qu'il tenait par la main, qu'il passa le front haut devant le brigadier qui s'époussetait, devant le petit gendarme qui bloqua à mi-course le salut machinal pour M. l'instituteur.

Ce fut un drôle d'après-midi.

Suivant les conseils de M. Doiren, Luc et Gino étaient restés chez eux. Le maître d'école avait pris le temps de tout expliquer aux deux mamans, de les rassurer de son mieux, ce qui fut interminable avec la Sarrasine qui se tourmentait d'autant plus qu'elle ne comprenait pas le français, pas un traître mot, encore moins que d'habitude dans son trouble ; et Gino, toujours impassible, Gino, toujours blême, était physiquement incapable de servir d'interprète.

Lorsque Alain Doiren put enfin descendre des Sarrasins, il n'était que l'heure d'entrer en classe. Les gens ne pouvaient pas être au courant, mais mystérieusement, dans ses entrailles, Clerguemort sentait qu'il se passait quelque chose.

Pour avoir un peu de tranquillité, l'instituteur donna « dessin libre ». Les élèves n'avaient pas encore sorti leurs crayons et leurs gommes qu'on frappa. Doiren se garda bien de crier « entrez ! » il alla ouvrir lui-même. C'était Jésus ; derrière lui, Alain aperçut Milca qui accourait.

— Non, pas aujourd'hui, je vous en prie, mon vieux...

— Mais ce n'est pas pour des livres, monsieur l'instituteur, gémit le vieux déserteur, j'ai besoin de vous parler confidentiellement...

— Bien, après la classe, si vous voulez... coupa l'instituteur en le poussant vers la sortie.

Jésus s'arrêta devant la porte de la ruelle, le temps de crier à travers la cour : « confidentiellement ! » au maître d'école qui se dirigeait vers Milca.

— Qu'est-ce que c'est que ça, demanda-t-il en prenant le panier que lui tendait la jeune fille.

— Un bout de saucisson, un bout d'omelette aux herbes, un bout de fromage, un bout de pain, une fouillette de clinton, et trois pêches !

— Mais... pourquoi ?

— Ben... vous n'avez pas eu le temps de manger à midi !

— Merci, Milca.

Elle ne partait pas. Il avait laissé la porte de la classe ouverte : Pas un bruit, les écoliers s'écrasaient sur leur dessin sans véritable passion, par le savoir-vivre instinctif des enfants dans les heures graves. Un énorme frelon velu, noir et or, entra par la porte et sortit par la fenêtre. Il avait traversé la classe avec un bruit de bimoteur, de part en part, sans faire se lever un front.

— Je ne partirai pas tant que vous n'aurez pas mangé, dit Milca.

— Ne dites pas ça, Milca !

— Pourquoi ?

— Parce que je vais me laisser mourir de faim.

Ils ne rirent pas.

Alain s'assit sur la marche unique, s'adossa au chambranle de la porte de sa classe. Milca vint prendre place, dans la même position, en face de lui, en toute simplicité. Leurs genoux se touchaient. Ils se trouvaient comme un serre-livres dont les deux figurines auraient effectué un demi-tour, quitte à pousser à contresens, pour enfin se contempler tout leur saoul. Les écoliers restaient de profil, comme si leur maître était encore sur l'estrade, à son bureau, en face d'eux, mais les « dessins libres » n'avançaient guère.

— Il faudrait monter un peu aux Fartailles et aux Sarrasins, murmura soudain le jeune homme, pour voir, pour qu'ils ne se sentent pas trop seuls...

— La Véronique et les sœurs Vignette sont allées passer l'après-midi avec la Sarrasine ; ma mère, l'Armance et la tante Mélie sont montées chez Mme Roux...

— Mine de rien, pas au courant... en visite ?... s'enquit-il, pour vérifier.

— Pire, précisa-t-elle sérieusement, pour leur demander service, des recettes, des points de crochet, de dentelles qu'il faut des heures pour apprendre, des histoires de plantes pour la goutte que les Italiens connaissent, je ne sais plus, c'est très long...

Ils n'en dirent pas plus. Il ajouta seulement, après le fromage, avant les pêches :

— C'est le meilleur repas qu'on m'ait jamais offert.

Elle n'avait rien à dire, elle l'avait regardé manger, elle l'avait regardé avidement comme si ça la nourrissait. Elle recueillit les emballages, dispersa les miettes d'un revers de serviette et disparut dans un bruit d'ailes.

En remontant sur l'estrade, l'instituteur donna du pied dans la corbeille à papier. Elle était vide, sauf quatre taches blanches, puzzle facile du billet saisi le matin. Il parvint à résister. Il en ressentit du plaisir. Il appela Raoul Ardailhan, lui confia son briquet :

— Va brûler le contenu de la corbeille dans la cour.

C'était là l'une des corvées coutumières.

Il regarda l'heure, donna le signal de la récréation, dont il confia la surveillance au grand Raoul. Demeuré seul devant les bancs, il sentit l'odeur familière que le mouvement collectif des écoliers venait de soulever. Il s'en emplit les poumons comme d'un air des cimes. Il ouvrit le seul de ses tiroirs qui fermait à clé pour en sortir, une fois encore, la liasse des rédactions sur l'événement marquant. C'était sa grande déception pédagogique. Aujourd'hui peut-être il saurait déceler quelques traces des lueurs qu'il y avait souvent recherchées en vain. Sans doute en demandait-il trop, il n'avait pas encore une grande expérience du rapport des âges, des connaissances, des idées et des sentiments...

Sur le sujet dont il espérait le plus, ses meilleurs élèves avaient été les plus décevants. Il reprit, une fois de plus, la rédaction de Luc :

« 1929 fut une année terrible. Il y eut une grande grève dans les mines, pendant l'hiver qui fut très froid. La rivière était gelée. On pouvait la traverser sous le pont. On pouvait patiner. Notre village fut occupé par des gardes mobiles à cheval. On disait qu'ils avaient chargé contre des femmes, avec leurs sabres, à Alès. Après le départ des cavaliers, notre village fut occupé par des Sénégalais. Ils campaient sur les berges. On pouvait les voir laver leur linge dans la rivière. Elle avait dégelé car il faisait moins froid. Quelques mineurs allaient travailler quand même. On les appelait les Jaunes ou plus souvent les Renards. Tout le monde disait du mal d'eux. On parlait de leur cracher dessus, de leur faire du mal, et beaucoup d'autres abominations. Je me souviens que mon père devait se lever au milieu de la nuit quand il était de piquet. Je croyais que c'était une punition, comme à l'école. Je croyais que mon père allait au piquet, parce qu'il ne voulait pas travailler à la mine. Puis, on m'a expliqué que c'était le contraire, qu'il allait monter la garde, comme un soldat, pour garder le puits, et pour empêcher les Renards d'aller travailler dans la mine, justement. J'ai compris que mon père n'était pas puni, au contraire, parce que pour les bons mineurs, pour les braves camarades de la Sociale, aller au piquet était un grand honneur. Il fallait être courageux. Les mineurs qui étaient au piquet devant le puits devaient combattre les Renards qui venaient les attaquer lâchement, même en pleine nuit. Personne ne m'en parlait, mais les hommes en parlaient entre eux, à la veillée. Parfois, je pouvais les entendre. Après, on avait installé une soupe populaire sur la placette. Les femmes de mineurs avaient le droit de faire la queue avec leurs casseroles. Elles avançaient lentement sous la surveillance de la troupe. Un jour, il y a eu une grande manifestation, avec beaucoup de drapeaux rouges. Les mineurs étaient venus de tous les villages, accompagnés de leurs familles. J'y étais aussi avec la mienne. La foule était immense. Nous marchions lentement, serrés les uns contre les autres. C'était comme un enterrement, mais très beau et très grand, qui serait passé entre les Sénégalais et des gardes mobiles à cheval. Ma mère avait très peur parce qu'on disait que les gardes mobiles avaient l'habitude de charger sabre au clair quand il y avait des femmes et des enfants. C'est pour moi que ma mère avait peur ! A la maison, mon père et mon grand-père se disputaient. Mon grand-père donnait le tort aux mineurs parce qu'il n'était plus mineur. Il ne l'avait été que peu de temps, sur le tard de sa vie. Ils criaient très fort, en patois. Moi, au contraire, je donnais raison aux mineurs parce que mon père montrait sa force et son courage. Mon père battait les Renards. Je ne l'ai jamais vu. Il ne me l'a pas dit, mais je pense qu'il en faisait autant que les autres et même plus. Je ne pouvais rien dire à mon père. Je n'avais pas le droit de discuter avec les hommes. Mais, avec mes camarades, nous allions attendre les fils des Renards pour les battre, nous aussi.

» La grève dura quarante jours, ce fut un malheur terrible. Une dure épreuve qui m'apprit l'injustice qui a cours, toujours, contre l'Ouvrier. Je sais beaucoup de choses. Je ne dirai que ceci : le directeur de la mine a une magnifique calèche rien que pour aller à la messe le dimanche matin avec sa famille. Les quatre ingénieurs de la mine ont une voiture chacun, mais le médecin des mineurs n'a qu'un vieux vélo. Je ne dis que cela. Je l'ai choisi parce que tout le monde peut aller voir que c'est la vérité. Il n'y a que six kilomètres jusqu'à la mine. En suivant les sentiers, en coupant par le tunnel, on y est vite. C'est le chemin que fait mon père, deux fois par jour, avec ses braves camarades mineurs. »

Chaque nouvelle lecture de la rédaction de Luc Roux rendait l'instituteur plus indulgent. Il l'avait jugée impersonnelle, imprécise, une sorte de hachis Parmentier du récit, composé des reliefs et des miettes de plusieurs menus. C'était sévère. Certes, idées, émotions, notations, vocabulaire étaient de deuxième main, cela sentait l'occasion, le bric-à-brac, mais où est l'homme fait, le grand homme même qui n'accepte que le neuf pour sa tête et son cœur ?

Peut-être Alain Doiren apportait-il un peu plus de lui-même à chaque relecture, précisément de son acquis le plus neuf ? Son regard seul s'améliorait, il se faisait à la rédaction de Luc. Le fait est qu'il voyait de plus en plus nettement Clerguemort et les autres villages des vallées minières pendant la grande grève de 29, un puissant tableau qui ne se perdait pas en détails, impressionnante fresque dominée par les noirs et les rouges, sabrée de luisances de gel, de cris en lame rayant les grisés, hachurant les ombres des suies, des nuées d'orages aux nuits noires. Consciemment ou non, peu importe ! Luc avait-il donné tout ça tout seul, tout de suite, immédiatement disponible pour le lecteur idéal ?

« Dans les touches carmin du tableau que je vois, la chéchia des tirailleurs n'entre-t-elle pas pour une part ? mais l'enfant les a vus coiffés de rouge, il a vu les Sénégalais lui aussi, lui d'abord ! qu'importe alors qu'il ait voulu, prémédité, combiné, puisqu'il a transmis la couleur par ses chéchias inexprimées autant que par ses drapeaux en toutes lettres ? Sans parler de l'alchimie poétique rarement achevée chez l'enfant, quoi qu'en disent les papas gâteaux, mais fulgurante en ses exceptions. Suis-je seulement capable d'affirmer péremptoirement que la rédaction de Luc Roux n'est pas un chef-d'œuvre, et puis de m'endormir du sommeil du juste ? » se demandait sincèrement Alain Doiren. Les artistes ont beau jeu, grands enfants, bons becs irresponsables, si l'art est difficile, la critique n'est pas si aisée qu'ils le disent.

Il se promit de relire encore la grève de 29, de suspendre jusque-là son jugement, de se remettre à ses poèmes en attendant ; rythme, rime et harmonie demeurant, pour lui, la discipline hygiénique d'un esprit en forme.

« L'événement marquant » de Raoul Ardailhan ne manquait pas d'imprévu, si particulier, si personnel qu'on ne pouvait le juger ni sur le sujet, ni sur la forme, ni par références, la critique principale, et même la seule, étant qu'on ne sentait pas très bien pourquoi « l'événement » — le mot prenait des proportions énormes soudain — l'avait si fortement marqué. L'auteur s'en expliquait mal, timidité ? discrétion ? C'était d'une concision suspecte, plus encore quand on savait le manque d'ardeur du fils Ardailhan pour le travail scolaire, sa paresse dès qu'il n'avait plus le maître sur le dos, sa torpeur intellectuelle dès qu'il sortait des eaux territoriales de la communale.

« Mon événement marquant s'est passé un soir, autour de la table familiale. Il y avait mon père, ma mère et moi. Je crois que nous en étions au fromage. C'était du roquefort, un gros morceau, un triangle comme la main, sur toute la hauteur du fromage. Il devait durer longtemps. Il était gros. Le roquefort est très cher, surtout le vrai. On dit qu'il y en a de faux. Il y a beaucoup d'histoires sur les faux roqueforts. De jolies histoires rigolotes. J'en ai entendu chez les Cordonnières. Une fois aussi à la boulangerie. Notre roquefort à nous était un vrai, pas d'histoires. Il fallait qu'il dure très longtemps. Ma mère disait ça chaque fois qu'elle le mettait sur la table. Mon père le disait aussi. Des fois, quand ma mère l'avait dit, mon père le répétait pareil. Nous avions une grande cloche à fromage. En verre. Elle était toujours posée sur une grande assiette. En verre aussi. Notre roquefort était dessous, toujours. On ne la soulevait qu'un peu, pour prendre un bout du gros morceau. Juste le bout du couteau pointu. Le couteau de papa. Tout ça à cause des mouches. C'est mon père qui donnait son fromage à tous les autres. A lui aussi. Toujours. Avec son couteau pointu. Il y avait un marteau aussi, sur la table. Le soir que je parle. Pas toujours. Je voudrais savoir pourquoi. J'ai oublié. Le marteau était là. Pour le soir que je parle c'est sûr. Un marteau carré des deux bouts, sûr aussi. Comme les marteaux pour frapper les faux. C'était un marteau pour ça. Sûr. On l'a encore à la maison, lui. Alors mon père et ma mère se disputent. Ils crient. Plus fort, encore plus. Ma mère crie. Mon père crie. Ils crient ensemble. Mon père se lève tout droit. Il prend le marteau, le lève très haut. Il montre la cloche en verre, l'assiette en verre, avec le gros morceau de vrai roquefort entre. Mon père demande à ma mère : Chiche ? Je me souviens : je pensais : Il risque pas ! je me souviens tout ce qu'il y a de bien. Ma mère répond : Chiche ! Il a fallu tout jeter. Tout. Sauf le marteau. On me demande qu'est-ce que je pense le plus ? A ça. J'ai rien qu'à penser à penser, je pense à ça. J'ai qu'à fermer mes yeux, boucher mes oreilles, je vois et j'entends tout, complet, parfait : Chiche ? Chiche ! pan ! Depuis, tout est changé. Avant, c'était joli. Enfin, mieux. Peut-être. »

C'était sincère, pour le moins. Les relectures n'apportaient rien. On ne pouvait aller plus loin que par la réflexion, par une meilleure connaissance de l'auteur surtout. L'instituteur se décourageait, la lueur était certainement quelque part là-dedans sous cette cloche misérable, la lueur ne pouvait pas ne pas y être ; ne pas l'apercevoir encore n'était pas une honnête raison de la nier.

L'auteur en question passait de plus en plus souvent le bout du nez par la porte, il en avait assez, visiblement, de porter la responsabilité d'une récréation qui tirait en longueur.

Alain Doiren ne jeta qu'un œil sur la rédaction de Gino Passola. Il n'avait plus assez de temps, ni d'entrain, pour s'y attaquer encore. Ce texte était son plus grand échec. Il n'avait pas pu, depuis qu'il s'y acharnait, découvrir sa signification intime.

Il était question du passage d'un pays dans un autre, d'une ombre menaçante qu'on quittait, qui s'attachait ensuite comme des loques de brouillard, réapparaissait ailleurs par les bouches, les oreilles, le long des murs... L'instituteur n'avait rien pu en tirer de plus. Il n'avait pas osé questionner Gino, parce que cela ressemblait au texte d'un fou, d'un génie, d'un alcoolique, d'un surréaliste ; au fait, il montrerait ce rébus fantomatique à Cherchemidi.

Il demanda au grand Raoul de faire rentrer la classe. En rangeant ses copies, il laissa tomber une moitié de feuille. C'était l'œuvre de la petite Yvette, âgée de sept ans et qui avait tenu à faire le même devoir que les grands de la première division. Il relut les quatre lignes féeriques :

« Je trouve une belle boule de neige, très belle. Je aime. Je mets vite dans mon cartable. Quand je reviens, plus de boule de neige. Un méchant garçon m'a pris, puis fait pipi dans mon cartable. Je vais dire au maître. Le maître rit. »

Toute la solution était dans ces copies. Un instituteur expérimenté, qui aurait su lire les textes originaux de ses élèves, d'élèves aussi francs, aussi fins que ceux de Clerguemort, aurait-il pu aller plus loin dans la connaissance, toujours aussi sommaire, des enfants ? Pourquoi ce genre d'études n'est-il pas sérieusement organisé ? Elles restent les élans de jeunes instituteurs, quand ils ne sont pas encore en mesure de s'y lancer mais, plus tard, quand ils en auraient appris assez pour réussir, l'envie d'entreprendre les a depuis longtemps abandonnés. Lassitude ou prudence, sagesse ou résignation ?

Alain Doiren décide de ne jamais prendre d'habitudes, de ne jamais s'habituer à quoi que ce soit, surtout pas à son métier, surtout pas à sa vie. Cette résolution prise, il se croit assez fort pour rendre à son esprit la liberté de visiter des voies inutiles et contradictoires. En marge du cahier de classe, il griffonne cette formule assez bien venue, lui semble-t-il :

« La sagesse, c'est de s'arranger avec les idées reçues pendant l'enfance. »

L'instituteur fut réveillé de sa méditation par la nervosité de la classe. Les élèves s'ébrouaient, les plus hardis rangeaient démonstrativement leurs affaires dans leurs cartables, deux ou trois étaient presque debout. Alain Doiren vérifia sur sa montre qu'il n'était pas encore l'heure de la sortie. Le net changement des rumeurs de Clerguemort lui apprit, à lui aussi, que le poste de jour rentrait de la mine. Son autorité était en cause : il aurait de la peine à maintenir en place une troupe aussi nerveuse pendant une demi-heure encore. Les rumeurs du village en effervescence prouvaient que ce retour des mineurs sortait de l'ordinaire. Tant pis ! le jeune instituteur donna le signal de la fin des classes. Il avait envie de savoir, lui aussi, de participer à l'agitation du village. Il ne prit que le temps de noter en marge, sous la première formule, celle-ci qui l'amusa :

« Le maintien de son autorité peut demander qu'on sache, à la limite, ordonner fermement de faire ce que la troupe s'apprête à faire d'elle-même, quitte à se révolter si on l'en empêchait. »

23

La maison commune

« La maison commune » est un besoin. Les tribus primitives

construisent, au centre du village, une paillote plus vaste que les autres, où le chef, le sorcier et les hommes de poids se réunissent pour palabrer.

A Clerguemort, la maison commune n'était ni le temple ni la mairie. La haute salle du temple avait une sévère froideur. La plupart des hommes dans la force de l'âge, presque tous les mineurs, s'en détournaient avec une indifférence entendue, mais toujours respectueuse, qui masquait une timidité dont ils enrageaient secrètement. Ils affectaient volontiers de considérer la religion comme une affaire de vieux et de femmes. Ils concédaient à leurs épouses le temps perdu le dimanche matin : « On n'est pas des sauvages ! » Ils se détournaient avec munificence pour ne pas voir la femme prélever sur la bourse familiale les piécettes qu'elle donnerait au pasteur. L'homme n'en tirait argument que lorsque l'épouse avait le mauvais goût de lui reprocher quelque libéralité de bistrot. Le pasteur ne pouvait ignorer qu'une partie de la quête servait de caution tacite aux tournées d'apéritif.

La mairie de Clerguemort, officiellement, c'était deux pièces de plain-pied sur la rue, en face de la maison du Jaurès, entre l'appentis sous lequel s'installaient par temps de pluie les petits métiers ambulants, bouilleur de cru, matelassière, castreur de porcs, rémouleur, et l'échoppe de barbier où le père Pantiel, dit « le Pézoullet » — ce qui peut se traduire faiblement par « l'homme qui s'occupe des poux » —, taillait barbes et cheveux le dimanche matin seulement, il était, pour le reste, paysan. Le local municipal comportait une petite pièce qui était le bureau du maire et celui du secrétaire de mairie ; elle avait beau être exiguë, ils ne se marchaient jamais sur les pieds. Elle était meublée d'une table de bois blanc, de six chaises plus ou moins dépaillées et d'un banc, le long du mur, « pour le public ». Un buste en plâtre de Marianne, un portrait officiel de M. Paul Doumer, président de la République (assassiné, le nouveau portrait officiel, celui de M. Lebrun, n'était pas encore arrivé). Dans un coin, un drapeau tricolore vissé comme un parapluie ; sur la table, une pile de dossiers et de formulaires, une batterie de tampons et de cachets suffisaient à donner au décor un caractère officiel. Au fond, entre le buste de la République et le portrait en retard d'un président, une porte sans serrure donnait sur une sorte d'arrière-boutique sans fenêtre et sans issue où s'amoncelaient les archives. Les registres de l'état civil étaient rangés sur des étagères rustiques. Les plans cadastraux étaient posés sur des tréteaux. Dans la première pièce, en face de Marianne, du président et du bureau du maire, s'ouvrait la porte. C'était une échoppe, comme sa voisine, celle de Pézoullet le barbier. L'ouverture se présentait en demi-cercle, au-dessus d'une murette à hauteur de nombril au milieu de laquelle une porte étroite se fermait par deux panneaux distincts. Des deux côtés de la porte, il y avait un *fenestron* en quart de cercle au-dessus de la murette. Quand il faisait beau, tout restait ouvert, excepté le panneau inférieur de la porte, aussi les gens ne prenaient-ils pas la peine d'entrer, ils s'accoudaient à la murette, dans la position des spectateurs du promenoir. La plupart des questions administratives se réglaient ainsi publiquement. Pour les mariages, seuls entraient les mariés et les témoins, ceux qui signent, le cortège restait derrière la murette de l'échoppe, au spectacle. Le barbier et le maire avaient ceci en commun qu'ils opéraient pour ainsi dire sur la place publique, sous la surveillance d'un petit peuple facilement passionné, turbulent, et naïvement indiscret.

Mais Clerguemort n'usait de sa mairie que pour les démarches et la paperasserie inévitables. Les débats importants se déroulaient ailleurs, les brèves séances du conseil municipal entérinaient simplement les décisions qui résultaient des longues et profondes discussions qui s'étaient déroulées ailleurs, dans la véritable « maison commune », et auxquelles participait qui voulait, conseiller municipal ou non, cette qualité n'était plus qu'une distinction honorifique, seul le maire importait. Aux élections, on se mettait d'accord pour inscrire, sous le nom du Jaurès, le nombre demandé de vieillards respectables. Tout homme de Clerguemort se voyait ainsi, dans ses vieux jours, bombardé conseiller municipal. Lorsque Alain Doiren rédigeait avec le Jaurès le procès-verbal de délibérations qu'il fallait bien envoyer à la sous-préfecture, il le datait du jour et notait tous les conseillers présents, alors qu'il n'y en avait en fait qu'un ou deux qui s'étaient arêtés en passant, pour faire la causette avec le maire et le secrétaire depuis l'embrasure en demi-cercle de l'échoppe municipale.

La maison commune était, dans la pratique, la boulangerie-buvette-cabine téléphonique de l'Edemond. C'était, de l'autre côté de la placette, une vaste pièce en contrebas de la rue. Il faut bien dire qu'à Clerguemort n'importe qui n'avait que le choix des raisons ou des prétextes pour descendre les trois marches de l'Edemond. De la porte de la rue, on voyait, dans le fond, en allant de la gauche vers la droite : un comptoir avec une balance Roberval et un tranchoir à pain, une porte basse qui ouvrait sur la gloriette-remise dont le mur opposé surplombait la rivière ; son portail, sur le côté, s'ouvrait assez largement sur la placette pour que les charrettes puissent reculer avec leur chargement de sacs de farine ; après la porte de la gloriette, il y avait le pan de mur qui coupait l'angle. C'était le four qui se prolongeait par une bosse à l'extérieur, sur la placette, près du portail de la remise. L'hiver, les hommes s'adossaient contre son mur bombé qui conservait toujours une agréable tiédeur.

Le centre de la pièce était occupé par deux longues tables de ferme et quatre bancs de même longueur. Sur le mur de gauche, un évier de pierre, un vaisselier, une lessiveuse d'eau et une crédence complétaient la buvette.

Sur le mur de droite, un minuscule bureau-pupitre peint en noir, une étagère pour les annuaires et un téléphone mural à manivelle constituaient ce que le calendrier des postes nommait pompeusement : « cabine publique et bureau de postes auxiliaire ».

C'était la seule salle spacieuse de Clerguemort, par là, le village était relié au monde par un fil, là il prenait son pain, là il trinquait.

Côté rue, le mur s'arrêtait au-dessus de la porte d'entrée. L'espace compris entre le plafond de la salle et le toit servait à ranger le bois pour chauffer le four ; les quatre vents le séchaient librement. Comme la salle était en contrebas, le plancher de ce hangar ouvert n'était pas très haut. Les gosses y accédaient facilement en se faisant la courte échelle. Ils jouaient sans fin parmi les montagnes de fagots, les brassées de sarments et les sacs de pignes. Quand ils se laissaient aller à sauter trop fort, ils entendaient les cris furieux de l'Edemond, des buveurs et des clients qui recevaient des paquets de poussière. Les gosses s'arrêtaient immédiatement parce qu'ils avaient creusé, entre les planches, un trou discret pour surprendre les conversations adultes et se tenir au courant de la vie politique et administrative de leur village.

L'Edemond était le frère du Jaurès, un Chapon de l'Arboussas lui aussi, c'est tout dire. Bien qu'il fût de deux ans l'aîné, il était toujours célibataire et vivait avec son père, un vieillard très droit, très grand, arborant de splendides moustaches à la gauloise et une chevelure blanches, d'où le sobriquet de « Barbaste », la gelée blanche en patois, qui se justifiait en plus chaque matin, quand le Barbaste partait le premier, quelque temps qu'il fasse, dans la vallée craquante, éblouissante de froid, faire les fagots pour le four de son boulanger de fils aîné.

Les deux frères Chapon, le mineur et le boulanger, se ressemblaient comme deux pions adverses d'un jeu de dames, un noir et un blanc. Le mineur ne parvenait jamais à se débarbouiller tout à fait de la dure noirceur du charbon, le boulanger, jamais tout à fait de la molle blancheur de la farine, l'un apportait comme un peu du drame, du deuil de la mine, l'autre la tendresse et le sourire d'aise du pain chaud. Les deux frères s'entendaient parfaitement, ce qu'un étranger n'eût pas imaginé, ne les voyant s'adresser que des bouts de phrases rogues, le ton et le geste agressifs.

La couleur tragique venait de quelques détails inhabituels : les vélos contre le mur de la boulangerie-buvette, les uns sur les autres, la gueule noire des mineurs qui s'étaient arrêtés en arrivant, sans passer par la lessiveuse familiale.

Avec son long tablier, son bonnet de papier, sa chemise blanche, ses pantalons blanchis, l'Edemond, qui ne s'asseyait jamais, promenait autour de la tablée son personnage farineux de clown blanc.

L'arrivée de l'instituteur fit le silence. Le maire le fit asseoir en face de lui et lui tendit un télégramme ou, plus exactement, un formulaire décacheté. Le texte était de l'écriture de l'Edemond, le message avait été passé par téléphone. Il était adressé à « M. le maire de Clerguemort ».

Prière faire savoir M. Doiren instituteur suppléant suspendu suite action judiciaire pour rébellion contre autorité. Stop. École vacances anticipées. stop. En accord avec académie. Stop. Pour exécution.

C'était signé par le sous-préfet. L'instituteur rendit le télégramme au maire. Ils étaient tous les deux très émus.

— Les uns disent comme ci, les autres disent comme ça, qu'est-ce qui s'est passé exactement ? demanda le Jaurès.

Alain Doiren rendit compte. Il parlait lentement, cherchant ses mots, s'appliquant à être exact et concis. Pour finir, il voulut convenir de son manque de sang-froid mais l'auditoire lui coupa la parole par des grondements, des injures, des exclamations rageuses et d'ardentes approbations.

Le maire de Clerguemort déchira minutieusement le télégramme du sous-préfet :

— Monsieur Doiren, demain matin, vous ouvrirez *notre* école comme si de rien n'était.

— Mais, monsieur le maire, je ne peux pas...

— Si, trancha le Jaurès. Ce télégramme m'apprend que je peux donner des ordres à l'instituteur, je ne le savais pas. Alors, moi, le maire ! je vous donne à vous, le maître d'école ! l'ordre suivant : vous faites votre travail. Ce télégramme ne vous était pas adressé. Vous ne l'avez pas lu. D'ailleurs il n'est pas arrivé.

Sur ces derniers mots, le Jaurès regarda son frère par-dessus son épaule : le boulanger comprit aussitôt qu'il n'avait jamais écrit ce texte sous la dictée du téléphone, en se faisant répéter chaque mot plusieurs fois, tant le message différait des « arrivons demain », « oncle décédé », « félicitations naissance » ou « condoléances attristées » qui formaient l'ordinaire télégraphique de Clerguemort.

Alain Doiren se rassérénait. Ici, on était tranquille, calme, honnête, et fort, de la force tranquille de ces mineurs et de ces paysans, force multipliée par la droiture et l'honnêteté. Ici, rien ne pouvait lui arriver, rien de fâcheux, ce qui arriverait ne serait rien puisqu'il n'était pas seul. Il goûtait agréablement le charivari des discussions.

— ... Il n'aura contre lui que le rapport du brigadier, exposait le Chicane, on va le faire mentir !

— Mon œil ! les gendarmes, ils sont assermentés, coupa La Chino, le braconnier, qui ne manquait pas d'expérience.

— Et les instituteurs, ils ne le sont pas, peut-être ! assermentés ?

— Non.

— Comment ça ? les gendarmes oui, et les instituteurs non ? Même les gardes champêtres le sont...

— Pas les instituteurs !

Un silence de consternation accueillit cette invraisemblable injustice.

— Alors, reprit le Chicane avec envie, si un gendarme dit le contraire de la vérité, s'il fait des *messorgues* grosses comme lui, tout le monde est obligé de le croire ?

— Et comment ! répondait le braconnier, pas mécontent d'un privilège qui les mettait tous sur le même plan inférieur par rapport à la maréchaussée.

— Les enfants peuvent dire comment ça s'est passé, murmura Roux, le père de Luc.

— Le témoignage des enfants ne compte pas au regard de la loi, précisa l'instituteur.

— Et si tout le village témoignait contre les gendarmes, ça tiendrait encore, leur « assermentage » ? demanda le Chicane.

— Mais le village n'était pas là, protesta Alain.

— Et après ? On dirait tous qu'on y était, pas vrai ?

Le jeune instituteur nota l'entrain avec lequel ces gens parfaitement honnêtes envisageaient froidement un faux témoignage collectif pour le sauver, il n'y avait pas le moindre trouble de conscience, et cela n'indignait pas, paradoxalement, c'était de la générosité, de la droiture.

Le maire refit le silence de quelques grandes claques sur la table :

— Il faudrait quand même savoir ce qu'ils ont à voir exactement dans cette histoire, nos gamins... dit-il.

— Vous pourriez le leur demander, chacun aux vôtres, lança le La Chino qui n'en avait pas, à commencer par ton Riquet, Jaurès !

Ils protestèrent, tous, qu'on n'allait pas faire à ses propres gosses ce qu'on reprochait aux gendarmes d'avoir fait.

— C'est bien à toi de nous faire la leçon ! jeta le Chicane, méprisant, au braconnier.

Ils se calmèrent progressivement. Chacun réfléchissait aux moyens d'en sortir. Chez certains, comme le Sang-Caillé, le Dévarié, simplement penser représentait une telle somme d'efforts qu'ils peinaient physiquement, suant, soupirant, se remuant sans trouver la bonne position, se prenant le front à pleines mains ou s'étirant douloureusement ; la réflexion leur donnait vraiment des courbatures.

— Tout ça, c'est un coup monté par la Compagnie, gronda le Mèffi, vous ne m'ôterez pas de l'idée que c'est encore une sale combine des trusts et du gros capital.

Quelques hochements de tête, quelques haussements d'épaules lui montrèrent qu'il n'était pas suivi. C'était souvent ainsi : il parlait trop, et trop bien, deux ou trois mots, en fin de démonstration, détruisaient la foi que l'on commençait à lui accorder. « Trust » et « capital » n'étaient pas des mots de Clerguemort, cela sentait la pensée étrangère, importée telle quelle. Mais c'est, plus exactement, sur le « coup monté » que le village lâchait le communiste. Personne ne doutait que ce soit les locomotives qui aient mis le feu, non plus du peu d'empressement de la Compagnie à reconnaître sa responsabilité, mais qu'elle puisse monter un coup pareil pour ne pas avoir à payer les dommages, Clerguemort avait trop d'honnêteté foncière pour croire les autres, même les pires, même les « ennemis de classe », selon les termes du Mèffi, capables d'un tel machiavélisme. Lui-même, y croyait-il vraiment, dans le profond de son cœur généreux ? Dès qu'il s'agissait des puissances d'argent, il ne se connaissait plus, il se serait cru déshonoré de ne pas ressortir les accusations les plus invraisemblables ; il se faisait un devoir de ces rengaines, mais il sentait si bien lui-même sa faiblesse qu'il braillait plus fort.

— Voyons, les gendarmes n'auraient pas marché dans un coup pareil, Mèffi ! dit le maire.

Argument péremptoire, pour tous, même pour le braconnier. Alain Doiren ne put s'empêcher d'en sourire ; certes, il était le premier à ne pas mettre en doute la probité des gendarmes, il leur reprochait tout au plus un zèle maladroit et dangereux, néanmoins il n'en revenait pas de constater qu'à Clerguemort, où l'on se montrait volontiers anarchiste, d'esprit au moins, un soupçon sur l'intégrité de la maréchaussée ne rencontrait qu'incrédulité, sans soulever la moindre discussion.

— Voyons un peu les choses, commençait le maire. Premier point : les gosses ne peuvent pas avoir mis le feu !

Belle certitude, dont Alain Doiren se retint de demander les raisons, tout de suite il estima qu'une telle question eût été déplacée dans ce petit pays où les enfants sont élevés dans la hantise des grands feux qui mettent, chaque été, les villages sur pied de guerre.

— Ensuite, continuait le Jaurès, c'est sûrement le train qui a mis le feu, comme d'habitude. Qui ça pourrait être d'autre ? il ne passe jamais personne dans ce coin-là.

— Excusez-moi, monsieur le maire, mais il semble bien que les enfants y soient allés. Ils en ont convenu sans difficulté... Ce qui ne signifie pas, bien sûr, qu'ils aient mis le feu ! s'empressa-t-il d'ajouter, car tous baissaient la tête, accablés. Au contraire, il paraît évident que, s'ils avaient mis le feu, ils n'auraient pas si facilement avoué y être allés.

— Ce que je ne peux pas m'empêcher de me demander, mâchonna le Jaurès, c'est ce qu'ils allaient faire par là, il n'y a pas de truites, pas de champignons, pas...

— Ils n'ont absolument pas voulu le dire au brigadier.

— Il y avait donc Luc et Gino, continua le maire, et ils n'étaient sûrement pas les seuls...

— Je le crois aussi, monsieur le maire, mais ils n'ont rien voulu dire des autres, non plus. Je vous l'ai raconté.

Ils étaient consternés.

— C'est pas les gosses qui ont mis le feu, affirma le Déserteur qui venait de se faufiler dans la salle basse.

— C'est malin ce que tu fais, Jésus, avec les gendarmes qui sont partout en ce moment, marmonna le La Chino.

— Et d'abord, qu'est-ce que tu en sais, Jésus ? demanda le maire.

— Je le sais parce que je l'ai vu, affirma le Déserteur.

— Si tu l'as vu, c'est que tu y étais, toi aussi, là-bas ! Moi, je vais finir par croire que tout le département s'est donné rendez-vous dans ce vallon où il ne passe jamais personne... C'est quand même extraordinaire ! s'exclama le Jaurès soudain soupçonneux, et toi non plus, sans doute, tu ne peux pas nous dire ce que tu allais manigancer par là ?

— J'allais prendre le train, répondit piteusement le Déserteur.

— Quoi ?

— Eh bien oui, là ! je voulais aller faire visite à mes cousins de Villefort.

— Et alors, la gare n'est pas là, non ?

— Dans ma situation, il n'est pas très recommandé d'aller prendre un billet au guichet, expliqua amèrement le Jésus, les gendarmes y sont souvent. J'ai pris l'habitude depuis longtemps de voyager plus discrètement et meilleur marché. L'entrée du tunnel des Fossats, c'est le meilleur endroit pour sauter sur un tampon, le train ralentit beaucoup parce que ça monte et ça tourne...

— Bon, bon, fit le maire, alors, qu'est-ce que tu as vu ?

— J'ai tout vu. Depuis que je me cache, j'ai l'habitude. Je vois beaucoup de choses. J'ai vu les gosses et j'ai vu, loin d'eux, la cheminée de la première locomotive qui mettait le feu aux broussailles, au-dessus du tunnel. C'est même pour ça que j'ai raté mon train : j'ai essayé de l'éteindre, mais le temps que j'arrive là-haut les flammes étaient trop hautes, j'avais rien en main... Voilà !

La boulangerie-buvette soupira de soulagement. Les pères se bourraient les côtes, s'esclaffaient pour des riens.

— Et les gosses, Jésus ?

— Eh bien, mais ils se sont mis à courir comme des fous, pour venir vous avertir, non ?

— Mais oui, au fait, c'est vrai... dirent plusieurs voix. Sur le coup, on ne s'est même pas demandé comment ils étaient les premiers à savoir, alors qu'on ne voyait pas de fumée.

— Au fait, Jésus, reprit le maire, qu'est-ce qu'ils fabriquaient, dans ce coin-là, les gosses ?

Le Déserteur ferma les yeux, avec un sourire entendu :

— S'ils ont pris des claques dans la gueule plutôt que de le dire, répondit-il lentement, tout en agitant ses mains fines devant ses yeux comme pour dissiper de la fumée, je ne vois pas de raison pour vous le dire, moi !

Le refus tomba dans le silence attentif. Personne ne protesta. Il y eut une sorte de remue-ménage sur leurs têtes, ils regardèrent le plafond, puis se regardèrent, assez satisfaits, en souriant :

— Les gosses, *té*, ils sont encore là-haut, à nous surveiller, pardi ! ces monstres...

— C'est bien, Jésus, fit le maire.

De ce moment, les discussions furent vives, empreintes d'une sorte d'allégresse. Dans sa bonne conscience, Clerguemort, carré sur son bon droit, ne doutait plus de son succès.

L'enjeu était d'importance.

La pinède représente le sommet des patrimoines en étages de la montagne cévenole. Les pins poussent tout seuls. On exploite les pinèdes par tranches, une coupe tous les sept ans, en général. Régulières comme une solide rente, les coupes rapportent de l'argent frais, c'est, pour beaucoup, la somme la plus importante qu'ils puissent toucher d'un coup. Les familles escomptent la coupe de pins deux ou trois ans à l'avance pour les grandes dépenses exceptionnelles, maçonnerie, dot, cérémonies familiales et soins dentaires. Une partie des pins qui avaient brûlé derrière la crête appartenait à chacune des principales familles de Clerguemort. Il n'est pas exagéré de dire que le village avait pris un retard de plusieurs années en quelques heures de feu. Seul le paiement des indemnités par la Compagnie pouvait remettre Clerguemort à peu près à l'heure.

Il ne manquait plus qu'à trouver la preuve de l'origine du feu. Et on allait trouver sans tarder, voyons, puisqu'on avait raison !

Ils étaient ainsi faits.

— D'abord, on a un témoin !

— Qui ?

— Ben : Jésus !

Les plus réfléchis haussèrent les épaules les premiers... Le témoignage d'un contumax n'a pas de valeur au regard de la loi, sans compter qu'on lui passerait les menottes dès qu'il se présenterait.

— « Me présenter », moi ! se mit-il à brailler.

Le Chicane, l'un des plus touchés par le feu, voulut faire entendre au vieux déserteur que c'était peut-être le bon moment de régulariser sa situation, qu'il s'en tirerait avec quelques mois de prison (pendant lesquels il ne manquerait de rien, il s'en portait garant !), et puis, son compte réglé dans les meilleures conditions avec la société (il ne manquerait pas de témoins de moralité, les anciens combattants du village les premiers !), sa déclaration sur les causes du feu serait prise en considération...

Le Jésus n'en avait pas attendu si long, on l'entendait remonter à toutes jambes la rue de Clerguemort en criant à la trahison.

— On ne le reverra pas avant une semaine, conclut le maire, nullement inquiet.

— Et les gosses ?... murmura l'instituteur. Les gendarmes, après tout, ils s'intéressent bien à ce que disent les enfants...

La discussion s'éternisait sans résultat pratique. Un à un, ou groupés par directions, les mineurs s'en allaient vers leurs lessives réchauffées, grattant leurs nuques incrustées de poussier.

La belle Véronique se dressa dans le cadre lumineux de la porte. La veuve ainsi grandissait, sombre et froide. Elle ne pouvait parler, ou n'osait pas.

— Parle ! dit le maire.

— Ils ont emmené Luc et Gino.

— Qui ?

— Les gendarmes.

— Et vous les avez laissés faire ! Une paire de gendarmes...

— Ils étaient beaucoup, Jaurès !

Dans la boulangerie-buvette, ils s'étaient tous levés.

— Qu'est-ce que je disais, susurrait le Mèffi, la gendarmerie, comme le reste, n'est qu'une machine à écraser le prolétariat.

— Oh ! toi ! toi... commença le Jaurès, mais il se tut car le Mèffi pâlissait à vue d'œil.

L'instituteur s'approcha de la Véronique pour lui demander, tout bas :

— Qu'est-ce qu'ils ont dit, les gosses ?

— Pour Gino, je n'y étais pas, il paraît qu'il n'a rien dit, qu'il ne s'est même pas étonné, pas une larme, pas un cri, rien quoi... Luc, j'y étais. C'est lui qui nous a rassurées. Il avait l'air très sûr de lui.

— Comment ça ?

— Il nous a dit, à peu près : « Ne pleurez pas, demain à midi, je serai rentré, après-demain, au plus tard. »

— Tiens... et... il n'a pas dit pourquoi ?

— Non... Ou alors je n'ai pas entendu.

Cependant, le maire avait pris l'Edemond à part :

— Monte aux Fartailles avec le Pézoullet. Prenez le père en passant, il doit être à la vigne. Dépêchez-vous. Empêchez le Roux de faire une bêtise Assommez-le si c'est de besoin. N'ayez pas peur de cogner, il vous dira merci plus tard. Où ils vont ces deux *caluts ?*

C'étaient le Dévarié et le Sang-Caillé qui revenaient de chez eux. Ils n'étaient toujours pas lavés mais chacun portait à la bretelle un fusil de guerre allemand.

— Dis Edemond ! le Roux, il a un Mauser, lui aussi ?

— Bien sûr.

— Tâchez de mettre la main dessus et ramenez-le-moi. Dévarié ! Sang-Caillé ! allez ! ouste ! passez-moi ces flingots !

— Alors quoi ! on va se laisser prendre nos gosses et tendre l'autre joue !

— Passez-moi ces cannes à pêche tout de suite !

— Ces fusils sont à nous ! là où on les a ramassés, il faisait chaud !...

— Je sais. En attendant, vous allez me les passer, ou vous me tirerez dessus, sur moi, d'abord ! cria le Jaurès inflexible. Ne vous en faites pas, on vous les rendra, vos Mauser, on vous les rendra, après...

Clerguemort s'attroupait. Désarmés enfin, le Dévarié et le Sang-Caillé donnèrent la main au Jaurès pour désarmer les nouveaux arrivants. Ce n'était pas toujours facile. Il y eut bientôt, sur la table de la buvette, un faisceau de fusils de guerre allemands. Alain Doiren n'en croyait pas ses yeux. On lui expliqua brièvement que chaque ancien combattant avait ramené un Mauser en trophée, ce fusil s'avérait particulièrement efficace pour chasser le sanglier. « Rien qu'avec ce qu'il y a de pétoires et de chargeurs à Clerguemort, et de types qui savent s'en servir, calculait avec le plus grand sérieux le Tarabastier, tous les gendarmes du département peuvent s'aligner... »

— Si seulement notre maire n'était pas un mouton, dit le Pétardur, très fort.

Le Jaurès l'agrippa au col, le souleva, se l'amena devant la bouche, et gronda :

— Répète, Pétardur ! répète, rien qu'une fois !

— Mais, pardi, aussi, pardi, pardi... bredouillait l'autre qui ne touchait pas terre.

— Bon, fit simplement le maire en le reposant par terre.

Beaucoup d'enfants du village étaient assis au premier étage, jambes pendantes. Ils n'en perdaient pas une. Ils ne montraient nulle frayeur, mais un intérêt passionné. Personne ne prêtait attention à eux.

— Mèffi ! dit le Jaurès, demain matin, je n'irai pas à la mine. Je dois rester ici...

— Moi aussi.

— Non. Toi, tu iras ! et pas plus tard que tout de suite ! tu as compris ?

— Ah ?... Bon.

— Tu expliqueras aux camarades ce qui se passe. Vous vous mettrez en grève. Tu entends ?

— C'est entendu.

— Vous enverrez les délégués dire à la direction qu'on ne reprendra le travail que lorsque les deux gosses seront relâchés...

Le maire n'arrêtait pas, il avait une mission pour chacun. En quelques minutes, Clerguemort eut autre chose en tête que de déterrer le fusil de guerre.

— Monsieur l'instituteur, demain, comme je vous l'ai dit, vous ouvrirez l'école à l'heure habituelle...

— Mais, monsieur le maire...

— Mais quoi ?

— Demain, c'est jeudi.

— Et alors ?

— Voyons, monsieur le maire, le jeudi, il n'y a jamais école...

— Eh bien, demain ! jeudi ! il y aura école ! Les enfants viendront, je vous en réponds, et moi aussi, peut-être bien !

— A vos ordres, monsieur le maire !

— Pétardur, puisque tu parles si bien... Tu m'entends ?

— Oui, Jaurès !

— Et toi aussi, Félobre, toi qui as une si belle voix, écoutez-moi bien tous les deux ! Préparez vos lanternes et filez : il faut que vous arrêtiez les postes de nuit des autres villages, toi, Pétardur, sur le chemin de la Jasse, toi, Félobre, sur le sentier du Chambon...

— Et tu crois qu'ils vont s'arrêter comme ça, Jaurès, pour nos beaux yeux !

— Pour vos beaux yeux, sûrement pas ! Vous n'avez qu'à leur raconter ce qui se passe, exactement, ça suffira, vous verrez.

Le dispositif de Clerguemort n'était pas encore mis en place qu'il rendait ses premiers résultats. La Chino accourait avec des informations :

— Les gendarmes de Génolhac ont été renforcés par les brigades de Vialas, de Villefort et de la Tavernole...

— Vous en êtes sûr ? demanda l'instituteur impressionné.

Le braconnier prit la mine hautaine d'un qui connaît personnellement chaque gendarme du Lozère à l'Aigoual.

— Continue, La Chino, dit le Jaurès.

— Demain matin, le lieutenant viendra prendre l'affaire en main. Il descendra personnellement à Clerguemort... Il commencera par vous, sans doute, ajouta-t-il malicieusement à l'intention d'Alain Doiren. Ils ont fait prendre des renseignements sur vous, à Lédignan.

— Qu'en savez-vous ? demanda l'instituteur ahuri.

— C'est passé par le téléphone, répondit La Chino comme si l'explication suffisait. (A Clerguemort, elle suffisait, les relations coupables du braconnier avec une vieille demoiselle des postes y étaient de notoriété publique.)

— Les brigades de Vialas, de Villefort et de La Tavernole, tu as dit, La Chino ? Alors ils sont tous à Génolhac, ces gros malins ? Bon, dit le Jaurès, c'est le moment d'envoyer du monde à Vialas, à Villefort et à la Tavernole ! Allez me chercher les jeunes, tous ceux qui se prennent pour des champions cyclistes...

Lorsque le jeune instituteur quitta les lieux, le maire occupait toujours son poste de commandement devant la boulangerie-buvette de son frère. Justement, Alain Doiren rencontra l'Edemond qui revenait des Fartailles portant, sous le bras, le Mauser du Roux.

Sur son chemin, Alain Doiren rencontra Raoul Ardailhan.

— Raoul, saurais-tu où je pourrais rencontrer M. Cherchemidi ?

— Oui, monsieur, je l'ai vu qui allait vers le petit moulin, voir son oncle Roure, sans doute.

L'instituteur le remercia, mais l'enfant ne partait pas :

— Tu as quelque chose à me dire, Raoul ?

— Oh ! non monsieur. (Mais il ne s'en allait toujours pas.)

— Tu sais, toi aussi, hein, Raoul ?

— Oui, monsieur, répondit faiblement le fils du Laguerre en détournant les yeux.

— Tous les gosses savent, hein, Raoul ?

— Les grands, monsieur, et encore pas tous.

— Ah... et tu ne peux rien me dire ?

— Non, monsieur, excusez-moi.

Raoul était visiblement très malheureux d'avoir à garder le secret. Alain Doiren réfléchit à toute allure, il devinait une occasion à saisir, à la seconde près :

— Écoute, Raoul, je n'insiste pas. Tu me connais. Je ne te demande plus de me dire ce que tu ne dois pas me dire... (l'instituteur réfléchissait de plus en plus vite) mais il y a une question, qui n'a plus grand-chose à voir avec ça, à laquelle il me semble que tu pourrais me répondre la conscience tranquille... Finalement, ce serait plutôt une question sur moi. Tu me suis ?

— Pas très bien, monsieur.

— Supposons... C'est une supposition, j'insiste !... Supposons que je le connaisse, ce secret, hein ? Nous supposons que quelqu'un me le dise, bon. Voici ma question : qu'est-ce que je ferais, à ton avis ? Là, tu peux me répondre ?

— Excusez-moi, monsieur, vous voulez dire... si vous saviez tout, vous me demandez ce que je crois que vous feriez ?

— Exactement, Raoul.

Le petit-fils du vieil Esaïe réfléchit brièvement, puis il leva sur son instituteur ses petits yeux emplis soudain d'une rare tendresse, sourit, et affirma d'une façon qui n'admettait aucun doute :

— Oh ! vous ririez, monsieur.

Il salua timidement l'instituteur médusé, tourna les talons et, quand il fut arrivé à distance respectueuse, prit le galop de course, comme saisi à retardement du remords d'en avoir trop dit.

Alain Doiren se dirigea vers le moulin de l'oncle Roure. Il tressaillit en apercevant Milca devant lui. Il l'appela doucement, d'abord, puis de plus en plus fort, car elle semblait toujours ne pas l'entendre. Il la rattrapa en quelques enjambées et, comme elle s'obstinait à l'ignorer, il lui frappa sur l'épaule : « Milca... Milca... » souffla-t-il, caressant, tout près de l'oreille de la jeune fille qui n'eût pas fait face plus vivement pour un coup dans le dos :

— Qu'est-ce que vous voulez, vous ?

— Mais, voyons, Milca... fit-il, plaintivement, décontenancé.

Plus grande que nature, Milca le toisait, la tête trop rejetée vers l'arrière. Il voyait surtout son menton et ses narines. Cette superbe n'était peut-être qu'une habileté de jeune fille timide. Alain allait insister quand il vit trois plis qui se formaient et s'effaçaient régulièrement sur le côté du tablier de la jeune fille. La cause en était la crispation des doigts de Milca. Elle portait un panier ; mais au bout de l'autre bras, abandonné le long du corps, la main trahissait, par une nervosité maladive, tout à la fois les ébranlements d'une âme et la maîtrise d'une volonté. Alain ne pouvait plus prononcer une seule des paroles douces qu'il avait préparées. Il gémissait :

— Milca, Milca, ma chérie, je ne comprends plus... ma chérie, ça me fait mal...

— Vous ! Oh ! vous... explosa-t-elle sourdement, comme si cette déclaration s'était formée depuis longtemps, s'était gonflée dans sa bouche, s'y remuait, s'y secouait avant de pouvoir sortir enfin : Vous... vous n'êtes pas de ce pays ! ah ! vous, alors, vous êtes bien de la plaine !

Alain la crut, il la craignait soudain. C'était vrai qu'il n'était pas d'ici, que, chez lui, la plaine était douce, le vignoble avenant, le train des jours calme et naturel. Tout ce qui le séparait originellement de la montagne, de la Cévenne, se dressait comme un pont-levis entre lui et la jeune fille qui disparaissait, par le sentier du Poljille, derrière le roc du Moulin.

L'algarade était une raison de plus pour rencontrer Cherchemidi. Alain, à la vérité, en avait éprouvé soudain le besoin sans s'interroger sur les raisons. Nécessité de parler avec « l'un de ses pairs » ? C'était dire pompeusement. Pour rester modeste, sur le plan du primaire, c'était surtout une question de vocabulaire, pour faciliter la conversation. Le désarroi d'Alain Doiren, à partir d'un incident insolite, s'aggravait dans ce milieu qui lui restait étranger. Les gens de Clerguemort vivaient dans une complicité millénaire, se comprenaient à demi-mot, et encore leurs mots restaient particuliers. Leur conversation ne pouvait guère s'élever au-dessus des questions quotidiennes, des sujets concrets ; si leur esprit s'élevait souvent beaucoup plus haut, c'était à partir de ces bases, et suivant les voies allusives de cette complicité de la Cévenne montagnarde qui demeurait hermétique pour le nouveau venu. L'instituteur découragé s'accrochait à l'espoir de trouver avec l'écrivain au moins un vocabulaire commun, peut-être même une communauté de préoccupations, qui leur permettrait, en quelques mots riches de sens, par une discussion... *intellectuelle*, d'y avoir un peu plus clair dans des problèmes... *philosophiques* après tout, pourquoi ne pas appeler les choses par leur nom dès maintenant ?

24

Le moulin de la Science

Le moulin acquis par l'oncle Roure était une maison nette, toute simple. Sous le plancher, l'eau du canal actionnait la turbine. Le plafond avait été supprimé, on apercevait les poutres du toit. Sous le faîte, un arbre de transmission supportait plusieurs poulies en bois de différentes dimensions, par groupes de deux ou trois pour les changements de vitesse. Une forte courroie de cuir transmettait le mouvement de la turbine à l'arbre sur lequel des courroies de moindre importance le transmettaient plus ou moins fidèlement à quelques machines-outils d'occasion, tour parallèle à mouvement transversal, perceuses, meules et scies. Il y avait aussi des établis pour le fer et pour le bois, des bigornes, une grosse enclume, une forge à ventilateur par engrenages, une machine à découper, diverses panoplies d'outils à travailler le cuir, à réparer les chambres à air, les pendules, les moteurs à explosion... Et un appareil maison, d'apparence fantastique, unique au monde, invention de l'oncle pour dévoiler les roues de bicyclette.

La jubilation du maître de ces lieux était un spectacle que les gens de Clerguemort se recommandaient, son bonheur minutieux suffisait à justifier l'existence de cet invraisemblable bataclan.

Ce rare bonheur n'était pas près de finir, puisque l'oncle Roure exposait à qui avait la patience de l'écouter que son installation était encore tout à fait incomplète mais que, lorsqu'elle serait enfin achevée, il serait en mesure de fabriquer lui-même, tout seul, et sur les seules ressources de sa petite usine moderne, n'importe quelle pièce, à la demande, en prenant son temps, bien sûr. Il relevait ses grosses lunettes rondes sur son front pour mieux distinguer, dans un vague lointain mais radieux, l'infini des horizons scientifiques qu'ouvriraient les inventions qu'il portait en lui.

L'oncle Roure croyait en « la Science », comme on croit en Dieu, avec beaucoup plus de piété que les adorateurs éphémères de la déesse Raison.

Rien ne rebutait sa foi : une crue soudaine pouvait bien emballer la turbine, dévastant la partie parachevée de son installation ; un charbon ardent de la forge pouvait bien, d'un saut discret, réduire en cendres les poulies qu'il avait mis des mois à usiner dans le bois le plus dur ; sa nouvelle fraiseuse horizontale, acquise à crédit, pouvait bien, le jour de l'intronisation, passer à travers le plancher pour s'abîmer sur la turbine ; ses courroies toujours dérailler, sauter, s'acharner sur lui, l'attraper comme autant de lassos ; sous le poids des « perfectionnements », l'arbre de transmission pouvait s'abattre comme un sabre là-dessus, l'oncle Roure se désembrouillait de ses courroies, se dégageait de ses chers décombres et recommençait tout à zéro, sans un mouvement, sans un mot d'amertume, sans remettre au lendemain, sur-le-champ, quelle que soit l'heure, il reprenait l'affaire à son début. La Science était, pour lui, cette fière et farouche jument ; les meurtriers retours de manivelle, c'étaient les ruades, les emballements, preuves de sa jeunesse, de sa race, de son sang, qui donnent au dressage son prix, au dresseur son mérite, qui permettent en outre tous les espoirs dans les galops futurs, lorsque la cavale maîtrisée supportera le poids de la selle et celui du cavalier, le dresseur, genoux serrés, cravate haute, qui la mènera enfin à son gré.

Il fallait l'entendre poursuivre imperturbablement ses proclamations de foi scientifique, du haut d'un échafaudage de fortune, sous le faîte où il fixait sur de nouveaux paliers renforcés ce fuyant arbre de transmission qu'il remontait grâce à un système de poulies démultiplicatrices de sa fabrication :

— La Science s'accélère irrésistiblement selon le système implacable des progressions arithmétiques. La locomotive, c'était avant-hier, hier, c'était l'automobile déjà, hier ! aujourd'hui, c'est l'aéroplane, demain, par des innovations plus merveilleuses encore que les précédentes, c'est le bonheur des peuples, les frontières supprimées, l'égalité des races et des fortunes, la guerre mise au ban de l'humanité ! la démocratie totale, mondiale, la misère humaine si bien oubliée qu'elle fait partie du programme des écoles, comme la préhistoire, pour que les enfants du bonheur restent à même de le savourer...

— Attention, mon oncle ! vous allez vous donner le vertige... criait Cherchemidi en se plaquant contre le mur le plus éloigné.

— Allons, Léon ! rétorquait l'oncle, se lâchant d'une main pour se pencher de façon téméraire vers son neveu, voyons ! les lumineuses perspectives du futur scientifique ne peuvent donner le vertige qu'aux sots, qu'aux esprits bornés par les marécages de l'obscurantisme... Tiens, demande à M. l'instituteur ! Bien le bonjour, monsieur Doiren, vous m'excuserez, mais je ne saurais lâcher sans dommages l'arbre de transmission... Attention, Léon, je te lance un cordage ; sans te commander, sois gentil, attache au bout le gros marteau qui est là, en bas, sur l'établi, j'en ai besoin. Attache-le solidement, qu'il ne retombe pas à mi-hauteur...

— Bonsoir, monsieur Doiren... Eh ! l'oncle ! la nuit tombe !

— Je finis ça, et je descends, annonça le vieux du haut de son perchoir, et il se mit à marteler sous le faîte, avec ferveur.

L'instituteur et l'écrivain s'assirent sur le seuil, dans l'embrasure aux rassurantes pierres de taille.

— Franck va bien ? Il s'acclimate ?

— Parfaitement... apparemment. C'est un gosse plutôt taciturne.

— Il n'est pas le seul, fit Alain, dans un soupir.

— Ils doivent parler entre eux, les gosses... risqua Cherchemidi, à titre de consolation.

Ils contemplaient le crépuscule. Les creux et les vallées se remplissaient d'ombre comme d'un liquide, alors que le ciel restait encore relativement clair. La nuit montait de la terre.

— Mais, vous-même ? commença timidement Alain, si je puis me permettre, sans être indiscret...

— Je vous en prie ! Franchement, je suis heureux de pouvoir parler un peu avec vous, répondit Cherchemidi spontanément.

Le jeune instituteur se sentit rougir dans la pénombre :

— Vous-même, vous êtes resté, m'a-t-on dit, de longues années sans revenir... « au pays ». De ces années qui comptent, dans la vie d'un homme...

— Oui...

— N'avez-vous pas eu quelques difficultés... Un délai de transition, une sorte de réacclimatation ?

— C'est une grande question... murmura Cherchemidi.

Ils regardaient monter le niveau des ténèbres. L'instituteur croyait entendre l'esprit de l'écrivain travailler dans un crépitement de machine à écrire, rien à voir avec le martèlement zélé du vieux perché dans sa caisse de résonance. Quand Cherchemidi parla, ce fut tout bas, avec une lenteur hésitante, tâtonnant à la suite de ses pensées, indifférent à l'effet produit, abandonné, avec un naturel qui rapprocha les deux hommes.

— Il y a la transition, mais sa durée n'a rien à voir, ni avec la distance, ni avec l'éloignement. Tenez... M. Hur me disait hier qu'il lui faut la moitié de la journée qu'il vient passer dans son mas pour se ressentir vraiment chez lui, or il y revient au moins une fois par semaine, et son exil est Alès, à trente kilomètres. Personnellement, je suis resté plus de six ans dans la capitale, sans revenir, même pour la journée, pourtant il me semble bien que la transition, pour moi, n'a pas duré plus d'une heure ou deux...

L'écrivain se tut ; il cherchait pourquoi se retrouver chez lui avait été si facile, et agréable.

— Vous savez que, pour conserver l'arôme d'un vin, on coule un peu d'huile dans les dames-jeannes — on connaissait déjà ce truc dans l'Antiquité. Je suis en train de me demander si mon séjour parisien n'a pas agi de cette façon. Il a, peut-être, protégé mes sensations d'enfance et d'adolescence des contacts extérieurs. Il suffisait de secouer le goulot pour retrouver les parfums dans toutes leurs nuances...

Alain Doiren retenait son souffle, comme s'il assistait à un événement, tandis que l'écrivain poursuivait lentement, avec de longues pauses, cette sorte de méditation à voix haute.

Cherchemidi se parlait d'abord à lui-même, il se disait qu'il se retrouvait chez lui, dans son pays, dans son mas, dans ses habitudes, dans ses émotions, dans sa jeune vie. Chez lui, comme jamais.

Pourtant, il devait le reconnaître, il n'avait pas été malheureux à Paris. Au contraire. Il s'était même persuadé qu'il ne pourrait plus jamais vivre ailleurs. Qui sait s'il retrouverait la même certitude quand il rentrerait...

— Parce que... Vous comptez repartir bientôt ? demanda vivement l'instituteur.

Il se maudit : sa question était intempestive, la vivacité et le ton puérils.

Cherchemidi sursauta (il était ailleurs) :

— Ben... Honnêtement, je ne sais pas... Je suis... enfin ! je traverse un « passage à vide », comme on dit...

Le martèlement s'était tu, libérant la Cévenne. La vallée mêlait bruits, murmures, cris, souffles et craquements, elle brûlait ses parfums, pour l'offrande à cette nouvelle nuit fraîche et propre, l'une des plus courtes de l'année, qui se devait donc d'être, et profonde, et brillante.

— Un passage à vide ? ne put s'empêcher de répéter Alain, dans un murmure, parce que l'écrivain se taisait toujours.

— Oui... c'est-à-dire que... mon dernier bouquin n'a pas marché. Voilà. C'est tout, mais ça suffit...

En même temps qu'il prononçait l'aveu, Cherchemidi se demandait ce qui lui prenait : il n'avait jamais rien dit d'approchant à personne, il en voulut à cette nuit irrésistible.

— C'est *Tam Tam Mail*, je crois ? fit doucement Alain. J'ai lu un article ; il paraît que c'est un livre difficile...

L'écrivain haussa les épaules :

— Trop ! Vous comprenez, c'est exprès ! tout le mal vient de là... (L'idée s'était présentée sur l'instant, et il ne pouvait s'arrêter en si bon chemin, l'amour-propre ne comptait plus...) Cette peur d'être trop vite et trop bien compris ! Si je m'écoutais !... C'est que je me donne beaucoup de mal pour être secret, concis...

Il s'interrompit, tendit l'oreille, on eût dit qu'il craignait des ricanements.

— Mais... je ne comprends pas, dit Alain, pourquoi ne pas écrire comme vous avez envie de le faire ?...

Son audace l'étonnait, il en fit cette nuit responsable, lui aussi.

— Pourquoi ? Mais je trouvais ça très bien. C'est ici que ma manière m'apparaît dérisoire : mes ciselures maniaques... (Il eut un ricanement bref qui fit mal à l'instituteur.) C'est ici seulement que je me sens à l'étroit dans tout ce que j'ai si minutieusement pondu... Je m'y sens ridiculement attifé, comme un foutriquet tombé d'une gravure de mode dans un bon peuple de velours à grosses côtes...

— Je comprends... lâcha l'instituteur.

Il cherchait déjà comment rattraper l'outrecuidance, mais l'écrivain, touché, lui demanda :

— Ah ! Vous comprenez ? Vous êtes passé par là, peut-être ?

— C'est beaucoup dire... A Nîmes, à l'École normale, nous avions formé un petit groupe de poésie, une espèce de cénacle... provincial.

— Oui... Et alors ?...

Cherchemidi semblait sincèrement intéressé.

— Nous n'étions pas très sûrs de nous, forcément, murmura l'instituteur. Nous avions le sarcasme facile, même entre nous. Alors nous avions adopté farouchement le parti pris de la brièveté, de la concision, une sorte de style, comment dire ? puritain, flegmatique... Je les ai lâchés.

— Tiens ! Pourquoi ?

— Oh ! sans raison très précise... Je ne m'y sentais pas bien. L'émotion, les élans du cœur passaient pour autant de jobardises... Ce genre n'est pas dans mon caractère, c'était de l'affectation, pour moi en tout cas...

Après un rire forcé, il ajouta :

— Finalement, je suis un rimeur de mirlitons, tout juste bon à faire pleurer Margot... et encore ! enfin, ce n'est pas grave pour un simple instituteur.

Après un long silence, Cherchemidi reprit, sur un ton nouveau, étrangement fraternel, et d'une voix étouffée :

— Je sais. Alors, il vous prend des envies de ne plus vous servir que de vos cinq sens, et dans leur usage le plus direct... (A son tour, il se força à rire.) C'est peut-être bien une sorte d'envoûtement, les charmes du pays natal...

— La « Petite Patrie »... déclama l'instituteur, pour qu'ils puissent enfin rire ensemble.

» Maintenant que j'y pense, c'est une chose qui m'a frappé, moi aussi, dit Alain Doiren, mais par contrecoup... c'est mal dit ! mais tant pis : *reflété chez les autres*. Chaque fois que je me suis trouvé dans un groupe de gens venus d'un peu partout, assemblés par le plus grand des hasards, au régiment par exemple, et même s'ils ne se trouvent ensemble que pour très peu de temps et pour ne se revoir jamais ensuite, tenez : dans les trains, par exemple... Les premiers mots du voisin de compartiment comme du compagnon de chambrée sont pour vous annoncer quel est son pays et vous demander quel est le vôtre. Et notez bien que cette curiosité n'a rien de malsain...

Ils rirent discrètement, juste pour s'être agréable.

— La « Petite Patrie », reprit Alain, c'est tellement important pour les gens ! Ah, la conversation ne languit pas, même entre un Breton et un Catalan qui ne s'étaient jamais vus ! Et ils n'en parlent pas tellement pour faire mousser leur pays d'origine, plutôt pour se trouver des points communs, des raisons de sympathiser ! et ils se débrouillent toujours pour en trouver, tant ils en ont envie, même entre la Bretagne et le pays catalan. Votre voisin occasionnel — dans un train, par exemple — est passé pas loin de chez vous, ou des parents à lui y sont passés, enfin : pas loin... c'est quelquefois à cent kilomètres, qu'importe ! ou encore, il a eu affaire à quelqu'un qui venait de chez vous, un fonctionnaire, un avocat, et, comme par hasard, vous verrez qu'il ne trouvera, venant de chez vous, que des fonctionnaires de bonne réputation — jamais un huissier ! jamais un percepteur ! —, que des gens dont le passage ou l'intervention fut bénéfique : le médecin qui lui sauva la vie, l'avocat qui le tira d'un mauvais pas... Ces conversations sur les « petites patries » débordent de bienveillance...

Dans la nuit bonne conductrice, ils surent qu'ils se souriaient.

Parce qu'ils étaient ensemble, l'instituteur et l'écrivain savouraient l'heure intensément, les bruits de la rivière, des feuillages, des grenouilles avec la petite flûte en solo d'un crapaud, les fortes senteurs de l'herbe chaude surprise par l'humidité, avec la dominance d'un chèvrefeuille, d'un acacia, de la menthe piétinée surtout.

La cime des vernes se fondait progressivement dans les ténèbres.

Le jeune instituteur chercha quelque chose de très important à dire :

— Ce qu'on est bien !...

C'est tout ce qu'il trouva.

L'écrivain réfléchit longuement, puis, après quelques hésitations, il dit :

— Et drôlement bien même !

Pour ne pas en rester aux mots, l'un s'étira, l'autre soupira.

Des cris retentirent sur le chemin de Clerguemort : on les appelait. Ils se levèrent, répondirent et se dirigèrent sans hâte dans cette direction. L'oncle Roure bouclait enfin sa porte ; il avait fini de ranger ses outils. Ils tombèrent bientôt sur l'Esaïe, le Barbaste et le Pézoullet :

— Ah ! vous voilà quand même ! on vous cherchait partout !

— Qui nous cherchait ?

— Nous, tiens !

— Pourquoi ?

— Pour rien. C'est le Jaurès qui veut savoir où est tout son monde. *Aù révéïré, bono nuët !*

Le Barbaste et le Pézoullet partirent devant.

— Je suis trop bête, murmura Alain, c'est pour parler des gosses que j'étais venu vous voir...

— On n'en a pas parlé ? demanda Cherchemidi, distrait.

— Non... enfin, d'une certaine façon...

Le silence fut si long que l'instituteur sursauta quand l'écrivain lui demanda :

— Quelle question vous posez-vous, à propos des gosses de Clerguemort ?

— Je ne sais pourquoi, ils me font un peu peur.

— Ah ! je vois... (Cherchemidi ne montrait aucun étonnement.) Dites, père Esaïe ! monsieur l'instituteur vient de me dire quelque chose de très curieux : il a peur des gosses.

— Oui, je comprends, dit simplement le vieux chevrier.

Ils firent une cinquantaine de pas très lentement, sans échanger un mot.

— Enfin ! explosa l'instituteur, moi, je disais ça par... enfin... c'était une boutade ! ce serait quand même complètement idiot d'avoir peur des gosses !

— Mais non, protesta l'Esaïe de Canaan, ce serait la sagesse même.

— Il y va fort, le papé ! chuchota l'instituteur.

— Ah ! mais non ! C'est très sérieux ! vous allez voir ! répondit l'écrivain, de même, puis, très haut, il interpella le chevrier de Clerguemort : Et pourquoi, père Esaïe, est-il sage d'avoir peur des enfants ?

Le vieil Ardailhan s'arrêta. Ils arrivaient devant le pont de Clerguemort, à la hauteur de la source.

— Rien n'arrête l'enfant, répondit tristement l'Esaïe. Rien, même la mort ne peut l'arrêter puisqu'il ne connaît pas la mort. L'enfant est fait d'une pièce, il va jusqu'au bout de ce qu'il croit, de sa foi, de son jeu, rien ne saurait l'arrêter. Malheur à celui qui fait entrer la fausse foi dans l'âme de l'enfant. L'enfant est si terrifiant que lorsque le Seigneur, l'Éternel des Armées, veut ruiner Jérusalem et Juda, dans sa juste colère, il se sert des enfants. Il est écrit : « Et des enfants domineront sur eux... »

La lune, par le jeu des flancs de la vallée, n'éclairait que le Lozère. Fantastique dans cette lumière funèbre, l'antique mont chauve dominait Clerguemort de toute sa masse, et aussi de sa présence irréfutable.

Les jeunes gens étaient subjugués, le chevrier, recueilli.

Chacun d'eux savait assez de l'histoire des Cévennes pour voir se dresser, dans le poudreux rayonnement, les hallucinants fantômes camisards, pour voir, fondant, des pics, dégringolant par les déserts au flanc des rancarèdes, les hordes impitoyables de ces guerriers pires que des hommes, les enfants cévenols, squelettes nourris de Bible, hurlant sans fin « Miséricorde ! », brandissant la moisson mouvante, étincelante, des lames affûtées sans fin, crevant sur le pauvre petit pays comme la colère même de l'Éternel des Armées, les sauvages enfants que rien n'arrête

Ils s'ébrouèrent enfin de toute cette lune.

Le chevrier les quittait là, pour prendre le sentier du Canaan. Le vieil Esaïe, se retournant vers le mont sanglant, eut à cœur de les rassurer :

— Ne craignez point, mes amis. Il est écrit, aussi : « Mieux vaut un enfant pauvre et sage qu'un roi vieux et insensé qui ne sait plus écouter les avis ; car il peut sortir de prison pour régner, et même être né pauvre dans son royaume [1]. »

— Je mets ça dans ma poche, avec mon mouchoir dessus, pour le ressortir tout chaud à mes gendarmes, murmura Alain Doiren.

L'écrivain accompagna l'instituteur jusque devant sa porte :

— Bien sûr, lui disait-il, il y a de l'outrance dans le discours, les attitudes, pas mal de romantisme, un goût du spectacle... Mais il reste là-dessous un fond de vérité. L'antique volcan n'est peut-être pas définitivement éteint. Ce ne serait pas la première fois que quelques gosses mettraient ce pays à feu et à sang.

1. *Ecclésiaste*, IV, 13 à 15.

— Vous cherchez à rassurer le maître d'école ? fit Alain avec un petit rire cordial.

— Parce que vous croyez que nous voulons nous moquer de vous ? demanda Cherchemidi sérieusement.

— Ben...

— Écoutez... Il faudrait que nous en parlions sérieusement. Il se fait tard, mais, avant de vous quitter, je veux quand même vous faire comprendre... J'ai été élevé ici, monsieur Doiren, j'ai été un enfant qui jouait avec les enfants de Clerguemort. Vous n'imagineriez jamais les jeux que nous inventions, je vous les dirais que vous ne me croiriez pas...

En remontant vers le Casquillé, Cherchemidi fit de vains efforts pour se remémorer quelques-unes des idées qui lui étaient venues tout à l'heure, au petit moulin, il ne se rappelait que leur importance. C'était presque toujours ainsi : l'excitation, que faisait naître en lui l'attention d'un tiers, l'inspirait somptueusement, mais tout se passait comme si l'auditeur emportait tout avec lui.

25

Gambetta

La situation avait évolué lorsque le lieutenant de gendarmerie vient à Clerguemort, le lendemain.

Le directeur des Houillères avait été réveillé avant l'aube. Il avait réveillé son collègue de la Compagnie du Chemin de fer. Ils avaient réveillé le sous-préfet, lequel avait appelé le P.C. de la gendarmerie, tout cela s'était fait très vite, par téléphone.

Le lieutenant de gendarmerie avait laissé la situation se décanter. Il ne s'était pas pressé, n'était monté à Clerguemort qu'en fin de matinée, sous escorte minimum : une paire de pandores chenus et rassurants. Le revolver parce qu'il fallait bien, mais l'allure badaude, le brin de menthe à la commissure.

La cinquantaine bien sonnée, dans la gendarmerie, les galons ne pleuvent pas comme dans l'armée. La preuve, le simple gendarme, versé dans l'infanterie, devient sergent, automatiquement, la preuve, il n'y a, pour tous les gendarmes de la France et de son Empire colonial, qu'un seul général, à la fois.

Il fit arrêter la voiture à l'entrée, devant le pont en dos d'âne, la fit ranger à l'ombre, et donna l'ordre au chauffeur, un gendarme de plus, de n'en pas sortir, avec un froncement de sourcils qui signifiait que le moment serait mal choisi pour faire l'oreille fine aux « mort aux vaches ! ».

Il remonta la grand-rue de Clerguemort, le nez en l'air, une sorte de sourire qui pouvait tout dire, les deux vétérans suivant de loin, même pas au coude à coude, à la va comme je te pousse.

Pas un chat...

Onze heures déjà, mais la fraîcheur du matin se prolongeait entre les murs rapprochés, dans l'humidité des seuils lavés à grande eau, comme pour faire douter qu'un feu ait jamais pu ravager la pinède. Personne, les balais au présentez-armes, c'était tout, et beaucoup plus impressionnant. Deux ou trois fois, l'un des vieux de la vieille frissonna des épaules au grincement d'un volet, comme s'il allait sortir le canon d'un fusil.

A mi-chemin de la placette, le lieutenant s'arrêta, oui, ce qu'il apercevait là-bas, c'était bien le drapeau tricolore. Il se dirigea droit dessus.

Tous les vantaux étaient ouverts. Un robuste gaillard, les épaules rejetées en arrière, la chaise renversée à 45 degrés, s'ennuyait sans vergogne. Sous la tignasse, le visage surprenait, on eût dit, les yeux fermés, qu'il avait été gommé. Le lieutenant comprit que l'impression venait de l'absence de cils et de sourcils.

Le lieutenant amorça le geste de frapper avant d'entrer, mais non, une mairie est lieu public, entrée libre...

Il entra et dit :

— Le maire de Clerguemort, sans doute ?

— Monsieur le maire de Clerguemort, oui, répondit le Jaurès.

Le lieutenant esquissa un rapide garde-à-vous et annonça :

— Lieutenant Lefèvre, Albert.

Les deux hommes se jaugeaient. Ils eurent vite fait, le même sourire leur échappa.

Le lieutenant donna un coup de menton sur son épaule en direction du drapeau, vraiment lamentable, l'emblème national, il fallait savoir ses couleurs par cœur pour les reconnaître, on ne le sortait même plus le 14 Juillet.

— Allons, décrochez-moi ça, dit le lieutenant sur un ton cordial.

— Pourquoi ? Ce n'est plus le drapeau de la France peut-être ? demanda le Jaurès sans élever la voix.

— Allons, ce n'est pas fête nationale, aujourd'hui...

— La mobilisation non plus...

Ils se regardèrent brièvement et se turent. Ils savaient l'un et l'autre comment prolonger la discussion, les arguments, les réfutations, ils estimaient également que c'était vain, que la question n'était pas là ; ils avaient dit, chacun, ce qu'il fallait dire, au minimum, bon...

Ils maîtrisèrent le même sourire.

Le Jaurès retomba sur sa chaise et montra l'autre siège, en face de lui, au lieutenant.

— Oh ! ce n'est même pas la peine, soupira l'officier, en se laissant tomber dessus.

Ils s'observaient discrètement, avec une estime réciproque.

La situation n'était plus du tout la même. Le lieutenant savait exactement pourquoi. Le maire le devinait, il sentait aussi des choses plus subtiles : qu'il y avait, à l'origine de cette affaire, une saloperie qui n'était pas dans les usages, que le lieutenant n'y avait touché que du bout des doigts, sans beaucoup d'entrain. Le Jaurès ne tombait pas loin : l'officier n'avait pas accepté sans réticences d'introduire l'assureur-conseil de la Compagnie auprès de la brigade de Génolhac, ce lui semblait déjà une démarche étrangère au maintien de l'ordre, et il ne savait pas alors ce que manigançait l'élégant aigrefin, encore moins que ce nouveau brigadier Volkers pouvait être une andouille pareille...

C'est en camarade qu'il bougonna :

— Vous aviez bien besoin de soulever tout ce monde...

— De vous à moi, rétorqua le Jaurès railleur, vous croyez que ça leur fait mal au sous-préfet, et aux autres, de se réveiller de bon matin, une fois en passant ?

Le lieutenant dit, non sans sourire malgré lui :

— Quand même, ça fait beaucoup de bruit pour rien...

— Si vous permettez une question, monsieur Lefèvre, avez-vous des enfants ?

— Une fille de seize ans, deux garçons, treize et onze...

Le lieutenant avait répondu sans balancer. Il se demandait pourquoi il avait été surpris que le maire de Clerguemort se souvienne de son nom, surpris aussi par cette finesse d'employer la formule civile pour une question familiale, si bien qu'il continuait de répondre :

— Ils n'ont jamais été malades, vos gosses, opérés ?

— Guy, le second, l'appendicite...

— Alors, vous avez connu cette inquiétude, dit le Jaurès gentiment, et, quand vous attendiez le résultat, vous discutiez, là, aussi bien !

Au cours du silence qui suivit, ils entendirent sonner le téléphone dans la boulangerie-buvette de l'autre côté de la placette.

— Enfin... soupira le lieutenant, vos mineurs, ils rentrent quand ?

— Et les gosses ?

— Eh bien, disons... ce soir. Vous voyez bien, pour une question de matin ou d'après-midi, ce n'était pas la peine de faire perdre une journée de travail à ces hommes !

Ils entendaient l'Edemond qui parlait avec un des gendarmes, un instant après, le premier pandore qui parlait au second.

Le Jaurès lança d'une voix qui s'irritait :

— Vous êtes tellement sûr que ce n'était pas pressé, vous ! C'est vrai que vous n'êtes pas en taule ! et que vous n'avez plus onze ans !

Le lieutenant, contrarié, se secoua :

— Écoutez-moi, monsieur le maire de Clerguemort, les choses se tassent. Vous m'avez bien compris. Maintenant (le ton montait à chaque mot), si vous tenez absolument à remuer la merde, on sera deux !

Ils échangèrent un regard bref, gênés.

— Bon, alors, ça va comme ça, reprit le lieutenant tout bas, le dernier poste rentre ce soir ?

Le Jaurès se claqua les mains brutalement, se les coinça entre les genoux serrés, et se mit à remuer amplement les épaules de gauche à droite.

— Qu'est-ce qu'il vous faut de plus ? gronda le lieutenant avec impatience.

— D'abord, moi, ce matin, je vous attendais... commença le Jaurès.

— Eh bien ! on est venu, non !

— ... mais je vous attendais... avec les gosses !

Les derniers mots étaient un cri de père.

Un gendarme passa le buste par l'embrasure de l'échoppe :

— Mon lieutenant, au téléphone, la brigade de Génolhac.

— Bien, dites-leur d'attendre, j'arrive, répondit l'officier sans se détourner. Écoutez, monsieur le maire, il ne faut quand même pas abuser de ma patience.

— Et la nôtre ! et celle des gosses ? gronda le Jaurès.

— Dites donc, quand même, il ne faudrait pas oublier qu'un de mes hommes s'est fait malmener par votre instituteur...

— Ah ! celui-là, faut pas y toucher ! cria le Jaurès.

Le lieutenant se leva :

— Bon, bon... on verra... Mais, quand même, me sortir un représentant de l'autorité par la peau des fesses, et un brigadier encore...

— Ah ! celui-là, vous faites bien d'en parler ! J'allais l'oublier... intervint vivement le Jaurès, il faut qu'il déblaye, et vivement... dans son propre intérêt !

— Je vous en prie, pas de menaces que je serais obligé d'entendre dans l'exercice de mes fonctions... Là, pourtant, je veux vous donner l'assurance que vous ne le verrez plus, et ce sera moi le plus heureux d'être débarrassé d'un pareil...

Le gendarme repassa le buste par la fenêtre :

— Le téléphone, mon lieutenant... C'est qu'ils insistent...

— J'arrive. Alors, monsieur le maire, c'est entendu pour le dernier poste ?

— Moi, je ne peux rien vous dire.

— Quoi ?

— Moi, je ne suis qu'un mineur comme les autres. Il faudrait que vous voyiez les délégués, le syndicat...

— Écoutez, monsieur le maire, pas à moi, s'il vous plaît ! Nous nous comprenions parfaitement jusqu'à présent, alors, vous avez ce que vous voulez, et même la mutation du brigadier... Décidément, on aura tout vu ! Qu'est-ce qu'il vous faut de plus ?

— Le remboursement intégral, dit doucement le Jaurès.

— Quoi encore ? Le remboursement ? Vous voulez dire le paiement de la journée de grève ?

— Oui, d'abord la journée de grève, ensuite, le paiement intégral des pins brûlés par la Compagnie du Chemin de fer !

— Rien que ça ! ricana le lieutenant, oh ! après tout, continua-t-il avec lassitude, c'est une affaire entre vous et le Chemin de fer, moi, ça ne me regarde plus...

— Vous en êtes sûr ?

— Et comment !

— Alors pourquoi faites-vous votre affaire de la grève des mineurs ?

— Ça n'a rien à voir. La grève, c'est une question qui intéresse le maintien de l'ordre (comme le maire riait), je sais, je sais, nous n'avons pas le même vocabulaire, ni les mêmes idées, bien sûr... (Il retomba sur sa chaise avec un soupir.) Écoutez, monsieur le maire, le Chemin de fer, vous n'avez qu'à l'attaquer en dommages et intérêts, mais finissez-en avec les Houillères, ça n'a rien à voir !

— Ah ! ah !... ricana le Jaurès, et il attendit.

— Eh bien, puisque vous y êtes, continuez !

— C'est la Compagnie du Chemin de fer qui transporte la totalité, je dis bien : la to-ta-li-té du charbon des Houillères ! Vous vous rendez compte de ce que ça représente comme contrats, accords, mélanges d'intérêts et de capitaux, micmacs, quel grouillement ! Vous voyez mieux, maintenant, pourquoi je ne peux rien vous dire, pour la grève ?

— Parce que vous avez l'ingénuité de croire que l'une de ces énormes compagnies va user de son influence sur l'autre uniquement pour vous être agréable, non mais ! pour qui on se prend à Clerguemort, ça ne s'est jamais vu !

— Oh que si ! et pas plus tard que ce matin, avant que le jour se lève ! et il se lève de bonne heure en cette saison !

— Ce matin ? Comment ça ? demanda le lieutenant.

— Bien, si vous êtes ici, en ce moment, aussi... compréhensif, ce n'est quand même pas seulement à cause des prières du vieil Ardailhan, non ?

Un silence long et froid sépara les deux hommes.

— C'est pourquoi, pour la grève, reprit enfin le Jaurès sur un ton sincèrement navré, je ne peux rien vous dire, vraiment, d'autant plus...

— D'autant plus, fit le lieutenant d'une petite voix.

— Enfin, vous savez bien pourquoi ils ne se sont pas fait prier pour se lever, et pour sauter sur leur téléphone, tous ces messieurs ?

— Non.

— Je ne voudrais pas vous faire de peine, dit doucement le Jaurès, mais votre abruti de brigadier, il ne pouvait tomber plus mal pour mettre les pieds dans le plat !

Le Jaurès poursuivit lentement, comme à regret, en confidence :

— C'est pourtant clair : avec toutes ces histoires de crise, et de vie chère, et de chômage, et d'accidents, et de sécurité dans le fond..., etc., jamais les mineurs n'ont eu autant de raisons de se mettre en grève. On peut dire que ce grand couillon de brigadier a mis dans le mille. Surtout que jusqu'à présent, ça ne bougeait ni d'un côté ni de l'autre, les mineurs ne savaient pas trop où ils en étaient, aussi, vous avez vu ? Les Houillères ont compris : gosses ou pas, P.L.M. ou pas, il fallait avant tout arrêter cette grève, et vite ! Seulement, voilà, c'est déjà un peu tard...

— Pourquoi ?... fit le lieutenant sur une aspiration.

— Et bien, parce que les mineurs, maintenant, ils savent où ils en sont. Ils ont pris la mesure de l'ennemi. Voyons, vous savez bien, il y a tout un tas de termes militaires pour dire ça ! Ce n'est pas moi qui vais vous les apprendre ! Les patrouilles ont pris contact... Sacré brigadier, *vaï !* juste le choc sur un point qui permettait la retraite sans pertes en cas de trop vive résistance... Bon ! Ce n'est pas le tout, il faut quand même penser à nos gosses !

— Veuillez m'attendre un instant, monsieur le maire, je vais jusqu'au téléphone, dit le lieutenant méditatif, en se levant avec lenteur.

— Et, ce que je vous dis là, ce n'est pas confidentiel, si c'était un secret, je ne vous aurais rien dit.

Sur le seuil, avant de sortir, le lieutenant se retourna, d'un air offusqué.

— Évidemment, reprit le Jaurès, si vous voulez en faire état dans votre rapport, il faudra quand même un peu arranger ce que j'ai dit, à cause de la responsabilité de ce grand couillon de brigadier, qui est, quand même, un de vos hommes !

Le Jaurès regarda l'officier de gendarmerie se hâter vers le téléphone, puis il se renversa au maximum sur sa chaise, se coinça des genoux contre le tiroir du « bureau du maire », et sortit la boîte carrée en fer-blanc où il serrait son gris pour se rouler une cigarette, voluptueusement.

En revenant du téléphone, le lieutenant reprit sa place, et dit avec raideur :

— Monsieur le maire, veuillez convoquer ici M. l'instituteur de Clerguemort.

— M. l'instituteur fait sa classe.

— Tiens, un jeudi ?

— C'est comme ça.

— Bon... J'y vais.

— Je viens avec vous !

— A votre aise.

Sur la placette, comme les deux gendarmes s'approchaient de leur lieutenant, le Jaurès dit :

— Laissez-les ici.

— Et pourquoi ?

— Parce que les écoliers de Clerguemort ont assez vu de gendarmes pour un bon bout de temps. Je me porte garant de votre sécurité sur le territoire de ma commune.

Le lieutenant haussa les épaules et ordonna aux pandores de l'attendre devant la mairie.

Une ruelle traversait la rangée de maisons, en face de la boulangerie-buvette-téléphone, mais un peu plus bas, en redescendant vers le pont bossu, elle était pavée de galets ronds. Large d'un mètre, à peine plus, elle passait sous la voûte qui soutenait le premier étage commun aux deux maisons qu'elle séparait. Elle était obscure.

Ils voulurent passer de front, se trouvèrent côte à côte, à se toucher. Le lieutenant trébucha, dut se retenir au maire ; il marmonna :

— Ah ! ces gosses, on peut dire qu'ils ne font rien pour nous faciliter l'existence, mais aussi, écoutez, monsieur le maire, avouez qu'à Clerguemort vous avez quelques numéros vraiment terribles !

Dans la pénombre, le Jaurès sourit de fierté.

Ils arrivèrent juste pour la sortie de midi. Le maire retint un instant le lieutenant en retrait dans la pénombre pour éviter le spectacle aux écoliers.

— Alors, les gosses ? demanda Alain Doiren, dès qu'il les aperçut.

— Vous alliez sans doute prendre votre repas de midi, monsieur l'instituteur, fit le maire avec toute la componction dont il était capable.

Cependant, par une expression et un regard furtifs, il rassurait le maître d'école, mais l'adjurait surtout de ne pas aller plus vite que les violons.

Le lieutenant disait, sans voir la mimique :

— Nous nous excusons naturellement, monsieur l'instituteur...

Il ne pouvait faire moins que le maire.

Alain se retint de pouffer :

— Je vous en prie, messieurs, j'ai tout mon temps pour manger. D'ailleurs, même si nous rentrions un quart d'heure en retard cet après-midi... Veuillez vous donner la peine d'entrer. En classe, nous serons tout à fait à l'aise pour nous entretenir.

C'est ce que voulait le Jaurès.

— Vous savez, vos écoliers sont vraiment terribles, dit le lieutenant pendant qu'ils traversaient la cour de récréation.

— Comment ça ? demanda l'instituteur dressé sur ses ergots.

— Oh ! je viens d'avoir la brigade de Génolhac au téléphone, raconta paisiblement le brigadier, on n'arrive plus à les tenir ! ils sont infernaux !

Alain put enfin s'accorder quelques secondes de fou rire.

— Voyez, lieutenant, que les membres du corps enseignant ont bien du mérite, dit le Jaurès, ils doivent faire preuve d'autorité, eux aussi, et sans pistolets !

— Enfin, espérons que vos troupes ne subiront pas de trop lourdes pertes, mon lieutenant, railla l'instituteur, l'esprit enfin libéré.

Une fois dans la salle de classe, Alain offrit sa place au bureau, sur l'estrade, au maire d'abord, au lieutenant ensuite, mais tous deux déclinèrent l'offre ; chacun à sa place. L'officier de gendarmerie paya d'exemple en glissant ses guêtres entre le pupitre et le banc du premier rang de la travée du milieu, sous le bureau du maître. Le Jaurès prit place à côté mais il se contenta de poser ses fesses sur le dossier et ses pieds sur le banc. Tout cela se déroulait dans une humeur de bon aloi. Le maire et le lieutenant poussèrent la vraisemblance jusqu'à croiser les bras. Ils ne voulurent même pas commencer tant que l'instituteur ne serait pas juché à la place qui était la sienne. Lorsqu'il y fut, Alain dut se tenir à quatre, le spectacle en valait la peine.

Alors seulement, le lieutenant exposa la situation : il venait de discuter avec le maire, qui vraiment était allé un peu trop loin, mais se montrerait sans doute raisonnable désormais...

— Déjà, M. le maire, j'en suis témoin, a fait preuve de sagesse, intervint étourdiment Alain, vous étiez bons pour le massacre à coups de fusil et...

— A coups de fusil ? demanda le lieutenant avec un soudain intérêt.

Alain, pétrifié, fit signe qu'il n'avait plus rien à dire : un regard foudroyant du Jaurès l'avait arrêté net dans son récit des Mausers.

Le lieutenant passa rapidement du plan général au cas particulier des enfants :

— L'incident qui vous a opposé à... à ce brigadier, monsieur l'instituteur, n'a eu pour témoins que les... disons les partenaires, et ces deux gosses. Il faudrait obtenir d'eux qu'ils ne s'en vantent pas. Croyez-vous cela possible ?

— Garder un secret, répondit Alain, ils en sont capables, ils l'ont prouvé.

— Mais le garder pour vous ? leur instituteur ?

— Je crois aussi qu'ils le feront, répondit Alain non sans quelque confusion.

Le lieutenant parut considérer le point comme acquis. Il insista sur l'importance qu'il attachait aux dernières conditions pour un classement définitif de cette regrettable affaire :

— Autant pour ce qui peut en percer publiquement que pour les enfants eux-mêmes, dans leur propre intérêt, il faut prendre toutes les mesures nécessaires pour qu'ils ne s'en sortent pas en triomphateurs. Non ! mais rendez-vous compte, vous, monsieur l'instituteur, en tant que pédagogue, et, vous, monsieur le maire, en tant qu'administrateur d'une population, si on laisse ces gosses se rendre compte qu'ils ont mis le pied sur l'autorité, sur la gendarmerie, qu'ils ont mis les mines en panne et le Chemin de fer à rançon, et tout ça à onze ans, mais ils ne se connaîtront plus ! que ne feront-ils pas à vingt ans ! Mais enfin, vous me comprenez...

Alain s'embroussaillait les cheveux :

— Mais que voulez-vous que nous fassions, mon lieutenant, je ne vois pas...

— C'est-à-dire que je ne vois pas non plus très précisément, répondit le lieutenant avec embarras, je comptais sur votre expérience des écoliers, il faudrait trouver, à proportion de leur âge, mais aussi de leur attitude actuelle, un mode de punition qui ne soit pas dérisoire...

— Les punir, les punir ! gronda le Jaurès, la prison ne vous suffit plus !

— Pour la bonne volonté qu'ils y montrent, lâcha le lieutenant avec une belle sincérité.

Le maire et l'instituteur éclatèrent de rire ensemble, ce qui mit l'officier de gendarmerie hors de lui :

— Non, non ! et non ! la mesure est pleine ! je ne me laisserai pas tourner en ridicule par un village, même s'il s'appelle Cler-guemort ! Ce petit Italien, encore...

— Gino Passola ! précisa sèchement Alain.

Le Jaurès non plus ne riait plus.

— Oui... Gino... comme vous dites... Jusqu'à tout à l'heure, il n'y avait pas trop à s'en plaindre : on n'en pouvait tirer un mot, mais, au moins, il n'injuriait, ne menaçait personne, seulement, tout ça, c'est contagieux, méfiez-vous, messieurs ! Il s'y est mis, lui aussi, tout à coup, aussi fort que ce Roux ! et plus fort encore, il hurlait d'un coup, il menaçait comme l'autre... Exactement, il appuyait très fort les menaces de son camarade français, deux voyous !

Le lieutenant s'aperçut soudain que tout ce qu'il racontait amusait l'instituteur et le maire au lieu de les indigner. Sous le coup de la colère, il se dressa, soulevant le pupitre des genoux, déséquilibrant le Jaurès. Il hurla :

— Mais enfin, tout le monde est inconscient ici ! je suis en train de vous dire que ces gosses, ce Roux en particulier, menacent mes gendarmes, que ce Roux se livre à un véritable chantage ! qu'il menace mes hommes de se mutiler ! et d'en appeler, je vous demande un peu, vraiment, là, on voit qu'il ne l'a pas inventé, oui ! mesurez votre responsabilité, monsieur Doiren ! n'en appelle-t-il pas à Gambetta !

Alain Doiren poussa un cri. D'un coup, il était debout, frémissant, le visage absolument blanc.

— Lieutenant, supplia-t-il, dès qu'il put parler, par pitié, répétez-moi mot par mot cette menace, vite.

— Ben... C'est assez bizarre...

— Vite, je vous en supplie ! Vite, mot par mot...

— Eh bien, voilà ! C'est le petit Roux qui a commencé en arrivant à la brigade, il tirait sur son œil, comme dans le geste pour « faire bisquer », comme on dit, et il a dit aux gendarmes que s'il n'était pas libre aujourd'hui à midi, il se mutilerait, que s'il n'était pas libre le soir, il se mutilerait une deuxième fois... raconta le lieutenant, très impressionné par le visage hagard de l'instituteur. Avouez que ce sont de drôles d'idées, et chaque fois — à se demander pourquoi — il invoquait Gambetta. Froidement, sans crier, lui, il disait à mes gendarmes : « Souvenez-vous de Gambetta ! » C'est le Gino qui s'est mis à gémir aujourd'hui à onze heures, comme un malade : « Il va le faire ! souvenez-vous de Gambetta... » Lui aussi : Gambetta ! il répétait : « Gambetta ! souvenez-vous de Gambetta ! », des fous, ces gosses, des fous furieux !

Avant même la fin de l'explication, Alain Doiren s'était effondré sur son bureau. Le maire et l'officier se regardaient, sans comprendre. Subitement, le maître d'école se dressa, haletant, et cria :

— Il a dit quel jour, quelle heure ?

Son visage était couvert de larmes.

— Ben, il a dit : première limite : aujourd'hui midi, répondit le lieutenant de plus en plus ahuri.

— Mon Dieu, quelle heure est-il ? fit l'instituteur.

Midi vingt, leurs trois montres étaient à peu près d'accord.

Le Jaurès et le lieutenant se dégagèrent vivement de leur pupitre pour s'élancer sur l'estrade.

— Dieu de Dieu... si j'y comprends quelque chose... mâchonnait le lieutenant en prenant le jeune instituteur par un côté.

En le prenant par l'autre, le Jaurès le secouait :

— Monsieur Doiren, dites vite, si on peut faire quelque chose, dites-nous vite, c'est peut-être encore temps...

Alain secoua doucement la tête en murmurant :

— Non, c'est trop tard maintenant, trop tard...

— Gambetta, Gambetta... mâchonnait stupidement le lieutenant, si encore on savait ce que ça veut dire, Gambetta ?...

Il recula d'un bon mètre : Alain levait sur lui des yeux remplis de sauvagerie.

— Naturellement, Gambetta, vous n'avez pas compris, lui dit-il avec le calme d'un immense mépris.

— Eh bien, non, je ne vois toujours pas !

— Évidemment, ces pauvres gosses ne pouvaient imaginer que des gendarmes pouvaient ignorer ça... murmurait Alain si bas que les deux autres penchaient la tête pour l'entendre, des gendarmes, ça passe des examens, oui ! pour eux, c'était encore quelqu'un, un gendarme ! pauvres petits !

Le maire et l'officier se tenaient de part et d'autre du bureau, fixes, respectueux de l'affliction du jeune homme.

— Et vous, un officier à deux galons ! et de gendarmerie encore ! vous ne saviez pas cette histoire de l'enfance de Gambetta...

Alors, plus bas, simplement, et plus lentement, il leur raconta comment « le jeune Gambetta avait fourni la preuve d'une force de caractère très rare pour son âge », il raconta, comme il l'avait fait dans cette même salle de classe, quelques semaines auparavant, devant ses écoliers parmi lesquels Gino Passola et Luc Roux.

Le jeune Gambetta ne voulait plus rester dans la boîte où son père l'avait enfermé. Il écrivit donc à son père : « Papa, si tu n'es pas venu me chercher demain, je me crèverai un œil, et si tu n'es pas venu me chercher après-demain, je me crèverai l'autre. »

— Peuh... fit le lieutenant ragaillardi, on dit ça !

Alain leva sur lui le même regard sauvage. Il ajouta :

— Oui, seulement... Gambetta était borgne.

Le lieutenant recula, descendit de l'estrade, se mit à arpenter le fond de la classe en ne regardant que les murs.

Un instant après une cavalcade de gros godillots cloutés traversa la cour de récréation. Les deux gendarmes firent irruption en criant :

— Mon lieutenant, vite ! téléphone !... la brigade de Génolhac ! vite... Mon lieutenant, mon Dieu ! c'est affreux...

— Ah !... ça va ! On est au courant ! trancha le Jaurès d'une voix meurtrière.

26

La vote

La fête de l'École laïque eut lieu quand même, pourquoi pas, raison de plus ! c'est tout Clerguemort !

Traditionnellement, la fête se déroulait dans une étonnante clairière, sous de fantastiques châtaigniers, en face de la filature, un bien des Cagnar, que ces culs bénis ne rêvant qu'école libre prêtaient sans question pour l'École laïque, allez chercher pourquoi, c'était aussi du Clerguemort tout pur.

Luc Roux n'était pas encore sorti de l'hôpital, l'orbite cicatrisait mal, c'est qu'il ne s'était pas manqué ! disait Clerguemort, et de quel air c'était dit !

Ces dimanches-là sentaient, le matin, la fougasse et la friture, la friture comme tous les dimanches d'ailleurs. Ce n'était pas spécialement par antipapisme que Clerguemort faisait maigre le dimanche, mais pour la simple raison que c'était jour de repos des mineurs, le Chicane et le Mèffi ravageaient consciencieusement la rivière. Le La Chino n'en était pas, c'était, lui, le braconnier sérieux, solitaire, silencieux, ni mineur, ni paysan, braconnier, c'est tout, il avait de quoi mépriser la paire d'amateurs du dimanche matin, qui gâchaient le métier, bruyants, démonstratifs, qui se donnaient en spectacle et payaient pour.

Le Chicane et le Mèffi s'habillaient d'un tricot de peau, de vieux pantalons bleus, se chaussaient d'espadrilles, c'est dans cet appareil qu'ils barbotaient, nageaient, plongeaient, dégoulinant de partout, ce qu'il fallait, paraît-il, pour glisser entre les doigts des gendarmes, une précaution au moins, parce que, pour le reste, mes aïeux...

Ils commençaient généralement par le plus près, ils tendaient leur tramail sous la placette, avec un maximum de spectateurs. Ils gueulaient, ils menaient un train, s'interpellant d'une rive à l'autre, toujours un tirant de travers, oubliant le passage entre deux pierres juste où se glissait la plus belle. Ils descendaient ainsi jusque sous le pont raclant le filet, ils s'attardaient là, à cause des baumes, à cause aussi, qui sait, de la résonance, deux phénomènes pareils ! Ce vieux pont était quand même solide !

Le Chicane et le Mèffi ratissaient ainsi, impitoyablement, la rivière sur deux bons kilomètres. Ils ramassaient tout, du petit vairon au vieux cabot. Quand ils s'arrêtaient, sous le pont du Chambon, ils avaient rempli un vieux sac de farine.

Au retour, ils prenaient le chemin. Ils appelaient sous les fenêtres de chaque mas. On leur passait un plat sur lequel ils disposaient un assortiment de poissons. Quand ils arrivaient chez eux, il ne restait plus, au fond du sac de farine, que leurs deux fritures.

Lorsqu'il les entendait brailler dans la rivière, en face de son mas de la Gronde, M. Hur ne pouvait s'empêcher d'exprimer sa rancœur contre ces ravageurs : il ne resterait plus bientôt, du pont de Clerguemort à celui du Chambon, la moindre soffie !

L'instituteur était respectueux de la loi. Il aimait la pêche à la ligne. Il ne se permettait quelques infractions que lors des crues, il plaçait sournoisement des bouteilles à vairons amorcées avec des miettes de biscuit, cela ne lui paraissait plus du braconnage, la rivière était grosse, les eaux troublées charriaient de tout, venu de n'importe où, la débâcle permettait tout, la nature donnait le mauvais exemple. Dans ces jours de désordre, ne soufflait-il pas sur le val comme un vent de folie qui tirait chacun de son ordinaire ?

Quand, au retour, les « ravageurs » réclamaient l'assiette, sous la fenêtre, M. Hur marmonnait que ce n'était pas de mauvais bougres, finalement.

Les dimanches de fête, c'est pour l'aubade, en plus, qu'on appelait sous la fenêtre. Le Félobre était encore tout seul pour assurer la partie musicale avec son accordéon, l'orchestre n'était au complet que l'après-midi, dans la clairière, quand arrivaient de la Jasse le Paul qui tenait la batterie, le Sylvestre qui jouait du violon. Le Zé, qui se débrouillait aussi bien à la clarinette qu'au saxo, venait du Chambon. L'aubade était l'affaire des jeunes. Un coup d'accordéon, une rengaine, ils vous refilaient une des fougasses de l'Edemond qu'ils transbahutaient, par la poussière des chemins, enfilées sur un bâton. Il fallait donner, il fallait bien ; quand on donnait assez, on avait droit à une autre ritournelle, avant qu'ils vous laissent en paix pour passer sous une autre fenêtre, on donnait toujours assez, l'accordéon portait loin dans la vallée. M. Hur lui-même, quitte à rouspéter mais après, en famille, c'était pour l'École laïque, alors ?...

Comme on dit *ducasse* dans le Nord, on dit fête votive en Cévennes, *vote* tout court, la *botou*, comme étaient votifs les jeux célébrés dans l'Antiquité pour l'accomplissement des promesses faites aux dieux. Ici, la déesse, en somme, restait l'École laïque.

La fête votive donnait à tout un air différent, un œil différent, léger, guilleret, un grain de licence, de jolies audaces à la jeunesse, les autres fermant les yeux, mine de rien, ce jour-là.

La Vote, pour un jour, transportait les gens dans un petit monde où tout prenait l'irréalité des féeries par la magie des plus humbles sortilèges : dans la clairière, les taches mouvantes du soleil à travers la haute voûte des châtaigniers, les rengaines aigrelettes à l'accordéon, à la clarinette, au violon, le Paul, le Zé, le Sylvestre, perchés entre quatre pins, le pain joué au loto, sur l'odeur fondamentale des champignons, les senteurs demi-panachées de la bière et de la limonade, car l'un des alchimistes des votes était le limonadier, petit homme en blouse grise, coiffé d'un béret basque, effacé, souriant toujours, qui dissimulait derrière le portail de son entrepôt du Chambon les cuves et les cornues de son magistère. Les gamins rêvaient de lui, le médiocre pétillement de sa limonade était pour eux la saveur essentielle des fêtes et des longues maladies (on payait alors de la limonade à l'enfant altéré par une fièvre opiniâtre, la limonade aussi trompait la faim durant les diètes). On voit ainsi comment le petit limonadier, sans le savoir, était devenu le lutin, le farfadet dans les délires enfantins, qu'ils fussent de fête ou de fièvre.

Le charme de la vote était irrésistible, les culs bénis les mieux assurés sur leur école libre se gardaient certes d'y aller, mais, comme par hasard, trouvaient toujours un travail urgent — un dimanche, tu parles ! — à faire sans tarder dans le champ le plus proche de la clairière enchantée, à portée d'oreilles des zim-boum-boum du Félobre et de ses *baturlaïrés*. Les Cagnar n'étaient jamais loin... avec leur bonté, de la bêtise, oui ! ayant une bonne raison supplémentaire de jeter un œil de là-haut, une si belle châtaigneraie livrée à des incroyants qui ne vous respectent ni dieu ni diable...

Les filles de la messe gardaient pour une fois leur trente et un du dimanche matin pour traîner alentour, sur les chemins qui mènent à la fête, avec des airs réprobateurs à se faire interpeller, c'est tout ce qu'elles cherchent, que croyez-vous.

La vote usait de tous les charmes, limonade pour les gosses, romance pour les amoureux, jeux de force et d'adresse, jeux de hasard, et par là-dessus des grands coups de fusil donnaient le ton, ce ne serait plus la fête si l'on ne brûlait pas un peu de poudre.

Et ce n'était pas rien, on tirait, à coups de Mauser bien sûr, sur des couvercles de lessiveuse qui tournaient au vent, suspendus sur la crête en face. Les gendarmes faisaient un grand écart pour passer au large du stand de tir (d'ailleurs ce n'étaient que des trophées, des souvenirs de guerre, les poilus n'en ont pas assez bavé peut-être !), leur plus pénible étant lorsqu'un ivrogne collant comme la poix les défiait de mettre un plein chargeur dans le couvercle, et s'accrochait, l'imbécile, les tirant par le ceinturon vers la rangée de fusils de guerre, sur la planche du stand.

Et puis, vraiment, ce n'était pas le jour de sévir, même les fusils de guerre cessaient d'être effrayants, ils ne feraient de mal à personne, tout baignait dans la romance un jour pareil et non dans *L'Internationale*, jusqu'aux ivrognes qui se gardaient de toute brutalité, cuites attendries, ruisselantes de larmes tièdes... Ça tournerait d'autant plus facilement à l'émeute, pour une sévérité malvenue, ça s'était déjà vu, les gendarmes n'en disaient rien, ce ne sont pas des choses à dire, mais ils le sentaient bien, encore que confusément, rien qu'à voir faire ce terrible Mèffi...

C'est qu'il s'en donnait, l'herculéen meneur communiste ! une dame patronnesse dans son jour de gloire ! C'était la seule vote de l'année à laquelle il consentait à participer, alors, il se rattrapait, le Parti était pour la laïcité n'est-ce pas, les communistes devaient donc se montrer les meilleurs, là comme dans une grève :

— *Cèsseu !* — *cénto !* — *tosseillo !* ... (66)

Dans aucune vote alentour on ne pouvait entendre les numéros sortants du loto criés aussi fort :

— ... *To !... sseillo !...* répondait l'écho des Bories, sur la crête desquels les vieux couvercles de lessiveuse tournaient follement, transformés en poêle à marrons par la fusillade des Mauser.

Des lessiveuses sans couvercle servaient à la buvette. Le comptoir, c'était quatre pieux plantés à grands coups de masse dans le sol de la clairière (le Cagnar fermait les yeux, les oreilles aussi, de son mas, il pouvait entendre, et chaque coup dans sa propriété lui portait au cœur), avec une planche dessus. Derrière, la lessiveuse à rincer les verres, la lessiveuse d'eau de source pour garder la limonade au frais, un arrosoir de la meilleure eau pour le pastis...

L'arôme précieux étincelait ici et là, bijoux piqués sur le splendide décolleté de la clairière. Chaque famille à Clerguemort faisait son pastis. Les femmes savaient les herbes aromatiques, les hommes la qualité de gnôle qu'il fallait, ne venait du pharmacien que la minuscule fiole d'anis que le gosse suçait, après, des mois durant, la promenant à coups de langue d'un bout à l'autre de la bouche, la faisant tinter contre ses dents, il va bien se les casser ! s'il n'avale pas la bouteillette ! incroyable ce que le verre garde longtemps le goût de l'extrait d'anis. Pour la vote, les plus fins pâtissiers s'y prenaient une semaine à l'avance afin de préparer le pastis laïque, aussi avait-il un goût particulier, reconnaissable entre mille, cela tenait peut-être à la grosse quantité...

La vote n'était qu'une toute petite fête, mais singulière, chacun s'y connaissait, un gros anniversaire familial en somme, rien à voir avec les foules d'une Fête du Trône ! Il n'y avait pas de filles à découvrir, seulement les filles connues, les filles repérées depuis longtemps devenaient abordables, et les garçons entreprenants.

Même les gigantesques châtaigniers séculaires du Cagnar ne se reconnaissaient plus. Traditionnellement, l'année scolaire se terminait par la fabrication de guirlandes et de fleurs de papier aux couleurs vives. Il y avait aussi, sur un tronc, la planchette de la loterie, avec les trois roulettes pour tirer jusque dans les centaines les numéros vendus le matin à l'aubade avec les fougasses. Un autre tronc portait en pendentif la poupée joufflue qui était le gros lot. Bref, les vieux châtaigniers semblaient déguisés.

Les pieux les plus solidement plantés étaient les quatre pins de l'orchestre. Ils n'avaient été ébranchés que sur les deux mètres du bas ; sur les planches de l'estrade, à un mètre de hauteur, le Paul, le Zé, le Sylvestre, dirigés à coups de menton par le Félobre tirant sur son soufflet, faisaient leur musique entre quatre arbres de Noël reliés par des guirlandes. Pour les tangos, ils marquaient si lourdement la mesure du pied que tintaient les bouteilles de bière qu'ils tétaient avidement entre deux danses.

Collé contre le pied d'un des quatre pins de l'estrade, Jean Hur restait des heures, extatique. Il fallait l'en arracher. Au-dessus de lui, l'accordéon, la clarinette, le violon, les tambours assortis autour de la caisse comme des casseroles autour d'un gros chaudron, les musiciens régnant sur la foule, la musique, tout ce qu'il y avait de plus merveilleux au monde...

C'étaient des demi-dieux.

Jean Hur s'impatientait entre les danses, enrageait du temps perdu à boire et à souffler, des dieux connaissent-ils la soif et la fatigue ? Ils riaient, plaisantaient comme des hommes, sans égard pour la majesté de la musique.

On dansait sur la terre battue, tonsure au centre de la clairière, tant on s'en donnait de bon cœur que cela ne soulevait bientôt plus de poussière. La châtaigneraie montait jusqu'à mi-flanc, jusqu'à la Régordane, la route de Paris, par des barres abandonnées aux fougères et aux bruyères, maintenant, parce que dans les temps on bêchait même sous les châtaigniers pour les aérer. C'étaient les coulisses et les commodités. Les hommes, curieusement, se groupaient toujours pour gravir deux barres : au-dessus de la clairière ils « changeaient l'eau aux olives », se criant des gaillardises, alignés face à la murette comme un peloton d'exécution.

On se communiquait les dernières nouvelles de la santé de Luc, mais jamais la moindre allusion à la nature de son infirmité, non plus à sa cause. Le petit gendarme Lucchetti s'en était inquiété fort courtoisement, en arrivant, auprès du maire, on ne lui en voulait pas, à lui. Le nouveau brigadier faisait celui qui n'est au courant de rien, que ça ne regarde pas, c'était un homme d'âge qui n'allait pas se fourrer dans des histoires impossibles si près de la retraite.

Les tireurs, qui redoutaient la terrible claque sur l'épaule que donne le Mauser, se rattrapaient avec les balles d'étoffe bourrées de son. Les plus visés dans le massacre étaient Hitler et Mussolini, dessinés sur contre-plaqué d'après les caricatures de Cabrol dans *L'Humanité*, les noms écrits dessous, heureusement, Jeannot ferait mieux déjà, pensaient les Hur qui se tenaient à quatre pour ne pas l'expliquer à la ronde, ils sont susceptibles au village !

Alain Doiren allait d'un stand à l'autre, accompagné du maire, Milca suivait discrètement, à la distance d'une infirmière derrière un convalescent de marque. Les Hur endimanchés et l'instituteur de Clerguemort parlèrent distraitement, en collègues, les pédagogues d'Alès ne pensaient qu'à l' « affaire », une sale histoire pour un débutant, ils n'en parlaient pas mais se disaient que M. Doiren avait eu bien de la chance de tomber sur un village comme le leur.

Alain avait passé un mauvais moment. La mutilation volontaire de Luc Roux lui avait brutalement donné la mesure, et de la grandeur de son sacerdoce, et des responsabilités incommensurables qu'il impliquait. Ce n'eût pas été une faute de ne point raconter l'histoire de l'œil crevé du collégien Gambetta, elle ne figurait qu'en italique, parmi les textes facultatifs en fin de chapitre. Il savait pourtant combien ce petit Luc était attentif, mais allez imaginer tant de volonté, tant d'innocence ! Alain ne se serait peut-être jamais pardonné sans le Jaurès, sans l'attitude vraiment inattendue des gens de Clerguemort, les parents de Luc les premiers. Jamais personne n'avait eu l'air de mettre en cause son enseignement, au contraire, Clerguemort n'évoquait jamais l'accident qu'en termes très vagues, et comme s'il avait lié l'instituteur et l'élève d'une sorte de parenté. Alain visitait régulièrement les Roux. Il était reçu aux Fartailles comme un proche cousin qu'on ne se connaissait pas, d'une autre classe, dont on pouvait être fier. Les Roux, bien sûr, ne parlaient jamais directement de la chose, rarement même de leur fils, néanmoins leurs propos à bâtons rompus laissaient percer la découverte qu'ils venaient de faire, eux aussi, d'un enfant exceptionnel. Ils écoutaient mieux l'instituteur quand il parlait d'une prolongation des études, sans ces rebuffades coutumières chez les mineurs pour lesquels le secondaire est du domaine des privilèges de la noblesse, tellement au-dessus de leurs moyens qu'on hésite à leur en parler, c'est un peu comme si l'on se moquait, si l'on jouait à la poudre aux yeux. « Ne pas vouloir péter plus haut que son cul », selon leur expression, c'était, dans leur position, la sagesse même, le meilleur moyen de ne pas tomber de haut, de ne pas fabriquer des aigris. Alain en était à se méfier des paroles les plus anodines, il était devenu taciturne.

Le Jaurès était préoccupé par le jeune instituteur.

Le maire de Clerguemort aurait été incapable d'exposer le cheminement de ses inquiétudes, question de nez... Il avait trouvé ceci : qu'il était temps de refaire les peintures à l'école, logement compris, aux frais de la municipalité, pour prendre en pension l'instituteur. Il n'y avait dans cette hospitalité forcée par la moindre manœuvre pour pousser le jeune homme dans les bras de sa fille. Le Jaurès n'y pensait même pas, cet homme si clairvoyant ne voyait rien du tendre rapprochement, tacite il est vrai, entre Milca et Alain. D'ailleurs, la cohabitation n'avait pas fait avancer l'idylle, au contraire. Milca, le jour même de l'emménagement provisoire du jeune homme dans la chambrette sous les toits, avait marqué de nouvelles distances par quelques gestes, quelques mots, en parlant d'autre chose ; c'est qu'elle se serait méprisée de profiter en quoi que ce soit du bel aveuglement de son père, délicatesse qui n'avait pas échappé à Alain : cette douce jeune fille était vraiment la pureté même, la compagne rêvée...

C'est autour de la table, après le fromage, quand ils restaient seuls, à peu près tranquilles, tandis que les femmes faisaient la vaisselle dans la patouille, que le maire, par bribes, commentaires rogues qui s'articulaient quand même l'un sur l'autre d'un repas sur l'autre, fit savoir comment il voyait, lui, le geste de Luc Roux.

Un réflexe prolétarien, rien de plus, imbécile, ça n'empêchait pas, s'il suffisait d'être mineur pour avoir toutes les qualités, ce disant il devait penser au Mèffi qui ne transigeait pas sur la sainteté de la classe ouvrière. Le Jaurès n'avait ni le jargon ni la rigueur de pensée qui conviennent à l'idéologie marxiste. Il ne discourait que lorsqu'il ne pouvait faire autrement, sur une tombe ou pour présenter un orateur de métier, il avait beau alors tourner au plus court, c'était pitoyable.

La politique restait de la pratique quotidienne pour lui, sans phrases, avec le moins de complication possible. Il avait toutes les peines du monde à exprimer une loi générale qu'il connaissait, qu'il appliquait, dont il savait, par contre, voir les effets concrets dans leur détail matériel. C'est assez dire qu'il fit des efforts pour essayer de préciser ce qu'il ressentait, pour le relier raisonnablement à une philosophie sociale qu'il avait adoptée une fois pour toutes, et plus d'efforts encore pour communiquer tout ça au jeune instituteur.

Qu'est-ce qu'ils ont comme moyens, les pauvres diables d'ouvriers dans son genre, pour se défendre ? ils ne peuvent se faire prendre au sérieux qu'en se faisant du mal à eux-mêmes, pas à la façon des chrétiens (des vrais s'entend !) en tendant l'autre joue, mais enfin... Une grève, tenez ! c'est à peu près actuellement la seule arme de la classe ouvrière pour faire caler le patronat, et pourtant, une grève, pour sûr, ça emmerde le patron mais ça emmerde bien plus encore l'ouvrier ! Quand je pense qu'il s'en trouve pour croire que le mineur se met en grève de gaieté de cœur ! pour le dire, et même pour l'écrire ! Comme si on se mettait en grève par fainéantise ! Les gens qui écrivent des trucs pareils, d'abord, ils ne peuvent même pas se faire l'idée que le mineur peut aimer sa mine, eh bien, c'est peut-être complètement idiot mais c'est ainsi, le vrai mineur, il aime son boulot, et d'un ! Il n'arrête donc pas pour le plaisir, ensuite, si la grève peut faire perdre quelques sous aux patrons — et encore, ils ont mis sur pied tout un tas de systèmes de compensation, de manière à perdre le moins possible de pognon, quoi qu'il arrive ! —

l'ouvrier, lui, il crève de faim, et, ce qui est pire ! il fait crever de faim sa femme et ses gosses...

Ce n'est pas réjouissant, mais c'est comme ça, l'ouvrier, il ne peut se défendre qu'en se faisant d'abord du mal à lui-même. Si vous voyez un autre truc, faites-moi signe...

Évidemment, dans ce cas, c'est un peu particulier... C'est, comment on pourrait dire... que c'est compliqué ces choses, punaise ! tiens : c'est un acte individuel, comme dirait le Mèffi.

Le Mèffi ne l'avait pas dit. L'acte individuel était trop frais, trop grand surtout. Le Parti ne pouvait être pour, lui non plus donc. Il aurait fallu mettre les choses au point, allusivement, pour ramener les gens dans l'orthodoxie marxiste. Les exemples significatifs ne lui manquaient pas, dans la guerre du Maroc, par exemple, les soldats qui se faisaient sauter deux ou trois orteils, même si ce n'était pas par trouille, mais par solidarité avec les peuples en lutte pour leur indépendance, contre l'impérialisme, l'ennemi commun de tous les prolétaires du monde. Non, dans le plus clair des cas, le Parti ne pouvait approuver le coup de canif. C'était « de l'acte individuel ». L'action véritable se reconnaissait à ce qu'elle entraînait les masses, ce qui ne signifiait pas, bien sûr, que l'idéal du marxisme serait le régiment au grand complet en train de se faire sauter le gros orteil, non, ce n'était pas ça...

Ce n'était pas non plus parce qu'il finissait toujours par se perdre un peu dans les méandres de sa pureté marxiste — et il s'en trouvait toujours pour l'embrouiller hypocritement — que le Mèffi ne s'était jamais lancé publiquement dans le redressement idéologique dont il ressentait, en militant, l'urgente nécessité. Il ne s'avouait même pas à lui-même la raison profonde d'une discrétion qui ne lui était pas habituelle : le geste du petit Luc lui imposait. Un fils de mineur, et si jeune, de la graine de Bara ! Le Mèffi, secrètement, en pétait d'orgueil, il en crevait, car, enfin, ce n'était pas un exemple à donner, on ne pouvait qu'approuver les camarades du rayon qui n'avaient pas voulu transmettre à *L'Huma* l'article, pourtant plein de prudentes précautions idéologiques, qu'il avait pondu péniblement, tirant la langue. Il n'était devenu gris que lorsque le responsable à la propagande avait lâché : « Dis, c'est qu'il est peut-être un peu dérangé, ce gosse ? »

Le Mèffi et le Jaurès ressentaient toutefois un même besoin obscur de faire quelque chose, de ne pas laisser ça là, ce serait trop moche, vraiment, ce serait injuste, encore plus injuste que le reste :

— Cet œil ne sera pas perdu pour rien... murmurait le maire d'un air entendu, mais il ne voyait pas pourquoi, ni comment faire pour qu'effectivement cet œil ne soit pas perdu pour rien.

— Pour un œil, les deux yeux ! grondait le Mèffi sans aucune intention spirituelle, par mépris des chrétiens, par haine des capitalistes, des forces de l'ordre à leurs bottes, de cette société criminelle, sans excepter ceux qui peuvent encore dormir tranquilles après une histoire pareille.

A Clerguemort, le maire et le secrétaire de la cellule avaient une manière fondamentalement différente d'être communiste.

Le Jaurès ne portait jamais très loin ses regards, ni dans l'avenir, ni dans l'espace. La politique étrangère l'ennuyait vite, le bonheur de ses arrière-petits-neveux n'entrait pas dans ses préoccupations immédiates, en revanche les questions les plus journalières qui se posaient dans les limites de sa commune l'empêchaient facilement de dormir. La pompe et le décorum le dégoûtaient. Il n'avait jamais tiré du carton son écharpe de maire. S'il négligeait le drapeau national, ce n'était pas par anarchisme, mais comme un hochet puéril qui n'était plus de son âge. Le drapeau rouge ne le séduisait guère plus, le Mèffi s'en occupait assez tout seul.

Pourtant, communiste, le Jaurès l'était chaque jour plus profondément, chaque réponse que lui fournissait la doctrine pour régler pratiquement un problème qui lui tenait à cœur l'attachait mieux au marxisme. C'est en toute confiance qu'il s'abandonnait au Parti pour le règlement des vastes questions internationales et philosophiques. Il ne lisait pas tous les comptes rendus du Bureau politique, mais il n'était jamais en désaccord, ce qui allait tout seul, si bien qu'il ne faisait que les parcourir, ce lui était comme une mélodie familière et rassurante, et dont il éprouvait parfois le besoin, bel et bien ! La seule chose qui lui était désagréable était de voir, sur des photos, les camarades de l'Armée Rouge défiler en uniforme devant des généraux décorés, sabre au clair, mais il se disait alors que c'était les désagréments inévitables de la prise de pouvoir et de la place à tenir parmi les nations capitalistes, comme les ambassadeurs et tout le saint-frusquin des gouvernements.

Le Mèffi, au contraire, s'irritait parce que les membres de la cellule n'arboraient jamais la faucille et le marteau sur leur revers. Il tonnait volontiers contre les communistes en peau de lapin qui fourrent leur drapeau dans la poche, sans voir qu'il essayait d'obtenir par un appel à la vanité puérile des hommes ce qu'il ne pouvait obtenir par la persuasion.

Si différents qu'ils fussent, le maire et le secrétaire de la cellule étaient, de loin, les deux têtes communistes de Clerguemort. Il n'est pas exagéré de dire que trois fois rien distinguait les autres communistes membres de la cellule des sympathisants et des simples électeurs. La carte, c'est tout. Inscrits ou non, les autres considéraient le Parti comme le leur parce qu'ils étaient mineurs, tout simplement, c'était, dans les faits, moins du dévouement que de la possession, il faudrait bien voir que le Parti ne les défendît point ; plutôt ! ils accablaient le maire et le militant d'exigences et de critiques mais que le Mèffi se pointe pour demander si l'on avait une bonne raison pour n'être pas venu à la dernière réunion mensuelle de la cellule, on l'envoyait sur les roses, sans aménité, ça n'empêche pas le sentiment bien sûr, et qu'on n'oublie pas de passer me prendre pour le Grand Soir !

Bon ! le Parti était à eux, pas vrai ? Mais, eux, attention ! ils n'avaient d'ordre à recevoir de personne, qu'on se le dise !

Les mineurs mis à part, les autres gens de Clerguemort ne votaient pas vraiment communiste, ils votaient pour le Chapon de l'Arboussas qu'était resté le Jaurès qui pouvait bien dire ce qu'il voulait, tout ça, c'était de la politique, mais on ne pouvait pas trouver plus serviable, plus dévoué, du bon pain, incapable d'une saloperie, qu'est-ce que vous demandez de plus ? On les eût bien étonnés si on leur avait dit qu'ils donnaient ainsi leur appui aux bolcheviks ! Ils avaient beau le lire dans leur journal, ils ne le croyaient pas. Seul, le Mèffi lisait *L'Huma*. Clerguemort se partageait entre *Le Petit Méridional, Le Petit Provençal*, quelques *Éclairs* du côté de la filature et des culs bénis. D'abord, on ne lisait guère que les nouvelles de la page locale, quelques faits divers retentissants, et les sports quand on n'était pas encore marié. Chacun des quotidiens publiait fréquemment des articles et des études anticommunistes plus ou moins sournois ou virulents, mais l'électeur du Jaurès, même quand ses yeux tombaient dessus, ne se sentait pas visé, les communistes dont il était question dans ces lignes étaient des monstres d'une espèce mythique comme on n'en connaissait heureusement pas à Clerguemort. Les communistes du journal étaient des êtres froids, taillés sur le même modèle, pensant toujours la même chose, disciplinés, méchants, etc., mais, surtout, surtout ! exactement pareils, tous.

Certes, le lecteur du *Provençal* ou du *Méridional* ne prétendait pas que de tels monstres n'existaient pas, encore que l'opinion que tous les journaux n'étaient remplis que de mensonges fût assez bien portée à Clerguemort, simplement les communistes de son journal n'avaient rien à voir avec ceux de son village. On trouvait même de ces lecteurs pour vous faire tout un plat de leur anticommunisme, mais ils évitaient le sujet devant le Jaurès, on ne parle pas de corde dans la maison d'un pendu, le pauvre ! chacun porte sa croix, ici-bas ! Et, si les mêmes attaquaient le Mèffi sur son bolchevisme, c'est que, justement, ce grand braillard n'avait rien à voir avec notre maire, et qu'il faut bien se payer un bon moment de temps en temps.

Hors de la présence de ces deux-là, vous pouviez raconter, sans choquer personne à Clerguemort, que les bolcheviks s'abreuvaient de sang dans le crâne des nouveau-nés, l'image eût même paru pittoresque à certains, mais les mêmes vous eussent cassé la gueule si vous vous étiez permis d'émettre le moindre doute sur les bonnes intentions du Mèffi ou du Jaurès, ah ! mais.

Il y avait déjà une troisième sorte de communiste à Clerguemort, le Noël Tarrigues, mais on l'y connaissait mal encore.

C'est l'hôpital qui rapprocha Luc Roux et Noël Tarrigues.

27

Noël Tarrigues

Les yeux sont solidaires, on n'y penserait pas, il faut une occasion, Luc Roux l'avait, et aussi le temps d'y penser, tout le temps, la nuit est longue quand il n'y a plus que la nuit.

L'œil intact avait cessé d'y voir. L'enfant crut d'abord que c'était à cause de la douleur, mais il repoussa toute nouvelle illusion, quand le médecin eut pris la peine de lui expliquer savamment cette inimaginable solidarité de nos yeux. Cependant, on lui bandait effectivement les deux yeux. Luc se dit qu'il fallait se faire à la nuit à jamais. Pleurer, à quoi bon ? et comment, d'abord ?

C'est à ses oreilles qu'il se raccrocha, ce fut affreux, à souhaiter la surdité par-dessus le marché. Ces voix, ces cris, ces injures, ces obscénités, ces gémissements... insoutenable ! croissante cacophonie qui dégageait ses relents assortis, passons. A se boucher le nez...

La façon dont on s'y prenait pour lui faire ses pansements sans qu'il puisse vérifier la vision du bon œil l'avait tout à fait convaincu que lui promettre qu'il y verrait bientôt n'était qu'une pieuse menterie.

La nuit totale dura toute une semaine. Interminable.

Luc Roux connut le désespoir comme un homme.

Il ne pouvait s'empêcher d'aménager sa nuit, d'apprendre à reconnaître les infirmières à leur voix, les voisins de salle à leur pas, les mourants à leurs soupirs. Il ne posait aucune question, refusait toute conversation, s'interrogeait sur ses dispositions musicales, se demandait quel endroit serait le plus fructueux pour poser sa canne blanche et tendre la sébile.

Il fallut presque l'attacher pour qu'il ne quitte pas son lit afin d'apprendre à se diriger tout seul dans la salle commune.

La longue nuit commença à se dissiper lorsqu'on remplaça le pansement qui lui faisait le tour de la tête par des lunettes à verres fumés, qui servaient aussi à faire tenir d'un côté le pansement en bouchon dans l'orbite.

Timidement, Luc Roux rouvrit l'œil qui lui restait. Il ne vit rien, ce qui le déçut à peine. Il était vraiment parvenu au fond du plus grand des désespoirs adultes. Depuis quelques jours, il essayait de mettre en conserve ses souvenirs colorés. Il s'épuisait en efforts vains et pénibles. Les rares couleurs qui remontaient facilement dans sa mémoire étaient d'une futilité, d'une vanité invraisemblables. L'encre violette en grains que l'on utilisait à l'école, lorsqu'elle séchait en couche assez épaisse dorait sur les contours, il revoyait parfaitement dans sa nuit les cernes dorés de la tache et pourtant il n'avait jamais réellement remarqué ça, l'avait-il vu seulement quand il y voyait encore ? C'était ainsi, il n'en doutait pas, l'encre violette dorait en séchant...

Il entendait les infirmières donner en exemple sa patience, son courage, cependant qu'il se sentait mourir de désespoir.

En quelques heures le noir du verre pâlit, bientôt s'agitèrent des ombres blafardes, un arc-boutant doré : le soleil par la fenêtre. Du jour au lendemain, Luc Roux commença à distinguer le décor et les silhouettes qui l'entouraient.

Depuis plusieurs jours, Luc sentait auprès de son lit comme une présence ardente, passionnément muette et attentive, ce fut le premier qu'il reconnut : le Noël Tarrigues, ils se connaissaient à peine bien qu'ils fussent de Clerguemort tous deux, Luc se mit à l'aimer d'avoir su se taire.

Drôles de gens que ces Tarrigues. Ils habitaient la maison après celle du Jaurès, du même côté, entre la rue et la rivière, mais pour ainsi dire les volets toujours mis côté passant ; côté rivière, ils étaient tranquilles, pas de vis-à-vis, mais ils avaient quand même mis des palissades en *canisses* sur leur terrasse, comme s'ils avaient quelque chose à cacher, on s'était longtemps demandé quoi, rien sans doute puisqu'on n'avait rien trouvé, les gens sont comme ils sont.

Ces Tarrigues vivaient comme s'ils n'étaient pas de Clerguemort, les gens n'y étaient pour rien, ils s'étaient mis eux-mêmes en quarantaine.

A croire qu'on ne les intéressait que mort, puisqu'on ne les voyait jamais autant qu'aux enterrements. Cela venait de la Grande Guerre, environ 1917, quand le père, l'Agénor Tarrigues, revint du front gravement gazé. On put le voir alors. Il se coucha. Les Tarrigues tirèrent leurs volets. De temps en temps, le docteur Jeanjean descendait de Génolhac, entrait dans la maison refermée sur elle-même, y restait de fameux moments, en ressortait sans un mot, sans une moue traduisible en bon patois. Le docteur Jeanjean était un robuste gaillard, railleur et boute-en-train, ce genre de bavard qui n'a pas son pareil pour garder le secret professionnel ou non, Clerguemort l'adorait quand même. Le gazé traîna jusqu'aux vendanges de 1929, peut-être goûta-t-il le vin nouveau, il avait des hauts et des bas, des bons moments aussi, la preuve en était la fillette qu'il fit à sa femme, l'année d'avant sa mort. La paternité n'était pas douteuse, Clerguemort vivait trop intimement pour que soit possible ce genre de vilenie, sans qu'on le sache du moins. Claire, elle avait quatre ans à présent, une terrible, disait-on, on ne la connaissait guère non plus. Les gens purent donc voir l'Agénor une dernière fois avant qu'on le cloue dans sa boîte, il n'avait pas tellement changé depuis 1917. On ne l'avait pas vu depuis, mais on n'avait cessé de le sentir. Moribond ou non, il continuait de tout diriger chez les Tarrigues, dans le secret de la maison bouclée, il faisait bien des enfants encore ! On l'avait accompagné au cimetière. Il avait refusé le pasteur, un scandale, une famille où l'on est huguenot depuis Calvin ! Il avait lui-même réglé tous les détails de ses obsèques, il les avait retouchées et fignolées pendant douze ans. Autour de la fosse, les gens de Clerguemort sentirent intensément que du fond de son trou, de dedans ses quatre planches, il continuait de commander, et ce n'était pas fini, il faut bien le dire, mort ou pas, on sentait bien que c'était toujours l'Agénor qui menait la maison derrière ses murs impénétrables, à douter de sa mort, puisque après tout on le voyait autant que de son vivant, ça faisait drôle, drôle de maison, drôles de gens.

La veuve devint une grande veuve noire de plus, ni meilleure ni pire que les autres, plus retirée seulement. Trois orphelins, Camille, qui rentrait de son service militaire en 1931, Noël qui allait sur ses dix-sept ans, et Claire. Les deux fils travaillaient à la mine ainsi que l'oncle, Albéric, le frère de la veuve, vieux garçon qui vivait avec eux et comme eux, trois mineurs dans cette maison, et ils vivaient quand même à part, ainsi.

Camille avait fait son service dans les chasseurs alpins, il avait ramené sa femme, une belle créature blonde, épousée en garnison, supposait-on, mais pas de doute là non plus, la mairie et la mine avaient exigé le livret de famille pour des formalités. L'épouse avait quelques années de plus que le Camille, dans les vingt-cinq, trente, elle faisait retourner les gens sur son passage, car elle était belle et lointaine comme une femme de grande ville. On l'appelait la Niçoise, on la voyait encore moins que les autres, il paraît qu'elle prenait des bains de soleil quasiment à poil derrière les canisses de sa terrasse sur la rivière. C'est la vieille qui faisait les courses, autant dire le pain, les mineurs ramenaient le reste, le facteur apportait l'exceptionnel par colis contre remboursement de la Manufacture de Saint-Étienne, de la Samaritaine ou des Galeries Lafayette. La Niçoise commandait beaucoup, on se demande pour qui, pour son mari seulement ? quel gaspillage ! Tous les gaillards de Clerguemort, les garçons en fin de puberté aussi, rêvaient tout bas, ou tout haut, c'était selon, de crever d'amour la belle cavale de Nice, d'autant plus que Camille était d'une jalousie, pas d'autre explication, à rentrer de la mine comme un dératé pour s'enfermer avec sa Niçoise, et terminé ! on ne le voyait plus jusqu'à l'heure de repartir pour le charbon. Ni buvette, ni pétanque, ni pêche, ni *clu*, n'était-il pas allé jusqu'à se payer une voiture, une automobile, oui ! lui, un mineur ! Clerguemort avait cru jusque-là qu'il n'y en avait que dans les livres, des femmes qui font faire des folies aux hommes. Une familiale Renault à nez pointu, d'occasion mais en parfait état. Elle était rangée dans l'ancienne remise des charrettes d'Agénor, sous le premier étage d'habitation. Un escalier intérieur descendait là. Les vantaux s'ouvraient au moment où on s'y attendait le moins et la voiture démarrait, vous passait sous le nez avant même que vous ayez le temps de voir qui était à l'intérieur, exactement, et quelles toilettes. C'était peut-être bien pour ça, la *tabazille !*

Le pauvre Agénor Tarrigues avait été l'un des premiers socialistes de Clerguemort, l'un des plus ardents. La famille avait toujours été l'une des plus « avancées » de la commune. On rappelait que c'était un Tarrigues qui avait acheté le premier fouloir à rouleaux et à manivelle alors que tout le monde foulait avec les pieds, et qu'il avait organisé un tour gratuit pour que les voisins en profitent, prophétisant les bienfaits des coopératives de l'avenir. La maison avait bien changé depuis.

L'Agénor avait partagé la dévotion du Chapon de l'Arboussas pour Jaurès, aussi longtemps que le futur maire de Clerguemort, jusqu'à son départ pour le front, avec du retard. Il avait lui aussi hésité à faire comme le Jésus, à prendre la montagne, mais il n'était plus assez chrétien pour ça, et s'échapper tout seul, ce n'était même pas socialiste. Après, on ne savait pas, on ne savait plus... Même lorsqu'il était rentré avec son plein de gaz, on n'avait pu savoir si la guerre l'avait complètement retourné, ou si, au rebours, plus socialiste que jamais, il en voulait à tous les socialistes du monde de n'avoir rien fait pour empêcher ça, les deux versions étaient aussi vraisemblables. Les Tarrigues, c'était un fait, votaient toujours socialiste, et ne voulaient rien entendre, ce qui fait qu'on ne savait même pas si c'était par respect du vieux, par conviction, ou encore un biais pour se mettre à part du village. Les deux voix, celle du Camille et de son oncle, l'Albéric, ne se retrouvaient sur le nom du Jaurès que pour la mairie. Dès qu'il s'agissait d'autre chose, même du conseil général, leurs deux voix se portaient sur le candidat socialiste, ou le plus approchant, même s'il n'avait pas la moindre chance. Ils n'étaient pas les seuls dans le village à ne voter communiste qu'aux municipales exclusivement, mais ils étaient bien les seuls, avec les gens du Grand Moulin, à toujours voter socialiste, quoi qu'il arrive ; drôles de gens, on le voit.

Chacun fait comme il pense, on s'y était fait, mais la grève de 1929 changeait tout : les trois mineurs Tarrigues firent les renards. Ces choses-là ne s'oublient pas facilement. Depuis, Clerguemort ne pouvait s'empêcher de les considérer comme le ver dans le fruit.

Trois ans après, c'est à peine si on commençait à leur rendre le bonjour, des gens qui roulent carrosse, d'ailleurs ! tout se paie, ils se donnent des airs, c'est bien simple, dès qu'ils s'endimanchent, ils n'ont plus l'air d'être des mineurs. Pour un peu ça parlerait pointu...

Noël était de petite taille. Il avait un beau visage régulier, des traits purs, de beaux yeux noirs qu'ombraient des cils de femme, une chevelure légère d'un blond tirant sur le roux, des taches de rousseur, la démarche, l'allure, les gestes lents et souples. On ne l'avait jamais vu rire. Les filles, les jeunes femmes ne pouvaient plus l'oublier, elles auraient crié s'il s'était avisé de les approcher, il était vraiment trop beau, elles en avaient peur.

Sur la montagne cévenole, l'hôpital est l'épouvantail, pire, l'enfer vient tout juste après, pire encore, l'enfer on n'y croit guère tandis que l'hôpital... Le vieux que son fils désespère jette, en suprême malédiction : « Vous verrez qu'un jour, il finira par me mettre à l'hôpital ! » Les vieux envient hautement l'aîné que la mort a terrassé dans sa vigne : « Au moins, il n'a pas traîné, il n'a dérangé personne, il est mort sans connaître l'hôpital ! »

Car c'est pour mourir qu'on va à l'hôpital.

D'un point de vue plus général, le Cévenol, qu'il travaille sur la terre ou dessous, consent difficilement à être malade, le docteur Jeanjean n'y contredira pas. L'hiver encore, le paysan accepte à la rigueur de garder le lit, mais en été, rien à faire, et quand les vendanges arrivent, il faut bien que la maladie attende, puisque le raisin est prêt. C'est le travail qui commande.

C'est un fait que la majorité des vieux meurt debout en plein travail ; médicalement parlant il n'y aurait là aucun miracle, les praticiens vous diront que la raison en est toute simple, c'est qu'ils attendent toujours le dernier moment pour faire appel au médecin, ils attendent même tellement...

L'hôpital, c'est pour les mendiants, les survivants sans descendance d'une famille qui s'éteint, la fin de tout, on n'en revient jamais, tout mais pas l'hôpital !

L'hôpital d'Alès n'était pas fait pour leur donner tort.

Il faut préciser qu'il ne manquait pas de cliniques privées, de maisons de santé ou de cures catholiques, protestantes, mutualistes, de fondations diverses, alors, ce qui restait pour l'hôpital... !

C'était une longue bâtisse à petites fenêtres, sombre et sinistre, dans un bain de poussier, trop près des fonderies et des puits de Rochebelle, de Tamaris et de la Royale, et pourtant trop éloignée encore, parfois. Dans les beaux quartiers, autour du palais, on disait d'un air pincé que c'était la ressource dernière des ratés du bistouri, des médecins sans cabinets, des débutants, en somme on y pratiquait d'office comme pour les avocats sans causes. Dans la Cayenne, il courait des légendes horrifiantes, et plus d'une pauvre fille en était crevée, voulant se trafiquer elle-même, parce qu'on l'avait persuadée qu'à l'hôpital les curetages se faisaient à vif, que les internes s'amusaient même à vous supplicier pour vous apprendre la morale, ce qui était faux, absolument. D'autres racontars étaient quand même mieux fondés, que le petit personnel se plaisait à répandre autour des zincs du Vieux Marché, l'administration payait si mal ! La cloche commençait au niveau des filles de salle, pour finir par le cheval du corbillard maison, carne hallucinante qui travaillait plus et mangeait moins que le dernier des canassons tirant la pire des roulottes de caraques.

Un regard suffisait pour comprendre qu'il s'agissait là de l'antichambre de la fosse commune. L'intérieur était pire. Mais, pour savoir vraiment, il fallait y séjourner, et comme patient.

C'est sur ça que Luc Roux ouvrit un œil pour cette seconde naissance, beaucoup plus impressionnante, beaucoup plus grave, de l'aveugle retrouvant la vue.

L'oreille et le nez lui avaient donné de quoi construire des cauchemars, ils n'étaient rien, dans son désespoir, dans sa nuit, l'enfant avait encore arrangé la réalité. Il croyait savoir, sa grand-mère était toujours malade, son grand-père et le pensionnaire n'étaient pas très propres, ni très délicats dans leurs saouleries, les Fartailles ne manquaient ni de souillures, ni de linge sale, ni de seaux hygiéniques, ni de crachats, ni de vomi, ni de relents, ni de maux misérables, comme tout cela devenait agréablement familier, non, il n'avait encore rien vu.

Son œil s'ouvrit sur l'horreur à l'état pur, l'horreur fondamentale, la promiscuité, les misères, les souffrances, la mort, l'agonie, mais sans parenté, sans chaleur, les bas-fonds de l'humanité encagés au hasard des infortunes et des indigences. D'affreux brigands peuvent former une franche compagnie qui peut ne pas manquer d'allure, c'est que le crime et le vol gardent quelque chose d'humain, ne fût-ce que leurs fureurs et leurs appétits. Sans appétit, sans élan, sans goût, douleurs et langueurs ne peuvent que se détruire le plus lamentablement du monde, l'attroupement des Job ne peut que tasser le fumier, qu'en exprimer le jus, que le faire plus fumier encore.

L'horreur.

Luc Roux avait vécu dans l'ignorance de l'aigreur des draps souillés, trempés de sueur, du remugle d'invraisemblables ratatouilles au rabais. La misère, la mort, les vraies, sans verdure, sans vallon, sans parents, sans village, sans rivière, sans camarades. Il croyait connaître la maladie, il n'avait vu que des malades qu'on aimait au moins, un peu, il vit comment on pouvait expédier la douleur et l'agonie comme une corvée, cette indifférence à remuer la merde et le sang, cette habitude, cette habitude est-ce possible ? cette habitude lassée, cette routine quotidienne, mais comme ils avaient l'habitude de la mort !

A commencer par les malades, leurs plaisanteries en écho aux râles du grand vieux qui mourra cette nuit dans le lit 49. Le lit 42 entonnera *La Marseillaise*, dans les rigolades, quand on emmènera le cadavre à l'aube, ou plus tard, quand on pourra, « Allons enfants de la Patrie ! » toute la salle en chœur, gâteux et goitreux exceptés. Le lit 51, lui, plaint du fond du cœur, une âme sensible ! le cheval du corbillard, encore heureux que le vieux soit si maigre, mais quand même ! quand on pense à ce pauvre canasson, l'administration est inhumaine. Il faut tenir compte qu'avec les morts, la salle ne se laissait pas aller sans réserves, tandis que lorsqu'il arrivait une avortée, une césarienne, quelque belle garce qui fuyait de la tuyauterie, la grande salle commune pour le coup montrait sa verve. Allons ! c'était quand même mieux ainsi, s'ils l'avaient pris autrement, il en serait crevé le double, et il ne serait plus resté aux derniers survivants quotidiens que la solution de se faire sauter le caisson.

La vue de Luc, la voilà, la vue qu'il eut quand il refit son entrée dans le monde, quand il revit le jour. Il eut d'abord, sur l'immédiat, une envie folle, presque maladive, de regarder voler des hirondelles, ça ne s'explique pas, rien que des hirondelles, dans le ciel, c'est tout, un ou deux nuages en plus si l'on ne pouvait faire autrement.

Des hirondelles, où ? il fallut bien qu'il regarde, ce fut sa chance, il comprit son immense bonheur, la vie ardente qui l'aspirait irrésistiblement, tous ces ans à venir, ces belles années à remplir de vengeances, de colères et de victoires en loques, il se sentait de taille à sortir en écartant les murs. Adieu mon enfant ! pas de limite d'âge pour entrer dans la bande farouche des rebelles !

Noël Tarrigues n'était qu'un rouquin : l'œil brumeux de Luc le vit auréolé d'or comme une tache d'encre.

Entre Luc et Noël, ce fut comme un coup de foudre.

Qu'on veuille bien entendre, pour une fois, qu'il ne saurait rien y avoir de trouble entre eux, rien de moins efféminé que ces deux jeunes Cévenols ! et si leur amitié, certes, fut bien particulière c'est bien étrangement pour ce fait que leurs émotions, leurs sentiments n'avaient rien de personnel, Luc et Noël n'étaient pas amoureux de leurs personnes mais de l'humanité souffrante, c'est ainsi, et à un point tel qu'il n'est guère d'autre vocabulaire qui convienne mieux pour évoquer cette étrange idylle politique, ce sont les images et les effets du lyrisme qui viennent tout naturellement.

Luc, onze ans, et Noël, dix-sept, n'étaient que deux amants de la même captive. Ils sortaient chaque jour un moment de leur puante caverne pour de merveilleuses balades, ils étaient pleins à leur façon de clairs de lune, d'alouettes, de soupirs, de timidités, d'audaces, de rougeurs subites et d'aveux frémissants.

Il y a l'éveil. Qu'elle se tende vers Dieu, vers une femme ou vers le prochain pitoyable, l'éveil d'une jeune âme est tendre, touchant comme un premier coup d'aile, d'une aile encore duvetée dans l'immense bleu d'un ciel qu'on croit solide, comment dire, on en voudrait faire un vitrail, on en fait des bonbons, tant pis ! ce n'est pas le fait qui est fade, c'est le dire, et la voix humaine.

Noël avait été blessé à la mine, le pied pris sous une berline. Il en était au même point d'hospitalisation que Luc : pansement et soins matin et soir, quartier libre entre-temps, ce n'était pas dit, mais on n'allait pas leur chercher des histoires du moment qu'ils n'avaient plus de fièvre, ça faisait toujours deux de moins à se fourrer dans les jambes, on se marchait dessus rien qu'avec le personnel indispensable. Bon vent, à ce soir !

Noël tirait la patte, appuyé sur une canne à gros embout de caoutchouc, s'appuyant un peu sur l'épaule de Luc, l'aveugle et le paralytique ; ils devaient souvent faire la pause, ce n'était pas si désagréable.

Ils connurent enfin leur ville.

Ils en étaient encore à l'âge boulimique où l'on dit que « tout fait ventre », pour ces deux-là, tout fit cœur. Ils commencèrent par le cimetière, après l'hôpital, sans blague, ils n'avaient pas le cœur à rire.

— Même les morts ont leur parti, dit Noël.

Le cimetière d'Alès se divisait en trois parties séparées, l'une réservée aux morts protestants, la deuxième aux catholiques, la troisième aux juifs. Ils ne parlaient pas la même langue : le français des Évangiles, sur les pierres tombales huguenotes, le latin sous les croix, l'hébreu sous les étoiles.

Luc ni Noël n'ajoutaient rien, inutile, déjà.

Plus tard, Luc disait :

— Même ici, il y a les pauvres et les riches.

Il regardait les fosses et les mausolées. Le regard unique l'obligeait à amplifier les mouvements de la tête. Il s'y prenait encore assez mal pour saisir les objets à plus d'un mètre, il refermait les doigts, devant, ou au-dessus, empoignant le vide, Noël ne semblait pas s'en apercevoir, il choisissait des moments comme ceux-là pour demander, mine de rien, s'il boiterait jusqu'à la fin de ses jours.

Ils revinrent plusieurs fois au cimetière, ils y étaient tranquilles, les dalles étaient à bonne portée pour les pauses.

C'est là qu'ils parlèrent de la guerre. Ils y vinrent par l'ypérite, conduits par Noël Tarrigues, dont l'enfance et la puberté n'avaient respiré que dans l'agonie d'un poilu que Verdun avait mis douze ans à tuer.

— ... Quand le souffle lui revenait, il me racontait sa vie. La mort n'a pas dû le changer beaucoup, toute une vie dans la terre, les galeries de la mine, puis les tranchées...

Luc n'avait jamais pensé à la guerre. Il s'en voulait.

Noël n'avait jamais rien lu de Jules Verne. C'est un jour qu'ils faisaient la pause devant les hauts fourneaux que Luc lui en parla. Il tombait une de ces bruines typiquement alésiennes qui vous trempent jusqu'à l'os avant que vous ayez senti l'humidité, qui fixent comme un fusain la poussière de charbon éternellement suspendue sur la ville. Charpentes, chevalements, tuyauteries, réservoirs, trémies, bennes, treuils, câbles, semblaient sortir d'un bain d'huile, cette monstrueuse ferraille criait et crachait du feu dans le ciel de brai.

— C'est formidable, dit Luc, surtout qu'on ne peut pas dire que ça vient du bon Dieu, c'est les hommes qui ont tout fait, tout inventé, tout construit, tout ! comme le capitaine Nemo !

— Quel capitaine ?

Luc lui raconta *Vingt Mille Lieues sous les mers*. Les circonstances, la qualité de l'attention, leur fièvre intérieure grandissaient le héros, que Luc tirait à lui, qui devenait le premier de l'espèce nouvelle des savants prolétariens qui mettront les moyens fantastiques du progrès au service des pauvres pour la grande revanche du malheur.

Ils se complétaient et se renforçaient. Luc avait plus de cœur, Noël plus de tête. Et pourtant, c'était Luc le plus concret, tandis que Noël maniait avec pertinence les abstractions. Plus enfant, Luc brûlait d'agir, de se battre, Noël voulait d'abord penser et comprendre.

Des années durant, au chevet du moribond tenace, Noël avait bourré sa mémoire enfantine d'histoires syndicales, prises de bec avec les maîtres mineurs, les gendarmes, références à Jules Guesde, Basly et Lamendin, confidences à retardement. « Mets toujours ça dans ta tête, avec ton béret de marin dessus, tu comprendras plus tard. » Il commençait à comprendre vraiment. Depuis quelques années, il lisait et relisait les brochures, les pamphlets, les documents, les manifestes dont on s'était débarrassé, à la mort du père, en les repoussant du balai vers le fond du grenier, près d'une lucarne heureusement, ce qui rendit légère à Noël la quarantaine volontaire des Tarrigues. Cependant il n'expliquait pas cet isolement, ne commettait aucune indiscrétion de caractère familial, cela ne venait pas dans le cours naturel de leurs conversations qui dédaignaient la maison barricadée sur elle-même pour s'ouvrir sur des horizons autrement séduisants.

Noël pouvait parler de Zimmerwald, de Kienthal, de Lénine, de Clara Zetkin, du Congrès de Tours, et comme il ne parlait que des choses qu'il avait parfaitement comprises, il était toujours clair. C'est ainsi que Luc comprit comment Noël s'était, dans le secret de son cœur, prononcé pour l'adhésion à la IIIe Internationale contre Léon Blum, c'est-à-dire contre son frère Camille et son oncle Albéric, lesquels ignoraient toujours cette faction platonique au sein même des Tarrigues barricadés.

— A quoi bon chercher des histoires, je ne suis pas encore prêt...

Luc buvait le savoir de l'aîné solitaire et studieux, il s'attachait à cette poudrière d'idées que personne ne soupçonnait.

Noël admirait son cadet pour l'exemple sanglant et farouche qu'il avait donné à tous les beaux parleurs, et dont la Cévenne frémissait encore.

Pour l'une de leurs dernières promenades alésiennes, ils revinrent dans le cimetière.

— Tu te souviens ? c'est ici que tu m'as parlé de la guerre pour la première fois, murmura Luc.

Ils avaient ainsi des repaires d'amants.

Le jour de leur retour, sur le quai de la gare, Noël Tarrigues posa ses mains sur les épaules de Luc Roux, le fixa du lourd regard de ses yeux sombres, son trop beau visage plus impassible que jamais, et il énonça, comme une vérité longuement méditée, comme un serment aussi :

— Luc ! je sais que je suis plus communiste que le secrétaire de cellule et le maire de Clerguemort réunis, je sais aussi que je suis moins communiste que toi !

Tel était le boiteux, tel était le borgne qui retombèrent sur Clerguemort.

En redescendant, avec les chèvres du village, des hauts pacages d'été, l'Esaïe du Canaan évoqua les entrailles de l'abîme, avec une passion qui n'était pas dans ses habitudes, comme s'il eût senti sous ses pieds, ce jour-là, tressaillir la montagne prophétique.

28

Le projet d'Abac

— ... Quand j'ai reçu ta lettre, les quelques lignes que tu m'as écrites sur ton voyage à Hambourg m'ont fait comprendre que tu étais l'homme qu'il me fallait.

— Mais, quel est exactement ton rôle, à toi, là-dedans ? demanda Cherchemidi.

Abac chercha le mot, le trouva :

Catalyseur, si on veut...

Ils dînaient à l'hôtel-restaurant du *Grand Négoce*, le plus chic d'Alès, mal situé pourtant, trop près de la gare ; les grandes vitres de la salle à manger vibraient à chaque départ de train, on recevait une bouffée charbonneuse chaque fois que la porte s'ouvrait.

— ... J'ai pigé, si tu préfères, tout y était : l'argent, le public, l'idée centrale, les talents, en somme, il suffisait d'y penser, l'œuf de Christophe Colomb ! poursuivait Abel Abac.

C'était un pseudonyme, laborieusement composé — il s'en flattait — pour être inscrit en tête, sur les affiches et les listes par ordre alphabétique.

— ... Le difficile, c'est de convaincre les gens que l'antisémitisme, ce n'est pas rien... Très bon, ce truc-là, c'est un plat local, comment l'appelez-vous ?

— L'anchoyade.

Abel Abac était petit, maigre, remuant, d'une élégance de bon goût, et de grand prix. Vingt-six ans, le cheveu noir, cosmétiqué vers l'arrière, avec une aile de corbeau qui tombait, dans les mouvements saccadés de la tête sur les vastes lunettes carrées à grosses branches noires. L'œil vif, la bouche petite, le menton effacé, deux longues rides reliant l'œil au menton.

— ... Il y a la tradition des pogroms, en Russie, en Pologne, les juifs de là-bas connaissent la question. Ici, on ne se rend pas très bien compte, pas encore. L'antisémitisme peut conduire à des massacres. Le mot n'est pas trop fort, des milliers, des dizaines, peut-être même une centaine de milliers de morts. Il faut alerter l'opinion mondiale, ce n'est pas une petite affaire, tu vois...

Il avait raison. C'était une idée généreuse. Et pourtant, pourtant il y avait quelque chose de gênant, quoi ? Cherchemidi s'interrogeait ; Abac avait toujours été correct, c'était un débrouillard, « démerde », et plein d'idées ! il en vendait, il en vivait. C'est lui qui avait pensé aux buvards, pour l'élection présidentielle, à Versailles. Il avait même pensé au psychiatre freudien pour analyser les losanges de Tardieu, les femmes nues de Laval, les verges de Chiappe, les feuillages de Daladier... il avait vendu le tout, reproduction des graffiti et commentaires psychologiques, au journal le plus offrant.

— ... Le journalisme en est encore à balbutier, poursuivait-il. Tous les progrès sont restés du domaine technique, photo, reproduction, rotative, etc. C'est l'esprit même de la presse qu'il faut moderniser maintenant. Il ne s'agit plus de peloter le lecteur, mais de le secouer !... Tout est à faire, dans ce sens, c'est extraordinaire ! Il fallait les moyens, des moyens énormes, je les ai. Il faut une équipe tout à fait nouvelle, ardente... Je voudrais que tu en sois. Ce serait très bon pour toi : tu n'as pas encore eu ta chance, le coup de projecteur. Le journalisme, crois-moi, ce n'est pas rien ! même si tu dois considérer la littérature comme l'essentiel de ta vie, la presse peut donner le coup de pouce décisif. Les *succès d'estime*, c'est bien joli...

Le mot qui fait mouche, encore une spécialité du petit Abac. Il commençait à être connu dans toutes les rédactions. On lui téléphonait : « Nous préparons un numéro spécial sur le salon de l'Automobile, si vous aviez une idée originale... » Il l'avait. « Je vous rappelle dans un instant. » Il s'était organisé : éphéméride, fichiers... tout un classeur consacré au mois d'août, période creuse où les journalistes se battent les flancs. Quinze jours avant le salon de l'Automobile, il avait retrouvé le premier titulaire du permis de conduire, il l'avait pris sous contrat, il pouvait faire son prix. Il surveillait l'état de santé des célébrités octogénaires. Il était encore l'un des seuls journalistes français qui se donnaient la peine d'étudier les journaux américains :

— ... Ils sont très en avance sur nous, pour la présentation, pour les idées, pour la publicité. Dernièrement, un quotidien de New York a paru avec une page blanche. Tu vois ça ? Le lecteur feuillette son canard, et tombe sur une page toute blanche, il se demande ce qui arrive, il cherche, il finit par trouver, tout en bas, une ligne minuscule, dans le caractère le plus petit de l'imprimerie, du cinq et demi-gras :

« Les cigarettes Chesterfield ont de quoi se payer une page de publicité, mais n'en ont pas besoin ! » Inoubliable.

Il n'avait pas son pareil pour emporter le morceau, par bonds successifs, en avant, ou en arrière, il devinait le moment, pressentait le seuil à ne pas franchir, n'attendait jamais un « non » difficile à rattraper, un froncement de sourcils, un certain fraîchissement dans l'attention lui suffisait.

— Vous me recommandez les « champignons à la cévenole », qu'est-ce que c'est exactement ?

— Des cèpes frais, ils sont encore très rares, frits dans l'huile d'olive et...

Balméras, le patron du *Grand Négoce*, ne se mettait pas en frais pour tous les clients, mais Abac dégageait une impression d'homme d'importance. Le cuisinier abandonnait ses fourneaux pour venir à la table du client parisien, afin de tout dire sur ses champignons. Abac congédiait le patron et le chef, en les remerciant à peine :

— Revenons à notre affaire... Hum... fameux !... Je te disais : c'est une chance unique, pour des gens comme nous, de montrer enfin ce dont ils sont capables...

Abel Abac remontait vers Paris, après un séjour sur la Côte d'Azur. Cherchemidi était venu l'attendre au train de l'après-midi. Ils avaient fait un tour en ville, dans les beaux quartiers. La chaleur accablait la sous-préfecture minière. Par les fenêtres ouvertes jaillissaient le miaulement des *Clairs de lune* de Werther et le martèlement des *Marches turques* : dans la bonne société, les fils apprenaient le violon et les filles, le piano.

— Les juifs, qu'est-ce que c'est ? des fortunes énormes, des influences et des pouvoirs considérables. Consacrer un peu d'argent à montrer au monde les dangers de l'antisémitisme leur paraît un bon placement, ils ont raison. Ils ne vont pas se lancer à la légère, tu l'imagines bien. Il faut présenter un projet solide, sérieux, détaillé, et des noms, et des idées, une maquette, le premier numéro en quelque sorte. Je voudrais pouvoir utiliser ton voyage de Hambourg, il suffirait de développer ta lettre. Nous pourrions retravailler dessus, faire quelque chose de frappant, de très fort...

Cela tenait debout, rien à dire, néanmoins Cherchemidi se sentait plein de réticences mal définies. Il avait besoin d'un lancement de cette sorte, mais la perspective de travailler sous la direction d'Abac ne l'enchantait guère, pourquoi ? il ne savait pas, question d'épiderme...

— Une fois convaincus, ils nous débloqueront les capitaux suffisants pour lancer un bel hebdomadaire, ils nous soutiendront, nous aurons, grâce aux mêmes, un premier public, une première audience...

— Ce serait donc un journal juif, pour les juifs ? demanda Cherchemidi.

C'était la première question qu'il posait. Abac protesta :

— Absolument pas ! Il faut faire un hebdomadaire artistique, littéraire, politique, polémique, philosophique, d'une haute tenue, ouvert à toutes les tendances. Ce sera même le plus libre qu'on ait jamais vu, seules les propagandes racistes en seront écartées, pas grand-chose, tu vois...

— Crois-tu que tes commanditaires n'auront pas des exigences plus précises ?

— Ils sont les premiers à comprendre qu'on accordera moins de crédit à ce qui sera dit de l'antisémitisme si ce sont les juifs eux-mêmes qui crient au secours. Question d'efficacité. Plus le journal sera ouvert et libre, plus il aura de lecteurs... Tout est là. Rien ne leur paraît plus urgent que d'alerter le monde entier sur l'énorme menace qui pèse sur eux. Moi, je leur propose le moyen de le faire, une arme idéologique à la mesure de cette tâche d'une importance mondiale, d'une urgence...

— Hum... fit Cherchemidi, tu exagères les talents de ta future équipe rédactionnelle !

— Absolument pas ! Ce sera une équipe prestigieuse ! Je vois très loin. Nous pouvons compter sur les collaborations les plus éclatantes ! La République vit ses derniers jours en Allemagne, Hitler va prendre le pouvoir...

— Oh ! ça !...

— Écoute, Cherchemidi, Hitler prendra le pouvoir aux élections de novembre prochain.

— Bon, admettons. Hitler est au pouvoir. Qu'est-ce que ton comité de rédaction a à voir là-dedans ?

— Tu n'as quand même pas la naïveté de croire que les nazis supporteront que les intellectuels juifs, communistes, antimilitaristes, républicains, continuent à s'exprimer comme avant ! Il faudra qu'ils s'aplatissent, se renient, se mettent aux ordres, ou qu'ils s'enfuient. Les plus belles intelligences, les plus grands esprits se trouveront dans cette situation ; les frères Mann, Lion Feuchtwanger, Jakob Wassermann, Arnold et Stefan Zweig, Erich Maria Remarque, Albert Einstein, je ne cite pas ces noms au hasard, j'ai là des coupures de la presse nazie qui les mettent déjà en accusation, tiens, par exemple, je te traduis ce papier du docteur Goebbels : « Nous détruirons par les flammes tout livre qui a une action subversive sur notre avenir, ou porte atteinte aux racines de la pensée allemande, du foyer allemand, et des forces motrices de notre peuple... »

— Nom de Dieu !

— Je ne te le fais pas dire. Les chefs-d'œuvre seront détruits ou interdits, leurs auteurs prendront la fuite. Ils retrouveront chez nous la tribune libre qu'ils auront perdue dans leur pays. Brecht...

— Celui de *L'Opéra de quat'sous ?*

— Exactement, pour le théâtre ; et Remarque, celui de *A l'ouest rien de nouveau*, pour le roman... Tiens ! suppose que nous voulions publier une étude sur Brahms, nous la demanderions à ton beau-frère, ça ferait époque, non ? Quel journal au monde, je dis bien !

au monde ! pourrait présenter un texte plus sérieux sur le même sujet ? Voilà. Voilà exactement à quelle hauteur doit s'élever notre ambition. Et pour illustrer l'article, nous demanderions un portrait de l'auteur par Käthe Kollwitz, nous pourrions aussi demander à Grosz un croquis humoristique des bons Hambourgeois autour d'un kiosque à musique... personne ne pourrait lutter avec nous...

Cherchemidi ne pouvait s'empêcher de rêver. Ce petit démerdard voyait juste. Jànos Joszà accepterait sans doute d'écrire dans de telles conditions, dans une telle perspective, il en serait même très heureux...

Abac citait *Mein Kampf*... Incollable, comme toujours. Il fouillait la question. Son projet prenait des proportions gigantesques ; il était d'une logique inhumaine, presque intolérable ; le succès apparaissait inéluctable et pour cette folle raison que l'énorme affaire reposait entièrement sur des massacres.

— Ce n'est pas sérieux, balbutia Cherchemidi.

— ... Mon vieux, le sérieux d'une affaire se mesure très facilement, très concrètement, au pognon que des gens sérieux sont disposés à placer dessus ! Et, quand je dis « placer », j'exagère, puisque ces gens donnent leur argent sans compter, ni en retirer du bénéfice, ni même le récupérer, ils le placent à fonds perdus, ils engagent des sommes énormes, comme on donnait, jadis, pour bâtir une cathédrale, on savait bien qu'on n'y logerait pas, hein ?

— Des sommes énormes, hum... fit Cherchemidi, soudain soupçonneux : mais, en as-tu touché seulement, de cet argent ?

— Pas un liard. Et je n'en veux pas.

— Tiens ! Et pourquoi, s'il te plaît ?

— Parce que tout repose sur la confiance, et je ne veux pas fournir le plus petit prétexte à seulement douter de moi.

— Comment t'y prendras-tu, sans un rond ?

— L'un des commanditaires mettrait son imprimerie à notre disposition, un autre est fabricant de papier...

— Il faut quand même du liquide !

— Naturellement. Mais je ne veux pas y toucher. Je leur demanderai de désigner un administrateur, un homme qui ait leur confiance, un des leurs. J'aurais pu, déjà, encaisser d'assez jolies sommes. J'ai refusé. Pas un sou, messieurs ! l'argent, c'est votre affaire.

— Très bien, mais, alors, qu'est-ce que tu as à y gagner ?

Abel Abac se redressa, avec le vif aller et retour de son menton fuyant qui marquait sa résolution. D'un geste, il tint à distance le patron qui s'approchait obséquieusement.

— C'est l'œuvre de ma vie, tout bêtement, comprends-tu ça ? fit-il sourdement.

Il ferma les yeux, respira profondément, plusieurs fois. Quand il reprit enfin la parole, il était redevenu le petit Abac bien connu. C'est avec entrain qu'il dit :

— Faire un journal neuf, ardent, nouveau, créer le journalisme de demain, secouer la vieille poussière des rédactions, être enfin mon patron, ah ! je vais leur montrer, nous allons leur montrer, mon vieux Cherchemidi, qu'il y a quelque chose de changé au royaume de la presse !

Mais, une fois encore, cela ne sonnait pas très juste.

Le grand lustre et son fouillis de pendeloques vieillotes se reflétaient dans le verre des lunettes à grosses branches, cela brûlait à l'entrée du regard, il devenait difficile d'en détacher ses yeux. *L'Hôtel du Grand Négoce* était une maison ancienne ; le plafond de la salle à manger, très haut, gardait ses vilaines moulures dorées.

Le patron tournait, mine de rien, au large de leur table, comme un gros cabot des profondeurs intimidé par une sauterelle trop appétissante.

— Je vais plus loin, reprit Abac tranquillement, je veux prouver dès le départ que je suis le premier à croire en mon projet, je veux que mes intérêts soient étroitement liés à la réussite de la publication. Je ne demande pas un rond, simplement la responsabilité rédactionnelle ! J'ai tout à y perdre, tout à y gagner aussi. Que peux-tu répondre à cela ? Eux n'ont rien répondu.

— Ils sont tombés d'accord tout de suite, comme ça ?

— Mais non ! Ils se gardent bien de sauter dessus. Ce sont des gens sérieux. Ils ont demandé à réfléchir.

— Mais, dis-moi, si ton projet leur paraît si bon, qu'est-ce qui les empêche de le faire entreprendre sans toi, par quelqu'un qui aurait plus d'expérience...

— Impossible. J'ai pris mes précautions. Je veux composer mon équipe rédactionnelle avec des types indiscutables. En même temps (ce n'est pas facile !), il faut que j'écarte systématiquement toutes les vieilles barbes, tous les plumitifs affadis par les succès. Il ne me faut que des espoirs, mais les plus grands, et qui ont déjà donné des preuves. Voilà. Je te parle carrément. Tu comprends pourquoi je me suis tapé des correspondances éreintantes, par Avignon et Nîmes...

Ils gardèrent quelques instants le silence. Cherchemidi lui expliqua ce qu'était le *pélardon*, le fromage de chèvre typiquement cévenol. Abac le trouva très bon.

— Je ne vois plus grand-chose à te dire. Je voudrais te laisser le temps de réfléchir à ma proposition, et pourtant il est nécessaire que je reparte d'ici avec une réponse ferme.

— Tu as retenu une chambre ?

— Non. Si tu n'as pas trop sommeil, on pourrait se balader dans la nuit, j'adore ça. Je prendrai le train de la montagne, demain matin. Ce serait sympathique de se trimballer ainsi, tu pourrais me poser d'autres questions, si elles te viennent, on pourrait faire une petite virée dans les mauvais lieux, pour se changer les idées...

Comme ils mangeaient en silence, Balméras fit une pointe :

— Dans le cabinet particulier, il y a M. le sous-préfet, murmura-t-il à l'oreille de Cherchemidi, il dîne avec M. le directeur des Houillères, ils vous ont reconnu, si vous acceptiez de prendre le café à leur table, ils seraient très honorés...

Cherchemidi hésitait...

— C'est que je ne suis pas seul...

Abac tira une carte de visite de son portefeuille. « Laisse faire, ce peut être amusant », souffla-t-il, tandis que le patron du *Grand Négoce* emportait le bristol vers le cabinet particulier, avec autant de précautions que s'il se fût agi de la double plaque de verre d'une préparation microbienne.

Les deux personnages ne répondaient pas du tout à l'image que pouvait se faire Cherchemidi. Le directeur des Houillères n'était qu'un quinquagénaire maigriot, falot, moustachette carrée, cheveux clairsemés, minutieusement répartis sur une huileuse calvitie ; terne, commun ; le passant qu'on ne voit même pas. Le sous-préfet était un vieillard déjà, sa carrière derrière lui ; il prendrait sa retraite ici, avec une promotion honoraire, comme les hommes sortis du rang finissent adjudants-chefs. Il était grand et maigre, donc voûté par les ans, avec les grosses taches de rousseur des vieillards sur les mains et les tempes.

La prise de contact fut lente.

En présence d'intellectuels parisiens, les deux personnalités locales voulurent faire au plus tôt la preuve de leur culture, et d'un esprit aussi peu provincial que possible. D'ailleurs, par leurs fonctions même, les deux hommes n'étaient-ils pas amenés à monter souvent dans la capitale, pour leur plaisir aussi, on ne s'amuse vraiment que dans la Ville Lumière, n'est-ce pas ? Vous avez bien de la chance d'être jeunes, de faire un métier de création, d'habiter à Paris !

Pour les fêtes de fin d'année, le sous-préfet avait profité de son séjour dans la capitale pour aller au théâtre Saint-Georges. Il parlait avec attendrissement de la *Mademoiselle* de M. Jacques Deval. Interprétation magistrale ! M. Pauley et Mme Betty Daussmond étaient sensationnels dans le rôle des parents frivoles, Mlle Renée Devillers, tout simplement exquise, quant à Mme Marcelle Géniat, il n'était pas de mots...

Avec des regrets complices derrière ses lorgnons, l'autre expliquait qu'il avait prolongé son séjour, lorsqu'il avait été appelé en consultation par les charbonnages — toujours ces histoires de crise, enfin, ce n'était pas si sérieux, et puis nous ne sommes pas là pour nous lancer dans ces ennuyeuses questions... — donc, il en avait profité, il avait bien gagné ça ! Il était allé à l'Opéra, voir le *Maximilien* de Darius Milhaud, surprenant, certes, mais pas aussi révolutionnaire qu'on le disait, pas une seule vraie fausse note ! et il avait, au moins, l'oreille musicale, on ne pouvait lui enlever ça, il ne pourrait être préfet, lui ! les *Marseillaise*, avec ce qu'en faisaient les orphéons de village, il ne pourrait y tenir...

Le sous-préfet prenait M. Balméras par le cou pour une commande secrète. Le directeur des mines expliquait, cependant, qu'il avait voulu, après l'Opéra, descendre au plus bas de l'échelle des spectacles parisiens, non ! pas ce que vous croyez : le cirque, Médrano, tout bêtement, comme un gosse, et il y avait pris un plaisir... fallait-il s'en cacher, à son âge ? un funambule prodigieux : Colléano...

Sur la pointe des pieds, avec des mines de contrebandier, le patron du *Grand Négoce* apportait à ces messieurs la fine réservée, mais surtout pas un mot en dehors d'ici... La fine était digne de la cérémonie.

Ils étaient à l'aise pour parler théâtre, abonnés sans doute à *La Petite Illustration* qui apportait à la province les pièces du boulevard dans l'actualité ; il y avait aussi les tournées Barret, ces messieurs avaient leur loge, un abonnement, faut ce qu'il faut ! c'est qu'on se laisserait vite gagner par la crasse provinciale ! Ils parlèrent de la *Judith* de Giraudoux, puis d'*Amphitryon*, puis de *Siegfried* : la politique étrangère.

— C'est-il vrai ce qu'on dit, qu'on va encore avoir la guerre ? minauda Abac ; on ne peut faire un pas sans qu'un quidam vous pose la question.

— Moi, exposa le sous-préfet, je réponds : aucun pays n'est en état de soutenir une guerre aujourd'hui avec les moyens formidables que cela implique. Surtout qu'il n'y aurait plus de distinction entre civils et militaires, il n'y aurait plus de front et d'arrière, avec les bombardiers... Je rassure les bonnes gens, en toute bonne foi, mais savez-vous quel genre d'arguments on m'oppose, dans le peuple ?

— ?...

— « Mais alors pourquoi que les allumettes, elles ont augmenté de deux sous ? »

— Les gens sont ainsi, commenta le directeur des Houillères. Les récentes mesures prises par le gouvernement ont de quoi rassurer : restrictions importantes dans les crédits de la Guerre, de la Marine, de l'Air, de la Sûreté générale... Des coupes sombres n'est-ce pas ?

— Qui frisent l'imprudence ! Si quelque voisin mal intentionné nous tombait dessus brutalement... et je ne parle pas du maintien de l'ordre, et de la paix intérieure, confirma le vieux sous-préfet.

— Ah ! les gens... reprit son compère, les gens ne sont jamais contents, ils ne s'aperçoivent même pas de ces dangereuses économies. Qu'est-ce qui les frappe ? le relèvement des tarifs pour de petites choses : droits sur le café, télégraphe, téléphone... Surtout ceux qui n'ont pas le téléphone, ils crient plus fort que les autres. Enfin, nous sommes ainsi, en France (je ne m'exclus pas !), chacun rouspète pour son clocher, et ça marche toujours...

— Mais la guerre ?... reprit Cherchemidi, avec insistance.

Ils ne haussèrent pas les épaules parce qu'ils étaient des hommes du monde. Ce que Cherchemidi comprit moins, c'était la réprobation visible d'Abac, après la conversation qu'ils venaient d'avoir, justement.

Enfin, quoi ! le climat n'était pas à la guerre, vous ne voyez que poignées de main, et embrassons-nous-cher-frère ! Tardieu — Ramsay Macdonald, la Conférence du Désarmement, M. Mussolini soi-même se décide enfin à se présenter au Vatican, il fait soumission au Saint-Père. Allons, tout cela ne semblait pas si méchant. Évidemment, il y avait les Japonais en Mandchourie, mais ça se tassait, et puis, c'était à l'autre bout du monde, un abcès de fixation en quelque sorte (il en faut !), la politique est une étrange chose, quand même...

— Pourtant, si Hitler prenait le pouvoir, ce ne serait plus en Extrême-Orient...

Cherchemidi reçut un regard furieux d'Abac... incompréhensible. Les deux autres se coupaient la parole pour démontrer l'absurdité d'une pareille hypothèse : la dissolution des troupes hitlériennes, ce n'était pas si vieux, en avril, et pas une mesure platonique ! le grand quartier général des nazis, la fameuse « Maison Brune » de Munich avait été bel et bien occupée par la police, on avait vu les photos, alors ?

— Le nazisme n'est rien de plus qu'un boulangisme allemand, trancha le vieux sous-préfet.

Il resservit largement de la fameuse fine, comme pour faire passer ce qu'il allait dire :

— Ah ! vous, les écrivains, toujours prêts à prendre feu et flamme, ce n'est même pas un reproche, cela tient à l'exagération poétique, à l'ardeur lyrique, mais, enfin, ne vous revient-il pas une part dans l'inquiétude populaire ? Écrivez-nous de beaux livres, de belles histoires d'amour, d'accord, mais quand même ! tout ce bruit, des Barbusse et des Romain Rolland, le vacarme de ce mouvement d'Amsterdam, ces appels à la lutte contre la guerre ! Et comme ils emploient naturellement un vocabulaire guerrier dès qu'il s'agit de paix ! Hélas, tout le monde n'est pas assez cultivé pour faire la part des choses. Les petites gens s'affolent facilement. Les lecteurs de l'admirable *Jean-Christophe* marchent, quand le même écrivain s'aventure dans la politique, ils oublient que ça reste un romancier, admirable certes ! mais un faiseur d'histoires ; il ne manque même pas Victor Margueritte ! il vient d'appeler à la lutte, lui aussi ! pour éviter la catastrophe, en propres termes, rien que ça ! L'auteur de *La Garçonne* qui se prend pour Zola, non...

Pour le directeur des Houillères, la véritable question, c'était le communisme : Staline, pas Hitler ! Mais, sur la seule question de l'Allemagne, actuellement, il devenait évident que les communistes français ne savaient plus très bien sur quel pied danser. D'un côté, ils guignent la clientèle des anciens combattants, ils ne peuvent pas, non plus, renier ouvertement (enfin, pas trop !) leurs frères communistes d'Allemagne, mais, d'autre part, ils proclament que la « France impérialiste asservit et exploite l'Allemagne », ils volent au secours d'Hitler, sur les points essentiels de sa politique ; ils emploient des formules identiques, ils veulent aussi que le « peuple allemand se libère des chaînes du traité de Versailles », textuellement, *L'Humanité* ne parle que du « hideux traité »... Pourtant les communistes n'ont qu'à vouloir, ils écraseront le nazisme ; ils n'attendent qu'un signe du Kremlin... Hé ! hé ! Staline fait peut-être, sournoisement, le même raisonnement que le reste du monde : si les communistes allemands écrasent les hitlériens, ils deviendront les maîtres de ce grand pays. Le Pape Rouge, ça lui suffit sans doute, un grand État communiste dans le monde !

— C'est que, justement, je reviens de Hambourg, commença Cherchemidi, mais Abac le coupa, sans aucune délicatesse, et si habilement que les autres ne remarquèrent même pas l'apparition fugitive de Hambourg dans la conversation.

— Et moi, vous ne devinerez jamais d'où je viens ! Si vous permettez, je vais vous le dire, ne serait-ce que pour remettre un peu de franche gaieté dans la conversation : j'arrive de Marseille, j'ai vu tourner les extérieurs de la *Fanny* de Marcel Pagnol, en plein air, en pleine rue, sur le Vieux-Port, je vous assure que ça valait le coup d'œil...

Les deux autres furent aussitôt passionnés par le récit coloré, habile, du journaliste parisien. Ils demandaient des précisions, posaient des questions de détail, se débrouillaient pour qu'Abac bisse l'anecdote, et il s'exécutait, rajoutait des odeurs, des bruits, les comblait : les sergents de ville impuissants à retenir cette populace de badauds, des badauds marseillais ! et sur le Vieux-Port ! Pagnol n'a rien inventé... (L'art, c'est ça !) Quel chambardement ! car l'on ne rétablissait le trafic des tramways et des voitures qu'entre deux prises de vues, un beau fouillis... Pauvres cinéastes ! Savez-vous que tout le texte n'est pas de Pagnol ? quelques-unes des répliques, et des plus percutantes, sont du Raimu tout pur. Un exemple ? Vous avez vu *Marius* ? Pierre Fresnay, vous le savez, n'a pas naturellement l' « assent », il n'est pas méridional ; il lui arrivait dans le feu de l'action, en plein tournage ! d'oublier l'accent emprunté, de reparler pointu : « Ta merr' ! » Alors, mon Raimu : « Ta merr' ! ta merr' *qu'ès aco*, ta merr'. Tu ne peux pas dire ta mèrreu ! comme tout le monde ! » Les techniciens se tournaient, navrés, vers Pagnol, la réplique n'étant pas sur leur texte... mais Pagnol, pas fou ! tout bas : « Laissez ! Laissez, c'est très bon... »

Ils riaient de bon cœur, demandaient une anecdote encore sur Raimu, une de celles que le public ne connaît pas. Abel Abac jetait un œil en biais vers Cherchemidi, comme pour lui dire : « Tu vois, c'est ça le nouveau journalisme ! »

Raimu, un acteur !... et une nature, enfant avec ça ! Il demande à Pagnol : « Marcel, toi qui as été instituteur... » (Il faut dire que c'est ça qui l'épate. Que Pagnol soit un grand écrivain, il s'en fout, mais qu'il ait été instituteur, ça, oui ! l'instituteur, c'est un grand homme reconnu...) Bon. « Toi, Marcel, explique-moi un peu pourquoi, ces gros bateaux, à la Joliette, dans la rade, qui sont en ferraille, qui pèsent des tonnes et des tonnes, ils flottent quand même ! moi, ça me dépasse ! » Alors, Pagnol prend la peine et le temps de lui expliquer le principe d'Archimède. Bon, Raimu écoute sagement, mais, dès que Pagnol a le dos tourné, il s'adresse à un machiniste, qui a assisté à la scène, et lui dit, en se tirant sur l'œil : « Archimède ! Archimède ! té... à d'autres... » Vous voyez, l'air d'un à qui on ne la fait pas : il y a un secret, on ne veut pas le lui dire, mais qu'on ne le prenne pas pour un nigaud !

Ils crevaient de rire. Ils se sentaient privilégiés, et cela leur était meilleur encore. Les tournées de fine leur donnaient des teintes brique sombre, aux reliefs soulignés de rouge vif, ou de violet. Le visage du sous-préfet se creusait à vue d'œil. A la tempe droite, une grosse tache de vieillesse virait au noir ; son col dur paraissait plus blanc. Dès qu'il cessait de rire, son regard se fixait, froid, cruel, un instant, étrangement.

— Vous restez quelque temps des nôtres ? demanda le directeur, au comble du contentement, avec une invitation sur le bout des lèvres.

Abac s'excusa. Il devait absolument remonter à Paris par le prochain train.

— Vous partez ensemble ? Ah, non... Dites-moi, à propos, cher ami, je crois que vous êtes justement de ce village où s'est déroulée une navrante histoire, pauvre gosse. Nous en avons été atterrés, n'est-ce pas, mon cher sous-préfet ? Et que voulez-vous faire ? C'est imprévisible, imparable, je dirais même : irréparable... Qu'en pensez-vous, mon cher ami ?

— Mon Dieu, que puis-je vous dire de plus ? répondit Cherchemidi fort embarrassé, c'est désolant.

— De quelle histoire s'agit il ? s'enquit Abac.

Le sous-préfet resservait de la fine. Comme s'il n'avait pas entendu la question du Parisien, le directeur continuait, sincèrement ému :

— ... Je me suis immédiatement mis à la place des parents. J'oublie tout dans ces cas-là, tout... Rien ne compte plus pour moi, que l'enfant, et je me suis mis à leur place d'autant plus aisément que j'ai moi-même deux fils du même âge, deux jumeaux, vous vous rendez compte ! la même chose peut m'arriver demain, ah ! les gosses, aujourd'hui !

Ce petit homme au physique ingrat, M. Flubel, directeur des Houillères de la montagne cévenole, avait dix-sept enfants, dix-sept ! pas un de moins, et ce n'était pas fini, sa femme ballonnait sans cesse, une malheureuse, qui se traînait. Tout cela était de notoriété publique, on savait également, par les commerçants, qu'avec toute sa nichée, malgré son traitement, M. Flubel tirait le diable par la queue ; c'était un employé, pas plus, les capitalistes étaient ailleurs, on ne les connaissait pas, les vrais profiteurs. Évidemment, M. Flubel était leur commis zélé, c'était le mieux payé de leurs employés. Néanmoins, les dix-sept gosses et les dettes chez le boucher, voilà qui n'était pas sans gêner les mineurs pour lui rentrer dedans de front, les yeux dans les yeux, en serrant les poings ; un père de famille nombreuse, et pourtant, pourtant !... aussi vache, sinon plus, qu'un célibataire noceur ! un fils d'ouvrier, lui aussi, un brillant sujet de l'École des mines d'Alès, mais ils sont encore pires, vous m'avez compris ? *ün pézoul révingü* : un pou ressuscité, ceux qui piquent le plus fort !

Ils se mouchait bruyamment.

— Finalement, on n'a pas trop su comment ça s'était passé exactement, cette histoire du gosse ?

Le silence des trois autres cernait désagréablement Cherchemidi.

— Vous étiez bien à Clerguemort, déjà, quand c'est arrivé ? demanda M. Flubel, après avoir rangé son mouchoir, et liché son verre de fine.

— Effectivement, j'y étais, répondit Cherchemidi, avec une lenteur rêveuse, mais vous savez ce que c'est, les gens sont discrets, et même, à vrai dire, plus encore avec moi. C'est la première fois que je reviens, après six ans d'absence, alors... Et même, je me demande si, pour bien comprendre l'acte de ce gosse, il suffirait d'être de Clerguemort, il faudrait surtout être dans sa tête, et dans son cœur, et même encore ! se comprend-il lui-même ?...

— Vous ne croyez pas qu'il y a des gens pour leur monter la tête ? demanda M. Flubel.

— Vous voulez parler de l'instituteur ? rétorqua vivement Cherchemidi.

— En aucune façon ! M. Doiren est jeune, un peu nerveux peut-être en fin d'année, sa première année, mais il est d'une excellente famille, très connue dans la plaine, de gros viticulteurs. M. Doiren n'est absolument pas en cause. Il y a, peut-être, des gens pour entourer ces gosses depuis beaucoup plus longtemps, et de beaucoup plus près que l'instituteur.

— Alors, je ne vois pas, fit Cherchemidi, un peu trop sèchement peut-être.

Abel Abac l'observait. Ils cherchèrent assez piteusement à changer de conversation, pour prendre congé.

Abac et Cherchemidi déambulèrent dans la nuit tiède.

— Curieux escalier...

— « La Maréchale », terrasse dans le goût de Versailles, que les Alésiens de 1702 construisirent, par souscription, en l'honneur du maréchal de Montrevel qui venait pour les débarrasser des affreux Camisards...

— Et il y est arrivé ?

— Non, personne n'y est arrivé. On a fini par le virer. Plusieurs maréchaux se sont usés, en vain, jusqu'au maréchal de Villars, qui a eu l'intelligence de négocier...

Ils empruntèrent le fameux escalier, traversèrent les jardins du Bosquet, s'arrêtèrent sous les murs du fort Vauban : à leurs pieds, les toits de tuiles romaines s'étalaient, sous la lune, jusqu'au lit désert du Gardon. Sur leur tête, un prisonnier chantait en espagnol. Il avait une voix charnue, belle, et s'adressait à une madone de vitrail. Quand il se tut, les prisonnières de l'étage au-dessous réclamèrent, sans crier, presque langoureusement, une autre chanson.

Ils descendirent par la rue Soubeyranne, puis la rue Jules-Cazot. A mesure qu'ils s'enfonçaient dans les bas quartiers de la Grand-Rue, de la Bouquerie, de la Sabaterie, de la Fabrerie, vers la place du Vieux-Marché, ils plongeaient dans la puanteur de la cité, mélange des senteurs d'eau croupie, de foin, d'excréments desséchés, dans une nuit de vase, où la lune ne descendait plus. Ils s'enfonçaient aussi dans les rumeurs assoupies, les clapotis d'un soir où la mer est calme, contre la jetée, dans l'abri d'un port. Il était près de minuit. Il y avait encore beaucoup de gens dehors, assis sur des chaises, sur les marches des seuils, sur le bord du trottoir, sur les garde-boue et le marchepied des bagnoles. La place du Vieux-Marché demeurait vide ; les arcades qui l'entouraient retenaient trop de chaleur. La population remontait sur le quai, sur le parapet, où quand même un peu d'air circulait par le lit trop large du Gardon, où quand même un peu de fraîcheur montait du filet d'eau parmi les cailloux, où la lune permettait de se voir, de se parler. Des gaillards se disputaient âprement, au sujet du Tour de France, en polonais. Une voix d'homme, trop suave, chantait en italien, en s'accompagnant sur un banjo qui ferraillait, les aventures de *la Marianna qué sé va en campagna quando el sol tramontéra*...

— Regarde donc, souffla soudain Abel Abac.

Un grand vieux, sec et droit, était appuyé contre un pilier. Son profil se découpait sur le ciel, mais la lune n'arrivait pas à le rendre blafard, sa peau tannée gardait une chaude couleur de cuivre rouge. Ses cheveux n'étaient guère plus longs que ceux d'un prisonnier libéré dans la semaine ; la coupe brutale montrait des plaques blanchâtres, rondes comme des pièces de cinq sous. Son nez, long et droit, continuait le front. Ses paupières fermées formaient de petites coquilles de noix, au fond des orbites. Il portait une chemise très blanche et, par-dessus, une sorte de gilet trop ample, sans manches, dépenaillé, qui semblait de cuir, la crasse peut-être...

— Hallucinant... fit Abac, la voix assourdie par l'émotion, c'est tout à fait *Le Vendeur d'eau de Séville* tu sais, de Vélasquez...

De minces et souples garçons bondissaient et prenaient des poses, au centre d'une place ronde comme une arène, que la lune découpait net. Ils se montraient les différentes manières d'*ahormar la cabeza* (faire tourner la tête du taureau comme il faut qu'elle soit pour le tuer), et un biais pour obliger le fauve à *descubrirse* (baisser la tête pour que l'épée pénètre au bon endroit, et facilement).

Une marmaille maigriotte sautillait autour des artistes pour les exciter : *Muy fino, Alvarez ! carne de toro* (chair à taureaux) ! bouffe ses *criadillas* (testicules du taureau, dont les Espagnols sont friands, servis avec du ris de veau)...

Abac et Cherchemidi ne traversèrent pas. Ils longèrent le quai, vers l'aval, vers le Pont-Vieux. Il y avait toujours des grappes agglutinées sur le parapet ; les conversations s'arrêtaient à leur approche, ils entendaient les gens s'interroger, tout bas, dans leur dos. De l'autre côté de la chaussée, les groupes de filles traînaient dans leur sillage les groupes de garçons, sous les feuillages des platanes qui arrêtaient la lune. Dans le lit creux du Gardon, les grenouilles et les crapauds menaient un vacarme de tous les diables, on n'entendait qu'à peine des grillons lointains, sur la colline, au-dessus de l'abattoir, peut-être...

Au niveau de la rue de la Meunière, ils s'arrêtèrent, s'accoudèrent sur le parapet. Ils étaient presque seuls, à cet endroit.

— Je me demande pourquoi tu m'as empêché de parler de Hambourg, grogna Cherchemidi.

— Bah... A quoi bon ?... soupira Abac.

— Je ne dis pas que ce sont des lumières, nos deux zigues, mais j'aurais été curieux de savoir ce qu'ils pensaient, eux, de l'antisémitisme, sans rien dévoiler de ton grand projet, rassure-toi, mais pour voir ! quoi...

— Voir quoi ? on n'aurait rien vu, finit par répondre le petit journaliste d'une voix lasse.

— Ils m'avaient pourtant l'air au courant des questions politiques, assez retors même...

— Pas au courant, de celle-là.

— Allons, mon vieux, tu me caches quelque chose, fit aigrement Cherchemidi. Comme tu voudras !

— Mais non ! qu'est-ce que tu vas chercher ? Je veux dire qu'ils se croient au courant ; ils peuvent même passer pour l'être ; mais pas comme nous deux. Il leur arrive peut-être même, en longeant la boutique de Chapochnik le fourreur, de soupirer : « Encore un juif », sans y mettre la moindre méchanceté...

Cherchemidi sursauta :

— Comment ? tu connais M. Chapochnik, le fourreur d'Alès ?

Un petit rire sans gaieté lui répondit :

— Je pourrais te dire qu'il y a, dans chaque sous-préfecture de France, un fourreur qui s'appelle ainsi. La vérité, c'est qu'il y a des enseignes qui accrochent mon regard, sans que j'aie besoin d'y prendre garde, et qui se gravent, là...

Il se frappait le front, comme s'il voulait se faire mal.

Il poursuivit, avec lassitude :

— On dirait que tu n'as rien compris ! Tout ce que je t'ai dit, c'est entre nous, c'est comme... oui, comme un secret de famille ! Mais pourquoi donc me suis-je rué sur toi, après ta lettre ? Sans vouloir t'offenser, laisse-moi te dire que des collaborateurs de ta classe, j'aurais pu en trouver, et qui, disons : à talent égal, m'auraient apporté, en supplément, des appuis, et des atouts décisifs pour monter mon affaire ! Eh bien, non ! c'est toi que je viens dénicher dans ce trou de charbon ! Et tu n'as pas encore compris pourquoi ?

— Euh !... non ! parole !... non !

Abel Abac se taisait. Cherchemidi le secoua par les épaules :

— Explique-toi ! pourquoi ?... pourquoi, moi ?

— Disons... parce que tu aimes bien ta sœur ! et ton petit neveu... répondit curieusement le journaliste.

Il ôta, sans brutalité, les mains qui le tenaient aux épaules.

Il demeura pensif durant une interminable minute (ou presque), puis il dit sans hâte :

— Par hasard, à Hambourg, et peut-être une minute seulement ! tu as senti profondément ce que pouvait représenter l'antisémitisme. Tu as donc des mois, des années d'avance sur les deux mirontons de cette sous-préfecture ; ils y viendront aussi... quand il sera trop tard. Et il n'y a rien à faire, tu comprends ? rien à faire...

Cette voix le faisait méconnaissable, une voix feutrée, comme fatiguée de se plaindre :

— ... Rien à faire, on ne peut convaincre les gens de rien sans doute, mais de ça moins que d'autre chose ! Crois-moi ! j'en ai fait l'expérience ! les intéressés, eux-mêmes, ne demandent qu'une chose : ne pas y croire. Étudie l'histoire des pogroms en Pologne, ou dans la Russie des tsars : à peine les Cosaques avaient-ils disparu à l'autre bout du village que les survivants ne croyaient déjà plus que c'était possible, ils recommençaient à vivre, comme s'il n'y avait jamais eu de pogrom, et passe encore !... mais comme s'il ne devait jamais y en avoir... Attends, attends ! C'est mal dit !... Oh ! je voudrais tellement que tu saisisses bien ! Écoute ! Le lendemain matin, ils n'avaient même plus d'inquiétudes ! Ils ne prenaient même pas de précautions, ils étaient tellement sûrs que ce ne pouvait pas être vrai ! Et c'était si bon, pour eux, d'être sûr de ça !

— Excuse-moi, mon vieux...

— Oh, ce n'est rien ! Mais, alors, tu imagines, quand tu as, au contraire, des tas de raisons tellement raisonnables de ne pas croire l'incroyable ! Enfin, tu les as entendus, c'est du communisme qu'ils ont peur...

— Dis-moi, fit Cherchemidi, tu es devenu communiste ? Abac, mon vieux ?... Note bien que je ne te le reprocherais pas...

— Non, répliqua l'autre, railleur. J'étais même un anticommuniste assez décidé, tu t'en souviens ? Je n'ai pas dû changer... en principe... A vrai dire, voilà un bout de temps que je n'ai pas fait le point de ma position vis-à-vis du marxisme... c'est que la question me paraît tellement secondaire, à présent...

Ils repérèrent un curieux clapotis sous la passerelle métallique : des gosses pataugeaient, renversaient des pierres, par instants jaillissait le pinceau d'une lampe de poche : ils pêchaient à la main.

Abel Abac marchait devant, il avait deux ou trois enjambées d'avance. Cherchemidi respectait l'intervalle, instinctivement. Il ne rattrapa son ami que lorsqu'il le surprit en train de se parler tout seul, à mi-voix. Parvenu à sa hauteur, il demanda négligemment :

— Tu disais ?

— Rien... fit Abac, en sursautant.

Cherchemidi avait pourtant saisi des bribes, quelque chose comme : « ... bizarre... dès qu'on dit qu'Hitler veut tous les liquider... vous êtes communiste alors ?... Tout de suite... »

Abac lui prit le bras et lui posa cette question :

— Au fait, qu'est-ce que c'est, cette histoire du gosse, dans ton village ?

Cherchemidi la lui raconta. « Les salauds », marmonna Abac, au dernier mot. L'histoire de Luc l'avait remué.

— Mais, qu'est-ce que tu me verrais faire exactement, dans ce canard ? demanda calmement Cherchemidi.

— Hein ?... Excuse-moi, je n'y étais plus du tout.

— Je te demandais quel genre de boulot tu me voyais faire, dans ta future équipe rédactionnelle ?

— Oh... j'avais un tas de projets... (la lassitude que laissait percer la voix n'avait rien de physique). Des reportages d'abord ; tu serais reparti en Allemagne, mais en Prusse cette fois, où les nazis sont solidement installés, au pouvoir déjà, ou c'est tout comme... En Pologne aussi... En Turquie, dans d'autres pays arabes où les juifs subissent des... disons des tracasseries, puisqu'on est toujours prêt à vous accuser d'exagérer quand il s'agit de ça... Les gens ne se doutent même pas, ils n'imaginent même pas le nombre de pays dans lesquels les juifs sont constamment menacés de massacre, de Saint-Barthélemy... Des articles polémiques, des billets genre point-de-vue philosophique, tu as la plume qu'il faut, brève et tranchante, encore que j'en suis sûr, le reportage serait pour toi une véritable découverte ; tu étonnerais certainement ; tu t'étonnerais toi-même...

— Bon. C'est d'accord, déclara Cherchemidi.

Abel Abac, comme s'il n'eût pas entendu, poursuivait :

— J'étais en train de me demander si le mieux, pour l'instant, ne serait pas, pour toi, de rester quelque temps encore dans ton village, à regarder vivre ton neveu, simplement, et ce petit borgne aussi, et les autres, tu me diras que ça n'a plus grand-chose à voir avec l'antisémitisme, je ne sais pas, moi, il me semble que si, mais pourquoi ? je serais bien incapable de l'expliquer. Je le sens, c'est tout.

— Je marche, dit Cherchemidi.

— A vrai dire, poursuivait le journaliste, tout ça, c'est un peu en l'air, il faut attendre... attendre ! C'est la trouille, tu saisis ? la trouille, il n'y a pas d'autre mot. Il faut attendre le résultat des nouvelles élections, le 6 novembre. la majorité qui en sortira, le gouvernement du Reich... Ce sera peut-être l'effondrement des hitlériens, et de mon beau projet, par la même occasion...

Il prit Cherchemidi par le bras, le serra convulsivement :

— Si tu savais comme je le souhaite, que mon projet tombe à l'eau, mais c'est tout ce que je demande, moi !

— En tout cas, je marche, dit Cherchemidi.

— Hein ?

— Trois fois que j'essaye de te le dire, merde, quoi ! je te dis que je suis avec toi, des deux mains, là !

Abel Abac s'immobilisa, une seconde, pas plus, murmura « merci », en avalant sa salive, et, soudain, avec une gaieté artificielle, il s'écria :

— Alors, et ces boxons ? Combien y en a-t-il ?

— J'en connais trois.

— Combien d'habitants dans ta bonne ville ?

— Dans les quarante mille.

— Sales puritains ! Et comment sont-ils, et où ?

— Oh ! oh ! il y en a peut-être d'autres, je n'ai pas suivi la question de près depuis assez longtemps. Il y avait *Le Florida*, place de l'Abbaye, près de la cathédrale, *Le Grand 6*, rue Cavalerie, à l'entrée du faubourg du Soleil...

— Merveilleux !

— Il y avait aussi l'*Hôtel des Platanes*, à la prairie, juste avant d'arriver au stade...

— Ah ! non ! écoute, fit Abac, sur un ton d'extase, « *Le Grand 6*, rue Cavalerie, faubourg du Soleil », non, c'est trop beau, ça existe vraiment ?

— Tu vois le pont, là-bas, il n'y a qu'à le traverser, et on y est !

— En avant les hommes, passons le Rubicon !

Un' deux ! un' deux ! ils prirent le pas chasseur en fredonnant *Les Allobroges*. Abel Abac retint Cherchemidi en plein milieu du Pont-Vieux :

— Tu es chic, tu sais !

— Ça va, ça va, fit Cherchemidi avec gêne, ne faisons pas attendre ces dames.

— Écoute, je voulais te dire une dernière chose. Je m'y suis très mal pris, tout à l'heure, avec toi, oui, à table, pour t'exposer mon projet. Je suis d'autant plus content de mon erreur que je n'étais pas sincère...

— Me voilà de nouveau perdu...

— Tu vas comprendre : j'ai tablé sur des trucs qui n'avaient rien à voir, assez mochement même : la bonne affaire, ton talent méconnu, ma révolution à faire dans la presse française... Je comptais que tu marcherais plus facilement. Pardonne-moi de t'avoir si mal jugé...

— N'en parlons plus !

— D'accord, d'accord. Mais, écoute ! maintenant que nous

savons, l'un et l'autre, que tous ces trucs n'ont plus rien à voir, n'avaient déjà plus rien à voir, alors je voudrais que tu saches exactement pourquoi je m'y suis pris ainsi, aussi mochement. Sans ces considérants, mon projet tombait dans la philanthropie toute pure. Me connaissant, tu m'aurais ri au nez, allons, ce n'est pas vrai ?

— Peut-être bien...

— Bien sûr, et tu avais toutes sortes de raisons pour le faire. Tu sais comment je me démerdais dans le journalisme, pas trop mal, hein ? Sans trop de scrupules non plus, pas vrai ? On ne peut jurer de rien, mais si tu savais comme tout ça me paraît mesquin, à présent ! Attention ! je ne crache pas totalement dessus, mais, désormais, je n'aurai des idées, de la démerde, que pour ce qui me guide avant tout, tu as compris ? Voilà. Allons !

— Attends, tu me permets une question ? Pourquoi, pourquoi, tout d'un coup, cette espèce de nouvel Abac ?

— Ce serait assez long... « Abac », quel nom idiot ! dire que j'en étais si fier ! et que ça faisait son petit effet, non ! les hommes sont trop bêtes... c'est à pleurer ! tu sais mon vrai nom ? Gutenberg.

— Ah... Et alors ?

— Alors ?... Je suis juif.

Ils repartirent d'un pas martial, sans souffler, jusqu'à la porte du bordel.

Il y avait plus de dix ans que Cherchemidi n'avait pas franchi la porte à judas du *Grand 6*. La maison avait beaucoup changé, avantageusement. Le grand salon avait été débarrassé de ses fresques naïvement obscènes. C'était repeint à l'huile, jaune paille, guilleret, avec un sous-verre par-ci par-là, nu artistique ou gravure érotique... discrétion, santé, hygiène et simplicité. La nouvelle direction avait poussé l'élégance jusqu'à ne pas faire sceller le nouveau mobilier, il est vrai que ce « modern' style » était si léger qu'on pouvait bien cogner à coups de guéridon, jusqu'à plus soif, sur le crâne d'un chauve trépané sans même le faire éternuer. Le clou, c'était l'orchestre d'automates, grandeur nature : un cow-boy violoniste, un accordéoniste et un terrible Peau-Rouge, toutes plumes dressées, qui jouait de la batterie.

Le Grand 6 de la Cavalerie, c'était le boxon populaire par excellence, d'abord parce que les petits bourgeois de la ville, même les plus miteux, passaient au large, rigoureuse épuration qui n'était pas pour rien dans la belle humeur et la forte santé de la maison, garanties, en plus, par la haute et constante qualité d'une pratique triée sur le volet ou, pour mieux dire, sur le carreau de la mine toute proche.

Au *Grand 6*, on luttait contre la solitude et les nostalgies. Garçons, gaillards, célibataires et chefs de familles lointaines, les parias de la main-d'œuvre immigrée venaient là, même sans un, ne fût-ce que pour entendre une voix féminine leur dire bonjour et au revoir. Espagnols, Nord-Africains, Polonais, Arméniens, Irlandais, Tchèques, Italiens, Allemands, Portugais, Flamands, Croates, Lettons, Bulgares, Indochinois, Grecs, Serbes et Caraques se formaient avec les indigènes en franches compagnies où l'on apprenait à connaître le monde. Les filles du *Grand 6* juraient en dix langues, non compris le patois. On y buvait aussi, on buvait surtout. Il y avait des soirs de paye épiques.

C'était le seul établissement public de la ville ouvert toute la nuit, le dernier refuge des maris jetés à la rue, en pleine nuit (sous divers prétextes, toujours surprenants), des distraits de tout acabit, depuis celui qui perd sa clé jusqu'à ceux qui ratent leur dernier train. Pour tout dire, il n'y avait jamais, dans la salle d'attente de la gare, que des mamées.

C'était en semaine, un jour creux, et la nuit était très avancée quand, après un coup d'œil par le judas, « Madame » introduisit Abac et Cherchemidi dans le grand salon où elle les installa. Elle claqua dans ses mains et traversa le salon en trottinant pour mettre en branle l'orchestre d'automates. Déjà, les trois filles qui jouaient à la belote avec « Monsieur » s'étaient levées d'un bond.

— Je m'appelle Dolorès, leur annonça avec l'accent de Toulouse, en se glissant entre eux, une boulotte dans la trentaine.

— Je m'appelle Biquette, dit, en s'installant, une grande blonde osseuse, vêtue seulement d'un pyjama, une Polonaise apparemment.

— On me dit Marlène, fit la troisième, une épaisse fille musclée, carrée comme un homme dans son peignoir brodé d'ibis, fille de ferme ou bonniche qui préférait quand même ça.

Comme l'écrasante majorité des clients du *Grand 6*, l'écrivain et le journaliste venaient surtout pour les plaisirs de la conversation, les filles n'avaient pas mieux à faire, et les sujets ne manquaient pas.

L'estrade tressautait au rythme de *La Polka des bijoux* que l'accordéoniste et le violoniste automatiques jouaient avec des gestes souples, parfaitement imités, tandis que le chef Peau-Rouge roulait du tambour, tapait des cymbales, avec de profonds boum-boum sur la grosse caisse, hochant la tête en mesure, ce qui projetait, sur le ripolin ensoleillé du mur, l'ombre dentelée de ses plumes qui grandissait en éventail.

Un gitan octogénaire, illustre guérisseur de chiens, fascinant vieillard qui n'était plus qu'un squelette hérissé de piquants, jouait à la scopa. Ses partenaires étaient Kurt, le marchand de pralines, un hercule sarrois ; Séphora, la reine du bœuf miroton, doyenne du *Grand 6* qui avait pris ses invalides sur place, à la cuisine ; et Pastrouille, un tueur des abattoirs.

Madame, très femme du monde, s'approcha des derniers arrivés, et, s'inclinant :

— Monsieur Cherchemidi, sans doute ?

— Oui, répondit-il, sidéré.

Madame fit un signe à Monsieur qui apporta un casier en bois contenant six bouteilles de champagne, qu'il déposa solennellement sur la table.

— Oh là ! oh là... cria Cherchemidi qui ne connaissait que trop bien les limites de son portefeuille.

— Je vous en prie, protesta vivement Monsieur, puis il annonça, plein d'emphase : Avec les compliments de M. le sous-préfet !

— C'est très fort, murmura Abac.

— Des verres pour tous ! cria Cherchemidi.

Il regarda son ami. Ils pouffèrent, le fou rire gagna tout le monde.

— Eh ! on n'a pas l'air de s'en faire, là en bas ! fit une grosse voix, dans la cage de l'escalier.

C'était Palamède, le chef de la fanfare, qui redescendait avec sa régulière, la Grande Rose dont le charme venait d'une coquetterie dans l'œil. M. Palamède appartenait à l'autre monde, côté Pont-Neuf, côté Palais. C'est depuis « le scandale » qu'il se servait au *Grand 6*. Il y avait quatre ans de cela : Mme Palamède était à bout, elle n'en pouvait plus de vivre avec un pareil cocu. Or, cocu, le chef de musique l'avait toujours été, il le serait toujours, et il n'y avait rien à faire, sa femme était bien placée pour le savoir ! Une nuit, elle perdit patience, elle jeta son cocu dehors, en chemise, après lui avoir sévèrement cassé la gueule. Telle était, du moins, la version communément admise, et aussi, il faut en convenir, la plus vraisemblable.

Monsieur tira de son gousset un énorme oignon en or massif et cria :

— *Vaï*, tu peux fermer, maintenant, chérie ! tire la barre, on sera tranquille comme tout.

Madame barricada la porte et cria dans la cage d'escalier :

— Berthe, tu peux dire à ton monsieur qu'il pourra descendre quand il voudra maintenant !

Et elle alla chercher deux verres supplémentaires.

Monsieur prit une gorgée, s'en gargarisa, puis apprécia, en connaisseur :

— Ça ! rappelle-toi que c'est pas du mousseux, il s'est pas moqué de vous, le sous-préfet !

Berthe risqua son museau dans le salon. C'était une adorable rouquine d'une vingtaine d'années, coiffée avec des anglaises et vêtue seulement d'un sarrau de gaze bleu ciel.

— Tu peux venir, mon chéri ! cria-t-elle dans la cage d'escalier.

Son chéri n'aurait pas eu un air plus fuyant s'il avait porté l'uniforme pénitentiaire des Centrales.

Ces dames auraient pu se retirer maintenant ; ils insistèrent galamment, mais elles déclinèrent l'invitation, en toute sincérité ; on n'avait pas si souvent l'occasion de parler avec des écrivains de

Paris, vous pensez ! on n'était qu'un tout petit bordel de province, après tout.

Le fait est que ni les uns ni les autres ne virent passer le temps. Diverses questions des plus importantes furent gravement examinées. Au fur et à mesure qu'on écartait des bouteilles vidées, il devenait d'une criante évidence qu'on bernait le peuple français quand on lui faisait le tableau de sa situation économique. Une entreprise comme le *Grand 6* était un implacable banc d'essai du niveau de vie. Pour être vraiment renseigné sur la soi-disant prospérité économique, il suffisait de consulter ces dames, ça ne mentait pas !

Marlène et Dolorès avaient étalé des photos de leurs enfants en nourrice, qu'elles sauraient élever en dehors de la perversion généralisée... Monsieur avait envoyé Madame chercher l'album de famille : il montra ses photos en légionnaire. On s'attendrit sur leur première maison, une pitoyable casbah, en planches, à la sortie de Foum Tataouine, avec une seule pensionnaire : Madame, ici présente ! Ah ! ils pouvaient dire qu'ils étaient partis de rien, qu'ils n'avaient pas regardé à la peine, mais, quand même, Madame, c'était quelqu'un ! A cette époque, un sergent-chef méhariste faisait dix jours de chameau pour la voir une heure, chaque trimestre, et il apportait toujours un cadeau, un vrai ! pas « le cadeau... » Tenez, Madame, allez chercher pour ces messieurs votre porte-monnaie en cuir repoussé, et aussi la broche, celle en cuivre martelé. On savait se conduire avec les dames... Non, l'armée n'est plus ce qu'elle était ! Je n'ose imaginer ce qui se passerait, si, par malheur, nous avions la guerre ! Comment voulez-vous faire un bon soldat si vous n'allez plus au bordel !

Berthe recousait rapidement les boutons en perdition de son tricard.

Bref, c'est tout juste s'ils ne ratèrent pas le train.

Le guérisseur de chiens et Pastrouille firent un bout de conduite aux deux « Parisiens ».

— Je n'en reviens pas, de ce coup du champagne ! marmonna Cherchemidi.

— Bah ! Une façon de nous faire sentir qu'on ne nous a pas perdus de vue, grogna le petit journaliste, et de nous montrer qu'on est affranchi dans les hautes sphères.

— Mais, quand même ! comment ont-ils su que nous étions au *Grand 6 ?* Nous n'avons pas été suivis, j'en suis sûr !

— C'était pas de besoin, gronda Pastrouille en soulevant ses puissantes épaules. Vous auriez été en salopette, encore...

— Comment ça ? demanda Abel Abac.

— Ben, fit le tueur des abattoirs, quand il arrive deux nouvelles bouilles, au *Grand 6*, et nippées comme des mylords ! Qu'est-ce que vous croyez qu'il fait, le taulier ? Il passe dans son bureau, et il décroche le téléphone...

Le train sifflait comme ils débouchaient sur l'esplanade de la gare.

Le vieux caraque les avait quittés avant, dans les parages du Palais : il avait repéré un chien errant, un setter Laverack pure race, car, si le gitan octogénaire n'avait pas son pareil pour guérir les chiens, il savait aussi les maquiller, et il en vendait, à l'occasion.

29

Le chemin des écoliers

Luc Roux gardait les chèvres, il allait tout à fait bien, rien à lui faire entendre, il gardait donc les chèvres, ça rendait quand même service, avec toutes ces lessives, le grand-père pas très vaillant, et le père au travail, la mine, il faut y aller...

Ce mois d'août finissait en canicule, les biques n'avaient plus d'appétit qu'à la fraîche, il fallait attendre que le gros du soleil se soit glissé derrière la crête pour leur ouvrir. C'est qu'elles ne seraient même pas sorties de l'ombre humide des voûtes de leur écurie. Plutôt la faim que le feu du ciel, les chèvres aussi ont leurs idées.

On était bien, à cette heure-là, dans la jasse au-dessus des Fartailles, aussi Luc y restait-il rarement seul ; Raoul, Gino, ou encore Rafaël, le fils aîné de Libertade, qui n'avait que douze ans mais travaillait déjà dans la mine et, souvent, Noël Tarrigues, montaient le voir. Une sorte de *clu* nouvelle façon, avait dit Riquet, le fils du maire, non sans fierté, ce qui les avait fait rire, ils aimaient rire, même pour pas grand-chose, pour le plaisir, comme on boit sans soif quand le vin est bon.

Un deuxième rire pour le même rien créait une tradition.

La première fois qu'ils s'étaient alignés en bordure de la murette, à l'aplomb de la vallée, voyons, comment cela avait-il commencé ? l'envie avait pris le Riquet, il s'était mis en position paisiblement, sans en faire une histoire, quand :

— Hep ! attends-moi, j'arrive, s'était écrié Rafaël, pisser tout seul, ça rend triste.

Naturellement, l'envie avait pris les autres aussitôt.

— Feu ! avait crié le Raoul Ardailhan, juste comme ils mettaient en joue.

Et de rire.

Rafaël avait doté la nouvelle coutume d'une philosophie. Chez lui, en Espagne, on ne se cache pas pour pisser, c'est un acte d'homme. Les mamans sont fières de la façon de leur petit garçon, elles appellent les commères et les voisines, pour juger de la chose : vous allez voir comme il pisse ! Pour parler d'un homme libre et heureux, on dit : « Il peut pisser devant sa porte », c'est-à-dire : il n'a pas de vis-à-vis, il n'a pas besoin de se cacher. D'un pauvre, on dira : « Le malheureux, pour pouvoir pisser sur son bien, il faut qu'il s'allonge sur le dos... »

Grâce à Rafaël, désormais, quand ils s'alignèrent au bord de la murette, ils se sentirent libres et heureux. Franck s'était petit à petit fait à eux, ils s'étaient faits à lui, sans hâte, sans brusquerie. Les premières fois, il était monté avec Cherchemidi, et était resté un peu cérémonieux. Puis il était venu seul. Souvent, Luc et Franck se retrouvaient tous les deux. Ils appréciaient ces duos, si l'on peut dire, car ils ne parlaient guère.

Blague, refrain, bricole, bouquin, chacun apportait ses trouvailles. Le Maqué, des Sarrasins, avait procuré à son Gino un banjo d'occasion, que l'oncle Roure avait réussi à remettre à neuf (si l'on fermait les yeux sur les rivets de cuivre, mais la résonance n'en pâtissait guère). Gino s'y était mis avec une surprenante facilité, il vous grattait ça comme un cigalon.

— Oh ! tiens, il faudra que j'apporte ma trompette, avait lâché Franck lorsqu'il vit le banjo.

— Tu joues de la trompette ?

Ils étaient épatés, un rien.

Franck s'était senti plus ou moins obligé d'expliquer, pas pour s'excuser mais presque : le père, la mère, le bain de musique, un instrument noble pour chacun des fils, qui lui convienne autant que possible, lui la trompette, Ludwig la clarinette, Ludwig...

A mesure qu'il racontait, il s'assombrissait.

Les jours suivants, Luc, Gino, Raoul, Riquet, Rafaël l'attendirent le cœur battant ; il ne vint pas de quelques jours. Quand il revint, ce fut sans sa trompette, ils n'insistèrent pas, dépités, malheureux, ils en bavaient d'envie, mais on ne sait jamais. Intimidé, Gino fit moins de progrès, ça devenait plus difficile aussi, puis il vint sans son banjo.

Ils faisaient des gaffes, ainsi, à la mesure de leur petit monde ; ils sentaient parfaitement que c'en était, mais pourquoi là, c'était une autre histoire, alors comment l'éviter ? Ils se heurtaient de partout, se faisaient mal, mais ne s'en voulaient pas. Le plus grave fut quand même le coup de *L'Illustration*. C'est Raoul qui l'avait « emprunté » à son Laguerre de père, ce qui déjà lui donnait son prix. On ne l'aimait guère, le père de Raoul, puisque Raoul ne l'aimait pas. N'insistons pas, personne n'en parlait, encore un de ces trucs qui leur passaient sur le front.

Sur la jasse des Fartailles, il y avait, ce soir-là, Luc, bien sûr, Riquet, Raoul et Gino seulement, et encore, Gino, pas tout à fait, parce que, pour les chèvres, ils avaient établi un tour de veille. Les chèvres, ça se fout de tout, incroyable ! et c'était, ce soir-là, Gino l'officier de quart.

L'Illustration, un numéro magnifique !

Ils l'avaient étalé sur l'herbe rase (les biques étaient passées par là, la veille), et ils s'étaient allongés sur le ventre pour savourer, jambes écartées, Luc, Raoul et Riquet, formation éventail à six branches.

La couverture d'abord : drapeaux, étendards et bannières font claquer leurs aigles et leurs croix de fer au vent de Tempelhof, près de Berlin, des soldats magnifiques, devant, au garde-à-vous pour « la consécration des nouveaux drapeaux des Casques d'Acier ».

— « Consécration des drapeaux », qu'est-ce que ça peut vouloir dire, tu le sais, toi, Luc ?

— Non, pas idée.

— Il faudrait demander à un cul béni, trancha Riquet, tout ce qui est consécration...

Derrière, encore des drapeaux, encore plus grands et qui flottaient mieux. « Le maréchal von Mackensen passant devant le front des drapeaux... »

— Tu as vu, il a un bonnet à poil, qu'est-ce que ça peut être, dessus ?

— Je le sais : une tête de mort.

— Qui te l'a dit, Raoul ?

Encore une gaffe : son Laguerre de père, bien sûr.

— Attends, ne tourne pas encore, dit Luc, je voudrais voir les blagues, en face...

Les cinq dessins humoristiques d'Henriot. Ils s'attelèrent consciencieusement aux légendes, en vain :

« — Je trouve qu'ils sont bien chers, vos melons, je reviendrai.

— C'est ça... quand il y aura une année de choléra. »

Totalement incompréhensible. Et celui-là : devant la plage vide : « On se croirait à la Chambre le jour où on vote le budget. »

— Tu comprends ça, toi, Luc ?

— Rien de rien, j'ai beau me creuser, pas un sur les cinq !

— Alors, on tourne ?

— D'accord.

Par la suite, il y avait beaucoup plus à lire qu'à regarder : une étude sur l'Allemagne nouvelle.

— Ça doit être intéressant, murmura Luc.

— Oh ! toi, tu te crois toujours à l'école, protesta Riquet.

— Laisse-moi au moins lire la ligne, sous les photos !

« Pendant que se passent les plus grands événements politiques, la foule berlinoise fourmille sur la plage de Wannsee, toute proche de la capitale. »

« Foule de chômeurs berlinois venant, par rangées successives, remplir les formalités qui leur permettront de toucher des secours. »

« Rassemblements typiques de chômeurs berlinois dans les bureaux de bienfaisance. »

« Les chômeurs désœuvrés, à Berlin, stationnant et jouant aux cartes sur les bancs autour des parcs de sable pour les enfants. »

— La barbe ! c'est toujours la même chose, tourne, on va trouver encore des soldats.

— Attends un peu, Riquet, moi, ça m'intéresse, grognait Luc.

« La réouverture du Reichstag nationaliste sous la présidence de la militante communiste Clara Zetkin, doyenne d'âge. »

« L'arrivée au Reichstag des députés nazis. »

« Le capitaine Goering, président du Reichstag. »

— Tiens, qu'est-ce que je te disais, triompha Riquet.

— Qu'est-ce qu'ils disent sous ces photos, fais voir, demanda Raoul : « L'arrivée des délégations du "Casque d'Acier" à la gare de Potsdam, drapeaux dans leurs étuis. »

« Le serment des "Casques d'Acier" au champ de Tempelhof. »

« L'hommage des manifestants au tombeau du Soldat Inconnu. »

— Tiens, comme chez nous !

La suite décevait : nouveaux grands immeubles parisiens, nouveaux aspects de Paris...

— Tourne, Luc, tourne... oh ! dis donc, arrête ! fais voir...

— C'est dans quel pays, Riquet ?

— Je ne sais pas, il n'y a de marqué que : « Au seuil de l'an XI, l'effort fasciste », ils ne disent pas quel pays...

— C'est l'Italie, précisa Luc.

— Eh non ! on verrait Mussolini...

— Il doit être derrière. Tiens justement : « Tel Lénine, qui avait l'habitude de haranguer les foules du haut d'un tank, Mussolini parle, du haut d'un tracteur, aux ouvriers qui assèchent les marais. » « Les petits Italiens passent leurs vacances dans des camps : celui de Rome est dédié au Duce. Un camp de Milan a réuni, ces jours derniers, 120 000 enfants. »

— Punaise ! soupira le fils du Jaurès, ceux-là, ils ont pas de la veine, peut-être...

— Reviens derrière, supplia Raoul, on voit mieux leurs uniformes, fais voir ce qu'ils disent !

« De vrais mousquetons, de vraies baïonnettes sont distribués aux *balillas*, dès l'âge de huit ans. »

— Et en Allemagne, c'est pareil, il n'y a que nous, en France, qui n'avons droit à rien, grognait Riquet.

« Les *balillas* apprennent la manœuvre sous la direction d'officiers de la milice qui sont, eux-mêmes, obligatoirement, d'anciens officiers de l'armée. »

— *Quanté nescis !* (Quels idiots !)

Il y avait tant de colère dans ce cri qu'ils n'avaient pas reconnu la voix.

C'était Gino, blême de rage. *Quanté nescis !* bien sûr, les mots qu'il ne fallait pas dire, il ne les apprenait pas à la maison, il ne les connaissait donc qu'en patois.

— Qu'est-ce qu'il y a, Gino ? demanda Luc, très alarmé.

— Regardez ce que vous avez fait, *mounstrés !*

Ils aperçurent Franck qui dégringolait follement le sentier des Fartailles.

— Il était là

— Pardi, *té !*

— Depuis longtemps ?

— Sans doute, je l'ai vu de là, j'étais monté sur l'autre barre pour te tourner tes connes de chèvres ! Mais longtemps ? pas longtemps ? moi, j'en ai entendu que le dixième, et ça m'a suffi largement, salauds, vous n'êtes pas prêts de me revoir, *adïousïas, trasso dé moundo* (adieu, rebut du monde) !

Déjà, le fils des Sarrasins était à mi-pente.

Luc, Raoul et Riquet se regardèrent, consternés.

— Merde ! qu'est-ce qu'on a fait encore ? gémit le fils du Jaurès.

— Bon sang de sort ! nous voilà propres ! soupira le fils du Laguerre ; et si, au moins, on savait ce qu'on a fait !

Raoul et Riquet regardaient leur camarade comme s'il leur devait la lumière. Luc s'était mis les mains sur les yeux, sur l'œil et l'orbite, il hochait douloureusement la tête, en murmurant :

— Ah ! ce que je donnerais pour le savoir !... Il faut que je comprenne, il le faut.

Ils restèrent ainsi longtemps, sans bouger, sans parler, oubliant même que le bon chien des Roux était mort de maladie, ou de vieillesse, ou de tristesse, pendant que Luc était à l'hôpital. C'est le plus léger des trois qui s'aperçut que « ces putes de chèvres dévalaient sur les haricots grimpants du Cagnar, encore une belle histoire en perspective... ». Riquet leur fonça dessus comme un dératé, heureusement que c'était un lanceur de pierres renommé.

— Écoute-moi, Raoul, il faut que tu me laisses ton journal, un jour ou deux !

— *Oï*, mon père ! *fan dé* garce !

— Tant pis ! une *rouste* de plus ou de moins...

— *Té !* tu y vas à l'aise, toi, tu ne sais pas comme il cogne, comme un qui n'a jamais pu casser la gueule à personne, qu'à son fils...

Luc leva vers lui son regard unique, suppliant :

— Bon, bon, garde-le tant que tu voudras, fit Raoul.

Riquet revenait, écarlate, à bout de souffle, insultant les chèvres comme un Arabe.

— Riquet, Raoul, écoutez-moi bien tous les deux ! il faut se tenir, et tenir sa langue, tant qu'on sait pas ce que c'est. Comme pour l'incendie, c'est compris ?

— Comme pour l'incendie ?

— Jusqu'au bout ?

— Comme pour l'incendie. Jusqu'au bout. C'est juré ?

Ils se redressèrent vivement, tendirent la main : « Croix de bois, croix de fer, si je meurs, je vais en enfer », et ils crachèrent.

— Bien, reprit Luc. Maintenant vous allez filer, moi, je vais me mettre à lire ce machin de près, qui sait, je comprendrai peut-être mieux que pour les melons du choléra. Raoul, encore une chose...

— Oui, Luc !

— En arrivant au village, tu iras tout droit chez les Tarrigues...

— Oh, dis ! j'y vais jamais, moi, chez ces gens ! Personne y va jamais !

— Eh bien, toi, tu iras ! Et tu te débrouilleras pour trouver le Noël, tu le trouveras sans doute en train de lire dans son grenier. Tu lui diras de monter me voir le plus vite possible, dis-lui que ça presse.

Une lettre de Lilette parvint au Casquillé vers la fin de septembre. La mère de Franck se réjouissait des bonnes nouvelles de son fils, de sa rapide acclimatation, se confondait en remerciements pour tout ce qu'on faisait pour lui, couvrait son frère de baisers affectueux pour avoir si rapidement réglé les questions d'entrée en sixième au lycée d'Alès, répercutait, depuis la Hongrie, des nouvelles de Ludwig, quant à Jànos, et à elle-même, cela n'allait pas plus mal, mais ils étaient plus décidés que jamais à faire les malles, pour quitter définitivement l'Allemagne.

« ... Si tu savais quelle horrible sensation, écrivait-elle à son frère, nous avons l'impression d'être abandonnés au fond d'un désert de sables mouvants, au milieu d'un grand concours de peuples qui nous regardent ironiquement, et prennent nos contorsions d'agonie pour la gesticulation d'un saltimbanque. Non ! nous ne ferons pas la quête, ce sera pire. Le monde se rend-il compte ? Par système D, ficelles et combinailles, je me procure parfois un journal français, ça me déchire le cœur ; non pas tellement parce que nos angoisses occupent si peu de place dans les préoccupations de mon pays de liberté, mais par le ton des articulets qui traitent justement de la terrifiante menace, une sorte de bonhomie, de gentillesse un peu condescendante, une envie d'arrondir les angles envers et contre tout, ah, c'est bien de ça qu'il s'agit, je te jure ! Mais on ne se rend donc pas compte ! Il suffit pourtant d'examiner en gros l'allure à laquelle ont marché les événements en quelques mois ! Depuis juin, rien que le règne de von Papen ; depuis qu'il est au pouvoir, il ne sait que faire pour amadouer cette racaille : le 4, il dissout le Reichstag, comme le veut Hitler, il fixe les élections au 31 juillet, comme Hitler le désire ; le 15 juin, il lève l'interdiction qui frappait les S.A. Les résultats dépassent toutes les espérances : jamais on n'a vu déferler sur l'Allemagne tant de crimes, couler bêtement tant de sang. Les bandes hitlériennes envahissent les rues, attaquent, massacrent. Rien qu'en Prusse, entre le 1er et le 20 juin, il y a eu plus de quatre cents batailles de rue, des centaines de blessés et de morts. Le 10 juillet, un dimanche ! ils ont abattu 18 passants ; le dimanche suivant, ils sont descendus dans le faubourg d'Altona, pas très loin de chez nous, escortés par la police qui les protégeait, ils ont abattu 20 personnes, et en ont blessé 285. Enfin ! tout le monde connaît les résultats des élections du 31 juillet : près de 14 millions de voix nazies, 230 députés... et, à l'étranger, on continue imperturbablement à faire des commentaires politiques de Café du Commerce, comme s'il s'agissait d'une motion de congrès radical, non mais ! il y a de quoi vous piler, tous ! vous êtes inconscients ? ou c'est nous qui sommes fous ?... C'est peut-être bien nous, après tout... Je me représente notre verte vallée de Clerguemort, sa douceur... comment pourrait-on imaginer des choses pareilles, on ne peut qu'y croire sans y croire, se dire qu'il sera temps d'aviser quand ce sera arrivé. Nos gens sont trop honnêtes, trop bons, foncièrement, pour imaginer les criminels armés jusqu'aux dents, par divisions entières... »

Cherchemidi relut plusieurs fois ce passage. Il le recopia, et prépara une lettre pour Abel Abac.

Il dit à la vieille du Casquillé :

— Ne parle pas au petit de cette lettre, ça vaut sans doute mieux.

— Moi, je n'ai rien à dire à personne, moi ! rien de rien de rien, rugit-elle, au meilleur de sa forme.

Cherchemidi trouva un coin tranquille pour écrire à son ami le journaliste. C'est en préparant ce texte important qu'il réfléchit encore, et reprit la lecture de la lettre de sa sœur.

Il sortit alors, tendit l'oreille vers la crête, au-dessus du Casquillé, dans la pinède, et repéra Franck. Depuis quelques jours, l'enfant s'était remis, avec une sorte de fureur, à l'étude de la trompette. Il se cachait dans un renfoncement de rochers sans résonance, encore enfonçait-il, dans le pavillon de son instrument, une sourdine qu'il bâillonnait encore avec de vieux chiffons, comme s'il n'eût voulu jouer que pour lui-même, pour l'intérieur de lui-même. Néanmoins, c'était quand même une trompette, et il jouait déjà très bien. Quand on savait exactement où il était, en prêtant l'oreille dans cette direction, on repérait le gémissement étouffé, douloureux, de l'instrument bâillonné.

Cherchemidi s'assit sous le tilleul, pour attendre le petit musicien. Il s'amusa à reconnaître les morceaux sur lesquels l'enfant s'exerçait. Il dut se rendre à l'évidence, c'étaient des psaumes, mais étrangement rythmés, des psaumes qui n'étaient presque plus religieux, souples, sauvages mais retenus, au bord de la violence, retenus farouchement.

Quand Franck redescendit, Cherchemidi l'appela affectueusement. Il le prit à part, mais comme il eût fait avec un homme de son âge. Il lui dit qu'on venait de recevoir une lettre de ses parents, qu'ils allaient parfaitement bien, puis il ajouta :

— La lettre contient aussi des renseignements cruels sur la situation actuelle en Allemagne. Je dois t'avouer que mon premier mouvement a été de te cacher cette lettre. Puis je me suis rendu compte que c'était idiot de ma part, pire peut-être. D'abord tu as plus de force de caractère qu'il n'en faut pour lire ces quelques lignes, ensuite tu en sais plus que nous tous sur ces sujets, autrement dit : tu es mieux armé. Tu n'as que onze ans, mais tu es plus homme que nous, pour certaines questions. Ce qui m'a décidé complètement à te passer la lettre, c'est que ta mère écrit que nous ne pouvons pas nous rendre compte de ce qui se passe là-bas, y croire vraiment. La distance arrange bien des choses, le temps aussi, et je ne voudrais pas que tu oublies. Voici la lettre de tes parents, tu me la rendras quand tu voudras, je crois que tu seras mieux tout seul pour la lire. A tout à l'heure !...

Le lendemain de ce jour-là, tôt dans la matinée, Franck Joszà monta, seul, vers le Canaan. Sur le raidillon, à une centaine de mètres du mas des Ardailhan, à l'entrée du sentier des abeilles, il rencontra le papé Esaïe. Assis dans l'herbe, le vieux chevrier rafistolait une ruche creusée dans un tronc de châtaignier.

— Eh ! la bonne journée pour toi, mon petit Franck !

— La bonne journée à vous, père Esaïe ! fit le garçon en s'approchant.

— Tu étais dans le besoin de quelque chose, Franck ?

— C'est-à-dire que je montais chercher votre Raoul, il est là-haut ?

— Oui, je viens de le voir.

— Mais, si vous permettez, père Esaïe, j'aimerais, comme ça, m'asseoir un peu, là, à côté de vous.

Le vieillard répondit d'un geste, comme si la voix lui manquait. Il tenait toujours la ruche, la tournait, la regardait, mais sans plus y toucher. Il marmonna, dans sa moustache :

— C'est bien, mon petit, bien, que tu sois là. La journée sera belle.

Du temps passa. Ils ne parlaient pas, ils ne se regardaient pas. Ils entendirent le rire fracassant du Cagnar, à l'entrée du village, et, en écho, les éclats de sa fille aînée, répercutés par la voûte du vieux pont. En même temps, ils sourirent, de la même façon, sans se voir, à ces beaux bruits qui leur appartenaient.

Quelques abeilles vinrent patrouiller autour des mains immobiles du chevrier, comme pour leur reprocher leur paresse. Le vieux ne put s'empêcher de sourire de leur empressement, et l'enfant, de leur bruit qui n'avait rien de méchant.

— Eh bien, voilà, fit Franck, merci. Maintenant, je vais voir votre Raoul.

— Un grand merci, à toi, mon petit, et que Dieu te ménage, bredouilla le chevrier.

Lorsque l'enfant se fut un peu éloigné, le vieil Esaïe du Canaan ramassa machinalement un brin d'herbe brûlée par la canicule du mois précédent. Il murmura :

— Toute chair est comme l'herbe, et toute gloire comme la fleur de l'herbe. L'herbe sèche et la fleur tombe...

Une larme unique vint s'accrocher au bout de ses moustaches. Il l'envoya promener d'un revers de main, en grognant : « Vieille bête, *vaï !* » Puis il se remit à sa ruche, en parlant à ses abeilles qui revenaient voir où c'en était.

Raoul était sur le seuil du mas de Canaan. Quand il vit arriver Franck, il eut un geste de recul, ses yeux furetèrent à la recherche du caillou bon à lancer, machinalement. Enfin, il se maîtrisa, se raidit.

— Bonjour, Raoul.

— Bonjour, Franck.

— Je te cherchais, Raoul.

— Tu m'as trouvé.

— Je voudrais que tu viennes avec moi.

— Ah... pourquoi ?

— Parce que j'ai envie de faire une promenade avec toi.

— Ah... Et... Où ?

— Où tu voudras. On pourrait peut-être monter voir Luc, mais, en prenant son temps, parce que j'aimerais bien parler avec toi, en route.

— Ah... Monter voir Luc ?

— Oui, parce que j'ai dû lui faire de la peine, à lui aussi.

Raoul se détendit :

— Allons-y.

Ils prirent par le sentier du moulin-usine de l'oncle Roure, parce que c'était plus long.

— Je ne l'ai pas vraiment voulu, tu comprends, Raoul ? C'était malgré, moi. Un peu comme quand... quand tu ne peux pas t'empêcher d'éternuer...

— Nous avons compris, Franck... tout.

— Comment, vous avez compris ?

— Oui, on a repris le journal, les articles... Le Noël Tarrigues nous a aidés. On ne le sait pas, à Clerguemort, mais il est très fort. Maintenant, nous savons ce que c'est, Hitler, et les nazis, et ce qu'ils veulent, et comment ils s'y prennent.

— Vous savez tout ça ?

— Oui.

— Mais, dis, Raoul, tout à l'heure, quand tu m'as vu arriver, tu as eu peur de moi ?

— Peur, c'est pas le mot. Je me suis tenu sur mes gardes, voilà tout.

— Et pourquoi ?

— Pourquoi... pourquoi... ben, parce que, cet Hitler et ces bandits, et tout ça, enfin, ça a de quoi vous rendre fous. Fou, tu avais le droit. Fou, tu l'étais peut-être...

— Tu ne le crois plus, maintenant, Raoul ?

— T'es pas fou, non ?

Le rire les prit.

Ils ne dirent plus un mot jusqu'à la rivière.

— On s'assoit un peu ? proposa Raoul.

Le courant a les mêmes pouvoirs que le feu de bois, on peut ne plus penser à rien, c'est facile et c'est bon.

Franck sursauta : Raoul venait de murmurer :

— Je voudrais te dire un secret.

— Hein ? Un secret ?

— Un vrai. Je ne l'ai encore dit à personne.

— Même pas à Luc ?

— Même pas à Luc !

— *Ach !*... Euh... mais, pourquoi, à moi ? fit Franck, intrigué, assez fier aussi.

— Il le faut... répondit Raoul, avec hésitation. A toi il faut que je le dise, comme ça, je te le dois ; après, tout sera bien.

— Ah... bon.

Le courant les accapara de nouveau, prit leurs yeux, leurs oreilles aussi, par ses roucoulements changeants.

— Tu m'écoutes ? demanda soudain Raoul.

— Oui.

— J'ai perdu la foi.

— Quoi ?

Franck s'était tourné vivement vers le petit des Ardailhan du Canaan : Raoul avait les yeux pleins de larmes. L'image du vieux chevrier biblique s'interposa, presque aussi réelle que si l'Esaïe passait entre eux. Au point que Raoul balbutia :

— Mais j'aime toujours mon grand-père, je le respecte, c'est justement...

Cela dissipa l'apparition du vieux chevrier. La rivière les reprit. Franck était heureux ; en même temps, il ne savait plus où se fourrer.

Raoul Ardailhan fit le récit.

C'était tout bête, il y avait une quinzaine de jours, pour la foire du Chambon, exactement, ce dimanche-là. Son grand-père était allé vendre des chèvres, avec sa petite mamée qui voulait de ces bricoles de mercerie qu'on ne trouve qu'à l'étal des forains, une fois l'an, sur la place du Chambon, pour cette foire, l'une des plus grandes de la région. Le Laguerre était ailleurs. Bref, quand Raoul rentra, vers midi, de l'école du dimanche, son catéchisme sous le bras, il trouva porte close. Il se dit qu'il allait jouer, en attendant le retour de la famille. Comme le petit livre l'embarrassait, il chercha, pour le déposer, un endroit où il serait à l'abri. Il finit par le glisser dans la fente étroite de l'écurie du cochon, le *trapounet*, comme on dit. Quand il vint reprendre son catéchisme, le cochon l'avait bouffé. Alors, un bon Dieu qui se laisse bouffer Ses Écritures par les cochons ! non, ce n'était plus possible !... Il avait beau se forcer, ça lui faisait de la peine, pas croyable ! mais c'était ainsi, bien triste... voilà ! il n'avait jamais osé en parler à âme qui vive, jusqu'ici, non, même pas à Luc !

Ils ne firent pas de commentaires. Ils reprirent le sentier, de l'autre côté de la rivière. A mi-pente, ils se retournèrent ensemble pour contempler sous eux la vallée rapetissée.

— Tu as vu la mer, toi ? demanda Raoul.

Lui ne l'avait jamais vue, Luc non plus. Ils avaient la même envie de large, d'espaces infinis, de routes qui ne finissent pas, que ne brise aucun tournant, une grande envie d'aérodromes, d'horizons... On étouffait dans le creux des montagnes. La mer, ah... comment se rendre compte ?

— C'est comme ce qu'on voit de là-haut, de la cime du Lozère, on ne peut pas se rendre compte tant qu'on n'y est pas monté.

— Comme j'aimerais y monter ! dit Franck.

— Nous y monterons !

Luc était seul. Il sut immédiatement que tout était arrangé, avec Franck ; il dit n'importe quoi, mais ses mots sautillaient d'allégresse, on ne l'avait jamais vu ainsi.

Comme Riquet et Rafaël arrivaient, ils pissèrent en chœur, puis s'assirent au bord de la même murette, mais un peu plus loin, les jambes pendantes, Clerguemort à leurs pieds. Les deux rangées de maisons se prélassaient le long de la rivière. Les fumées matinales montaient droites, la journée serait splendide, il y aurait autant d'hirondelles qu'en peuvent souhaiter les garçons, des hirondelles qui tiennent la hauteur dans un ciel sans nuage, des hirondelles folles d'aisance.

Franck se demandait comment il avait pu vivre ailleurs, il lui échappa un « on est bien... », ils firent semblant de ne pas entendre, heureusement.

— Raconte-lui l'histoire de la cigarette de ton grand-père, dit Luc.

Ça n'avait rien à voir, cet âge fait fi des enchaînements logiques.

— Il paraît que des gens ont racheté la baraque, dit Raoul, parce qu'il ne pouvait pas obéir tout de suite, ainsi, même à Luc, cela ne se faisait pas, c'eût été contraire au savoir-vivre naturel des garçons de la Cévenne.

Luc et Franck examinaient la maisonnette abandonnée, en face de la filature.

— Pas tout à fait, dit Luc, ce serait des petits neveux des gens qui vivaient dedans, dans les temps, des neveux qui s'étaient installés à Marseille. On ne sait pas exactement ce qu'ils font là-bas. Les uns disent comme ceci, les autres comme cela...

— En tout cas, ils veulent s'occuper de la baraque, la retaper. Le Maqué est venu voir ce qu'il y a à faire, Gino me l'a dit.

Ils se turent pour penser à Gino. Il faudrait qu'il vienne, les autres aussi, pour accompagner Franck, maintenant que c'était comme ça...

Raoul Ardailhan pouvait, à présent, raconter l'histoire de la cigarette de son grand-père sans que ce soit bizarre.

Le vieux chevrier biblique ne l'avait jamais racontée lui-même, ce n'était pas dans sa manière, c'est par d'autres qu'on l'avait apprise, et qu'elle faisait le tour de la Cévenne pour l'édification des enfants.

Il y a longtemps, l'Esaïe du Canaan était encore un jeune homme. Il montait une bergerie, derrière les Bories, en équipe avec deux gaillards à peine plus âgés que lui. C'était loin de chez eux, ils emportaient le casse-croûte. Vers midi, ils s'*acagnardaient* sous une murette, pour manger. Après, ils restaient encore un moment, allongés au cagnard, avant de reprendre le travail. L'un des trois, qui était le garçon du mas de Donnarel, sortait son paquet de cigarettes et en offrait une à ses deux compagnons. Ils fumaient ensemble, avant de retourner à leurs pierres sèches. Un beau jour que tout s'était passé exactement comme à l'accoutumée jusque-là, quand le fils du Donnarel sortit son paquet, le jeune Esaïe dit gravement :

— Non, je te remercie, aujourd'hui je ne veux pas de ta cigarette.

Sur un ton ! les deux autres se demandaient ce qui était arrivé, ce qui avait pu le fâcher, mais il les rassura, sur le même ton :

— Non, je n'accepterai plus jamais ta cigarette parce que, vois-tu, aujourd'hui, il se trouve que tu as tardé à sortir ton paquet. J'attendais. J'ai failli te la demander, la cigarette.

Depuis, l'Esaïe Ardailhan ne fumait plus, même pas la pipe.

On ne commentait jamais l'histoire de la cigarette, chacun pour soi devait en tirer l'enseignement : si l'on avait un beau caractère, on n'en finissait pas d'y repenser, et d'en retirer de bonnes leçons.

Franck pensait éperdument. Luc et Raoul respectaient sa bouillonnante méditation. Il dit enfin, comme une conclusion :

— Alors, on est amis ?

— Mieux, dit Luc.

— Tu es des nôtres, un de nous, tu comprends ? précisa Raoul, avec passion.

Luc approuva solennellement.

Comme on paye son denier à Dieu, Franck Joszà leur raconta son secret, son chemin des écoliers.

Chaque fois qu'il sortait de l'école, à Hambourg, ses camarades de classe, qui étaient membres des Jeunesses hitlériennes, l'attendaient pour le battre, pour lui jeter des pierres. Chaque jour, il devait inventer de nouveaux détours, des chemins de plus en plus longs, de plus en plus compliqués, pour échapper à ces furieux. C'étaient de vrais sauvages. Ils l'auraient volontiers tué. Tel était son secret, à lui. Il ne l'avait jamais dit, ni à ses parents, ni à son oncle, un vrai secret, même pas à un garçon de son âge. Il n'avait jamais pu se faire un ami, c'était compréhensible.

— Pourquoi ? demanda Raoul.

— Parce que tous les garçons de mon âge savaient que j'étais juif.

— « Juif », murmura Raoul, qu'est-ce que ça veut dire, juif ? tu le sais, toi, Riquet ?

— Non, répondit Riquet, je ne le sais pas.

— Nous monterons là-haut demain, dit Luc, vous êtes d'accord ? je crois que Gino pourra venir.

Ils ne savaient même pas, c'était vrai, et ils s'en foutaient, ça crevait les yeux. Noël Tarrigues n'avait pas eu le temps de tout leur expliquer, peut-être même ne le savait-il pas lui-même. C'était un autre aspect de la question, on n'a pas tellement écrit dessus, on n'en parle jamais par ici [1].

La joie, qui gonflait Franck Joszà, devenait insupportable. Il bandait ses forces pour n'en pas pleurer.

— Chacun apportera son casse-croûte, c'est loin, disait Luc.

— Il faut partir de bon matin, si on veut être redescendus avant la nuit, disait Raoul.

— Oui, dit Franck, nous monterons demain.

Il regardait, lui aussi, le sommet du Lozère, au-dessus de la vallée de Clerguemort, du même regard religieux, mais il se retenait, lui, de hurler son bonheur.

Le soleil déclinait déjà quand Luc, Gino, Riquet, Raoul, Rafaël et Franck parvinrent au sommet, le lendemain. Chacun avait emporté, dans une musette, son casse-croûte et son flacon de piquette allongée d'eau. Franck portait, en outre, une étrange petite boîte noire qui avait exactement la forme d'un cercueil pour enfant mort-né.

Ici, il n'y avait plus rien, que la terre et le ciel. C'était comme un plateau bordé de ciel, semé d'énormes cailloux ronds, certains plus grands que des maisons, ronds comme des billes monstrueuses, ce qui restait des moraines du glacier des commencements de l'âge.

On était au-dessus de tout, ici, plus haut que le Bougès, plus haut que l'Aigoual, tout en haut du Lozère, le plus haut des trois géants de la Cévenne. On régnait même sur le troupeau des fantastiques monstres de granit. On n'avait même plus chaud. L'eau nouveau-née vagissait partout sous les pieds, sous l'herbe rase et rare. Le moindre souffle d'air prenait une importance originelle.

— Dis-lui, proposa Raoul.

Les autres firent oui de la tête.

Luc mit un genou en terre. Il arracha un vilain petit brin d'herbe. Il le montra aux autres. Sur le mode particulier, enfantin et cérémonieux à la fois, qui est celui des récitations, il dit ces mots :

— Si un puissant roi vient, et me dit : « Donne-moi ce brin d'herbe », et si moi j'ai décidé que non, rien au monde ne pourra

1. « Que pensez-vous des juifs ? me demanda un jour, à brûle-pourpoint, un officier allemand dans mon stalag. Et je pus lui répondre, sans me compromettre, mais sans mentir, avec la pureté du petit Cévenol que j'avais été : *Dans mes montagnes, on ne les connaît que par la Bible.* » Me André Fabre, de la Montade d'Anduze, *op. cit.*

lui faire avoir mon brin d'herbe. S'il appelle ses armées, ses bourreaux, pour avoir mon brin d'herbe, moi, parce que je l'ai décidé, je mangerai mon brin d'herbe. Alors ils me tueront, m'ouvriront, me couperont en petits morceaux, mais ils ne pourront pas avoir mon brin d'herbe, parce que j'en aurai fait la chair de ma chair.

Il regarda Franck dans les yeux. Franck soutint l'effroyable regard de l'œil unique. Luc mangea le brin d'herbe.

Gino, Riquet, Raoul et Rafaël mirent genou en terre, autour de Luc, et psalmodièrent :

— Si tous les guerriers, les plus forts et les plus féroces, du plus puissant roi du monde, nous demandent si Luc a pris un brin d'herbe, nous dirons : « Non ! » Nous ne dirons que : « Non ! » Toujours : « Non ! » Rien de plus que : « Non ! »

Ils marquèrent un temps, puis, avec Luc, ils se frappèrent, des deux poings, sur la poitrine, très fort, en cadence. Ils scandèrent :

— Rien, ni personne, ne peut rien, rien de rien, contre la force qui est en nous, en chacun de nous, rien !

Franck Joszà mit un genou en terre, arracha un brin d'herbe, le mangea, se cogna la poitrine, s'en fit mal, et cria :

— Non, rien de rien ! rien ne peut rien ! rien !

Ils se relevèrent ensemble et vinrent embrasser le nouveau, chacun son tour, sur les deux joues.

Le soleil avait commencé sa descente vers les crêtes qui se perdaient à l'horizon. Franck ouvrit le petit cercueil noir. Il en tira sa trompette. Il y adapta le bout du tube en U, il la vida, soufflant, le clapet ouvert. Enfin, il se dressa, tourna le pavillon vers l'océan des montagnes.

Il joua le *Psaume des batailles*, la mélodie seulement, à l'état pur, cristalline, comme un jet de source à la fonte des neiges, sur un rythme insolite, lent et volontaire, souple et sauvage.

A ce moment de la journée, le soleil descendait si vite sur le couchant que le lent allongement des ombres était parfaitement perceptible. L'obscurité remplissait à vue d'œil les creux innombrables. Le niveau des ténèbres, montant dans les plis et replis de la montagne, faisait saillir les reliefs : tout, crêtes, éminences, collines, falaises de granit, monts, pics, pitons, cols, buttes, mamelons, arêtes, contreforts, escarpements, faîtes, rampes, revers, comme une immense armée disparate, loqueteuse, la Cévenne entière se levait à l'appel de son vieil hymne de sang et de pitié.

Au retour, ils tombèrent sur le Barbaste qui redescendait de ses vignes du coteau de Donnarel, dans sa charrette à vide. Ils montèrent avec lui. Le vieux colosse blanc, moustachu comme un ancêtre gaulois, lança le cheval, au grand galop, sur le chemin.

La lourde charrette bondissait, tanguait, dans un vacarme assourdissant de ferraille ; ça, c'était puissant, fort, alcoolisé : Franck, Luc, Raoul, Gino, Rafaël et Riquet se mirent à brailler, à hurler, chacun la sienne, n'importe quoi... L'autre vieux Gaulois excitait son cheval, le fouettait sous le ventre, et il riait, sous ses grosses moustaches blanches.

L'entrée qu'ils firent à Clerguemort, on en parle encore.

Deux étrangers (enfin, des gens qui n'étaient même pas du canton, et de beaucoup plus loin sans doute) avaient arrêté leur vieille « Trèfle », avaient tiré du coffre compris dans le cul en pointe de cette bagnole de quoi faire du thé. La bonne femme avait commencé à allumer un feu, entre deux pierres, en bordure de la pinède.

L'oncle Roure leur tomba dessus. Il écrasa le brasier, de quelques coups de talon, et leur expliqua que ce n'était quand même pas des coups à faire, par ces temps de sécheresse, qu'on voyait bien qu'ils n'étaient pas d'ici, mais quand même !

Ils comprenaient, ils étaient atterrés.

Un bon moment après, l'oncle Roure revint, avec deux splendides grappes de raisin bien doré :

— Tenez ! pour remplacer un peu votre cuistance...

Il leur colla ça dans les bras, et se défila.

— Ce pays me plaît, dit l'homme à la femme tandis que l'oncle Roure disparaissait au tournant du sentier.

Pas très tranquille, le vieil *idéïous* : ces deux grappes, il venait de les voler dans la meilleure vigne du Cagnar, mais comment faire, elle était à côté, la vigne du cul béni, et puis, lui, l'oncle Roure, il n'avait pas de vigne, il n'en avait plus : sa dernière, il l'avait vendue, pour se payer un tour horizontal, une merveille.

LA GUEUSE

A Fernand Corbier.

1

La mine au bois dormant

Une toute petite ville morte se cache dans un trou de verdure, au pied du mont Lozère.

Il faut une série de hasards pour découvrir la cité oubliée ; il faut, pour finir, écarter un buisson, et le bon. Il a fallu d'abord remonter longtemps la rivière qui s'étrangle dans le fond de cette vallée perdue, des heures à sauter de rocher en caillou, et ce ne sont que buissons sur ces berges sauvages, mais si l'on tombe sur le bon, il suffit de l'écarter, la ville morte s'offre d'un coup.

C'est un bourg verdoyant où l'arbre a supplanté le bourgeois. Ses maisons, ses boutiques, ses édifices publics, son temple, s'alignent de part et d'autre d'une Grand-Rue qui grimpe droit au flanc de la montagne, dans le creux d'un vallon étroit. Ses ateliers, ses entrepôts entourent la Placette qui se trouve en bas de la rue.

Le gros œuvre n'a pas souffert d'un siècle d'abandon. Les façades n'ont pas pris de ventre, elles s'alignent sans une lézarde. Les murs ont été construits en pierres minutieusement ajustées. Seul, le bois a péri : portes, portails, volets se sont volatilisés.

Cette apparition n'attriste pas, elle ne rappelle en rien les ruines de la guerre. En réalité, ce gros bourg n'est pas tout à fait mort. Un autre règne est venu remplacer celui de l'homme. Après la fuite des habitants, la flore en a pris possession, et l'habite. C'est rudement joli. Il y a partout du monde au balcon : là, un figuier, là, un noisetier ; là-haut, les bras d'une verne qui semble secouer un tapis de vigne vierge. Sur les seuils, fougères, orties géantes et bruyères batifolent comme une marmaille. Et c'est parcouru de frissons et de bruits humains. Les toupets feuillus, qui se penchent par ces fenêtres toujours ouvertes, hochent curieusement leurs têtes dépeignées aux courants d'air du vallon.

A gauche de la Grand-Rue, au-dessus de la rangée des bâtisses, un aqueduc dresse ses piles et ses arceaux en ordre croissant. Deux frontons dépassent toutes les maisons : la mairie d'un côté, de l'autre le temple auquel on accède par un porche encadré de colonnes et surmonté d'un clocheton. Il ne reste rien des toits, que l'arc élancé de voûtes admirables, mais les vents, les arbustes et les échos peuplent ces vieux murs de vies bruyantes : il semble que des magistrats municipaux discutent encore en l'hôtel de ville et, dans le temple, se déroule un étrange office : un figuier noueux, jailli de la muraille à hauteur de chaire, prêche l'assemblée des jeunes pins, des pousses de châtaigniers, des noyers, des pêchers sauvages, des noisetiers et des arbousiers.

Le bruit et le frémissement de la vie continuent sous les pieds, montent de la terre, comme si les générations qui se sont succédé dans la cité voulaient manifester leur présence d'outre-tombe. Il faut s'arrêter, tendre l'oreille, réfléchir, pour comprendre qu'il s'agit d'un torrent prisonnier ; jadis, il coulait librement au creux du vallon ; les bâtisseurs de la ville l'ont domestiqué, recouvert d'une puissante voûte, sur laquelle ils ont fait passer leur Grand-Rue.

On a tout oublié, jusqu'au nom de cette petite ville. On ne peut que supposer. Un jour, on a découvert là du minerai. L'exploitation a commencé, les murs se sont dressés, des hommes et des femmes sont venus. Ils ont travaillé, souffert, ils se sont aimés là, des enfants sont nés, pour lesquels cette Grand-Rue, ces ruelles et ces pavés étaient tout l'univers. Le temps a passé, jusqu'au jour où la petite ville a perdu sa raison de vivre. Le filon était-il épuisé ? Le minerai avait-il perdu son intérêt ? Les mineurs sont partis, leurs familles les ont suivis, la montagne farouche a repris possession de la ville abandonnée.

Qui pourrait en dire plus sur ce bourg où plus une route, plus même un sentier ne conduit ? Il se cache dans un pli de la vieille montagne où les gens n'ont rien à faire, c'est pourquoi la plupart des Cévenols naissent, vivent et meurent dans leurs mas des environs sans en soupçonner l'existence. Les pêcheurs ne s'écartent guère du fil de l'eau, les promeneurs des sentiers tracés. Pour tomber dessus, il faut que le braconnier soit poursuivi par les gendarmes, que le solitaire recherche encore plus de solitude, bref, que l'adversité vous pousse là. Ce n'est pas une découverte du bonheur.

Noël Tarrigues était malheureux quand il tomba sur la petite ville cachée, en cet automne de l'année 1933.

Noël Tarrigues longeait la rivière en amont de Clerguemort. Il tournait le dos à son village, avec le mont Lozère en point de mire. Il marquait sa maussaderie par des coups de talon. 1933 l'avait fait homme : il avait grandi de huit centimètres, ses épaules s'étaient élargies, son trop beau visage avait perdu ses courbes et sa douceur, s'était presque enlaidi, passant d'un coup de l'âge tendre à l'âge viril. Noël ne s'était pas aperçu du changement, et sa métamorphose n'avait pas amoindri, au contraire, ce charme singulier qui séduisait et inquiétait, mais les mêmes filles qui, voici un an, gloussaient sur son passage, pour se rassurer, n'osaient plus parler de lui, même entre elles, de copine à copine et sous la foi du serment, de peur de se trahir, de se fâcher pour rien. Elles étaient toutes, plus ou moins, amoureuses de lui ; Noël ne s'en doutait pas. Il allait sur ses dix-neuf ans et n'avait jamais encore touché une femme. On n'en faisait pas pour autant des gorges chaudes à Clerguemort ; d'abord Noël menait sa barque en solitaire, à l'écart, et l'on pouvait supposer ce qu'on voulait ; ensuite il frappait sec, et il était dur à la douleur, il fallait le voir à la mine ! Enfin, l'on n'est pas à son aise pour rire, même amicalement, de quelqu'un qu'on n'a jamais vu rire.

La vallée de Clerguemort allait en s'étranglant, la dernière prairie des Pratelles avait la forme d'un triangle isocèle dont la pointe aboutissait au barrage du moulin, dans une gorge de rochers derrière laquelle la rivière faisait un coude brusque. Quelques grosses gouttes désordonnées piquetaient la surface métallique de la retenue d'eau quand le vent se leva, d'un coup, gomma les points d'impact à longues rides, et remit l'orage à plus tard. Fulguration bleutée, un martin-pêcheur vint tirer son trait, perpendiculairement, du bout de l'aile.

Le raccourci franchissait l'arête de la montagne pour rejoindre la rivière à quelques centaines de mètres au-dessus du barrage, les buissons avaient envahi ce passage que pêcheurs et braconniers n'empruntaient jamais.

Le même vent avait ouvert un volet dans le ciel indécis. Les rocailles des sommets du Lozère prirent feu et flammes et Noël parut soudain beaucoup plus rouquin qu'il n'était en réalité. La même ouverture changeait profondément l'acoustique ; le cri d'un geai retentit là-dedans si bizarrement que l'oiseau s'enfuit, effrayé de se sentir si seul, et Noël se sentit tout seul avec ce geai.

Il avait mal, et retira sa main droite qui pendait, accrochée par le pouce à l'ouverture de la poche latérale du pantalon. Il la prit dans sa main gauche : le plâtre était brûlant, tout le sang s'était amassé dans l'avant-bras qui pesait comme du plomb. Noël défit le deuxième bouton de sa chemise, glissa le bloc grisâtre par l'entrebâillement et l'y maintint un moment de sa main valide, en reprenant sa marche.

Huit fractures dans une seule main. Comment le docteur les appelait-il, déjà ? phalanges, phalan... gettes... ou gènes, et un métacarpien, celui d'en bas, à l'opposé du pouce... d'un seul petit coup de berline contre le fer de la poutre. Une berline au ralenti, même pas lancée, il s'était cru capable de l'arrêter, tu parles ! 900 kilos de charbon sans compter la ferraille, on s'était moqué de lui jusqu'au moment où l'on s'était aperçu que c'était vraiment grave, alors on l'avait engueulé, il en avait entendu ! « Grave... » Ça se ressoudait parfaitement, d'après le docteur. Il fallait le temps et la patience... En attendant, que peut faire un homme sans main droite, surtout un mineur ? Noël se sentait inutile comme une vieille ; et encore, elles tricotent.

Et au pire moment ! on chômait deux jours par semaine, de plus en plus souvent... Il l'aurait fait exprès, il n'aurait pas mieux choisi. Il n'osait même plus lire ; pour Clerguemort, la lecture, quand le temps de l'école est fini, et quelques journaux mis à part, c'est comme le café-concert, ou l'excursion annuelle des lauréats du canton aux gorges du Tarn ; c'est une récompense, un luxe. Ça se gagne, et par le travail. Certes, Noël avait lu et relu tous les manifestes, pamphlets, brochures et manuels socialistes et syndicaux laissés par son père, l'un des premiers « rouges » de la vallée, il en savait même plusieurs par cœur ; pourtant il se faisait violence pour ne pas remonter au grenier et s'asseoir par terre, sous le vasistas, au pied du monticule de feuilles mal imprimées, grimoires qu'il avait eu des années pour déchiffrer. Ses plus belles heures ! Sous l'enchantement des formules explosives à redécouvrir, des secrets à percer, des conjurations, des révoltes à démonter, afin de prendre part à l'alchimie mondiale de l'avenir humain.

Juste quand il se sentait prêt, assez fort enfin, assez armé pour frapper ses grands coups, chez lui d'abord, dans cette maison des Tarrigues barricadée sur elle-même, à la mine ensuite, pour secouer le troupeau, pour que les gueules noires hurlent un bon coup et se servent de leurs dents... des années qu'il se préparait, et quand le moment était arrivé, cette garce de main cassée !

C'est seulement lorsqu'on amène la plus forte quinzaine, quand on est le meilleur mineur de la maison, qu'on n'a rien à se reprocher, que personne ne peut venir vous rappeler la moindre cuite, vous jeter à la face la moindre histoire de fille, c'est seulement ainsi, quand on est pur comme l'acier, qu'on peut se payer le luxe de réunir sa famille pour lui balancer une déclaration de cette importance, refaite et polie depuis des années :

— Écoute-moi bien, Camille, tu es mon frère aîné, d'accord, mais tu n'as après tout que cinq ans de plus que moi. D'ailleurs l'âge n'entre pas en ligne de compte dans ces matières. Écoute aussi, l'oncle, tu n'es pas de trop, et toi aussi, maman, quoique tu ne t'intéresses guère à ces problèmes, mais il va être question de notre pauvre papa, et surtout de lui...

Il ne s'adresserait pas nommément à Solange, la femme de Camille, elle n'avait pas grand-chose à voir avec les Tarrigues, « la belle Niçoise » qu'elle retourne à ses catalogues de Paris ! — et Claire, la petite sœur, elle n'avait qu'à peine plus de six ans mais elle était si éveillée déjà, et si volontaire, *uno testo bugnüdo !* ah ! une vraie Tarrigues, celle-là ! si elle restait, tant mieux, après tout, elle se souviendrait, elle comprendrait plus tard, comme il l'avait fait lui-même, Noël... A tous, il leur dirait carrément :

— Vous êtes socialistes, je ne le suis plus, voilà ! Eh ! attendez avant de crier, je m'explique : vous vous êtes cramponnés à ce mot, « socialiste », vous vous êtes mis à dos tout le village, vous avez fait les jaunes, les « renards » ! et vous m'avez obligé à le faire quand j'étais trop jeune et trop simple pour montrer ma volonté, vous vous êtes barricadés dans cette maison comme dans un château fort, et toi Camille tu as acheté une automobile pour plaire à ta *gandine* de femme !...

Noël mesurait le fossé qui séparait les deux partis ouvriers, qui n'avait fait que se creuser depuis la scission de Tours : les socialistes croyaient encore à un passage pacifique, par les voies de la démocratie, du régime capitaliste au régime socialiste, les communistes ne croyaient qu'en la révolution, ne parlaient que de dictature du prolétariat, ils criaient : Tout le pouvoir aux Soviets ! Cette détermination sans concessions s'accordait avec le tempérament farouche du plus jeune fils Tarrigues : seuls, les communistes pourraient vaincre, parce qu'ils étaient disciplinés, sous commandement unique, parce qu'ils avançaient du même pas, avec la même résolution, vers l'ennemi de classe, pour l'abattre. Par ses longues méditations solitaires, Noël en était arrivé à une conclusion : il considérait les communistes comme les troupes d'élite du prolétariat, les seules sur lesquelles la classe ouvrière pouvait compter, et les socialistes comme les pharisiens de la Sociale, toujours à discutailler, à vouloir ménager la chèvre et le chou, trop arrangeants, soucieux de l'individu quand il s'agissait des masses opprimées. Entre les volontaires formés en bataillons et les raisonneurs divisés en fractions et tendances, entre l'action et les parlotes, il avait fait son choix.

Le moment était venu de dire aux siens :

— Moi, je suis communiste ! Je suis honnête jusqu'au bout, j'ai voulu vous le dire à vous d'abord ; personne encore ne le sait à Clerguemort (à quoi bon parler de Luc à qui il s'était confié, ça affaiblissait la démonstration, et puis Luc, c'en était un qui savait tenir sa langue) ! Je ne pouvais plus attendre pour vous le dire, bientôt, la chose sera publique, d'ailleurs je compte entrer en bagarre avec la Compagnie pour l'élection du délégué-mineur...

Il faudrait bien qu'il leur rappelle le Congrès de Tours, voire qu'il resume les motions en présence (il les savait par cœur), qu'il montre l'importance de l'adhésion à la IIIe Internationale, qu'il mette en valeur la majorité qui s'était dégagée, qu'il leur démontre que les scissionnistes étaient du côté de Léon Blum... Tout cela devrait enfin pénétrer comme une évidence entre les quatre murs du bastion Tarrigues !

Il exigerait d'eux qu'ils lui prêtent du temps et de l'attention ; à cet effet, il avait calculé le jour de la semaine et l'heure qui seraient les plus propices, compte tenu des fatigues de la mine et de l'arrosage du jardin. Il avait conjecturé les incidents qui pourraient interrompre un tel conseil de famille, il avait imaginé toutes les contradictions possibles, les réponses convenables et les arguments péremptoires. Il y avait mis le temps, il ne voyait pas ce qui pourrait le prendre au dépourvu, et cette garce de main...

Au fait, non, il se garderait bien de parler à Camille de sa *gandine*, ou de sa *clampé* de femme. Au contraire, il ne fallait rien dire ni faire qui puisse froisser Solange. A quoi bon braquer son frère sur le terrain de l'amour-propre conjugal ? Sans compter que Camille était toujours amoureux fou de sa femme, ce qui n'était que respectable. Après tout, c'était avec ses sous qu'il avait acheté le tacot dont, finalement, toute la famille profitait. Sans aller jusqu'à la démagogie, Noël devait se montrer correct envers sa belle-sœur, qui était ce qu'elle était, ça n'avait rien à voir, enfin, quoi ! la gêne qu'il éprouvait en présence de la superbe Solange n'avait strictement aucune base politique...

Il devait y avoir dans les vingt kilomètres de Clerguemort jusqu'aux sources mal connues de la rivière. Sur cette distance, plus un seul village, pas même un hameau, tout au plus quelques pans de murs, ruines d'un mas ou d'un martinet abandonnés depuis beaucoup plus d'un siècle. A l'exception du La Chino (et des gendarmes à ses trousses), il ne devait pas passer par là plus d'un original tous les dix ans. L'étroitesse de la vallée et du capricieux corridor taillé dans le roc qu'obstruaient des paquets de billes, d'œufs, de galettes et de fuseaux fantastiques, moraines d'antiques glaciers du Lozère, enrageait ce torrent qui se faisait si caressant pour longer le village. Le ciel penchait au-dessus de ce bouillonnement, comme appuyé de guingois, l'aisselle la plus haute passée sur l'épaule du vieux mont chauve, entre le Ranc de l'Aigle et le Malpertus.

Noël savourait avec intensité cette solitude achevée, il ne songeait même pas à revenir un jour sur ses pas, vers Clerguemort, vers le bastion socialiste des Tarrigues où l'attendaient son frère Camille, son oncle Albéric, sa mère, sa petite sœur, Claire, qui ne savaient toujours pas que lui, Noël, leur frère, fils et neveu chéri, s'était sournoisement, depuis plus de trois ans !... à leur insu, dans leur dos... s'était converti au communisme...

L'attendait aussi sa belle-sœur... Une raison de plus de ne plus revenir sur ses pas.

Il s'arrêta, fit en lui le silence, pour ne plus s'entendre respirer, ne plus sentir battre son cœur et s'appliqua à user de ses sens, l'un après l'autre, au maximum de leur efficacité. Dans toute l'étendue d'un ciel mis au net par la tramontane il ne put voir un seul oiseau, ne put entendre un seul insecte, pas une guêpe, pas même un taon ; il n'y avait à la ronde qu'un sang, qu'un souffle vivants. Une telle solitude lui procurait une indicible allégresse à lui, Noël Tarrigues, qui ne rêvait que réunions, qu'auditoires, assemblées, manifestations, et dont le plus grand dessein était de se plonger à jamais dans les masses.

— Et je ne suis même pas capable de « fréquenter » ! murmura-t-il assez haut pour s'entendre, pour rompre l'impure jouissance, cette corruption par la solitude.

Il savait mieux analyser par exemple la grève de 1929 qu'expliquer une continence qui devait être assez rare à son âge. Il se considérait, tout à fait confusément, comme une sorte de moine de la Révolution, et le seul mot de moine l'eût fait se récrier, l'un des thèmes de sa méditation étant que le véritable révolutionnaire, pour comprendre vraiment le peuple, devait passer par les expériences communes à ses frères : amoureux, mari, père... Encore une réminiscence ; on l'eût bien étonné, et quelque peu irrité, en lui démontrant qu'il avait ainsi plus ou moins adapté la réplique d'un pasteur devant qui on louait le célibat des curés. Noël n'apercevait pas ses contradictions même quand elles éclataient ; ainsi pour Saint-Just, l'une de ses idoles, il aurait été incapable de s'imaginer ce conventionnel de vingt ans autrement que puceau jusqu'à la guillotine.

Avec tout cela, le jeune Tarrigues n'avait rien d'un impuissant. Rares étaient les nuits qui n'étaient pas bouleversées par d'irrépressibles ardeurs, rares ses sommeils sans l'un de ces rêves charnels dans lesquels intervenait Solange, sa belle-sœur. Il en était à ne plus aller se coucher sans appréhension. Il s'efforçait à conserver l'empire de lui-même par des travaux de force, des exercices physiques choisis parmi les plus durs ; ce qui, compte tenu de l'ancienneté de ses premières ardeurs viriles, n'avait pas été pour rien dans la formation et l'assouplissement d'une musculature comme il en était peu. Par le même souci, il prolongeait ses veilles jusqu'à l'abrutissement, revenant aux mêmes brochures, brûlant son argent de poche en bougies. Quand il n'en pouvait plus, il ne se laissait pas aller dans cet épais sommeil animal sans avoir orienté son esprit et sa conscience vers le plus digne des sujets : la Révolution.

Au demeurant, le fond du caractère de Noël Tarrigues était la droiture et l'amour des siens.

> Petite bohémienne,
> Je voyage beaucoup,
> De Paris jusqu'à Vienne,
> De Grenade à Moscou...

D'abord, il crut à une hallucination.

> ... Je rêve au clair de lune,
> L'esprit toujours content,
> Et partout en chantant
> Je cherche la fortune.

La comptine en resta là, peut-être parce qu'elle était finie, peut-être parce que c'était assez chanté. Noël avait eu le temps de repérer approximativement l'origine du chant, au flanc de la vallée, face au Lozère, à mi-pente, au creux d'un vallon abrupt qui entaillait profondément la montagne, perpendiculairement à la rivière.

Après un long temps de silence, son oreille conservait le souvenir d'un filet de voix, une petite voix dépourvue de charme mais curieuse, fluette, enfantine et pourtant féminine.

Au fond de la vallée, une croupe assez élevée, couronnée d'escarpements rocheux, barrait l'accès du vallon. Noël jugea d'abord qu'il aurait plus vite fait d'escalader ce rempart naturel que de le contourner. Il avait oublié sa blessure. Il se lança, s'accrocha aux aspérités du premier contrefort schisteux. Sa main droite cogna sur le roc. Il se retrouva le cul par terre, le nez dans les genoux, le bras vibrant jusqu'à l'épaule.

Une veine quand même, son plâtre était à peine écaillé. Il dut attendre ainsi, les fesses dans l'humidité de la berge, que la douleur mêlée à une raide colère s'apaise.

Deux blessures en deux ans, un abonnement ! Au printemps de 1932 : fracture du pied ! A l'automne de 1933, fracture de la main ! Et personne à incriminer, ni cette fois ni l'autre, toujours une affaire entre lui et une berline, essayez donc de pousser l'adversaire jusque devant les juges ! un bail de bonnes journées-maladie à quart de salaire sur le compte de la « Caisse de Secours des Ouvriers Mineurs et Similaires », et *faï tira Marius !* passons à la berline suivante. Un miracle s'il s'en était tiré l'année dernière sans rester boiteux pour la vie. D'après le docteur, il n'en resterait pas estropié, cette fois encore, mais « jamais deux sans trois ! mon petit, ne t'en prends plus aux berlines, tu ne gagneras jamais... » avec ça que la vie se faisait de plus en plus difficile. C'était venu insensiblement sans un seul de ces grands coups qui dressent le peuple des travailleurs comme un seul homme. La mine, aujourd'hui, n'avait plus grand-chose à voir avec la mine d'il y avait seulement quatre ou cinq ans. Lorsque Noël avait commencé, on riait encore, on prenait le travail par le bon bout et on gagnait sa vie, pour peu qu'on ne soit pas fainéant. Plus on allait, plus il fallait travailler et moins on gagnait. La mine, aujourd'hui, c'était le bagne. Il rentrait de moins en moins d'argent chez les Tarrigues, et il en aurait fallu de plus en plus. Juste le moment de se faire prendre la main par une berline : des semaines avec l'aumône de la Caisse de Secours, et encore heureux qu'elle soit là (nos pères ne se sont pas battus pour rien...). Camille ne consentira jamais à vendre sa bagnole, à cause de sa femme — celle-là ! — par fierté aussi, pour n'avoir pas l'air de céder devant les ricanements de Clerguemort : « Une automobile, lui, un mineur... » Ça marquait bien, pour un socialiste, je vous demande un peu !... Encore un argument, toutefois, qu'il vaudrait mieux ne pas utiliser, ce n'était pas là-dessus qu'il fallait braquer Camille. Et la vieille ? Ce ne serait pas la plus commode, malgré ses silences ou à cause d'eux... Les vieilles de chez nous, dans les familles, ce sont elles les plus fortes, les plus redoutables, c'est l'élément réactionnaire, conservateur, « elles tiennent pour le passé », comme on dit...

Dans la vie, il faut être fort.

Noël Tarrigues se ramassa, glissa le plâtre dans l'entrebâillement de sa chemise, se détendit, bondit, crocha sa bonne main dans une lézarde du roc et fit l'escalade sans respirer.

Il ne s'arrêta qu'en haut, bien carré sur ses jambes raidies. Il écarta un buisson. Son regard prenait en enfilade tout le creux du vallon qu'une colonne de soleil, coulant d'une fenêtre du ciel, fouillait comme un projecteur.

Noël fut stupéfait.

La petite ville morte se dressait devant lui.

La surprise passée, Noël se sentit en familiarité avec ce lieu. Ses yeux furetaient naturellement sous les feuillages pour retrouver les choses là où elles devaient être, ici les bureaux de la Compagnie, les ateliers là-bas, les bassins... Son regard remontait, découvrait dans les ronces, sous les arbres, les maisonnettes de plus en plus discrètes à mesure qu'on s'élevait au-dessus du vaste terre-plein triangulaire, base du vallon et place du bourg.

A gauche, sur le tiers inférieur de la pente, la montagne était d'une régularité suspecte, comme tirée au cordeau. Sous la végétation, Noël découvrit l'un de ces énormes amas de déblais, ces excréments de la terre que le Nord nomme terrils, qu'on appelle ici crassiers.

Le jeune mineur descendit du promontoire. De ce côté, la pente était beaucoup plus douce. Par places, l'angle d'une dalle émergeait de l'herbe, sans doute la marche du perron de ce qui avait été le bosquet d'une promenade publique.

Il faisait doux dans ce creux, sous l'étrange lumière d'un soleil d'orage. Dans le bruissement des feuillages et les roucoulements du torrent prisonnier, Noël pensait encore un peu à « la petite bohémienne qui voyageait beaucoup de Paris jusqu'à Vienne, de Grenade à Moscou » ; c'était, dans le fond de sa tête, comme un souvenir des temps anciens.

A droite, la ferraille rouillée d'un pont large, mais court, sur lequel passaient les berlines. Comme la rue, où l'on devinait l'emplacement de la voie, le pont servait sans doute à la fois aux piétons et au petit train de la mine. Le long bâtiment sur trois étages, avec les portes cochères, les baies au premier, les fragments d'un balcon à balustres, la corniche à volutes en briquettes, était le siège des « Grands Bureaux », peut-être aussi le logis du directeur D'autres constructions, à peine moins importantes, servaient de dépendances : écuries, entrepôts, ateliers. Par l'un des porches, Noël entra : les voûtes énormes étaient intactes. Il restait quelques-uns des tire-fond qui fixaient les machines sur les banquettes de maçonnerie. Des salles immenses et, au fond, d'autres portes qui donnaient sur des salles qui n'étaient pas les dernières ; les installations se poursuivaient en caves creusées dans la montagne. Le jeune mineur avait l'expérience des galeries négligées et il ne se risqua pas plus loin, il revint précautionneusement vers le soleil, dans la rue envahie par les herbes, les ronces, par de jeunes pins et des bâtards de châtaigniers. Il sentait le torrent sous ses pas.

Par la droite, en longeant les bureaux et les ateliers, il remonta la Grand-Rue qui se perdait dans la forêt, à mi-flanc de montagne. Cette configuration rappelait fidèlement celle de La Vernasse, la mine où travaillaient les gueules noires de Clerguemort.

Noël Tarrigues était vaguement ému : ce n'était certainement pas une mine de charbon, le charbon se sent, se devine, un mineur ne s'y trompe jamais. Mais, un jour sans doute La Vernasse rejoindrait elle aussi la nature, quand il serait mort, quand seraient morts ses enfants, et les enfants de ses enfants...

En face, un peu plus haut, la seule construction toute de briques était percée d'ouvertures en demi-cercles, comme des entrées de four. Noël se dirigea vers de longues traînées noires, des scories qui pourraient l'aider à identifier la mine.

— Hé ! attention !

Il s'arrêta net, se retourna. Une fille se montrait dans l'encadrement d'une fenêtre du rez-de-chaussée. Elle tenait ses deux mains ouvertes de part et d'autre de son visage angoissé. Elle balbutia :

— Faut pas avancer, y a des trous...

Noël aperçut alors, entre les ronces, à travers une ouverture, le torrent qui coulait sous la Grand-Rue. Les eaux roulaient dans le rocher, en plusieurs rapides qui se rejoignaient, se séparaient, à une dizaine de mètres sous ses pieds. L'effondrement était assez large pour qu'on puisse admirer le travail gigantesque qu'avaient dû accomplir les constructeurs de cette voûte pour faire passer une rue, ménager une place et bâtir un bourg au-dessus d'un torrent.

— C'est toi, la petite bohémienne ?

— Quelle bohémienne ?

Noël fredonna :

Petite bohémienne,
Je voyage beaucoup...

La voix de tout à l'heure continua, parcourue d'un rire :

... De Paris jusqu'à Vienne,
De Grenade à Moscou...

— Alors, vous m'aviez entendue ?

— Tu m'as bien suivi, toi, pendant que je visitais le coin ! Heureusement, d'ailleurs. Eh bien ! tu sors de là-derrière ?

La « Petite Bohémienne » était une fille montée en graine, avec une coiffure qui faisait paraître le visage encore plus long : les cheveux d'un noir bleuté, partagés par une raie au-dessus du front très vaste qu'ils dégageaient complètement, retombaient derrière les oreilles en lourdes anglaises, et mettaient en valeur une physionomie singulière : des sourcils très fournis et parfaitement dessinés, des yeux petits, noirs et brillants dans les orbites très longues mais horizontales, sans rien d'asiatique. Le nez, parfaitement droit, semblait lui aussi trop long pour ce visage d'enfant. Il restait peu pour la bouche et le menton. Évidemment, ce n'était pas le visage d'une jolie fille, pourtant il n'était pas laid, il suggérait une âme pure, un caractère droit, solide, il était inoubliable.

Elle portait un gros tricot fermé de six boutons, sur lequel était rabattu un col blanc, une longue jupe grise grossièrement coupée, elle était chaussée de vieux souliers bas, à brides. Une chaussette tirebouchonnait sous le mollet, un genou était couronné.

Elle avait dépassé les quinze ans, mais, comme elle n'en paraissait pas douze, Noël n'était pas du tout intimidé.

— Et par là, je peux y aller ?

— Euh... en faisant bien attention...

Il fit le tour, au large du trou béant, ramassa, parmi les scories, un caillou sombre à reflets rouille, gros comme le poing, dont le poids le surprit.

— C'était une mine de quoi ?

— Euh... de baryte, à moins que ce soit de pyrite. Non : baryte ! on me l'a dit, pourtant !

Elle ne riait pas du tout, ce qui ne gênait pas Noël, bien au contraire.

— Elle a fermé quand ?

— Après la guerre de 70, à ce qu'on dit...

— Et pourquoi ?

Elle haussa les épaules, en signe d'ignorance. Elle était maigre et un peu voûtée.

Le soleil disparut d'un coup, et aussitôt quelques grosses gouttes firent pencher des feuilles.

— L'orage va bien finir par crever, lâcha-t-il étourdiment.

— Eh oui ! il faut que je rentre, répondit-elle. Au revoir !

Elle disparut dans une venelle entre deux bâtisses, reparut bientôt au-dessus, dans l'épingle à cheveux d'un sentier qui escaladait le flanc du vallon.

— Eh ! tu habites loin ? cria Noël.

— Par là ! fit-elle, le bras tendu vers la crête, avec un geste courbe de la main pour passer derrière. Par là, pour l'instant...

« Pour l'instant », songeait Noël, elle n'a pourtant pas le genre *caraque*. Il essayait de la suivre sous les feuillages. Elle réapparut beaucoup plus haut, une vraie chèvre ! dans un autre zigzag du sentier.

— Eh ! cria-t-il, tu t'appelles comment ?

— Emmeline.

Une minute après, elle réapparut, à mi-chemin de la crête déjà. Elle cria, sans s'arrêter :

— Et vous ? Comment vous appelez-vous ?

— Noël !

Il ne la vit plus. Il entendit quelques cailloux rouler, de plus en plus haut, et ce fut tout.

Il faisait sauter le minerai dans sa main ; enfin il se décida, et reprit le chemin en sens inverse. C'est alors seulement qu'il se rendit compte qu'il était très loin de Clerguemort.

En chemin de retour, Noël songea au bonheur, vaguement encore, mais pour la première fois de cette façon-là.

Le mauvais temps commença tard dans la soirée. Il plut à torrents jour et nuit pendant plus d'une semaine. Pas question de remonter le long de la rivière, dont le débit avait décuplé. Il pleuvait tellement que les mineurs étaient presque propres en arrivant chez eux, après les six kilomètres à pied ou en vélo de La Vernasse à Clerguemort. Les jardins s'arrosaient tout seuls. On plaçait des bouteilles à vairons en bordure des eaux boueuses. Quelques mordus, comme le Chicane, le La Chino et le père Ribeyrolles, dit le Sercomalur — le Cerche-Malheur —, se faisaient un capuchon d'un grand sac pour aller aux champignons. Tout ce petit monde finissait par se retrouver dans la salle commune, la boulangerie-buvette-téléphone de l'Edemond. On puisait dans la réserve du boulanger pour alimenter un grand feu de bois, autour duquel on se serrait pour écouter la pluie qui redoublait sur les toits. Bientôt tignasses et vêtements fumaient comme la soupe, mais cela sentait plutôt le chien mouillé.

Quelques journaux traînaient toujours sur les tables poisseuses. On les avait vite lus, les parcourant à bout de bras, l'œil en travers, affirmant de confiance que ce n'était qu'un ramassis de mensonges. Il y avait aussi deux jeux de cartes à disposition mais, à l'exception de quelques vieux acharnés, des « sénateurs » comme le Barbaste, le Pézoullet ou le Pétardur, les premiers arrivés ne jouaient que pour attendre les autres. Quand le « quorum » était atteint, comme on dit à la Chambre, les belotes tournaient court.

Ils parlaient sur tout, de n'importe quoi, n'importe comment, ils n'aimaient vraiment que ça : parler, se retrouver, entre eux, pour parler.

Le nouvel arrivant, qui s'ébrouait trop longuement sur le seuil, déclenchait un concert de braillements :

— Ferme la porte !

— *Barro ta porté, munstré !*

— *Qanté ciu düver !* (quel cul ouvert !)

L'autre se faisait un trou dans le cercle, pas trop loin du feu, à coups de coudes et de sinistres prophéties :

— C'est pas demain que ça s'arrête, qui prend le pari ?

Chacun de l'approuver, preuves à l'appui :

— Les vieux meubles grincent !

— Les moutons se serrent, faut voir !

— Les cordes se tendent dans les greniers !

— Les chats se grattent derrière l'oreille !

— Les poules n'en finissent plus de se rouler dans la terre !

— La suie s'enflamme après la marmite !

On maudissait la pluie, mais sans amertume, avec beaucoup de tendresse et quelque fierté : une telle pluie, si dense, si forte, si longue, et, pas une éclaircie ! Ça ne manque pas de front, quand même !

Soudain, n'importe qui ramassait n'importe quelle feuille de journal, sautait sur le premier titre qui lui tombait sous les yeux et le déclamait avec une superbe indignation :

« Le gouvernement recherche encore 6 milliards 50 millions !... »

— Pas dans ma poche, elle est trouée !

— Ne t'en fais pas, c'est quand même toi qui les casqueras, les milliards en question...

Le brouhaha cessait assez vite parce que le Félobre s'était mis à raconter, « à propos... », qu'il ne reconnaissait plus la mine : le temps qu'il fasse son service militaire, tout avait changé :

— ... Deux jours de chômage par semaine ! J'ai recommencé à travailler pendant ma permission libérale, sinon, il fallait que je me passe de manger, pardi ! Ils m'ont mis à l'avancement, le premier jour... J'avais déjà chargé mes quatorze berlines, à la pelle, ça commençait à faire un petit tonnage. Des berlines qui représentaient 900 kilos, un petit peu moins peut-être, puis *té !* voilà un chef de poste que je connaissais même pas, un des nouveaux qui ont été nommés, un de ces types qui viennent du Nord, qui commence à vouloir faire du zèle envers moi, il s'est mis à discuter avec les autres, je comprenais que ça tournait pas rond. Vous savez, moi ! Quand on parle par-derrière, ça ne va pas ! Alors je lui ai demandé s'il était pas content ; il m'a dit que j'étais, pour ainsi dire, un tireur au flanc. Je lui ai répondu — tac ! — que, s'il en connaissait des plus forts, il avait qu'à les y mettre ! Moi, je me dégonflais pas... et puis d'une raison à l'autre, je lui ai sauté *dessurs*, je l'ai attrapé, je l'ai ceinturé. On nous a séparés, quoi ! on me l'a *levé*, autrement moi j'en faisais... *té !* Du coup, ils m'ont mis huit jours à pied. Vous vous rendez compte ? en pleine période qu'on chôme des deux jours par semaine ! moi qui viens du service ! qui a besoin de sous comme personne !... En plus, comme punition, ils voulaient m'envoyer déposer du brai... Ils m'ont dit de me présenter à Arthus, qui est le... le « magnat » du brai... Rien à faire pour le brai ! je préférerais je ne sais pas, n'importe quoi, je préférerais, *té !* quitter la mine !

Les derniers mots résonnaient comme des coups de cloche dans la boulangerie-buvette : quand un mineur parle d'abandonner la mine !...

— Ça, c'est pas le pire, fit gravement le père Ribeyrolles, après avoir respecté le silence.

— De quoi, Sercomalur ? pas le pire ? s'insurgea le Félobre farouchement décidé à ne pas laisser amoindrir son histoire.

— Non, Félobre, le pire, c'est l'humiliation, précisa le vieux mineur.

— Ah, l'humiliation, murmura le Félobre, et il ne dit plus rien.

Tous se turent pour écouter l'histoire de l'humiliation, pour la enième fois, mais il le fallait, ils reprenaient de cette histoire comme leurs gosses de l'huile de foie de morue :

— Il est pas là, le Pétardur ? s'enquit le Sercomalur, comme à chaque fois avant de commencer (il ne racontait jamais l'histoire en présence du héros).

— Eh non, il coupe du bois dans sa remise, tu l'entends pas d'ici, le pétard qu'il fait ?

Alors le père Ribeyrolles prit son temps. Sans rien demander à personne, il commença par piocher dans le paquet de gris le plus proche mais pour rouler une cigarette si mince qu'il n'y avait vraiment pas de quoi se fâcher. Il alluma le tortillon de papier du bout avec une brindille qu'il prit dans le feu (trois bouffées, c'est tout ce qu'il pourrait en tirer, ou quatre petites...) et il commença :

— Le Pétardur, on le connaît, il a ses défauts, pas vrai ? (Des gloussements entendus et bienveillants l'approuvèrent.) En tout cas, c'est un bon mineur, un type formidable, un type qui a toujours gagné sa vie ! enfin : jamais on l'avait pas embêté, parce que c'est le roi des mineurs ! Voilà pas qu'un jour, y a du temps, tu étais encore soldat, Félobre, le Mourrail, tu sais, le maître-mineur, le *panard*, vient le trouver, et lui dit : *Digos, Pétardur, qan as carga, d'uïèï ? — Oh ! ïèu savé pa qan aï carga. Ièu aïfa dé carbu, aï boisa, l'aï mès dïn lu culuèr et saï pas... — Eh bè digé, ès ün pitcho travaillür lu qé sa pa qan n'a fa, tchoudra qu sapiès déman*[1]. Le Pétardur, c'est pourtant un type intraitable, eh bien, le lendemain, il a fallu qu'il dise : J'en ai chargé huit, j'en ai chargé neuf, il a fallu qu'il y passe ! Et pourtant, ça lui plaisait pas, hein, vous le connaissez ? La méthode a changé, tu as compris, mon petit ?

Le Dévarié soupira :

— Quand je pense qu'avant 30, ici, il manquait des wagons ! il manquait des vides, ouais ! Tellement on en manquait qu'on ne pouvait pas débarrasser le charbon !...

— Il fallait se bagarrer pour un wagon, fit le Sang-Caillé, je me suis battu pour un wagon, moi !

— Même jusqu'au de Ramel, le député, reprit le Sercomalur, dans les réunions, quand il demandait aux mineurs ce qu'il leur fallait : des wagons, M. de Ramel ! Alors, il disait : vous en aurez, des wagons, vous en aurez !

— Ouais, après, on en a eu !

— Je m'en souviens, fit le Félobre, j'étais gamin, le chef de chantier m'envoyait pour charger, alors, comme les wagons étaient rares, des fois il fallait que je me bagarre parce qu'un copain en voulait deux, lui !

— *Vaï*, c'est plus le cas maintenant ! On fait la guerre oui...

— Y en a même de trop !

— ... et une guerre acharnée ! C'est du charbon qui manque maintenant. Il faut du charbon, du charbon, du charbon ! Et on l'entasse sur le carreau des mines !

L'humiliation et les wagons, c'était assez pour les plonger dans

1. « Dis, Pétardur, combien tu as chargé aujourd'hui ? — Oh ! moi je ne le sais pas combien j'en ai chargé, j'ai fait du charbon, j'ai boisé, je l'ai mis dans le couloir et je ne sais pas... — Eh bien, dis, c'est un petit travailleur celui qui ne sait pas combien il en a fait, il faudra que tu le saches demain ! »

l'émotion méditative. On n'entendait plus que le crépitement du feu, et le bruit régulier, désespérant, de la pluie sur Clerguemort.

— Pendant des années, je vous assure, je suis allé à la mine, c'était une partie de rigolade, fit soudain le Dévarié pour secouer un peu cette triste humidité.

Ils l'approuvèrent chaleureusement :

— On travaillait, mais enfin, on rigolait tout le temps !

— Le temps ne comptait pas, on ne s'en apercevait pas... C'était l'heure de partir, on ne s'en était pas aperçu, on était une bonne équipe, on travaillait mais on rigolait...

Et ils se rappelaient les blagues énormes d'alors. Ils passaient toujours un bon moment, jusqu'à ce que l'un d'eux leur casse les rires d'un :

— Ouais... Maintenant, on va travailler que... que c'est un enterrement tous les matins.

Le silence retombait si lourd que les moins coriaces n'y pouvaient plus tenir. L'un d'eux se levait, rajustait son sac sur sa tête, même s'il n'avait que la rue à traverser.

Un second marmonnait, en manière d'excuses :

— Je vais à la soupe, même que si c'était pas du jardin, et la femme qui a fait des conserves de légumes, je me demande bien ce qu'on boufferait ce soir...

— *Té*, tu irais souper chez Plumeau, le perruquier des zouaves !

Ils grognaient des rires de politesse.

Le Jaurès, le maire de Clerguemort disait lentement :

— L'élection du délégué, ça va être quelque chose ! La Compagnie va faire donner toute la grosse artillerie pour balancer le Fernand.

— Alors, ils vont présenter le fils Mourrail contre le Fernand !

— Le Mourrail, *padre y hijo, todos en la iglesia !* braillait Libertade dont la colère ramenait l'ardente langue maternelle, *me cago en su padre*, Mourrail, *toda la familia, porqua madona !*

— Oh, Mourrail, c'est pas le pire, disait calmement le Jaurès...

Plusieurs protestaient que c'étaient gens de curé, ces Mourrail, cul-blanc garanti, la mère, dame-patronnesse toujours fourrée avec les dames des ingénieurs...

Le maire secouait tristement la tête :

— Non, ces Mourrail, c'est pas du mauvais monde, et c'est bien ça le pire, c'est pour ça que le directeur l'a choisi.

Le Mèffi, en tant que secrétaire de la cellule communiste de Clerguemort, déclara, d'une voix à abattre les murs :

— Moi je ne suis pas d'accord avec le camarade maire ! Ces Mourrail, c'est valets du capitalisme et compagnie. Je connais plus d'un mineur qui votera pour eux quand même, *et des qui sont pas loin !*

Ils suivirent son regard à travers la muraille, à travers la place jusqu'à la maison des Tarrigues toujours barricadée : Camille, Noël et l'oncle Albéric, trois mineurs dans ce bastion socialiste, et pas un qui viendrait ne serait-ce que dire bonjour-bonsoir dans la boulangerie-buvette, la vieille seule y entrait, pour prendre son pain, le matin, quand il n'y a personne. Comment voulez-vous discuter avec eux ? leur mettre le nez dans leurs erreurs, les ramener dans le bon chemin de la Sociale ? ils vous glissent entre les doigts comme une truite mal ferrée, ils ont peur des arguments, de la vérité, c'est tout ! Même la vieille, elle n'est pas ce qu'on appelle « causante », tant de pain ! elle pose ses sous sur le comptoir et *adïusias !* la seule famille du village à ne pas faire du crédit chez l'Edemond, à se demander où ils vont chercher les sous, mais il vaut mieux sans doute ne pas trop se le demander...

La vallée de Clerguemort, même prise dans le sens de la longueur, même avec ses tours, ses détours, ses *viradous* et ses boucles pour rien, quand on y est né, on ne devrait pas s'y perdre, surtout quand il s'agit de remonter le courant à rebrousse-poil...

Le premier jour qui suivit le déluge, Noël Tarrigues s'y perdit. Certes, il retrouva son chemin pour rentrer, mais sans avoir vu quoi que ce soit qui ressemblât au vallon de la mine abandonnée.

Il faut le dire, la crue l'avait empêché de suivre le cours de la rivière, comme il l'avait fait la première fois. L'énorme bouillonnement rougeâtre avait arraché des arbres, déplacé des rocs, planté des troncs où il n'y avait rien, arraché des prairies, transformé le paysage. Noël, désolé, fouilla vainement les environs, lâché par sa vallée, trahi par la Cévenne.

Trois jours après, il fit une deuxième tentative mais dut renoncer à quelques centaines de mètres au-dessus du village, là où la rivière encore trop haute couvrait le sentier du premier voyage.

Il dut attendre la décrue, dix jours interminables. Enfin il y parvint non sans s'être abondamment mouillé les pieds. Pendant l'escalade du promontoire, il se demandait dans quel état il allait trouver sa mine au bois dormant. Tout le long du trajet, il avait pu voir combien la débâcle, dans sa dégringolade du Lozère, avait aisément changé de place le lit de la rivière. Que resterait-il des lourdes façades plantées sur une frêle voûte au-dessus d'un torrent qui ne s'était pas privé de faire des siennes dans son souterrain ?

Il n'était pas tombé une pierre de plus. Ce vallon était comme miraculeusement protégé, Noël se jura de s'en souvenir.

C'était à peu près la bonne heure, le même rayon de soleil mais Noël n'espérait plus retrouver la « Petite Bohémienne ». C'est en pèlerin qu'il arpentait la Grand-Rue du bourg peuplé d'arbustes, brillant, rincé à grande eau comme un village de mineurs pour un matin de Sainte-Barbe. Il s'arrêta au bord de la crevasse, comme s'il eût entendu : « Hé ! attention ! »

Il restait planté là, plongé dans un attendrissement un peu bébête, quand ses yeux furent attirés par un scintillement dans l'herbe.

C'était une de ces boîtes en fer, en forme de coffret, que le Planteur de Caïffa vend pleines de confiseries et que la paysanne utilise ensuite, pour conserver le sucre. Celle-ci était noire, le pourtour décoré de pampres et de fleurettes dorées, le dessus du couvercle était une reproduction en couleurs du *Sacre* de Napoléon par David.

Noël l'ouvrit. Un paquet soigneusement ficelé se trouvait à l'intérieur où pas une goutte d'eau n'avait pu pénétrer. Il dut enlever plusieurs enveloppes de papier plus ou moins épais et une dernière qui était un petit mouchoir brodé E. M...

Le paquet contenait un livre, sur lequel était posée une demi-feuille de papier d'écolier portant ces simples mots d'une bonne grosse écriture bien appliquée :

« Pour Noël, de la part d'Emmeline. »

C'était *Germinal*. Noël ne connaissait pas ce livre. Il le dévora, le reprit à la première ligne dès qu'il arriva à la dernière, le relut encore.

Noël Tarrigues était amoureux.

Il était loin de se douter qu'Emmeline n'avait pas lu *Germinal*. Elle avait bien essayé, mais les premières pages l'avaient ennuyée, elle l'avait donc refermé.

Pour Noël, dont la beauté lui semblait aussi féerique, aussi irréelle que le hasard de leur rencontre, Emmeline aurait voulu trouver un souvenir magnifique. Après bien des recherches, elle avait dû se contenter de ce qu'elle avait sous la main.

2

Un maître-mineur amoureux

En 1910, pendant les fêtes du Carnaval, Arsène Mourrail fit la rencontre d'Adeline du Mascap. Il en fut ébloui, prêt à toutes les folies. Elle avait quinze ans, lui trente-six ; elle était noble, il était fils de mineur et petit-fils de paysans misérables. Il l'épousa pourtant.

Le père d'Arsène Mourrail avait trouvé la mort dans la mine un jour que l'ingénieur inspectait son chantier. Quand le plafond avait craqué, le père Mourrail avait poussé un cri, s'était jeté sur l'ingénieur, l'avait, d'une bourrade, repoussé à quelques mètres en arrière, assez pour qu'il eût la vie sauve. L'ingénieur, M. Cassagnoles, l'avait échappé belle.

Le père Mourrail eut des funérailles exceptionnelles pour un mineur accidenté, et son nom fut donné solennellement à un nouveau quartier de la fosse. M. Cassagnoles étudia le dossier de l'orphelin qui travaillait au fond depuis l'âge de treize ans et qui était devenu l'un des meilleurs boiseurs de la Compagnie. Il fut heureux de n'y trouver aucune note désagréable ; rien de la tête brûlée, mais un jeune homme dur à la peine, accommodant avec ses chefs et ses camarades, sans liaisons, sans histoire, qui vivait avec ses parents dans la maison familiale, un de ces mas croulants perdus dans un repli de la montagne entre Souteïrannes et Tréméjols.

La distance étonna l'ingénieur qui, par un beau dimanche, chaussa des brodequins cloutés et prit une canne ferrée. Le père Mourrail avait fait trente-deux ans le va-et-vient entre son mas et la mine de La Vernasse, tous les jours, soit trente-cinq kilomètres, en passant par les raccourcis ! et il trouvait encore le temps et la force de travailler ses jardins, en arrivant là-haut. Il ne dormait que trois heures. Et il travaillait au travers-banc, en plein rocher — et au pic ! —, dans la poussière de silice : le poste le plus dur, le pire pour les poumons ! sans laisser pour autant dépérir son bien : il restait paysan... quand on parle de travailleur ! De tels hommes n'existent plus, car ceci nous paraît invraisemblable : trente-cinq kilomètres par jour, des journées de neuf heures au fond de la mine... Il devait quitter son mas sur les deux heures du matin (la machine démarrait à cinq heures et demie de la lampisterie). Quatre heures de marche, trois heures et demie au moins (il devait marcher vite, encore ! il devait faire du six à l'heure...). Et il devait rentrer chez lui, le soir (on sortant à quatre heures et demie) vers sept heures et demie, par là... Avant qu'il se soit lavé et tout, ça faisait huit heures, il avait de huit heures à deux heures du matin, et pourtant son jardin était beau, et, en plus, il était bricoleur...

M. Cassagnoles avait eu l'heureuse idée de donner rendez-vous à son chauffeur sur la route des crêtes, pour le retour : il n'en pouvait plus.

Le lendemain, il convoqua Mourrail Arsène, le fils unique de son sauveur.

L'ingénieur avait imaginé de s'occuper sérieusement de l'avenir de l'orphelin. Il s'attendait à voir un gamin, c'était un homme fait, plutôt petit, râblé, la trentaine passée, qui paraissait même plus que son âge, moustaches en croc. Il n'était plus question de le présenter à l'École des mines.

— Tu... vous travaillez à la mine depuis combien de temps ?

— Vingt ans, monsieur l'ingénieur.

— Vingt ans ! comment ça ?

— Je suis descendu, je n'avais pas treize ans, ça fera vingt ans juste dans quelques mois...

— Vingt ans... au fond ?

— Toujours.

M. Cassagnoles réfléchit quelques jours, consulta ses collègues et le directeur. Finalement, il décida de prendre Arsène Mourrail avec lui pour le faire travailler ; il lui passerait ses livres, lui fournirait des cahiers... Il parut vite évident que le fils de son sauveur n'était pas doué pour le travail intellectuel, en revanche il n'avait plus grand-chose à apprendre pour toutes les questions pratiques qui se posent quotidiennement au fond de la mine. Il se montrait même aussi clairvoyant et plus efficace qu'un ingénieur débutant. Bref, l'intéressé pourrait faire un excellent maître-mineur, et sans plus attendre, mais il n'irait jamais plus loin, il fallait s'y résigner.

Pour lui faciliter l'étude, M. Cassagnoles avait offert de les loger, lui et sa mère, à proximité de la fosse. Comme il fallait s'y attendre, la veuve refusa obstinément de quitter le mas familial ; pourtant elle conseilla à son fils d'accepter de rester pendant la semaine à La Vernasse.

Arsène Mourrail devint maître-mineur et logea dans une chambrette aménagée pour lui au premier étage d'un entrepôt. Ainsi passèrent trois ans pendant lesquels l'ingénieur Cassagnoles fut nommé directeur des mines de La Vernasse.

Lorsque Arsène Mourrail s'éprit de la demoiselle Adeline du Mascap, il tenta une démarche auprès de son bienfaiteur pour obtenir un meilleur logement. C'était la première fois qu'il demandait une faveur, ce fut la dernière.

M. Cassagnoles l'interrogea longuement sur ses projets matrimoniaux, il comprit ainsi l'importance de la requête. Le nouveau directeur fit élever d'un étage le vaste garage où l'on rangeait les automobiles dont disposaient la direction et les ingénieurs, ce qui fournit un assez agréable logement : quatre pièces avec terrasse, en bordure du parc, à mi-chemin entre les bureaux et les villas, parmi les pins qui dissimulaient complètement la mine. Cette résidence inespérée fut d'un grand secours dans le farouche combat que dut livrer Arsène pour obtenir la main de la demoiselle.

Les du Mascap étaient arrivés en Cévennes après la défaite de 1870. Ils venaient de Lorraine mais se disaient originaires de Lozère ; ils restaient dans le vague, et sur leurs aïeux, et sur les quartiers d'une noblesse qu'ils étalaient avec superbe. Ils se lancèrent dans la sériciculture, « au niveau supérieur, pas celui des magnaneries, pas celui des filatures, celui des affaires » ! L'industrie de la soie traversait une crise. M. du Mascap s'en montra préoccupé, il s'aboucha avec les principaux filateurs, entreprit de les convaincre de grouper leur production afin de mieux tenir les prix, de rechercher au besoin de nouveaux débouchés, même à l'étranger, histoire de tenir la dragée haute à tous les traficoteurs...

La plupart des filateurs restèrent méfiants.

Carnaval avait mis Alès en folie, cette année-là, Arsène Mourrail s'était payé le voyage, il étrennait un costume sur mesure, son premier, un complet digne d'un maître-mineur qui sait mettre de l'argent de côté pour s'endimancher.

A quinze ans, Adeline du Mascap était dans l'éclat d'une jeunesse précoce, déjà formée, tout en rondeurs. Un rire qui partait sans raisons, et toujours comme un défi dans la cambrure des reins, dans un regard vers l'arrière, par-dessus l'épaule, cette lueur dans les yeux pour vous dire qu'on est au courant, qu'on est prête à tout, mais que vous n'oserez jamais...

Pour la première fois de sa vie, Arsène Mourrail osa. La jeune fille était flanquée de sa mère et de sa grand-mère ; il suivit les trois femmes à travers la foule en fête et, lorsque Adeline eut perdu ses chaperons, il la rattrapa dans la bousculade des masques, il lui prit le bras, l'embrassa dans le cou, lui caressa le sein, et la ramena courtoisement aux siens, quand elle en exprima le désir. Arsène se sentait beau, jeune, libre, et fort ; il rayonnait d'assurance et d'autorité, il s'était conduit en chevalier. Il fut invité à prendre le thé chez les du Mascap, qui furent bien étonnés d'apprendre peu après qu'il n'était que maître-mineur, même pas ingénieur alors ? juste au-dessous, mais quand même... Et puis il y avait l'âge : « Remarquez, il serait de notre milieu, la différence d'âge importerait peu, au contraire... »

Arsène Mourrail s'accrocha, s'arc-bouta comme dans le pire des avancements à travers-banc, en plein rocher, comme lorsqu'il n'était que simple mineur — et il avança.

M. du Mascap, à l'entendre, n'était pas très renseigné sur les mines, tout ce qui ne touchait pas la soie, n'est-ce pas... il n'aurait jamais imaginé qu'un « technicien » des Houillères, « du cadre supérieur, il est vrai et un garçon exceptionnel ! promis au plus grand avenir, une sorte de *self made man* comme disent les Américains qui n'ont pas nos scrupules désuets, pût ainsi mettre de l'argent à gauche. Évidemment, ça s'arrête là, l'idée ne lui est même pas venue de le faire fructifier. Faire travailler les hommes, il sait, mais faire travailler l'argent, et pourtant... »

Arsène Mourrail plaça toutes ses économies dans la sériciculture, sans balancer, tout dans les affaires de M. du Mascap qui se rapprochait ainsi, qui devenait une manière d'associé, avec lequel les conversations se firent presque familières. Pour des gens de si hautes origines, ils étaient d'une simplicité, d'une rudesse ! Qu'est-ce qu'on se raconte comme histoires fausses sur les nobles quand on n'en connaît pas !...

M. du Mascap consentit à venir visiter, avec sa fille, les travaux du logement au-dessus des garages, à deux pas des villas de MM. les ingénieurs. Ces dames se fréquenteront. Quel nid douillet ! juste au-dessus des trous à charbon, on ne l'aurait jamais imaginé...

De part et d'autre on revenait de quelques idées toutes faites. Enfin, le père accepta ce gendre, du bout des lèvres.

Naturellement, le mariage se ferait à l'église, il était hors de question qu'une demoiselle du Mascap épousât un huguenot.

Arsène dut se convertir, ce fut le plus dur. Il n'était pas un pilier de l'Église réformée. La dernière fois qu'il était allé au temple c'était pour les obsèques de son père, mais chez les Mourrail on est protestant depuis toujours pour ainsi dire, on l'est sans question, c'est quand il s'agit de ne plus l'être qu'on s'aperçoit qu'on y tient, sans pouvoir expliquer réellement pourquoi. Les enfants d'Adeline seraient élevés dans la Catholique et Romaine, cela ne se pouvait discuter. Ainsi, les Mourrail ne seraient plus jamais protestants dans les siècles des siècles... Arsène se faisait difficilement à cette idée, lui qui n'avait jamais pensé jusque-là qu'il pût un jour avoir une descendance. Convaincre sa vieille s'était immédiatement révélé impossible ; s'il avait insisté, elle l'aurait chassé du mas des aïeux, dont les murs n'avaient jamais abrité de renégats. Qu'il fasse ce qu'il voudra, après tout, ça le regarde, mais qu'il ne vienne pas le faire ici, qu'il l'épouse donc, son Enfant de Marie, par-devant un capelan, avec l'encens, les simagrées, toutes les saintes manigances, mais qu'il ne s'avise pas de l'amener ici, on ne voulait pas la connaître, elle pouvait avoir toutes les bénédictions du monde, elle n'aurait jamais celle d'une vieille qui n'espérait plus que la mort, et le plus vite serait le mieux...

Arsène Mourrail dut choisir entre sa mère et sa femme.

Une fois le saut effectué, tout lui parut facile : catéchisme, confesse, chants en latin, allons, tout ça n'était pas si terrible ! Adeline était sa vie, il voulait Adeline, il l'aurait, il la garderait.

Il l'eut, la garda, sans un regret, jamais.

Le vie d'Arsène Mourrail avait sa part de noblesse.

Quelques mois après les noces, les du Mascap émigrèrent une fois encore. On parla de faillite, mais à mots couverts, il n'y eut pas de scandale ; quelques filateurs authentiquement cévenols, vieilles familles réputées pour leur honnêteté, leur droiture, furent là pour empêcher que l'effondrement de cette fameuse « Bourse de la Soie » déshonorât le négoce alésien, les trous furent bouchés, dans quelques hautaines demeures on oublia le goût de la viande.

Les du Mascap partirent assez discrètement, pour le « Nouveau Monde » où l'on sait voir grand et loin dans les affaires, confiant leur Adeline au gendre Mourrail, avec la grand-mère, par-dessus le marché ; il n'avait pas été question de l'emmener dans un tel voyage, ni de la séparer de la petite qu'elle avait élevée. L'aïeule et la petite-fille ne pouvaient absolument pas se passer l'une de l'autre. La jeune Mme Mourrail pleura, Arsène était d'accord pour garder « bonne-maman », trop fier ! C'est bouillonnants d'idées que les du Mascap allèrent prendre le bateau.

La veille du départ, sur les une heure du matin, le père d'Adeline, remonté d'un peu de porto et d'espérances aussi hautes qu'incontrôlables, disait à son gendre :

— ... Dès que nous serons installés, nous vous enverrons de quoi nous rejoindre. Les mines ne manquent pas aux Amériques, et c'est autre chose que votre trou, nous avons des rapports très précis sur cette question, il paraît aussi que les techniciens français sont très appréciés. Alors, n'est-ce pas, ce sera peut-être le moment, mon cher Arsène, de montrer un peu plus d'ambition, que diable ! si ce n'est pas pour vous, pour votre femme qui a été élevée dans certains goûts, et pour vos enfants qu'il faudra veiller à élever de même... Enfin, vous aurez bientôt de nos bonnes nouvelles, et sans doute quelques bonnes surprises, mon cher Mourrail, car je n'oublie pas que vous êtes en quelque sorte un associé, non, ce n'est pas une raison parce que vous avez épousé notre fille... Il n'est que justice que vous tiriez votre profit de mes conceptions révolutionnaires en affaires qui ont, comme vous le savez, rencontré le barrage des esprits bornés de cette province. Vous nous remercierez, pensez à nous, soyez gentil avec bonne-maman et surtout, surtout ! rendez notre chère fillette heureuse, donnez-lui tout le bonheur qu'elle mérite, mon cher Mourrail...

Ils écrivirent plusieurs fois d'Angleterre, d'un village du Yorkshire où « ils s'organisaient », puis, après un silence de quatre mois, des lettres parvinrent du Canada, de plus en plus espacées, de plus en plus courtes et amères. Adeline Mourrail continua de parler de ses parents « qui vivaient en Amérique » même après la mort de son père, écrasé par un tronc dans un chantier de bûcherons du lac Athabasca ; sa mère, il est vrai, vivait toujours, dans un hospice charitable, complètement gâteuse.

Les Mourrail eurent trois enfants : deux fils et une fille. En dépit de sa bonne éducation, Adeline cachait mal son indifférence à l'égard de son fils aîné, Cyprien. Lui en voulait-elle d'être né trop tôt après le mariage ? Elle en était parfaitement capable, se montrait souvent intransigeante — en dépit de tout, même de ses propres fautes — sur certains principes de morale qui étaient pour elle l'essence même de toute noblesse. Le fait est là, jamais elle ne parlait d'elle-même de ce premier enfant qui l'avait prématurément privée de ses charmes adolescents, qui l'avait rendue laide pour de longs mois. Pour un peu elle en eût été honteuse. Son deuxième enfant, Raymond, vint au monde en juillet 1914. C'était de loin le préféré de cette mère bizarre. Elle avait alors dix-neuf ans, elle était prête pour cette deuxième maternité qui fit s'épanouir en elle tous les charmes de la femme. Elle ne souffrit ni pour le porter ni pour le mettre au monde ; l'été fut magnifique, rien ne put troubler Adeline, ni les bruits de guerre, ni la mobilisation générale, ni le départ d'Arsène, ni l'hécatombe des premiers jours. Tout cela se passait en dehors de son ventre, et si loin du berceau paré dans lequel reposait, rebondi, magnifique, le plus bel enfant du monde, son fils, son vrai, Raymond !

Mourrail fut blessé sur la Somme, on dut lui couper le pied droit. Il revint en 1917, après un long séjour à l'hôpital, avec un excellent appareil qui lui permit de reprendre rapidement ses tournées de maître-mineur au fond des galeries. M. Cassagnoles, toujours directeur à La Vernasse, lui proposa un poste de tout repos, au bureau du matériel, mais Mourrail refusa parce qu'il aurait gagné beaucoup moins. Or on avait beaucoup d'ambition pour le petit Raymond, dont l'intelligence, à trois ans, déjà, éblouissait sa mère. Mourrail refusa aussi parce qu'il aimait la mine, c'est-à-dire le fond.

La France était victorieuse, la paix s'instaurait pour toujours, et les survivants riaient encore lorsque Emmeline vint au monde. Adeline avait vingt-trois ans, elle jura qu'on ne l'y prendrait plus : « Vous avez la fille, bon, alors vous m'avez comprise, point final ! »

Adeline, née du Mascap, tenait au voussoiement conjugal.

Arsène Mourrail n'était en rien refroidi : Adeline était sa part d'aventure, son élégance, sa réussite et son gros lot, il n'avait plus rien à espérer, seulement Adeline à garder, à contenter. Elle pouvait tout lui demander, son amour n'avait fait que croître, sa gratitude aussi.

Fils de mineur et petit-fils de paysan, il était reconnaissant à la « noble héritière » et à la jeune fille de quinze ans de l'avoir accepté, lui, presque quadragénaire. Il lui était reconnaissant de sa bonne conduite pendant qu'il était sur le front et qu'elle était restée seule à vingt ans à peine, sans surveillance ni protection dans un pays pareil ; il lui était reconnaissant de s'être faite à cette existence modeste et routinière, reconnaissant de tout ce qu'elle apportait chaque jour dans cette vie qui, sans elle, eût été commune et terne. Qui sait ? même dans ses aveuglements, Arsène Mourrail était peut-être un sage.

S'il n'avait pas été cocu, pas une fois en près de trois ans de guerre, la raison en était toute simple : Adeline n'était pas d'un tempérament très sensuel. Elle avait subi le désir avant de l'éprouver elle-même, en avait ressenti un durable dégoût, elle tâchait d'espacer les séances ridicules qui salissent les draps, abîment le teint et tirent les traits, dans l'attente que les ans assagissent un époux de vingt ans son aîné.

L'enfant potelée était devenue une bonne femme replète, assez rigolote, aguichante, et qui ne se privait pas d'aguicher mais, attention ! un regard, un geste refroidissants marquaient le cran d'arrêt définitif, remettaient en place discrètement l'audacieux avant même qu'il eût vraiment franchi les bornes de la bienséance. Le seul plaisir et le seul désir d'Adeline étaient de plaire. D'une coquetterie brouillonne, elle s'égarait dans un bouillonnement de froufrous, élargissait, approfondissait les décolletés, s'étranglait la taille, dans l'interprétation littérale des catalogues et des magazines parisiens devant lesquels elle rêvassait des matinées entières, à plat ventre sur un divan, modifiant sa coiffure, essayant un drapé dans les rideaux avant de convoquer la couturière qui ne comprenait jamais ce qu'on voulait d'elle.

— Vous n'en sortirez jamais, Adeline, tant que votre époux ne vous offrira point au moins un voyage par trimestre en Alès et un par an dans la capitale, disait la bonne-maman, Sidonie, qui donnait aussi dans le voussoiement cher aux du Mascap, avant de replonger dans sa tapisserie, seule occupation digne de son rang, — elle n'avait d'ailleurs jamais été capable d'autre chose.

L'époux travaillait toujours davantage ; par bonheur il était habile, et savait se rendre utile. Arsène était plus bricoleur encore que son père. Avec l'accord de la Compagnie qui était propriétaire du logis sur garages, il avait transformé, d'après quelques documents publiés dans un numéro spécial de l'*Illustration*, la terrasse en un jardin d'hiver, vitré sur trois côtés.

Plus souvent, il bricolait pour MM. les ingénieurs, ou pour leurs dames ; c'est à lui qu'on devait le tennis du parc. Il avait aussi son jardin, l'un des plus beaux du pays.

— Bonne-maman, je vous prie ! ne parlez pas de ces voyages coûteux à Arsène, tout pour Raymond ! Moi, je ne compte pas !

Pour leur aîné, Cyprien, les Mourrail s'étaient contentés de ce strict minimum qui fait qu'on n'a rien à se reprocher : il n'était pas doué pour les études. Après le certificat, il avait quand même passé deux ans au cours complémentaire — les gens n'auraient pas compris... — sans aucun succès. Alors, la mort dans l'âme, bien sûr, on l'avait laissé descendre dans la mine, depuis qu'il le demandait lui-même !

Les deux fils Mourrail ne se ressemblaient guère : Cyprien tenait du père, Raymond tenait d'Adeline — un vrai du Mascap ! — quant à Emmeline, au premier abord, elle ne tenait de personne.

L'inconsciente partialité de la mère remontait, comme une survivance animale, des profondeurs de l'instinct.

En cette fin d'année 1933, Cyprien Mourrail allait sur ses vingt-trois ans. C'était un homme plus petit encore que son père, robuste, calme, dont la gentillesse et la générosité avaient conquis tous les chantiers par lesquels il était passé, au point qu'on s'arrêtait net de rouspéter contre les maîtres-mineurs quand il pouvait entendre.

A dix-neuf ans, Raymond était d'une beauté d'infante : un grand garçon svelte, au visage très pâle, d'un ovale parfait, au nez droit et mince, aux yeux noirs sous des paupières étirées comme celles de sa sœur. Sa chevelure châtain ondulait à peine derrière les oreilles et sur le front où elle formait un cran. La moindre contrariété voilait ces traits délicats qui prenaient soudain une expression poignante, irrésistible. Dans l'ordinaire, le jeune homme impressionnait surtout par la vivacité de son regard, par sa mine et son maintien méditatifs.

Pas question de la communale pour Raymond, M. le curé avait fait des pieds et des mains pour qu'il soit admis chez les Frères. On a beau n'être pas de ces gens qui sont toujours fourrés à l'église, ce sont des choses qui ne s'oublient pas. Le garçon finit par décrocher ses baccalauréats, après plusieurs échecs surprenants mais explicables : Raymond avait une individualité, une personnalité si fortes qu'elles se prêtaient mal au régime des collectivités dont les règles sont établies pour le plus grand nombre de garçons moyennement doués.

Après le bac, il faut bien choisir. Seulement, quand on est promis à un avenir hors de pair, on hésite à s'engager franchement. Raymond, qui ne manifestait pas de préférence pour une discipline particulière, ni franchement matheux, ni franchement littéraire — rien du fort en thème desséché sur sa spécialité, comme disait sa mère qui voyait là les signes d'un esprit universel — se décida finalement pour le Droit, qui peut toujours servir, en attendant mieux, sans hypothéquer l'avenir.

Paris était bien loin, ne parlons pas de la dépense, mais s'il tombait malade, il n'y avait que sa mère pour le dorloter. Montpellier faisait quand même petit, ce fut donc Marseille. On craignit pour lui les internats, les marchands de soupe, les fabriques de lauréats en série et ces familles de professeurs besogneux ou de petits rentiers qui prennent un étudiant en pension pour vivre sur lui, et faire vivre les leurs. Il fallut arriver à la chambre en ville et au restaurant ; c'était la solution qu'il avait suggérée lui-même, ayant vu clair le premier, comme toujours. Évidemment la solution serait coûteuse, mais Raymond était si raisonnable.

— Tant pis pour moi, j'économiserai sur les kilomètres, je ne reviendrai que lorsque nous aurons au moins deux semaines de libres. Pour les vacancettes — Pentecôte, la Toussaint — je resterai à Marseille, j'en profiterai pour repasser mes cours...

Adeline en larmoyait.

Dans sa dernière lettre, Raymond parlait de ne pas venir pour les fêtes de fin d'année ! mais il envoyait deux poèmes récents, deux bijoux, l'abbé Halmalo, le curé de La Vernasse, les montrait partout. Avoir un enfant pareil, c'est une bénédiction du Ciel, on ne plaint pas ses sous, que voulez-vous !

Mme Mourrail en oubliait Emmeline. La première année, elle avait eu de bons moments avec sa fille, elle jouait à la poupée, puis elle s'était lassée, insensiblement. L'enfant poussait drôlement, si différente de sa mère. Adeline n'était pas loin de se sentir trahie, elle voyait par moments dans sa fille, « tout le portrait de la vieille Mourrail », la terrible veuve noire :

— ... Qui s'aigrit, là-haut, toute seule ; elle vit comme une *sauvagine* dans son mas d'Altanier, elle l'a bien voulu, après tout, l'*espouvénto !* brrr... la seule idée de me trouver nez à nez avec ça !

Arsène et Cyprien travaillaient dur, pour Raymond d'abord, pour Adeline ensuite. Le fils aîné des Mourrail n'était pas le moins épaté par son cadet : qu'un au moins aille loin. Il adorait aussi sa petite sœur, mais, pour les filles, le bonheur ne se trouve pas dans les universités.

Le bon M. Cassagnoles était mort dans les années 20. Arsène Mourrail ressentit profondément sa disparition, c'était moins du chagrin qu'une appréhension. Il se sentait à découvert désormais, à la merci de n'importe quoi, de n'importe qui. Quand il y pensait, il s'ébrouait, inconsciemment, ainsi que fait le dormeur surpris par le froid.

Personne n'est irremplaçable, mais il n'est pas facile de trouver un bon directeur pour une petite exploitation d'une espèce aussi particulière que La Vernasse. Le minerai, les procédés d'extraction seraient plutôt plus faciles qu'ailleurs, c'était la main-d'œuvre qui donnait du fil à retordre.

Tout le mal vient de ce curieux petit peuple des Cévennes beaucoup plus imbu qu'il ne paraît de ses traditions protestantes, toujours prêt à se rebiffer au moment où on s'y attend le moins. Un siècle de travail ouvrier avait suffi comme levain au vieux fonds paysan de cette farine. On pouvait se permettre des mesures qui auraient fait bouillonner les corons du Nord mais un geste maladroit, une parole en l'air, faisaient descendre vers les bureaux les rudes villages de la montagne. La Compagnie en fit l'expérience et, quelques années durant, une succession de directeurs s'usèrent rapidement, jusqu'à M. Flubel.

Quelqu'un là-haut, très haut, dans l'un de ces conseils d'administration si mystérieux pour le petit peuple de La Vernasse, avait pensé à ce petit ingénieur qui donnait satisfaction depuis une dizaine d'années dans un puits de Valenciennes. Quelqu'un avait su comprendre que ce Flubel possédait les qualités inattendues qui avaient manqué aux successeurs éphémères du regretté M. Cassagnoles.

M. Flubel, d'abord, avait passé son enfance dans la région, il avait fait ses études à Alès, ce n'était pas un étranger, il comprenait même le patois. En deuxième lieu, M. Flubel n'avait ni les dehors superbes, ni les manières hautaines, ni ces goûts, cette allure, ce train de vie qui offusquent les gens d'ici — déjà *rébroussiès* par nature — et jamais empruntés pour vous casser la gueule à cause d'un petit bonjour qui sonne mal. Petit, maigre, insignifiant d'apparence, affligé d'un crâne qui était un miroir, M. Flubel déconcertait les plus coléreux : il semblait souffrir autant qu'eux, sinon plus. Sa famille n'était pas le moindre de ses atouts. Dans sa situation, être père à ce point-là pesait plus encore que sur une carte de visite électorale : un enfant par an, l'un dans l'autre ; fin 1933, son dixième fils venait de naître ; il avait huit filles et ce n'était sans doute pas fini. Rien que des enfants bien élevés, poussés dans les écoles, pensionnaires ici ou là, qui coûtaient les yeux de la tête. Flubel n'était qu'un employé, le mieux payé certes, et de loin, mais un salarié *comme les autres*. Un salaire n'est jamais inépuisable, bref, c'était quand même gênant d'aller taper sur sa table, de lui parler paye et coût de la vie, quand on savait pertinemment qu'il ne mangeait pas tous les jours de la viande et qu'il avait, *comme les autres*, un ou deux comptes à la traîne chez les commerçants. Leur cahier de revendications sur les genoux, les délégués se sentaient toujours le cul entre deux chaises, c'est humain, devant ce quadragénaire souffreteux qui paraissait avoir plus de cinquante ans, foutu comme l'as de pique, incapable d'élever la voix, auquel on ne pouvait même pas expliquer ce que c'est que d'être chargé de famille.

En toute justice, on ne pouvait même pas dire que c'était la faute de M. Flubel si les conditions de travail s'étaient considérablement et rapidement aggravées : quand il avait été bombardé directeur, il avait repris les façons de M. Cassagnoles, au secret soulagement de la plupart des mineurs, et il avait fait marcher la mine ainsi, à la pépère, jusqu'aux années 30. Le soudain durcissement du régime d'exploitation n'était le fait ni de La Vernasse particulièrement, ni des seules houillères du Gard ; cela découlait de la crise et touchait tous les bassins de France, M. Flubel en parut le premier surpris, le premier peiné, mais à la guerre comme à la guerre, et il ne manquait pas de cran, l'animal !

Pour les Mourrail, l'affaire avait commencé un soir d'octobre très doux. Cyprien, le fils aîné, le mineur, était venu retrouver son père au jardin où il savait qu'ils pourraient parler entre hommes.

— Tu veux que je te donne la main, pa... ?

Le père et le fils se regardaient par côté, bras ballants, aussi empruntés l'un que l'autre.

— Oh ! c'est pas bien la peine, je regardais à débarrasser ce coin de haricots grimpants, les *pancels* seront encore bons pour l'année prochaine, mais il n'y a pas presse, mon petit... (ils avaient à peu près la même taille, le père ne put s'empêcher de sourire, comme s'il s'en apercevait pour la première fois)... Viens plutôt boire le « cran » avec moi.

Les deux Mourrail s'assirent sur les talons, dans la position naturelle au mineur. Le père prit la bouteillette de pastis familial dissimulée dans une touffe de menthe, tandis que le fils rinçait le verre unique.

Les jardins potagers, concédés par la Compagnie à ses agents de maîtrise, s'étalaient au pied du barrage, sous la muraille qui retenait le torrent dans le creux du vallon, formant ainsi un petit lac artificiel, triangulaire, dont les eaux servaient aux ateliers de La Vernasse et, accessoirement, à l'arrosage des haricots.

— L'hiver n'est pas loin, *vaï*... fit le maître-mineur.

— Pardi ! et ils veulent que je me présente comme délégué ! répondit Cyprien comme si c'était du tac au tac.

— Délégué ?... Toi ?

— *Oï !*

Le père fit durer sa gorgée, ce n'était plus boire, c'était sucer.

— Une idée de tes copains ?... du chantier ?...

— Non.

— Alors, l'idée, elle est de qui ?

Cyprien ferma les yeux, baissa la tête, secoua le buste ; comme s'il ne s'en doutait pas, son père !

— Le curé.

De très anciennes images remontèrent dans la tête du maître-mineur : l'intérieur de l'église un jour de Sainte-Barbe, la foule maussade des mineurs venus entendre la messe à contrecœur, le bruit des petits sacs de pièces, l'encens qui puait. Il avait fallu des années de lutte pour obtenir que la fameuse prime de Sainte-Barbe soit payée sur le carreau. Avant, c'était à l'église qu'on donnait la pièce ; si on la voulait, il fallait aller à la messe catholique, protestant ou libre-penseur, et elle faisait rudement besoin, l'indemnité de la Fête des Mineurs... En ce temps-là, il fallait passer par le curé pour entrer à la mine, sinon, pas d'embauche, rien à faire, ce n'est quand même plus pareil, enfin : plus tout à fait. Évidemment, si l'on est « bien présenté », on est affecté à l'un des meilleurs chantiers, ça se voit encore...

— Mais... qu'est-ce qu'il a à voir là-dedans, le curé ?

Arsène Mourrail se rappela soudain que son fils n'avait jamais été protestant, lui. Cyprien avait reçu une éducation dans laquelle les prêtres catholiques avaient joué leur rôle.

Les deux hommes prêtaient l'oreille aux premiers appels d'une chouette, quelque part dans la montagne, vers Tarabias.

— Qu'est-ce que tu en dis ?

— *Bé*... Ça te plairait, à toi, d'être délégué ?

— Que non !

La nuit tombait vite, ils se levèrent en même temps parce qu'ils ressentaient pareillement l'humidité.

— Cyprien, tu crois qu'il en a parlé avec ta mère, le curé ?

— Ça, je crois pas, enfin, hum... Pourquoi tu demandes ça ?

— Elle a bien assez de soucis, je ne voudrais pas que les curés... que notre curé... enfin, hum !... Et... tu as fait ta réponse, Cyprien ?

— Et non, *pardine*, je voulais t'en parler...

Ils se séparèrent à la sortie du potager, Cyprien avait son fagot à reprendre sur le chemin du haut, son père rapportait la salade pour le repas du soir.

— Eh ! Cyprien ! Alors s'ils veulent te présenter comme délégué, c'est qu'ils veulent...

— Balancer le Fernand, tu l'as dit !

Les crapauds avaient commencé leur concert dans le vallon. Le père et le fils, face à face, ne pouvaient plus distinguer les traits de leurs visages, ils se cherchaient les yeux.

— Alors, comme ça, s'ils veulent à toute force balancer le Fernand, reprit songeusement le maître-mineur après un long silence, alors c'est que ça deviendrait encore plus dur...

— Eh ! je vois rien d'autre, moi ! marmonna Cyprien en reprenant la direction de ses fagots.

Une dizaine de jours plus tard, M. Flubel fit une visite aux Mourrail, à l'improviste, sans cérémonie, à sa façon à lui.

C'était un lundi soir mais on avait chômé ce jour-là. M. le Directeur résista un moment en bas de l'escalier, même il fit mine de s'asseoir sur la première marche afin de montrer qu'il n'était pas venu pour déranger.

— Voyons, monsieur Flubel ! et que dirait Mme Flubel si elle apprenait qu'on vous a laissé ainsi, devant la porte, sans même vous offrir le café ! Arsène, venez vite ! il faut que vous disiez à M. le Directeur...

Adeline était dans tous ses états, sur son trente et un, indéfrisable de la veille. Elle attendait peut-être une visite, pas celle-ci en tout cas, c'était la première fois que le Directeur marquait un arrêt au seuil des Mourrail. Il lui arrivait pourtant de venir rejoindre son chauffeur devant le garage du rez-de-chaussée.

— Allons, mon cher Mourrail, s'il y a risque de se créer des ennuis du côté de nos bonnes femmes...

— Emmeline, mets vite de l'eau pour le café, criait Mme Mourrail sous pression. Bonne maman, sans vous commander, soyez gentille, allez prendre le service sur la crédence du salon ; pendant ce temps, je vais faire visiter notre modeste intérieur à M. le Directeur...

Cette pétulante hospitalité finit par se calmer quand les deux hommes eurent goûté leur tasse de café, puis une demi-tasse encore, une fois n'est pas coutume, parce qu'il était très bon, par pure gourmandise.

— Nous avons un excellent cognac...

— Si vous permettez, Adeline, coupa Mourrail sur un ton exceptionnellement bourru, j'aimerais mieux faire goûter à M. le Directeur cette vieille bouteille qui nous reste, un marc d'Atlanier, le mas d'où est sortie ma famille, il date encore du temps de mon père, je ne le garantis pas, bien sûr...

— C'est comme vous voudrez, mon ami ! fit-elle d'un ton pincé.

— Du cognac, on peut en trouver, avec de l'argent, tandis que votre marc, mon cher Mourrail, j'en suis curieux !

— Bien, bien ! puisque vous êtes si bien d'accord ! bafouilla l'hôtesse en s'esquivant dans une pirouette, histoire de prouver qu'elle n'était pas vraiment vexée, fofolle à souhait.

Les deux hommes savourèrent le calme autant que la gnôle sur laquelle M. Flubel fit des compliments pertinents. Ils parlèrent du temps, comme il se doit, de l'hiver qui n'était pas loin, qu'il faudrait passer comme une épreuve, et encore, eux ils n'avaient pas trop à se plaindre.

La conversation débouchait sur des généralités connues : la reprise de la production, qui avait redonné l'espoir l'an dernier, tournait court. Décidément, l'inflation menaçait, le nombre des chômeurs augmentait de façon inquiétante, et ce n'était pas dans les mines qu'on avait le plus triste tableau... M. Flubel ajoutait quelques précisions par-ci par-là, des chiffres :

— ... 1930 a été la meilleure année mais la production a baissé d'environ 35 % en moins de deux ans, 35 % ! Cette année, enfin ! elle est remontée de plus de 20 %... Hélas, ce mouvement de reprise est loin de se confirmer, nous sommes en palier, c'est même pire. Entre nous, je peux bien vous le dire, mon cher Mourrail (mais gardez-le pour vous !), la régression s'amorce, nous sommes sur la crête avec un pied déjà dans la descente...

Sa main raidie mimait l'inquiétante glissade.

— ... Dans les mois qui viennent, tout va se décider, remontée ou chute brutale, retour vers la prospérité, retour décisif, ou alors : une crise comme nous n'en avons jamais connue en France...

Exposé d'une clarté parfaite, dont les conclusions s'imposaient, tombaient de la bouche de Mourrail sans qu'il ait tellement à réfléchir :

— Eh oui, monsieur le Directeur, on ne devrait pas l'oublier si facilement, au lieu de toujours penser chacun pour soi...

— Vous êtes un homme de bon sens, mon cher Mourrail, vous n'avez pas besoin qu'on vous le dise, vous, que nous sommes tous sur le même bateau. Alors, qu'on soit le mousse ou le commandant, quand le bateau coule...

Adeline fit une entrée intempestive juste pour entendre cette phrase qui la fit ressortir sans un mot :

— Surtout dans une petite mine comme La Vernasse ! Si elle ferme, hein ? qu'est-ce que nous deviendrons, où retrouver un travail équivalent, à nos âges, et quand il y a tant de chômeurs...

Adeline avait refermé la porte sans bruit. Les deux hommes l'entendirent qui faisait taire aigrement sa grand-mère et sa fille. Le tic-tac du carillon Westminster cognait aussi fort qu'un marteau de forgeron.

M. Flubel prenait appui sur la table de toute la longueur de ses avant-bras, il se voûtait, enfonçait la tête dans les épaules, il était las, vraiment, mais las ! physiquement et moralement. Il savait bien qu'il ne devrait jamais se laisser aller, se montrer ainsi, mais il se sentait en confiance, ici, il y avait si longtemps que ça ne lui était pas arrivé :

— ... Allons ! resservez-moi un coup de la bonne vieille gnôle d'Atlanier, moi qui ne touche jamais à l'alcool...

Effectivement, M. Flubel avait le feu aux joues et l'œil embrumé. Arsène Mourrail était ému.

Le plus dur allait commencer : un an, même pas, quelques mois, mais il faudrait tenir, et pour ça, se serrer les coudes, sans distinction de croyances politiques ou religieuses, de rang social, et serrer les dents, serrer les rangs, oui, comme pour l'offensive, vous en savez quelque chose, hein, Mourrail ? Faire front comme un seul homme, de la trieuse à l'ingénieur...

Étourdi, le maître-mineur se resservit de gnôle. Il n'en croyait pas ses oreilles ; le directeur avait une telle réputation de taciturne !

— ... Vous me connaissez, Mourrail ! Je n'ai jamais, jamais !

demandé à un ouvrier s'il allait à la messe ou au temple, s'il votait rouge ou blanc, je n'ai jamais posé aucune question, ça les regarde ! pourtant, il y a une question, une seule, que j'aimerais poser à chacun... (il pivota vers Mourrail qui, naturellement, fit face ; il le saisit aux épaules). J'aimerais prendre ainsi chacun de mes hommes, mettre mon regard dans le sien, ainsi, et lui demander : es-tu un homme, puis-je compter sur toi ?...

Les moutons ne l'intéressaient pas, qu'ils suivent le troupeau d'Hitler ou celui de Staline, qu'ils se laissent mener par trois flèches ou par (il se pencha vers l'oreille du maître-mineur, après une œillade en direction des femmes derrière la porte) ou par une crosse d'évêque...

Ils gloussèrent, rajeunis pour un instant.

— Qu'ils soient honnêtes, qu'ils soient entiers, c'est tout ce que je demande aux mineurs, et la plupart le sont. Qu'ils viennent me dire merde en face quand il le faut, ça peut arriver ! Jamais je ne sanctionnerai qui viendra me cracher mes quatres vérités à la gueule ! Oh ! j'aime mieux ça que ces patientes calomnies au bout desquelles on trouve des treuils sabotés, des bivouacs de Sénégalais, des matraqueurs professionnels à l'entrée des puits et, pour finir, un millier de pauvres familles sur la paille...

Un long moment, ils écoutèrent le tic-tac fracassant du carillon, les yeux fixés sur le monogramme en broderie Richelieu de la plus belle nappe que l'habile Adeline avait trouvé le temps de placer quand le visiteur était dans l'escalier.

— Vous ne voulez pas dire... Monsieur le Directeur...

— Écoutez, Mourrail, avez-vous réfléchi à cette expression bien connue : « mouvement de masse » ? Se noyer dans la masse, soulever la tempête sans courir soi-même le moindre risque, ça, ça a du chic, hein ?

Mourrail secoua la tête, en une dénégation énergique, comme si on le soupçonnait d'une telle infamie.

Déjà, M. Flubel s'excusait de sa véhémence, on devait le comprendre, il se sentait prêt à tout pour empêcher ça. C'est qu'il était sur la passerelle de commandement, lui, responsable au premier chef.

— ... Vous imaginez la tête que ferait un capitaine à la barre d'un vieux rafiot qui fait eau de partout, en pleine tempête, au milieu des récifs, si l'un de ses matelots venait se plaindre de l'ordinaire ou réclamer un lavabo pour l'équipage ?

Mourrail s'affolait. Dans le fond de lui-même, le Cévenol reniflait le panneau, l'ancien piqueur du travers-banc se voyait fonçant dessus tête baissée, enrageait de s'entendre approuver avec des bien sûr ! des ça alors ! des non mais !... Il lui échappait même des *pardine !* des *mounstré !*

— ... Et quand je parle de droiture, je voudrais préciser ma pensée... (le directeur s'était mis à parler très bas, lentement, avec des hésitations)... Je voudrais le dire à chacun de mes hommes :

parle, si tu as quelque chose à dire, parle ! c'est ton droit, c'est même ton devoir si tu es dans le vrai, mais parle en ton nom personnel, ou parle au nom de tes camarades s'ils t'ont chargé de le faire, mais c'est tout — et c'est déjà énorme ! — seulement, ne viens pas ici jouer les philosophes, les prophètes ou les chefs de bande...

Dix heures sonnèrent au Westminster, la première phrase de la *Valse Triste* de Sibélius, ce qui prit trois bonnes minutes. Sans se presser, M. Flubel se leva, avec un grand soupir, Mourrail suivit le mouvement.

Le directeur passa son bras sous celui du maître-mineur pour chuchoter :

— Écoutez... Et, je vous en supplie, arrêtez-moi si je suis indiscret ! Votre fils Cyprien est l'un de nos meilleurs mineurs, on ne sait qui l'aime le plus, de ses chefs ou de ses camarades. Il est indiscutable, vous comprenez ? *Indiscutable !* et pourquoi ? parce qu'il est pur. Nous ne lui demandons pas de changer, au contraire ! S'il est mis en posture de défendre ses camarades, jamais mineurs n'auront été défendus avec plus d'honnêteté. Il sera même conduit parfois à nous tenir tête, et je dirai : très bien ! parce que alors il n'amènera rien d'étranger à nos problèmes à nous, travailleurs du charbon dans la mine de La Vernasse ! Je crois que c'est clair...

Dans le couloir, M. Flubel s'informa longuement sur les études universitaires de Raymond : la culture n'a pas de prix, il faut se saigner aux quatre veines, sans barguigner, quand on est les heureux parents d'un être d'élite comme ce jeune homme. Allons, madame Mourrail, ce n'est plus un bébé, il faut vous faire une raison !

Le jardin d'hiver lui plut énormément, il se renseigna sur le matériau, le prix des vitres, laissa entendre que Mme Flubel, si on lui faisait l'honneur de lui montrer ce nid douillet, trouverait peut-être de quoi occuper les deux jours de chômage hebdomadaire d'un certain bricoleur capable d'en remontrer aux artistes de la capitale...

Adeline roucoulait, rougissait, roulait d'une hanche sur l'autre, se collait contre son époux avec des mines outrées d'une modeste qui n'en pouvait plus, car c'était elle, M. Flubel le savait-il ? qui avait trouvé le modèle dans le journal...

En bas de l'escalier, le directeur garda la main du maître-mineur dans la sienne et, en détachant bien ses mots :

— Vous êtes quand même magnifiquement logé, et vous êtes le seul, tous les autres maîtres-mineurs s'entassent au fond du trou... Ça, c'est appréciable aussi, hein ? Il ne faut pas l'oublier. La Compagnie a quand même du bon, n'est-ce pas, Mourrail ?

3

Le petit théâtre d'Emmeline

En ces dernières semaines de l'année 1933, à quinze ans, Emmeline Mourrail ne savait à peu près rien de la mine et des mineurs, elle, fille, petite-fille et sœur de mineurs, qui vivait depuis sa naissance à une centaine de mètres à vol d'oiseau du trou de La Vernasse.

La forêt commençait immédiatement après les dernières maisons du village minier, une pinède royale, de pins laricio, sélectionnés et entretenus avec soin. Vingt pas suffisaient pour vous faire entrer dans l'irréalité d'un autre monde, vingt pas d'un autre ton, d'une autre densité déjà, des pas qui recevaient chacun sa réponse de notre terre, son écho-mouvement, sur les congères et les dunes hallucinantes d'élasticité qu'élevaient au fil des ans, un molleton sur l'autre, les aiguilles de pin.

Sous les cribles mouvants du feuillage, le soleil ou la lune jouaient avec des colonnes, ou des flocons, ou des grilles, d'une lumière mystérieuse.

Le plus jeune des arbres dressait ses vingt mètres comme une flèche dans le ciel. Les branchages ne commençaient guère avant la mi-hauteur, trois ou quatre mètres à peine séparaient les troncs ; le promeneur de midi errait ainsi dans les cent jeux d'un orgue livré aux feux infernaux, le promeneur de minuit, pris dans la nasse gigantesque, pouvait croire qu'on le noyait comme un rat, mais dans un fleuve de lait.

Les sons, les senteurs étaient pareillement fantasques, le moindre souffle de vent donnait à la pinède des mouvements de symphonie... Elle abritait la direction de la Compagnie dans une clairière taillée au flanc de la montagne, sous la crête ; trois terrasses étirées latéralement. La plus vaste, celle du milieu, était le parc, avec ses autres essences, ses pelouses, le tennis et le boulodrome. La terrasse du dessus était bâtie ; trois villas pour les ingénieurs et la longue demeure Second-Empire du directeur. Sur la terrasse inférieure, la moins grande, se trouvaient à un bout la longue bâtisse sans étage où logeaient les gardes, les domestiques, les chauffeurs et leurs familles, à l'autre bout, les garages surmontés de l'appartement des Mourrail. Les voitures devaient manœuvrer pour tourner devant les portails, il leur était impossible de se croiser, tant était étroite la route qui, longeant la terrasse inférieure, montait au-dessus des communs, redescendait jusque devant les bureaux administratifs (situés tout à fait à l'écart, dans une petite clairière annexe qui faisait suite à la terrasse inférieure), puis se divisait en deux branches, l'une qui descendait vers le carreau de la mine et le village de La Vernasse, l'autre qui montait vers la crête et la franchissait pour descendre sur le Chambon, dans la direction de Clerguemort et du mont Lozère.

Montée ou descente, quelle que soit la direction, d'impressionnants virages en épingles à cheveux, tous les cinquante ou cent mètres, exigeaient de la voiture la plus maniable deux marches arrière au moins. On comprendra pourquoi ces messieurs montraient peu de passion pour le volant et pourquoi les chauffeurs de la Compagnie n'étaient pas n'importe qui.

Les terrasses étaient reliées entre elles par quelques marches d'escalier.

On ne voyait pratiquement aucun mineur, même endimanché, dans les parages du parc, voire sur la route. Quand ils avaient affaire aux bureaux, ils laissaient leurs vélos en bas et escaladaient le raidillon qui coupait les mauvais virages par le travers. Les postes qui rentraient vers le Chambon, vers Clerguemort, passaient toujours par les tunnels : même pour les cyclistes la voie ferrée demeurait le meilleur des raccourcis.

Pas un bruit, pas une fumée, pas un grain de charbon ne parvenait jusqu'aux trois terrasses, c'était comme une île heureuse au cœur de la fabuleuse pinède.

Les quinze années de la vie d'Emmeline Mourrail s'étaient jouées sur les trois scènes de ce petit théâtre familier, devant le public immuable et restreint des enfants, puis des amies de son âge, Nelly et Nancy surtout, les filles jumelles de l'ingénieur Goudord. Simplement, d'un âge à l'autre, Emmeline avait changé de genre, passant de Guignol à la féerie, à la farce, au mélo, à la bluette. Elle s'installait à présent dans le roman. Les domestiques n'avaient pas d'enfants, ceux du directeur restaient en pension ou ne sortaient guère, en tout cas ne descendaient jamais. Cependant, les genres avaient beau passer, les personnages du petit théâtre d'Emmeline demeuraient les mêmes, ne changeant d'emploi et d'éclairage que dans l'imagination de la fille du maître-mineur. Il y avait toujours l'infirmier malicieux qui vivait avec sa vieille fille de sœur, les époux Guste, les domestiques de M. Flubel, trois cents kilos à deux, le garde barbu, le bossu, leurs femmes, le vieux Laguimard, le jardinier qui parlait seul, et, avant tous, le tendre Maximilien, le frère cadet de M. Schmilh, adolescent émacié, blême, qui passait la journée dans une chaise longue, sous le grand cèdre, à cause d'une incurable faiblesse de poitrine.

Emmeline avait à peine quatre ans quand naquit son grand amour pour Maximilien et il ne lui en restait aujourd'hui qu'un attachement affectueux pour l'allongé qu'elle savait retrouver toujours au même endroit du parc. Elle se confiait à lui, c'est avec lui qu'elle avait les conversations les plus fréquentes et les plus approfondies, les seuls dialogues d'égal à égal, sans crainte et sans défi. Seul Maximilien connaissait Emmeline.

L'ignorance et l'indifférence de la jeune fille quant à la mine et aux mineurs étaient explicables, le travail de son père et de son frère n'était pas un sujet pour la table d'Adeline et il ne fallait pas compter sur une du Mascap pour rabaisser sa fille jusqu'à ce terre à terre.

Emmeline ne quittait guère l'île heureuse des trois terrasses prises dans la houle musicale des pins géants que pour accompagner son père jusqu'au jardin sous le barrage, à dix minutes de là par le sentier.

Le plus beau voyage de sa vie était tout récent. Arsène Mourrail avait reçu de mauvaises nouvelles de sa mère. Adeline concéda qu'on ne pouvait quand même pas laisser ce vieil épouvantail crever comme une buse sur son aire.

— ... Mais ne comptez pas sur moi ! Tenez, prenez Emmeline avec vous, Arsène, même si la vaisselle n'est pas nette ce ne sera pas dommage... Et, mère ou pas, ne vous laissez pas aller, hein ? C'est moi qui ferais les frais de vos attendrissements, je n'aime guère que les oreilles me sifflent, tâchez de vous en souvenir, mon bon ! D'ailleurs je verrai Emmeline à votre retour, la petite me raconte tout...

Le maître-mineur obtint l'accord de la Compagnie pour bloquer un dimanche, le lundi chômé, plus trois jours qui lui restaient à prendre sur ses congés.

Arsène et Emmeline Mourrail firent ensemble le long chemin de l'Altanier, vécurent ensemble dans le mas familial, cinq jours en tout dont chacun surprit délicieusement la jeune fille. D'abord pour cette raison qu'elle n'avait jamais eu l'occasion de vivre avec son père en tête à tête, autant dire en copains. Certes, elle ne découvrit qu'une infime partie de l'homme qu'il était, mais elle devina qu'il y avait tout le reste. Son petit théâtre venait d'admettre un personnage dont les épaules crevaient le cintre.

De son côté, Mourrail découvrait qu'il était aussi le père d'une fille, tout bêtement, et qu'une fille ce n'était pas pareil, ça n'avait rien à voir, une fille pour un père ça ne ressemblait à rien de connu, on restait à cent lieues d'imaginer tant qu'on n'en avait pas une sous les yeux, à son bras, une fille à soi, une fille de son sang !

Ils ne furent pas tellement bavards ni l'un ni l'autre. Emmeline était beaucoup plus réservée qu'avec Maximilien.

Cependant, le père néophyte cherchait un cadeau magnifique pour sa fille mais, sur le perchoir perdu d'Altanier, *macache bono !* dans son élan, il *virepassa* placards et greniers, tomba sur trois bouquins oubliés : *Quatre-vingt-treize, Germinal* et *Notre-Dame de Paris*, qu'il colla dans les bras de sa fille, pas encore satisfait pour autant, mais le lendemain, il trouva beaucoup mieux.

La grand-mère Mourrail se rétablissait. L'après-midi, elle reposait paisiblement, et comme la cousine de Tréméjols, le hameau voisin, restait là pour mettre un peu d'ordre et donner un coup de balai,

Arsène prit sa fille par la main et l'entraîna allégrement sur les pas de son enfance la plus secrète — ça l'avait pris d'un coup !

C'est la mine au bois dormant que Mourrail offrit royalement à sa fille toute neuve.

Le jour suivant, le père devait préparer la provision de bois d'avance pour sa vieille qui, même remise sur ses pieds, ne serait pas de sitôt assez vaillante pour fendre du châtaignier sec. Lorsque Emmeline lui avoua l'envie qu'elle avait de retourner, même seule, dans la mine d'hier, il lui fit mille recommandations au sujet des trous cachés dans l'herbe et des murs branlants, cependant il pétait d'orgueil de voir combien son cadeau en monnaie de singe avait été apprécié. Sa fille y retourna chaque après-midi. C'est ainsi qu'elle fit la rencontre de Noël Tarrigues.

L'orage, hélas, s'abattit sur l'Altanier. Le dernier jour se passa à préparer la vieille à la nouvelle de leur départ, entre le coin de la cheminée, et la fenêtre étroite, au fond de l'entonnoir creusé dans l'épaisseur de la muraille en pierres de granit, pour voir si le temps ne s'éclaircirait pas, ne serait-ce qu'une minute.

Ils rentrèrent le lendemain, à la nuit, crottés, mais crottés ! Mme Mourrail jeune leur fit mauvais accueil :

— ... Et mon tapis ! regardez-moi ça, bonne maman, si c'est permis ! Eh bien, moi, je vous donne mon billet que c'est vous qui le nettoierez, mon tapis, et quand je dis « vous », ce n'est pas de vous seulement qu'il est question, mon bon ! — non, mais quel air il nous ramène de chez son vieil épouvantail, le fils prodigue ! — il s'agit de vous deux... Toi, aussi, Emmeline ! Le tapis vous n'avez qu'à vous y coller ensemble, le père et la fille, chacun par un bout !

Le regard qu'ils échangèrent, le père et la fille !

Cyprien Mourrail était gêné, à ne plus oser regarder les copains en face au chantier. Il est vrai qu'ils n'avaient guère le temps de se regarder dans le blanc des yeux, au fond de la taille. A la sortie, ils en avaient tellement plein le dos, et les reins, qu'ils avaient à peine la force de grogner. Il était salement empoisonné, le fils du maître-mineur. Quelle histoire ! Ils ont une façon de vous coincer, par un bout, par l'autre, le nez dans l'angle des murs, même pas la place de se retourner, plus que la solution de baisser la culotte...

Ça, jamais !

Mais aussi, il ne demandait rien à personne, lui ! on ne pouvait pas lui foutre un peu la paix ? « Délégué », je vous demande un peu ! Attention, ce n'est pas un truc en l'air, parce que, si la Compagnie y met le paquet, il passera comme une lettre à la poste, elle a les moyens, la Compagnie...

Comme ça, jamais ! il préférerait n'importe quoi, y compris se ranger du côté des bolcheviks, le curé dirait ce qu'il voudrait ! Les communistes, au moins, on les connaît, on trempe la liquette ensemble, tous les jours, ils s'y collent eux, ils savent de quoi ils parlent, tort ou pas tort, en tout cas, eux, ils ne vont pas dans l'église pour lui expliquer comment dire sa messe...

Il doit pourtant bien y avoir un biais pour s'en sortir sans dommage pour personne !

Cyprien Mourrail tomba en arrêt devant un minuscule lézard gris, une jolie *linglore* qui profitait d'un rayon du vieux soleil d'automne sur le mur de la buvette-tabac. Une bulle d'enfance vint lui crever dans la gorge.

Il faut avoir, un jour, attrapé un lézard par la queue, qui vous reste entre les doigts. Le lézard se sauve. On est un peu dégoûté, on ne lui voulait pas de mal à cette bête, c'était juste pour voir... Allons, sa queue repoussera, c'est la nature.

Cyprien Mourrail vivait sur son pan de mur. Il fallait s'y accrocher, ce n'était pas tous les jours facile, mais il y avait quelques bons moments de soleil. Il commençait à y tenir, à son pan de ruines bien à lui. Conquérir sa lézarde lui avait pris du temps, et de la peine, ouais ! mais maintenant qu'il connaissait à peu près son trou, et il commençait à la connaître dans les coins, sa lézarde ! il faudrait qu'on le tire de là, et pas mollement !

« La queue ! un bout de queue entre les doigts, c'est tout ce que je leur laisserai ! » marmonnait-il avec un sourire mauvais en poussant la porte du tabac.

— Salutations, monsieur Mourrail-Jeune !

— Salut à vous, Mouquette ! Ce serait pour un timbre-poste ordinaire...

Quatre retraités-mineurs tapaient la carte à la table de la fenêtre. Trois jeunes Polonais, le demi dans la main droite, le verre de pastis dans la main gauche, parlaient, trois voix sourdes, enchevêtrées, les trois nez à se toucher. Ils ne s'interrompaient que le temps d'une gorgée à droite et d'une à gauche, coup sur coup. Ils mettaient le plus grand soin à charger une belle biture fraternelle avec l'un de ces philtres qu'ils étaient seuls capables d'ingurgiter sans tomber raide, triples dosages minutieux : bière, absinthe et nostalgies.

Il n'y avait pas grand monde encore, Cyprien choisit quand même la table du fond. Il colla le timbre sur l'enveloppe :

Monsieur Raymond Mourrail
Étudiant en Droit
Hôtel Bijou
63, rue Poids-de-la-Farine
Marseille (B. du R.)

Avant de fermer sa lettre, il en relut les dernières lignes.

« ... C'est toute l'affaire, tout ce que j'en sais, et un peu de ce qui s'en dit par les uns ou les autres, mais là-dessus, tu sais comme on est, il faut en prendre et en laisser. Figure-toi que je sais bien que tu as d'autres chats à fouetter, plus importants que nos ragots de La Vernasse. Quand même, c'est un peu pour nous tous que tu fais des études. Simplement, tu me dis, oui ou non, s'ils ont la loi pour eux, s'ils sont dans leur droit de faire cette saloperie. Regarde dans tes bouquins, au besoin. Écris vite, je sais que tu n'es pas bien ardent sur les lettres, mais quoi ! trois lignes sur un bout de papier, c'est vite fait, je te demande pas des vers, moi ! L'unique solution que je vois, autrement, en deux mots : mettre les voiles, ni vu ni connu, je t'embrouille ! On ne peut quand même pas chercher des poux dans la tête d'un homme respectable, parce que son grand *nesci* de fils a fait une fugue ! Qu'est-ce que tu en dis ? pas mal trouvé, hein ? Je fais mon baluchon en douce et je te rejoins à Marseille. Chômage ou pas, dans un port on doit toujours trouver à se débrouiller.

Ton frère affectionné.

Cyprien. »

D'un coup de langue, il mouilla le crayon-encre dont il se servait pour ses comptes au chantier et griffonna, sous la signature :

« Et tiens ta langue ! pour tout le monde ! même si tu as une bonne amie… »

— Eh ! Monsieur Mourrail ! si vous voulez que votre lettre s'en aille par le train de nuit, c'est du moins zéro à la pompe !

Cyprien rejoignit le postier qui venait de faire cul sec, debout devant le comptoir.

— Elle est partie ! annonça triomphalement le fonctionnaire en quittant la buvette.

— Bon ! et maintenant un demi bien tiré ! commanda Cyprien dont la pensée revenait péniblement de Marseille.

— Hé ! *Hijo de puta !…*

L'insulte espagnole était accompagnée d'un rire clair, plus insultant encore.

Cyprien pâlit, c'était bien à lui qu'on s'adressait. Pendant qu'il se relisait, la buvette s'était remplie.

— Ta *madre !* Oh ! Cyprien ! est *una puta !* … reprit avec entêtement la même voix suivie du même rire claironnant.

— Et ça vous marche sur les pieds, ouais, déjà, fit la voix pesante et caverneuse du nommé La Pitance (cent kilos à poil, que seul le Dévarié pouvait battre à la course à pied sur cinq kilomètres). Attention, petit con ! ajouta le colosse en époussetant, avec d'énormes moulinets, les jambes d'une vieille paire de bleus qu'une boue charbonneuse avait cuirassées.

Ils étaient une douzaine, en demi-cercle, fermés, redoutables. Cyprien était coincé, les reins au comptoir.

— Hé ! attendez un peu… protesta-t-il faiblement.

Le demi-cercle rugit.

— Mais, au moins ! écoutez-moi, camarades !…

Le dernier mot déclencha un énorme ricanement. Cyprien perçut quelques défis, quelques insultes :

— Oh ! *cabròn ! me cago en su padre, y su madre ! me cago en...*

— *Té !* ça se dégonfle déjà !

— Lui faites pas peur, il irait pleurer dans les jupes de sa mère !

— Il irait se plaindre à son père !

— Sa pute de mère !

— Son valet de père !

Cyprien se redressa, serra les poings, gronda :

— Si vous le prenez comme ça...

— Et comment ! rétorqua le Chicane en lui venant sous le nez.

Cyprien le crocheta des deux mains sous les revers de sa veste bleue, le souleva de terre...

— Il l'aura voulu !

— Pas plus de deux coups !

Cyprien se sentit soulevé, saisi par-derrière, ses bras bloqués dans son dos, par les coudes, offert. Il reçut les deux coups promis. Le premier lui enfonça deux côtes, le second lui brisa la mâchoire.

Le tunnel amplifiait le beau rire de Libertade, un rire limpide, continu, qui portait loin. Le mineur espagnol ne riait pas toujours ainsi, c'était même assez rare, c'était les grandes occasions, son rire de gala. Quand on lui demandait ce qu'était ce rire étrange, il répondait que c'était la joie de l'anarchisme et son rire repartait de plus belle.

Les mineurs du Chambon et de Clerguemort roulaient au ralenti, en file indienne, dans la pénombre du tunnel. Le sentier, de chaque côté de la voie unique, était étroit, les pneus des vélos frôlaient l'extrémité des traverses. Cette formation se prêtait mal aux conversations.

Ceux de Clerguemort abandonnaient la voie peu après le viaduc du Chambon. Ils descendaient alors par un sentier très raide qui se creusait de plus en plus dans la terre rouge par l'effet de cette érosion humaine. Il valait mieux prendre le vélo sur l'épaule, jusqu'au chemin qui longeait la rivière. Il se formait toujours un bouchon à ce goulot, à l'entrée du raidillon, le temps de soulever le vélo pour se passer le cadre sur l'épaule. Ce soir-là, malgré les gouttes de pluie, malgré l'orage qui se rapprochait, les cyclistes firent la pause silencieusement, mine de rien, pour attendre les marcheurs dont ils entendaient le lourd martèlement clouté. Ils se retrouvaient entre eux, entre gens de Clerguemort : ceux du Chambon disparaissaient derrière le flanc de la montagne. Ils pensaient tous à la petite leçon administrée au candidat de la Compagnie. Ils n'étaient pas aussi heureux qu'ils auraient voulu l'être. Le Dévarié, le Pétardur et le Sercomalur arrivaient, la canne frémissante.

— Alors, les champions, on ferme le chemin aux braves gens qui n'ont que leurs pieds pour se rendre...

Pour une fois, le Pétardur ne braillait pas.

Ils se regardèrent, mal à l'aise.

— Le Jaurès n'est pas avec vous ? demanda le Félobre.

— Non. Le Fernand l'a demandé...

— A cause de... de l'affaire du Cyprien Mourrail ?

Le rire anarchiste repartit, s'éleva dans le lourd silence du vallon, vers le ciel d'orage.

— Oh ! toi, ta gueule, hein, Libertade ! gronda le Mèffi.

Le mineur espagnol se tut. Tous se retournèrent vers le secrétaire de la cellule communiste de Clerguemort. Très embêté, le Mèffi réfléchit un instant, enfin il déclara :

— Ouais, camarades... Je suis en train de me demander, moi aussi... si... si on n'a pas été un peu sectaire.

L'hiver était là, qui ne changeait rien au paysage de la pinède, mais on avait dû rentrer jusqu'aux beaux jours la chaise longue. M. Schmilh avait fait construire par Mourrail, à l'intention de son frère, une verrière chauffée qui prolongeait la villa de l'ingénieur au-dessus du parc. C'est là qu'Emmeline, dès les premiers froids, venait retrouver son grand ami.

La fille du maître-mineur était donc rentrée dans son île heureuse des trois terrasses parmi les pins, où rien ne pouvait changer, même l'hiver, et où néanmoins tout semblait différent depuis la découverte de la mine perdue sous la crête de l'Altanier.

Maximilien Schmilh lisait beaucoup, des journaux, des magazines, et les livres dont les premiers parlaient avantageusement. Il se passionnait aussi pour les échecs, suivait les rubriques spécialisées, cherchait la solution des problèmes et poursuivait trois ou quatre parties par correspondance.

La page locale des deux quotidiens auxquels il était abonné le reliait au pays par-dessus la frissonnante enceinte des grands pins. Il prenait plaisir à imaginer ce qui s'était passé dans les ruelles, entre gens de chair et d'os, pour aboutir à ces entrefilets, toujours les mêmes.

« Un bel acte de probité !

» Hier, s'est présenté, dans les bureaux du correspondant local de notre journal au Chambon, un tout jeune homme qui a fait la déclaration suivante : en me promenant le long de la rivière, au-dessus de Clerguemort, sous le mont Lozère, j'ai trouvé un livre. Je voudrais le restituer personnellement à la personne qui l'a égaré.

» Nous avons pu voir l'objet, il s'agissait en effet d'une assez belle édition de *Germinal*, le chef-d'œuvre d'Émile Zola. Son propriétaire est prié d'écrire à N. T., Poste Restante, Le Chambon, car l'honnête jeune homme qui a fait la trouvaille tient absolument à garder l'anonymat. »

Maximilien sourit et attendit avec impatience le moment où Emmeline vint écraser son nez sur la vitre de la porte, ce qui était sa manière à elle de frapper.

— Entre, aime-aime-Emmeline... fredonna l'allongé, plus gaiement qu'à l'accoutumée...

— Bonjour Maxi !

— J'ai des nouvelles pour mon M'M', Emmelinaimée...

— De qui ?

— De ton amoureux...

— De Noël... ?

Elle rougit si fort que Maximilien se fit très gentil :

— Emmeline, vois-tu, je ne le connais pas ton Noël, en tout cas, il y a une chose sur laquelle je peux te rassurer : il est rudement intelligent, ce garçon ! Je voudrais le voir jouer aux échecs...

— Comment ? Tu l'as vu ? Tu l'as retrouvé ?

— C'est lui qui t'a retrouvée !...

Ruse inutile, Noël Tarrigues et Emmeline Mourrail se retrouvèrent en tête à tête, le lendemain même, dans la salle d'attente du médecin. La fille du maître-mineur avait accompagné son frère, et l'attendait là, pendant que le docteur lui confectionnait une collerette de plâtre afin de maintenir la mâchoire fracturée. Noël avait pris son tour, on allait enfin retirer le plâtre de sa main droite. Ils se regardèrent à peine mais en détournant le regard, très bas, très vite, ils convinrent d'un rendez-vous.

Les journaux du lendemain rendirent officielle la candidature de Cyprien Mourrail : *Le Petit Méridional* parlait de « l'inqualifiable agression », *Le Petit Provençal* déplorait « les brutalités de certains extrémistes trop connus auxquels il serait fâcheux d'assimiler la masse honnête et calme des travailleurs qui conservent une notion démocratique de leurs droits syndicaux... »

Emmeline lut attentivement les deux articles. Elle commençait à s'intéresser à la mine et aux mineurs.

4

La Vernasse

Un trou dans le charbon au fond d'un trou dans les montagnes, telle était La Vernasse.

Un cul-de-sac en forme d'entonnoir, exactement.

Le chemin prenait sur la route d'Alès pour dégringoler tout droit, sur une pente à quarante-cinq degrés, jusqu'au fond. On descendait même plus bas que le charbon. Il n'avait pas été nécessaire de creuser un puits, on entrait directement dans la mine par un trou à flanc de montagne.

Un grêle viaduc métallique reliait l'entrée de la mine, auprès de laquelle se trouvait la lampisterie, aux installations « du jour », bâtiments de triage, ateliers, entrepôts situés au flanc d'en face, à la même hauteur, d'où le charbon glissait sur un plan incliné jusque dans les wagons. Les trains se formaient là, sur une voie normale qui rejoignait, à travers plusieurs tunnels, peu avant la gare du Chambon, la grande ligne de Paris à Nîmes par Clermont.

La Placette de La Vernasse n'était que le prolongement du carreau de la mine. Les masures commençaient immédiatement autour, puis remontaient, en s'étirant de part et d'autre du raidillon. Le village était récent, relativement aux autres villages de la montagne cévenole, récent comme l'extraction industrielle du charbon.

Il faut se reporter à des travaux sérieux, comme le mémoire de M. Jules Callon, ingénieur des Mines, ou la thèse du géologue Georges Livet sur le terrain houiller du Gard, pour se rendre compte que le charbon n'a été pendant très longtemps qu'une affaire de bricoleurs, de débrouillards et d'*idéïous*. Certes, Théophraste signalait à ses compatriotes athéniens, trois cents ans avant Jésus-Christ, qu'il y avait, dans cette contrée — « au pays des Ligures » —, une pierre noire qui brûlait comme du bois quand on la mettait au feu. Pendant des siècles on ne voulut voir que les inconvénients et les dangers de ces flammes bleuâtres. On n'utilisait la pierre noire que lorsqu'on ne pouvait pas faire autrement : « Elle dégage une mortelle fumée et elle est fort dangereuse pour qui l'emploie. » Les mines, comme les forêts et les eaux, étaient alors la propriété des seigneurs qui les louaient volontiers, et à bon marché, tant elles étaient de petit rapport. Ainsi les pères de l'abbaye de Cendras donnaient à qui voulait l'autorisation de prendre de la terre noire sur leur domaine moyennant un cens payable en chandelle. Longtemps maîtres fabres et chaufourniers continuèrent à préférer le bois pour chauffer leurs fours.

Des siècles durant, l'exploitation fut limitée aux affleurements. Le mineur creusait un trou, une « baume » comme on disait, convaincu de voir la fin du charbon quand il retrouvait la terre sous son outil. On ne savait pas encore qu'une couche de houille s'étend en longueur, en largeur et en profondeur. Ce mineur solitaire signait un bail avec trois fours à chaux, par exemple, comme celui qu'on a retrouvé, daté du 16 octobre 1441, par lequel notre « carbonnier » s'engage à fournir les chaufourniers pendant six ans, mais en stipulant que le marché sera résilié si toutes ses baumes s'épuisent au cours de ces six années. Il gagnait ainsi, en un an, quatre livres et demie, c'est-à-dire de quoi s'acheter cent livres de graisse de porc.

En 1471, Louis XI crée la charge de Grand Maître Superintendant des Mines (« ayant pouvoir d'ouvrir et d'exploiter par lui-même et ses commis toutes les mines de France »), sans changer grand-chose dans le royaume, les mines rapportent trop peu. En Cévennes, les grands propriétaires de mines restent les seigneurs de Portes, de Trouillas, de Lafare et d'Alais qui les louent de moins en moins cher : le fermage des mines de la Seigneurie de Portes tombe à 18 livres par an entre 1473 et 1476, à moins de 10 livres en 1509. On travaille de moins en moins, les épidémies ravagent le pays en 1479, 1502, 1506, 1507 ; en mars 1525, c'est la Grande Peste.

A la fin du XVIe siècle, fabriques de clous, forges, fours à chaux se sont multipliés, le bois augmente et l'on se rabat sur la terre noire. Ce sont des théories de petits ânes gris, lourdement bâtés, qui emportent la pierre qui brûle vers Alais en suivant le lit des torrents. On ouvre des « carbonnières » partout, on commence à voir des baumes superposées, des mineurs assez fous pour creuser des trous sous les pieds de leurs voisins, au risque de se faire enterrer vivants. Les trafiquants s'en mêlent, comme le nommé Manand Gissey, arpenteur en Alais, qui, le 23 juin 1578, traitait avec deux marchands, l'un de Nismes, l'autre de Beaucaire, lesquels lui mandaient du sel contre un charbon « de toutes qualités ».

En 1693, à la mort de Marie-Félice de Budos, fameuse marquise de Portes, son légataire universel était son neveu, François-Louis de Bourbon, prince de Conti. Le même reçut un nouvel héritage, trois ans après : le comté d'Alais. M. de Conti devenait ainsi propriétaire de toutes les mines du pays. Il était, si l'on en croit Saint-Simon, beaucoup plus préoccupé de ses plaisirs que de ses avoirs, aussi loua-t-il en bloc, par baux renouvelables tous les neuf ans, tout ce qu'il possédait comme mines et dont il ignorait jusqu'à la nature. Finalement, le prince fit carrément de l'argent avec l'héritage de ses tantes. Il bazarda le comté d'Alais à Charles Eugène Gabriel de La Croix de Castries, marquis de Castries, lieutenant général des armées du roi, pour la somme de six cent mille livres (que M. de Castries dut emprunter pour réaliser le marché) ; le même prince bazarda la Seigneurie de Portes à des acheteurs de qualité : le roi Louis XVI et Monsieur, son frère, comte d'Artois, le futur Charles X, ce qui fut une belle occasion de rappeler l'article 17 de l'édit du roi Henri IV, daté de 1601, qui relevait en quelque sorte l'état de « carbonnier », puisqu'il précisait en propres termes qu' « il est permis à toutes personnes, de quelque état et condition qu'elles soient, de rechercher et travailler aux mines, de prendre associés pour ce faire, sans déroger à la noblesse »...

Tout fut bon désormais pour faire du charbon. On vit même, à Cendras, le sieur Tubeuf employer pour le transport des chiens attelés à de petites voitures contenant chacune quatre quintaux. « Un chien fait trente-six voyages par jour, écrit-il ; il parcourt, à chaque voyage, cent toises... »

L'extraction demeura primitive pendant une grande partie du siècle dernier. On s'attaquait encore au plus facile, au plus superficiel, on n'avait pas les moyens techniques, ni pour creuser très bas, ni pour aérer des galeries trop longues. On se contentait de saper, en suivant la pente de la couche, on descendait à une trentaine de mètres parce qu'on ne pouvait pas aller plus bas faute d'air, et on sortait le charbon à dos de mulet, avec des sacs.

C'est seulement avec la modernisation du matériel des mines que l'important gisement de La Vernasse put enfin être exploité. Alors ce trou des montagnes en forme d'entonnoir se mit à vivre. C'était à la fin du XIXe siècle.

On venait de fermer les mines de baryte. Les mineurs de la montagne vinrent s'installer avec leurs familles dans l'entonnoir tout neuf assoiffé de main-d'œuvre. Ils connaissaient déjà le métier. Ils formèrent la première population de La Vernasse.

On y parle encore de ce premier noyau, de ces protestants montagnards qui avaient apporté avec eux les premières « idées avancées », des Républicains du temps de l'Empire, des enfants de Camisards...

La Vernasse grandissait terriblement vite, son entonnoir engloutissait les hommes, ce trou ne se bouchait jamais.

Les mineurs de baryte appelèrent leurs cousins, leurs voisins, leurs amis, leurs connaissances, tous ceux qui n'en pouvaient plus des hivers terribles sur la caillasse du Lozère. L'entonnoir de la nouvelle mine attirait, comme le tourbillon d'un gouffre, les meilleurs garçons des villages où la chèvre et le ver à soie ne parvenaient plus à nourrir les familles. Il fallait toujours des mineurs à La Vernasse, il en manqua surtout après la saignée de 14-18.

Alors vinrent les Polonais.

Ils arrivaient hagards. Dans leur pays, à ce qu'on dit par la suite, on les rassemblait dans des foirails, et là, on les tâtait, on regardait leurs dents, leurs muscles, comme on fait, dans ces parcs, pour le bétail, les jours de foire.

Dès leur arrivée, on les collait aux travaux les plus durs, aux travers-bancs. Et pourtant, dès qu'ils en avaient la possibilité, ils faisaient venir leurs familles de Pologne.

Les mineurs de La Vernasse n'étaient pas des tendres, les Polonais les étonnèrent, ils en parlent encore :

— Ah ! les Polonais, quand ils sont venus, oh !... Il y en avait que c'était de véritables chevaux, hé ! Des jeunes de vingt ans, mon ami ! avec toute leur force, tu aurais vu un peu, comme manœuvre, eh bé, on était servi avec ça !

— Et on leur avait appris à boire le pastis, tu te souviens, Pétardur ? Le jour de la paye...

— Il faut comprendre que ces gens étaient misérables comme des chiens chez eux. Quand ils sont arrivés ici, ils avaient l'impression de ne pas pouvoir finir ce qu'ils gagnaient ! Parce qu'ils mangeaient mal — une tartine de graisse, du pain avec de la graisse ou du beurre dessus — ils ne faisaient pas l'ordinaire qu'on faisait, nous. Alors, ils le mangeaient pas, eux, ils le buvaient. Un qui a fait des affaires d'or, c'est Pendoul, le tailleur. Au bout d'un an, ces Polonais, ils avaient cinq, six costumes... La bière et la gnôle, ça valsait... Quand ils arrivaient à la buvette, ils étaient trois ou quatre, une caisse de bière et un litre de raide ! Ils tenaient le coup !

— Mon boiseur me disait : fais-leur comprendre, toi, qu'un litre ça tient plus qu'un demi ! Au début, ils avaient pas encore touché leurs sous, mais le jour qu'ils ont touché leur première paye, ils sont arrivés avec ce qui fallait, y avait des litres de pastis et puis des litres de marc... Nous, on buvait du pastis avant de commencer à manger, mais eux, de suite qu'ils avaient bu leur verre de pastis ils commençaient de manger, et *zou !* en mangeant, ils buvaient quand même, avec nous, et du pastis, du pastis !

— Ça, c'était au fond de la mine, les jours de paye. Ces jours-là, en général, on ne faisait rien : l'après-midi, on ne montait pas aux chantiers. On faisait le total, avec du blanc sur une benne de wagon, et allez ! ça fait tant ! on a gagné tant ! Maintenant, ça va bien... y en a assez...

— Parce qu'à cette époque-là, c'était un peu la vie de famille : on pouvait charger tous les wagons qu'on voulait, jamais le maître-mineur ne se serait risqué à vous demander le soir combien vous en aviez fait, parce qu'on l'aurait mis... v'lan ! dans un wagon, lui ! On faisait marquer ce qu'on voulait, quoi ! pour dire de pas dépasser le prix convenu, parce qu'en principe le maître-mineur vous disait : « On vous fait des prix pour gagner dix-huit francs... » Ça voulait dire : « Quand tu as gagné tes dix-huit francs, couche-toi !... »

Les retraités adoraient ces histoires-là. A les entendre, leur mine, c'était le bon vieux temps. Ils arrangeaient quand même un peu les choses, comme tous les vétérans. Ils se retrouvaient en ligne, le cul sur les talons, en accroupissement élastique, la force de l'habitude ! se chauffant les reins au soleil de la Placette, en attendant la sortie du poste de l'après-midi pour interpeller ces jeunes d'aujourd'hui, qui se débrouillent si mal que la mine est en train de devenir un enfer.

Les plus acharnés, c'étaient les silicosés, les anciens du travers-banc. Pendant des années, ils avaient creusé les galeries à travers le rocher, vers les veines noires, des années à mordre le silex, neuf heures par jour à respirer dans la fine poussière qui pénétrait partout, des années pendant lesquelles progressivement, implacablement, chaque poumon se changeait en rocher. Ils avaient été de ces mineurs qui remontent enfarinés du trou à charbon, billes de clowns parmi les gueules noires.

Après, ils vivaient peu.

Ces retraités ne respiraient plus qu'avec un dernier morceau de poumon, gros comme le poing. On les reconnaissait de loin, tout rabougris, recroquevillés qu'ils étaient, à court de souffle mais pas de méchanceté, l'œil en coin, l'air finaud, toujours contents de ce bon tour qu'ils jouaient à la mort et à la mine d'être toujours en vie malgré leurs poitrines de pierre. Ils jouissaient de l'impunité des vieillards martyrs, avec un seul regret, puisqu'on leur passait tout, celui de ne pouvoir faire pire.

— Il nous arrive un type de Villefort, un type qui avait toujours fait le cultivateur. Le matin, on se réunissait pour déjeuner. Il y avait tout le monde, le père Zolle, le Maréchaux, le Lèbrette, l'Arsenal... Le père Zolle, il regardait dans la marmite du type de Villefort et il disait au Maréchaux — mais que l'autre l'entende aussi ! — il disait : « *Fan dé puto !* ça doit être un rupin parce que je vois qu'il a une bonne pension, qu'il est bien soigné, regarde qu'est-ce qu'il mange ! » (Il lui visitait sa gamelle... On se marrait tout le temps, quoi !) Une chose et puis l'autre, bref, on demande au type : « Et pourquoi tu viens à la mine ? Tu es cultivateur ! Le soleil c'est quand même quelque chose... » Qu'est-ce qu'il répond, le type ? Je vous le donne en mille ! Il répond : « Oui, mais cultivateur, tu comprends, il faut se lever le matin avec le soleil, on travaille énormément pour rien gagner alors que — je l'ai entendu dire — dans la mine, on gagne bien sa vie sans trop travailler... » Bon. Alors, mon chef de chantier me dit : « Tu descendras, toi, avec moi, nous aurons deux paniers, nous allons lui faire voir si dans la mine on gagne son pain sans travailler, hein ! » Et on y va. Ah ! mon ami ! le cultivateur de Villefort ! Il n'avait pas encore commencé de prendre la pelle pour charger le panier qui venait de verser qu'on lui crie : *faï tira !* et comme ça, toute la matinée, *à déret* ! peu-chère ; à midi, il était complètement à plat. « Qu'est-ce que tu dis de la mine, paysan ? » Il répond : « *Nun de dïu ! aï pa agü lu tém de pissa !...* » Ça n'a pas duré, mais enfin... Le premier jour, malheur ! on lui a fait voir... Parce que quand le panier arrivait là, il fallait...

Aussi bien, ils recommençaient tout. Ils ne se lassaient jamais de ces histoires simplettes qui avaient en eux des résonances infinies ; c'étaient leurs chansons de geste, leurs campagnes des Indes et d'Italie ; cela donnait à leurs derniers jours les rayons d'une gloire au gabarit de leur peau de chagrin.

Les Algériens arrivèrent les derniers, par wagons entiers, vers les années 30.

— Ils étaient habillés encore à leur façon, en djellaba, en burnous... Trente étaient embauchés, mais vingt repartaient le lendemain. Un jour suffisait pour en casser deux sur trois : « *Fissa !* tu as fini, toi... » On ne gardait que les meilleurs, les autres retournaient dans le camp, où ils n'étaient même pas couchés, on les voyait en passant devant ces cambuses, ils étaient assis, entortillés dans une couverture, ils semblaient dormir, comme ça, tous ensemble, les uns sur les autres...

Les Arabes qui tinrent le coup étonnèrent même les Polonais.

— Pendant leur carême, il faut les voir, racontait Qu'a-du-Vice, le Polaque (ainsi nommé parce qu'il venait de Katowice), pendant que nous, on mangeait, eux, ils continuaient à travailler, sans boire et sans manger, hein ! Et puis, y a pas de fainéants chez eux...

— Oh ! y en avait qui n'étaient pas forts !

— Ah !... Généralement, ils ne sont pas adroits, mais ils y vont, à la manœuvre, hein !

— Les plus fins mineurs que j'aie jamais vus, de loin ! c'était quand même les Tchèques...

— Ah ! les Tchèques, *pardine*...

Parce qu'il était arrivé des Tchèques aussi.

Puis des Espagnols, pas mal d'Espagnols, et quelques Italiens aussi...

Baraques Adrian, cabanes, caves, soupentes, tout ça trouvait finalement à s'entasser dans le fond de l'entonnoir. Le grand système était de jeter quelques poutres entre deux baraques voisines, quelques pierres plates par-dessus pour faire le toit, deux ou trois planchers dessous, pourvu qu'il reste à la ruelle assez de hauteur pour qu'on puisse passer, même en baissant la tête — les mineurs ont l'habitude. Qu'importe que deux ou trois familles s'entassent au-dessus du passant, au moins il ne se mouille plus... On disait qu'on « se prêtait le mur », c'était de bon voisinage.

Le fond de l'entonnoir tenait de la casbah, du ghetto, du Barrio Chino, de la Cour des Miracles et du Bras mort d'Aberdeen, ça braillait et chantait comme la tour de Babel...

Ça occupait tout le fond de l'entonnoir, ça portait un nom formidable : les Cannibales.

La première chose qui frappait le visiteur du quartier des Cannibales, c'étaient les enfants. Il y en avait partout, de tous âges, de toutes origines, de tous formats, de tous caractères. Ils vous bousculaient, vous poursuivaient, vous précédaient, vous passaient entre les jambes, vous passaient sur la tête, d'une fenêtre à l'autre, on trébuchait, la tête tournait, on marchait sur les enfants.

On pensait aussitôt qu'il valait mieux naître garçon que fille aux Cannibales, la mine n'était pas le pire.

Les femmes n'étaient rien dans ce quartier. Rien, car il arrive qu'on s'interroge sur sa chèvre ou sur sa mule.

Les femmes travaillaient tout le temps, simplement, avec, chacune, six ou sept enfants sur les reins, un dans le ventre, pas assez d'argent pour les nourrir. Elles travaillaient naturellement aussi en dehors de leur maison, ici ou là, au triage surtout, « à la Place », comme on disait.

A treize ans, elles commençaient à tirer le charbon. Il faisait un froid de canard, en plein hiver, sur ces toiles. Le charbon était froid. Elles restaient en plein courant d'air, dans une poussière tenace, incessante. Certaines attrapaient la silicose... Un travail très mal payé, très dur, qui demandait une attention sans relâche (il ne fallait pas laisser passer de pierres). Toujours baissées sur la toile sans fin, certaines mouraient jeunes, surtout l'hiver, à piper leur poussière toute la sainte journée...

A treize ans, les jeunes filles commençaient là, et ce n'était même pas pour acheter leur trousseau, comme les petites fileuses de jadis, le trousseau, on n'y pensait pas. A trente ans, on ne possédait encore rien ; le mobilier n'était pas monté après dix ans de mariage. On se mariait avec une table, un lit, il fallait quand même un fourneau pour faire la cuisine, trois chaises, et puis c'était fini. Il n'y avait pas de dot, les parents n'aidaient en rien, ils n'avaient rien, c'est eux qu'il fallait aider. Les enfants nourrissaient leurs parents.

Les conditions de logement étaient effroyables : huit ou dix personnes dans deux pièces, ce n'était pas si mal. Souvent, c'était une personne par mètre carré. Quatre couchaient dans le même lit, quatre ! deux en haut, deux en bas, à se sucer les pieds les uns les autres. Quatre dans le même lit, et dans la cuisine aussi ! Le père couchait avec les plus petits d'un côté, les plus grands couchaient quatre dans le même lit, filles et garçons mélangés jusqu'à l'âge de dix ou onze ans. Le problème changeait alors parce qu'à dix ans, on commençait à travailler.

On n'allait pas à la mine pour cette unique raison que la Compagnie n'embauchait qu'à l'âge de treize ans. Les enfants allaient se louer dans la montagne. L'hiver, ils rentraient à l'école, l'hiver seulement. Ils devaient apprendre en quatre mois ce que les autres écoliers apprennent en dix.

Le quartier des Cannibales, mais aussi La Vernasse dans sa totalité vivaient à crédit. Sans crédit, personne n'aurait mangé. On vivait plusieurs mois en avance, la plupart des gens étaient enfoncés jusque-là ! Un mineur gagnait vingt-cinq à trente francs par jour, il avait huit ou dix personnes à nourrir, sans compter, vous disait-on, qu'il y avait les dimanches et les jours chômés, parce qu'on ne travaille pas tous les jours mais on mange les trente jours du mois. Il ne pouvait jamais se rattraper de son crédit. Le dimanche, pour aider à payer le pain, il partait avec toute sa famille faire des fagots pour le boulanger, avec les tout-petits auxquels on apprenait à ramasser les pignes dès qu'ils étaient capables de se tenir debout. C'était le dimanche de la famille. La mère lavait, reprisait, cuisinait pour tout le monde, puis elle allait grappiller du charbon sur les crassiers pour le vendre aux charretiers qui passaient sur le chemin du haut. Et les enfants se suivaient à douze ou quinze mois de différence.

Le lit du torrent, derrière la rangée des maisons, en contrebas, était devenu un chemin. Il était pourtant fort incommode, et il puait car, de toutes les fenêtres, on y balançait les pots de chambre et les eaux de vaisselle. Il était très fréquenté, parce qu'il permettait de traverser La Vernasse sans passer devant les commerçants, on le nommait : « Le chemin des Endettés. »

Tous les commerçants faisaient crédit, sinon ils fermaient boutique. Le crédit se payait à quinzaine, ils entendaient alors toujours la même phrase : *podé pa vus tu baïla*, je ne peux pas vous payer le tout... Les jours de paye, des épiciers, des bistrots, le boulanger et le boucher, l'air faussement distraits, rôdaient, allaient et venaient, avec de brutaux demi-tours, dans les parages de la caisse, jamais très loin.

Il y avait au cagnard, sous le parapet de la Placette, quelques vieilles traverses, des bidons rouillés, des carcasses de berline, de quoi s'installer assez confortablement pour la belote ou la conversation. On s'y trouvait toujours dans la meilleure compagnie. Cet endroit se nommait « le Café des Fauchés ». On disait aussi « La Maison de Repos », parce que s'y retrouvaient les convalescents, les chômeurs et les « mis à pied ». Le troisième surnom de cet étrange rendez-vous lui venait des propos qu'on y entendait : « Le Sang-coulera. »

— ... Hier, il me demande : combien avez-vous chargé de wagons ? Cinq ! Il en voulait sept ou huit, lui ! Alors il me dit : eh bien ! vous resterez chez vous demain...

— Moi, c'est pas pire peut-être ? Je lui dis que si j'ai pas fait plus, c'est que je pouvais pas plus, que j'étais complètement crevé : c'est ça, qu'il me fait ! Eh bien ! restez quelques jours chez vous, ça vous reposera ! D'accord ! je réponds, mais je mangerai comment ? et mes gosses, hein ?

— *Té !* tu sais le *sarradou* de ma couche, où je travaille, hein ? Tu peux pas seulement mettre la pelle sur la toile ! il faut faire glisser un peu plus bas pour pouvoir charger, en dessous... Voilà le Schmilh qui nous fait distribuer des pelles comme des tables de cuisine. Nous, on était fous ! comment tu veux que je charge avec ça ? On l'a tous coupée, notre pelle... Le Schmilh, il gueulait qu'avec nos pelles ordinaires on mettait rien sur la toile, il n'a qu'à essayer, lui, avec son monument, il verra comme c'est commode...

— Mais d'où il vient, ce salop de Schmilh ?

— D'où il vient ?

« Le Sang-coulera » répondait par son fameux ricanement.

Les derniers arrivés à La Vernasse avaient été les pires des « étrangers », c'étaient pourtant les moins nombreux et ils étaient Français. Ils arrivaient du Nord, ils venaient, selon leurs propres expressions : « opérer une refonte de la maîtrise » pour que la mine entre dans « la période de la rationalisation ».

C'est vers ce moment que La Vernasse se mit à apprécier ses vieux chefs de chantier et maîtres-mineurs. Les meilleurs ouvriers allaient à la mine la tête basse, ils se demandaient s'ils arriveraient à faire le rendement demandé, ils avaient le trac en arrivant à la lampisterie.

— Tu as un papier à ta lampe !

— Ah ! oui ? qu'est-ce que c'est ?

C'était parfois un vieux mineur qui arrivait à pied de Concoules ou de Saint-Maurice, vingt kilomètres ou presque, et le billet disait qu'il devait se présenter à M. l'ingénieur Schmilh, au lieu d'entrer dans la mine.

— Ah ! c'est vous, marmonnait Schmilh, toujours sa pipe entre les dents, dites donc, hier vous aviez promis dix wagons et vous n'en avez fait que huit, reposez-vous une journée, ça vous fera du bien !

Il fallait que le vieux aille se changer, parce qu'on l'avait laissé se déshabiller, mettre ses bleus de travail, puis il remontait à pied vers Saint-Maurice ou Concoules. Trente ou quarante kilomètres pour rien.

Cela devenait quotidien : on appelait au bureau des hommes qui avaient donné tout ce qu'ils pouvaient, d'excellents mineurs, pour leur reprocher un rendement insuffisant.

— Comment expliquez-vous que vous n'ayez pas fait plus que ça, hein ?

— Nous donnons tout ce que nous pouvons, monsieur Schmilh, mais vous voyez, je commence à me faire vieux, je suis malade...

— Vous savez, la mine de La Vernasse n'est pas un hôpital !

A d'autres, les ingénieurs allaient jusqu'à dire :

— Si vous ne pouvez pas tenir, vous pouvez choisir un autre métier, vous pourriez peut-être faire un excellent cordonnier, ou un horloger...

Cela se répétait partout, et les maîtres-mineurs de la génération d'Arsène Mourrail avaient honte. Ils avaient peur aussi. Alors ils s'y collaient, poussaient les wagons, mettaient la main à la pâte, pour que ça marche, pour que les normes soient atteintes, c'était ce qu'on nommait, au « Sang-coulera », « la chasse à l'homme », qu'on définissait ainsi : « Le manœuvre a peur de l'ouvrier, l'ouvrier a peur du maître-mineur, le maître-mineur a peur de l'ingénieur, l'ingénieur a peur du directeur. »

Les maîtres-mineurs avaient peur d'aller au bureau, le soir. Ils y montaient comme des condamnés, pour se faire passer un savon. Certains se « levaient la peau » toute la journée, travaillaient autant qu'un ouvrier, les mineurs le leur disaient :

— C'est bien la peine d' « avoir la canne » pour être aussi malheureux que nous !

— Maintenant, c'est rien, mon petit, c'est ce soir, le plus mauvais, au bureau...

— ' de Dieu, c'est quand même terrible, vous travaillez autant que nous, et encore vous allez être tancés ! Mais je leur foutrais ma canne par la figure, moi, à votre place...

Toutes ces petites histoires, ces mots aigres, ces pelles monumentales, l'humiliation des meilleurs mineurs, la vergogne des vieux chefs de chantier, ces berlines supplémentaires, un degré de plus ou de moins au fond de la plus profonde des galeries, du plus étroit des *sarradous*, rien ne s'en perdait, au contraire, cela influait mystérieusement, brutalement sur la vie sur terre, sur le train-train de La Vernasse.

Comme si les braillements de la marmaille des Cannibales s'élevaient dans l'aigu...

Les appétits insatisfaits se détournaient avec violence sur les nourritures gratuites, les fruits offerts, les seuls plaisirs du pauvre. Dans ce climat chargé de foudres, l'image la plus banale pouvait allumer tout un chapelet d'explosions charnelles : simple ballant de beaux seins sous le tricot d'une luronne pressée, courant d'air plaquant une jupe élimée entre ventre et cuisses, le corsage de la mère passé sur la fille ou la Suzanne au bain pouvaient lancer le loup solitaire sur la piste ou sonner la chasse à courre, cela pouvait aussi bien se terminer par une sarabande bon enfant de faunes rigolards que par le forcement sauvage dans une encoignure. Faute de pouvoir se contenter le ventre, les mâles comblaient d'autres faims, ne pouvant changer de chemise, les maris changeaient de femmes le temps d'une lessive...

La Vernasse vivait beaucoup dans la rue, c'était rarement monotone.

L'épicier avait ramené une jambe de bois de Verdun et une épouse plantureuse, son infirmière à l'hôpital. Trois fois par semaine, il partait faire sa tournée dans les mas du canton. Dès que la camionnette avait gravi le raidillon, le mitron traversait la rue pour rejoindre l'épicière qui retirait le bec-de-cane pour un temps variable. Tout le monde était au courant, sauf le mutilé naturellement.

Un jour qu'il avait oublié son caisson de café, il fit demi-tour sur la route d'Alès et redescendit en roue libre pour économiser l'essence. Trouvant porte close, il pensa que son épouse était sortie pour quelques courses, ouvrit avec son tournevis et se rendit dans la cuisine pour boire un verre de rouge. C'est alors qu'il entendit des bruits curieux dans la chambre conjugale, au-dessus de sa tête. Il monta doucement, tomba sur le beau mitron fort occupé à besogner l'opulente épicière. Le malheureux mutilé se mit à jouer furieusement de la canne en hurlant. Le jeune homme s'esquiva sans demander son reste, en caleçon, mais l'épicière résistait tant qu'elle pouvait pour cette seule raison qu'elle se trouvait complètement nue. C'est à grands coups de canne sur le râble, à grands coups de pilon dans les fesses que le cornard la poussa dans l'escalier sans lui laisser même prendre un torchon au passage pour se couvrir un peu. L'ardente créature se retrouva sur le pavé, en tenue d'Ève, entre le tabac-buvette et la Maison de Repos, en face de l'école libre, et juste pour la sortie du catéchisme. Au premier étage, les volets venaient de s'ouvrir comme une paire de gifles et, de là-haut, sans cesser de l'injurier à plein gosier, l'épicier lui balançait une à une les pièces de son habillement qu'elle triait à même le trottoir pour les enfiler au fur et à mesure. De son côté, le curé s'époumonait en vain, pas un catéchumène qui eût perdu une miette du spectacle même au prix d'une fessée à dormir un mois sur le ventre. Quant aux retraités, ils chaussaient leurs lunettes, avec des perles à la moustache.

Cela se termina, ma foi, le mieux du monde : une heure plus tard, c'est la belle épicière rajustée, repeignée, qui s'était barricadée chez elle et repoussait à grands coups de balai « O'cédar » les tentatives que faisait son cornard pour réintégrer le domicile conjugal. Cependant toutes les vieilles de La Vernasse étaient venues récupérer leurs retraités. Elles s'employaient à les ramener à la maison par le pan de la veste avec le secours des bourrades sans aménité et des mots malsonnants.

Quelques semaines après, tout était rentré dans l'ordre, l'épicerie avait repris son train-train, le mutilé ses tournées, et le jeune mitron, après un temps de grande discrétion, pouvait retraverser la rue dès que la camionnette parvenait en haut du raidillon.

D'autres aventures se terminaient fâcheusement. Une Polonaise de quinze ans enleva un gendarme. La receveuse des Postes partit avec le rémouleur. Le gendarme se pendit quand sa trieuse le lâcha pour un Arabe et la postière échoua dans un bordel de Marseille.

Cependant, les femmes des Cannibales continuaient leurs exploits d'un genre plus commun, par exemple : laver, sécher et repriser l'unique paire de culottes de leurs écoliers pendant leur sommeil. La Bougnette devenait légendaire dans le bas-quartier maudit, pour ce prodige : avoir attrapé son unique matelas dès que son Bougnard en avait levé le cul pour aller à la mine, l'avoir décousu, en avoir lessivé la toile, l'avoir mise à sécher devant un feu d'enfer, en avoir cardé la laine, l'avoir rebourré, recousu, avoir refait le lit au net juste pour le coucher de son mari de retour de la mine, le tout sans aucun retard pour servir la soupe à sa nichée.

Il faut avoir surpris l'une de ces femmes, dans l'instant qui suit la dernière bouchée du repas de midi : les enfants sont repartis, les petits pour l'école, les grands pour « la place », l'homme pour le fond. Elle est seule soudain, devant la table chargée de vaisselle sale et de maigres reliefs, elle est sans courage pour desservir, ne serait-ce que pour se soulever de sa chaise. Alors elle cède à un instinct animal, personne ne peut la voir. Elle croise les bras, les pose sur la table, laisse tomber son front sur le poignet et ainsi, lentement, elle repousse assiette, couvert, verre, serviette, couteau, miettes, elle s'abandonne, pour dix ou vingt minutes ; jamais plus longtemps. Son seul vrai repos. Ses nuits ne la peuvent délasser autant : l'homme à satisfaire, le sommeil tendu vers les respirations toujours menacées de son équipe abrutie de fatigue.

Les dix à vingt minutes passées, la femme se redressait magnifiquement, tirait deux seaux du puits, ramassait au passage les balais qui encadraient le seuil, et se lançait dans l'allégresse renouvelée du grand nettoyage quotidien. Quand les siens rentreraient, la vaisselle étincellerait, quelques détails se seraient effacés dans le dessin de la toile cirée, le parquet serait récuré jusque dans les rainures entre les tomettes. Pour une ombre ou un pli, les rideaux ou le dessus d'étagère à festons découpés dans du papier blanc seraient changés. La gueule noire trouverait, à son retour, la lessiveuse d'eau chaude à point et la cafetière de café frais, et fort.

Il n'y avait pas seulement l'amour, l'air se montrait pareillement saturé de foudres en toutes choses. L'émoi tournait à la passion, une contrariété se changeait en haine, le regret en révolte, une rixe en bataille rangée, la blague anodine enrageait subitement le vieux copain.

Deux inséparables éprouvaient soudain un irrépressible besoin de querelle, de coups, ils tombaient la veste, se jetaient l'un sur l'autre, s'administraient une mémorable ratatouille. On les ramassait, les ranimait, les rapetassait du mieux qu'on pouvait. Ils coulaient alors quelques jours paisibles à soigner leurs plaies et bosses, en formulant de flatteuses appréciations, aux petits soins l'un pour l'autre, touchants, bref, comme cul et chemise, et pour un bail.

Au cœur noir de la montagne, tous les échos de la fourmilière répétaient l'antienne : « Du charbon ! du charbon ! Triez les pierres ! Du charbon ! Triez les cailloux !... » Rien ne semblait en percer à la surface et pourtant il en jaillissait quelque chose d'immense, qui fleurissait, invisible et palpable pourtant.

Le sang n'imposait plus le même respect, la même retenue, le sang n'était plus tout à fait du même rouge, plus tout à fait de la même épaisseur, il n'était même plus âcre au goût.

La Vernasse en était là lorsque M. Doiren y tomba, des nues, ou tout comme. Pour sa deuxième année de pratique dans l'enseignement primaire, cet instituteur d'à peine plus de vingt ans se voyait bombardé directeur du cours complémentaire simplement parce que tous ses collègues plus anciens avaient obstinément refusé le poste, et du jour au lendemain pour cette raison que ses futurs élèves venaient d'envoyer son prédécesseur à l'hôpital.

5

L'inspecteur

En 1931, à sa sortie de l'École normale d'instituteurs de Nîmes, Alain Doiren avait été nommé à Clerguemort. Fils de viticulteurs aisés de la plaine, il avait découvert le Lozère et son étrange petit peuple. D'abord rebuté, bien résolu à ne pas faire de vieux os dans ce trou, il s'était trouvé, incidemment, mêlé à la vie commune du vieux village dans ce qu'elle avait de plus profond, à des moments singuliers. L'aventure l'avait attaché non seulement à Clerguemort et à ses gens, mais encore à un métier qu'il n'avait accepté qu'en attendant, en attendant quoi ? il ne savait toujours pas, en attendant de « sortir » de créer, de bâtir l'œuvre pour laquelle il se croyait venu au monde. Il s'était pris à ces tâches pédagogiques, dont le principal avantage lui était d'abord apparu sous la forme des loisirs suffisants qu'elles laissaient pour écrire, car il comptait bien devenir écrivain plus tard.

Les premiers à conquérir l'instituteur débutant avaient été ses élèves. Des garçons comme Luc Roux, Gino Passola, Raoul Ardailhan, Rafaël Roméro (le fils aîné de ce terrible mineur espagnol que Clerguemort surnommait « Libertade » et qui avait exigé que son fils quitte l'école pour la mine dès qu'il avait eu l'âge, en pleine année scolaire), comme le Riquet Chapon, fils du Jaurès ; jusque dans la petite division, des éléments comme le Cagnardou, l'Augusta, la plupart de ces enfants importèrent bientôt beaucoup plus à ses yeux que ceux qu'on appelle ordinairement « écoliers ».

Alain ne pouvait se défendre d'une admiration non dépourvue de crainte à l'égard d'enfants aussi exceptionnels que Luc Roux, qui, à onze ans, avait réussi à se montrer plus fort que les forces de l'ordre et les intérêts de la puissante compagnie des houillères, de celle du chemin de fer, en se crevant un œil, en pleine conscience de son acte, et de ses conséquences.

C'est un peu grâce à cette mutilation que le jeune instituteur avait pu obtenir des parents que Luc Roux puisse continuer ses études, qu'il entre au cours complémentaire de La Vernasse au lieu de descendre dans la mine, au même endroit que son grand-père et que son père, comme il aurait dû le faire normalement. Dans une telle famille, allez donc expliquer que l'enfant vaut tellement mieux que le charbon à vie ! Le décor qui vous entoure, dans le foyer des Roux, est, déjà, un argument irréfutable... Évidemment, le petit était borgne...

L'œil mort, on ne l'avait pas mentionné dans les conversations (il en avait fallu plusieurs), les parents n'en parlaient jamais, l'instituteur non plus (et pour cause !), mais ni les uns ni l'autre ne l'oubliaient une seconde. Il valait peut-être quand même mieux que Luc fasse des études, enfin, tant qu'on pourrait tenir...

Le cas de Gino Passola l'avait étonné davantage.

Quand le père de cette famille italienne, qu'on avait une fois pour toutes surnommée « les Sarrasins », avait sollicité une entrevue, le jeune instituteur s'était bien demandé pourquoi. Il avait vu arriver le maçon récuré, rasé de frais, nippé, sur son trente et un, comme Clerguemort ne le voyait jamais. Dès les premiers mots, Alain avait compris pourquoi le village appelait ce réfugié italien : « Le Maqué ».

— Ma... Qué cé sérait per oun conseil, moussu l'institouteur, ma...

Les Sarrasins voulaient envoyer leur fils au lycée, rien que ça ! Ce n'était même pas une question de bourse, si l'on pouvait décrocher quelque chose, bien sûr, on ne cracherait pas dessus ! mais, même sans cela, on se débrouillerait toujours.

Le père de Gino Passola était un colosse prématurément voûté dont « le courage au travail » était connu du Lozère à l'Aigoual. Sa chevelure bouclée, très blanche, le tissage serré de rides très fines qui n'étaient pas de vieillesse, ses membres épais, ses gestes retenus, sa lourdeur naïvement obséquieuse composaient l'image intemporelle de quelque laboureur du Latium ou de quelque pâtre des Abruzzes.

En un mot comme en cent, les Sarrasins n'avaient pas à se plaindre, ils avaient maintenant un toit pour s'abriter et toujours quelque chose à mettre dans l'assiette, que pouvaient-ils souhaiter de plus ? Une seule chose, mais la plus importante de toutes : la culture.

Le maçon italien dit bien « la culture ». La seule question était donc : Gino avait-il les capacités ? Le petit Italien était travailleur et remarquablement intelligent : il fut reçu troisième au concours de bourse et inscrit comme pensionnaire au lycée Jean-Baptiste-Dumas, en Alès, où il retrouva Franck Josza, le petit des Larguier du Casquillé.

Une surprenante nostalgie envahissait l'instituteur débutant : les meilleurs, les plus attachants des écoliers de Clerguemort se dispersaient ainsi, au loin, déjà coupés de lui, et il ressentait un peu de fierté, un peu de mal aussi à chacune de ces coupures.

> Comme un vol de gerfauts, hors du charnier natal
> Fatigués de porter leurs misères hautaines...

Palos-de-Moguer, c'était sans doute aussi un trou sec, dans la misère du sud, comme la Corse, comme la Sicile ; le rêve héroïque et brutal qui rend ivre est l'apanage des ventres creux, les conquistado res sont, d'abord, les desperados. Quelles seraient les conquêtes des anciens élèves d'Alain Doiren ? Différentes, c'était à prévoir.

Raoul, par exemple, suivrait d'autres voies. Jamais il ne rencontrerait Luc ou Gino, ses condisciples de la communale de Clerguemort. Le petit-fils du chevrier biblique appartenait déjà à un autre monde, pensionnaire du Prytanée militaire de La Flèche, et c'était logique, rien de plus normal quand on connaissait son père.

Paysan et fils de chevrier, Matthieu Ardailhan avait gravi les échelons de la hiérarchie militaire dans les tranchées de la Grande Guerre. Il avait quitté l'armée sur son galon de capitaine, avec la retraite proportionnelle. Cependant, plus il vieillissait, plus il méritait le surnom que lui avait donné le village : « Le Laguerre » ne vivait que sur sa guerre, et pas seulement à cause des mensualités de sa pension. Il s'était dépassé lui-même pendant ces quatre ans héroïques, il ne finissait plus de se le rappeler, il ne se dévouait que dans les associations d'anciens combattants dont il était devenu l'un des responsables régionaux. Ces titres ouvraient à Raoul les portes de l'école secondaire sise dans les bâtiments d'un collège de jésuites fondé en 1604. Cette solution satisfaisait le Laguerre par le moindre de ses détails, mais surtout parce qu'elle orientait son fils vers la carrière des armes, l'enseignement qu'il recevrait là ne pourrait que lui donner plus d'estime pour son père, et puis, enfin, c'était à la fois pratique et économique.

Évidemment, le papé Ardailhan ne se réjouissait guère de voir son petit-fils consacrer sa vie à la chose militaire. Il fallait s'y attendre, « Tu ne tueras point » occupait un premier plan dans les évangiles du chevrier biblique. Le vieillard s'était tu, partagé entre le désaveu public de son fils et la complicité dans ce qu'il considérait comme un forfait commis contre son petit-fils, mais il ne cessait d'y penser, cela se voyait, et d'en souffrir en silence.

Là ou ailleurs... Aucune vocation, aucun don particuliers ne s'étaient encore révélés chez Raoul Ardailhan. Le trait le plus personnel de son caractère en formation était encore cet antimilitarisme qui n'avait d'autre fondement qu'une rébellion puérile contre l'autorité paternelle. État d'esprit paradoxal quand même pour entrer, surtout par la grande porte, dans « la glorieuse famille des soldats de métier », comme disait papa.

Rafaël à la mine, Luc au cours complémentaire, Gino au lycée d'Alès, avec Franck, Raoul à La Flèche, la première classe du jeune instituteur s'était dispersée. Alain voyait ces garçons comme des rayons partis de Clerguemort pour briller dans le vaste monde, pour brûler, s'y casser, s'y noyer, s'y réfléchir et renvoyer de lointaines étrangetés sur le petit village montagnard... mais Alain s'arrêtait là, moquant lui-même les enfantillages de son imagination.

Et pourtant c'est bien par Clerguemort qu'il était entré dans la vie, Clerguemort qui lui avait donné à voir et à pénétrer des choses dont il ne soupçonnait même pas l'existence. Il aimait ce village, ces villageois, ces protestants plus ou moins « rouges », ces paysans devenus mineurs, ces mineurs demeurés profondément paysans. De leur maire, le Jaurès, jusqu'aux Tarrigues mystérieusement renfermés, jusqu'aux trois familles catholiques — culs-blancs —, celles du facteur manchot, de l'employé du P. L. M. et du Cagnar, le colosse sarcastique. Le jeune instituteur croyait bien les connaître non seulement par leurs enfants et par les longues conversations familières, mais encore par leurs économies et leurs démarches administratives, puisqu'il avait été aussi, à Clerguemort, leur secrétaire de mairie et, une fois par semaine, le préposé de la Caisse d'Épargne. Il s'aperçut qu'il les connaissait mal encore. A Clerguemort il avait connu le Pétardur, le Sercomalur, le Dévarié, le père Roux, le Sang-Caillé, le Sec-Sec, le Chicane, le Félobre, les frères Ribeyrolles et le Jaurès, au repos, chez eux, entre eux. C'est sur le lieu de leur travail, et en mineurs, qu'il les retrouva à La Vernasse. Il fallait tout reprendre à zéro, et puis c'était un autre temps.

Un jour, un cycliste était arrivé en trombe dans la cour de récréation de la communale de Clerguemort. On n'avait jamais vu ça !

C'était un homme encore jeune, athlétique, en culottes de golf et tricot sport, il sauta de vélo sous la fenêtre de la classe. Alain Doiren se préparait à faire un accueil plutôt raide au malotru, quand le cycliste se présenta : c'était l'inspecteur primaire.

Il venait d'être nommé dans la région, mais tout le monde parlait déjà de lui dans le corps pédagogique alésien. Un original ! Les uns suggéraient qu'il était tout bonnement timbré, surtout parmi les instituteurs chevronnés. D'autres disaient que c'était un type épatant, et M. Pailheyre était devenu le champion des jeunes de l'enseignement primaire, des syndicalistes particulièrement. Alain Doiren avait entendu parler de lui avec flamme par des collègues de sa génération.

Bien sûr, disaient-ils, il n'a pas les belles formules et les manières conventionnelles, s'il estime que tu fais mal ta classe, tu le sauras tout de suite, tu n'auras pas besoin d'attendre communication de tes notes. Il y va franco. Et, attention ! Il a l'œil ! Il met le doigt sur le cahier du cancre, bourré de fautes que tu n'as pas toutes corrigées. Il ne te fera pas d'affront, il te prendra à part pour t'expliquer ce que tu dois faire. Il est originaire des Pyrénées, son père était berger, paraît-il, aussi n'est-il pas fier... Pour tout dire, c'est un admirateur de Giono. Tu as lu Giono ?

Ce jour-là, le jeune instituteur rappela à son secours tout ce qu'il avait entendu dire à l'avantage du nouvel inspecteur. C'était sa première inspection depuis la pénible affaire de la mutilation volontaire du petit Roux. Il avait même été surpris de n'être pas inspecté aussitôt, puis il y avait eu les grandes vacances, puis il s'était dit qu'on l'oubliait volontairement (d'autant plus qu'il n'avait pas sollicité son changement, qu'il n'avait rien demandé). On l'abandonnait en quarantaine, croyait-il, on liait son sort à celui du village farouche auquel Luc avait donné, en se crevant l'œil, une effarante réputation dans tout le département et plus précisément dans les milieux enseignants. Il avait pris son parti de finir sa carrière où elle avait commencé sans en être chagriné pour autant, au contraire, et la raison unique n'était pas la tendre Milca, la fille du maire de Clerguemort.

M. Pailheyre tombait bien : le cours d'histoire portait sur la Convention, sujet qui soulevait Alain d'enthousiasme. Déjà la veille, en préparant la leçon, il n'avait pu garder le derrière sur sa chaise, c'était physique. Il trouvait toujours les manuels trop objectifs sur ce chapitre, fades, il avait puisé dans *Quatre-vingt-treize*. Il eut beau se dire que l'inspecteur était là, dans le fond de la classe, qu'il eût été fâcheux de passer pour un exalté, ou de sembler jouer le morceau de bravoure dans le but de se faire mousser. Il ne put tenir longtemps, il sentait passer à travers l'humble communale cet énorme frémissement de l'Histoire. Bientôt, il oublia l'inspecteur, il s'oublia lui-même, il fut magnifique.

— ... En regard des esprits qui combattaient, il y avait les esprits qui couvaient. Les uns avaient dans la tête la guerre, les autres la paix ; un cerveau, Carnot, enfantait quatorze armées ; un cerveau, Jean Debry, méditait une fédération démocratique universelle. Parmi ces éloquences furieuses, parmi ces voix hurlantes, et grondantes, il y avait des silences féconds... Lakanal combinait dans sa pensée l'éducation publique nationale ; Lanthenas créait les écoles primaires ; Revellière-Lepaux rêvait d'élever la philosophie à la dignité de religion, Guyton de Morveux étudiait l'assainissement des hôpitaux, Maire, l'abolition des servitudes réelles, Jean Bon Saint-André la suppression de la prison pour dettes et de la contrainte par corps, Romme la proposition de Chappe, Duboë la mise en ordre des archives, Coren-Fustier la création du cabinet d'anatomie et du muséum d'histoire naturelle, Guyomard la navigation fluviale et le barrage de l'Escaut...

Le jeune instituteur prenait grand soin d'expliquer chacun des points pour que tous ses élèves, y compris les plus petits qui n'étaient pas les moins passionnés, se pénètrent de ce bouillonnement fertile. Il raconta le 21 janvier comme s'il l'avait vécu dans ses deux aspects : d'une part, sur la place de la Révolution, tombait la tête de Louis XVI, d'autre part, à deux pas de là, dans un galetas de la rue Saint-Lazare, Bézard, représentant de l'Oise, venait reconnaître un Rubens qu'on avait signalé à la Convention. Il dit en passant ce que représentait la tête couronnée, qui était l'illustre peintre hollandais, et les enfants comprenaient mieux l'œuvre de l'assemblée révolutionnaire.

Dans le fond de la classe, M. Pailheyre regardait le jeune homme avec tendresse. Quand les enfants furent sortis, l'inspecteur déclara :

— Voilà qui me donne une furieuse envie de revenir pour la leçon sur l'Empire.

Mais sans aucune méchanceté.

Il apporta quelques critiques bienveillantes, sur des points de détail, puis, tout à trac :

— Où mangez-vous, à midi ?

— J'ai pris pension dans le village.

— Croyez-vous que l'on ajouterait une assiette pour moi ? Le vélo, ça creuse.

— Sans doute, mais... ce sera... à la fortune du pot, comme on dit, monsieur l'Inspecteur.

Ils partirent en riant.

Le Jaurès était à la mine, mais sa femme et sa fille s'empressèrent. Pendant que Milca leur servait l'apéritif sous la treille de clinton de la terrasse, Mme Chapon préparait une odorante omelette aux cèpes.

Par une discrétion qui leur était naturelle, la mère et la fille laissèrent les deux hommes en tête à tête, alors qu'habituellement le pensionnaire prenait ses repas avec la famille du maire.

C'était si bon que la vraie conversation ne commença qu'avec le fromage de chèvre, le pélardon qui formait avec le vin de l'Arboussas un alliage rustique d'une profonde saveur.

— Vous m'avez l'air robuste, vous êtes sportif ?

— Ma foi, monsieur l'Inspecteur, fit Alain interloqué, je fais du vélo, de la natation, comme tout le monde, j'ai de l'endurance. J'ai fait du football, j'étais même champion de lutte gréco-romaine à l'École normale. J'en ai conservé une certaine endurance.

M. Pailheyre reprit du fromage et du vin :

— Et... vous n'avez pas quelque chose à demander ?

— Ben... Je ne vois pas très bien, monsieur l'Inspecteur ?

— Je veux dire... votre changement ? ou autre chose ? (Il termina lentement son verre de vin avec un grognement de plaisir) : il est rare, quand on a votre âge, qu'on se fasse à cette idée : rester instituteur toute sa vie... et dans le même village.

Alain ne put retenir son regard, que la question de l'inspecteur dirigeait invinciblement sur la tendre Milca : la fille du Jaurès regagnait la cuisine après avoir apporté des assiettes à dessert, dont les motifs d'un bleu passé illustraient des proverbes.

— Les jeunes filles de la montagne cévenole ont je ne sais quelle grandeur, d'une rare distinction, fit M. Pailheyre tout bas, sur un ton qui ne pouvait en rien gêner le jeune homme.

Il se sourit à lui-même en goûtant la confiture de prunes d'une couleur lumineuse : la cuillère venait de dégager sur l'assiette à dessert l'illustration, en style d'Épinal, de la maxime : « A bon vin point d'enseigne. »

— ... Et votre devise ?

— L'eau gâte le vin, la charrette le chemin, et la femme l'homme, répondit Alain en souriant.

C'est au café que l'inspecteur posa la question :

— Est-ce que la classe du cours complémentaire de La Vernasse vous intéresserait ?

Le jeune instituteur fut éberlué :

— Mais... monsieur l'Inspecteur... je débute à peine...

— La valeur n'attend pas... fit M. Pailheyre en levant la main dans un geste d'insouciance.

Milca posait sur la table une bouteille opaque. Une étiquette ordinaire portait ces mots à l'encre violette, d'une grosse écriture d'écolier : « Mars 1919. »

— Vous n'êtes peut-être pas au courant, reprit l'inspecteur, mais ce n'est pas une bonne affaire : trente heures par semaine, pas un sou de plus, et un boulot du diable ! D'ailleurs, je n'irai pas par quatre chemins : si je vous propose le C.C. de La Vernasse, c'est que personne n'en veut.

— Tiens... Et pourquoi, monsieur l'Inspecteur ?

— Pardi ! à La Vernasse, il y a du charbon.

M. Pailheyre précisa que l'ancienneté n'avait rien à voir dans cette affaire. Les nominations dans les cours complémentaires se faisaient sur proposition de l'inspecteur. Pour la bonne règle, l'instituteur choisi était inspecté par une commission spéciale composée des inspecteurs primaires et d'académie, du directeur et de la directrice des écoles normales...

— La fameuse « caravane »... lâcha Alain.

— Oui, reprit l'inspecteur en souriant, il paraît même que certains de vos collègues disent : « La caravane avec chameaux. » Mais, dans ce cas, vous ne seriez... « caravané » que plus tard, au C.C. — si vous acceptez ma proposition, naturellement — car il y a urgence. Le poste est vacant. Ce n'est pas une sinécure que je vous offre.

L'exposé de M. Pailheyre n'était pas apprêté, il disait les choses comme elles lui venaient, sans rien dissimuler. Le dernier titulaire du poste était un brave homme, plein de bonne volonté, mais dépourvu de toute autorité, totalement désarmé en face d'une trentaine de galopins résolus. Une histoire bien triste... enfin ! quand il sortirait de l'hôpital, on trouverait à le caser dans quelque petit poste administratif, où il ferait merveille, mais il n'était plus question de le livrer à des gosses, même dans une maternelle. Ce cours complémentaire, difficile à pourvoir depuis sa création, au fond de ce trou à charbon, n'attirait personne, plus difficile que jamais maintenant, avec cette situation à redresser, ces gaillards à reprendre en main, l'autorité du maître à rétablir, oh ! les candidats ne se bousculaient pas...

— Et vous croyez que moi, monsieur l'Inspecteur ?...

— J'en suis sûr.

— C'est pour ça que vous me demandiez si j'étais sportif, tout à l'heure ?

— Oui... Enfin, pas seulement.

M. Pailheyre avait pu juger, pendant la classe du matin, de l'ardeur du jeune instituteur. M. Doiren possédait un atout primordial pour remettre de l'ordre dans le cours complémentaire de La Vernasse : son attitude lors de la terrible affaire de Clerguemort. Toute une année scolaire s'était écoulée depuis l'incendie, depuis ses démêlés avec la maréchaussée, depuis la mutilation volontaire de Luc Roux, toute une année ! M. Pailheyre n'était pas encore dans le Gard à l'époque.

— J'ai étudié votre dossier, précisa l'inspecteur. A votre place, j'aurais sans doute — je l'espère ! — agi de même, fièrement ! Mais ne revenons pas là-dessus. Que reste-t-il ? Vous l'ignorez peut-être, mais vous vous êtes fait ainsi une réputation d'homme à poigne, vous passez pour un jeune maître d'école digne de ce beau titre et qui ne se laisse pas marcher sur les pieds. Les mineurs de Clerguemort vous ont fait cette réputation, à votre insu naturellement. Vous entrez, que vous le vouliez ou non, dans le style d'imagerie populaire qu'ils affectionnent et, comme ils travaillent pour la plupart dans la mine de La Vernasse, vous débarquerez dans le désordre de ce cours complémentaire avec une solide réputation. Vos futurs élèves vous connaissent déjà. Vous aurez beaucoup moins de peine qu'un autre à rétablir l'autorité nécessaire. A vous, il suffira simplement de marquer le coup le jour de votre arrivée, de démontrer que vous êtes bien celui qu'on dit...

M. Pailheyre ne lui demandait pas de répondre sur-le-champ, M. Doiren pourrait lui rendre visite la semaine suivante à Alès, à son domicile, oui, jeudi par exemple, il était toujours chez lui ce jour-là, et pour cause ! Non, il ne fixait pas d'heure : toute la journée il recevait les instituteurs qui avaient à le voir, une habitude à lui...

Ils se quittèrent sur le seuil de la cour de récréation. Cet après-midi-là, Alain Doiren fit sa classe distraitement.

Le soir, autour de la table familiale, le Jaurès s'enquit des résultats de l'inspection. Ce n'était pas de la curiosité, de l'inquiétude plutôt, comme on interroge un être cher qui vient de recevoir le médecin. De plus, dans le ton du maire, une nuance : la tranquillité de celui qui est en droit d'être mis au courant. Ses questions montraient aussi l'intérêt affectueux d'un homme qui sait prendre ses responsabilités et sait au besoin défendre ses administrés.

L'ayant rassuré, Alain lui parla de la proposition de l'inspecteur.

— Ah ! Le cours complémentaire de La Vernasse, fit le Jaurès, songeur. Seulement, qui sait sur qui nous tomberions, nous, à Clerguemort ?

Alain sourit : c'était bien du maire, ça.

— Enfin, si vous êtes à La Vernasse, reprit le Jaurès, ce sera comme si vous ne nous quittiez pas tout à fait.

Pour lui, la réponse de l'instituteur ne faisait aucun doute. Il ruminait comme si Alain avait déjà reçu sa nomination au cours complémentaire, sans tenir compte des quelques protestations, murmurées à vrai dire :

— Oh... vous savez, monsieur le maire, ce n'est pas fait encore...

Le Jaurès essuya son couteau, un vieil Opinel, dans son dernier morceau de pain. Toujours il en faisait claquer la lame avant de le ranger dans sa poche avec un soin exagéré. C'était moins une manie qu'une cérémonie : sa femme et sa fille se levaient aussitôt pour desservir, c'était la coutume : depuis toujours le claquement de la lame était le signal, depuis toujours quand le maître de maison avait fini de manger, tout le monde devait avoir fini.

Avec la tranche de la main droite, le maire de Clerguemort ramassait ses miettes, les ramenait vers le bord de la table, reculait sa chaise pour les recueillir dans le creux de l'autre main. Il les déposait ensuite dans son assiette sale qu'il repoussait vers son verre : un tintement rappelait à l'ordre les femmes, si le claquement de la lame n'avait pas suffi.

— La Vernasse et Clerguemort, ce ne doit pas être tellement différent, fit soudain Alain, cinq, six kilomètres, ce n'est pas l'océan...

— La Vernasse et Clerguemort ? Rien à voir ! trancha le Jaurès.

— Comment ? Rien à voir ?

Il ne changea rien à ses gestes habituels : tirer de la poche du bleu de travail la boîte en fer, carrée, où il serrait son gris, la poser sur l'emplacement de l'assiette repoussée pour se rouler une cigarette squelettique. Il ne reprenait jamais la parole avant la deuxième bouffée, et le silence semblait long car son briquet ne s'allumait jamais du premier coup. Le silence sembla plus long encore ce jour-là.

— La Vernasse, monsieur Doiren, c'est dur.

Il avait énoncé cela comme une vérité d'évidence. Quand il comprit que l'instituteur ne le suivait pas, il ne put cacher son embarras, presque de l'ennui :

— Vous comprenez, ici, à Clerguemort, nous sommes chez nous, en famille...

Du bout de sa cigarette où palpitait une stalagmite de papier, il montrait les murs, la vieille crédence, le calendrier des postes, la pendule, le banc pour les seaux d'eau, la cheminée, le bûcher, et, au passage, les deux femmes qui emportaient la vaisselle sale vers l'évier, dans la « patouille ».

— Mais, à La Vernasse aussi, il doit bien y avoir des familles, des foyers, des gens dans leurs murs... répondit Alain, mais il devinait qu'il devait y avoir quelque chose de grave, d'impressionnant, dans ces différences entre Clerguemort et La Vernasse.

— Ah ! je ne sais pas trop comment dire, moi, continuait le maire... Ici, nos murs sont vieux, ils sont épais, ils ne datent pas d'hier, vous comprenez ? On y est né, on y mourra. Nos vieux, avant nous, y sont nés et y sont morts, comme nous, et leurs vieux aussi... Enfin... il y a eu toutes ces vies. Derrière ces murs, il y a la maison des Tarrigues ; entre leurs murs, c'est pareil. De l'autre côté de la rue, chez le Pézoullet, c'est du pareil au même, ce n'est pas d'hier qu'on rase des barbes entre ses murs, au Pézoullet ! Et attention ! je pourrais vous en dire autant de toutes les maisons de Clerguemort... c'est... c'est rien que des murs où on a vécu, beaucoup vécu, depuis longtemps, toujours les mêmes, alors ça change beaucoup, c'est ça qui vous tient un village ! Rien à voir avec La Vernasse. Vous êtes descendu dans la cave du Cagnard ? C'est une seule voûte, immense, de lauzes — des pierres plates — collées les unes contre les autres comme les cartes dans un paquet, sans une pincée de ciment. Une seule voûte qui soutient cinq maisons. Vous retireriez la clé de cette voûte que cinq maisons s'écrouleraient du coup. Mais ça tient, depuis des temps et des temps, on dit depuis le Moyen Age. Ça n'a l'air de rien mais ça compte, ça, on n'y pense jamais à la voûte du Cagnard mais elle compte tout le temps, à chaque minute, comment dire...

Ces propos plongeaient Alain dans une agréable méditation qui s'accordait avec une digestion heureuse. Ses yeux suivaient les allées et venues de la fille du Jaurès.

En moins de deux ans, Milca s'était profondément transformée. Elle n'avait pas grandi mais elle s'était étoffée. Sa peau tendre et fraîche offrait quelque chose de plus, elle semblait dégager un parfum et une lumière. Son maintien avait changé : plus de gestes brusques, de fous rires, de taquineries pour les garçons, plus de défis, plus d'audaces. Elle ne montrait plus les dents, et que très rarement les yeux, on ne l'apercevait plus que de profil, et trop vite. Elle était, avant, toute de fraîcheur, mais simplement charmante. Sur ses dix-huit ans, aujourd'hui, elle était belle, toujours vierge et tellement plus réservée, elle s'était faite femme, cela éclatait. Alain en ressentait parfois de la jalousie, il était prêt aux pires soupçons. Pendant des mois, le jeune instituteur avait rêvé de conquérir un tel cœur, maintenant il rêvait de ce corps dont certains mouvements le faisaient frissonner. Alors il doutait de son amour pour la jeune fille, son désir lui semblait sale.

Ils n'avaient pas rompu, ne s'étaient pas fâchés, ils s'étaient écartés l'un de l'autre, comme pour mieux s'observer, se réservant l'un à l'autre, par un accord tacite. Ils s'attendaient, c'est tout.

C'en était resté aux amours adolescentes des belles saisons : tendres rapprochements dans les groupes sur le parapet de la Placette, les soirs d'automne, les soirs d'été. Les mains qui se prennent, les mots chuchotés, déclarations à double sens, quelques baisers furtifs, effleurements dans les ténèbres pour se souhaiter bonne nuit, où leurs lèvres se touchaient à l'aveuglette et comme par erreur. Dans les fêtes votives, Alain et Milca dansaient peu, toujours ensemble. Le jeune homme ne s'avisait pas d'aller en inviter une autre. Les garçons du village ne venaient même pas la chercher, elle refusait automatiquement les « étrangers » (qui n'étaient pas au courant), car on le savait bien : l'instituteur « fréquentait » la fille du maire, c'était dans la nature des choses. Les femmes du village avaient sans doute agi comme Milca lorsqu'elles avaient traversé le passage d'un âge à l'autre, bridant la chair insolente, serrant la femme dans le corset de la jeune fille pour ne rien gaspiller, pour ne frustrer de rien celui qui viendrait, qui voudrait tout, garderait tout, resterait le seul à jamais quoi qu'il arrive.

Alain Doiren connaissait assez Clerguemort pour sentir cela. N'était-ce point rassurant ? Il refusait ses impatiences, ne s'en prenait qu'à lui-même, s'en voulait de ses ardeurs charnelles.

— ... Il faudra bien que Milca aille travailler, elle aussi. Encore... si on veut d'elle à la Place...

— Comment, Milca ? Trier du charbon ? Sur la Place de La Vernasse ?

— Pardi !

Milca n'était plus dans la cuisine, mais Alain l'entendait qui parlait tranquillement avec sa mère, dans la patouille, parmi les bruits de vaisselle. Il ne pouvait pas l'imaginer en pantalons, fagotée dans ses bleus de travail, toute noire, triant les pierres sur les toiles... Voyons,

Milca, la douce, la tendre, cette jeune fille délicate, distinguée, la fille du maire de Clerguemort ! Et pourquoi pas ? fille d'un mineur, elle n'y serait pas seule, sur la Place, à trier le charbon.

Le Jaurès voyait bien la stupéfaction du maître d'école, mais il se trompait sur ses causes. Alors, il expliquait que le coût de la vie montait sans cesse, tandis que les salaires baissaient, que le chômage... il citait des chiffres : les mineurs gagnaient quarante pour cent de moins qu'en 1930, statistiques officielles... Il fallait aider son frère, le boulanger : les gens n'arrivaient plus à le payer, les planchettes marquées formaient de véritables petits fagots, c'était de plus en plus dur d'obtenir l'argent pour le coup de lame qui effaçait toutes les encoches du mois. L'Edemond ne voulait pas brutaliser les gens, il n'allait pas non plus les laisser manquer de pain... Sans compter que leur père, le Barbaste, se faisait bien vieux, depuis l'hiver dernier. Il était même tout à fait « patraque », il allait devoir suivre un traitement, des plus coûteux, comme un fait exprès, un malheur n'arrive jamais seul, et il n'a pas la Caisse de Secours, le père...

Alain n'arrivait pas à suivre ces considérations :

— Voyons... voyons, monsieur le maire, Milca, au charbon, voyons ! mais vous n'y songez pas !

Le Jaurès se prit à regarder curieusement ce maître d'école encore si jeune, et puis, quand même pas tout à fait d'ici, de Lédignan, un pays riche, dans la plaine, sous Alès, au milieu des grandes vignes. Rien à voir avec le charbon, ni avec La Vernasse. Il commençait à renifler le malentendu ; il soupçonnait ce fils de vignerons aisés d'ignorer que la mine n'est pas seulement un trou dans la terre où l'homme s'enfonce pour se salir, il le soupçonnait aussi d'aller nicher l'amour-propre paternel et la noblesse et la distinction où ils n'avaient que faire, mais il était incapable de le faire sentir à son hôte sans le froisser :

— C'est que... A La Vernasse, c'est de plus en plus dur... Alors, forcément, à Clerguemort aussi, ça va commencer à n'être pas commode du tout, pardi !

Et il se leva de table, avec une bonne tape sur l'épaule de ce gamin, quand même.

6

La double vie d'un fils d'instituteur

Ses débuts à l'École du Quai furent un cauchemar pour Jean Hur ; ce n'était pas pour rien que tout Alès l'appelait l'École des Pouilleux.

« A quatre heures, à la sortie, on t'attend ! » Longtemps Jean Hur ne connut rien de plus menaçant que ces mots.

Il faut dire que les batailles d'enfants étaient sanglantes. Elles se déroulaient généralement à la sortie de l'école, dans « le Barry », ruelle encaissée, obscure, un coupe-gorge, situé en contrebas, sous le quai. Des gamins d'une dizaine d'années furent blessés là, l'un d'eux rentra chez lui avec un couteau planté dans l'épaule, il se refusa obstinément à dénoncer son agresseur. Quelque temps après, un autre gosse, le coupable peut-être, fut ramassé au même endroit avec une double fracture du crâne.

Il y eut même un tué, treize ans, mais rachitique, et d'une maigreur... Rupture des vertèbres cervicales, fracture de la mâchoire aussi, et quelques étranges trous dans la peau, un peu partout. On ne put même pas imaginer ce qui avait bien pu lui arriver. La police finit par conclure qu'il était tombé sur un rouleau de fil de fer barbelé — ce genre de dossier doit se classer un jour ou l'autre. Personne ne sut jamais le fin mot de l'histoire, sauf la marmaille de la Cayenne, naturellement, y compris Jean Hur. La coutellerie-armurerie de la Bouquerie venait de recevoir un stock de coups-de-poing américains : quatre anneaux accolés pour passer les doigts avec une poignée et, sur le dessus des anneaux, sur ce qui dépassait quand on avait refermé la main sur l'instrument, quatre méchantes pointes. C'était coulé en bronze, même pas ébarbé, c'était pour rien : cent sous exactement, il y en avait toujours un en vitrine avec le prix marqué dessus. L'innovation ne dura pas, le temps néanmoins pour le Grand Brun et sa bande de ratiboiser complètement la bande des caraques.

« A quatre heures, à la sortie... »

Ce n'était pas une menace en l'air.

Le nouveau, c'était le fils de l'instituteur ! Tous les pouilleux de la Cayenne le surent le jour même de la rentrée. Jeannot jouait vraiment de malchance : il était justement dans la classe de son père, avec le Grand Brun qui redoublait. Le chef de bande avait plusieurs années de retard, et il était grand pour son âge. Il tint conseil avec ses lieutenants pour faire face à une situation inédite : un fils d'instituteur à leur porte ! et dans la propre classe de son vieux ! Il serait le chouchou, pas de question ! il fallait donc prendre les devants. Le soir même, Jean Hur était enlevé sur le seuil de la cour de récréation, emporté dans le Barry où il recevait une longue raclée avec, pour finir, l'assurance que ce n'était qu'un apéritif de ce qui l'attendrait chaque soir.

Jeannot parvint à rentrer chez lui par ses propres moyens, avec ses plaies et bosses. Sa mère se récria devant ses vêtements en lambeaux, sa blouse neuve qu'il traînait comme une aile brisée. Quand il vint se plaindre à son père, l'enfant eut une deuxième surprise désagréable :

— Mon petit, répondit calmement l'instituteur, moi, je ne peux pas me mêler de vos histoires entre gosses, surtout quand elles se passent en dehors de l'école. Non mais ? où irions-nous ? Tu ne te rends pas compte ! Débrouille-toi.

Bien des années plus tard, Jean Hur mesurera quel service lui rendit son père ce soir-là.

Il se débrouilla, en effet.

L'histoire de la gifle de M. Castarel était encore dans toutes les mémoires. Un bon bougre d'instituteur, estimé de tous ses collègues, avait giflé l'un de ses élèves. Il était mal tombé : mauvais coucheurs ou combinards, ou les deux, les parents avaient appelé le médecin. Certificats, constats, dépôt de plainte... L'affaire avait suivi son cours jusqu'à la révocation de l'infortuné M. Castarel, qui s'était retiré sur sa montagne ancestrale où il tirait le diable par la queue. Résultat : pendant des mois, sur le territoire de l'académie, pas un instituteur qui se permît seulement une chiquenaude. Les classes étaient surchargées, et c'était la Cayenne qui fournissait ! En fin de semaine, les instituteurs du Quai portaient dans la paume des mains la marque de leurs ongles. De ce point de vue, M. Hur était un privilégié, car il avait, dans sa classe, au moins un enfant qu'il pouvait corriger sans appréhension, le sien.

C'est ainsi que le Grand Brun, sa bande, et les autres pouilleux de la Cayenne, passèrent sans transition de la haine à la compassion vis-à-vis du fils de l'instituteur. Rares circonstances sans lesquelles jamais Jean Hur ne se serait écarté du cadre familial, jamais en tout cas il n'aurait eu accès aux grouillements souterrains du vieux quartier, sur lesquels la longue bâtisse de l'école se dressait avec l'aplomb de l'ignorance.

Moins d'un an après, Jeannot était à la coule.

Il dut auparavant apprendre à protéger son autre flanc. Paré côté marmaille, il avait ses parents sur le dos. Une seule bévue lui suffit pour comprendre le danger, mais elle fut monumentale.

La bande des caraques avait apporté à l'école des bouts de films pornographiques. Les gitans se gardaient bien de dire où ils se procuraient ces chutes de pellicule mais ils consentaient à les débiter, par deux ou trois photos, selon la valeur de l'objet qu'on leur offrait en échange. Jeannot obtint ainsi, contre un canif à deux lames, presque neuf, quatre vues parfaitement nettes dont il exigea, en prime, l'explication détaillée. La bourse des échanges se tenait, aux récréations, dans les recoins de la cour, du côté des cabinets, derrière l'appentis où l'on rangeait le charbon, car le troc était formellement interdit dans l'enceinte de l'école, tant les instituteurs en avaient vu venir, des parents furieux, brandissant un lance-pierres ou un soldat de plomb dont ils faisaient rechercher le précédent propriétaire, afin de récupérer la boîte de compas ou le cartable neuf de leurs fils, toujours irrécupérables pour cette raison qu'ils se trouvaient déjà sur le marché d'Anduze ou de la Grand' Combe, à l'étal d'un brocanteur forain.

« Tu changes ? » c'était le grand mot des « récrés ». Il devenait clameur et attroupement dès que sortait de sous une blouse un objet inattendu, quel qu'il soit, « tu changes ? » à celui qui crierait le premier, ou le plus fort, pour enlever le marché.

Jean Hur avait fait une affaire la veille déjà : contre un stylo à plume dix-huit carats mais qui avait perdu son mécanisme intérieur, il avait obtenu le boîtier d'une montre, format oignon, vidé de son mouvement. Verre et cadran étaient intacts. Le boîtier s'ouvrait par-devant et par-derrière puis se refermait avec un clic ravissant et pour l'oreille et pour le pouce. A chaque instant, l'enfant tirait le boîtier de sa poche par la chaînette et jouait à regarder l'heure sans épuiser le bonheur de ce geste. Il rangea donc le bout de « film-cochon », comme disaient les caraques, à l'intérieur de sa montre et le clic de fermeture lui en parut plus enchanteur encore.

Il prenait son goûter, après la classe, dans la cuisine, quand le carillon sonna cinq heures. M. Hur mit sa montre à l'heure, Jeannot posa son pain et son chocolat pour tirer la sienne, c'est alors qu'il repensa aux quatre photos qui dormaient dans le boîtier.

— Tiens, papa, regarde ça, mais va devant la fenêtre ou tu verras rien.

— Qu'est-ce que c'est ?

— Un film-cochon.

Pour le coup, M. Hur attrapa la pellicule et chaussa ses pince-nez.

— Dis-moi, Jeannot, tu sais ce que ça signifie, ce qu'on voit là-dessus ?

— Bien sûr, c'est l'amour.

— Qu'est-ce que tu veux dire par là ?

— Voyons, papa ! comment on fait les enfants.

Jeannot répétait l'explication du vendeur caraque mais, machinalement, il traduisait en langage familial, il était question de « petit oiseau » pour le monsieur... C'est seulement au dernier mot qu'il se rendit compte confusément qu'il venait de commettre quelque maladresse. M. Hur ne dit rien pourtant, rien, pas un mot : il décrocha le tisonnier de la barre de cuisine qui longeait le fourneau, il souleva le rond central du foyer et laissa tomber le bout de pellicule sur les boulets rouges. Jeannot vit trois flammes vertes détruire dans un bref grésillement sa dernière acquisition. Bizarrement, l'idée de protester ne l'effleurait même pas. Il revint à son goûter. Son père lui tournait le dos, il regardait par la fenêtre les pêcheurs installés sur les débris de la digue, dans le lit du Gardon, il reposait sa tête, le front contre la vitre. L'enfant se trémoussait sur sa chaise, gêné.

On frappa nerveusement à la porte.

— Entrez ! fit M. Hur, sans quitter la fenêtre.

C'était M. Redessac, l'instituteur qui occupait l'appartement voisin. Ils se tutoyaient parce qu'ils étaient de la même promotion :

— Tu ne devinerais jamais ce que je viens de trouver dans le plumier d'Arthur ! Je te le donne en mille.

— Ne te fatigue pas, je le sais.

— Impossible...

— Un bout de film-cochon.

Redessac n'en revenait pas.

— Oh ! je n'ai aucun mérite, expliquait M. Hur, Jeannot en avait un morceau, lui aussi. Je ne suis même pas tombé dessus, c'est lui-même qui a tenu à me le montrer...

Les deux maîtres d'école se regardèrent, puis ils baissèrent les yeux.

— Le mien m'a même expliqué le mode d'emploi, finit par ajouter M. Hur, avec un sourire qui faisait mal.

Le lendemain matin, Arthur Redessac boitait en rentrant à l'école. Il avait onze ans, trois ans de plus que Jean Hur. Arthur était aussi dans la classe de son père, le malheureux, et M. Redessac était justement réputé pour sa vivacité. Telle fut la première des mésaventures qui devaient émailler l'amitié des deux garçons.

Dès lors, Jean Hur creusa un fossé infranchissable entre sa vie familiale et sa vie d'écolier. Deux ans après, pour ses parents, il n'avait pas changé. Ils étaient à cent lieues de se douter que leur charmant petit garçon connaissait les trucs et les ficelles des trafics et des combines en vigueur chez les minots de la Cayenne, qu'il en usait avec habileté, qu'il avait monté une organisation pour exploiter ses camarades suivant les lois fondamentales du capitalisme.

Jean Hur menait ainsi, au niveau du quai et au-dessous, sa petite vie divertissante et prospère, débordante d'activités puis, sans transition, quand il était l'heure, il gravissait l'escalier d'un pas guilleret, faisait irruption chez ses parents en sifflotant et, la conscience limpide, embrassait son père et sa mère avec une fougueuse innocence.

Il avait « un sommeil d'ange », selon l'expression de sa mère qui se relevait pour le plaisir de le voir dormir, « c'est qu'il s'en donne du mouvement, tout le jour, l'animal ! » ajoutait-elle.

Le matin, cette mère comblée beurrait avec soin les tartines d'un copieux déjeuner, puis elle lavait son « petit » elle-même, comme lorsqu'il était bébé, exactement : « Tant que je n'ai pas moi-même curé ses oreilles, je suis sûre que ce n'est pas net... »

Lesté, propret, Jeannot pouvait descendre. Il était encore très tôt. Sa mère était institutrice et elle s'occupait de son fils avant de se préparer elle-même pour se rendre à l'école des filles de la Cayenne, située dans une ruelle proche de la cathédrale. Être parmi les premiers écoliers arrivés le matin, avant même que soit ouverte la porte de la cour de récréation, n'était pas un mince avantage. M. Hur, M. Redessac, leurs quatre collègues et M. Pel, le directeur, arrivaient les uns après les autres. Le premier geste de chacun de ces messieurs était d'appeler le premier gosse venu pour l'envoyer chercher le journal. Une aubaine, mais il fallait y aller à deux au moins. Jean Hur se débrouillait pour être dans l'équipe qui allait chercher *L'Éclair* de M. Pel, *Le Petit Provençal* de M. Hur, ou *Le Petit Méridional* de M. Redessac. Ce n'était pas facile, les volontaires ne manquaient jamais.

La boutique de M. Masmolène n'était qu'à deux ou trois cents mètres : une merveilleuse petite échoppe, très étroite, où les vitrines inclinées le long de trois murs et le comptoir restreignaient encore l'espace, où l'on s'étouffait à l'heure des quotidiens, quand on fait aussi sa provision de cigarettes pour la journée. C'était saturé de parfums épicés comme on n'en peut sentir que dans les « Civette » méditerranéennes. On trouvait là les journaux, le tabac, les bonbons, les pâtes à mâcher, des tubes de coco, de la réglisse de bois, des tubes de réglisse molle avec une hélice qui fait sirène quand on souffle dedans, des pochettes-surprises, des pistolets à eau, à amorce, à bouchon, de l'élastique carré pour les lance-pierres, des autos et des soldats de plomb, des sacs de billes, des sifflets, des toupies, des osselets peinturlurés, des cartes, des crayons, des gommes, des plumes, sans parler d'un tas de choses qu'on n'imaginait pas, qu'on ne découvrait qu'en ouvrant la main, ou en soulevant la blouse, une fois tourné le coin de la rue.

C'était si simple : un écolier achetait *Le Petit Provençal* au comptoir, bouchant l'horizon du petit M. Masmolène enfoncé jusqu'au menton dans son fauteuil d'infirme, tandis que le complice, négligemment appuyé contre les vitrines, soulevait le couvercle, glissait la main par l'entrebâillement et raflait à l'aveuglette, sa main faisant dans son dos le joli mouvement tournant d'une langue de vache dans la luzerne. L'opération présentait juste assez de danger pour exciter les audacieux. M. Masmolène vivota plusieurs années ; sa faillite inexpliquée demeure un cas unique dans les annales de la régie des tabacs.

A l'École des Pouilleux, trafics et négoces, entreprises de toutes sortes, combines occasionnelles et contrebandes saisonnières se multipliaient, se renouvelaient ; chaque semaine il en naissait de nouvelles, certaines étaient d'une complexité de haut agiotage. L'une des plus courantes et des plus simples avait donné naissance au verbe « niser ». Parmi les champions du coup de doigt, il ne manquait pas de pauvres minots incapables de se procurer l'assortiment de billes indispensable pour entrer dans une partie, incapables aussi de tirer tout seuls profit de leur don. On leur fournissait des billes pour démarrer, mais ils ne pouvaient conserver sur leurs gains qu'une bille sur trois, quatre ou cinq, selon le contrat verbal passé avec eux. Un entrepreneur qui « nisait » une demi-douzaine de bons tireurs, et qui tenait l'œil aux parties en cours afin de n'être pas grugé par ses employés, pouvait récolter quotidiennement de quoi faire un sac ou deux, rien que des billes neuves rachetables par les petits bazars et les forains, et de quoi grossir le fond des billes usagées, ce qui permettait de prendre un ou deux champions supplémentaires, s'il s'en trouvait de libres.

Les plus belles spéculations se basaient sur les modes. Les jeux nouveaux apparaissaient soudain, un lundi, on ne savait trop pour quelles raisons, on se moquait même des deux ou trois premiers qui s'y adonnaient, mais avant le samedi la vogue avait gagné toute l'école, on ne savait plus s'amuser autrement. Alors les premiers, qui avaient eu de l'avance pour fabriquer les claquettes en bois brûlé ou qui avaient écumé tous les garages de la ville des vieux roulements à billes pour fabriquer les chariots, faisaient des affaires d'or. Les gitans étaient les plus forts dans ce domaine. C'est lorsque la demande des lance-pierres était la plus grande, que l'élastique carré, les fourches parfaites — en bois sec ou en gros fil de fer —, les langues de vieilles godasses — l'idéal pour tenir le caillou —, leur sortaient de toutes les poches, comme les bobines de bois, les petits clous et les estrasses de laine quand les pouilleux se muaient en maniaques du tricotin. Seulement, quand les tricoteurs calmés voulaient leur revendre la bobine payée à prix d'or, les caraques leur riaient au nez, avant de leur proposer, au plus haut cours, les bois et la ficelle bons pour l'arc et les flèches qu'il faut bien avoir, si l'on veut jouer à Robin des Bois comme tout le monde.

Le grand copain de Jean Hur était Lucien Cadière, Lulu, qui n'avait pas de père et n'était pourtant pas ce qu'on appelle à proprement parler un orphelin. Il habitait très loin, derrière l'Hermitage. Sa mère était matelassière, son meilleur client était le *Grand 6*, rue Cavalerie, de l'autre côté du Pont-Vieux, à l'entrée du Faubourg du Soleil, où il y avait tant de matelas et qui « fatiguaient si dur », comme elle disait, qu'elle pouvait retirer les roues de sa carde, elle en avait pour plus d'un mois sur place, à chaque fois. Au début, elle apportait sa gamelle, mais ces dames lui offrirent bientôt une place sur leur cuisinière pour la réchauffer. Finalement on s'entendit pour popoter ensemble. A midi, Lucien Cadière venait rejoindre sa mère pour manger avec elle dans la cuisine de la maison close. Après le repas, Lulu et Jeannot allaient à la rencontre l'un de l'autre sur le chemin de la rue Cavalerie au Quai. Ils se retrouvaient tantôt plus près de l'école, tantôt plus près du bordel. Un jour, le petit Cadière, très en avance, sifflait sous les fenêtres, et Mme Hur le fit monter pour qu'il vienne goûter sa confiture de châtaignes dont on étrennait le premier pot. Quelque temps après, ce fut au tour de Lulu d'être en retard, au tour de Jeannot de siffler le signal convenu — sur lequel on pouvait placer les paroles suivantes : « descends-vite que-je t'at-tends ! » — sous les fenêtres à gros barreaux, et d'être invité à goûter à une pièce montée comme il n'en avait jamais vu, un chef-d'œuvre de M. Souillard, le meilleur pâtissier d'Alès, qui devait bien un cadeau d'adieu à la grande Rolande, laquelle lâchait le métier pour convoler en justes noces avec le fils unique d'un gros filateur de Roubaix, ou de Tourcoing, enfin de par là-haut...

— Non, il n'est pas dans la même partie que son père. Il héritera, c'est tout...

— Alors, il ne fait rien, le fiston ?

— Quoi ? C'est pas n'importe qui ! Ingénieur-conseil des houillères, qu'il est, voui madame !

— Voyons ! il est resté près d'un an par ici, pour la modernisation de Rochebelle. Berthe, tu ne connais que lui, le monsieur du mercredi...

— Ah ! des lorgnons, un col de fourrure... Celui du salon bleu, qui prenait de la verveine ?

— Avec des gâteaux secs !

— Je le remets maintenant, je l'ai même fait deux ou trois fois. Ben, ma pauvre Rolande, je te souhaite bien du courage !

— Eh ! Berthe ! attention à ce que vous dites ! intervenait sévèrement Madame, avec Rolande, ce n'est plus pareil, il s'était fixé sur elle, les derniers mois !

— Veinarde ! elle va faire sa sucrée pour le restant de ses jours, sans plus se casser les reins...

— Allez, allez ! Il reste de la pièce montée ! Resservez d'abord les gosses. Comment il s'appelle, ton petit copain, Lulu ? Il est mignon, ce gosse...

A huit ans et demi, Jean Hur avait encore un visage très fin, un peu pointu ; il était frêle, toujours pâlot, ses yeux plutôt petits regardaient, au loin, quelque chose de vague et d'un peu triste. Dès qu'une femme l'apercevait, quelle qu'elle soit, elle s'écriait : « Qu'il est mignon ! » mignon, c'était instinctif.

Désormais, ce fut presque toujours Jeannot qui rattrapa Lulu encore à table. Il savait qu'il était mal d'aller au bordel mais il ne comprenait vraiment pas pourquoi, et, plus il y allait, moins il pouvait le comprendre. Ces dames étaient si gentilles, elles s'attachaient à lui de plus en plus, jusqu'à s'inquiéter s'il restait plusieurs jours sans venir. Et puis les desserts étaient quand même plus variés, et plus abondants, au *Grand 6* que chez les Hur. Enfin ces dames étaient tellement plus marrantes que papa et maman avec toujours leurs mêmes discussions : et les collègues, et le *Bulletin pédagogique*, et l'avancement au choix, et ce nouvel inspecteur, un original, c'est le moins qu'on puisse dire, tu ne connais pas la dernière ? c'est... (A voix très basse, les cloisons étaient minces au premier étage de l'École des Pouilleux), c'est ce grand couillon de Redessac qui le racontait à la récréation, l'inspecteur, le nouveau, le *calut*, il aurait embobiné le petit Doiren, pour lui coller le C. C. du charbon...

Le dimanche matin, les trois voitures étaient rangées le long du trottoir, sous les platanes, devant l'École des Pouilleux : l'antique Renault à nez pointu de M. Pel, le directeur, la Renault plus récente, au nez moins pointu déjà, de M. Redessac, et la plus étonnante, toute carrossée de cuir, la plus chère et la mieux entretenue, la Mathis de M. Hur.

Les trois familles se préparaient au voyage, très longuement, surtout si l'on considère que leurs plus grandes randonnées ne dépassaient guère les quatre-vingts bornes tout compris, de l'école à l'école. Le but était le plus souvent le mas familial sur la montagne ; parfois c'était seulement histoire de se bouger un peu, la promenade beaucoup plus courte dans un bois des environs ou sur les berges du Gardon à peine dégagé des dernières usines et des jardinets ouvriers. Seul, M. Redessac chassait, mais avec quel étalage, quels cris, quels jappements ! Fusil, buffleterie, meute, munitions et vivres éclipsaient alors les deux autres équipages dans le train puéril de ces départs dominicaux.

Les garages étaient dans le Barry. Les trois chauffeurs, impatients de mécanique, allaient chercher leur voiture avant de s'endimancher, surtout qu'après une semaine il pouvait y avoir un pneu à regonfler, un coup de chiffon à donner en tout cas. C'est donc rincées déjà, chromes éblouissants, que les voitures venaient se ranger l'une derrière l'autre sous les fenêtres des appartements. Les chauffeurs descendaient en s'ébrouant, toujours plus ou moins courroucés, avec le sourcil froncé des connaisseurs qui savent ce qui se cache sous un capot, de quoi c'est capable, et qui se tiennent sur leurs gardes.

M. Redessac, M. Hur et M. Pel, après le même coup d'œil soupçonneux par-dessus leur épaule, grimpaient quatre à quatre, pour faire toilette et s'endimancher. De temps en temps, par les fenêtres ouvertes, on voyait, là, se pencher M. Hur en gilet de flanelle, M. Redessac se savonnant la barbe, M. Pel nouant sa cravate. Il avaient tous ce coup d'œil du maître pour le cancre sournois, comme si leur bagnole allait profiter de ce qu'ils avaient le dos tourné pour s'envoler dans un rugissement de pistons.

— C'est que la mienne, attention ! c'est une six cylindres ! marmonnait, menaçant, M. Redessac.

MM. Hur et Pel approuvaient gravement cette méfiance, sans aucun souci de logique, et d'abord parce que c'était parfaitement exact : la voiture de M. Redessac avait deux cylindres de plus que la leur. Inconsciemment ils serraient le poing en repliant le bras droit : six cylindres, hé ! il faut les tenir !

Ces messieurs étaient quand même prêts les premiers. Mme Pel dans ses bigoudis, Mme Redessac entre ses omoplates en ailerons et Mme Hur au-dessus de son corset devaient entendre à peu près en même temps, à peu près dans les mêmes termes, d'aigres considérations sur le fait que les hommes, qui sont pourtant responsables de leur automobile, qui doivent la mettre en état, la remonter du garage, et, après plusieurs manœuvres des plus délicates, la ranger le long du trottoir, trouvaient encore le moyen d'être toujours les premiers parés pour le départ, à attendre le bon plaisir de ces dames qui vous gâchaient le plaisir de la promenade. On serait sur la route depuis un bon moment, on aurait même « avalé pas mal de bornes », et, pour trois bigoudis, ou une agrafe tordue, ou un lacet qui casse, on va tomber en plein dans la foule qui sort de la grand-messe...

Les trois chauffeurs descendaient donc les premiers, en trombe, comme pour entraîner leur moitié dans un appel d'air. Ils se regardaient, se comprenaient, hochaient la tête, ils revenaient alors à leur véhicule, tournaient autour, ouvraient et refermaient la malle, le coffre à outils, caressaient à la peau de chamois la glace, le rétroviseur et les numéros minéralogiques, soulevaient timidement le capot, tapotaient ici et là, pas trop fort, et pas sur les organes sensibles, s'appelaient pour vérifier les phares-codes, et finissaient toujours par de grands coups de pied sur le dessin des pneus, là, on peut y aller !

Bientôt, les trois pédagogues s'enfonçaient délicieusement dans une discussion technique, jetant un coup d'œil vers leurs fenêtres, tendant l'oreille aux bruits d'eau :

— Cette voiture me change beaucoup de ma quadrilette, exposait le directeur. Il y a fort peu de temps que je la conduis, néanmoins je considère que je l'ai parfaitement en main, je ne cherche plus où sont les vitesses, je n'ai presque plus à regarder mon levier quand je rétrograde. J'éprouve pourtant une dernière difficulté de... comment dirais-je ? d'acclimatation ! je n'ai pas encore son gabarit tout à fait dans l'œil... (Il précisait en se rengorgeant :) Il faut bien dire qu'elle est beaucoup plus large que l'autre, je n'en mesure point encore l'envergure avec précision lorsque je suis à mon volant, ce qui, vous en conviendrez, est assez gênant, surtout dans les tournants de nos routes montagnardes, où l'on doit s'attendre à se trouver nez à nez avec une voiture. Voyez-vous, dans ces cas-là, j'aime autant me ranger sur le bas-côté, m'arrêter, laisser passer. Qu'on pense de moi ce qu'on voudra ! Et j'évite carrément de sortir aux heures de passage du car, on les connaît, ces heures, alors, n'est-ce pas ?

M. Redessac avait quand même un tout petit peu moins peur de la sienne, malgré les deux cylindres supplémentaires. Seul, M. Hur s'installait au volant avec un plaisir sans mélange. Souvent, le jeudi, la Mathis était la seule voiture à quitter le garage : aux joies que lui procurait la conduite automobile, M. Hur ajoutait celle de revenir dans sa vallée de Clerguemort, une fois par semaine au moins, quand ce n'était pas deux, il remontait voir sa vieille, dans le mas ancestral de la Gronde. Étant donné les relations de plus en plus tendues entre sa mère et sa femme, il gravissait les trente kilomètres si familiers dans la seule compagnie de son fils au début, et, maintenant, de plus en plus souvent, avec Franck Joszà, le garçon des Larguier du Casquillé, dont les Hur étaient les correspondants depuis que le petit réfugié de Hambourg était devenu pensionnaire au lycée d'Alès.

7

Le centenaire de Brahms

1933 s'achevait, Hitler était toujours là, et les Joszà toujours à Hambourg.

Il n'était plus possible d'en douter : Hitler détenait maintenant tous les pouvoirs, et c'était pour longtemps. Le virtuose hongrois et sa femme ne croyaient plus à des bouleversements possibles, à l'événement extérieur, à l'attentat ou au cancer providentiel. Ils ne voyaient rien qui puisse briser l'élan nazi, rien qui pût les sauver, ils n'avaient plus d'espoir, néanmoins, ils étaient toujours là. Non, ce n'était pas raisonnable, et ils en fussent volontiers convenus (mais avec qui ?) toujours là, et seuls ! désespérément seuls.

Le froid s'était brutalement abattu sur l'Europe en cette fin novembre 1933, un froid comme on en avait rarement connu. C'était la réalité, mais les Joszà dans leur raison en doutaient aussi, se demandant s'ils n'étaient pas spécialement sensibles au froid de cet hiver qui s'annonçait ainsi, comme on devient frileux quand on manque de sommeil, et, réellement, Lilette et Jànos ne dormaient guère.

Leur vie quotidienne se modifiait, mais insensiblement, aucune mesure officielle n'avait été prise à l'encontre du grand spécialiste de Brahms et de son épouse. Leurs passeports, hongrois pour Jànos, français pour Lilette, ainsi que les divers et variables permis de séjour et de travail exigés par une bureaucratie en pleine prospérité, étaient toujours renouvelés, validés, prorogés, visés ou accordés sans aménité, mais sans trop d'histoires. Ce qui les traquait n'avait pas de visage. Ils se sentaient renfoncés, acculés dans un angle de plus en plus étroit, de plus en plus sombre, sans trop savoir ni comment ni pourquoi, ni par qui. Ils se sentaient moins attaqués, moins frappés qu'atteints et minés, moins diminués par l'encerclement étouffant de brutes que par une maladie sans nom, sans remède, implacable.

Chaque semaine, il leur arrivait au moins une histoire comme celle de leur vieux poste de T.S.F. Une lampe avait grillé. Quand Jànos vint le rechercher, le réparateur lui expliqua, avec un drôle d'air, qu'il n'avait pu trouver la lampe convenable, que d'ailleurs on n'en faisait plus de ce type, et puis l'appareil était bien vieux, valait-il la peine d'être réparé ? Surtout que l'Allemagne nouvelle fabriquait un poste national, à bon marché, bref : pour une somme à peine supérieure au prix de la réparation, le chef d'orchestre emporta un petit appareil tout neuf. Le soir même, les Joszà eurent une mauvaise surprise : ce nouveau récepteur, beaucoup moins puissant que le leur, ne captait que les émetteurs les plus rapprochés, des stations allemandes seulement. Il n'était pas question de protester, on ne savait jamais, ils apprirent bientôt qu'ils s'en étaient tirés à bon compte : les S.A. avaient entrepris de remplacer d'office, chez les suspects, par le fameux poste national, les récepteurs assez puissants pour capter des stations étrangères. « Écouter Moscou » devenait un délit.

Un beau matin, Lilette trouva fermée sa boucherie habituelle. Le boucher s'était emporté jusqu'à répondre à une cliente qui se plaignait de la viande :

— Je ne suis pas dedans ! Allez vous plaindre à Hitler !

Deux heures plus tard, un peloton de S.A. était venu lui passer les menottes pour l'emmener vers « une destination inconnue ». Depuis, la bouchère, sans nouvelles de son mari, pleurait sans arrêt, mais en cachette. Ses clients n'osaient même plus répondre à son bonjour.

Incidemment, on s'apercevait ainsi que des gens avaient disparu, dans quelles circonstances ? depuis quand exactement ? on ne le savait pas, on ne savait rien. Les témoins se taisaient ou disparaissaient, et ils étaient rares, les témoins ! Dès qu'un camion bourré de chemises brunes bloquait un couloir, les passants préféraient ne rien voir.

On tombait sur un gaillard de connaissance, un hercule, un sportif, que personne n'avait vu depuis quelques semaines : il se traînait sur des béquilles, le nez cassé, les yeux tuméfiés, la bouche édentée, un vieillard... On se gardait de le questionner. De son côté, il n'avait qu'une hâte : vous fuir, heureux, semblait-il, d'en être quitte pour si peu, « corrigé » c'était le mot.

La presse se permettait des allusions rigolardes à la « rude vivacité aryenne », ne voulant voir dans ces épouvantables raclées à huis clos que les excès de vitalité de la jeunesse nouvelle : de l'huile sur le feu.

Le 14 octobre 1933, l'Allemagne se retirait de la Société des Nations, ainsi que de la Conférence du Désarmement mais aussitôt le Chancelier, dans un discours lyrique, sur-le-champ traduit en anglais, français, espagnol et portugais, entonnait un hymne à la paix : « ... Seul un fou pourrait croire à la possibilité d'une guerre... Pour une telle guerre, il ne saurait y avoir aucun motif qu'on pourrait justifier moralement ou raisonnablement, car personne ne pourrait songer que, pour corriger les frontières actuelles dans une mesure problématique, on anéantît des millions de vies florissantes... »

L'Europe respirait, soulagée.

Cependant, *Le Petit Parisien* entreprenait la publication des documents secrets de la propagande allemande, les instructions données aux agents diplomatiques du Reich, ce qui démasquait un visage moins souriant du Führer : « Note secrète. Sujet : des efforts en vue de troubler les alliances politiques et militaires en cours ; des instructions sur les sacrifices financiers, même considérables, qu'il faut savoir consentir pour créer des agences radiotélégraphiques sous pavillon neutre (nos agences d'information officielles étant devenues suspectes) : les nouvelles seront transmises gratuitement aux journaux, on offrira aux plus importants d'entre eux par le tirage ou l'influence des *correspondants spéciaux* appointés en sous-main par l'Allemagne (ou utilisera le plus possible à cet effet des agents non allemands afin de dissimuler l'origine), on entrera en rapport avec les directeurs de journaux ainsi qu'avec les agences télégraphiques non allemandes en cherchant à leur procurer sous une forme détournée un appui financier (les annonces de propagande touristique sont un excellent moyen), on multipliera les manifestations de toutes sortes en vue d'influencer les esprits en faveur de l'Allemagne (par exemple, les expositions d'art graphique, qui permettront de répandre les brochures de propagande sur la nouvelle Allemagne), etc... »

Les chauds et froids se répercutaient du plus haut de l'échelle jusqu'au plus bas, de la haute diplomatie européenne à la vie quotidienne des hameaux du Reich allemand.

« Johannes Brahms, né à Hambourg en 1833... »

1933, l'année du centenaire... Jànos Joszà n'en aimait que plus profondément le génial romantique. Le chef d'orchestre hongrois devait à Brahms sa propre renommée mondiale, il lui devait aussi d'être encore toléré comme chef d'orchestre de la ville et directeur du Conservatoire. Mais en 1934 ?

Certes, depuis le régime hitlérien, les Joszà ne comptaient plus parmi les notabilités, n'étaient plus conviés aux cérémonies municipales, même pas à ces représentations culturelles, de plus en plus étrangement composées, sous la férule nazie, mais le maître continuait à donner ses conférences, comme par le passé :

« ... L'œuvre de Brahms est caractéristique d'un dernier classicisme allemand, dans la postérité de Beethoven et dans celle de Schubert. Son ami Joachim, célèbre violoniste, virtuose, chef d'orchestre et professeur, l'avait entraîné dans le sillage du groupe de Weimar dominé par Liszt, mais Brahms devait plus tard rejeter les idées et les principes... »

Son enseignement n'était jamais devenu mécanique, maintenant moins que jamais. Pourtant ce n'étaient plus les recherches musicographiques ou les enrichissements d'un style d'interprétation qui modifiaient les cours du professeur. Il lui arrivait, après l'une de ces pénibles affaires, de se prendre en flagrant délit de censure ; il découvrait avec stupeur qu'il était en train d'atténuer tel épisode de la vie du compositeur, de corriger telle explication dans le concerto pour violon, qui eussent pu paraître déplaisants aux nouveaux maîtres du lyrisme allemand. Par réaction nerveuse, il renversait la vapeur, se livrant alors à des critiques limpides dont l'imprudence l'affolait quelques heures plus tard, à tête reposée. Il s'attendait alors au pire, mais rien n'arrivait. Seulement quelques élèves le regardaient avec fureur, tandis que deux ou trois, jamais plus, lui lançaient à la dérobée des regards affectueux et craintifs. Voilà, mais 1933 s'achevait...

« ... C'est le 2 décembre 1883 que la *Troisième Symphonie* fut jouée par l'orchestre symphonique de Vienne — Johannes Brahms avait donc cinquante ans... »

Lui aussi, Jànos Joszà, le meilleur disciple de Brahms, venait d'avoir cinquante ans, mais en 1933 ! Tiens, ils avaient juste un demi-siècle de différence. Lilette allait sur ses trente ans, quelle folie ! vingt ans de différence. Lilette Larguier, la meilleure élève et la plus jolie voix de l'École normale de Nîmes venait d'avoir quinze ans lorsqu'il l'avait enlevée — si l'on peut dire ! — par la sortie des artistes du théâtre municipal, cette fuite ! elle s'était laissé faire, c'était... c'était en 1918, fin 1918, tout le monde était fou, mais quelle merveilleuse folie ! La seule véritable réussite de sa vie ! Ce qui pouvait leur arriver, maintenant, tant qu'ils étaient ensemble, n'avait plus tellement d'importance, du moment que les enfants ne risquaient plus rien...

Il n'était pas question pour autant de revenir sur la décision de quitter Hambourg, et l'Allemagne, pour toujours s'il le fallait. Pour l'instant, il n'y avait pas péril en la demeure, enfin, pas sur l'heure en tout cas... Bref, les Joszà ne se pressaient pas, examinant à loisir les propositions variées, intéressantes, qui leur parvenaient de Montréal, d'Édimbourg, de Boston, d'Helsinki, du Caire, de Montevideo, de Melbourne ou de Saigon, depuis que le bruit courait parmi les milieux musicaux d'un possible départ du virtuose. Toujours aussi railleuse, Lilette se moquait des hésitations de son époux, l'appelait son cher petit héron de la fable et lui prédisait qu'il finirait au pupitre de la brasserie de la gare à Alès. Elle gardait pour elle ses angoisses et ses coups de cafard.

Elle ne s'était jamais faite à l'Allemagne, la petite fille des Larguier du Casquillé, ce mas des *idéïous* perché sur Clerguemort, elle s'en rendait compte maintenant. Avant, quelle importance ? Elle ne voyait ni Hambourg, ni le décor. Ses murs, sa ville, son pays, c'était son mari, ses enfants, son amour, ses amours. Franck et Ludwig étaient partis depuis plus d'un an, et le Reich allemand, Hambourg, ses murs, ses gens, ses grilles entraient de plus en plus dans son amour.

Lilette l'avait toujours su que le sang hongrois de son Jànos n'était pas de première qualité aryenne, et après ? Mais comment s'y prenaient-ils à présent pour qu'elle soit obligée d'y penser sans cesse, elle qui s'en était toujours souciée comme d'une guigne ?

Les Juifs avaient été chassés de partout, remplacés aux postes de direction par des « commissaires » de pure race. Le nouveau directeur des grands magasins Tietz était l'ancien commis du rayon des rustines et pompes à vélo, qui ne devait cette vertigineuse promotion qu'à son ancienneté dans le parti nazi. Pour la même raison, l'ancien livreur des éditions musicales trônait dans le bureau directorial, sous le buste de Brahms placé lui-même sous un colossal portrait d'Hitler. La première mesure du jeune voyou avait été de s'attribuer des appointements annuels de 60 000 marks, dont la moitié, avait spécifié ce jeune homme prudent, devrait être payée d'avance. Le nouveau régime avait envisagé de liquider les immenses coopératives ouvrières créées jadis par les syndicats socialistes, mais leur activité étant indispensable à la vie même de la nation, elles fonctionnaient comme avant ; les nazis s'étaient bornés à en expulser les milliers de directeurs, gérants et employés inscrits aux partis socialiste ou communiste. Autant de places pour les membres méritants du N.S.D.A.P.

Lilette se découvrait ainsi des bonheurs auxquels personne n'eût songé auparavant : une chance que les cachets d'un maestro soient modestes, et puis, quand même ! pour prendre la place de « Herr Doktor Joszà », il fallait connaître un peu de musique, le *Horst Wessel Lied* ne suffisait pas. Enfin : pas encore...

Toutefois, la docte et sévère société internationale des Amis de Brahms, dont les buts restaient ceux de Hans Guido de Bülow, exprimés dans ces quelques mots des statuts : « *To keep the Brahmsian cult alive...* », s'était vue dans l'obligation d'admettre deux nouveaux membres aux titres équivoques, dont la science musicale ne s'étalait jamais, mais qui ouvraient l'œil autant qu'ils dressaient l'oreille, plus attentifs aux conversations qu'aux concerts.

La dernière invitation officielle qu'avaient reçue les Joszà portait l'en-tête des Amis de Brahms : on priait « l'honorable maître Joszà » — tel que ! — de bien vouloir diriger la *Symphonie n° 3*, Op. 90, pour le concert solennel donné dans le cadre des manifestations du Centenaire, à l'Opéra de la ville, sous la présidence d'honneur du Führer qui s'y ferait représenter, avec la présence effective des plus hauts dignitaires du Parti, de ses organisations, des personnalités militaires et civiles. Après le concert, un banquet officiel serait servi pour honorer les invités étrangers, quelques célébrités du monde musical et de la presse, et les Joszà étaient conviés au festin. Ils en furent pantois.

Jànos se surpassa, le concert fut magnifique. Lilette eut une deuxième joie, très forte, au dîner, quand elle sut que son voisin de table était un Français, M. Fernand de Brinon. Ils causèrent d'abord, et fort agréablement, de Paris, de l'actualité littéraire, il y eut des mots d'esprit, l'air pétillait comme du champagne, du vrai. Lilette regrettait de n'avoir pas préparé une lettre pour son frère, elle l'aurait confiée à ce charmant compagnon, une aubaine. Depuis quelques mois, elle n'osait plus écrire à cœur ouvert.

M. de Brinon semblait fort considéré : d'un bout à l'autre de l'immense salle, d'une table à l'autre, les responsables du Parti, les autorités, les hôtes étrangers se le montraient. Visiblement ils parlaient de lui avec des marques d'étonnement, d'admiration aussi. Lilette comprit tout quand son voisin lui annonça qu'il sortait de chez le chancelier Hitler. Un coup de chance inouï : le Führer, qui jamais encore n'avait accordé d'audience à un journaliste français, avait donné à ce M. de Brinon, pour la publier dans un quotidien de Paris, *Le Matin*, une interview sensationnelle.

— ... Le mot n'est pas trop fort, pour une fois. On peut même dire que l' « entrevue » que m'a fait l'honneur de m'accorder le Chancelier dépasse largement la portée habituelle d'une interview, j'ai eu la sensation que c'était un acte politique mûrement médité...

M. de Brinon parlait bas, à l'oreille de Lilette qui faisait ainsi l'envie de toutes ces dames en grande toilette. Il faut dire que la petite fille des Larguier du Casquillé resplendissait. Sa jeunesse, sa grâce éclipsaient les puissantes beautés qui flanquaient les dignitaires du régime.

— Cher monsieur de Brinon, puisque nous pouvons parler en toute tranquillité (d'un coup d'œil, elle s'assura encore qu'ils le pouvaient), et surtout puisque nous sommes entre Français...

La bouillante Lilette était lancée, elle racontait sa vie : l'enlèvement du virtuose hongrois, leurs deux fils, Franck dans les Cévennes, Ludwig en Hongrie, chez les parents de son mari...

Elle embrouillait tout, volubile. Elle pouvait enfin parler librement avec un compatriote de la France républicaine et fraternelle :

— ... Et vous connaissez sans doute mon frère, Léon, « Cherche-midi » de son pseudonyme littéraire...

Le nez de M. de Brinon l'obsédait. Un nez long, crochu, mince, recourbé, qui remplaçait la figure, qui tirait l'œil, le retenait de force, qu'on ne pouvait pas ne pas regarder, même quand il le baissait pour picorer à la façon de commère la cigogne à la table du renard. (Toujours La Fontaine, elle n'en sortirait donc jamais, elle faillit lâcher : « Mais le museau du sire était d'autre mesure... ») Sans ralentir son débit confus, elle se demandait comment le chef nazi avait laissé passer par l'entrebâillement de sa porte un nez pareil... Elle s'arrêta net sur un : « Excusez-moi, je suis stupide, je vous assomme. »

— Vous êtes charmante !

Là, M. de Brinon était parfaitement sincère.

— Non, non ! protesta-t-elle comme il la suppliait de poursuivre l' « ensorcelant babil », parlez-moi plutôt de... de Lui !

— Eh bien ! oui, là ! je L'ai vu, j'ai même eu tout le temps de Le voir... Il n'est pas si terrible.

— Il n'a pas l'air de nous aimer beaucoup, lâcha Lilette dans un souffle.

— Nous ? Qui ? « nous »...

— Ben... nous... les... la France, quoi !

L'appendice nasal traça dans les airs plusieurs rapides demi-cercles :

— Comment, il aurait osé faire du mal à notre délicieuse petite Française ! ah ! mais... c'est qu'il faudrait me le dire !

Même ça rassurait Lilette, même ça, après cette année sans personne à qui parler, cette année sans les enfants.

— Mais, je parle sérieusement, cher monsieur !

— Ah !... Alors, soyons sérieux...

M. de Brinon prit l'air qu'il fallait pour faire tout bas à Lilette cette révélation que les lecteurs parisiens ne connaîtraient pas avant quelques jours :

— Hitler a l'ambition d'être l'homme qui trouvera l'accord avec la France !

— Mais... *Mein Kampf !* fit Lilette, saisie.

— Évidemment, les jugements qu'il porte dans son livre fameux — ou, tout au moins dans l'édition originale de cet ouvrage — jurent avec ce désir, et faites-moi l'honneur de croire, chère petite compatriote, que je ne me suis pas gêné pour le lui dire. Savez-vous ce qu'il m'a répondu ? « *Mein Kampf* est un livre rempli d'imprécations écrites en prison, avec des fureurs d'apôtre persécuté... » (oui, il sait rire de lui-même, vous voyez qu'on peut s'entendre !) « mais, a-t-il ajouté, depuis lors, une évolution profonde s'est produite dans mon esprit ».

Lilette lui demanda ses impressions d'homme à homme.

— C'est un être extraordinaire, il faut bien en convenir, qu'on soit pour ou qu'on soit contre. Il a toute l'Allemagne derrière lui, lui décide seul, il le sait, et il vous le dit, froidement. Mais il connaît les limites et les périls d'un pouvoir absolu. Il m'a dit, à peu près textuellement : « Je n'ai pas hérité d'un trône. J'ai une doctrine à maintenir. Je suis un homme qui agit, qui engage sa responsabilité. Je réponds de moi-même devant le peuple que je conduis et qui me donne sa force. » Eh bien ! moi, je ne connais rien de plus rassurant que cette réalité que j'ai touchée du doigt.

— Rassurant ? fit faiblement Lilette, rassurant pour les relations de nos deux pays, pour la paix, je ne vois vraiment pas pourquoi...

— Voyons, ma délicieuse amie ! pour la première fois, cet homme, qui veut le rapprochement franco-allemand, peut le faire. Stresemann et Brüning le recherchaient sans doute, mais leurs efforts étaient condamnés à l'insuccès, parce qu'ils n'avaient pas derrière eux la force compacte d'une nation unie !

Ils se turent : un maître d'hôtel entouré de son escouade de sommeliers, de pâtissiers, de laquais en livrée somptueuse s'approchait de leur table. Ils attendirent que la troupe se fût éloignée.

— Mais, vous croyez vraiment que cet... que le chancelier est sincère, murmura Lilette après ce long silence. Elle était parcourue du frisson des chiens errants qui s'arrêtent dans un triangle de soleil hivernal.

Le journaliste lui prit galamment les deux mains :

— Écoutez, chère douce amie, fit-il avec passion, je suis convaincu de la sincérité d'Hitler. Ma carrière de journaliste est déjà longue (mais si ! hélas...). J'ai vu beaucoup de personnages, j'ai approché bien des chefs de gouvernements divers. Je le répète, je crois à la sincérité d'Hitler.

Lilette en oubliait l'immense nez. Fernand de Brinon avait quelque chose en lui qui emportait la conviction, elle résistait encore, ce n'était que des mots, toujours des mots...

— Vous voulez une preuve ? En voici une : deux jours après m'avoir reçu — quarante-huit heures, très exactement ! — le chancelier Hitler recevait M. François-Poncet, notre ambassadeur. Or, vous m'entendez bien ? le Führer ne l'avait vu que deux fois : en février dernier, avec tout le corps diplomatique, et le 15 septembre, en audience particulière et, tenez-vous bien, le tête-à-tête, cette fois, a duré plus de deux heures.

Ils savourèrent leurs desserts, on apportait le café, les liqueurs, les cigares. Les tentures du fond dévoilèrent un orchestre de musique légère. M. de Brinon regarda malicieusement sa voisine : il n'y était pour rien si le programme commençait par un pot-pourri des airs fameux de Bizet, de Gounod, rien que des compositeurs français, comme par hasard. Allons ! les Allemands, même hitlériens, savaient se montrer pleins de délicatesse à l'occasion. Le grand drame, la tragédie, ce serait de les prendre à rebrousse-poil, ils ont leur honneur, leur amour-propre aussi, que diable ! il faut se mettre un peu à leur place, ne pas perdre de vue l'effort gigantesque de redressement économique entrepris par ce malheureux pays. Le journaliste rentrerait à Paris rassuré sur le point primordial, mais, d'un autre point de vue, bourrelé d'angoisses nouvelles ; il redoutait un faux pas de notre part :

— ... Notre politique étrangère manque de continuité. Les équipes se succèdent à l'Élysée. Un ministère renifle les talons du ministère à renverser... Avant de se permettre de donner des leçons aux grands voisins...

Lilette en avait le tournis, ce n'était pas si désagréable : les vins, les liqueurs, l'accent, l'esprit parisiens, l'instinct du Français qui le pousse à faire la cour dès que ça se trouve, qui n'y manquerait pas, se croirait mufle s'il ne tripotait pas un peu le poignet de l'aguichante voisine, ne frôlait pas ses épaules nues sous prétexte de confidence, sans avoir l'air seulement de s'en rendre compte, la tête ailleurs, la pensée justement aux choses sérieuses enfin... ça faisait si longtemps, Lilette avait oublié.

— ... Et pourquoi le maître Joszà ne viendrait-il pas donner un récital prochainement dans la capitale, pour les fêtes de fin d'année, par exemple ? Qu'en dites-vous, ma douce amie ? Paris vaut bien un Requiem ! Mais si, j'en fais mon affaire, le temps de se retourner : ou Gaveau, ou Pleyel, ou Colonne... au titre des relations culturelles, naturellement...

Convaincant, brillant, et renseigné sur la diplomatie, sur la musique mais aussi sur la littérature, le Goncourt de cette année, par exemple, ça ne ferait pas un pli : *La Condition humaine*, vous tenez le pari ? André Malraux, mais si ! Comment ? mais je vous enverrai le livre dès mon retour, il est sorti il y a plus de six mois. Les relations culturelles, je vous le disais, il faut commencer par là...

Il l'invita à danser.

Soudain, au milieu de la piste, en pleine valse de *La Grande-Duchesse de Gérolstein*, Lilette s'arrêta, complètement dégrisée, s'écarta brutalement de son cavalier, et non pas parce qu'il la serrait de près : elle venait de penser qu'Offenbach était juif, mais juif alors, juif allemand par-dessus le marché, juif comme il n'était pas permis ! Elle crut rêver, demanda confirmation, M. de Brinon sourit avec condescendance :

— Exact ! Il en faut peu pour vous étonner, douce et tendre ! Mais, toutes ces histoires, c'est pour la masse, voyons ! cela ne saurait en aucune manière vous concerner !

— Oh ! c'est à voir !

— C'est tout vu, ma chère ! J'ajouterai même que ces idées nouvelles présentent quelques avantages. Nous avons trop tendance à ne voir jamais qu'un aspect des choses, le pire, toujours ! Mais, voyons, le racisme hitlérien est l'un des meilleurs atouts de la paix mondiale !

— Monsieur de Brinon, comment pouvez-vous dire des choses pareilles ! Le paradoxe n'est plus de mise, quand on aborde certains...

— Mais ce n'est pas moi qui le dis, c'est le Führer lui-même, et textuellement : « Moi, pour la guerre ? m'a-t-il répondu, mais vous me prenez pour un fou ! Mais la guerre marquerait la fin de nos races, qui sont des élites, et, dans la suite des âges, on verrait l'Asie installée dans notre continent et le bolchevisme triomphant ! »

Lilette et Jànos rentrèrent à l'aube, lentement, silencieusement. Le chef d'orchestre avait eu l'insigne honneur de se voir placé à la table de la général von Schleicher, la propre épouse de l'ancien chancelier, de l'officier légendaire qui demeurait, régime hitlérien ou pas, l'idole de la Wehrmacht.

— Nous avons beaucoup parlé, marmonna Jànos, c'est quelqu'un quand même, cette femme...

— Nous aussi, nous avons pas mal parlé avec ce journaliste de Paris, fit rêveusement Lilette.

— Oui mais nous, la générale von Schleicher et moi, nous n'avons quand même pas dansé...

C'est à peu près tout ce qu'ils échangèrent comme impressions. Ils se couchèrent dans leurs lits jumeaux à l'allemande, éteignirent :

— Bonne nuit.

— 'Nuit, 'mour.

Le petit jour blanchissait les rideaux. Ni Lilette ni Jànos ne bougeaient, les yeux au plafond. Une demi-heure passa, ils s'ébrouèrent, se raclèrent la gorge et lâchèrent exactement en même temps ces mêmes mots : « Ouais... tout ça n'est pas si simple... » Et ils éclatèrent du même fou rire, un vrai, un bon, un rescapé du temps des trains de nuit entre Nîmes et Hambourg, quand l' *idéïouse* de quinze ans, passagère clandestine de l'amour, quittait subrepticement le fourgon aux instruments de l'orchestre pour rejoindre, dans son sleeping, « cette espèce de saltimbanque même pas de chez nous, quelque Sarrasin plus ou moins musicastre qui a l'âge d'être son père, Dieu tout puissant créateur du ciel et de la terre ! »

Mais, quelques heures après, après le bon fou rire en duo, après l'amour et le sommeil, tout redevenait tout simple, et tragique, finalement.

Il suffisait de descendre dans la rue de tous les jours, pas pour le plaisir, le temps, vite, d'acheter quatre bricoles pour improviser le déjeuner. C'était même plus court en traversant le parc de l'Alster.

Deux jours après la soirée du centenaire, Lilette Joszà sortit pour faire ses courses. Un groupe étonnant dévalait par l'allée principale : trois bambins costumés en nazis, portant le brassard des enfants du Parti, leur poignard gravé à la devise : *Blut und Ehre !* (Du sang et de l'honneur !) dans l'étui de ceinturon, avaient arrêté un enfant de leur âge. Ils le maîtrisaient brutalement, l'entraînaient, on ne savait où, en le bourrant de coups, malgré ses hurlements de terreur. Pas un passant n'avait l'audace de vérifier s'il s'agissait d'un jeu, encore moins d'intervenir. Il y avait beaucoup de ménagères à cette heure-là, des mères, des femmes, des sœurs, des fiancées, des fillettes aussi, elles ralentissaient à peine, n'observaient la scène que furtivement : une interjection, un geste, un rien aurait pu passer pour atteinte à la dignité de l'uniforme des Hitler-Kinder.

Lilette connaissait quelques-unes de ces femmes du quartier, de vue, des visages familiers, on n'osait plus voisiner. Elle reconnut quatre de ces passantes. Aujourd'hui, là, devant ces gosses embrigadés, ces quatre mères avaient peur. C'étaient pourtant les quatre mêmes femmes que Lilette avait vues, quelques semaines auparavant, dans la cruelle ardeur de leur fanatisme.

Il était une heure de l'après-midi, toute la ville s'était pétrifiée, tout Hambourg, figé, tous les hommes, là, le chapeau à la main gauche et le bras droit levé en l'air, toutes les femmes, dans la même immobilité, la main tendue vers le ciel. Sur les trottoirs, sous les porches, au milieu de la rue, partout, tous au garde-à-vous, toute une immense ville pétrifiée sur la seconde. Hitler parlait. Les haut-parleurs transmettaient sa voix du haut de chaque arbre, à chaque carrefour.

Pas un sourire, pas un clin d'œil sceptique, pas un signe de relâchement dans la raideur militaire des positions, et pas un de ces hommes, pas une de ces femmes qui eût le moindre effort à faire pour ainsi se pétrifier. Lilette avait vu là, le même après-midi, ces quatre femmes, extatiques, illuminées, brûlant de mourir, les mêmes, ces quatre mères malheureuses aujourd'hui, apeurées, misérables, les mêmes qui, demain, fanatisées sur l'instant, redeviendraient effroyables, pour retomber, pitoyables...

Jamais Lilette ne s'y ferait, mon Casquillé ! ô ! Clerguemort, ma Cévenne...

Le soir même, elle écrivit à Cherchemidi. Depuis quelques mois, elle faisait pour ses lettres, très prudemment, un brouillon, la brillante Lilette qui n'en avait jamais fait, même pour les examens.

« Bon... M. de Brinon, tu dois le connaître... bon, je peux y aller, c'était officiel... pas de commentaires quand même, on ne sait jamais... La proposition du concert pour la fin de l'année, après tout pourquoi pas, sous couvert des relations culturelles, puisque c'est dans le ton... Si les censeurs sont malins, ils vont croire tout de suite que l'intérêt du concert, c'est de se retrouver à Paris, le fameux journaliste et moi, pour passer quelques jours à se rouler béatement dans le stupre à la française, pendant que mon grand cornard de virtuose déversera du Brahms à pleins seaux sur les populations mélomanes... Qu'ils croient ce qu'ils veulent, je m'en balance, pourvu que le fréron comprenne bien que le seul intérêt que présente pour moi cette tournée dans le *Gross Paris*, pour moi-et pour mon Jànos itou ! — c'est de revoir notre enfant, de passer une quinzaine avec notre Franck... Un an, un an déjà ! Le reconnaîtrai-je seulement ?... Vacances de Noël et du premier de l'An, ça ne lui ferait même pas rater un jour de lycée ! Il faut que Léon se débrouille pour trouver une personne qui prendrait le train de Paris avec l'enfant, on ne peut pas le laisser faire ce grand voyage tout seul, il n'a pas encore ses quinze ans ! Qu'il se débrouille, après tout, le fréron, quand on s'appelle "Cherchemidi" (je vous demande un peu !)... Il pourrait aller le chercher lui-même, il peut bien faire ça pour sa sœurette, quoi !... Surtout qu'une fois à Paris, avec l'oncle Justin qui promènera Franck dans toutes les salles d'armes et les endroits de la haute, il ne lui donnera pas beaucoup de peine, son neveu, au Cherchemidi ! Ah !... s'il me le laisse voyager seul... Quinze ans ! Moi, à quinze ans, mais, une fille, c'est pas pareil... »

8

L'enfant aux abeilles

— Tu as de bonnes nouvelles de tes parents ? demanda M. Hur, quand il put y penser, parce que le passage à niveau des Alsaciennes était fermé.

— Pas depuis la semaine dernière, monsieur Hur. Enfin, je crois que ça va toujours, répondit poliment Franck.

— Bien sûr, mon petit, d'ailleurs, dans leurs dernières lettres, ils ne se plaignent pas... Les choses finissent toujours par s'arranger...

Les barrières s'étaient ouvertes, le chauffeur se tut pour la traversée des voies ferrées, dès qu'il put repasser en prise, il dit, mais en s'adressant à Alain cette fois :

— Hitler finira par faire comme les autres, on gueule, on hurle, on menace, pour arriver au pouvoir mais, une fois qu'on y est, on mesure ses responsabilités et on se calme.

Grand jour pour la belle Mathis tout en cuir : deux passagers supplémentaire, Franck Joszà qui devenait un habitué, Alain Doiren pour la première fois, et tout à fait exceptionnellement. Mme Hur trouvait déjà que le voyage du jeudi vers Clerguemort tendait fâcheusement au transport en commun : les cars, les taxis sont assurés en conséquence, les histoires ne manquent pas d'honnêtes familles ruinées à jamais pour avoir ramassé un quidam au bord de la route. Ça peut coûter cher, le bon cœur ! pour le merci qu'on en retire !

— C'est sans doute l'une des raisons pour lesquelles l'électeur se sent toujours plus ou moins trahi, répondait le jeune instituteur à l'ancien. L'idée venait de le frapper, il la précisait à tâtons : les campagnes électorales, des poussées de fièvre... il faut être rapide, efficace, il faut frapper, arracher le morceau... discours, tracts, programmes, affiches... il faut être bref, simple... il faut se faire entendre, un cri doit être court... Les formules à l'emporte-pièce grossissent, outrent la vérité, la raison ; c'est l'entraînement logique...

— Les voix vont à la grande gueule... dit sans passion M. Hur, simplement pour montrer qu'il suivait le raisonnement de son jeune collègue, cependant il passait de quatrième en troisième, puis en seconde, pour ménager le moteur dans la côte tortueuse du Mas Dieu.

— Si l'on y réfléchit bien, continua Alain, l'élu qui trahit n'est pas forcément un traître, enfin : au sens propre du mot. Il peut fort bien ne s'apercevoir qu'une fois les rênes en mains combien ce programme, qu'il avait, en toute bonne foi, proposé à ses électeurs, était chimérique, donc démagogique...

— Votre explication, mon cher Doiren, ne s'appliquerait qu'à ceux qui sont élus pour la première fois, une expérience suffit. Dès la réélection, le sortant, qui a pris les mesures de ses possibilités, se conduit forcément comme un politicien... dit lentement M. Hur en repassant la troisième pour un kilomètre à peine.

Il connaissait par cœur et la route et la voiture. Il ne se lassait jamais du plaisir de passer les vitesses. Sa main, doigts écartés, se perchait en papillon sur la boule tiède et douce du levier qui lui transmettait dans le bras, dans l'épaule et dans le dos, le clapotement feutré des pignons. Il goûtait, dans l'harmonie d'un moteur régulier comme une montre et du joli chuintement des pneus neufs, une volupté dont il gardait le secret.

— ... Mais, M. Hur, lorsqu'il se représente devant ses électeurs, le jeune député ne peut plus faire marche arrière. Il doit, en plus, soutenir le ton des adversaires, faire face à leurs surenchères, même s'il a su rester parfaitement honnête...

Alain se tut pour mieux suivre sa pensée. M. Hur revenait en seconde. Que se passe-t-il ? La troisième n'avait pas tenu la moitié de son kilomètre habituel... Mais bien sûr ! ils étaient quatre dans sa Mathis, il aurait dû pousser le moteur dans le virage précédent. Il sourit : il devait remanier, en fonction de la surcharge, son attaque de la prochaine côte, la plus longue et la plus dure du trajet, celle du Château de Portes. Il appréciait de telles variations, infimes certes, mais qui valaient par les subtiles virtuosités du chauffeur. Sa main papillonnait en caresse, chauffait la boule du levier en attendant la montée de Portes. Il songeait avec délices aux brutalités de Pel et de Redessac, à leurs mains crispées sur le levier, à leur façon de passer les vitesses sans double débrayage, très vite, pour surprendre la boîte, et en force, passe ou pète ! et le moins souvent possible. Ils crevaient leurs moteurs, s'en prenaient à la marque et changeaient, à Noël, les soupapes, à Pâques, un joint de culasse, ils coulaient une bielle bon an mal an.

— On pourrait presque parler d'une malformation originelle de la démocratie...

— Hep ! monsieur Doiren, là, je vous arrête... jeta vivement M. Hur qui se complaisait à critiquer les parlementaires mais réagissait d'instinct aussitôt qu'on mettait en cause la République.

Dans le fond, M. Hur était le type même de l'anarchiste tendre, mais il était si loin de s'en douter qu'il se prenait parfois, en toute sincérité, pour un socialiste à la Léon Blum, et votait en conséquence, comme la plupart des instituteurs de la région.

— Vous avez mal compris, monsieur Hur, le suffrage universel n'est pas en question, il s'agirait plutôt des électeurs eux-mêmes... On en est toujours ramené au problème de l'élévation du peuple, par la culture...

— En tout cas, il ne s'agit pas de la République mais de quelques fripouilles, canailles et gredins qui grouillent dessus, des *rèzi* — des tiques ! — de Marianne, grogna M. Hur : la Mathis abordait la fameuse côte du Château suivant une stratégie renouvelée non sans quelques finesses...

Républicain, et laïque, M. Hur l'était rigoureusement. Les Hur se trouvaient de ce côté, depuis toujours, autant dire.

Il n'y avait qu'un seul parchemin dans la famille, un seul papier précieux dans leur mas de La Gronde, lettre de noblesse et testament philosophique des Hur : le procès-verbal que le garde-champêtre impérial avait dressé contre l'aïeul, parce qu'il travaillait un dimanche alors que la religion l'interdisait formellement, et l'Empire traversait alors une crise catholique et romaine. Le délit était porté en toutes lettres : le susnommé Hur avait été surpris en flagrant délit sur ses terres de La Gronde, en plein travail ! un dimanche après-midi ! alors qu'il ramassait de la feuille de mûrier pour nourrir ses vers à soie !

De père en fils, les Hur se léguaient la précieuse contravention, et les commentaires de l'aïeul.

— Ah ! moussu La Loi ! quart-d'œil et mouche-à-merde bénite ! si c'est comme ça que tu veilles au salut de l'Empire !... Regarde donc voir vers le Ciel et l'Éternel, tu ne vois rien ? Tu ne vois pas tous ces procès-verbaux qui volent, là-haut ? Et l'abomination de la désolation, c'est que tes coupables sont comme par hasard les Abeilles, non mais, tu te rends compte, monsieur l'Œil-qui-Traîne ? l'Abeille ? ça ne te dit rien ? Mais je vais te faire révoquer, moi ! et ça traînera pas !

— L'Abeille, quoi ? l'Abeille ? avait demandé le garde-champêtre abasourdi.

— L'Abeille, mais c'est le signe même de l'Empire, vieille bête ! C'est au garde-à-vous qu'il te faut leur tirer le procès !

— Mais quoi ? pourquoi ? quel procès ?

— Ben, tu ne vois pas ce qu'elles font, à passer et repasser entre le ciel et toi, mais alors, tu es bête à manger du foin !

— Mais qu'est-ce qu'elles font les Abeilles, Hur ?

— Leurs Majestés impériales, tu le vois pas ce qu'elles font ?

— Ben... non...

— Elles travaillent, les mouches-à-miel. Voilà, mouche-à-merde !

La chronique ajoute que, tandis que le garde se dévissait le cou pour suivre le va-et-vient des Abeilles, il reçut un fantastique coup de pied au cul.

Restait le torchon de papier.

Il disait tout : la loi, l'imbécillité, et aussi l'insolence, l'injure, la ruse et le parjure qui leur reviennent de droit, et bien d'autres choses encore. Les générations de Hur n'en avaient pas fini de se montrer ce bout de papier, jauni, cassé, illisible, qui leur était tout : blason et armoiries, branche et quartiers... Non, mais ! rendez-vous compte : l'Empire et le papisme sur le même papier, et officiel encore !

Les Hur, donc, étaient laïques et républicains.

— Oh ! dis pa ! sans même prendre la deuxième ! s'écria joyeusement Jeannot.

« Bon chien chasse de race », songea M. Hur cumulant ses bonheurs de père et d'automobiliste, et il coupa le contact, sa vaillante Mathis venait de franchir le collet sous le Château.

— Si on faisait la pause par là, hein ? On n'est pas si pressé, après tout, c'est jeudi, mon cher Doiren ! Le temps d'un pipi, on jettera un coup d'œil sur votre futur domaine...

Il ne le disait pas, mais c'était aussi pour laisser refroidir le moteur, c'était surtout qu'à partir d'un certain degré, pour savourer le vrai bonheur de l'automobiliste, il faut se ranger sur le talus, s'arrêter, admirer la machine de l'extérieur, en prenant ses distances et son temps.

— Alors, c'est dit, monsieur Doiren... le C.C. du Charbon ?

— Ma foi, monsieur Hur, j'en ai bien peur, soupira de même le jeune instituteur, et il éprouvait, lui aussi, les profondes saveurs d'un contentement dérisoire, et humain.

Les deux maîtres d'école s'étaient accoudés sur le parapet, sur le tranchant arrondi des pierres plates accolées de champ. Le mur prenait, par la fantaisie du soleil frileux, des allures de colossal bombyx, il surplombait le versant à pic d'un étroit vallon qui s'enfonçait profondément sur leur gauche, en direction du Chambon d'où provenaient cinq autres vallons qui se précipitaient à la rencontre du premier, aussi raides que lui pour la pente. L'ensemble formait une sorte de blessure à l'échelle de la montagne cévenole, la vilaine cicatrice d'un coup d'épieu, qui s'étoilait en six entailles relevées de bourrelets et de durillons. Cette configuration faisait penser à l'entonnoir de papier plissé des classes de chimie, mais un « filtre Joseph » qui aurait trop servi, qu'on aurait écrasé, piétiné, puis défroissé grosso modo. Les six vallons plongeaient et se nouaient dans ce trou, au fond duquel, pour étouffer leur rencontre, avait été tassé un bouchon cotonneux, d'un gris sale ourlé de moisissures.

Sous cette capsule de fumée, de poussières et de suies : La Vernasse.

— Je préfère que ce soit vous que moi, soupira M. Hur.

Franck et Jeannot avaient demandé s'ils avaient le temps d'aller « explorer » le château en ruine. On les entendait s'interpeller joyeusement, ils y prenaient un plaisir qu'on n'avait pas envie d'interrompre.

Le petit-fils des Larguier du Casquillé et le petit-fils des Hur de La Gronde s'entendaient si bien qu'on oubliait leur différence d'âge, et pourtant cinq ans c'est énorme, quand le benjamin n'en a pas encore neuf ! C'était au contraire l'une des raisons de leur entente. A quelques mois de différence, ils se fussent chamaillés, tandis que les cinq ans, ils les acceptaient sans question, pour aussitôt les oublier, puisqu'il n'y avait de concurrence possible sur aucun plan.

Il faut dire que Franck Joszà était passé par des épreuves singulières pour son âge. Le chemin des écoliers, quatre fois par jour, avec sur ses talons les cruels diablotins de la Jeunesse hitlérienne, dans l'embrouillamini des ruelles et des coupe-gorge du Gänge Viertel d'un Hambourg que se disputaient alors, sans ménager des mitrailleuses, Spartakistes et S.A., chemises brunes et marins rouges, voilà qui était de nature à mûrir un enfant précoce.

Dès le début de leurs relations, Franck avait, par bonne fortune, évité l'erreur capitale de traiter Jean Hur en bébé. Il n'avait compris cette chance qu'après, lorsque son petit copain s'ouvrit à lui en toute confiance. Franck Joszà ne cilla même pas quand il découvrit la seconde personnalité de Jeannot, le petit voyou sournois sous les apparences fragiles du garçonnet si mignon, un peu pâlot, fils unique et chouchouté d'un ménage d'instituteurs. Paradoxalement, c'est l'aîné, le rescapé des sauvages petits racistes, qui eut beaucoup à apprendre de son cadet de la communale d'Alès, enseignement qui n'avait rien à voir avec celui qu'on lui prodiguait au lycée Jean-Baptiste Dumas, mais le complétait exactement. Il ne cachait pas l'intérêt qu'il prenait aux récits du *Grand 6*, des batailles rangées dans le Barry, des trafics particuliers aux différentes tribus de gitans et de manouches, des chapardages, des vols, des combines, et il n'avait pas à feindre, cela le passionnait ! Enfin, comme il savait écouter, relancer l'anecdote en panne ou suppléer le chaînon perdu, il devint l'ami de Jean Hur, il fut même le premier à le connaître. La plupart ne voyaient que l'enfant modèle des pédagogues Hur, tandis que les pouilleux de la Cayenne commençaient à apprécier le minot faiblard, mais ficelle et terriblement opiniâtre. Quelques rares personnes avaient un instant soupçonné, à la lueur d'un hasard, le petit voyou si bien dissimulé. Seul, Franck Joszà sentit l'innocence et la pureté intactes, le trésor d'enfance qui s'accumulait, capital et intérêt, sans que rien se perde, la puissance de tendresse et de générosité de ce cœur précocement verrouillé. Seul, le descendant de la race immémoriale des *idéïous* du Casquillé pressentit vaguement que Jean Hur entrait dans la vie par la porte des grands, prenant à rebours les chronologies éternelles, commençant par liquider l'âge ingrat, se réservant le tendre pour plus tard, une poire pour la soif. Franck n'aurait su dire pourquoi, mais il conçut un espoir démesuré dans l'avenir de Jeannot. Son petit copain l'émerveillait, il flairait dans ce blondinet maigrichon et pâlot le soufre de quelque diablerie que les hommes ignoraient encore...

Dommage ! Quelques années plus tard, sa « philo » dûment ingurgitée, les deux bons gros volumes du Cuvillier dépiautés, mâchés et digérés avec les soins minutieux, l'appétit, la passion pour l'étude qui lui étaient naturels, notre pensionnaire du lycée J-B Dumas eût examiné ses heureux pressentiments avec plus de rigueur, et de fruit.

La comparaison concrète se ferait avec les caraques, hommes et femmes que l'on voit marcher pieds nus, piétiner un tesson de bouteille, un bout de barbelé rouillé, des semences de tapissier, sans même s'en apercevoir, mais qui chaussent aussi bien des vernis neufs, extraordinairement pointus, pour la grand-messe ou la correctionnelle. Seulement, voilà, il faut commencer comme eux, pieds nus sous les roulottes ; si l'on suit le sort commun, des chaussons aux bottines, des galoches aux brodequins, des espadrilles aux bottes, c'est raté. Jamais des orteils qu'on a élevés dans le coton ne pourront endurer les débris de verre.

Dès ses premiers pas dans la vie, l'âme de Jean Hur se faisait ses cals et sa corne.

Les abeilles qui, justement, sont en si bonne place dans la

mythologie des Hur, imageraient, d'un autre point de vue, plus direct, et avec des nuances plus délicates, les anachronismes inquiétants d'une telle enfance.

Les abeilles de la Gronde se carraient au meilleur cagnard de la plus belle « soleillée » du val de Clerguemort, à mi-flanc, face au mas des Hur, juste au-dessus du cimetière familial. Les ruches étaient creusées dans des troncs de châtaigniers ; elles étaient coiffées d'une large pierre plate ; elles s'étageaient en quatre files sur un immense rocher qui formait saillie, en longueur, la console rêvée, un don du ciel.

La source de la Gronde se nichait sous cet auvent cyclopéen. Elle était assidûment fréquentée par les abeilles, et pas seulement par celles de la famille, il en venait de tout le canton. Il faut dire que cette eau de roche était une merveille, elle attirait les essaims sans feu ni lieu, la richesse dans un bien, une eau pareille !

Pour ses cinq ans révolus, Jean Hur apprit à « aller à l'eau » tout seul, comme un grand, et sans qu'on ait à le lui dire, dès qu'il voyait mettre le couvert de midi. La première année, il n'eut qu'une cruche minuscule, pour le principe. Au fur et à mesure qu'il prenait de la taille et de la force, on changeait la cruche, on allait chez les cordonnières acheter le modèle au-dessus. Ses cruches grandissaient comme lui.

« Aller à l'eau » ne fut jamais une corvée pour Jean Hur, même lorsque vint le temps des grandes cruches, une à chaque bras.

La source de la Gronde était au fond d'un trou dans le roc, un trou beau comme une grotte pour Alice, que l'eau merveilleuse emplissait de bruits humains, mâchonnant son cresson, majestueuse dans ce bourdonnement jamais le même, la rumeur courtisane de ses abeilles.

Les grands ne pouvaient prétendre à une seule goutte sans mettre un genou en terre avec une révérence sous la barbare perruque de ronces, raie au milieu, mèches rejetées au gré du vent, deux courgettes en pendants d'oreilles, à la caraque. Dès la première fois, l'enfant de la Gronde s'avança debout (il n'avait que cinq ans), sans crainte, la tête dans le dense tourbillon d'abeilles qui gardait l'entrée de la caverne merveilleuse, pleine de splendeurs sombres, humides, fraîches, odorantes et grondantes.

Personne à Clerguemort n'avait jugé utile d'apprendre à Jean Hur que les abeilles piquaient.

On lui avait appris à éviter les gestes brusques, à parler à voix feutrée, sur un ton chantant. Si une petite étourdie se prenait dans ses cheveux, il savait comment la dégager : du bout des doigts, très doucement, avec les mots qui rassurent — « Calme-toi, petitette, je vais te tirer de là, doucemennette, là, là... » Quand une abeille se noyait, quand elle battait follement des ailes, ridant comme une cible la surface du creux de roc où s'accumulaient les eaux, Jean savait prendre la naufragée sur le bout de l'index, par en dessous, pour la retirer dans un geste ample et lent, et la déposer sur une pointe de pierre au soleil, dans le vent si possible, afin qu'elle sèche rapidement. Il en avait ainsi sauvé plusieurs, elles l'aimaient bien. Elle se l'étaient dit, il n'en doutait pas. D'ailleurs leur bourdonnement changeait à son approche, se faisait plus mélodieux, et comme caressant.

Il y avait plusieurs univers dans cet enfant, l'un était aux abeilles.

C'était l'Esaïe, du mas de Canaan qui visitait les ruches de la Gronde. A son lit de mort, le vieux Hur avait solennellement confié le soin de ses abeilles au chevrier de Clerguemort, son compère. Le vieil Esaïe Ardailhan considérait ses chèvres comme son travail et sa vie, les abeilles étaient son luxe, sa distraction, son plaisir, il s'accordait une visite aux ruches comme une récompense, il ne se permettait pas d'aller voir les abeilles s'il n'était pas en parfait accord avec sa conscience (pas plus qu'il ne se fût approché alors de la Table sainte).

Le papé Ardailhan travaillait dans les ruches à mains nues, il retirait le miel sans masque, sans soufflet à fumée. Il s'expliquait calmement avec les abeilles. Elles connaissaient sa voix, elles lui répondaient à leur façon, il était connu d'elles dans toute la vallée de Clerguemort. Quand son chemin de chevrier passait à proximité d'un rucher, une patrouille d'ouvrières venait bourdonner autour de ses oreilles, pour le saluer, lui tenir compagnie quelques mètres avant de retourner au travail. Il faut dire que nombre d'entre elles lui devaient la vie. Quand l'hiver devenait trop dur, l'Esaïe apportait du sucre dans les ruches en peine, et il devait se cacher pour le faire, les siens — particulièrement son fils, le Laguerre — eussent trouvé que les manies du vieux coûtaient cher.

Jean Hur ne manquait pas d'accompagner le papé du Canaan, quand il venait à la Gronde pour le miel. Le vieillard avait ainsi communiqué à l'enfant sa dévotion pour l'Abeille, personnage biblique :

— Mon petit, il faut apprendre des abeilles, pour devenir bon et laborieux comme elles, pour faire sa parole douce et nourrissante comme le miel, disait l'Esaïe, le chevrier de Clerguemort.

Dans le vaste monde, on doutera, on prendra cela pour de jolies galéjades. Pour n'y voir rien que de naturel, il faut être l'enfant de ces vallées montagnardes où c'est aux abeilles d'abord qu'on va annoncer la mort du chef de famille sous peine de les voir dépérir dans l'année ou déserter le bien, il faut être de ces villages où les ruches portent le deuil, ceinturées de crêpe du côté de Saint-Jean-du-Gard, arborant ailleurs un nœud de taffetas noir.

Les deux instituteurs contemplaient vaguement le trou de La Vernasse.

— ... Vraiment, vous êtes allé chez M. l'Inspecteur ? Mais... à son domicile même ? Je suis vraiment curieux de savoir comment il vit dans le privé.

Alain Doiren sourit :

— C'est curieux, en effet. Curieux mais sympathique. On frappe. Une voix, du fond de l'appartement, vous crie d'entrer. Vous trouvez plusieurs collègues qui sont déjà là, installés comme chez eux...

— Des instituteurs ? On m'a dit qu'ils étaient parfois une vingtaine, venus là, comme ça, pour rien...

— Pardi. Il vous dit : « Asseyez-vous. Si vous avez soif, buvez, si vous avez faim, mangez, ouvrez les placards ! » Il retourne dans son cabinet de toilette, il continue la conversation par la porte ouverte (il se rasait)... « Vous n'avez pas encore mangé ? Qu'est-ce que vous attendez ? »

— Vous avez vu la famille ?

— Euh... En passant, si vous voulez. J'ai aperçu ses filles. Il en a deux. Très belles, remarquables, vraiment.

— On dit qu'elles sont très intelligentes, elles sont au collège, un peu excentriques peut-être...

M. Hur semblait sous-entendre « comme leur père » *(Mèno faï mèno...)* ; il ne prenait sans doute pas le nouvel inspecteur pour un inquiétant timbré, mais M. Pailheyre n'était pas dans la tradition et cela ne rassurait pas un instituteur déjà formé, accoutumé à des supérieurs bons ou mauvais, mais classiques.

Franck Joszà et Jean Hur redescendaient du château, en causant tout bas. M. Hur jeta un dernier regard sur La Vernasse engoncée dans ses fumées :

— Enfin, il a su vous convaincre (il n'aurait pas dit sur un autre ton : « il vous a bien eu ! »)...

— Bah, on verra bien... soupira le nouveau directeur du cours complémentaire de La Vernasse en suivant son collègue vers la belle Mathis.

— Oh ! ça, pour voir, vous en verrez ! Surtout que vous tombez dans une année... choisie !

— Qu'est-ce que vous voulez dire ?

M. Hur se retourna pour montrer du doigt le trou dans le creux des montagnes :

— Ça bouillonne drôlement là-dedans, avec toutes ces histoires de salaires, de coût de la vie... Bientôt, en plus des grèves et de tout le bazar, il y aura des élections... Vous avez su ce qu'ils ont fait au jeune Mourrail ? ça vous donne une petite idée... Vous connaissez Clerguemort, mais ça n'a rien à voir, d'abord La Vernasse, c'est plein d'étrangers, de Polonais, d'Espagnols, ils sont terribles !... Enfin, je ne suis pas là pour vous enlever du courage, vous en aurez besoin... Allons, les gosses, en voiture !

9

Les bulletins marqués

Le Jaurès s'était planté devant le Fernand et lui avait lancé :

— Tu voulais me voir ? Tu me vois.

— Tu te doutes bien un peu, quand même, pourquoi je veux te voir, Jaurès ?

— Je m'en doute, ouais.

Le maire de Clerguemort et le délégué des mineurs de La Vernasse, à trois pas de distance, raidis, se jetaient les mots sèchement, on les eût dits dégoûtés l'un par l'autre. En dépit des apparences, le Jaurès et le Fernand s'estimaient profondément. Il n'y avait pas de faille dans la confiance et l'affection qui liaient ces deux mineurs de mêmes génération et formation, mais justement, rudes façons et ton rogue s'imposaient d'autant plus, la pudeur virile étant naturelle au Cévenol.

— Ce sont tes types, Jaurès, qui ont mis le Cyprien Mourrail dans un triste état ?

— Quels types ? fit le maire de Clerguemort, par une réaction de mauvaise foi machinale. Il ne savait que trop bien qu'il ne s'en tirerait pas si facilement avec le délégué-mineur.

— Clerguemort, précisa Fernand Bédel sans irritation.

— On t'a bien renseigné, confirma le Jaurès maussade.

— Et qui a payé qui ? demanda nettement le délégué (en se forçant un peu quand même). C'est qu'ils valent cher, ces deux coups de poing !

Le maire de Clerguemort avait aussi pensé à ça, tout de suite : le massacre ne profiterait qu'à la Compagnie. Il ferait pencher les hésitants, du mauvais côté...

— Je ne crois pas que ce soit un coup monté, répondit-il quand même, en toute sincérité.

La réponse de Fernand Bédel tomba comme une lame :

— Une économie pour la Compagnie alors ! Elle aurait payé pour...

L'attitude des deux mineurs n'avait pas fléchi, leur confiance réciproque non plus.

Le délégué s'assura d'un regard que le maire de Clerguemort ne croyait pas à une provocation de l'ennemi. Cela suffisait, si le Jaurès pensait ainsi, il n'avait plus lui-même de raison de penser autrement.

Fernand Bédel avait trente-trois ans, un de moins que le siècle. Il était, de peu, le cadet du Jaurès, mais il faisait beaucoup plus jeune que le maire de Clerguemort. D'une taille moyenne, bien prise, mais sans l'étalage des épaules ou des poignes en battoirs qui impressionne, d'un maintien et d'une allure modestes, il ne laissait rien apparaître d'une force et d'une endurance qui surprenaient, surtout qu'il n'en usait que rarement, quand il ne pouvait pas faire autrement, contrairement aux coutumes de La Vernasse. Ses traits comme sa voix douce d'un ton qui ne montait jamais, exprimaient le calme et l'assurance d'un homme qui sait où il va, qu'on ne saurait arrêter sur son chemin ; son visage régulier, carré par le menton, vaste par le front, appartenait à une sorte de beauté romaine, très masculine, qui en impose beaucoup plus qu'elle ne charme.

— C'était Clerguemort, oui, Fernand, à toi je peux le dire, mais pas tous... Tu sais ce que c'est, dans l'état où ils sont, continuait songeusement le Jaurès, il suffit qu'un donne le premier coup...

— Il faudrait quand même essayer d'aller un peu plus loin dans l'explication, Jaurès, l'affaire est trop grave, reprit le délégué, avec un regard d'amitié.

Les yeux de Fernand Bédel étaient de ce bleu gris, très clair, délavé, de cette couleur attendrie comme les bleus de travail quand l'épouse est économe et pointilleuse, nuance curieuse qui n'est pas rare dans la Cévenne, mais le regard du délégué pouvait changer sur la seconde : voilà ce qui rendait ses yeux inoubliables ; quand il souriait, ils exprimaient toute la tendresse du monde, la vraie, qui est toujours un peu triste, mais, sur un mot, sans transition, le sourire s'effaçait complètement, alors les mêmes yeux n'exprimaient plus qu'une volonté farouche, impitoyable. Les mineurs de La Vernasse connaissaient surtout les yeux du sourire, les maîtres-mineurs, les ingénieurs et le directeur surtout les autres.

Bizarrement, pour « aller plus loin dans l'explication », le Jaurès et le Fernand observèrent un long silence :

— Le Libertade ? fit le délégué.

— Pardi. Qui vois-tu d'autre ? fit le maire.

— Il faudrait quand même en finir une fois pour toutes avec ce drôle de pistolet. Qu'il comprenne un bon coup. Un de ces jours, il finira par nous fourrer dans un pastis épouvantable... Tu le verras à Clerguemort ?

— A mon idée, commença le Jaurès après réflexion, ce serait peut-être mieux que ce soit toi... Tu comprends, Fernand, c'est contre toi qu'ils présentent le Cyprien Mourrail... Pour nous, bien sûr, c'est pas ça qui compte, mais pour lui ça pourrait compter, on ne sait jamais, c'est un drôle d'asticot...

— Je pense que tu as raison, Jaurès. Je vais le voir ton Libertade.

— N'y va quand même pas seul, Fernand, on ne sait jamais...

— Si justement.

Le maire de Clerguemort observa le délégué, puis il conclut :

— Après tout, c'est toi qui vois.

L'attitude des deux hommes se relâcha aussitôt. Ils avaient encore des choses à se dire, mais d'une espèce différente. Ils s'assirent sur le talus, à ce moment-là, comme s'ils obéissaient aux règles d'un savoir-vivre mystérieux. Le Jaurès tira sa boîte de fer blanc pour rouler une cigarette, ce qui voulait dire clairement qu'il y avait beaucoup à débattre. Le Fernand ne fumait pas mais il sut attendre la deuxième bouffée, avant de commencer :

— Si ç'avait été un coup monté à Clerguemort, Jaurès, tu sais à qui j'aurais pensé tout de suite ?

— Aux Tarrigues.

— Tu l'as dit.

— Fernand, les Tarrigues, je ne les vois pas si mauvais que ça.

— Peut-être bien... Il faut dire que nous, de notre côté, on n'y est pas allé de main morte en 29, fit le délégué, après réflexion.

La grève de 1929 avait été longue. Les trois mineurs Tarrigues, Camille, Noël et l'oncle Albéric avaient repris le travail quelques jours avant les autres. Ils avaient leurs raisons, sans doute : le père mourant leur coûtait cher en médicaments ; Camille, sur le point de partir pour le service militaire, ne rapporterait bientôt plus d'argent à la famille endettée, et Noël n'en rapportait guère, il avait alors quatorze ans, c'était sa première année dans la mine. Après quarante jours d'une lutte sans merci, dans le bassin occupé par les cavaliers de la Garde mobile et les Sénégalais, les grévistes affamés et battus ne pouvaient pardonner les défaillances, même tardives. Socialistes, les Tarrigues se distinguaient déjà dans un village à majorité communiste. Après 29, Clerguemort les tint pour des jaunes, — des renards, c'est l'image patoise — autrement dit des traîtres, des « sociaux-traîtres » pour tout dire. Le village mit la famille en quarantaine. Elle y était toujours.

— Têtus, avec ça ! soupira le Jaurès, ils ne feraient pas un pas vers nous, ils sont bien trop fiers ! Essaye un peu de leur... « tendre la main », comme dit le Parti, tu verras ce que tu prendras ! « Va donc à Moscou, puisque c'est si bien là-bas ! » Pas moyen de discuter. « Moscou », c'est tout ce qu'ils savent dire. Écoute, Fernand ! pour eux, Hitler et Staline, c'est du pareil au même ! C'est quand même pas supportable, ça, hein ?

— On m'a dit qu'ils traversaient une mauvaise passe, dit Fernand, après un silence. L'aîné, Camille, aurait de gros besoins !...

— Eh *pardine* ! sa femme, la Niçoise, ça m'a tout l'air d'en être une qu'il ne suffit pas de lui en promettre, tu la connais ?

— Non, mais je sais que le Camille a essayé de faire un emprunt à la Caisse... On dit qu'il est prêt à hypothéquer jusqu'à sa maison. Pour la bagnole, c'est déjà fait.

— Je ne croyais quand même pas qu'ils en étaient là. Leur maison !... soupira le maire de Clerguemort.

— En somme, ça fait déjà trois voix contre, sûres, de chez toi. Avec le plus jeune, Noël, celui qui a été blessé à une main...

— Trois ? pas sûr... Peut-être bien que deux.

Le Jaurès n'aurait pas su dire pourquoi. Il avait cru remarquer certains sursauts, des regards, à se demander si le jeune de ces Tarrigues ne se lassait pas de l'entêtement socialiste de la famille.

Le Fernand répondit plaisamment que si le jeune Noël quittait le parti familial, il irait plutôt vers la droite que vers l'extrême gauche :

— Tu sais qui il fréquente, le petit Tarrigues ?

— Aucune idée.

— La fille Mourrail.

— *Fan dé püte !...*

Le Jaurès en fut mélancolique. La pensée n'effleurait pas les deux hommes que cette mésalliance aussi pût être concertée, contrepartie de quelque manœuvre inimaginable ; simplement, ça n'arrangeait rien, par-dessus le marché. L'élection du délégué s'annonçait des plus difficiles.

— Y a pas à tortiller, ils veulent ta peau, Fernand, et ils y mettront le prix. Ils ont commencé à distribuer des bulletins marqués...

— Tu m'en apprends de belles, Jaurès ! celle-là, on ne me l'avait pas dite encore. Remarque, je m'attendais un peu à ce coup-là, ce ne serait pas la première fois...

Le maire de Clerguemort lui montra, sur l'un des bulletins déjà récupérés par ses soins, les piqûres d'aiguille imperceptibles au premier regard, mais suffisantes pour vérifier si le papier sortait de l'urne.

— Ils disent au type : « Si ce bulletin ne sort pas, tu prendras la porte... » Ils font une pression terrible. Les maîtres-mineurs les distribuent sur l'ordre de la direction. Ils commencent par les types qui descendent des mas les plus isolés, par les mineurs les moins... les plus... les plus paysans, ceux qui sont à la mine depuis pas longtemps. « Ce Fernand Bédel, il faut le battre ! il faut voter pour le candidat de la Compagnie ! » Ils le leur disent carrément...

— Le candidat de la Compagnie... C'est pourtant un brave type, le Cyprien ! Ils choisissent les braves types, pour tromper les mineurs. Il s'est laissé monter le coup, le Cyprien Mourrail, et encore ! sans son cassage de gueule, il n'aurait peut-être pas marché. Je vais aller le voir, ce Libertade, et comment !

— Nous avons commencé la visite des mas, autour de Clerguemort, surtout chez les mineurs qui peuvent avoir reçu un bulletin marqué, mais ils ne veulent pas nous le dire, ils ont peur. Quand ils nous voient arriver...

Fernand Bédel était plongé dans une songerie dont s'échappèrent ces quelques mots murmurés : « ... Ça entraîne la haine entre ouvriers... Il faut bien faire attention à la manière de s'y prendre, penser plus loin. On risque de les écarter au lieu de les rapprocher, ces camarades... Et c'est bien un peu le but poursuivi par les Houillères, Jaurès... »

— Les types ne veulent pas nous le dire, qu'ils ont reçu un bulletin marqué, reprit le Jaurès. Pourtant, on visite les faibles, on les connaît bien, nous aussi ; on leur dit : « On t'a donné un bulletin, à toi. Et on te l'a marqué ! » Il te dit non, le type, tu vois... « Je te dis qu'on t'a donné ce bulletin ! » On discute un moment avec lui... Et puis : « Montre-le moi, ce bulletin ! » Des fois, il faut trois quarts d'heure pour que le type le donne. Ils ne veulent pas le donner, ils ne veulent pas montrer qu'on a fait pression sur eux, puis ils finissent par le sortir. Alors, on le leur prend et on leur en donne un autre...

Le Fernand sursauta :

— Un bulletin marqué ?

Le Jaurès se releva à son tour, péniblement, en exagérant les douleurs de ses reins :

— Ben... oui, marqué.

Consterné, Fernand songeait à l'infernale combine qui pouvait se retourner comme un canon pris à l'ennemi. En quelques secondes, le délégué vécut dans la peau du pauvre type soumis successivement aux deux chantages. Les « faibles », dont parlait le Jaurès, étaient pour la plupart des fils de paysans. Ils descendaient depuis peu, de leurs mas perdus sur la montagne, pour arracher le charbon. Ils n'avaient pas l'expérience des mineurs fils de mineurs, ils n'étaient pas encore méchants. Hier paysans, arrachés à un bien qui ne pouvait plus nourrir leur famille, ces montagnards n'avaient, du prolétaire, que la condition, pas encore la conscience. Le maître-mineur, c'était un « monsieur » pour ces nouveaux, quelque chose comme un officier, et ce gradé les attrapait par le bras pour leur expliquer la combine. « Tu vois ce bulletin ? Nous l'avons marqué pour le reconnaître. Quand on ouvrira l'urne, je regarderai si le bulletin que j'ai marqué de cette façon en sort. S'il n'y est pas, mon pauvre ami... » Le lendemain, notre mineur paysan voyait arriver dans son mas le Jaurès, ou le Mèffi, ou le Pétardur. Il offrait de son pastis, il écoutait, il finissait par comprendre que c'est très mal d'accepter un bulletin Mourrail marqué par la Compagnie. Il le passait à son camarade de travail qui, aussitôt, lui en donnait un autre, un bulletin Bédel, en lui expliquant : « Attention, nous l'avons marqué. S'il ne sort pas de l'urne... »

— Tu crois que c'est joli, de marquer le bulletin de quelqu'un ? c'est épouvantable.

— Écoute, Fernand, si on ne fait pas ça, tu seras battu de cinquante voix, je t'en fiche mon billet ! tu veux être élu, oui non ?

— Oh ! moi...

Le maire de Clerguemort le saisit aux épaules pour lui dire sur le ton d'une affectueuse prière :

— Fernand ! il faut... il faut que tu passes !

Le délégué secoua les épaules pour s'ébrouer de cette confiance trop lourde. Gravement, il martela ces mots :

— Chacun vote pour qui il veut. Moi, je ne demanderai jamais à quelqu'un, individuellement, de voter pour moi. Moi, je me sentirais diminué si j'allais marquer le bulletin de quelqu'un...

Ce fut au tour du Jaurès de hausser les épaules, il voulait montrer ainsi que les penchants du Fernand comptaient peu, au train où allait le travail au fond, et quand il s'agissait du pain pour tous.

Ils se quittèrent là-dessus.

— Et l'unité, Jaurès ? demanda le délégué en lui serrant la main, et l'unité ? avec des procédés pareils, elle ne se rapproche pas...

Le maire de Clerguemort sentait la moutarde lui monter au nez :

— Fernand ! tu sais ce qu'il répond à nos avances, Paul Faure, le secrétaire général du Parti socialiste ?

— Je sais.

— Il répond par les cinq lettres...

— Je le sais bien...

— C'est-à-dire : « merde ! » précisa le Jaurès.

Le trou de La Vernasse n'était pas un cagnard, il ne présentait vraiment aucun avantage, on aurait presque dit, au contraire, que le froid s'y rassemblait, s'y tassait, comme du mercure au fond d'un entonnoir.

Fernand Bédel arrivait à la fin de son mandat de délégué-mineur. Dans quelques jours, ce serait le vote. Le candidat de la C.G.T.U. marchait d'un pas vif, le menton dans le cache-col. 1933 finissait mal, par quelque bout qu'on le prenne. Sonnant du talon, parce que ça lui donnait l'illusion de se réchauffer, il ruminait la nouvelle présentation, sur un ton inhabituel, d'une propagande qui le mettait mal à l'aise par ses brutaux à-peu-près.

« ... Il ne faut pas effrayer les gens avec la politique. Il s'agit du syndicat, le syndicat ne leur interdit pas d'aller à la messe (faire admettre ça, déjà, aux principaux militants, aux plus anciens, aux plus fidèles, sinon aux meilleurs... et pourtant c'est la vérité) : vous allez à la messe si vous voulez, ce n'est pas incompatible avec le syndicat, mais organisons-nous ensemble, luttons ensemble pour faire aboutir les intérêts qui nous sont communs... »

« L'Unité », un mot magique pour Fernand Bédel, mais pour lui seul. Même ses meilleurs camarades n'y mettaient plus de contenu, le répétant comme une formule bienséante. Ils terminaient là-dessus, c'était devenu l'amen de leur politique. Le délégué, lui, allait même trop loin, dans le sens opposé : l'Unité résoudrait tout, panacée, baguette magique... Il en devenait sourcilleux. Les maladresses, les erreurs de ses camarades, le blessaient ; ils étaient loin de s'en douter : l'insulte au « frère ennemi » leur faisait du bien, les soulageait, et aussi l'attaque personnelle et brutale, qui coupe les ponts. Ils ne s'enthousiasmaient vraiment, eux ! les membres de la C.G.T.U. — U = Unitaire — que, lorsqu'il s'agissait d'étriller les « réformistes de la vieille C.G.T. ».

Fernand Bédel se mit à penser à la masse de ceux qui n'étaient ni C.G.T., ni C.G.T.U., qui n'étaient rien... Un frisson le secoua, qu'il attribua au froid, au courant d'air du carrefour ; 600 syndiqués sur 15 000 mineurs dans le bassin, ce n'était pas lourd. Dont 80 environ à La Vernasse, la proportion était excellente par rapport au bassin dans son ensemble. Il n'y avait pas 20 syndiqués dans toute la Grand-Combe, incroyable... Heureusement, l'influence de son syndicat était hors de proportion avec le nombre réduit des militants et des adhérents. La plus belle preuve était La Vernasse, où les réformistes n'avaient même pas pu constituer leur organisation, quelle que fût leur influence...

Il ne fallait pas chercher loin pour trouver la raison du peu d'empressement des mineurs à se syndiquer : la scission dégoûte l'ouvrier.

Fernand Bédel rentrait dans son beau rêve : l'Unité... « Ils sont dégoûtés, et comment leur donner tort ? Les mineurs sont fondés à nous dire, à nous, responsables syndicaux : "Vous ne pouvez même pas vous mettre d'accord entre vous, alors, nous, on reste à l'écart... Accordez vos violons, alors nous entrerons dans la danse..." Ça n'empêche pas le sentiment, bien sûr : dans les votes, ils nous donnent la majorité. Mais la scission fait un mal terrible, elle sert les patrons, elle affaiblit le mouvement ouvrier. Ça se comprend, sur tous les plans, du moment qu'un adversaire s'affaiblit, l'autre... »

Marquer les bulletins à son nom lui paraissait un crime de la plus sale espèce, ce que l'arsenic est au coutelas. Pourtant, comment faire autrement ? Pourquoi faire le délicat devant un adversaire qui l'était si peu ? Si la Compagnie gagnait cette fois, les mineurs auraient perdu pour longtemps, ils auraient perdu beaucoup.

Pour se rendre de chez lui jusqu'à la lampisterie, Fernand suivait le chemin de toujours, traversant tous les bas-fonds de La Vernasse, par les Cannibales, par la Placette, au-dessus du Sang-Coulera.

Chaque étape, un coin de mur, l'arrondi des pavés, les escaliers sous la Placette, ramenait dans sa mémoire un détail, une odeur, un bruit, une impression... Il se rappelait en particulier cette scène de son enfance : c'était un dimanche matin... Son père se préparait à sortir. Il le vit démancher une pioche.

— Hé ! papa, c'est pas une canne ?

— *Béléu n'ouraï bésun* (peut-être j'en aurai besoin) !

— Où tu vas, papa ?

— Je vais voter.

— Je peux venir avec toi ?

— Euh... Et pourquoi pas ?

C'est à la sortie des Cannibales, à l'entrée de la rue menant de la Placette, qu'ils avaient rencontré le premier, un homme endimanché, qui offrit un bulletin à son père.

— Je n'en ai pas besoin, de ton bulletin, répondit le père Bédel.

Ils continuèrent leur marche, sans ralentir. A l'angle de la Placette, il y en avait un deuxième, qui ne dit rien, mais cracha à la face du père.

— Qui est celui-là ? demanda l'enfant estomaqué.

— *Es ün bandi, aqel d'aqi, ün mèstré-minür !*

Sur la Placette, les gens se battaient.

Le père et l'enfant commencèrent à gravir la côte de La Vernasse en direction de la mairie. Devant la boulangerie, il y en avait un troisième, qui leur cria :

— Hep ! Bédel ! Viens ici prendre ton bulletin !

— Je n'en veux pas de ton bulle...

Le père reçut un coup de bâton derrière la tête, de la part d'un quatrième qui faisait face au troisième, de l'autre côté de la rue.

Le cinquième se tenait entre la pharmacie et la boucherie. Quand il approcha du père et de l'enfant, Bédel lui assena sur le crâne un bon coup du manche de pioche.

Quand ils entrèrent dans la salle de la mairie, l'enfant vit son père tirer son propre bulletin de sa poche. Il le tendit au président du bureau de vote, qui était aussi le maire, et le directeur de la mine. On votait alors à bulletins ouverts, bulletins qui étaient de couleurs différentes.

Fernand se souvenait encore qu'en revenant, après le vote, son père lui avait proposé joyeusement :

— Et maintenant, mon petit, on va aller boire un coup.

Mais, comme l'enfant se dirigeait déjà vers le bistrot le plus proche, son père l'avait arrêté :

— Non, pas celui-là, c'est un mouchard.

Son père n'allait pas dans n'importe quel café, il est vrai qu'il y en avait à suffisance, un pour trente habitants en moyenne, une chose au moins qui n'avait pas changé.

Fernand se souvint aussi qu'il eut faim souvent dans les mois qui suivirent ce dimanche.

Et tout cela allait recommencer...

Après un si long temps de calme, où tout au moins les apparences de la démocratie avaient été sauvegardées, le chantage à la faim allait recommencer ! Quand les malheureux dont le bulletin ne serait pas sorti de l'urne se présenteraient le lendemain du scrutin à l'entrée de la mine, on les changerait de chantier, on les enverrait dans les pires travers-bancs, dans les galeries où il pleut. Les « mal-pensants », les rebelles, travailleraient beaucoup plus, beaucoup plus dur, pour gagner beaucoup moins.

Les bulletins marqués par la Compagnie étaient le chantage au bagne et à la misère. Quel serait le chantage contraire, l'antidote, si nous marquions les nôtres ? Le maire de Clerguemort l'avait noté, lorsqu'il avait récupéré les bulletins Mourrail dans les mas : « Ils ne voulaient pas l'avouer, ils se cachaient d'avoir cédé à la pression, d'avoir accepté le bulletin marqué... »

La Compagnie brandissait la menace des travaux forcés, de la faim, le syndicat n'en appelait qu'à l'honneur des ouvriers. Le capital visait au ventre, la révolution au cœur. Malheureusement, les menaces patronales étaient, elles, certaines et matérielles. Pour faire front, les militants ne pouvaient s'appuyer que sur l'honneur prolétarien... La riposte, il faut le reconnaître, pouvait aussi se matérialiser sous la forme de sauvages raclées, dont Cyprien Mourrail, le candidat rival, n'avait été, peut-être, que la première victime. Mais, dans la situation actuelle, quand on ne disposait que de ce seul atout : la fierté ouvrière, on n'avait pas le droit de s'en passer. Il fallait en user sans faiblesse, ne rien pardonner, ne rien tolérer, être farouche.

Le mineur de La Vernasse n'aurait le choix qu'entre la honte et la misère. Qui l'emporterait ? La bataille serait belle !

Fernand Bédel traversait la voie, devant les ateliers, quand il s'entendit appeler : Noël Tarrigues le rattrapait à la course.

— Bonjour, Tarrigues, tu me cherchais ?

— Oui... Bonjour, Fernand... J'ai quelque chose pour toi...

Noël reprenait son souffle.

— Eh bien, me voilà, dit Fernand, tu vois : quand on me cherche, on me trouve.

Noël fouilla dans la poche de ses bleus, il en ramena un papier qu'il tendit à Fernand :

— Tiens, regarde !

— Je vois, c'est un bulletin Mourrail, dit Fernand sans y toucher.

— Mais non ! rétorqua Noël nerveusement, prends-le ! regarde-le de plus près ! Va, ça brûle pas...

Fernand n'eut pas besoin d'un examen bien minutieux pour distinguer sept ou huit éraflures d'épingle qui formaient un dessin voulu.

— Tiens, mais il y en a trois, de bulletins ?

— Oui, le second pour mon frère, et le dernier pour mon oncle.

— Eh bien ! voilà, j'ai vu... fit le délégué de plus en plus méfiant, et il lui rendit les trois bulletins.

— Mais ils sont marqués ! cria Noël indigné.

— C'est bien ce que j'ai vu, dit Fernand de plus en plus calme.

— Et... c'est tout l'effet que ça te fait ! et tu me les rends ?

Noël était blanc, il frémissait.

— Voyons, tu me les as montrés, tu ne me les as pas donnés ! précisa le délégué.

— Mais je te les donne ! et si tu n'en veux pas, je les balance... Non, mais... à quoi joues-tu avec moi, Fernand, nom de Dieu !

— Ça change tout...

Le délégué prit les trois bulletins, les plia soigneusement et les rangea dans son portefeuille. Il fit face au jeune Tarrigues et le regarda. Il souriait de cette façon qui faisait du bleu gris de ses yeux la couleur même d'un cœur quand il s'ouvre :

— Merci. Mon petit, tu ne peux pas savoir le bien que tu me fais...

C'était un murmure dont Noël eut de la peine à comprendre le sens, mais qui l'émut d'autant plus. Il répondit machinalement :

— C'est le garde qui me les a refilés tout à l'heure... tu te rends compte, Fernand !

— Celui-là, tiens, je vais aller lui dire deux mots, et sans tarder !

— Tu sais, je comprends que tu te méfies de moi, Fernand, commença Noël d'une voix enrouée, je ferais de même à ta place. Il faudrait qu'on prenne un peu de temps, tous les deux... C'est assez long à expliquer... Avec la famille dont je viens, je me suis préparé à être reçu comme ça... (il interpréta à contresens le grave regard des yeux gris-bleu), tu sais, c'est moi qui te le propose... Évidemment, pour Camille et pour l'oncle Albéric, je n'y peux rien... mais pour moi, tu peux y aller carrément, si tu veux me marquer mon bulletin Bédel...

— Ah... tais-toi donc, ça vaudra mieux...

Il n'était que temps pour eux d'arriver à la lampisterie. A mi-chemin, néanmoins, Fernand arrêta le jeune homme par le bras :

— Écoute, c'est entendu, nous aurons une longue conversation ensemble, quand tu voudras, mais... mais j'aime autant te dire tout de suite quelque chose... comme ça... qui me reste sur le cœur. Parce que, enfin, si tu es comme je crois que tu es... maintenant... tu pourrais m'en vouloir de l'avoir gardé sans te le dire à la première occasion. Bon. Eh bien ! voilà... En revenant du Chambon, l'autre soir (sans le vouloir, je te le jure), je vous ai surpris, la fille Mourrail et toi...

Noël rougit si violemment que Fernand regretta de ne pas avoir attendu la fin de la journée au charbon : la gueule noire présente quelques avantages.

— D'accord, fit soudain Noël. Et alors ? Pour moi, tu vois bien que je n'ai plus grand-chose à voir avec ma famille, pourquoi voudrais-tu qu'elle...

— Bon, bon, fit le délégué gêné, pour en finir.

— Non, attends ! reprit Noël avec netteté, je ne voudrais pas non plus que tu croies le contraire. *Té !* tu veux la vérité toute crue ? Je ne sais rien de ce qu'elle en pense, Emmeline, de tout ça, parole ! On n'a jamais eu l'occasion d'en discuter !

— Sacré veinard, va ! fit le délégué joyeusement, eh bien ! tu vois, Noël, là, je te crois tout à fait... Puis il ajouta sur une bonne bourrade : je vais même te confier une chose, mon petit, ces Mourrail, ils ont leurs défauts, comme tout le monde, mais ce sont des braves gens...

— Non ?... lâcha Noël ébloui.

— Si... Je vais même te faire rire, leur Cyprien, lui-même, avec cette grande connerie de lui avoir cassé la gueule, oui, même après ça ! je ne jurerais pas que, s'il pouvait voter vraiment dans le secret, il ne voterait pas pour moi !

Le jeune homme dut courir comme un fou pour rattraper le petit train. Il sauta dans la dernière berline où se trouvait son oncle.

— Je me demande ce que tu pouvais bien avoir à dire de si important au bolchevique de service, grogna l'Albéric Tarrigues.

Parti de la petite locomotive, un cri d'alarme sauta de berline en berline jusqu'à eux. Ils piquèrent du nez vers le fond, n'offrant qu'un peu de leur dos : le convoi passait dans une galerie en travaux dont le plafond provisoire était d'une hauteur à peine supérieure à celle des berlines.

10

Les boulangers du charbon

Quand Fernand prit sa lampe, le père Mourrail réclama la sienne.

— C'est moi qui vous accompagne maintenant.

— Tiens, c'est nouveau.

— Oui, c'est nouveau.

Le délégué n'avait pas envie de se fâcher, il dit quand même, pour marquer le coup :

— Je n'ai pas besoin d'un maître-mineur, moi, pour m'accompagner, donnez-moi un ouvrier !

— Je dois vous accompagner, dit Mourrail fermement.

— Vous n'avez vraiment pas mieux à faire ? demanda Fernand avec malice et, sur sa lancée, il ajouta : je n'ai besoin de personne pour visiter la mine, figurez-vous... la mine de La Vernasse, je la connais mieux que vous !

Aussitôt, son affirmation le gêna car, à la réflexion, ce n'était pas vrai. Il laissa le maître-mineur lui emboîter le pas vers le convoi de berlines en formation.

Une fois sur les chantiers, Fernand découvrit quelque satisfaction à être flanqué du père Mourrail. S'il était venu seul, les mineurs se seraient exprimés avec moins de passion. Ils étaient peu enclins, par nature, à s'abandonner aux plaintes quand il s'agissait d'un camarade de travail, même quand ils l'avaient élu, tandis que là, par-dessus sa tête, c'est au représentant de la Compagnie qu'ils s'adressaient, une bonne occasion de montrer au délégué sur quel ton il faut leur parler, à ces messieurs !

M. Flubel avait commis là une belle gaffe, c'était même étonnant de sa part : accoupler pour une telle visite le délégué qui se représentait avec le père de son concurrent, c'était organiser, pour le premier, une tournée triomphale, faire naître au long des tailles des manifestations d'autant plus chaleureuses pour la C.G.T.U. qu'elles l'étaient moins pour le clan Mourrail. Mais n'était-ce point le but sournoisement recherché par la direction ? Fernand se tenait sur le qui-vive, calmant ici et là les débordements d'enthousiasme, pour éviter quelque incident fâcheux mais aussi parce que l'impassibilité digne et morose du père d'Emmeline finissait par l'émouvoir.

Les réclamations sont quotidiennes. Tout mineur digne de ce nom se doit d'en faire à chaque passage d'un maître-mineur : « Mon charbon s'est durci, je peux moins en faire, il faut me le payer davantage... Il faut augmenter le prix de mon avancement... Il faut augmenter le prix de mon boisage... » De tradition, les réclamations sont permanentes au fond, s'il fallait attendre les grèves... On fait de l'action permanente, y compris de l'action individuelle, par chantier, selon les conditions dans lesquelles on travaille.

Depuis son retour du service militaire, le Félobre, le « musicastre » de Clerguemort, était devenu le « faiseur de communiqués ». Chaque jour, au départ du petit train, quand le maximum de mineurs étaient rassemblés, il se dressait sur une berline, et de là-haut, sa puissante voix charnue résumait pour tous les principales nouvelles de la journée. Il avait eu le temps de polir sa proclamation, les nouvelles en effet se répandent avec une rapidité qui s'explique mal à travers les galeries et les étages d'une mine :

« Communiqué du Grand Quartier Général des Forces Armées des Casseurs de Houille !

» Activité de patrouille au cours de laquelle l'un des éléments avancés de nos divisions les plus lourdes s'est emparé de l'un des chefs des révoltés. La Société des Nations a été à même de constater que le prisonnier a été traité avec la plus grande humanité, selon les lois de la guerre. Il a pu parcourir librement, sous bonne garde, les galeries profondes dans lesquelles, sous les ouvrages blindés de notre ligne Maginot, tous les prisonniers de la révolte purgent dans l'allégresse leur peine de travaux forcés à perpétuité... »

— Il vient de rentrer du service, murmura le délégué à l'intention du maître-mineur, comme pour adoucir la plaisanterie, mais il s'aperçut que l'autre, de son côté, n'avait pu retenir un sourire.

Fernand et Mourrail se raidirent simultanément, ils venaient de se surprendre en plein accès de gentillesse réciproque, c'était bien le lieu, et le temps !

Fernand connaissait la valeur, mais aussi le style et le ton de chaque chantier. Il éprouvait une secrète prédilection pour les tailles où se retrouvait Clerguemort dont chaque équipe, marquée de personnalités très différentes et souvent opposées, trouvait un rythme de travail, une harmonie, des manières, des manies, des trucs, et une efficacité qui lui étaient originales, chacune formait en somme une individualité puissamment caractérisée.

La meilleure équipe, celle qui faisait le plus de charbon, le plus de sous par conséquent, restait celle des Tarrigues, des bourreaux de travail, même après l'accident de Noël. L'Émile Ribeyrolles, qui était venu le remplacer, crut bien qu'il n'y tiendrait pas. Les premières semaines, le fils du Sercomalur terminait ses journées à la limite de la résistance humaine. Il mit plus d'un mois pour prendre la cadence des deux Tarrigues, Camille, qui tenait le marteau-piqueur, et l'oncle Albéric, un virtuose du boisage. Quand Noël eut retrouvé l'usage de sa main, l'Émile resta là, il ne s'était jamais fait d'aussi bonnes journées. Ni Camille ni Albéric ne parlèrent de récupérer Noël, lequel, de son côté, ne déposa pas la moindre demande pour reprendre sa place. Le plus jeune des Tarrigues fut affecté à l'équipe du Jaurès où il hérita de la pelle d'un Polonais qui venait de bloquer un rocher avec ses reins. La rumeur publique et souterraine en conclut que les Tarrigues montraient moins d'esprit de famille pour arracher du charbon que pour s'acharner dans la social-traîtrise.

Quand le maître-mineur et le délégué passèrent devant leur chantier, l'équipe Tarrigues, fait exceptionnel, arrêta le travail. Quel mobile était assez puissant pour que Camille lâche un peu le marteau, redescende à reculons, sur les genoux, le ventre et les coudes ?

— Bonjour messieurs. Je suis bien content de vous voir tous les deux ensemble, ça me fera peut-être gagner du temps pour vous déposer ma demande. Je demande le travers-banc.

— Quoi ? firent en même temps Fernand et Mourrail.

— Je répète : je veux aller au travers-banc.

Les deux hommes furent sur le point d'exprimer la même émotion, de laisser échapper quelques : « Tu es fou ! » ou : « Mon pauvre vieux ! alors, c'est vrai ce qu'on dit, tu en es là ? »

Fernand se mordit la lèvre, Mourrail n'avait pas autant de contrôle de lui-même, il lâcha étourdiment :

— Mon pauvre ! mais tu sais ce que c'est, le travers-banc ?

Camille Tarrigues rétorqua : « La demande est posée, entendu ? » avec une moue de mépris dans sa gueule noire, où ses lèvres humides paraissaient monstrueusement roses, et ses yeux de lait.

Il se tortillait déjà dans le boyau pour remonter jusqu'à son marteau pneumatique. Il savait ce que c'était, le travers-banc, comme tous les mineurs : le mieux payé donc le pire : travailler dans la poussière blanche, creuser le roc, la silicose à coup sûr. On disait couramment : « Un an de travers-banc, dix ans de moins à vivre ! » Personne n'avait entendu le médecin des houillères démentir le dicton.

Il y avait un travers-banc au bout de la galerie, qui s'annonçait de loin, par un nuage de poussière blanchâtre. Mourrail voulut retenir Fernand par le pan de sa veste bleue :

— Écoutez, Bédel, vous n'avez pas de masque ! Si vous, vous donnez le mauvais exemple, où allons-nous ?...

Le délégué approchait déjà de l'infernal chantier : un tonnerre de marteaux piqueurs, de pics et de pelles ; deux Tchèques en pointe, des Polonais et quelques Arabes qui suivaient. Nus totalement, vêtus seulement d'une couche de fard blême, ils attaquaient le rocher avec acharnement, et s'enfonçaient dedans.

Ce n'étaient plus des mineurs, mais les spectres blafards d'un clair de lune macabre, dans une danse dont la fin bien connue n'était jamais l'aurore. Ces Tchèques, ces Polonais, ces Arabes appartenaient à l'ordre redoutable des hommes qui sortent blancs des entrailles de la terre, l'ordre inquiétant des boulangers du charbon, ordre volontaire où l'on accepte de mourir d'un jour toutes les deux heures. Les desperados des Neiges Souterraines portent des poitrines de roc sous leur toison de farine et leur distinction n'a qu'un titre : silicose. Mais on fait silence quand passent, d'une démarche lente et lourde, les mineurs au souffle coupé. Soutiens de famille, chargés de malheurs, ils font vivre les leurs en monnaie de poumon ; ils payent, rubis sur l'ongle : le pain et le vin d'un jour de vie, et d'un an le loyer. Des Tchèques et des Polaques acceptent d'avancer leur mort pour se la payer belle, pour ne pas s'en aller ainsi, dans du bois blanc, pour s'en aller ailleurs qu'à la fosse commune, voilà pourquoi des cercueils de chêne à clous dorés sont parvenus de La Vernasse jusqu'à Lublin et Katowice, jusqu'à Breslau, Brno ou Pilsen ! Oui, devant le linceul de ces frères aînés, de ces vieillards toujours tellement plus jeunes qu'eux d'après l'état civil, devant ces longues flammes de blancheur, les gueules noires baissent la tête.

Fernand revint du travers-banc, sans avoir même interpellé le plus proche de ces forçats, de ces vivantes sculptures de craie. Comment leur dire ce qu'il était de son devoir de leur dire, ce qu'il s'était préparé à leur dire ? car, ils travaillaient bien tels qu'il l'appréhendait, taillant, cassant, broyant, pulvérisant la pierre et le rocher, Tchèques, Polonais, Arabes, indistincts, respirant du même halètement dans leur nuage de silice... Ils avaient jeté leurs masques. Ils étaient en faute. Le délégué rejoignit le maître-mineur qui lui lança :

— Naturellement, ils travaillent sans masques ?

Fernand bondit, Mourrail l'eût insulté lui, directement, qu'il n'eût pas enragé à ce point :

— Non mais ! On ne va pas encore remettre ça, hein ? Comment voulez-vous qu'ils arrivent à gagner leur vie, avec leur chiffon mouillé sur la gueule, ils le gardent, je ne sais pas, une heure, même pas, et puis ils le balancent ! Vous n'imaginez pas...

Mais si, Mourrail savait. Il avait travaillé lui-même au travers-banc ; et pas qu'un peu... sa respiration, bon Dieu ! le disait assez fort à qui connaissait la musique ! Il savait par cœur, le père Mourrail, qu'au travers-banc non plus on n'est pas payé à l'heure, comme les mensuels des bureaux, mais au mètre de rocher, à la silice débarrassée, avec la pelle ou avec le nez. Les gens qui veulent du rocher, il faut qu'ils aient une plaie d'argent mortelle, et pour l'argent, il faut y aller, et pour y aller, il faut de la force et du souffle... Avec le masque réglementaire, impossible, on étouffe ! Même M. l'ingénieur Schmilh, un Nordiste s'il vous plaît, à cheval sur le règlement, n'a pas pu supporter le sien — un « spécial » pourtant, retaillé à ses mesures — et lui, comme mouvement qu'il se donnait, de la promenade, sans se presser ! mardi dernier, et tenez-vous bien ! c'était dans le « Quartier Mourrail » justement, celui qui porte le nom de votre pauvre père, monsieur Mourrail !...

Le délégué n'avait pas hurlé cela, pas du tout, grogné tout au plus : sa rage s'était évanouie promptement, un regard du maître-mineur avait suffi. Subitement, et bien avant l'inopportune allusion au martyre de La Vernasse, Fernand Bédel avait pressenti combien cet homme était malheureux, et même, combien il était honnête et malheureux.

Ils arrivèrent ainsi, en silence, sur une taille où se retrouvaient d'autres gaillards de Clerguemort, un autre style encore, rien de comparable avec le labeur forcené, mais déchirant, des Tarrigues. Ici, les braillards triomphants, ici, Clerguemort tonnant, jurant, explosant de harangues, bref crevant dans sa peau, étonnamment tonique.

Patron : le Mèffi soi-même, en muscles et en os, tenant le marteau-piqueur, niché quelque part au-dessus, en biais, au fond de son boudin, qu'on ne pouvait voir, qu'on ne pouvait pas ne pas entendre, invisible mais grand, Vulcain dans un bon jour.

Boiseur : le Pétardur ! et en pétard, à point.

Manœuvre : le Julien Ribeyrolles, le plus jeune des trois fils du Sercomalur, le plus discret aussi, avec une de ces voix de fausset inexplicablement efficaces quant à la portée, quant à la pénétration, et entêtantes, souverainement. Julien, dit « Razür », dit « Bajèïras » (Babillard), dit « Cacalian » « Caqueteur », dit « Rabagasso » (Rouspéteur), dit, le plus souvent, « Turaduïré » (passe-partout des scieurs de long dont l'usage exige deux hommes). Il était capable de parler une journée durant, sans respirer apparemment, sans quémander la moindre approbation. De plus, si l'on s'appliquait à lui prêter une profonde attention — ce dont il se souciait peu, il faut le reconnaître — on devait bien se rendre compte que Turaduïré ne disait strictement rien. Il convient d'ajouter cette dernière particularité : même si plusieurs conversations se poursuivaient par-dessus sa tête et son discours, le plus jeune des trois frères Ribeyrolles n'en éprouvait aucune contrariété, cela non plus ne le décourageait nullement. Sa famille et ses proches avaient fini par considérer tacitement que le malheureux n'était pas, à proprement parler, doué d'un langage articulé, enfin pas au même titre que le commun des mortels. Ils parvenaient donc à vivre autour de ce ramage qui leur était devenu musique de fond, à peine perceptible, rassurante même. La preuve c'est que l'an dernier, pendant toute la quinzaine que dura l'extinction de voix de Turaduïré, pas un des Ribeyrolles ne se sentit vraiment dans son assiette.

Imagine-t-on ceci, qu'il arrivait à Julien d'annoncer à ses frères, à son père, ou à ses amis, des nouvelles vraiment importantes ? Eh bien, à chaque fois, d'une façon ou d'une autre, on lui reprochait d'avoir gardé le silence.

— *Num dé dïu !* qu'est-ce que je vois venir par là !... brailla le Pétardur, dans un pleurnichement qui remonta la galerie entière, d'un jet, jusqu'à la recette.

— Quels sont les renégats qui osent venir fourrer leur nez pointu dans les jambes de prolétaires en pleine production de plus-value, tonna, sonnant comme du bronze dans le couloir d'où elle tombait, la voix du secrétaire de la cellule communiste de Clerguemort.

De saisissement, le Pétardur restait la hache en l'air, il répondit cependant à son patron :

— Eh bien, mais, mon cher Mèffi (toujours hurlant, mais dans le registre précieux), si ce n'est point une erreur de mes sens abusés, il pourrait s'agir de deux spécimens bien différents, l'un représente sans aucun doute les fauves du patronat, l'autre, les agneaux populaires des plus basses classes... Seulement, comme ils marchent bien ensemble, la main dans la main, comme qui dirait ou presque, je peux pas te dire, Mèffi, si c'est le père Mourrail qui se cache derrière le délégué, ou si c'est le contraire...

— *Millo dïu dé nun dé dïu dé pütanarié dé chinarèdo dé fan dé garços dé cunarié dè burdellariè dè...* continuait la voix de bronze... *miséro dé dïu dé voulür dél pauro mundé pétcharé d'aqellès escamandré dé dïu dé santa puta dé...*

Quelque chose disait qu'en poursuivant délicieusement le même juron à tiroirs, le Mèffi continuait à arracher son charbon sans ralentir la cadence. Ce n'était pas un mince avantage, pour ce rejeton d'une longue lignée calviniste, demeurée rigoureusement puritaine jusqu'à la génération précédente, et virée soudain au rouge vif, de pouvoir enfin jurer jusqu'à plus soif en toute béatitude.

— ... Vous prostituez le noble travail du mineur, beuglait à présent le Pétardur, qui se décidait à aborder enfin les sujets sérieux. C'est un travail de bagnard maintenant : la vitesse et la précipitation... Comment voulez-vous qu'on boise sérieusement ?...

— ... *dé dïu !* reprenait la voix de bronze qui suivait parfaitement la discussion du haut de son boudin, un de ces quatre matins, *cré non dé dïu*, c'est une horrible tragédie qui va arriver, *futrau dé voulürs !* Mais, moi, Mèffi, je vous dis : méfiance ! Vous entendez, *mandjo dïu dé millo dïu !* méfiance ! parce que si le plafond me tombe sur la tête, à vous, c'est le ciel qui vous tombera dessus ! C'est le Mèffi qui vous le dit : méfiance ! méfi. *foutrallarié dé trun dé dïu...*

Fernand, qui n'était pas un familier des Ribeyrolles, n'en revenait pas d'entendre Julien continuer à discourir paisiblement, comme si on l'écoutait :

— ... le boisage éclate, faut voir, pet' ! pet' ! c'est joli comme bruit : les étincelles du bois, si vous voulez... C'est effrayant, on se dit : « Cette fois, je vais y rester », mais pas du tout ! Regardez voir derrière vous, je ne peux pas vous le montrer du doigt, mes doigts me servent. Jugez-en plutôt : je travaille, j'ai du retard, et il s'agit précisément d'aider ce bavard et gueulard de Pétardur à refaire ce boisage. Elles ont travaillé, les bûches, vous diriez de la réglisse de bois : mâché, beuh... Vous pouvez passer la langue dessus, ça n'a plus de goût ! Ça fait rien, quand vous voyez une belle galerie bien boisée, c'est vraiment joli à voir, vous ne savez peut-être pas, parce que c'est devenu très rare à La Vernasse, à la façon de tout bâcler qui est de mode maintenant. Et, attention ! c'est pas n'importe quoi, boiseur, c'est un métier ! Je ne me débrouille pas mal mais, la main sur le cœur ! c'est rien encore à côté du Pétardur ! Tenez, moi, je serais d'un coup riche comme Crésus sur son fumier (ou Job, ou le contraire, l'or et le fumier, pas vrai ?), pour rester précis, disons : riche comme les actionnaires de notre chère Compagnie, rien que pour le plaisir de regarder le Pétardur boiser, je descendrais tous les jours, parole ! Ah ! j'en foutrais plus une rame, je ne veux pas me dire meilleur que je suis, mais je descendrais, je m'*assirais* là, en face, bras croisés, et je me le regarderais boiser pendant des heures, parce que, le Pétardur, pour boiser, c'est quelqu'un...

Toujours sans montrer son nez, sans arrêter le travail non plus, le Mèffi jurait et gueulait. Maintenant, il en avait après le garde qui lui avait fait la veille des remarques désobligeantes, parce qu'il emportait quatre rondins de bois dans son cabas ; il ne voulait pas avoir l'air d'un idiot, il le savait bien que la règle était de n'en emporter qu'un par jour mais jusqu'à présent on leur en laissait toujours emporter deux. C'était intolérable, quoi, la prochaine fois, méfiance ! « ... *aqel trun dé dïu de gardo*... méfi !... »

— Rassure-toi, Mèffi, répondit Fernand (il devait gueuler dans l'orifice du boudin), ton garde, j'ai justement quelque chose à lui dire. Ça m'étonnerait qu'il cherche la petite bête d'un bout de temps...

Cependant, le délégué ne pouvait s'empêcher d'étudier le maître-mineur. C'était criant : le père Mourrail n'aimait que la mine, que le fond, et que les mineurs — on pouvait raconter ce qu'on voudrait sur la maîtrise, sur les ambitions de sa femme... — cet homme n'aimait que ça, ses mineurs, et singulièrement quand ils étaient de la race et de la vitalité d'un Mèffi ou d'un Pétardur, et même quand ils gueulaient contre la Compagnie, ses actionnaires, ses valets, son Flubel, et ses Goudord Ramil, Schmilh et consorts, surtout quand ils s'insurgeaient ainsi, violemment. Il n'était plus douteux, pour le délégué, que ce Mourrail-là, cadre ou pas, sacrifierait beaucoup pour ne pas rompre avec le fond. Il lui vit un sourire étrangement puéril, à un carrefour de galeries, quand une rengaine locale écrite sur l'air de *la Valse des Ombres*, leur parvint sur un courant dense et continu de la soufflerie :

... Jusqu'aux rupins
Qui font les malins
Parce qu'ils ont de la galette
Pauvres ou richards,
Patrons ou mouchards,
Ne faites plus de pétard,
Je suis un homme tranquille
Il ne faut pas m'emmerder,
Laissez-moi nourrir ma famille,
Personne ne doit m'arrêter...

— Pardon, monsieur Mourrail, ce n'est évidemment pas une question qui intéresse directement le service mais... vous connaissez ça ?

Ils s'étaient arrêtés au carrefour, dans ce Gulf Stream de souffleries.

— Ça doit venir du quartier Saint-Urbain, de la galerie Sainte-Clotilde... ou alors... de la Crébessac, qui est juste à côté. Tout dépend quelles portes de ventilation ils ont ouvertes au Trompe-la-Mort... ça doit bien faire en tout cas, dans les douze ou treize kilomètres des galeries, au moins...

— Non, monsieur Mourrail, je voulais dire : vous connaissez la... la chanson ?

— Ah ? oh ! oui... Elle est bien vieille ! Elle doit dater de 1910, ah ! oui, des élections... Elle a été composée par... (il récita, comme il aurait lu une carte de visite) composée par « Jules Mathieu, né le 10 mars 1863 à Gagnières (Gard), chansonnier populaire indépendant »... C'était après une élection législative (il se présente à toutes). Il la chantait pour répondre aux moqueries, aux méchancetés aussi, hélas ! dont on l'avait couvert à cette occasion. Une fois encore, on l'avait traité de « vendu », lui ! le doux joueur de flûteau, enfin... « Le père Mathieu n'est ni à vendre ni à louer », selon sa propre expression. Écoutez... revoici le refrain...

Des lointaines Sainte-Clotilde ou Crébessac, la même voix leur parvenait sur la même mélodie de *La Valse des Ombres*, mais elle n'était plus seule, semblait-il : quelques mineurs lointains prenaient, au passage du souffle régulier de la mine, le petit train des vers simplets :

... Je n'suis pas à vendre
Médisants,
Je saurai me défendre
Très... énergiquement,
Car tout c'la m'importune
Joliment...

Mourrail lui-même fut comme entraîné dans la queue de la valse :

... Je saurai bien m'y prendre
Carrément...
Enfin méfiants
Qui jusqu'à présent,
Vous m'avez fait la guerre,
Calmez vos furies...

Il y eut, après les dernières notes, trois ou quatre secondes d'un silence total.

Un fracas d'avalanche surprit les deux hommes, un tintamarre de tonnerres, fricassement de tôles déglinguées et de vastes ferrailles au vide sonore, que le carrefour des galeries maçonnées, hautes et larges, des galeries secondaires, du puits d'aérage et des écuries voûtées, servait à la fois comme une grosse caisse et comme un haut-parleur, multipliant des échos, dont chacun se reproduisait sans fin dans ces espaces souterrains que l'imagination multipliait à plaisir.

L'acoustique de la mine est arbitraire, elle a ses humeurs, ses lunes et ses tics. Des cris avaient bel et bien surpassé ce vacarme de métal, des cris d'homme, mais d'une sauvagerie de grand félin :

— *Hi !... Rô !... dé pu-ta !*

Chaque soir, on lâchait les berlines vides, formées en trois convois, sur trois voies parallèles en pente douce. L'effroi provenait surtout de la surprise.

— *Hi ! Hi ! Rôffré !*

C'était le long Libertade, debout sur l'encolure d'un percheron colossal. Le Catalan était passé palefrenier, il rentrait simplement son cheval à l'écurie.

— *Rôffré ! Hijo de pu-ta-a ! ...*

Chaque jour, à la même heure, Libertade se livrait à son exhibition, sous prétexte qu'il n'y avait rien de plus efficace qu'une chevauchée *hasta la muerte* pour dégager les galeries, et, par le fait, depuis que cette crise d'équitation furieuse était entrée dans les mœurs, il ne s'était pas trouvé le moindre Noël Tarrigues pour se faire pincer le petit doigt.

Le visiteur occasionnel sursautait encore, mais Libertade était heureux. Son percheron pesait plus d'une tonne, c'était un très vieux cheval aveugle, nommé Joffre à cause du maréchal, patronyme que Libertade traduisait en espagnol par : « *Hijo de puta* ».

Fernand retint le palefrenier catalan sur le seuil de l'écurie dans laquelle Joffre rentrait tout seul.

— Libertade, il faut que je te parle !

— Ah ! ah !

— Et de toute urgence !

— Oh ! oh !

— Tu as peur ?

Libertade partit de ce rire de jeunesse et de liberté, qu'on supportait mal pourtant, qu'on avait envie d'écraser... Il avait une bouche immense. De sa gencive supérieure pendaient cinq dents de la taille, de la forme et de la couleur d'un noyau d'olive.

— Escouté, Fernando ! mé faut donner l'avoiné au maréchal !

— Bon. Entendu, fit le délégué qui n'était pas dupe, moi, tu sais, les dégonflés...

Le Catalan pâlit, respira un bon coup, se boucha du pouce une narine, puis l'autre. La vidange totale de ses fosses nasales se fit en deux jets qui encadrèrent le délégué-mineur, à hauteur des oreilles, précisément.

— Fernando, tou payé oun cran, à la sortie del posto ?

— D'accord. Voyons... *Aux Bons Enfants de Germinal ?* c'est tout près, et il y a toujours un coin tranquille où on ne viendra pas nous déranger. Ça te va ?

Le Catalan réfléchit un peu, puis :

— *Muy bien !* mais... (il eut une hésitation), mais, c'est toi, Fernando, *qué paga lo cran !* répéta-t-il, l'index fermement pointé, frappant à petits coups secs et douloureux sur la chemise du délégué, à l'endroit du cœur.

— Hep, Libertade ! une dernière question, très vite !

— *Yooh*... commença Libertade en revenant d'un souple mouvement en face de Fernand, mais il fit un saut en arrière en voyant que le délégué se tenait le nez entre le pouce et l'index.

— Oui, Libertade, je voulais te demander quelque chose, fit gravement Fernand Bédel, qui n'avait absolument pas bronché, dis-moi, vieux, c'est toi qui pues ou c'est le cheval ?

Le palefrenier regagna vivement l'écurie, sans piper. Trente secondes après, le rideau en vieilles toiles de sac se souleva précautionneusement pour laisser voir un œil du Catalan.

Fernand, qui n'avait toujours bougé ni de place ni de position, lui fit un petit bonjour de demoiselle, avec trois doigts à la hauteur de l'épaule.

La toile de sac retomba. Le délégué-mineur de La Vernasse entendit des bruits de seau, puis un bref hennissement.

Fernand Bédel voulut revoir le Jaurès avant de sortir de la mine. Le maire de Clerguemort arrêta son marteau pneumatique, fit signe au Dévarié (qui était son boiseur) et à Noël Tarrigues de continuer le travail.

— *Digo*, Fernand, tu sais, monstre ! que tu m'as presque fait peur, avec ce coup de poing ?

— D'abord, il y en avait deux, et qui comptaient ! Tu as du nouveau ?

— Du nouveau ? On ne peut pas dire, répondit le maire de

Clerguemort sans se presser, mais j'ai un peu parlé avec les camarades.

— Avec ceux de Clerguemort ? *té*, pardi !

— Eh *bé*, non, justement, avec les autres.

— Et alors ?

Torse nu, pieds nus, massif, le Jaurès ne portait qu'un pantalon serré par une ficelle. Il tira de la poche un vaste mouchoir, noir déjà, avec lequel il entreprit d'essuyer son visage en sueur.

— Admettons, reprit Fernand. Et qu'est-ce qu'ils en disent, ces camarades qui n'ont pas fait le coup ?

— Ils s'en foutent, répondit paisiblement le maire de Clerguemort.

— Peut-être, concéda le délégué, après une courte réflexion, comment ils expliquent ça ?

— Ils ne l'expliquent pas, ils s'en foutent.

— Et toi, Jaurès ?

— Quoi, moi ?

— Toi, comment tu t'expliques ce... qu'ils s'en foutent ?

Le maire de Clerguemort toussa d'embarras, comme lorsqu'il devait prendre la parole sur une tribune ou une tombe, et finit par exposer péniblement :

— Pour les mineurs, un coup de poing, ça va et ça vient, tu le sais bien, Fernand, surtout ici, dans ta Vernasse. Y en a pas un qui n'en ait pas donné un, un jour, et reçu un, un autre jour, et même deux ou trois, et même des qui cassent un os, alors, *té*... Les bourgeois, pardi, ils ne raisonnent pas pareil, eux, ils se *virepassent* pour un gnon... Pour des mineurs, un marron, ça pèse moins. Et puis, vois-tu, Fernand, la raclée du Cyprien, c'est la colère, bon, ils le plaindraient plutôt, le pauvre bougre, mais, à part ça, ils ne voient pas le... enfin, ils en changent pas pour autant... Tu vois, entre le coup de poing et le vote, pour eux, ça se tient pas bien...

— Je vois : du moment que le patron dit blanc... fit Fernand songeusement.

Le maire de Clerguemort avait mis le doigt dessus. Ce n'était pas la stratégie qui avait si souvent sauvé les mineurs, ce n'était pas non plus leur savoir, même pas leur bon sens, mais cette sorte d'instinct dont voulait parler le Jaurès. Les mineurs n'avaient guère de science, mais cette conscience, ce réflexe de faire systématiquement le contraire de ce que conseille le patron : du moment qu'il dit blanc, moi, je dis noir.

Le délégué rejoignit rapidement le père Mourrail qui s'était fait accrocher par le Sang-Caillé. Le maître-mineur suivait ou précédait le délégué, avec la plus grande discrétion.

Le Sang-Caillé boisait pour Roux, le père de Luc, dans un fond de taille répugnant, humide et peuplé de rats, qu'un chantier abandonné, tout près de là, utilisé par les mineurs comme feuillées, empuantissait insoutenablement.

— ... Regarde mes reins, expliquait le Sang-Caillé essuyant le charbon de son échine, j'ai des milliers de boutons, depuis des mois, et ça dure. Ma femme ne veut plus coucher avec moi, c'est gai... Et ça me démange, putain !... Ma femme me passe de la teinture d'iode, après j'enlève ma peau comme une peau de serpent, puis ça me reprend...

— Tu as vu le docteur ?

— Pardi ! Il dit qu'il ne sait pas ce que c'est. Mon œil ! Pour moi, c'est clair : c'est une maladie de la mine ! Il m'a donné une pommade pour le dehors et une purge pour le dedans, ça m'a rendu malade à crever, mais ça n'a rien fait pour les boutons. Pour moi, tant que vous n'aurez pas décidé de nettoyer un peu le quartier, et de faire la guerre aux rats...

Fernand vint frapper sur l'épaule de Roux qui n'avait pas lâché son marteau pneumatique :

— Alors, et le gosse, ça va, au C.C. ?

— Pour ce qui est de lui, rien à dire, répondit le père de Luc, si c'était que de lui...

— Mais il va y avoir un nouveau directeur, et vous le connaissez bien, M. Doiren, vous l'avez eu deux ans à Clerguemort...

— Oh ! *raille* du maître... fit Roux sans donner plus d'explications.

Le maître-mineur et le délégué sortirent de la mine comme ils y étaient entrés. Ils se quittèrent devant la lampisterie sans se serrer la main, mais ils durent retenir l'un et l'autre un premier mouvement machinal.

Le frêle hangar à verrières qui abritait les vestiaires était secoué de grands rires. Une blessure était la cause de cette gigantesque rigolade :

— ... Notre Sec-Sec, pauvre bougre, il travaillait tout nu, pardi, et en sortant une pile, figurez-vous, expliquait le Chicane jovial, alors, sur le rebord du wagon, là, il avait sorti cette pile, et il s'est coincé son... et alors, *sas, m'as cumprès !*... Il dansait sur un pied... Et alors, il lui fallait son bon de blessure pour aller se faire soigner et avoir sa carte de blessure... Alors, il arrive au bureau, là-haut, moi j'y étais, et notre Sec-Sec, il dit comme ça : « C'est qu', c'est qu', je me suis fait mal... — Eh ! oui, mais... où tu t'es fait mal ? Faut que je le voie ! » Alors le Sec-Sec, il était embarrassé, ce grand couillon...

— *Té !* tu peux le dire ! cria le Félobre.

L'énorme fou rire fit trembler les verrières vers lesquelles les mineurs hissaient leurs vêtements par une chaînette à poulie qu'ils verrouillaient ensuite à leur anneau.

— Hé ! Félobre, l'oublie pas demain dans le communiqué !

— Attendez, reprit le Chicane dès qu'il put couvrir les rires, le Sec-Sec, il fait : « C'est qu' c'est qu'... où que je me mets pour le faire voir ? » parce que c'était dans le bureau des maîtres-mineurs, il y a une murette en ciment, et le Sec-Sec était resté en dehors. Alors le Poulet se penche, là, et lui, hé ! il l'a sorti comme il a pu pour lui faire voir. « Oh ! il a fait le maître-mineur, oh ! tu es blessé, oui... » Vite, il lui a fait son bon... mais c'est pour vous dire, hé... Attendez le plus beau ! Le Poulet il me dit d'accompagner le Sec-Sec pour le pansement...

Un silence énorme s'établit soudainement sous les verrières, des paquets de bleus de travail restaient suspendus à leur chaînette à mi-distance. C'était trop beau pour être vrai. Le Chicane ménageait ses effets.

— Le pansement... le pansement... haleta une voix intimidée, par les religieuses ?

Le Chicane confirma, cérémonieusement :

— Sœur Marie-Thérèse, en mains propres !

Ce fou rire... Certains étaient courbés en deux, d'autres se roulaient par terre, d'autres s'étreignaient en sautant comme les footballeurs qui viennent de marquer un but, d'autres trépignaient...

— Alors, quand il est arrivé, comment il a fait, vite, Chicane, raconte !

— Eh *bé*, il savait pas comment faire. « C'est qu' c'est qu'... », il tenait sa casquette comme ça, pour les bonnes sœurs. Elles lui demandaient : « Mais où c'est que vous êtes blessé ? — C'est qu', c'est qu'... j'ose pas, j'ose pas... » (il était là, comme ça, avec sa casquette)... Enfin, il a fini par dire : « Je me suis fait mal... à mon chose ! »

— A mon quoi ? hurlèrent-ils.

— A « mon chose ».

Ils exultaient.

— Après, Chicane !

— Alors les sœurs lui ont dit : « Ça fait rien, ça. Ici nous sommes pour tout voir, mon brave homme. Vous vous êtes fait mal à votre... chose... *vaï*, on vous soignera... » Eh ! attention, elles ont pas eu peur ! Sœur Marie-Thérèse l'a soigné sans trembler, comme si c'était une autre blessure, son... son... CHOSE !

Une fois changé, Fernand sortit du vestiaire et traversa la place, puis il longea l'immense hangar du triage, dont les poutrelles semblaient dentelées par la poussière noire qu'un continuel courant d'air collait contre elles. Le charbon, déversé par les berlines que l'on culbutait, dégringolait sur les trémies, puis sur les glissières de tôle, avec un vacarme inhumain. De part et d'autre des coulées de charbon, quelques trieuses grimpées sur leurs gradins, courbées sur cette rivière de blocs et de cailloux noirs, travaillaient encore. Les gros pantalons les uniformisaient en silhouettes mastoc. Jeunes filles ou vieilles femmes, veuves ou gamines, elles étaient tristement semblables sous leurs foulards charbonneux, et pourtant il y avait de sacrées belles filles parmi elles, on s'en apercevait le dimanche.

Le garde était à l'affût, derrière les butoirs de la voie ferrée, sous la maisonnette du coiffeur. Fernand lui fonça dessus.

Nul n'aurait pu dire pourquoi le nom de Bazaine lui avait été donné, il lui allait comme un gant, c'était peut-être le sien après tout. Bazaine était le garde le plus détesté du bassin houiller, ce qui ne veut pas dire qu'il en était le plus mauvais. Il avait une tête qui ne se pardonnait pas. Des yeux bulbeux, des joues gonflées, un double menton, un bedon trop sanglé qui faisait saillir ses petites fesses serrées, toute cette graisse paraissait trop neuve, donnée avec l'uniforme, volée dans l'assiette de chacun. Il ne savait pas dire bonjour sans prendre l'air coupable et lâche.

Et Fernand savait ce qu'il allait lui dire :

— Vous ! vous avez marqué des bulletins ! Et ça, c'est passible du tribunal !

Le délégué-mineur, le regard fixe, glacé, le visage exprimant une résolution impitoyable, secouait le pauvre Bazaine qui, pris de court, balbutia :

— Mais, moi, on m'a commandé de le faire...

— Moi, ça ne me regarde pas, qui vous a commandé de le faire ! C'est vous qui les avez distribués, qui êtes responsable ! Si, demain, tous les bulletins que vous avez distribués, vous ne les avez pas ramassés, moi, je vous envoie au tribunal !

Fernand n'était pas sûr du tout de pouvoir l'envoyer au tribunal, il voulait l'intimider.

— Tenez, voilà...

Bazaine remit au délégué une douzaine de bulletins marqués, et jura ses grands dieux qu'il allait récupérer tous ceux qu'il avait déjà distribués, plus du double, et qu'il les apporterait ici même, à la même heure, le lendemain...

Il était vert. Fernand ne jugea pas superflu de le malmener encore un peu :

— ... Attention ! ne jouez pas au plus malin ! Ce n'est pas commode ce que vous faites là, vous savez que la loi condamne ça, hein ? et vous êtes garde ! Vous avez la force pour vous, peut-être, mais pas la loi ! Il est interdit de faire pression sur la conscience d'un électeur !

11

L'Anar et le Communiste

Aux Bons Enfants de Germinal : l'inscription s'étalait sur trente mètres de façade, ce qui donnait à l'établissement de M. Armand une suprématie visible sur la cinquantaine de cafés, estaminets, buvettes et débits de toutes sortes qui, pour la plupart, n'étaient que des salles à manger, des cuisines, des échoppes, parfois même des couloirs, en rez-de-chaussée, plus ou moins bien aménagés, meublés l'un de quatre guéridons et six chaises de paille, l'autre d'une longue table encadrée de bancs, avec pour comptoir une crédence ou un coffre ou des planches sur tréteaux, pour zinc une toile cirée ou une bâche, pour clientèle, une demi-douzaine d'habitués, parents, amis, voisins toujours les mêmes, et tenus par des veuves ou des retraités, des gens en tout cas qui ne comptaient pas pour vivre sur les trois pelés et quatre tondus quotidiens.

Les *Bons Enfants de Germinal* disposaient, eux, au rez-de-chaussée, de la plus vaste salle de La Vernasse. Elle était bistrot, cantine ou restaurant, selon l'heure, mais convenait aussi au banquet de mariage, à la réunion politique, au cinéma ou au bal de la jeunesse. M. Armand refusait rarement de prêter sa salle, il se rattrapait sur les consommations. La cuisine et le logement des propriétaires donnaient derrière, sur une cour étroite, taillée dans le flanc de la montagne, sur laquelle on avait encore gagné les caves et diverses dépendances en creusant le rocher de trois galeries, boisées comme celles de la mine.

Le premier étage était divisé en six chambres sommairement meublées, mais d'une parfaite propreté et qui représentaient le summum du confort aux yeux de la pratique du rez-de-chaussée. Il ne passait jamais de voyageurs par La Vernasse, d'où seraient-ils venus ? où seraient-ils allés ? M. Armand pratiquait des prix hors de portée du simple mineur, même sobre et célibataire ; ses locataires se recrutaient parmi les cadres, fonctionnaires, contre-maîtres de l'électricité, des chemins de fer ou des travaux publics, auxquels il assurait, pour un prix de pension forfaitaire, le blanchissage et une nourriture sans recherche, mais sans trop de ratas.

Alain Doiren aboutit naturellement chez M. Armand, quand il fut dans l'obligation de trouver, du jour au lendemain, une table et un lit. Il était, du reste, aux *Bons Enfants*, à la meilleure place possible pour étudier cette Vernasse qu'il était impatient de connaître et de comprendre, comme il avait connu Clerguemort en deux années scolaires.

Mais La Vernasse n'était pas Clerguemort.

Il se passa ceci, que les jours se suivirent sans qu'il se présente une seule occasion de parler à quelqu'un. M. Armand traitait Alain avec un empressement banal de bon commerçant. Les clients du rez-de-chaussée répondaient à ses saluts, mais ne saisissaient jamais la perche que l'instituteur leur tendait ; ils le regardaient sans animosité, sans curiosité, parce qu'il se trouvait dans leur champ visuel, comme le calendrier des Galeries Lafayette, comme l'affiche, jaunie par les ans, criblée de chiures de mouches, qui portait les articles de répression de l'ivresse publique.

Alain Doiren ressentit la même impression que dans ses débuts à Clerguemort. Alors il s'était cru tombé dans un autre monde, à cette différence pourtant que le village montagnard ne lui avait jamais paru hostile. A Clerguemort, les gens s'étaient montrés au premier abord secrets. A La Vernasse, il vit des gens sur les nerfs, défiants et farouches.

Les enfants des mineurs quittaient l'école après le certificat d'études pour aller travailler au charbon. Il ne restait plus, pour le cours complémentaire, que des sujets exceptionnels venus de tout le canton, comme Luc Roux. Sa classe ne pouvait donc pas donner à Alain une image fidèle de La Vernasse.

Autre déception, il ne put établir aucun contact, en dehors du service, avec ses propres collègues. Les Gavère, Adrien, 35 ans, et Lucienne, 28 ; M. Enogat, 40 ans, dont la femme n'était pas institutrice, et Mlle Frédégarie, vieille fille sans âge, amie de toujours de Mme Enogat qui l'avait prise en pension, cela formait dans les deux appartements mitoyens au-dessus des salles de classe, une coterie absolument fermée, vivant sur elle-même, au sein de laquelle il ne restait pas de place à prendre. Cela descendait du premier aux heures réglementaires pour donner des verbes ou des problèmes aux écoliers, comme on jette le grain aux poulets, ramasse qui veut. Cela remontait aussitôt après la cloche finale pour prendre le thé préparé pour tous par Mme Enogat, laissant un seul membre de quart pour l'étude. Aucun d'eux n'avait accepté la redoutable succession mais, à l'évidence, tous en voulaient au nouveau de son courage et supportaient mal un directeur aussi jeune.

Les conversations qu'Alain pouvait entendre, dans la salle des *Bons Enfants de Germinal*, introduisaient ce fils de vigneron dans les coulisses inconnues du charbon.

— ... Dis, une demi-heure pour manger, et pas plus ! mon ami ! c'est qu'ils te lèveraient le cabas ! Allez ! Allez ! c'est l'heure ! pliez votre bouffetance et virez !

— ... Dis, le Poulet, le maître-mineur, tu sais ce qu'il a inauguré, maintenant ! méfie-toi ! Il monte dans le chantier et il cache sa lampe sous sa veste, il se met contre un bois, il se planque...

— Moi, s'il fait ça dans ma taille, je lui fous mon outil par la tête, je lui dirai : je t'ai pas vu, moi. Sans lampe, j'y vois rien, mon vieux...

— ... Il se planque, je te dis, puis, au bout d'un moment, il sort et il dit : « Eh *bé, fan dé lup !* vous y mettez un moment pour casser un bois, vous ! » ou alors : « Votre pelle risque pas de venir rouge », des combines comme ça...

— ... Moi, je fais le chargeur... Alors hier, on avait changé les couloirs pour les rapprocher de la taille. En arrivant, ce matin, je trouve un demi-wagon de remblai, que ça me regardait pas ! Seulement il était à la place du couloir-chargeur, j'étais obligé de prendre la pelle et de l'enlever, moi, alors que ça me regardait pas. Enfin, je commençais à rouspéter mais je l'enlevais. J'avais soixante wagons, tu te rends compte ? C'était pas de la rigolade ! Descendre le plein et remonter le vide... Alors y avait le Gustet qui était dans la galerie, il était chargé de reboiser la galerie, c'est un bon mineur, un fameux boiseur, le Gustet ! tu le connais... Il était chargé aussi de me donner la main, si je pouvais pas y arriver (quand y avait un wagon trop dur)... Parce que c'est des wagons de bois, y a pas des roulements à billes, tu les connais ! Il faut s'y mettre des fois à quatre pour les pousser... Alors, je l'appelle, le Gustet... Mais il se met à rouspéter : « Et merde... moi, j'ai mon travail... » Moi, je veux bien, j'y dis, mais si tu viens pas, je m'assieds, je charge pas soixante wagons à la pelle ! Le couloir, comme il était tout près de la taille, il était vite plein. Ceux qui étaient en bas du chantier, ils voyaient bien que je pouvais pas, mais ceux qui étaient en haut, ils gueulaient : *faï tira ! nun dé dïu*, grand fainéant !... Le Poulet vient m'engueuler, moi, je lui réponds. Alors il me dit : « Oh ! Mournard, faut pas parler comme ça... Je t'aurai à l'œil, toi ! » Ah ! je lui ai dit : Tu m'auras à l'œil, et qu'est-ce que tu me feras ? Il me dit : « Je t'empêcherai de déjeuner ! » Toi, je lui dis, tu m'empêcheras de déjeuner, tu auras jamais ce pouvoir ! je l'espère ! parce qu'à ce moment-là, je t'ouvrirai le ventre, mon pauvre...

Alain ne comprenait pas tout mais il n'en perdait pas un mot. Même s'il ne percevait ces rageuses conversations que sous la forme de sauvages mélopées, il y sentait toute la peine des hommes, et leur colère. Il s'hypnotisait sur ces phrases secrètes. Les récits obscurs et vagues se mêlaient à la rêche fumée des cigarettes roulées à l'économie, filiformes et tordues, consumées en trois bouffées qui semblaient les torturer. Voix et fumées s'imprégnaient des senteurs, vertes et sucrées comme un vice, du « cran », l'absinthe fabrication maison. Tout cela, Alain aurait pu le prendre à pleines mains, le serrer à s'en claquer les artères, tirer dessus comme sur des barreaux.

Il avait un jour demandé quelques explications techniques sur le travail du fond à son collègue, M. Enogat, qui était depuis sept années à La Vernasse.

— Au vrai, je ne connais rien à la mine, rien de rien, et j'avoue ne m'y être jamais beaucoup intéressé, répondit le collègue, mais, permettez-moi de vous le faire remarquer, monsieur le directeur, ceci ne figure point, que je sache ! dans nos programmes.

Le nouveau directeur du C.C. rentrait donc chez M. Armand pour humer cette haleine du fond de la terre. Il commandait un « cran » (il s'y était mis, pour faire comme eux, pour être comme eux), et dodelinait comme les mineurs, sans se forcer, en écoutant l'une de ces rengaines mi-françaises mi-patoises qui, jaillies d'un ivrogne, gagnaient, petit à petit, tous les clients du cru, et quelques Polonais et Tchèques parmi les plus anciens, dans la grande salle des *Bons Enfants de Germinal* :

A Paris, y a une vieillo
A Paris y a une vieillo
Qui a au moins quatre-vingts ans
Joli brandïn brandan la vieillo
Qui a au moins quatre-vingts ans

Aquel viel carcan !
Me démando én mariage...

Ce soir-là, chez l'Armand, ce fut une belle occasion ratée : Fernand Bédel et Alain Doiren se rencontrèrent, mais ils ne se connaissaient encore que de vue.

Le père Cadayré accrocha le délégué au passage :

— Fernand, il faut que je te parle un moment, pour la Caisse...

— Plus tard, si vous voulez bien, père Cadayré...

Le délégué s'efforça d'éconduire le plus aimablement possible le secrétaire de la Caisse de Secours des Ouvriers Mineurs et Similaires, dont il connaissait la susceptibilité.

Une hilarité méchante annonçait l'arrivée de Libertade. Le Catalan, depuis quelques mois, ne sortait plus sans un képi de gendarme, authentique, mais qu'il avait cabossé, écrasé sur un côté, dont il avait détrempé la visière pour la déformer, qu'il avait, en somme, par un coup de patte diabolique, transfiguré, en laissant assez pour qu'on reconnaisse immédiatement et sans hésitation le couvre-chef fameux des représentants de l'autorité mais pas assez pour que n'éclatent point aussi clairement et l'insulte et l'insolence. Quand il passait, ainsi coiffé, bec en l'air et jarret tendu tel un coq de combat, les pandores, c'était plus fort qu'eux, portaient la main au revolver.

Libertade était un Catalan de l'espèce longue et osseuse. Un immense nez en forme de fuseau saillait d'une face oblongue aux pommettes proéminentes, au menton fuyant, encadrée par des oreilles en ailes de papillon. Son rire bouleversait la géographie de ses traits au point qu'on ne le reconnaissait plus qu'à sa chevelure noire, mal taillée, désordonnée, lâchant une mèche en fouet sur le front, des effilochures sur la nuque et des rouflaquettes effrangées ; à ses sourcils touffus ; à sa pomme d'Adam enfin, toujours en mouvement entre les grossiers cordages d'un cou trop long.

La porte passée, le Catalan se mit au garde-à-vous, porta la main droite à son képi suivant les formes réglementaires, tandis que sa main gauche s'agitait au-dessous de sa ceinture avec une obscénité recherchée. Il beugla un énorme blasphème catalan, mais compréhensible pour tous, lequel incitait à la débauche en famille Dieu, son fils et la Sainte Mère.

Les *Bons Enfants de Germinal* acclamèrent une entrée aussi soignée, Libertade les épatait. Fernand était convaincu que l'Espagnol était l'individu le plus malfaisant que puisse compter dans ses rangs un mouvement ouvrier. Il le croyait d'autant plus qu'il ne pouvait se défendre d'un penchant naturel pour un tel personnage. « Hurluberlu, peut-être, songeait-il, toujours est-il que, si j'étais venu pour le démolir, ce qui n'est pas le cas, après cette entrée de matador, je ne pourrais plus. »

Fernand et Libertade se firent servir leur cran sur le comptoir et, leur verre à la main, ils se retirèrent dans un coin du fond, où ils se retrouvèrent seuls, dans un silence relatif.

— Écoute-moi, camarade Roméro, commença le délégué, tu comprends bien que, s'il avait été question de se casser la gueule, ou même de s'engueuler tout bêtement, je m'y serais pris autrement, tu saisis ?

Libertade répondit par un ricanement bref, d'une méchanceté compacte.

— Maintenant, si tu veux qu'on se batte quand même, à ta disposition, mon vieux ! gronda Fernand, et il plaqua brutalement sa main gauche sur la table.

Le bras du Catalan fouetta l'air dans un moulinet : le délégué-mineur découvrit, au bout de l'éclair, sur la table, profondément plantée entre le médius et l'annulaire de sa main, vibrante, une navaja dont le fil de rasoir frôlait sa peau dans le creux, à la commissure des deux doigts ; un geste brusque et il se fût ouvert la main.

Fernand arracha, non sans peine, la lame. Il rendit le couteau, le manche en avant, à l'Espagnol. Il s'assura que Libertade avait bien repris son arme puis, d'une seule main, la droite, il emprisonna le cou de coq déplumé de son vis-à-vis et, toujours sans émotion apparente, il commença à serrer. Fernand Bédel ne souriait plus, le gris de ses yeux n'avait jamais été plus pâle, il plongeait un regard glacial dans les petits yeux noirs qui rétrécissaient.

Les deux hommes étaient deux statues : le Catalan, les avant-bras soulevés au-dessus de la table, les poings serrés, avec la navaja dans le droit ; le Cévénol, la main gauche toujours sur la table, doigts en éventail, le médius et l'annulaire de part et d'autre de l'entaille toute fraîche, mais la main droite autour du cou de Libertade, les doigts continuant à serrer progressivement...

Le jeu était grand.

L'enjeu dépassait sans nul doute l'amour-propre du Cévenol et du Catalan, et leur prestige, et leur personne, et leur vie même. C'était soudain, dans la plus petite lice qui soit, l'affrontement brutal de deux pensées gigantesques, deux philosophies, deux religions nouvelles, deux possibles, deux avenirs du monde. Quelques secondes. La lame levée d'un côté, de l'autre une main d'étrangleur. Quelques secondes, pas plus, mais ce fut le duel prophétique à l'échelle des siècles et de l'humanité... ces deux hommes le sentirent.

L'anarchiste suffoquait, les muscles du communiste s'ankylosaient. Le Cévenol revoyait une image de Reichshoffen. L'un des derniers survivants de l'hallucinante charge de cavalerie demeurait au Chambon. Tous les ans, il montait à Paris pour le banquet traditionnel où chaque fois les survivants se retrouvaient moins nombreux. Ce vétéran avait gravé dans les mémoires enfantines de son public habituel d'hallucinantes images, dont celle-ci : sur un grand cheval devenu fou, lancé au galop de charge, un maréchal des logis, dont la tête venait d'être arrachée par un obus, continuait de sabrer, de charger, de tuer...

Cependant, Libertade étouffé mais brandissant toujours sa lame frémissante ré-entendait le conte catalan qui dit comment le malin Matéo, le petit pêcheur de Rosas, fut quand même lentement étranglé par le bras de la pieuvre qu'il venait de trancher, de complètement détacher de la tête...

Un déclic : l'acier de la navaja renfermant son fil dans le bois du manche. Les doigts de Fernand se détendirent. Les deux mineurs respirèrent. Libertade se frictionna le cou. Enfin ils reprirent assez de souffle pour rire silencieusement. Ils redemandèrent un cran, mais Libertade protesta que c'était sa tournée cette fois, ou il se fâcherait pour de bon.

Ils trinquèrent, ils burent.

Libertade se pencha sur Fernand et, d'une voix qui semblait d'une douceur étrange, parce que personne jamais ne l'avait entendue, le Catalan commença par ces mots :

— *Me, io souis venido en el mundo, né ? en la Calle de la Barca, non é loin dé la cathédral...*

Il se reprit là, pour se faire mieux comprendre, pour regretter que Fernand ne connaisse pas ce bas-fond de Gérone, entre Rìo Oñar et le parc de la Dehesa à côté duquel La Vernasse était le paradis sur terre, si !...

Libertade parlait lentement, très bas. Il avait un accent qui teintait chaque mot sans gêner pour autant l'intelligence de son récit. Il résuma ses premières années... Fernand, qui croyait tout savoir de la misère, revint sur cette présomption.

Libertade parlait d'un poète catalan, dont quelques vers retenus au passage avaient été la première, la toute première chose jolie à entrer dans sa vie de petit gueux. C'était merveilleux. Alors, le gamin de Gérone s'était débrouillé pour apprendre d'autres poèmes, d'autres encore, et le poète devenait son Dieu, son seul, son vrai Dieu, plus de place pour l'autre, celui de tout le monde ! Il se renseigna sur ce chantre de la langue catalane, il apprit que le poète était encore un homme jeune, qu'il habitait Barcelone où il travaillait dans une boucherie ce qui n'étonna même pas le petit Roméro. L'idée qu'on pût vivre de son chant lui eût alors paru baroque... Le voyage à Barcelone fut désormais pour lui ce qu'est le voyage à la Mecque pour les Musulmans. Il se jucha sur des tampons, se glissa sous des charrettes, reçut des raclées pour adultes, il était prêt à tout pour voir son poète.

Enfin, il le vit.

Ce poète de la sardane, le Dieu de la Catalogne, d'une sensibilité qui donnait l'exquise mélancolie, l'enfant de Gérone le vit, sortant de son étal de boucher, tenant deux têtes de veau — deux doigts de chaque main passés dans les narines, exactement ! —, des veaux dont les corps gigotaient encore à ses pieds. Encore vivant, debout sur ses quatre pattes, beuglait un troisième veau qu'il allait abattre.

Toute beauté quitta le cœur du petit gueux de la Barca, tout s'échappa de lui pour faire place nette à une idée, une seule, qu'il n'y avait rien au monde d'aussi important, d'aussi urgent que d'égorger le poète-boucher avec son propre couteau.

Libertade ne dit rien de ce qui avait été, de ce qui n'avait pas été, il se tut, là, tout net.

Alors ce fut au Cévenol de parler. Il commença par ces mots :

— L'année 1911, je travaillais dans le plus petit des hameaux, dans un pli du Bougès, derrière Saint-Frézal-de-Ventalon...

— *Io connaye*, fit doucement Libertade, pour montrer son intérêt, c'est tout.

— Si tu voyais comme c'est joli, au lever du soleil, si un jour on peut, on ira, et au coucher du soleil, alors ! Je n'avais pas encore mes dix ans. Je ne pouvais pas travailler à la mine. Je travaillais la terre. Je gardais les vaches. La première fois que j'ai gagné ma vie, je l'ai gagnée dans ce trou, là-bas, je te le montrerai. Mon frère était à Loupinau, le hameau d'après, mon frère aîné, qui avait trois ou quatre ans de plus que moi. J'avais dix ans moins quatre mois ! Je gardais les vaches, je ramassais le fourrage, et tout ça... parce que mon père ne gagnait pas assez pour nous donner à manger ; il était mineur. Il y avait un champ de seigle, tout en haut de la montagne, alors je partais du hameau avec une petite corde et je venais chercher sur mon dos une gerbe de seigle, et je la rapportais... Ce qu'il faisait chaud, dans ces trous du Bougès ! Ah ! j'y ai sué là-dedans ! *Fasiè cau !* Le matin, comme café, on avait la soupe *rabinée* de la veille, le bouillon, hé ! on buvait ça comme café ! *Té*, là, la lutte pour la vie, on la trouve : il fallait s'organiser pour... c'était dur, dur... On mangeait des pommes de terre, un peu de soupe, et puis, rien... Et alors, tu vas la voir, la lutte pour la vie : il y avait des poules, je repérais où elles pouvaient aller pondre, et j'allais *barboter* les œufs ! et puis j'avais une petite boîtette et, dans le champ, quand j'allais garder, je me tirais du lait, je mélangeais avec ça... J'avais toujours ma boîte dans la poche. Et, comme il fallait pas que ça se connaisse, je ne le tirais pas sur la même vache, je le tirais sur les quatre ou cinq, un peu chacune, alors le patron n'y voyait rien... (il rit). Mais c'était la lutte pour la vie ! Je le tirais comme ça, regarde un peu, à dix ans... ! On était mûri avant l'âge... Le patron, il n'était pas mauvais, il vivait comme nous, il mangeait comme nous, et il avait beaucoup de mérite ; il envoyait ses enfants au Cours Complémentaire, il y en a deux ou trois qui sont devenus instituteurs, et il me donnait dix francs par mois pour mon travail. Et une paire de sabots que tu ne pouvais pas user : il mettait du fer dessous, du fer épais comme mon doigt, des gros clous à tête ronde, et, en plus, ils faisaient mal : il n'y avait pas de bride. Pas possible de les user (tu parles : on les portait à la main !) L'année d'après, j'ai changé, j'ai été placé chez un de la Boulade, j'ai changé de montagne, je suis allé sur le Lozère... Ah ! le Lozère... J'y ai fait cinq ans.

Le patron des *Bons Enfants* vint leur demander s'ils mangeaient là, ils le regardèrent comme s'il n'existait pas. Quand il patrouillait entre ses tables pour poser ce genre de question, l'Armand portait toujours sa bouteille de cran sous le bras, on ne sait jamais... D'un seul geste, Fernand et Libertade la lui enlevèrent pour la poser entre eux. L'autre ne demanda pas d'explications : cette paire d'hommes avait quelque chose d'effrayant.

Fernand reprit :

— Tu vois, on venait à la foire, il y en avait de grandes ! Les gens venaient vendre leur bétail, à la fin de l'été, à Saint-Maurice-de-Ventalon, ils ne gardaient pas le bétail l'hiver, il n'y avait pas d'herbe pour le faire brouter... A la foire du 29 septembre (j'étais venu conduire les moutons, avec mon patron), je me retrouve avec mon frère qui était à Loupinau (lui aussi, avait son petit troupeau). On y est resté tout le jour. Les gens venaient pour acheter les bêtes, les maquignons, tu sais... Il en venait d'un peu partout, de Villefort, de partout... Alors, il y a un type qui vient trouver mon frère, qui était plus grand que moi (il avait treize ans, ou douze)... Alors il dit à mon frère : « Il y a une de mes brebis qui s'est égarée... Si tu veux le publier dans la foire... » Mon frère, il était un peu plus timide que moi — moi, j'étais un peu plus *osé* —, il a pas voulu le faire. Moi j'y vais. Je lui dis : « Tu payes ?... (ils rirent ensemble). Tu payes ? » Il me dit : « Je te donne cinq sous, voilà ce que tu vas publier dans le champ de foire »... *Aï perdut üno fédo blontcho...* (je donnais le nom du type, je ne m'en souviens plus maintenant...) Attends, j'ai retrouvé exactement ce que je devais crier : *cau a truva üno fédo blontcho, que la rendié, sera récumpensa...* Alors me voilà parti dans le champ de foire avec mes cinq sous — *té !* moi, j'avais pris mes cinq sous d'avance ! Et j'ai gagné une petite pièce de cinq sous, en nickel ! La brebis, on l'a retrouvée, elle avait changé de troupeau, c'est tout. C'était en 1911... comme si c'était d'hier... Je ne gardais jamais un sou. Mes dix francs, en arrivant je les donnais à mon père. En cinq mois, j'avais gagné cinquante francs ; je m'étais levé à cinq heures du matin, couché à dix heures du soir... Du travail pénible : on allait ramasser du fourrage, puis ramasser les pommes de terre, et tout à pied, on montait à pied de La Vernasse, et on redescendait, mais alors, les cinq sous, la piécette, je l'ai gardée, elle n'était pas prévue, tu comprends ? je ne la devais pas à mon père ! et, pour la première fois, je me suis acheté quelque chose : un morceau de fougasse, j'en rêvais depuis des années ! je n'y avais jamais goûté... Cette fougasse, tu ne peux pas imaginer, j'en étais saoul sur ce foiral de Saint-Maurice-de-Ventalon, cette fougasse du 29 septembre 1911 !... ça fait vingt-deux ans et plus de deux mois... *té !* j'en ai le goût qui me remplit toute la bouche...

Ils se turent. Il y avait un grand cercle de vide autour d'eux, même les bruits s'arrêtaient à quelques bons mètres de l'Espagnol et du Cévenol. La pratique, au naturel si fureteur, des *Bons Enfants de Germinal* respectait l'inquiétant tête-à-tête, beaucoup devaient se demander quelles terribles conjurations s'enfantaient de part et d'autre de la bouteille de cran, quels sanglants réveils aurait La Vernasse un de ces matins.

Fernand lança, *ex abrupto* :

— Alors, Libertade, comment tu vois ça ?

Le Catalan ne demanda pas quoi. Il prit longuement sa respiration, puis, en détachant ses mots, presque sans accent (et ceci passa les hauts braillements qu'il avait pu pousser dans la mine ou sur les parvis de jadis ; et la sincérité, l'ardeur donnaient à ses yeux noirs l'enfance qu'ils n'avaient jamais connue), le mineur catalan Libertade déclara solennellement :

— L'ère nouvelle commencera dès que le dernier riche aura été étranglé avec les tripes du dernier prêtre !

Libertade racontait ses « contes de fées » à lui.

L'enchanteur était Bakounine. Brocéliande était, en Catalogne, la C.N.T. — *Confederación Nacional del Trabajo*. Les merveilles avaient commencé avec la Semaine Tragique de Barcelone en 1909 : quarante-huit églises incendiées, les ouvriers dansant dans les rues avec les corps des religieuses exhumées...

La délicieuse évocation embellissait le visage anguleux de l'Espagnol, adoucissait un regard que rien, ni mur ni frontière, n'arrêtait plus.

Fanelli, député italien, compagnon d'armes de Garibaldi, admirateur de Bakounine, était venu parler aux imprimeurs de Madrid, il y avait bien longtemps, au siècle dernier, mais Libertade avait fréquenté de vieux anars qui l'avaient connu. C'est d'eux qu'il avait appris le syndicalisme, la défense, l'attaque plutôt, et sans y aller par quatre chemins, la grève immédiate, brutale, où tous les coups sont permis. Et les grèves anarchistes étaient victorieuses...

— *Tou sais porqué ?*

— Je m'en doute...

— *Por que los patrones han por...*

Le catalan tendit les poignets et fit ballotter les doigts qui pendaient mollement dessous.

— Les patrons avaient peur... fit rêveusement Fernand.

Libertade acquiesça farouchement, puis il mima : la bombe et le revolver. Tout le reste, de la rigolade...

— Ainsi, le meurtre, même le meurtre, vous êtes pour ? dit Fernand sur le même ton, et comme l'autre n'avait pas l'air de comprendre, il précisa : l'assassinat... le crime... (il fit quelques gestes).

Libertade comprit, alors il parla des chefs de la F.A.I., de Buenaventura Durruti, originaire de León et travailleur de la métallurgie à Barcelone, de Francisco Ascaso, un garçon de café, de leurs hauts faits : l'assassinat de l'archevêque de Saragosse, l'attentat contre Alphonse XIII en 1921, le meurtre d'une dentellière à Madrid, la fameuse attaque de la Banque d'Espagne à Gijón, et bien d'autres, qui avaient fait d'eux les héros du prolétariat catalan. Libertade en parlait avec ferveur. Ascaso et Durruti étaient pour lui les preux d'un idéal élevé, le pistolet dans une main, l'Encyclopédie dans l'autre, fuyant l'Espagne entre deux coups de main pour parcourir l'Amérique du Sud et venir créer une librairie anarchiste à Paris... Ils étaient, avec Garcia Oliver, les chefs de la C.N.T., et surtout de la *Federación Anarquista Ibérica*, mais il y avait, derrière eux, deux millions d'ouvriers, des hommes d'une même résolution.

— Ça, c'est moins sûr... murmura Fernand qui se faisait mal à cette idée.

C'était pourtant ainsi, Libertade le maintint, et le prouva. Il rappela Castilblanco, il y avait deux ans, en 1931 : un village de 900 habitants où la Garde civile avait voulu s'opposer à la tenue d'une réunion de la C.N.T. La population tout entière se rua sur les gardes civils, dont plusieurs eurent le crâne défoncé, les yeux arrachés, sans parler d'autres mutilations (l'un des cadavres portait trente-sept coups de couteau)... Et, en janvier dernier, à Casas Viejas, dans la province de Cadix, une bataille rangée avait opposé les anars à la Guardia de Asalto. Le vieux militant Seisdedos s'était barricadé dans sa maison, avec cinq camarades et sa fille Libertaria qui rechargeait les armes. Les asaltos durent, pour en venir à bout, faire appel à l'aviation qui écrasa sous les bombes la maison de Libertaria.

Pour finir de convaincre le Cévenol, le Catalan tirait de ses poches des coupures de journaux espagnols datant du mois en cours : l'anarchie frappait de plus en plus fort à Barcelone, à Huesca, à Logroño, à Teruel, à Séville, à Cordoue, à Grenade, à Cadix... Explosions, meurtres, sabotages de voies ferrées : une bombe bien placée sous un viaduc avait fait sauter l'express Barcelone-Séville : trente morts ! A Briones, l'église avait brûlé entièrement. Il avait fallu trente heures de siège pour venir à bout des anars barricadés rue Palafox à Saragosse ; il avait fallu les bombes et l'artillerie pour écraser les camarades qui s'étaient fortifiés dans le couvent de Villanueva de la Sereña, et autant pour réduire l'Alfafar, près de Valence...

Libertade traduisait les titres, montrait les photos des décombres, des cadavres alignés. Voilà quelle était la seule voie révolutionnaire. Puis il rangeait les coupures de presse, pieusement, car il y avait quelque chose de religieux dans son exaltation.

Pour conclure, le Catalan n'avait de conseils à recevoir de personne, et encore moins d'un marxiste cévenol, mais Fernand était-il seulement capable de comprendre ce qu'était, véritablement, effectivement, l'idéal des anarchistes ?

Ils se regardèrent dans les yeux.

Fernand dit :

— « Allumez le feu aux quatre coins des villes, fauchez les peuples, rasez tout, et quand il ne restera plus rien de ce monde pourri, peut-être en repoussera-t-il un meilleur... »

Libertade n'en revenait pas, jamais il n'aurait imaginé qu'on leur apprenait des choses pareilles dans les écoles du parti.

— Je n'ai jamais suivi aucune école du parti, hélas, répondit Fernand avec un soupir. Mais dis ! toi, tu ne tiens compte de rien ? C'est comme ça que tu vois l'avenir de tes enfants ? de Manole ? de Rafaël ?...

Libertade poussa un grognement dédaigneux en relevant le menton, ce qui lui permit de se déprendre du regard insistant du délégué qui poursuivait la citation :

— « ... Ah ! rien, ni parents ni femme, ni ami ! rien qui fasse trembler la main, le jour où il faudra prendre la vie des autres ou donner la sienne ! » Alors, camarade Roméro ?

Il attendit, mais ne laissa pas durer l'embarras du Catalan :

— *Té !* Je ne voudrais pas que tu me croies plus malin que je ne le suis, ou plus instruit. Même en politique, je ne sais pas grand-chose, *vaï*... Ce que je t'ai récité, c'est dans *Germinal*, d'Émile Zola, je l'ai acheté en 1918, ce livre, j'avais dix-sept ans, je l'ai acheté à la Bourse du Travail d'Alès, pendant la guerre. Je l'ai lu et relu, mais quelqu'un me l'a emprunté, je ne sais plus qui... *Germinal*, je l'ai fait lire... Depuis que je l'ai, ils sont plus de cent à l'avoir lu... Le mien ou un autre, toute La Vernasse l'a lu, plus ou moins, *Germinal*... Quelqu'un me l'a gardé maintenant, je ne l'ai plus... Je le marque bien, d'habitude, quand je le prête... Oh ! j'ai bien une trentaine de bouquins qui se baladent comme ça...

Libertade restait sceptique : Vraiment, il y avait cela, d'écrit, dans ce livre ? et quand...

— À la fin du siècle. Tu vois qu'elles ne datent pas d'hier, tes histoires, mon pauvre Roméro.

Le Catalan voulait des précisions : qui disait cela, dans ce livre, et pourquoi ?

— C'est le personnage de Souvarine, un nihiliste russe, celui qui sabote la mine et puis s'en va... Attends... (Fernand fit un violent effort de mémoire, puis récita :) « ... Il allait, de son air tranquille, à l'extermination, partout où il y aurait de la dynamite, pour faire sauter les villes et les hommes. Ce sera lui, sans doute, quand la bourgeoisie agonisante entendra sous elle, à chacun de ses pas, éclater le pavé des rues... »

La bouteille de cran était vide, d'ailleurs ils étaient soudain emprun-tés, ils n'avaient plus rien à se dire. Ils se levèrent, se partagèrent le prix des consommations et sortirent dans la nuit glaciale.

Au moment de se quitter, le Catalan retint le Cévenol par le bras :

— Tu me plais quand même, Fernand ! Je vais te faire un cadeau.

— Ah ! fit le délégué surpris, je t'écoute.

Ils grelottaient, dans les courants d'air du raidillon.

Libertade se lança dans une histoire inattendue, assez confuse. Il se passait à Marseille, sous la direction d'un député, un nommé Sabiani, qui était, en plus, adjoint au maire, et même premier adjoint, un trafic inimaginable : traite des blanches, tripots, stupéfiants, propagande électorale, et tout le bazar... Il s'agissait d'une maffia parfaitement organisée, avec des chefs comme « le baron », Carbone ou Venture, Spirito... Hein ? il était bien renseigné, c'est qu'il y a des anarchistes partout, sans parler des Catalans.

— Et alors ? fit impatiemment Fernand qui claquait des dents.

Libertade prit le temps de ricaner avant de préciser qu'il savait, de source sûre, qu'un jeune homme qui, sous couvert de faire des études, séjournait à Marseille, était mouillé jusqu'au cou dans ces sales combines, que c'était facile à prouver, et alors...

— Qui ? Quel étudiant ? fit encore Fernand éberlué.

— Raymond Mourrail !

— Qui ?

— Raymond Mourrail, le frère du Cyprien, le plus jeune fils du Mourrail, *quel qué a vingté* ans !

Le délégué comprenait de moins en moins. Libertade, irrité, mit les points sur les « i » : le frère cadet ennemi, un gangster ! Quelle histoire à sortir au dernier moment, la veille du vote ! Mais c'était son élection toute cuite qu'il offrait à Fernand.

— Ça jamais ! fit le délégué avec un haut-le-corps, et même si c'était vrai ! ça n'a rien à voir...

Le Catalan se mit à gueuler qu'il en avait assez d'un con pareil, que ce n'était même pas un meurtre qu'il lui proposait, rien qu'une bonne combine électorale...

— Du chantage ! grogna Fernand. Merci !

Libertade, furieux, le saisit aux épaules pour l'injurier. Les vocables espagnols reprenaient le dessus dans la fureur mais Fernand comprenait quand même ce que l'anar voulait dire : il se raillait des communistes et les maudissait, ah ! ils se prétendaient capables de faire la révolution par la persuasion ? Ces fameux idéalistes nous préparaient de belles saloperies ! ils finiraient par massacrer dix fois plus de gens que la F.A.I., des nations entières... Convaincre, ça ne peut finir autrement...

12

La Belle Niçoise

Emmeline Mourrail et Noël Tarrigues avaient déjà leurs habitudes. Ils se rencontraient au moins une fois par semaine, pour passer une heure ensemble.

Chaque jour, à la sortie du poste, le jeune homme laissait passer les mineurs de Clerguemort et du Chambon. Il faisait un brin de toilette pour le cas où ce jour serait le bon. Quand Emmeline en avait la possibilité, elle dévalait le sentier jusqu'au-dessus du tunnel, où elle se dissimulait en attendant le passage de Noël, bon dernier. Les autres mineurs n'étaient pas étonnés de voir un Tarrigues faire bande à part : « On dirait même qu'ils ne peuvent plus se supporter entre eux, quelle famille ! »

Emmeline et Noël prenaient tant de précautions qu'ils ne furent surpris qu'une seule fois, alors qu'ils se quittaient, et encore, c'est Luc Roux qui les vit. Rien à craindre donc. L'amoureux n'éprouva même pas le besoin de recommander la discrétion à son ami. Noël et Luc firent route ensemble, comme si de rien n'était, heureux, l'un et l'autre, de cette complicité sans confidences.

Luc Roux ne sortait qu'une heure après le poste de jour, il couvrait donc le trajet tout seul et à pied. Par la suite, il arriva plusieurs fois que Noël, quittant Emmeline, retrouvât Luc à l'entrée du tunnel, ils le faisaient un peu exprès, tacitement. Leur amitié, leur confiance grandissaient. Le mineur avait son vélo, mais pour l'occasion il marchait à pied.

Luc parlait un peu de ses études. Algèbre, physique, chimie, les classiques de la littérature surtout, *Cinna, Britannicus*, Corneille, Racine l'enchantaient. Il empruntait les brochures Larousse à la bibliothèque de l'école. Il pensait se présenter au brevet élémentaire, puis, si tout marchait bien, au concours d'entrée à l'École normale d'instituteurs. Devant Noël, Luc ne cachait pas la gêne qu'il ressentait quand il traversait le carreau de la mine. Il remontait machinalement, d'un mouvement d'épaules, son cartable à bretelles, dérisoire pendant du cabas de mineur.

Luc Roux était heureux de la nomination de M. Doiren.

— En somme, il t'a suivi, c'est drôle. Au fait, demandait Noël, il lui a fallu longtemps pour reprendre la classe en main ?

— Le temps d'une paire de baffes et d'un coup de pied au cul.

Dans un autre moment, Noël murmurait :

— Tu sais, Luc, à Clerguemort, tout le monde est bien content que tu continues l'école... Un jour, tu seras peut-être comme M. Doiren...

Clerguemort rêvait d'École normale. C'était la seule échappatoire permise à des enfants de mineurs : « Mon fils sera instruit, et il enseignera, il sortira enfin du trou... » Clerguemort était content pour le père Roux.

— Et tu ne changeras pas de maître ?

— Non, il n'y a qu'une seule classe de cours complémentaire, avec trois divisions. Nous sommes une trentaine en tout...

Ce n'était qu'avant-propos, ensuite Luc et Noël discutaient politique. Ils se passaient des journaux et des brochures plus ou moins défraîchis dont l'éloquence les enflammait : « Les prolétaires aspirent ardemment à l'unité de lutte contre la bourgeoisie, ils veulent l'unité de toute la force de leur conscience alarmée par le déchaînement de l'attaque capitaliste, les progrès du fascisme en Europe et la hideuse et terrible menace de la guerre impérialiste... »

Avec des mines gourmandes, ils se communiquaient des nouvelles du genre : « Après une grève de trois jours, les mineurs de la fosse 4 de Lens se sont entendus, tous, jeunes et vieux, Français et immigrés... »

Chacun de son côté rassemblait quelques nouveaux détails sur l'affaire, dont ils s'enchanteraient ensemble dans le prochain trajet de La Vernasse à Clerguemort :

— Et le plus épatant, Luc, c'est que le front unique des camarades de la fosse 4 s'est réalisé justement sur de toutes petites revendications !

— Tu les connais ?

— Tu parles, ça peut toujours servir : « Respect des conventions de salaire et de la loi de huit heures, suppression des amendes, brimades et sanctions arbitraires, aménagement de lavabos spéciaux pour les jeunes filles occupées au triage... »

— C'est bien aussi, les lavabos pour les trieuses, commentait gravement Luc.

Noël avait près de cinq ans de plus que son ami mais il ne lui cédait en rien sur le chapitre de la morale. Leur pudicité tranchait fort sur le débraillé de la mine, elle les élevait, les isolait aussi. Morale et politique allaient de pair pour ces garçons. Ils s'entretenaient en toute simplicité de la crise des naissances :

— Les bourgeois et leurs idéologues, exposait Noël, affirment que c'est le résultat d'un relâchement des mœurs ou de l'abandon de l'esprit de famille, ils osent même dire que les ouvriers ne veulent plus d'enfants !

— Qu'il y ait un relâchement des mœurs, c'est sans doute vrai, mais ce sont eux, les bourgeois, qui donnent l'exemple : *lu péïrou qué mascara la sartano !* (le chaudron qui noircit la poêle).

— Les ouvriers, plus d'enfants ! ils n'ont qu'à venir faire un tour aux Cannibales !

Ils s'indignaient avec délectation.

Ce romantisme révolutionnaire garantissait la chasteté des amours de Noël Tarrigues et d'Emmeline Mourrail : quand il arrivait, elle tendait une joue, quand il repartait, elle lui rendait le *poutou*. Ils se tenaient par la main : quand il effleurait d'un doigt le pouls de la jeune fille, son trouble était profond.

Noël annonça solennellement à Luc :

— Cette fois, mon vieux, il faut que je leur casse le morceau. Je vais tout leur dire, samedi au plus tard.

— Je comprends, fit Luc, c'est dimanche, l'élection du délégué-mineur.

— Oui. Je vote pour Fernand, mais je ne peux quand même pas le faire dans le dos des miens.

— Il ne manquerait plus que ça !

C'est le jour, c'est l'heure, la minute, la dernière.

Clerguemort était taciturne, les nuits d'hiver. La rivière en profitait, boueuse, enragée, elle s'en prenait aux maîtres murs des caves et des écuries, avec des fondements d'océan. On n'entendait plus qu'elle quand on prêtait l'oreille au-dehors. Au-dedans, sur le tic-tac fondamental de la pendule familiale des Tarrigues, cliquetaient une fourchette, un verre ; la bûche criait en s'ouvrant comme un éventail de feu sous le chaudron de cuivre où cuisait maintenant la soupe du cochon. Selon son habitude, après la dernière bouchée de fromage l'oncle Albéric avalait un verre de clinton, essuyait la lame de son couteau de poche entre le pouce et l'index la faisait claquer, puis éructait. Bientôt, il bâillerait bruyamment, selon les bonnes manières de jadis jusqu'à la chaise qui craquerait lorsqu'il s'étirerait. Façon de dire : ce n'est pas que je m'ennuie avec vous...

Quelques minutes après, Camille bougonnerait son *bono nüetch*, passerait dans la pièce voisine et son lit, presque aussitôt, lâcherait un cri de surprise, un seul. Solange, sa femme, donnerait un coup de chiffon sur la toile cirée décolorée, déplacerait trois chaises pour le principe, avant d'aller rejoindre Camille. La vieille finirait la vaisselle dans la patouille. Claire dormait depuis longtemps, première au lit, de gré ou de force : à moins de sept ans...

Dans un instant, Noël se retrouverait seul dans la pièce commune.

Il regardait ce décor si familier, ce qui ne lui donnait pas de courage, au contraire. Il le voyait une dernière fois, tout serait changé dès qu'il aurait parlé, même ces murs. La table, le buffet bas et le pupitre enfermant les papiers sans trop de valeur, tels le registre des comptes de la famille ou le carnet pour les timbres-prime du Planteur de Caïffa. Tous les meubles de la maison avaient été taillés par des Tarrigues au long de ces veillées d'hiver que l'on passait, groupés sur deux bancs, de part et d'autre du feu, sous le manteau de la cheminée, entre le four et le bûcher, à croire que la terre était moins dure que le charbon puisqu'on avait alors la force de veiller et même de tailler le cœur des châtaigniers avec des lames aussi souples que celle du couteau d'Albéric.

L'oncle se renverse sur les pieds arrière de sa chaise, il s'étire, bras en croix, jambes à 90 degrés, il creuse et prolonge un bâillement qui, commencé sur un aïe ! gémissant, se termine par les rugissements du fauve satisfait qui se sent chez lui. Après tout, il pourrait aussi bien péter, s'il voulait.

La chaise revient à l'horizontale, les quatre pieds raclent le ciment de la cuisine, Albéric prend du recul pour se lever de table.

— Un moment, l'oncle ! j'ai à vous parler, à tous, à vous parler sérieusement !

Noël a forcé le ton, sa propre voix sonne faux à son oreille. Albéric se renverse de nouveau, s'étire, croise les bras, mais laisse les jambes à l'équerre. Camille coupe un morceau de fromage de chèvre qu'il porte à sa bouche entre le pouce et la lame de son Opinel. Il jette sur son jeune frère un regard en dessous, mais c'est parce qu'il est trop fatigué pour relever le nez de dessus son assiette. La Niçoise choisit ce moment pour se lever et commencer à desservir, avec affectation : c'est entendu, je ne suis pas une Tarrigues, moi, je suis l'Étrangère, l'Intruse ! La vieille était déjà debout, elle ne reste jamais longtemps assise pendant le repas, elle sert les hommes. Maintenant elle attend, elle aussi, ses va-et-vient entre la patouille et la table sont plus lents elle fait moins de bruit.

Noël reste coi. Son regard ne peut s'attarder sur les siens, ses yeux accrochent, en face, l'un des seuls ornements de ces murs chaulés : un morceau de bois qui a la forme d'une tranche de miche, avec l'écorce pour croûte, sur lequel une photo en couleur représente la Promenade des Anglais à Nice, avec des fiacres.

L'angoisse paralyse le jeune homme. Tout à coup il sent qu'il existe entre les communistes et les socialistes un fossé vertigineux qui n'est pas creusé seulement pas les nuances doctrinales bien connues. Communistes et socialistes sont différents comme deux races, comme deux âges, comme deux mondes. Mais qu'ont-ils de pareil, aussi ? pas leurs regards, pas leurs éloquences, pas leurs façons de vivre, ni le ton, ni la démarche, ni surtout la direction de leurs routes. Rien de plus dissemblable que ces deux voix qui prétendent parler aux ouvriers dans leur intérêt : l'une est sage, l'autre enflammée, l'une monte et l'autre descend, l'une est celle du savoir-vivre, l'autre celle du savoir-mourir. Cette lumière traverse Noël, brève et blessante, un éclair, et voilà qu'il ne sait plus...

Un instant, Noël ré-entend les discussions, ce sont ces murs qui les lui rendent comme ils savent rendre le soir la chaleur de la journée. Les Tarrigues reçoivent peu, leurs rares visiteurs sont des camarades socialistes. Auguste Saccard, maire de Chambon et dirigeant local de la S.F.I.O., vient quelquefois. Ses entretiens avec Camille et Albéric n'ont que peu de rapports avec les propos enflammés des communistes, il s'agit moins de discussions que de conversation entre hommes de bonne volonté. Des répliques reviennent à l'esprit de Noël qui les ré-écoute avec une indulgence nouvelle paralysante, à cette minute, au seuil de l'aveu :

— Bah ! Les communistes de Clerguemort sont quand même de braves types, fait la voix du père Saccard. Braillards, irritants, méchants parfois, mais, dans les coups durs, quand il y a un accident, ils sont là !

— Sur le plan des hommes, je suis d'accord, répond la voix de Noël. C'est quand ils se souviennent qu'ils sont communistes qu'ils deviennent des brutes, alors ce n'est même plus la peine de discuter.

— C'est le bolchevisme qui gâte les hommes, qui les pourrit, gronde la voix de l'oncle Albéric.

— Avec le maire de Clerguemort, encore, peut-être qu'on arriverait à s'entendre, fait le maire de Chambon.

— Le Jaurès n'est pas un vrai communiste, tranche Camille, le vrai, c'est le Mèffi, cette brute, ce gueulard !

— Moscou, le paradis sur terre, ricane l'oncle Albéric.

— Le véritable ennemi des bolchevistes, ce n'est pas le capital, c'est la S.F.I.O. !

— Ce qu'ils osent dire du camarade Blum !

Soupirs indignés, considérations politiques et philosophiques affluent dans la mémoire du plus jeune des fils Tarrigues pour étouffer la démonstration qu'il prépare depuis si longtemps.

— Les socialistes sont de véritables démocrates, qui tolèrent la contradiction, qui encouragent la discussion, parce qu'ils sont soucieux de préserver la personnalité de chaque camarade, parce qu'ils respectent les individualités, tandis que les communistes ne forment qu'une masse, une masse militarisée, hiérarchisée, dans laquelle divergences ou points de vue personnels — même sur des points de détail — sont tenus pour indisciplines criminelles et sanctionnés sans ménagement. Bien sûr, ils sont efficaces, la bonne blague ! « On ne fait pas d'omelettes sans casser des œufs ! » Ils foncent, ils écrasent — « le rouleau compresseur » comme ils disent —, les scrupules ne les étouffent pas. Ils sont au garde-à-vous, aux ordres, aveuglément, aux ordres de qui ?

— De Moscou !

Moscou ! Moscou !... Les quatre murs de la forteresse Tarrigues sont imprégnés du mot couperet qui tombe et tombe et retombe et tranche à l'instant le moindre lien, à peine lancé d'un bord à l'autre. Rien, jamais ne pourra réunir les frères ennemis, et l'on ne se hait vraiment qu'entre frères.

Moscou ! Moscou ! Moscou ! c'est comme des coups dans la tête de Noël...

L'oncle rugit un bâillement supplémentaire.

— Alors, Noël ? fait Camille en s'étirant.

Alors Noël se lance :

— D'abord, il faut bien rappeler quelques faits : au début de 1920, c'était, à Strasbourg, le premier Congrès du Parti socialiste depuis la guerre. Par 4 330 voix contre 337, le Parti décidait de sortir de la IIe Internationale qui n'avait pas su défendre la paix. A la fin de la même année, à Tours...

Le tout, sans respirer. Curieusement, c'est en reprenant son souffle, là, sur « Tours », qu'il s'entend, qu'il se demande quelle est cette voix de tête, d'où sortent ces chevrotements...

D'abord abasourdis, son oncle et son frère froncent le sourcil sur ce mot, justement : « Tours ».

— A Tours, le Parti a décidé... reprend Noël de la même voix flûtée, mais beaucoup plus bas : ... a décidé... à une écrasante majorité... l'adhésion à la IIIe Internationale... La minorité... je dis : la minorité...

Albéric et Camille ne regardent plus l'enfant, ils se regardent entre eux, d'un air entendu. Les deux femmes sont arrêtées à mi-chemin, le geste en suspens. C'est leur tour d'être abasourdies. Elles avaient cru d'abord que c'était une discussion entre hommes, qu'ils l'avaient commencée ailleurs, à la mine, ou en chemin et que Noël tenait à la reprendre, elles sentent soudain que l'affaire est grave, et surprenante. L'horloge s'est mise à tictaquer plus fort, et même plus vite, dirait-on.

Noël murmure :

— ... Paul Faure et Léon Blum dirigeaient cette minorité qui a rejeté la décision de la majorité... La majorité, elle, c'est en suivant la discipline du parti qu'elle a adhéré à l'Internationale communiste, et qu'elle s'est appelée « Parti communiste »...

Camille et Albéric ne se quittent pas des yeux, mais ils branlent un peu la tête, d'un même mouvement, sans amplitude et sans hâte.

Noël bredouille :

— ... et la preuve, c'est que le journal, oui... *L'Humanité*... le journal de Jaurès...

L'oncle et le frère aîné se lèvent en même temps, comme à un signal, sans lui accorder un regard. Ils se dirigent d'un pas traînant vers leur chambre. Sur la première marche de l'escalier de bois, Albéric appelle Camille qui ouvre sa porte, pour lui demander, en patois, depuis combien de semaines, au fait, il travaille dans l'équipe du Jaurès, Noël ?... Camille répond, de même, qu'il ne faut pas tellement de temps pour être empoisonné de propagande bolchevique, surtout quand on se donne le loisir de palabrer, parce que, si l'on en juge sur les payes qu'il rapporte à la maison, Noël, depuis qu'il fait équipe avec « Monsieur le Maire de Clerguemort »...

— Mais ça fait plus de deux ans que je suis communiste, moi !

Le cri avait échappé au plus jeune des Tarrigues, un cri d'enfance et de malheur, mais sans effet sur les deux hommes. Le craquement du bois de chaque marche semble répondre au ricanement de l'Albéric.

Noël reste seul dans la salle, il lui semble avoir déjà vécu tout cela. Des glapissements, où le patois cévenol mêle plainte et colère, résonnent dans l'étroit renfoncement de la patouille :

— ... *Pamén !* Entendre ça ! dans sa propre maison ! J'ai trop vécu ! J'aurais dû mourir, moi aussi, avant de voir ça ! comme si je n'avais pas connu assez de malheur dans ma vie ! ah ! *misèro dé chïn*... il fallait encore que je voie ça : l'hypocrisie, la trahison, sous mon toit ! Mon pauvre Agénor est bien heureux d'être parti sans voir ça... Hélas ! mais qu'est-ce que je raconte ? C'est parce que le père n'est plus là que les enfants se déchirent ! De son vivant, les Tarrigues restaient dans le droit chemin...

— Mais, maman ! c'est le pauvre papa, justement, qui...

Ce deuxième cri aussi était parti tout seul.

La porte de la chambre des jeunes époux s'ouvre à la volée, claque contre le mur. Camille apparaît, torse nu. Ses yeux brillent ainsi quand il entend les communistes scander : « Tout le pouvoir aux soviets ! », son regard crie : « A Moscou ! A Moscou ! » :

— Assez, Noël, tu m'entends ! Maintenant, c'est assez ! Tu vas laisser notre pauvre père en dehors de tes imbécillités ou alors, je t'en réponds ! tu auras affaire à moi !... hurle-t-il... et puis, d'abord, va te coucher !... (il ajoute encore, mais sans crier) : Va te coucher ou va au diable ! mais qu'on n'entende plus des choses pareilles ici !... Tu seras ce que tu voudras, tu feras ce que tu voudras, mais ailleurs... Si tu veux rester dans le bien des Tarrigues, tu respecteras la mémoire de *mon* pauvre père !

Il disparaît derrière la porte qui claque à secouer la maison. La vieille vient chercher le chaudron pesant, le soulève à deux mains, à bout de bras, et l'emporte ainsi, devant elle. Noël fait un pas pour lui venir en aide, mais sans un regard, d'un seul mouvement de menton vers le haut, la veuve Tarrigues l'arrête court.

Noël reste seul avec l'implacable tic-tac, au milieu de la salle qui s'agrandit comme si ses murs aussi s'écartaient de lui, seul, mais seul ! à douter de tout, jusqu'à se demander si les pierres séculaires habitées par des générations de Tarrigues ne sécréteraient point des charmes, un envoûtement, contre lesquels même l'évidence matérialiste ne pourrait rien.

Un bruissement le fait sursauter : Solange vient vers lui. Elle a laissé son tablier dans la patouille, son peignoir n'est fermé que par l'unique bouton, à la ceinture. Elle est nue là-dessous. Elle s'approche du jeune homme, à le frôler. Il s'écarterait mais cette confidence le retient :

— Noël, tu as peut-être raison, je ne sais pas, je ne comprends rien à ces affaires... murmure-t-elle, après un regard furtif vers la porte de sa chambre... Pourtant, vois-tu, j'avais envie de te donner raison, comme ça, tu comprends ?

— Comment comme ça ? Non... je ne vois pas... bafouille-t-il.

Une tiède moiteur s'exhale du décolleté, et, par l'entrebâillement des pans du peignoir, des longues cuisses de Solange.

Les Tarrigues eux-mêmes ne savaient pas grand-chose de la bru. Camille n'avait pas donné de détails. Quand il était revenu du service militaire, qu'il avait accompli dans les Chasseurs alpins, sur la frontière italienne, il avait ramené cette blonde splendide avec lui. Il l'avait rencontrée à Nice, mais où ? dans quelles circonstances ? et de quel milieu venait-elle ? qu'avait-elle fait jusque-là ? Camille n'en avait soufflé mot, il prenait un air à décourager les questions avant même qu'elles fussent formulées.

Le Félobre venait de faire son service, dans les Chasseurs alpins, lui aussi, comme beaucoup de Cévenols. A son retour, il laissa entendre qu'il en avait appris de belles sur le passé de la Niçoise, l'affaire avait fait du bruit là-bas, on en parlait encore dans les garnisons. Mais, à peine eut-il mis l'eau à la bouche de Clerguemort, que le Félobre se tut définitivement, il s'en voulait d'en avoir trop dit, les Tarrigues étaient un peu bizarres, mais c'étaient des gens de chez nous, estimables, on n'avait pas le droit de rajouter à leur malheur.

Heureux encore que les Tarrigues vécussent ainsi repliés sur eux-mêmes, le moindre propos du Félobre fût-il parvenu aux oreilles de Camille qu'il y aurait eu carnage à Clerguemort. Le frère aîné de Noël était en adoration devant son épouse, rien n'était assez beau pour elle, et la garce savait s'y prendre pour le tenir à sa merci.

La Belle Niçoise régnait sur les Tarrigues avec une superbe de reine déclassée, on lui devait tout puisqu'elle condescendait à vivre là. Elle n'exigeait, ne demandait jamais rien, son attitude et ses moues suffisaient ; chaque jour, à chaque minute, Camille Tarrigues s'employait de tout son être à mériter sa femme.

La vieille Tarrigues, seule, ne marchait pas. Ne pouvant aller contre la volonté de son fils aîné, la grande veuve noire se taisait ; elle continuait à vivre dans sa maison, à vaquer à ses occupations comme si sa belle-fille n'était pas là. Depuis le choc du premier jour, la vieille Tarrigues et sa bru ne s'étaient pas adressé la parole.

Après un autre regard vers la chambre, la Belle Niçoise avance encore et, d'une voix sourde et tendre qui laisse les mots au fond de la gorge, elle précise :

— Mon petit Noël, je souffrais de te laisser seul contre tous... Je brûlais de me ranger à tes côtés... sans raison, bien sûr ! (la politique et moi !) Mais je ne pouvais plus supporter de te sentir ainsi, tout seul. Je souffrais, tu comprends ? tu as dû le sentir ? Des choses comme ça, aussi fortes, cela doit se sentir...

Elle a posé sa longue main sur l'épaule de son jeune beau-frère, elle gratte lentement, du bout des ongles, en appuyant à peine, le tissu de la chemise usée, comme pour faire entrer ces mots chuchotés :

— ... Je souffrais, Noël, tu devais le sentir ! Hélas qu'est-ce que je pouvais ? Je ne suis pas une Tarrigues, moi...

Il savait : tant qu'elle n'aurait pas fait un petit-fils à l'Agénor, elle resterait sur le seuil du bien Tarrigues, la Niçoise ! mais elle semblait retarder le plus possible une maternité qui marquerait la fin de sa belle jeunesse. C'est du moins ce que Noël avait cru comprendre d'après certaines allusions, des regards, de vagues plaintes et soupirs de la vieille.

La main, aux ongles habiles, remonte sur la nuque du jeune homme qui frissonne des pieds à la tête :

— ... Dis-moi, tu le sentais, mon petit Noël, que j'étais avec toi, de tout cœur, de toute moi !

Avant de le quitter, elle attire sa tête pour un baiser fraternel mais ses lèvres entrouvertes, épaisses et douces, s'égarent une seconde sur la bouche de Noël.

Solange referme avec précaution la porte de la chambre conjugale, avec un signe vers Noël pour souligner qu'elle tient à ne pas réveiller Camille.

Une chaleur inaccoutumée descend et se propage en Noël, dans tout son corps, jusqu'à l'extrémité de ses membres.

La vieille n'est pas remontée des écuries. Noël l'entend qui mène grand bruit de chaudrons sous la cuisine. Pour aller se coucher, il passe devant la chambre que la veuve partage avec son dernier enfant, Claire la terrible, la fillette tardive.

— Noël, écoute ! Noël, vite, viens !

— Comment, tu ne dors pas encore, coquine !

— *Té ! siès bravé, tü ! cumo si puriè dürmi émbé tut aqel rambal !*

— Chut... fait Noël en s'esclaffant.

Il n'a pourtant guère envie de rire, mais que répondre à ça : « Tiens ? Tu es vaillant, toi ! Comment se pourrait-il dormir avec tout ce vacarme ! » (et le patois semble tellement plus expressif !). C'était de la verte logique, du tac au tac dans la manière habituelle de la petite sœur. Il traverse la chambre à tâtons, embrasse Claire sur le front. Elle le capture dans l'anneau de ses petits bras solides :

— *Oh ! Noël, ti siès fa tchapitra ?*

— Oui... un peu.

— T'avais fait une bêtise ?

— Eh !... Peut-être bien.

— Oh ! oh ! Dis, raconte !

Elle se suspend au cou du grand frère pour s'asseoir dans le lit.

— D'abord, ça ne se raconte pas ! tu n'y comprendrais rien, ma Clairette !

— Pourquoi, c'est sale ?

— Mais non, qu'est-ce que tu vas chercher ! c'est de la politique, nous n'étions pas d'accord...

— Alors, on va avoir la guerre ?

— La guerre ? Pourquoi, la guerre ?

— Ben, une guerre, dans la maison ?

— Mais non, enfin, je ne pense pas...

— Ah ! fait-elle, vaguement déçue, tandis qu'il la recouche de force.

— Allez, bonne nuit, sœurette, dors sur tes deux oreilles !

— *Bono nüètch, Noël !*

Il repasse la porte quand la petite voix le rappelle :

— Dis, Noël, c'est toi qui veux te faire catholique ? Je t'aimerais plus !

— Dors, « catholique » ! tu mélanges tout !

— Mais si ! puisque tu fais la trahison de la famille !

— Dors ! D'abord, je ne trahis personne, et puis c'est de la politique, ça n'a rien à voir avec catholique et protestant... Dors !

— Ah ! bon ! fait la petite voix qui s'ensommeille, parce que, moi, tu vois, je croyais que tu voulais te faire catholique à cause de cette Emmeline de La Vernasse.

— Eh ! *bé !* lâche Noël en se retournant, il ne manquait plus que ça ! Mais... Dis-moi, Clairette, qui t'a dit...

— Oh ! Noël, ne t'en fais pas ! J'ai rien répété à la maison, je suis pas une cafarde, moi !

— Où as-tu entendu ça ?

— Hé ?... quoi ?... fait la petite voix que regagne le sommeil.

Noël ne peut s'empêcher de la re-réveiller, juste un tout petit peu :

— Eh ! Clairette ! qui racontait cette histoire de... d'Emmeline... de La Vernasse ?

— Ah !... d'Emmeline... et de toi ?...

— Oui ! Qui ?

— Dis, Noël, c'est bien une cul-blanc, cette Emmeline ?

— Ben... oui...

— Ah ! tu vois !

— Mais qui ? qui t'a raconté ça ?...

— Beuh... je sais plus moi... ah ! c'était à la récréation, mais je sais plus qui...

— A l'école de Clerguemort ?

— Pardi ! Où tu voudrais... Ah ! oui, ça me revient, c'est l'Yvette, mais j'y ai fait une de ces bosses ! je t'y ai foutu un coup de cartable, à l'Yvette...

Le sommeil l'emporte définitivement et Noël cueille les dernières précisions sur les petites lèvres fraîches qui bougent à peine :

— ... Oui... seulement... le Manuel... qu'on y dit « Manole », tu sais... Manole !... le petit du Libertade... eh ! *bé*, Manole... Manole... il le savait.

13

La bataille de Portes

Le Château de Portes ne peut que dominer le monde, la question ne se pose même pas pour les enfants de la Cévenne, on dit que ce château féodal fut commencé par les Romains pour jalonner leur Régordane, la voie qui retentissait du « piétinement lourd des légions en marche » de Massilia vers Lutèce. Les enfants rêvent d'aller vérifier le conte sur place, et les plus dégourdis grimpent sur la plus haute échauguette du donjon. Ils reconnaissent les ruines du château de Coucoulous sur une crête lointaine dans la direction de Paris, celles d'un autre château dans la direction opposée. Ils pigent aussitôt le truc des Romains pour transmettre en quelques minutes un message des rivages de la Méditerranée à ceux de la Seine : un bon fagot de pins, de sarments, avec des pignes, sans plaindre la poix, toujours prêt, des guetteurs, la combine des Sioux quoi ! ça devait être rudement joli, par les nuits d'été, la Gaule pointillée de feux de la Saint-Jean...

Marie-Félice de Budos, marquise de Portes de 1629 à 1693, fait l'objet de commérages tout comme si elle était encore vivante, et bonne à faire peur comme à faire rire. Quand il s'agit d'amants, elle agit en Reine Margot, usant de ses oubliettes plus profondes que la Seine à la Tour de Nesle. Mais, pour rire, on parle de la queue de son âne que des galopins avaient coupée alors que la dame avait attaché sa monture évangélique à la porte de l'église.

Du fameux château, le *Guide Bleu* dit seulement : « Portes, beau château du XIVe et XVIIe siècles, campé sur un point culminant (578 m), et même s'il se délabre à raison d'une tour au moins que le vent emporte tous les dix ou douze ans... »

Théâtre grandiose, en vérité, digne d'un moment d'histoire et propre à l'exaltation populaire, que le colosse féodal planté sur la mine, balafré, mutilé par elle !

Des symboles, le site de Portes et son château en eussent offert tant et plus à des penseurs moins terre à terre que ceux qui peuplaient les pentes du collet. Les galeries de La Vernasse trouaient la montagne et la minaient implacablement. Le vieux village s'était effondré pan après pan, sans étais, sans réparations possibles. La fuite seule était raisonnable. La responsabilité des houillères ne prêtait guère à discussion : des siècles durant, la montagne n'avait pas bougé, carrée sur son charbon. Le nouveau village fut reconstruit aux frais de la Compagnie : église, école et bureau de postes compris, à quelques centaines de mètres des ruines de l'ancien. Il ne lui ressemblait guère, trop neuf, trop simple, avec ses cités droites et froides...

De nos jours, l'élection des délégués-mineurs se fait sur le carreau, mais à l'époque elle se déroulait dans les mairies. La Compagnie avait choisi Portes, peut-être s'agissait-il simplement de prudence, de faire voter ailleurs que dans ce trou noir et turbulent de La Vernasse, pour la sérénité du scrutin, disons.

Le Barbaste mit sa charrette à la disposition des électeurs de Clerguemort, mais il eut à cœur de la conduire lui-même. Le Mèffi monta le second, devant, à côté du charretier, et debout comme lui, portant le drapeau rouge de la cellule communiste. Cela, déjà, ne manquait pas de gueule, ces deux figures de proue : deux gaillards plantés sur leurs jambes écartées, l'immense vieillard, splendides moustaches à la gauloise et chevelure déployées, toute cette « barbaste », cette « gelée blanche » de poils soulevés par la tramontane et l'autre, le colossal mineur, la poitrine grondante comme une étrave et l'emblème « rouge du sang des ouvriers » qu'il dressait au vent, qui claquait sur les têtes.

Les ridelles avaient été ôtées pour faire de la place, et il ne restait plus, de la charrette, que le plateau, les brancards, les deux roues.

Étaient montés ensuite : le Sercomalur en velours lisse des grands jours, l'œil fureteur dès avant le départ, ses trois fils, Robert l'aîné dit « le Longeon », interminable et sec, tout en os, tout en long, Émile dit « le Musique » et Julien, le cure-nid, bon boiseur à la palabre intarissable, « Turaduïré » le bien nommé, puis le Pétardur gueulant qu'avec toutes leurs manigances on n'avait même plus son dimanche pour soi, puis le Dévarié, dévotion parler, pariant sur l'élu avec l'Éternel, puis le père de Luc, Roux le taciturne dont la pomme d'Adam animait la cravate, puis la Pitance qui fit baisser la tête du cheval quand il hissa, d'un bond très souple, son quintal de muscle à l'arrière du plateau, puis le Sang-Caillé qui parlait d'emporter son fusil, puis le Sec-Sec grimaçant, le « chose » encore douloureux, qu'on dut aider, mais dans quelle rigolade ! le Chicane chapeauté comme un maquereau de Marseille, le Félobre avec son accordéon et pourquoi pas ? ce n'est pas un enterrement, non ? qui sait ! jusqu'au benjamin de l'équipage, Rafaël, le fils de Libertade.

— Et ton père ? lui demanda le Jaurès en arrivant.

Le petit Espagnol baissa la tête et changea de côté.

— *Cré nun dé diu dé diu !* c'était le jour ou jamais de sortir ton écharpe, *millo diu !* brailla le Mèffi.

Mais, sans daigner répondre, le maire de Clerguemort s'assit sur le cul de la charrette, tournant le dos au sens de la marche, jambes pendantes, ses talons toucheraient dans les ornières...

Le départ était donné sur la Placette, devant la boulangerie-buvette-cabine téléphonique de l'Edemond, à deux pas de l'échoppe du Pézoullet, le paysan-coiffeur qui était devant sa porte, rasoir en main, en compagnie de sa pratique, barbes, cheveux et bonnes langues désintéressées qui tenaient salon chez lui : on était dimanche matin et l'oncle Roure sortait à son tour, une joue savonnée l'autre non, pour demander si c'était une nouvelle mode ; la demi-barbe ? Le génial bricoleur aux doigts de fée, l'incomparable horloger, n'était jamais parvenu à se raser sans répandre le sang, c'était inexplicable, mais entendu.

Le cheval piaffait. Une chose ou l'autre, on ne partait toujours pas. C'était à présent le troupeau du vieil Esaïe de Canaan remontant l'étroite grand-rue de Clerguemort et sur lequel un moment la cargaison de mineurs endimanchés flotta comme un radeau de la Méduse mais, dimanche ou pas, les chèvres ont faim tous les matins, comme nous, pauvres créatures...

— Eh ! papé Esaïe ! demande donc à ton bon Dieu de nous

donner un petit coup de pouce et de bourrer l'urne de bulletins bien rouges...

Le vieil Ardailhan poussait le troupeau, bougonnant que l'Éternel était assez grand garçon pour savoir ce qu'il avait à faire et qu'un jour pareil, *té !* celui du Seigneur justement, le Sien ! il avait sûrement des affaires un peu plus importantes, quand même ! que de se salir les mains à tripatouiller les politicailleries des galapiats de Clerguemort.

En bougonnant, le chevalier biblique priait de toute son âme pour que le Fernand soit élu, tandis que la charrette riait affectueusement sur le passage du papé de Canaan. Tous savaient bien que leur brave Esaïe ne pouvait pas, voyons ! « tenir pour la Compagnie ».

Leur sentiment était marqué dans les vérités profondes et secrètes de Clerguemort, ce n'était plus des choses à dire depuis longtemps. On ne s'exprimait plus que par des allusions voilées et lointaines, par antiphrase toujours. Telle était leur fière pudeur, l'affection fleurissait en insultes, la colère était murmure, pâleur, immobilité, puis, soudain : un geste, un mot, mais meurtriers... C'est pourquoi l'étranger, le visiteur ou le passant, qui n'avait que ses yeux pour voir et ses oreilles pour entendre, constatait l'existence de clans, de querelles, de dissensions, de mœurs qui n'avaient jamais existé, et quittait le village sans avoir soupçonné un brin de sa vérité, sans avoir rien imaginé de sa vie réelle, rien d'un bouillonnement varié, d'une complication et d'un cours séculaires, avec ses fièvres et ses à-coups, double ou triple circulation vitale pour Clerguemort, nourrissante et renouvelée, invisible comme un sang qui vit.

La charrette avait une âme déjà, et bien particulière, mais il fallait être vraiment de Clerguemort pour le sentir. Quelque chose dans le regard hautain de la belle Véronique, et comme un rajeunissement dans les railleries complices de l'Armance et de la Tante Mélie, et comme une éclaircie dans la mélancolie de Milca prouvaient que les spectatrices de ce départ, groupées par vieilles et par filles, n'étaient pas insensibles à l'âme éphémère et neuve de la charrette.

Bésougnous, le mendiant, en oubliait de se rebraguetter. M. Huguet dit « lu Richo », dit « le Monsieur », qui remontait vers le temple au pas de promenade, en tomba du haut de sa rêverie. Il faut dire que la charrette gronda sourdement sur son passage.

— Misérables ! marmonna l'ancien filateur par habitude, pour ne pas sourire aussi, mais son pas se fit guilleret, il en fut de belle humeur jusqu'au soir.

Le Barbaste enfin lança son cheval, on partait. Ce n'était qu'un paquet d'hommes sur du bois et un peu de métal, la vitesse n'était pas grande, mais suffisait avec craquements et ferraillements à l'exaltation de l'âme. Les trois façades cul-blanc du bout du village eurent si belle aubade au passage que leurs fenêtres se garnirent de Cagnar, de Vigne et de Passevin à suffisance pour donner la réplique avec la verdeur qui fait le printemps des vieilles chamailles.

A l'embranchement, la charrette des mineurs de Clerguemort, débouchant du chemin vicinal, tomba sur les mineurs des hautes pentes du Lozère, des mas lointains, des hameaux qui sont sur les crêtes surplombant la Cèze, à la limite de l'Ardèche. Les camarades de la montagne avaient repéré le charivari de la charrette en passant au-dessus du village. Ils les attendaient là. La plupart étaient à pied, et les cyclistes avaient mis pied à terre en rejoignant le gros de la troupe, pour faire cortège.

Les caraques, qui campent à longueur d'année à la sortie du pont de Chambon quittèrent la roulotte et la tambouille pour se ranger au bord de la route. Ils applaudirent et plaisantèrent comme au passage d'une noce.

A l'entrée du Chambon rejoignirent les mineurs des mas en bordure de la vieille route des crêtes. Ils descendaient par Coudouloux et le vallon du Perry. Au passage, ils avaient emprunté le fardier des bouscassiers des Bories, un char monté sur des roues énormes qui ferraillait aigrement, tiré par deux percherons massifs, un équipage digne de s'aligner sur la charrette de Clerguemort.

Un certain Pétassat de la Bégude (ou, plus exactement, du mas qui se trouve sous le col) arriva juché sur une mule si grande et si nerveuse qu'elle aurait pu passer pour un cheval de combat ; d'ailleurs, il s'en excusa : il profitait de l'occasion, au retour il la laisserait à un sien cousin qui en avait besoin. Ce disant, il prit quand même la tête de la compagnie, fier comme un général.

— Ouais ! l'armée de Bourbaki, dirent avec mépris quelques habitants du Chambon.

Ce gros bourg, le plus important sur la route entre Alès, la sous-préfecture, et le sommet du mont Lozère, se prenait pour une ville. On y trouvait des fonctionnaires inconnus dans les villages voisins : percepteur, agent voyer, garde forestier, commis de la Régie, de la Caisse d'Épargne, il y avait même un très vieux notaire, et trois boutiquiers employaient des vendeuses. Les mineurs y étaient en minorité ; ce grand charroi électoral leur fit redresser la tête. Les notables rappelèrent leurs enfants, puis claquèrent leurs portes avec de grands airs.

Le sabotier du Chambon n'était pas mineur, c'est pour le plaisir qu'il se joignit aux électeurs, et parce qu'il avait un clairon, naturellement il passa devant la grande mule de la Bégude.

La colonne prenait tournure.

C'est à la sortie du Chambon, passé la gare, que les Arméniens vinrent grossir la troupe. Ils descendaient de leurs baraques, tout là-haut, quelque part sur la Fougassière, dans les pins ou les châtaigniers, personne n'y était allé voir. Les quatre premiers Arméniens étaient venus comme bûcherons. Ils avaient établi leur campement sur place. Puis, ils avaient fait venir des frères et des cousins qui, faute d'embauche dans le charbon de bois, étaient descendus à la mine. Ces particuliers continuaient à vivre ensemble, entre eux, là-haut, dans leur camp du diable-vauvert et, sauf pour aller au boulot, ne sortaient jamais les uns sans les autres, c'est pourquoi les bûcherons étaient avec les mineurs dans la brigade arménienne qui prit la queue de la colonne.

En tête, le sabotier claironnait « la victoire en chantant » les six premières notes, sans se lasser, il n'en savait pas plus. La mule ruait.

Avanti popolo,
A la rescossa,
Bandera rossa...

Les Italiens attendaient le convoi dans le grand tournant, au-dessus du passage à niveau. La veille, les mineurs étaient montés de La Vernasse jusqu'au chantier de l'aqueduc pour fêter avec leurs compatriotes terrassiers et maçons l'anniversaire de Garibaldi. Tous les maçons italiens du canton les avaient rejoints là. Ils ne s'étaient pas couchés. Ils entrèrent dans la cohorte encore tout pleins de Garibaldi.

Cela faisait un si gai tintamarre que les mineurs des mas nichés sur les deux flancs du val dégringolaient le sentier familier afin de ne pas rater le coche.

Les bataillons ne firent la pause qu'après une dizaine de kilomètres, sur le dernier collet avant Portes, c'est-à-dire à l'embranchement du chemin vicinal qui dévale dans le trou de La Vernasse.

Une très ancienne étape où l'on a de tout temps logé à pied et à cheval. Les taverniers actuels continuaient à leur façon la tradition de ce relais de poste. Le grand-père avait soutenu jusqu'en 1920 la concurrence du chemin de fer avec un mail-coach désuet tiré par des mules et que tout le monde appelait la patache. Le père Patache présentait cet avantage sur le Paris-Lyon-Méditerranée qu'il se chargeait, non seulement de quelques voyageurs et des colis, mais aussi des commissions aux parents habitant au voisinage du parcours régulier, et des démarches à faire dans la sous-préfecture. De-ci, de-là, sur la Nationale n° 106, on entendait encore parfois regretter le passage du mail-coach, quand le père Patache s'annonçait à l'entrée du village par des claquements de fouet, taquinant ses bêtes pour que tintent sonnettes et grelots. A la mort des mules, le vieux remit à ses héritiers son « affaire de transports publics ». Ils achetèrent un vieil autobus d'occasion, et ce fut encore une patache, et les fils Patache.

De l'époque héroïque, restait encore au fond du garage, le fameux mail-coach plus poussiéreux qu'une vieille bouteille. Les électeurs le réquisitionnèrent : les Patache, après tout, l'avaient bien prêté dernièrement pour la fête de Bessèges... L'aubergiste ne pouvait guère refuser à ces gens qui consommaient vite et bien. Marcher, chanter, crier, leur avait donné si belle soif que Patache-et-fils ne purent faire autrement que de payer la dernière, celle du patron, une générale.

L'effectif comptait pas mal de sacrés costauds, ils surent convaincre la mule de prendre place entre les brancards, mais le mail-coach n'avait pas fini de souffrir.

Des refrains étranges montaient de La Vernasse : les Polaques arrivaient en rangs par quatre. On prolongea la pause pour leur faire payer le coup, les Polonais sont bons zigues pour ça.

Dans les kilomètres suivants, la troupe grossit insensiblement : par trois ou par cinq, les Arabes prenaient la queue comme pour un enterrement français, en silence, furtivement.

La vaillante équipe du Chalrage et du Chalserre rejoignit avec un tambour. Dans le hameau suivant n'habitaient que deux boiseurs et cinq dynamiteurs, mais ils avaient fabriqué des pétards et des bombes. Entre-temps étaient arrivées deux douzaines de grands maigres à l'air mauvais : les Espagnols de l'armée en déroute !

Dans le grand virage qui surplombe l'entonnoir des vallons miniers, les bataillons s'arrêtèrent et firent silence : on criait dans le creux, sous un tunnel. C'étaient les Tchèques, ils avaient pris par la voie...

La bouillante colonne s'étirait, dans chaque traversée de hameau, elle avait ramassé les gamins et les retraités.

Lorsque le château de Portes leur apparut, ils entonnèrent *L'Internationale*.

Fernand Bédel avait un dimanche chargé. Il avait voté parmi les premiers, puis il était redescendu à La Vernasse. Le père Cadayré, le secrétaire de la Caisse de Secours, allait prendre sa retraite. Il fallait lui trouver un remplaçant, ce qui n'était pas facile. Il y aurait un concours et la direction de la mine présenterait dix candidats, des bureaucrates expérimentés qu'elle employait déjà dans ses services comptables. Où trouver, côté mineurs, l'as du calcul mental doué d'une belle écriture qui battrait la fine équipe des gratte-papier professionnels poussés par les Houillères ?

— Il faudrait quelqu'un... « un de notre bord », pour ainsi dire, répétait le vieux Cadayré. La Compagnie n'attend que ça, Fernand, pour reprendre en mains la caisse...

Le comité de direction de la Caisse de Secours des Ouvriers Mineurs et Similaires était constitué pour moitié de représentants des syndicats, pour moitié de représentants de la Compagnie. Il ne se réunissait qu'une ou deux fois l'an tandis que le secrétaire était toujours là, en contact permanent avec les mineurs, en rapport avec les hôpitaux, responsable de la pharmacie, pratiquement maître des secours.

Le délégué-mineur et le secrétaire de la caisse : la Compagnie voulait faire coup double, songeait Fernand. Il aurait l'air fin pour se présenter au Congrès des mineurs qui devrait s'ouvrir à la fin du mois en Alès. Et quel Congrès ! diminution des salaires, les quarante heures jamais respectées, les brimades, l'insécurité...

Il en était là, quand le Dévarié lui déboula dessus en criant :

— Monte vite, Fernand ! ils se battent, à Portes comme des chiens... Attention, hé ! y a une bataille ! une bataille sanglante ! Ils se bourrent, là-haut, et puis : pas doucement !

Ils foncèrent par le plus court, le sentier des chèvres abrupt. Ils étaient suivis par la marmaille des Cannibales qui ne voulait pas rater ça, et par quelques bons à rien toujours heureux de cogner.

De loin, c'était comme un tableau d'histoire : mules affolées, char et charrette à la dérive, le mail-coach renversé, ses quatre roues tournant comme une loterie foraine... Emmêlés par deux, par quatre ou par dix, les partisans de Bédel et ceux de Mourrail roulaient sur les pentes du château féodal, se relevaient, remontaient de quelques mètres, pour se rejeter les uns sur les autres...

Pas une injure, pas un cri, ces enragés se déchiraient silencieusement : bataille sans merci.

Les premiers que le Fernand put reconnaître étaient le Camille et l'Albéric Tarrigues, dans le même caniveau, l'un derrière l'autre, à quelques mètres. L'oncle se relevait sur les genoux, le neveu sur les avant-bras, tous deux saignaient abondamment. Plus loin, il y avait deux képis abandonnés par les gendarmes qui s'étaient réfugiés sous l'aqueduc. Plus loin encore, le colossal La Pitance remontait en courant le même caniveau. Il se martelait des poings la poitrine, à la manière des gorilles.

— Eh ! où tu cours comme ça ? lui cria Fernand.

— Je vais en chercher d'autres, répondit-il sans même se retourner.

Le Mèffi, à genoux sur la poitrine de Noël Tarrigues, le massacrait consciencieusement, avec des han ! que la muraille crénelée renvoyait en échos.

Fernand Bédel repoussa brutalement le Mèffi, puis il aida le dernier des Tarrigues à se remettre debout. Noël essuya le sang qui l'aveuglait, cracha le sang qui l'étouffait, puis il se tourna vers le secrétaire de la cellule communiste de Clerguemort, comme si Fernand n'était pas là :

— Eh *bé ! Aï vuta cumo tüs !* je te le dis encore, Mèffi, tu peux toujours cogner !

— Du calme, Mèffi, *trun dé diu !* beugla Fernand, c'est vrai ce qu'il dit, il a voté comme toi, ce petit ! Allons, Noël, descends jusqu'à la fontaine...

— Mais aussi, bafouillait le Mèffi, il se défendait à peine, cette andouille...

La bagarre s'était arrêtée, elle avait duré deux heures.

M. Flubel, le directeur, MM. Goudord, Schmilh et Ramil, les ingénieurs, MM. Mourrail, Poulet, Arthus et compagnie purent quitter le balcon pour commencer le dépouillement du scrutin.

M. Flubel avait suivi attentivement ces péripéties, mais à aucun moment il n'avait jugé utile d'appeler par téléphone des renforts de gendarmerie. Lorsque M. Goudard l'avait suggéré, le directeur avait répondu :

— D'abord les ouvriers prennent toujours en mal les recours à la force publique. Ensuite l'expérience nous apprend que l'intervention de la maréchaussée dans les affaires de la mine est généralement désastreuse. Enfin, vous avez pu le constater comme moi, aucun des... des belligérants, à aucun moment, n'a lancé de S.O.S... Je parie qu'aucune plainte en coups et blessures ne sera déposée. Lequel de ces messieurs tient le pari ?

M. Flubel avait fait monter une caisse de champagne pour fêter la victoire de Cyprien Mourrail, c'est Fernand Bédel qui fut élu, pas de beaucoup : six voix.

Un ronron de ricanements mal assurés s'exhala des gueules meurtries. Les scrutateurs des deux parties recomptèrent trois fois les bulletins : le Fernand en avait bel et bien six de plus...

— Quand même, c'était moins cinq ! lui souffla le Jaurès.

La joie n'éclatait pas, balafres et croûtes modéraient les rires, enfin les mineurs étaient rompus.

Sur un signe de menton de M. Flubel, l'état-major de la Compagnie suivit le directeur dans la pièce voisine « Le Patron » fit entrer ses ingénieurs et ses maîtres-mineurs un à un, à la queue leu leu. Il referma soigneusement la porte dans le dos du dernier. Il n'y avait que deux chaises mais personne n'éprouvait le besoin de s'installer.

M. Flubel fit face à ses cadres. Ses hommes fixaient qui la pointe de ses bottines, qui le pied du bureau, qui une éraflure dans la chaux du mur. Le directeur n'était pas grand, on l'oubliait en l'occurrence. Campé sur ses jambes écartées, les épaules rejetées en arrière ; les mains dans le dos et faisant craquer ses phalanges, il laissa peser son regard sur chacun, sur MM. Goudord, Schmilh et Ramil, sur MM. Mourrail, Arthus et Poulet...

— Mourrail ! Comment se fait-il que votre fils Cyprien ne soit pas des nôtres ? (Il ricana) : fameux candidat, hein ?

Sans attendre la réponse, le directeur se tourna vers la fenêtre, frappa au carreau, fit un signe. Un instant après, son chauffeur se présenta :

— Guste, vous remettrez ça dans la malle, ordonna M. Flubel en montrant le champagne, nous rentrons tout de suite.

Chacun perçut le moindre clapotement des bouteilles dans le casier de planchettes. Le silence fut rompu par les grognements du directeur, lequel semblait poursuivre ses réflexions à haute voix : « ... Vous n'imaginez même pas ce qui se serait passé si, d'une façon ou d'une autre, nous nous étions mêlés de les séparer ? Mais voyons ! ils nous seraient tombés dessus à bras raccourcis, tous comme un seul homme ! »

Il y eut encore un silence, qu'il fit durer cruellement, puis soudain il cria, si fort qu'ils sursautèrent :

— Ce Bédel, ça, c'est un type ! mais vous... vous êtes des nouilles !

Il fonça dans le centre de ses hommes alignés, bouscula Ramil et Poulet pour passer, jeta : « A demain matin, messieurs ! » et ferma la porte derrière lui, en douceur.

Sa grosse Chenard-et-Walker rugit au démarrage, comme si elle était de la famille.

Clerguemort n'avait plus de chemises, ne restaient que les pantalons du dimanche, des loques. Le mail-coach n'était plus en état de rouler, il fut chargé sur le fardier des bouscassiers des Bories, ainsi que Bazaine, le garde, qu'on trouva sans connaissance un peu plus loin. D'après la position du corps, le mouchard faisait le guet quand il avait reçu le coup de barre à mine sur l'occiput. Il était dans le coma, au dire des connaisseurs. La grande jument du Pétassat de la Bégude boitait de l'antérieur droit.

Les femmes des mineurs crièrent tard dans la nuit de ce dimanche où il gela à pierre fendre.

14

Le trou dans la cloison

Le Noël de 1933 ne marquera guère dans la mémoire de Jean Hur, n'y laissant qu'une touche, mais fine comme un coup d'épingle, lequel suffit au venin.

Une courte réflexion de son père.

L'héritier du mas de la Gronde avait pourtant huit ans et demi, et le froid qu'il fit pour ce Noël 1933 fut réellement mémorable. Les mouettes remontaient le Gardon jusqu'en Alès, l'enfant passait de bons moments à suivre leur vol, le nez au carreau. Il ne croyait plus au père Noël, il était assez grand pour savoir ce qu'il voulait et pour le demander. Les jouets communs ceux que l'on achète, ne le passionnaient pas. Il lui arrivait de se bricoler un sabre de bois, un rouleau compresseur avec une boîte de craie, une bobine de fil et deux boîtes de pastilles Valda. Il imaginait, fabriquait, mais, une fois le jouet terminé, et même s'il était parfaitement réussi, l'enfant ne s'en amusait pas longtemps. Un cadeau véritable était une chose qu'on ne pouvait pas fabriquer soi-même, fût-ce approximativement. Pour ce Noël, Jean avait demandé une boîte d'aquarelle, une vraie, avec des tubes. Mme et M. Hur remarquaient non sans fierté les penchants singuliers que leur fils unique affirmait avec une précoce décision, et dans tous les domaines. Par exemple imaginerait-on qu'un gamin de cet âge puisse ne pas aimer les gâteaux ? « Nous avons accoutumé de nous rendre, le jeudi après-midi, dans une pâtisserie. Il n'a que l'embarras du choix, on lui montre des tartes, des choux, des babas, des religieuses, des éclairs, des petits fours, moi, sa mère, si je m'écoutais, je m'en rendrais malade ! Lui, non, savez-vous ce qu'il demande ? Je vous le donne en mille : des langues de chat, ça n'a pas de goût et c'est *estouffarel*... Parfois j'en suis gênée, les gens vont imaginer que nous lui donnons une éducation spartiate... »

La neige s'était mise à tomber pendant la dernière heure de classe avant les vacances de Noël, de la vraie neige enfin ! avec de gros et lents flocons dignes de ceux qui décoraient les vitrines de la rue d'Avéjan. Une neige sérieuse, durable, pas de ces pincées de sel qui ne tiennent un peu qu'à la jointure des tuiles. Sur la minute, un vent de folie passa sur toutes les classes de l'École des Pouilleux. Les écoliers ne pouvaient quitter les fenêtres des yeux, ils se trémoussaient, se levaient, s'interpellaient comme si les instituteurs n'étaient pas là. Ils n'attendirent pas que le maître se lève pour leur commander le garde-à-vous dans la travée, puis la colonne par deux jusqu'à la porte de la classe, et là : « J'attends le silence, tant qu'il ne sera pas parfait nous ne sortirons pas ! » puis, en ordre, au pas lent, jusqu'à la porte de la cour de récréation... Dès le premier coup de cloche, les pouilleux se ruèrent dehors. Les classes se vidèrent avec la sauvage rumeur des faubourgs tombant dans l'émeute. Un quart d'heure de flocons, même très beaux, ce n'est pas assez pour les boules de neige, on se battit donc avec les cailloux mal blanchis.

Une heure après, c'était nuit noire. Jean Hur trouva Arthur Redessac dans l'escalier qui conduisait aux appartements. D'un regard, les deux fils d'instituteurs échangèrent le même délire.

— Viens Jeannot, fit soudain Arthur, on va faire des bêtises !

Ils redescendirent sur-le-champ et entreprirent l'aventure minutieuse et sournoise, sans faire de bruit et sans allumer, courageusement ! l'exploration du désert. Ils tinrent bon. C'était sonore et puant, cela grossissait, déformait tout, c'était plein de mirages et d'hallucinations, les salles si familières prenaient des proportions de cathédrale. Le bref passage des phares devant une fenêtre faisait jaillir un fantôme cyclopéen qui n'était que l'ombre d'Arthur, le grincement des portes produisait plus d'échos que le Sésame de la caverne aux quarante voleurs, le craquement d'une lame de parquet faisait l'effet d'un coup de fusil, les derniers boulets rougeoyant à travers le mica feuilleté des gros poêles étaient autant de feux follets. Les tuyaux coudés, se refroidissant, crissaient et cliquetaient comme des poignards tout proches ou comme de lointaines mitrailleuses. Les senteurs d'encre, de craie, de vieilles poussières, de jeunes crasses et d'oxyde de carbone piquaient la gorge et les yeux. Arthur se fit une bosse et Jean une écorchure, Jean se prit dans une toile d'araignée. Arthur vit un énorme rat, qu'importe ! Ils tinrent.

Le premier but de leur exploration fut le tiroir du bureau du maître, le trésor des objets confisqués tout au long d'un trimestre.

Hélas ! dans toutes les classes, le fabuleux tiroir était pourvu d'une forte serrure. Arthur et Jean attaquèrent au couteau de poche, au tournevis, au pique-feu, à la pelle à charbon. Peine perdue, à croire que les pédagogues connaissaient depuis longtemps les appétits des aventuriers de leur sorte. Voilà qui criait vengeance.

Dans la classe du certificat d'études, ils crevèrent le globe terrestre grand modèle que M. Pel avait tant de plaisir à caresser en faisant sa classe. Ils durent le poser sur le plancher, puis monter sur l'estrade, pour donner leurs coups de talon.

Dans le cours moyen deuxième année, ils brisèrent le grand baromètre, réplique exacte de l'invention de Torricelli, et s'amusèrent un instant de l'affolement des larmes de mercure qui se recherchaient les unes les autres dans les rainures du plancher.

Dans la classe de son père, Arthur courut tout droit au bocal de formol dans lequel marinait, en deux tronçons, une vipère authentique. M. Redessac racontait plusieurs fois par an comment il l'avait tuée d'un coup de fusil au cours d'une battue. Son fils brandit le bocal et, dans un élan magnifique, il le lança sur la carte muette de la France physique où verre et reptile explosèrent.

Cours élémentaire deuxième année, ils réduisirent en miettes la maquette du siège d'Alésia, palissades en bûchettes, balistes tirant réellement des allumettes, que l'instituteur avait mis dix-huit mois à reconstituer, vacances, jeudis et veillées compris.

Dans la classe de M. Hur, ils détruisirent l'installation électrique que ce bricoleur passionné avait mise au point afin que le tableau, les cartes et le bureau jouissent d'une bonne lumière sans dommage pour les yeux.

C'est dans la dernière classe, au cours préparatoire, qu'Arthur fit une découverte qui devait couronner l'expédition. Ils tournaient en rond dans cette classe des tout-petits, sans rien trouver à détruire, mais rien de rien !

— On ne va pas quand même en être réduit à casser les vitres, grogna le fils Redessac en donnant un coup de poing rageur sur le portemanteau... lequel, crac ! cassa net. Arthur n'en croyait pas ses yeux, il recommença sur la deuxième tête, crac ! sur la troisième, crac !

Ce n'étaient que des S de fonte, assez minces, il suffisait de taper dessus d'un coup sec pour les casser.

— Allez, on recommence tout par le début ! proposa Jean pendant qu'Arthur achevait la rangée.

Avant d'abandonner le cours préparatoire, ils cassèrent quand même quelques vitres, pour le principe.

Dans chaque classe, à une hauteur variant suivant la taille moyenne des écoliers, une longue planchette fixée au mur supportait une quarantaine de portemanteaux du même métal. Jean et Arthur se partagèrent l'ouvrage, en frères. Ils commençaient chacun à un bout, celui qui avait cassé le plus de portemanteaux, quand ils se retrouvaient nez à nez, avait gagné. Ils firent systématiquement toutes les classes, vérifiant s'ils n'en oubliaient pas.

Puis ils se quittèrent très vite, dans l'escalier, sans un mot, seulement un doigt sur les lèvres. Malgré un épuisement bien compréhensible, ils parvenaient à contenir leur fou rire.

Tout le premier étage, au-dessus des classes, était occupé par les logements des Redessac, des Hur et du directeur, M. Pel.

L'appartement des Hur se composait de cinq pièces en enfilade. On entrait par la cuisine, qu'il fallait traverser pour accéder au petit salon, puis à la salle à manger, puis à la chambre des parents, enfin à la chambrette de Jean qui n'était séparée que par une cloison de la cuisine des Pel. La plus spacieuse des pièces était la salle à manger, et la plus richement meublée : table ronde, chaises, fauteuils, buffet, bibliothèque, lustre en moderne 1925, assez beau néanmoins parce que les jeunes mariés avaient eu le bon goût de choisir ce que le style à la mode leur offrait de plus dépouillé. Cet ensemble, minutieusement entretenu, ciré tous les jeudis, nettoyé de fond en comble une fois par mois, n'était utilisé qu'exceptionnellement. Dans l'ordinaire, les Hur n'entreprenaient la traversée de leur salle à manger que pour se rendre dans les chambres. La vie se passait dans la cuisine, ce qui paraissait impossible à première vue, tant elle était exiguë.

Une sorte de couloir très court allait de la porte d'entrée à la fenêtre. L'évier, la cuisinière, et un placard occupaient un mur ; la table était poussée contre l'autre. Au-dessus d'elle, en surplomb, un grand placard-vaisselier montait jusqu'au plafond, il restait encore la place de la porte du petit salon. La table de cuisine n'était donc praticable que sur trois côtés : sur la longueur, face au placard, était la place de la mère qui, le dos contre la cuisinière, pouvait servir sans se lever. L'un des petits côtés était la place du père qui recevait un grand coup de porte dans le dossier de sa chaise lorsque quelqu'un entrait, il devait même, pour que le visiteur puisse se couler par l'entrebâillement, glisser son ventre sous la table. Pour laisser le passage vers le petit salon, Jean devait quitter son côté en poussant sa chaise sous la table. Les jours de fatigue ou de mauvaise humeur, toutes ces manœuvres se pratiquaient brutalement, avec des grognements hargneux et des claquements de bois.

La cuisine était la seule pièce chauffée, elle l'était même à tel point, l'hiver, lorsque la cuisinière était rouge, qu'on n'avait guère envie de s'attarder dans les autres pièces.

L'emploi du temps des soirées était immuable : aussitôt le repas expédié, Mme Hur levait la table et s'installait devant sa pile de cahiers à corriger, ses livres et son cahier de préparation, contrôlant du coin de l'œil Jeannot qui faisait ses devoirs sur sa droite ; sur sa gauche, M. Hur bricolait.

L'institutrice avait le feu sacré. Quand elle avait terminé le travail courant, corrigé les cahiers avec un soin extrême, et préparé jusque dans le détail sa classe du lendemain, elle s'appliquait à fabriquer quelque innovation qui rendrait son enseignement plus vivant et plus efficace, par exemple des tableaux éducatifs d'un mètre sur un mètre cinquante, conseillés par *Le Bulletin Pédagogique* et qu'elle mettait ensuite à sécher sur toutes les surfaces libres de l'appartement, lits inclus. C'est ainsi que Jeannot s'endormait sous la représentation jaune canari des sept noms en OU formant leur pluriel en X, le pastel de la table de multiplication, le traité de Westphalie en images ou le plus-que-parfait vivant.

Corrections et préparation, M. Hur se débrouillait pour les faire en classe, pendant les temps morts : lecture ou copie. Il réglait dans l'école tout ce qui en faisait partie. Il lui arrivait même de lire subrepticement, par l'entrebâillement du tiroir central de son bureau de maître, l'ouvrage dont il ne se lassait jamais : le catalogue de la Manufacture d'Armes et de Cycles de Saint-Étienne. Il le prêtait parfois à son fils. Le père et l'enfant le parcouraient ensemble. C'était pour Jeannot des moments si savoureux qu'il en avait des frissons de plaisir, mais le plaisir qui passait tous les autres était l'ouverture du paquet livré par le facteur, quand se matérialisaient, point par point, les détails féeriques tels : « Petit étau parallèle, fonte vernie, vis à filet carré, mors rapportés en acier trempé et quadrillé, mâchoires de 60 millimètres, serrage 70 millimètres, poids 1 kg 500 environ... »

« L'étau pour amateur et petite mécanique » était fixé au bord de la table, en face de l'écolier. M. Hur limait, soudait, cintrait à longueur de soirées, tandis que sa femme potassait les dernières trouvailles mnémoniques prônées par un inspecteur primaire retraité.

Les odeurs de cuisine, l'étouffante chaleur, le chant de la bouilloire et les bruits d'atelier assuraient pour le petit Hur les fondements du nid familial. Quand il voyait, à travers les vitres, la nuit glacée sur les platanes dénudés, sur le parapet luisant, quand il entendait quelques galopins encore dehors à cette heure-là, par ce temps-là, il ressentait profondément son bonheur d'enfant riche. Il chérissait ses parents comme dans la leçon de morale, il admirait sa mère parce que c'était une fameuse maîtresse d'école, tout le monde le disait, il admirait son père parce qu'il était plus qu'un instituteur, il pouvait tout faire. Jeannot ne s'étonnait même pas de l'invraisemblable chef-d'œuvre auquel s'était attaqué M. Hur : un charreton !

Dans cette cuisine minuscule et surpeuplée, l'instituteur avait entrepris de fabriquer un charreton, et un vrai, pas une maquette ! une voiture à bras qui pourrait transporter facilement trois cornues de raisin pour les vendanges. Et il se faisait fort d'en fabriquer tout seul toutes les pièces, les roues exceptées qu'il avait commandées à la Manufacture (« roues jumelles entièrement métalliques, roulements lisses, rayons croisés et rivés, 80 cm de diamètre ») : 190 francs, allez chercher un charreton pour ce prix-là ! L'instituteur s'y était mis dès la rentrée scolaire. Il avait commencé par le moins encombrant : les traverses, les ridelles, erreur dont il se mordit les doigts, car c'est au moment des grands froids qu'il dut laisser la porte ouverte sur le couloir afin de pouvoir travailler sur les brancards longs de près de trois mètres ; ces deux pièces maîtresses du charreton l'occuperaient jusqu'au printemps. Il n'était pas très bien outillé, il faut le dire ; ainsi, pour chaque mortaise, il devait percer des trous, avec la chignole à main, à l'intérieur du rectangle tracé au crayon, il faisait sauter l'intérieur avec de tout petits coups de ciseau à bois, il ne restait plus qu'à venir au trait avec la râpe, puis la lime à bois, et il avait choisi ce qui se faisait de plus dur en charronnage : du frêne.

Chaque soir, quand il descendait aux cabinets communs avant d'aller au lit, M. Redessac passait le nez au-dessus du brancard :

— Quand c'est que tu nous construis un avion ?

Mme Hur bougonnait sur ses cahiers qu'il valait mieux s'adonner au bricolage qu'à la boisson, mais pas trop haut, et pour cause... Elle soufflait sur chaque cahier avant de le refermer, ce qui n'empêchait pas ses élèves de trouver parfois de la sciure entre deux pages d'analyse logique.

Avant d'envoyer son fils au lit, l'institutrice vérifiait ses devoirs et lui faisait réciter ses leçons.

— Mon pauvre petit, murmurait M. Hur entre deux coups de râpe, moi, ça fait trente-cinq ans que je vais à l'école par force...

Mme Hur avait beau rouler des yeux furibonds, son mari n'éprouvait aucune gêne à rappeler que, s'il avait appris à lire, c'est parce que son père l'amenait tous les matins à l'école par les oreilles.

Jeannot courait chercher son pyjama et sa pèlerine. Il se déshabillait dans la cuisine et s'enveloppait pour traverser les quatre pièces glaciales, il lâchait le vêtement comme un parachute pour plonger dans son petit lit.

— Toi, on ne peut pas dire que tu fais « lentement l'abandon du grand manteau qui te calfeutre... », disait sa mère en le bordant, c'était le style de ses plaisanteries.

Quand elle s'était éloignée, après avoir éteint, alors, seul dans la nuit, Jean Hur commençait à vivre d'une autre vie, il tombait dans ces doubles univers qui tenaient tant de place entre la veille et le sommeil.

D'abord, l'enfant se réchauffe, roulé en boule sous les draps, au creux, au centre du lit. Puis, à mesure que sa propre chaleur rayonne dans l'univers étouffé de la couche, son corps se détend et son esprit se ramasse. Ses réflexions oscillent entre la journée qui vient de s'achever et celle qui va commencer. C'est l'heure et le rendez-vous des angoisses.

Soudain, il revoit la sauvage razzia à travers les classes désertées. Qu'est-ce qui lui a pris de suivre l'Arthur ? On saura forcément que c'est eux, on n'ira pas chercher bien loin… Qu'est-ce qu'ils prendront alors ! Jean mesure qu'il n'a jamais été réellement puni, il sait qu'il existe des punitions terribles, qu'il n'imagine même pas ; de celles dont on lui parle dans le vague… Si encore il partait, s'il montait au mas, pour passer les vacances de Noël chez sa grand-mère, il ne sait pourquoi, cet éloignement pourrait atténuer le drame… Mais sa mère s'oppose à ce qu'on aille à Clerguemort, sous prétexte que la Gronde n'est pas assez chauffée. « La vieille y est habituée, elle ! vieux carcan ! Et puis, si elle a trop froid, si elle se sent trop seule en hiver, elle n'a qu'à descendre à Alès, on le lui dit à chaque fois, vieille sauvage… » Le globe de Pel ! Le grand baromètre ! La vipère de Redessac ! Et la fameuse maquette du siège d'Alésia… Non, il n'y a rien qui puisse se pardonner.

Et tout ça pour quoi ? Pour rien ! Il n'en avait même pas envie, ça l'ennuyait plutôt, pourtant il n'a pas hésité, quand l'Arthur a dit : « On va faire des bêtises », lui, il a couru devant. Il se mord la lèvre et se recroqueville de nouveau.

Ce sera une de ses angoisses, périodiques.

Comme il était bien avant, comme la vie était bonne, comme on l'aimait, comme les soucis qu'il avait lui semblent aimables, il se les rappelle agréablement, il les regrette : les divisions avec des virgules partout, le pied à coulisse dont il a perdu la petite vis de cuivre (son père ne s'en est pas encore aperçu)… Il rappelle de vieilles peurs, bien éprouvées : le Fou de Quatorze…

Il habite au dernier étage de l'un des grands immeubles qui bordent le Gardon, en face du Faubourg du Soleil. Quand on longe le quai, on l'entend hurler cent mètres avant de passer sous ses fenêtres, sa voix porte jusqu'aux façades de l'autre côté de la rivière. On saisit mal ce qu'il dit, toujours les mêmes injures, on attrape un mot par-ci par-là : « boches », « baïonnette », « debout les morts », « marmites », « en avant »… C'est la voix, c'est le ton qui vous font dresser les cheveux sur la tête, on dirait une bête féroce dans la forêt vierge. Parfois, même en plein hiver, sa fenêtre reste ouverte — jusqu'à ce qu'un voisin obtienne qu'il la referme —, on le voit alors de la rue, qui va, qui vient, qui bondit, avec des gestes furieux, mimant des assauts à l'arme blanche des bonds de trous d'obus en tranchées ennemies.

On dit qu'il a été « gazé en Quatorze ». Jean le rencontrait parfois, en dehors de ses crises. Le Fou se promenait au soleil, sur le quai, il ne hurlait plus, mais gesticulait encore bizarrement, tendant le poing vers le ciel, regardant subitement par-dessus son épaule, se frappant l'oreille, tapant du pied, dégainant, faisant le salut militaire, en silence, dents serrées, comme s'il hurlait en dedans. On dit qu'il est inoffensif, néanmoins il ne l'est plus quand il entre dans les cauchemars de l'enfant Hur.

Même le Fou de Quatorze, terreur familière, ne peut rien devant les ruines d'Alésia, devant la fuite vivante des folles larmes du mercure…

Alors Jeannot en appelle aux Dragons de Villars.

Les Hur étaient allés en famille visiter le Musée du Désert, à une dizaine de kilomètres de la ville. Les souvenirs de la Guerre des Camisards ont été pieusement rassemblés dans la maison natale de l'un de leurs chefs, Pierre Laporte dit Rolland. Le guide ouvre un placard, soulève une planche, au fond, et démasque le trou dans lequel venait se musser le chef des huguenots révoltés lorsque les dragons du maréchal de Villars venaient fouiller son mas. Dans la nuit qui suivit cette visite instructive, l'enfant jaillit de son lit pour aller se jeter dans celui de ses parents en criant : « Au secours ! les dragons de Villars me cherchent ! »

Même les terribles dragons ne peuvent rien contre l'énorme angoisse de la razzia ! Toute la ville en parlerait : « Deux fils d'instituteurs... laïques, oui ma chère ! » Ses parents déshonorés ! eux qui avaient déjà tant de mal à défendre L'« école de la République » — il en était beaucoup question autour de lui —... Déjà lui reviennent les mots entendus à propos d'autres fils indignes : « On n'est jamais trahi que par les siens !... Avoir tant fait pour lui, tant de sacrifices, s'être arraché le pain de la bouche, s'être saigné aux quatre veines (ce devait être affreux et terriblement douloureux !) pour en être payé par la honte et le déshonneur sur une famille qui pouvait depuis toujours passer la tête haute devant tout le monde, même devant les gendarmes, une famille qui n'a jamais dû un sou à personne, où on n'a jamais connu d'ivrogne... »

Le petit Jean n'a même plus son ouverture sur le monde. Les Pel sont partis pour les vacances, c'est le silence des ondes.

Seule, la mince cloison séparait son lit du poste de T.S.F. de M. Pel. Le directeur de l'École des Pouilleux n'était pas bricoleur, mais son traitement lui avait permis de s'offrir une radio, « un récepteur à neuf lampes, toutes ondes, très belle ébénisterie avec façade galbée... » Chaque soir, M. Pel s'accoudait sur la table-guéridon, le nez sur le poste adossé à la cloison. Il tâtonnait longuement à la recherche du programme qui lui convenait. La longue aiguille parcourait le cadran à petits pas, avec des hésitations, des retours, accrochant ici les vocalises d'une cantatrice, là deux répliques tragiques, plus loin le scherzo symphonique ou le solo de mandoline, ou des bribes de « la visite chez le dentiste » par Bach et Laverne, comiques troupiers, ou un refrain de Maurice Chevalier, ou la Partie de Cartes de *Marius*, un conférencier, un aviateur, un chansonnier, Cécile Sorel, Paul-Boncour ou Saint-Granier, tout ça par pièces, par lambeaux, une phrase, trois mots, quatre croches, coupés et reliés par des hululements, des crissements, des grincements, des coups de sirène, des cliquetis, des déchirures métalliques...

Pour Jean Hur que le sommeil gagnait, ce n'était plus une aiguille sur un cadran, mais un rapace fantastique survolant tous les pays du monde en rase-mottes sans se lasser de jouer des ongles et du bec, arrachant un morceau de ci ici un morceau de ça là, s'arrachant lui-même dans un froissement de lames aux peuples pillés qui voulaient l'empêcher de voler par-dessus leurs frontières, l'oiseau tout-puissant, glapissant et feulant, laissant une plume noire ici, une blanche là, avant d'aller plus loin planer sur d'autres gens pour leur arracher le pain de la bouche et les saigner aux quatre veines...

Soudain, le vautour mondial se taisait après quelques gazouillis, plus d'Italiens ou d'Espagnols ou d'Anglais ou d'Allemands pour l'insulter, c'était du théâtre ou du music-hall, *La Paix chez soi* de Courteline ou des sketches de la série « En correctionnelle », parfois une soirée poétique du genre « Ronsard me célébrait du temps que j'étais belle ». M. Pel avait horreur du bel canto.

Jean Hur collait son oreille à la cloison, au niveau du traversin. Il avait perfectionné son audition grâce à un accroc dans le papier peint, un triangle qui tenait encore par un côté. Soir après soir, l'enfant avait creusé là, dans le plâtre entre deux briques, un trou qui s'arrêtait à quelques millimètres de l'autre surface. L'acoustique était excellente : le monde entier passait par ce trou, que Jean avait pris l'habitude de refermer au réveil, car le sommeil le surprenait souvent en pleine audition du « Train de huit heures quarante-sept ».

Le trou dans la cloison était beaucoup plus qu'un tuyau acoustique, il était doué de pouvoirs magiques, loupe, lentille, prisme, c'était le plus merveilleux des kaléidoscopes. Blotti contre sa cloison, sous ses couvertures, dans la nuit, Jean Hur ensommeillé voyait, les yeux fermés, les personnages qui dialoguaient, les musiciens, les paysages même. Parlait-on de « trésor », il voyait un Himalaya de diamants, de pièces d'or, de tubes de coco, de billes et de pistolets Euréka ; La Guillaumette ressemblait à M. Redessac, Moïse au chevrier de Clerguemort, l'Aiglon à son ami Franck, Arsène Lupin à Raoul et Mistinguett à la fille de M. Pel. Comme il n'entendait pas tout — la cuisine du directeur était bruyante par moments —, comme, d'autre part, il ne pouvait demander d'explications à personne — on l'eût vite privé de ses délices d'avant dormir —, il se pénétra de contresens tenaces : il se représentait Montmartre comme une sorte d'urticaire géante (Mont'là-dessus, et tu verras mon dartre !), il crut que l'incendie du Reichstag était la suite de l'Aiglon (M. Pel avait dû rater l'écoute des épisodes suivant la mort du petit duc de Reichstadt) ; il se préparait ainsi bien des désillusions, sa nature prit de faux plis, telle cette envie de fermer les yeux quand ses parents l'emmèneront au théâtre. Quelquefois, le trou sur le monde lui apportait des cauchemars, pièces policières ou évocations de la Grande Guerre ; c'étaient, en file indienne, des régiments entiers de Fous de Quatorze qui envahissaient son petit lit, parce qu'il n'était, après tout, qu'un enfant de moins de neuf ans, mais, pour la même raison, des mots incompréhensibles le charmaient, se gravaient en lui pour l'enchantement de sa vie :

... Je sens, tout petit, perdu dans l'arbre noir,
Que je vais devenir l'immense cœur du soir...

Ce n'est pas seulement dans son petit lit, l'oreille collée contre la cloison Pel, que Jean Hur faisait la connaissance fantaisiste de l'humanité, il se servait aussi de son oreille fine et de son nez pointu.

Le petit cousin Anicet était devenu l'un de ses personnages favoris, pourtant il ne l'avait jamais vu, c'était parenté de l'Ardèche, du côté de Mme Hur, un fils de paysans, d'un mas où ses parents ne l'avaient jamais amené, quelque part du côté de Barjac. Le cousin Anicet venait de mourir. On l'avait transporté d'urgence dans une clinique d'Alès où Mme Hur lui rendait visite tous les jours. Elle rentrait bouleversée, ne pouvait s'empêcher d'en parler à table, à voix feutrée, mais Jeannot avait l'oreille exercée ; il y avait surtout ce mot qu'elle prononçait sourdement, comme un vocable diabolique : tétanos.

— Le petit ne s'était pas plaint, il ne se plaint jamais ! C'est la maîtresse qui a alerté les cousins. Elle avait remarqué que l'enfant avait de la peine à parler quand elle l'interrogeait, qu'il avalait sa salive avec peine. « Qu'est-ce que tu as, Anicet, tu es malade ? — Oh ! non madame, j'ai simplement de la peine à ouvrir la bouche ! » Les cousins ont fait venir le médecin qui a immédiatement ordonné le transport de l'enfant à la clinique... J'ai bien peur que ce soit trop tard.

— Mais comment il a pu se blesser sans que personne s'en aperçoive ?

— C'est qu'il n'est pas douillet. Il a expliqué qu'il était tombé dans la cour du mas (tu penses, ils ont des chevaux !), qu'il ne s'était qu'un peu écorché le front, qu'il avait eu à peine mal...

Le lendemain, Mme Hur donnait de nouveaux détails, le visage défait, l'appétit coupé :

— Je suis arrivée pendant qu'il était en crise, c'est insoutenable à regarder : d'épouvantables contractures dans tout le corps, le pauvre petit fait l'arc, sa nuque va rejoindre ses talons, ses muscles craquent, on entend ses os. J'allais partir, tu penses ! mais les infirmières m'ont retenue, la crise allait s'achever, et il serait content de me voir. Toutes ces dames sont autour du petit lit, et elles pleurent, lui, pas du tout. Dès que la torture cesse, il sourit, il les gronde : « Est-ce que je pleure, moi ? Vous n'avez pas le droit de me plaindre, parce que je suis le plus heureux, je vais mourir, mais si... » Tu entendrais ces sanglots autour du lit ! moi la première ! et pourtant je suis dure ! Alors le petit les menace : « Si vous n'êtes pas plus raisonnables, je ne vous recommanderai pas au Seigneur ! Parce que, après toutes ces souffrances, je suis sûr de monter tout droit au Ciel. J'aurai tellement souffert que notre Père voudra bien m'écouter, alors je lui dirai combien vous avez été bonnes pour moi... »

— Mais il parle comme un pasteur, ton cousin !

— Ils sont très protestants, tu sais bien. Ça fait peut-être drôle, quand je te le raconte comme ça, ici, mais quand tu es devant le gosse, dans sa chambre blanche, et que tu l'entends te dire : « Et maintenant, cousine, vous allez me laisser — et vous aussi, mes bonnes dames — je ne vous mets pas à la porte, mais je sens que je vais avoir une autre crise, et je n'aime pas me montrer dans cet état, ce n'est pas joli à voir. Laissez-moi, s'il vous plaît, je voudrais être seul pour m'y préparer par des prières, seul avec mon Dieu... »

— On a beau dire, marmonnait rêveusement M. Hur, les religions ont parfois du bon...

— Oh ! Les catholiques n'élèvent pas leurs gosses comme ça ! rétorquait l'institutrice, par réflexe atavique, mais aussi parce que les protestants étaient laïques en matière d'enseignement et ne se mêlaient pas d'ouvrir des « écoles libres ».

Deux jours après, Mme Hur entra chez elle en pleurs :

— Si tu voyais comme il est beau, on dirait qu'il dort en souriant. Il a l'air heureux, comme s'il avait retrouvé la paix...

— On a beau se moquer de toutes leurs bondieuseries, ça valait quand même mieux pour ce pauvre petit, remarqua M. Hur, maussade.

— Il avait neuf ans, quatre mois de plus que le nôtre, exactement, mais ils étaient à peu près de la même taille. D'ailleurs ils se ressemblaient un peu, le même air de famille, quoi qu'on dise...

Le belle Mathis emporta les trois Hur vers les confins de l'Ardèche, pour l'enterrement du petit cousin. Pâtres, laboureurs, artisans, bûcherons, parents, voisins, amis, tous cachaient leur tristesse, ils affectaient maladroitement la sérénité selon les dernières volontés du défunt.

Un jeune pasteur tout neuf lut, dans le deuxième livre de Samuel, l'histoire de l'enfant que la femme d'Urie avait enfanté à David et que l'Éternel frappa. Il voulut donner du ton puis du commentaire, il s'y prit maladroitement parce qu'il était ému, parce que ce n'était pas un orateur habile, bref, il fut bouleversant :

— « ... Le septième jour, l'enfant mourut. Les serviteurs de David craignaient de lui annoncer que l'enfant était mort... David aperçut que ses serviteurs parlaient bas entre eux, et il comprit que l'enfant était mort... Lorsque l'enfant vivait encore, je jeûnais et je pleurais... Maintenant qu'il est mort, pourquoi jeûnerais-je ? Puis-je le faire revenir ? J'irai vers lui, mais il ne reviendra pas vers moi... »

Du petit cousin Anicet, Jean Hur ne vit jamais qu'un cercueil-jouet qu'il estima de sa taille, à vue de nez. Il n'entendait parler de Dieu ou d'Éternel que sur les ondes, par le trou dans la cloison, mais il ne s'interrogeait point à ce sujet, il ne s'en faisait même pas une interprétation aussi bizarre que pour Montmartre ou l'affaire du Reichstag. Dieu restait, pour lui, dans le vague, une de ces choses dont certaines gens aiment beaucoup parler, comme l'Amour, comme la Mort.

Il n'y a donc pas d'autres raisons plus subtiles que l'échec du Fou de Quatorze et des Dragons de Villars, à l'appel au secours qu'il lance, en dernier ressort, au petit cousin Anicet. Le soir même de l'enterrement, sa mère avait accompagné Jean Hur chez le Dr Caboukie pour le vaccin antitétanique...

« ... Quand elle me dira qu'il vaut mieux mourir que d'avoir des enfants qui font des bêtises pareilles, je pourrai toujours répondre : Et si j'avais le tétanos, ce serait pas pire, peut-être... »

Jean Hur glisse enfin dans le sommeil, non sans retravailler paisiblement la solution : « Je pourrais même laisser entendre que j'ai fait une chute, sur le front, en jouant du côté des abattoirs... des fois, si ça bardait trop... »

15

Le krach de Bayonne

Noël dérangeait M. Hur. Puisqu'il était en vacances, il s'était promis de fixer l'étau sur la table de la cuisine dès le matin, afin de limer les mortaises de son charreton. Mme Hur en avait décidé autrement, on a beau être libre-penseur, une fête est une fête, et l'on se doit de mettre quelque cérémonie dans le quotidien. Sans pousser jusqu'à utiliser la salle à manger (d'ailleurs nous n'avons pas d'invités !), nous pouvons quand même nous payer un vrai petit gueuleton en famille, rien que pour nous, notre petit Noël.

Entre sa classe et ses tâches ménagères, l'institutrice n'avait pas tous les jours le temps de soigner ses menus, mais elle saisissait les occasions de se montrer bonne cuisinière.

— Pas question de brancards ce matin, j'ai besoin de toute la place devant mon fourneau, d'ailleurs, tu as autre chose à faire, je vais te préparer une liste de commissions, tu passeras aussi à la pâtisserie — chez Souillard, c'est le meilleur ! —, tu prendras des marrons glacés, des crottes... Je vais te marquer ça pendant que tu t'habilles...

— Que je m'habille ! fit M. Hur avec un haut-le-corps.

— Et sur ton trente et un ! Écoute... (Ils tendirent l'oreille : les cloches de la cathédrale sonnaient la fête) ; tu verras les gens comment ils sont frusqués. Un jour pareil !

L'un des plaisirs intimes de M. Hur était, les jours sans classes, de s'accoutrer de loques — de « se mettre en peillarot » selon l'expression locale — afin de bricoler en toute quiétude ; cet homme ne se sentait tout à fait libre que lorsqu'il n'y avait plus rien à tacher ni à déchirer sur sa personne. Il dut revêtir son costume neuf, son pardessus à collet de lapin, ses vernis avec guêtres blanches et son feutre gris. Mme Hur lui courut après, dans l'escalier, pour lui tendre le parapluie — il faut que je pense à tout ! — la neige recommençait à tomber ferme.

Jean s'était agenouillé dans un coin, sous la fenêtre, pour entreprendre la première aquarelle de sa vie.

— Ah ! non, ce n'est pas le moment ! D'abord, je vais faire mon parquet, ensuite, dès que j'aurai mis mon repas en train, je te ferai ta toilette, tout nu, debout dans l'évier. Que tu sois net, un jour pareil, quand même !

L'enfant prit machinalement la position de circonstance pour le lessivage du parquet : debout sur une chaise poussée contre la fenêtre. Il savait s'agripper à l'espagnolette. Quand sa mère parvenait à ce coin, elle soulevait l'un après l'autre les pieds de la chaise pour passer la serpillière dessous.

La neige tombait avec régularité sur les platanes, le quai, le parapet, la rivière qu'elle ne piquetait même pas, sur les débris de la digue, le foiral, les abattoirs et les collines qui touchaient un ciel gris et gros comme un bedon de bourricot. Le car de Nîmes passa avec des gerbes d'étincelles glacées, faisant trembler les vitres ; sur le toit, bagages et colis formaient un massif alpin avec neiges éternelles. La route, sur laquelle les pneus avaient tracé deux parallèles d'un noir d'encre de Chine, parut étrangement vide pendant quelques secondes. Deux hommes-sandwiches passèrent côte à côte, en roulant des cigarettes au même paquet de gris. Les cinémas les employaient pour les fêtes, les commerçants pour la braderie. Afin d'allumer leurs cigarettes au même briquet, ils se firent face et se penchèrent, se mettant ainsi sous l'abri d'un toit pour deux. Jean put alors lire les affiches. Ils travaillaient pour deux cinémas concurrents, l'un annonçait *Le Barbier de Séville* avec André Baugé, l'autre Maurice Chevalier et Jeannette Mac Donald dans *Aimez-moi ce soir !* Puis vint un cycliste, casquette sur les yeux, qui pédalait à la papa, mais sans tenir le guidon, soufflant tant qu'il pouvait sur le bout de ses doigts. Puis vint un camion très lent parce qu'il traînait une roulotte et deux remorques chargées des matériaux d'une baraque, manège ou loterie... Les forains de fin d'année n'étaient pas encore tous arrivés, mais il y avait déjà beaucoup d'étalages nouveaux sur les divers marchés de la ville, Abbaye, Haute et Basse Place Saint-Jean. Camelots, attractions, loteries, tirs, confiseries, monstres et fakirs s'installaient Square Sauvages, place du Lycée, place de la République. Il y avait déjà tant de circulation que le brigadier Lunel s'était muni d'un superbe bâton blanc dont parlait tout Alès.

Après les fêtes de Noël et du Nouvel An viendraient les grands troupeaux de moutons, de chèvres, les charrettes de porcs, les bœufs, les chevaux, les mules. Tout un peuple de bergers, de maquignons, de paysans et de bouchers apporterait à la foire du 17 janvier l'air, les parlers, les manières et les histoires des trois montagnes, du Causse, de la garrigue et de la Crau. Puis ce serait, quelques jours après, les folies d'un Carnaval qu'on préparait déjà, dont on n'avait pas fini de parler...

M. Hur rentra juste à temps pour mettre le gigot au four. A temps ? on mangerait avec une heure de retard !...

— Tu n'imagines pas quel monde dans chaque boutique ! On dirait que les gens ont une fureur d'acheter, de s'en mettre plein la lampe ! Et on parle de misère ! de crise !

— Hep ! hep ! tu ne vas pas secouer ta neige sur mon parquet, que je viens de faire, non ? Va te secouer dans l'escalier, mets ton pardessus à sécher sur la rampe, et ton parapluie, tu n'as même pas pensé à l'ouvrir, c'était bien la peine que je te coure après ! Attends, je vais te passer tes pantoufles sur le palier...

— Regarde ce que j'ai dégoté, par hasard, à la quincaillerie : une mèche à bois, hélicoïdale, à double traçoir !

— Oh, pa' ! ça va aller vite avec ça, les mortaises des brancards, mais, dis ! ça marche sur ta chignole ?

— Tu penses bien que j'ai mesuré, avant d'acheter...

Cependant, Mme Hur, elle, vérifiait les achats, demandait les prix, recomptait :

— Et les marrons glacés ?

— Voilà. Chez Souillard, comme tu m'as dit.

— Combien ?

— A prix d'or, incroyable ! dix francs les dix !

— Pas maintenant, Jeannot ! au dessert, chacun sa part, et nous en garderons pour ce soir, tu te rends compte : ce que tu manges vaut vingt sous la pièce...

L'enfant sentit le marron chipé dur dans sa bouche, dur comme une pièce dans une tirelire.

M. Hur s'était hâté de ranger son beau costume, il revint dans ses peilles en s'étirant de plaisir. Il colla son front sur la vitre, à côté de son fils. Un char passait croulant sous le poids de sacs de boulets, tiré par un très vieux cheval et conduit par un vieillard bancroche perché sur le banc ; l'homme et l'animal étaient aussi noirs que leur chargement ; sous la neige, c'était lugubre.

— J'ai bien recompté, déclara soudain Mme Hur, dans l'un ou l'autre des magasins, tu t'es fait avoir de dix sous.

M. Hur fit lentement demi-tour, regarda sa femme dans les yeux, puis expliqua :

— Non. Ce n'est pas une erreur. Comme je sortais de chez Souillard — ton pâtissier ! —, juste au coin de la place, je suis tombé sur des gamins et des gamines qui chantaient, des caraques, sans manteau, sans veste, sans rien, sous cette neige ! pieds nus dans cette neige ! pieds nus, comme je te le dis. « Il est né le Divin Enfant ! » c'était joli, ces petites voix... Alors, sur le coup, je n'ai pas pu m'empêcher, tant pis ! je me suis fendu de dix sous !

Mme Hur avait décrété qu'on ne passerait pas ces vacances à Clerguemort, avec de tels froids, on n'allait pas risquer d'attraper ce qu'on ne cherchait pas, aux quatre vents de ce mas infernal ! C'était la sagesse même, il n'y avait pas à revenir là-dessus. Néanmoins, M. Hur trouvait toujours une bonne raison — les mesures à reprendre pour le charreton, des ferrures qu'il avait préparées l'été dernier, un tonneau à mettre en bouteilles... — il se débrouillait pour monter chez sa mère deux fois par semaine, pas pour passer la nuit, un aller et retour. Et il n'y allait pas pour rien, il rapportait des pignes, du bois, du vin, des pommes de terre, quelques fromages, un lapin...

Jeannot était de tous les voyages : « Au moins, il débarrasse, pendant ce temps j'ai la paix pour mettre ma maison en ordre... »

L'enfant adorait ces voyages jusque dans le détail de leur rituel. Le père et le fils passaient quelques heures délicieuses dans le grand mas de la Gronde allégé du climat qu'entretenait la présence sous le même toit de la belle-mère et de sa bru. Seule avec son fils et son petit-fils, la Léonie de la Gronde était charmante. Elle leur réservait son meilleur pâté, ses meilleurs fromages, pour consommer sur place, attention ! pas pour emporter...

« Les hommes », comme se plaisait à les appeler la vieille, repartaient en fin d'après-midi, pour ne pas rentrer dans la nuit. Au dernier moment, la mamée de la Gronde sortait trois verres à liqueur et sa vieille eau de coing. M. Hur protestait, uniquement pour flatter sa mère dont le breuvage était moins chargé en degrés que la dernière des piquettes.

— Bah ! *U diras pas... èn.*

« Tu ne le diras pas... à. » La terrible Léonie de la Gronde ne prononçait jamais le nom de sa bru, jamais non plus elle n'aurait dit : « Ta femme » à son fils ou : « Ta mère » au petit. Quand, par surprise, le nom de la femme honnie, qui lui avait volé son fils, se présentait dans la conversation, elle le remplaçait par un silence.

La grand-mère accompagnait ses hommes jusqu'à la voiture. Ils voyaient sa grande silhouette noire au milieu du chemin jusqu'au moment où le tournant la leur cachait.

La Mathis s'arrêtait une première fois au bureau de tabac du Chambon où M. Hur faisait établir un congé pour la bonbonne de vin qu'il transportait « de cave en cave ». La deuxième halte était le collet, sous le château de Portes. On laissait souffler le moteur mais, avant de redescendre sur Alès, M. Hur soulevait le capot pour passer d'un allumage sur l'autre, encore un truc à lui : il avait imaginé de soulager le système d'origine par une magnéto qui pouvait à volonté remplacer la bobine. Le fait était là, reconnu : de toutes les voitures du quartier, la Mathis de Hur était la seule qui ne renâclait jamais au démarrage, même par ces froids polaires.

Un matin qu'ils montaient à trois, M. Hur, Jean et Franck Joszà, la belle Mathis fut prise dans une tourmente de neige, sitôt franchi le collet de Portes. Heureusement, l'instituteur s'était bricolé un système de chaînes retenues par un jeu de boulons à ailettes qui se plaçaient en moins de temps qu'il ne faut pour le dire, sans même démonter les roues.

La visibilité était mauvaise. Jeannot n'était pas peu fier de se voir confier le soin de manipuler l'essuie-glaces, lequel marchait aussi à l'électricité, mais tant qu'on pouvait se passer de tirer sur les accumulateurs... La voiture descendait au pas sur la vallée de Clerguemort quand M. Hur et les enfants aperçurent un sombre épouvantail sur le bord de la route. Ils rirent parce que c'était un curé qui faisait de l'auto-stop. M. Hur le pria de monter, avec force politesses (ne serait-ce que pour leur prouver que nous ne sommes pas comme eux !), enfin, l'aventure était plaisante, mais l'instituteur était surtout curieux, et intimidé. Pour un laïque militant, et qui plus est : d'origine protestante, les curés sont des êtres mystérieux, dont on parle beaucoup, auxquels on ne parle jamais, car l'occasion ne suffit pas, il faut aussi l'alibi, le cas de force majeure, une bonne tempête par exemple, ce sont des hommes après tout, enfin... presque. D'ailleurs de quoi peut-on parler avec un curé ?

De la neige et du mauvais temps, d'abord.

— Vous avez de beaux enfants, monsieur, dit le curé quand le sujet fut épuisé.

M. Hur entreprit d'expliquer qu'ils n'étaient pas à lui tous les deux, mais il s'interrompit quand il se rendit compte qu'ils ne s'étaient pas présentés. Il s'en excusa fort civilement :

— M. Hur, instituteur public à Alès.

— Abbé Halmalo, curé de La Vernasse.

— Enchanté... (ça part tout seul, ces mots-là, « curé de La Vernasse », *dé Dïu !* à ce qu'on dit...)

— Seriez-vous, cher monsieur, de ces Hur de Clerguemort qui possèdent le patrimoine de la Gronde ?

— Exactement, vous connaissez, monsieur le curé ? (C'est bien comme ça qu'on doit les appeler ?)

— Les Hur de la Gronde, monsieur l'instituteur, j'en ai entendu parler, en termes excellents : vieille famille réputée pour son honnêteté...

— Seriez-vous cévenol ?

— Non, je suis vendéen. Je devrais presque avouer que ma véritable patrie, c'est la mine. J'ai débuté dans un coron d'Hénin-Liétard, dans le Pas-de-Calais, j'ai été nommé sept ans plus tard curé titulaire dans un faubourg de Noyelles-sous-Lens, pas très loin en kilomètres, mais comme la plupart de mes paroissiens étaient polonais, il me semblait avoir franchi des frontières, je me suis vu dans l'obligation d'apprendre leur langue. Voilà, depuis 1932, je suis le curé de La Vernasse... (Il prit sa respiration, gloussa, puis :) Eh ! que voulez-vous, dans le charbon, un curé, c'est assorti ! (Il partit dans un grand rire.)

Vraiment, M. Hur ne les imaginait pas comme ça.

— Au fait, lequel de ces deux magnifiques garçons est le vôtre ?

L'instituteur présenta son Jeannot, puis il reprit à zéro l'explication de la présence de Franck, et avec un luxe de détails, comme s'il eût été en faute. Il faut bien dire que le cas du petit-fils de la vieille Larguier du Casquillé n'était pas banal : né d'une fille de la Cévenne et d'un maestro hongrois, élevé à Hambourg, réfugié à Clerguemort, pensionnaire au lycée d'Alès...

— ... Nous sommes ses correspondants. D'abord nous sommes sur place, et puis il n'y a pas de raisons : les Hur et les Larguier du Casquillé sont deux familles amies depuis Hérode. Ce n'est pas la vieille, toute seule dans son nid d'aigle au-dessus de Clerguemort, qui peut faire beaucoup pour lui... Il a bien deux oncles, mais tous deux ont fait leur situation à Paris, c'est un peu loin. Justin y est maître d'armes, mais si... Il est même mondialement connu, paraît-il. L'autre, le plus jeune, Léon, est en train de se faire un nom dans la littérature, un pseudonyme plutôt : il publie des essais sous le nom de Cherchemidi, il écrit régulièrement dans la presse, vous avez certainement entendu parler de lui, monsieur le curé ?

— Oh, monsieur l'instituteur, moi et la littérature, vous savez... Mais c'est vraiment très bien ce que vous faites pour ce petit déraciné.

L'instituteur saisit l'occasion d'exposer dans quel embarras il se trouvait justement à propos de Franck. Son oncle, l'écrivain, aurait dû venir le chercher pour l'amener à Paris où il devait rencontrer ses parents durant les vacances de Noël. Le chef d'orchestre hongrois donnerait trois concerts dans la capitale entre la Noël et le jour de l'An. Les contretemps commençaient là : le voyage en France du virtuose avait été retardé, de quelques jours, peut-être même d'une semaine, ou deux, ce qui posait déjà la question de la rentrée normale de Franck au lycée, après ces vacances...

— Oh ! monsieur l'instituteur, s'il n'a pas vu ses parents depuis un an ! Cet enfant m'a tout l'air assez intelligent pour rattraper facilement dans le trimestre une semaine ou deux d'absence...

— L'autre ennui, monsieur le curé, c'est que son oncle Léon — Cherchemidi... — qui devait venir le prendre chez nous, m'écrit qu'il lui est absolument impossible d'entreprendre ce voyage, des affaires graves le retiennent dans la capitale. Dans sa lettre, il me prie de chercher une... « occasion », c'est-à-dire quelqu'un de confiance, un homme d'âge, qui monterait à Paris ces jours-ci. Franck pourrait voyager avec lui, ainsi son oncle et moi-même serions tranquilles...

— Hé ! monsieur l'instituteur, je croyais que vous alliez sur Clerguemort ?

— Maintenant que j'y suis, je vais vous rendre jusqu'à votre porte, monsieur le curé, je ne suis pas pressé.

— Trop aimable, vraiment ! monsieur Hur...

L'abbé Halmalo estimait qu'il ne devait pas être difficile de trouver quelqu'un qui aurait affaire dans la capitale pour la nouvelle année.

Selon lui, il fallait chercher avec méthode. Les Cévenols voyagent quand même bien un peu : le Nîmes-Clermont-Paris est toujours plein au départ d'Alès, alors ! Quelles raisons peuvent bien décider un Cévenol, à quitter le cher petit pays ? Des obligations d'ordre familial, bien sûr, mais il est difficile de les connaître, il faudrait tomber dessus ; des événements nationaux, l'Exposition coloniale par exemple, ce n'est pas le cas maintenant. Restent encore les nécessités professionnelles, les missions, les délégations corporatives, les conférences, les congrès...

— Tenez, M. Flubel, le directeur de la Compagnie, doit monter à Paris au moins une fois par mois. Voulez-vous que je lui... ?

— Oh ! non, je vous en prie, monsieur le curé ! Je n'oserais jamais, le directeur des Mines, vous pensez !

— Mais... au fait, monsieur l'instituteur, il doit se tenir à Versailles, la semaine prochaine, une sorte de Congrès des Anciens Combattants. Je suis moi-même un ancien de 14, je reçois le procès-verbal de nos réunions départementales... Et je crois me souvenir que notre représentant est justement un héros de Clerguemort, le capitaine Ardailhan...

— Qui ?... Ah ! le Laguerre ?

M. Hur retint l'éclat de rire qui montait en lui, le curé de La Vernasse continuait :

— ... Et non seulement le capitaine Ardailhan représentera nos camarades du département sur le plan national mais je crois bien savoir qu'il pourrait, du même voyage, rapporter sa rosette à Clerguemort ! Vous voyez, vous ne pourriez trouver mieux, comme... « occasion ». Vous êtes en bons termes avec le capitaine ?

— Mais oui !

La Mathis s'arrêta derrière l'église. Avec ce temps de chien, pas un chat dans la rue... A quelque chose malheur est bon.

— Monsieur l'instituteur, je ne sais comment vous remercier...

— C'est bien normal, c'est moi qui vous remercie, monsieur le curé, et, tout à votre service...

— Si j'osais...

La main sur la poignée de la porte, l'abbé Halmalo hésitait.

— Mais je vous en prie !

— Une consultation, en quelque sorte, monsieur l'instituteur... Une de mes bonnes paroissiennes — une excellente personne ! — m'a confié ce poème que son fils lui a envoyé de Marseille où il est étudiant. Il lui en envoie ainsi de temps en temps. J'avoue mon inculture en poésie, surtout profane... Comme, par ailleurs, ce jeune de très bonne famille, chéri de sa mère, semble ne pas décrocher beaucoup de diplômes, j'aimerais avoir votre sentiment sur son œuvrette, ne serait-ce que pour m'ôter un doute (je me demande parfois si la poésie lui sert d'alibi ou s'il s'agit d'un don du Ciel, d'une vocation à ne pas décourager). Si vous le permettez, je vais vous en lire quelques vers, car l'écriture de ce garçon est vraiment difficile !

— Je vous écoute, monsieur le curé !

L'abbé Halmalo toussota avant de déclamer :

Je suis un homme étrange, à ce que l'on m'a dit :
Aux yeux de quelques-uns pur et simple bandit,
Pur et simple imbécile aux yeux de quelques autres.
D'autres encore m'ont mis au rang des faux apôtres,
Pourquoi ?...

— C'est très beau, en effet !

— Alors, monsieur l'instituteur, je continue...

— Inutile, je connais.

— Vous connaissez Raymond Mourrail ? mais par quel hasard ?...

— Le poème se termine par :

Mais, Seigneur, gardez-moi de l'orgueil, toujours bête !

— Effectivement, monsieur l'instituteur, vous connaissez aussi le poème ?

— Et comment ! il est de Paul Verlaine.

Les Pel rentrèrent chez eux. Jean Hur ne se fit plus tirer l'oreille pour aller se coucher. Dès qu'il était seul dans la nuit de sa chambrette, il débouchait son trou sur le monde et collait son oreille.

Un soir de janvier, après l'habituel survol du globe, haché de cris, de crissements, d'appels dans toutes les langues, de jappements de cuivre et de soupirs de corde, M. le directeur se fixa sur une station privée qui diffusait *Parlez-moi d'amour*.

Une voix funèbre annonça, quelques secondes après la chanson : « Et voici maintenant, mes chers auditeurs, notre enquête sur le krach de Bayonne ! »

L'enfant se fit très attentif, « krach » l'intéressait prodigieusement, il y sentait une puissance mystérieuse, la promesse de folles aventures. Dans sa tête, sur-le-champ, « krach » prit sa place à côté de « sésame ».

Après un fracassant coup de gong, suivi d'un roulement décroissant de tambours, une deuxième voix plus nette, plus sèche, dit : « Le krach de Bayonne va coûter six cents millions aux épargnants et aux contribuables. Le chiffre est énorme, l'escroquerie peu banale. Mes chers auditeurs, nous ne sommes déjà plus dans le fait divers. L'affaire du Crédit municipal de Bayonne pose des questions auxquelles il faudra bien répondre : comment l'escroc, un certain Serge Alexandre, connu de la police depuis longtemps, plusieurs fois emprisonné — pour des escroqueries, déjà ! —, comment ce louche individu, tenu à l'œil par la Sûreté générale, a-t-il pu devenir le patron tout-puissant d'un établissement d'intérêt public placé sous le contrôle de l'État ? »

Gong...

Jean Hur attendait toujours que l'aventure commence franchement, que souffle le vent dans les voiles ou sur les dunes, que claquent les balles ou sifflent les flèches... Pour l'instant, il n'y comprenait rien, comme souvent, ce qui ne le gênait nullement, il n'avait pas encore vraiment besoin de logique.

« ... Car, mes chers auditeurs : LE KRACH DE BAYONNE n'eût pas été possible SANS LES GARANTIES MUNICIPALE ET GOUVERNEMENTALE, SANS L'APPUI des PLUS HAUTS fonctionnaires de la police et de l'administration, sans la caution, ou, pour le moins, un curieux aveuglement, une coupable négligence des pouvoirs publics... »

Gong...

L'aventure ne commençait toujours pas. Jean Hur ne se lassait pas pour autant, il appréciait la voix, le ton, le rythme de la harangue ; il était sensible au charme frais et vif du courant qui portait ces vocables dénués de sens.

« ... Et ce M. Alexandre — Alexandre, Sacha Stavisky de son vrai nom — mes chers auditeurs, son existence même ne constitue-t-elle point la plus inquiétante des questions ? 1912 : 15 jours de prison ! 1915 : 3 mois de prison ! 1926 : 5 mois de prison ! Liberté, encore libéré, sur parole, sous caution, toujours libéré ! Sept années de remises et de liberté « provisoire »... Un casier judiciaire vierge ! Voilà Stavisky, le Machiavel du krach de Bayonne... »

« Stavisky », le mot plut immédiatement à Jean Hur, et pour les mêmes raisons que « krach », il le rangea aussi dans le compartiment « sésame ».

« ... A peine posée sur le plan de la justice, l'énigme de Bayonne provoque de profonds remous dans les milieux politiques. L'extrême-gauche et l'extrême-droite s'agitent déjà ! *Le Populaire* de ce matin pose, en manchette, cette question : *M. Chiappe, à la tête de la police depuis 1926, osera-t-il dire qu'il ignorait le passé de Stavisky quand il en fit son ami ?* Tandis que M. Maurice Pujo écrit dans *L'Action Française : Au début de cette semaine qui verra la rentrée parlementaire, nous engageons les Parisiens à se tenir prêts à venir en foule autour du Palais-Bourbon et, au cri de : A bas les voleurs ! à exiger la justice et l'honneur !*

Jean Hur se redressa sur un sursaut, quelqu'un l'attaquait par l'autre oreille, le Fou de Quatorze sans doute...

Il laissa là le krach de Stavisky pour faire face à l'épouvantail familier. En dirigeant toute son attention dans le sens opposé, il finit par comprendre que ces cris lui parvenaient de la cuisine, à l'autre bout de l'appartement, et qu'ils ne provenaient certainement pas du Fou de Quatorze. Alors Jean Hur prit peur. Parce que c'était vrai, parce que c'était simple, et facile à comprendre : jamais on n'avait parlé si fort dans la cuisine de ses parents.

La panique le prit comme dans la nuit des Dragons de Villars, la première fois, la vraie !

Il fallait qu'il fût vraiment épouvanté pour se jeter sans hésitation dans la traversée noire et glaciale des quatre pièces. Il faillit ouvrir la porte de la cuisine éclairée, tiède, pour se jeter dans les bras de ses parents. Mais non, il n'était plus un bébé, à présent : cinq ou six mois s'étaient écoulés depuis la visite au Musée du Désert. Il demeura debout derrière la porte, dans la nuit, pieds nus sur le linoléum du petit salon, et tendit l'oreille.

La voix guerrière criait :

— Nous sommes tellement envahis par les étrangers que nous ne sommes même plus capables de les surveiller. *Pamén !* quand un zèbre s'appelle déjà Sacha Stavisky, ça devrait suffire, *nun dé diu !*

— Écoute, Matthieu, glissa la voix à peine irritée de M. Hur, il se faisait appeler « M. Alexandre », comment veux-tu ?...

— Et qui, Félix, lui donnait du M. Alexandre ? les gens qui savaient qui il était vraiment, et qui en profitaient ! Les profiteurs de toujours, les ministres, les députés, tous les députés, les 600 dans le même sac, mais il faudrait trouver un gouffre assez profond...

— Voyons, Matthieu, tu plaisantes...

Un hurlement lui répondit :

— Hein ! Quoi ! Tu crois que j'ai envie de rire, moi !... Tu crois que c'est pour engraisser cette pourriture que nous nous sommes crevé le cul de 14 à 18 ! Cin-quan-te-mo-ois de tranchée ! tu as oublié ce que ça veut dire, Félix ? Moi, jamais ! Tout me le rappelle toujours ! Cinquante mois ! médaille militaire ! croix de guerre-cinq-citations ! trois blessures ! trois ! Elles ne se laissent pas oublier, elles ! Tu veux que je te montre comme elles sont laides, tu veux ?... (« Je vous en prie... » protestait dans un souffle Mme Hur)... On nous l'aurait dit, alors, quand nous tenions, là-bas, couverts de boue et de poux, sur le Chemin des Dames, on nous aurait dit que c'était pour ça qu'on se battait, je te prie de croire qu'on en serait sorti, des tranchées, baïonnette haute, mais pas du même côté que d'habitude, direction Paris (il y avait moins de résistance)... Mais, écoute bien ce que je vais te dire, Hur ! Il n'est jamais trop tard pour bien faire ! Ça tombe à pic que je monte à Paris, justement ! je vais être sur place, là-haut, je verrai bien de quoi il retourne, et je ne serai pas le dernier à foncer dans le gras des 600 pourris et de leurs patrons en... sky... en skoff ou en meyer...

— Allons, calme-toi, Matthieu, dit M. Hur.

Tandis que l'autre repartait de plus belle, l'instituteur glissa dans l'oreille de sa femme : « Dans l'état où il est, tu crois qu'on peut lui confier le gosse, même pour le train seulement ?... Il est capable de provoquer des bagarres partout... »

— ... Il y en a marre, Félix ! marre, marre ! et remarre ! Marre de leurs putains de députés qui ne savent que discutailler sans fin, bien fort pour la façade et pour le bon gros populo que nous sommes, pour mieux nous vider les poches pendant ce temps ! Il faut changer de système ! la poigne, Félix ! la POI-GNE, il n'y a que ça pour écrabouiller toute cette vermine, serrer la vis... faire enfin l'unité nationale, comme en 14 ! De gré ou de force ! Tant pis pour celui qui s'écarte du droit chemin ! On fusille bien les déserteurs, quoi ! Une poigne de fer ! Félix, regarde comment ça marche en Allemagne maintenant...

— Assez, Matthieu ! tu as assez déconné comme ça ! Je suis pour la République, tu entends ? Depuis toujours, les Hur sont républicains ! Et si tu t'attaques à elle, toi, tu me trouveras en travers, moi ! Et je te la fermerai, moi, ta gueule, à toi, *m'as cumprès ?* ...

A cette seconde, Jean Hur ouvrit la porte à la volée. Il avait agi sans réfléchir, sans même y penser, comme on éternue quand on aspire un moucheron par la narine, c'est qu'il n'avait jamais entendu son père crier, menacer, se servir de ces mots de voyous.

Le silence qu'il avait provoqué, il le reçut comme une gifle chaude, d'une moiteur qui ne provenait pas seulement de la cuisinière : une haleine acide, de plein fouet. Les deux hommes restaient figés nez à nez, poings serrés, talons décollés : M. Hur et le Matthieu Ardailhan, du mas de Canaan, que Clerguemort avait surnommé « Le Laguerre », capitaine d'infanterie en retraite, trésorier en exercice des Anciens Combattants.

— Voilà, vous avez réveillé le petit, soupira Mme Hur, vous avez au moins obtenu un résultat !

Jean Hur attendait que sa mère le gronde, qu'elle l'expédie se recoucher, et plus vite que ça ! Elle n'en fit rien.

L'instituteur et le capitaine se détournaient l'un de l'autre, s'écartaient, revenaient vers la table, reprenaient leur petit verre de marc et le versaient machinalement dans la tasse qui avait eu largement le temps de refroidir depuis que le café était bu.

Alors seulement Jean aperçut Franck. Le lycéen était rencogné derrière la table, contre la porte d'entrée où le haut placard-vaissellier le masquait en grande partie.

L'instituteur et le capitaine, aussi déroutés l'un que l'autre, se creusaient la tête pour trouver le moyen de reprendre une conversation normale.

— Tu vois, mon petit Jeannot, dit Mme Hur avec enjouement, c'est ton ami Franck qui vient nous dire au revoir. Il monte à Paris, par le train de nuit. Il va à la rencontre de ses parents. Embrassez-vous, mes enfants, allons, sors de ton coin, Franck...

L'institutrice termina ses explications en balbutiant :

— Et c'est M. Ardailhan qui... fait le voyage avec... avec lui...

Elle avait été saisie par la mine défaite de Franck qui lui était apparue d'un coup, lorsque le garçon était sorti de la pénombre du placard.

— Au fait, il est presque l'heure de prendre le chemin vers la gare, fit le Laguerre rasséréné, en exhibant sa montre.

— Un instant, Matthieu, j'enfile mon pardosse, j'entre dans mes grolles, et je vous accompagne.

Discrètement, Mme Hur rejoignit son mari devant la penderie du petit salon. Dans un souffle, elle lui demanda :

— Tu crois que c'est bien prudent, comme ça, la nuit, dans l'état où il est ?

— C'est justement, répondit M. Hur de même, je veux me rendre compte s'il est vraiment calmé avant de laisser partir ce gosse avec lui. J'en profiterai pour lui flanquer une bonne trouille, à notre foudre de guerre cantonal ! entre quat'z'yeux, c'est facile avec lui. C'est depuis l'enfance que je le connais, moi, notre Laguerre... (Il soupira.) Dans le fond, ce n'est pas un mauvais cheval, cet animal de Laguerre !

Sur le seuil, l'institutrice refit le nœud du cache-nez de Franck, releva le col de son pardessus. Dans l'escalier, elle trouva un biais pour glisser dans l'oreille du Laguerre :

— Attention à ce petit Franck, il a le cœur fragile. Il paraît que c'est de naissance, sa mère nous a écrit à ce sujet : une trop forte émotion, et... que cela reste entre nous, monsieur Ardailhan, il faut que le gosse continue de l'ignorer !

Le capitaine en retraite lui retourna une moue soulignée d'une œillade :

— Bien compris ! consigne-consigne ! Je suis votre homme !

On pouvait dormir tranquille, sur ce point du moins.

L'institutrice remonta chez elle en frissonnant, elle bondit sur son fils, l'embrassa et le renvoya au lit avec une tape qui valait mieux qu'un *poutou* (pour un garçon s'entend !).

16

Un chasseur de fantômes

Quand on frappa à la porte, Cherchemidi se dressa d'un bond et se dit aussitôt : « Mais je n'attends personne ! » Il hésita même, brièvement, et s'en rendit si bien compte qu'il haussa les épaules, tout seul, ainsi, pour lui-même. Enfin, il se jeta sur la porte et l'ouvrit à la volée, comme s'il allait livrer combat sur le palier.

— Un télégramme pour M. Larguier, Léon.

— Pour qui ? Ah ! oui, c'est moi.

Idiot ! ici, il arrivait à oublier son nom de baptême ; à Clerguemort, il oubliait son pseudonyme. Il referma soigneusement la porte et reprit sa place au bureau, devant l'article en panne, son fameux « billet parisien ». Il tenait le télégramme entre deux doigts, sans penser à le décacheter.

Cherchemidi venait de s'avouer qu'il vivait dans la peur depuis quelques jours, depuis... depuis, exactement, le 25 décembre dernier. Le 23, Tissier, directeur du Crédit municipal de Bayonne était passé aux aveux. Deux jours après, la Sûreté générale avait signalé au juge d'instruction que Serge Alexandre et Alexandre Stavisky étaient un seul et même homme.

L'écrivain décacheta le télégramme :

Arrivons demain 11 h Austerlitz
Capitaine Ardailhan. Franck

« Capitaine Ardailhan ?... Pardi, mais c'est le Laguerre ! Il reprendrait donc son service ? (Il ricana.) Un traîne-sabre encore qui renifle le retour du bon temps... »

Le neveu finissait quand même par arriver, au milieu de tout ça ! comme un chien dans un jeu de quilles ! Certes, le gosse était adorable mais il faudrait quand même s'occuper de lui. Rien ne s'était arrangé comme prévu. Les vacances de Noël étaient finies. Franck montait à Paris au moment où les cours reprenaient au bon vieux lycée J.-B. Dumas. Il arrivait au pire moment, quand son oncle avait plus de tracas qu'il en avait jamais eu dans sa vie.

Le gosse n'y était pour rien, évidemment ! Sa mère n'en finissait plus d'envoyer ordres sur contrordres. Impavide, la sœurette, du haut de son Hambourg ! Concerts remis à huitaine... Viendrai même toute seule... Remis à quinzaine... Déterminée, de toute façon, à ne pas venir sans Jànos... Concerts remis début janvier, à bientôt... Jànos viendrait seul...

Ces contradictions manifestaient une nature versatile, tellement opposée à la Lilette opiniâtre, têtue comme une bourrique, qu'il s'était demandé plusieurs fois si les messages n'étaient pas apocryphes. De toute façon, il devait se passer quelque chose chez les musiciens de Hambourg, une de ces nouveautés nazies qu'il faut taire et cacher.

Cherchemidi sourit : il lui tardait de revoir sa sœur. Il glissa le télégramme dans le tiroir : « Capitaine Ardailhan... Espérons qu'il ne s'inscrustera pas ici ! Qu'il donne le gosse et qu'il aille se faire pendre ailleurs, le capiston ! »

Le Billet parisien, c'est un genre et un style du journalisme, c'est le petit coin de charme pour lecteur-badaud. Ce doit être enlevé avec brio, bref, pétillant, l'élégance et le charme, avec un grain de sel — mais rien qu'un ! Une fois sur deux : la fleurette bleue, l'autre, une touche d'humour, attention ! un soupçon, pas plus, telle est l'alchimie délicate du genre. « Voyez-vous, mon cher ami, dans tout journal qui se respecte, il y a à boire et à manger. Votre travail, dans cette rédaction, n'est pas de nourrir le client. Évitez les sujets sérieux, gardez-vous comme de la peste d'une phrase qui pourrait porter le lecteur à penser. Ici, la viande rouge, c'est l'éditorial, vous, vous êtes la coupe de champagne, veinard ! » Ainsi peut parler le directeur d'un journal que suivent fidèlement ses lecteurs par centaines de milliers.

Le bout de prose guillochée s'insérait vers le bas de la « une », sur une colonne encadrée de filets tremblés, sous l'intertitre permanent : CHERCHEMIDI CHERCHEFORTUNE qu'il avait lui-même proposé — pour remplacer le « Cherchemidi à Quatorze heures » qui enthousiasmait le rédacteur en chef — et puis quoi, ce titre n'était que la vérité pure.

Le billet inachevé s'intitulait « Le Condamné », tout simplement. Le patron sursauterait en parcourant la morasse mais se rassurerait dès les premières lignes (il est bon de piquer, mais brièvement).

« Mon pauvre vieux, comme tu as changé ! l'exclamation doit s'exprimer dans toutes les langues, sous tous les cieux, des milliers de fois dans chaque heure qui passe, et se faire *in petto*, tristement, beaucoup plus souvent encore. Ce cri du cœur devient tout à fait insolite quand ce n'est plus l'assombrissement d'un visage humain qui vous l'arrache mais le chagrin subit qu'exprime, un beau matin, la façade d'un monument.

« Depuis des années je passe, deux ou trois fois par semaine, devant le Trocadéro. J'en suis à le voir sans le voir. Mais hier, soudain, j'ai eu le coup au cœur : pour la première fois en plus d'un demi-siècle, le chef-d'œuvre monumental des maîtres Davioud et Bourdais ne souriait plus à pleines dents. Sa physionomie n'avait pas changé par l'effet de quelque réparation ou de quelque lézarde, rien d'aussi matériel, Dieu merci ! Un bon gros chagrin bien bête. Il est temps que tous les Parisiens le sachent, depuis l'adoption du projet pour l'exposition de 1937, dont le premier point est la démolition du palais susdit, leur vieux Trocadéro fait triste figure... » etc...

Cherchemidi s'écœurait, il n'endurait même plus de se relire, et le pire, c'était que le patron goûterait particulièrement la crotte d'aujourd'hui, tout, le sujet, le ton, c'était le modèle de ses désirs.

Cherchemidi se gâchait la plume, se gâchait la vie, et pourquoi ? Il n'avait pas tellement besoin d'argent, à la vérité, il n'en avait jamais eu vraiment besoin. Dans l'élan de son indignation, il décrocha le téléphone pour annoncer froidement au directeur que, désormais, en fait de billet parisien, il pourrait toujours aller se faire cuire un œuf.

Il se frictionna l'oreille avec l'ébonite, et finalement forma un autre numéro.

On décrocha aussitôt.

— Allô, Abel ?

— C'est de la part de qui ?

— Je voudrais parler à M. Abel Abac, personnellement.

— Mais qui est à l'appareil, à la fin ?

Sur le point de répondre, Cherchemidi se retint, *in extremis*, à cause d'une rugosité dans cette voix.

— Vous êtes toujours là, je vous sens au bout du fil. Qui êtes-vous ? Je vous somme de dire qui vous êtes !

— Merde ! répondit benoîtement l'écrivain, et il raccrocha.

Les flics étaient donc chez Abac, déjà. Ils faisaient vite. Le petit journaliste juif s'était drôlement mouillé, il s'était même jeté dans ce bain avec une légèreté inconcevable chez l'un des plus fins renards de la presse moderne. Ils ne sont peut-être chez lui que pour des vérifications, ou pour tendre un piège. Ils pourraient frapper ici d'un moment à l'autre, dans les mêmes intentions. Ils font leur boulot, parce qu'on les paye pour ça, ils boulonnent en pépères, aux termes de la loi « sans haine et sans crainte », ouais...

Leur boulot, en l'occurrence, c'est de faire systématiquement le tour de ceux qui ont approché Stavisky — plus connu sous le nom de M. Alexandre — de près ou de loin, de ceux qu'on a remarqués à sa table, ils doivent bien sûr les voir tous, ne serait-ce que par acquit de conscience, ouais...

En face de son bureau, Cherchemidi avait accroché un masque nègre extrêmement curieux, cadeau de son ami Ferrari, botaniste et agronome, le type même de l'aventurier savant. Il restait trois ou quatre ans au milieu de la forêt équatoriale, quelque part entre le Congo et l'Ogooué, seul Blanc parmi des tribus ennemies entre elles, puis il revenait passer une année en France. Pendant ces mois-là, Ferrari vivait follement. Quand il était sans un sou, et qu'il n'en pouvait plus, il repartait dans sa brousse. Il fallait attendre trois ou quatre ans pour le revoir.

En ce moment, Cherchemidi l'enviait.

Le masque était une sorte d'œuf blanc surmonté d'une chevelure, qui revenait en boule au-dessus du crâne. Le nez n'avait rien de négroïde. Les yeux n'étaient indiqués que par deux coups de scie. La bouche avait la forme d'une prune fendue par le milieu. Il était authentique, c'était même le plus ancien que Ferrari ait jamais rencontré dans ses pérégrinations de savanes en forêts. Or, c'était indiscutablement le portrait d'une geisha. Quand on l'examinait patiemment, on remarquait ses étranges propriétés : sous le même angle, sous le même éclairage, il ne donnait jamais la même impression. Cherchemidi se prit à le surveiller trois ou quatre minutes, sans le perdre de vue, sans oublier une seconde qu'il le surveillait. C'était indiscutable : il n'avait pas vu le plus infime changement dans l'œuf de bois chaulé, pas un tressaillement, néanmoins le visage asiatique avait une expression différente. Cela passait l'imagination.

Cherchemidi reboucla sa montre autour de son poignet, chercha un numéro de téléphone sur son agenda. Il composa, on répondit immédiatement.

— Allô, c'est Billette ?

— Elle-même ! qui est là ?
— Cherchemidi. Comment va ?
— Va ! mais, dis donc, mon gros malin, tu n'as pas l'habitude de m'appeler pour prendre des nouvelles de mon acné juvénile...
— Ben non...
— Que je te mette à l'aise tout de suite, Cherchefortune ! Si c'est pour m'inviter en croisière, je ne suis pas libre avant la fin du trimestre prochain... Bon, allez, vas-y, accouche !
— Je voudrais parler à Abac, Billette.
— Comment, tu ne sais pas que ce mufle m'a plaquée !
— Pour aller où ?
— Avec une autre, tiens !
— Mais où ?
— Faire du ski, on devait même y aller ensemble, dans dix jours seulement... Monsieur ne m'a pas attendue, d'une heure à l'autre, pffuit ! plus personne, ni vu ni connu, je t'embrouille. Tu penses que l'autre devait le presser...
— Qui, l'autre, Billette ?
— Qui ? Ben, sa nouvelle, tiens !
— Et il est où, Abac, en ce moment ?
— Ben, au ski. Ce que tu peux devenir gourde sur tes vieux jours...
— Où ? dans quel pays ?
— Oh !... Attends, je le sais... Le nom du bled, je l'ai oublié, c'est un trou perdu quelque part dans les Alpes. En tout cas je suis sûre que c'est en Suisse...
Au clic du téléphone raccroché, le masque parut faire chut, du bout des lèvres. Cherchemidi lui trouva sur l'instant un air protecteur, presque maternel.

Cherchemidi regardait son décor familier comme s'il pouvait encore le voir pour la dernière fois, comme s'il allait en être chassé à jamais ou comme si les murs allaient s'écrouler d'eux-mêmes, par fatigue.
C'était en 1917 — dix-sept ans déjà... — il s'appelait encore Léon Larguier, il logeait en hôtel, quand Desnos lui avait signalé la première mansarde rue du Cherche-Midi. Le nom parut merveilleux au jeune Cévenol, il le fit sien aussitôt. La rue l'enchantait, il ne s'en lassait pas, aujourd'hui encore il traînassait en descendant de son pigeonnier, léchait les vitrines des antiquaires. Le boulanger, l'épicier, le bougnat, le buraliste le saluaient par son nom, par son surnom plutôt, avec une gentille malice, comme le Monsieur de la Rue. Cherchemidi aimait cette familiarité, elle le rassurait. Les émigrés fréquentent toujours les mêmes bistrots, les mêmes rues, pour se retrouver entre eux, mais aussi pour être reconnus et salués.
La crise économique n'avait pas été pour rien dans son installation :

ses propriétaires perdirent tout espoir de reprendre un jour une bonne, d'autres propriétaires renoncèrent à la leur. Le jeune écrivain acheta la première mansarde, puis, successivement, la mansarde de gauche et celle de droite. Il fit abattre la cloison qui séparait les deux premières, percer une porte dans la cloison qui le séparait de la troisième. Il condamna deux des trois portes donnant sur le couloir. Il ne pouvait se payer le luxe des meubles d'époque et des bibelots que les vitrines de sa rue lui offraient. En attendant, il opta pour la simplicité monastique : table et bancs rustiques, dont le beau bois sombre ressortait sur les murs chaulés, un linoléum uni d'un bleu profond qu'il n'avait pas déniché sans peine, un divan-lit assez spacieux, encadré par des étagères, des livres, beaucoup de livres, partout.

Cloison supprimée, les deux mansardes formaient une sorte de studio qui tenait à la fois de la garçonnière et de l'atelier d'artiste, surtout depuis qu'il avait fait remplacer les deux vasistas par une verrière de trois mètres de long sur un mètre de haut. Une horloge paysanne trônait dans la pièce. Elle était du modèle courant dans les mas de Clerguemort. Cherchemidi l'avait acquise pour une bouchée de pain, mais il avait été obligé de lui scier les pieds pour qu'elle puisse tenir droite contre le mur le plus haut de cette mansarde, quatre coups de scie. La troisième mansarde faisait office de cuisine, de cabinet de toilette avec tub, de penderie et de débarras. Il devait encore utiliser les cabinets communs, situés au bout du couloir, ce qui l'humiliait un peu.

Ses premières conquêtes, cela va sans dire, furent les bonniches. Longtemps il connut plus familièrement la Bretonne que la Parisienne. La crise économique, dans ce domaine aussi, modifia son voisinage : les mansardes abandonnées par les bonnes furent sous-louées à des étudiantes, à des cousettes, Mimi Pinson remplaça Bécassine. L'aménagement des trois mansardes faisait du jeune homme le châtelain de ces combles. L'accorte voisine, priée de rendre visite, était éblouie, un verre de porto, trois gâteaux secs, et l'affaire était dans le lit, cela ne tirait pas à conséquence, chacun rentrait dormir chez soi, les jeunes personnes qui vivent seules en ville ont de ces libertés.

Cherchemidi se fit une habitude de dormir seul, de vivre seul. Il lui arrivait de rompre une liaison en ville, parce qu'il pressentait la menace d'un collage. Son esprit repoussait machinalement l'idée de ramener une femme pour plus d'une soirée rue du Cherche-Midi. Dès le départ de la visiteuse, il remettait en place tout ce qu'elle avait dérangé. Il ouvrait, agençait quelques courants d'air, pour chasser les odeurs et de la partenaire et de l'amour. Seul, il se sentait bien, il se sentait chez lui, rue du Cherche-Midi.

Jusqu'à maintenant.

Le bonjour de sa rue semblait différent : le boulanger sur le seuil de sa porte, lui criait : « Alors, qu'est-ce que vous en dites, de toutes ces histoires de voleurs ? Il est temps de nettoyer tout ça, hein ? » En lui pesant son café, l'épicier grommelait : « Quand je pense combien coûtent les sous, et que tous ces bandits ramassaient l'argent à foison rien que parce qu'ils avaient des ministres et des députés dans leur manche ! Vous n'êtes pas de leur côté, vous au moins ? » Même le buraliste, un manchot de Quatorze, qui avait toujours paru le modèle du bonhomme tranquille à Cherchemidi, toujours d'accord avec les propos des clients, quelles que soient leurs couleurs, demandait brutalement : « J'espère que vous descendrez avec nous quand nous irons balayer toute cette pourriture ! » Ce disant, il désignait vaguement la Chambre des députés, pas si loin, là-bas, vers la Seine. Soudain, ces petites gens, à l'ordinaire plutôt déférents et intimidés vis-à-vis du journaliste, le questionnaient sur un ton de menace.

Un passant qui ne l'avait jamais salué, silhouette familière de la rue du Cherche-Midi, avait carrément arrêté l'écrivain sur le trottoir : « Ah ! puisque vous écrivez dans les gazettes, Monsieur, permettez à un de vos lecteurs de vous dire qu'il attend avec impatience que la plume dont il apprécie le trait se trempe enfin dans le vitriol pour stigmatiser les voyous qui nous gouvernent… » Harangue soulignée d'un geste pathétique, dans la direction du Sénat.

Même la situation de la rue semblait avoir été modifiée : avant, Cherchemidi se sentait au cœur du Paris qui pense et qui chante, entre le quartier Latin et Montparnasse, entre Saint-Germain-des-Prés et le Luxembourg, entre la Sorbonne, *la Nouvelle Revue Française, la Coupole, la Closerie des Lilas*, la rue des Feuillantines, la rue d'Ulm et le Collège de France. Tout à coup, il se rendait compte qu'il n'était qu'entre le Quai d'Orsay, la Chambre des députés, l'Hôtel Matignon, les Invalides, le ministère des Colonies, entre Saint-Sulpice et le faubourg Saint-Germain, à deux pas d'une prison militaire.

Notable apprécié d'un village privilégié, il se sentait soudain soulevé par le col, tenu en suspens dans les nuages sulfureux, au-dessus d'un cratère en fureur. Et si ces bonnes gens de la rue du Cherche-Midi savaient !… Le bonhomme qui lui vendait ses cigarettes depuis dix-sept ans lui casserait la gueule, la bonne femme qui lui servait son café lui arracherait les yeux, le boulanger lui crèverait le ventre, il suffirait d'un rien, d'un appel au meurtre, anonyme…

Il repassait les vagues d'aménagement de ce qui avait été si parfaitement son chez-lui : l'abattage de la cloison, le chaulage des murs, le percement de la verrière entre les deux vasistas, l'arrivée des meubles rustiques, de la pendule. Il tendit l'oreille pour vérifier son tictac. Curieux, l'oreille et le moral : il aurait juré que le pouls de la pendule s'accélérait, tandis que le masque blafard faisait chut ! chut !

C'est par à-coups que Cherchemidi avait arrangé ses trois mansardes : soudain, il s'y mettait, ne s'occupait plus que de ça, puis passait à autre chose, sans penser à terminer le coin des étagères pendant trois mois ou deux ans, jusqu'à une nouvelle ardeur d'aménagement. Ces crises le prenaient, il s'en rendait compte aujourd'hui seulement, lorsqu'il établissait une sorte de bilan. Il s'attaquait à l'amélioration de son nid chaque fois que sa confiance en lui-même grandissait, chaque fois que Paris lui donnait une preuve de confiance, comme si la voix de la capitale lui avait dit : « Ton livre est apprécié, tu vois comme on t'aime chez nous, tu deviens un véritable Parisien, installe-toi... »

Ces travaux de mansarde lui paraissaient dérisoires, comme ses succès d'estime, comme son tutoiement voulu du Trocadéro condamné, comme sa gloriette de plumitif badin. Dans la vie littéraire comme dans la vie tout court, il paraissait des mieux logés, mais c'était sous les toits.

En cas de coups durs, sur quelles gens pourrait-il s'appuyer ? Ses relations étaient à l'Amitié ce que les midinettes de l'étage étaient à l'Amour. C'étaient des relations intellectuelles, comme on parle de relations charnelles, dans un sens restrictif.

Pas un instant, il n'avait eu envie de s'ouvrir de ses tourments actuels à l'une des personnes qui lui étaient les plus proches. Et d'abord, comment aborder la confidence ? On était entre « esprits forts », grands et petits, mauvais ou futés, mais toujours le sourire en coin, avant tout le souci de ne pas passer pour jobard, de ne pas se laisser aller au « sentimentalisme niais », à l'émotivité pour pipelettes ! la morale, les lois, fi ! « Alors, on a peur des gendarmes, peuchère ? » Cherchemidi imaginait trop bien quels auraient été ses propres sarcasmes à la place du confident. Ces amitiés parisiennes ont d'autres bases, des sujets de conversation communs, un vocabulaire commun, des ambitions communes, l'émulation, la rivalité ; on s'aime parce qu'on a du plaisir à discuter, à discutailler, à n'être pas du même avis, parce que, dans les contradictions, la voix de l'autre et son opinion sont complémentaires des nôtres, comme dans l'harmonie la flûte et le hautbois. Il faut d'autres liens humains pour ce genre de confidences, des affinités moins hautaines, des rapports plus simples, plus naturels, un peu rustiques, un ton rogue, des bourrades, une solidarité d'hommes et non pas cette complicité mi-railleuse mi-cajoleuse, cette fraternité de petits marquis.

Cherchemidi rêvait d'un ami qui ne poserait pas de questions, qui secourrait avant de juger, d'un être humain qui vous aimerait non parce qu'on parle de vous, non parce que vous avez du talent, de l'esprit, mais tout bêtement parce que vous êtes, sans raisons, d'un frère qui, par nature, ne pourrait supporter de vous voir souffrir...

Au bout de ces réflexions, Cherchemidi revit Paris comme il lui était apparu la première fois, le matin où il avait débarqué, après une nuit suffocante dans le train : une ville froide, visqueuse, sournoise, une ville méchante. Et il avait voulu conquérir Paris ! Il aurait mieux fait de ne pas s'en mêler, ils étaient trop forts pour lui, ici. L'ex-Léon Larguier repensait nostalgiquement aux bienveillantes vallées de la Cévenne...

Une rumeur lointaine attira l'écrivain vers le panorama des toits. Il ouvrit un vantail de la verrière et se pencha :

— A bas les voleurs !... à... bas... les voleurs !...

Le ciel écrasait Paris, un ciel flasque et sombre aux rousseurs maladives. Les voix, le froid, l'humidité le frappèrent ensemble. « A bas les voleurs ! » le cri du jour restait net, ces gens devaient le pousser à un signal, ils étaient nombreux, plus d'un millier sans doute, vers le bas du boulevard Raspail, en direction du ministère de la Guerre.

Des pétards éclataient, leurs explosions évoquaient les fêtes populaires, elles n'avaient rien de tragique. Des chants s'élevaient :

> Ah, ça ira ! ça ira ! ça ira !
> Les députés à la lanterne !
> Ah, ça ira ! ça ira ! ça ira !
> Les députés, on les pendra !

Chaque soir, à peu près à la même heure, des manifestations se formaient sur les boulevards, à proximité de la Chambre, de l'Élysée, d'un ministère. Cela commençait toujours comme un monôme, avec cette gouaille qui plaît au passant et fait hésiter l'agent du carrefour. Cela vieillissait en grossissant : des messieurs décorés, quelques gaillards résolus se joignaient aux garçons et aux filles. Le refrain ne changeait pas, même les dernières informations n'apportaient que peu de variantes, pourtant elles ne manquaient pas. Chaque jour une nouvelle inculpation, une arrestation, la découverte d'une piste étaient jetées à la voracité passionnée du public, mais chaque soir, étudiants et vétérans reprenaient : « A bas les voleurs... démission ! » *La Marseillaise* éclatait lorsque les premiers rangs se heurtaient à un barrage de police. Les accrochages manquaient d'ardeur. Les agents repoussaient mollement les gamins des premiers rangs. Lorsque la manifestation se reformait trop près, lorsqu'elle menaçait de durer trop, les flics se résignaient à quelques poursuites avec moulinets de bâtons blancs et de pèlerines roulées.

Cherchemidi perçut le fracas d'une vitrine brisée. Il y eut un silence — la surprise sans doute — puis un redoublement des cris. Depuis deux ou trois jours, on commençait à jeter des cailloux, à casser des vitres, à arracher les grilles des arbres, de l'autre, on convoquait la garde à cheval...

La veille, un groupe de manifestants avait hué la façade du journal. Depuis qu'un rédacteur de *La Volonté* semblait compromis dans l'Affaire, les journalistes devenaient suspects et rejoignaient les policiers, les avocats, les parlementaires et les ministres dans la haine de Paris. Cherchemidi l'avait senti, physiquement, le matin même, en longeant les murs de sa rue. Du haut de son perchoir, il se sentait seul maintenant, seul en face de cette ville sans merci.

Comme il refermait la verrière, on frappa à la porte. Il sursauta, exactement comme tout à l'heure, et s'en voulut plus encore.

— Qui est là ?

Il ne comprit pas la réponse, mais l'accent le surprit agréablement. Il ouvrit.

— Excusez-moi de vous déranger à une heure pareille, mais...

Sur le seuil, l'inconnu tortillait quelque chose devant son ventre, c'était une casquette neuve, assez belle. Il était seul.

— Vous désirez ?

— Enfin, c'est assez long... Mais... mais je vous apporte une lettre...

— Une lettre ? De qui ?

— De M. Chapon.

— M. Chapon ?

— Oui, Chapon... Alphonse. Le maire de Clerguemort.

— Ah !... le Jaurès ?

— Lui-même ! fit l'inconnu, avec un large sourire qui gagna Cherchemidi.

— Entrez, je vous en prie. Vous arrivez par le train ?

— Oui, mais il y a déjà quelques jours que je suis dans la capitale, je serais plutôt sur le retour. Si j'avais pu faire tout ce que j'avais à faire, je ne me serais pas permis de venir vous déranger, parce que, il faut vous dire, la lettre du Jaurès, c'est plutôt une lettre d'introduction...

Son accent l'introduisait mieux que n'importe quoi. A deux ou trois cicatrices bleues, Cherchemidi devina le mineur, il comprit du même coup pourquoi le costume et la cravate paraissaient trop corrects, trop étroits, et le maintien emprunté : cet homme était endimanché.

— Asseyez-vous, je vous en prie. Vous n'êtes pas de Clerguemort, vous ?

— Non, mais je connais bien les gens de Clerguemort, j'ai beaucoup à faire avec eux, avec les mineurs surtout, je suis de La Vernasse...

Cherchemidi tripotait l'enveloppe entre ses doigts, il hésitait à l'ouvrir, cela devenait presque déplacé, comme une marque de défiance, un manque à l'hospitalité. Il était pourtant curieux de savoir comment le Jaurès tournait ce genre de poulet.

— Vous permettez ?

« Mon cher Léon,

Celui qui te remettra cette lettre est un grand ami de nous tous, c'est *le* (l'article était raturé d'une croix) Fernand Bédel, notre délégué-mineur. Il vient même d'être tout juste réélu, c'est te dire qu'on y tient. Il ne viendra te voir que s'il en a besoin. Je lui fais cette lettre en cas. C'est pas crainte que tu reçoives les visiteurs comme des chiens dans un jeu de quilles, mais je crois bien que tu dois être entouré de gens à ne plus savoir où donner de la tête, que ça ne doit pas être tellement facile de te toucher sans faire passer un petit billet par qui de droit. C'est justement parce que tu es quelqu'un de bien placé dans la capitale, que tu connais beaucoup de monde, que notre Fernand peut avoir besoin de toi, mais s'il peut faire autrement, il se gardera bien de venir te déranger. Je m'entourtoubille un peu pour te mettre ça noir sur blanc, mais le délégué saura t'expliquer de vive voix ce qu'il veut. En attendant, mets-toi un peu à ma place, Léon ; à Clerguemort, j'ai pas tellement de clients qui sont devenus des gens importants, surtout à Paris, j'avais pas tellement le choix pour envoyer Fernand à quelqu'un qui le débrouillerait un peu dans la capitale.

Bon. Je compte sur toi à Paris, comme tu peux compter sur nous à Clerguemort.

Salutations distinguées,

Alphonse Chapon. »

Une bonne chaleur gagnait Cherchemidi. Il ne pouvait s'empêcher de sourire, et de lui-même d'abord : il s'était attendu à un papier à en-tête municipal, à des formules administratives, aux paraphes d'un scribe. Cette page de cahier, cette grosse écriture scolaire authentifiaient le document, le tampon officiel sur la signature en prenait un air naïf.

Il y avait un post-criptum :

« Avant de prendre la plume pour t'écrire, je suis monté jusqu'à ton Casquillé, histoire de te faire savoir des nouvelles fraîches, vu que ta vieille doit pas être guère plus vaillante que moi pour faire des écritures. Rassure-toi, la veuve Larguier se porte comme un chêne, elle n'arrête pas de rouspéter, c'est tout dire. Alors, tu vas bientôt recevoir la visite de ton neveu, un brave petit, à ce qu'on dit. Quel dommage qu'on n'ait pas trouvé mieux que ce brindezingue de Laguerre pour lui tenir compagnie ! Je me demande lequel va surveiller l'autre. Salue de ma part l'oncle Justin, vous devez vous voir souvent. Il doit se sentir tout à fait Parisien, qu'il ne vient plus jamais nous voir à Clerguemort, tout le monde le regrette ici. Dis-le-lui. »

— Vous boirez bien quelque chose, mon cher monsieur Bédel ?

— Ben, un verre de vin ne se refuse pas.

Par sa réponse machinale, Fernand faisait ressortir tout ce que l'offre avait de superficiel. Cherchemidi remarqua la nuance, mais sans amertume. Il aurait souhaité pouvoir descendre dans la cave de son mas, choisir une bouteille, raconter son vin. Quand il vit le délégué-mineur élever son verre à la lumière, pour parler de la couleur ce qui n'est que la première des manifestations par lesquelles on se doit de marquer sa considération pour le vin offert, il en ressentit de la gêne :

— Vous savez, c'est le vin qu'on trouve à l'épicerie du coin, je ne vous le garantis pas…

Mais, là encore, Cherchemidi se sentit précieux car, après avoir trempé ses lèvres dans le vin parisien, Fernand Bédel fit simplement la grimace en murmurant :

— Trafiqué.

Qui sait si, en d'autres circonstances, l'écrivain n'aurait pas pris pour grossièreté de rustre ce qu'il goûtait aujourd'hui comme l'effet d'une franchise dont Paris l'avait déshabitué. « Trafiqué », il y avait la façon de le dire, et aussi la manière de reposer le verre à peine entamé, sans muflerie, discrètement, parce que, après tout, le vin importait peu, ce n'était pas pour boire qu'on était venu.

— Je crains quand même, monsieur, commença Cherchemidi, tout en se demandant si, dans son désarroi, il n'allait pas fourrer des intentions distinguées partout, je crains que notre Jaurès ne se fasse quelques illusions sur mon importance et mes pouvoirs dans la capitale, surtout dans les jours que nous vivons… Personne ne sait plus très bien où il en est…

Le visiteur parut étonné.

— Vous avez peut-être croisé des manifestants, en venant ici, reprit Cherchemidi en montrant la verrière, je suis curieux de savoir ce que vous pensez de ces événements.

— Oui, répondit Fernand sans hésiter, je suis descendu à la station Chambre-des-Députés, pour me rendre compte par moi-même. Je suis remonté par le boulevard Saint-Germain, puis par le boulevard Raspail… (En bon provincial, il s'était promené le plan de Paris à la main.)

— Alors vous les avez vus ? Vous avez dû passer en plein dedans…

— Oui. Oh ! ça ne m'a pas l'air bien méchant…

— Mais c'est tous les soirs maintenant !

— Il y avait pas mal de flics, des barrages rue Saint-Dominique, rue de l'Université, plus tous ceux qui se cachaient dans des trous… Les manifestants ne feront que ce que les flics voudront bien les laisser faire, pas grand-chose, pour ce soir en tout cas.

— Vous avez l'air très sûr de vous. Peut-on savoir sur quoi vous vous fondez ?

— Eh bien ! par exemple, sur le fait que les commerçants ne baissaient pas leur rideau. Même les bistrots restaient ouverts… Vous pensez bien, quand même, qu'autour de la Chambre et des ministères, les patrons de cafés ont des… des relations avec la police. Donnant, donnant…

Le calme, le sourire de Fernand, et surtout le regard doux mais droit des yeux bleu pâle, impressionnaient l'écrivain.

— Évidemment… Mais les manifestants, vous les avez vus de près ?

— Très intéressant ! J'ai remonté la manifestation à rebrousse-poil, en prenant mon temps. Ils s'amusent beaucoup à jouer ce rôle. Tout nouveau, tout beau !

— Allons donc ! vous en parlez comme si c'étaient des figurants bénévoles !

— C'est bien ce que je dis. Quelques-uns n'étaient pas bénévoles, mais c'étaient plus que des figurants.

— Enfin quoi ! Ils ont cassé une vitrine !

— Ce n'était pas prévu ! pas pour aujourd'hui. Une maladresse, rien qu'à voir leur surprise ! Pour un peu ils se seraient excusés auprès des flics, qui auraient pardonné aussitôt... Tout ça pue le coup monté en plein nez.

Il parlait avec tant d'assurance que Cherchemidi lui demanda :

— Vous avez l'air de connaître la question ! Peut-on savoir quelle université enseigne cette discipline ?

Fernand ne comprit pas sur l'instant, puis il sourit, confus, comme un qui se verrait dans l'obligation de révéler un titre que la modestie devrait cacher :

— Vingt ans de luttes dans le bassin minier des Cévennes.

Il restait là, bien en face, assis, le buste droit, sans nervosité, sans impatience. Cherchemidi parvint à protester :

— Des figurants ! des figurants... Si vous entendiez mon boulanger, mon buraliste, ma concierge, mais ils sont de tout cœur avec vos figurants, ils descendront dans la rue à la première occasion, pour leur prêter main-forte... Et il ajouta plus haut : ce sont pourtant de pauvres gens, de braves gens de ma rue, ça fait des années que je les connais !

Il s'était soulevé de sa chaise, parce que le mineur avait pris une attitude et une expression tout à fait inattendues de sa part, celles d'un profond mépris. Visiblement, cet homme tenait pour peu de chose, et ces gens, et la main-forte qu'ils pouvaient prêter...

Après avoir prolongé par un silence le dégoût qu'il éprouvait, le délégué-mineur daigna l'expliquer :

— A La Vernasse, nous avons aussi des boulangers, des buralistes et des bistrotiers, ils sont aussi, *ballïn ballan*, le cul entre deux chaises. Ils se mettent volontiers en frais pour la Compagnie, jusqu'au moment où les mineurs se fâchent, parce qu'il y a des mineurs à La Vernasse, il y a surtout les mineurs, sans eux, fermez boutiques ! Je suppose qu'il n'y a pas uniquement des boutiquiers pétochards dans la ville qui a pris la Bastille, qui monte ses barricades quand l'occasion se présente, dans la ville de la Commune, quoi !

Sa vivacité soudaine surprit Cherchemidi, mais le rassura car il en était à ce point où l'on aime sentir qu'on est avec des gens qui peuvent être méchants. Il mesura son état d'infériorité en face d'un tel interlocuteur, et trancha soudain, pour se reprendre :

— Au fait, je m'excuse de ces diversions, je voudrais quand même savoir en quoi notre maire de Clerguemort s'imagine que je pourrais vous être utile.

Fernand Bédel avait été mandaté par le congrès des mines d'Alès en tant que délégué pour la préparation du congrès confédéral. Il ne se perdit pas dans les détails mais le peu qu'il dit des mineurs d'Alès et des contacts qu'il avait eus dans la centrale syndicale à Paris démontrait que, face à la crise économique, à la diminution du pouvoir d'achat, à l'aggravation des conditions de travail, sans parler de la guerre menaçante, les ouvriers avaient plus de sujets de s'émouvoir que les boutiquiers. Bref, le délégué-mineur avait maintenant rempli toutes les tâches dont l'avait chargé le congrès d'Alès. Cependant, avant de redescendre à La Vernasse, il aurait voulu se livrer à un petit travail d'information qui sortait un peu du cadre syndical et des possibilités qui lui étaient offertes.

— J'aimerais me renseigner le plus exactement possible sur les finances de la société anonyme des Houillères de La Vernasse...

— Mais... Ce doit être facile, ne serait-ce qu'en Bourse. Je croyais que les syndicats avaient monté leur propre service économique...

— C'est exact. Malheureusement, nos camarades ne disposent que d'informations fragmentaires, difficiles à vérifier, et encore, c'est surtout pour les compagnies importantes, comme les mines du Nord. Sur les bassins aussi négligeables, du point de vue national, que celui de La Vernasse, ils ne possèdent pratiquement aucun renseignement.

— Mais savez-vous au moins avec précision quels chiffres vous seraient utiles ? demanda Cherchemidi non sans quelque hauteur.

— Des chiffres et des noms, répondit posément Fernand. Noms et qualités des principaux actionnaires — je veux dire de ceux qui font la pluie et le beau temps pour nous ! — les dividendes qui leur sont versés, les bénéfices réels, ceux qui passent à l'as sous diverses étiquettes, les impôts, les plans d'investissement, les prévisions de production, les différents marchés passés avec les marines de guerre...

— Les marines de guerre ? fit Cherchemidi abasourdi.

— Comment ? vous ne savez pas que notre charbon est d'une qualité rare, que nos briquettes sont très recherchées pour la chauffe des gros navires, et dans le monde entier...

— Ça alors, j'aimerais savoir de quelles sources vous tenez des renseignements pareils !

— Le petit Gallissian du Collet, l'Aimé Pétassat de la Bégude et l'Adrien Jossot du Chambon, qui ont fait leur service dans la marine, n'ont pas été en peine de reconnaître les briquettes qu'ils fabriquent à longueur d'année... Nous en vendons même à la Home Fleet, à la Kriegsmarine, et ça nous l'avons su par...

— A la Home Fleet ! à la Kriegsmarine !... Cela dit, ça vous fait une belle jambe !

— Hé ! ça pourrait... Songez que ce charbon que nous nous crevons à sortir, nos mystérieux actionnaires se débrouillent très bien pour le vendre beaucoup plus cher que la houille ordinaire. Pendant ce temps, nous, nous ne sommes pas payés plus que les autres mineurs, plutôt moins...

— Vous me paraissez déjà tellement renseignés, je ne vois pas comment, moi...

— Il nous manque l'essentiel : les noms, les chiffres exacts — pas ceux des bilans publics, pas ceux fournis au fisc ! — Nous voudrions connaître, par le menu, les spéculations qui se font sur notre dos, savoir ce que ces messieurs anonymes font de l'argent qu'ils nous volent, et je ne pense pas aux châteaux, aux bancos de Deauville ou de Monte-Carlo. Ce qui nous intéresse, c'est de savoir quelles bandes ils financent, quels politiciens ils poussent en avant, et pour quelle politique ! Tenez ! puisqu'on en parlait, nous serions curieux de savoir où vont passer les sous qu'ils nous volent dans la grande saloperie qu'ils sont en train de préparer à Paris, avec leurs manifestations cousues de fil blanc à l'heure de l'apéritif ! Vous comprenez, maintenant ?

— Oh ! attendez... Je commence à entrevoir seulement... Ce qui m'échappe encore, ce sont les relations directes, de cause à effet, parce que, en fin de compte, vous, monsieur Bédel, vous n'êtes, en somme qu'un militant syndical... ?

Fernand ajouta sans aucune modestie :

— Je suis aussi communiste. Surtout communiste !

— Communiste... ah ! bon. Mais... revenons, si vous le permettez, à l'enquête pour laquelle vous sollicitez mon concours. Je ne vois toujours pas très bien à quoi, concrètement, pourraient bien vous servir les noms et les chiffres en question dans votre bataille... économique de tous les jours. Et, d'abord, qui a eu l'idée d'une telle enquête ?

Fernand répondit sans impatience :

— Disons que c'est moi, pour simplifier. Pour dire le vrai, c'est venu dans la fin du congrès, ça contient la plupart des questions qu'ont posées des camarades, les seules questions qui sont restées sans réponse. Dans notre bataille, ces chiffres et ces noms seraient comme des cartouches, pour charger nos fusils, et je vous jure qu'on ne tirerait pas n'importe comment ! Ah ! si je pouvais me les procurer, j'aurais l'impression de ne pas redescendre dans la mine les mains vides. Pensez que mon voyage aller et retour a été payé par une collecte à la sortie des puits. Quand on sait que les enfants de mineurs ne mangent pas tous les jours à leur faim !...

Il s'exprimait sans élever le ton, sans presser les mots, avec une lenteur songeuse qui donnait à son propos une efficacité singulière.

— Il faut nous aider, si vous le pouvez, monsieur Larguier. Ces chiffres nous serviront souvent, quand la Compagnie répondra « déficit » à nos revendications, quand elle nous dira qu'il faut faire des sacrifices à cause d'une mévente de nos briquettes, et aussi, dans le sens inverse — parce qu'il faut être honnête — pour régler nos revendications sur les possibilités réelles de la Compagnie. Exiger ce qu'il est impossible de nous accorder, voilà la démagogie. Nous n'avons aucun intérêt à couler la Compagnie... Pour les noms, c'est plus délicat... pour expliquer... C'est presque une question sentimentale...

— Sentimentale ?

Le regard bleuté de Fernand s'attendrit :

— Vous, monsieur, vous pouvez peut-être comprendre, vous êtes Cévenol, de Clerguemort ! Vous connaissez nos mineurs, ce sont des fils de paysans, beaucoup gardent un pied dans la terre et l'autre dans le charbon. Bien sûr, ce sont des prolétaires, mais — enfin, à ce qu'il me semble ! — d'une espèce un peu particulière. Ils ont pris de la mine, mais ils ont gardé beaucoup de la terre. Chez nous, monsieur Larguier, on n'aime guère le brouillard, ni les fantômes. On ne déteste pas se battre, bon dieu non ! mais on aime bien savoir contre qui, et le voir bien en face, l'ennemi ! M. Flubel, le directeur, ses ingénieurs ? mais ce sont des employés de la Compagnie, payés par elle, comme nous... S'attaquer aux sous-fifres, on n'aime pas beaucoup ça, chez nous, on voudrait frapper à la tête et que cette tête ait un nom ! Il faut avoir pris la parole devant eux pour comprendre combien c'est nécessaire : tant que vous étalez des idées générales, des principes révolutionnaires, les plus vrais, les plus fondamentaux, on vous écoute plus ou moins, mais si vous êtes amenés à citer ces renards de Tarrigues qui ont fait les jaunes au Trompe-la-Mort, ou Mourrail, le maître-mineur qui colle des amendes aux boiseurs, vous les voyez flamber ! Là, ils ont devant eux, non plus des mots difficiles pour dire des choses qu'on ne peut pas frapper d'un coup de poing, mais des hommes de chair et de sang comme eux... Cette Compagnie, c'est du vent, ces actionnaires, des fantômes, le capital, c'est une idée, ça ne vaut pas une vraie gueule de capitaliste qui saignerait à l'occasion... Les Tarrigues, Mourrail lui-même, ne sont que des petits ; ils descendent au fond, ils se salissent avec le charbon, tandis que les profiteurs, les gros, est-ce qu'ils savent seulement où ça se trouve, La Vernasse ?

Cherchemidi se leva, s'étira, fit quelques aller et retour à grands pas, en respirant profondément. Il se sentait un autre homme, et sans même se demander pourquoi. Il revint en face de Fernand, rapprocha sa chaise, lui mit la main sur l'épaule :

— C'est entendu. Pour tout ce qui dépend de moi, vous pouvez y aller à fond... Voyons, voyons voir...

L'écrivain connaissait un agent de change (sa femme plutôt, passons ! c'était même mieux pour pénétrer certains secrets). Il avait des copains parmi les échotiers de la Bourse, les journalistes économiques. Enfin, il pourrait peut-être fourrer son nez, « anister » comme on dit chez nous, du côté de certains députés obscurs qui n'ont pris la parole que deux ou trois fois en dix ans, et brièvement, mais toujours, comme par hasard, quand l'intérêt des houillères était en jeu.

Ils se mirent d'accord sur les démarches, prirent rendez-vous pour le surlendemain.

— Je ne sais comment vous remercier, monsieur Larguier, commença Fernand, en se levant pour prendre congé.

— Ah ! les mineurs de Clerguemort me font faire un joli métier, fit l'écrivain, à la blague.

— Il s'agit de la vérité, reprit gravement le délégué. C'est joli de comparer la vérité au hérisson qui détruit les nuisibles, qui se roule en boule quand on le menace, qui n'est que piquant lorsqu'on veut l'étouffer, qui ne peut se garder dans la poche avec son mouchoir dessus, qu'on ne peut se passer sous la table...

— Comment ! fit Cherchemidi interloqué, vous avez lu mon *Tam Tam Mail ?*

— Excusez-moi de vous citer si mal, de mémoire ! Je l'ai parcouru très vite. Je l'ai acheté hier seulement, quand je me suis résigné à venir vous déranger. Je me suis dépêché d'en lire le plus possible. Je ne pouvais pas me permettre de venir voir un écrivain sans avoir lu une ligne de lui. Je dois dire que votre livre m'a donné plus de courage pour venir frapper à votre porte, mais il faudra que je le reprenne, c'était trop vite. Franchement, il faut que je relise deux ou trois fois les mêmes choses pour bien les comprendre, manque d'habitude...

Pour Cherchemidi, le personnage prenait à chaque instant de nouvelles dimensions, il redoutait de le quitter :

— Écoutez, monsieur Bédel, avez-vous quelque chose qui vous presse maintenant ? Dans ce cas, permettez-moi de vous inviter à dîner...

— C'est que je ne suis guère en tenue...

— Pour aller chez le bougnat du coin, c'est plus qu'élégant. Décidément, M. le maire de Clerguemort se fait une idée exagérée de mon train de vie !

17

Le Gratin Dauphinois

Le Gratin Dauphinois n'avait que rarement connu une telle affluence en soirée. Le restaurant fonctionnait surtout à midi, avec le plat du jour, à l'intention des employés du quartier qui demeuraient trop loin pour déjeuner chez eux. Ils pouvaient même apporter leur manger, ce qu'ils faisaient de plus en plus souvent quand s'étirait la fin du mois.

Ce soir-là, Phinette, la patronne, envoyait tous les quarts d'heure son gamin à la boulangerie. Elle n'avait pas prévu tant de repas, tous ces gens, à l'entendre, restaient dans le quartier plutôt que de rentrer dans leurs banlieues parce qu'ils ne voulaient pas rater « des choses qui pourraient se pacher che soir, dans le quartier ou pas loin, à che qu'on dit, mais si M'chieu Chèchemidi et chon ami » voulaient bien attendre quelques instants au comptoir, ils auraient deux places là-bas, à l'écart, pour parler tranquillement, parce que « quelle foire che choir, ch'est pas pour dire... » Phinette cultivait ses « che », veillait à l'exotisme bougnat pour épater le Parisien, tandis que son mari, dans la cuisine, ouvrait des boîtes de singe à tour de bras, pour faire face, et les lançait comme au basket dans l'énorme marmite aux reliefs de la veille, d'où sortirait par assiettées une de ces daubes « qu'il faut être né-natif de Chaint-Flour pour réuchir », comme ne manquerait pas de le souligner spirituellement le commis d'assurances, le portier du *Lutétia*, le préparateur en pharmacie, le vendeur du bazar, le philatéliste veuf et le droguiste célibataire, tous bons parigots au bec fin. Le philatéliste demandait à la patronne pourquoi *le Gratin* n'affichait pas, comme d'autres restaurants le faisaient déjà :« Nous ne servons pas les députés. »

L'écrivain et le délégué stationnèrent en deuxième file devant le comptoir, hissèrent leur verre de Suze par-dessus les épaules, entre des oreilles. Le climat de la salle était aussi extraordinaire que l'affluence. *Le Gratin Dauphinois* ruminait et ondulait comme le cercle des curieux autour d'un accident sanglant ; cela montait parfois en un grondement, éclatait d'autres fois en brefs sarcasmes, en insultes, en défis, pour retomber dans la rumination et le grouillement. Fernand ne perdait rien de cela, Cherchemidi ne perdait rien de Fernand.

Un nouvel arrivant dépliait *l'Action Française*, trois ou quatre têtes s'accrochaient du menton sur ses épaules, comme si la presse était à tout le monde. Les titres voletaient de bouche en bouche : « A bas les ministres et les députés vendus ! Tous ce soir devant la Chambre ! » (sur toute la largeur de la première page) ; « Le gouvernement de la Crapule » (éditorial)...

« Tous des voleurs ! »... « Balayer tout ça ! »... Les mêmes mots, toujours, revenaient aux mêmes endroits des conversations, sur le même ton, sans jamais lasser les gens qui les reprenaient goulûment. Quelques jours avaient suffi pour remodeler le visage de la rue, pour y boucler de nouveaux cercles tournant en rond sur eux-mêmes et reconnaissables de loin. Le cercle des Anciens de Quatorze (des héros méconnus, des poilus, « des petits, des obscurs, des sans grade », qui ne réclamaient même pas la reconnaissance, même pas le respect pour eux-mêmes, mais pour cette France qu'ils sauveraient encore, malgré elle s'il le fallait, parce que attention ! ils n'étaient pas encore tous morts, les survivants ! et pas encore pourris dans ce qui restait de leurs corps mutilés...). Le cercle des longs adolescents avides de chambard (qui parlaient de l'avenir de la patrie, de la pureté de la race, autour d'une Ophélie fagotée en cheftaine...). Les demi-cercles des portes cochères (où les concierges passaient leurs locataires en jugement pour les familiers de l'heure des poubelles...).

Des cercles analogues se reformaient dans les lieux publics. La concierge sifflait encore un blanc, l'œil mort, n'ayant plus la force que d'approuver du menton dans l'entre-mamelles les souvenirs héroïques évoqués par une paire d'A.C. rabâcheurs qui n'en revenaient pas d'avoir enfin retrouvé l'oreille du quartier.

La sirène d'une ambulance vida *le Gratin* dans la rue aussi vite que si l'on avait soulevé la salle par le cul, la porte en bas. De lugubres hypothèses sur les passagers de la voiture blanche s'échafaudaient allégrement aux enchères publiques, quand l'approche de voix juvéniles rappela les clients du restaurant dans la rue :

Stravisky au Panthéon,
Tontaine !
Camille Chautemps en prison,
Tonton !

Un cabriolet Citroën surchargé d'étudiants, drapeau tricolore déployé, descendant la rue au ralenti. Ceux-là, on eut tout le temps de les voir, de les approuver. « Allez-y ! bravo la jeunesse ! » cria la concierge avec des entrechats. Ces farceurs entonnaient maintenant *la Marseillaise* ; ils en rajoutaient bien de leur façon : « ... Formez vos bataillons (tas de vieux cons !) », personne n'eut l'air de le remarquer, ah !... jeunesse, jeunesse ! *Le Gratin Dauphinois* se remplit des mêmes, plus quelques nouveaux. D'aucuns grommelaient, roulant des yeux furibards, contre quelques-uns qui n'avaient pas applaudi « nos jeunes », « des qui doivent tenir pour les voleurs ! »

Fernand et Cherchemidi se sentirent visés.

— Faudrait au moins qu'ils aient le courage de s'expliquer devant tout le monde !

— Quel courage ! tu leur claquerais la gueule qu'ils pleureraient en appelant leur mère !

Deux voix glaciales qui se ressemblaient, deux consommateurs qui se ressemblaient, dans deux pénombres, contre le mur, aux deux bouts de l'U du comptoir, deux faces brouillées par le mauvais chaume des barbes de quarante-huit heures, se dérobant sous la visière baissée des casquettes, fuyant la description, apparitions accoutrées en ouvriers.

— Y a qu'à commencer par ceux qu'on rencontre ! reprenait celui qui fumait, la cigarette appuyée sur la fourche, entre deux doigts en éventail qui lui masquaient la moitié du visage.

— Parfaitement, la justice doit commencer par le bas, chacun balaye devant sa porte ! reprenait d'une voix semblable, sans timbre et sans chaleur, l'autre, qui toussotait sans fin derrière sa main.

Deux cariatides lugubres, de part et d'autre du comptoir, deux faces estompées pour un crépuscule d'hiver. Fernand les examinait posément, mais ses narines palpitaient, flairant un fumet qui rappelait quelque chose. Le bon gros public du *Gratin* se détournait, gêné quand même, par ce duo de froideurs sans formes.

Un rouquin à lunettes parlait en frémissant de la virilité de la France à deux dactylos effarées qui l'écoutaient sur un pied, à l'affût de la première occasion pour lui échapper. A deux tablées derrière ce groupe, un grand blond, coiffé d'une faluche constellée d'insignes dorés, prononçait un réquisitoire contre la police parisienne, balançant des périodes suivant l'école rhétoricienne de Démosthène.

Fernand l'écoutait en blêmissant. L'écrivain surprit le regard changé du délégué-mineur, il en fut effrayé.

— ... Quand donc, ô Parisiens, quand ferez-vous votre devoir ? Jusques à quand supporterez-vous qu'en la cité, les Argousins, primates stupides ! puissent impunément brutaliser la fière jeunesse de la France, son intelligence et sa beauté, ces fronts hauts, ces cœurs purs que soulève une légitime indignation devant la horde métèque des Polaques, des Russkoffs, des Macaronis et des youpins cosmopolites...

— La ferme, petit trou du cul ! fit soudain, énorme, une voix grasse et paisible.

Tous les regards du *Gratin Dauphinois* se tournèrent vers le dîneur qui venait de parler, un sexagénaire massif qui essuyait la lame de son Laguiole dans son dernier morceau de pain. Le contradicteur fit claquer la lame, sortit un genou de sous la table pour rentrer le couteau dans la poche de son pantalon, puis il continua, paisible et sonore :

— C'est pas souvent, mais, pour une fois, les bourres, ils ont pas tabassé assez fort. Quelques crânes pétés, ça serait leur tour de se rafraîchir les idées, à ces petits péteux de fils à papa...

Le portier du *Lutétia* fit preuve d'un courage stupéfiant : après avoir quêté l'appui moral de l'assistance, il s'avança vers le contradicteur et lui demanda, avec une curieuse voix de tête :

— Qu'est-ce que vous en savez, vous, euh... s'ils sont riches ou pauvres, ces courageux garçons qui foncent sur les barrages, euh... ?

L'autre le regardait malicieusement par-dessous ses sourcils en buissons, tout en finissant de mâcher le morceau de pain dans lequel il avait essuyé son couteau. Il se lissa la moustache d'un large revers de main, puis répondit paisiblement :

— T'as regardé leurs pieds, à ces pauvres chéris, hein ? leurs pieds, tu les as vus ?

— Ben... euh... pas spécialement.

— Dommage, parce que tu aurais vu comment qu'ils sont chaussés, les mignons ! Alors, tu aurais pu causer, tu comprends ?

Il se leva, en s'époussetant le plastron. Avant de gagner la sortie, il précisa encore :

— Moi, j'ai regardé leurs pieds, alors je peux causer, tu comprends. Moi, je suis cordonnier, peigne-cul !

Tout le monde s'écartait sur son passage, il sortit sans se retourner.

Finalement, la place était bonne, il n'y en avait pas beaucoup mais c'était au calme et, front contre front, ils pouvaient converser à voix basse.

— J'ai eu un moment de cafard, avoua Fernand en touillant son œuf dur mayonnaise sur la demi-feuille de laitue froissée...

— En pensant à quoi ? demanda quand même l'écrivain qui s'en doutait.

— J'en étais venu à me dire : Comme on trompe facilement le peuple !

Le numéro de *L'Action Française* avait été oublié sur leur table.

— Ça, ce n'est pas pour demain ! murmura le mineur, en posant le doigt sur les lignes que l' « organe du nationalisme intégral » portait en sous-titre : « Chef de la Maison de France, j'en revendique tous les droits, j'en assume toutes les responsabilités, j'en accepte tous les devoirs. signé : Le Duc de Guise, héritier des quarante rois qui, en mille ans, firent la France. »

Phinette venait de glisser les deux assiettées de daube sous leurs mentons.

Cherchemidi déclara nettement :

— Je connais Stavisky.

— Ah ?

L'écrivain resta court, il attendait des protestations, des manifestations de doute, de stupéfaction, de curiosité, il se crut obligé de préciser :

— J'ai mangé à sa table, plusieurs fois... A la table de Stavisky.

— Ah !

— J'aimerais vous parler de cette pénible histoire, finit pas reprendre Cherchemidi humblement, à moins que cela vous ennuie...

Fernand releva le nez de son assiette :

— Écoutez, monsieur Larguier, avant... C'est que je voudrais empêcher qu'il y ait une gêne entre nous, pour qu'on continue à se parler comme jusqu'à maintenant, vous me comprenez ?

— Oui. Alors ?

— Avant que vous parliez, monsieur Larguier, j'aimerais que vous répondiez à une question.

— Je vous en prie !

Le regard du délégué-mineur fouilla les yeux de l'écrivain :

— Est-ce que vous, monsieur Larguier, d'une manière ou d'une autre, à un moment ou à un autre, vous avez marché dans ses combines, et vous en avez tiré du profit ?

— Non, absolument pas ! hélas, au point où nous en sommes, cela ne vaut guère mieux...

La physionomie de Fernand s'était détendue :

— Bien. Maintenant, je vais vous donner toute l'attention dont je suis capable. Ce n'est pas, croyez-moi, de la mauvaise curiosité de ma part, mais si je pouvais vous aider un peu... Je vous écoute.

Cherchemidi, très ému, résuma son affaire depuis le premier

projet, depuis son entrevue avec Abel Abac en Alès au cours de l'été de 1932. L'entreprenant petit journaliste juif avait su communiquer à l'écrivain cévenol son enthousiasme pour un grand projet : fonder un journal libre, moderne, vivant, qui sortirait des ornières de la presse traditionnelle. Une seule direction politique : la lutte contre le racisme et le fascisme. On pouvait espérer d'éminentes collaborations, et d'abord celles des intellectuels allemands victimes d'Hitler, des noms prestigieux dans tous les domaines. Sur le plan financier, le projet, une fois bien construit, devait trouver facilement de solides commanditaires parmi les Juifs fortunés qui considèreraient ce combat comme le leur...

— ... Nous nous sommes mis au travail, Abel et moi, dès la rentrée, sérieusement. Vous n'imaginez pas la somme de tracas, de correspondance, de contacts, de maquettes, de numéros « zéro » que représente un nouveau journal bien avant qu'il soit question de le faire sortir. Nous nous y sommes donnés comme des brutes, Abel et moi. Nous étions littéralement possédés. Pour moi, c'était capital ! J'allais enfin faire craquer le corselet de ma prose de salon pour courir le monde vers ceux qui souffrent et luttent, j'étouffais, j'avais un besoin vital des grands courants d'air du reportage.

— Et vous avez échoué, fit le délégué au bout d'un moment.

— « Échoué » ? Non... pas tout à fait quand même.

D'abord, les plans tenaient debout : Abac et Cherchemidi s'étaient vidés de leurs meilleures idées, de toutes les flammes de leur jeunesse, cela donnait vraiment du neuf, c'était dynamique ! (Il se reprenait à rêver sombrement...) Quant aux collaborations, les promesses passaient toutes les espérances, pas une seule des lettres que les deux jeunes hommes avaient, à leurs frais, lancées à travers le monde, n'était restée sans réponse : ne parlons pas des Allemands (Remarque, Einstein, Wassermann, Feuchwanger, Brecht, Arnold et Stefan Zweig, les frères Mann, et Grosz, et Käthe Kollwitz), mais des Anglais (Huxley, Shaw, Greene...), des Espagnols (Lorca, Dali, Miro, et même le catholique de Unamuno...), des Russes (depuis le grand Gorki jusqu'à Ehrenbourg), des Américains (Steinbeck, Hemingway, Faulkner...), quelques noms parmi des dizaines, toute l'intelligence du monde répondait présent !

— Présent contre le fascisme ! présent contre le racisme ! précisa le délégué-mineur.

— Oui, reprit Cherchemidi avec accablement. Jamais la presse n'avait accouché d'un projet aussi splendide. Même à présent, au milieu de tout ce pastis nauséabond, je crois que nous pouvons encore en être fiers, Abel et moi : sur le plan de la pensée, la réussite était totale.

Fernand respecta son silence un temps qui lui parut convenable, puis il grommela :

— Vous vous êtes cassé le nez sur les coffres-forts, naturellement.

— Oui.

— *'Dé diu !* Avec un programme pareil, de telles collaborations, comment ont-ils pu hésiter ? Je ne saisis pas très bien.

— Moi non plus, soupira l'écrivain.

Il parla des tergiversations, des réponses nuancées, des mises en veilleuses, des refus assortis d'une recommandation pour un autre groupe financier, de ces mois de douches écossaises, d'antichambres et de parlotes...

— ... Je n'ai pas cessé de ruminer tout ça, mais je ne vois toujours qu'un semblant d'explication. C'est tellement fou... tellement bête que c'est peut-être vrai.

Il fallait revenir à l'idée originale de ce pauvre Abac, à son idée maîtresse, qui le tenait toujours d'ailleurs, et plus que jamais : un journal pour convaincre le public des dangers réels que présente le racisme, pour convaincre d'abord les plus incrédules, c'est-à-dire les premières victimes désignées... Voilà.

Le délégué-mineur se passa la main sur le front :

— Et là, vous avez échoué dès la première étape, vous n'avez pas pu convaincre les financiers juifs des menaces suspendues sur leur tête ?

— Ils n'y croient toujours pas... lâcha l'écrivain.

— Bien sûr, vous deux, vous vous accrochiez plus que jamais à votre projet ?

— Mais forcément ! et dans l'intérêt même de ceux qui nous refusaient les fonds pour le lancer... Non, c'est comique...

Fernand attendit un peu, puis lâcha tout bas :

— Et c'est alors qu'on vous a présenté Stavisky ?

— M. Alexandre ! corrigea Cherchemidi. C'est au moment du krach de Bayonne, comme tout le monde, que j'ai appris sa véritable identité...

Le délégué commanda cafés et rhum, il sentait qu'il devrait aider Cherchemidi, à partir de maintenant, qu'il faudrait provoquer la confidence.

Paris, calmé, silencieux, s'ensommeillait autour de la rue du Cherche-Midi. *Le Gratin Dauphinois* s'était progressivement vidé. Les deux Cévenols se sentaient seuls, isolés, à l'abri dans l'étroit renfoncement.

— Et... comment s'est faite la présentation ? commença Fernand.

L'invitation de M. Alexandre était parvenue par l'entremise la moins douteuse qui soit, un noble vieillard, ancien diplomate, de longue date l'ami de la famille d'Abel Abac.

M. Alexandre était un financier de génie, dont les réussites dans les domaines les plus divers étonnaient le monde des affaires. Il se penchait à présent sur la presse et l'un des résumés en trois pages du projet (il en circulait deux ou trois dans les rédactions) avait retenu son attention. Ce premier dîner manqua de l'intimité nécessaire à l'examen approfondi du plan : une vingtaine de convives dont une majorité de femmes élégantes et bavardes. Un bref moment de tête-à-tête, dans un calme relatif, suffit à M. Alexandre pour présenter aux deux journalistes son collaborateur, M. Henri Hayotte, pour leur poser quelques questions pertinentes sur le rajeunissement dont la presse avait un besoin urgent, pour les séduire d'un coup, en somme.

— Et rien n'a éveillé votre méfiance ?

— Rien, ma parole d'honneur ! Il dégageait une irrésistible sympathie, et d'ailleurs, maintenant qu'on sait quelles fabuleuses escroqueries il a pu réussir, on doit bien convenir qu'il ne pouvait inspirer la méfiance.

— Évidemment...

— Il parlait intelligemment, il était brillant, il ne décevait pas, au contraire, chaque nouvelle entrevue donnait plus envie d'entrer dans son équipe.

La seconde rencontre fut remise plusieurs fois : conseils d'administration, tournées en province, conférences internationales, M. Alexandre était submergé d'obligations, mais ni plus ni moins que la plupart des chefs d'entreprise.

Le deuxième dîner auquel furent conviés Abac et Cherchemidi se déroula dans un salon particulier. M. Alexandre se fit exposer le détail du nouveau journal. Vers la fin de la soirée, il manda son secrétaire, Gilbert Romagnino, et résuma pour lui le projet, ainsi que les grandes lignes de la discussion qui s'était déroulée en son absence. Abac et Cherchemidi purent entendre un compte rendu magistral, dans le ravissement d'être si parfaitement compris. Là où ils furent quand même estomaqués, c'est quand ils virent, au dernier mot de son exposé, M. Alexandre consulter d'un bref coup d'œil chacun de ses deux collaborateurs, quand ils entendirent ce saisissant dialogue monosyllabique :

A l'adresse d'Hayotte :

— Vingt ?

Hayotte :

— Vingt.

A l'adresse de Romagnino :

— Vingt ?

Romagnino :

— Vingt.

A l'adresse d'Abel Abac et de Cherchemidi :

— D'accord ! vingt millions. Pour commencer.

Les deux journalistes ne dessoûlèrent que le lendemain vers la fin de l'après-midi.

— Et vous avez commencé à toucher ? demanda vivement Fernand.

— Pas la queue d'un !

— Et Abac ?

— Je ne crois pas... Ou alors ce serait à mon insu, je ne sais plus que croire, maintenant...

— Mais vous avez signé ?

— Rien, absolument rien !

— Mais... pourquoi ?

Cherchemidi eut un triste ricanement :

— Une série de circonstances, une suite de hasards bienheureux, le miracle quoi !

M. Alexandre leur avait demandé le secret pour l'instant, il avait ses raisons, qu'il devait taire. Avant de rendre publique leur association, il tenait à faire connaître ses deux brillants journalistes, à les présenter à quelques personnalités, peu nombreuses mais très influentes, dont l'appui compterait beaucoup dans le succès d'une entreprise d'importance nationale, et même internationale, comme leur journal.

Abel Abac et Cherchemidi assistèrent à plusieurs banquets somptueux dont le convive le plus négligeable était au moins conseiller général, où paradaient des députés, des ministres, des procureurs, des commissaires de police...

Fernand Bédel, le délégué-mineur, lâcha :

— C'est donc vrai, tout ce qu'on raconte...

— C'est pire...

Abac et Cherchemidi furent les hôtes de Stavisky, pour la dernière fois, douze jours avant l'explosion du scandale du Crédit Municipal de Bayonne. Au cours du repas, il avait été décidé que les contrats seraient signés avant la fin de l'année 1933, dans une quinzaine environ. Le jour même de la signature, les vingt millions seraient débloqués...

— Vous l'avez échappé belle !

— Pas encore, dit-il, en quittant la table.

Le délégué-mineur l'accompagna sans un mot. Dans la rue, il passa son bras sous celui de l'écrivain, il gravit ainsi, à son côté, l'étroit escalier de service, jusque sous les toits. Il entra derrière lui dans le joli studio mansardé.

— Voilà, reste plus qu'à attendre les flics, conclut Cherchemidi.

Il se laissa aller sur le divan-lit, bras en croix, nez au plafond, yeux fermés.

Fernand le contemplait en secouant la tête.

— Bon ! ça suffit comme ça ! tu m'entends, Larguier ?... Allez, ouste ! Commence par te mettre debout, comme un homme ! commanda brutalement Fernand.

Cherchemidi s'ébroua. Il ne paraissait pas autrement surpris par le tutoiement, ni par le changement de ton. Il obéit, mais pas vite...

— D'abord on ne s'avachit pas, on n'attend pas les flics quand on est de Clerguemort, *trun dé Diu !*

— D'abord, à toi, qu'est-ce que ça peut te foutre, tout ça, hein ? bredouilla l'écrivain.

— Je ne suis pas seul en cause, il y a tous les mineurs de La Vernasse. Je sais que ça peut paraître idiot, vu de votre grande capitale, mais cette poignée de mineurs, ça compte salement, tu finiras par t'en apercevoir, mon brave !

— Et alors, tes mineurs ?...

— Quoi, mes mineurs ? brailla Fernand, furieux comme il lui arrivait rarement, mais mon salaud, pas plus tard que tout à l'heure, et pas plus loin qu'ici, tu t'es engagé à faire des choses pour eux, et tu les feras, moi, je te le garantis !

Cherchemidi, sans un mot, se dirigea vers le cabinet de toilette. Il se passa la tête sous l'eau. Il revint avec une bouteille de calvados et deux verres. Ils burent :

— Alors, qu'est-ce que je peux faire ? demanda l'écrivain au délégué-mineur.

— Tout dire !

— Tout ?

— Tout. Pas plus, mais pas moins. Et publiquement !

— Comment ça ?

— Il me semble que tu es plutôt bien placé : un écrivain ! un journaliste !

Cherchemidi réfléchissait à toute vitesse, par moments, il grognait : « Évidemment... » Il n'avait pas encore envisagé le problème sous cet angle...

— Mais les flics ? Ils vont me mettre le grappin dessus...

Fernand fit un geste d'indifférence. De toute façon, d'après lui, les flics sauraient. La position de l'écrivain serait tellement plus forte s'il avait parlé avant qu'on l'interroge. Il ne s'agissait pas, naturellement, de jouer les accusateurs, de faire comme les autres : les plus compromis qui crient le plus fort, « les voleurs crient au voleur ! »

— Mais alors, comment ?

— Dire ce qui est, ni plus, ni moins, c'est le plus difficile sans doute. Sans rien cacher, sans rien exagérer... Montrer Stavisky comme tu l'as connu, pas besoin de le noircir, sinon on ne comprendrait plus que vous ayez marché, Abac et toi... Tout raconter comme tu me l'as raconté, exactement, il n'y a pas autre chose à faire...

— Tu crois ?

— J'en suis sûr. Tu verras, il y a au moins un homme qui sera content que tu aies fait ça !

— Qui ? Toi ?

— Non, toi ! Moi aussi, bien sûr.

L'écrivain et le délégué-mineur se regardèrent affectueusement.

— Je viendrai vous prendre ici, à l'heure prévue, après-demain, pour aller voir ces types de la Bourse, dit Fernand sur le pas de la porte, la casquette à la main.

— Si ma rue ne m'a pas étripé !

— Écoutez ! répondit Fernand, si vos boutiquiers de Paris vous rendent la vie impossible — ils en sont bien capables ! — vous viendrez passer quelque temps à La Vernasse ; là-bas, on vous respectera, je vous le garantis !

Après le départ du délégué-mineur, Cherchemidi revint s'installer à sa table de travail. Il déchira les feuillets de son billet parisien sur le Trocadéro condamné. Il décrocha le téléphone et appela le directeur du journal :

— ... Pour le billet parisien, c'est fini, voilà !

— Écoutez, mon vieux ! nous n'allons pas remettre ça ! Vous êtes fait pour écrire ce genre de truc et pas autre chose, c'est tout !

— Allô, patron ! Écoutez ce que j'ai à vous proposer à la place !

— Allez-y, j'écoute.

— Une exclusivité sensationnelle. Une série d'articles intitulés... par exemple... « Quand je dînais à la table de Stavisky », par Cherchemidi, « révélations exclusives... »

— Qu'est-ce que c'est que cette histoire, vous connaissiez Stavisky ? Vous ?

— Et comment ! Lui et ses familiers... J'ai dîné à sa table une dizaine de fois, invité par lui, je me suis entretenu familièrement avec lui, parfois en tête-à-tête. Nous avons fait des projets ensemble... Vous ne dites plus rien ?

— ...

— Écoutez ! J'ai déjà commencé à travailler sur ces articles, si vous n'en voulez pas, je les porte ailleurs !

— Eh ! ne me prenez pas à la gorge ! Vous savez que je n'aime pas ça ! Je ne suis pas un petit garçon. Je veux savoir où je vais. Comment allez-vous vous y prendre ?

— Comme je viens de vous le dire, exactement... (le téléphone dans la main gauche, il griffonnait des notes au dos de la lettre du Jaurès). Ce seraient même les premières lignes du premier article, pas besoin d'aller chercher de midi à quatorze heures (c'est le cas de le dire !). Je le peindrai comme je l'ai vu, sans le noircir, sans l'idéaliser, pas question d'images d'Épinal, ce n'était ni Robert Macaire, ni Mandrin...

— Très bon, ça !

— L'affaire passionne, tout le monde s'interroge sur cet homme que recherchent toutes les polices de France et de Navarre, ceux qui l'ont connu s'en cachent, pourquoi ? Parce qu'ils ont d'autres choses à cacher sans doute. Moi non. On peut fouiller ma vie, mon passé ! J'apporte mon témoignage, c'est tout...

— Mais la police ? Les flics seront furieux...

— Pourquoi ? Je ne cache rien. Je dirai tout. Même s'ils me

passaient à tabac, je ne pourrais en dire plus que ce qu'il y aura dans mes articles, et je le fais avant même qu'on me le demande !

— Et... vous avez des preuves ?

— Des photos pour commencer...

— Des photos !

— Vous en passerez une en première page, en grand, où l'on me voit à la droite de Stavisky, entre sa femme et Mme Victor Margueritte. Vous reconnaîtrez, sur le même rang : Dubarry, le directeur de *La Volonté* (un collègue, mon cher !), Tissier du Crédit municipal de Bayonne et Garat, le député-maire, le substitut du procureur général Cazenavette...

— Bon Dieu ! Comment détenez-vous un tel document ?

— Notre hôte nous en avait fait parvenir plusieurs épreuves à chacun, en souvenir de cette belle soirée !

— Et vous vous étiez laissé photographier !

— Et comment ! On avait même pris des poses ! Ça aussi, mes articles l'expliqueront !

— Ils seront prêts quand ?

— Je passe la nuit dessus, je vous les apporterai demain matin, avec les photos, d'accord ?

— Je n'ai pas encore dit d'accord ! Attention...

— Vous avez peur de quoi ?

— Qu'on vienne foutre le feu à mon canard ! Mais, dites-moi, Cherchemidi, vous, au moins, vous savez ce que vous faites ?

— Oui, maintenant, je le sais.

— Je l'espère, pour vous...

Franck Joszà rêvait de ses parents. Il brûlait de les voir... Il avait fini par s'assoupir, recroquevillé dans son coin-couloir. Durant toute la traversée de la montagne, son compagnon ne lui avait guère adressé la parole. Renfrogné, le Laguerre semblait cuver la discussion qui l'avait, avant le départ, opposé à M. Hur. A Langogne, parmi les voyageurs qui envahirent le couloir, M. Ardailhan reconnut un camarade de régiment. Il se précipita à sa recherche. L'ancien capitaine ne revint qu'une bonne heure après, juste le temps d'expliquer à l'enfant :

— Si tu as besoin de moi, viens me chercher, je me suis installé dans le dernier compartiment, au bout du couloir, par là. Nous nous sommes retrouvés à plusieurs qui avons fait la guerre ensemble, deux qui sont montés à Monistrol-d'Allier, un autre à Saint-Georges-d'Aurac...

Franck Joszà ne se réveilla qu'au moment où le train pénétrait dans la gare d'Austerlitz. Il attrapa sa petite valise et se faufila pour être des premiers à sauter sur le quai. Il aperçut tout de suite Cherchemidi, se précipita dans ses bras :

— Mes parents sont arrivés ?

— Pas encore, un peu de patience ! Et M. Ardailhan ? Je croyais que tu devais venir avec lui ?

Le Laguerre avançait du même pas, bizarrement frappé, avec la même allure qu'une demi-douzaine de messieurs décorés. Il parut se rappeler l'enfant en le voyant avec son oncle :

— Bonjour monsieur Larguier. Alors, vous vous êtes retrouvés, l'oncle et le neveu ? C'est parfait, mission accomplie.

— Je ne sais comment vous remercier, monsieur Ardailhan, j'espère que vous me ferez le plaisir d'accepter mon invitation...

— Mais de rien, mon cher ami ! de rien... Excusez-moi, je suis avec ces messieurs, des camarades anciens combattants... Comme il se trouve que nous allons au même endroit, je vais suivre la colonne, vous me comprenez ? Nous avons beaucoup à faire ensemble... Je suis désolé de vous plaquer si vite, sur un quai de gare, mais vous comprendrez certainement : nous vivons des heures qui...

L'ancien capitaine rejoignit au pas gymnastique ses camarades, dont le groupe s'agglutinait à d'autres groupes semblables qui descendaient des wagons de tête. Certains de ces voyageurs portaient des hampes démontées et des drapeaux roulés dans des fourreaux. Il y avait dans l'air, sous les poutrelles du hall, quelque chose qui différait des arrivées habituelles, comme un demi-ton dans les voix, dans le piétinement, dans la rencontre des voyageurs et de ceux qui étaient venus les attendre.

— Dis-moi, Franck, ça ne te rappelle rien ?

— Euh... peut-être... mais je ne vois pas très bien, qu'est-ce que c'est, tonton ?

— Rien, mon petit.

Ç'aurait été malin de rappeler à cet enfant leur départ de Hambourg, ce dimanche matin du grand rassemblement des Casques d'Acier, au printemps de 1932, la gare envahie par les anciens de 14 que des trains spéciaux amenaient de toute l'Allemagne à l'appel du Führer. On n'en était pas encore là, Dieu merci !

— Et tes études, ça marche ?

— Oui, très bien, mais le lycée commence sans moi...

— Tu rattraperas vite, j'en suis sûr. Mais j'y pense, tu n'as rien pris de chaud depuis hier soir...

L'oncle et le neveu allèrent s'attabler au *Café du Départ*. Cherchemidi entreprit d'avertir Franck qu'il ne pourrait pas s'occuper de lui d'aussi près qu'il l'aurait souhaité ; les événements, l'aide qu'il avait promise à un ami pour une enquête, des démarches... L'écrivain était emprunté devant cet enfant qu'on se renvoyait de ville en mas, de lycée en train, qui semblait n'être à sa place nulle part. Et l'Affaire, que lui en dire, que pourrait-il en comprendre ?

— Ne crois quand même pas que je vais te laisser tomber, tu pourras voir beaucoup de choses passionnantes en attendant l'arrivée de tes parents...

En allant porter ses premiers articles, le matin même, avant de venir à la gare, l'écrivain avait raflé toutes les invitations qui traînaient dans la rédaction, c'étaient, hélas ! de celles sur lesquelles personne ne se jette : Salon des Arts Ménagers, Comédie-Française...

Un jeune couple s'était installé sur les chaises libres, au même guéridon, sans même ce regard d'excuse qui eût été la moindre des courtoisies. De leur part, ce n'était pas de la désinvolture mais de la distraction. Il était évident qu'ils ne voyaient même pas ce qui les entourait, ce n'étaient pourtant pas des amoureux. Ils étaient jeunes, mais n'en avaient pas l'air : des universitaires, venus du Jardin des Plantes peut-être, leur serviette sous le bras. Quand le garçon insista pour prendre la commande, ils tombèrent de haut, visiblement, ils se rendirent compte qu'ils étaient dans un café.

— ... Vraiment, tu veux encore aller traîner tes guêtres à Berlin, l'Italie ne t'a pas suffi... s'indignait la fille.

— Le fascisme allemand est d'une autre couleur, d'une autre... « manière » que l'Italien. Tu te souviens des SS que nous avons aperçus à Venise, près du pont du Rialto ? grands, les yeux vides, le pas raide...

Il ricanait. Il était petit avec des lunettes rondes posées de traviole sur un gros nez.

— Tu veux aller mettre ton nez dessus, fit-elle méchamment, dès que ça pue...

— Parfaitement. Je veux voir ça de plus près. Ils me font tous marrer...

— Qui ?

— Barbusse, Rolland, Gide, Vaillant-Couturier, Aragon, Nizan, toute l'équipe de « Commune », celle de « Marianne » aussi...

— Et pourquoi, ils te font marrer ?

— Parce qu'ils ne sont plus dans le coup ! Depuis près de quinze ans qu'ils travaillent au rapprochement franco-allemand, contre « la sottise nationaliste »...

— Tu ne vas quand même pas me dire que tu vires au nationalisme d'un coup ?

— Ils crient en même temps : « A bas le fascisme ! » et : « Désarmement ! » Ça ne rime à rien. Il faut savoir ce qu'on veut. Désarmer devant Hitler !...

Franck tirait Cherchemidi par la manche :

— Dis, tonton, et le grand oncle ?

— Justin ? Il a suivi ses élèves à Zermatt, pour la saison d'hiver. Peut-être se débrouillera-t-il pour rentrer à temps, alors tu le verras...

Les deux autres continuaient leur discussion :

— ... Lis le tract qu'ils sont venus distribuer aux portes du lycée. C'est clair : la ligne d'Action Française, les Jeunesses Patriotes, la Solidarité française, l'U.N.C., les Croix-de-Feu... en face : la République, tous contre une...

L'oncle et le neveu prirent le métro. Quand ils remontèrent à l'air libre, à Sèvres-Babylone, Franck, ravi, avoua que le trajet lui avait paru trop court.

— Comme c'est joli chez toi ! s'écria l'enfant, dans le studio mansardé.

— Tu vas habiter ici, sur ce lit de camp, en attendant l'arrivée de tes parents. Je vais te préparer un tub...

Ils parlèrent avec fierté des cent et quelques tunnels de la Cévenne, de la fameuse poussière de charbon. Pendant que le gosse faisait sa toilette, le téléphone sonna. C'était le directeur :

— ... Non, rien à dire sur vos articles, mais il y a du nouveau. On a retrouvé Stavisky, avec une balle dans la tête.

— Où l'a-t-on retrouvé ?

— Dans un chalet, près de Chamonix.

— Suicide ?

— Tout le monde le dit et personne n'y croit. Garat, le député-maire de Bayonne, président du conseil d'administration du Crédit municipal est arrêté, Dalimier, le ministre des Colonies, donnerait sa démission au cours du Conseil des ministres qui se tient actuellement. C'est tout pour l'instant. Toujours d'accord pour publier vos révélations ?

— Toujours.

Des bruits d'eau lui parvenaient du cabinet de toilette et le rassuraient inexplicablement.

C'est Fernand Bédel qui les réveilla, le lendemain matin, arrivant à l'heure prévue, le journal à la main.

La veille, Cherchemidi avait consacré tout son temps à Franck. Ils avaient visité Notre-Dame et le zoo de Vincennes. Ils étaient allés au cinéma pour voir un film américain dont on parlait beaucoup : *Scarface*. Ils avaient pris et repris le métro. A la fin, Cherchemidi se laissait guider par son neveu, s'assurant ainsi que Franck pourrait toujours s'en tirer tout seul. Le soir, ils allèrent dans un petit cabaret où des réfugiés d'Allemagne donnaient un spectacle de poèmes et de chansons. L'écrivain retint quelques vers qui lui trottèrent dans la tête toute la nuit, qu'il ruminait encore au réveil :

> ... Là où l'on se tait,
> Là il parlera.
> Et là où règne l'oppression et où l'on parle de destin,
> Là il dira les noms [1].

Ces vers lui étaient nécessaires, ce matin plus que jamais, devant cette première page que le délégué-mineur déployait comme un

1. « Éloge du révolutionnaire », extrait de *La Mère* de Bertolt Brecht et Weisenborn, musique de Hans Eisler, jouée pour la première fois à Berlin en 1932, un an avant l'exil de l'auteur.

drapeau : prendre une décision courageuse est une chose, une autre est d'en voir le résultat noir sur blanc, même quand on s'y est préparé.

Fernand n'en démordait pas, c'était bien la seule solution, pourtant il n'avait cessé de la remettre en question depuis l'autre soir. En fin de compte, le seul tort de M. Larguier, dans toute cette affaire, était la naïveté : il était tombé dans le panneau comme un épargnant de Bayonne. Les rentiers donnaient leurs sous contre des bons du Crédit municipal, sans se douter que leurs économies tombaient dans la poche de l'escroc : Abac et Cherchemidi lui apportaient leur talent avec la même naïveté...

— ... C'est inimaginable à quel point notre peuple est honnête ! C'est même pour ça qu'il est si facile à tromper. Les criminels capitalistes, les marchands de canon, tout ça reste des personnages inventés, comme des images, des caricatures pour faire mieux comprendre. Les ouvriers n'arrivent pas à y croire vraiment, on s'en rend compte quand on fait des meetings, c'est si loin d'eux ! Que des hommes faits comme eux puissent mentir à tout un peuple, faire couler le sang volontairement pour augmenter leurs bénéfices, oh ! ils savent bien qu'il y a quelque chose de vrai au fond de tout ça, mais ça leur paraît nettement exagéré. Ils en sourient un peu, mine de rien, ils trouvent qu'on charrie quand même, ils ne sont pas contre, ça fait partie de « la politique ». Eux, attention ! ils ne marchent quand même pas tout à fait ! On a bien raison de dire : « Pauvres, mais honnêtes... »

— « Pauvres *donc* honnêtes » serait, en somme, plus précis...

— C'est à un point !... Tenez : le Planteur de Caïffa s'est aperçu un soir, en faisant sa caisse après sa tournée, qu'il s'était trompé en rendant la monnaie. Impossible de savoir où. Trois semaines après, une paysanne descendait d'un mas pour lui rendre la différence. Trois semaines après ! Le premier jour, elle s'était réjouie de la bonne aubaine, le deuxième jour, déjà elle était moins contente, quinze jours après, elle n'en dormait plus... Il s'agissait de quinze francs ! Seulement, pardi ! les pauvres bougres en tombent d'autant plus haut. Quand ils s'aperçoivent que c'est vrai, que c'est énorme, qu'on les vole, qu'on les massacre, qu'on les traite comme... comme du bétail... comme rien... Quand ils ne peuvent plus, plus du tout ! ne pas le croire, c'est alors qu'ils deviennent terribles, qu'ils frappent à tort et à travers, qu'on ne peut plus les arrêter ! C'est comme ça que les révolutions éclatent d'un coup, qu'elles font des massacres... Elles ne peuvent pas se faire autrement.

Le téléphone sonna.

— Allô, c'est Cherchemidi ?

— Lui-même, qui est à l'ap...

— Salaud ! Vendu ! Fais ton testament et tes prières, et presse-toi ! C'est un conseil d'ami.

On avait raccroché.

Fernand et Franck observaient Cherchemidi, pâle, muet.

— Bon, il faut y aller, monsieur Bédel, dit l'écrivain après un instant de réflexion, nous ne sommes pas en avance.

Il demanda à son neveu de l'attendre mais de n'ouvrir à personne en son absence : qu'il fasse sa toilette, son lit, qu'il mette de l'ordre, qu'il puise dans les bouquins...

Comme ils sortaient, le téléphone sonna. Cherchemidi rentra pour décrocher le combiné qu'il posa sur la table. Il donna un coup sur la potence pour couper la communication.

— A tout à l'heure, tonton, et ne t'en fais pas...

Cherchemidi lui sourit, ce gosse avait l'air de tout deviner.

L'écrivain était heureux de ne pas sortir seul. Au moment de se montrer dans sa rue, machinalement, il redressa la taille et bomba le torse.

— Hep ! M'sieur Cherchemidi ! cria dans son dos la concierge qui sortait en trombe de sa loge, le journal à la main.

Il fit face quand même.

— Ah ! c'est drôlement bien ce que vous écrivez là, m'sieur Cherchemidi ! J'en étais sûre, moi, que vous étiez un pur ! Quand je pense qu'un flic est venu, y a trois jours, m'interroger sur vous, mine de rien ! ça, c'est des hypocrites...

Le buraliste lui fit un grand geste d'amitié, avec son bras valide, et l'épicier sortit sur le pas de sa porte pour lui crier : « Bravo ! Continuez ! »

— Comment expliquez-vous ça ? demanda l'écrivain abasourdi.

Incompréhensible ! Il avait entrepris ses révélations dans l'ordre chronologique, seul était paru le premier article qui se terminait sur le premier contact avec Stavisky. Les lecteurs ne pouvaient savoir encore si l'écrivain avait été le complice ou la dupe de l'escroc. Le malentendu passait les bornes puisqu'il n'y avait pas, dans les lignes imprimées, une seule notation péjorative ; il n'y était encore question que de l'impression favorable produite par M. Alexandre. En fait de révélations, on en restait sur l'analyse psychologique sommaire d'un personnage envoûtant, rien en somme qui pût alimenter la haine maladive des gens.

— ... Peut-être n'ont-ils pas lu, ils jugent d'après la photo, la place donnée dans le journal, à moins... à moins que l'opinion publique ne se soit retournée, que sa mort — par exemple ! — l'ait rendu d'un coup sympathique... Mon Dieu, mon Dieu ! comment les gens lisent-ils !

— Bah ! il ne faut pas chercher trop loin, marmonna Fernand. Du moment que vous l'écrivez vous-même, que vous l'étalez en long, en large et en travers, que c'est imprimé noir sur blanc, c'est que vous êtes sûr de vous ! En plus, vous traversez votre rue comme à la parade, les épaules comme ça ! ils ont envie d'applaudir, c'est... ça leur vient comme ça...

18

Le Justin du Casquillé

En quelques minutes, Franck Joszà fut transporté sur une planète nouvelle, pour plusieurs jours, mais qui passèrent à une allure telle qu'ils devinrent aussi vite des souvenirs chimériques.

Au moment où il fut ainsi enlevé, le fils de Lilette et Jànos Joszà s'était déjà fait aux habitudes de son oncle, l'écrivain. Tantôt Cherchemidi passait plusieurs heures de suite avec son neveu, tantôt il le laissait tomber tout un après-midi, une fois même une journée entière, sans lui faire apporter de quoi casser la croûte à midi. Franck n'avait rien dit, son oncle ne s'en était pas aperçu, tant il était préoccupé par moments. Mais quand ils sortaient ensemble, c'étaient des moments délicieux, à baguenauder au hasard, à parler librement, d'homme à homme : l'écrivain fréquentait si peu les enfants que pour une réplique sensée, il oubliait que son neveu n'avait pas encore quatorze ans révolus. Franck n'était pas grand pour son âge, mais trapu. C'est par la gravité de son allure, par l'air toujours sévère de sa physionomie, par la tristesse de ses gros yeux bleus et par ce nez trop fort, bourbonien, c'est surtout par ce nez, adulte déjà, qu'il se faisait prendre au sérieux. En venant le retrouver, Cherchemidi disait : « Ce soir, j'emmènerai le petit à Guignol » ; quand ils sortaient du restaurant, il l'emmenait au *catch as catch can.*

Matin ou soir, quand il était livré à lui-même, après le petit ménage du studio, Franck descendait dans la rue. Il explorait les environs systématiquement, suivant l'instinct des pionniers qui poussent des pointes de plus en plus longues dans toutes les directions. Après les deux trottoirs de la rue du Cherche-Midi, et chacune de leurs passionnantes vitrines, il avait découvert le jardin du Luxembourg, puis la Seine, les Invalides, enfin ces rues de derrière les gares et les entrepôts, Vercingétorix, Gergovie, Hippolyte-Maindron, Émile-Richard, Froidevaux qui sont un Paris dont on ne parle jamais. Ce qu'il avait ainsi appris de la ville aurait tenu en peu de mots, pourtant il en avait une connaissance physique, par les cinq sens, inexprimable mais précieuse. Incapable de disserter sur le sujet, il aurait pu, sans beaucoup d'erreurs, trancher : « Ça, c'est — ou ce n'est pas — Paris. » C'était sa façon de connaître dans presque tous les domaines : Franck était un musicien.

Justin, son grand-oncle, l'avait fait avertir que, rentré le matin même de Zermatt, il passerait le prendre vers seize heures, rue du Cherche-Midi. Il n'empêche que l'enfant sursauta quand la porte s'ouvrit : un nègre gigantesque, tout vêtu de blanc, lévite, gants à crispin, guêtres à boutons, casquette à la russe, se tenait au garde-à-vous sur le seuil.

— Monsieur Joszà ? Je suis envoyé par le maître Larguier. Si Monsieur veut bien descendre, la voiture de Monsieur est avancée...

Le nègre dut frayer un passage à « Monsieur Joszà » à travers la foule des gosses et des badauds qui entouraient un monument : la Rolls-Royce du dernier salon, la Phantom-2, 40/50 CV, carrossée en limousine, blanche avec garnitures noires et filets d'or.

Franck ne connaissait guère comme automobile que la Mathis de M. Hur, machine magnifique s'il en fut ! mais la Rolls-Royce ne pouvait même pas se comparer, c'était une merveille d'une autre espèce. Le ronron velouté des six cylindres, la souplesse des ressorts, l'odeur des cuirs, les boiseries d'acajou, passionnaient l'enfant au point qu'il ne jeta pas un seul regard dehors et que, lorsque le carrosse s'arrêta devant le perron d'une demeure entourée d'un parc, Franck eut l'impression d'y être tombé du ciel.

— Alors, péquélon ? Viens vite embrasser le vieil oncle que tu ne connais pas encore !

Un bonhomme rondelet sautillait vers lui.

Justin étreignit son neveu, le tourna, le retourna vers la lumière :

— Laisse-moi te regarder, sacré petit du Casquillé, grommelait-il très ému, alors, tu serais le fils de notre Lilette ? Ce n'est pas possible !...

— Pourquoi ?

— Tu es triste, lâche le maître d'armes.

Franck Joszà regarda son grand-oncle avec affection : une épaisse moustache carrée, de longues rides, un visage d'écorce, un crâne chauve, et, sous les touffes rondes des sourcils, deux petits yeux noirs, un regard vif, étincelant. Par-dessus tout, cet air familier depuis toujours...

— Toi, tu es comme maman, lâcha Franck.

Le bonhomme souleva l'enfant, le lança en l'air, le reçut dans ses bras en hamac, et l'emporta ainsi, au pas de course, sur les marches du perron, travail de force exécuté avec une telle facilité qu'on aurait pu croire à un truc.

— Valetaille ! hurla-t-il en déboulant dans le salon. Il est passé où, ce putain de tailleur ? Nous n'avons pas de temps à perdre, Monsieur mon Petit-neveu et moi !

Le tailleur accourait, suivi de ses deux assistants et d'un grouillot poussant une malle-cabine.

— Eh ! larbins ! Et le goûter de Monsieur mon Neveu, vociférait Justin, faut tout vous dire alors !

Ils se trouvaient dans le grand hall d'une folie dix-huitième dont le gros œuvre datait, en partie, de la Renaissance. La décoration et l'ameublement ne remontaient pas à plus de quelques mois, visiblement : au fond, une grande cheminée en briquettes rouges, devant laquelle se trouvaient un guéridon en palissandre des Indes, des sièges en veau naturel, et un fauteuil réglable recouvert de vache orange. Au centre, sur le sol en briquettes rouges à joints blancs, des meubles modernes en merisier foncé, sauf la table à jeu, en chêne. Le plafond était décoré par la reproduction en relief d'une carte romaine de *mare nostrum*. Une grille d'intérieur, en fer forgé et cabochons de cuivre doré, séparait le coin cheminée du reste. Les panneaux décoratifs étaient des dalles de verre brut, gravé, taillé et incrusté de poissons tropicaux.

— Tu te plais ici, tonton ? ne put s'empêcher de demander Franck, tandis que le tailleur et ses assistants retouchaient l'habit à queue qu'ils venaient de passer sur l'enfant.

— Oh ! j'endure en fermant les yeux et en pensant à autre chose. Il y a bien pire. Il faut que je te fasse visiter le capharnaüm, rien que pour voir si tu as l'estomac bien accroché.

Justin exigea que l'habit de l'enfant fût retouché, fin prêt pour le début de la soirée. Il fit prendre les mesures pour un costume de cheval — « parce que c'est le plus cher, que ça va partout et que c'est finalement le moins tartignolle. A livrer demain en début d'après-midi ! »

Quand l'enfant se fut bourré de crème et de gâteaux, le maître d'armes l'entraîna dans une sarabande à travers les étages et les appartements de la demeure. Riant, chantant et batifolant, ils bondissaient de la chambre Louis XIII (boiseries peintes polychromes, lit garni au passé en laine riche, tapis copié de l'ouskak, cabinet en écaille, ébène et bronze doré, avec horloge automate) à la chambre verre-et-métal (meubles laqués vert d'eau, moulures en loupe d'amboise, corniche rehaussée d'or), de la salle à manger de demain (table en marbre et duralumin, sièges métalliques, dalles de marbre vert antique) au salon de l'époque Ming (revêtements en dalles de lap noir et argent, statue chinoise et paravent japonais), à la salle de bains monumentale (colonnes et encadrement de l'entrée en marbre arabescato, porte en métal doré et verre gravé, plafond avec dessin d'or et verre d'albâtre, sol en dalles de verre argenté mat, et, trônant au mitan de cette banquise, une interminable baignoire ayant la couleur et la forme exactes d'une cosse de haricot grimpant... L'oncle et le neveu sortirent de là, non sans peine, pliés de rire.

— Ah ! les couillons ! conclut le maître d'armes avec jubilation.

Habit, gilet, plastron, cape et gibus, tout fut à l'heure, et « ça ne grimaçait pas trop... » voulut bien reconnaître Justin qui venait de passer l'uniforme de prévôt des hussards, puis, à la cantonade, il beugla :

— Et ma bagnole, alors ?

Le dandy de quatorze ans et le hussard quadragénaire se prirent par le bras, devant la glace de Venise.

— Ce soir, mon petit, tu vas bouffer dans une cantine où même les ministres ne retiennent pas leur table avant d'avoir vérifié leur porte-monnaie...

En se carrant à l'arrière de la Phantom-2 de Rolls-Royce, Franck demanda :

— Mais... cette voiture, elle est à toi ?

— Oh ! c'est beaucoup mieux que ça ! Non seulement je n'ai pas à la payer, mais je ne paie pas non plus l'essence, ni le chauffeur, ni l'entretien ! Je change quand j'en ai assez, pour la reprendre si l'envie m'en revient... Et ça durera tant qu'on aura pas trouvé le moyen de s'asseoir dans cinq ou six automobiles en même temps, de dîner en même temps chez soi, chez le général, chez *Maxim's* et chez l'archevêque, de dormir à la même heure dans son hôtel particulier, dans son chalet de Zermatt, dans sa villa de Cannes et dans son château en Sologne...

Leurs places étaient retenues au dîner dansant, en toilettes 1900, organisé au *Café de Paris* par la Société maternelle « la Pouponnière Nouvelle Étoile des Enfants de France ». Le menu précisait qu'il s'agissait d'une œuvre philanthropique, dont la duchesse douairière d'Uzès était la présidente d'honneur — « un de ses rejetons va pas mal au fleuret, j'en ferai peut-être quelque chose... » — et qui avait pour présidentes fondatrices Mme O. Veil-Picard et Mme Gonse-Boas — « Polo, cricket, hockey sur gazon, tu vois le genre... » —. L'œuvre se donnait pour but, dans le cadre de la protection de la Mère et l'Enfant, l'entretien de « centres de puériculture et d'élevage ». Les dames présentes avaient bien du mérite, elles souffraient le martyre, étranglées, boudinées dans leurs robes à traîne, leurs jupes à froufrou, leurs corsets renforcés et leurs hautes bottines à lacets, mais M. Paul-Boncour se fit remarquer par son aisance mondaine et par sa généreuse crinière immaculée. Mme Yvette Guilbert se produisit au dessert dans son répertoire de chansons célèbres.

Dans le fond de la Rolls-Royce, pendant le retour, ils gardèrent le silence, Franck par nature, Justin, en forçant la sienne, pour respecter la digestion méditative de ce garçon qu'il avait aimé sur-le-champ. Il s'agissait bien du menu des rombières de la pouponnière ! Ce garçon digérait péniblement ce qu'il avait vécu depuis tout à l'heure. La douloureuse assimilation prenait une telle réalité que le maître d'armes voyait presque les images, les propos, les impressions, les sensations descendre et se répandre à l'intérieur de ce neveu qu'il s'était mis à aimer, comme ça... comme un vieux schnock...

Le maître d'hôtel et deux valets de chambre attendaient les ordres, au garde-à-vous, devant la grille d'intérieur à cabochons de cuivre, spectacle qui mit le Justin Larguier du Casquillé dans une rage fulgurante :

— Au lit, tous ! hurla-t-il, au pieu ! *vï-ou !* (Il acheva très bas :) Qu'on nous foute un peu la paix, à la fin...

Quand leur trottinement étouffé se fut éteint, le silence tomba, de toute la hauteur de cette demeure, sur l'homme et l'enfant. Le maître d'armes arracha vivement les pièces de son uniforme de hussard, puis il se laissa tomber, en bannière et en basane, sur le fauteuil réglable qui se mit à hocher son râble vache orange.

— Et merde ! gronda Justin en glissant sur un siège moins perfectionné.

— Où je couche ?

— Où tu veux : tu as vingt-huit possibilités, sans compter les baignoires et le billard !

— On pourrait tirer au sort, fit Franck en prenant place à côté de son oncle.

Ils rirent lentement, de ça, se regardèrent, s'arrêtèrent de rire et ce fut beaucoup mieux.

— Il me tarde de la voir, la Lilette, grognassa Justin comme un qui a des comptes à se faire rendre.

C'était bon, parce qu'ils n'avaient sommeil ni l'un ni l'autre, et parce qu'ils pensaient aux mêmes choses. L'oncie faillit lâcher : « Eh bien ! vas-y, demande ! » mais ce ne fut pas la peine.

— Qu'est-ce que tu es méchant avec les domestiques !

— Vermine... Au début, ça m'a demandé beaucoup d'efforts — quand j'ai compris qu'il leur fallait ça, qu'ils ne vivaient que de ça — maintenant que je les connais bien, ça vient tout seul.

Le silence durait, parce que l'enfant cherchait à énoncer clairement sa question mais, elle pressait trop :

— Mais comment ces ducs, ces... nobles, enfin, tes élèves... comment tu fais pour les... ?

— Écoute bien, mon petit Franck, ça pourra te servir dans la vie. La réponse tient en quatre mots : je suis le meilleur. Enfin, eux, ils le croient toujours. ÇA SUFFIT. Ils ne veulent en tout que ce qu'il y a de meilleur. Les automobiles, les chalets, ils peuvent en posséder plusieurs, en changer, mais pour faire des armes il n'y que moi tout en haut. Comme je ne suis pas à vendre, ils ne peuvent me posséder, alors ils font ce qu'ils peuvent...

— Mais... tu es méchant avec eux aussi ?

— En salle d'armes, oui, toujours. Je peux faire très mal, même avec un fleuret moucheté. Ils font des progrès, et je reste le meilleur, le seul sans doute qu'ils n'aient jamais intimidé.

— Pourquoi ?

Justin réfléchit, non à la réponse, mais à la forme qu'elle devait avoir pour toucher un enfant :

— Dans la vie, mon petit, j'ai commencé par travailler au fond de la mine. Pendant près de dix ans, j'ai arraché du charbon. Eh bien ! pas une seule fois je ne me suis senti supérieur à un seul des mineurs que j'ai connus, pas une seule fois ! A l'opposé, depuis que je manie la lame, je me suis toujours senti supérieur à tous ceux que je rencontrais, toujours, à tous ! Je parle d'homme à homme, attention ! Il ne s'agit pas des qualités d'escrimeur...

— Mais, il reste beaucoup d'escrimeurs en France ?

— 150 000, groupés en 500 sociétés, dont 6 000 pour Paris, qui se répartissent en 197 salles. Tu vois que j'avais le choix pour me trouver un supérieur, sans parler des proches, de ces coteries qui grenouillent autour de chaque tireur. Le fait est là, je te le garantis : les mineurs jamais, les autres toujours ! Ne me demande pas pourquoi, je ne l'ai jamais compris moi-même.

— Pourtant, la mine...

— Sans mes années de mine, ça n'aurait pas aussi bien marché pour moi. Au départ, il y a le don, bien sûr. Seulement, moi, ce n'était pas, comme pour mes élèves, un luxe. Quand on s'est aperçu que j'étais doué, par hasard, pendant mon service militaire, ce... cette petite disposition est devenue tout pour moi. C'était ça ou le charbon. Tu comprends, il fallait qu'elle passe, ma pointe, jusqu'au plastron ! Je me battais toujours comme à pointe nue, pour ma vie ! comme un cadet de Gascogne, comme un pirate. Chaque assaut, c'était l'abordage, il fallait que ça passe...

— Sûr que tu n'as pas dû en rencontrer beaucoup d'aussi acharnés !... Tu dois l'aimer, ton métier... ta vie ?...

— Attends, attends. Ne mélange pas. Il y a d'abord le métier, la vie s'arrange autour, en fonction. Déjà, selon que tu tiens un fleuret ou un sabre, tout change... Oui, Franck, mon métier, je l'aime. Ça, c'est le plus important, le métier, la vie finit toujours par s'arranger de lui !

— Comment, tonton, comment elle s'arrange ?

— Oh ! ça, c'est très compliqué. D'abord c'est long, et puis ça se fait un peu tout seul. Par-ci passe une idée qui aide, on la garde, par-là une qui gêne, on la rejette...

— Mais comment ? Je ne vois pas bien ce que tu veux dire, tonton.

— Tu en demandes trop, Franck. Comment te dire ? Un manchot du bras gauche, il va ranger sa pipe, son tabac, son journal sur sa droite, sa lampe de chevet aussi, toute sa petite vie quoi ! Moi, c'est du pareil au même, dans l'autre sens : avec ma lame au bout, tu vois, j'ai le bras trop long, alors...

Ce disant, il sauta souplement sur la pointe de ses pieds, se fendit dans un seul mouvement dont la beauté fit une seconde un palais de ce hall.

— Oh ! dis, s'écria l'enfant en extase, dis, tonton !... ce don, le Don, comment on fait pour...

— Alors là, c'est le mystère à l'état pur, mon petit... (Le Justin du Casquillé, vraiment, était heureux.) Tout ce qu'on pourrait dire... c'est que certaines races ont plus de dispositions que d'autres, tiens, la nôtre justement ! C'est qu'il en est sorti, à travers les siècles, des bretteurs, de nos vallées à la noix ! Maintenant que j'y pense, pas plus tard qu'il y a un mois, au Prytanée...

— Au quoi ?

— Une école militaire, dans la Sarthe. J'y passe une fois par an, en inspection, parce que je suis aussi commissaire national... Enfin, bref, je tombe sur un nouveau, même pas trois mois de salle, tu aurais vu ça : lignes hautes, basses, en supination, en septime, des feintes, le dégagement, et le contre : un délice ! Je lui demande, bien sûr, son nom, et s'il n'a pas commencé l'escrime avant d'arriver au Prytanée : « Je m'appelle Ardailhan. Oh ! je me suis juste un peu amusé avec des *bouscas*, au village ! » Avec un tel accent que je lui ai vite demandé quel village. Devine un peu !

— Clerguemort, pardi !

— Tu le connais ?

— Tu parles, avec Luc et Gino, c'était mon meilleur copain !

— Mais, Franck, il y a à peine un an que tu es arrivé de Hambourg !

— Oh ! tonton, tu sais, au village...

Le Justin du Casquillé murmurait : « Bien sûr, j'oubliais... » Cependant il observait le visage transfiguré de son neveu, qu'il aimait ce gosse, bon Dieu ! surtout ainsi :

— Dis, Franck, la Flèche, ce n'est pas très loin tu sais ! Ça te ferait plaisir de passer quelques jours avec lui ?

— Tu penses, tonton ! Surtout qu'il n'est même pas descendu au village pour Noël... (L'enfant se rembrunit.) C'est vrai que les vacances sont finies, moi, je prolonge... euh... pour attendre maman...

— D'abord, dans ces écoles militaires, il n'est pas question de vacances, mais de permission. Il s'agit donc d'une décision hiérarchique. Demain matin, je téléphone à son colonel, demain soir ton Lagardère viendra-t-à-toi !

— Chic alors ! Et son père qui se trouve à Paris en ce moment, ça va lui en faire, une surprise !

— Il va être content, papa Ardailhan ! fit le maître d'armes, mais déjà Franck avait entrepris de lui raconter son ami Raoul, leurs aventures de feu, de secret, des choses dont il n'avait jamais parlé à personne.

Comment le grand-oncle prenait-il conscience de ce privilège ? Il n'en laissait rien perdre en tout cas, le fameux maître Larguier : « Diable de moutard, va ! j'arriverai bien à te le faire venir, moi, ce rire des enfants qui n'est pas encore la grimace des grands... »

19

Le nervi

Cherchemidi avait suivi les séances de la Chambre des Députés consacrées à ce que l'on appelait toujours, sans tenir compte de l'extension continuelle et des répercussions quotidiennes, « l'Affaire de Bayonne ». On avait parlé de débats dramatiques, rappelé ceux de Panama, de l'affaire Dreyfus. C'est dans l'espoir de révélations, d'accrochages violents, de coups de théâtre et de coups, que les places s'arrachaient, que les tribunes se remplissaient (bien avant les roulements de tambour annonçant le président) d'un public de corrida, où les femmes formaient la majorité, des mondaines qui étalaient leur élégance pour première de gala, leur morgue et leur impatience, avec une hauteur insupportable, et d'autant plus qu'elles étaient déçues. En dehors de quelques algarades et remous, les débats conservèrent ce qu'une partie de l'opinion appelait la modération qui sied à un Parlement, ce que la partie adverse traduisait par : l'inertie des lâches. Sur le fond, les orateurs des deux bords lançaient des appels curieusement identiques par le sens et la forme, même par le vocabulaire et le ton, à l'« union sacrée des honnêtes gens, d'où toute préoccupation de politique eût été absente ! » à « l'inlassable recherche d'une vérité sans aucune considération de personne ni de famille ! » Tant et si bien qu'un quidam ignorant tout de l'identité, de la couleur et du pedigree de chacun des orateurs se fût aisément persuadé de l'unanimité des députés ; il aurait quand même senti l'ombre et le froid du fantôme qui s'élevait peu à peu de la tribune, montait, s'enflait pour peser sur l'hémicycle, le spectre d'un fastueux financier, prince des courtines et des casinos, mécène des planches et des feuilles, courtisé par les camarillas de la Justice et le l'Ordre. Mais aurait-il pu se douter un instant, sans plus de lumière, que l'esprit du « suicidé » de Chamonix ne pesait pas lourd en comparaison de cette petite formalité finale : le scrutin sur la Commission d'enquête dont le vote eût fait tomber le gouvernement Chautemps. 360 voix contre, 229 pour ; un chuintement parcourut l'hémicycle, de bouche en bouche. Ces deux syllabes : sur-sis.

Les notes souriantes et grotesques n'excèdent pas la normale : le traditionnel discours de remerciements de ce pauvre M. Fernand Bouisson réélu la veille, pour la dixième fois, et sans concurrent, à la présidence de l'Assemblée, à point pour diriger ça. Une nouvelle formule euphémique : « A été empêché de prendre part au vote : M. Garat. » Et le numéro grandiloquent de Bonnaure, député de Paris, s'associant lui-même à la demande de lever sa propre immunité parlementaire...

Paradoxalement, c'est en dehors des murs de la Chambre des Députés que soufflait le drame. On le sentait dès que l'on franchissait le seuil, on le prenait en pleine gueule. Il s'exhalait du moutonnement funèbre des troupes de police, en grand nombre, qui barraient les ponts et les rues, il flottait encore tard dans la nuit, sur le boulevard Saint-Germain désert, sur l'arbre arraché, les réverbères brisés, les bancs renversés parmi les débris de fonte.

Un observateur « dans le coup », tel Cherchemidi, ne laissait perdre aucun de ces grincements, aucune de ces étincelles plus alarmantes que les torrents de rhétorique. Des petits députés obscurs se voyaient contraints, *ex abrupto*, de dire pourquoi ils étaient l'un avocat, l'autre « conseil » de Stavisky. Deux anciens ministres, MM. Dalimier et

Julien Durand se voyaient acculés à mentionner leurs interventions en faveur de ces bons de caisse qui toujours remontaient à la surface. Et le chef du gouvernement, M. Chautemps en personne, était aimablement prié de se souvenir du banquet qu'il avait présidé, en personne, pour fêter l'élection de son ami Bonnaure (que le juge de Bayonne réclamait toute affaire cessante)... L'interpellé rompait aussitôt, haussait le ton pour « s'élever au-dessus de détails misérables, pour porter enfin la discussion sur le plan moral qui, que »...

Ces brefs grincements de l'hémicycle, nourris par les échos de la buvette et des Quatre-Colonnes, finissaient par gronder dans les couloirs. Le jeune député de la Gironde, M. Philippe Hanriot, faisait parade de son intervention pour le début de la prochaine séance, et comment il ressortirait l'affaire des Affréteurs dans laquelle plaidaient quatre députés actuels, et le krach de la banque Sacazan pour qui se démenait M. Raynaldy, l'actuel Garde des Sceaux...

— Saviez-vous que Bonnaure avait introduit Stavisky officiellement dans une conférence internationale ?

— Et Guiboud-Ribaud, saviez-vous qu'il avait à la fois un bureau à « La Volonté » et un autre au ministère des Finances ?

Cherchemidi remontait sa rue : finalement l'impression la plus persistante qu'il conservait de ces deux journées de débats était due à l'intervention d'un député socialiste du Nord, M. Lagrange — voilà qui faisait du bien à se remémorer. Du haut de la tribune de presse, l'orateur était apparu carré d'épaules, carré de tête, *carré* en un mot. Il faut bien dire qu'au milieu d'un pareil potager de citrouilles et de navets, on passe aisément pour un Hercule. *Carré*, le mot revenait encore pour évoquer son discours parmi les autres. Parler d'éloquence semblait déplacé pour ce jeune député qui, à l'occasion de sa première intervention à la tribune, s'était interdit tout effet oratoire, toute recherche de style, de vocabulaire, toute inflexion, prenant le parti de laisser entière liberté aux mots de la langue maternelle pour exprimer les faits tels quels. Sa seule application était de prononcer net et clair. Voilà qui fit sensation, le culot qu'il lui fallait pour n'en faire pas plus !

M. Lagrange retraça de cette manière l'invraisemblable carrière de l'escroc. Chemin faisant, ressortaient à l'évidence les carences et les complaisances, officielles et privées, absolument indispensables à cette fantastique ascension. Qui l'écoutait tirait tout seul ses conclusions, et tous l'écoutaient. Les ténors de la droite le repéraient, celui-là ! les députés socialistes eux-mêmes semblaient découvrir leur camarade Lagrange.

Cherchemidi grimpait sous les toits en fredonnant. Une heureuse formule du jeune député *carré* lui revenait en mémoire, à quelque chose près : « Stavisky avait compris que la seule malédiction, dans notre régime social, c'est celle de la misère. »

Devant sa porte, l'écrivain pêcha dans son gousset la petite clé plate du verrou de sûreté qu'il avait fait poser l'avant-veille et débloqua les deux tours, puis il finit d'ouvrir en sifflotant avec la bonne vieille clé de la serrure ordinaire. D'un doigt machinal sur l'interrupteur, il fit la lumière, et fut pétrifié.

Une corde avec un nœud coulant se balançait doucement. Ses meubles avaient été déplacés ; il n'y avait plus sous la corde, sur le linoléum uni, qu'une caissette longue, posée debout sur le petit côté, en équilibre instable.

La porte se referma sèchement derrière lui. Cherchemidi vit un type de dos qui re-verrouillait à double tour. La porte du cabinet de toilette était entrebâillée, la lumière était allumée à l'intérieur, on y voyait bouger une ombre. La caissette venait de là, il y rangeait habituellement cirages, brosses et chiffons.

— Mon très cher maître, il faut s'attendre, hélas, à voir s'élever notablement le nombre des suicides dans les jours prochains.

C'était un adolescent, la taille bien prise dans un complet soigneusement coupé. Son regard était insoutenable. Parce qu'il était à la fois d'une grande beauté, et paisible, et luisant de vice, le visage était effroyable.

L'inconnu tenait dans sa main droite une arme curieuse, longue et molle, qui pendouillait dans l'ombre, le long de son pantalon.

— On va causer un peu, avant de passer aux choses sérieuses, mon cher maître, fit le jeune homme avec une froide lenteur. Je n'ai pas tous les jours l'occasion d'être reçu par un brillant écrivain.

Son accent méridional était familier, mais il était avili comme celui d'un cousin débauché. Il jeta son arme qui fit, sur le linoléum un bruit redoutable, dans le style du jeune voyou : un choc brutal et flasque à la fois. C'était un gros boudin de tissu, ou de cuir très souple.

— Asseyez-vous, je vous en prie, mon cher maître. Faites comme chez vous.

Le jeune homme agissait avec une assurance qui était presque de l'élégance. Il montrait la tranquillité de quelqu'un qui sait ce qu'il fait, qui ne peut rien redouter quoi qu'il arrive. Il servait deux verres de calvados :

— Je n'ai pas trouvé de rhum, tant pis pour la tradition ! (il disait cela sans rire, sans dramatiser non plus.) Je croyais qu'un écrivain tel que vous avait un autre train de vie. En visitant votre logis, je n'en revenais pas.

Cherchemidi était dans l'irréel. Ces choses-là n'arrivent qu'aux autres... Il ne parvenait pas à avoir peur.

— C'est si simple, expliquait le voyou, l'œuf de Christophe Colomb : il suffisait d'y penser. Un sac de sable fin vous assomme sans laisser de traces. Il suffit de vous suspendre à cette corde : suicide. L'enquête sera vite bâclée.

Inexplicablement, Cherchemidi ne pouvait croire à un danger réel, il en redoutait assez pour garder son calme, cette gouape l'intéressait.

— Ils sont très forts.

L'écrivain faillit demander qui, mais il sentait que, tant qu'il réussirait à garder le silence, il ne se diminuerait pas.

— Vous pouvez bien hausser les épaules, ce sont les plus forts. Ils feront ce qu'ils voudront. Les vrais durs ne sont pas encore entrés dans la danse, pour l'instant, ils sont derrière, ils poussent les autres, les pauvres couillons.

Cherchemidi se contenta de glousser, mais l'autre comprit parfaitement :

— Vous vous dites : « Pas tellement forts puisqu'ils ont peur de mes articles. » Ils n'ont pas peur, ils se méfient, ils ne savent pas ce que vous connaissez et ce que vous ignorez, alors : deux précautions valent mieux qu'une. Ils sont minutieux.

Cherchemidi n'était pas préparé à une telle entrevue, il ignorait tout du langage qui convient à ce genre d'individu, il s'en tenait donc au silence, à l'immobilité. L'autre s'irritait d'une impassibilité où il croyait sentir une ironie sceptique :

— Enfin, quoi ! C'est du sérieux, ça ! (Il montrait le nœud coulant.) « L'écrivain Cherchemidi — Léon Larguier de son vrai nom — a été découvert pendu à son domicile. Compromis dans l'affaire Stavisky, cet homme de lettres s'est donné la mort pour des raisons bien compréhensibles... » Vos lecteurs pourront lire ça...

Cherchemidi regardait l'autre dans les yeux : un garçon intelligent, assez cultivé sans doute, qui, par un concours de circonstances encore mystérieuses, avait trouvé la faille qui lui permettait de se glisser dans l'aventure.

— Ils sont renseignés. Si je vous disais tout ce que je sais de vous, vous seriez bien étonné !

« Étonner... » Ce voyou cherchait à étonner l'écrivain. Il avait dû ressentir de l'orgueil à pénétrer frauduleusement chez quelqu'un de connu. Avoir barre sur des personnages qui vous sont supérieurs est l'un de ces pouvoirs de la crapule qu'un jeune vaurien prise autant que l'argent facile et le risque.

— ... Je pourrais vous parler du mas de votre famille, au-dessus de Clerguemort, de vos parents, de vos amis...

Cherchemidi ne songeait plus au danger : l'attitude de l'autre avait changé, d'abord il avait cherché à faire peur, maintenant, inconsciemment, il voulait intéresser, séduire. Il voulait démontrer qu'il en savait long dans tous les domaines, répétait comme venant de lui des propos entendus qui rendaient, eux, un son authentique et menaçant :

— Si vous croyez que la presse peut leur échapper ! Bien trop important ! Ces jours-ci, les gens se jettent sur les journaux, ils n'ont pas d'autres moyens de savoir. Qui tient la presse tient Paris. Paris, c'est la rue, et la rue, c'est la presse qui la fait.

La sonnerie du téléphone les fit sursauter.

Cherchemidi réagit d'une façon étonnante, comme si l'autre n'existait pas. Il décrocha. Il agit machinalement. S'il avait réfléchi, il n'aurait même pas envisagé d'agir ainsi.

— Allô ?... Lui-même. Bonjour Justin. Le petit va bien ?... Oui, moi, ça va... Bien sûr, garde-le, au contraire, ça me rend service... Qui ? Raoul ? Ah ! le fils du Laguerre...

Là, tout aussi naturellement, Cherchemidi continua en patois, pour dire qu'il avait à peine vu l'ancien capitaine, sur le quai de la gare, qu'il n'avait même pas songé à lui demander son adresse à Paris, qu'il fallait rechercher du côté des Anciens Combattants...

L'écrivain raccrocha, se dirigea vers le cabinet de toilette : il n'y avait personne, l'ombre qui bougeait c'était celle du rideau devant la fenêtre ouverte. Il referma, éteignit, revint prendre sa place :

— Alors, nous en étions où ?

— *L'aï cumprès, tun patuès !*

Bizarrement, Cherchemidi n'en fut pas tellement surpris : ce garçon avait quelque chose de familier...

— Et si j'appelais les flics ? fit l'écrivain.

— Mais je vous en prie ! fit le jeune homme en ricanant, et il montra le téléphone d'un geste large.

Bon : les flics et ceux-là marchaient la main dans la main. Il l'avait entendu dire, mais n'était pas arrivé à le croire jusqu'à présent. L'assurance du petit voyou ne s'expliquait pas autrement. Cherchemidi se sentait à son aise, tout à fait maître de la situation. Plusieurs fois, face au danger, son caractère s'était ainsi montré d'une fermeté inattendue.

— Parlons clair, fit-il sèchement. Vous êtes entré par une mansarde inoccupée, vous êtes passé par le toit dont le rebord est assez large pour n'exiger ni vertus acrobatiques ni tellement de courage, vous êtes entré par le cabinet de toilette dont je laisse toujours la fenêtre ouverte, d'accord ?

— Notez qu'il ne faut pas avoir le vertige !

— Vous avez arrangé cette sinistre mise en scène et vous m'avez attendu ? Vous vous êtes donné tout ce mal pour me flanquer la pétoche, exact ?

Soudain, Cherchemidi se sentait très fort, moralement et physiquement. Il aurait pu écraser le voyou. Son assurance devait être éclatante ; c'est, en effet, sur un ton accommodant que l'autre répondit :

— Dans votre intérêt, mon cher maître. Plus bas, il ajouta : il se trouve que je ne vous déteste pas, j'étais curieux de vous voir. Vous ne m'avez pas déçu... Il y en a tellement qui tombent à genoux et qui pleurent...

— Pour ce pauvre théâtre...

— Attention quand même, mon cher maître, vous vous en tirez bien, il faudrait que vous le compreniez. Il aurait pu en venir d'autres, à ma place. C'était ou la correction ou ça.

Insensiblement, le petit voyou lui apparaissait moins hideux, comme si le jeune homme se prenait à un jeu qui n'était ni de son âge ni de son milieu. La naïveté perçait parfois sous ses allures d'apache : les enfants jettent ainsi des mots énormes, par défi, des mots qu'ils savent interdits, mais dont ils ignorent le sens. L'écrivain sentit monter en lui une haine sans merci contre les bandits capables d'entraîner ainsi un garçon.

— Un homme averti en vaut deux ! grognait-il pauvrement.

— Je prendrais peut-être l'avertissement beaucoup plus au sérieux, si j'en comprenais mieux le pourquoi, le comment, les tenants et les aboutissants, dit tranquillement l'écrivain. Si vous ne voulez pas vous être dérangé pour rien, le mieux est de me répondre.

L'autre prit l'air excédé, soupira, puis :

— Des articles, vous en avez encore beaucoup à sortir ?

— Quatre ou cinq. Ils sont déjà écrits et donnés, vous arrivez un peu tard.

— Avec des photos encore, et des nouveaux noms ?

— Plus tellement, hélas ! Pour les noms, je crois bien avoir cité tous ceux dont je me souvenais.

L'inconnu parut soulagé, il se détendit :

— Alors, vous vous en tirerez peut-être.

Cherchemidi se mordit les lèvres, il s'en voulait de n'être plus aussi redoutable que les autres l'imaginaient.

— Oh, mon cher maître, il y a dans cette affaire des personnages autrement puissants que vous, et qui en savent beaucoup plus ! Seulement ils ont un fil à la patte, ils ne sont pas dangereux. Rien de pire qu'un bougre d'honnête homme qui se trouve pris là-dedans, un type qui n'a rien à cacher, celui qu'on n'attendait pas, qui ne joue pas le jeu. Là, il ne reste que deux solutions, ou bien cet ahuri comprend tout de suite, ou bien... couic !

Dès qu'il revenait sur ce terrain, le voyou s'animait : il ne pouvait tout dire, certes, mais il voulait se faire bien comprendre. Il représentait une énorme puissance, un empire occulte, dont la plupart des gens soupçonnaient à peine l'existence. Les lois, les traditions, les morales, rien ne comptait plus...

Il parlait franchement, mais ce n'était pas par franchise. Il se laissait aller par orgueil d'abord, et par conscience professionnelle, si l'on peut dire. Il cherchait à convaincre, il voulait donner du poids à l'avertissement dont il avait été chargé. Enfin, il pouvait étaler des titres et des pouvoirs dont il est déconseillé de se parer dans l'ordinaire. L'occasion était rare, et de choix : devant une personnalité connue. Il dévoilait, à son insu, son intelligence, son mépris pour les principes, la pudibonderie, la médiocrité de la Société. Il reniait tout sans vouloir trier. Il ne reconnaissait pour siens que ceux qui raillaient et flouaient l'État, la Cité, la Famille. Comme il aimait le risque et le jeu, comme il ne craignait ni dieu ni diable, les coquins l'appréciaient. Les hasards d'autres temps eussent fait cet enfant perdu maréchal d'empire ou gentilhomme d'aventure, le temps des maffias n'en faisait qu'un nervi.

Cependant qu'il perçait à jour l'individu, l'écrivain tirait profit d'un tableau de la situation sous une lumière froide qui découvrait des reliefs secrets.

— ... Il n'y a plus de police. En l'appelant, vous alertez ceux qui vous en veulent. L'Affaire de Bayonne n'est qu'un scandale parmi des dizaines d'autres qui n'ont pas encore éclaté, qui n'éclateront sans doute jamais. Les jeux, les courses, les filles, la drogue, la banque, les affaires, les élections... il suffirait de gratter un peu.

— Vous voudriez bien que tout soit pourri à votre image...

— Allons, mon cher maître, n'essayez pas de me faire croire que vous êtes aussi jobard que vos lecteurs ! Vous ne pouvez pas en connaître autant que nous mais quand même... Nous, nous pouvons nous marrer quand nous voyons certain haut personnage couvert d'honneurs, nous qui savons où il prend son plaisir et comment il le paie, nous qui connaissons le dossier qu'il a chez les flics et les dettes qu'il a envers le milieu, nous qui pouvons le faire marcher au doigt et à l'œil, non ! vous imaginez quelle rigolade, entre nous, quand on le voit faire son guignol devant les troupes qui lui présentent les armes, et les enfants des écoles qui lui offrent un bouquet et lui récitent un compliment...

Une jeune ardeur parcourait cette évocation, et la joie d'une liberté sans limites envers et contre tous. Il était beau, beau comme la première flamme sous la pinède en pleine canicule.

Cherchemidi ne put s'empêcher de lui dire :

— Et vous avez un père, une mère, un frère ou une sœur, un pays, une religion...

Le jeune homme lui prit le bras vivement, le fixa de ses yeux brûlants :

— J'ai tout ça, justement ! Un père, raison de plus ! une mère, raison de plus ! un frère, une sœur, un curé, un bled, autant de raisons de plus !

— Et qu'est-ce que vous êtes, vous ?

— Écoutez, dans la vie, il y a d'un côté : les cocus, les pigeons, les poires et les couillons, en face, les autres !

— Et qu'est-ce qu'ils font, les autres ?

— Ils se marrent.

Pour la première fois, Cherchemidi sentit la peur, la vraie, le prendre à la gorge. Ce n'était pas un voyou ordinaire, le vol l'intéressait moins que l'effraction, le pillage moins que le vandalisme, l'agression moins que le désordre, l'argent moins que le sang. Il était doué pour le mal, avec le désintéressement, la pureté qu'il faut pour aller jusqu'au bout, jusqu'au pire.

— Vous prenez enfin la chose au sérieux !

Cherchemidi retombait dans le fantastique, cela tenait tantôt du canular de mauvais goût, tantôt du chantage meurtrier, cela ressemblait tantôt aux enfantillages d'un mauvais sujet jouant les grands voyous, tantôt à l'ambassade d'impitoyables tueurs.

L'écrivain réagit encore impulsivement. Il alla ouvrir la porte et jeta :

— Allez, ouste ! filez avant que je vous écrabouille !

— D'accord, d'accord ! D'ailleurs, j'ai fini, fit le voyou en obtempérant avec une lenteur voulue.

En franchissant le seuil, il se contenta de jeter par-dessus son épaule un *adiusias* menaçant.

Cherchemidi se renferma chez lui, décrocha la corde, remit tout en place, prit le téléphone, appela le service parlementaire du journal et demanda le numéro personnel de M. Lagrange, député socialiste.

Le lendemain matin, Fernand Bédel fit à Cherchemidi une dernière visite, très protocolaire. Il venait le remercier de son précieux concours et lui faire ses adieux.

Les résultats de l'enquête financière étaient loin d'être complets, toutefois l'écrivain et le délégué syndical avaient obtenu quelques chiffres peu connus, des précisions, dont Fernand estimait qu'elles ne seraient pas inutiles dans les grandes batailles syndicales qui allaient s'engager.

Ce travail de recherche n'avait pas été sans profit pour l'écrivain. Il avait ainsi découvert tout un aspect de notre société sur lequel il n'avait jamais eu l'occasion de se pencher. En feuilletant les dossiers, il avait appris, par exemple, les titres du nommé Marcel Champin, personnage d'actualité qui faisait grand bruit, prédisant que « le mécontentement national provoquera un de ces jours une bagarre dont les parlementaires seront les premières victimes » ; proclamant qu'il fallait « se donner un chef capable de constituer un gouvernement d'autorité » ; affirmant : « Nous, Français, nous aimons à être commandés. » Le dit Champin était à la fois : président des Aciéries et Usines de la Sarre, de la société métallurgique de Montbard-Aulnoye, de la société Louvroil et Récquignies, de la société française des carburants ; vice-président de la société anonyme de crédit à l'Industrie, de la Compagnie française des pétroles, de l'Union des consommateurs de produits métallurgiques, de la S.T.E.A.U.A. française ; administrateur des Aciéries de Longwy, de la société Rateau, des Phosphates de Gafsa, de l'Omnium international des pétroles, des Mines de Bor, des Mines d'Ouesta et Mesloua, des charbonnages de Faulquemont… L'écrivain n'était pas arrivé à découvrir si Champin avait des intérêts dans les mines de La Vernasse, dommage !

Cherchemidi hésita un peu avant de confier au mineur l'étrange visite qu'il avait reçue la veille, il craignait de se faire rire au nez. A la dernière minute, sur le seuil, il se décida, mais il fit son récit avec l'humour de celui qui n'y croit guère, qui est le premier à en rire :

— Vous avez tort — à mon avis ! — de le prendre ainsi. Je les crois capables de tout…

— Voyons, monsieur Bédel, c'était un enfant, ou presque...
— Justement. Qu'est-ce que vous comptez faire ?
— Voyons ! je continue la publication de mes articles...
— J'entends bien. Je voulais dire : que comptez-vous faire pour assurer votre protection ? Vous ne pouvez continuer à loger ici !
— Mon cher monsieur Bédel, vous me voyez arriver chez l'un de mes amis, avec une petite valise, et demander : Seriez-vous assez aimable pour me cacher, j'ai peur qu'on vienne m'égorger dans mon lit !
Le délégué ne riait pas.
— Et votre neveu ?
— L'oncle Justin le garde. Vous savez, le maître d'armes.
— Vous permettez ? fit Fernand.
Il tira de sa poche un carnet d'épicier tout froissé, il en détacha soigneusement une double feuille et, s'appuyant au chambranle, il se mit à écrire après avoir mouillé le bout de son crayon avec sa langue.
— Tenez, monsieur Larguier, faites donc quand même votre petite valise, allez à l'adresse indiquée, et remettez ce mot. C'est une famille ouvrière, des camarades qui m'ont hébergé pendant mon séjour dans la capitale, de braves gens. Chez eux, vous ne risquerez plus rien. Personne ne pourra vous atteindre... Il ajouta : « Personne n'en saura rien, même vos amis ! » d'une telle façon que c'est l'écrivain qui se sentit ridicule.
En lui serrant la main une dernière fois, le délégué-mineur insista :
— N'oubliez pas votre promesse de me faire visite la prochaine fois que vous descendrez chez vous à Clerguemort. N'hésitez surtout pas. Peut-être ramènerez-vous vous-même votre neveu, quand il aura vu ses parents ?
Quelque chose le retenait encore sur le seuil, finalement il ajouta, avec une affectueuse habileté :
— Allez donc passer quelques jours chez Brujon. Même si c'est une précaution superflue, vous n'aurez pas perdu votre temps, vous aurez vécu au sein d'une famille typique du prolétariat parisien : le grand-père a été tué sur les barricades de la Commune, le père est un anarcho-syndicaliste très pittoresque... Moi, qui croyais connaître les ouvriers, je n'en revenais pas ! J'en ai appris... Quel sujet de reportage pour un écrivain de votre sensibilité !
L'écrivain, amusé, ne dit ni oui ni non.
Après le départ du délégué-mineur qui prenait le train de l'après-midi, Cherchemidi lut les lignes tracées sur les feuilles du carnet misérable :

M. Brujon Gracchus
97, impasse Compans, Paris XIXe
(Métro : Place-des-Fêtes).

« Cher camarade,
Le porteur de ce mot est un de nos grands amis. C'est une personne très importante, et même précieuse, pour le prolétariat révolutionnaire.

Il doit se cacher quelque temps. Il te dira tout lui-même, s'il pense qu'il doit le faire. De toutes les manières, je compte sur toi pour l'accueillir chez toi, ou, si tu ne peux pas, pour l'envoyer chez d'autres camarades aussi dignes de confiance. Je compte sur toi pour que personne ne puisse toucher un cheveu de sa tête, tu m'as compris !

Fraternellement,

Fernand Bédel
Délégué-mineur
La Guignette
Quartier des Cannibales
à La Vernasse, (Gard). »

Cherchemidi ressentit une bizarre fierté de ce mot de recommandation qu'il rangea dans son sous-main, avec celui du Jaurès, pour sa collection. Il imaginait l'impasse, la famille Brujon, le père, prénommé Gracchus, en l'honneur de qui, au fait ? C'est vrai qu'il serait curieux de passer quelques jours dans l'intimité de ces gens...

Il secoua la tête avec un sourire attendri, puis il s'attaqua au courrier du jour. Il y trouva une lettre de sa sœur. Il dut la relire plusieurs fois avant de croire que ces lignes étaient tombées de la plume de la vaillante Lilette du Casquillé :

« Mon cher frère,

Cette lettre va vous décevoir un peu, tous. C'est bien de ma faute, je l'avoue, il fallait que je sois bien légère pour vous annoncer notre visite en ce moment. En effet, le 30 janvier, il y aura un an que le chef du Parti national-socialiste, Adolph Hitler, notre Führer, a été appelé au pouvoir par le président Von Hindenburg. Cet anniversaire sera célébré dans toute l'Allemagne par des manifestations enthousiastes et personne n'est de trop parmi les millions de gens qui ont eu le privilège de vivre ces douze mois. Personne n'aurait le cœur de se dérober aux tâches d'honneur qui lui incombent dans la préparation de cette triomphante commémoration, dont le point culminant sera le discours que doit prononcer notre Führer devant le Reichstag.

Dans ces conditions, tu comprendras aisément que mon mari et moi devons remettre notre voyage à une date indéterminée. Il faut marquer ici combien les fluctuations de la politique française freinent des accords qui seraient si fructueux pour nos deux peuples : les concerts du Cycle Brahms, prévus dans le cadre des échanges culturels, ne sauraient être fixés tant qu'on ne montrera pas plus de bonne volonté du côté français.

Laisse-moi te dire combien nous savourons le grand calme politique et social que nous a apporté le nouveau régime, quand nous lisons les nouvelles de France. Notre presse, en effet, tient le peuple allemand informé jusque dans les moindres détails des scandales incroyables qui déshonorent les plus hautes personnalités de la

République française. Ce n'est plus ici qu'on découvrira des choses pareilles ! Je souhaite que tu renvoies au plus tôt notre petit Franck dans ses montagnes, afin de le mettre à l'abri des bassesses et des brutalités de la populace parisienne, quoique de tels spectacles, si barbares qu'ils soient, ne puissent que l'éclairer sur les effets réels des démocraties bourgeoises. Tout malheur a ses bons côtés, puisque nombre de Français, désespérés par l'avilissement républicain, tournent des regards envieux vers notre Allemagne si vigoureusement redressée par le nouveau régime, comme le remarquait fort à propos l'éditorialiste du *Völkischer Beobachter*, l'organe officiel du Parti. Ils ont de quoi rêver, si leur presse leur donne vraiment à connaître l'œuvre incroyable réalisée par le Führer en moins d'un an : Unité nationale sur tous les plans. Unité politique (un seul parti). Unité du territoire (fusion totale des États séparés, dans le Grand Reich Allemand). Unité sociale (remplacement de tous les syndicats « libres » par le Front du Travail). Une police, une armée... Excuse-moi, cher frère, de ces précisions, mais je me demande parfois si vous êtes exactement informés des formidables transformations qui se succèdent de l'autre côté du Rhin. Il est urgent que vous compreniez que c'est un seul peuple qui marche désormais d'un seul pas, frappant du talon avec résolution.

Me connaissant comme tu me connais, tu m'auras, cette fois, parfaitement comprise. Console mon fils, explique-lui bien les raisons profondes de ma défection, fais mes affections aux nôtres.

Ta sœur *dévingüdo cabro*,

Lilette Josza.
Hambourg, ce 17 janvier 1934. »

La lettre avait mis près d'une quinzaine à parvenir d'Allemagne, les deux mots de patois étaient peut-être la cause de ce retard, il est vrai qu'ils suffisaient à livrer le code : « Devenue chèvre », ça, c'était du Lilette tout pur, elle n'avait pas pu se retenir jusqu'au bout. Triste clé qui rappelait de clairs souvenirs : quand son frère la taquinait, « tu me fais devenir chèvre ! » criait Lilette, il l'entendait encore, mais ça ne le faisait plus rire.

Cherchemidi appela Justin au téléphone pour lui communiquer la nouvelle.

— Tu crois que je dois absolument l'annoncer tout de suite au petit ? demanda le maître d'armes d'une voix rauque. Si tu voyais comme il est heureux en ce moment. Il passe ses journées avec son copain Raoul, qui est arrivé du Prytanée (par parenthèse, on n'a toujours pas trouvé le moyen de mettre la main sur son animal de père, à celui-là !) Si on leur accordait encore une semaine sans rien dire ? Quand je pense à ce qui les attend dans la vie, ces pauvres péquélets... C'est leur meilleur temps, qui sait...

— D'accord, Justin !

Cherchemidi avait une impression analogue. Nous allions sur le printemps, cependant tout sentait la feuille morte, la fleur fanée, la planche pourrie. Il y avait comme une tuberculose du temps.

Pour se changer les idées, il résolut d'aller voir un peu quelle gueule pouvait avoir un fils de communard qui se prénommait Gracchus.

Il prépara une petite valise.

20

Deux enfants dans la ville

Il y eut donc cette semaine, elle fut à nulle autre pareille.

Deux garçons lâchés dans Paris ! et ces garçons ! et dans la ville qu'était ce Paris du début de l'an 1934 !

D'abord, malgré leurs treize-quatorze ans, ils avaient l'air d'adolescents déjà, toutes les portes s'ouvraient, toutes les aventures étaient possibles. Ses traits adultes, son nez, la gravité de ses expressions vieillissaient Franck. Raoul Ardailhan avait la taille et la force d'un garçon de dix-sept ans, il en avait aussi la résolution et l'audace. Le regard noir de ses petits yeux rapprochés dans une tête à fortes mâchoires qui paraissait trop petite au bout de ce grand cou jailli en force de très larges épaules, une raideur dans le maintien aussi, un corps toujours bandé pour la contre-attaque : cet abord faisait qu'on s'adressait à lui comme à un homme. « Il n'y a donc plus d'enfants ! » soupirait le Justin du Casquillé.

Les enfants avaient décidé de s'installer dans les lits jumeaux de la chambre verre-et-métal, parmi les laques vert d'eau. Leur plaisir d'être réunis ne faisait que croître au fil des heures et des jours, le maître d'armes le respectait. Il les entendait rire et parler, dans leurs lits, tard dans la nuit, tôt le matin, mais n'intervenait pas jusqu'à ce que les enfants descendissent d'eux-mêmes. A certains moments, leur complicité, même tacite, devenait si forte que le maître d'armes se retirait avec une discrétion instinctive, il était un peu triste quand les enfants ne le rappelaient pas. Le vieux Justin les maniait avec le doigté frémissant de l'auditeur néophyte pour son premier appareil de T.S.F. Ce rude bretteur en usait pareillement avec sa femme, créature d'une extrême fragilité qu'il aimait comme au premier jour. Il se félicitait de l'avoir laissée à Zermatt, dont le climat lui était favorable : les ébats de ces deux gamins ne raviveraient point ses regrets de la maternité qui lui avait été interdite à jamais par les médecins. Le spectacle déjà surprenait à tout instant le maître Larguier, ne s'était-il pas contenté jusque-là d'imaginer tous les gosses semblables ? Les différences entre Raoul et Franck le stupéfiaient et, plus encore, cette bonne entente qu'elles ne troublaient pas. Pourquoi

Raoul montrait-il si peu d'ardeur à rechercher dans Paris son père, qui s'y trouvait par bonne fortune en même temps que lui, son père qu'il n'avait pas vu depuis quatre mois, alors que Franck ne voyait plus l'heure et le moment de se jeter dans les bras de ses parents ?

Le maître d'armes s'ingéniait à montrer aux enfants les aspects les plus variés de la vie parisienne. Là non plus, les surprises ne manquaient pas. Il ne les avait pas vraiment conduits au XIe Salon des Arts Ménagers : ils passaient par hasard devant le Grand Palais et ne firent halte que parce que les gosses n'imaginaient pas ce que pouvaient être des arts... « ménagers ». Justin les fit entrer par moquerie, persuadé qu'ils en auraient vite plus qu'assez. Il ne revint pas de l'intérêt que ces garçons portaient à la cuisinière électrique « à feu vif », à la « petite cuisinière moderne au gaz avec four, grillade, etc. », à cette nouveauté : le gaufrier ! au chauffage central « en combinaison avec une distribution permanente d'eau chaude », à la cireuse électrique, au balai-aspirateur avec boule de verre à travers laquelle on voit passer la poussière, à des « appareils à froid » ou « armoires à détendeur général », à l'essoreur de salades et au cendrier-étouffoir... Enfin, Justin se rappelait que Raoul n'avait connu que la cheminée de son mas de Canaan et Franck les cuisines à l'allemande.

Les gosses aimèrent beaucoup leur soirée à la Comédie-Française mais ils ne se passionnèrent ni pour la pièce, ni pour les acteurs, ni pour les décors, c'est la salle qu'ils regardèrent.

On refusait du monde pour le *Coriolan* de Shakespeare. Ce drame, écrit depuis plus de trois siècles, narre une action datant du ve siècle avant Jésus-Christ. Il avait été représenté bien souvent sans soulever les passions. Curieusement, l'actualité le transformait soudain en pamphlet virulent. Les manifestants, enroués d'avoir tant crié « A bas les voleurs ! » sur les boulevards, venaient acclamer en Coriolan le chef dont ils rêvaient : un beau général victorieux qui tançait enfin le peuple et les gouvernants :

« —... Vous, les délégués du peuple, vous êtes exactement bons à ne rien faire... Saurez-vous, patriciens et sénateurs, dans votre amour pour Rome et les traditions, les soutenir, s'il le faut, par un grand changement ? »

Applaudissements, cris, bravos, « bis », approbations fanatiques, excitation collective, donnaient aux représentations des allures de meeting. Dans le rôle de Coriolan, M. Alexandre retenait de son mieux les diatribes de Shakespeare (d'après Plutarque). Il devait s'arrêter, attendre le silence après chacune des invectives contre l'ingratitude plébéienne, contre la démagogie, contre le suffrage universel, contre la lâcheté des députés devant la populace des électeurs. Tout le talent du comédien français n'y pouvait rien, il entrait sur scène général à Rome, il en sortait dictateur à Paris.

Raoul et Franck suivirent moins le drame shakespearien que les manifestations du public. Justin leur expliqua qu'on aimait le théâtre à Paris mais pas de cette façon, habituellement, et qu'il n'était pas dans la coutume des spectacles de voir un colonel et un étudiant s'envoyer des marrons comme s'il en pleuvait, les œufs pourris plonger dans les décolletés, une marquise encaisser une paire de baffes et des comédiens de la Maison de Molière se baisser comme des matadors pour renvoyer dans la salle des chapeaux et des godasses. D'un regard, Franck et Raoul se disaient qu'ils avaient de la veine, Paris était formidable en ce moment.

Les deux petits Cévenols ne pouvaient pas comparer un Paris à un autre, pourtant ils sentaient confusément que la ville n'était pas dans son état normal, ils y reniflaient comme une odeur de poudre, ils remarquaient instinctivement tout ce qui n'était pas dans l'ordinaire : la soudaine familiarité des passants, leur irritabilité, leur penchant à se grouper à cinq, à douze, à vingt, pour des riens : une affiche fraîche, un cri, le passage d'un car de policiers, la sortie des journaux... Paris se resserrait. Amis ou ennemis, les Parisiens se sentaient frères.

L'enfant a un instinct pour cela. Il est le premier qui sente venir le divorce. Le pressentiment n'est pas assez clair pour que l'enfant sonne l'alarme mais il est assez fort pour le rendre malade.

La fébrilité de Paris agissait sur les enfants suivant les mêmes sortilèges que la première neige sur les communales.

— Y aura peut-être la guerre, soufflait Raoul plein d'espoir.

— Ou la révolution...

L'affaire de Bayonne qui, cependant, se précisait en tournant autour d'un héros violemment colorié, digne de l'imagerie populaire, demeurait pour Raoul et Franck dans un domaine brumeux qu'ils n'essayaient pas d'explorer. Au début, les cris contre les voleurs leur avaient rappelé des scènes à leur portée : des gens lancés à la poursuite d'un voleur de montre ou les patrons de l'auberge de Peïrebeilhe dont *Le Petit Provençal* publiait les sinistres exploits en feuilleton... Ils déchantèrent quand ils comprirent que les voleurs en question n'allaient de compagnie qu'avec les canailles, les pourris, les vendus, les fripouilles, « la politique » ; ce mot couvrait toutes sortes de jeux, d'histoires qui passionnaient les grandes personnes, les hommes en particulier, mais n'offraient aucun intérêt, aucune sorte de réalité pour les enfants. Leurs parents se débrouillaient sans peine avec ces intrigues à leur goût, dans lesquelles ils trouvaient le moyen d'embringuer le voisin, les généraux, le curé, le maire, les ministres, les mineurs, les sénateurs, le directeur des houillères et le boulanger, pour des épisodes intitulés : grèves, élections, crises, chômage, manifestations et, trop rarement, guerres. Mais la guerre, ce n'était plus de la politique, puisque les enfants recommençaient à comprendre et à se passionner. La politique était du fantastique pour adultes, elle était inconcevable et dénuée d'intérêt pour les autres. Peut-il y avoir vraiment un rapport entre un père grognon, qui se cravate un dimanche matin pour aller voter à la mairie de

Clerguemort, et le changement des ministres, allons donc ! néanmoins ce père y croit, et les ministres aussi, dit-on.

En vérité, les deux garçons s'étaient ouverts à leur insu à quelques questions politiques. Trois mois de Prytanée militaire avaient déposé sur Raoul quelques lambeaux idéologiques. Cela ne ressemblait guère aux discussions de Clerguemort, il s'agissait en fait de quelques idées politiques de Charles Maurras plus ou moins déformées par les aînés du collège. Pour sa part, Franck entretenait quelques jugements sentimentaux, tirés d'expériences personnelles, concernant le racisme, le fascisme, la primauté de la force et le culte du chef unique.

Luc et Noël représentaient, pour Franck et Raoul, deux exceptions, les garçons romantiques ont de ces partis pris. C'est en attendant le sommeil ou en prolongeant le réveil, délicieusement, au fond de leurs lits verre-et-métal, que les rejetons du Casquillé et du Canaan évoquaient leurs souvenirs. C'était durant les étés de 1932 et de 1933, c'était déjà pour eux le bon vieux temps, et les promenades sur le Lozère ronflaient en épopées, les petits faits en hauts faits, chaque personnage ne pouvait plus être que d'une grandeur d'âme ou d'une médiocrité sans nuances, c'était, ou le phénix, ou pétoule. Luc et Noël étaient les preux de cette chanson de geste. Ils n'eussent point paru réels sans leur passion politique, voit-on jamais David sans fronde ou Clovis sans francisque ? Dans la pénombre des laques vert d'eau, surgissaient un Noël-Robespierre, solitaire et taciturne, méditant la Révolution, et un Luc-Kléber, éborgné par les Chouans, général des sans-culottes, deux géants pour tenir haut, l'un l'idéal, l'autre le glaive. Ainsi survivaient en légende des bouts de l'histoire vue par M. Doiren. Franck et Raoul n'avaient pas de souvenirs plus précis des opinions politiques de Luc Roux et de Noël Tarrigues.

— Tu as dû le voir, Luc, à Noël, il était en vacances aussi ? Il est bien au cours complémentaire de La Vernasse ?

— J'ai comme l'impression qu'il ne restera pas au cours complémentaire.

— Et pourquoi ? Ça doit être chouette, maintenant que le père Doiren y est ! Et c'est un bûcheur, le Luc !

— J'ai cru comprendre... Enfin, Raoul, tu sais comment il dit les choses, Luc, il ne les dit pas tout à fait, il te laisse comprendre... Je crois qu'il va plaquer le C.C.

— Pour aller où ?

— A la mine.

— Ça alors ! Et ça l'a pris comment ?

— Mets-toi à sa place : il est le seul de Clerguemort à aller au C.C., il y va tous les jours, par le chemin des mineurs...

— Avec le Riquet, et le Rafaël qui sont de sa classe... je vois, Franck.

— En plus, chez lui, il y a des malades, les vieux, je crois. Il a une sœur et un frère plus jeunes, derrière lui...

— Et un seul mineur dans la maison, le père Roux.

— Sans compter que, pour la paye des mineurs, à ce que j'ai entendu dire, ça ne s'arrange pas bien...

Ils se turent un instant.

— Dans le fond, nous, Raoul, on a quand même de la veine.

— Parle pour toi, Franck. Tu aimes ça, les études ?

— Ben... assez, oui, avoua l'autre avec gêne. Dis Raoul, tu ne changerais quand même pas le Prytanée pour la mine !

— Tout de suite !

— La mine ! la mine ! qu'est-ce que tu y trouves, à la mine, voyons, Raoul !

— Au moins, on se bagarre tout de suite ! On saute dans la vie d'un coup, pan ! à pieds joints, comme un homme, sans attendre d'avoir l'âge.

— C'est salement dur, tu sais, Raoul !

— Dur ! tu ne connais pas le Prytanée ! pas dans le même genre, bien sûr... Au moins, quand tu es mineur, on te fout la paix !

— Ça n'est pas ce qu'ils disent, les mineurs.

— Du moment que tu ramènes une paye à la maison, ton père n'a plus rien à te dire.

Il y eut un moment d'intenses méditations.

— Dis, Raoul, j'aimerais bien savoir comment c'est, ton Prytanée ?

— Bah... Le Prytanée... Le Prytanée, ce n'est rien d'extraordinaire, autant dire un lycée, mais où tous les élèves sont obligés de finir dans l'armée. Alors, tous les pions sont des vachards d'adjudants ; les profs s'en croient comme des officiers, et ainsi de suite, jusqu'au prot' qui est colonel. Tu passes ta vie au garde-à-vous, à balancer des saluts à toutes les sardines qui passent, et il en passe, je t'en réponds ! dans cette saloperie de caserne. Les programmes, c'est du pareil au même que dans ton bahut mais, par-dessus le marché, tu te farcis tout un tas de trucs militaires, de discipline, de manœuvres, d'exercices... Vos colles, c'est du gâteau, nous, c'est la perm' qui saute, et la pelote pour remplacer la sortie, pour t'éviter le refroidissement. Même le curé, qui joue au soldat, en soutane kaki, dolman, calot, c'est ton salut... militaire qui l'intéresse ! Un curé, pour moi, tu te rends compte ! Tu connais mon papé, le chevrier de Clerguemort, j'en ai honte pour lui !

— Pourtant, tu étudies des choses qui te plaisent, lança vite Franck, l'escrime, les armes...

— D'abord, c'est de ça qu'on fait le moins... Raoul reprit songeusement : Et pourtant, Franck, à toi, je peux bien le dire, j'ai découvert au moins une chose chez ces connards... J'ai découvert que j'aimais les armes. Pas seulement le sabre et l'épée, toutes les armes. Je voudrais tirer au fusil, à la mitrailleuse, et au pistolet alors ! de la hanche, sans viser... Je voudrais lancer la grenade, connaître toutes les mines, les canons aussi... C'est drôle, tu ne trouves pas, d'aimer les armes comme ça ?

— Ben, alors, tu es à ta place, Raoul, ça ne peut pas être mieux...

— Mais non ! s'insurgea-t-il, tu n'as rien compris ! J'aime les armes, pas l'armée ! J'aime le sabre, mais les traîneurs de sabre me soulèvent le cœur ! Comment t'expliquer ! J'aime les armes pour les armes. J'aimerais apprendre à me servir de toutes, parfaitement, comme un champion, mais pour moi, pour mon bénéfice, pas pour eux, pas pour leur service !

— En somme, Raoul, tu voudrais te servir des armes mais tu ne voudrais pas qu'elles servent à l'armée...

— Contre, plutôt ! Toi, Franck, tu piges, pas de question ! Essaye donc de faire comprendre ça à ces culottes de peau...

Le sommeil les gagnait invinciblement.

— Alors, Raoul... qu'est-ce que tu vas faire, demanda Franck faiblement.

— Ben... pour l'instant, je vais tout apprendre, les armes blanches, les armes à feu, les offensives, les défensives, à fond... Quand je n'aurai plus rien à apprendre, je me taillerai.

— Et puis, qu'est-ce que tu feras ?

— Sais pas... je verrai... ça dépendra... Mais, en tout cas, je saurai faire quelque chose... et quelque chose... pas rien !

Franck dormait déjà, Raoul n'en était pas loin, il murmura seulement : « Tiens, le fusil-mitrailleur... le modèle 29... sa culasse, tu n'as pas idée, Franck... faut la faire jouer... une fois... pour l'oreille... c'est d'un plaisant... pas croyable... et c'est doux, lisse... à la main... alors, le premier chargeur que tu lâches... »

Il s'endormait.

Le maître d'armes n'espionnait pas à travers le verre-et-métal, il ne pouvait donc saisir le sens profond des regards que l'enfant du Casquillé et l'enfant du Canaan fixaient ensemble sur les bottes du lieutenant de Castries. Le maître Larguier avait cru bon d'amener les enfants à la réception offerte pour le retour de la délégation française au concours hippique de Berlin. C'était la première fois depuis la guerre que des officiers français participaient à ce concours en Allemagne, aussi les avait-on royalement reçus : le général Goering avait donné une soirée en l'honneur des cavaliers de tous les pays ; le général de La Laurencie, commandant de l'École de Saumur, avait été appelé à siéger à la place d'honneur, aux côtés du général von Fritsch, commandant de la Reichswehr...

Des officiers commentaient la confrontation, avec une ironie un peu forcée :

— ... Voilà, les faits sont là. Notre drapeau placé immédiatement à la droite du drapeau allemand...

— De la croix gammée, pouah !

— On y va ou on n'y va pas, mon cher ! Et si vous voulez mon avis, cette croix tire moins l'œil que l'aigle des Hohenzollern, au moins elle n'a flotté ni sur Sedan ni sur Verdun !

— Pas encore !

— Oh ! vous...

— En attendant, c'est notre bon vieux tricolore qui montait au mât...

— Disons : l'emblème national.

C'était un fait, dans la deuxième journée, le capitaine Durand, les lieutenants Bizard et de Castries s'étaient installés aux trois premières places.

— La guerre ne se décidera pas à cheval !

— Et qui sait... ?

Justin précipita le retour, Franck l'avait alarmé par un coup de pâleur subite, l'oncle s'était même demandé si l'enfant n'avait pas été remué d'entendre parler du pays de ses premières années.

— Raoul, tu as vu ces deux Allemands qui parlaient dans le coin du fond, je t'ai fait signe ? demanda Franck, au creux de son lit.

— Oui, un officier et un civil. J'ai entendu dire que c'étaient deux attachés de l'ambassade. Je t'ai vu les écouter, tu comprends l'allemand, toi...

— Et ils ne s'en doutaient pas !

— Qu'est-ce qu'ils racontaient ?

— Ils jouaient.

— A quoi ?

— A un jeu qu'ils venaient d'inventer, une sorte de tennis-barbe.

— Ils comptaient les barbus ?

— Non. Les Juifs.

Franck se retourna nerveusement avant d'ajouter dans un soupir : « Jusque chez nous, tu te rends compte ! »

L'oncle Justin put se procurer trois invitations à une présentation privée des *Misérables*, un film gigantesque tiré par M. Raymond Bernard du roman de Victor Hugo.

Raoul Ardailhan et Franck Joszà furent prodigieusement impressionnés.

Ils purent voir en une seule fois la version intégrale des trois films : *Une tempête sous un crâne, les Thénardier. Liberté, Liberté chérie !...* — plus de 8 000 mètres de pellicule — qui seraient projetés séparément dans les salles, ou peut-être ultérieurement condensés en un film unique, de dimensions normales. L'auteur du film, M. Raymond Bernard, avait déjà fait ses preuves dans *Le Miracle des loups, Le Joueur d'échecs, Tarakanova* et *Les Croix de bois*. Son talent s'était comme exalté, l'enthousiasme l'avait porté au génie pour manier les foules, pour reconstituer les émeutes et les combats de barricades. Les deux garçons de la Cévenne puisèrent là de quoi nourrir longtemps leurs rêves farouches. Le film de M. Bernard leur apportait au meilleur moment les images indispensables pour donner sang et vie à ces vocables abstrus : liberté, peuple, révolte, révolution, démocratie, qui bourdonnaient sans cesse à leurs oreilles, sans leur entrer vraiment dans la tête jusque-là. Le Peuple prit figure humaine pour Raoul et Franck : ce fut la face puissante de Jean Valjean, magistralement interprété par Harry Baur, dont la carrure et la force morale firent avancer les deux garçons dans leur prise de conscience sociale. Ils se pénétrèrent sentimentalement d'une foi déraisonnable, ils furent prêts à accepter ces contradictions que les tribuns se refusent à voir, ainsi, que le Peuple peut exhiber ses laideurs repoussantes sans rien perdre de sa beauté, de sa pureté, qu'il peut montrer ses grimaces haineuses et sournoises, les stigmates de sa déchéance — comme le forçat Valjean — son abrutissement, sa veulerie — comme le sinistre Champ-mathieu — qu'importe ! puisque ce n'est que pour se transfigurer, pour s'illuminer de bonté, de générosité, pour faire rayonner sur le monde la puissance et la sagesse qu'il a su tirer de ses misères et de son avilissement. Le Peuple, être unique, être suprême, était ce forçat au grand cœur. La souffrance du Peuple était Fantine, était Cosette, les soldats du Peuple étaient les ébénistes du Faubourg Saint-Antoine et les étudiants de l'A.B.C., Franck et Raoul enfin, se savaient à l'âge de Gavroche.

Victor Hugo leur ouvrit les yeux. Les funérailles du général Lamarque, la guerre des rues aux accents de *La Marseillaise*, l'attaque des troupes par le faubourg, le sang, la mort sur le pavé, donnèrent des résonances et des profondeurs de romancier visionnaire aux scènes qu'allait leur offrir ce Paris de février 34. Sans *Les Misérables*, Franck et Raoul n'auraient été que des spectateurs curieux mais incompréhensifs devant les scènes qu'ils allaient rencontrer au cours de leurs folles promenades. Ils en seraient restés aux réflexes purement physiques, à la peur, à l'ahurissement ; jamais, par exemple, ils n'auraient précisément remarqué « de vrais visages de malfaiteurs et des bouches ignobles qui disaient : pillons... Phénomène auquel ne sont point étrangères les polices "bien faites"... » si Victor Hugo ne l'avait point remarqué avant eux, s'il n'avait pas créé un type universel de mouchard, et si Charles Vanel n'avait pas aussi parfaitement incarné le policier Javert.

Le gigantesque spectacle avait duré jusqu'à deux heures du matin, les deux garçons parlèrent jusqu'à l'aube. Il ne restait plus au maître d'armes qu'à leur offrir le livre. Le Justin Larguier du Casquillé retrouvait en compagnie de ces gamins de Clerguemort un peu des saveurs oubliées de son enfance, ressouvenances qui le guidaient dans les délicates relations avec un âge intermédiaire : Raoul et Franck n'étaient plus des « petits », ils étaient loin d'être des « grands ». Le fameux maître d'armes en usait à leur endroit avec une attentive discrétion, avec des précautions, des soins dont il n'avait jamais ressenti le besoin avec personne. Par une sorte d'instinct pédagogique, il en venait à penser que certains des jeux nouveaux, des plaisirs rares qu'il se faisait un bonheur de pouvoir offrir à ces gosses, leur seraient meilleurs encore si Raoul et Franck pouvaient en profiter seul à seul. Il eut le pénible courage de s'effacer quand il sentit que c'était mieux. C'est ainsi qu'il mit la voiture à leur disposition : « Banania connaît Paris comme sa poche, il vous conduira où vous voudrez... Je te confie mes deux enfants, tu en réponds sur ta tête, macaque ! »

21

Le peuple et la France

1815-1830, 11 novembre 1918-6 février 1934...

C'est quinze ans après les guerres que les peuples se soulèvent.

Quinze ans, le temps d'une restauration.

« Restauration », restaurer, se restaurer... c'est dit. Il faut quinze années au peuple pour reprendre souffle et forces.

Dans les lendemains d'armistices, les peuples exsangues se retrouvent, s'étirent, se pansent. Ils n'aspirent qu'au repos, au sommeil, à la guérison, à l'apaisement. Ils font peu de bruit : ils geignent, se mouchent, ronronnent et digèrent. Et qu'on n'aille plus leur parler gloire, sacrifices, grands hommes, victoires, trompettes et drapeaux, ils sortent d'en prendre !

Quand on est survivant, le seul fait de vivre est un privilège, la vie retrouve sa douceur, sa pureté originelles. Qu'on nous laisse vivre une bonne fois. Que demande le peuple ? On ne l'y reprendra plus. A bon entendeur, salut !

Quelques années suffisent pour qu'on ne s'étonne plus de vivre en paix. La tranquillité devient monotone. Et cette bonne vie au jour le jour devient de plus en plus dure. On se rend compte qu'être vivant n'est pas le tout, qu'il faut encore gagner sa vie dans ces grands désordres qui suivent les guerres, qui sont naturels au début, mais qui, loin de s'arranger au fil des quinze ans...

1914-1918, quatre années de guerre avaient fait dans le monde 10 millions de tués, 19 millions de blessés, 10 millions de mutilés, 9 millions d'orphelins, 5 millions de veuves ; pour la France seulement, il y avait eu 1 391 000 morts. Un Français sur 27 avait été tué. Un mort toutes les 15 secondes.

Les communistes ajoutaient toujours à ce bilan de quatre années : 50 fortunes de plus de 500 millions de francs, 1 000 de plus de 50 millions, 2 000 de plus de 25 millions... Ils dénonçaient de plus en plus fort « les 200 familles qui sont les profiteurs de la mort », on les écoutait de plus en plus.

La crise, qui s'était abattue sur le monde, à partir de 1929, dépassait de loin toutes les crises cycliques : de 1929 à 1932, la production mondiale était tombée de 40 % et le commerce mondial de 60 %. Il y avait trente millions de chômeurs, leur nombre était en augmentation régulière. La famine régnait aux Indes, en Chine et dans de nombreux pays, cependant que l'on brûlait des montagnes de blé, que l'on chauffait des locomotives à grandes pelletées de café, que l'on arrachait les plants de coton et de vigne, que l'on noyait le bétail... contradiction d'une brutale simplicité, bien faite pour frapper l'esprit des plus humbles, et ça, c'était vrai, on pouvait en avoir les preuves tous les jours. Le 27 janvier 1934, les journaux publiaient de nombreuses photos montrant les fermiers de l'Illinois donnant ici leur lait à leurs cochons, là le répandant sur les chemins. Les petites gens disaient : « Ça sent la guerre », ils eussent été incapables de dire pourquoi, mais ils « la » sentaient vraiment, physiquement, on l'entendait souvent dire dans les bas quartiers.

La France n'avait été ni la première, ni la plus gravement touchée par la crise mondiale : sa production avait brutalement baissé de 35 % en deux ans, de 1930 à 1932, elle était remontée de 20 % au cours de 1933, elle retombait de nouveau. Déjà de grandes voix rassuraient, parlaient de « reprise », de « crise surmontée », ou « en voie de liquidation ». En fait, le sursaut économique n'était que provisoire, ses causes véritables étaient autant de signes annonciateurs du marasme : renouvellement des stocks épuisés, commandes massives en prévision de la hausse des prix, précautions en vue d'une inflation mondiale, enfin et surtout : préparation de la guerre.

Le commerce extérieur restait catastrophique. Il y avait dans le pays 1 200 000 chômeurs complets et 48 % des salariés étaient condamnés au chômage partiel. Le Trésor était en difficulté. Les salaires diminuaient régulièrement. Depuis mai 1932 les différents gouvernements s'en étaient tirés par des expédients au jour le jour, rabiotant un milliard sur les traitements des petits et moyens fonctionnaires, restreignant par des mesures plus ou moins sournoises allocations et secours divers, taxant les denrées de grande consommation, ce qui aboutissait à augmenter insensiblement le coût de la vie, et l'on parlait de réduire les pensions des anciens combattants et victimes de la guerre. Les ouvriers faisaient grève chez Citroën, dans le bâtiment, les services publics et l'industrie, (à plus de 20 000 à Strasbourg). On avait même vu de grandes grèves d'ouvriers agricoles, à Capestang, par exemple. Les paysans pauvres avaient marché sur la ville de Chartres et envahi la préfecture, les fermiers de la Beauce étaient venus manifester à Paris ; les métayers de la région de Marmande avaient tenu meeting sur la place ; un peu partout, les paysans s'opposaient aux saisies, contraignaient les municipalités à démissionner. Dans les villes, artisans et petits commerçants commençaient à s'organiser et à manifester...

Toutes ces colères n'avaient pas le même ton : les grèves ouvrières étaient rouges, les manifestations paysannes ou commerçantes applaudissaient plutôt à droite. Car il y avait déjà deux façons de dire les choses, deux voix, deux tons, deux camps. Tout le monde était mécontent, mais pas de la même manière, pas contre les mêmes. Il y avait les rouges et les bleus. Certes, ils ne se rangeaient pas sous deux uniformes, unis sous deux commandements, tels les deux camps arbitraires baptisés bleus et rouges pendant les grandes manœuvres. On se déchirait chez les rouges, entre communistes et socialistes. On ne s'aimait guère chez les bleus. Toutefois, entre les deux, le fossé était assez profond et, de part et d'autre, il y avait assez de buts et de mots communs pour que deux passants puissent, en s'abordant, comprendre à leurs premières phrases si la discussion était possible.

Les uns s'adressaient au peuple, les autres à la France, il s'agissait pourtant du *peuple* de *France* : dans leurs bouches les deux mots s'opposaient. Tous promettaient la paix et le bonheur mais les uns parlaient de justice et d'égalité, les autres d'ordre et de discipline.

Tous disaient : regardez donc ce qui se passe à l'étranger. Tous se tournaient d'abord vers la Russie : les uns montraient un paradis, les autres l'enfer.

Les premiers appelaient le peuple à défendre la République et la Liberté, ils sonnaient l'alarme au fascisme. Les seconds répondaient que l'Allemagne avait été le pays le plus touché par la guerre et la crise, que sa production était descendue au niveau de 1897, que ses chômeurs étaient légion jusqu'à l'arrivée d'Hitler qui avait, en un an, remis de l'ordre et relevé l'économie ; depuis on n'entendait plus la voisine crier sa détresse. Ils ajoutaient que Mussolini dirigeait depuis douze années son pays, sans crises gouvernementales, sans scandales, que l'Italie n'était pas morte du fascisme, au contraire.

Tout le mal venait, disaient les uns, du système capitaliste et des deux cents familles ; pour les autres, il venait de la démocratie et des parlementaires.

Les uns et les autres criaient : « A bas les voleurs ! » avec la même sincérité, car les uns se sentaient volés par leurs patrons, tandis que les autres se sentaient volés par leurs élus.

Le premier cri des foules qui se lèvent, c'est toujours « Au voleur ! »

L'affaire de Bayonne avait éclaté à point, significative comme un symbole, pour donner chair et vie à toutes les colères vagues. Stavisky était un personnage parfait comme une allégorie ; étranger, fêtard, repris de justice, escroc des pauvres gens, jouissant des hautes protections du régime, tirant les ficelles de marionnettes parlementaires, s'engraissant de la misère publique, cynique et triomphant, créature du régime capitaliste pour les uns, du régime démocratique pour les autres.

Cela dit pour brosser à grands traits, tribuns et chefs des deux camps disposaient d'arguments autrement nuancés. Leurs discours allaient beaucoup plus loin, plus profond, et, malgré tous leurs soins et leurs proclamations, ils n'arrivaient pas à se partager réellement le peuple et la France. Une grande partie des Français ne suivaient l'affaire et la chamaille que distraitement, beaucoup ne parvenaient pas à établir un lien de cause à effet entre le krach de Bayonne et leurs feuilles d'impôts, Stavisky et le nouvel ingénieur spécialiste en rationalisation qui venait d'être affecté à leur puits. L'aviation suffisait à distraire les Français de la politique : on s'était passionné pour le périple atlantique de Lindberg et de sa femme (le couple avait parcouru 47 000 kilomètres sur le même appareil, avec le même moteur). La catastrophe de l'*Émeraude*, un trimoteur qui s'était écrasé en flammes à Corbigny, soulevait une émotion considérable...

La presse régionale n'accordait encore qu'une place réduite à l'Affaire et la commentait avec modération : chaque région avait ses chamailles. Alès et le pays minier se passionnaient pour la polémique dressant le maire contre son ancien secrétaire, M. Adolphe Capelle. On préparait activement le Carnaval, chaque matin, un fait divers tourné à la blague rappelait son existence : aujourd'hui c'est le paysan Tracanet dont les derniers mots avaient été, devant sa ferme en cendres : « Carnaval, c'est Carnaval ! » Hier, c'était Finette, la lavandière de Calquières, qui apportait « un paquet de linge taché du sang de son neveu Carnaval »... Le Casino de la ville annonçait la « super revue — 40 artistes — 50 décors — 500 costumes — 12 girls et des nudistes — intitulée : *Oh ! ma chair !* »

Voici un entrefilet dans lequel perce l'effort un peu naïf pour sourire quand même, qui était celui de beaucoup de Français :

« Malgré la crise, les scandales, le moral est bon, la preuve en est qu'un concours aussi original qu'imprévu, le concours de la plus belle lettre d'amour, vient d'avoir lieu à Paris. La palme a été décernée à Mlle Marcelle Maurette dont nous publions la photo. »

Coiffure en casque, accroche-cœur, cils au tire-ligne, c'était, pour la première page, un joli visage optimiste.

Paris se prenait au sérieux, comme toujours, la province et les villages suivaient de loin. Les mêmes sujets, les mêmes querelles changeaient du tout au tout quand, au sein d'un même parti, ils glissaient de l'organe des tribuns nationaux dans les déclamations des orateurs locaux.

« A l'origine des fortunes capitalistes, n'y a-t-il pas le vol, l'escroquerie, l'emploi de moyens plus ou moins avouables ? *Le Capital naît dégouttant de sang et de boue des pieds à la tête*, écrit Marx... N'avons-nous pas assisté depuis le début de la crise à un véritable pillage des caisses de l'État au profit de banquiers et d'industriels et au détriment des travailleurs qui font toujours les frais des "prodigalités" du prince ? Est-ce que les ministres d'hier ne se sont pas jeté à la tête l'accusation réciproque d'avoir disposé des fonds de l'État, d'avoir trafiqué de leurs fonctions dans l'intérêt des grandes compagnies financières ? L'État bourgeois n'encourage-t-il pas lui-même, très ouvertement, les tendances à la spéculation et l'amoralité par la loterie nationale ? »

Ainsi parlait le secrétaire général du Parti communiste, mais à La Vernasse on se réjouissait, car la fortune n'était pas tombée loin : à Quissac ; le journal publiait la photo prise devant l'épicerie de Mme Merle, les deux familles sur lesquelles venaient de tomber du ciel cinq millions !

« ... Le scandale Stavisky est un des symptômes de la crise profonde qui secoue le monde capitaliste, qui ébranle la France bourgeoise et impérialiste... » disait encore Thorez et il ajoutait : « Il est clair que l'audace des financiers et la corruption des pouvoirs publics croissent en rapport avec l'aggravation de la crise économique, et comme une réplique insolente à la misère de plus en plus grande des travailleurs... »

Rien n'était plus clair pour les travailleurs qui l'écoutaient. C'était un samedi soir, à la Grange-aux-Belles, à Ivry, ou ailleurs. Les gens sortaient contents, d'accord de bout en bout, puis ils se séparaient au débouché de la ruelle, au carrefour des correspondances dans le métro. Quelques couples s'offraient le promenoir du Moulin-Rouge ou le ciné, des garçons se payaient le Bal Bullier, le Moulin de la Galette ou la Salle Wagram, les plus fauchés trouvaient toujours aux alentours de la Bastille un bal musette accueillant, sinon ils descendaient, vers Réaumur, dans la rue Omer-Talon... Ils rencontraient des filles qui leur semblaient un peu en marge de la vie, à peine, ou encore de braves gosses, des cousettes, des ouvrières, solides et libres, des compagnes pour la nuit ou pour la vie. L'amourette ou l'amour se filait au son de l'accordéon qui leur prenait le cœur comme à pleines mains. Certains profitaient d'une gourde derrière une porte cochère et pourtant ils avaient dans la poche *l'Huma* qui poursuivait la grande enquête sur la protection de la femme et de la jeune fille, ils étaient toujours d'accord, eux non plus ne voyaient pas le rapport.

« Quand on pense à ça, songeait Roger, on désespère, c'est à croire que la classe ouvrière est amorphe. Et nous, alors, dans l'imprimerie !... Nous sommes les bourgeois de la classe ouvrière ! » C'était un ouvrier lithographe qui avait fait chou blanc au Balajo, un Catalan de vingt-trois ans qui se demandait tous les matins s'il allait adhérer au parti aujourd'hui, tous les matins depuis six ans.

La même politique, sur le même sujet, composait une tout autre chanson à sept cents kilomètres de la capitale, dans un trou en bas du Lozère.

Cela devenait d'une truculente simplicité.

Pour se montrer à la hauteur des événements, les communistes de La Vernasse avaient fait venir le père Tardénas, le meilleur orateur qu'on pouvait trouver sur plusieurs cantons. C'était un vieux sentimental, pas très grand, pas très beau, mais au verbe sonore, à l'éloquence superbe, un merveilleux bonhomme.

Les réunions étaient très courues, il est vrai qu'on s'y portait la contradiction, et avec violence, entre socialistes et communistes, entre C.G.T. et C.G.T.U. Les adversaires, en effet, venaient quand même, et ils avaient du mérite ! Il y avait foule car c'était un spectacle aussi... « Quelquefois trop violent, pensait Fernand Bédel, entre ouvriers, on ne devrait jamais se chamailler ! On devrait discuter... » Souvent, il en parlait avec le père Tardénas après la réunion, ou avant, de préférence, pour essayer de prévenir la bataille. « Quand on y va à coups de poing, tu comprends, *pamén...* » disait le délégué le plus gentiment possible (le vieil orateur était bougrement susceptible). « Nos arguments sont mauvais, tu vois, on sent la haine ! Tous les nôtres ne pensent qu'une chose : les socialistes sont au service des patrons... »

— Et tu crois qu'ils se trompent tellement ?

Quand un orateur socialiste — le maire de Chambon, par exemple — faisait une réunion, c'était plus dramatique encore : les communistes allaient lui porter la contradiction. D'abord, ils formaient les 80 % de l'auditoire. Fernand avait toutes les peines du monde à faire taire les siens. Il aurait voulu qu'on laisse parler l'orateur, afin qu'il ne puisse pas raconter à ses amis qu'on l'avait empêché de s'exprimer. « L'adversaire, il faut toujours le laisser parler, pour mieux le fouetter après... », leur disait-il avant, « plus il parle, plus il s'enfonce ! » Rien à faire : ils tiraient le père Saccard par les pattes, le descendaient de la tribune, ça finissait toujours ainsi. Ça commençait toujours bien : ils étaient dans la salle, il y avait beaucoup de monde, un camarade était chargé de porter la contradiction, eux l'attendaient. L'orateur adverse, ils le houspillaient un peu pendant qu'il parlait, pas trop fort quand même, quelques cris : *Davalo-lu !* — descends-le ! — Fous-lui un timbre ! Ils disaient encore d'autres choses, n'insistons pas... Bientôt, ils s'approchaient pour lui tirer les pattes. Déjà Fernand était obligé d'intervenir : « Eh ! laisse-le parler ! » Ce faisant il songeait combien c'était important pour ceux qui n'avaient pas compris, pour ces 20 % qui étaient là ; ce n'était pas en insultant leur orateur qu'on arriverait à les... à les... décongestionner.

Les socialistes locaux ne pouvaient pas grand-chose, dès que l'un d'eux murmurait faiblement :

— *Laïsso-lu parla...*

— *Dé qué immerdès, tü ? T'en fouté ün süs lu naz !*

Et d'autres choses encore, qu'on entendait souvent, et souvent « ça y allait »...

Ainsi, l'orateur socialiste parlait, quand il pouvait parler — Fernand et deux ou trois autres faisaient des efforts considérables pour qu'il arrive à conclure mais leurs propres troupes ne les suivaient pas toujours... — Il faut bien dire que les arguments des socialistes étaient difficiles à avaler : à les entendre, c'étaient les communistes qui étaient scissionnistes, puisqu'ils avaient quitté la C.G.T... « D'ailleurs, ce n'est pas sûr qu'on n'ait pas fait une faute en la quittant... songeait Fernand dans le secret de lui-même. Les scissionnistes sont ceux qui s'en vont... l'argument n'est pas facile à détruire ! Heureusement qu'on les voit dans le combat, les communistes, eux défendent les mineurs, pas les autres. Alors, quand même ! c'est plus qu'un argument, ça ! c'est du travail fait tous les jours. Mais c'est difficile : nous serions aussi scissionnistes en quittant la C.G.T. qu'eux l'ont été quand ils ont quitté le parti au Congrès de Tours... »

Enfin le contradicteur montait à la tribune. Il enlevait la veste, et, quand il avait encore trop chaud, il enlevait la chemise, il parlait en petit tricot de peau, et encore il transpirait parce qu'il y allait de plein cœur, l'animal ! Il faisait des fautes de français, il s'exprimait comme il pouvait, mais il y allait, il avait la foi...

Le père Tardénas était trempé quand il descendait de la tribune, ça lui coulait de partout, ses cheveux étaient mouillés, il n'y voyait plus clair. C'était un bon orateur, il était chaud, et il frappait à l'occasion. Il parlait un peu du bon Dieu aussi, du Christ... (Fernand n'approuvait pas...). Le vieux Tardénas s'exclamait :

— Ouais... le Christ a fait le sacrifice de sa vie ! Ouais, il a été crucifié ! (« Presque le curé, ruminait Fernand, on se dirait à l'église... Heureusement, il va y avoir un retour de flammes. ») ... Ils ont trahi les idées du Christ !

— Qui ? faisait le socialiste rigolard, les socialistes ?

— Tout le monde ! Et les patrons devant !... Ils vont faire des prières, et ce sont les plus grands ennemis du Christ ! Ils l'ont trahi quarante fois ! (et il beuglait ça !) C'est pas seulement le Christ qu'ils ont trahi, c'est la classe ouvrière, tous d'accord avec le patronat, tous pour l'exploitation de l'homme par l'homme ! (Il s'épongeait, puis reprenait sur un ton mélodramatique) : Quand vous descendez dans la mine, dans le trou noir, à cinq cents mètres sous la terre...

Des têtes approuvaient avec émotion : « Quel bon orateur, fameux, y a que lui ! c'est qu'il ne vieillit pas, le bougre ! »

— ... Quand vous descendez dans votre enfer... (il ouvrait ses bras, il faisait « le grand type », « le matador », les bras en croix !). Vous arrachez le charbon des entrailles de la terre, et sans le charbon, le pays serait mort !

« Mais c'est que c'est vrai ! » se disaient les mineurs, ravis comme s'ils l'entendaient pour la première fois.

— ... Vous êtes indispensables à la vie de la nation ! vous faites un métier très dur, on doit vous payer en conséquence, et vous avez les moyens de vous défendre...

Quand le père Tardénas attaquait le chapitre des socialistes, Fernand Bédel souffrait vraiment. Le vieil orateur se livrait à des attaques personnelles, il adorait prendre des exemples locaux, il citait des noms, et les mineurs aiment bien les têtes de Turc. Il tonnait contre :

— Les jaunes, les briseurs de grève, les renards : les valets du patronat... (il crachait sombrement le mot, faisait durer le a : les vAlets...)

Fernand finissait par se dire que Tardénas, c'était quand même quelqu'un ! le bonhomme se trompait peut-être parfois, mais il avait la forme, et la force, et quelle foi ! Les camarades qui entraient un peu timorés sortaient bouillants de là-dedans, la tête enflée, ils auraient avalé un type sur le trottoir...

A Paris, ils parlent comme des académiciens !

Cela dit, il y allait quand même un peu fort, le père Tardénas, il les repoussait au lieu de les rapprocher, les camarades socialistes. Plutôt que de les insulter publiquement, il serait tellement mieux de les prendre un par un, en confiance, et de leur demander : « Pourquoi tu fais ça, vieux ?... »

Il faut dire qu'ils sont tellement têtus, les autres ! Rien n'y fait : cette affaire Stavisky, nous en pensons exactement la même chose, on ne s'entend toujours pas quand même !

La découverte du corps de Stavisky avait été suivie d'une série d'événements grands et petits, plus ou moins nettement reliés à l'affaire.

Dans le domaine administratif, les résultats de l'enquête ordonnée par le gouvernement avaient provoqué des sanctions diverses contre les fonctionnaires de la police et de la sûreté générale. M. Xavier Guichard, directeur de la police judiciaire, avait été « admis à faire valoir ses droits à la retraite ». On avait arrêté les nommés Voix et Pigaglio qui avaient aidé l'escroc à prendre la fuite. Le député Bonnaure était inculpé, mais laissé en liberté provisoire. Un député avait demandé que l'immunité fût levée jusqu'à nouvel ordre pour tous les parlementaires, proposition qui accréditait, chez les manifestants quotidiens, le soupçon que chacun des six cents députés avait quelque chose à se reprocher. Une pétition d'avocats exigeait le divorce complet entre le barreau et les affaires publiques. Le Palais était le théâtre de violents incidents, dont une rixe furieuse entre un représentant des jeunes avocats et un avocat-député, Me André Hesse. On faisait de ces découvertes : dans tous les scandales financiers, on trouvait toujours des avocats-députés ; toutes les grandes sociétés choisissaient leurs conseils parmi les parlementaires avocats. Un mot de Franc-Nohain fit le tour des salons : « Quand on est malade, on ne va pas voir un chirurgien député. » Des pétitions de tout acabit surgissaient sans cesse, l'une des dernières demandait que, dans les listes des conseils d'administration, on ne fasse plus suivre les noms de leur grade dans la Légion d'honneur : « ... Les expériences Oustric et Stavisky, après bien d'autres, ont montré le péril que, pour la dignité de l'Ordre, constituaient ces mentions dont il est fait vraiment un peu trop d'abus dans les prospectus à l'usage du public ingénu. » On se boxait aussi au palais Bourbon : dans la salle des Quatre-Colonnes, M. Anatole de Monzie s'était jeté sur M. Philippe Henriot qui l'avait mis en cause, les amis des deux hommes s'en étaient mêlés, une bagarre générale s'ensuivit à l'endroit même où, le lendemain, M. Désiré Ferry et M. Lagrosillière devaient échanger à leur tour force gifles et coups de poing.

Dans la soirée du 27 janvier, les manifestations quotidiennes commencèrent à prendre un caractère d'émeutes. Aux ligueurs d'Action française se joignaient d'autres groupement, telles les Jeunesses patriotes et la Fédération des Contribuables. La police prenait des mesures plus sérieuses : chaque jour, elle procédait à des arrestations préventives, elle faisait enlever les grilles des arbres. Agents casqués, mobiles et gardes municipaux à cheval n'empêchaient pas les manifestations de ravager des terrasses de cafés, de briser des vitrines, d'arracher des bornes. Le soir du 27, les mécontents mirent le feu à un kiosque, ils attaquèrent les pompiers qui accouraient, coupèrent leurs tuyaux, sabotèrent leur matériel, en chantant : « Au feu, les pompiers... ». Le préfet de police chiffrait les manifestants à trente mille.

Le ministère Chautemps démissionna. « Démission remarquable, lisait-on, par ce fait qu'elle a été provoquée non par un vote parlementaire, mais par l'irrésistible poussée de l'opinion publique... »

M. Philippe Henriot avait été l'un des vainqueurs du gouvernement. Il revint à la tribune pour mettre en cause deux nouveaux ministres encore. Le jeune député de la Gironde était l'homme du jour, il donnait au *Théâtre des Ambassadeurs* une conférence mondaine sur « l'Envers du décor parlementaire ». Sa principale victime était M. Raynaldy, le garde des Sceaux, qui dut reconnaître avoir accepté un poste d'administrateur dans l'affaire Sacazan (encore une escroquerie dont les tribunaux s'occupaient). Le ministre de la Justice devait, après quelques jours d'aigre polémique, remettre sa démission.

Rarement crise motiva autant d'allées et venues à l'Élysée. Le président de la République, « ce pauvre M. Lebrun », n'essuyait que des refus. Enfin Daladier vint, et dit oui, le 29 janvier. Le 30, il présentait ses dix-sept ministres et ses huit sous-secrétaires d'État : « Un gouvernement de redressement et d'autorité républicaine », déclara-t-il.

On venait d'arrêter un second « M. Alexandre », si fidèlement homonyme qu'il était aussi escroc, patron aussi d'une société à capitaux fictifs ou détournés : la Banque française de l'Union des fonctionnaires, avec filiales et annexes, autant de pièges à gogos. Cet Alexandre numéro deux — Georges Alexandre — était un ancien fripier devenu financier, digne du premier par le faste et l'allure, par les relations aussi, régnant sur ses conseils d'administration aux personnages décorés.

Me André Hesse, avocat-député, ancien membre du gouvernement, n'avait toujours pas une minute à lui : après son pugilat avec Mᵉ Lhermitte, il provoqua M. Beineix avec lequel il échangea quatre balles sans résultat sur le terrain du Parc des Princes. Cependant, sur le boulevard Saint-Germain et sur le Sébasto, les manifestants variaient le programme. Les grilles en fonte avaient été remplacées par des grilles en fer qui ne se brisaient pas facilement. Elles servaient quand même, pour entraver la circulation, et provoquaient, sous les roues des tramways, des courts-circuits fulgurants.

Le palais Bourbon tournait au ghetto. La rumeur publique, de plus en plus menaçante, en faisait une citadelle assiégée. Les assaillants imaginaient la terreur des parlementaires. Des gloussements satisfaits parcouraient les tourbillons du soir : les six cents voleurs étaient bien dans ce trou, qu'ils y restent ! qu'ils y crèvent ! Ils ont l'habitude, ils vivent entre eux dans cette salle sans fenêtres depuis si longtemps qu'ils ne connaissent plus la lumière du jour ! ils ne savent plus ce qu'est la France, ils ne sortent jamais, n'ont pas confiance dans les journaux, ils ont même oublié Paris, ils ne savent plus de quoi la ville est capable... On se répétait la meilleure phrase de l'éditorial du jour : « ... Ils se croient tout-puissants. Et ils le sont, jusqu'à cet instant — qu'ils ne voient pas approcher — où cette puissance, après qu'ils en ont abusé — par insouciance ou ambition, ou veulerie, ou cupidité — la masse innombrable qui la leur a déléguée, la masse obscure, dédaignée, mais exaspérée, songe à la briser entre leurs mains... »

Le gouvernement Daladier commença par limoger M. Chiappe, le préfet de police, M. Thomé, le directeur de la Sûreté générale et M. Pressard, le procureur de la République. Mesures d'urgence, en effet, mais qui furent prises avec une telle crainte de déplaire, assorties de telles précautions qu'elles ne firent qu'exacerber les mouvements populaires plus ou moins spontanés. On offrit à M. Chiappe le poste de résident général au Maroc, dont il fallut déboulonner M. Poinsot fraîchement nommé ; pour M. Poinsot, on rendit libre une grande ambassade ; pour le titulaire de cette ambassade, on dut rendre libre un autre poste, et ainsi de suite, réactions en chaîne qui sont inévitables quand on n'est pas très sûr de soi, qu'on ne veut surtout froisser personne... M. Pressard fut pourvu d'un siège à la Cour de cassation. Restait ce M. Thomé qu'il fallait bien caser quelque part : on le bombarda, il fallait y penser ! administrateur de la Comédie-Française, fauteuil occupé, il est vrai, par un homme compétent, estimé de tous, M. Émile Fabre qui n'avait pas trempé dans les scandales : qu'à cela ne tienne, on le réveilla d'un coup de téléphone désinvolte pour lui annoncer qu'il était temps de « faire valoir ses droits à la retraite ! » Ce fut un fameux tollé. La Maison de Molière, la Société des auteurs, la Société des gens de lettres et le public s'indignaient, les protestations affluaient de partout. D'autres utilisaient le malheur de M. Fabre contre le gouvernement, insinuant que certains ne pouvaient lui pardonner ce Coriolan si méchant pour les veuleries parlementaires... Le lendemain, M. Fabre apprenait qu'il était « provisoirement maintenu ». Et M. Thomé alors ? Bah ! on lui trouverait un poste de ministre plénipotentiaire.

Voilà où on en était, mais ce n'était encore que babioles.

Le gros morceau, c'était M. Chiappe.

D'abord, le préfet de police démis avait refusé avec hauteur ce trône : résident général au Maroc.

Le préfet de la Seine, M. Édouard Renard, avait donné sa propre démission sur l'heure : « ... Depuis plus de sept ans, mon action a été sans cesse et intimement liée à celle de M. Jean Chiappe. Tous deux, côte à côte et d'un même cœur... » Cette attitude entraîna la démission de trois ministres de Daladier, M. Piétri, ministre des Finances, M. Jean Fabry, ministre de la Guerre et M. Doussain, secrétaire d'État. Les Finances et la Guerre d'un coup, M. Chiappe ne devait plus se sentir seul ! Daladier mouillait sa flanelle. Vite, les deux gros portefeuilles furent refilés à MM. Paul-Boncour et Marchandeau...

C'est dans ces conditions que le gouvernement Daladier devait se présenter devant les députés, le mardi 6 février 1934.

22

La Boîte

Le commandant fit irruption dans la pièce, claqua la porte, se mit au garde-à-vous, et proclama :

— Debout camarades ! notre heure est enfin arrivée.

— C'est le Grand Soir, mon capitaine ! lança joyeusement Gradelle.

— Ce soir ?

— L'heure H, c'est du cent, cent dix minutes maintenant. Réglons nos montres !

Le Laguerre n'y croyait plus. Il n'avait été question que de ça depuis son arrivée dans la capitale, mais on en avait trop parlé. Il se sentait perdu. Il se mit à regretter sa Cévenne, son val de Clerguemort, son mas du Canaan. On ne s'y ennuyait pas tellement, on n'y était pas si méchant avec lui finalement. Là-bas, c'était chez lui, il lui arrivait d'y rester des heures, toute une journée parfois, sans avoir ce qui s'appelle peur, vraiment peur. Il avait bien besoin de venir se fourrer dans ce guêpier !

— Chiappe, vous le connaissez ?

— Et comment, je fais partie de son équipe, et ce n'est pas d'hier... fit le lieutenant Gradelle en montrant le commandant qui réclamait le silence pour rappeler les dernières instructions :

— ... Camarades : nous ne sommes ni les Jeunesses patriotes, ni l'Action française, ni même les Croix de feu. Nous sommes les Anciens Combattants. Nous sommes la gloire et l'honneur de la France, nos armes sont nos drapeaux, nos boucliers nos décorations, nos hymnes *La Marseillaise* et *La Madelon*. Me suis-je bien fait comprendre ?

Il marqua un temps, puis frappa sur la carte murale du centre de Paris :

— Nous devons arriver sur la Concorde à 20 heures. Nos colonnes se formeront comme prévu sur l'emplacement qui nous est réservé ici, en face de la statue de Strasbourg. Nous allons reprendre les formations de chaque détachement aux points de rassemblement désignés, ainsi que les regroupements dans les artères secondaires. Je requiers une attention spéciale de nos camarades qui arrivent de province et que nos quelques reconnaissances de ces derniers jours n'ont qu'insuffisamment familiarisés avec la topographie de ces quartiers de Paris...

Le sang glacé, le Laguerre s'engourdissait sous le coup d'un très ancien émoi dont il avait oublié le goût. Quand le commandant était arrivé, il pensait : cette fois, c'est assez, je prends le prochain train pour Clerguemort ! La pensée lui faisait honte à présent, maintenant qu'il allait enfin s'y retrouver, enfin se retrouver, grandeur nature... La dernière chance que lui offrait la vie, plus d'illusions : la dernière ! D'où venait sa déchéance ? cette mésestime de lui-même dans laquelle il était finalement tombé, quand les autres n'avaient rien de précis à lui reprocher ? A la réflexion, sa vie ne comportait que quatre années. Avant Quatorze, il n'était rien ; après Dix-huit, il était graduellement retourné au néant. Quatre années pareilles devraient suffire au bonheur d'un homme, il en est tant qui vivent vieux, sans trouble et sans remords, et qui n'ont pas autant vécu, en plus d'un demi-siècle, qu'un poilu en un mois de tranchées ! Il n'était, avant, que l'enfant d'un chevrier de la montagne, il était redevenu, après, le jeune retraité du village.

Il devait tout à la guerre : la gloire, les honneurs, l'autorité, le respect. Il lui devait encore d'être ici, aujourd'hui. Les rares qualités qui l'avaient élevé au-dessus des autres sur le front ne servaient donc plus à rien à un civil, dans la paix. Ce soir, il allait prouver au monde ce qu'étaient ces vertus, et que c'était leur mise à la retraite d'office que le régime payait si cher. Il allait enfin le crier, le Laguerre, qu'on ne saurait se passer de ces vertus, ni des hommes vertueux, il irait comme jadis, à la tête de ses camarades.

Le commandant était reparti.

— C'est le moment de s'épingler toutes les bananes, dit Gradelle, vous les avez prises au moins ?

Ils étaient trop nombreux pour les sièges et le canapé, certains s'étaient assis par terre, avec un plaisir démonstratif, leur coffret de médailles entre les jambes. Ils en vinrent à se décorer par couples, l'un l'autre, c'était plus pratique :

— Votre médaille militaire d'abord, disait Gradelle, la croix de guerre, ben ! dites donc ! elle vaut le coup !

— Cinq citations ! Dites-moi, Gradelle, je ne connais pas toutes les vôtres. Celle-là ? demanda le Laguerre qui décorait son camarade.

— La médaille de la police, épinglez-la avec la dorée, celle qui a le ruban tricolore vertical — la médaille de l'Intérieur — mais tout en bas, ce sont des décorations civiles...

Ces bouts de métal et d'étoffe représentaient quand même des heures de souffrances incroyable, des élans de courage, des moments où chacun s'était dépassé dans des temps où les balles tuaient réellement, où les obus broyaient, où les gaz étouffaient, où les baïonnettes éventraient... Qu'est-ce que cela donnait, en fin de compte, ces années de boue, de sang, de danger, de douleurs rassemblées dans cette pièce ? deux ou trois kilos d'un alliage sans valeur marchande, et, d'étoffe, pas de quoi coudre un gilet d'Arlequin ! Cet épinglage mutuel bruissait comme un atelier de couture.

— C'est son dernier jour à celle-là, bientôt, ce sera une plaque d'officier ! fit Gravelle en lui épinglant sa Légion d'honneur.

« Officier de la Légion d'honneur », voilà des années que le Laguerre attendait son dû. C'était un peu pour ça, aussi, qu'il était monté à Paris.

Même en s'agrafant les médailles, les anciens combattants ne se racontaient plus ce que chacune ne cessait de leur rappeler : ils vivaient depuis quelques jours ensemble à Paris, en cantonnement ou presque, ils s'étaient déjà tout dit de ce qui est bon à se dire, ils se trouvaient tous sensiblement sur le même pied de bravoure.

Au retour dans le civil, à Clerguemort, il faut en convenir, les souvenirs du Laguerre avaient quand même servi plus longtemps, puis ils avaient fini par lasser : on a si vite fait le tour des mas d'une vallée ! L'attention s'était relâchée, les sourires avaient commencé, le héros s'était froissé, les autres s'étaient fâchés... L'ancien capitaine s'était retrouvé tout seul, à se confire en gloire. Peu à peu, ils s'étaient rencontrés à quelques-uns qui se comprenaient encore, vétérans de communes voisines qui étaient tombés de haut, comme lui, à toucher le fond de l'ingratitude. Ils avaient uni leurs amertumes, recherché leurs pairs dans le canton, dans les cantons voisins, cela fit une amicale, puis une association. Les repas devinrent banquets, les parlotes conférences, les rencontres prirent de la solennité, se donnèrent de petits airs officiels. Là seulement le Laguerre se redressait, ces réunions lui rendaient un peu du respect, de l'autorité, du prestige d'un capitaine menant sa compagnie au feu. Il finit par consacrer tous ses soins, tout son temps à l'association, et monta rapidement en grade, dans cette hiérarchie médiocre où les promotions vont du secrétaire communal ou cantonal au président départemental...

Les événements récents avaient grandi cette pauvre organisation de vétérans. L'association était tout ce qui restait de l'épopée de Quatorze, mais les anciens combattants, fiers de leurs titres, s'étaient tous naturellement réorganisés suivant une hiérarchie qui rappelait celle du front. Disciplinés, dignement encadrés, ils avaient reconstitué ces forces qui n'étaient plus armées, ou ne l'étaient pas encore, toujours à la disposition de la patrie, prêtes à la servir comme elles l'avaient déjà servie, puissantes réserves, les dernières de la France, qui sait ? la seule grande organisation que la pagaye et la corruption généralisées n'avaient pu miner.

Le Laguerre avait entrepris de communiquer ses illusions magnifiques aux adhérents qu'il fréquentait. Il y était presque toujours parvenu. Vanité pour vanité, ces utopies étaient un peu de miel sur les amertumes. Dans l'ardeur de son prosélytisme, il ne doutait plus de rien, il avait même entrepris le maire de Clerguemort :

— Je sais, Jaurès, tu es communiste (enfin, tu en portes l'étiquette !), et tu ne fous jamais les pieds à nos réunions. Tout ça ne compte guère quand on voit où en est la Patrie ! Tu t'es battu pour elle, Jaurès, et courageusement, tu as beau t'en cacher, on le sait ! tu as été blessé, tu boites...

Le maire de Clerguemort l'avait écouté patiemment, puis l'avait envoyé sur les roses, mais sans rire, à aucun moment.

Les *panards* ne portaient pas chance au Laguerre, puisqu'il essuya un échec, moins logique celui-là, auprès d'un autre boiteux, le père Mourrail, un maître-mineur, lui ! rien à voir avec le maire rouge. Le père d'Emmeline lui avait répondu, d'un air triste et las, qu'il avait vraiment trop de tracas dans sa vie familiale et professionnelle, qu'il se débrouillait si mal pour son propre compte, qu'il serait folie de sa part de vouloir se mêler du règlement des grandes questions nationales.

Il n'en demeurait pas moins que, pour l'ensemble des militants dont il s'occupait dans la région, le capitaine Ardailhan avait si bien communiqué ses vues qu'il avait été reçu à Paris avec la déférence due au représentant de l'un des groupes de province les plus sûrs. Le capitaine s'était senti compris sur le plan national. S'il avait cru surprendre de ces sourires indulgents que l'on réserve aux bonnes volontés puériles, il ne s'y était pas arrêté, le moindre doute à propos des chefs nationaux ne pouvait que l'effleurer tout au plus une seconde.

— Il reste un bon moment encore avant de rallier le point de rendez-vous, dit le gros Marjolin, ancien caporal-clairon au 151e d'Infanterie.

Les médailles étaient en place, par batteries sur les poitrines. Drapeaux et fanions, sortis de fourreaux de protection, se dérouleraient d'un seul mouvement de poignet. Les vétérans attendaient, silencieux, frémissant, ressuscitant sous les moulures de ce grand salon les angoisses d'antan, quand venait la minute de chercher, pour la main et le pied, deux prises dans le mur de boue. Le capitaine les connaissait tous maintenant, les devinait assez pour savoir ce qu'il pourrait tirer de chacun. Il regarda sa montre :

— Cinquante-deux minutes encore. Mieux vaut ne pas se montrer dans les rues à l'avance.

— On pourrait peut-être aller se jeter le der des der à la cantine ?

Ça, c'était Quenu, le sergent des tirailleurs, Ardailhan l'aurait juré. Les camarades avaient installé un mess de campagne dans la lingerie de l'appartement cossu mis à leur disposition.

— Je vous offre un verre, mon capitaine !

Matthieu Ardailhan suivit le lieutenant Gradelle ! Il n'y avait plus de « Laguerre », il faudrait que tout le monde s'y fasse, y compris Clerguemort ! il n'y aurait jamais plus désormais que le capitaine Ardailhan.

— Dites-moi, Gradelle, Chiappe, ce n'était, après tout, que le préfet de police ?

— Oui, mon capitaine, mais c'est beaucoup plus que ça. C'est l'un des puissants de notre époque, une sorte de roi...

— Voyons, Gradelle. La police, un royaume !

— Un Empire, mon capitaine, vous pouvez me croire, j'en suis. Un Empire secret dont la puissance, les pouvoirs sont sans limites. Bien peu de gens s'en doutent, tout se passe dans la nuit...

Le capitaine Ardailhan cachait mal son ébahissement, ce qui poussait le lieutenant Gradelle à détailler ses explications, à donner des preuves, pour convaincre ce paysan du Danube.

— S'en prendre au grand maître de la police, les ballots ! S'attaquer à celui qui détient à lui seul tous les secrets, pas seulement ceux de l'Affaire, tous les mystères de tous les Stavisky du monde, du demi-monde et du milieu ! Le... « suicidé » de Chamonix n'était ni le plus grand ni le pire. Il convenait, c'est tout. Il avait mouillé assez de parlementaires, et juste ceux qu'il fallait, pour s'ajuster à l'opération politique projetée : du travail au millimètre. Ce qu'on apprécie, quand on est de la partie, c'est la perfection dans le finissage. On a débarrassé l'objet de vérités qui n'étaient pas bonnes à dire, (et qui ne devaient pas laisser de traces), et on a mis en valeur les brillants qui sont faits pour plaire aux clients recherchés, un bijou ! solide, inaltérable, et, pas mèche de retrouver l'adresse du fournisseur ou le prix de revient !

— Voyons, voyons, fit Ardailhan qui suivait malaisément, il y aurait, d'après vous, Gradelle, en France, actuellement, plusieurs fripouilles de l'envergure de Stavisky ?

« C'est quand même terrible, l'honnêteté ! » soupira *in petto* le policier. Le scepticisme du brave capitaine l'attendrissait.

— Il y a des dizaines de gens qui vivent à peu près de la même façon que l'escroc de Bayonne, leurs méthodes et leurs champs d'action diffèrent mais pas leur train de vie, pas leur cynisme, pas leur absence de scrupules, pas les coteries qu'ils entraînent. Ils se payent les mêmes complicités, c'est forcé, jouissent des mêmes privilèges. S'ils ne sont pas tous directement acoquinés, ils ne peuvent pas ne pas se connaître et s'aider mutuellement quand l'occasion se présente. Ils sont aux tueurs ce que la poule de luxe est à la pierreuse des Halles. Grands de la pègre, leurs vies se mêlent à celles des Grands de la Politique, de l'industrie, de la Finance, de l'Administration. Ils ne peuvent vivre les uns sans les autres, les flics et les voyous ne le pourraient pas non plus sans s'appuyer les uns sur les autres. La police a un pied, ou un œil, ou les deux, partout. Elle est derrière tout, surtout quand on ne la voit pas...

L'œil rond, le capitaine Ardailhan s'en tirait en jouant les esprits forts : ce n'est pas à lui qu'on ferait croire que même les plus hauts personnages demeurent à la merci de la police ! L'héritier d'une famille illustre, le banquier, les célébrités des arts et des lettres, par exemple...

Gradelle ne manquait pas d'exemples : un descendant authentique des Bourbons avait une sale manie, un gros filateur n'aimait que les louveteaux rouquins, le génie d'un peintre fameux ne revenait qu'à partir de la douzième pipe d'opium : flagrants délits, aveux signés, joli petit dossier, bien rangé, allons ! mon cher Maître, mon cher, ou Excellence, nous n'en reparlerions que si... Il n'y a pas de vertus à l'abri, plus d'incorruptibilité possible : un sachet de cocaïne se glisse si facilement dans une poche, surtout quand on a sous la main les meilleurs pickpockets...

— C'est clair, mon capitaine, qui tient la Boîte tient Paris !

— La Boîte ?

— La police. « La Boîte », ça veut tout dire, quand on en est. S'attaquer au Patron, et de front, ah ! les cons !

— Le gouvernement, tout de même...

— Il fuit déjà de partout, demain il sera par terre, et le régime avec !

— Vous croyez que ça s'enfoncera si facilement...

— Du cousu main ! Une leçon de tactique et de stratégie, mon capitaine, pour la guerre des rues, s'entend ! Les agents où il ne faut pas, et pas là où il faut, les barrages qui s'ouvriront et se refermeront à la minute pile, ça ne peut pas rater ! Sans parler de quelques innovations de détail : rasoirs et roulements sur billes, toujours le finissage... J'aurais voulu en être. Enfin, on m'a affecté ici, nous jouerons les pères nobles. Chacun à son poste. Moi, je me démerde dans tous les milieux, c'est pour ça qu'on m'apprécie...

Le Matthieu Ardailhan était complètement perdu. Après un coup d'œil à sa montre, il donna le signal du rassemblement. Avant le départ, il prit à part ce personnage bizarre, lieutenant de réserve et policier d'active :

— Dites-moi, Gradelle, ce Stavisky, vous avez eu l'occasion de le rencontrer ?

— En juillet 1926, dans le bureau du commissaire. Il avait les menottes, il attendait qu'on l'interroge.

— Et… vous ne l'avez jamais revu ?

— Si, trois ou quatre fois.

— Et vous n'avez pas sauté dessus ?

Le policier regarda l'ancien combattant avec commisération. Enfin ! il en fallait aussi des comme ça pour réussir le coup…

— J'ai pas envie de me faire descendre, moi ! gémit-il. Quand on retrouve un de ces lascars décoré, naturalisé, en train de prendre le thé chez le patron, on se dépêche d'oublier qu'on l'a vu dans le trou !

La compagnie descendit l'escalier monumental. Le capitaine s'aperçut qu'il marchait derrière ses troupes, il n'en pouvait plus.

— Gradelle, fit-il encore, comme ils sortaient au grand air sur le trottoir de la rue d'Astorg, si j'ai bien compris, ce Stavisky, « La Boîte » s'en est servi comme… comme d'un pion ?

— Cette fois, ça y est ! rétorqua le flic hilare. Il s'agit de faire sauter le régime, alors ?

— Il s'agit de redonner une âme à la France, s'exclama le capitaine Ardailhan.

— C'est bien ce que je voulais dire…

Un martèlement de souliers cloutés, des clameurs, des cris, des hurlements emplirent d'un coup le crépuscule glacial. Un peloton de gardiens casqués, détaché des troupes qui couvraient le ministère de l'Intérieur sur ses arrières, remontait à la course, il arrivait de la place des Saussaies et fonçait sur les anciens combattants avec mission de leur arracher leurs bannières et de disperser leur colonne. Le Matthieu Ardailhan ne les voyait même pas, il faisait demi-tour pour remonter là-haut, afin de prendre sa valise, de courir dans le premier train, de rentrer à Clerguemort, de se tirer le plus vite possible des embrouilles de ce complot nauséabond. C'était toute seule, toute simplette, la grande idée qui l'occupait maintenant.

Il reçut un rude coup de bâton sur le crâne. Un beau filet de sang traversa son front, longea l'arête du nez, poussa une courte pointe dans la narine et plongea dans sa bouche.

Le Matthieu du Canaan éternua et fit face. D'un geste et d'un cri splendides, il rassembla ses troupes qui se débandaient. Du fond de l'encoignure où il s'abritait, Gradelle, l'ancien combattant flic, n'en revenait pas. Il apprécia plus encore le paysan-capitaine quand il l'entendit lancer :

> Quand Madelon vient nous servir à boire,
> Sous la tonnelle, on frôle son jupon…

quand il le vit foncer le premier sur les flics, très avant des siens qui faisaient face à leur tour.

« Ce grand couillon de Laguerre allait encore faire des siennes », comme on disait à Clerguemort.

23

L'émeute

Le palais Bourbon grouillait et bouillonnait : parlementaires, chefs de groupes ou de ligues, journalistes, observateurs étrangers, clients électoraux et curieux affluaient. En chemin, ils avaient rencontré, sur la voie publique ou dans le métro, des groupes de manifestants qui se rendaient vers leurs points de rassemblement. Les députés pénétraient dans l'hémicycle en criant et gesticulant ; ils entraient là, déjà plus excités qu'à la sortie d'un débat orageux.

Cherchemidi était arrivé pour l'ouverture de la séance : 15 heures. Il eut beaucoup de peine à se glisser dans la tribune de la presse. Pour apercevoir le président, il devait se tenir sur la pointe des pieds. Deux rédacteurs parlementaires, que l'écrivain connaissait de vue, échangeaient leurs impressions :

— Que fera la police, toute la question est là.

— Bonnefoy-Sibour, qui remplace Chiappe, est un inconnu pour les flics. Il paraît que les agents parisiens seront surveillés par des gardes mobiles...

Derrière les policiers et les soldats qui en assuraient la protection, à l'intérieur de ses murs assiégés, la vie parlementaire traversait des moments singuliers.

Le nouveau président du Conseil avait pris possession de la tribune, les feuillets de sa déclaration ministérielle à la main. Dès ses premiers mots, un tumulte incroyable s'éleva. Droite et gauche s'insultaient à pleins gosiers. Des députés quittaient leurs bancs pour en venir aux mains. « Voleurs ! Francs-maçons ! » répondaient à « Chiappe en prison ! ». Le président Bouisson quitta son fauteuil. Pour la première fois dans les annales parlementaires, une séance fut suspendue pendant la lecture d'une déclaration ministérielle.

Quelques instants après, elle reprenait, le tumulte et les vociférations aussi. M. Daladier recommençait la lecture de ses feuillets, personne ne l'écoutait, il faudrait attendre le *Journal officiel.*

Dix-sept interpellations avaient été déposées. Le président du Conseil fit savoir qu'il n'en acceptait que quatre, pour en finir au plus vite « étant donné l'état d'effervescence de l'opinion publique ». Ce fut un beau concert de huées, depuis le centre et la droite. La confusion devenait inextricable, les communistes entonnaient *L'Internationale*, en face d'eux, on hurlait *La Marseillaise* pour couvrir leurs voix. Finalement, M. Daladier décidait de renvoyer « à la suite » toutes les interpellations, sans discussion. La question de confiance était posée. Il ne restait plus qu'à voter pour ou contre le gouvernement.

Tous les artifices de procédure jouèrent. Il y eut plusieurs tours de scrutin. L'opposition exigea le vote nominal à la tribune, ce qui demande une bonne heure, « mais on se compterait, que chacun prenne ses responsabilités, c'est un scrutin historique ! »

Chacun des tours donna cependant une majorité gouvernementale qui variait entre 300 et 360 voix pour 200 à 220 contre.

Cherchemidi avait depuis longtemps quitté la tribune de la presse pour se rendre dans le jardin de la buvette d'où l'on percevait les premières rumeurs de la manifestation, de l'autre côté de la Seine. La plupart des journalistes montraient la même curiosité. Même les rédacteurs spécialisés, qui se devaient de ne pas rater une algarade, se relayaient entre eux pour venir, de temps en temps, jeter un coup d'œil sur la Concorde, c'est par eux, par les huissiers aussi, que le public de la buvette apprenait le déroulement du débat.

— Henry-Haye a traité Daladier de fasciste.

— Tardieu monte à la tribune, les communistes chantent *L'Internationale.*

Cherchemidi était revenu dans la tribune pour la reprise de la séance, à 18 h 10. Beaucoup de places étaient vides sur les travées de droite. L'écrivain avait l'impression que certains savaient communiquer avec les assaillants et les renseigner sur les péripéties de la séance. Soudain, Scapini, aveugle de guerre, s'était dressé à son banc pour accuser le gouvernement :

— On se bat aux portes du palais Bourbon ! On tire sur la foule ! Monsieur le président du Conseil, avez-vous donné l'ordre de tirer ?

Cherchemidi courait déjà vers le mur d'enceinte, abandonnant l'hémicycle où la confusion atteignait à son comble. Il y avait foule sur la haute terrasse hérissée d'artichauts en fer, en avant de la colonnade. Députés et journalistes questionnaient les chefs de la police installés sur cet observatoire. Des membres du gouvernement venaient aux nouvelles et retournaient auprès de Daladier. Pierre Cot, ministre de l'Air, demandait si les barrages tenaient bon.

— Jusqu'à maintenant, oui, répondait un capitaine de la garde républicaine. Mais il y a des salauds qui tranchent les jarrets des chevaux avec des lames de rasoir... Si ça continue, les nôtres vont perdre leur sang-froid...

La place de la Concorde éclairait la façade du palais Bourbon d'un clair de lune frémissant, traversé de lueurs rousses. Les députés allaient et venaient de la salle des séances à la galerie vitrée, croisant les gardes républicains qui allaient prendre position, le fusil à la main, en file indienne. On claquait des grilles, on renforçait des portes, on les cadenassait. Des officiers passaient en courant, criant des ordres : « On boucle tout, faites évacuer le vestibule ! »

Cherchemidi interpella le rédacteur du *Populaire :*

— Qu'est-ce qu'il vient de dire, Blum, à la tribune ?

— Que les socialistes sont résolus, « sur le terrain parlementaire comme sur tous les autres, à barrer la route à l'offensive outrageante de la réaction fasciste » !

— Il a bien dit : « Comme sur tous les autres ? »

— Et comment ! confirma fièrement le journaliste.

La nuit rouillait au-dessus de la Concorde, des policiers couraient sur les quais de la Seine où un cheval sans cavalier tournait en rond.

Des huissiers barraient le passage aux gens qui voulaient sortir :

— Excusez-nous, monsieur le député, on se bat devant les grilles...

La cour d'entrée s'était vidée, un lieutenant de police la traversa, se fit ouvrir : il avait le képi de travers, le visage en sang : « Le barrage a cédé, allez prévenir le gouvernement. »

Derrière lui, par la porte un instant entrouverte, était entrée une bouffée de violence, des odeurs d'incendie, des cris et des lueurs. Une voix obséquieuse répétait à travers les galeries : « Personne dans les cours !... A l'intérieur, messieurs !... Personne dehors !... » Par groupes hostiles, journalistes et députés discutaient rageusement : « Si l'on ne tire pas, ils emporteront tout ! Il est temps de prendre des mesures, pas des demi-mesures... » A quoi répondait : « Ils oseraient donner l'ordre de tirer ! Sur le peuple de Paris !... » Mais tous se ruaient vers la délégation du Conseil municipal qui était arrivée, disait-on, par la rue de Bourgogne. Ils étaient cinq, ils exigeaient d'être reçus par Daladier sur-le-champ. Les huissiers couraient à la recherche du questeur. En l'attendant, les conseillers municipaux racontaient leur percée :

— Nous sommes partis de l'Hôtel de Ville à vingt et un, ceints de nos écharpes, en tête des manifestants, des milliers de garçons — Jeunesses patriotes et Solidarité française...

— La « Sidilarité » française ! cria un député radical.

Le mouvement de Coty s'était attiré ce surnom parce que ses hommes de main étaient recrutés dans le sous-prolétariat nord-africain. Une volée d'injures poursuivit l'interrupteur. Le héraut des conseillers put enfin reprendre :

— Les gardiens de la paix venaient d'être renforcés par des gardes mobiles. Ils ont essayé de nous disperser, en vain ! Nous avons franchi plusieurs barrages. Nous entraînions une foule de plus en plus dense. Nous avons traversé la Seine au pont de Solférino. Là, un barrage beaucoup plus imposant arrête notre marche vers la Chambre. Une trompette sonne les sommations, nous faisons semblant de ne pas entendre : « Levez les cannes ! Forcez le barrage ! » Nous attaquons. Une terrible mêlée... Plusieurs conseillers tombent, et sont frappés à terre. Lobligeois et Frédéric-Dupont sont blessés... (Des Isnards a reçu un sale coup sur la tête, comme vous pouvez le constater). Bref, nous passons. En arrivant devant le palais Bourbon, Dailly exhorte les troupes qui le gardent à passer du côté des patriotes. Les policiers l'écoutent en silence, ils ne font pas un geste pour l'appréhender...

Le questeur Barthe vint les prier de le suivre dans la bibliothèque, en attendant.

— Mais on tire sur la foule ! protesta des Isnards. Vous ne vous rendez pas compte de la gravité de l'heure !

— M. le président du Conseil est en séance. Messieurs, je vous en prie, supplia le questeur, voulez-vous attendre quelques minutes ?

— Il y a des morts dans la foule ! cria des Isnards. Pas une minute ne doit être perdue ! Il faut arrêter la tuerie. Nous devons voir tout de suite M. Daladier.

Un député, le visage en sang, passa devant la bibliothèque.

— Qu'est-ce qu'il a ? demanda Cherchemidi à un confrère.

— De Moustier ? Il est sorti pour aller voir ce qui se passe sur la place de la Concorde, il a reçu un boulon en pleine poire.

Machinalement, l'écrivain suivit le parlementaire blessé. Un poste de secours avait été improvisé au rez-de-chaussée où deux salles s'emplissaient de gardes dégrafés, dépenaillés, abattus, qui prenaient leur tour pour se faire panser. Cela sentait le sang, la sueur et l'éther.

— On a beau se serrer les uns contre les autres, se courber, baisser le casque, gémissait un garde mobile balafré, on ne peut pas se parer : ils lancent de tout, des cailloux, des morceaux de fonte...

— Même des boulets de charbon, ajouta un adjudant qui tenait devant lui ses mains couvertes de sang. Ils ont renversé un gros camion sur le trottoir, ils ont éventré les sacs de boulets...

— Ils ont mis le feu à des caisses de goudron, pour y voir clair... continuait un caporal-clairon à la tête bandée.

Cherchemidi se hâta de revenir sur la terrasse. Il n'était pas le seul à courir ainsi d'un bout à l'autre du Parlement assiégé, pour tout voir, pour être partout à la fois, à revenir toujours, finalement, sur l'observatoire privilégié.

Le pont de la Concorde était verrouillé par des gardes mobiles épaule contre épaule, des gardes républicains à cheval, une rangée de six camions puis des gardiens de la paix. Du haut de la terrasse, on distinguait, à travers les ténèbres qu'épaississait une brume hivernale, la lueur des armes et des casques, des reflets sur les croupes de chevaux, sur les tôles de véhicules. Par instants, des éclairs sur la place douaient le barrage d'une vie dérisoire : un grouillement d'ombres chinoises. Incendies et feux de joie, ces flammes laissaient deviner une seconde, ici l'obélisque, là, une statue, plus loin l'*Hôtel de Crillon* ou le ministère de la Marine. La place de la Concorde, bouillonnant de passions, puissante et sombre, pesait sur le barrage du pont, une cuve de plomb fondu qui s'incline vers l'entonnoir.

Cherchemidi regardait la Seine devenue les douves de la forteresse : entre les quais déserts, un canal d'encre noire miroitait à la lueur des réverbères. Un clairon sonna devant le barrage, des trompettes de cavalerie lui répondirent vers le Cours-la-Reine. L'écrivain avait la gorge serrée, son cœur battait trop vite, et pourtant cela n'avait rien à voir avec la peur. Il était dévoré d'une inquiétude complexe faite d'émotion et de tendresse, d'indignation et de désespoir. Il eût été dans un trouble comparable s'il avait retrouvé de façon inespérée un être cher longtemps disparu, mais seulement pour le voir mourir. L'image s'imposait à son esprit : Un être que j'avais oublié, que je ne savais pas aimer à ce point. Oui, mais quel est cet « être cher » ?...

— Paris dispose de seize pelotons de gardes mobiles à cheval, expliquait un fonctionnaire de l'Intérieur à deux chefs de cabinet. Presque tous sont d'anciens sous-officiers bien notés qui n'ont qu'une religion : la discipline, qu'un maître : le gouvernement, quel qu'il soit.

Sur la terrasse, autour des képis galonnés et des chapeaux melons, se pressaient les émissaires du gouvernement, des parlementaires, des personnalités, des journalistes, des observateurs. Cette foule se divisait en groupes ouvertement hostiles. Les uns étaient de cœur avec l'émeute, sur la place en fusion, les autres avec le barrage du pont. La Seine était un fleuve frontière. Les lueurs de l'incendie qui réjouissaient les uns, inquiétaient les autres ; le clairon indignait les premiers, rassurait les seconds.

Les deux partis comptaient leurs vaillants et leurs lâches ; fous de rage contre fous de joie.

Cherchemidi reconnut, dans un groupe qui discutait stratégie, des journalistes de *Gringoire*, de *L'Action française*, de *Paris-Soir*, de *Rivarol* et de *Je suis partout*.

L'athlétique de Malverssy, ancien champion universitaire du javelot et pamphlétaire royaliste, faisait les comptes sans même baisser la voix, Cherchemidi aurait voulu le mettre en pièces :

— Les camelots, 2 à 3 000, qui arrivent du Quartier Latin, plus les J.-P. de Taittinger, 35 à 40 000 qui arrivent du Châtelet, plus la Solidarité française, plus les Croix de Feu et leurs Volontaires nationaux, qui prennent la Chambre à revers par la rue de Grenelle... Quand les Anciens Combattants entreront dans la danse, ils seront plus de 100 000, là-bas (il montrait la Concorde, immensité grouillante et bourdonnante, dans une nuit rousse percée d'éclairs blancs et bleutés) ; plus de 100 000 pour faire sauter ça !

Sur le pont, le barrage se resserrait devant l'assaut, il s'amincissait à vue d'œil. De longues lames jaillirent soudain au-dessus des casques, pour retomber aussitôt : la garde mettait sabre au clair.

Un crépitement suspendit les discussions sur la terrasse. Il ne s'agissait plus de coups de feu isolés, mais même les policiers eurent de la peine à le comprendre, et à le croire.

De Malverssy bondit sur un capitaine de la garde républicaine qui revenait du barrage au pas de course.

— Vous faites tirer sur des Français, hurla-t-il, sur les meilleurs !

— Tirer ! Tirer !... rétorqua l'officier à bout de souffle. Depuis la guerre, j'ai fait tirer vingt fois, à Saint-Étienne, dans le Nord... Je ne vais pas laisser assassiner mes hommes comme ça ! Les Parisiens n'ont pas tous les droits !

— Pour sauver la gueuse ! Vous êtes des assassins...

Un commissaire divisionnaire repoussa brutalement Cherchemidi, qui se jetait sur de Malverssy :

— Alors ! Vous pensez que ça ne suffit pas, ça !

Le policier montrait la place de la Concorde où les cris s'élevaient, où les lueurs se multipliaient.

Le Laguerre ne retrouvait pas les siens. Les poilus avaient vieilli. L'ancien capitaine était entouré de pépères bedonnants, engoncés dans leurs cache-nez tricotés main et leurs pardessus confortables. Rien de moins martial que des feutres et des melons. Médailles et drapeaux eux-mêmes ne parvenaient à donner que des airs d'inauguration à cette assemblée de notables.

Après la rapide échauffourée, rue d'Astorg, le Laguerre et ses compagnons, par petits groupes, avaient pu gagner sans encombre un point de rassemblement, derrière le Grand Palais. Matthieu Ardailhan avait noué son mouchoir autour de sa tête. Il ne restait, du coup de bâton, qu'une bosse qui gonflait, surmontée d'une égratignure.

« Les Croix de Feu, c'est quand même autre chose », songeait-il en parcourant du regard le moutonnement des chapeaux bourgeois d'où s'élevaient parfois les refrains d'une *Madelon* pour fin de banquet. « Le colonel de La Rocque a su maintenir dans ses troupes le mordant du front. Les briscards sont chez lui... »

Le Laguerre avait été sur le point d'adhérer aux Croix de Feu, en 1933, au moment de la création des Volontaires nationaux. Ne remplissait-il pas toutes les conditions pour être l'un de ces fameux « dispos », n'était-il pas disponible, lui, le capitaine retraité qui se sentait encore si jeune ? Il avait renoncé, pourquoi ? par peur, tout simplement. Il était incapable d'un courage de longue haleine, incapable d'accepter le danger, de s'y préparer, mais quand le danger se présentait brutalement, le Laguerre s'oubliait d'un coup, il se montrait alors d'une bravoure folle. Ainsi, quelques accès d'héroïsme, de 1914 à 1918, avaient fait un capitaine du deuxième classe Matthieu Ardailhan.

La mystique de la souffrance patriotique, telle que la définissait le chef des Croix de Feu, bouleversait le fils du chevrier biblique de Clerguemort : « Nous avons gardé le contact avec tous les martyrs de la Passion française. Ainsi avons-nous fait jaillir la mystique nationale riche d'élan, d'héroïsme, d'abnégation, de vigueur, comme aux temps de Jeanne d'Arc, de Fontenoy, de Valmy, de Montmirail, de Verdun. »

A 20 h 30, derrière le Grand Palais, l'Union nationale des Combattants est prête à défiler. Les mutilés et les porteurs de pancarte prennent la tête d'une masse de 30 000 vétérans.

Le Laguerre ressent, avec intensité douloureuse, le sentiment qui lui est le plus familier : la peur. Paradoxalement, il se porte en avant, il se sent léger, comme libéré. Enfin, on y va ! C'en est fini des ordres, des contrordres et des tergiversations !

La manifestation avait été remise plusieurs fois. En dernier lieu, le 27 janvier, la fédération de la Seine de l'U.N.C. l'avait décidée pour le dimanche 4 février. Dans l'appartement où Matthieu Ardailhan et ses camarades, venus de province comme lui, campaient économiquement, un messager vint annoncer, le samedi matin, que la manifestation était annulée. Le lendemain, dimanche, alors que les campeurs bouclaient leurs valises pour regagner leurs provinces, un responsable de la région parisienne venait leur lire le nouveau communiqué de l'U.N.C. : « Il y a quarante-huit heures, le gouvernement obtenait que nous ajournions notre manifestation prévue pour aujourd'hui dimanche. Il livrait, vingt-quatre heures plus tard, Chiappe à la vindicte socialiste… Anciens Combattants, vous manifesterez votre indignation mardi soir… Tout contrordre qui serait diffusé n'émanera pas de nous… »

La masse énorme des vétérans envahit les Champs-Élysées, descend lourdement vers la place de la Concorde. Maintenant, plus de demi-tour, plus de recul possibles. Le Laguerre frémit mais avance toujours, en se faufilant parmi ses camarades, il ne s'appartient plus, il va vers l'un de ces instants fulgurants qui ont fait sa gloire et qui l'attirent déraisonnablement.

Entre les chevaux de Marly, une barricade interdit l'accès de la place, Ardailhan est parmi ceux qui se précipitent pour démonter les barrières.

Trente mille anciens combattants débouchent sur la place de la Concorde au chant de *La Marseillaise*. Il se produit alors un phénomène surprenant : l'émeute fait silence.

Des chevaux se cabrent : les cavaliers arrêtent la charge, les ligueurs ne jettent plus de billes sous les sabots, les briseurs de grille, les incendiaires, les gardes mobiles, laissent retomber leurs bras, des crosses de mousquetons retombent sur le pavé. Un instant, ce champ de bataille peuplé de mêlées confuses, fourmillant de foules et de troupes dans le tintamarre des chasses, des chocs et des assauts, cette aire de la capitale retombée dans la fureur et le désordre primitifs, la Concorde du 6 Février fait trêve et silence, un instant.

Sur toute la largeur de la plus belle avenue du monde, en rangs serrés, avancent les porte-drapeaux, la poitrine couverte de décorations, dressant une forêt d'emblèmes tricolores ; suivent les fauteuils roulants des invalides, les grands blessés, les mutilés, sous une banderole qui proclame : « Unis comme au front ».

Les manifestants dispersés par les dernières charges sortent de leurs refuges. Ils se joignent à la masse des 30 000 vétérans qui avancent au pas lent des invalides du premier rang.

Deux hommes jeunes se faufilent parmi les anciens combattants. Ardailhan, qu'ils bousculent au passage, remarque leur accent corse et leurs visages inquiétants. Il cherche des yeux Gradelle et finit par l'apercevoir, assez loin derrière, qui brandit une pancarte portant ces mots : « Que la France vive dans l'honneur et la propreté ! »

Au centre de la place, la masse des anciens combattants s'immobilise. Les manifestants regroupés acclament l'U.N.C.

Les deux Corses repassent devant le Laguerre qui amorce un geste pour les interpeller.

— Tous sur la Chambre maintenant ! lui jette l'un d'eux au passage. Jamais ils n'oseront tirer sur vous !

Et il disparaît dans la foule après une tape amicale sur l'épaule du capitaine Ardailhan.

L'U.N.C. avance maintenant vers la Madeleine. Gradelle a rattrapé Ardailhan, il est furieux : « Lebecq est un dégonfleur », grommelle-t-il. Au milieu de la place, le dirigeant national avait crié :

— A mon commandement... direction rue Royale. En avant !

Et les trente mille anciens combattants avaient tourné le dos à la Chambre des députés.

— Vive la Marine !

Ardailhan tourne la tête, comme tout le monde, vers le ministère.

— C'est l'amiral Darlan, précise Gradelle et il se met à crier : Les marins avec nous !

— Dites-moi, ceux-là, derrière l'amiral, ce ne sont pas des pompiers ?

— Si. Tout à l'heure, on avait foutu le feu au ministère, répond Gradelle, hilare.

Des groupes d'anciens combattants remontent la colonne, ils arrivent du bas de la rue Royale, essoufflés, certains ont le visage en sang. Ils rapportent qu'une charge, lancée de la rue de Rivoli, a coupé la queue de la colonne.

— Ceux-là au moins, ils vont peut-être se retourner dans la bonne direction, ricane Gradelle.

— Allons, par ici, en avant ! gronde le Laguerre.

Il rejoint la tête du cortège qui s'est engagée dans la rue du Faubourg-Saint-Honoré.

A onze heures du soir, le Laguerre se retrouvait sur la place de la Concorde, devant le pont, au premier rang, le nez sur le barrage. Il y avait belle lurette qu'il avait perdu de vue Gradelle.

Rue du Faubourg-Saint-Honoré, la tête du cortège s'était heurtée à des gardes mobiles qui avaient chargé. Des dirigeants avaient été blessés, Lebecq avait reçu des coups de crosse, des invalides avaient été renversés sur le trottoir. Le Laguerre n'oublierait jamais les médailles militaires et les croix de guerre tombées dans le ruisseau. Il était devenu comme fou.

En face de la Chambre des députés, les assauts avaient pratiquement cessé mais la foule s'amassait et se regroupait. Des milliers de manifestants se préparaient à l'assaut définitif. Ils étaient de toutes sortes : des vétérans de 14 et des jeunes gens pour lesquels la Grande Guerre n'était déjà qu'une vieille rengaine de gâteux, de braves bougres qui avaient été conduits là par l'indignation, des ambitieux qui étaient venus par calcul, des Français moyens qui manifestaient contre la politique, des militants d'extrême-droite qui agissaient par politique, quelques boutiquiers et quelques employés égarés, la plupart des ligueurs, Croix de Feu, Jeunesses patriotes, Camelots du Roi...

Beaucoup s'étaient préparés pour cet assaut. Ils disposaient de sacs de billes pour jeter sur le passage des chevaux et de cannes armées d'une lame de rasoir. Des hommes étranges circulaient parmi cette masse en ébullition, des êtres sordides aux visages blêmes, aux regards fuyants. Sur leurs pas, naissaient des rumeurs qui gagnaient les rangs avec la force de vérités :

— Ce n'est pas épais, un barrage, et, derrière, il n'y a rien...

— L'Élysée est pris, je revins de la rue Saint-Honoré, les camarades occupent depuis une heure le ministère de l'Intérieur...

— Les flics, il suffit de rentrer dedans ! La plupart ne demandent qu'à laisser passer. Ils en ont encore plus marre que nous !

— Ils ont tiré dans le tas derrière la Madeleine, il y aurait plus de cent morts !

— Il paraît que le Président de la République vient de se suicider !

— Si encore ils n'avaient pas touché à Chiappe !

— Croyez-moi, parmi les policiers, il y en a plus qui tiennent pour Chiappe que pour Daladier. Il suffit de leur montrer qu'on est bien décidé, qu'ils ne se mouilleront pas pour rien...

Par les Champs-Élysées, la rue Royale, la rue de Rivoli, les Tuileries et les quais, la place de la Concorde se remplissait...

Un long adolescent, coiffé d'une casquette qu'il avait rembourrée, recula soudain, criant au Laguerre :

— Attention, pépère, ils vont charger !

— Et alors ? hurla furieusement le capitaine Ardailhan, les yeux hors de la tête.

Il ramassa un pesant morceau de grille, en fonte, et le brandit au-dessus de sa tête. Instinctivement, les assaillants reformèrent leurs rangs derrière lui. Il était magnifique.

Le mardi 6 février, dans l'après-midi, Franck et Raoul étaient allés dans la vallée de Chevreuse. Ils avaient couru dans les bois, ils avaient pêché dans l'Yvette, pour étrenner les cannes et les lignes que leur avait offertes le maître d'armes. Ils s'étaient attardés. Le chauffeur noir n'avait rien dit, ayant compris que ses petits maîtres provisoires avaient tous les droits. C'est à la nuit tombée que Franck et Raoul se décidèrent à donner le signal de retour.

Ils s'étaient beaucoup dépensés. La grande fatigue les ramenait vers l'enfance. Ils s'étaient assis sur le tapis, à l'arrière de la grosse voiture. Leur nuque reposait sur le rebord du siège. Ils restaient ainsi, l'œil mi-clos. On pourrait dire aussi bien qu'ils rêvaient à voix haute ou qu'ils jouaient.

La Phantom-2 de Rolls-Royce devenait tour à tour la litière des rois fainéants, la diligence de Beaucaire, la limousine truquée d'Arsène Lupin, le tilbury de M. Scaufflaire, la passerelle du *Pourquoi-pas ?* et la carlingue du *Lieutenant-de-vaisseau-Paris*.

— Franck, ne regarde qu'en haut ! On dirait quoi ?

— Euh... Qu'on glisse à travers les nuages...

La nuit fait, sur Paris, l'effet du coton thermogène qui n'est que mollesse et cache son feu, cataplasme du diable ! De vagues lueurs jaunes ou rousses balaient irrégulièrement le plafond capitonné de la voiture.

— Ça fait drôle, hein ? murmura Franck.

— Ce qu'on est bien, soupire Raoul d'une petite voix ensommeillée.

Ils ont recommandé au chauffeur de ne pas rouler trop vite.

— Écoute ! dit Franck en se redressant.

Des rumeurs et des piétinements, un brouhaha de troupeaux s'approche, et puis s'éloigne. Une *Marseillaise* aigrelette et lointaine éclate, puis diminue. Les essuie-glace entrent en action.

— Il pleut ? demande Raoul, toujours assis par terre.

— Non. On dirait qu'on a pris un coup, d'une lance de pompiers...

La voiture s'arrête.

— Mais qu'est-ce qui se passe ? grogne Raoul en se redressant à son tour. Qu'est-ce que tu as ?

Franck est blême, il tremble des pieds à la tête.

La Rolls est prisonnière de la foule. Elle tangue et roule avec une ampleur croissante, en plus, elle commence à se mouvoir dans l'autre direction, à croire qu'elle se soulève. Des faces viennent s'écraser sur toutes les vitres, y compris le pare-brise car le capot a été investi. Jusque sur le toit, on entend s'amasser les grimpeurs. Des tourbillons plaquent des gueules sur les vitres, les en arrachent, en écrasent d'autres, les en décollent ; les faces changent continuellement mais c'est toujours le même faciès à l'énorme lippe blanchâtre, à l'énorme nez épaté, aux pommettes en plaques gélatineuses, qui se reproduit en plus d'exemplaires qu'il n'en faut pour couvrir toute la surface de chaque vitre. Et ces faces de mollusques écrasées trouvent le temps, avant de s'effacer devant d'autres, de brailler des : « ... Ça, c'est bien une bagnole de profiteur ! »... « Voleurs ! Les voleurs à mort ! »... « Y a qu'à y foutre le feu ! »... « Qu'est-ce qu'on attend ? »... « Ça brûle comme une allumette, ces engins, vous avez vu ? »

Le chauffeur noir tremble tellement que sa casquette russe devient trop petite et tangue à la recherche de son équilibre au sommet du crâne crépu.

Soudain, la Rolls retombe sur ses amortisseurs, le silence se fait, la voiture est immobile, les vitres sont dégagées, seules y demeurent les empreintes d'épidermes écrasés, des traces, une décalcomanie crasseuse. Des sonneries de trompettes se rapprochent :

— Baisse la vitre de ton côté, Franck !

— Tu es fou !

— Mais non ! on n'y voit rien ! pousse-toi donc !

Raoul, puis Franck, sortent la tête par la fenêtre ouverte : la voiture reste seule sur le boulevard que les trompettes prennent en enfilade, entraînant les roulements multiples du sabot des chevaux chargeant sur le pavé de bois, ce clapotis, ce roucoulement effroyable, qui ne se confie ni ne s'oublie, qui marque l'oreille dans son intimité, honteusement, un frou-frou de panique.

— Ça alors... lâche Raoul.

Les cavaliers de la garde sont encore au grand galop quand ils passent le long de la Rolls, crinière au vent, sabre au clair. Beaucoup de chevaux refusent à grands coups de tête, fumant des naseaux, écumant.

Franck reprend ses esprits :

— Dis, tu n'as pas peur ?

— Non, répond Raoul, mais sa voix n'est pas très assurée. Tu n'as quand même pas cru qu'ils allaient nous griller... réellement ?

A mesure qu'il la prononçait, son affirmation devenait une question.

La voiture s'arrête encore. Un officier casqué, revolver au poing, ouvre la porte :

— Des gosses ? Mais qu'est-ce que vous foutez là, nom de Dieu ! Vous ne pouvez pas passer ! Vous allez où ?...

C'est un homme las, exaspéré aussi.

— ... A Auteuil ? Faites le tour par les Invalides et le pont de Grenelle. Vous avez une lampe à l'intérieur ? Alors, allumez-la, qu'on voie tout de suite que ce sont des gosses !

Franck et Raoul entendent claquer les dents du chauffeur qui se recroqueville.

Depuis que la lampe est allumée à l'intérieur, les enfants ne distinguent plus rien de ce qui se passe dehors, dans la nuit aux vagues lueurs rousses.

— Raoul, regarde ! lâche Franck, dans un cri.

La Rolls avance lentement, elle passe à quelques mètres d'une camionnette incendiée, dont le réservoir vient d'exploser. Le brasier jette dans les yeux des deux gosses quelques brèves images de cauchemar.

— Mon Dieu ! gémit Raoul, et il se rejette dans le fond de la voiture. Maintenant, Franck, j'ai peur, vraiment peur ! avoue-t-il, dans un souffle, en se serrant tout contre son ami.

La Rolls vient de s'arrêter.

Une tête casquée jette dans la voiture : « Barrez-vous par l'Étoile, vite ! Nous allons tirer ! » La portière se referme à la volée tandis que retentissent les sommations des clairons de la garde mobile.

Cent mètres plus loin, trois hommes portant brassard se mettent en travers du passage :

— Vous allez transporter ces deux blessés dans l'hôpital le plus proche et vite !

Raoul et Franck se tassent le plus possible l'un sur l'autre, mais ils ne peuvent s'empêcher de regarder, d'écouter.

Le premier blessé monte tout seul, à l'aveuglette. Il se tient le visage à deux mains, dans un grand mouchoir qui se remplit de sang. Des médailles tintent sur son pardessus. Le second se serre la poitrine à pleins bras, il ne cesse de gémir, du sang coule par ses narines et sa bouche ; de temps en temps, il le souffle et le crache. Avant de laisser repartir la Rolls, les manifestants ont attaché un drapeau blanc improvisé sur le radiateur.

— Je le savais, je leur ai dit : les flics en ont marre de se faire massacrer, ils vont tirer ! C'est le moment de se tailler... gémissait le jeune homme. Je me défile, c'est pour tomber sous les pattes des chevaux ! J'ai je sais pas combien de côtes enfoncées, qui me rentrent dans les poumons, je souffre ! je souffre le martyre !

Il enrage de dépit autant que de douleur.

— Tais-toi donc, bon Dieu ! fait une voix rocailleuse, étouffée par le mouchoir sanglant, ils tirent pour de bon cette fois !

— C'est pas la première, et je m'en fous de toutes vos conneries, j'ai mal, moi, c'est tout !

— Oui, mais cette fois, ils tirent à la mitrailleuse. Ce bruit, je le reconnaîtrais entre mille !

— Je m'en fous pas mal de vos conneries de 14. C'est pas pour me faire descendre que je me suis mis dans ce coup, moi !

— Et pourquoi alors ? fait le mouchoir avec colère.

— Pourquoi ? pourquoi ? Est-ce que je sais ? Les copains avaient dit qu'on se marrerait. C'est les autres qui devaient se faire massacrer, pas nous ! C'est trop injuste à la fin, et j'ai mal, j'ai mal...

— Ah ! ferme-la, ou je t'achève, moi !

Les mains se crispent sur le mouchoir pour étouffer le sanglot. Le jeune homme ne dit plus rien. Il se contente de gémir.

La Phantom-2 de Rolls-Royce doit s'arrêter une dernière fois pour laisser passer un gros de cavalerie : des géants blêmes dans leurs capes sombres, sous leurs casques à crinière. En serre-file, chevauchent deux trompettes, le dos rond, affalés, tassés contre le dossier de leurs selles.

24

Les Gracchus

Vingt morts, presque tous par balles (une dizaine d'anciens combattants, deux lieutenants de réserve, trois camelots du roi, quelques ligueurs, un garde républicain et une femme de chambre qui s'était mise à la fenêtre de l'*Hôtel de Crillon*). Cent quatre-vingt-huit gardes ou agents hospitalisés à la maison des gardiens de la paix où Mme Chiappe, qui en était la fondatrice, était allée leur rendre visite, avec des photographes.

— Enfin, nous sommes toujours en République... Aujourd'hui encore !

Madeleine Lagrange regardait dehors, debout, le front contre la vitre, dans une attitude qui semblait familière. C'était une grande jeune femme, svelte, d'une élégance naturelle. Cherchemidi savait ce qu'elle voyait de la fenêtre de son appartement : sur la droite, ce pan de l'Institut qui fait l'angle de la rue de Seine ; à gauche, le pont du Carrousel ; en face, la Seine et le Louvre et, immédiatement sous la fenêtre, sur le quai Malaquais, la statue de Voltaire.

— Et... vous étiez ici, mardi soir ? demanda-t-il assez niaisement.

— Oui, répondit-elle, j'ai vu passer, sur le quai, en face, les bandes de Jeunesses patriotes qui criaient : « A bas les voleurs ! » et qui chantaient *La Carmagnole des députés*. La nuit était assez noire. J'entendais une rumeur sur la gauche. Je pensais bien qu'on se battait, d'ailleurs des gens me le racontaient au téléphone. Les Spanien m'ont appelée pour me dire qu'ils sortaient un peu, puis viendraient me rejoindre : ils se faisaient du souci pour Léo. (Elle sourit doucement d'elle-même.) J'ai téléphoné à mes parents pour leur reprocher de ne pas s'inquiéter... Un peu plus tard, c'est Léo qui m'a téléphoné, vers onze heures du soir. Il m'a dit que tout était fini, mais que pour des raisons... qu'il ne voulait pas me dire, il ne rentrait pas encore. Alors, j'ai entendu la voix de Léon Blum : « Moi, je vais vous le dire, pourquoi il ne rentre pas encore : c'est parce qu'il ne veut pas me quitter. Comment va Serge ? » J'ai été surprise ; c'était sûrement la première fois que Léo reconduisait Blum. J'ai même été surprise que celui-ci connaisse le nom de mon fils. Bracke, oui, lui, il connaît Serge, il l'appelle Catilina, vous savez, avec son accent du Nord, Bracke...

Cherchemidi ne connaissait pas Bracke. Depuis quelques jours l'écrivain était devenu presque un familier des Lagrange. Le jeune député socialiste lui avait fait confiance immédiatement, il avait su deviner quel courage il avait fallu à Cherchemidi pour publier ses révélations, pour tout dire. Quelques rencontres avaient suffi à créer l'estime réciproque.

— Il y a une phrase de son intervention du 11 janvier qui semble prophétique aujourd'hui, fit-il soudain : « Ou bien, implacables, vous abattrez Thermidor, ou Thermidor vous emportera ! »

— Nous savions bien que l'assaut serait tenté contre la Chambre le jour de la présentation du cabinet Daladier : l'Action Française y appelait, et la Grande Presse était sortie de sa prétendue neutralité...

Madeleine Lagrange réfléchit un instant puis précisa :

— Tenez, la veille, le lundi 5, on le savait au Palais, et Delépine m'avait emmenée rue Victor-Massé, pour me passer le temps ; Paul montrait un sang-froid admirable...

— Paul ?

— Paul Faure, le secrétaire général du Parti. Il choisissait une couverture pour son livre. Zyrom — Zyromski — bougonnait. Marceau Pivert se faisait transporter dans une petit bagnole de la rue Victor-Massé à la rue Feydeau, avec ses copains. Il avait rudement envie d'aller place de la Concorde, mais il ne voyait pas ce qu'ils pourraient faire à deux cents... mettons six cents.

Cherchemidi était touché de la confiance que lui témoignaient les Lagrange. Jusqu'alors, un parti lui était apparu comme un organisme mystérieux dont on ne parle qu'à mots couverts, et entre initiés. Il était heureux que Madeleine Lagrange n'éprouve pas le besoin de lui mettre les points sur les *i*, qu'elle lui parle comme s'il connaissait les Spanien, Bracke, Paul et Delépine, comme s'il avait déjà fréquenté l'hôtel Renaissance (du Second Empire) que Compère-Morel avait acheté rue Victor-Massé pour y loger le Parti.

L'affaire avait transformé sa vie, mais d'une manière qu'il n'eût jamais imaginée. Ses lieux, ses allées et venues, ses démarches, ses préoccupations, tout avait changé. Il n'était plus découragé, plus blasé. Il vivait chez Gracchus, tout en haut de Belleville, sur le point le plus élevé de la capitale, à deux pas de l'endroit où Chappe avait fait ses premiers essais de télégraphe. Il avait eu du nez de déménager : quarante-huit heures après son départ, ses trois mansardes de la rue du Cherche-Midi avaient été visitées, fouillées et saccagées par des inconnus. D'une façon inattendue, ses articles avaient été ce coup de projecteur qu'il souhaitait depuis des années, alors qu'il les avait écrits sans rechercher cet effet, sans même y penser. Tout Paris parlait de lui. Gallimard le pressait de rassembler en volume ce qu'il publiait sur l'Affaire. C'était la première fois qu'il était sollicité par un éditeur. Il se trouvait parfaitement à son aise dans la tribu de Gracchus, tout un univers inimaginable, impasse Compans, il pensait déjà à un roman, une œuvre qui ne ressemblerait à rien de ce qu'il avait écrit jusqu'alors.

C'était encore un autre monde qu'il avait découvert avec les

Lagrange, dans le petit appartement du quai Malaquais, un monde qui n'avait apparemment rien de commun avec celui des Gracchus, et qui n'était pourtant pas en contradiction. L'écrivain sentait confusément que, si des fossés se creusaient profondément, et pour longtemps, en ce mois de février 1934, en revanche, des liens se nouaient entre des gens qui étaient peut-être depuis longtemps de la même famille, sans le savoir. Quand on disait « la République », des images précises se présentaient à l'esprit et, spontanément, on prononçait la majuscule.

— Et... il est rentré tard ?

— Les Spanien sont arrivés les premiers. Nous avons attendu Léo ensemble : Sam et Simone dans les fauteuils, moi à ma table de machine...

Madeleine Lagrange montrait le simple mobilier que l'avocat avait rassemblé dans ce salon afin de recevoir des clients qui ne se pressaient guère de venir. Me Lagrange défendait surtout des camarades sans le sou.

— ... Léo est arrivé une heure plus tard, environ. Il revenait à pied du quai Bourbon, où habite Blum — et il n'aime guère marcher à pied, cet « athlète », comme disent les journaux... Au fait, vous avez vu les articles, ce matin ? Ils sont là, sur la table...

— Il vous a raconté comment ça s'était passé ?

— Oui... Après la séance, Bouisson a emmené Blum, sa femme et quelques députés du groupe socialiste, à la Présidence, pour attendre que les abords de la Chambre fussent dégagés. Il était vert de peur... Ce n'était plus « notre rond et subtil président »... Il a fait chercher du champagne « à titre de médicament » — si les fascistes venaient à le savoir !

Cherchemidi éprouvait du plaisir à être mis aussi simplement dans de telles confidences ; il mesurait la confiance qu'on avait pour lui aux vifs commentaires de la jeune femme, dans ces portraits brefs et incisifs des chefs du Parti qu'elle esquissait librement pour lui.

— Et Blum, comment était-il ?

— Comme une lame ! Le retour s'est fait dans sa petite Peugeot conduite par Thérèse, avec Léo et Jardel comme gardes du corps... On a vu ce soir-là ce que valaient les caractères. De Bouisson, cela ne m'étonne pas. Au contraire, il y avait des camarades, comme Andraud, qui voulaient sortir, qui réclamaient des revolvers et des mitrailleuses...

La police a quand même fini par tirer...

— Vous savez ce qui a frappé Léo ? C'est que le service d'ordre ait pu tenir si longtemps sans faire usage de ses armes. Plusieurs heures ! Il a vu leurs blessés qu'on ramenait à chaque instant, les sous-sols du palais Bourbon sont couverts de sang. Les gradés disaient qu'ils n'avaient jamais eu affaire avec des manifestants aussi sauvages, aussi bien organisés. Vous savez, l'histoire des cannes avec des lames de rasoir est parfaitement vraie ! Toute la nuit, Léo m'a conté l'affaire...

Elle avait prononcé les derniers mots songeusement, avant de se retourner vers la fenêtre où elle reposait son front.

— Cet après-midi, Léo est allé à la Chambre et moi au Palais : grand remue-ménage Galerie marchande, on venait de brûler la robe de Frot. J'ai manqué le spectacle, et celui, plus magnifique encore, de Dutheillet de La Motte grimpant sur le toit pour mettre le drapeau en berne pendant qu'un groupe d'avocats en robe le regardaient, de la cour de la Sainte-Chapelle. Mais j'ai vu ces groupes agités ! ils maudissaient les « assassins », ils les vouaient à des massacres futurs ! Les « voleurs » sont devenus les « assassins »...

Sa voix s'était voilée de tristesse.

— Ce n'est quand même pas gai, fit Cherchemidi embarrassé.

— Non... Surtout que le bruit circulait dans les couloirs du Palais que le ministère démissionnait. Je suis atterrée ! Ce n'est pas la peine d'avoir fait des cadavres, si l'on n'ose pas résister plus longtemps !

On avait sonné, Madeleine Lagrange était allée dans l'antichambre. Elle parlait longuement avec le visiteur, sans doute un militant qui venait chercher quelque document.

Cherchemidi parcourait les journaux posés sur la table.

« Le grand mouvement national guidé par les admirateurs de Mussolini et de Hitler cherchait le sang. Il voulait le sang pour s'en faire un drapeau. Hier, il s'est déshonoré devant la France qui le vomira. » *(L'Ère Nouvelle*, journal radical.) « Un coup fasciste, le régime est défendu. » *(L'Œuvre.)* *Le Populaire* titrait sur toute la page : « Le coup de force fasciste a échoué », *L'Humanité* portait en manchette : « Front unique immédiat pour l'action ! » A l'extrême-droite, ce n'était que fureur : pour Variot, de *Je suis partout*, il fallait « remonter à la tuerie de la foule de Saint-Pétersbourg massée sur la perspective Newski, en 1905, pour trouver une agression aussi abominable et aussi lâche. » Henri Béraud écrivait dans *Gringoire* :... « Tout le peuple debout. Paris couvert d'appels à la révolte, les garnisons alertées ; les faubourgs à grand flot vers le cœur de la ville. Puis, au soir venu, le feu partout et le sang ; les anciens combattants mitraillés ; les hôpitaux regorgeant de blessés ; des morts à pleines civières... »

Madeleine Lagrange revint avec le sourire :

— Le camarade que je viens de voir est dans une grande exaltation, un peu comme nous tous d'ailleurs. Il a proféré : « Les faubourgs descendront ! »

— J'ai aussi entendu cette phrase, dit l'écrivain en souriant.

— « Les faubourgs descendront ! » c'est un peu grandiloquent, mais ça fait du bien à entendre en ce moment.

— Et je crois que c'est vrai, je crois que les faubourgs descendront vraiment ! affirma Cherchemidi.

C'était le genre de certitude qu'il avait depuis qu'il logeait dans la tribu de Gracchus, et depuis seulement.

— Demain, je retourne au Palais, avec Léo cette fois...

— Ce n'est pas trop risqué ?

— Vous connaissez Léo ? fit-elle en haussant les épaules.

— J'ai grande envie d'aller avec vous, je pourrais faire un article sur l'atmosphère du Palais en ce moment...

— Vous aurez la matière, dit-elle seulement.

C'était donc entendu.

Le samedi 27 mai 1871, Némorin Brujon tombait sous les balles des Versaillais, rue des Trois-Bornes, alors qu'il défendait la barricade de Jules Vallès, Theisz et Cournet. Son fils Tancrède avait deux mois. Vingt ans après, Tancrède Brujon eut un enfant d'une jeune blanchisseuse du passage Lauzin, une fille hélas ! qu'il baptisa Zélie. Quatre ans après, en 1894, Tancrède eut un deuxième enfant, un fils enfin ! qu'il put nommer Gracchus, en souvenir de Babeuf, prénom qu'il avait sur le bout de la langue depuis toujours, et son enthousiasme fut tel qu'il épousa la mère, une Bretonne, qui était venue à Paris comme bonne à tout faire et lui avait demandé son chemin neuf mois auparavant.

Tancrède Brujon avait conçu de telles ambitions pour son Gracchus qu'il le mit en apprentissage dans une imprimerie. L'enfant tomba dans le milieu qui lui convenait, il s'y plut, il était doué, il apprenait avec une facilité stupéfiante. Tout le monde l'aimait, il avait des yeux auxquels on ne résiste pas.

Les anarchistes dirigeaient les syndicats de l'imprimerie. Quand un patron ne donnait pas le tarif, on le possédait par la bande : de temps en temps, des formes tombaient. C'était le temps où la linotype n'était pas développée, on composait beaucoup à la main, une forme par terre, voilà deux jours de travail à recommencer. Au bout de quatre ou cinq accidents de ce genre, le patron comprenait et, comme le prolétariat imprimeur était très fort, il se trouvait au pied du mur et ajustait ses tarifs.

Gracchus débuta chez un petit patron où il se trouva seul à être dans ces dispositions combatives. Il était gêné, car il estimait que le patron le lésait de cinquante centimes par jour. Il finit par trouver une solution : chaque soir, avant de quitter le travail, il raflait une poignée de caractères qu'il estimait à cinquante centimes et qu'il jetait dans la Seine en passant le pont pour rentrer chez lui, ce qui lui mettait « la conscience à jour » selon son expression. En une semaine, il vidait une casse.

Gracchus Brujon fêta ses vingt ans au mois d'août 1914. Le jeune imprimeur sauta par-dessus plusieurs conseils de révision : il se droguait, tombait raide aux pieds des médecins militaires... Les anarchistes lui avaient passé des recettes étonnantes, dont certains produits pour se maquiller les poumons. On avait de plus en plus besoin d'hommes au fur et à mesure que la guerre se prolongeait, les conseils de révision se faisaient de plus en plus tatillons, néanmoins, il fallut attendre la fin de l'année 1917, et plus précisément l'emploi des rayons X, pour coincer Gracchus Brujon. Il était partout passé maître dans l'art de se créer à volonté un râle et une cavité aux poumons.

— Tu t'abîmes la santé, lui disaient les copains.

— Entre une santé abîmée et une croix sur le ventre, mon choix est fait !

Et Gracchus n'était pas égoïste, il mettait ses talents au service de qui voulait échapper à la tuerie. C'est ainsi que, le bruit s'étant répandu qu'on refusait les conscrits qui n'avaient pas de dents, il prit une paire de tenailles pour dégarnir la bouche des garçons qui venaient de lui demander. La contre-mesure, hélas ! ne se fit pas attendre, l'armée pourvut de râteliers les conscrits édentés qui devenaient aussitôt bons pour le massacre.

Rayons X ou pas, Gracchus Brujon ne se laissa pas embarquer : il se cacha, se confectionna une nouvelle identité qu'il appuya sur des documents-maison parfaitement imités. Il se constitua un petit atelier dans lequel il se consacra, uniquement par idéal, à la falsification des fascicules de mobilisation, à la fabrication de certificats de réforme avec livrets de pension. Étant donné que chacun de ses chefs-d'œuvre arrachait un homme à la tuerie mais le mettait du même coup en marge de la société, les déserteurs furent trop nombreux pour vivre de bric et de broc, il leur fallut trouver des ressources. Il y avait heureusement dans la bande pas mal d'imprimeurs parmi les plus fins, ils purent monter une fabrique de fausse monnaie. Il faut le souligner, il ne s'agissait toujours pas d'une entreprise crapuleuse ; ils s'interdisaient le moindre bénéfice, leur seul but était de nourrir les camarades que la police recherchait. Dans les derniers mois de la guerre, les flics leur tombèrent dessus. Toute l'équipe se retrouva sous les verrous. La justice finit par les acquitter faute de la preuve matérielle qu'auraient pu fournir les pierres lithographiques. Gracchus avait eu la bonne idée de les faire jeter à temps dans la Seine. Elles s'enfoncèrent profondément dans la boue et la vase : malgré l'opiniâtreté des flics, tous les dragages furent vains.

Gracchus Brujon était, en somme, le contraire d'un ancien combattant. Il fut néanmoins triomphalement accueilli par ses camarades, quand il reprit sa place au marbre, après toutes ces histoires, car il avait à leurs yeux d'autres titres de gloire.

Ces aventures ne l'avaient nullement empêché de se charger de famille : en 1914, une fille ; en 1917 et en 1919, deux garçons dont il n'avait même pas été question d'épouser les mères, étant donné les circonstances. Ses enfants, Mérope, l'aînée, dix-neuf ans, Zadig, seize ans, et Candide, quatorze ans, étaient communistes, ce que Gracchus trouvait bizarre donc respectable, il les appelait « mes cocos ». Discuter politique avec eux n'était pas fait pour lui déplaire :

— Vous êtes de quelques métros à la traîne, vous, les cocos ! gueulait-il. Nous, dans l'imprimerie, c'est depuis avant la guerre que nous avons l'échelle mobile, nous, tas de jean-foutre ! tous les trimestres, il y a une révision automatique des salaires !... Il partait d'un rire énorme : notre paye, à nous ! elle est indexée par la préfecture ! qui dit mieux ? Des vingt-cinq centimes de l'heure, des fois, qui vous arrivent sans qu'on ait eu à bouger le petit doigt !

C'était parfaitement exact.

En 1927, une tuile terrible était tombée sur Gracchus. Il était devenu amoureux. Avec son caractère, il ne pouvait être qu'un grand amoureux.

Clotilde était une jeune bourgeoise, avec les penchants, les manières, les idées de sa classe. Elle ne put résister longtemps à l'irrésistible regard sombre. « Il m'a littéralement envoûtée, je n'ai jamais pu me déprendre de lui ! » disait-elle encore aujourd'hui. Il y eut pourtant une condition par laquelle Gracchus dut passer : les parents de la demoiselle exigeaient le mariage, et la demoiselle aussi. Un mariage clair, officiel, avec publication des bans.

Gracchus Brujon démontra qu'il est des preuves d'amour plus grandes encore que la mort. Il entreprit de régulariser sa situation. Huit ans après la guerre, en 1927, le déserteur alla se rendre. Il fut condamné à neuf mois de service militaire, qu'il accomplit en serrant les dents, parmi des gamins de vingt ans qui l'appelaient tantôt « le pépé » tantôt « le fiancé ». Il fut réhabilité à sa démobilisation et put se marier en grande pompe, à la jubilation de ses enfants.

L'impasse était une ruelle qui montait de la rue Compans, au niveau du numéro 52. L'étroite chaussée bombée, pavée, formait, entre deux façades mornes, que n'éclairait aucune vitrine, aucun panonceau, une côte assez raide qui s'achevait brutalement sur un mur très haut. Qui pouvait franchir le portail, toujours hermétiquement fermé, se voyait d'un coup transporté loin de Paris. Un coteau descendait derrière ce mur. Il y avait d'abord une maisonnette en longueur, puis, en étages, des jardins, des vignes, des vergers abandonnés, et des champs en friche qui faisaient le gros dos devant le paysage industriel.

Gracchus Brujon aboutit là, un beau jour, par hasard. Il s'y plut. Il s'y installa comme seuls savent le faire, quand ils s'y décident, les virtuoses de la cloche de bois. Gracchus avait déménagé des dizaines de fois, souvent dans la hâte et le danger. Il ne bougea plus de l'impasse Compans. Ses vieux copains anars rabiotèrent d'ici de là, bricolèrent, se débrouillèrent pour qu'il aménage dans les meilleurs conditions, aux moindres frais. Ce n'était pas rien, Gracchus n'était toujours pas égoïste, il n'allait jamais tout seul. Au fur et à mesure des pièces qu'il ajoutait à la bâtisse initiale, des baraques provisoires qu'il construisait en étages au-dessous, l'imprimeur fit venir son père, le vieux Tancrède, et sa sœur Zélie. Ceux-là, déjà, ne vinrent pas tout seuls. La mère de Gracchus était morte quand il était enfant mais son père avait repêché la mère de Zélie, la blanchisseuse du passage Lauzin (avec laquelle il n'était toujours pas marié), et Philiberte, elle, s'était bel et bien mariée avec un pompier de Montreuil-sous-Bois dont elle avait eu deux enfants qu'elle amena avec elle. Son pompier était mort d'une congestion pulmonaire, Philiberte s'était remariée avec un bûcheron du Bois-de-Vincennes, mais c'est avec un employé du gaz que tout le monde appelait Gros-Lulu qu'elle vint habiter chez le fils du père de sa fille. Gracchus n'était pas homme à mesurer l'hospitalité aux mères de ses enfants : Iris, la mère de Mérope, et Cora, la mère de Candide, vinrent ensuite, et la jeune Clotilde, la compagne actuelle du maître de maison, ne songea pas un instant à en prendre ombrage, car les deux femmes vinrent avec leurs maris et les enfants qu'elles avaient mis au monde depuis. La mère de Zadig se contentait d'envoyer de ses nouvelles à Noël, des jolis « Merry Christmas » d'Angleterre où elle avait suivi un tommy qu'elle avait épousé dans l'euphorie de la victoire, deux ans après la naissance du fils de Gracchus. Pour ne pas trop « urbaniser » le mamelon rustique, la tribu s'intéressa aux appartements de l'impasse : dès qu'il s'en trouvait un de vacant, on sautait dessus pour y caser quelque nouveau parent ou allié. La crise et le chômage amenèrent des oncles et des cousins, sans parler des amoureux clandestins et des anars provisoirement sur la touche. Vers 1933, à l'exception d'une vieille punaise de sacristie, d'un tromboniste obstiné, d'un couple de retraités des postes et du facteur, l'impasse dans son entier appartenait aux Gracchus. Les autres n'étaient pas assez coriaces pour résister longtemps à la colonisation : le facteur attendait dans l'impatience sa nomination à l'autre bout de la capitale, les autres préparaient subrepticement leur départ, sauf le tromboniste qui avait trouvé plus simple de s'intégrer à la tribu conquérante.

Les communistes étaient en majorité dans la tribu, ils étaient en nombre suffisant pour former une cellule dont Gros-Lulu, le mari de la mère de Zélie, avait été bombardé secrétaire, et qui avait pris le nom de Thaelmann, mais tous les communistes du rayon disaient « la cellule Gracchus ». Quand on le daubait sur ce parrainage involontaire, l'ancien déserteur s'esclaffait :

— J'ai connu un chien qui s'appelait « César » !

Il n'était pas mécontent d'imprimer sa marque jusque dans l'organisation sévère des soldats de Staline. Il n'affectait pas la tolérance, il l'avait reçue de naissance, il n'affectait rien, pas plus son mépris pour les sacrements que ses penchants pour la famille. Il lui arrivait de le dire : « On est comme on est. On est... ou on n'est pas ! » adage qu'il avait coutume de souligner d'un rot, ou d'un pet, selon l'heure.

En 1934, Gracchus Brujon entrait dans ses quarante ans. Petit, trapu, sa face puissante, aux rides nettes et profondes, les boucles folles d'une chevelure grisonnante qu'il laissait croître en crinière de lion, et ses yeux impressionnants suffisaient à l'imposer dès l'abord. Il régnait sans conteste sur l'impasse et le coteau secrets.

Cherchemidi aurait vraisemblablement tourné les talons, s'il avait appris tout cela le jour de son arrivée avec, à la main, la lettre de recommandation de Fernand Bédel. Ignorant tout, l'écrivain trouva le coin surprenant, plein de charmes, remarquablement disposé pour s'y cacher. Il se crut l'hôte de bonnes gens du peuple, simples et humbles. Chaque heure qu'il passait dans la tribu de Gracchus lui apportait quelque nouvelle information sur son histoire et sa composition — personne là-dedans ne songeait à cacher quoi que ce soit ! —, mais les heures précédentes avaient préparé l'écrivain à recevoir comme parfaitement naturel ce détail des plus insolites. Il se perdait encore aujourd'hui dans les parentés, il devait se surveiller constamment pour ne pas traiter la jolie Clotilde, qui ne faisait pas ses vingt-quatre ans, comme la fille de Gracchus, dont elle était réellement l'épouse devant la loi, et la seule. Il ne commettait pas trop d'impairs, depuis qu'il avait compris que le savoir-vivre ici commençait par l'oubli de toutes les idées reçues. La seule façon de se bien conduire était de se laisser aller selon son cœur, pour peu qu'on l'ait pas trop gâté. D'ailleurs Gracchus était ravi quand on prenait sa femme pour sa fille, il poussait le triomphal rugissement d'amour du roi des animaux.

Le soir du vendredi 9, en rentrant à l'impasse, Cherchemidi trouva la salle commune transformée en poste de secours, en P.C. aussi. Femmes et filles pansaient et massaient les communistes de la tribu, tandis que grondait Gracchus et que philosophait à l'ancienne, de sa voix de fausset, le père Tancrède. Il n'y avait que plaies et bosses sans gravité.

Cherchemidi demanda ce qui s'était passé, pas un instant il n'avait pensé à une querelle familiale.

— Il y a que la... la « cellule Gracchus », ricana le chef de la tribu, s'est crue capable, comme ça, à l'aise... (il esquissa quelques gestes de danseur). Elle s'est crue assez forte pour reconquérir le pavé de la capitale !

— Alors, il faut le laisser aux fascistes, peut-être ! cria l'employé du gaz, se dressant d'un bond. Il fit chanceler Philiberte, sa concubine, qui lui passait de l'onguent sur une bosse.

— Non ! bien sûr ! mais on n'y va pas sans fusils, du moment que les autres en ont ! rétorqua Gracchus. C'est quoi, la politique de ton parti, camarade-secrétaire, la manifestation des garennes contre les chasseurs ?

— Ah ! foutre ! il faut torcher une bonne fois les jean-foutre qui ont organisé l'émeute, piaillait le père Tancrède. Sacrés tonnerres ! il faut s'en occuper, de tous ces mauvais bougres qui bavent à plaisir sur la République, sacripants ! Au diable les calotins et les royalistes !

Zadig racontait :

— Le dur de la bigorne, c'était à la gare de l'Est. Quand on a vu arriver sur le boulevard de Strasbourg, les socialistes et les communistes ensemble, les deux drapeaux rouges côte à côte, un avec les trois flèches et l'autre avec la faucille et le marteau, ah ! putain ! pour une fois, c'était bien Saint-Denis la Rouge qui descendait sur Paris !

— Ça, c'est un signe, Gracchus, fit triomphalement l'employé du gaz, ça veut dire que l'unité est en marche...

— Ta gueule, Gros-Lulu, laisse causer mon fils, pour une fois qu'il m'intéresse !

— Nous avions rassemblement à la République mais, là, impossible d'y approcher ! Les flics, l'armée, la cavalerie, tout le bordel et son train... On a dû forcer des barrages, c'est là qu'on a dégusté, du côté de la gare de l'Est. J'ai vu tomber Lauchain à côté de moi, à dix mètres, devant la station de métro, au départ des autobus, où on prend le B qui fait gare de l'Est — Trocadéro. Il y avait la garde à cheval qui fonçait sabre au clair...

— Des vrais sabres ? demanda Fiquet, le petit dernier de Cora, la mère de Candide.

— Des sabres qui ont plus du mètre ! Ils le portent derrière (il touche presque par terre), mais ces types sont si grands, si hauts sur leurs canassons qu'ils sont pas empruntés pour le tirer du fourreau !

— Qu'est-ce qu'il est devenu, le gars, il était blessé où ? demanda Gracchus.

— Il a été emporté... Lariboisière est pas loin. Il avait pris des balles perdues, dans la fusillade. On parle de provocateurs fascistes qui auraient tiré ; en fait, on ne sait pas qui c'est, ce serait plutôt les flics, à mon idée...

— Eh bien, mes amours, on a voulu tâter à son tour de la manifestation, du désordre et de l'émeute, et on s'est fait un peu foutre des torgnioles...

— Assez, le vieux ! Écoute un peu ce qui se passe ! Et... qu'est-ce qui s'est passé après, petit ?

— Il a pris plusieurs balles dans le ventre, on l'a transporté, il était pas mort. Évidemment, il y a eu un grand vide, moi, je sais que je me suis cassé rue de la Fidélité. Là, j'ai un copain qui a été touché au mollet, mais là, je suis sûr que c'est la police ! J'ai vu les flics, ils tiraient d'un camion, ils prenaient la rue en enfilade...

— L'Ouvrier, il aura jamais que sa poitrine et ses bras pour... gémit Cora, la mère de Candide.

— Toi, tais-toi ! trancha Gracchus, quand je l'entends dire des choses pareilles... Si elle n'était pas la mère d'un de mes enfants !

Cherchemidi annonça aux Gracchus qu'il partait cette nuit même pour un voyage de quelques jours, qu'ils n'avaient pas à s'inquiéter... Ils lui firent promettre de revenir s'installer chez eux dès son retour, demande qui l'étonna, il n'avait même pas envisagé de faire autrement.

Il faut dire que rien ne s'arrangeait.

Après la nuit tragique du 6 au 7 février, deux proclamations officielles avaient été lancées : l'une affirmait qu'il s'agissait d'une « tentative à main armée contre la sûreté de l'État », l'autre félicitait les défenseurs de l'ordre et les assurait que « des moyens encore plus efficaces seraient mis à leur disposition ». Une information judiciaire était ouverte, en particulier contre M. Charles Maurras, codirecteur de l'*Action française*, pour « excitation au meurtre ». On annonçait des arrestations sensationnelles... Quelques heures après, Daladier confirmait les bruits qui couraient concernant la démission de son gouvernement. M. Gaston Doumergue, ancien président de la République, débarquait déjà dans la capitale, rappelé d'urgence de sa retraite de Tournefeuille. Les anciens combattants se rassuraient : le vainqueur de Verdun, le maréchal Pétain en serait...

Cherchemidi avait accompagné Madeleine et Léo Lagrange au Palais de Justice comme prévu.

L'air y devenait irrespirable. Tout député, même de droite, était un assassin : on en était là. Le bon gros Lebail — un radical breton ! — s'était fait expulser. D'anciens secrétaires de la Conférence faisaient circuler une pétition demandant qu'on exclue sur l'heure Pierre Cot — le ministre de l'Air — et qu'on raye du barreau tous les fusilleurs.

Des avocats rencontrés en chemin suppliaient, avec des mines, Léo Lagrange de faire demi-tour, de ne pas entrer plus loin dans le Palais : « Dans un but d'apaisement, cher ami, même si vous, vous n'êtes ni un voleur ni un fusilleur, pour ne pas exciter les autres ! »

Naturellement, le député socialiste était resté, il s'était même baladé une demi-heure de long en large, Galerie Marchande, au milieu du respect général, « roulant ses terrifiantes épaules », comme disait *Gringoire*.

Après cette réconfortante épreuve, les Lagrange et Cherchemidi s'étaient retrouvés une cinquantaine à la brasserie Zeller, avocats antifascistes, socialistes, communistes, Delépine, Jean Longuet, Depreux et son collaborateur Rémy Sicard, l'ardent et sec Marcel Willard qui dirigeait l'A.J.I. — Association Juridique Internationale —, Pitard et Hadji, les Létrange et leurs amis pupistes — ils avaient quitté le Parti communiste mais étaient restés avocats de la C.G.T.U. — Madeleine Lagrange montra Zévaès à Cherchemidi. C'était un avocat plus âgé, dont l'irruption jeta un froid : « Dire qu'il a accepté d'être l'avocat de Villain — l'assassin de Jaurès ! — lui, un ancien guesdiste !... »

Aucun abattement, aucun découragement. A l'opposé, ils parlaient tous avec une sorte d'allégresse c'était plein de sous-entendus toniques et forts, il y avait derrière chaque réplique comme un refrain, non de victoire mais d'un matin de victoire.

Cherchemidi ne perdit rien de cet élan, il attaqua son article dès qu'il eut pris congé, puis il alla le porter lui-même à la rédaction, au directeur, en mains propres.

— Rien à voir avec le « billet parisien », fit le Patron à la fin de sa lecture.

— Ce n'est pas bon ?

— Excellent ! et une bonne idée, un reportage au Palais. Non, mais je me doutais bien, après le succès de vos articles sur M. Alexandre, vos excellents « Reflets d'un parlement assiégé », que vous ne reviendriez pas facilement au genre mondain.

Ainsi, ils étaient d'accord. Le patron se gardait de le dire, mais il était reconnaissant à Cherchemidi de ses articles nouvelle manière. L'écrivain n'avait dit que ce qu'il avait vu et entendu, sans tirer la couverture vers la droite ni vers la gauche, et il l'avait dit avec talent, cela frémissait de sensibilité, chaque ligne portait la marque d'une conscience scrupuleuse jusqu'à l'inquiétude. Cette « objectivité du cœur », selon l'expression d'un confrère, avait séduit les lecteurs dans ces jours d'invectives, le journal en avait gagné de nouveaux sans perdre un seul des anciens.

Désormais le patron, tout en conservant le ton protecteur de la plaisanterie, prêtait beaucoup d'attention aux propositions de Cherchemidi.

— Et pourrais-je vous demander, mon cher maître, s'il y a dans vos perspectives un sujet digne de votre intérêt ?

— J'ai l'impression qu'il va y avoir de drôles de retours de bâtons...

— Tiens ! fit le directeur en dressant l'oreille, qu'est-ce qui vous fait dire ça ?

— Disons... une grève générale suivie de manifestations, et si tous les syndicats appelaient en même temps...

— Et vous verriez une façon particulière de traiter ça ?

— Oui. Généralement, on s'en tire de deux façons : un tableau général de la situation avec chiffres et statistiques ; un reportage dans un lieu particulièrement significatif, on va toujours chez les mêmes, Renault, Citroën... Pour une fois, il faudrait aller dans un trou sans gloire, où vivent des gens comme tous les autres mais que l'on connaît bien, chez lesquels on peut approfondir l'analyse d'un changement grâce à l'expérience sentimentale qu'on a de leurs faits et gestes depuis toujours...

— Difficile à trouver... Vous voyez un coin, vous ?

— Chez moi, en Cévennes.

— Mais... il y a des ouvriers, là-bas ?

— Des mineurs.

Le patron ne réfléchit que quelques secondes :

— D'accord.

L'avant-veille de son départ, il était allé dîner chez les Lagrange.

Ils lui présentèrent un avocat viennois, Edmond Schlesinger, un gaillard bon vivant :

— L'un de nos tout premiers invités, certainement, précisa Madeleine, puisqu'il y a dix ans, nous l'avons amené prendre le thé dans l'île du Bois de Boulogne, Léo et moi, nous étions alors avocats stagiaires mais pas encore fiancés. Austro-marxiste, naturellement, et disciple d'Adler...

On sonnait, Madeleine introduisit André et Clara Malraux que l'on n'attendait pas. Malraux décida de téléphoner à Guéhenno qui vint sur-le-champ, puis à André Chamson... Ils éprouvaient le besoin de se voir, de se concerter. L'avocat autrichien, par ses propos, par sa présence même, donnait à leurs préoccupations une gravité nouvelle. Il était consterné : cette nuit du 6 février lui semblait tellement plus grave encore que ne le disaient ses amis français, ses répercussions se faisaient sentir aussitôt, très loin de la place de la Concorde, jusque dans son propre pays, en Autriche. Il en était la preuve vivante.

Edmond Schlesinger avait fait le voyage de Vienne à Paris pour transmettre à M. Paul-Boncour, ministre des Affaires étrangères dans le gouvernement Daladier, le message alarmé de ses camarades de la Commune socialiste actuellement menacés d'extermination. La démission du gouvernement Daladier rendait sa démarche inutile. Qui serait le nouveau ministre ?...

— Laval ?

— Ou Pétain ?

L'avocat autrichien ne doutait pas que la démission du gouvernement, à la suite des événements de la Concorde, soit une catastrophe pour ses camarades en danger. Désormais Dollfuss pourrait faire son coup d'État et massacrer la Commune socialiste de Vienne.

Cherchemidi recueillait le moindre propos, il retenait à grand-peine des mouvements d'irritation quand la passion ou l'angoisse bousculait la conversation et embrouillait les répliques.

Il y avait là Guéhenno, l'auteur de *Caliban parle*, il y avait là Chamson, l'auteur de *Roux le Bandit* et du *Crime des justes*... Il y avait ces affrontements fertiles : Léo Lagrange et André Malraux ; le jeune député, qui, chaque semaine, rentrait de sa circonscription, tout imprégné des rumeurs et des senteurs laborieuses et misérables de ces bourgs de l'Avesnois, mi-ruraux, mi-industriels, dont il connaissait chaque petite entreprise de textiles ou de verreries, qui parlait en connaissance de cause de Glageon, de Sars-Poteries, des marbreries de Cousolre, où le vieux guesdiste Sustendal allait d'estaminet en estaminet, portant « s'mackine », un phono où il mettait en route la parole socialiste gravée sur les disques de *La Voix des Nôtres*, et de Fourmies qui se souvenait d'un 1er mai sanglant... Malraux, l'auteur de *La Condition humaine*, le président du Comité Thaelmann, le voyageur d'Asie, compagnon de route du Parti communiste...

Sur le même plan, avec la même attention, la même émotion, ils écoutaient leur frère d'Autriche qui expliquait son désarroi. Il finit par cet aveu : il ne rentrerait pas dans son pays, il ne pouvait plus désormais, sa décision était prise.

Il y avait des hommes très différents chez les Lagrange, dans le petit appartement du quai Malaquais, ce soir-là, mais des hommes intelligents et sensibles, des clairvoyants, tous d'accord pour se battre jusqu'au bout contre le fascisme, pour sauvegarder la dignité humaine. Ces yeux, qui voyaient loin, convergeaient sur le phénomène qui venait de se produire devant eux, sur ce spécimen d'une nouvelle espèce de l'humanité : le réfugié. Ce n'était pas le premier, certes, mais c'était « leur » premier réfugié.

« ... Vous les croyez idiots, les Parisiens ? demandait Chamson fougueusement, qu'est-ce que les Parisiens ? Presque personne n'est de Paris, nous sommes déjà deux purs Cévenols ici, Guéhenno vient de Bretagne, Léo de Gironde, mais presque personne n'est de Paris ! Voyez les journaux, quand ils parlent de Paris, il est question de la place Vendôme et de la rue Royale, des rues de magasins et de bureaux. Le peuple habite les quartiers, il n'est déjà plus de Paris. Son opinion ne se forme pas tellement d'après les journaux mais d'après ce qui se dit de porte à porte, d'établi à établi, dans les bistrots, au bar-tabac... comme cela se passe dans les villages — je suis en train de penser au mien... »

Cherchemidi puisait, dans presque toutes les phrases qui s'échangeaient là, des provisions de cœur pour son voyage.

« La guerre, nous dit-on, de nouveau monte autour de nous, murmurait sombrement Guéhenno. Il me semble entendre encore qui grondent dans le ciel noir, avec une si terrible régularité, ces centaines d'avions des nuits d'octobre 1918. La prochaine guerre commencera comme la dernière a fini... »

— Et Bouyer ?

— Il faudrait le voir ! Il est dans le bain syndical jusque-là, Bouyer ! Il est de ceux qui peuvent secouer la vieille C.G.T...

— Et Jean Prévost ?

Le hasard d'un mot leur rappelait un ami dont ils regrettaient l'absence momentanée, ils regardaient machinalement le téléphone inutile : s'il avait suffi de le décrocher, Bouyer et Prévost seraient là.

Malraux, selon sa manière, avait des prémonitions qu'il suggérait inimitablement : « Victoire ou défaite, le destin du monde, cette nuit, hésite près d'ici. » Tous percevaient un instant comme les gigantesques balancements des nuées sur la terre, ce monstrueux tâtonnement, là-dessous, entre le Louvre et l'Institut... Guéhenno parlait d' « une certaine force qui est en nous et contre laquelle rien ne peut rien... » Schlesinger parla de lumière, tous parlèrent de bonheur.

Ils étaient des hommes, ils lançaient leurs intelligences et leurs cœurs aussi loin que possible vers l'avant — ils ne pouvaient aller plus loin que le commun, ils s'y prenaient un peu moins aveuglément, c'est tout — mais de ces lambeaux, qu'un sur tant de leurs élans arrachait pour eux à l'avenir, tous n'étaient pas sanguinolents, parfois ils ramenaient un éclat de soleil...

A serrer le poing, de joie et d'appréhension !

Léo Lagrange dit gravement : « Pensez qu'entre le fascisme et nous la bataille se réglera à coups de fusil. Il faut que, dans cette bataille-là, nous soyons résolus à aller jusqu'au bout ! »

A l'évidence, il n'avait pas énoncé cela avant de l'avoir longtemps tourné et retourné dans sa tête, il n'avait pas eu de plaisir à le dire, chacun le prit ainsi, un silence en fut la preuve.

Ensuite, logiquement, ils parlèrent d'agir, et au plus tôt. La grève des taxis durait, s'il y avait grève générale, les métros s'arrêteraient, du moins on l'espérait...

— Je suis allé avec Léo rue Victor-Massé, tout à l'heure : la C.A.P. élargie a longtemps tergiversé avant de s'accorder sur la manifestation avec la C.G.T. qui lance l'ordre de grève de vingt-quatre heures, ce serait la place de la Nation...

Le député socialiste annonçait qu'il partait, selon son habitude, pour Avesnes, en attendant les événements. Un grand meeting aurait lieu à Fourmies, ce dimanche, et, le soir même, pour la grande riposte...

— « Grande ? » demanda Malraux, et si votre parti et la vieille C.G.T. restent seuls, comme le sont restés les militants communistes, qui se sont courageusement bagarrés contre la police à la gare de l'Est ?... Ils en ont eu, des blessés, et même des morts !

— ... Nous les avons vus, racontait Clara. Rien que des ouvriers, ou presque, de vieux compagnons, des gamins, ils sont d'une bravoure qui laisse sans voix. Les gens se mettaient aux fenêtres, ils applaudissaient...

La nuit était avancée quand ils se quittèrent à la façon de ces Parisiens selon Chamson qui retournent vite, dès que l'affaire se montre sérieuse, vite chez eux, pour voir ce qui se passe, ce qu'elle devient, l'histoire mondiale, dans leur petit village.

Le reportage sur la grève des mineurs cévenols s'arrangeait bien avec les obligations familiales de Cherchemidi, il n'y avait pensé qu'après, il faut lui rendre cette justice. Il pouvait ainsi ramener Franck, le présenter lui-même au lycée Jean-Baptiste Dumas où l'on risquait de tenir pour désinvolture un retard de cinq semaines pour commencer le deuxième trimestre ; il faudrait se renseigner précisément, peut-être quelques leçons particulières aideraient l'enfant à rattraper le temps perdu.

Franck était toujours aussi renfermé. Le grand oncle Justin lui avait fait mener la grande vie, un gamin de treize ans ne se détache pas gaiement de merveilles jusqu'alors inconnues. Il avait, de plus, souffert de quitter Raoul, le maître d'armes l'avait remarqué, ils s'entendaient comme larrons en foire avec le petit Ardailhan... au fait, son père à celui-là, le Laguerre, qu'est-il devenu ? Bah ! pas de nouvelles, bonnes nouvelles ce n'est pas sans penser à l'A.C. professionnel de Clerguemort que l'écrivain parcourait chaque matin la liste des victimes de la veille.

Sur le quai du départ, Cherchemidi avait acheté quelques journaux pour le voyage. Franck n'avait pas voulu de *Junior*, ni de *L'Épatant*, sous prétexte qu'il avait un livre en cours.

Par une de ces curiosités acquises depuis peu, l'écrivain s'intéressa de près à la traditionnelle photo des ministres du nouveau gouvernement Doumergue, les trois rangs d'oignons sur les trois marches du palais de l'Élysée, les oignons même ne changeaient guère, il retrouvait toujours les mêmes noms : Flandrin, Sarraut, Tardieu, Chéron, Queuille à l'agriculture... des noms qui lui étaient entrés en mémoire depuis longtemps sans qu'il y prenne garde. Mais de qui avait-on parlé chez les Lagrange ? Et, d'abord, quel est le nouveau ministre des Affaires étrangères, celui qui remplace Paul-Boncour, « Barthou, sénateur des Basses-Pyrénées, union démocrate et radicale », Cherchemidi n'y voyait pas malice, il n'était pas assez ferré en politique, le camarade Schlesinger conservait peut-être une chance, *Diü volé !* (rien que de prendre le chemin du pays, le patois lui remontait aux lèvres). Laval aux Colonies, le maréchal Pétain à la guerre, Herriot... qu'avait dit Guéhenno ? « M. Herriot, qui sait partout se faire aimer, serre la main des ingénieurs... embrasse des écoliers... »

L'escalier des Lagrange était un décor balzacien, avec son entresol, ses demi-étages, la verrière en demi-lune au ras du sol, à chaque palier...

La pensée qui avait traversé l'écrivain pendant qu'il descendait l'escalier vieillot lui revint sur l'instant, avec netteté. Il se la remémora avec plaisir, elle tenait le coup, ce n'était pas une formule outrée, ronde mais creuse, gonflée par le vent chaud d'une veille excitante, qu'un réveil lucide aurait ramenée à ses navrantes dimensions. Dans le train, maintenant, il le pensait encore, il en ressentait même une inexplicable fierté : ces hommes — les Lagrange et leurs amis — il ne leur avait rien promis, il ne leur avait prêté aucun serment — d'ailleurs, ils ne lui avaient rien demandé — et pourtant Cherchemidi savait, il en était tout à fait sûr, que jamais il ne les trahirait.

C'était une conviction profonde, qui ne provenait d'aucune déduction, ne s'appuyait sur aucun raisonnement, cela montait tout seul, instinctivement, du plus profond de lui-même, de ce qui lui restait, là, de meilleur.

Un journal adressait à M. Gaston Doumergue, sur une largeur de cinq colonnes, cette apostrophe grandiloquente : « Merci pour la France ! » L'éditorialiste voulait voir l'un de ces miracles qui se produisent à point nommé, une ou deux fois par siècle, pour sauver la Patrie, dans le fait que l'ancien président de la République avait bien voulu reprendre le collier...

« Comment peut-on écrire ça ? » se demanda Cherchemidi ; il apprenait enfin à lire les articles politiques. Le plumitif se permettait ensuite de rappeler que « le bon peuple avait, à sa façon, un peu triviale sans doute, traduit la véritable dévotion qu'il portait au grand homme dans l'affectueux sobriquet de *Gastounet.* »

« Tiens, se dit Cherchemidi, je n'ai jamais entendu ça nulle part, ni chez Gracchus, ni même à Clerguemort où l'on pousse l'affection jusqu'à diminuer les diminutifs... Petitounettou... » murmura-t-il pour se donner un exemple, et ses yeux se tournèrent vers son neveu, par la magie du mot retrouvé.

Franck s'était endormi.

Cherchemidi ramassa délicatement le livre que les secousses du train avaient fait glisser des genoux de l'enfant : *Les Misérables.* L'écrivain feuilletait distraitement quand ces lignes, en fin de chapitre, piquèrent son attention :

« Donc plus de jacquerie. J'en suis fâché pour les habiles. C'est là de la vieille peur qui a fait son dernier effet et qui ne pourrait plus désormais être employée en politique. Tout le monde le sait maintenant. L'épouvantail n'épouvante plus... »

« Le pauvre gosse doit sauter les pages par dizaines, se dit l'écrivain. J'aurais dû lui acheter quand même *Junior.* Il est trop gentil, presque autant qu'un enfant élevé à la dure, ce qui n'est pas le cas, je connais ma Lilette ! La malheureuse doit en crever de cette rencontre ratée, ah ! les salauds... »

Les feuillets défilaient si vite qu'ils produisaient du vent sur son pouce. Un début de chapitre, quelques mots, l'accrochèrent :

« Il y a l'émeute, et il y a l'insurrection ; ce sont deux colères ; l'une a tort, et l'autre a droit. Dans les États démocratiques, les seuls fondés en justice, il arrive quelquefois que la fraction usurpe ; alors le tout se lève, et la nécessaire revendication de son droit peut aller jusqu'à la prise d'armes... »

« Mais il a donc déjà tout dit, cet animal-là ! » C'était de la jalousie, à l'état pur. Cherchemidi s'avoua qu'il avait dû lui-même, en son temps, sauter trop de pages ou les avait-il si mal comprises ?...

« ... Rousseau chassé de Suisse à coups de pierre, c'est l'émeute... Paris contre la Bastille, c'est l'insurrection... La Vendée est une grande émeute catholique... l'insurrection, c'est Spartacus. L'insurrection confine à l'esprit, l'émeute à l'estomac... »

Cherchemidi avait eu tort et raison à la fois quand il avait apprécié la qualité des liens qui se nouaient entre Victor Hugo et Franck Joszà.

Cet enfant était un exilé, lui aussi.

Des familles, il en est de toutes sortes, où l'on se comprend sans même se parler, sans gestes, sans regards. Son neveu ne comprenait pas *Les Misérables*, il n'essayait même pas, il plongeait dedans, s'y roulait, s'y baignait, s'en imprégnait. Victor Hugo n'enseignait pas Franck Joszà, il le tenait sur les fonts baptismaux. Un baptême a-t-il besoin d'explications ? C'est pourtant le premier des sacrements, le plus durable, c'est la marque, pour toute éternité.

Franck n'avait rien dit à Cherchemidi du farouche périple de la Rolls sur le pourtour de l'émeute, Raoul non plus n'en avait parlé à personne, c'était un secret de plus entre les deux garçons.

Ils avaient passé trois nuits à discuter de ces heures hallucinantes. Des souvenirs étaient remontés en masse dans la mémoire de Franck qui s'était ouvert à Raoul des moments marquants de ses derniers mois dans Hambourg martelé par les troupes en chemises brunes.

Maintenant, Raoul Ardailhan avait repris sa place au Prytanée militaire.

Seul, le chauffeur nègre aurait pu trahir leur secret, mais pourquoi l'aurait-il fait ? Le maître d'armes le traitait de façon qui n'encourageait pas les confidences. Admettons. Même si le chauffeur avait parlé, le maître Larguier avait fait comme si de rien n'était ; avec lui, leur secret serait dans un tombeau...

Ah ! c'était quelqu'un, le grand oncle Justin !

Le train quittait la gare de Saint-Germain-des-Fossés, il prenait son élan de loin pour attaquer la montagne. Franck se rendormait.

Cherchemidi ne s'était pas aperçu que l'arrêt brutal dans la dernière gare avait tiré son neveu du sommeil. L'écrivain s'était plongé dans le père Hugo.

25

Le beau Carnaval

... Messieurs, écoutez-moi, et voici en deux mots.
Pourquoi nous sommes ici, sur la Place Publique.
Les crimes scandaleux du nommé *Carnaval*.
Sont la cause de tout cet énorme rambal.
Coquin, rusé, vicieux, cet affreux chenapan...

En ce mois de février 1934, Alès, la capitale du petit pays minier des Cévennes, s'occupait de son Carnaval.

Nouvellement créé, « le Club sportif des Gaietés lyriques » avait entrepris de faire revivre les vieilles coutumes carnavalesques, dans le cadre d'une action ainsi définie : « Culture du Corps par la diffusion des Sports. Culture de l'Esprit par le goût de l'art lyrique, théâtral et littéraire. »

Le nouveau club avait fait appel à Miguel de Cordoba pour écrire le *Jugement de Carnaval*, version renouvelée de cette *Grando Pietà de Carnaval* de Jan Castagno qui datait de 1924. Escorjoserp, président du tribunal. Riscantrono, le procureur, la Coudasquesso, Sans-Soucit, le page, la Coumtesso et Lou Felibre, avaient fait leur temps ; chaque matin, les journaux familiarisaient les Alésiens avec les nouveaux acteurs du Carnaval rajeuni : Finette, la lavandière qui remplaçait Margoutoun, la *bügadièiro*, Me Pendar qui reprenait à Me Béugousiè l'indéfendable cause, le Dr Cubitus « physiologiste éminent, ex-interne des Hôpitaux du Pompidou, Grand Officier de l'Ordre du Tibia », remplaçant le Dr Purjomolo, le maçon Musique, le coutelier Pitafle, Boufo-Fio, le chimiste, et Seco-Fun, le rémouleur.

Après Noël, le Nouvel An puis la foire du 17 janvier, bientôt le Mardi Gras, les forains prenaient racine, Alès semblait vouloir n'en plus finir de festoyer. Il y avait comme un besoin rageur de bamboche. La presse faisait écho aux protestations de quelques grincheux :

« On nous écrit : Les habitants des quartiers avoisinant la place des Ribes se demandent à quel moment ils peuvent goûter un peu de repos la nuit. Certaines jeunes gens, autant Français qu'étrangers, ne peuvent se retirer sans chanter à tue-tête ou en raclant la devanture de certains magasins. D'autre part, certaines hétaïres accompagnées de leurs chiens font, toute la nuit, avec ces derniers, un vacarme infernal... La police ne pourrait-elle faire quelques rondes dans ce quartier et mettre ordre à tout cela ? Renvoyé à qui de droit ! »

La police faisait ce qu'elle pouvait : 34 contraventions de 1 à 5 francs pour défaut de plaque ou d'éclairage à cycles, embarras de la voie publique, échappement libre à moto ; poursuites contre les marchands ambulants, procès-verbaux pour défaut d'étiquettes, pour vente de viande non estampillée par le vétérinaire, pour balances non poinçonnées, pour vente de vin avec insuffisance d'acidité, violences légères, ivresse... La correctionnelle était pourvue par les « mœurs » en filles soumises ramassées dans la Bouquerie et la Cavalerie en défaut de visite sanitaire, en flagrant délit de racolage et d'entôlage ; le maire était interrogé par le juge d'instruction dans l'affaire provoquée par les révélations de son ancien secrétaire. Lucienne Boyer était venue à Nîmes pour chanter *Parlez-moi d'amour*.

Tapie au pied des montagnes, la ville d'Alès devait tout aux paysans et aux mineurs de la Cévenne. Néanmoins, il en était peu question. La sous-préfecture feignait d'ignorer la terre et le charbon. La boucle du Gardon enlaçait les rues commerçantes et prospères où l'on tenait salon. Là, tout semblait sérieux, solide : le fort Vauban dans son enceinte crénelée, dont les échauguettes aux angles tranchants surveillaient et protégeaient la ville, citadelle symbolique dans laquelle on pouvait entrer par deux portes, celle du musée, celle de la prison ; l'énorme cathédrale Saint-Jean, édifice bizarre du XVIIIe siècle, clocher carré, tête ronde, dans la position familière du chien de garde chez lui, détendu, mais veillant sur le très bel hôtel Régence de la Chambre de Commerce, sur l'hôtel de ville de 1732 où siégeaient les États du Languedoc, sur le théâtre municipal, sur le Palais de Justice, sur le lycée Jean-Baptiste Dumas, sur le collège de jeunes filles, sur la Caisse d'Épargne, tous monuments redressant des frontons d'une prétention naïve, style dont le chef-d'œuvre demeurait l'escalier monumental de la place de la Maréchale. Au fond de son lit caillouteux, au pied de ses quais relevés haut sur des murailles semblables à une enceinte fortifiée, la rivière entourait Alès comme pour la protéger des peuples de la montagne et de la mine, (tout cela s'arrêtait hors les murs). Les ouvriers n'avaient envahi que les faubourgs et quelques ruelles ignobles des bas quartiers de la Cayenne. Les paysans ne séjournaient guère dans la cité que pour les marchés, les foires, les braderies, le temps de faire quelques emplettes ou d'accomplir quelques démarches importantes.

Pourtant, le royaume du charbon commençait immédiatement sur l'autre rive, face au fort et à la cathédrale dont les deux têtes, dressées au-dessus des toits de la ville, semblaient ne pas perdre de vue le quartier noir.

Passé le pont du Marché, on tombait brutalement chez les mineurs. Là, ce n'était plus par les frontons et les vitrines qu'on était impressionné, mais par les gens, par les gueules. Les immeubles chancelants n'abritaient, derrière leurs façades grisâtres où séchait en permanence du linge étendu à chaque fenêtre, que des mineurs et leurs familles nombreuses. Le négoce ne se mettait pas en frais de devantures et de présentation, les clients n'étaient que des mineurs, qui n'achetaient que l'indispensable, au meilleur marché. Rien n'était fait pour réjouir l'œil ou le cœur dans ce faubourg surpeuplé, dans la crasse et la promiscuité de ses ruelles, de ses arrière-cours humides où les querelles commencées par des cris finissaient par des coups. On entendait là plus de rires et de chants que dans toute la ville. Ce faubourg faisait à lui seul plus de bruit que le tout Alès qui lui faisait face sur l'autre rive.

Cela s'appelait Rochebelle.

Ce n'était que la tête de pont du travail : derrière Rochebelle, se pressaient La Royale et Tamaris, encore des mines, des hauts fourneaux et des forges, Cendras, les Salles-du-Gardon, la Levade, etc., rien que des mines et des mineurs ; plus haut : le Martinet, Roches-sadoule, La Vernasse, etc., des petites mines encore, et des villages de mineurs ; plus haut : les vallées, la montagne, les villages, les hameaux et les mas paysans dont les enfants descendaient à la mine de plus en plus nombreux...

Derrière Rochebelle, il y avait tout ça.

Des mansardes de Rochebelle, la ville apparaissait sous la forme d'un bourg fortifié : par-delà le Gardon, sur les remparts des quais, une barrière de hautes façades blanches qu'interrompait l'alignement des platanes touffus. Par-dessus : le moutonnement des toits de tuiles romaines passant par tous les roses, du rouge neuf au gris clair de très vieux toits usés par tous les soleils. Le clocher de la cathédrale, et la masse du fort planté sur le tertre du Bosquet, dominaient seuls. L'ensemble se détachait sur un fond de petites collines verdoyantes.

Quand on regardait Rochebelle, d'une éminence de cette ville, depuis une fenêtre du musée municipal situé tout en haut du fort, par exemple, on ne voyait d'abord qu'un paysage au fusain rehaussé d'encre de Chine : bâtiments en longueur des ateliers et des installations de surface, chevalements des puits Sainte-Marie et Descours, cheminées d'usine, hauts fourneaux, inquiétantes collines trop nettes des crassiers...

D'un côté comme de l'autre, on ne franchissait pas le pont pour son plaisir. Même les passants n'avaient pas la même allure des deux côtés : dans les rues commerçantes de la ville, on se montrait, sur le pavé de Rochebelle, on se cherchait.

Cherchemidi s'attendait à tout, sauf à ça : Alès-la-Rouge dans la fièvre du Carnaval.

La capitale du bassin houiller des Cévennes, c'est-à-dire du troisième bassin français après ceux du Nord et de Lorraine, et du seul à produire de l'anthracite, sans parler des mines de fer et d'antimoine, des usines de tubes et de constructions mécaniques, des usines chimiques de Salindres !... Les démarches qu'il avait effectuées à Paris pour Fernand Bédel lui avaient donné l'occasion de se documenter sur son propre pays comme il n'avait jamais, jusque-là, éprouvé le besoin de le faire. Et c'est pour écrire un reportage plein de feu qu'il était descendu de Paris.

« Salut à toi, Seigneur Carnaval, ambassadeur de la joie et du rire en notre capitale cévenole ! »

Ces banderoles n'étaient pas celles qu'il attendait. Il s'arrêta devant les affiches :

« Alésiens, Cévenols, voulez-vous que nos Cévennes retentissent de l'écho de vos rires et de la pétarade des moteurs ? Adhérez à l'Auto-Moto-Cycle Cévenol — Siège social : 2, impasse de l'Évêché... »

M. Hur avait tenu à venir jusqu'à la gare, il assumait avec sérieux son rôle de correspondant de Franck, il dit à Cherchemidi :

— J'ai pris sur moi d'aller trouver le proviseur pour l'avertir du retard de votre neveu... (Baissant la voix) il a fort bien compris, naturellement.

Place de la mairie, l'écrivain demanda la raison de l'affluence de garçons turbulents dans les parages du bar *Y a bon* :

— C'est le siège du Club Sportif des Gaietés Lyriques, ils préparent le Carnaval...

Le crieur public en sortit devant eux. Il fit sa première annonce au milieu de la place, après quelques roulements de tambour :

— Aviss' à la population !... Les chômeurs venus se faire inscrire pour le portage des sujets devront se trouver à 9 heures exactement, dimanche matin, dans la cour de la gare petite vitesse !

Il conclut, après un bref roulement :

— Et... tous les travestis sont invités à participer au cortège !

M. Hur, qui était en train d'expliquer combien les fêtes seraient réussies cette année, s'interrompit sans raison apparente pour se plaindre du froid. Cherchemidi était démoralisé : deux ivrognes qui braillaient *L'Internationale* le firent douter de tout.

En l'honneur de l'écrivain parisien, Mme Hur avait chauffé la salle à manger, le Godin était allumé depuis la veille, il fallait ça pour que l'immense pièce soit praticable, même pour un bref séjour.

Les Hur avaient prémédité de le retenir à dîner, et Cherchemidi éprouva quelque gêne à refuser l'invitation. Il ne savait quelle obligation invoquer : la vérité, qu'il n'osait dire, il ne savait pourquoi, c'était qu'il lui tardait de retrouver Fernand Bédel. Finalement, son fameux reportage reposait sur le délégué, c'était lui qu'il fallait voir d'abord, et parmi ses mineurs, à La Vernasse.

— Vous avez tout le temps, cher maître ! Votre petit Franck ne reprend pas ses cours avant mardi. Demain c'est le Carnaval, il ne faut pas le rater, cette année !

— Avant mardi ?

— Mais oui : lundi, c'est la grève, la grève générale, rappela M. Hur, comme s'il parlait d'une chose toute naturelle.

L'écrivain regarda ce bonhomme d'instituteur et ne put s'empêcher de lui demander :

— Les instituteurs feront grève aussi ?

— Mais bien sûr, tout le corps enseignant.

Mme Hur éprouva le besoin d'amoindrir cette solidarité :

— Oh ! vous savez, beaucoup de nos élèves sont fils de mineurs. Si nous ne suivions pas le mouvement, nous ne serions pas compris. Il est à parier que les parents n'enverront même pas leurs enfants à l'école. Une grève, un lendemain de Carnaval, ça ne pouvait mieux tomber !

Entre sa classe, les courses, la cuisine et le nettoyage, l'institutrice avait dû faire des prodiges pour traiter l'écrivain, qui ne s'en doutait même pas. Elle déployait tout le savoir-vivre, toutes les grâces qu'elle croyait dans les mœurs du meilleur monde parisien, mais son ardeur à bien faire n'allait pas sans des lourdeurs provinciales. C'est ainsi que, pour allécher son hôte, elle trottina vers la cuisine et revint en brandissant triomphalement le poulet qu'elle avait mis au four à son intention.

Cherchemidi fut intraitable : il voulait prendre le prochain train pour le Chambon.

— Laissez-nous au moins le petit Franck, il ne faut pas qu'il manque le Carnaval ! Il est comme chez lui, chez nous...

Franck Joszà et Jean Hur s'étaient depuis longtemps isolés dans la cuisine, l'autre pièce chauffée : ils discutaient ou jouaient là-bas, discrètement.

Cherchemidi prit congé, non sans embarras : tant d'affabilité le mettait dans une situation impossible à l'égard des précieux correspondants de son neveu.

Dans la nuit glaciale qui tombait déjà, il prit un omnibus formé de wagons de bois d'un modèle ancien. Paysannes endimanchées, collégiennes et lycéens pensionnaires qui rentraient dans leurs villages pour le dimanche prolongé par la grève, cheminots, maçons, le train était bondé. Il avançait avec une lenteur désolante, s'arrêtait partout, même devant de simples abris, à côté d'un passage à niveau, et même une ou deux fois en rase campagne, sans raison apparente. Les garçons taquinaient les filles, les commères commentaient leurs achats en patois, des éclats de voix parvenaient d'un compartiment voisin où l'on se querellait à propos de bois mort qu'on avait ou non le droit de ramasser sur un terrain communal ; le tintamarre ne troublait en rien le sommeil de quelques manœuvres arabes et polonais abrutis de fatigue.

Dès le premier arrêt, Tamaris — à deux kilomètres d'Alès — beaucoup de voyageurs descendirent, mais il en monta presque autant, parmi lesquels des mineurs barbouillés de charbon. Ils continuèrent, comme s'ils étaient seuls, d'épaisses plaisanteries qui tournaient toutes autour des attributs virils de l'un de leurs camarades de chantier.

A chaque station, la lumière jaunissait, faiblissait jusqu'à s'éteindre parfois. L'omnibus se vida aux trois quarts à La Grand' Combe. Il ne restait dans le compartiment que deux vieilles, un lycéen, un gros homme qui chaussait des lunettes pour lire son journal, et Cherchemidi. Toutes les odeurs persistaient : transpiration, fromage, vin rouge, senteurs sures de la crasse et de la fatigue.

Les voyageurs, qui montaient à la Levade, à Sainte-Cécile d'Andorge, étaient des apparitions de plus en plus floues, sortant du brouillard nocturne que les deux ou trois ampoules misérables des réverbères ne trouaient qu'à peine, à des hauteurs inutiles. Dans chaque tunnel, la poussière de charbon s'insinuait sous les vêtements, avec une insistance d'humidité.

Par-dessus l'épaule de son voisin, Cherchemidi parcourut les titres du *Petit Provençal* : « Lundi, dans tout le pays, grève générale de vingt-quatre heures ! » — en tête de la première page, sur trois colonnes, au-dessus d'une photo de Jouhaux, le secrétaire général de la C.G.T. Un encadré annonçait « Les Auberges sanglantes » comme suite au feuilleton sur Peïrebeilhe. Un appel des mineurs commençait par : « La bourgeoisie vient de faire un pas vers le fascisme... »

La lumière baissait, seul brillait dans les ténèbres soudaines le zigzag rouge de la vieille ampoule : l'omnibus entrait en gare du Chambon.

Sur le quai, l'écrivain hésita : évidemment, il se trouvait beaucoup plus près du Casquillé que de La Vernasse, mais la seule idée d'affronter la terrible vieille, qu'il n'avait même pas avertie, de passer la soirée seul avec elle, dans le vieux mas au-dessus de Clerguemort...

Une lumière brillait encore, à une porte-fenêtre, au rez-de-chaussée de la gare du Chambon. Il découvrit l'homme d'équipe faisant fonction de chef de gare qui avait ramassé les billets à l'arrivée avant de siffler le départ du train. C'était un nouveau, qui ne connaissait pas Cherchemidi :

— Je voudrais un taxi... pour aller à La Vernasse.

— Un taxi ?... Un taxi ! Mais il n'y a pas de taxi, mon pauvre monsieur.

Ils discutèrent un moment du meilleur moyen de s'y rendre. D'après le cheminot, c'était par le chemin des mineurs, en suivant la voie :

— Juste avant le viaduc, à moins d'un kilomètre d'ici, vous avez une déviation à main droite, vous ne pouvez pas vous tromper...

L'écrivain partit dans la nuit, sa valise à la main entre les rails, d'une traverse à l'autre. Après un quart d'heure de marche, sa solitude fut immense. Le ciel avait sa pureté des grands froids, il n'y manquait pas une étoile. Les montagnes s'y découpaient en ombres chinoises, avec les moindres détails de leurs crêtes. La faible lueur de quelque mas perdu faisait penser à une étoile déchue. La nuit ne commençait qu'avec la terre, le ciel n'en était pas. Tout en bas, dans le plus noir des ténèbres de la montagne, grondaient les torrents en crue.

Cherchemidi souffrait d'autant plus de cette solitude qu'il était venu ici pour se plonger dans les foules ouvrières soulevées contre le fascisme. Sa valise était de plus en plus lourde. La nuit et le froid rendaient sa solitude plus pesante encore, et il faisait encore plus nuit, encore plus froid dans la traversée des tunnels où il devait ralentir, avancer à tâtons, la main sur la paroi grasse et glacée.

A la sortie d'un tunnel, il se prit le pied sous le rail, entre deux traverses, et se tordit si malencontreusement la cheville qu'il crut se l'être brisée. Il se retrouva le cul par terre, à se tenir le pied à deux mains en gémissant. Et s'il ne pouvait plus marcher ? C'était une nuit à crever dehors ! Il se serait battu ! Mais aussi, qu'allait-il donc faire dans cette galère ?

« ... Lère... lère... » répéta le tunnel.

Il avait donc parlé tout seul, tout haut, et fort !

Il reprit sa valise, se remit en route, en appuyant sur sa cheville, pour se venger, stupidement. Il entendait une locomotive au loin. Il crut d'abord qu'il s'agissait d'un train de marchandises qui remontait vers Clermont-Ferrand, par la ligne principale, mais le bruit se rapprochait. Il s'agissait d'un convoi qui arrivait sur lui. Son premier mouvement aurait été de se cacher, par un réflexe enfantin, n'est-il pas interdit de circuler sur les voies ? Il resta quand même sur le côté, pour ne pas manquer le spectacle.

Une vieille Compound, à quatre roues couplées, à haute cheminée, tirait péniblement huit wagons pourtant vides. Dans son essoufflement, elle lâchait des poignées d'escarbilles qui la montraient dansant dans des lueurs d'opérette. Elle crissa, vibra de toutes ses tôles pour s'arrêter à la hauteur de Cherchemidi.

— Eh *bé !* Alors ? Vous montez, monsieur ?

L'écrivain reprit sa valise et monta.

— A la gare du Chambon, c'est le petit Marrivaire qui m'a dit que je vous trouverais en chemin...

Il était seul à bord pour tout faire : charger le foyer à grandes pelletées, tourner ses manettes. C'était un gros homme, déjà âgé, que l'écrivain voyait mal dans la lumière verdâtre du brasier.

— Je ramène les derniers wagons sur le carreau...

Il répondait d'avance à toutes les questions, peut-être ne se parlait-il qu'à lui-même ? il savait se faire entendre dans ce tintamarre.

— ... Du moment qu'il faut les ramener, que ce soit cette nuit ou demain... Alors, comme moi ça m'arrange de coucher à La Vernasse...

— Vous ne savez pas où... commença l'écrivain mais il dut renoncer, la locomotive entrait dans un tunnel terriblement sonore, le dernier avant la place.

La locomotive vint se ranger en douceur sur une voie de garage.

— Si vous avez une minute, le temps que je dégrille, que je fasse tout ce que je dois, puis je vous montrerai le chemin, nous monterons ensemble à La Vernasse. Si on ne connaît pas, il y a plus de cent occasions de se rompre les os.

Cherchemidi se vit au creux du fond du trou à charbon de La Vernasse. A droite, les bâtiments des ateliers, du triage ; à gauche, à flanc de montagne, l'entrée de la mine avec, à côté, la maisonnette de la lampisterie. L'étroit viaduc en poutrelles de fer reliant les uns à l'autre passait au-dessus de sa tête. Derrière, une poussière scintillante, une sorte de voie lactée pitoyable, coulait du flanc de la montagne : La Vernasse.

Dans le silence retrouvé, Cherchemidi s'attendait à une conversation suivie, mais l'homme avait trop à faire pour lui indiquer les pièges du sentier, puis pour retrouver son souffle. Quand ils débouchèrent sur le chemin vicinal, à l'entrée du village, le chauffeur respira longuement, avec des gémissements, les mains sur les reins :

— Moi, je vous quitte ici, finit-il par dire : deux jours de repos à la suite, ça vaut le coup...

Il montrait une lueur dans la pinède, beaucoup plus haut, son mas sans doute.

— Mais, le jour de la grève, il n'y a pas de manifestation ?

— Moi, j'irai à la chasse. Y a des grives en pagaille... Bon, vous vous reconnaissez maintenant ?

— C'est-à-dire... c'est la première fois que je viens ici. Pourriez-vous m'indiquer un hôtel ?

— Ah ! C'est qu'un hôtel... Vous pourriez toujours aller voir chez l'Armand, ça s'appelle *Les Bons Enfants de Germinal.*

Il lui indiqua le chemin, avant de s'engager sur le sentier qui s'ouvrait de l'autre côté. Cherchemidi l'entendit encore qui gémissait.

L'écrivain se crut victime d'hallucinations en série : une petite flûte reprenait les mêmes quatre notes, dans le même ordre, sur le même ton, lancinante, inlassable, elle s'entendait de loin, d'Afrique autant dire. Des voix avinées s'injuriaient en polonais. Une voix roucoulait en italien. Une salve de pierres jaillit d'une ruelle, juste devant lui, puis une volée de gosses qui faillit le renverser, puis une deuxième volée qui poursuivait les premiers. Au-dessus de sa tête, d'une façade à l'autre, deux mégères carrées à leur fenêtre se traitaient de putes avec un luxe de détails invraisemblables, tandis que d'autres femmes à d'autres fenêtres faisaient chorus, prenant parti pour l'une ou pour l'autre, finissant par s'injurier entre elles. Des soupirs lui firent tourner la tête : dans une encoignure, un couple faisait l'amour debout.

« C'est ça, le peuple ! ricanait l'écrivain, entre ses dents. Mon Peuple, ça ! »

On le tirait par le pan de son pardessus : un moutard déguenillé, pieds nus, frissonnant, tendait la main, demandait quoi ? Une cigarette ! Un formidable coup de pied au cul balança l'enfant dans le caniveau : son père, un grand pendard, fines moustachettes et côtelettes à la barbeau, lui promettait de le tuer à la prochaine cigarette, et menaçait d'un sort plus terrible encore Cherchemidi, s'il ne passait pas son chemin au plus vite sans débaucher d'autres enfants ; le tout, en espagnol...

L'écrivain traversait les Cannibales.

Des flammes et des cris l'arrêtèrent sur la Placette, il se pencha sur le parapet : il y avait là-dessous un curieux bivouac. Une vingtaine, des vieux, des jeunes, emmitouflés dans des hardes, en cercle autour d'un feu de camp. Leurs ombres se balançaient, se déformaient, se cassaient sur des carcasses de berline, des bidons rouillés, de vieilles traverses et de ferrailles de toutes sortes qui formaient le décor inattendu mais parfaitement assorti de cette cour des miracles. Quatre vieillards jouaient aux cartes sur une caisse, d'autres se passaient un litre de vin qu'ils tétaient au goulot. « Le sang coulera ! » gueula plaisamment l'un d'eux, ce qui fit ricaner sombrement le cercle, ricanement appliqué mais sans conviction, comme un répons.

Aux Bons Enfants de Germinal, les lettres fraîchement repeintes, qui s'étalaient sur la longueur d'une façade nette, rassurèrent Cherchemidi. Il s'apprêtait à entrer, mais il n'eut que le temps de faire un bond de côté : la porte venait de s'ouvrir brutalement, un homme jaillit de là, les bras en croix, la tête en avant, qui fit une cabriole sur le trottoir avant de s'étaler sur le pavé. Un deuxième le suivit immédiatement, bras en l'air, les pieds devant, qui vint s'écraser sur le premier, muni de ce conseil : « Tuez-vous une bonne fois, mais pas chez moi ! » Une casquette, puis un béret, lancés d'une main sûre, vinrent rejoindre les sortants qui se ramassèrent, se recoiffèrent, se regardèrent, et se rejetèrent l'un sur l'autre, poings en avant, avec le même grognement rageur, pour reprendre, sans aller plus loin la bagarre où elle en était restée.

— Monsieur désire ?

Dans l'encadrement lumineux de la porte, l'Armand apparut à Cherchemidi plus grand et plus large que nature.

— Euh... je voudrais une chambre... pour la nuit !

L'Armand mâchonnait son éternel cigare dont la fumée lui faisait toujours cligner un œil. Il paraissait incroyable que les trois bons centimètres de cendre ne fussent point tombés au cours des deux expulsions.

— Mais certainement, monsieur...

Il s'effaça pour laisser entrer le client et lui dit, après un dernier coup d'œil sur le pugilat qui se poursuivait : « Que voulez-vous, monsieur ? c'est samedi soir ! » comme si ça expliquait tout.

Cherchemidi se retrouva devant le comptoir :

— Monsieur est sans doute venu pour les Indirectes ? fit l'Armand en lui versant d'autorité un cran.

— Hein ?... Non.

— Ah ! vous êtes le nouvel inspecteur de la Régie ?

— Mais, dites-moi, pour la chambre ?

— La chambre ? C'est pas la peine que je vous la montre, fit l'Armand avec mauvaise humeur, j'en ai bien plusieurs, mais elles sont exactement pareilles... Alors si vous voulez manger un morceau... parce que nous ne servons pas dans les chambres, nous ! Et puis c'est tard.

Pendant qu'on lui mettait son couvert, Cherchemidi observait les clients. Ils étaient nombreux dans la grande salle : Tchèques, Polonais, Arabes, Italiens, Espagnols qui se racontaient des histoires apparemment émouvantes, d'autres jouaient à la manille, à la belote, à scopa, aux dominos, tous buvaient.

Une douzaine de gosses fit une entrée turbulente. Ils étaient costumés et masqués : fichus, jupons, bonnets de nuit, béguins, châles, rien que des oripeaux de grenier, de faux nez de carton, des loups de toile fabriqués par eux-mêmes, et d'horribles maquillages à base de charbon et de minium. Ils entrèrent en braillant :

Cévénous, per qé sèn fraïres,
Per Carnaval, tut ün jur,

Savès pas dé-qé fau faïre ?
Nous u fau resta tujurs ! [1]

Dans un tourbillon, ils firent toutes les tables, lichant les verres de cran, de gnole et de vin, reprenant au refrain :

Séguén fraïres,
E bons laïres,
Séguén d'accor...
Sérén d'omès for ! [2]

Personne n'en fut fâché. Les taloches et les coups de pieds que les « masquettes » récoltaient au passage n'étaient que bourrades affectueuses comprises dans les risques du jeu. L'Armand exhuma de sous son comptoir des nougats, un pour chaque masque. La troupe sortit en trombe, non sans entonner, pour marquer son contentement :

Qau faï pa qan pot,
Faï pa püs qan vou !
Disiè Poléon au Pon d'Arcolo ! (bis).
Sé Carnaval ès pécadu
Es qé sun cor a de fiblessos... [3].

Quelques voix des *Bons Enfants de Germinal* saluèrent convenablement leur sortie de l'antienne :

Adiu pauré, adiu pauré,
Adiu pauré bédigas ! [4].

C'est alors que l'attention de Cherchemidi fut attirée par la grande table du fond. Elle était garnie d'hommes âgés de cinquante à soixante-dix ans, qui ne se ressemblaient que par leur mise pauvre et soignée, une certaine raideur aussi, une façon de se tenir à table, dignement, en grave compagnie qui ne s'est point rassemblée pour boire.

---

1. Ces refrains sont tirés plus ou moins fidèlement des bonnes chansons de Jan Castagno :
Cévenols, puisque nous sommes frères,
Pour Carnaval, tout un jour,
Vous ne savez pas ce qu'il nous faut faire ?
Nous faut le rester toujours !
2. Soyons frères
Et bons drilles,
Soyons d'accord...
Nous serons des hommes forts !
3. Qui ne fait pas quand il peut
Ne fait plus quand il veut !
Disait Poléon au Pont d'Arcole ! *(bis)*
Si Carnaval est un pécheur
C'est que son cœur a des faiblesses...
4. Adieu pauvre, adieu pauvre
Adieu pauvre jobard !

Cherchemidi se leva d'un élan : au milieu des pères nobles, il venait de reconnaître Fernand Bédel.

Les yeux du délégué-mineur et ceux de l'écrivain se rencontrèrent : Fernand se borna à lui faire un sourire poli, sans un élan, puis se retourna vers ses patriarches.

Cherchemidi attaqua l'assiette de grosse soupe.

26

Noël et la femme

Clerguemort avait la tiédeur d'un nid. Noël Tarrigues avait compris qu'on avait beau travailler à la mine depuis des années, on ne devenait jamais tout à fait un mineur tant qu'on restait attaché à son nid. A Clerguemort, on se connaissait depuis des siècles, on se charriait, on se disputait, mais en réalité, on ne se voulait pas de mal. Il savait maintenant ce que c'était que d'être un mineur comme les autres, il n'eût pu l'être plus profondément s'il avait été Polonais ou Tchèque ou Espagnol ou Arabe. Il fallait, pour savoir, vivre à La Vernasse, et ne vivre que là, n'avoir plus de famille.

La cassure datait de la réélection de Fernand Bédel comme délégué-mineur. Tout s'était cassé à même le talus en pente, sous les murs du château de Portes, en quelques mots, en quelques secondes.

Son frère et son oncle étaient venus le retrouver devant la fontaine, où il reprenait ses esprits après la terrible correction que lui avait infligée le Mèffi.

Camille avait la lèvre fendue, un œil au beurre noir et les doigts de la main gauche écrasés :

— Noël ! lui avait crié son frère d'une voix vibrante, on dit que tu as voté avec les communistes. Réponds, je te croirai : c'est vrai ?

— Oui, c'est vrai ! avait-il répondu non sans peine : il avait eu la bouche écrasée à coups de talons, deux côtes cassées et l'épaule démise.

— Ils t'ont bien dit merci ! avait nasillé son oncle Albéric qui avait le nez en compote et saignait d'une oreille.

Quelques instants, sans bouger, sans un mot dire, les trois Tarrigues étaient restés face à face, le jeune affrontant les deux autres.

Fernand Bédel, qui les avait vus se rejoindre, s'était approché rapidement, mais il s'était arrêté à quelques pas de ces trois hommes d'une même famille dressés à deux contre un dans ce petit vent qu'il fait toujours sur les pentes du vieux château. Le délégué avait été impressionné, il était resté là, retenu par une sorte de pudeur, comprenant qu'il est des moments où l'on n'a plus le droit de s'interposer. Il était resté là, absolument immobile, comme on fait l'arbre quand on est surpris au milieu des taureaux. L'image des deux frères et de l'oncle Tarrigues, tous trois couverts de sang, dépenaillés, et l'image du château, quatre géants sur le ciel vus d'où était Fernand, quelques mètres en dessous, cela s'était gravé dans sa mémoire.

— Tu oserais encore passer le seuil de la maison de notre pauvre père ? avait demandé son frère Camille.

Noël avait rassemblé son courage, pas seulement à cause de sa bouche meurtrie, pour répondre le plus fermement possible :

— Je n'y pense même plus, *diu gardo !*

Son frère Camille et l'oncle Albéric lui avaient tourné le dos d'un même mouvement.

Ni les uns ni les autres n'étaient revenus là-dessus. Noël avait mis plusieurs jours pour y croire ; et, pour s'y faire, il ne s'y faisait toujours pas.

A l'embranchement, devant l'auberge Patache, le plus jeune des Tarrigues avait laissé Clerguemort descendre tout droit, lui, il avait pris à droite, il avait suivi La Vernasse. Il était en loques, sans une chemise de rechange, sans un sou, il avait mal partout, à l'intérieur surtout. Fernand Bédel lui avait fait avoir du crédit aux *Bons Enfants de Germinal* dans l'attente de la première paye, lui avait dégotté quelques frusques, bref l'avait dépanné, avait fait de son mieux, dans les limites de ce qui pouvait se faire. Pour le reste, qui était le plus grave, il s'y prenait plus ou moins heureusement. Il parlait à Noël de son oncle, protestant pratiquant, qui votait socialiste :

— ... Et rien à faire ! Et puis tu ne le ferais pas changer même tu le tuerais ! C'est souvent comme ça, Noël, même quand on a affaire à de braves gens. Je lui dis : pourquoi tu votes socialiste, tu vois pas qu'ils sont en train de te couillonner ? — « C'est toi qui le dis, mais c'est pas sûr que ce soit vrai ! Moi, on me l'a pas démontré encore, tu vois ! Je suis né socialiste et je mourrai socialiste... »

Il lui parlait d'une grand-tante de 87 ans :

— ... Je lui dis : mais ma tante, nom d'un chien ! (je la fais voter par correspondance). Je lui dis : je ne veux pas trahir ta pensée, je veux que ce soit toi qui le mettes, le bulletin ! Tu me mets ce bulletin ? — « Ah ! non, qu'est-ce que c'est ce bulletin ? C'est un communiste, je ne veux pas le mettre ! »

Il lui parlait du député socialiste :

— ... C'est un type très honnête — retardataire, politiquement ! — mais un brave type quand même ! Le... le petit fonctionnaire paysan... mais très honnête !

— Arrête, tranchait Noël excédé, si tu continues, je donne mon adhésion à la S.F.I.O. !

« Je me demande si ça n'aurait pas mieux valu ! » se disait Fernand.

En trois semaines, le mauvais sort s'acharna contre Noël Tarrigues. Il n'avait pu revoir qu'une seule fois Emmeline Mourrail, et trois minutes à peine. Après plusieurs rendez-vous ratés, où Noël l'avait vainement attendue plus d'une heure, la fille du maître-mineur était accourue un soir hors d'haleine, tresses défaites, sa belle chevelure sombre désordonnée par le vent. Elle bondit dans ses bras, elle claquait des dents et frissonnait.

— Ma Petite Bohémienne, calme-toi... répétait doucement le jeune mineur en la berçant.

— Noël ! Noël ! je me suis échappée, ils savent tout ! Ils m'empêcheront de te revoir !

— Tes parents ?

— Oui ! laisse-moi vite repartir !

— On nous a vus, je le savais ! gronda Noël, ah ! les salauds ! Je te réponds que je vais y descendre, moi ! à Clerguemort, et qu'ils seront pas près d'oublier ma visite...

— Non... Noël... Ils savent tout, plus que ça ! tout, je te dis ! même les choses... les choses qui ne se voient pas ! fit-elle en se dégageant de ses bras.

— Quoi ? Qu'est-ce qu'ils savent ? Dis-m'en une, rien qu'une de ces choses, pour m'aider !

— Ils savent même que je t'ai donné ma sainte Barbe !

Noël en était resté estomaqué. Il se ressaisit, courut comme un fou derrière elle en criant :

— J'arrangerai tout ! on se reverra ! Emmeline, on se reverra ! attends-moi !

Il s'était arrêté net, s'était tu, par prudence, il ne savait pas par où elle s'était échappée.

Un doute pénible s'emparait déjà de Noël. Il ouvrit rageusement sa chemise : la médaille de sainte Barbe était toujours là, au bout d'une fine chaînette. Personne n'avait pu la voir. Même dans son boyau ténébreux, au fond de la mine, quand il devait se mettre torse nu, il n'oubliait jamais d'enlever discrètement le médaillon, et, pour cela, il n'était pas étourdi ! Personne n'avait vu cette médaille depuis qu'Emmeline la lui avait donnée.

Ni l'un ni l'autre n'y avaient attaché un sens religieux, c'était tout simplement la première chose au monde que la jeune fille ait possédée en propre.

Encore un caprice d'Adeline Mourrail : sur son lit d'accouchée, elle avait exigé qu'on attache une médaille pieuse au poignet de son nouveau-né. Son époux s'était mis en campagne sans trop se faire prier, mais sans beaucoup d'ardeur. C'est dans de tels moments que le nouveau converti sentait peser sur sa conscience l'atavisme parpaillot des Mourrail. Adeline n'ayant pas donné de précisions, il choisit le plus petit modèle, pour que le métal soit léger au nourrisson, et s'il prit sainte Barbe, c'est qu'il lui semblait confusément qu'étant patronne des mineurs elle devait forcément se trouver un peu moins catholique que les autres. Il lui arrivait d'user d'alibis de cette espèce dans l'intimité de sa conscience.

Cette médaille était minuscule, de la taille d'une grosse larme dorée. L'effigie de sainte Barbe avait fini par s'effacer au contact permanent de la peau vivante, car elle n'avait jamais quitté Emmeline, jusqu'au jour où elle avait imaginé ce cadeau afin de prouver à Noël qu'elle se gardait toute pour lui depuis le jour même de sa naissance. Cadeau sans danger pour le secret de leur amour, tout le monde, en effet, avait depuis longtemps oublié la minuscule sainte Barbe, Adeline Mourrail la première.

Trois personnes seulement étaient au courant de ce cadeau : Noël, Emmeline, et Luc Roux.

Le lendemain du dernier rendez-vous avec Emmeline, Noël Tarrigues attendait Luc Roux à la sortie du cours complémentaire de La Vernasse.

— Luc, j'ai à te parler. Viens !

— Bon, fit Luc frappé par le ton et l'expression de son ami.

Ils s'enfermèrent dans la chambre de Noël, aux *Bons Enfants*. Il n'y avait pas de chaise, ils prirent place de chaque côté du grand lit paysan, au bord duquel ils s'assirent, jambes pendantes, à se regarder par-dessus l'épaule, de travers déjà. Il y avait dans l'air de la chambrette blanchie à la chaux une menace, la toute première, sur cette amitié qui datait de la salle commune de l'hôpital d'Alès. Ils le sentaient si fort que Noël ne savait comment aborder la question, que Luc n'osait le presser. L'enfant borgne changea soudain ses jambes de côté, pour n'offrir à son ami qu'un profil valide, par une de ces délicatesses qui lui étaient naturelles, mais que seuls ses familiers savaient reconnaître.

— Luc ! Tu te souviens de la sainte Barbe ? fit Noël, avec un rien de raideur en trop.

— La prime ?

— Quelle prime ?

— Voyons, Noël, la prime de la Sainte Barbe. On a parlé du temps où c'était à la grand'messe qu'il fallait aller la chercher. On a discuté pour savoir si, d'un point de vue prolétarien…

— Pas la prime, Luc ! La médaille.

— La médaille ?

— Ça ! fit simplement Noël en dégrafant sa chemise.

— Ah ! la médaille que t'a donnée ton Emmeline ! précisa Luc affectueusement. Il en oubliait la brusquerie de Noël pour ne se rappeler que l'émotion confiante, l'ardeur de son ami, le soir où il avait reçu ce cadeau. Tu as pu revoir Emmeline ?

— Luc ! tu te souviens que nous avions parlé de cette médaille ?

— Mais bien sûr ! (Luc riait :) Je t'ai même un peu mis en boîte, je t'ai reproché de t'accrocher des fétiches autour du cou ! Sainte Barbe, bien sûr… J'avais seulement oublié de quelle sainte il s'agissait. On s'était même mis d'accord finalement pour dire que le cadeau n'avait plus aucune signification religieuse. Si je me souviens bien, maintenant, la pauvre sainte est complètement usée. Fais voir…

Noël referma sa chemise sur la larme d'or, en grondant :

— Quelqu'un nous a vendus, et salement !

— Écoute-moi bien Noël, fit rudement Luc, changeant de ton : tu ne m'as jamais traité ainsi. Alors, finissons-en ! Dis-moi une bonne fois ce qui se passe entre Emmeline et toi.

Noël raconta l'entrevue haletante de la veille. Quand il en vint à la précision de la médaille de sainte Barbe, Luc sauta du lit, se redressa, enfila son pardessus, ouvrit la porte et lui dit, avec une lente et minutieuse froideur :

— Si j'ai bien compris, Noël, tu m'as immédiatement soupçonné d'avoir trahi ton secret !

L'œil noir, unique, menaçait, singulier regard dans lequel Noël découvrit une lueur blessante qu'il n'aurait pu qualifier, qu'on pourrait appeler : la cruauté des purs.

— Pourtant qui aurait pu, à part toi ?...

Noël courut dans l'escalier, dans la rue : Luc avait disparu.

Luc, voyons ! ce ne pouvait pas être lui ! Noël en était sûr maintenant, mais il avait douté quelques heures, un jour, une nuit...

C'est ainsi que Noël Tarrigues perdit son seul ami.

Dans les jours qui suivirent, il tenta l'impossible pour revoir Emmeline, même sans lui parler, même de loin. Il hantait la forêt fantastique, rampait avec des ruses de Sioux jusqu'au grillage du tennis, jusque dans un buisson de ronces sous les garages. Il connut bientôt chaque trou, chaque fourré des alentours des trois terrasses où se jouait, sur l'île entourée de toutes parts de la pinède royale, le petit théâtre d'Emmeline. Des heures d'affût à plat ventre sur les aiguilles, pour n'apercevoir que deux fois la silhouette d'Emmeline très entourée — et la première fois était-ce vraiment elle ? il était si loin, si mal placé ! — Cet espionnage le rendait fou. Les incidents qui marquèrent ses deux dernières patrouilles le découragèrent définitivement : d'abord Nelly et Nancy, les jumelles de l'ingénieur Goudord, deux sucrées ! le découvrirent sous leurs pieds et s'enfuirent comme des folles en criant au satyre. Le lendemain, il était encore loin des trois terrasses, quand les chiens furent lâchés, une paire de bergers allemands. Noël pouvait s'estimer heureux de s'en être tiré avec une seule morsure au mollet, les gardes de la Compagnie cherchaient encore celui qui avait assommé leur chien...

Noël vivait à la façon des autres célibataires, toujours à s'étonner comme eux qu'il restât si peu de la paye, une fois réglée la pension des *Bons Enfants* et les quelques suppléments qu'on s'accordait parfois par petite gourmandise ou grand appétit.

Il avait de plus en plus de peine à résister aux invitations quotidiennes : belote, manille, tournées générales ou particulières de cran, de tafia, de carthagène ou de gros rouge. Sans le travail au fond, il se fût empâté.

Par amour-propre, il n'avait changé ni de chantier ni de poste : deux fois par jour, il croisait donc son frère et son oncle au même endroit de la même galerie, les regards de Camille et d'Albéric lui passaient à travers le corps, littéralement sans le voir. Cependant, Clerguemort lui témoignait une discrète sollicitude : le Jaurès, dans l'équipe duquel il était toujours, lui annonçait en bougonnant un lundi matin : « Chiennerie de temps, même les mamées qui prennent froid... » Le mardi matin : « Quand les vieilles ne se donnent même plus la peine d'aller caqueter chez mon frère sous prétexte d'acheter du pain... » Noël envisageait d'aller voir sa vieille mais le vendredi, le maire de Clerguemort arrivait, grognant que ces vieilles, c'est d'un contrariant ! on les voit déjà sous le cyprès qu'elles sont sous le pont à laver leur linge... Souligné par une bourrade plus rassurante encore : « Eh ! lève-toi du milieu, *bistanflü !* » à faire chanceler un paquet de muscles et de nerfs comme le jeune Tarrigues.

Noël s'ennuyait. Ce solitaire n'avait jamais bâillé que de faim jusque-là. Plus il voyait de gens, plus la vie lui devenait monotone. Même le plaisir de lire s'affadissait, quand Fernand lui passait de merveilleux bouquins usés et pétassés comme des bleus après un an de fond, qui l'eussent tenu des nuits entières dans la maison Tarrigues...

Noël n'avait jamais eu l'occasion de se dégoûter lui-même, il faut bien le dire.

Quelques heures avaient suffi.

Un dimanche après-midi, alors qu'il venait de perdre Luc et renonçait à revoir jamais Emmeline, il s'était allongé tout habillé sur son lit, volets tirés, fenêtres closes, quand on frappa de petits coups craintifs.

C'était la Niçoise.

— Excuse-moi, Noël, dit-elle... Tu sais, je ne suis pas comme eux, moi... Je n'en suis pas, moi... Je n'ai jamais été ton ennemie...

La première réflexion de Noël avait été la bonne : « C'est peut-être bien toi, ma pire ennemie ! » Hélas ! il crut à un renvoi de fiel, s'en voulut, s'en punit en faisant bon accueil à sa belle-sœur.

— Je me suis permis de t'apporter ce petit cadeau — eh ! pas grand-chose ! par les temps qui courent... — c'est plus pour la pensée...

Dans le paquet, une belle chemise, deux paires de chaussettes de laine et une demi-douzaine de mouchoirs, il en manquait justement. Il y avait en plus, dans la robuste simplicité de ce présent, une intention tellement opposée à l'image qu'il s'était formée de Solange qu'il ressentit une seconde bouffée de vergogne devant elle. Elle n'était même plus élégante, la Belle Niçoise. Sous son grand fichu gris, dans sa houppelande sombre, sa silhouette ne devait guère se remarquer parmi les autres, dans les courants d'air glacés de La Vernasse.

— Et... comment c'est, maintenant... à la maison ?

— Ah ! Noël, tu t'en doutes bien... Pour moi, c'est devenu de plus en plus difficile à supporter.

— Mais... comment ? Qu'est-ce qu'ils ?... demanda-t-il avec inquiétude. Il craignait quelque brimade, il en était à s'attendre à tout de la part de sa terrible famille.

— Non, rassure-toi, c'est pareil : la vie n'y est ni plus lourde ni plus sombre qu'avant... (la Niçoise rassemblait la conclusion de longues pensées). Les Tarrigues, c'est plus qu'une maison en deuil, c'est pire, comment dire ? C'est... du deuil jaloux. Tu comprends ? On ne se contente pas de pleurer ses morts, on vous reproche aussi... vos vivants...

— C'est ça... c'est ça... murmurait Noël stupéfait de l'entendre exprimer avec précision ce qu'il ressentait depuis si longtemps.

Leurs yeux échangèrent leur premier regard d'affection.

— Il fait très bon chez toi, tu n'as pourtant pas de feu !

— Non, mais le mur touche le four du boulanger...

Ils rirent ensemble tout bas. Elle dénoua son fichu :

— Oh ! zut ! j'aurais dû mettre des épingles, me voilà toute échevelée à présent !

Cette nouvelle Solange éblouissait Noël, jamais Camille ne l'eût laissée se faire voir ainsi. Quand le fichu l'avait libérée, sa chevelure était retombée comme au ralenti pour former une mantille tissée d'or qui descendait jusqu'au niveau des coudes.

— Et je ne t'ai pas dit encore le principal... dit-elle en accrochant sa houppelande au pied du lit.

— Je n'ai même pas un siège à offrir, marmonnait Noël et... qu'est-ce que c'était, le principal ?...

La Belle Niçoise portait une robe en laine brute, de ce gris très clair qui est la couleur naturelle, sans fantaisie, strictement boutonnée par devant sur toute la hauteur.

Elle saisit son jeune beau-frère aux épaules, le regarda profond dans les yeux et lui déclara, sur un rire de gorge enrouée :

— Je te souhaite une bonne et heureuse année 1934 ! (Elle retenait un fou rire tant il montrait d'ahurissement). Eh bien ! Noël, on s'embrasse toujours à cette occasion !

Il la prend dans ses bras, avec une émotion encore chaste. Il la *poutoune* à la bonne franquette sur une joue, s'attarde sur l'autre d'où ses lèvres glissent, sans perdre le contact, s'entrouvrant au grain de la peau, jusque sous l'oreille, jusque dans ce creux particulier que fait une épaule douillette en se repliant sur une troisième oreille.

Là, Noël respire enfin.

Il connaît le goût de la femme, et il connaît son odeur. Et voilà que la femme s'est sentie goûtée et respirée, et pas comme Une Telle, même pas comme une femme, car, en elle, c'est la Femme qu'il goûte et hume.

Elle prend sa nuque sous les oreilles, où la prise est bonne, elle l'entraîne dans cet élan superbe du vaisseau qui sombre, la femme, oui ! « donne la gîte », s'allongeant et s'ouvrant en fin de course, pour qu'il vienne sur elle, qu'il lui soit dessus, sur elle seulement, qu'il lui pèse, que son poids s'y mesure à la soif qu'elle en a, à la soif qu'il a d'elle !

Donc, Noël prend Solange.

Après, il la regarde. L'important, l'important mon dieu ! mais c'est ce goût, et le vent de sauvagine qui lui reviennent enfin après tant de siècles, la piste, la Grand-Piste enfin retrouvée !

Vierge à dix-neuf ans, c'est beaucoup de retard pour Clerguemort, c'est tant de foudres accumulées qu'au signal des tonnerres, les torrents nouveau-nés tranchent des montagnes. Comme ils font fi des vieux lits encroûtés, du confluent vaseux des vallées qu'ils secouent !

Noël ne connaîtra jamais rien des effarouchements niais. Il est le naufragé des sables qu'un dernier souffle jette à plat ventre dans la boue de la première mare aux confins du désert, qui boit aussi des narines, des oreilles, des yeux et des mains. Noël fait l'amour ainsi, à quatre pattes, avec des grands bruits de bouche et de corps, puis il se redresse, éclaboussé, éclaboussant, sonne d'un grand rire triomphant, car il voit qu'elle n'est pas nue, et ça le fait rire, il l'a simplement retroussée avant de s'y mettre, il a roulé sa robe comme une manche.

Il défait un à un les boutons de la robe qu'il ouvre solennellement des deux mains comme un missel, puis découvre une épaule, puis l'autre... La femme veut l'aider par d'habiles reptations, mais il dit : Non. Elle s'abstient.

Il la met nue.

Il est assis sur les genoux de la femme, pour ce faire. Quand il l'a fait, il se redresse de cet accroupissement, il est droit sur les genoux, il la surplombe mais il dit : Non ! Il va s'asseoir sur la tête du lit, au milieu, sur la rosace grossièrement taillée dans le bois, il pose les mains sur ses genoux écartés et dit :

— Lève-toi, et marche. Va et reviens. Marche !

Soudain il bondit sur la fenêtre, l'ouvre, fait claquer les volets sur les murs, referme la fenêtre.

Elle crie :

— Tu es fou !

— Oui, répond-il en remontant sur son Olympe. De là, il dit : Marche encore.

Le petit soleil d'hiver ne peut guère offrir que les reflets cuivre rouge des bassinoires polies par le frottement des draps rugueux durant des générations de nuits, c'est assez pour que la peau prenne les rousseurs soyeuses, ces tièdes palpitations du ventre d'un faon que l'on va tuer et qui le sait, pas toute la peau de la femme, bien sûr ! mais où les chairs la tendent, assurément ! sur les épaules, les fesses, les cuisses, et sur les seins, mais peut-être pas dessous.

— Mets-toi dans le soleil, regarde-moi, ne bouge plus !

— Noël, il n'y a plus de soleil !

— Si.

Comme on peut se tromper sur les femmes ! on s'imagine qu'elles ont une grosse tête, pas du tout ! il suffit de les mettre nues, leur tête est tout à fait proportionnée, c'est l'évidence !

— Tiens-toi les mains derrière le dos, tes bras me gênent.

Les femmes n'ont pas d'épaules, c'est un fronton « double » avec la tête en clocheton. Leur taille n'est pas là où la mode leur serre la ceinture, mais bien plus haut, sous la poitrine, quelle erreur quand tout part de là ! Tout va s'épanouissant jusqu'au large des cuisses pour se réduire, mais plus lentement, jusqu'aux genoux. Leurs ventres ne sont pas si plats qu'on veut bien le dire, ils commencent à gonfler dès la marque du nombril pour saillir en coupoles serties dans le bel Y des cuisses. Mais les fesses, voilà vraiment la grande chimère ! les fesses d'affiche ne sont qu'une brève déformation de leur nature, incident futile et sans suite qui se produit, par exemple, quand une femme ramasse une épingle, les fesses dans leur vérité ne sont qu'un discret ornement pour dessous de corniche, moulure simpliste dans une pénombre. La Femme n'est que hanches, elle part des épaules et s'évase, et s'ouvre...

— Retourne-toi. Approche-toi !

Ses seins sont lourds et ronds, divergents, pentus par-dessus, par-dessous, d'une si parfaite rondeur qu'ils se perdent dans l'ombre.

Alors Noël dit : « Viens ! » car il en veut provision.

Après, ou plus tard dans un autre après, il vit encore des miracles, de ses yeux il les vit, pour n'en dire qu'un : la Belle Niçoise était étendue, toute nue, les bras le long du corps, il la contemplait ainsi quand elle s'étira, quand elle ramena ses bras qu'elle croisa derrière la nuque. Cependant, lui regardait sa poitrine, et c'est alors qu'il vit cette métamorphose extraordinaire : les beaux seins lourds et ronds rapetisser, se résorber, réintégrer le buste, y rentrer, disparaître, pas totalement mais presque.

Le mal ne commença qu'après le départ de sa belle-sœur. Quand elle fut rajustée, il lui donna un dernier baiser, derrière la porte encore fermée, avant de la lâcher dans le corridor des *Bons Enfants*.

— Au fait, je ne t'ai pas demandé comment tu as fait pour me donner ce dimanche après-midi. Tu as dit que tu allais où ?

— La vérité : que je venais te voir.

— A Camille ! Et qu'est-ce qu'il a dit ?

— Il a dit : « Ah ! tu veux aller voir le gosse ? Bon. Vas-y. » C'est tout.

La Belle Niçoise était partie là-dessus, et depuis, cette phrase tournait sur elle-même dans Noël, comme pour y creuser un trou.

Il se souvint de son frère Camille d'abord, puis il se souvint d'Emmeline. Il les plaça dans sa nuit, à côté de Luc Roux, il venait de les perdre aussi.

Parfois il se réveillait en sueur, haletant, geignant, suppliant la Belle Niçoise de revenir vite, au moins une fois, rien qu'une ! et se rendormait en jurant ses grands dieux qu'il eût mieux valu pour tous qu'elle ne fût jamais venue au monde.

Il n'avait même pas feuilleté le livre que M. Doiren, le directeur du C.C., venait de lui prêter avec des commentaires alléchants : *Moby Dick*.

Pensionnaire des *Bons Enfants de Germinal*, Alain Doiren, directeur du Cours complémentaire de La Vernasse, entretenait des relations familières avec Noël Tarrigues. Leurs serviettes voisinaient dans les casiers suspendus au-dessus du comptoir de l'Armand.

Alain avait repris en main la classe redoutée. Le premier jour, il s'était montré brutal. Il avait promptement cassé la gueule à un grand, le premier qui avait élevé la voix. Depuis, le directeur faisait sa classe à voix basse, seulement, il la préparait minutieusement, il ne se laissait jamais aller à dire n'importe quoi, il cherchait à passionner, à communiquer sa passion, il y parvenait : ses élèves tendaient le cou pour ne rien perdre de son murmure. Quand l'un d'eux toussait, les autres se retournaient vers l'interrupteur avec des regards furieux. L'autorité ne dépendait, ni de la force physique, ni du ton, mais de l'intérêt des leçons. Tout naturellement, le nouveau directeur conquit l'attention des enfants terribles de La Vernasse. Insensiblement, Alain était entraîné à relier son enseignement à la vie quotidienne de ses élèves. C'est avec le parti pris inconscient d'un homme sensible, vivant dans ce trou à charbon, qu'il faisait sa classe du Cours complémentaire et qu'il dirigeait l'ensemble du groupe scolaire. Le jeune directeur ne se rendit vraiment compte de ces tendances qu'à cette remarque de l'inspecteur primaire : « Mon cher monsieur Doiren, votre enseignement tend parfois à la formation de révolutionnaires professionnels ! » M. Pailhères avait dit cela en souriant, mais n'en avait tenu aucun compte dans les notes excellentes qu'il avait données.

Alain Doiren avait créé une bibliothèque et une caisse des Écoles qu'administraient trois élèves élus par leurs camarades. Luc Roux avait joué un rôle déterminant dans cette organisation démocratique. Le voisinage et la concurrence de l'école libre donnaient une profonde réalité à ces institutions. Les élèves de la « laïque » n'avaient pas l'impression de jouer, quand ils déposaient leur bulletin dans l'urne de carton.

La vieille querelle de la laïcité reprenait à La Vernasse une nouvelle jeunesse, elle se teintait des violentes couleurs de la lutte des classes. Ici, l'école libre était l'école de la Compagnie. Les bâtiments appartenaient au Capital, comme l'église. Les quatre « maîtres libres », qui se partageaient les deux classes de filles et les deux de garçons, étaient d'anciens frères, titulaires du seul brevet élémentaire. Les élèves de la laïque se sentaient les enfants de la République en face des autres, « enfants de curé ! ». Ils ne se disaient pas bonjour, ne jouaient pas ensemble, se battaient sauvagement à la première occasion, il n'y avait pas de conciliation possible, d'autant plus que les écoliers de la communale savaient voir dans leurs petits ennemis les fils des ingénieurs, des maîtres-mineurs, des « ennemis de classe », des hommes qui surveillaient leurs pères et les punissaient d'amendes et de suspensions dont on souffrait chez eux, autour de la table familiale.

Alain Doiren apprenait tout cela au jour le jour. Luc Roux était le meilleur élément de sa classe, il aurait pu aller très loin. Cependant le directeur du C.C. pressentait que l'enfant ne resterait pas, qu'il renoncerait à étudier, qu'il ne voudrait pas de cet avenir meilleur qui était à sa portée, qu'il lâcherait paradoxalement par une sorte de fierté. Le maître et l'élève n'avaient jamais abordé le sujet. Alain comprenait mal ces réticences quand deux rencontres lui permirent d'y voir plus clair.

Un soir, après la classe, il aperçut le gérant de la coopérative des mineurs en train de sermonner Luc Roux. L'enfant ne répondait rien, baissant la tête sous l'orage. Alain n'en revenait pas, il tenait Luc pour incapable de commettre un méfait justifiant une telle algarade.

— Qu'a fait le petit Roux ? demanda-t-il au gérant dès que l'enfant fut parti.

— Oh ! lui n'a rien fait, pauvre petit... fit le responsable de la coopérative avec gêne.

A la sortie du poste, les mineurs se servaient à la coopérative, pour les choses les plus chères comme le sucre et le café, qu'ils avaient à meilleur compte et qu'ils pouvaient faire marquer sur leurs fiches. Ils réglaient quand la paye tombait.

— La plupart laissent chez moi la moitié de leur quinzaine. Mon grand tort, c'est de faire du crédit. Les fiches s'entassent, ça finit par faire des sommes. Alors, je ne les revois plus. Que voulez-vous que je fasse ? Je suis responsable de la trésorerie de la coopé, moi ! Alors, j'attrape les gosses à la sortie de l'école, je les avertis : dis à ta mère qu'il y a deux ou trois fiches, qu'il faudrait qu'elle vienne me régler... Je leur dis ça une fois, deux fois, tranquillement, ce n'est pas de leur faute. Et puis, je finis par m'énerver, que voulez-vous !...

Un marché important se tenait le dimanche matin sur la place de La Vernasse. Les paysans des environs venaient vendre aux mineurs leurs fruits, leurs légumes, leur charcuterie, leur fromage, leurs œufs, leurs poulets, les marchands de la ville, des articles de ménage, des outils, des bleus de travail, des costumes de velours. Alain Doiren vit arriver là, un matin, Luc Roux et sa mère, chargés de paniers. Il fit un détour, par délicatesse. Une fois de plus, il tombait à faux, Luc le lui donna à entendre le lendemain : il était fier de pouvoir aider sa mère à vendre sur le trottoir leurs trois douzaines de pélardons.

Beaucoup de choses échappaient encore à Alain, mais il s'en rendait compte. Il connaissait l'amitié profonde qui liait Luc Roux et Noël Tarrigues, il fut stupéfait de leur brouille, surtout de la part de Luc, au moment même où le jeune mineur, rejeté par les siens, pouvait avoir le plus besoin d'affection et de compréhension. A se demander si l'on n'avait pas, dans ce pays, chez les Roux comme chez les Tarrigues, un penchant étrange pour le malheur. Souvent, le directeur du C.C. et le jeune mineur mangeaient en tête à tête aux *Bons Enfants*, ils prenaient l'un et l'autre un vif plaisir à converser sur des sujets qui sautaient de la littérature à la situation politique, mais Alain constatait l'assombrissement de Noël, que ne suffisait pas à expliquer son bannissement de la maison familiale. Depuis quelque temps, le jeune mineur répondait du bout des lèvres, le regard perdu.

Le délégué-mineur et le nouveau directeur du C.C. s'étaient liés. Fernand avait apprécié la maîtrise du jeune homme pour s'imposer d'abord, pour réorganiser ses troupes turbulentes ensuite, en dépit des ricanements de ses collègues blasés. Alain, de son côté, trouvait avantage à consulter le délégué-mineur quand il butait sur l'attitude imprévisible d'un élève. Ce qu'il apprenait alors de la situation de tel chantier, des brimades dont tel père venait d'être victime, des dettes de telle famille, de la rapacité de tel épicier, éclairait la brusque montée de température qui l'avait décontenancé la veille dans la cour de récréation commune à toutes les classes du groupe scolaire.

Il arrivait qu'Alain soit désolé devant les mystères qui lui restaient encore à pénétrer. Cependant il avait fait beaucoup de progrès dans la connaissance du peuple. Il s'en rendit compte au cours de la conversation qu'il eut avec Cherchemidi ce samedi-là.

Ce fut une bonne surprise de tomber sur l'écrivain parisien attablé là, aux *Bons Enfants*.

— Quel bon vent vous amène ? ne put s'empêcher de demander Alain.

Cherchemidi lui expliqua sans détours son idée de reportage. L'instituteur et l'écrivain ne s'étaient pas vus depuis près de deux ans, mais, dès le premier regard, ils retombèrent dans cette fraternité instinctive qui avait marqué leurs premiers rapports.

— C'est passionnant, en effet… Mais tellement difficile. Les gens ne sont plus pareils, vous comprenez ? Évidemment, vous connaissez bien les gens de Clerguemort, chaque famille, chaque mineur, mais vous les connaissez chez eux, dans leur village, parmi les leurs. A la mine, ils sont très différents. De plus, les choses ont beaucoup évolué depuis votre dernier séjour à Clerguemort : le travail est devenu plus dur, la vie plus chère, les gens changent vite.

Fernand Bédel était toujours en grande conversation avec les nobles vieillards, il avait eu, pour le directeur du C.C., le même sourire, le même mouvement de tête que pour l'écrivain.

— ... Une seule tasse, racontait Alain Doiren, et une seule cuillère. Des Espagnols dont j'ai le gosse dans ma classe, j'étais allé les voir pour leur expliquer qu'il fallait permettre à l'enfant — un sujet remarquable ! — de poursuivre ses études. Ils m'ont offert le café. Je leur ai demandé d'en boire avec moi. Ils m'ont répondu qu'ils l'avaient déjà pris. J'ai dû retourner trois fois chez eux, nous n'arrivions pas à nous comprendre. A chaque visite, ils me servaient ma tasse de café, toujours la même... Je me suis rendu compte qu'ils ne possédaient qu'une seule tasse et une seule cuillère, alors je les ai mieux compris...

— C'est ça, c'est ça, murmurait Cherchemidi : il faudrait un reportage plein d'objets significatifs, où une tasse de café en dit plus long qu'un exposé économique...

— Trouver le ton juste avec les parents d'élèves, c'est presque impossible. Vous vous adressez à leur cœur, sincèrement, ils ricanent, vous tombez sur un bec, pourquoi, c'est inexplicable...

Ils parlèrent des événements. Le directeur du C.C. envisageait l'attaque menée contre le régime sous un angle particulier : la laïcité.

— Ce n'est pas pour rien qu'on dit : « L'École de la République. » Vous avez vu les attaques furieuses contre Jean Mistler, le ministre des P.T.T. — dont dépend la Radio — pourquoi ? Parce qu'il a supprimé la causerie religieuse, c'est tout ! L'instituteur est la bête noire des ennemis de la démocratie. Nous sommes tous excommuniés, oui, mon cher ! Vous parlez à un excommunié. Depuis le 27 janvier ! « Excommunication de l'école unique, de la sélection, de l'orientation et de la prolongation de l'obligation scolaire... »

A la grande table du fond, les patriarches s'étaient levés, comme à un signal. Le délégué-mineur les reconduisit respectueusement jusqu'à la porte des *Bons Enfants*, puis il revint s'excuser auprès de l'écrivain...

— ... Ce sont, comment dire ?... des gens influents. Ils ont une influence personnelle (y compris sur nos adversaires), chacun dans leur quartier. Ils sont respectés parce qu'ils sont de bons ouvriers, d'abord, des gens sérieux, qu'on va voir, à qui on va demander conseil toute l'année...

— Même pour des choses qui n'ont rien à voir avec la politique ?

— Absolument rien ! Vous avez un accident, vous ne savez comment vous en sortir... Moi, je vais vous débrouiller votre affaire, je vous montrerai comment il faut faire les démarches ; comment vous y prendre pour faire valoir vos droits... « Ma fille veut se marier avec Untel, qu'est-ce que tu en penses ? » Quelquefois ça va jusque-là : « Mon fils fréquente ça, qu'est-ce que tu penses de ça, toi ? » On les appelle « les papes ». On les considère comme des hommes différents des autres. Le pape est celui sur lequel on peut compter dans toutes les circonstances. L'homme de poids, le pape du quartier. Ce sont les grands électeurs. Ils sont capables d'influencer beaucoup plus d'électeurs qu'un député qui se dérange pour venir faire une réunion. Eux, ils rendent service du 1er janvier au 31 décembre, le député ne vient qu'une fois en passant. Et ce sont des hommes capables, croyez-moi ! Ils sont une dizaine à La Vernasse. Des gens... quand ils parlent, vous avez le plus grand silence... ah ! ils parlent moins que moi, d'ailleurs ! Tout ce qu'ils disent a une valeur. Et un sens !

— Mais ils parlent où ?

— Partout. Ils font des réunions comme ça, à deux ou trois... On passe toute la vie dans le village, il n'y a pas de voitures, la gare est loin, l'argent manque, on n'a même pas de vélos, alors on discute dans les quartiers. Tous les dimanches, on les passe là. On joue aux boules, aux quilles, on joue aux cartes au café, on se tient là, à discuter, dans la rue... Et chaque fois que quelqu'un dit quelque chose qui se retourne contre les intérêts des ouvriers, le pape est là, pour mettre les choses au point...

— Mais comment il a pris cette autorité, le pape ?

— Quelquefois, ce n'est pas tellement en donnant des renseignements, il n'en sait pas tellement, les lois sont compliquées... C'est parce que les gens vérifient que tout ce qu'il a dit s'est produit. Et ça s'échelonne sur des dizaines d'années. Vous comprenez, l'homme influent a dit la vérité, il a montré la voie, c'est le conducteur, l'homme qui ne s'est jamais trompé. Contre ça, personne ne peut rien.

— Ils sont âgés ?

— Oui, généralement.

— Ce sont des mineurs, des retraités ?

— Oui. On trouve quelques commerçants. Il y a le Pernoul qui fait buvette-cantine, il y a le père de la pharmacienne, il y a le père Semence, Pilon, le petit bossu, qui ressemelle les chaussures...

— Comment ça ? Ce ne sont pas des propagandistes ? Ils parlent à l'occasion ?

— Non... Euh... Ils ont quand même leurs idées. Oh ! ils ne sont pas très éduqués politiquement. La littérature n'embarrasse guère ici. Maintenant, M. Doiren est en train de monter une bibliothèque, ça changera peut-être bientôt... En attendant, ne parlons même pas de livres, mais tout le monde n'a pas l'argent pour acheter le journal. Enfin, ces hommes sont... forgés, c'est une manière d'éducation. Et vous savez où ils se sont forgés ? Dans les syndicats. Lénine a dit : « Le syndicat, c'est l'école du Parti », et je crois qu'il avait raison.

— Ce sont d'anciens syndicalistes ?

— Oui. Des délégués-mineurs. C'est au syndicat d'abord qu'ils doivent leur influence.

Cherchemidi expliqua son idée de descendre ici pour faire un reportage sur la grève générale.

— C'est un grand honneur pour nous.

— Comment ? Vous croyez qu'elle aura lieu, cette grève... (Fernand eut un haut-le-corps.) Je veux dire : vous croyez qu'elle sera un succès ?

— Total, j'en suis persuadé. Elle aura des conséquences importantes... Vous restez avec nous ?

— Oui, j'ai pris une chambre ici.

— Alors, vous serez aux premières loges. Au fait, vous êtes allé chez l'ami Gracchus ? Comment vont-ils ?

Cherchemidi raconta, à sa façon, la tribu Gracchus au directeur du C.C. et au délégué-mineur. Ils en parlèrent joyeusement jusqu'au moment d'aller se mettre au lit.

27

Le 12 février

La chambrette était pleine d'odeurs, un mélange de senteurs de campagne et de fumées d'industrie. Les draps rudes sentaient la lavande, le plancher l'encaustique, mais l'armoire soufflait, quand on ouvrait la porte, l'haleine caractéristique des vestiaires de mines. Les bois se mettaient à craquer, l'odeur du savon noir avec lequel on lavait le ciment du corridor passait sous la porte, des relents de crassier apportés par des coups de vent se glissaient par les fentes de la fenêtre mal jointe. Le moindre mouvement réveillait un monde bruyant dans la paillasse et faisait crier le lit.

C'est pour la paix,
Dit-il, que je travaille !
Loin des canons,
Je vis en liberté !
Je façonne l'acier
Qui sert à la semaille
Je ne forge le fer
Que pour l'humanité !...

Cherchemidi se contraignait à une immobilité complète, les bruits de la paillasse auraient suffi à couvrir ce « Forgeron de la Paix ». Il se demandait pourquoi la complainte cessait d'être ridicule, entendue depuis cette chambrette des *Bons Enfants de Germinal*. La voix était belle, cuivrée. L'homme chantait pour lui seul, en descendant la rue de La Vernasse endormie. Les clous de ses lourdes godasses crissaient sur le pavé, en cadence. Il pensait ce qu'il chantait, de tout son cœur :

... Et forge mon sabre à l'instant !
Le forgeron saisit la lame,
Et la broyant sous ses outils...

Le chanteur descendait, solitaire, dans la nuit, dans La Vernasse enfin silencieuse, vers le quartier des Cannibales. La grandiloquence de la rengaine sociale s'effaçait, ses paroles qui s'éloignaient, qui s'enfonçaient au cœur de la nuit dans le trou à charbon, portées par la voix fruste de ce dernier passant, inconnu qui pensait ce qu'il chantait, rappelaient le : « Tout est calme, dormez en paix ! » du veilleur des bourgs médiévaux qui arpentait les rues désertes. Cela ne manquait pas de grandeur :

... A jamais soient maudits
Les engins de bataille !
Mon marteau n'forgera
Que pour l'humanité !

Le lendemain matin, dimanche 11 février 1934, c'est un autre couplet qui réveilla Cherchemidi :

Le Roi d'Espagne, il fait la fête
Avec mes belles cacahuètes !
Lu béu caca dé Marie !

Le marchand de cacahuètes s'était installé sur le trottoir, sous la fenêtre. La viole du café *Dalle-en-pente* jouait *la Valse des Ombres*. Un accordéon lointain s'escrimait sur *Reine de Musette*. Des marmailles costumées et masquées se donnaient la chasse à travers les étals de la montagne et de la ville.

Cherchemidi se lava comme les chats dans la cuvette émaillée, avec l'eau glacée contenue dans un broc de faïence décoré de bleuets, puis il descendit prendre son petit déjeuner : l'Armand lui servit des œufs au lard et du vin rouge. Il mangea de grand appétit, puis sortit et se promena dans La Vernasse endimanchée.

Il y avait de la musique dans chaque café : piano mécanique, orgue de Barbarie, musiciens locaux... On dansait partout, l'entrée était gratuite. Les boutiques avaient suspendu les lapins, les poulets, les bouteilles et les boîtes de conserve que l'on pouvait gagner à la loterie. Le café-tabac de la Mouquette regorgeait de monde. Un cercle de badauds reprenait au refrain les « dernières chansons de Paris » que présentait un couple de chanteurs de carrefour, lui qui jouait de l'accordéon, elle qui chantait en offrant à la ronde « les œuvres, paroles et musique, vingt pour vingt sous », imprimées recto verso sur une feuille de papier journal « avec la photo des artistes ». Un autre cercle s'était formé tout près, autour d'un automobiliste qui changeait de roue. Une quinzaine de chiens galeux jappaient à l'entrée d'une remise grande ouverte dans laquelle un boucher dépeçait un bœuf. Les caraques s'étaient installés au fond de la place, ils rempaillaient des chaises, tressaient des paniers et rétamaient des chaudrons, pendant que leurs femmes préparaient la soupe derrière la roulotte. Le soleil se faisait sentir sans se montrer, caché mais pas très loin, juste derrière les premiers nuages, les moins épais. Il perçait un jour qui vernissait les couleurs, les fondait dans une harmonie de verts et de noirs. Une théorie de femmes en fichus, très vieilles ou très jeunes, toutes courbées sous des sacs de cinquante kilos, débouchaient du sentier des crassiers avec le charbon qu'elles avaient grappillé depuis l'aube.

Deux garçons portant l'insigne des Jeunesses communistes agitaient un tronc en criant : « Donnez pour nos camarades antifascistes ! » Quand ils arrivaient devant un attroupement, ils proclamaient : « Vive la lutte de la jeunesse allemande contre le fascisme d'Hitler ! Vive le gouvernement ouvrier et paysan ! Vive la J.C. ! » Ils recueillaient ainsi quelques gros sous, pas beaucoup, mais ils semaient la discussion sur leur passage. Devant l'automobile sur cric, ils étaient deux bonnes douzaines à présent, qui se désintéressaient de la crevaison. Un colosse à moustache rousse, coiffé d'une casquette bleue, pérorait en patois : « ... Nous avons fait venir du savon de Russie ! parfaitement ! Autant de savon qu'il en faut ! Regardez ! (Il brandissait un gros cube de savon de Marseille.) Avec ce savon, nous ferons notre lessive ! Rien ne lui résistera au savon que nous avons fait venir de Russie. Il a ses marques de fabrique, ce savon : d'un côté, il y a la tête de Staline ! De l'autre, la tête de Lénine ! Et plus on frotte avec, plus les têtes se voient ! »

Une puissante odeur remontait irrésistiblement la pente de La Vernasse, l'arôme du café qu'une grosse commère torréfiait devant sa porte, tournant à la main le cylindre troué, au milieu d'un cercle de voisines qui commentaient l'odeur et l'opération.

Une cloche sonna. Presque aussitôt un surprenant silence tomba sur le village, puis le bruit d'un moteur se fit entendre de plus en plus proche : la grosse Chenard-et-Walker de M. Flubel traversa la Placette, transportant le directeur de la mine et sa nombreuse famille à la grand-messe.

Cherchemidi était curieux de savoir ce que le curé d'un tel trou à charbon pourrait bien dire à ses fidèles à la fin de cette semaine sanglante ; et puis, cela n'était-il pas un élément de son reportage ? Il entra dans l'église, mais resta debout dans le fond, derrière un pilier.

L'abbé Halmalo cita *La Semaine religieuse* : « Nos enfants sont tombés en demandant une France plus honnête et plus belle. Leur désir scellé de sang sera exaucé. A l'intérieur du pays, comme au-delà des frontières, un ordre nouveau s'élabore. La France n'est-elle pas désignée pour être parmi les principaux artisans de ce renouveau ? »

Le curé de La Vernasse termina par un appel à prier pour les victimes et leurs familles « qui ont vu tomber sous des balles françaises des êtres chers, dont quelques-uns avaient été épargnés par les balles ennemies ».

L'écrivain quitta l'église discrètement, aux derniers mots de la péroraison. Il vint prendre Alain Doiren qu'il avait invité à déjeuner : ils s'étaient donné rendez-vous à l'école où le directeur avait affaire dans la matinée.

— Tenez, puisque vous êtes ici, je vais vous montrer quelque chose d'assez curieux dans un livre que j'ai trouvé en arrivant ici, le tome II de *La France pittoresque*, d'un certain A. Hugo, vous connaissez ? moi non plus. C'est une édition de 1835. Voici ce qu'on dit de nous :

« Gard (ci-devant Languedoc). — La population est généralement : laborieuse, elle a l'esprit vif, actif, entreprenant, mais elle est d'une grande irascibilité naturelle et se laisse emporter par ses passions. Les Cévenols aiment le service militaire, mais une imagination vive les fait réussir dans les lettres. On les accuse d'être intéressés et de se livrer aux jeux de hasard... »

Ils en rirent ensemble. Pour se rendre *Aux Bons Enfants*, où Cherchemidi avait passé commande d'un repas de fête, ils traversèrent la place de l'Église juste pour la sortie de la grand-messe.

— Ce garçon me fait mal au cœur, murmura Alain en s'arrêtant.

Noël Tarrigues, dissimulé derrière un mur, guettait la sortie des paroissiens.

L'Armand avait soigné le menu. L'écrivain et l'instituteur mangèrent et burent beaucoup. Quand ils quittèrent la table, ils étaient un peu gris et se tutoyaient.

Ils passèrent la soirée à visiter les bals, qui étaient bondés. L'accordéon-musette régnait en maître sur La Vernasse...

Cherchemidi n'avait jamais rien vu de tel, il n'aurait pu l'imaginer. Tous les mineurs étaient là, tous. Ce n'étaient pas ces quelques centaines d'hommes qui l'impressionnaient à ce point, mais la puissance qu'ils dégageaient. Ils étaient une force donnée, une raison dont notre raisonnement traditionnel ne tient pas compte naturellement.

Les mineurs des trois postes étaient venus à l'heure dite. Ils s'étaient massés au plus profond du trou de La Vernasse, sous la passerelle métallique, entre les voies, sur les wagons déjà chargés et dans les wagons vides.

Cherchemidi repéra la locomotive qui s'était arrêtée pour lui, il reconnut le chauffeur qui n'était pourtant pas, lui non plus, en tenue de travail. Pourquoi s'était-il décidé finalement ? Il était sincère en disant à l'écrivain qu'il profiterait de la journée de grève pour aller à la chasse. Pas un de ces mineurs qui n'aurait eu quelque chose à faire en ce lundi, de plus agréable et de plus utile pour lui et pour les siens que de venir là, pour entendre des discours, ou pour être là, seulement. Beaucoup venaient de très loin, certains avaient couvert 20 à 25 kilomètres à pied, rien que pour ça. Et pour quoi ? Ils étaient au fond d'un trou, dans un creux de montagnes d'un petit pays dont personne ne se souciait, dont la plupart des Français ignoraient jusqu'à l'existence. Qui saurait qu'ils étaient venus là ? Il faisait un froid de canard, ils restaient sur place, sans bouger, sans seulement montrer de l'impatience.

Même le Libertade était là. A ceux qui le blaguaient, l'anarchiste sourcilleux montrait un journal : « A Poitiers, communistes et socialistes ont défilé ensemble, le 9 février. On remarquait aussi, derrière leurs drapeaux rouges, *les drapeaux noirs portés par les tailleurs de pierre anarchistes de Chauvigny.* »

Quand il avait vu arriver le terrible Catalan, Fernand Bédel avait appelé le Mèffi : « Ne le quitte pas d'une semelle, avait-il soufflé au secrétaire de la cellule de Clerguemort. Au premier signe de provocation, tu l'assommes ! »

Sur la tribune naturelle que leur offrait une trémie servant à charger les wagons, les orateurs se partageaient hâtivement les sujets : il y avait trop d'orateurs qui devaient se faire entendre obligatoirement. Fernand Bédel insistait pour que le maire socialiste du Chambon tienne le crachoir aussi longuement que lui, mais non pas en tant qu'élu municipal — ce rôle serait tenu par n'importe qui, par le Jaurès par exemple — mais en qualité de dirigeant local de la S.F.I.O. Le maire de Clerguemort protestait qu'il ne savait pas parler en public. Comme c'était reconnu, on lui donna simplement à lire les revendications des mineurs, ce qu'il fit en tremblant d'appréhension :

« Salaire minimum pour toutes les catégories travaillant au fond.

« Paiement d'une allocation de chômage pour toute journée chômée... »

Lui non plus ne s'était jamais adressé à une foule pareille. Il butait plus souvent que d'habitude, s'en voulait, ne retenait pas les *nun dé diu* qui ponctuaient les revendications :

« Suppression des brimades et vexations de toutes sortes. Interdiction formelle aux ingénieurs et autres chefs de se substituer aux docteurs pour apprécier les accidents du travail.

« Loi de 8 heures. Repos hebdomadaire.

« Aide immédiate aux caisses de secours. Bois en suffisance sur les lieux de travail... »

Cherchemidi saisissait mal ces détails, il n'en était que plus étonné par l'attention passionnée que cette foule glacée accordait à l'interminable énumération du Jaurès.

« ... 100 kilos de charbon par mois pendant la saison d'hiver... Un abri à Cornas... Des lampes à benzine... Suppression de la pratique qui consiste à faire sauter deux bennes, quand l'une contient plus d'une caisse de pierres... »

La parole fut ensuite donnée « au camarade socialiste Auguste Saccard, maire du Chambon » qui commença par rappeler les appels de Blum et de Jouhaux, et soudain s'exclama :

— Je vous annonce qu'il y a dans la République une conjuration conduite par l'étranger, qui prépare au peuple la famine et de nouveaux fers... C'est la ligue de tous les vices armés contre le peuple... Les nobles, les oisifs, les orateurs vendus, voilà les instruments de l'étranger, voilà les conjurés contre la patrie, contre le peuple. Nous déclarons la guerre à ces tartufes en patriotisme...

C'était si bien dit que les mineurs n'en revenaient pas, les camarades socialistes les premiers. Quand le vieux Saccard, qui ménageait ses effets, eut révélé que les lignes qu'il venait de lire n'étaient pas de lui mais de Saint-Just, tous poussèrent un soupir de soulagement. Ils applaudirent très fort, en se tournant vers les socialistes qu'ils connaissaient comme tels, ainsi tout Clerguemort entourait les deux Tarrigues. L'oncle Albéric entendit même des remarques flatteuses sur ce camarade Saint-Just qui écrivait si bien.

Le maire du Chambon fut acclamé. Personne n'aurait eu l'idée de le tirer par les pieds. Il se produisait une surenchère d'approbations, on applaudissait le vieux socialiste d'autant plus fort qu'on ne lui avait jamais ménagé les accusations et les injures. Il n'avait jamais fait le jaune, jamais ! on oubliait tout, d'un coup, un miracle ! Fernand Bédel était bouleversé. On entendit à peine ses premiers mots, mais tous devinèrent son émotion. Tout ce qu'il avait dit en vain depuis des années revenait dans les mémoires, et comment on le rabrouait, et comment on n'y avait jamais cru, à l'unité !

— ... Camarades socialistes, camarades communistes, camarades mineurs, nous sommes tous des révolutionnaires !... (Sa voix vibrait, il marquait des pauses pour dominer son trouble.) Nous voulons mettre un terme à l'expropriation dont le peuple est victime, en expropriant les expropriateurs capitalistes ! nous voulons assurer la souveraineté du travail... Oui, nous sommes les défenseurs de la liberté contre les fascistes et nous jurons de tout faire pour que l'action réalisée aujourd'hui continue demain... Ensemble, nous démolirons les bastilles modernes...

Là, incompréhensiblement, c'est le père Saccard, les deux Tarrigues et les socialistes avoués qui donnèrent le signal des applaudissements. Sans doute le délégué-mineur était-il, à son insu, tombé pile sur un sujet qu'ils avaient débattu entre eux avant de venir, ou avait-il employé une expression qui les avait frappés dans leur *Populaire*.

— Nos grands ancêtres de la Convention se battaient eux aussi pour le pain, la paix, la liberté, reprit Fernand, dès qu'il fut revenu de son heureuse surprise, et il s'étendit sur la Révolution française, supposant que cette période historique plaisait particulièrement aux frères S.F.I.O... Nos aïeux révolutionnaires avaient devant eux les chouans et les émigrés de Coblentz. Nous avons en face de nous l'un des descendants de ces émigrés traîtres à notre pays, M. le comte de La Rocque, chef des Croix de Feu...

L'émotion douait Fernand Bédel d'une grande force de persuasion ; il ressentait si fortement ce qu'il disait. Il avait tant rêvé ce moment qu'il faisait partager son ardeur à tous :

— Frères socialistes, frères communistes, levez bien haut vos drapeaux rouges, côte à côte ! Rien ne peut vous arrêter ! Dressons notre fraternité d'ouvriers face à l'internationale des marchands de canon ! en avant pour défendre la liberté conquise par nos pères !...

» Le fascisme ne passera pas !

Ils s'étaient tous dressés, ils allaient tous de l'avant vers où ? Les organisateurs ne l'avaient pas prévu. Ils prirent quand même la tête de la masse qui se tournait instinctivement vers le village.

— Dire que nous n'avons même pas de drapeau, grondait Camille Tarrigues.

— T'en fais pas, nous on en a deux, proposa le Mèffi, grand seigneur, tu trouveras bien trois flèches à coller à la place de la faucille et du marteau ?

— Eh ben ! fit l'oncle Albéric, qui aurait cru ça !

La manifestation avait pris un pas large et lent. Elle criait sans brailler : « Le fascisme ne passera pas ! » Quelques communistes la traversaient de bout en bout pour aller dire quelques gentillesses à des socialistes qu'ils avaient vilipendés récemment, le père Saccard se laissait glisser jusqu'au Jaurès pour lui donner une bourrade avec un « alors, vieux forban ! » à tirer des larmes au roide maire de Clerguemort.

Peu avant l'entrée dans La Vernasse, la manifestation se grossit des maçons du chantier des cités ouvrières : une formidable *Internationale* retentit devant elle, c'était l'accueil des femmes des Cannibales. Ouvriers et employés, ils sortaient de partout pour se joindre aux mineurs, pendant la remontée du village : les communistes serraient la main des communistes et donnaient l'accolade aux socialistes, certains se rappelaient, à la blague, leurs vieux griefs, pour se démontrer qu'ils pouvaient se le permettre sans risques. Devant l'école, attendait le directeur, M. Doiren, flanqué de ses collègues, au grand complet, les Gavère et les Énogat, l'air à peine moins pincé qu'à l'accoutumée.

La Vernasse appartenait tout entière à la manifestation, et en frémissait.

Devant la mairie, tous les buts étaient atteints, il n'y avait plus rien à dire, plus rien à faire, personne ne faisait mine de partir, cette manifestation se plaisait trop pour se dissoudre.

— Il faut aller à Alès !

— C'est ça, pour leur montrer !

La manifestation rugit de contentement.

— Mais comment y aller ?

Il y eut un moment d'embarras : on n'avait pas de véhicules... Dans le silence, une voix fit :

— Je vais chauffer ma locomotive !

C'était le chasseur de grives.

— Eh ! attention aux autres trains !

— On ne risque rien, puisque les cheminots sont en grève ! Les voies sont à nous !

L'idée de former un train spécial et de descendre à toute vapeur jusque dans la gare d'Alès les soulevait d'enthousiasme.

— Faut marquer dessus qui on est, que nos camarades cheminots nous prennent pas pour des jaunes !

— Y a qu'à mettre nos deux drapeaux rouges devant la locomotive !

Rochebelle avait passé le pont.

La digue avait crevé. Le charbon coulait dans les rues commerçantes. L'irrésistible piétinement du travail effaçait les confettis et les serpentins du beau Carnaval de la veille. Les vitrines hautaines tressaillaient à cette marche qui faisait trembler la terre. Derrière Rochebelle pesaient la Royale, Tamaris, Cendras et Salindres ; derrière les mineurs se pressaient les forgerons, les métallurgistes, les ouvriers de l'acier, les manœuvres de l'acide, les terrassiers et les maçons. Les fonctionnaires eux-mêmes ! s'étaient joints à eux, avec des mines effarouchées.

— Les bourgeois font leur prière, lança une voix méchante.

— Deux vierges veillent sur Alès, répondit une voix goguenarde, la première, sur l'Ermitage, lève les bras au ciel en disant : « Que mes Alésiens sont bêtes ! L'autre, qui lui fait face, laisse tomber ses bras et lui répond : « Que veux-tu que j'y fasse ? »

— Attention, camarades, ne poussez pas !

Ces gueux regardaient les richesses offertes avec des airs protecteurs : s'ils avaient voulu ! Les masses arrivées des quatre points cardinaux se rassemblèrent sur la place de l'Hôtel de Ville. Sur le balcon Louis XV, les orateurs se succédaient, pour dire quelques mots, très vite, au nom de leur parti, de leur syndicat, de leur corporation. Ils s'interrompaient pour laisser le haut-parleur communiquer à la foule les nouvelles à mesure qu'elles parvenaient :

— A Paris, sur le cours de Vincennes, ils sont plus de 150 000 travailleurs, communistes, socialistes, unitaires, confédérés, qui manifestent leur haine du fascisme !

La place poussait un mugissement de joie.

— A Marseille, 100 000 manifestants tiennent la rue... A Toulon, Périgueux, Toulouse, Montluçon, Saint-Étienne, Rouen, Bordeaux...

Des bombes saluaient chaque étape de ce tour de France du sursaut populaire.

— Notre manifestation est la première manifestation prolétarienne après un coup de force fasciste ! glissait un nouvel orateur, entre deux villes et quatre bombes. Il se hâtait de conclure : « Le fascisme ne passera pas ! » que la place reprenait en chœur, en rythme et en force.

Tard dans la nuit, « le train spécial des grévistes de La Vernasse » prit le chemin du retour. Il ne fit aucun arrêt jusqu'aux derniers kilomètres, à partir de là, il ralentit, à la demande, sous chaque mas qui avait envoyé son gréviste. La gare du Chambon était le dernier arrêt avant La Vernasse. Tout Clerguemort descendit là.

— Allons, tu viens ! dit Camille à Noël.

Le plus jeune des Tarrigues leva un pauvre regard vers son oncle et son frère qui ne comprenaient pas son hésitation.

— Alors, qu'est-ce qu'il y a ? s'impatientait Camille.

— Je m'en veux, balbutiait le malheureux Noël, j'aurais jamais dû te faire ça, à toi...

— N'en parlons plus, petit ! en route, la vieille va être folle de joie ! et Solange aussi, elle t'aime bien, tu sais !

Noël baissa la tête, les yeux pleins de larmes. Fernand Bédel s'approcha :

— Allons, Noël !

— Mais... Fernand ! c'est pas question politique !

— Ah ! tu vas nous foutre la paix ! s'irrita le délégué-mineur, c'est toi qui gâcherais une telle journée !

Noël Tarrigues emboîta donc le pas des siens. Il fut sans doute le seul que cette journée du 12 février plongea dans plus de malheur encore.

Cherchemidi avait écrit son reportage dans un véritable délire, sur un coin de table de bistrot, aussitôt après la fin de la manifestation. Il s'était à peine relu. Dans sa hâte d'expédier son texte à Paris, il n'avait pas attendu d'avoir recouvré assez de calme pour se contrôler, se corriger.

Son reportage étonna, à commencer par l'auteur lui-même. Il en vint à se demander si son véritable talent n'était pas dans la démesure, s'il n'était pas, dans le fond, un lyrique.

Par télégramme, le directeur du journal lui demanda de prolonger son séjour afin d'être sur place pour conter aux lecteurs les conséquences de la grève générale dans cette population minière qu'il avait su faire aimer.

Il reçut une lettre des Lagrange, de Madeleine précisément (Léo devait être sur les dents !) qui le congratulait pour son reportage et lui donnait en échange, quelques échos « de notre 12 février, à nous ! ».

« ... C'est une journée que je n'oublierai jamais. Nous étions pleins d'élan et de gravité. Propos héroïques (de moi !) dans la salle de bains : "Nous avons trente-trois ans, si les gardes-mobiles tirent sur nous nous aurons eu le temps de vivre !" Interdite ou non nous allons à la manifestation ! C'était une si impérieuse nécessité que mon père, tellement prudent, avait accepté de me conduire à midi, place de la Bastille, dans sa voiture. Nous avons déjeuné (avec André et Clara Malraux) dans une magnifique brasserie. Léo était parti pour la Chambre, d'où il devait gagner la Nation avec le groupe socialiste. J'avais envoyé Serge chez Simone Spanien. Nous voilà donc au premier étage du restaurant : à une heure et demie, une foule, peu dense, se dirigeait vers la Nation... Qu'est-ce que ça allait donner ? La grève avait semblé effective : le matin, un chantier voisin de chez nous, sur le quai, était désert. Pas de transports de surface. Peu de métros, et seulement, semblait-il, en direction de la Porte de Vincennes, comme s'il y avait eu volonté de faciliter l'accès à la manifestation. Nous l'avons pris, ce métro. De la Bastille à la Nation, il brûlait les stations intermédiaires. Nous avons monté les escaliers, le cœur battant, avec d'autres qui avaient des visages, des regards sympathiques : le cours de Vincennes était noir de monde dans toute sa largeur. Comment vous faire sentir la joie qui nous saisit ? Tant de souvenirs amers nous revenaient en mémoire : les quatorze ans de scission des partis ouvriers, les meetings houleux — ou les salles vides — les défilés séparés — le nôtre si maigre au Mur des Fédérés ; les erreurs d'un côté, les erreurs de l'autre, car il y avait des communistes, le 6 février, place de la Concorde et le 7, *L'Humanité* voulait envoyer au poteau à la fois Daladier, Chiappe et Frot ! mais le 9 les communistes étaient allés manifester tout seuls, encerclés dans les petites rues, sans espoir, sans autre résultat que d'avoir des morts à opposer à ceux du 6 — et comment leur reprocher de s'agiter pour rien, puisqu'on ne pouvait encaisser cette défaite ! — Au fait, vous avez entendu l'appel du vieux Doumergue ? On nous le ramène pour nous punir d'avoir osé débarquer Chiappe ! Voilà ce qu'il en coûte de reculer devant l'émeute. Cette Chambre élue en 1932 tremble devant le Mur d'Argent. Elle liquide ses timides gouvernements de gauche, mais n'ose pas changer de majorité...

Bref, nous, les antifascistes, nous sentions que nous ne pouvions laisser les autres sur un sentiment de victoire, et voilà qu'au débouché du métro Nation, à 2 heures, nous étions en vue d'une foule immense, communistes et socialistes, syndicalistes des deux centrales, étudiants, écrivains, instituteurs, « Paris et Saint-Denis ! » comme dans la chanson, et les autres banlieues... Le groupe des parlementaires était assez compact, ils étaient revenus après les manifestations de province, comme Léo.

La foule s'était mise à marcher lentement, en chantant, ou en poussant des cris scandés : « U-ni-té D'AC-TION ! » (3 brèves, 2 longues). « CHI-AP-PE en pri-son ! » (3 longues, 2 brèves). Les communistes seuls criaient : « Les Soviets partout ! » mais le chœur reprenait : « Unité, Unité ». On regardait son voisin avec amitié, on échangeait des commentaires (j'ai entendu : « Moi, je ne descendais plus dans la rue, mais aujourd'hui... »).

C'était aussi beau que les Premier Mai d'autrefois. Des morceaux d'étoffes rouges, des coussins, des rideaux devenus drapeaux, s'agitaient aux fenêtres, et la foule criait aux spectateurs : « Descendez avec nous ! » Les rues adjacentes étaient barrées par des gardes à cheval et par des camions pleins de gardes mobiles. Cela ne nous a pas émus. A peine avons-nous eu le temps d'en être flattés. Ce qui nous fascinait, c'était une cohorte massive, rouge ondulant en tête, tous les drapeaux mêlés, ceux des sections S.F.I.O., et ceux que surmontaient la faucille et le marteau : Saint-Denis qui a constitué le premier comité de coordination. Blum et Paul Faure ont dit quelques mots. Mais nous ne pouvions nous quitter si vite, nous sommes revenus sur le Cours de Vincennes que le gouvernement nous abandonnait. A gauche, la rue des Pyrénées monte vers Belleville, elle est longue et sinueuse. Ma colonne, où j'étais bras-dessus, bras-dessous avec André, Clara et Guéhenno, s'y engageait. On n'était toujours pas fatigués de crier ni de chanter. De temps en temps, les hommes nous soulevaient, Clara et moi, et nous pouvions voir le cortège sans fin. Tout en haut, les rues étaient barrées. Il fallait parlementer avec la police. C'est en fin de compte Renaud-Jean qui a obtenu le droit de passer sur les trottoirs, de chaque côté : « Discipline ! discipline ! » Nous n'en pouvions plus... Heureusement, notre Caliban habite une petite maison rue des Lilas, près de la Place des Fêtes... Léo, lui, est allé jusqu'à la Porte de Vincennes où il a pris la parole juché sur une voiture... »

« Place des Fêtes », se dit Cherchemidi, ils auraient aussi bien pu aller boire un coup chez Gracchus.

Les journaux annonçaient que le chancelier Dollfuss avait constitué un « front national » indépendant des partis politiques, en s'appuyant sur les forces les plus réactionnaires d'Autriche. Il faisait tirer au canon sur les socialistes à Vienne, à Linz et en Styrie. Il y avait des centaines de morts et de blessés. Le parti socialiste était dissous. Un commissaire du gouvernement venait d'être nommé à Vienne. Les prévisions qu'avait faites Edmond Schlesinger, un soir de la semaine précédente, dans le petit appartement des Lagrange, quai Malaquais, s'accomplissaient inexorablement. Peu de Français cependant se sentaient quelque culpabilité dans ce massacre. Toute la France parlait du tragique accident de montagne qui avait causé la mort du roi des Belges à la fin de la semaine. Tous les cœurs sensibles de la République versaient des larmes sur « le roi-soldat ». Ses photos en skieur, en jeune marié, en jeune roi, en petite tenue de général, en promenade incognito, avec Poincaré, avec Foch, avec Pétain, en famille et en représentation, ne laissaient que peu de place aux vues du faubourg viennois d'Ottakring écrasé par les obus, aux troupes nettoyant les entrées du Karl Marx Hof, aux batteries d'artillerie en position sur les hauteurs de Linz...

L'affaire Stavisky repartait de plus belle, et de surprenante façon : à la veille de remettre un rapport accablant, M. Prince, conseiller à la Cour d'Appel, chef de la section financière du parquet, était trouvé mort, écrasé, sur la voie ferrée entre Dijon et Plombières, au kilomètre 311. « Suicide ou crime », on posait les mêmes questions que devant le cadavre de Stavisky, avec les mêmes faux airs d'objectivité. Cependant l'enquête continuait : l'inspecteur principal Bony était suspendu de ses fonctions, une information était ouverte contre le commissaire Bayard, de la Sûreté générale, qui avait remis à Stavisky une carte d'introduction et de recommandation permanente. Plus on remuait, plus ça puait.

Le 22 février, le gouvernement Doumergue demandait et obtenait les pleins pouvoirs.

Localement, il ne se passait rien. Cherchemidi monta à La Vernasse, pour demander des comptes à Fernand Bédel, ou peu s'en fallait.

Le délégué-mineur ne put s'empêcher de sourire :

— Mais vous attendiez quoi, au juste ? Que les ouvriers prennent le pouvoir le lendemain ? Vous allez vite, vous !

Cherchemidi se sentit un peu ridicule, et il le dit : évidemment, les mineurs qui arrachent leur charbon au fond du trou devaient avoir beaucoup plus de raisons que lui de se montrer impatients. Mais, quand même, cette magnifique journée était passée comme un beau rêve, on s'était retrouvé le lendemain matin gros-jean comme devant. L'expression indigna Fernand, il se maîtrisa, pour expliquer calmement :

— La grève du 12, c'est le coup d'arrêt au fascisme. Il va rentrer dans sa coquille. Bon. Ensuite, c'est le réveil des ouvriers contre une politique dont ils souffrent depuis quatre ou cinq ans : chômage, bas salaires, etc.

— Mais alors, qu'attend le syndicat ? Il vient de montrer sa puissance !

— Voulez-vous des chiffres, monsieur le journaliste, fit le délégué moqueur : à La Vernasse, il y a plus d'un millier de mineurs et moins de quatre-vingts syndiqués. Et pourtant, nous sommes le plus fort syndicat de tout le bassin houiller.

— Alors, là, je ne comprends plus : pourquoi tous ces mineurs, qui se sont dérangés si volontiers le 12, ne se donnent-ils pas la peine de s'inscrire au syndicat ?

— L'unité donne une force terrible. Si ce courant se renforce, les effectifs des syndicats vont centupler. Je suis persuadé que le 12 aura des répercussions considérables, cela se voit dès maintenant...

— Moi, je ne vois rien.

— Pour le voir, il faut travailler dans la mine, au fond, trancha froidement le délégué.

Il y eut un silence, pendant lequel Fernand s'en voulut de sa brusquerie. Il reprit avec bienveillance :

— Au fond, les socialistes, les communistes, et les mineurs sans opinion fraternisent comme ils ne l'avaient pas fait depuis longtemps. Socialistes, communistes, c'est beaucoup dire, il y en a fort peu qui ont la carte de l'un ou de l'autre parti, mais leur rapprochement va dans le sens de ce que désirent les 90 % des ouvriers, quelle que soit leur appartenance, et ça, vous pouvez l'écrire, vous devez même l'écrire. Les ouvriers ne voient pas d'autre issue que l'unité d'action pour en finir avec le chômage, et avec la misère dans laquelle ils s'enfoncent.

— Mais, en réalité, est-ce qu'il y a déjà des améliorations ?

— Oui. Ça ne s'est pas traduit par des augmentations de salaire, pas encore, mais déjà on sent que le coup porté a fait reculer l'oppression patronale. Les ingénieurs se montrent plus conciliants, ils ont ressenti la secousse. C'est difficile à dire comment, pratiquement, surtout à quelqu'un qui ne connaît pas la mine : ça tient au ton, aux prix de tâches selon les difficultés de tel ou tel chantier...

— Le patronat deviendrait donc plus sensible aux difficultés du prolétariat ?

Fernand Bédel faillit se fâcher, mais il mesura la candeur de l'écrivain.

— Les patrons ne font pas de sentiment. Ils ne font pas travailler les ouvriers pour le plaisir de les faire travailler, mais parce que ça leur rapporte de l'argent : « L'exploitation du travail », on appelle ça ! Ils nous font travailler non pas pour nous faire manger, mais pour gagner de l'argent sur notre sueur. Ça, c'est vrai.

— Je le sais.

— Non, non, non, c'est pas mal d'en parler un peu ! Il y a des choses qui se savent depuis longtemps, il faut de temps en temps les répéter, les gens les oublient des fois, pas vous ! mais quelques-uns, même des ouvriers, des fois ; il y a des ouvriers qui croient qu'ils peuvent devenir patrons un jour, ils se trompent... Il n'en faut pas trop, des patrons. Pour qu'ils gagnent beaucoup d'argent, il en faut très peu, et il faut beaucoup d'ouvriers pour leur gagner de l'argent !

Cherchemidi devait remonter à Paris, ces propos ne faisaient que le confirmer dans sa décision, mais il ne pouvait se résoudre à quitter le délégué sans rendre à leurs rapports un peu de la chaleur confiante qu'ils avaient conservée jusqu'à cette dernière conversation.

— Avant de vous quitter, je voudrais vous remercier pour tous les services que vous m'avez rendus.

— Des services ?

— Vous m'avez peut-être sauvé la vie !

— Ah ! oui. Vous avez vu ce qui est arrivé au conseiller Prince, fit le délégué, vous comprenez maintenant qu'ils sont capables de tout. Et ce n'est pas fini. Faites mes amitiés à tous les Gracchus.

La découverte du cadavre du conseiller fut suivie d'autres événements dramatiques, deux tentatives de suicide : le substitut Hurlaux, révoqué pour avoir demandé à Stavisky d'appuyer sa demande d'avancement, et Me Raymond Hubert, l'avocat des trois complices de l'escroc. Le substitut fut sauvé de l'emprisonnement, et l'avocat repêché à temps dans la Seine.

Cherchemidi était obsédé par toutes ces nouvelles en gare du Chambon, comme il montait dans le train qui venait de Nîmes et continuait sur Paris, il crut en voir descendre le nervi, celui qui était venu le menacer chez lui, rue du Cherche-Midi.

28

Les Mourrail

Le conseiller Prince avait donc été assassiné. L'enquête amena les policiers à faire une descente au *Frolic's*, un cercle équivoque dont ils arrêtèrent le directeur, Tribout, et son associé, Adrien Cerf, tous deux liés à Stavisky. Ils arrêtèrent ensuite un des hommes de main de l'escroc, l'ancien boxeur Georges Hainnaux, dit « Jo-les-Cheveux-blancs » ou « Jo-la-Terreur », que la presse décrivait comme « une sorte d'hercule au passé trouble prêt à toutes les besognes ». De nouvelles arrestations eurent lieu à Marseille, celles du baron Gaétan de Lussatz — « un dévoyé d'excellente famille monégasque » — connu de la pègre sous le nom du baron, de Paul Carbone dit « Venture » et de François Spirito, seigneurs du milieu vivant de la traite des blanches, du trafic des stupéfiants, de la prostitution et des tripots, spécialistes aussi, disait-on, de la propagande électorale. Le public découvrait, en lisant les journaux, d'inquiétants grouillements dans les coulisses politiques. Alors que chaque jour l'enquête en cours apportait de nouvelles preuves sur les activités crapuleuses du trio Carbone-Spirito-Lussatz, le député de Marseille, M. Simon Sabiani, premier adjoint au maire, faisait apposer sur tous les murs de sa ville des affiches protestant avec indignation contre l'inculpation de son ami Carbone, son principal agent électoral. Jamais accusés n'avaient disposé d'autant d'alibis : les policiers collectionnaient les dépositions de témoins qui avaient pris l'apéritif avec Carbone et Spirito, les 19 et 20 février, et parfois à la même heure à Marseille, Nice et Menton. D'autres policiers enquêtaient à Rouen et à Genève, où d'autres membres de la même bande avaient fourni les voitures pour les expéditions criminelles.

L'instruction de l'affaire Stavisky s'intéressait à quatre nouveaux parlementaires : MM. Jean Odin, Puis, Louis Proust, et Gaston Hulin, ainsi qu'au général Bardi de Fourtou, à Joseph Garat et à Me Gaulier interrogé sur la disparition de 1 200 — douze cents ! — pièces du dossier.

La même semaine, le « financier » Henri Rochette condamné pour l'affaire Maixandreau-Oustric, s'ouvrit la gorge d'un coup de rasoir en pleine audience de la 9e Chambre de la cour ; le même jour, son frère, Gaston Rochette, était découvert avec une balle dans la tête sur la voie ferrée, près de la gare de Lieusaint, tandis que M. David, chef de cabinet au ministère du Travail, passait de « mort naturelle » la veille du jour où il devait être entendu par la justice. L'inspecteur Bony apparaissait, disparaissait, tantôt en suspect, tantôt en prince des détectives. Carbone et Spirito furent rapidement libérés : aucun témoin ne s'était décidé à les reconnaître.

M. Doumergue annonçait au micro, avec « cette bonhomie de ton et cette simplicité qui l'ont rendu populaire », ses décrets-lois : retenues sur les traitements des fonctionnaires et réduction de leur nombre, prélèvement « exceptionnel » sur les pensions militaires, limitation de la retraite des anciens combattants : « ... Je demande à tous d'oublier leurs querelles et leurs divisions anciennes, qui sont le plus souvent causées par leur différence de tempérament, par des incompréhensions mutuelles, parfois aussi par des ambitions de personnes et non par des divergences de vue sur les idées essentielles. Oubliez cela ! Croyez-moi et entendez mon appel ! » disait sur les ondes le bonhomme que Jean Hur pouvait entendre par le trou de la cloison Pel.

Aucune mesure ne visait à combattre la crise économique mais, pour la question du chômage, M. Marquet, le ministre du Travail, avait trouvé la solution qu'un jour il annonça devant la Commission des Finances : il venait de donner l'ordre d'employer, pour les travaux routiers, le matériel le moins perfectionné, afin de combattre le chômage en employant plus d'ouvriers pour le même travail...

« Vous feriez mieux, lui répondit M. Paul Reynaud, de leur faire faire de la culture physique dans les prés, au bord de la route... »

M. Flubel avait fait renforcer la surveillance autour des trois terrasses perdues dans la pinède. A l'entendre, l'agitation sociale n'avait rien à voir avec ces mesures que deux alertes incontestables motivaient : les charmantes jumelles de l'ingénieur Goudord échappant de peu à un satyre, et le meurtre de l'un des chiens de garde.

Un cri déchirant retentit un soir dans la pinède, les chiens se précipitèrent. Derrière eux, les gardes arrivèrent juste à temps pour les empêcher de mettre en pièces le jeune homme qui venait de se prendre dans un piège à loup. Le malheureux fut ramené aux bureaux : c'était Raymond Mourrail.

La petite population de l'île dans les pins fut consternée. Adeline se roulait par terre en écumant de chagrin.

Les blessures n'étaient que superficielles, on jugea plus prudent de vacciner le cadet des Mourrail contre la rage, mais c'est nerveusement qu'il semblait atteint, le choc de cette réception du pays natal, sans doute.

— Mais qu'est-ce qui t'a pris, malheureux ! tu ne pouvais pas nous avertir de ton retour ? Nous serions venus te chercher à la gare !

— Je voulais faire une surprise à mes chers parents, répondit l'enfant prodigue, dès qu'il fut en état de parler.

Il ne se remettait pas facilement, restait comme apeuré, frissonnant, le regard inquiet, sur le qui-vive.

M. Flubel, responsable des nouvelles mesures de sécurité, fut sur le point de s'en excuser auprès des malheureux parents, mais il n'était pas tout à fait convaincu par l'explication du « cher petit ».

Cyprien Mourrail regardait son frère d'une drôle de façon. Adeline se calmait mais son mari n'était pas tranquille. Les parents montaient la garde, leur étudiant était encore trop faible pour qu'on vienne le tracasser avec des questions ou l'assommer de bavardages. Son arrivée n'avait pu passer inaperçue, toute La Vernasse en faisait des gorges chaudes, il ne manquait plus que ça !

— Pourquoi donc a-t-il abandonné ses études en pleine année scolaire ? ne pouvait s'empêcher de grommeler le père.

Emmeline faisait l'infirmière. Son intuition lui disait qu'il se passait quelque chose de grave. Ce Raymond qui était rentré d'une manière si étrange n'était plus le grand frère avec lequel elle jouait il n'y avait pas si longtemps. Marseille était une ville lointaine, énorme, où le monde entier déversait chaque jour ses bateaux d'aventuriers, là, tout pouvait arriver.

— Allons ! lève-toi ! fit Cyprien, un soir, en rentrant de la mine.

L'aîné des fils Mourrail montrait un air de résolution qu'on ne lui connaissait pas.

— Qu'est-ce qui te prend ? grogna Raymond en se retournant douillettement.

— Lève-toi, habille-toi, nous allons nous promener un peu, tous les deux, dans le parc.

— Tu as décidé ça, toi ?

— Raymond, tu sais bien que tu ne peux plus rester longtemps ici !

L'étudiant de Marseille obéit.

L'hiver désarmait ici : pins et sapins ne perdent pas leur feuillage, leur tapis d'aiguilles fait la démarche souple, les senteurs résineuses restent estivales en toutes saisons, c'est le décor des enfances heureuses.

— Qu'est-ce que tu as fait, exactement ? demanda Cyprien.

— Qu'est-ce que tu veux dire ?

— Tu as peur de qui, Raymond, des flics ?

— Les flics ne sont pas les pires. Et puis, les flics et les autres, c'est kif kif. Mais, qui t'a si bien renseigné ?

— Tout se sait à la mine, mon pauvre ! On parle beaucoup, tu devrais le savoir, ou plutôt non, tu n'y as jamais travaillé, et c'est bien dommage pour toi ! tu n'en serais pas là !

— Mais, nom de dieu ! qu'est-ce qu'ils peuvent bien savoir, dans leur trou, de ce qui se passe à Marseille, quartier de l'Opéra ?

— Tout, ou presque ! Tu te crois très malin, mon petit Raymond ! Avec ton arrivée en fanfare, La Vernasse a trouvé un beau sujet de conversation, et les gens ne sont pas aussi nigauds que notre mère qui ne demande qu'à avaler comme du bon pain tous les mensonges que tu nous racontes. Beaucoup de mineurs sont passés par Marseille avant d'aboutir ici : des Espagnols, des Italiens, des Tchèques, ils ont des parents, des amis qui sont restés là-bas, qui y vivent je ne sais pas trop comment, mais qui sont drôlement bien renseignés. (Il ricana.) — il paraît que vous avez un adjoint au maire qui est à la hauteur, hein, Raymond ?

— Ça va, Cyprien. Tu veux m'aider ou tu ne veux pas ?

— Écoute, Raymond, tu as des parents, tu as une sœur, tu t'en fous, toi ! Moi, c'est à eux que je pense, si je fais quelque chose, ce sera pour eux, pour les épargner, mais, pour toi, rien ! peau de zébi !

— Ah !... C'est par des mineurs que tu l'as su ? Je croyais que c'était par Cherchemidi, l'écrivain, qui est originaire de Clerguemort.

— Pourquoi ? Il est au courant aussi ?

Le vent balançait tendrement les hautes ramures de la pinède. Ils marchaient dans les pas de leur enfance ; il n'y avait plus rien autour d'eux. Les vagues vertes, au ronronnement rassurant, les isolaient du monde adulte, de la mine, des villes, des bas-fonds malsains, de toutes ces histoires qui n'auraient jamais dû arriver, de toutes celles qui pourraient encore arriver, qui attendaient dehors, à l'affût, prêtes à sauter sur les enfants éloignés de leur forêt natale. Ils se retrouvaient frères.

— Ça s'est fait insensiblement, tu sais... Je n'ai pas mauvais fond, comme on dit.

— Tu es intelligent, et tu es fainéant aussi, ça suffit comme explications, trancha Cyprien, raconte les choses, ce qui est arrivé, ça suffira.

Ils entendirent le claquement des tampons d'une rame de wagons qui se formait sous eux, derrière la pinède, à l'entrée du tunnel, un bruit familier, en chaîne, suivi du sifflet de la locomotive, de ses han ! pour donner les coups de reins du départ. Ainsi s'en allait vers les villes encore une partie de ce beau charbon que les hommes de La Vernasse arrachaient tout au fond du trou dans la montagne.

Le bruissement câlin de la pinède reprit le dessus. Les deux frères Mourrail s'étaient arrêtés, ils respiraient dans le petit pays de la vieille honnêteté, ou chaque famille craint que « le petit ne tourne mal ».

Il fallait vivre dans ce trou pour que l'histoire de Raymond parût surprenante, elle était classique. Libre de lui-même et de son temps, il s'était grisé de Marseille. Au début, en badaud, pour tout connaître de la ville. Il traînait des journées sur le Vieux-Port, autour des bassins de la Joliette, se réservant d'attaquer sérieusement ses études dès qu'il aurait satisfait sa curiosité. Il rattraperait vite le temps perdu... C'est ainsi qu'il avait rencontré des gens singuliers et attachants, dans les ruelles qui montent du port, dans le secret des petits cafés d'habitués. Ces gens ne vivaient pas, ne pensaient pas comme Raymond l'avait vu faire jusqu'ici : ils se tenaient en marge de la société, notre belle société !...

— Regarde comment vivent les gens autour de toi, Cyprien : aller au travail, manger, travailler, manger se coucher, se lever, travailler, et ainsi de suite, pendant les meilleures heures de la journée, les plus belles années de la vie, jusqu'à ce qu'on ne soit plus bon à rien. Alors, alors seulement, on a le droit de se laisser crever tranquille sur une murette au soleil. La société te laisse en paix, quand tu n'as plus de forces, plus de désirs, plus rien... Comment un type jeune peut-il se résoudre à ça ?

Le sifflet de la locomotive changea brutalement de tonalité, même Raymond savait encore qu'à ce moment elle entrait dans le tunnel.

— Qu'est-ce que tu as fait ? demanda Cyprien.

L'étudiant cévenol avait rencontré une fille qui l'avait introduit dans des cercles moins ouverts du grand port. Raymond avait de la peine à dire les choses carrément, mais son frère parvenait à deviner le mécanisme : le petit voulait plaire à la fille, démontrer qu'il n'était pas un gavot mal dégourdi tombé la veille de ses montagnes.

— Qu'est-ce qu'ils t'ont fait faire, d'abord ? Dis-le donc, une bonne fois !

— Coller des affiches.

Il y avait des élections partielles, il fallait soutenir les amis de Sabiani, le député de Marseille. Bien sûr, il ne s'agissait pas seulement de placarder du papier sur les murs, c'était beaucoup plus amusant, il fallait se défendre contre les durs du parti communiste. Les rencontres donnaient lieu à de véritables batailles rangées devant les panneaux, il ne fallait pas avoir les foies blancs ! Les salauds y allaient si fort qu'il fallait les punir. On organisait des expéditions punitives contre leurs boutiques, mais, comme ils s'y attendaient, il fallait prendre des matraques et, même, parfois, s'ouvrir le chemin avec des bombes.

— Pourquoi tu t'es fourré là-dedans ?

— Ben... Il me fallait de l'argent !

— Mais on t'en envoyait, bon dieu !

— Peuh !... Si tu savais comme l'argent file vite dans une ville comme Marseille ! On sort le soir, on fait un poker par-ci par-là...

Cyprien avait beau faire des efforts, rien de ce qui l'entourait n'aidait son imagination. Dessous, les toits des villas des ingénieurs, des bureaux, le parc, les trois terrasses, dans l'écrin de la pinède, ce décor était solide, rassurant.

— Pour des sous, pour faire le malin..., soupira Cyprien.

Ce petit monde secret avait ses lois, son savoir-vivre. On y était pointilleux sur les convenances. Là plus qu'ailleurs, l'habit faisait le moine. Le costume sur mesures, la chemise de soie, les chaussures en crocodile, à double ou triple semelle, étaient des signes précis, et l'on devait tenir son rang, sans modestie comme sans prétention : porter la chevalière d'or, exhiber une perle en épingle de cravate quand on n'était pas encore un « caïd », démontraient une dangereuse présomption. On était un homme ou on n'était pas un homme, la formule résumait tout. Un homme savait s'habiller, tenir sa place à la table de jeu, parler aux dames, et se taire devant les pigeons et les poulets.

— Mais qui te donnait de l'argent, et pourquoi ?

« Le petit » faisait des commissions : des paquets qu'il fallait prendre ici, laisser là, discrètement. Il participait aux expéditions politiques : réunions à saboter, orateurs « amis » à soutenir dans toute la région. Ils étaient même allés jusqu'à Paris...

— A Paris ? Qu'est-ce que vous aviez à faire à Paris ?

Raymond n'était pas dans les secrets, enfin, pas dans tous. Le voyage avait été passionnant, ils étaient montés en bande, des étudiants et des durs de Marseille, ils avaient participé aux manifestations, du « boulot genre électoral », mais en grand !

Le petit frère ne disait qu'une partie de la vérité, il se limitait au pittoresque.

— Finissons-en, dit Cyprien brutalement. Tu es un voyou, oui ou non ?

— Écoute, Cyprien, je ne sais pas si je suis un voyou, tout dépend de ce qu'on entend par là. Ce qu'il y a de sûr, c'est que je le deviendrai si tu me laisses tomber maintenant.

Cyprien grogna : « Tu me dégoûtes, mais il ne sera pas dit que je n'aurai pas fait tout ce que je pouvais... »

— Il faut que je puisse repartir, Cyprien, avec un peu d'argent devant moi, pour voir venir...

— Qui viendra te chercher ici, les flics ou les nervis, tes amis ?

— Marseille est sens dessus dessous, c'est malsain pour moi. On ne peut pas m'en coller beaucoup sur le paletot, mais on m'a demandé de faire des choses que je n'ai pas pu faire, on peut m'en vouloir pour ça, c'est assez pour qu'on me prenne pour un dégonflé, alors, comme j'en sais déjà trop...

Cyprien Mourrail n'en pouvait plus :

— Tu récolteras ce que tu as semé... Oh ! tu peux rire ! j'ai mis une croix dessus, c'est comme si je n'avais plus de frère : tu me prends pour un pauvre couillon tout juste bon à arracher du charbon au fond du trou, tu as sans doute raison, de ton point de vue ! Seulement, tu as besoin de ce pauvre couillon de mineur, alors il va te poser ses conditions : tu vas disparaître, petit fumier !...

— Tu vas trop loin, Cyprien !

— Non, c'est moi qui parle, et toi qui écoutes ! dit Cyprien rageusement, en secouant son jeune frère par le col. Tu vas filer, et pas plus tard que tout de suite, et qu'on n'entende plus parler de toi ! Débrouille-toi mais, écoute bien ! si jamais tu nous fais du mal, tu auras affaire à moi, où que tu sois, et tous les nervis ne seront pas assez forts pour te défendre !

Le beau visage de Raymond était blême, ses yeux noirs étincelaient de méchanceté :

— Finis tes sermons ! Combien tu peux me donner ?

— Je n'en sais rien, il faut que j'en parle au père.

— Quoi ? Avec ta paye, tu n'as pas mis un peu d'argent de côté ?

— Non, je donne tout au père. (Raymond partit d'un rire insultant.) Il faudra trouver une explication à ton départ, pour la mère, pour qu'elle n'en souffre pas. Mais là, je compte sur toi, tu n'es pas à court de mensonges, et elle te croit toujours hélas !

— D'accord. Va parler au père, je t'attends...

— Ah ! non, alors... Il faut que tu sois là, jamais le père ne voudrait me croire. Si tu veux tes sous, il faudra que tu lui dises toi-même que tu es un petit salaud...

Arsène Mourrail bricolait dans l'atelier qu'il avait aménagé à l'étroit, sous l'escalier de bois qui montait à l'appartement. Ses fils vinrent l'y rejoindre et s'y enfermèrent avec lui.

Emmeline lisait au-dessus, dans le jardin d'hiver que le maître-mineur avait construit en encorbellement. La jeune fille bouquinait dans sa position favorite, à plat ventre sur le tapis, la tête dans les mains. Les éclats de voix attirèrent son attention : son père et ses frères ne s'étaient jamais parlé sur ce ton. Elle souleva le tapis : un simple plancher de châtaignier la séparait des trois hommes, elle y colla son oreille.

— ... Cet abruti de curé n'a rien dit ! Il devait bien se douter de quelque chose, je l'avais senti, il ne se baladait plus avec tes fameuses poésies pour les montrer à tout le monde, mais, au lieu de nous mettre en garde, il préférait s'acharner sur cette pauvre gosse, qui lui avait tout raconté, la pauvrette ! A un prêtre, elle était en confiance ! Ah ! je suis bien coupable, je me suis laissé faire, *nun dé diu !* grondait le père Mourrail.

— Combien tu peux me donner ? demandait de temps en temps Raymond.

— Mais je n'ai rien ! gémissait Mourrail, rien ! plus un sou ! tu nous as coûté cher, tu ne t'en rends pas compte, tu ne te rends plus compte de rien... Je ne sais plus où nous en sommes...

— Demande une avance à la mine.

— Jamais ! Nous n'avons jamais dû un sou à personne. Tu ne sais pas ce que c'est que d'emprunter à la Compagnie...

La figure écrasée sur les planches de châtaignier, Emmeline sanglotait silencieusement.

Arsène Mourrail n'avait pas encore soixante ans mais, dès ce moment, la vieillesse lui tomba dessus d'un coup. Il ne lui restait que quelques heures pour vivre ses dernières années.

Les marches de l'escalier des grands bureaux lui parurent très hautes, il dut faire la pause deux fois. Sur le perron, il était hors d'haleine, il transpirait. Il n'avait pas pensé à remettre sa veste avant de quitter son petit atelier.

Le directeur le reçut immédiatement :

— Justement, j'allais vous convoquer, mon cher Mourrail. Asseyez-vous, vous avez l'air très las. Ne croyez-vous pas que le moment serait venu pour vous de songer à vous reposer vraiment ?

Le maître-mineur s'était laissé tomber dans le fauteuil des visiteurs. Il attendait les mots qu'il avait redoutés toute sa vie, il était impatient de les entendre, comme on est impatient de l'orage quand les nuées pèsent depuis trop longtemps.

— Vous avez eu tort, Mourrail, de ne pas jouer le jeu franchement. Dans la vie telle qu'elle est, il faut être d'un côté ou de l'autre. Vous n'êtes plus défendable...

M. Flubel toussa longuement, il tira de sa poche un mouchoir à carreaux, cracha dedans, regarda, replia l'étoffe. Il prit dans son gousset une boîte de cachous, en mit trois dans sa bouche, ce qui amena un afflux de salive, ses paroles baignaient là-dedans :

— Je croyais avoir été assez clair avec vous. Vous n'avez mis aucune bonne volonté à aider la Compagnie. Vous êtes mou, à votre poste responsable, mou dans votre famille aussi. Vous n'avez pas été capable de faire de votre fils aîné, Cyprien, un candidat acceptable. Il s'est présenté malgré lui, il l'a laissé entendre, et vous aussi : rien ne pouvait être plus mauvais pour nous. C'était une véritable trahison. Vous auriez mieux fait de dire non, mais vous ne savez pas dire non. Dans la période où nous entrons, les mous, inutiles déjà, représentent en plus un danger. Et maintenant, voilà votre deuxième fils qui fait des siennes. Vous vous doutez bien, quand même, qu'à la suite de son arrivée en fanfare, j'ai fait prendre quelques renseignements. Il semble qu'on le connaît mieux dans les quartiers mal famés qu'à l'université. La police le tient à l'œil. Quand on occupe un poste comme le vôtre, on doit répondre des siens, le scandale familial rejaillit forcément sur toute la Compagnie. Et nous nous trouvons en face de gens qui ne demandent qu'une occasion pour se servir contre nous de tout ce qui peut leur tomber sous la main.

Le directeur appela son secrétaire, lui demanda le dossier du maître-mineur Mourrail, et aussi un grog bouillant. Ils attendirent en silence, sans se regarder. M. Flubel ouvrit le dossier dès qu'on le lui apporta. Il dit :

— Mourrail, vous avez cinquante-sept ans... Vous avez quarante-trois ans de mine. Ce n'est pas mal...

Le secrétaire lui apportait le grog dans un verre à pied. Il continua, soufflant sur le liquide, s'interrompant pour lamper de petites gorgées :

— En conclusion, il me semble tout à fait raisonnable de vous conseiller de faire valoir vos droits à la retraite. J'ai beau reprendre votre dossier, je n'y vois rien qui pourrait justifier une prolongation éventuelle de vos services à la Compagnie. D'autre part, nous tenons à récupérer le logement qui vous avait été alloué par une sorte de privilège exceptionnel. La Compagnie en a un urgent besoin. Je vous prierai donc de prendre vos dispositions pour le libérer au plus vite. Cette fois, Mourrail, je pense que nous nous sommes bien compris.

Comme il se levait, le directeur lui demanda :

— Au fait, Mourrail, c'est vous qui aviez demandé à me voir. Pourquoi ?

— Pour rien, monsieur le directeur.

Sur son passage, les bureaucrates ricanaient en se donnant des coups de coude : Mourrail ne faisait plus partie de la Compagnie, il n'était plus de la famille, ils le savaient déjà.

Arsène Mourrail referma soigneusement la porte des bureaux derrière lui. Il resta quelques instants sur le perron : la splendide pinède s'étendait devant lui. Cette petite fumée, tout au fond, provenait d'une locomotive, il savait laquelle, il connaissait les wagons chargés d'un charbon qu'il savait venir du quartier Mourrail, du nom de son pauvre père. Des jeunes filles s'interpellaient joyeusement au-dessus des bureaux : Nelly et Nancy, les jumelles de l'ingénieur Goudord, jouaient au tennis. Un refrain siffloté, des rires, un brouhaha de conversation sur sa droite, dans la profondeur des pins, provenaient des mineurs de Clerguemort et du Chambon qui repartaient par le sentier du tunnel. Il savait leurs noms, leurs familles, leurs histoires, de quelle galerie, de quel trou chacun remontait. La grosse Mme Guste rentrait chez elle, un lapin à la main. Elle revenait de son clapier, au bout du potager, elle avait assommé l'animal d'un seul coup de poing derrière la nuque. Des gouttes de sang perlaient au museau. La petite voiture du médecin s'arrêta sous la villa de l'ingénieur Schmilh, pour une de ses visites de plus en plus fréquentes à Maximilien, dont la santé ne s'améliorait pas, qui s'éteindrait doucement un jour ou l'autre, de ce mal de poitrine qui le rongeait.

Arsène Mourrail descendit lentement l'escalier des grands bureaux. Il boitait beaucoup depuis un moment, presque autant qu'en 1917, quand il était revenu au pays après avoir perdu son pied droit sur la Somme. En bas, il se trouva nez à nez avec Fernand Bédel, le délégué-mineur.

— Fernand, je veux foutre la mine aux prud'hommes !

Fernand éclata de rire, il ne pouvait pas ne pas éclater de rire. Mourrail ne se formalisa nullement. Il accrocha le délégué par le bras :

— Fernand, je veux mettre la mine aux prud'hommes. La Compagnie veut me jeter à la porte de mon logement !

— Écoutez, vous me faites rire, avec vos prud'hommes. Vous

n'avez rien appris, vous ne connaissez rien encore. Vous avez tout à l'heure soixante ans, vous n'entendez rien. Vous avez emmerdé les autres, maintenant ce qui vous arrive, je ne peux pas dire que c'est bien fait, mais, enfin ! si je le disais, je crois que ce ne serait pas trop mal !

— Vous refusez de m'aider ?

— Ah ! débrouillez-vous maintenant !

Fernand se mit à rire aux éclats.

Mourrail le rattrapa, lui barra le passage :

— *Per qué vos pa m'adjüda ?*

— Franchement ? Parce que vous ne le méritez pas. Vous avez trop fait de *saluparié* dans la mine pour que moi, je puisse vous rendre service. Mais, je vous rappelle une chose : on a souvent besoin d'un plus petit que soi ! Allons, vous n'êtes pas malheureux : vous avez droit à votre retraite, si encore vous n'aviez pas ça. Vous avez droit, en tant qu'agent de maîtrise, à un préavis de trois mois, vous pouvez leur en faire cadeau aussi, si vous voulez, vous avez l'habitude !

Fernand Bédel monta l'escalier des bureaux en riant. Il s'arrêta sur le palier, se pencha sur la rampe et laissa tomber sur le père Mourrail :

— Vous vous souvenez de ce que je vous ai dit, un jour, monsieur Mourrail ? Et j'en savais rien alors, je le disais pour vous taquiner. Je vous ai dit : « Vous établissez une liste de ceux qu'il faut jeter à la porte, on vous l'a demandée, et vous les choisissez, mais je crois que vous avez oublié un nom — je vous demande de vous rappeler ça ! — ce nom (je vous ai dit), je crois que c'est le vôtre. Parce que, quand vous l'aurez bien servie, la Compagnie vous foutra à la porte. Les Houillières s'y sont toujours pris comme ça ! Vous êtes en train de faire une opération malhonnête pour servir la mine, mais vous oubliez un nom sur la liste, ce nom, c'est le vôtre... » Je n'en savais rien alors, mais quand même, regardez !

— Mais pourquoi ça, Fernand ?

— La Compagnie ne fait pas de sentiments. Sans doute que vous n'êtes plus bon à rien. La Compagnie le pense et ça lui suffit. Adieu, monsieur Mourrail.

Le vieux maître-mineur regarda sa maison et pensa au mas des siens, là-haut, dans un repli de la montagne, du côté de Tréméjols. La boucle de sa vie devait donc se refermer là, l'homme est le seul ruisseau qui finit toujours par remonter à sa source. Mais la vieille vivait encore, jamais Adeline n'accepterait de passer le seuil de sa belle-mère.

Adeline du Mascap, belle et fraîche Adeline, pareille à la jeune fille qu'il avait rencontrée jadis avant la guerre dans les rues en folie du Carnaval d'Alès. Arsène Mourrail ne voyait pas vieillir son amour ; en vérité, les ans avaient peu de prise sur la pétulante Adeline, toujours coquette et rondelette. Il souriait de bonheur rien que d'y penser.

Le maître-mineur passa le long de sa maison sans y entrer. Tirant sa patte blessée, il s'engagea sur le sentier de la place. Il suait et soufflait, en bras de chemise, col ouvert. Quand il déboucha sur le carreau, la nuit tombait : les dernières trieuses s'en allaient en chantant, au bout de ce fond de vallée tout noir. Arsène Mourrail traversa les bâtiments vides, les ateliers de menuiserie et de mécanique, il monta sous la verrière du triage, suivit la passerelle, déboucha sur le pont au milieu duquel il s'arrêta, à mi-chemin entre les deux flancs du vallon.

C'est là qu'il mourut d'un coup, terrassé par une crise cardiaque.

29

La Marseillaise toute neuve

Le printemps de 1934 mit en fureur toutes les eaux vives de la Cévenne. De longues pluies aggravèrent le dégel. Clerguemort regardait passer des troncs d'arbres, des clapiers, des cabinets de jardin, des épaves plus rares, comme un buffet.

A Alès, les quais se couvraient d'une foule de curieux. Des débrouillards montés de la Cayenne se tenaient en équilibre le plus près possible des eaux pour arrêter les bûches que charriait le courant boueux ; ils utilisaient une longue perche terminée par un crochet. Le Gardon atteignit son niveau maximum pendant une nuit. Malgré l'heure, et malgré la pluie qui redoublait, les Alésiens continuaient à venir voir « où ça en était ». Les lampes du quai Jean-Jaurès éclairaient la crue. Des gens qui s'étaient déjà couchés se relevaient, on voyait même le pasteur, qui habitait dans la Grand-Rue, pieds nus dans des savates, en pyjama sous le pardessus, patauger dans l'eau jusqu'au mollet. Le grondement, la puissance et la masse des eaux étranglées entre les deux parapets, donnaient à la nuit une grandeur de cataclysme. Cela dépassait l'humain, c'était la nature enragée, le bon peuple en frissonnait agréablement, toujours curieux des grandes tragédies.

La colère du ciel ne manquait pas de raisons.

« C'est la fin du monde... » soupiraient des vieux.

Presque tous étaient malheureux.

Le Fou de Quatorze hurlait de sa fenêtre, ses hurlements, pour une fois, s'accordaient avec la folie des eaux et la fureur des temps.

Le long des parapets, les gens massés sous leurs parapluies disaient : « Pourvu que ça s'arrête bientôt ! » quand ils pensaient tous : « Pourvu que ça emporte tout ! »

Ils parlaient de leurs peines et de la crue, de leurs misères et de la colère des eaux, ils mêlaient un peu tout et souhaitaient le pire.

On avait toute les peines du monde à chasser la marmaille agglutinée sur la passerelle dont la charpente métallique tremblait et oscillait merveilleusement sous les coups de boutoir de la crue.

L'eau s'infiltrait dans les caves et les rues des bas quartiers, sous les quais. Des rats énormes en sortaient, par bandes, sans se presser.

Les gens enviaient aux rivières ces fureurs publiques dont rien ne peut avoir raison, ils parlaient de catastrophes avec entrain, ils s'exprimaient en victimes d'un entôlage effronté.

Le nouveau chef du gouvernement avait utilisé la T. S. F. dans toute son efficacité. Le discours prononcé par M. Doumergue à sa table de travail du Grand Salon de Beauvais au Quai d'Orsay, dans un microphone installé juste devant le sous-main, avait été diffusé non seulement par le Poste Parisien, Paris P. T. T. et Radio-Paris, mais aussi par toutes les stations françaises, et par les stations privées comme Radio-Toulouse, Radio-Béziers, et Juan-les-Pins. La voix de celui qui avait déclaré en prenant le pouvoir : « J'ai oublié ce que c'est qu'un parti », cette voix lente et familière, tendre, réchauffée par l'accent méridional, était entrée dans les foyers pour y tenir le langage de tout le monde : « Il n'y avait plus beaucoup d'ordre dans la maison. » Le « Sage de Tournefeuille », comme l'appelaient les journaux, avait donné des conseils paternels, avec des mots de bonne ménagère économe et juste, il s'était exprimé la main sur le cœur : « Tout ce que je vous dis m'est dicté par l'amour passionné que j'ai pour notre pays... » Chacun avait pu se croire le confident du nouveau chef de l'État et c'était à l'heure justement où chacun avait besoin de croire, de croire encore.

Les gens n'en parlaient pas, ils ne pensaient plus au « vieillard paternel », ils n'établissaient pas le rapport, mais ils regardaient monter la colère des eaux avec soulagement.

— Ah !... nous sommes bien cocus ! lâchait l'un des spectateurs du bouillonnement rougeâtre.

Un grognement général l'approuvait.

Un déluge, le déluge... Le mot leur revenait quand ils écartaient un peu le parapluie pour regarder le ciel. Ils prononçaient le mot sans crainte, au contraire, il doit arriver des moments où il n'y a plus qu'un déluge pour en finir... Ils n'en disaient rien, n'y pensaient que très vaguement, sans aucune sorte d'esprit religieux, ils se laissaient aller d'instinct à souhaiter le pire des maux pour l'engeance humaine.

Les décrets-lois frappaient beaucoup de gens, les anciens combattants d'abord, qui s'en plaignaient mais ne plaignaient pas les fonctionnaires qui sont trop nombreux, ni les ouvriers qui font trop d'enfants. Les fonctionnaires s'en plaignaient, mais se plaignaient des anciens combattants qui avaient semé la pagaye, et des ouvriers qui se mettent en grève pour rien, trop contents de ne rien faire. Tout le monde se plaignait de tout le monde.

Les eaux montaient toujours, on parlait de ponts menacés, de passerelles emportées et d'épidémies de typhoïde.

Jean Hur passait des heures, le front collé à la vitre, à contempler la crue, les curieux, la pluie sur tout cela. Il pressentait qu'il allait se passer quelque chose, quelque chose d'énorme, d'un peu effrayant mais pas trop, qui bouleverserait sa vie, il attendait impatiemment.

Son père venait d'être gravement malade et commençait à peine à se lever. Mme Hur s'opposait à ce qu'il se remette à son établi pour terminer le fameux charreton. Elle avait eu peur de perdre son mari le docteur Caboukie l'avait remarquablement soigné. Elle racontait à qui voulait l'entendre les péripéties de la lutte contre la maladie.

— Un soir, pour flamber une aiguille, le docteur a posé un morceau de coton imbibé d'éther sur le marbre de la cheminée, et il y a mis le feu ! — « Mon Dieu, docteur, lui ai-je dit, qu'est-ce que vous faites ! Nous ne sommes pas chez nous ici, ce logement appartient à la République ! » Vous savez ce qu'il m'a répondu : « — Bah ! le marbre de la Gueuse... » Vous vous rendez compte !

Mme Hur contait cela sur un ton, avec des mines, qui étaient caractéristiques de sa manière : la désapprobation émerveillée. Jeannot ne comprenait pas ce qu'il y avait de si épatant dans ce « marbre de la Geuse » si souvent repris devant lui. Il ne pouvait saisir pourquoi les gens attachaient une importance actuelle à ces mots. Le docteur Caboukie, médecine générale, était un colosse taciturne et revêche, un bourreau de travail, âpre au gain. Il laissait parler ses clients sans les interrompre, ou seulement par de rares et brefs grognements satisfaits. Ses diagnostics tenaient en deux ou trois mots, ses pronostics dans la façon d'enfiler son gros pardessus, de renouer son cache-col. Il était renommé, son mutisme faisait merveille dans cette petite ville bavarde. On le disait d'extrême-droite, ce qu'il ne démentait pas, d'ailleurs ses filles étaient dans une école libre. Il y avait quelque coquetterie chez les laïques et les gens de gauche dans le choix qu'ils faisaient de ce médecin.

Non, ce qui avait le plus frappé Jean Hur pendant la maladie de son père, c'était « l'ampoule suspendue » une énorme ampoule de sérum dont le verre effilé formait crochet d'un côté. On avait réellement suspendu cela à une corde à linge tendue à travers la chambre, et le sérum s'était vidé interminablement par un tuyau de caoutchouc et une aiguille fichée dans le bras du malade. Les méchants piquants bruns, rouges, gris, blancs, qui avaient envahi les joues de M. Hur pendant ces jours de lit, demeurèrent pour son fils le signe même des maladies graves : pendant longtemps, chaque fois qu'il lui arrivait de rencontrer un homme hirsute, l'enfant se demandait pourquoi l'individu ne gardait pas le lit.

Les eaux et la température de son père montaient par un même phénomène mystérieux et menaçant. Les curieux grondaient sur le quai, comme sa mère grognait dans son dos ; l'eau tombait du ciel comme elle bouillonnait dans la casserole sur le feu. Tout a une odeur ; le malheur sent l'éther, le bonheur, la soupe de légumes.

Chaque soir, Jean Hur se mettait à l'écoute du trou dans la cloison. Il entendait parler du réarmement allemand, du mariage de S.M. Bao Daï, le jeune empereur d'Annam, de *la Couronne de Carton*, la pièce de M. Jean Sarment que la Comédie-Française mettait à son répertoire, de la Nervasport Renault 6 cylindres qui venait de battre le record du monde de vitesse sur 48 heures à la vitesse fantastique de 167 kilomètres-heure de moyenne, de la canonisation de dom Bosco, (en clôture de l'Année Sainte), du tunnel sous le Mont Blanc, de l'achèvement de la pacification marocaine, des premières sorties officielles de Léopold III, nouveau roi des Belges, du bimoteur Douglas DC-2, terrifiant bombardier américain, du bal des Petits Lits Blancs, de la coupe de bridge des dames, des funérailles du Prince Sixte de Bourbon-Parme, du péril pangermaniste, de la dénatalité, du conseiller Prince, de l'affaire Stavisky, et des décrets-lois, à toutes les sauces, ces décrets-lois dont l'enfant n'arrivait pas à se former la moindre idée, dont la T. S. F. tantôt s'indignait, tantôt rigolait. Tout cela formait bouillie dans sa petite tête qu'embrumait le sommeil, il n'en retenait qu'un penchant de plus en plus vif pour la mécanique, la vitesse, et des expressions, des mots, pas les meilleurs. D'une revue humoristique, dont l'un des thèmes principaux était précisément ces nouveaux décrets-lois que l'on présentait au peuple comme des sacrifices indispensables, Jean Hur retint pour longtemps ce refrain :

« Mangeons de la merde et disons que c'est bon ! »

C'est une dame qu'on avait envoyée d'abord pour remplacer M. Hur pendant sa maladie. Une vraie dame, assez jolie, coquette, avec ces cuisses longues des femmes bien nées. Épouse d'un ingénieur, munie de tous les diplômes qu'il fallait, elle était arrivée dans l'École des Pouilleux comme en visite de bienfaisance. Dès le premier matin, elle avait posé sur le bureau sa montre en or, pour surveiller la durée de ses leçons. A la cloche, elle conduisit sa troupe d'écoliers jusqu'à la porte de la cour. Quand elle revint dans sa classe, sa montre en or avait disparu. On ne devait jamais les revoir, ni la montre, ni la dame. Les instituteurs parlèrent longtemps de celle qu'ils appelaient « la suppléante d'un jour », ils en riaient fièrement.

Enfin, la décrue commença, les quais furent moins fréquentés, M. Hur fut autorisé à faire quelques pas dehors quand le soleil consentait à se montrer. Son fils l'accompagnait.

Une étrange complicité liait ce père et ce fils.

M. Hur n'avait pas d'amis de son âge. Les Hur étaient amis avec d'autres ménages d'instituteurs et de fonctionnaires, mais ils se rendaient des visites, jamais deux maris ne sortaient en garçons. Cela tenait peut-être à l'influence de Mme Hur. L'institutrice grondait souvent contre des instituteurs qui délaissent leur famille pour aller passer des soirées au bistrot, à jouer aux cartes ou au billard... Jean Hur avait entendu dire que son père avait été, avant son mariage, un champion de billard, mais l'enfant ne l'avait jamais vu jouer.

M. Hur et son Jeannot étaient, d'abord, les complices du jeudi, jour que Mme Hur consacrait à de grands travaux domestiques :

— Sortez donc, tous les deux ! Profitez du beau temps pour aller prendre l'air sur la chaussée, au lieu de rester dans mes jambes...

Le père et le fils prenaient, la main dans la main, le chemin de la sinistre promenade des bords du Gardon.

— 'Pa, soufflait Jeannot, on joue un film de Tarzan au *Familia*...

Quand ils rentraient, Mme Hur leur demandait s'ils avaient bien pris l'air, s'ils avaient rencontré Untel ou Untel. Le père et le fils répondaient vaguement, mais ils échangeaient dans le dos de l'institutrice des regards furtifs et savoureux.

Le Dr Caboukie avait conseillé le bordeaux comme reconstituant. La fameuse bouteille restait, Jeannot ne savait pourquoi, dans la bibliothèque, au fond de la salle à manger glaciale. Tous les jours, avant de se mettre à table, M. Hur faisait la traversée de l'appartement pour boire son verre de bordeaux, debout, face aux rangées de livres. Finalement, le docteur royaliste tomba d'accord, d'un grognement, sur le fait que rien ne valait l'air du pays natal pour relever promptement un convalescent. M. Hur et son fils purent enfin sortir la belle Mathis pour monter au mas de la Gronde.

Ils firent la pause à l'endroit habituel, passé le col de Portes, sous le château. M. Hur contemplait longuement sa Cévenne, le trou de La Vernasse sous la route, l'entrée de l'étroite vallée de Clerguemort dans le fond et, par-dessus tout, le mont Lozère luisant comme une arme sous les rayons d'un premier vrai soleil printanier. Jean Hur comprit soudain, au regard que son père jetait sur le petit pays, qu'il avait réellement failli devenir orphelin.

La Léonie de la Gronde, enchantée, accueillit « ses hommes » en grommelant, tua un lapin et sortit sa meilleure terrine de pâté. Avant de se mettre à table, les hommes firent le tour de leur bien pour voir les ravages de la crue. La rivière grondait encore, ses eaux étaient épaisses et troubles, mais elles avaient considérablement baissé, abandonnant, entre les troncs des vernes et sur les prés de la rive, de véritables barricades de bois mort.

— Ce soir, nous placerons les bouteilles pour les vairons, dit le père.

Sur le chemin, devant le mas, ils virent arriver le Barbaste sur sa charrette chargée de sacs de farine pour son fils le boulanger. Le colossal vieillard s'arrêta pour prendre des nouvelles de l'instituteur et de sa famille.

— ... Et ces inondations, vous n'en avez pas trop souffert, à Clerguemort ?

Ils se mirent à parler des crues de jadis, quand des trombes s'abattaient sur le Lozère et que les torrents dévalaient sur le village, c'était tous les ans, mais, en général, fin septembre, début octobre.

L'eau boueuse envahit l'unique rue de Clerguemort, pénètre dans les caves et les écuries qui sont, justement à cette époque, remplies de vin, de provisions et d'animaux. Il faut vite déménager, faire monter les chèvres et les moutons au premier étage, dans les cuisines et dans les chambres. Heureusement les crues ne durent pas longtemps... C'est magnifique et terrifiant, ce torrent boueux qui roule à grand bruit d'énormes cailloux de la montagne, des arbres entiers avec leurs racines, des rochers qui rebondissent sur des kilomètres...

Le Barbaste cogna affectueusement sur le ventre de son cheval, l'animal avait eu de l'eau jusqu'au ventre, il avait dû attendre patiemment la décrue, il aurait fallu voir son air triste, mais pas tellement effrayé... Le bûcheron et l'instituteur entreprirent de se mettre d'accord sur les dates des plus grandes crues : 1890 ou 1891 ?

Il y avait eu deux crues terribles ces deux années-là, mais 1890 avait été la plus grande, puisqu'elle avait emporté une arche du pont du Chambon, même que, l'année suivante, la nouvelle crue avait surpris les maçons en train de la refaire. Les pompes qu'ils utilisaient avaient été retrouvées ensablées à quatre ou cinq cents mètres en aval...

— ... *T'en suvénès pa plüs, èrès tro pitchété !*

— J'étais bien petit, mais je m'en souviens encore, répondit M. Hur avec la même affabilité.

L'instituteur avait pris autant de plaisir que le Barbaste à cette discussion sur des précisions de date à propos d'événements historiques du village. De telles conversations sont dans la coutume des gens de la montagne.

La Léonie de la Gronde claquait son volet pour crier qu'il n'était que temps de se mettre à table. Elle en voulait au passant de lui prendre ses hommes, qui ne venaient pas si souvent la voir et ne restaient pas si longtemps...

M. Hur s'arrêta sur la terrasse et regarda les escaliers, il murmura :

— En 1890, Jeannot, la rivière est montée jusqu'à la treizième marche, il n'en restait plus qu'une entre nous et l'eau. Mon père a dû plonger pour sauver ses brebis. C'est à la suite de ça qu'il a construit la bergerie qui est derrière le mas. Je l'ai aidé, je tenais la bride du bourricot qui tirait les cailloux de la rivière...

Le père et le fils s'attablèrent. M. Hur demanda à sa mère si elle n'avait pas eu de craintes pour la Gronde, quand les eaux avaient commencé à monter. La Léonie répondit d'abord par un haussement d'épaules méprisant, puis elle raconta que, vers le soir du premier jour, l'Herminie Larguier, qui revenait de faire des commissions au Chambon, avait frappé au volet pour essayer de lui faire peur :

— « On dirait que la rivière arrive dans la cour de la Gronde, Léonie », voilà ce qu'elle a osé me dire ! racontait la mamée Hur (mais en patois). Je lui ai ri au nez ! Je lui ai dit : « Laisse faire, Herminie ! La Gronde en a vu d'autres ! elle est solide ! Tu ferais mieux d'aller voir si la montagne n'a pas glissé dans la rivière, avec ton Casquillé dessus ! Moi, je vais me coucher, je lui ai dit ! et je vais dormir tranquille. » Et je l'ai fait comme je l'ai dit. Le lendemain matin, quand je me suis éveillée, il n'y avait même plus d'eau dans la cour, il ne restait qu'un peu de boue. Mais l'autre vieille chouette, dis, quand même !

— Tu penses qu'elle en a profité ! fit M. Hur en riant.

Jeannot riait aussi, et en connaissance de cause : il était au courant, comme toute la vallée de Clerguemort, de la rivalité qui existait entre les deux vieilles. Chaque fois qu'elle passait devant la Gronde pour aller au Chambon, l'Herminie Larguier contemplait longuement le mas des Hur, appelait sa commère pour lui dire invariablement : « Plus je regarde votre Gronde, plus je me dis que je ne la changerais jamais contre mon Casquillé ! » La Léonie Hur enrageait. Elle avait beau dire et répéter à l'Herminie qu'il n'avait jamais été question de changer, l'autre remettait ça, à son prochain passage, et sur le ton d'une à qui l'on a fait des propositions ! La Léonie de la Gronde et l'Herminie du Casquillé ne pouvaient se passer l'une de l'autre.

— Son Casquillé, loin de la route, loin de partout, un nid de buse, oui ! fit Jeannot pour flatter sa grand-mère.

L'après-midi, le père et le fils montèrent sur les barres, au-dessus de leur mas. Ils passèrent derrière le cimetière familial, grimpèrent jusqu'à la source, arrivèrent, au-dessus des ruches, sur la route de Paris, qu'ils suivirent jusqu'au tournant d'où l'on surplombe tout Clerguemort. Ils s'assirent côte à côte pour contempler leur village car c'était là le meilleur point de vue.

Deux voix tonnantes se répondaient d'un flanc à l'autre de la vallée. L'homme et l'enfant gloussèrent de plaisir, et l'homme dit la phrase rituelle que l'enfant attendait : « *Té ! lu Cagnar et lu Pézoullet disu dé sécré !* » Tous les gens de Clerguemort disaient ça quand le val retentissait de ces braillements : « Tiens ! le Cagnard et le Pézoullet se disent des secrets ! »

Le Pézoullet n'était coiffeur que le samedi matin, il était surtout paysan, mais il s'intitulait aussi « le saigneur du pays », saigneur avec un *a*, c'est-à-dire qu'à la saison c'est lui que l'on venait quérir pour tuer les cochons. Le Pézoullet n'avait pas de défauts, ne fumait pas, ne prisait pas régulièrement, mais une cigarette ou une prise offertes de bon cœur ne le laissaient pas indifférent. Il était chantre au temple, il avait une voix terrible qui faisait fuir même les chats et les chiens qui venaient rôder autour du porc qu'il dépouillait. Quand il partageait la bête en deux ou quatre parts égales, les portions ne différaient que de quelques grammes, il avait un œil extraordinaire. On disait de lui : « C'est un as ! » Son salaire était une petite somme et le bon repas du soir. Quand il tuait deux cochons dans la journée, on faisait exprès de l'inviter à manger aux deux endroits en même temps ; il ne se démontait pas et envoyait sa femme le remplacer à l'autre table. Sa vigne était à l'Avès, sur le penchant du vallon, celle du Cagnar était juste en face, sur l'autre pente. Plus de cent mètres à vol d'oiseau les séparaient, mais tout en bêchant, le chantre et le cul-blanc tenaient conversation. Comme ils étaient doués, tous les deux, d'organes d'une puissance rare, et comme l'acoustique du vallon était des plus favorables, c'est d'un bout à l'autre de Clerguemort qu'on entendait leurs discussions politiques ou religieuses : « *Badu como dé fataïrés !* » (Ils braillent comme des chiffonniers) disaient les villageois qui s'en régalaient.

— Quand j'avais ton âge, dit M. Hur avec nostalgie Clerguemort était beaucoup plus peuplé, beaucoup plus vivant qu'aujourd'hui. Il y avait des paysans, bien sûr mais on y fabriquait encore des couteaux. Il paraît que l'eau de notre rivière était renommée pour la trempe des aciers. J'ai connu le dernier de ces paysans couteliers, c'était le père Volpelière. Quand j'étais gamin, il forgeait encore quelques serpettes et je me souviens que nous avions chez nous un buis où il venait couper des branches pour fabriquer les manches. Dans ce temps-là, le temple était toujours plein quand le pasteur descendait de Génolhac pour faire son prône. Le jour des Pâques, les fidèles refluaient jusque dans la rue... La filature marchait à plein rendement. Il y avait bien une trentaine de fileuses, ça en faisait de la jeunesse, des rires et des chansons. Beaucoup de garçons venaient des villages voisins dès qu'ils en avaient l'occasion, et même sans... On venait de loin pour manger la friture de vairons de Clerguemort, la meilleure de toute la Cévenne. Il y avait quatre bistrots, deux menuisiers, deux forgerons, trois épiciers, un boulanger, un bureau de tabac, un cordonnier, un boucher... Les deux moulins tournaient encore, pour les châtaignes sèches, pour le froment et le seigle. Ah ! Jeannot, tu aurais vu Clerguemort en ce temps, on y jouait aux boules, aux quilles, à la manille, au tir, au loto...

Le père et l'enfant se levèrent et marchèrent un moment sur la route qui longeait le village, en le surplombant à mi-montagne.

— La construction de la voie ferrée a changé la vie, reprit le père. Avant, les paysans se rendaient à pied, soit à Alès, soit à Villefort, pour se procurer les marchandises ou les outils qui leur manquaient. Cela représentait six lieues, au moins. Ils chargeaient sur leur dos un ou deux doubles décalitres de « bajanes » (châtaignes sèches) pour les vendre à la ville, et ils revenaient avec un ou deux doubles de farine blanche qui rendait meilleur le pain de seigle ou de froment. Mon père me disait : « Au départ de Clerguemort, nous regardions le temps, et nous allions du côté où le vent nous poussait. » (Ça monte des deux côtés, Alès et Villefort se trouvent à peu près à la même distance.) Mon père me racontait qu'il partait parfois avec son père, chacun emportant une corbeille de leurs premiers raisins. Ils mettaient un croûton de pain dans leur poche. Ils s'arrêtaient à une source quand la faim leur venait. C'était leur déjeuner : un quignon de pain et une lampée d'eau fraîche. Puis ils reprenaient leur route...

Ils redescendirent par le sentier qui débouche directement à l'entrée du village, où se trouve la fontaine de Clerguemort.

— Pourquoi tu ris, 'pa ?

— Quand il y avait encore des fileuses, le matin, elles venaient déjeuner ici, à la source. Tu vois, Jeannot, comme elle coule bas, il faut se baisser pour prendre l'eau. Les fileuses se courbaient, jambes écartées, tendaient les deux mains ouvertes sous le jet, mais elles profitaient de la position pour satisfaire en même temps leur... un besoin, avant de rentrer à l'usine.

M. Hur reprit son chemin en fredonnant : « L'parfum et l'eau, c'est pour rien, mon marquis !... »

Trois cyclistes arrivaient en danseuse, le Félobre, le Chicane et le Tarabastier qui rentraient chaque jour de la mine comme on termine un tour de France. Derrière suivaient, plus calmes, les trois Ribeyrolles et le Libertade. Puis vint le gros du poste de jour.

Chacun saluait au passage le père et l'enfant, suivant son humeur et son caractère. Le Jaurès s'arrêta pour demander des nouvelles de l'instituteur, en français, dans une tournure impersonnelle, intentionnellement.

— *Eh ! Jaurès, sièi pa incaro crèba !* répondit gaiement M. Hur.

Les deux hommes purent alors continuer la conversation en se tutoyant. Grâce au patois, ils n'étaient plus l'instituteur de la ville et le maire du village, mais deux enfants qui s'étaient élevés ensemble.

— Tu viendras bien boire le café à la maison, quand même ? demanda le maire.

— Et pourquoi pas ?

Noël passait tout seul, le nez sur le guidon. Les deux hommes répondirent à son salut.

— Il est seul ? s'enquit M. Hur.

— Ouais. Seul à travailler. Camille a pris un rocher sur les reins. Il semblerait que c'est pas grave, mais il faut qu'il garde le lit. Quand à l'oncle, il ne va pas fort en ce moment, il travaille un jour sur quatre, et pourtant, c'est pas un fainéant...

— Un seul salaire, fit songeusement l'instituteur, ça ne doit pas leur faire la soupe bien grasse.

— Surtout que les salaires, en ce moment... fit le Jaurès. J'essaie bien de faire passer leur Noël boiseur, il est capable, mais ils sont pas bien ardents pour donner du galon, depuis quelque temps, à la Compagnie !

— Cette maison Tarrigues, murmura M. Hur.

— Tu as bien raison, Félix. On a beau ne pas y croire, on dirait qu'il y a un sort sur cette famille... Allez, à tout à l'heure, pour le café ! Salut, Jeannot !

Le père et le fils rentrèrent. Avant de se mettre à table ils passèrent une heure délicieuse à préparer les bouteilles à vairons qui n'avaient pas servi depuis l'automne. Il fallait les nettoyer, les vérifier, changer quelques-unes des cordes qui les retiennent au rivage et que l'eau finit par pourrir. Il fallait ensuite émietter les restes de petit-beurre, de langues de chat, de biscuits divers que la mamée conservait à cet usage dans l'une de ses multiples boîtes de fer. Le père faisait participer son fils à tous ces préparatifs.

— *M'unté vas, aro ?* grogna la vieille, quand elle vit son fils s'habiller pour sortir après le repas.

Elle lui demandait ça comme s'il avait toujours douze ans.

L'instituteur répondit qu'il allait passer la soirée chez le maire, et qu'il partait un peu à l'avance pour placer ses bouteilles dans la rivière en allant à Clerguemort. La vieille ronchonna quand même. Jeannot aurait bien voulu accompagner son père, surtout pour placer les bouteilles à vairons, mais la perspective d'une soirée en tête à tête avec sa grand-mère l'enchantait. La vieille lui racontait des histoires qui l'intéressaient beaucoup plus que les discussions politiques des hommes.

M. Hur était scrupuleusement respectueux de la loi, les bouteilles à vairons étaient la seule entorse qu'il se permettait, c'est pourquoi il y prenait un plaisir rare. Il pouvait se diriger les yeux fermés sur ces trois cents mètres de rivage, qu'il arpentait depuis ses premiers pas, dont il suivait le moindre changement, le moindre déplacement de cailloux. Il se coulait entre les troncs d'arbre, prenant soin de ses deux musettes bourrées des fragiles bouteilles. Il connaissait les meilleurs coins, compte tenu de l'importance de la crue et de la saison. Il plaçait une ou deux bouteilles selon ses estimations. Dès qu'une musette était vide, il la cachait au creux d'un rocher, le même depuis plus de vingt ans. Il irait les relever le lendemain dès l'aube, il en ressentait une impatience de qualité en remontant de la berge sur le chemin vicinal, à proximité de l'entrée du village.

— Alors, monsieur l'instituteur, c'est le flagrant délit, cette fois ! fit une grosse voix dans son dos.

Le pauvre M. Hur se mit à trembler : en une seconde, la révocation, l'amende, le procès, le déshonneur se présentèrent à son esprit, mais un rire sonore le rassura : ce n'était que La Chino, le braconnier :

— Alors, on me fait concurrence, à moi, pauvre bougre ! qui n'ai pas d'autres moyens d'existence, vous, un fonctionnaire de l'État !

— Pourquoi ? Tu as placé tes bouteilles par là ?

Le braconnier répondit par le rire d'un professionnel qui ne s'amuse pas à ce bricolage. Mais, en gaillard toujours suspecté, il ajouta :

— En tout cas, si demain il vous manque des bouteilles, vous ne pourrez pas dire que c'est moi !

— Et pourquoi ?

— Il me semble que, si j'avais voulu vous faire ce coup, je me serais bien gardé de me montrer, non ?

Ils remontèrent ensemble l'unique rue de Clerguemort. Le braconnier portait sur son épaule un sac de toile à moitié plein et dégouttant d'eau. L'instituteur n'osa pas lui demander ce qu'il contenait.

— C'est pas bien prudent de traîner dans l'humidité comme ça, quand on a été malade comme vous l'avez été, fit La Chino quand il le quitta.

— On peut dire que tu sais tout, toi !

— Ben quoi, on se tient au courant !

Le rire cassé du braconnier résonnait sous la voûte de la ruelle, tandis que M. Hur faisait *pïntchu*, comme on dit, par l'entrebâillement de la porte, afin de saluer la pratique de la boulangerie-buvette de l'Edemond. Il fut surpris d'y voir Noël Tarrigues, cartes en main et petit verre de gnole devant lui. Il jouait à la manille avec le Jésus, le Libertade et le Dévarié.

Les senteurs de bon café, de feu de bois et de tabac gris enveloppèrent familièrement l'instituteur dès son entrée chez le maire de Clerguemort. Il s'installa sur l'un des bancs, tandis que le Jaurès prenait place sur l'autre, de l'autre côté de la cheminée. La douce Milca savonnait la toile cirée, sur la table desservie. Sa mère faisait la vaisselle dans la patouille. Riquet se replongeait dans une collection reliée du *Miroir des Sports*. Le Jaurès prit une pincée de tabac et une feuille, puis il tendit sa boîte de fer et son carnet Job à l'instituteur, par-dessus les flammes. Ils se courbèrent avec le même soupir afin de choisir une brindille pour allumer leur cigarette. Ils tirèrent la première bouffée simultanément, en silence, le regard perdu dans le feu.

L'instituteur était chez lui, ici, comme dans la plupart des cuisines de Clerguemort, comme il ne l'était jamais dans aucun des appartements où sa femme et lui rendaient des visites ; il ne se sentait même pas chez lui aussi profondément dans son logis d'instituteur, au-dessus de l'école. Des Chapon et des Hur se rencontraient ainsi, de père en fils, de fils en petits-fils depuis trop longtemps pour qu'il reste quelque chose de guindé ou de contraint dans ces relations. Ailleurs, c'eût été différent, mais entre ces murs la majesté municipale et la dignité pédagogique s'évanouissaient devant les grandes ombres dansant sur la chaux ; là, le maire et l'instituteur se pénétraient de tous les Chapon, de tous les Hur qui avaient vécu, s'étaient rencontrés ici, s'étaient aimés, entraidés de l'enfance à la mort.

— Combien de sucre, monsieur Hur ?

En jeune fille bien élevée, Milca sucrait et remuait le café dans les tasses sur la table avant de les leur apporter au coin du feu.

Le café, à Clerguemort, c'était un enseignement de la mine. Avant que des garçons du village aillent travailler au charbon, personne n'avait su faire du bon café dans la vallée. On ne faisait le café que lorsqu'on recevait une visite, de la lavasse. Mais quand ce rite n'était pas respecté, on se considérait cependant comme mal reçu : « Je suis allée chez les Rascas, ils ne m'ont même pas offert le café ! » disaient les commères.

Milca sortait des tasses, le maire avait invité d'autres gens pour profiter de la visite de l'instituteur, c'était dans l'ordre. Il fallait donc se hâter si l'on voulait parler d'autrui, et réserver les grands sujets pour l'assemblée au complet.

Comme il se doit, dès son arrivée, M. Hur avait congratulé le Jaurès sur la bonne mine de ses enfants, il pouvait s'enquérir maintenant de leur avenir.

Riquet finissait son année scolaire, il ne pouvait encore aller à la mine parce qu'il n'avait pas l'âge. En attendant, pour les vacances, il partirait faire les vendanges dans la plaine, Milca irait aussi.

— Ce ne sera pas trop dur pour elle ?

Les vendanges, c'était du travail, bien sûr, mais du plaisir aussi, un grand plaisir. Les gosses qui y allaient une année voulaient toujours y retourner. Ça ne rapportait pas des sommes, évidemment, mais c'était toujours ça, et puis ça les faisait voyager, ça leur changeait les idées... Et puis, et puis la vie devenait si dure !

Quand le Jaurès lui expliqua sans détours qu'il avait hésité toute l'année à placer Milca comme trieuse. M. Hur fut ému. Il comprenait, à la fois, que le Chapon lui parlait comme à un parent et que la crise économique était plus grave encore que ses élèves ne le lui avaient donné à deviner. Pouilleux, ils l'avaient toujours été eux, plus ou moins...

On ne manquerait sans doute pas de vendangeurs cette année, si c'était partout pareil. Il fallait retenir sa place dès maintenant. Clerguemort enverrait une fameuse équipe, on murmurait que la Belle Niçoise elle-même en serait...

— Ces Tarrigues, misère... soupirèrent-ils ensemble.

— Et le Laguerre ? fit soudain M. Hur, qu'est-ce qu'il raconte de son voyage dans la capitale, je ne l'ai pas revu depuis son retour.

Ils ricanèrent. Le Laguerre ne s'était pas beaucoup montré dans les premiers temps de son retour : il soignait quelques mauvais coups qu'il avait reçus place de la Concorde, on s'en doutait, mais lui n'en pipait mot.

— Qu'est-ce qu'il doit gueuler, maintenant, avec la réduction des pensions et retraites !

— Ben, non, pas tellement, tu vois, Félix. Il serait plutôt plus agréable de rapport, le Laguerre, depuis qu'il est allé faire l'émeute à Paris.

— Il a dû prendre une bonne leçon, fit assez méchamment M. Hur.

— Pas sûr non plus, répondit prudemment le Jaurès. On dirait presque un autre homme, c'est tout ce qu'on peut dire.

— Et quel genre d'homme ?

— On ne sait pas encore.

Ils se turent car ils se perdaient voluptueusement dans leurs pensées ou, ce qui est presque pareil, dans la prenante contemplation du feu de bois.

— Au fait, Mourrail, le maître-mineur est mort, lança l'instituteur.

— Oh ! c'était pas le pire.

Ils cherchèrent un autre sujet. La femme du Jaurès vint lui demander s'il préférait des haricots ou du riz dans sa gamelle du lendemain, de toute façon ce serait avec une saucisse. Comme le Mèffi entra pendant ce choix, ils se mirent à parler du chantier dans lequel ils pataugeaient depuis plus d'un mois. Le Pétardur, qui vint peu après, apporta ses précisions et sa façon de voir sur le problème :

— ... Les rats te mangent le cabas !

— Vous avez beau le pendre !

— Ils ont troué ma musette, ils ont emporté ma côtelette entière ! Ils s'approchent — c'est qu'ils ont pas peur ! — des mastards, gros comme des chats...

— Hier, j'avais pendu mon cabas, tu sais... Je vais pour chercher ma bouteille, pan ! il m'en saute un, là, sur le bras, et il restait, à me regarder, j'osais pas remuer non plus...

Tous rirent sombrement, sauf M. Hur.

— J'ai quand même mangé ce qu'il y avait dans mon cabas. J'avais faim, couillon !

— Et puis alors, quand il en crève un, ça sent mauvais pendant huit jours, une de ces odeurs ! C'est infect !

— De ces rats, comme des lapins, ils montent sur le convoyeur... Moi, je me disais, ils vont se faire coincer...

— Le pire, c'est quand même le Joffre, qui a ses crapauds, il pourrit sur place !

— Le Joffre ? demanda M. Hur.

On lui expliqua que c'était un vieux cheval de la mine.

— Il a des pattes comme ça, énormes ! qui pourrissent, tu les sens de loin, je te réponds ! Il souffre, il fout des coups de pied partout, sur les bois, sur les berlines, attention !

— Et il n'y a pas d'eau là, alors quand tu défais ton cabas, pour manger...

— Moi, tant pis ! je pisse pas de tout le matin, et allez, quand c'est l'heure de dîner, voilà la fontaine, qu'est-ce que tu veux ? Il n'y a pas d'autre solution.

— Qu'est-ce que c'est, cette maladie du cheval ? demanda M. Hur.

— Je ne sais pas, on appelle ça : les crapauds.

— C'est une maladie qui se déclare à l'intersection de la corne et de la chair, c'est plein de petits vers...

— Et ça pue ?

— Si ça pue ! Surtout là, parce que l'air circule dans toute la galerie, s'il y en a un qui lâche un pet à cent mètres...

— C'est bien simple, comme tu n'as pas d'eau, quand tu commences à manger, encore, tu vois la couleur de ton pain, mais après, s'il t'en reste un bout, faut pas le laisser tomber, tu ne peux pas le retrouver, il est de la couleur du charbon, tu risques de manger une motte à la place !

— Quand on parle d'hygiène ! — j'aimerais bien quand même pouvoir laver mes mains !

La femme du Jaurès cria, de la patouille :

— Vous avez fini, oui ? avec vos « dégoûtations » ! vous n'êtes pas seuls ici, les hommes !

Ils rirent, se tournèrent, leurs yeux tombèrent sur Milca :

— C'est tout prêt à marier, ça ! fit le Pétardur le plus doucement qu'il put.

— Ta, ta, ta ! répondit le maire, qu'elle gagne au moins son trousseau avant d'y penser !

— Hé ! fit M. Hur, c'est que, jolie comme elle est, elle trouverait facilement le bon parti qui l'accepterait en chemise !

— Quand je me suis marié... commença le Mèffi en affectant un air sentimental qui lui allait comme un gibus à un sanglier...

— Milca ! viens ici ! cria Mme Chapon qui soupira pendant un moment encore, dans sa patouille, que les hommes étaient impossibles, vraiment.

— Tout ce qu'on peut dire, c'est que ça ne peut pas durer.

Ils ricanèrent avec ardeur.

— Milca ! apporte-nous la gnôle, celle du Fossat.

Ils sirotèrent l'alcool dans le fond de leurs tasses tièdes, en parlant des événements, de l'Affaire, de l'émeute, de la grève, du fameux Gastounet, de ses décrets-lois...

Même le passage de la mine, en coups de vent fétides dans leur conversation, n'avait pas dérouté M. Hur. Il se sentait moins dépaysé parmi ces mineurs de son village que parmi ses collègues dans une conférence pédagogique. Il s'était fourvoyé dans l'enseignement. Bizarrement, cette erreur d'aiguillage ne le désolait pas, la vie ne lui semblait pas très sérieuse, c'est ce qu'il se disait, en laissant regarnir sa tasse d'un marc fruité, puissant — de l'alcool purs grains de clinton ! ; il se sentait de mieux en mieux.

— Et qu'est-ce que tu penses du 6 février, Jaurès, demanda-t-il, de cette émeute ?

— C'est le coup d'Hitler qu'ils voulaient nous faire, proclama le Mèffi, mais l'action unie de la classe ouvrière...

— Ça va ! trancha le maire communiste, toujours excédé par les propos du secrétaire de la cellule.

Le Mèffi se tut, profondément froissé. Alors le Jaurès revint à M. Hur :

— Cela dit, Félix, il a raison, le Mèffi, c'était le coup d'Hitler.

L'encouragement suffit au militant communiste : il reprit sa harangue :

— Pour maîtriser la classe ouvrière en lutte pour sa libération et son bonheur, le capital et sa bourgeoisie...

— Oh, celui-là... soupira le maire avec une telle lassitude que le secrétaire de la cellule s'arrêta net, comme la première fois. Quand même, finit par avouer le Jaurès non sans regret, là, il n'a pas tort non plus, notre faiseur de prônes : quand on n'y arrive plus avec les gendarmes, on va chercher les assassins ! ça s'est déjà vu...

— Ah ?

— Il paraît !

Ils se mirent à parler en même temps d'Hitler, de Mussolini, de Napoléon, des chemises noires, des chemises brunes, chacun jetant les bribes de souvenirs de ce qu'il en avait lu, ou entendu dire. Ils se coupaient la parole pour rajouter un détail rageur, une déclaration indignée. Le silence retomba d'un coup, parce qu'ils en eurent assez au même instant. Ils se regardèrent et se trouvèrent bêtes.

— Quand même, la République... fit M. Hur en fin connaisseur, et il lécha le fond de sa tasse à petits coups de langue, laissant le mot superbe faire trois ou quatre fois le tour de la pièce au-dessus des têtes : la République...

Le Pétardur, le plus simple des quatre, essayait de suivre le mot au vol.

— Mon père me racontait qu'après Napoléon III, quand la République a été rétablie, commença M. Hur, ce n'était pas sans danger d'aller voter. Les Républicains de Clerguemort se formaient en groupe, pour mieux se défendre...

— Et ils chantaient, pour se donner du courage, précisa le Jaurès, mon père aussi me l'a raconté.

— Une fois que mon grand-père descendait de la foire de Villefort, reprit M. Hur, il s'est arrêté pour se désaltérer dans une auberge qui se trouvait quelque part sous Concoules...

— Un pays de culs-blancs depuis toujours, précisa le maire.

— Mon grand-père était en train de boire quand il a entendu l'aubergiste qui crachait sur les Républicains, d'accord avec des pratiques à lui. Il proclamait que, si jamais un Républicain montrait le bout de son nez dans le pays... Alors mon grand-père a ouvert sa veste, il a sorti de sa ceinture une paire de pistolets, il les a posés sur la table en gueulant : un Républicain, messieurs ? moi ! j'en suis un ! quelqu'un y trouve à redire !

Ils se félicitèrent de cette histoire comme si elle venait tout juste de leur arriver, à eux, puis ils parlèrent encore longtemps de l'Empire, parce que c'était la dernière fois que Clerguemort avait eu l'occasion de défendre la République les armes à la main.

M. Hur quitta ses amis, le cœur lourd, le pas léger mais pas très sûr, il buvait rarement. Il y avait en lui, cette nuit-là, un peu de l'allégresse du gosse qui vient enfin de commettre une grosse bêtise. Clerguemort dormait. En bas de la rue, il entendit le Cagnar qui braillait, à moitié endormi, pour calmer ses bêtes qui se battaient dans l'écurie, sous sa chambre : il y avait une trappe entre les deux, pour cet usage. L'instituteur se tint à quatre pour ne pas lancer au cul-blanc l'une des précieuses injures de la tradition.

La rivière en crue faisait la grosse voix sous l'arche du pont. La source, engrossée elle aussi, semblait jouer à la crue. Malgré les étoiles très nettes, toutes proches, la nuit restait douce, avec un peu de printemps en suspension. M. Hur ne pouvait se retenir de sautiller, il sentait ses pieds se poser dans les pas tout frais de son enfance. Il aurait pu jouer, et sans transition il aurait pu se battre. Il se mit à fredonner *La Marseillaise*, tout bas... Il y prit un plaisir incroyable, il entendait chaque mot, comprenait chaque intention, c'était une chanson toute neuve, jaillie cette nuit même de l'enthousiasme populaire. On jouait trop *La Marseillaise*, on en jouait trop, son interprétation aurait dû être réglementée, réservée pour des circonstances exceptionnelles, quand la patrie... non : quand la République est en danger...

Mais comme il était court, le chemin de Clerguemort à la Gronde, qu'elles avaient grandi, ses enjambées ! Il gravit quatre à quatre les marches qui résistaient aux crues, trouva sa chambre, et son lit, s'endormit tout habillé.

C'est Jeannot qui le réveilla le lendemain matin.

— Oh ! 'pa ! j'avais peur que tu sois allé sans moi pour relever les bouteilles...

Le jour était largement levé, mais il restait à M. Hur suffisamment d'ardeur combative pour narguer les gendarmes. Ses nasses étaient pleines.

— Dis, 'pa ! demanda Jean Hur en se pourléchant les doigts, pourquoi ils ne sont plus renommés, maintenant, les vairons de Clerguemort ?

— Ma foi... Peut-être que les gens ne s'intéressent plus beaucoup à ce genre de choses...

30

La mascare

Il n'y a pas si longtemps, Clerguemort était renommé tout autant pour la qualité de ses moutons que pour celle de ses vairons.

Pendant les trois derniers mois de l'année, chaque famille engraissait quelques moutons. Il y avait une grande émulation dans le village, c'était à qui inventerait de nouvelles combinaisons d'aliments capables de nourrir les plus belles bêtes du pays. Le soir, avant d'aller au lit, les gosses accompagnaient le père dans la visite qu'il faisait à la bergerie, pour un dernier coup d'œil, trouvant toujours quelque chose à faire : éloigner de la mangeoire le goulu pour en rapprocher le timide, vérifier la cuve d'eau farineuse... à s'y attarder par plaisir !

Les bouchers de La Vernasse, de Bessèges et de la Grand' Combe n'hésitaient pas à se déplacer pour voir les fameux moutons de Clerguemort.

Les paysans étaient méfiants et minutieux : quand venait le moment de mettre leur bétail en vente, ils procédaient au pesage, c'était devenu une sorte de rite dont chaque famille gardait le secret.

Le père, la mère et les enfants s'enfermaient dans la bergerie avec leurs bêtes. Ils passaient la sous-ventrière de l'âne sous le mouton, puis ils accrochaient l'animal à la grande romaine suspendue à une barre que la mère et le plus robuste des enfants soulevaient sur leurs épaules, tandis que le père vérifiait soigneusement le poids. Il ne s'agissait pas de peser toutes les bêtes, mais seulement quelques-unes des plus grosses et quelques-unes des plus faibles pour établir une moyenne. La cérémonie durait presque une journée entière. Chaque famille en faisait autant, c'est assez dire qu'à Clerguemort on attendait les bouchers de pied ferme.

Fin 1933, les Roux n'avaient que six moutons dans leur petit mas des Fartailles, quatre étaient morts de maladie, les deux survivants n'étaient pas de ceux qui font courir les bouchers des villes.

Le père Roux, de son côté, avait joué de malheur à la mine : il avait collectionné les amendes pour boisage insuffisant, et comment faire autrement ? s'il avait pris le temps de boiser normalement, il aurait perdu encore plus d'argent, puisqu'il était payé à l'abattage du charbon. Cinq francs l'amende, l'une dans l'autre, ça fait vite des sommes, et ça se connaît vite à la maison. Cependant, tout devenait plus cher, et il fallait bien quand même acheter des tourteaux et de la « repasse » pour sauver le cochon... Le grand-père était malade, il souffrait depuis trois ans d'un cancer de la prostate, il lui fallait de plus en plus de médications, de plus en plus chères et pourquoi, mon dieu ! finalement ? Que voulez-vous, on n'est pas des sauvages...

Les fiches s'entassaient, non seulement à la coopérative mais chez d'autres commerçants. Luc rallongeait de semaine en semaine son chemin des écoliers. Il regardait les autres garçons de son âge, ils travaillaient à la mine, ce n'était pas de tout repos, mais ils avaient au moins la conscience tranquille, ils étaient maîtres d'eux-mêmes, déjà émancipés, ils connaissaient les cafés, les bals, le cinéma...

Aux Fartailles, il voletait des mots qui se piquaient dans le cœur de l'écolier du Cours complémentaire de La Vernasse : des aiguilles vénéneuses : « C'est pas cette quinzaine encore que nous pourrons régler... » Il n'osait plus transmettre les commissions menaçantes des fournisseurs qui lui étaient tombés dessus à un détour de ses itinéraires compliqués.

Luc Roux avait pris sa résolution mais il renvoyait toujours au lendemain le moment d'en parler à son père.

Enfin, un samedi soir, il rassembla son courage et s'approcha du mineur Roux qui bêchait une vigne.

— Grand-père est malade... On a des difficultés... Des dettes... On n'y arrive plus... Enfin, père, je crois — j'ai bien réfléchi —, je suis sûr qu'il vaut mieux que je travaille.

D'abord, le père Roux avait été incapable de prononcer un mot, il ne regardait même pas son fils, mais, par-dessus la tête de Luc, l'horizon, avec des yeux si tristes qu'ils paraissaient malades.

Enfin, il put commencer :

— On a fait des sacrifices... jusqu'à présent, mon petit...

Il balbutiait aussi, moins ferme encore que son fils. Il parvint à ajouter :

— ... Maintenant, Luc, que veux-tu ?... Il faut continuer, il faut s'accrocher...

L'enfant s'attendait à cela, depuis le temps qu'il vivait d'avance ces minutes :

— Père ! Ce n'est pas parce que je lâcherai l'école que j'abandonnerai mes études ! Le soir, je pourrai reprendre mes livres...

Le père le regarda : il n'y croyait pas plus que son fils.

Le mineur Roux reprit sa bêche et Luc redescendit par le sentier. Dans un lacet, il s'arrêta parce qu'il n'entendait plus les coups de bêche, il se retourna vivement : son père l'observait, appuyé des deux mains sur le manche de l'outil, avec un regard que l'enfant eut honte d'avoir surpris.

Dès le lundi, Luc Roux communiqua sa décision à M. Doiren. Le directeur du cours complémentaire explosa :

— Ça, jamais !... Enfin, mon petit Luc, c'est de ton avenir qu'il s'agit ! patiente un peu, quelques mois encore : l'an prochain, tu peux passer ton brevet élémentaire, on peut en faire, des choses, rien qu'avec ce diplôme...

— Un an pour le brevet, trois ans d'école normale : quatre ans. Quatre ans ! Monsieur, c'est très long, quatre ans !

— Parce que tu n'es qu'un gosse ! Tu verras, plus tard, quatre ans, c'est court, trop court...

La colère d'Alain se calmait devant ce front, ces yeux. Ses raisons, sa logique, l'espoir s'effondraient devant les petites réalités matérielles et quotidiennes qui retenaient l'écolier dans leur toile d'araignée. A le vouloir dépêtrer, on risquait de l'enfoncer davantage, d'ajouter à sa souffrance morale.

Quelques mois de vie quotidienne à La Vernasse vous apprenaient au moins à reconnaître, dans une face et sur un front, l'empreinte d'obsessions telles que les dettes, la rencontre des créanciers, les réflexions amères autour d'une soupe trop claire.

Alain Doiren était bouleversé. Ce n'était plus contre Luc qu'il était en colère, mais contre quelque chose d'indéfini, de puissant, contre les spectres impitoyables de l'oppression, de l'obscurité, contre un monstre parfaitement décrit, délimité par les plus grands auteurs mais qu'il eût voulu découvrir le premier, et forcer tout seul.

Luc Roux était le cinquième de ses élèves qui lui annonçait sa démission, cinq fils de mineur, et ils étaient si peu, chaque année, à poursuivre leurs études après le certificat ! Mais c'était Luc qu'il regrettait le plus, parce que c'était un élève d'élite, et pour d'autres raisons aussi.

D'accord, bien forcé ! Donc, Luc terminerait cette année scolaire, ensuite il irait faire les vendanges. Au retour, il descendrait dans la mine. Et c'était entendu aussi, il continuerait à prendre des livres à la bibliothèque de l'école, à apprendre. Il pourrait, tant qu'il le voudrait, venir demander des éclaircissements à son ancien maître qui serait toujours à sa disposition... Cela dit sans conviction, par acquit de conscience, chaque mot laissant dans la bouche le goût fade des petites lâchetés.

Le directeur du cours complémentaire était allé attendre le père de Luc à la sortie de la mine. Ils s'abordèrent, se saluèrent, se parlèrent à peine, ils avaient les mêmes pensées, la même lassitude, ils échangèrent quelques phrases sans y attacher d'importance, afin de ne s'être pas abordés pour rien.

Le soir, à la table des Fartailles, le père Roux se crut obligé de dire tout haut à sa femme :

— J'ai vu M. Doiren. Il m'a rassuré : Luc pourra aller à la bibliothèque, continuer d'étudier, c'est entendu.

C'était l'un des fils Patache, le Phonse, qui formait les groupes de vendangeurs : les « colles ». Encore une charge héréditaire de la famille, et c'était bien compréhensible, à force de rouler par les pays du bas comme du haut, en mail-coach ou en autocar, ils avaient fini par connaître pas mal de monde, des vignerons entre autres.

Le Phonse enrôlait la gaminaille à partir de neuf, dix ans, comme coupeurs. L'âge comptait moins que la robustesse pour être accepté comme porteur, les muscles et la carrure des dix-huit, dix-neuf ans suffisaient. On signait pour trois semaines ou un mois. Pas de valise, un panier d'osier, fermé d'une tringle ; à l'intérieur : des chemises, de quoi écrire, quelques enveloppes timbrées, une pierre de savon et une serviette. Il faisait chaud par là-bas et on n'aurait guère le temps de se mettre en gandin. On toucherait 23 francs par jour, plus trois litres de vin qu'on pouvait revendre aussitôt. On était nourri, 13 francs par jour de pension, tout compris. On pouvait donc mettre à gauche 10 francs par jour.

Depuis le temps qu'il tenait cette charge, sans compter l'expérience et les leçons paternelles, le Phonse connaissait à peu près toutes les espèces d'incidents qui pouvaient se produire et leurs causes. Il s'employait donc à les prévenir. Il travaillait toujours à peu près pour les mêmes viticulteurs et n'avait jamais eu d'histoires, on tenait à lui. Le Phonse ne s'amusait pas, comme certains, à former des colles avec le tout-venant dans l'ordre des inscriptions, il connaissait trop bien sa Cévenne et les Cévenols, famille par famille, autant dire. Il se méfiait des mélanges explosifs : parpaillots combatifs plus culs-blancs susceptibles, ou encore : galopins de la laïque plus enfants de chœur... Il se débrouillait même pour placer à quelques bons kilomètres l'un de l'autre les rejetons de familles ennemies ou les ressortissants de communes traditionnellement rivales.

La lutte des classes ne se posait pas en premier souci, les recrues provenaient généralement des mêmes milieux : gosses de mineurs n'ayant pas encore atteint l'âge d'embauche au charbon, gosses de paysans en surnombre ou dans un temps mort du travail familial, pas mal d'étudiants aussi, volontaires ou non, pauvres ou punis, parfois des fils et des filles, dont les parents, qui n'avaient jamais connu ça, estimaient trop longues les vacances scolaires, surtout si l'on pense que l'oisiveté reste la mère de tous les vices.

En 1934, le Phonse eut quand même quelques surprises, dès la formation de ses colles. Comment aurait-il imaginé, par exemple, qu'un village comme Clerguemort enverrait trois étudiants, des vrais : Gino, Raoul et Franck ? Il sut un peu tard qu'ils étaient des amis intimes. L'expérience lui avait appris, en effet, que trop d'entente nuit presque autant que trop de haine au rendement dans les vignes. Le maire du village lui confiait ses deux enfants : Milca et Riquet. Luc Roux et une femme de mineur, Solange Tarrigues, furent inscrits sur la même liste.

Pas de question pour le lycéen Gino Passola : une fois l'année scolaire finie, il redevenait l'enfant de la misère, le petit des Sarrasins, prêt à tout pour rembourser dans la mesure du possible son maçon de père qui s'échinait toute l'année pour le tenir en pension à Alès.

Le problème de Raoul Ardailhan, lorsque les vacances l'avaient libéré du Prytanée, comportait deux données : passer l'été le plus loin possible de son père et le plus près possible de Franck et des autres copains de Clerguemort. Le Laguerre n'avait fait aucune difficulté, quand même un peu épaté par les penchants soudains de son fils pour les durs labeurs. Ce que peuvent obtenir quelques mois d'éducation militaire !

Franck et Raoul correspondaient toutes les semaines. Le fils de la Lilette du Casquillé s'y prit assez tôt pour que sa mère, qui conservait un souvenir ensoleillé des vendanges de son enfance, lui envoyât l'autorisation souhaitée.

Panier à bout de bras, la vaillante équipe de Clerguemort prit le chemin de la gare du Chambon où elle retrouva des connaissances : les colles de La Vernasse. Dans cette foule bruyante se remarquait une toute jeune fille silencieuse, en grand deuil : Emmeline Mourrail. Le Phonse qui n'oubliait pas qu'elle était quand même la fille d'un maître-mineur, la retira d'entre les pattes de la marmaille des Cannibales pour la confier à Milca — parce qu'elle était la fille d'un maire, et pas de n'importe lequel, du Jaurès ! — et à Mme Tarrigues — parce qu'elle était la plus âgée, et qu'elle venait aussi de Clerguemort.

La direction du Paris-Lyon-Méditerranée n'ayant pas jugé nécessaire de rajouter des wagons, ses usagers eurent à souffrir d'autres maux, ce jour-là, que des cent tunnels de l'épouvantable ligne.

La destination finale était Bourrignargues, un hameau parmi d'autres qui se nomment Montignargues, Aubussargues, Arpaillargues, Parignargues, Souvignargues, Cavillargues, Martignargues, Domessargues, Antignargues, Savignargues, Bragassargues, Aujargues, Galargues, Busignargues, Etcétérargues, villages et mas situés quelque part entre Nîmes, Quissac et Montpellier, connus seulement de quelques grossistes en vinasse, à plat ventre sous un soleil plat, sur une plaine au rabot où la moindre taupinière suffit à donner le vertige. Pas un brin de tramontane, pas le moindre torrent, pas un roc, pas un val, le soleil ne se donne pas de peine pour ces platitudes, il s'avachit.

— C'est la Sibérie ! fit Gino qui avait le goût de l'antiphrase.

Il avait emporté, par bonheur, son vieux banjo, on avait chanté, crié du Chambon en Alès, des Tavernes à Quissac, on continuait de plus belle, à pied sur un chemin pas montant, mais sablonneux et malaisé, où des mirages de hameaux du triste rose des jupons qu'on retrouve dans les racines, après les crues, n'étaient jamais ce vache de Bourrignargues...

« Bourrignargues nous nargue », fit une voix timide mais le mot fit fortune. « Allons bagnards de Bourrignargues ! » entonna, sur l'air de *La Marseillaise*, un envieux. Hurlant, chantant, ils avançaient toujours. Ils en arrivaient à cette extrémité de la fatigue et de la déception où l'on peut tout aussi bien s'écrouler que se ruer.

La horde fit enfin son entrée dans le hameau en hurlant ce cri sans élégance et sans humour, mais qui la satisfaisait totalement :

« Bourrignargues, cague-brailhes ! » hurlements scandés sans fin, jusqu'à l'hystérie.

Les Bourrignarguais, chevauchant leurs chaises de paille, le chapeau sur l'œil, à l'ombrette des treilles de leurs seuils, regardaient défiler les barbares de la montagne sans s'émouvoir. Ce n'étaient pas les premiers vendangeurs qu'ils voyaient arriver.

Le mas du patron était à l'autre bout du hameau. Quand ils y parvinrent, ils titubaient, rauques ou aphones. On leur fit les honneurs de leur logement : un hangar au fond de la cour. Les garçons partageraient le bas avec les chevaux, les filles auraient droit au premier étage, elles pourraient même profiter de la paille qui restait. Et... pas d'histoires, compris ? Demain, lever : 5 heures !

— Du matin ? demanda froidement Riquet.

Il reçut un coup de pied au cul.

Le casse-croûte, à l'aube, se composait de sardines, de fromage de chèvre, de saucisson, de pain et de vin. Parfois il fallait finir la soupe qui restait de la veille, la plupart de ces gosses trouvaient qu'on bouffait vraiment comme des dieux.

Celui qui devait mener tout ça n'était pas le propriétaire, mais le bayle. Franck le définit savamment : « L'*Homo sapiens* coulé dans le béton. » Le bayle mangeait sous une tonnelle de vigne vierge, à la même table que son charretier, son varlet, sa femme et ses quatre gosses, tandis que les colles mangeaient de part et d'autre, le long des murs, sur des tréteaux, à l'ombre de canisses. Après la petite heure de midi, le travail reprenait jusqu'à 18 ou 19 heures. On s'attablait devant la soupe, des salades et des fricots, aubergines et tomates à volonté, puis on avait quartier libre...

Le premier jour était celui des chamailles et des marchandages :

— Lui, porteur ? Ça tient pas debout ! ronchonnait le bayle, avec une bourrade au gars, pour donner la preuve brutale de cette estimation. C'est ainsi qu'il voulut agir avec Luc Roux.

— Toi, le borgne, quel âge ?

— Euh... quatorze ans.

— Quatorze passé, ou quatorze pas encore ?

— Pas encore.

— Bon. Et tu t'es fait marquer porteur, maigrichon, pâlot comme tu es ! Pourquoi ?

— Parce que ça gagne plus !

— Ça, au moins, fit le bayle en pouffant d'un rire gras. Coupeur ou rien, mon petit !

— Rien !

— Quoi ? hurla le bayle qui était déjà passé au suivant.

Il revint sous le nez de Luc, marmonna :

— Le Phonse est pourtant un homme sérieux, je me demande bien pourquoi il a accepté de t'inscrire comme porteur ?

— Parce qu'il me connaît.

Le bayle le regarda une fois encore :

— Allons, tu me fais perdre le temps, monsieur N'a-qu'un-Œil ! tu tiendrais jamais le coup.

— Essayez !

Le bayle vint se camper devant Luc, les poings sur les hanches ; il dit sans aucune méchanceté :

— Tu veux donc que je te mette en purée, moucheton ?

L'œil noir de Luc parcourut rapidement Franck, Raoul, Gino et Riquet qui attendaient leur tour sur la même ligne, puis il désigna deux pavés de la cour, distants de 30 centimètres, il posa un pied sur chacun, et dit très fort, pour tout le monde :

Essayez de me faire bouger de là, monsieur Qu'a-deux-Yeux !

Le bayle s'élança, mais sans ardeur, pour une bourrade molle, et il se retrouva assis par terre, grimaçant de douleur, se tenant l'entrejambe à pleines mains. On n'entendit plus soudain que le roucoulement des pigeons sur le toit et les grillons dans les vignes. La plupart des spectateurs ne s'étaient pas rendu compte de ce qui s'était passé : l'enfant s'était esquivé tout en bottant, puis il était retombé les pieds dans les marques.

Luc voyait Franck, Raoul, Gino et Riquet qui s'apprêtaient à voler à son secours.

Le bayle s'était relevé. Il cria vers sa femme qui tenait le registre : Roux, porteur ! et il éclata de rire avec tous les vendangeurs. Avant de passer au suivant, il jeta à Luc : Attention, petit ! Je ne te ménagerai pas !

Au travail !

Chaque colle fut alignée devant son carré de vignes. Chacun avait sa rangée — son « ourdre ». La ligne des vendangeurs devait avancer en même temps, au même rythme. Au besoin, le copain donnait la main au retardataire, à eux de se débrouiller... Une telle organisation rendait toute fainéantise impossible.

Clerguemort coupait ses premières grappes, lorsque des cris stridents, à faire dresser les cheveux sur la tête, leur parvinrent d'une vigne qu'ils ne voyaient pas, derrière le mas.

— Au boulot, quoi ! hurla le varlet en frappant sur une des cornues vides.

Ils se courbèrent de nouveau sur les ceps.

— Bon Dieu, qu'est-ce que ça peut être ? souffla Raoul.

— On aurait dit des femmes qu'on passait à la torture, répondit d'une voix tremblante Franck qui avançait sur sa gauche.

A la fin de la matinée, Franck, Raoul et Gino gémirent quand ils se redressèrent au signal. Ils avaient les reins en feu, ils avaient aussi du feu sous la peau : coups de soleil sur la nuque, les épaules, les bras et les cuisses. Ils pouvaient à peine marcher, ils durent pourtant soutenir Luc pour lequel c'était pire. Le nouveau porteur avait présumé de ses forces, malgré le sac de paille entre les épaules et la vieille casquette vissée devant derrière, les cornues en bois cerclées de fer, qu'il avait eu de plus en plus de peine à retenir au fil des heures, lui avaient mis la chair à vif. Il était profondément entaillé sur la nuque et sur une épaule.

— Tu ferais mieux de dire que tu ne peux pas, lui dit doucement le charretier, tu en as assez fait, l'honneur est sauf, personne n'aura envie de rire de toi.

C'était un homme de trente-cinq à quarante ans, long, maigre et voûté. Ses cheveux bouclés étaient d'un blond très clair. Il paraissait réellement triste de voir dans quel état la première matinée avait mis Luc. Clerguemort n'osait rien dire, on y connaissait l'enfant borgne.

Le bayle sortait furieux de leur hangar, braillant que c'était la coutume, que ça s'était toujours fait, et qu'il ne se laisserait pas emmerder par les pucelles.

— Luc ! Franck ! Gino ! venez vite !

Un monstre les appelait à grands gestes, un être enjuponné de haillons dont le visage avait été remplacé par une boule grumeleuse, d'un rouge violacé qui dégoulinait.

Le Belle Niçoise... Ils la reconnurent à sa voix, c'était bien la femme de Camille Tarrigues.

— C'est *la mascare*, disait-elle, *la mascare*...

Plus elle s'essuyait, plus elle se barbouillait.

— ... *La mascare*, reprenait-elle, il paraît que c'est une habitude. Quand une fille arrive, une nouvelle, on lui passe le visage au raisin, les seins aussi, de gré ou de force : *la mascare !* C'est la règle absolue, ils disent. Ils vous sautent dessus, vous tiennent, vous arrachent le corsage...

Le grand charretier blond s'était approché. Il précisa :

— Ils choisissent un raisin particulier, le Morastel, un vin teinturier, c'est terrible comme colorant.

— Oh ! moi, c'est rien, fit la Belle Niçoise d'une voix qui n'était pas loin des pleurs.

Elle les entraîna tout au fond du hangar, vers une sorte de paquet humain bouillonnant du même rouge violacé, que des sanglots incessants, réguliers, secouaient comme un tas de hardes plein de chats.

— Elle, elle a voulu résister ! elle s'est battue jusqu'au bout, alors, quand ils l'ont tenue, ils lui ont passé, le... les... comme à moi, mais ils lui ont arraché sa jupe, sa culotte, ils lui ont passé tout le reste, en prenant leur temps, à leur aise...

— Qui c'est ?

— Emmeline.

Ils étaient là, médusés, malheureux. Il fallait faire quelque chose, mais quoi ? Rien ne semblait pouvoir tirer la jeune fille de son trou, jamais elle n'accepterait de laisser voir son visage.

— Emmeline, écoute-moi ! écoute-moi bien...

C'était Luc. Il se frayait un passage à coups de coude.

— Luc, attention, ton dos...

Sans même s'en rendre compte, Luc répondit d'un haussement d'épaules, de ses épaules, dans l'état où elles étaient !

— Solange (il la tutoyait soudain, la rudoyait), tu as de quoi faire une toilette de femme, hein ? Vite fait ? Bon, va chercher tout ça... Vous autres, sortez ! Ne laissez entrer personne, le temps que je lui dise deux mots...

Quand Luc put enfin se mettre à table, il ne lui restait pas beaucoup de temps pour manger, mais les fatigues et les brûlures lui coupaient l'appétit.

Le bayle, qui passait le long des tables, fut le premier à s'en apercevoir. Il marqua un temps derrière Luc dont le sang tachait la chemisette en trois endroits :

— Alors, monsieur N'a-qu'un-Œil, j'avais raison hein ? Coupeur ?

— Porteur ! fit Luc.

Clerguemort était au complet, à l'heure pile, aligné devant les vignes à vendanger, prêt à se courber encore jusqu'au soir. Emmeline aussi était à sa place, dans la même vigne que le matin, derrière le mas, Emmeline récurée, repeignée, qui avait quitté le deuil (on lui avait prêté des effets), une autre Emmeline.

— Qu'est-ce que tu lui as dit ? demanda Raoul, quand Luc vint charger sa cornue.

— Rien, laisse ça.

Franck et Gino aidèrent leur camarade à hisser la charge sur son échine.

— De quoi tu lui as parlé ? demanda Franck.

— D'amour, répondit Luc en assurant bois, fer et grappes sur ses épaules, avant de repartir de sa démarche courte et sèche.

Le premier soir, ils ne s'attardèrent pas à table, et ce ne fut pas pour profiter de l'alléchante liberté qu'on leur laissait jusqu'à l'aube, pour la première fois de leur vie.

Ils se traînèrent jusque sous leur hangar. Il leur tardait de se retrouver seuls, tranquilles, de s'allonger. Ils avaient beaucoup de choses à se dire. Un sommeil de brute le leur interdit. Ils tombèrent là, sur place, aplatis sur le ventre, dans la position des morts sur une place bombardée.

Ces garçons ronflèrent comme de vieux clochards.

Il fallut moins de quatre jours pour que les vignes commencent à chanter du côté des vendangeurs de Clerguemort. L'équipe était au point, elle fonctionnait discrètement, sans secousse ni grincement, elle avait d'abord sauvé Luc.

Le porteur borgne chargeait les cornues remplies par Clerguemort. Elles n'étaient pas tout à fait pleines, il faut bien le dire. Le bayle ne vint jamais vérifier, et son charretier blond, qui était là aussi pour surveiller, regardait ailleurs. Ce grand type voûté admirait Luc et estimait ses camarades. C'était un mineur tuberculeux de Montceau, réfugié dans le Midi à cause du soleil, et qui se prenait à aimer le vin. Dès qu'il avait bu un coup de trop, il devenait brutal avec son cheval. C'est ainsi qu'il fit verser un tombereau de cornues. Sans le secours immédiat et efficace de Clerguemort au grand complet, qui avait tout ramassé avant que le bayle puisse s'en apercevoir, le charretier tuberculeux eût été chassé sans recours. Ça aussi, c'était une loi des vendanges.

Dès le deuxième soir, les garçons de Clerguemort trouvèrent assez de force, avant de s'endormir, pour parler de la mascare.

— On sait qui a fait le coup ?

— Bien sûr : la Niçoise nous l'a dit : des types qui sont montés avec nous en gare de Chambon.

— Alors, ils sont de La Vernasse !

— Bien sûr, même qu'en se jetant sur elle ils criaient : « A nous, les Cannibales ! »

— Dites, fit Luc s'adressant à tous, vous croyez qu'ils ont particulièrement soigné Emmeline parce qu'elle est la fille d'un maître-mineur ?

Ils en discutèrent un moment, sérieusement.

— Après tout, dit Franck, même s'ils le savaient qu'elle était la fille de ce Mour... enfin, de ce contremaître, ils n'y ont sans doute même pas pensé. Ils l'ont fait parce que ça se fait... c'est aussi bête que ça. Certains ont dû y prendre du plaisir ; d'autres, ça devait les dégoûter un peu ; mais tous l'ont fait, parce que ça se fait, vous croyez qu'il faut aller chercher plus loin ?

Ils en tombèrent d'accord, et ce fut leur conclusion sur ce chapitre.

Sur le coup, ils n'avaient tous pensé qu'à la vengeance. C'est au sommeil bestial de la première journée de travail que le clan des Cannibales devait d'avoir échappé à des représailles meurtrières. Malgré cela, dès le lendemain, Luc et ses amis commencèrent à repérer les mascareurs, à se renseigner sur chacun d'eux, mine de rien. C'étaient des fils de mineurs, ni pires ni meilleurs que d'autres. Il ne pouvait d'ailleurs pas y avoir de vraies fripouilles parmi eux : pas un voyou n'arriverait au bout d'une de ces journées de forçats. L'équipe de la mascare ne différait que sur un point de celle de Luc : trois ou quatre anciens, qui avaient plusieurs campagnes dans les vignes. Il y avait même deux Polonaises parmi les boute-en-train de l'opération, de belles filles, très serviables, et qui ne connaissaient pas seulement la mascare, mais aussi quelques ficelles précieuses pour atténuer la fatigue.

Ainsi s'apaisa leur élan vindicatif, et ce fut heureux car, une semaine après, Clerguemort et les Cannibales étaient comme cul et chemise.

Ils furent frères dans la liberté de ces merveilleuses nuits d'été.

Dans les crépuscules, en quittant la table, les garçons de la Cévenne parcouraient du regard la plaine illimitée qui reprenait souffle après ces heures interminables sur le gril, sous la voûte réfractaire des cieux, qui se reprenait dans l'immense fourmillement de ses craquelures, avec de pesants soupirs qui sentaient le moût. Clerguemort se laissait prendre par la nostalgie du Lozère, des eaux de neige, du roc altier, de l'aigle et des pâtres bibliques, mais ce n'était qu'un instant : leur Cévenne les attendait là-haut, les vendanges passaient...

Les vendanges, c'est le temps suspendu, l'entracte dans l'année, dans la vie, pleins pouvoirs aux enfants ! j'ai dit : Pouce ! pouce à la misère ! pouce au malheur ! pouce aux parents ! pouce aux convenances ! pouce au charbon ! pouce au froid ! Le délai de grâce. Entre deux immenses parenthèses, un mois, trente jours fous de liberté !

Ça vaut bien de travailler un peu, tout de même !

Ce feu dans les reins, ces courbatures, ces sueurs, ces chairs effeuillées par le soleil pour faire peau neuve, tout cela compte aussi, comme les grillons dans le soir aux lourds relents de moût, car, si l'on n'a pas cessé de travailler tout le jour, cassé par le milieu, on n'a pas arrêté de parler non plus, ni de rire, ni de raconter, ni de chanter dans les vignes. Les premiers jours sont passés :

Ramona, j'ai fait un rêve merveilleux...

Tel est maintenant le bruit d'une ligne de vendangeurs en plein assaut.

Raoul et Franck ont placé Gino entre eux pour lui narrer leur trajet en Rolls autour de l'émeute en février dernier. D'une cornue à l'autre, Luc suit tant bien que mal ces témoignages qui le passionnent, il pourra demander un complément d'informations ce soir, quand on se couchera dans le hangar si familier déjà, à condition bien sûr qu'on ne rentre pas trop tard, et qu'il n'en manque pas un à l'appel, un plus heureux !

18-19 heures : quartier libre ! on a vite englouti sa soupe et sa verdure, on emporte un bout de fromage à la main, des fruits plein les poches, les minutes sont chères, elles sont si belles !

Les colles se réunissent tous les soirs sur la place du gros bourg voisin, à moins de deux kilomètres, Quelquechosargues, disons. Il y a toujours quatre ou cinq douzaines de jeunes à se blottir dans la pénombre là, filles et gars, et ça chante, ou ça fredonne, ça crie, ou ça chuchote, ça rit ou ça roucoule, ça joue ou ça vibre... De temps en temps, un couple s'esbigne, ni vu ni connu... Comme les filles changent vite, les nôtres les premières. Les premiers temps, la Belle Niçoise ne sortait qu'avec Emmeline sur sa droite et Milca sur sa gauche, « nos Trois Grâces », disait Franck, toujours lui ! Puis un soir, il n'y avait plus qu'Emmeline et Milca, « les Deux Orphelines », disait qui ? Et la Belle Niçoise, mystère ! D'aucuns disent l'avoir vue, au détour d'un clair de lune, dans les bras du beau forgeron d'Enclumognargues, mais d'autres, aussi dignes de foi, l'ont vue, de leurs yeux vue ! entrer dans le pavillon de chasse du duc de Castries au bras d'un peintre toscan qui en refait les fresques, tous sont de bonne foi, quelle version choisir ? la mienne ! car moi qui vous parle, il fallait bien que je sois par là tout de même, et nul ne m'y a vu, comme nul ne voyait à partir d'un certain moment du soir la Belle Niçoise, qui serait mieux placé que moi pour dire comment elle sait emmagasiner les soleils, l'odorante douceur du grenache et du muscat noir, et la peau, le grain, la pulpe de la clairette à point...

Puis ce fut la douce Milca, la fille de notre maire, elle-même, que l'on perdit de vue dans la première pénombre des crépuscules. Elle se fit rare — quelle coïncidence — le lendemain de l'unique visite que M. Doiren fit à ses élèves, à l'improviste, en voisin aussi : Lédignan n'était qu'à quelques kilomètres et, comme la vigne était généreuse cette année, ses parents lui avaient offert une belle moto d'occasion, une quatre-temps Terrot, à double pot d'échappement, ce qui donnait à son moteur une pétarade bien particulière, qui vous restait dans l'oreille si bien qu'à partir de ce moment-là les anciens de la Communale de Clerguemort crurent l'entendre chaque soir, vers la même heure, dans les environs de Bourrignargues. Nul n'en eût mis sa main au feu ! C'est qu'on était tous un peu fous, et qu'on ne peut jurer de rien sur ce qui se passe ou s'est passé pendant les vendanges.

Tous vous disent : amours de vendanges sont amours éphémères, c'est une loi, comme la mascare. On arrive au début du mois, on repart à la fin, on se connaît, on se quitte, trois ou quatre semaines, ça fait du temps pour une vie !

Que voulez-vous, la vie est ce qu'elle est, il faut la dire telle, et avouer que les filles qui vont en vendanges sont des plus pauvres, des plus libres donc, et des plus faciles. Elles remontent vers cet écrasant soleil de trente jours depuis les couches les plus sombres et les plus humides d'une humanité qui se glace. Elles ont de douze à vingt ans, et elles ont poussé dans ces faubourgs et bas-quartiers de la morale où ces choses-là ne tirent pas à conséquence. Elles atteignent ici au merveilleux. D'abord, elles travaillent et mangent, ce qui n'est pas ordinaire pour toutes, ensuite, elles sont loin des mères, des tantes, des chaperons, des frères vicieux, des pères indignes, loin de la chiourme comme de la perversion, loin de la police comme du vice. Et pourquoi ne pas le dire, pour beaucoup, la liberté des vendanges, c'est la découverte de la pureté. Ni bijoux, ni contrats, rien n'est offert, pas de contrepartie, on se donne parce qu'il est beau, qu'on est bien, qu'une telle nuit porte conseil ! Le séducteur ou le vieux beau se verraient là, grands et brillants comme des icebergs dans la vaste plaine qui fermente, écume, pétille, pour conclure les noces du soleil et de la terre.

On dit que des garces ont jeté leur gourme et leurs vices dans les vignes, qu'elles sont reparties pour être épouses et mères autant que l'on peut l'être. N'arrangeons rien, cela n'est pas le sort commun, car le voici : on s'assoit sans s'excuser sur un parapet surchargé, on s'y taille un espace vital en quelques coups de fesses, on se relève à deux, enlacé par la droite ou par la gauche... On peut aller dans le petit cinéma de Quissac, ou de Saint-Géniès-de-Malgloirès, ou de n'importe quel Cambroussargues. On n'y joue que des films muets, les salles ne le sont pas. D'ailleurs, on ne regarde guère le film. Quiconque n'est jamais allé dans une de ces granges noires, ne mesurera qu'imparfaitement les sortilèges du hasard et de l'obscurité, magie sans grand péril : âges, fortunes et classes sociales sont assortis, ce n'est pas là que les vieux marcheurs débauchent les petits rats.

Emmeline « ne cherchait pas », comme on disait d'un cep à l'autre. Franck, Raoul et Gino toujours armé de son banjo, n'étaient pas des garçons en bois ! Leur curiosité, leur soif de vivre les poussaient à saisir l'occasion aux frisettes, ils étaient arrivés là tout droit de leur enfance, ils n'en repartirent pas beaucoup plus dégourdis. C'étaient de rudes garçons, avec un rien de pruderie qui n'est pas si commun à leur âge. Quant à leur brouiller l'âme ? les propos verts ou poivrés, les messes basses, et les fanfaronnades collégiennes, qui ne les avaient pas épargnés depuis la maternelle, les avaient plus souillés que les simples et furtives caresses des vendanges. Qui sait ? pour l'un d'entre eux, dans longtemps, le dernier scintillement, cette paillette d'un bal du siècle passé, qu'on retrouve au grenier dans le fond d'une vieille malle, sera le souvenir précis du premier contact de leurs doigts adolescents sur un petit sein légèrement poisseux à cause du chasselas qu'un mauvais plaisant a écrasé dans ce décolleté.

Luc Roux, le plus souvent, restait auprès d'Emmeline. Lui non plus ne cherchait guère. Il montait près d'elle, eût-on dit, une garde d'honneur. Et puis ils parlaient beaucoup, avec un plaisir égal.

Il y avait encore des coutumes pour le dernier soir : le repas des garçons.

Une vendangeuse d'un village voisin était chargée de préparer chez elle, dans une pièce à part, un bon repas. Des garçons de douze à quinze ans, qui venaient de toucher leur première paye, achetaient une bouteille de mousseux. Ils n'étaient pas peu fiers, ils avaient grandi, ils venaient d'accéder à un étage supérieur de l'homme. Ils s'enfermaient à double tour dans cette pièce. Les filles n'étaient pas admises. Ils parlaient, discutaient, contaient, riaient, chantaient jusqu'à des 3 ou 4 heures du matin...

A l'aube, ils prenaient le train du retour. Les vendanges étaient finies.

Ils revenaient donc se percher sur leur montagne mais ils connaissaient d'autres mondes maintenant, ils avaient vu la Plaine, ses gens et ses façons. Ils avaient fait dans le pays plat la rencontre d'autres peuples, comme eux passants de la Plaine : ces Gavots, venus en caravane des montagnes lointaines et primitives, de leur Gévaudan, pour travailler à prix fait. On leur donne une vigne à vendanger, ils y passent le temps qu'ils veulent, le prix est le même, c'est pourquoi les Gavots vont vite, ils veulent de l'argent. Ils mangent debout et ne dorment que le moins possible ; ils bivouaquent sur place, mangent n'importe quoi, n'importe comment, pour épargner les dix francs de pension par jour ; ils restent entre eux, ne parlant que leur patois, brutal cousin du Cévenol ; on ne les voit jamais sur la place du village, ils travaillent ou dorment. Ils sont vêtus de noir : veste de coutil, grand chapeau, ceinture de flanelle. Ils mangent autour d'un grand chaudron où ils font cuire eux-mêmes ce qu'ils ont apporté de chez eux : on ne les voit jamais autrement : ils sont ce grand cercle noir autour d'un vaste chaudron qui fume devant leur campement. On dirait des gitans de la mort.

Luc, Franck, Raoul, Gino, Riquet, Milca, Emmeline et la Belle Niçoise pensaient en voyant cela qu'il est par le monde, de plus grands sauvages qu'à Clerguemort.

31

Solange Tarrigues

Solange Tarrigues, dite la Belle Niçoise, ne revint pas seule de Bourrignargues.

Elle tenait Emmeline Mourrail par la main.

Quand les deux vendangeuses entrèrent ainsi, dans la forteresse barricadée de la maison Tarrigues, et dans la pièce principale, directement, sans s'annoncer, il n'y avait là que deux membres de la sombre famille : la grande veuve noire et Noël. Camille était allé passer une visite médicale, l'oncle Albéric travaillait au jardin, la petite Claire jouait quelque part, Dieu sait où !

Ce fut ainsi, mais qu'importait ! Eussent-ils été tous présents, les Tarrigues, derrière une table, comme un tribunal révolutionnaire, qu'elle n'eût rien changé, la Belle Niçoise, pas un geste, pas un mot.

Elle débarquait, splendide et conquérante, gonflée de soleils et d'amours, bourrée d'or et de poudre comme un galion d'Espagne, blessée, brisée comme lui, enfin rendue.

La Belle Niçoise avait quelque chose à accomplir, rien n'aurait pu l'arrêter.

On dit qu'il est des êtres ainsi, qu'un sort contraint à donner, d'un coup, en un moment, tout le trésor d'un cœur que les gens du commun distribuent tout au long de leur existence, en petite monnaie. La Belle Niçoise était de ces monstres, et c'était son heure.

Noël s'était levé en les voyant entrer toutes les deux, il était exsangue. La Belle Niçoise fit passer devant elle Emmeline. Elle poussa la fille du pauvre Mourrail par les épaules, vers son beau-frère, et elle déclara avec solennité :

— Noël, voici ta femme.

Noël recula d'un pas.

La Belle Niçoise continua gravement :

— Noël, voici Emmeline, elle est faite pour toi, pour être ta femme, à toi, pour la vie. Elle est seule, maintenant, ou c'est tout comme.

— Ce n'est plus possible… bredouilla Noël.

Emmeline continuait à le regarder et à avancer vers lui.

La Belle Niçoise se laissa tomber sur un banc, avec un gémissement. Elle se massait les reins. Elle finit par lâcher avec lassitude, parce que le ton héroïque n'est pas soutenable longtemps, même dans les rares beaux moments d'une vie plutôt moche :

— Allons ! finissez une bonne fois de faire les andouilles, tous les deux !

Lorsque les mains d'Emmeline se posèrent sur ses épaules, Noël sursauta. Il lança vers sa belle-sœur, dans une sorte de cri plaintif :

— Solange ! toi, tu sais que ce n'est plus possible !

— Mais si, grand dadais ! je lui ai tout dit, moi, à ton Emmeline !

— Et elle m'a pardonné ?

La Belle Niçoise secoua les épaules :

— Tu n'as rien à te faire pardonner, toi, imbécile !

Les yeux de Noël sautèrent sur Emmeline, dont la tête faisait non d'un mouvement très doux. Quand la jeune fille ferma les yeux pour confirmer encore cela, deux larmes se formèrent au milieu des paupières.

La Niçoise soupira, avant de préciser :

— Seulement, à moi, Noël, à moi ! elle a su pardonner, Emmeline !

— Et... et Camille ? balbutia Noël.

La Belle Niçoise répondit tout bas, avec un accent qui ôtait toute envie de mettre en doute la sincérité de la jeune Mme Tarrigues :

— Camille, c'est mon affaire. Il est temps. Qui sait ? cette histoire va peut-être faire son bonheur enfin, à lui aussi. Comment ? Pourquoi ? Est-ce que je le sais, moi ? Laisse-moi faire, Noël. Occupe-toi d'elle !

Noël prit la jeune fille dans ses bras, il la serra, la serra...

— Allez, madame veuve Tarrigues ! fit la Belle Niçoise, vous pouvez l'embrasser, celle-là, elle vous en fera, des petits-fils, et des beaux !

Noël poussa Emmeline vers la vieille.

La grande veuve noire des Tarrigues prit la jeune fille par les épaules et la tint à bout de bras, pour bien la regarder dans les yeux, puis elle l'attira, l'effleura des lèvres, au milieu du front.

— Bon. Tout va marcher très bien maintenant, reprit la Belle Niçoise. Moi, je suis fatiguée...

Elle se mit debout en geignant, ouvrit la porte et leur dit :

— Vous deux, vous allez sortir. Vous serez un peu seuls. Vous avez besoin de parler, j'imagine, mais ne parlez pas trop tout de suite, vous avez tout le temps... Les paroles n'ont pas grand-chose à voir avec tout ça...

— Allez trouver l'Albéric au jardin et annoncez-lui, fit la vieille Tarrigues en patois.

La Niçoise ouvrait sur la vieille de grands yeux. Il y avait si longtemps que la mère Tarrigues n'en avait pas dit autant d'un coup, et la veuve noire avait, dans la voix, cette vibration qui revenait de loin, d'où ? de quand ?

— Noël ! Emmeline ! lança la Niçoise. Du jardin, vous irez sur le chemin, pour attendre le retour de Camille.

Elle songeait qu'elle lui en avait fait assez voir, qu'elle le lui avait fait payer assez cher, au chasseur alpin Tarrigues : l'enlever, elle ! de la garnison, la tirer de là ! la marier, la chouchouter, pour... « l'élever ! ». Elle ne lui avait rien demandé, après tout... Quand même, quand même, il en avait assez vu maintenant, elle commençait à s'y faire, à son Camille, à cause de ces gens, de ce Clerguemort, de tout ça... C'était bon d'être bête ! pauvre Camille... Attention, elle ne promettait rien, ne prenait pas de résolution, même dans le secret de sa conscience rafraîchie !

Les amoureux étaient descendus, enlacés, dans la grand-rue de Clerguemort. La Niçoise referma la porte, s'étira, bâilla, frissonna.

La grande veuve noire était rentrée en elle-même, droite, raide, immobile hormis ce tremblement sénile du menton qu'aucun orgueil ne pouvait mater.

La Belle Niçoise s'étirait, se parlait, sans plus de gêne que s'il s'agissait d'un marbre noir :

— Enfin, je peux aller me coucher tranquille... Ce ne sera pas du luxe... Ces deux gosses, bon Dieu ! c'était quand même un bon moment... un fameux moment...

La Belle Niçoise ramassa le panier d'osier d'Emmeline et le sien, se dirigea vers sa chambre. En passant devant la vieille, elle s'arrêta, la fixa, et lui déclara lentement, avec ce balancement et ce ton solennel qui sont caractéristiques des poivrots héroïques :

— Un moment pareil, mamée !... ça met... un peu d'air... dans une vie de garce.

Et la Belle Niçoise disparut dans sa chambre.

La grande veuve noire des Tarrigues fixait la porte que sa belle-fille venait de refermer. Un sourire détendait ses rides, le premier depuis très longtemps.

En revenant du jardin, les amoureux déboulèrent sur le chemin. Ils faillirent renverser un cycliste : le Jaurès, et costumé comme un milord !

— Bonsoir, monsieur le maire ! firent-ils d'une seule voix.

Le Jaurès avait mis pied à terre. Ils les regardait, rien ne lui venait.

— Alors, Jaurès, tu nous maries quand ?

— Oh ! oh ! oh ! quand j'aurai le temps, cria le maire qui retombait dans un registre familier.

— C'est qu'un mariage en entraîne un autre, vous n'avez pas fini...

Noël s'arrêta court, Emmeline lui faisait les gros yeux. Le père de Milca n'était pas encore au courant des progrès de l'idylle entre sa fille et le directeur du cours complémentaire de La Vernasse.

— ... Et la campagne électorale, je la ferai quand, si je passe mon temps à marier Pierre ou Paul ?

Les fiancés le regardaient, ravis. Ils sentaient que le Jaurès était bougrement content de les voir enfin ensemble.

— ... Justement, j'arrive d'une de leurs réunions, il paraît que ça va être quelque chose, ces élections ! Si jamais on te foutait une bonne fournée des nôtres dans la prochaine Chambre, ça changerait des choses, *té !* Ce serait, comment dire... ce serait... le bonheur !

Au mot bonheur, machinalement, les amoureux se regardèrent dans les yeux.

— Ça va, ça va... grogna le Jaurès en repassant une patte par-dessus le cadre de son vélo.

— Comme tu deviens, Jaurès ! Bientôt on ne saura plus comment te parler !

— Mais aussi ! ils me font mettre le beau costume, ils me font me trimballer jusqu'à Alès, ils me bassinent toute une sainte journée avec leurs discours...

— Dis ! si c'est pour le bonheur !

— D'abord, ça veut dire le bonheur pour tous, et ça mon pauvre petit ! c'est encore plus compliqué que vos histoires à vous, c'est pas peu dire...

Une explosion retentit, sèche, d'une telle violence qu'ils eurent l'impression que les flancs de la vallée vibraient, que le vieux pont en dos d'âne oscillait. Une grosse pierre se détacha de la voûte et fit un plouf sous l'arche.

— Ça, c'est le La Chino, expliqua paisiblement le maire de Clerguemort, il fait quelques truites dans le gouffre.

— Le salaud ! un jour, il fera sauter tout le village...

— Ah ! Noël, ne sois pas injuste ! cria le maire en montant sur ses grands chevaux, pour une fois que cette fripouille fait quelque chose d'honnête et d'utile !

— Honnête ! fit Noël ahuri, les truites, à la dynamite ?

— Parfaitement, trancha le Jaurès, ces truites sont pour la tombola de la fête prolétarienne de dimanche. Le La Chino agit sur la demande du Parti.

Et le Jaurès démarra comme une flèche, en danseuse, pour leur faire croire qu'il était furieux.

— Le bonheur pour tous, murmura Emmeline.

Noël la prit par le cou. Ils allaient d'un pas lent sur le chemin vicinal, en direction du Chambon. Le jour tombait imperceptiblement.

Devant le mas de la Gronde, M. Hur discutait charreton avec le Cagnar et le Longeon.

— Qu'est-ce que vous pensez de celui-ci, Noël ? demanda l'instituteur timidement.

— C'est papa qui l'a fait ! proclama Jeannot.

Noël, ainsi averti, examina le véhicule avec la patience et l'attention appropriées : ce n'était pas un modèle courant, oh ! non, il avait même une drôle d'allure, haut perché sur ses roues grêles, mais c'était, par certains détails, assez ingénieux, comme conception. Noël fit des compliments circonstanciés, qui sonnaient juste. M. Hur renouvela ses vœux pour les fiançailles.

Noël et Emmeline reprirent leur promenade.

— Le bonheur pour tous... fit rêveusement le jeune mineur. Il a raison, le Jaurès, ce n'est pas commode. Tiens, pour l'un, à un moment donné, c'est un charreton. Alors, pour tous ? et d'un coup ?

Il serrait plus fort la jeune fille, comme si leur bonheur, là, à son heure pourtant, pouvait encore leur échapper.

— Regarde, Noël, et ça, ce n'est pas aussi du bonheur ?

Entre la rivière et le chemin, le Pétardur mettait l'eau dans ses haricots. Le vieux mineur déplaçait, à gestes précis, d'une grande délicatesse, les diguettes de pierres plates qui fermaient les rigoles. Pendant que l'eau allait jusqu'au bout du carré de haricots nains, il s'occupait ailleurs, à couper les rejets de ses tomates, à rincer la touffe de persil qu'il rapporterait tout à l'heure chez lui... Il ne restait pas un instant inactif et pourtant ses gestes, ses attitudes étaient d'une lenteur pleine de mesure, on eût dit qu'il s'en exprimait une sagesse. Le soleil avait disparu derrière le Lozère, la terre buvait l'eau du Pétardur. Une fraîcheur veloutée commençait à descendre des crêtes.

Le Pétardur venait d'une longue lignée de paysans. Après sa journée dans la mine, il s'était soigneusement lavé, il avait revêtu des bleus anciens, noblement usés, propres et légers, puis il était venu jusqu'à son jardin, pour donner à boire à ses légumes.

Le vieux mineur-paysan était bien dans sa peau. Après cette journée de grosse chaleur, le Pétardur se délassait dans les fortes senteurs de ses plantes rafraîchies, seul en face de sa montagne, les pieds sur sa terre. Le regarder seulement procurait inexplicablement un plaisir physique.

Le mineur-paysan, dans son jardin, au cœur de son pays, l'ombre fraîche descendant sur la Cévenne, cela formait un spectacle d'une indicible beauté. Non, cela n'avait rien à voir avec le bonheur, ni le bonheur pour tous, ni le bonheur d'un seul. C'était de la musique, les accords s'enchaînant sans une fausse note ; une harmonie, celle d'un homme en accord avec sa terre, avec son cœur, avec son temps, avec les minutes qui passent, avec chacune d'elles.

Les crapauds commencèrent à chanter. Le Pétardur se roula une cigarette, l'alluma et, par-dessus ses haricots grimpants, lança la première bouffée au ciel.

L'EMBELLIE

Au Cévenol André Fabre,
mon maître,
mon ami.
J.-P. C.

EMBELLIE : « *S.f. ; Terme de marine. Amélioration du temps, devenant beau pour un moment, après une bourrasque, un grain violent ou un coup de vent obstiné.* »

LITTRÉ

Le Front populaire a été « une espèce d'embellie dans des vies difficiles et obscures... »

LÉON BLUM
(devant ses juges à Riom).

1

Clovis Paroul

La Cabusselle datait du XIVᵉ siècle, 1310, pour être précis, Philippe le Bel régnant.

Les Archives du Gard conservent le document qui l'atteste au registre de maître Grosserouvière, notaire à Portes. En voici quelques passages :

« Entre Guilhem Andéol d'une part et Guillaume del Paroullo au nom de Raymond del Paroul son père :

Guilhem Andéol a promis de faire édifier une maison au lieu ou terroir de la Cabusselle appelé Vallauzas, à construire avec une longueur de quatre cannes (la canne valait alors, dans la contrée, un mètre quatre-vingt-dix-sept), de largeur deux cannes, de hauteur deux cannes. On y fera des murs de pierre, des poutres de châtaignier ; pour le toit, on envisage la paille, la lauze ou la tuile, Raymond verra par la suite, et le dira.

Convinrent aussi : quant aux pierres, Guilhem Andéol les fera arracher dans le torrent ou ailleurs si bon lui semble, quant aux poutres, Raymond les apportera...

Si Raymond del Paroul voulait accroître ou amplifier la maison en large ou en long de deux cannes ou de plus, ledit Raymond serait tenu à payer plus que le prix, lequel serait alors fixé par arbitrage de deux hommes sages.

Raymond apportera à pied d'œuvre toutes fustes, lauzes et autres choses nécessaires. Il fera les fondations.

La maison devra être terminée à la Saint-Michel prochaine. Prix : quinze florins d'or bon poids, un muid de vin pur (mesure de Génolhac), un quintal de chair salée, deux setiers de seigle, un demi-quintal de fer.

Le premier jour du travail, on versera vingt livres de chair salée. Le jour du Mardi gras, cinq florins d'or. A Pâques, cinq florins d'or. Le solde à la fin des travaux...

(Suivent les amendes prévues pour les retards dans la construction, ou dans les paiements.)

Acte passé à Génolhac, maison de Pierre Vayrat, témoins présents : Peyre Fabre, Steve Nicholas, Peyre de San Jehan, Peyre Reboul de Valouse. »

Quelques années après commençait la guerre de Cent Ans, puis, en 1347, ce fut la peste noire, qui fit périr environ un tiers des habitants de France, puis d'autres guerres, des petites, des grandes, avec leurs troupes réglées et leurs hordes mercenaires, des famines, des épidémies encore, et les loups, les guerres de religion enfin, les pires.

La Cabusselle passa à travers. Comment ? Nul ne le sait, aucun des Paroul de ce pauvre mas ne s'étant hissé jusqu'aux premiers plans de l'histoire. Pourtant, situé en plein cœur du petit pays hérétique, la Cabusselle ne pouvait échapper au « Razement des Cévennes » décidé par le Roi-Soleil pour briser la rébellion des Camisards. Trente et une paroisses, comprenant quelque quatre cent onze villages ou hameaux, à détruire maison par maison, par la pioche et par le feu, sans laisser pierre sur pierre, cinquante mille Cévenols à châtier par les galères, le bûcher, la roue, la déportation vers les Amériques. Les habitants n'attendirent pas. Le maréchal de camp Julien, chef de l'opération, s'en plaint dans l'un des rapports quotidiens au secrétaire d'État à la guerre : « ... quant à enlever les habitants, on n'en saurait enlever un seul s'il ne veut pas se laisser prendre... il n'y a pas une âme dans les villages condamnés... tout a fui dans les bois, rochers et cavernes... toute la jeunesse, abandonnée au démon, est allée rejoindre les Camisards... »

Il y a aujourd'hui des Paroul à Kaiserslautern, à Vlaardingen, à Wolverhampton, à Montréal et à Saint Paul (Wisconsin), qui ont tous des droits sur la Cabusselle, toujours là, elle, et toujours debout.

Le même maréchal Julien accuse la pluie qui contrarie les incendies, et surtout la solidité de ces maisons aux voûtes inébranlables, aux murs de granit, qui découragent ses miliciens : « ... gens que l'espérance du pillage anime et qui se trouvent fort trompés de trouver un pays désert et rien dans les maisons... toute cette canaille est fort maladroite pour détruire de tels murs... »

Guilhem Andéol avait bien travaillé.

« Cabusselle » est un mot patois qui signifie couvercle. Les célibataires cévenols connaissent bien le proverbe : *Chaco toupi trovo sa cabussello* (chaque pot trouve son couvercle). Le lieu-dit « la

Cabusselle » se niche au creux d'un vallon situé au-dessus de Clerguemort, entre le village et le sommet du Lozère, dans l'un des plis et replis sans nombre qui drapent le pourpoint de ce vieux mont chauve. C'est là que montent, depuis toujours, les gens du pays quand ils ont besoin de lauzes, là, il y en a tant qu'on en veut, nulle part ailleurs on n'en peut trouver de plus belles. Ces plaques de schiste sont d'un emploi courant, à des fins très diverses, de l'irrigation au dallage, mais elles servent surtout à couvrir les toits et les ruches, ce sont des couvercles à tout faire *(cabussellos !)*. D'ailleurs, le vallon lui-même se nomme Vallauzas.

Six siècles ! Bien des maisons ne vivent pas autant. En cet automne de 1935, allait mourir la Cabusselle.

Clovis Paroul de la Cabusselle, dit « le Jésus », était le dernier. Il y avait beaucoup de monde derrière lui, devant lui : personne. Il n'avait pas eu à redouter les déchirantes chamailles déclenchées par la mort de son grand-père, Palamède, dit « le Loubatié » (le chasseur de loups), qui laissait trois fils : Prosper, Palamède et Philibert, le père de Clovis. Le bien familial de la Cabusselle ne pouvant nourrir trois foyers, après des jours et des nuits de brutales querelles, les deux plus jeunes lâchèrent le morceau, et partirent chercher femme et fortune le plus loin possible, Prosper en Algérie, Palamède à Paris. Les héritiers du Loubatié se quittèrent d'une façon qui ne les incitait guère à donner de leurs nouvelles. Les Paroul de la Cabusselle ne surent jamais très bien ce qu'étaient devenus « l'Arabe » et « le Parisien ».

A la mort de sa vieille, Philibert se retrouva seul dans son mas, comme un toupi sans cabusselle. Il se dépêcha d'épouser une fille de Saint-Buget qui passait chaque jour devant sa porte pour aller travailler à la filature de Clerguemort. Il en eut deux enfants : Clovis, puis, dix ans après, Rolande. Quand la guerre de 14 éclata, Clovis avait l'âge du service. Il refusa de partir, « il se mit déserteur », selon le dire de Clerguemort. Son père mourut dans les trois mois qui suivirent, de chagrin d'après les uns, de congestion d'après les autres, dont certains expliquaient même qu'on risque la malemort à grimper par tous les temps jusqu'aux nids d'aigles du Lozère.

Les premiers mois, les gendarmes recherchèrent sérieusement le réfractaire, il vint même des renforts d'Alès. D'insolites voyageurs passaient par Clerguemort, posaient des questions ici et là, mine de rien. Les autorités redoutaient un mouvement de rébellion qui pouvait s'étendre. Le Clovis Paroul de la Cabusselle n'était pas le seul, plusieurs villages cévenols, surtout dans la montagne, avaient leur déserteur.

Peut-être en vint-on à se dire en haut lieu, après étude de quelques cas, et l'insoumission restant limitée à ceux-là, que des individus pareillement entêtés représentaient moins de danger au fond de leurs grottes glacées que parmi les survivants rageurs de bataillons décimés. Plus la guerre durait, plus elle se révélait sous son vrai jour, moins les gendarmes montraient de zèle. Dès 1917, avec la complicité de sa mère et de sa sœur, celle des gens du Perdigaud et du Casquillé, deux mas bien placés, de part et d'autre du Vallauzas, où l'on savait mettre un drap à la fenêtre et beugler contre le mulet dans le sens de l'écho quand il le fallait, le proscrit put quitter sa caverne de Camisards pour venir bêcher les terres de la Cabusselle qui en avaient un sacré besoin.

Clovis avait le goût de la lecture. Dans sa caverne, il n'avait emporté que la Bible. Heureusement le Livre est long et difficile ! Quand on arrive au XXII, 21 de l'Apocalypse, on peut reprendre aussitôt à « Au commencement, Dieu créa les cieux et la terre... » c'est redevenu tout neuf. Les Écritures marquèrent le déserteur d'une empreinte singulière : dans sa solitude, il ne pouvait lire qu'au soleil, il lisait au plus haut, dans l'univers des rocailles, des sources, des vents, des neiges, des vipères et des aigles, avec « la terre pour lit, le ciel pour couverture », selon le cri des fous de Dieu.

Plus tard, il put se procurer *Notre-Dame de Paris, Germinal* et *Les Misérables*, mais toujours il revint à l'infinie lecture, au Livre ensoleillé.

Avant la guerre, pour Clerguemort, Clovis Paroul de la Cabusselle était *la Lèquo*, sobriquet dû à son habileté dans la confection des pièges pour les merles : la lèque est une sorte de trébuchet constitué d'une pierre plate maintenue en équilibre par un système de bâtonnets (les lauzes servent aussi à ça). En 1914, *la Lèquo* devint *lou désertur*. Quatre ans après, l'esprit et le parler bibliques du solitaire toujours prêt à invoquer le Rédempteur en imposèrent à Clerguemort qui nomma naturellement son déserteur le Jésus.

Personne n'eût été capable d'expliquer clairement les raisons de sa désertion. Le fils Paroul n'avait sans doute pas pris facilement une telle décision. Il avait dû en parler avec le pasteur, d'ailleurs le ministre avait toujours défendu *lou désertur*, même au début, même devant les gendarmes, ce qui ne veut rien dire non plus, puisque c'est son métier, à lui, de défendre tout le monde et son Père.

A la mobilisation, Clovis était parti avec ceux de Clerguemort, avec le Pézoullet, le Pétardur, le Mèffi, le Sercomalur, le Cagnar, le Passevin, le Roux, les frères Chapon, l'Ardailhan, avec le père Tarrigues qui n'est revenu que pour mieux en mourir, avec d'autres qui n'en sont jamais revenus, même pas entre quatre planches. Le village leur avait « tenu compagne » jusqu'à la gare du Chambon, avec tellement de paniers qu'ils ne pouvaient plus fermer les portières. De la gare du Chambon à celle d'Alès, les soldats de Clerguemort avaient bu ce qu'il fallait pour chanter et crier « à Berlin ! » le Clovis comme les autres.

C'est bien en gare d'Alès qu'il s'est passé quelque chose, mais quoi ? Un adjudant, flanqué de gendarmes, les attendait sur le quai pour les « aiguiller suivant les plans de la subdivision ». En attendant le tri, Clerguemort avait été concentré dans l'un des parcs à bestiaux qui se trouvaient là, tout montés en vue de la foire du 24 août. Le regroupement ne s'était pas effectué sans hurlements, sans menaces, sans insultes ni bourrades, tout était donc dans la normale : quelle mouche l'avait piqué, le fils Paroul ?

Il ne répondit pas à l'appel de son nom. Le sergent répéta plus fort, brailla, Clovis avait disparu. Le premier qui le revit, c'est le Tarrigues, en 1917. Le père de Noël et de Camille rentrait du front, gazé. Le major lui avait dit que l'air des cimes serait peut-être plus facile à respirer, alors, à l'occasion, le gazé montait dans le char des bouscassiers jusqu'à la rancarède, avec son fusil de chasse, histoire de se croire encore capable de quelque chose, oh ! pas de courir après le lièvre, mais si l'un d'eux voulait se suicider...

Un jour, le Tarrigues lézardait au cagnard des trois rocs du Butor quand le Déserteur se dressa devant lui, juste au bout de son fusil... Les deux Cévenols s'embrassèrent.

Dans les débuts de la grande tuerie, il y eut plus d'un vieux pour dire, quand arrivait l'avis d'un nouveau « mort pour la Patrie » : « Un de ces quatre matins, je m'en vais prendre mon fusil, et je monterai là-haut ! je les connais, moi aussi, les terriers du Lozère... » Cela se disait quelquefois, mais ne se faisait jamais.

Ce sont les femmes de Clerguemort qui ont commencé à faire les gentilles, mais pour les femmes de la Cabusselle, uniquement, et avec des mines : ces deux malheureuses, elles ne sont pas assez punies comme ça, d'avoir un traître dans la famille...

La mère du Déserteur, la vieille Paroul de la Cabusselle, mourut en octobre 1918, elle n'avait pas tenu jusqu'au bout, elle avait fait la guerre, à sa façon.

La Rolande était morte à son tour, cinq ans plus tard. Elle avait déjà vécu toute une vie, la sœur du Déserteur, elle avait viré à la vieille fille, desséchée, les idées plus tout à fait d'aplomb, son cercueil n'était pas lourd. Tout Clerguemort était monté au creux du Vallauzas pour l'enterrement de la mère, puis pour celui de la fille. Il ne manquait que Clovis. Les gendarmes étaient là, pas très fiers, confiant à n'importe qui, pour que ça se répète, que leur présence était obligée, que c'était gênant, que c'était idiot, que c'était réglementaire, mais que si le Déserteur se montrait, ils devraient l'arrêter...

Dissimulé par une touffe de genêts, le dernier des Paroul suivit de loin la mise en terre de sa mère, puis de sa sœur. Les gens avaient beau dire, si cela avait pu arranger l'une ou l'autre, s'il avait fallu cela pour que Rolande se marie, il se serait rendu tout de suite.

Maintenant, il ne se rendrait plus jamais.

Chaque village de France devait avoir son monument aux morts. Plusieurs modèles furent adoptés, de la simple stèle à lauriers de métal au groupe allégorique, en passant par le coq victorieux, qui tous furent tirés à des centaines d'exemplaires. Clerguemort reçut l'un des plus courants : le poilu de bronze, en réduction.

Les revenants firent cercle autour du petit monstre. Ils examinaient le fantassin pimpant, poupin, bien nourri, bien pensant, tout prêt à remettre ça, et pas plus tard que tout de suite.

— *Lous pendjarèn !* (Nous les pendrons !) siffla Tarrigues, le gazé, et il s'efforça vite de retrouver son souffle.

Les poilus de Clerguemort avaient assez vu le poilu de boudoir, ils se regardèrent pour se vérifier.

Vint alors le Jaurès, qui l'avait faite, la guerre, mais dans les bataillons disciplinaires ! Il s'avança, traînant sa patte truffée de la ferraille des Dardanelles :

— Foutons-le aux orties !

Aux orties, le petit soldat de bronze y est toujours.

Clerguemort ne fut pas long à imaginer le monument qui lui convenait.

Tous les hommes s'y attelèrent, tous, y compris les éclopés, de la guerre, du travail et de l'âge. Il fallut aussi plusieurs couples de bœufs, pas moins de six fardiers... un formidable équipage !

L'équipage d'une ascension, d'un charroi cyclopéens.

Les éclaireurs, partis d'un bon pas, avec trois jours d'avance, ne s'arrêtèrent pas avant la dernière rancarède, le sommet du Lozère : il n'y avait pas plus haut. Pour décider, ils avaient le temps, ils avaient l'orgueil, à en être ivres.

Leur choix fut superbe.

Cependant l'attelage montait, mètre par mètre. Les hommes tranchaient dans la montagne à coups de pioche, de dynamite quand il fallait. Ils renforçaient les soutènements des virages en surplomb, songeant : et encore, à l'aller on est à vide !

Ils arrivèrent tout là-haut, à toucher le ciel. Ils approuvèrent le choix, se reposèrent en admirant, chargèrent, se reposèrent, entreprirent enfin le chemin du retour.

A la descente, ils durent improviser vingt-huit systèmes différents de freinage (ils les comptaient), néanmoins, le dernier couple de bœufs fut écrasé. Il fallut achever les bêtes. Une collecte permit de les payer au Brailhan du Ganel qui les avait prêtées. Clerguemort mangea six jours de la viande et, depuis, quand on reparle de cette histoire, la salive reprend le goût du bœuf et le courage revient.

En arrivant, les hommes dirent aux vieux, aux femmes et aux enfants : « Voici notre monument ! » Et ils le dressèrent.

Une flamme de granit.

Le Jaurès ne voulut pas qu'on la plante à la meilleure place, où il y a déjà tant de choses à voir : le pont, la filature, l'entrée du village. Ce n'était pas convenable. Le monument n'était que pour aient tenu le maquis, ni à sa maigreur, à sa barbe ingrate, mais à s petits yeux qui surveillaient sans cesse les alentours. A vrai dire, lus de quinze ans après la fin de la guerre, les amnisties allaient on train... Cependant le Déserteur ne s'était en rien débarrassé de a démarche silencieuse, de ses allures furtives, d'habitudes et de facultés d'une vigueur animale : l'œil et l'oreille sur le qui-vive, une sorte de flair qui dépassait de loin l'odorat, la possibilité de se réveiller complètement, sur la seconde, du fond d'un sommeil de brute, et de disparaître aussitôt.

Paradoxalement, plus la peine encourue devenait dérisoire, moins il avait envie de se rendre, encore moins de se laisser prendre. Et puis, il ne pouvait pas faire ça à son village... Clerguemort tenait à conserver son rebelle, Clerguemort le voulait irréductible.

Le Jésus gardait donc les allures et les instincts de la sauvagine, il restait ce que la rancarède hors-la-loi avait fait de lui : un gibier.

Il vivait la plupart du temps seul dans un trou du Vallauzas. Soudain, il surgissait à Villefort ou à Vialas, pour saluer un copain d'enfance, s'arrêtait deux jours ou deux heures, et disparaissait. Il lui arrivait de traîner trois ou quatre jours dans Clerguemort, veillant chez les uns, déjeunant chez les autres, tapant la belote à la buvette-épicerie-boulangerie-cabine téléphonique de l'Edemond. Dans ces cas-là, généralement, on apprenait par *Le Petit Provençal* que la brigade de Génolhac avait été appelée en renfort à Mallinches ou à la Vernasse pour un incendie de forêt ou une grève de la mine.

Assez régulièrement, à la saison des fruits, il passait par Clerguemort en colporteur, ès qualités. C'était alors un autre homme : deux musettes, une balance romaine sur l'épaule, sur le ventre, la sacoche de cuir à fermoir de cuivre pour rendre la monnaie, sur la tête, l'une de ces mannes d'osier rectangulaires nommées « bannastes » par la Cévenne qui s'en sert pour transporter des fruits, du fumier, du linge mouillé ou un bébé.

Il en passait presque chaque jour des petits marchands, qui poussaient leur cri, sonnaient de la trompette, frappaient au volet, mais le Jésus était le seul à être « reçu », à franchir le portail la tête haute, avec une caresse pour le chien, à gravir allégrement l'escalier, toussant poliment vers le milieu pour s'annoncer, avant d'arriver sur la terrasse, la bouche fleurie d'une courtoisie à l'ancienne : « Puis-je me permettre, *bravo moundo*, sans vouloir vous porter préjudice... »

Il était cher mais honnête. Sa romaine était juste, et pourtant, dans sa position, les contrôles... Sa marchandise était unique, d'une saveur sauvage. Il y avait entre ses aubergines et toutes les autres la même différence qu'entre un lièvre et un lapin de clapier. Spécialiste des produits naturels : cèpes, oronges, fraises des bois, salades des champs, mûres, baies, asperges et poireaux sauvages, le Jésus avait été le premier, et longtemps le seul, à cultiver des tomates. A l'époque, on n'en trouvait qu'à la ville, chez « les Espagnols » —

cela dit d'un air entendu. Jusqu'à la preuve donnée par le Déserteur, Clerguemort imaginait que la tomate, importée d'Espagne, ne se ferait jamais à nos vallées hautes, enfin qu'il fallait être un damné Espagnol, d'origine, pour faire rougir ces fruits verts.

Mais là où le Jésus était irremplaçable, c'était pour le miel. Pourtant chaque famille du Vallauzas soignait jalousement son rucher. Les Bourdas, le Perdigaud, le Crébossat jouissaient de la même exposition, des mêmes floraisons, du même climat que la Cabusselle. Le miel du Déserteur ne souffrait aucune comparaison. Le sien, on le réservait pour les malades (il était cher). Quels étaient les secrets d'une telle production ?

La Cabusselle se nichait à l'écart des passages. Même pour monter sur les hautes rancarèdes, situées juste au-dessus, il y avait des trajets moins pénibles.

Personne n'était allé dans le mas des Paroul depuis l'enterrement de la pauvre Rolande.

« Il faut des occasions comme celle-là... » marmonnait Clerguemort en reprenant le chemin du Vallauzas.

Le La Chino avait découvert le cadavre du Déserteur dans un trou de rochers.

— Mes chiens m'ont appelé, moi, je l'aurais jamais vu, expliquait le braconnier. Et j'en ai eu de la peine à le remettre, ce pauvre Jésus ! la sauvagine s'était déjà servie dessus, ah ! *salouparié !*

A l'automne de 1935 — en pleines vendanges ! —, Clerguemort reprenait le chemin de la Cabusselle, mais c'était bien, là, pour la dernière fois.

2

La Cabusselle

La tramontane s'est levée dans la nuit. Depuis, elle n'a cessé de croître. Froide, rageuse, elle « s'engoulit » dans la vallée de Clerguemort et fourrage le sillon du Vallauzas à coups de lame, comme pour faire sortir une bête du terrier.

Ils marchent courbés en avant, coudes au corps, poings serrés. Devant : le Jaurès, le Mèffi, les trois Tarrigues — l'oncle Albéric, Camille et Noël. Leurs femmes sont à part : Emmeline et sa belle-mère, la vieille Tarrigues. La Belle Niçoise, la femme de Camille, n'a pas suivi, prétextant la petite Claire à garder, une bougresse de huit ans, sœur tard venue de Camille et de Noël, qui passe ses journées dans la rivière, la pinède, Dieu sait où.

Derrière : le pasteur, Esaïe, le vieux chevrier, M. Hur, l'instituteur d'Alès, le Pétardur, l'oncle Roure, le Sercomalur et le vieux Chapon, dit « Le Barbaste », père de l'Edemond et du Jaurès.

Alain Doiren avance aux côtés de Milca, sans lui donner le bras, ce qui serait simplement plus pratique avec ce vent, mais elle n'aime pas cela ; elle ne le dit pas, elle ne s'explique jamais, elle a sa façon à elle de se faire comprendre. Le directeur du cours complémentaire de la Vernasse l'observe à la dérobée. Après des mois de mariage, Alain ne se sent pas encore le mari de la fille du maire, de cette « Milca du Jaurès » qu'il aime, qui l'aime, quand elle, au contraire, est devenue Mme Doiren sans histoires.

La tramontane arrache aux châtaigniers quelques feuilles encore vertes. Sur la gauche, une troupe bruyante arrive par le flanc du vallon : les Sarrasins qui coupent droit, le Maqué, sa femme, et Gina, Guiseppe, Gino, Bianca, Rosa... la marmaille au complet, c'est bien des Italiens... Le sabotier du Chambon rejoint aussi par l'autre flanc : il devait se trouver chez ses cousins du Galavard.

Alain et Milca sont le seul couple. Les maris restent entre hommes, les épouses entre femmes. Faire exception pour cela aussi, voilà qui peut gêner Milca.

Dans un autre groupe, Messourguier, le maquignon, explique gravement que les femmes ne vont pas aux enterrements, chez lui. Chez lui ? Saint-Ambroix, à dix ou douze kilomètres. Les coutumes changent d'un village à l'autre. Enfant de la plaine, Alain en découvre encore, après cinq ans de séjour à Clerguemort. Tout à l'heure, il a demandé à Milca pourquoi elle préparait un casse-croûte. Sa femme a répondu, surprise : « Mais... pour la veillée, bien sûr. »

Les gens gravissent le Vallauzas à contre-vent ; ils sont vaguement mécontents : un jour de perdu pour les vendanges, la mort du Déserteur, et ces bourrasques... Chacun voit d'ici ses grappes trop mûres arrachées, dispersées, les grains qui s'écrasent sur la terre en larmes douceâtres. Des narines frémissent, comme si la tramontane poussait jusqu'au Vallauzas l'haleine de Clerguemort où chaque cave fermente.

Le chemin longe le lit du torrent, puis il s'élève en lacets sur le flanc du vallon. Le mas du Déserteur est toujours invisible. Le groupe de tête hésite, piétine, trouve l'entrée du sentier qui permet de franchir une croupe de la montagne.

Mais là, dès les premiers pas de la descente sur la Cabusselle, les groupes butent les uns sur les autres, les hommes sur les femmes, les « sénateurs » sur les jeunes. Tous s'arrêtent, saisis.

Plus un souffle.

La tramontane reste sur le palier du vallon secret.

Le vent a nettoyé le ciel. Le soleil peut encore être doux en automne.

Quatre grandes veuves noires veillaient le Déserteur ; quatre vieilles immobiles, raides, la tête à peine inclinée, et droites ! Quatre vieilles terribles : la Léonie Hur de la Gronde, l'Herminie Larguier du Casquillé, l'Anaïs Mourrail de l'Altanier et la Clémence Tarrigues de Clerguemort.

Dans la chambre aux volets clos, éclairée par la bougie ordinaire, sur la table de chevet, il faut quelques secondes à l'œil pour s'accommoder. Il distingue d'abord le cercueil, puis quatre grandes ombres, les vieilles, taillées dans la nuit. Alain sursaute, Milca non.

A la cuisine, des hommes ont pris place autour de la table sur laquelle trône une bonbonne ; ils cassent la croûte. L'un d'eux se lève pour ajouter une bûche dans la cheminée. Milca se précipite :

— Ne vous dérangez pas, je m'occuperai du café.

Elle va dans la patouille, revient avec une marmite, l'installe sur un trépied, saisit la cafetière derrière la porte du four, sous le manteau de la cheminée, la rince, prend un torchon propre en bas, à gauche du buffet, sans chercher. Pourtant elle n'est jamais venue ici.

Un long rouquin, d'une trentaine d'années, quitte la table, se plante devant Alain et lui pose la main sur l'épaule :

— C'est vous le mari de Milca ? Je suis un Tafanar, des Bourdas, Ismaël, le cadet, celui qu'on appelle *Négavïn* (Noie-le-Vin). Bonjour, cousin. Parce que nous sommes cousins : ma grand-mère était une Brailhan, des Brailhan du Ganel, et son frère, le Médéric Brailhan, avait épousé une Roustel, des Roustel des Bories, et la sœur de cette Roustel était la germaine du Barbaste, le grand-père de Milca, votre femme...

Au début, le jeune instituteur souriait de ces présentations généalogiques, maintenant il savait le prix que les gens de la montagne attachent aux parentages. Il avait surpris, pendant la pause sur une draille de transhumants, le berger et le laboureur recherchant avec sérieux les méandres de leur lointain cousinage. Depuis son mariage, il ne sortait guère avec Milca sans rencontrer des inconnus qui l'appelaient cousin et s'empressaient de lui expliquer pourquoi ; leur mémoire était prodigieuse. Alain regardait sa femme, il avait parfois l'impression d'avoir épousé la Cévenne.

— Il va falloir y aller, fait en patois l'un des attablés.

Machinalement, tous regardent la pendule, puis le soleil : elle est à l'heure. L'un d'eux l'ouvre pour voir à quelle hauteur se trouvent les poids :

— Il avait dû la remonter cinq ou six jours avant sa mort.

Le cousin Tafanar note que la pendule n'est pas droite :

— Ça doit être exprès, fait-il en découvrant les cales glissées sous les pieds de gauche.

Alain sort devant le mas. Les trois Tarrigues, Luc Roux, le Cagnar et le Pétardur discutent politique. Parfois ils se prennent à hausser le ton ; après un temps, ils recommencent exagérément bas. M. Hur, l'Esaïe du Canaan, l'oncle Roure, le Sercomalur et le Barbaste parlent — sans passion mais avec un plaisir dont leurs voix posées frémissent — de l'aramon, du jaquet, de l'isabelle et du clinton de la Cabusselle : « Ses vignes, le Jésus, il les soignait... » Ils pensent aux leurs, à la vendange laissée en plan et reparlent du vent, de la pluie. Toujours, ils en reviennent là, au temps qu'il fait, qu'il a fait, qu'il fera.

Il y a des gens qu'Alain ne connaît pas, pourtant il pourrait dire : celui-ci est un paysan, celui-là un mineur, cet autre un cheminot, sans se tromper, d'après on ne sait quoi dans l'allure.

Le terre-plein est dallé de schiste, comme la cuisine, comme le sentier du jardin, comme le bassin d'irrigation. Une pierre plate, sur un tronc, fait table de jardin, d'autres, plantées en V, forment caniveau. D'autres sont marquise, faîte du portillon, foyer de plein air, marches d'escalier au flanc des murettes...

La lauze, c'est le luxe de la Cabusselle. Le Déserteur s'en est donné à cœur joie, sur son petit royaume, il a prodigué le schiste avec munificence.

A l'écart, le Mèffi chapitre Jaurès :

— ... Il faut que tu prennes la parole sur la tombe !

— Bah ! y a déjà le pasteur...

— *Noum dé diou !* Le pasteur, il va faire ses manigances. Ça n'a rien à voir ! se récrie le secrétaire de la cellule communiste du village. Il faut que tu apportes la position du Parti.

— Quelle position ?

— Pour la désertion, quoi ! Expliquer que la guerre était injuste, mais que c'était pas juste non plus de déserter tout seul...

— Tu voudrais que je critique le défunt !

— Pas le critiquer, mais dire que c'était de l'action individuelle, qu'il aurait fallu éclairer les masses et...

— *Digo*, Mèffi, je l'ai fait, moi, ce que tu prônes ! Résultat : les bataillons disciplinaires ! autrement dit : deux fois la guerre... Qu'est-ce que vous en pensez, Alain ?

Le Jaurès vouvoyait toujours son gendre. Jusqu'au mariage, il l'avait appelé « monsieur l'instituteur », depuis, il se contentait du prénom. Le maire se plaît à le souligner, son gendre est orfèvre en la matière : pacifiste militant, qui lit *Le Canard enchaîné, Vendredi* et *La Patrie humaine*, « le grand hebdomadaire du pacifisme intégral »...

— J'imagine que, dans le fond, le pasteur et vous, vous diriez les mêmes choses. Seulement, lui, il les dira avec le vocabulaire de la Bible... (Alain ajoute malicieusement :) Ce ne sera pas plus mal.

— Tu entends, Mèffi ? Comme ça, tout le monde sera content, *té !* Un seul discours, mon ami !

Alain est fasciné. Par-dessus la murette, le rucher de la Cabusselle : des ruches géantes, taillées dans des troncs de châtaigniers — un mètre vingt de hauteur, quatre-vingts centimètres de diamètre —, coiffées de lauzes fantastiques, aussi grandes que des roues de charrette, s'alignent comme les boucliers d'un drakkar. Cent. Pas quatre-vingt-dix-neuf. Pas cent une. Cent. Étagées sur trois rangs, juste sous le terre-plein du mas. Cent ruches de ce gabarit, trois alignements mégalithiques... Alain pense aux menhirs de Carnac.

Milca tire son mari par la manche. L'enterrement commence. Sur les épaules des quatre gaillards qui cassaient la croûte, le cercueil sort du mas par la porte de la cuisine. Derrière, le cortège n'a pas le temps de s'ordonner, cent mètres à peine : Clovis, le dernier des Paroul de la Cabusselle, est déjà rendu.

Au bout d'un petit champ en terrasse, le cimetière des Paroul règne sur ce repli secret du Vallauzas qui avait été le fief du Déserteur. Étrange cimetière, barricadé d'arbres. Des pins, plantés à moins de cinquante centimètres l'un de l'autre, alignés au cordeau sur les quatre côtés d'un carré forment un logis peu commun, une cage, avec des troncs pour barreaux, une cage coiffée comme une église, sous la coupole des feuillages emmêlés, d'où jaillissent en clochers les sombres fuseaux d'une paire de cyprès. A en juger d'après leur grosseur, Clovis Paroul a dû planter les arbres peu de temps après l'enterrement de Rolande.

Les porteurs ont des difficultés, ils ne peuvent entrer de front, le cercueil sur l'épaule. Finalement, trois des costauds restent à l'extérieur, tenant la bière par la tête, tandis que le premier « fait venir » de l'intérieur. Le vieux pasteur les suit, mais les gens le laissent seul avec sa malheureuse brebis ; le Déserteur le voulait peut-être ainsi en plantant sa cage. Clerguemort reste à la porte et tend l'oreille, intrigué.

— Il est dit dans Esaïe :

... J'habite dans les lieux élevés et dans la sainteté ;
Mais je suis avec l'homme contrit et humilié...
... Je ne veux pas contester à toujours,
Ni garder une éternelle colère,
Quand devant moi tombent en défaillance les esprits,
Les âmes que j'ai faites...
Et le rebelle a suivi le chemin de son cœur.
J'ai vu ses voies,
Et je le guérirai ;
Je lui servirai de guide...
Car ainsi parle le Très-Haut.

La voix reprend son chevrotement habituel, maintenant ce n'est plus la Parole :

— Seigneur, Clovis Paroul était un homme bon, moi, je le sais, mon Dieu ! Mais, qu'est-ce que je dis ! Toi, Seigneur, tu le sais encore mieux que moi ! Voilà près de vingt ans qu'il n'a pas mis les pieds dans un temple, dans sa situation, Tu comprends... Seulement, il faut que ça se sache (pardonne-moi, mon Dieu, ce n'est pas pour

Toi que je le dis !), ce rebelle se conduisait en chrétien comme beaucoup de ceux qui en ont les moyens ne le font pas...

Le Laguerre souffle dans l'oreille du Moussu : « Vous verrez qu'en fin de compte, ce sera lui, le héros ! » L'ancien capitaine et l'ancien filateur font bande à part, une terrasse au-dessus du commun. Leur position est délicate : le Jésus était de Clerguemort, mais, attention ! c'était quand même un déserteur... Bref, ils sont là sans être là.

— ... Tu l'as vu, Seigneur, chaque dimanche matin, Clovis le rebelle faisait sa toilette. Quand il se sentait bien propre, il se recueillait pour pratiquer, dans sa solitude, un culte de sa façon. Il lisait quelques lignes des Écritures, un peu au hasard, bien sûr... Il chantait un psaume, mais qui portait loin quand même, le braconnier, le chevrier, des Italiens qui faisaient le charbon de bois, l'ont entendu. Il méditait sans mesurer son temps. Il s'adressait à Toi, directement, même s'il ne le faisait pas selon les bonnes manières qui conviennent... De quoi Te parlait-il, Seigneur ? Oh ! il ne devait pas T'entretenir de grands problèmes, avec de grands mots. De quoi pouvait-il parler, le malheureux, même au Tout-Puissant ? De ses abeilles, de son jardin, de ses treilles, de la pluie, du beau temps, des asperges sauvages, des baies... de cela précisément, je ne peux me défendre de le penser, car son miel, ses fruits, pardonne-moi, Seigneur ! avaient une saveur... divine.

Clerguemort se balance d'un pied sur l'autre et renifle discrètement. Le Jaurès a l'œil qui brille, la lèvre qui tremble ; à ses côtés grognasse le Mèffi.

— ... Dieu Tout-Puissant, les vieux rebelles, ceux qui Te louaient sans temple et sans pasteur, dans leur désert, nos aïeux Camisards, disposent peut-être d'un petit coin à eux, quelque part (moins confortable, c'est compréhensible, mais ils ont l'habitude !). Alors, ils se serreront un peu, notre Clovis n'était pas gros...

— Il se fait vieux, notre pauvre pasteur, disait tout bas le Moussu au Laguerre, vous l'auriez entendu quand il est arrivé ici ! A peine plus de vingt ans, frais émoulu de Genève, un balancement dans la période, et une rigueur, un Lacordaire !...

— ... Un peu pour ça, mes chers frères, je vais vous demander de chanter le psaume 68, un peu aussi parce que celui-là vous le savez, mais surtout parce qu'il promet aux rebelles qu'ils habiteront près de l'Éternel Dieu.

Les chantres entonnent :

> Que Dieu se montre seulement,
> Et l'on verra dans un moment
> Abandonner la place
> Le camp des ennemis épars...

« On ne braille pas si fort quand on prie le Bon Dieu »,

pensent non sans raison deux Cagnar, trois Vigne et deux Passevin représentant les trois familles catholiques de Clerguemort.

Une fois encore, donc, s'élève d'un refuge secret de la rêche Cévenne ce cantique de David, dont elle a fait son *Psaume des batailles*. Clerguemort vit l'événement par les cinq sens, dans ce lieu, ce temps, ces circonstances, et chante de plus en plus fort.

...Comme l'on voit s'évanouir
Une épaisse fumée ;
Comme la cire fond au feu,
Ainsi des méchants devant Dieu
La force est consumée...

Clerguemort se tait, d'un coup, en plein milieu du psaume. Seule, la voix du pasteur, étonnamment jeune quand il s'agit de la Parole, continue :

... Ramène la fécondité
Dans les maisons stériles ;
Du captif, il brise les fers...

se tait, puis chevrote, du fond de la cage d'ombre :

— Que se passe-t-il, mes amis ?...

Un crissement, trois, six, dix, trente crissements qui s'aigrissent et se tressent : une stridulation...

— *Las abeilhos, moussu lou pastur, las abeilhos...*

Les abeilles s'enfuient en foule de chacune des grandes ruches, cent jets de bonde, cent, qui s'élèvent et se cherchent pour se nouer, se fondre, pour n'être plus, un instant, qu'un nuage noir au-dessus du clavier de pierre. L'essaim colossal se boursoufle et se tord, de souffrance semble-t-il, puis s'allonge et s'appointe pour engendrer un gros serpent qui darde sa tête vers le cimetière prisonnier. La stridulation s'aigrit, se rapproche, emplit le val. Clerguemort baisse la tête. L'infini serpent d'abeilles passe à plus de dix mètres au-dessus du cortège, à plus de vingt au-dessus du cimetière, toujours montant, droit vers les sommets.

Très vite, ce n'est plus qu'un fil qui s'enfonce quelque part sur les hautes rancarèdes, qu'un trait qui se perd dans le ciel.

3

L'héritage du Déserteur

L'enterrement était bel et bien fini quand les gendarmes arrivèrent à la Cabusselle ; ils accrochèrent le Jaurès :

— Encore un de vos tours !...

— Bonjour, messieurs ! Quel bon vent ?...

— Bonjour, monsieur le maire, vous... vous avez signé le permis d'inhumer ! Vous n'aviez pas le droit...

— Comment ? C'est une de mes prérogatives. C'était clair : il a perdu pied dans un éboulement. Il s'est cassé les reins. Un accident. Le docteur est formel.

— Bien sûr, monsieur le maire. Mais nous, il fallait que nous procédions au moins à l'identification du corps, ne serait-ce que pour classer l'affaire...

— Ça, c'est vos oignons.

— Comment ! monsieur le maire, à Clerguemort, vous êtes dépositaire du pouvoir de police, responsable du maintien de l'ordre...

— Ce pauvre bougre n'a jamais troublé l'ordre dans ma commune. Messieurs, j'ai bien l'honneur.

Les gendarmes n'étaient pas contents. Ils entendaient des rires sous les châtaigniers. Ils avaient appris la mort du rebelle par hasard, beaucoup trop tard. Tout le pays l'avait su avant eux. Le déserteur de Clerguemort leur échappait une dernière fois, à jamais.

Milca allait et venait dans la Cabusselle qui se vidait peu à peu, elle avait les gestes et les paroles qu'il fallait. Qu'était devenue la fille de seize ans, souple et vive, toujours frissonnant d'un fou rire contenu, la petite truite qui avait ferré le jeune instituteur dès son arrivée à Clerguemort, qui l'avait quatre années retenu, à bout de fil, sans jamais rien accorder. Le bref passage devant M. le maire avait suffi. Dès le lendemain, sans un mot, elle avait pris en main le ménage, sous le signe de l'ordre et de l'économie. La métamorphose physique n'avait pas été moins saisissante : le front de lumière, les délicates oreilles se cachaient sous deux lourds bandeaux qui ramassaient les cheveux splendides d'un noir bleuté, pour nouer sur la nuque un chignon sans grâce. Son encolure admirable était châtiée par des cols sévères... « Voyons, ma Milca, souviens-toi ! *Milca-au-cou-de cygne...* » Au lieu de sourire, elle le regardait d'un drôle d'air. Responsable, organisée, autoritaire dans ses domaines, la fillette des torrents s'était muée en femme, pire ! du même coup, elle était devenue « la femme de monsieur le directeur du cours complémentaire de la Vernasse ».

— Alors, on veille ici, Milca ?

— Naturellement ! La dernière veillée de la Cabusselle, tu penses ! surtout qu'on était petits parents avec le Clovis, par sa mère, qui était une fille Viel, des Viel de Saint-Buget, vu que l'oncle, le grand-oncle plutôt, puisque c'était le frère de...

— Je sais, je sais.

— En attendant, Alain, au lieu de rester dans mes jambes, tu pourrais visiter la maison, puisqu'on va la fermer. Tiens, par la même occasion, tu regarderas si tu ne retrouves pas les deux livres que tu avais prêtés à ce pauvre Clovis le mois dernier.

Les lapins, les poules, la chèvre, le cochon et le chien sont partis avec des gens du Perdigaud, du Tafanar, du Crébossat et du Ganel. Les obsèques s'étaient achevées en foire, dans les bêlements et les jappements, avec des *hie* ! et des *bouillo-teill'-teill'*. Les gens de veillée s'occupaient à empaqueter le périssable qu'ils emporteraient dans la nuit, après avoir définitivement barricadé les portes et les fenêtres de la Cabusselle.

Les arrangements s'étaient faits à l'amiable, la veille de la mise en bière. Le notaire n'en était pas revenu, bougrement heureux de ne pas s'engluer *ad vitam aeternam* dans l'embrouillamini des héritages misérables de la Cévenne, pays des successions infernales.

Au départ, les biens sont loin d'être considérables, de plus, chaque génération multiplie les ayants droit. Il faut, à la fin, tracer des accolades au cadastre. Ces héritiers, dispersés à travers le monde, ignorent qu'ils le sont, ou s'en moquent : le partage se ferait-il, par miracle, que leur part ne rembourserait pas les frais. Ce sont de si pauvres patrimoines qu'un tabellion n'y peut gratter de quoi payer l'encre des actes.

Le mas délaissé se détériore au milieu des vignes et des jardins sur lesquels se jettent les ronces, les bruyères, les genêts, les *bouscas* de châtaignier, les chardons, la mauvaise herbe. Les pignes germent, les pins descendent, la montagne reprend sournoisement du terrain. Les murettes de pierres sèches les plus finement construites prennent du ventre, puis s'éboulent. *Las faïssos s'esbouzèno*, soupire-t-on, *aquel bé s'abourit*[1] !

Les premiers temps, un voisin « pâture » et paie les impôts. Les années passent, la pâture s'étiole, les impôts pèsent de plus en plus, le voisin finit par faire sauter portes, fenêtres et toitures pour en payer moins.

Des pans de ruines dressant leur squelette au milieu des hectares de broussailles et de ronciers, voilà, quelques années plus tard, tout ce qui reste des petits fiefs orgueilleux de la Cévenne. Ainsi devait périr l'ouvrage fièrement achevé en 1310, pour la Saint-Michel, par Guilhem Andéol et Raymond del Paroul.

Le vieux pasteur et le jeune instituteur étaient pareillement accablés par cette langueur de la Cabusselle. La fuite des abeilles n'avait pas tellement surpris « l'Homme de Dieu ».

— Je ne peux pas dire que c'est un cas fréquent, avait-il expliqué à l'instituteur, mais, en trente ans de ministère cévenol, j'en ai été plusieurs fois le témoin. Souvent, elles attendent quelques jours, ou quelques mois, mais elles partent.

En Cévenne, et dans l'ensemble du monde occitan, depuis toujours, les abeilles ont été considérées avec un respect sacré. Le pasteur racontait les superstitions : vendre ses abeilles, blasphémer devant

1. Les faïsses s'effondrent, ce bien se détruit. *(Les faïsses sont les terrasses cultivées à flanc de montagne.)*

elles porte malheur… Il avait vu de jeunes paysans bien équilibrés, bons chrétiens, face au rucher familial, le chapeau à la main, pour annoncer la mort du père : *Abeilhos, abès cambia dé mestré !* (Abeilles, vous avez changé de maître !) L'héritier les console doucement. Pour les persuader de rester, il leur prouve, avec le plus grand sérieux, qu'il est au courant de leurs habitudes, de leurs préférences ; il s'engage à continuer la luzerne dans le champ qu'elles affectionnent, il promet de n'être pas plus regardant que son défunt père pour leur apporter du sucre au mauvais des hivers…

— … Il semble bien, monsieur l'instituteur, que certains animaux sentent la mort, les chiens par exemple. Certains hommes, aussi, ont reçu ce don inquiétant.

— Allons donc !

— Connaissez-vous le Fachine ? C'est un berger des environs de Lunel. Il monte de la plaine, vers la mi-juin, avec un grand troupeau. Par les drailles, il gagne les pâturages du Lozère. Il reste là-haut tout l'été. Un jour, il m'a montré un mas, très loin (c'était les Bories). « Vous connaissez les gens de là-bas, monsieur le pasteur ? Ils vont vous appeler dans deux ou trois jours. » Le lendemain, le père Roustel mourait, écrasé par un châtaignier. Le Fachine n'avait pas trop souffert, c'était loin. Mais quand il se trouve en face d'un homme qui va mourir, son cou enfle, il s'y forme une sorte de goitre, les douleurs sont terribles. C'est, du moins, ce qu'il m'a raconté.

Alain avait raccompagné le ministre jusqu'à la croupe où l'attendait la tramontane :

— Ce n'est pas seulement un homme que j'ai enterré aujourd'hui, avait murmuré le pasteur, regardant une dernière fois le petit vallat douillet.

— Enfin !… On ne pourrait pas faire quelque chose pour sauver ce pays ? On parle de rationaliser l'agriculture, d'implanter un artisanat, de relancer le ver à soie, de créer des coopératives pour les châtaignes et le fromage… On parle, et tout ce qu'on fait, c'est interdire le vin du pays, le clinton. Je ne suis pas un spécialiste, mais quand même…

Le vieux pasteur avait posé sur Alain son regard tout empreint du chagrin de la Cabusselle :

— Je voudrais bien y croire, mais on ne rendra pas la vie à la Cévenne avec des subventions, des aumônes, des apports extérieurs… Pour une fois, il faudrait s'appuyer sur des réalités que les pouvoirs ignorent. La Cévenne en a vu d'autres au cours de son histoire, elle a toujours survécu. Après la révocation de l'édit de Nantes, on lui a tout pris, par le fer et le feu, tout, sauf son âme.

Le vieux pasteur avait ouvert ses bras au vallon de la Cabusselle :

— Vous ne pouvez pas ne pas le sentir, monsieur l'instituteur, il y a une âme ici, elle y est encore…

Alain termine sa visite par la magnanerie, sous les toits. Elle ne sert plus depuis une dizaine d'années, elle reste en état, prête. L'élevage du ver à soie pourrait reprendre demain. Dans toutes ces pièces vides, l'instituteur étouffe ses pas, malgré lui. Il pousse une porte basse, et découvre avec stupeur une cellule monastique : deux mètres sur trois sous un plafond en pente, une fenêtre minuscule, un lit de bois, une table étroite, un tabouret, une planche étagère ; derrière la porte, quatre clous en guise de portemanteau. La chambre a été récemment blanchie à la chaux. Les draps sont propres.

La meurtrière ouvre sur les cent lauzes du rucher déserté, elle encadre l'ensemble du val surplombé par les pins au carré du cimetière des Paroul.

Une *bougne* de mûrier gémissait ou crépitait, flambait ou boudait, jouant à peupler la vaste cuisine de lueurs inquiétantes, d'ombres démesurées qui dansaient au plafond.

Les vieilles avaient fait ce qu'il fallait : elles avaient couvert les glaces de la Cabusselle, enlevé les rideaux des fenêtres, retourné les chaudrons au cuivre trop brillant afin qu'ils ne montrent plus que leur fond noirci. Maintenant, elles tricotaient, en surveillant le vin qui tiédissait dans les buires.

Ils étaient restés à une douzaine, le Donaygues du Crébossat qu'on appelait « le Verdun », et Angèle sa femme, la vieille Larguier du Casquillé, le Barbaste, le Pétardur, l'oncle Roure, le La Chino — le braconnier —, le Négavïn des Bourdas, Noël Tarrigues, sa femme, Emmeline et la grand-mère de celle-ci, la vieille Mourrail de l'Altanier, Alain, Milca, et « la Gavotte » — l'Aline Clédas du Perdigaud, le mas le plus proche, une bonne femme rondelette qui faisait de temps en temps un saut chez elle pour voir son mari, Fortuné, l'infirme.

Longtemps, ils avaient observé le silence, les yeux accaparés par les flammes lunatiques de la *bougne*, puis la vieille Larguier du Casquillé avait commencé, en patois :

— Il y en a eu, des veillées, à la Cabusselle, de belles veillées, de bonnes veillées, comme on les faisait dans le temps. J'y suis descendue bien souvent, de mon Casquillé, avec mon pauvre mari...

— Nous aussi, disait la vieille Mourrail. De l'Altanier, c'était facile. On n'en manquait pas une.

— Nous aussi, approuvait le Barbaste. En ce temps-là on était encore à l'Arboussas, plus tard on a émigré dans Clerguemort, à cause des petits qui rêvaient d'entrer à la mine... Des Bories jusqu'ici, ça faisait moins d'une heure, en coupant à travers la montagne. Le père du défunt laissait la porte ouverte, et, du plus loin qu'il apercevait ma lanterne, il criait dans la nuit...

— *Caou ès aquel ?* coupait le Pétardur. Moi, je répondais

toujours : *Es ün homé ! — Et m'oun té vaï, aquel homé ? — D'uïèï aïssi, déman, béléou alaï*[1] !

La veillée de jadis devenait dans la bouche des vieux, une sorte de cérémonie magique, douée de vertus singulières. La veillée resserrait les familles, préservait la bonne entente de la Cévenne, rendait les gens meilleurs. On savait rire alors...

Ils s'arrêtaient par respect pour le défunt, d'ailleurs le moment était venu de parler de lui. Noël Tarrigues interrompit le concert des regrets et des louanges exagérés jusqu'au ridicule :

— D'après le médecin, il s'est cassé les reins mardi, et il a dû mettre deux ou trois jours à mourir, ce qui porte à jeudi ou vendredi. Il a dû crier. Le médecin a dit qu'il pouvait crier fort, malgré sa blessure. C'est incroyable que personne ne l'ait entendu. Ce n'est quand même pas le désert.

— Il n'a pas crié, affirma le La Chino.

— Il n'a pas crié, confirma la Gavotte du Perdigaud.

— Le vieil Esaïe le dit aussi, qu'il n'a pas crié, fit l'oncle Roure.

Ces trois jours-là, la Gavotte était dans sa vigne, à portée de voix, et le chevrier gardait son troupeau, pas très loin.

— Je suis venu deux fois sans mes chiens, expliqua le braconnier, dans la nuit de mardi à mercredi, pour placer mes collets, et le lendemain pour les relever. Je suis passé à moins de vingt mètres, j'aurais dû l'entendre, même s'il n'avait fait que gémir...

Dans le silence qui suivit, ils imaginaient ces trois jours, l'agonie du Déserteur dans son trou. Il avait entendu l'Esaïe du Canaan arriver avec ses chèvres, leur crier après, et il l'avait laissé repartir sans appeler ; il avait entendu la Gavotte marmonner dans sa vigne, il avait suivi les allées et venues furtives du braconnier, sans rien dire, attendant la mort. Deux ou trois fois, il avait entendu chanter les coqs du Vallauzas, puis l'appel de la chouette.

— Mais... Pourquoi ? lâcha Milca.

Alain la regarda, plein d'amour et de dépit.

— Il a voulu mourir ainsi, répondit Noël rêveusement. Quand on le connaissait bien, ce n'est pas tellement étonnant. Pourquoi ? Il ne s'est jamais justifié, ce n'est pas maintenant...

— Lui qui n'a pas voulu faire la guerre, dit Alain, sa fin a été celle des blessés qui agonisaient entre les lignes...

— Ouais, mais, eux, on les entendait, coupa le Verdun, méchamment.

— C'est peut-être pour ça qu'il a voulu crever ainsi, fit Alain, insistant.

Tous le regardèrent, comme si cette explication les offusquait. Milca paraissait outrée :

1. Quel est celui-là ? — C'est un homme ! — Et où va-t-il, cet homme ? — Aujourd'hui ici, demain peut-être ailleurs !

— Moi, je croirais plutôt, bafouilla-t-elle d'un air pincé, qu'il est mort comme ça, tout simplement... quoi... pour ne pas déranger.

Alain se demanda s'il n'avait pas épousé une idiote. Comment affirmer que la femme qu'il aimait ne l'était pas ? Elle avait l'œil vif, et après ? Lequel de ses actes ou de ses dires pourrait bien passer pour une preuve d'intelligence ?

A la vérité, Alain était courroucé depuis tout à l'heure. En descendant de la magnanerie, il avait rejoint Milca sous le rucher, alors qu'elle ramassait la lessive du Déserteur encore étendue sur un pré :

— Milca, tu sais ce qu'on va faire ? On va coucher ici cette nuit ! J'ai repéré une adorable chambrette, là-haut. On y sera bien ! Ce n'est pas une bonne idée, ça ?

— Ah, non alors !

Elle avait regardé son mari, horrifiée comme s'il lui avait proposé de se prostituer. Visiblement, elle se demandait si la soumission à l'époux n'avait pas de bornes.

Quand l'esprit de l'instituteur revint à la veillée, il était question des loups.

— ... Sur le Lozère, on en a vu jusqu'en 1880, ou 83, jusqu'à ce qu'on ait de la strychnine...

De l'agonie du Déserteur, la conversation était passé à l'état du cadavre, de là, aux bêtes charognardes et aux loups...

— Dans les registres curiaux, on lit : « Enterré aujourd'hui la jambe gauche du petit Untel, onze ans, dévoré par les loups... »

— Quand j'étais gosse, fit le Pétardur, il se parlait tellement des loups, aux veillées, que j'en avais des cauchemars toutes les nuits !

Il bougonnait comme s'il avait peur d'en avoir encore.

— Mon beau-père, qui jouait du violon, raconta la veuve du Casquillé, faisait danser les mariages. Par une nuit d'hiver toute blanche de lune et de neige, les loups l'ont suivi de Bellecoste à Masméjean ! Il n'avait pas de fusil, même pas de bâton... et les loups s'approchaient, il voyait briller leurs yeux. Alors, il a pris son violon, et il s'est mis à jouer... Pour se donner du courage, d'abord. Il s'est aperçu que ça tenait les bêtes à distance. Alors il a joué de son mieux, jusqu'à ce qu'il arrive en vue des maisons... (En faisant tourner son « grun » dans le verre à liqueur, la vieille ajouta :) Quand il y repensait ! « Dès que je m'arrêtais de jouer, ces sales bêtes recommençaient à grogner et me couraient dessus... Eh *bé*, j'étais pas faincant pour leur donner le rigaudon, *té !* »

De sa dernière visite à l'infirme, la Gavotte avait rapporté, pour les hommes, de la carthagène du Perdigaud et, pour les dames, des raisins à l'eau-de-vie.

Renversé sur sa chaise, Noël Tarrigues passa son bras sur le dossier d'Alain, geste protecteur qui surprit désagréablement le directeur du C.C., et le jeune mineur lui glissa, de façon inattendue :

— La crise mondiale dure depuis huit ans. Ils diront ce qu'ils voudront, ça ne s'arrange pas, au contraire, plus ça va, plus ça va mal. Et le chômage ? Savez-vous que dans le bassin, il y a des puits, comme à Molières, où l'on chôme des quatre jours par semaine ! quatre jours...

Le ton, celui de la confidence, faisait oublier la proclamation politique. Noël marmonnait douloureusement :

— Trop de tout ! trop de bétail ! trop de lait ! trop de pain ! Le gouvernement offre des primes aux paysans pour qu'ils dénaturent leur froment et qu'ils le donnent à manger aux cochons ! On jette le lait par hectolitres, mais les gosses de chômeurs, eux...

A l'entendre, on eût pu le croire affamé, père d'un bébé sous-alimenté...

— ... Près de 500 000 chômeurs, des millions de Français dans la gêne ou la misère, tandis que les 200 familles se gorgent des fruits de notre travail...

Emmeline tançait du regard son époux, sans même savoir ce qu'il disait à l'oreille d'Alain. Depuis son mariage, le jeune mineur s'était jeté avec passion dans la lutte syndicale et politique. Le pacte d'unité d'action socialiste-communiste avait délivré de ses derniers scrupules ce petit bolchevik poussé dans le bastion S.F.I.O. des Tarrigues.

— ... On entend dire que le fascisme nous sauverait, on voit ce que ça donne en Allemagne, en Italie, au Japon !

Alain était loin d'être indifférent à ces problèmes, il participait volontiers à ce genre de discussion, avec Noël en particulier, mais cet aparté, ici, maintenant, lui semblait inconvenant.

— ... Les usines sont à ceux qui les font marcher, la terre à ceux qui la fécondent. Leurs heures de travail diminuent à mesure que les machines se perfectionnent. Là-bas, il n'y a plus ni misère, ni chômage, ni crainte pour l'avenir. Les Soviets, voilà la solution, la seule !

Noël rentrait de Russie. Devenu l'un des dirigeants communistes du bassin houiller, le camarade Tarrigues s'était rendu en août à Moscou, pour le congrès de l'Internationale. Il avait serré la main de Staline, il avait vu Georgi Dimitrov... L'aventure semblait fabuleuse, quand on considérait le jeune mineur là, devant la cheminée d'un mas perdu dans la nuit cévenole.

— ... Le Front populaire seul peut faire payer les riches ! Et nous sommes bien partis pour y arriver ! Staline a félicité le Parti pour sa politique unitaire *audacieuse* — on sait ce que ça veut dire, quand on se souvient de l'ancienne direction de l'Internationale ! —, Staline a dit à Maurice Thorez : « Vous avez trouvé une nouvelle clef pour ouvrir les portes de l'avenir ! » Ça va loin, vous vous rendez compte ! Et c'est notre Parti qui...

Quand Noël avait pris le train pour Moscou, Clerguemort n'avait pas pu se défendre d'un frisson vaniteux : il irait loin, le fils Tarrigues ! Certains, côté cul-blanc, avaient joué la désolation : pauvre petit... Mais en général, les gens de ce bord affectaient de placer la politique sur le même plan que la peinture, la musique ou le cinéma, heureux de voir un enfant de leur village faire son chemin là-dedans, comme le petit Larguier du Casquillé dans la littérature sous le pseudonyme de Cherchemidi. La seule, en somme, à n'être pas fière de Noël, c'était sa femme, et ça crevait les yeux. Leurs contrariétés d'épouses, Emmeline et Milca ne les étalaient point mais, dans l'instant révélateur, la différence était grande : une seconde, la femme de Noël avait l'air d'un chien battu, la femme d'Alain d'un chien qui va mordre.

— ... L'unité syndicale est en marche, rien ne...

Tous se sont tus, les vieux d'abord. Noël le dernier. Ils tendent l'oreille. Il se passe quelque chose. Le Négavïn va ouvrir la fenêtre, les volets : rien que les glapissements de la renarde et du renard en chasse dans le Vallauzas...

— C'est la pendule, *pardine*, fait l'oncle Roure.

Tous se retournent d'un bloc : la pendule s'est arrêtée, à bout de course, les poids sur le pavé de lauzes.

Les vieilles s'ébrouent.

— Dans les maisons où l'on vit avec une pendule, quand elle s'arrête au milieu de la nuit, explique le vieil horloger, la maisonnée se réveille d'un bond, sans savoir pourquoi. Pourtant, les gens, quand ils dorment, ils n'entendent même plus les sonneries, encore moins le tic-tac, ça n'empêche qu'à la seconde où la pendule se tait, tous, du gamin au papé, ils s'asseyent dans leur lit en se demandant ce qui se passe.

— Cette fois, notre pauvre Jésus est bien mort, conclut la Gavotte.

— C'est pas tout, fait le Négavïn, de la fenêtre.

Une espèce de gazouillement, un murmure qui n'appartient pas à la nuit, chut ! un craquement de chaise suffit à l'effacer, chut ! l'oreille peine à le rattraper, cela paraît venir du pailler, là-bas...

— Préparez des lanternes, on y va, décide Noël.

C'était la vendange du Déserteur. Pareille à un demi de bière trop vite servi, la grand-cuve, couronnée d'écume, bouillonnait à gros flocons. Une mousse violacée dégoulinait sur ses flancs et s'amoncelait sur la terre battue.

— Il avait trouvé le moyen de terminer sa vendange, grogna le Pétardur, et avant nous, qui sommes dans la vallée...

— Quel gaspillage, soupira le Barbaste, on ne peut pas laisser ça.

Ils se rendirent à la cave. Les tonneaux vides les y attendaient, lavés, soufrés, rincés, gonflés à l'*embuga* des premières pluies.

— On va rouler celui-là jusqu'à la cuve, dit le Barbaste, pour en tirer un peu tout de suite.

Ils s'attelèrent à la tâche au milieu de la nuit. De temps en temps, ils buvaient du vin, en hommes qui travaillent. Ils avaient choisi des bouteilles cachetées, de plusieurs âges. Ils honoraient le Déserteur en louant ses différents crus : Clerguemort avait perdu quelqu'un !

Ils remontèrent à la cuisine, lourds de vin et de chagrin. Ils achevèrent les saucissons et les fromages avec les dernières bouteilles sélectionnées.

— Nous reviendrons demain soir, après la mine, annonça le Pétardur, et il rota.

— Il faudrait qu'il reste quelqu'un cette nuit, ajouta le Barbaste, ça va continuer de bouillir...

— Nous couchons ici, fit Alain avec un regard dur à Milca.

En allumant leurs lanternes, les partants disaient : « A demain ! » Sur le chemin du Vallauzas, le groupe de tête chantait *Yannarèn toutès*, et balançait les lanternes.

Milca s'était glissée derrière son mari, pour lui souffler : « Voyons, tu es fou : je n'ai pas mes affaires de nuit. »

En maître de maison, il raccompagna les derniers jusqu'à la tramontane. Il écouta le bourdonnement de leurs voix dans la châtaigneraie. Le Négavïn braillait qu'avec une lune pareille on pourrait économiser les lanternes.

Le directeur du cours complémentaire de la Vernasse redescendit sur la Cabusselle en sifflotant.

— Alain, fais-moi plaisir, éteins cette bougie !

Il n'a jamais vu sa femme nue. Il hausse les épaules. Milca court souffler la bougie, dans un grand élan de courage. Alain rit : la lune fait une clarté d'aurore.

Mme Doiren se campe dans un coin et croise les bras.

— A ton gré ! marmonne Alain, et il commence à se déshabiller.

Le Jaurès n'avait pas été pressé de lui donner sa fille, au directeur du C.C. Alain avait fait sa demande dans les formes, mais avec assurance. Le mineur s'était pris le front dans la main, très embarrassé. Il la trouvait bien jeune, sa Milca. Et puis, il y avait le service militaire, on verrait après... Alain avait été réformé, pour une vague histoire de poumons. Ah ! tiens... les poumons ! c'est qu'il ne faut pas plaisanter avec ça... Le prétendant n'en revenait pas, surtout que le Jaurès le tenait en haute estime, il n'en pouvait douter. Enfin, quoi ! Parlons net ! un mineur aurait dû se féliciter de marier sa fille à un instituteur, à un directeur d'école, de cours complémentaire qui plus est ! Il n'avait pas lâché ça, bien sûr, tout vexé qu'il était. Non, mais ! le maire de Clerguemort se prenait pour qui ? Ce n'était peut-être qu'un papa inquiet pour sa fifille, redoutant la différence de classe ? ou encore un militant refusant sa prolétaire à un petit-bourgeois ?... Le Jaurès finit par consentir, à la condition expresse que le jeune ménage habiterait avec les beaux-parents ; c'était gai ! Alain faisait deux fois par jour le trajet de Clerguemort à la Vernasse, comme les mineurs, à cette nuance près qu'il disposait d'une moto, lui. Avec un vélo, il serait allé plus vite dans la connaissance d'un sentiment douteux : la fierté ouvrière.

Alain s'est allongé sur le lit, bras croisés derrière la tête. Il est nu comme un ver.

Un froissement : la jupe de Milca tombe à ses pieds. Elle dénoue nerveusement son châle et le fait voler. Alain se soulève sur un coude. Elle dégrafe son jupon, mais se retourne rageusement vers le mur avant de le laisser glisser. L'instituteur s'aperçoit qu'à l'instar des vieilles, sa femme ne porte pas de culotte. La risette des fesses dodues le fait pouffer mais il s'arrête net, de peur de tout gâcher, au contraire : Milca pourrait garder son jupon, ne pas dénouer son chignon, se cacher dans ses bras. Non : nue, échevelée, elle se retourne, offerte, théâtrale, sainte Blandine devant les fauves !

Que sa femme est belle !

Sous la lune, cette chair qui ne voit jamais le soleil éclate. La splendide chevelure enfin lâchée encadre le visage aux courbes douces, le cou royalement dressé entre les épaules carrées. Les seins larges sont à peine plus bombés que des coupelles, ils dressent un bouton minuscule sans aréole ; avec les hanches puissantes, ils annoncent la mère.

Alain se lève, vient à côté de Milca, lui prend la main pour la conduire au lit. La chevelure flotte comme le voile d'une mariée...

Les coqs les ont réveillés.

Pour la première fois, Alain avait entendu sa femme crier de plaisir. Il avait murmuré : « Mon amour, nous sommes unis, enfin ! » Il était sûr de sa victoire. Une fois encore, il se trompait lourdement. Milca lui en voulait, de ses cris, justement.

— Bonjour, mon amour !

Elle était déjà habillée, penchée par le *fenestrou*. Il s'approcha.

— J'ai dit : « Bonjour, mon amour ! »

— Tais-toi ! Ça, c'est le coq du Perdigaud, ça, le coq du Bajanet, ils se répondent par-dessus le Vallauzas. Dessous, c'est le coq du Baranel. Le coq du Galavard s'y met, je le reconnais, il est enroué. Il y en a d'autres là-haut, très loin, les coqs de l'Arboussas, des Bories, peut-être même ceux du Ganel et de l'Ajalas, mais je ne les connais pas personnellement...

Alain la retira doucement de la fenêtre, la retourna, la pressa contre lui, tendit les lèvres :

— J'ai dit : « Bonjour, mon amour ! »

— Regarde ce que j'ai trouvé, dit-elle en se dégageant. (Elle prit deux livres sur l'étagère.) Ceux que tu avais prêtés. Dire que tu es venu ici et que tu ne t'en es même pas intéressé ! A croire que tu sais pas le prix des livres, tu es pourtant placé pour... Je descends préparer le café, les hommes vont venir tirer le vin.

Alain prit la place au *fenestrou* : le vallat était blanc de givre, mais un filet d'or soulignait la crête, il ferait beau.

Il ramassa les livres sur la couche impure : *Les Contes du Matin*, de Charles-Louis Philippe, et *Jean le Bleu*. Il feuilleta distraitement le roman de Giono, tomba sur cette phrase : « Souviens-toi, tout le bonheur des hommes est dans de petites vallées. Bien petites ; il faut que d'un bord à l'autre on puisse s'appeler. »

L'instituteur descendit pisser devant le mas.

Franck Joszà, le petit-fils des Larguier du Casquillé, venait d'arriver. Il était en arrêt devant le rucher.

— Bonjour, monsieur Doiren. Ma grand-mère m'envoie, pour aider.

— Et ça ne t'emballe pas beaucoup ?

Franck regardait ses mains. Il bafouilla :

— C'est-à-dire... pour le violoncelle...

— Très bien ! on ménagera les artistes ! fit Alain, bourru.

— Non, monsieur Doiren, je voulais dire que... tous les matins, je fais deux ou trois heures de violoncelle...

— Au Casquillé ? marrant ! Au fait, c'est vrai, on dit qu'il y a toujours eu des musiciens, dans ce mas.

— Bah ! je me rattraperai ce soir.

— Alors, comme ça, ce n'est plus la trompette ? reprit l'instituteur, radouci.

— Ben... la trompette, c'est plus facile à emporter, pourtant...

Franck s'expliquait maladroitement : avec un père chef d'orchestre, on tâte de tous les instruments, naturellement, mais, sa passion, sa vie, c'était le violoncelle...

— ... Seulement pardi, quand j'étais pensionnaire au lycée d'Alès, un violoncelle !

— Qu'est-ce que c'est, cette école où tu vas, à Paris ?

— L'École normale de musique, boulevard Malesherbes. (Il ajouta fièrement :) C'est une école internationale, son niveau est plus élevé que celui du Conservatoire, c'est Alfred Cortot, le directeur. Casals fait la classe de violoncelle, Thibaud le violon, Paul Dukas la composition...

— Tu vis chez ton oncle ?

— Euh... je suis à l'hôtel.

— Mais... tu le vois souvent quand même, ton oncle ?

— Lequel ? J'ai mon oncle Justin, celui qui est maître d'armes, mais il voyage beaucoup... Et mon oncle Léon... Cherchemidi, mais il est très pris...

— Forcément. Son dernier bouquin fait du bruit...

Ils allaient à pas lents vers le cimetière. Ils s'arrêtèrent devant la barrière de troncs.

— On peut entrer ? demanda Franck.

— Il faut en profiter parce que, dans quelques années, quand les arbres auront grossi, on ne pourra plus entrer ni sortir.

Il faisait encore nuit, là-dedans. Peu à peu, Franck et Alain parvinrent à distinguer les hautes lauzes verticales qui marquaient la tête de chaque tombe. Ils déchiffrèrent les inscriptions : « Ici, c'est mon père, Philibert Paroul, décédé le 20 décembre 1914 », « Ici repose ma mère »..., « Ici gît ma sœur »...

L'écriture était puérile, la gravure profonde.

— Le Déserteur ne pouvait enterrer les siens, fit Alain, alors il se rattrapait en soignant leurs tombes.

Sortant de là, ils s'arrêtèrent, éblouis, devant le vallat que le soleil venait de remplir.

— Ça, c'était un homme libre ! murmura Alain. (Un bref regard de Franck l'incita à préciser :) Libre... à sa façon ! Se posait-il seulement ce genre de questions ?

La corvée du vin arrivait de Clerguemort sur la charrette du Barbaste. Parmi ces volontaires, le Jaurès, qui s'en prit à l'instituteur :

— Alors, maintenant on découche ! Où est ma fille ?

— Ah ! vous... Elle fait le café ! Elle en a de drôles, votre fille !

— Qu'est-ce qu'elle a, ma fille ? Hein ? Ben quoi, allez-y !

Alain ne savait plus où se mettre :

— Tenez, par exemple... Elle prétend que, si le Déserteur n'a pas crié, c'est pour ne pas déranger.

— Ma foi, c'est peut-être bien ça, fit le maire, après longue réflexion. Mettez-vous à sa place : il savait comment il était blessé. Qu'est-ce qui l'attendait ? L'hôpital des autres, les soins des autres, jusque pour ses besoins : besoin des autres ! L'infirmité, la charité, tendre la main aux autres ! Déranger quelqu'un ici, pour déranger tous les autres le restant de ses jours... Sacré Jésus, va !

Milca sortait au-devant des hommes.

— Ah ! te voilà, toi ! lui jeta son père.

Elle rougit, se tourna vers son mari :

— Alain, il y avait une lettre dans le livre de Giono. Le Jésus l'avait glissée sous la couverture.

Une simple feuille, pliée en quatre. Alain lut :

— « Ceci est mon testament... »

Tous se rapprochèrent.

— « ... S'il m'arrivait quelque chose, voici ce que j'aimerais qu'on fasse. Je voudrais que la commune accepte l'héritage de la Cabusselle, à charge pour elle d'entretenir le cimetière des Paroul. J'aimerais que la commune trouve un biais pour se servir de mon mas au profit du plus grand nombre de gens, et non d'un seul. Il doit bien y avoir un moyen. Ce n'est pas un coup de tête, j'y ai beaucoup réfléchi. Si j'ai encore des parents quelque part, je ne crois pas leur porter beaucoup de tort en décidant ça, vu que Clerguemort est resté ma seule véritable famille. En foi de quoi, je signe... etc. »

Les gaillards de Clerguemort, la surprise passée, entreprenaient ce lent travail de digestion : comprendre. Ils contemplaient le mas, le rucher, les faïsses, ils s'efforçaient passionnément de voir la Cabusselle d'un œil nouveau, en vain, ils l'embrassaient, mais ne la possédaient pas.

— Pourquoi diable a-t-il placé son testament dans mon livre ?...

Alain tenait *Jean le Bleu* à bout de bras. Un signet marquait une page. Il ouvrit et lut :

« Si encore tu étais mort pour des choses honorables : si tu t'étais battu pour des femmes ou en allant chercher la pâture de tes petits. Mais non, d'abord on t'a trompé et puis on t'a tué à la guerre. »

— Allons bon ! grogna le Jaurès, nous voilà maintenant avec cette baraque sur les bras. Qu'est-ce qu'on va bien pouvoir en faire ?

Alain se frappa les mains, et lâcha, comme un cri :

— Une A.J. !

— Une quoi ?

— Une auberge de jeunesse.

— *Qu'ès aco ?* grogna le maire de Clerguemort.

Un moment après, Franck prit Alain à part et lui demanda timidement :

— La sienne, au Déserteur, sa pierre tombale, qui va la lui graver ?

4

Pastorale pour une A.J.

A son arrivée dans la capitale, Franck Joszà s'était installé chez son oncle, Cherchemidi. Ce n'était qu'une solution d'attente : l'écrivain était célibataire, mais le studio mansardé n'était pas grand. Par annonce dans *L'Intransigeant*, l'oncle trouva une pension de famille pour son neveu.

La famille était celle d'un chef de bureau quinquagénaire, marié à une blonde grassouillette, beaucoup plus jeune que lui. Franck reçut la chambre du fils qui effectuait son service militaire. Les draps étaient changés chaque semaine. Le matin suivant la première lessive, la maîtresse de maison entra dans la chambre du jeune homme pour lui faire part d'une remarque navrante.

— ... Un gentil garçon comme vous ! mais c'est du gaspillage !

Elle était en peignoir, Franck était encore au lit, l'explication se termina entre les draps changés de la veille. Elle revint trois jours après, puis le lendemain. Dès que son mari était parti pour le bureau, elle sautait du lit conjugal dans celui du pensionnaire.

Sa valise d'une main, son violoncelle de l'autre, Franck alla s'installer dans un petit hôtel, sans demander l'avis de personne, même pas de son oncle l'écrivain. Le petit du Casquillé se lançait avec enthousiasme dans des études longues, ardues : deux ans pour la licence d'enseignement, deux ans pour la licence de concert... C'était excitant, il était le plus jeune de sa classe. Pour la plupart, ses condisciples avaient déjà obtenu un premier prix dans leurs pays. Ils étaient venus à Paris pour s'inscrire à l'école de Cortot. Les cours avaient lieu de neuf à douze, tous les après-midi étaient libres.

L'école était payante, mais Franck n'était pas à plaindre, il recevait chaque mois, à la Chase Manhattan, un virement en dollars. Le change était très avantageux, plus le franc se dévaluait, plus le fils du maestro de Hambourg était riche. Cependant, à partir du 15, il n'avait plus d'argent. Il se faisait monter dans sa chambre des omelettes et des charcuteries à inscrire sur la note, que le chèque réglait par priorité, à la fin du mois. L'hôtelier l'estimait et calmait les locataires quand ils venaient se plaindre de ce violoncelle qui jouait jusqu'à l'aube.

Franck Joszà travaillait inlassablement le morceau hebdomadaire que chacun des quinze élèves devait interpréter devant la classe.

Ses condisciples appartenaient à la haute société. Ils affichaient des opinions d'extrême droite. Franck eut quelques accrochages que la direction jugea « de fort mauvais goût », suivant les termes de l'avertissement officiel.

Ce n'est pas à l'école que Franck trouva ses amis. Un mois à peine après la rentrée, il reçut une lettre de Walt Lucas, un jeune poète allemand. « ... J'ai eu votre adresse par mon père. Je suis maintenant à Paris, moi aussi. Je souhaite que nous puissions nous rencontrer... »

Willibald K. Lucas, philosophe connu, était, à Hambourg, l'un des meilleurs amis du maestro Jànos Joszà. A vingt et un ans, Walt était jeune marié. Militant du Parti communiste allemand, il venait d'échapper aux nazis. Son ambition était de regrouper les jeunes intellectuels antifascistes immigrés en France.

— ... Mais je ne me sens pas du tout allemand, lui dit Franck dès leur première rencontre. Je suis né par hasard en basse Saxe. Ma mère est française, et mon père est hongrois...

Walt Lucas insistait, persuasif, chaleureux :

— Je ne te comprends pas ! Tu es de culture allemande ! Il n'y a que ça qui compte ! Le sang, l'origine, cela importe peu... Tu as fait tes études dans les écoles allemandes ! Tu dois venir avec nous !

Walt Lucas habitait, avec sa très jeune femme, Kathe, dans un hôtel meublé, rue de la Grange-Batelière. Élancé, le visage au profil bien découpé sous une crinière ondulée, Walt accentuait soigneusement les traits romantiques de sa personne.

— Qu'est-ce que tu fais, comme métier ?

— Je suis poète ! Je n'envisage absolument pas autre chose de toute ma vie !

Il recevait ses mandats de Palestine où son père — qui était très riche — avait mis sa fortune à l'abri ; et de Londres car sa mère était une Graham, des Graham du Coton de Leeds.

Walt et Franck eurent de longues discussions.

— Bon, si tu veux, je n'ai aucune « conscience sociale », répondait Franck, mais instinctivement, je me sens toujours du côté des faibles. Toi, tu es devenu communiste par une logique rigoureuse, moi, si je le deviens, ce sera par sentiment.

— Tu es, tu resteras un minoritaire ! Tu es né pour ça : tes racines protestantes par ta mère, israélites par ton père...

Ce qui gênait le plus Franck dans ces considérations, c'est qu'elles ramenaient en lui des souvenirs, non des arguments. L'hitlérisme avait commencé à prendre dans les couches bourgeoises, à Hambourg. Au lycée, les fils des officiers de marine avaient été les premiers séduits. Un jour, dans l'unique stade municipal attribué selon les heures aux différentes écoles de la ville, quand le lycée arriva, la Communale était encore là. Immédiatement, les lycéens commencèrent à insulter cette canaille rouge (c'étaient les enfants des ouvriers de l'arsenal). « En avant ! on va les chasser ! » Une féroce bagarre s'ensuivit. Franck s'y retrouva, comme par nature, dans les rangs de la Communale. Ses condisciples lui cognaient dessus : « Tu n'es qu'un sale étranger, tu n'as qu'à foutre le camp si tu n'es pas bien ici !... »

Walt Lucas savait trouver les points sensibles :

— ... L'immigration, comprends-le bien, Franck ! C'est d'abord la lutte antifasciste. Les intellectuels doivent être au premier rang ! Il faut maintenir la culture allemande. Tous nos grands écrivains ont dû quitter la patrie...

Ils en débattaient passionnément au cours de longues promenades la nuit, dans Paris, se raccompagnant l'un l'autre.

— ... Que tu le veuilles ou non, Franck, il reste, au fond de toi, un certain sentiment religieux. Tu me parles des Cévenols, de leur façon de s'adresser directement à leur Dieu. C'est du sentimentalisme...

— Luther était un rebelle !

— Luther est devenu un réactionnaire...

— C'est exact... jusqu'à un certain point ! La révolte des paysans...

— Martin Luther s'est dressé contre eux ! Il s'est détaché de Münzer ; sous prétexte que son mouvement à lui était uniquement religieux, il a laissé tomber ! Le voilà, ton Luther ! Quelle que soit la religion, Franck, elle se met toujours, finalement, du côté du plus fort.

Par la bouche de Walt Lucas, dans son allemand rude et précis, le matérialisme historique devenait une théorie lumineuse, irréfutable, quelque chose dont Franck n'avait jamais soupçonné l'existence chez les communistes qu'il connaissait, qu'ils soient de l'espèce du Mèffi ou de celle du Jaurès.

Le poète entraîna le musicien dans les réunions d'émigrés. Franck ne s'y sentait pas à l'aise. Leur grande préoccupation était de préparer le retour au pays après cet effondrement de Hitler qui ne saurait tarder. Franck était bien décidé à ne jamais rentrer en Allemagne. D'autre part, il ne partageait pas leur optimisme. Pour eux, le plébiscite sarrois avait été un désastre : plus de 90 % des voix pour le rattachement au Reich nazi ! Mais, ils avaient bientôt trouvé des explications agréables : les Sarrois n'avaient pas voté nazi, mais allemand. D'instinct, le peuple sait que les Hitler passent, que la Patrie est éternelle...

Toutefois, il y avait des factions, jusque chez ces proscrits. A Walt Lucas s'opposait le syndicaliste Göttel, colossal mineur sarrois d'une trentaine d'années, qui taxait Lucas de chauvinisme. Certaines assemblées tournaient au drame.

Juifs, militants de gauche, intellectuels bannis, chacun s'était enfui à sa façon, avec ses raisons. Par bonheur, ils ne se recherchaient pas seulement pour discuter politique, ils devaient s'appuyer les uns sur les autres pour affronter les problèmes pratiques : cartes de travail, contrats, emplois... L'accord se refaisait dans le chant. Ils improvisaient des chœurs admirables.

Franck se sentait un intrus dans leurs réunions. Il avait besoin de prendre racine. Sa mère lui avait toujours répété qu'il était français ; pour lui, quitter l'Allemagne n'était pas émigrer mais rentrer chez lui. Fier de son origine cévenole, il la rappelait à toute occasion. Il voulait être de quelque part, comme tout le monde. En remplissant sa fiche d'hôtel, il éprouvait le besoin d'expliquer : « Eh bien ! oui, je suis né en Allemagne, tout à fait par hasard, en 1920... — Ah ! oui, en 20, l'occupation... » Il était mortifié quand on faisait allusion à sa pointe d'accent : « Vous ne seriez pas d'origine alsacienne ? » Vite, il parlait de Clerguemort, du Casquillé, de son oncle, Cherche-midi, l'écrivain *français*...

Les émigrés participaient en groupe aux manifestations populaires. Franck les accompagna quelquefois pendant l'été de 1935. Il mesurait là, dans la floraison des drapeaux rouges, combien son enfance allemande l'avait marqué. Quand l'orateur s'écriait : « Je m'adresse tout particulièrement à nos frères d'Allemagne, aux ouvriers socialistes allemands. Je leur dis mon espoir de retourner un jour prochain, comme ce 15 mars 1933, sur la tombe de Karl Liebknecht et de Rosa Luxemburg, profanée par les chiens de Hitler, pour y célébrer, aux côtés de Thaelmann, leur victoire obtenue grâce à l'unité de la classe ouvrière... » un frisson apprenait à Franck Joszà que le petit écolier de Hambourg n'était pas tout à fait mort en lui.

Le 14 Juillet 1935 l'avait gravement impressionné.

Le ciel de Paris, qui se fait beau sans se mettre en bleu, tenait sous son charme les gens et les choses.

Franck avait voulu vivre cette journée sous tous ses angles. Le matin, il assista, sur les Champs-Élysées, à la parade militaire. Sa petite taille lui permit de se glisser au premier rang des badauds, ému comme eux par le défilé de cette armée modernisée, fortement outillée, puissante. Il se retint, sans trop savoir pourquoi, d'applaudir, lui aussi, le passage au son des fifres des pupilles de la marine en casquette, guêtres et gants blancs... Tout à coup, le ciel s'emplit de vacarme, six cents avions venus du Bourget, d'Orly, de Villacoublay, de Chartres, d'Étampes, de Reims, traversaient le ciel en formations irréprochables. Presque aussitôt, ce fut un second vacarme, terrestre celui-ci : automitrailleuses, dragons portés, fusiliers motocyclistes, canons contre-avions, tracteurs de l'artillerie lourde, enfin la charge colossale des chars d'assaut...

Hitler avait intérêt à se tenir à carreau, la patrie française est calme, indulgente, jusqu'au jour où trop c'est trop...

Franck resta dans le quartier pour assister au rassemblement des « Croix-de-Feu » et des « Volontaires nationaux ». Ils se massaient en colonnes dans l'avenue George-V, derrière leurs drapeaux tricolores, tandis que les militants de la « Solidarité française » se formaient derrière leurs bannières vert et jaune à la hauteur des Champs-Élysées. Des *Marseillaise* éclataient çà et là. Franck demanda à un gaillard en béret basque, arborant de nombreuses décorations, ce qui allait se passer :

— Notre chef, le colonel de La Rocque, va remettre des étendards aux Volontaires, puis les sections s'ébranleront vers l'Arc de Triomphe. La tombe du Soldat inconnu sera fleurie, solennellement... Vous êtes étranger sans doute ?

Franck prit le métro jusqu'à Vincennes. Il traversa sous la terre la zone interdite aux deux manifestations ennemies.

Le second cortège était celui du peuple. Jusqu'à cette année, socialistes et communistes avaient choisi pour leurs rassemblements d'autres commémorations que celle de la révolution bourgeoise de 1789.

En ce 14 Juillet 1935, le Front populaire s'avançait de la Bastille à la Nation. Communistes, socialistes, radicaux, militants et ouvriers des deux centrales syndicales, les membres et les sympathisants de plus de cent groupements et partis s'étaient concentrés autour de la Bastille, boulevards Bourdon, Henri-IV, Richard-Lenoir. Rien ici de la discipline, de l'allure martiale du défilé qui, à l'autre bout de la capitale, prenait, au même moment, une direction politiquement et géographiquement opposée. Une kermesse en marche. Autour de la colonne de Juillet arborant les dates « 1789 - 1935 » couronnées de lauriers, des colporteurs offraient des oranges, des mirlitons, des bonnets phrygiens, des cacahuètes, des insignes, des petits drapeaux, des chansons et même la liste complète des 200 familles. En tête, portés sur deux Primaquatre Renault disparaissant sous des grappes humaines, deux voiles immenses, l'un tricolore et l'autre rouge, précédaient un cortège que la presse de gauche estima à un demi-million de personnes, la police à soixante mille. Suivait une pancarte soutenue à bout de bras par une vingtaine de militants : « Nous faisons le serment solennel de rester unis pour désarmer et dissoudre les ligues factieuses, pour défendre et développer les libertés démocratiques et pour assurer la paix humaine. » Elle devait être déposée devant la statue du député Baudin tué sur une barricade du faubourg Saint-Antoine le matin du 3 décembre 1851 après avoir dit : « Vous allez voir, citoyens, comme on meurt pour 25 francs ! »

Derrière la pancarte avançaient les dirigeants politiques, ceux des comités Amsterdam-Pleyel, du Comité de vigilance des intellectuels antifascistes. On se montrait des écrivains : Gide, Malraux, Chamson, Paul Vaillant-Couturier, Guéhenno, Alain... des prix Nobel... le professeur Perrin, Irène et Frédéric Joliot-Curie, des champions, des vedettes...

Tous, au passage, saluaient du poing tendu la statue de Baudin.

Chaque exclamation des orateurs levait la moisson des poings serrés :

« En avant sous le drapeau du Front populaire !

En avant ! le fascisme ne passera pas ! »

Franck rentra dans la nuit, parmi des groupes aphones et béats, nez en l'air. Criblée d'éclairs et de fumées colorées par le feu d'artifice de la Cité, Notre-Dame de Paris resurgissait dans sa grandeur hugolesque entre les bras d'un fleuve de légende.

C'est sur de telles visions que Franck quitta la capitale pour passer les vacances à Clerguemort. C'est l'image de la Cabusselle, le mas du Déserteur, qu'il rapporta vers Paris, pour la rentrée. Pendant son séjour cévenol, il ne s'était guère écarté de son Casquillé, travaillant jusqu'à l'épuisement sur son violoncelle. Il n'avait eu que très peu de rapports avec les copains d'autrefois. Luc Roux travaillait à la mine et militait dans les Jeunesses communistes avec son grand aîné Noël Tarrigues. Gino Passola, toujours lycéen à Alès, tâchait de se rattraper des frais qu'il occasionnait à son père en lui servant de manœuvre pendant les vacances. Riquet Chapon, le fils du Jaurès, était à la mine. Raoul Ardailhan, le fils du Laguerre, se faisait lointain depuis son entrée au Prytanée. Heureusement, Franck avait la musique...

Mais, quand même ! comme il aimait Clerguemort ! Jamais, dans la Cévenne, il ne se souvenait qu'il avait commencé par être allemand, jamais ! Au retour, les graffiti dans le métro, les « vive Hitler », les « mort aux juifs », les croix gammées le firent sursauter.

Il retrouva sa chambre de Neuilly. Chaque matin, l'autobus 43 l'amenait de la rue du Château jusqu'à la place des Ternes. Il prenait son petit déjeuner chez *Dupont* où les garçons, pourtant débordés à cette heure-là, lui apportaient son café-crème-croissants sans qu'il ait à passer la commande.

A l'École de musique, il eut quelques discussions avec deux élèves qui militaient dans les Jeunesses patriotes de Taittinger.

— Écoutez, mon vieux, vous venez d'Allemagne ! Vous n'avez pas à vous occuper de la politique d'un pays dont vous êtes l'hôte.

— Mais je ne suis pas l'hôte du pays, ma mère est française !...

— Je vous ai entendu parler, ça suffit.

Le maître Alexanian, son professeur de violoncelle, lui dit :

— Ces garçons ne sont pas intéressants. Tu ne devrais pas discuter politique avec eux. Ça ne sert à rien. Puisque tu vis seul à Paris, pourquoi ne viendrais-tu pas déjeuner dimanche à la maison ?

Au cours de ce repas, le maître Alexanian, qui était arménien, lui raconta le massacre des siens : « Tu sais, on parle toujours des Juifs, mais ce qui nous est arrivé à nous !... » Il rapportait des scènes horribles. « Il y a, maintenant, une république arménienne en U.R.S.S. Je ne suis pas communiste, certes, mais je dois reconnaître que les Russes montrent plus de compréhension que les Turcs à notre égard... Enfin, moi, je te donne un conseil : travaille bien ton violoncelle, tu peux aller loin, mais laisse tomber la politique. »

Franck retrouva un Walt Lucas plus enthousiaste que jamais. Le poète fit le point, comme il eût dressé le bilan des moissons sur son domaine :

— Le pacte d'unité d'action est signé. Le Front populaire marche vers le pouvoir, à grands pas ! Tu te rends compte de tout ce qui s'est passé depuis ton départ ! Le mois dernier, les congrès nationaux de la C.G.T.U. et de la C.G.T. se sont réunis en commun, à la Mutualité ! L'unité syndicale n'est pas loin... Le congrès du Parti radical vient de se prononcer à l'unanimité en faveur du Front populaire ! A l'unanimité, ces vieilles barbes ! faut-il que le vent populaire les pousse...

— Barbusse est mort, coupa tristement Franck. Mussolini vient d'envahir l'Éthiopie...

— Oui, mais le Parti s'est adressé aux frères socialistes en vue d'une action commune contre l'agression fasciste. La C.G.T. appelle les travailleurs à refuser tout transport de matériel pour l'Italie... Le *Frente popular* triomphe en Espagne. Aux élections du printemps prochain, le Front populaire prendra le pouvoir en France. Alors, Hitler pourra numéroter ses abattis...

— Et toi, tu prépares déjà tes valises, Walt ?

— Je ne les ai jamais défaites.

Il déclama son dernier poème politique. Il écrivait à chaud, mais remaniait le jet avec le souci du style, à la recherche d'une langue incisive dans la tradition de Novalis. Puis, il invita Franck à le suivre au rassemblement du « Front populaire de la Jeunesse ».

« Nous entrons dans la vie pleins d'espoir et d'ardeur... Nous rêvons de joie dans le travail, d'une vie à l'abri du malheur. Nous rêvons de développer nos forces créatrices, mais nos rêves d'avenir se heurtent à une réalité brutale ! Nous, les jeunes, nous voulons vivre ! Nous voulons du pain, un métier, nous revendiquons le droit à la culture, aux loisirs !... Unis, nous serons une force invincible, nous arracherons notre génération au désespoir !... »

Les discours qu'ils entendirent là continuaient le poème de Walt Lucas, ils sonnaient comme les chœurs révolutionnaires des émigrés allemands :

L'homm' veut avoir du pain, oui !
Il veut avoir du pain tous les jours !
Du pain, et pas de mots ronflants !
Du pain, et pas de discours !
Marchons au pas ! Marchons au pas !
Camarades, vers notre front !
Range-toi dans le front de tous les ouvriers,
Avec tous tes frères étrangers...

A la sortie, Franck fut séparé de ses camarades par les remous de la foule. Les mots d'ordre alternaient avec L'*Internationale* et « Allons au-devant de la vie... » Franck aussi levait le poing et criait : « Le fascism' ne pass'ra pas ! » quand une main se posa sur son épaule :

— Dis donc, je suis dans tes idées, mais crie un peu moins fort, avec l'accent que tu as ! « Ils » vont encore dire que c'est tous des étrangers qui font la politique en France...

C'était un ouvrier au visage ouvert. Il continua son chemin, après un petit salut amical et complice. Franck resta sur place, pétrifié. Autour de lui, L'*Internationale* était reprise en chœur, une fois encore, par d'autres gens, mais ce n'était plus son chant.

Il s'aperçut qu'une main s'était glissée sous son bras. Une douzaine de garçons et de filles, qui se tenaient par la taille, marquèrent l'arrêt :

— Eh ! Rirette ! Alors, tu viens ?

— M'attendez pas ! Salut ! A mardi !

La bande repartit en riant et criant.

— Je m'appelle Rirette, et toi ?

— Franck.

— Ça donne bougrement soif, de gueuler comme ça toute une soirée, qu'est-ce que tu en penses ?

— Vous... vous... Tu veux boire un coup ?

— C'tt' idée !

Sans lâcher le bras de Franck, Rirette l'entraînait. Comme toujours à la sortie des meetings, il n'y avait pas moyen d'approcher des zincs. D'un café à un autre, bras dessus, bras dessous, la fille et le garçon avançaient vers le cœur de Paris, sans se regarder, causant des thèmes du meeting, bref « du malheur d'être jeune » (la formule de Vaillant-Couturier leur allait comme un foulard, comme une java...).

— Oh ! moi, j'ai pas à me plaindre, disait parfois Rirette.

Elle avait l'accent parigot, aggravé par l'enrouement. Son parler n'était guère féminin. Ils dénichèrent un bistrot paisible, au coin d'une impasse, rue de la Gaîté. Ils s'installèrent dans une grande salle de style 1900, où des messieurs en gilet jouaient au billard.

— T'as pas une sèche ?

Franck ne fumait pas. Rirette commanda des Gauloises avec un demi. Elle était agréable. Des cheveux châtains, coiffés à la Jeanne d'Arc, un visage en forme de cœur avec une bouche trop grande que les sourires repliaient en V, de petits yeux trop écartés, mais très noirs, et vifs. Elle portait un manteau de quatre sous, usé aux coudes et des gants de cuir tout neufs.

— Moi, j' travaille en usine, et toi ?

— Je suis musicien...

— Non ? tu jouerais pas de l'accordéon, des fois ?

— J'apprends le violoncelle...

Dans l'effort de la réflexion, tout son visage se ridait, elle confondait violoncelle et contrebasse, elle n'avait jamais vu, ni entendu, une formation de musique de chambre.

— Tu me raccompagnes ?

— Bien sûr.

Elle fouillait dans un sac à main de cuir craquelé, pour payer sa part, mais, après un coup d'œil sur le pardessus et le costume de Franck, elle le laissa régler.

Sans être un dandy, Franck soignait sa tenue. Il disposait toujours de deux costumes, dont un neuf. Il aimait les tissus de qualité mais avait horreur des tons criards, des coupes voyantes. Il appréciait une chemise fraîche ; un col douteux le gênait, il ne sortait pas sans avoir ciré ses chaussures. A moins de dix-huit ans, il paraissait adulte, à cause de son visage lourd, aux traits puissants, au nez bourbonien, aux yeux ronds d'un bleu clair. Il portait longs ses cheveux châtains dont il accentuait les ondulations chaque matin, devant sa glace, entre ses doigts enduits de Bakerfix. Rirette était plus grande que lui, qui ne mesurait, il est vrai, qu'un mètre soixante. Il la suivit. Ils prirent, à la station Montparnasse, la direction des Lilas et descendirent Place des Fêtes.

— Fais attention où tu mets les pieds. Toutes les mémères du quartier amènent leur chien-chien poser la crotte ici. On dit bien que ça porte bonheur...

Franck n'avait pas pu voir le nom de la ruelle aux pavés inégaux que le réverbère du carrefour éclairait de loin. Rirette lui signalait les poubelles, un charreton, un trou... Elle parlait sans cesse, comme si elle avait peur de perdre le garçon dans le moindre silence.

— ... Tu supportes bien l'altitude, j'espère ? parce que nous sommes sur le point le plus élevé de Paris, à deux pas du métro Télégraphe, et on va encore monter au sixième...

Franck s'arrêta devant la porte cochère : pour lui, logiquement, « raccompagner » n'allait pas plus loin. Rirette vint tout contre lui. Ses petits yeux écartés brillaient dans la pénombre de la ruelle :

— T'es gentil, tu sais...

Il prit cela pour la plus grande déclaration d'amour dont Rirette était capable. Elle expliquait, à croire que ces mots suffisaient à balayer tous les scrupules :

— ... Fais gaffe, essaye de mettre tes pas dans les miens. Ne parle pas dans l'escalier, surtout en passant devant la loge — elle est à l'entresol —, vu que la cloporte, c'est une vraie harpie baveuse à tout va. Elle lit les lettres, elle rancarde les flics... Mais pour ce qui est de faire l'escalier, macache bono ! c'est toujours plein de mégots et de tessons de bouteille...

Il fallut plusieurs coups de cordon pour obtenir l'ouverture de la porte cochère. Rirette chuchota :

— Colle-toi contre le mur, et glisse, les bras en croix, en te frottant contre, c'est pas très propre mais c'est plus sûr, vu que le bougnat range sa camionnette sous le porche. Un soir, il serre d'un côté, l'autre de l'autre, et y a le rétroviseur qui dépasse...

Après le véhicule, la jeune fille prit la main de Franck, et la lui posa sur la rampe. Il eut un geste de recul, c'était visqueux comme un animal à sang froid. Le pied de Rirette contre le sien le guidait vers la première marche. Une palanquée de puanteurs tomba d'un bloc, du haut des six étages.

Au palier de l'entresol, Rirette grogna son nom.

A chaque marche, Franck identifiait un remugle : cabinets, eaux de choux, urine de chat... Chaque étage ajoutait sa note personnelle : friture au premier, éther au second, vomi au troisième... Une chose flasque et humide caressa son visage au quatrième : des langes trempés d'urine, qui séchaient sur une corde en travers du palier.

Au sixième, Rirette fouilla dans son sac, passa une boîte d'allumettes à Franck :

— Craque m'en une, tu me la tiens, que je trouve la clé.

Un étroit renfoncement, avec d'un côté la porte des waters et de l'autre la fontaine sous laquelle la jeune fille pêcha la clé.

— Attends-moi là...

Elle revint avec une lampe à pétrole. Ce n'était pas du luxe : il fallait enjamber une malle, se glisser sous le linge étendu que Rirette tâtait au passage :

— C'est pas sec... Si mes hommes peuvent pas se changer dimanche !...

Elle posa la lampe sur une table poussée contre le mur.

— Attends un peu pour te mettre à l'aise, il gèle ici...

Elle parlait sans hâte, tout en rallumant la cuisinière :

— Excuse le désordre, tu sais ce que c'est, entre le boulot et les réunions, le ménage est vite fait ! Et, pour tout arranger, aujourd'hui, avant le meeting, les gars sont venus me chercher pour coudre une faucille et un marteau sur le drapeau de la nouvelle section des J.C. J'ai même pas eu le temps de faire les lits...

La moindre place était utilisée au maximum : les deux lits de fer poussés contre le mur, des étagères masquées par des couvertures, un angle coupé par un placard bricolé. Rirette ouvrit la fenêtre et se pencha pour ouvrir le garde-manger suspendu sur la rue :

— ... Naturellement, tu es comme moi, tu n'as pas eu le temps de briffer ce soir, entre le boulot et le meeting. T'en fais pas, pépère, j'ai là un reste de lentilles, que tu m'en diras des nouvelles ! j'ai pas mégoté sur la margarine. Avec ce pan de saucisse de Toulouse qu'on va se partager en frères, on sera pas à plaindre...

— Je peux t'aider ?

— C'est pas de refus, on mangera plus vite. Amène la table, déplie les chaises, elles sont sous le lit...

Franck avait moins envie de prendre ses jambes à son cou. Rirette chantonnait en remuant les lentilles qui répandaient une bonne odeur de fricot. Franck avait trouvé les deux chaises en fer pliées, sous le lit, mais pas de moutons. Rirette avait suspendu son manteau, avec beaucoup de soins, sur un cintre, derrière la porte d'entrée.

— ... Tiens, Franck, ouvre donc ici, que la chaleur passe un peu dans ma chambre.

Quelques clous et une couverture faisaient de chaque porte une penderie.

— Je peux visiter ?

Elle donna son accord du menton sans interrompre une rengaine qui la poursuivait :

Ce n'est que sur terre qu'on ment...

Sa chambre était un réduit sans ouverture, d'un mètre cinquante sur deux. Pour tout meuble un divan. Une planchette servait de table de nuit et une autre de toilette. Le dessus-de-lit, les rideaux qui masquaient la cruche et la cuvette, ceux qui encadraient le chevet comme une fenêtre en trompe l'œil, étaient taillés dans le même tissu à fleurs. Les chutes avaient été utilisées pour encadrer les photos de Clark Gable, de Jean-Pierre Aumont, de Kay Francis, de Raimu et de Charlot, découpées dans le magazine du cinéma : *Pour Vous*.

— Hein, que je suis pas mal logée ? Une piaule pour moi toute seule, la vraie p'tite reine...

Elle ne plaisantait pas.

— Tu vis avec qui, ici ?

— Avec mon père et mon frère.

— Ils... Ils travaillent de nuit ?

— Non, deux fois par mois, les samedi de paye, pardi, ils s'en vont. Une fois pour voir ma sœur qui est en sana, et le dimanche en quinze pour voir mon petit frère qui est en nourrice chez des paysans.

— Mais... Ta mère ? demanda Franck (il s'en voulut aussitôt).

— Vaut mieux pas en parler, de celle-là. Elle s'est barrée avec le préparateur en pharmacie. Ça, encore, c'est rien, tout le monde a le droit de vivre son grand amour. Seulement, elle a mis les voiles y a deux ans, quand on était tous chômeurs, et ça, tu piges, mère ou pas, y a pas de pardon ! L'amour, mon œil ! C'est la dèche qui lui a mis le feu au train... Attends pour les assiettes, je vais quand même te sortir une nappe propre.

Ils s'attablèrent autour de la lampe à pétrole. Rirette annonça, avec l'emphase qu'elle imaginait celle d'un maître d'hôtel :

— Entrée : fromage de tête (un reste !) ; vin : Rouquin, cuvée de l'épicemard du coinstot ; plat du jour : saucisse aux lentilles, garantie Toulouse, façon patronne ; fromage : un quart de calendosse racorni, repêché dans la gamelle du chef ; dessert : une demi-pomme ; le tout, servi avec du pain rassis, vu que c'est bien meilleur pour la santé mais pas à volonté, on est prié de se mesurer...

C'est seulement quand elle fut assise, en face, qu'il s'aperçut qu'il lui manquait deux doigts, l'index et le majeur de la main droite. Il retint sa question sur le bord de ses lèvres, mais elle devait avoir l'habitude :

— J'espère que ça te coupe pas l'appétit ! Une vacherie de la grosse Bliss.

— La grosse ?...

— Bliss ! autrement dit « la bouffeuse de doigts ». Mais je vais pas te bassiner avec ces histoires...

— Qu'est-ce que c'est, comme machine ?

— Des merveilles ! comme emboutisseuses, on ne fait pas mieux ! Normalement, avec les Bliss, l'accident est impossible. N'empêche que chacune se fait sa moyenne d'un doigt par mois, plus de deux mains par an.

— Des... emboutisseuses ?

Franck connaissait, au moins, le marteau-pilon ? Bon. Mais le marteau se contente d'écraser, tandis que l'emboutisseuse donne une forme déterminée à la plaque de métal — « le flan ». La pièce mobile qui porte la forme à imprimer s'appelle « le poinçon ».

Rirette se leva, se plaça devant la table comme si c'était une emboutisseuse :

— Tu es là. Au pied, ta pédale. Tu appuies, et le poinçon descend d'un coup, il écrase le métal sous une pression de plusieurs tonnes. Tu lâches la pédale, le poinçon s'arrête, tu n'as plus qu'à retirer la pièce emboutie pour placer un nouveau flan. Tu as tout le temps de retirer tes mains, il ne peut rien se passer tant que tu n'appuies pas sur la pédale.

— Alors ? Un faux mouvement ?

— Toi ! Tu connais peut-être la musique, mais pas celle-là. On travaille aux pièces, tu piges ? Travailler à la pédale te fait perdre du temps, ça n'a l'air de rien, quelques dixièmes de seconde, mais, au bout de la quinzaine, ça te fait un drôle de trou dans ta paye, et puis — on te l'envoie pas dire ! — des ouvrières plus rapides que toi, c'est à la pelle qu'on en trouve, et c'est vrai, vu que, pour l'embauche, y a la queue tous les matins, par les temps qui courent...

— Alors, pour rattraper ces dixièmes de seconde ?

— Il suffit de prendre le coup pour retirer la pièce emboutie et introduire la suivante pendant que le poinçon remonte, et il a vite fait, l'animal ! En laissant ton pied sur la pédale, ou, encore mieux, en la coinçant avec une cale de bois, tu laisses à ta machine toute la gomme, un coup la seconde, trois mille six cents pièces à l'heure !... A deux francs le mille, tu te fais du sept francs de l'heure, c'est joli, non ? Bien sûr, tu peux pas tenir cette vitesse huit heures de rang, mais tu tiens le plus que tu peux...

— Et toi, tu as trop attendu ?

— Ça, mon vieux, je n'en sais fichtre rien ! Après des heures des mêmes gestes, tes yeux papillotent, ta tête bat la breloque, tu peux pas penser qu'à ça : d'une main tu retires la pièce et tu la jettes dans le panier, de l'autre tu glisses le flan. A gauche, le tintement te dit que la pièce est dans le panier, clic ! un vingt-cinquième d'un sou dans ton porte-monnaie ! à droite, tu glisses le flan... Vlan, le poinçon s'abat, il s'enfonce jusqu'au trognon ! Un barouf ! l'emboutisseuse en est secouée du haut en bas, c'est pas une bicyclette, crois-moi ! elle fait trembler les vitres, et les murs... A force tu l'entends plus. Le coup dur arrive quand on n'y pense pas... Ta main droite rencontre le fond de la caisse, plus de flan, ton œil suit, oublie le poinçon qui... Bafff ! Un clou qui dépasse, ta manche s'accroche... et hop, le poinçon dans la barbaque ! tu te grattes, ou tu éternues... N'importe quoi, en fin de journée, sur le bout des huit heures dans ce vacarme — sans parler des contremaîtres sur ton dos, qui gueulent... En fin de compte, quand tu t'es fait à ta cadence, on diminue tes prix de série. Tu te crèves, tu risques, et tu ne gagnes pas un rond de plus que quand tu travaillais à la pédale, bien pénarde.

— Mais, après un tel accident, le patron...

— De quoi ? D'abord, tu es en faute. Tu perds deux doigts mais tu as contrevenu aux règles de la sécurité : il est formellement interdit de caler la pédale ! Toutes les femmes le font, mais personne n'est censé le savoir. Tu penses si la production baisserait ! Bon, c'est pour tes pieds, pour tes doigts plutôt. Et d'un. Et de deux : il te faut faire des bassesses pour qu'on te reprenne à ta sortie de l'hosto, vu que l'ouvrier, pour qu'il rende, il faut qu'il soit entier... Tu veux que j'ouvre un peu la fenêtre, tu transpires ? Encore un coup de brouille-ménage, on va liquider ma bouteille, mes hommes ne rentrent que demain soir et je fais mon marché le matin.

Un bébé se mit à brailler quelque part dans les étages. Ses cris perçants, tenaces, déclenchèrent quelques jurons sonores de part et d'autre de l'escalier.

— Le dernier-né de huit, sans compter les fausses couches. Le père est chômeur, le diagnostic est pas compliqué : biberons de patates écrasées, pas assez de lait. En plus, la crève : ils n'ont pas de charbon ! Passera pas l'hiver ce môme, si l'embauche ne reprend pas. T'entends le mal-embouché qui fait la réponse ? C'est le voisin du dessus. Retour de l'usine, il prend du travail à domicile. Total, il a de quoi dormir trois heures avant de repartir au boulot. Si le lardon gueule dans ces trois heures-là, le pauvre type, quand il rencontre le père du braillard, le lendemain, dans l'escalier, c'est la course-poursuite. Les autres sortent pour empêcher le carnage. La cloporte gueule après tout le monde, et tous lui tombent dessus... On s'ennuie jamais ici... Bon, c'est pas le tout, tu vas me donner un coup de main pour la vaisselle, après tu me parleras de toi.

Les chaises repliées rentrèrent sous le sommier, la table repliée retourna contre le mur. Rirette ôta son tablier. Ils prirent place côte à côte, assis en tailleur sur le lit du père.

— Tu saurais lire la musique ? Comme on lit dans un livre ? Chic alors !

Elle courut dans sa chambre, revint, brandissant une méchante feuille grande comme un journal déployé : « Les succès du jour. Vente interdite en magasin. Ce recueil de chansons est publié spécialement par Salabert pour ses amis les chanteurs et musiciens populaires. » Une douzaine de rengaines.

Pour vérifier les affirmations de son ami, Rirette, malicieusement, lui fit déchiffrer deux chansons dont elle connaissait parfaitement la musique : *Si petite*, un succès de Lucienne Boyer, et *En parlant un peu de Paris*, fox-trot chanté par Henri Garat dans le film : *Il est charmant*. Elle le regardait siffler ou fredonner ces rengaines, bouche entrouverte, muette d'admiration. Mais peut-être qu'il trichait, qu'il les connaissait par cœur. Franck dut alors interpréter *a cappella Serait-ce un rêve*, fox-trot du film : *Le Congrès s'amuse* ; *Une nuit à Monte-Carlo*, tango du *Capitaine Craddock* ; *Les femmes sont perfides*, de l'opérette *Nina Rosa* ; *Maintenant je sais c' que c'est !...*

Elle s'était assise tout contre lui, dégrafée, il faisait très chaud à présent. Elle ne portait pas de soutien-gorge. La tête sur l'épaule du croque-notes, elle ronronnait de plaisir.

— Tu pourrais jouer ça sur ton violoncelle, ou il te faut encore apprendre ?...

Franck passa son bras sur les épaules de Rirette, la serra, et cela fit partir comme un bouchon de champagne sa timidité. Il se mit à parler, à parler follement. Il voulait seulement lui faire sentir que la musique n'était pas ça, ces fox-trot, ces tangos... Il parla de Bach et de Haendel, de Mozart et de Beethoven, de Lulli et de Rameau, de Cortot, de Berlioz, de Wagner, et de Casals, et d'Alexanian, et de lui-même...

Rirette comprit l'essentiel, elle devina que c'était grand, que c'était tout pour Franck, et qu'elle, elle passait à côté...

— Mais, toi aussi, Rirette, tout ça, c'est à toi ! on te le doit ! Chopin joue pour toi ! et Liszt ! et Saint-Saëns ! et Debussy... On peut à la rigueur leur laisser Offenbach !

Il s'enivrait de sa propre passion : debout au milieu de la cuisine, il était tour à tour, doigts écartés, l'auteur et l'interprète des *Polonaises*, et, cambré en toréador, pointant au ciel la baguette-épée, Toscanini, puis, caressant de la joue son épaule gauche, Jacques Thibaud...

Un royaume, un empire, dont elle était l'héritière frustrée, voilà ce qu'il révélait à son amie, comme d'une montagne d'exil, par un matin limpide, un pâtre du Cithéron eût montré l'orgueilleuse Thèbes à l'enfant Œdipe aux pieds mutilés.

— ... Tout ça, on te le vole aussi, Rirette, et tu ne le savais pas. On te prend le ballet et la symphonie, on te prend les concertos, les fugues, les lieder, les opéras, les oratorii, les quatuors, les rhapsodies, on te les vole et tu ne sais même pas ce que c'est ! Tes deux doigts, au moins, tu en as souffert ! Tu sais à qui t'en prendre, mais ton oreille aussi a perdu plus des deux dixièmes de ses dons irremplaçables. Ils ont rendu infirme l'un de tes cinq sens — cinq, ce n'est pas trop pourtant ! cinq, ni plus ni moins que MM. de Wendel, Poulenc et Duchemin, ni plus ni moins que les barons Empain et Brincard ! mais, eux, ils s'en servent, de leurs cinq sens ! ils savent s'en servir, et ils le peuvent ! et moi, moi... *Schweinerei !* moi, je devrais jouer pour eux, parce que toi, parce que mes frères, les miens sont infirmes...

Jamais personne n'avait vu Franck Joszà ainsi, même pas lui-même, il ne mesurait aucunement le spectacle donné par son exaltation.

— Un jour, murmura Rirette, les ouvriers et les ouvrières de mon usine iront dans une grande salle très belle, et toute neuve, avec de très bons fauteuils. Toi, tu viendras te mettre au milieu, avec ton violoncelle, et tu joueras pour nous, aussi longtemps que tu pourras, car nous serons devenus intelligents...

Puis elle se leva, ouvrit la fenêtre et murmura :

— Ouais, tout ça, c'est du rêve, du vent...

— Mais non !

— Allons, Franck ! Tu connais ma vie, maintenant. Je sais ce qui est vrai, ce qui est du vent. Tiens, j'en fais d'autres, des rêves, des beaucoup plus faciles à réaliser, tellement plus simples... et qui n'arrivent jamais dans ma vie.

— Quels rêves ? demanda Franck en la rejoignant au-dessus du garde-manger.

— Tiens, par exemple, ne plus voir ça... (Elle montrait l'étendue des toits misérables qui se perdaient sous une lune grisâtre.) Pendant quelques jours, voir autre chose en ouvrant ma fenêtre, voir des arbres, de la campagne, de la montagne... Brrr... Laisse-moi refermer, je connais le paysage : la trente-quatrième cheminée droit devant toi, entre la verrière de la menuiserie et le hangar de la blanchisserie, a été réparée avec des vieux bidons. La troisième, sur sa gauche, tourne avec le vent, c'est la seule jolie. Hélas, quand le vent souffle vers ma fenêtre, on en prend plus avec le nez qu'avec une pelle...

Ils revinrent se blottir sur le lit paternel.

— Ouvrir sa fenêtre et voir la montagne, c'est à la portée de ta main, Rirette...

Il décrivit la Cabusselle, parla des auberges de jeunesse, exposa le projet de M. Doiren. Il dit fièrement que les gens de Clerguemort quand ils se mettaient quelque chose dans le crâne...

Elle posait des questions sur le Déserteur, les Paroul, la Cabusselle et le Vallauzas. Tahiti ne l'eût pas plus émerveillée. Mais elle demeurait sceptique :

— Franck, savoir où aller, c'est bien, mais pouvoir y aller, c'est mieux. Pendant que je me prélasserai dans ta Cabusselle, qui payera la nourrice et le sana ?

— Les patrons seront bien obligés d'accorder les congés payés !

— Ah ! toi, alors ! ricana-t-elle. Tu les connais mal ! Je voudrais qu'on m'en montre un, un seul qui soit capable de dire un jour à ses ouvriers : « Allez, les petits, allez vous promener une semaine, ou deux, moi, je continuerai à vous payer comme si de rien n'était ! » J'en connais qu'un qui ferait ça : le père Noël !

Elle changerait d'une minute à l'autre, de ton, de voix, elle se recroquevillait, se flétrissait, elle passait comme une fleur, pour refleurir l'instant d'après au soleil d'un nouvel espoir.

— Les congés payés, c'est dans le programme du Front populaire... bafouilla-t-il.

— Le Front populaire ! A supposer qu'il prenne le pouvoir, ce serait déjà beau s'il supprimait le travail à la pièce, ce serait... énorme !

Travail à prix fait, à la pièce, primes, rendement... Franck nageait un peu. Il entrait dans l'usine comme Rirette dans la musique, il reniflait la grosse Bliss comme l'ouvrière un violoncelle.

— Qu'est-ce que ça sent, la montagne ?

— Tu n'y es jamais allée ?

— Si, répliqua-t-elle avec un rire mauvais : aux Buttes-Chaumont !

Franck fit un grand effort pour se rappeler les odeurs si particulières du Vallauzas.

— C'est difficile, Rirette. Il faudrait que j'écrive cela avec des notes, puis que je te les joue...

— Pour les bruits, peut-être, mais pour les odeurs ?

— Pour les odeurs surtout !

Une musique lui montait du cœur dans la tête. Un réveil grêle, irritant, sonna au cinquième.

— C'est le cheminot. Il prend à quatre heures, à Saint-Lazare, service banlieue. Tu habites où, Franck ?

— A Neuilly... Dans un petit hôtel... minable... ajouta-t-il, très vite, à cause d'un léger tressaillement qu'elle avait eu.

— Il est trois heures et quart, soupira-t-elle, s'alanguissant contre lui.

— Où vois-tu l'heure ?

— Le réveil du cheminot : tu ne peux plus rentrer à Neuilly, mon petit Franck. Tu vas coucher ici, bien sûr.

— Bien sûr...

Elle s'alourdissait, tendre, tiède. Il l'attira contre lui. Ils restèrent un long moment ainsi, immobiles. Leurs respirations s'accordaient. Franck glissa la main, de l'épaule de Rirette vers sa poitrine, insensiblement, puis, par le corsage largement entrebâillé, il la coula vers le sein.

La jeune fille fut debout d'un bond. Elle frictionna ses yeux, avec violence :

— Ah ! non ! on voit bien que tu n'es pas des nôtres ! Jamais un ouvrier ne se permettrait...

— Allons donc, répliqua le jeune homme vexé, ils sont faits autrement que les autres, tes petits prolos tout roses !

— Oh ! que non ! Mais quand ça les prend, ils vont voir les putes ! Ils savent se tenir avec une fille, surtout quand ils ont parlé avec elle pendant des heures, comme deux vrais amis !...

Sa colère craquait, les larmes n'étaient pas loin.

— Rirette, je te demande pardon.

Elle revint sur le lit, s'agenouilla face à Franck :

— Franchement, dis-moi, tout ce que tu m'as raconté, de la musique, de Clerguemort, des Paroul, ce n'était pas pour m'endormir, pour que je sois mûre à cueillir ? Tu me l'aurais dit aussi bien si j'avais été un garçon ?

— Ah ça, alors ! Mais bien sûr !

Le sursaut de Franck criait de vérité. Rirette se laissa tomber sur les talons : assise sur le lit, elle tint Franck par le regard :

— Si j'avais marché, tu m'aurais fait l'amour ?

— Oui.

— Tu as de l'amour pour moi ?

— Euh... je t'aime bien... Vraiment ! je t'aime beaucoup.

— Réponds, as-tu de l'amour pour moi ?

— Non.

— Et tu m'aurais fait l'amour quand même ?

— Euh ! Ouais.

— Et tu trouves ça bien ?

— Euh... non.

Elle reprit la même position que lui, adossée au mur, mais elle laissa entre eux cinquante centimètres, une rivière glacée. Elle marmonnait :

— Et tu crois qu'on peut changer le monde des bourgeois en faisant comme eux ?...

— Mais ça n'a rien à voir ! C'est une question de sang, de chaleur, de circonstances...

Elle posa sa main de trois doigts sur l'avant-bras de Franck :

— Oh ! c'est ma faute aussi.

— C'est quand tu m'as offert de coucher ici, que je me suis cru permis, enfin...

— Mais ça arrive souvent : un militant qui a raté son dernier métro, ou une copine qui prend mon lit quand je ne suis pas là, avec mon frère ou mon père à côté...

— Enfin, Rirette, quand tu m'as proposé ça, tu n'as pas calculé...

— Oh si, je calculais ! Quatre paires de draps, trois lits. On change les lits l'un après l'autre, dès que la paire de draps retirée de l'un a été lavée (tu as vu dans le couloir, la cuvette... Nous sommes trois sur le palier, et nous avons nos jours, un coup de pot, nous nous entendons bien !). Je calculais : pour lui mettre des draps propres, est-ce que la quatrième paire, je l'ai déjà repassée ou pas encore (pour plier les draps, il faut aller sur le palier, un dehors, un dedans, tu vois le cirque ?)...

Ils rirent, un peu soulagés.

— Rirette, tu as un amour ?

— Amour ? Je ne suis pas sûre encore. J'ai le béguin, mais il n'y a que trois ans que nous nous connaissons.

— Il était dans votre groupe hier soir ?

— Oui. Celui qui m'appelait...

— Il n'est pas jaloux, dis donc !

— Il me connaît.

Le petit matin grisaillait les carreaux.

— Dis-moi, Rirette, pourquoi ce n'est pas lui que tu as ramené chez toi, plutôt que moi ?

— Oh ! il y en a, des raisons... fit-elle, après réflexion.

— Ça te gênerait de me les dire ?

— Non, à part une, peut-être. D'abord, il n'était pas libre, tout simplement. Après le meeting, il devait aller coller des affiches, avec les camarades. Ensuite... comment dire ? Lui ne vient jamais quand je suis seule, tu saisis ? Avec lui, je ne serais pas aussi forte. Enfin... et puis non.

— Dis-la aussi, cette raison !

— Ben, lui ce n'était pas utile. Il n'était pas malheureux hier soir.

Franck la reprit par les épaules et la ramena vers lui. Rirette se laissa faire, tout à fait tranquille à présent. Ils s'endormirent ainsi, dans les bras l'un de l'autre, sur le lit paternel, face à la fenêtre qui blanchissait.

Son bon gros nez de roi de France réveilla Franck par la double action du soleil qui donnait droit dessus et d'une fameuse odeur de café frais.

— Bonjour, camarade musicien, dit Rirette. Pendant que je te sers ton café, va faire un brin de toilette, la cuvette et le palier sont libres, occasion à saisir d'urgence.

Elle lui colla dans les bras une serviette propre, une demi-pierre de savon et un miroir du Bazar de l'Hôtel de Ville. Elle était toute fraîche dans son chemisier blanc à col amidonné.

Elle pouvait le raccompagner jusqu'au métro, puisqu'elle avait son marché à faire pour le repas des hommes ce soir et les trois gamelles du lendemain. Ils descendirent l'escalier sombre, aux marches usées, aux murs lézardés, mais qui ne sentait plus que le crésol. Au troisième, une matrone joviale, ronde comme une tour, entassait dans un coin du palier les paillasses de sa nichée. Au second, un vieux en calotte trépignait, fesses et genoux serrés, tambourinant sur la porte des waters communs, couvrant d'injures les constipés qui s'enferment pour lire le journal. Franck et Rirette arrivaient au premier quand ils virent s'entrouvrir la porte de la loge, à l'entresol. La concierge les regarda descendre, hochant sa trogne violacée de batracien pensif. Dès qu'ils furent à bonne portée, elle grommela que telle mère, telle fille ! et que les parties de jambes en l'air vident les bourses sans payer le terme...

— On laisse dire ? demanda Franck.

Rirette haussa les épaules :

— Ça te soucie, toi, le qu'en-dira-t-on ?

La camionnette du bougnat était partie, une voie majestueuse s'ouvrait à eux jusqu'à la ruelle transformée, bruyante et colorée comme une venelle napolitaine, avec ses éventaires sur les trottoirs, ses voitures des quatre-saisons, son cordonnier en échoppe ouverte, son rémouleur-étameur de plein air, son vitrier ambulant, leurs cris, leurs appels, et l'odeur insolente du café qu'un épicier torréfiait devant sa porte.

Au coin de la place, au centre d'un attroupement, une jeune femme toute en accroche-cœurs et bijoux de cuivre faisait le tour de l'aimable assistance, proposant un dépliant de vingt chansons. Elle lançait, d'une voix cassée mais juste, la goualante du *Chaland qui passe*, accompagnée par son mari, un accordéon plein les bras, des cymbales et des tambours plein les pieds. Les badauds reprenaient en chœur dans le soleil hivernal de ce dimanche matin. Le regard de Rirette alla de cette scène à Franck :

— Mais, je ne suis pas contre la chansonnette ! protesta-t-il.

En haut des escaliers du métro ils s'embrassèrent comme du bon pain.

Franck, pour une fois, rata sa station. Il était bourré de musique. Il entendait les thèmes d'une symphonie de la Bliss, où il y aurait à la fois des mélodies très pures, du lyrisme, et des dissonances choisies, thèmes imitatifs, refrains mécaniques, répétés jusqu'à l'agacement, le long mouvement languide des odeurs de la Cabusselle, le cri d'un nourrisson irrité, un leitmotiv de cuivres, des cadences de percussion avec dialogues, interventions *allegro vivace* d'un... accordéon (et pourquoi pas ?), et un rugissement, parfaitement ! celui d'un réveil ! puis, soudain, comme les quatre coups de la *Cinquième*, un coup, un, mais tranchant, sanglant ! Il était urgent de soulever les cordes, et les cuivres, et les rythmes, de les soulever comme un peuple ! Ah ! dresser l'orchestre comme une barricade...

La tête en feu, Franck entra dans le premier bistrot, demanda un demi et de quoi écrire. Il but la bière et regarda stupidement le bloc de papier à l'en-tête du *Café de la Prévoyance*. Il demanda une règle, qu'on dut chercher dans les affaires du gosse au deuxième. Il traça des portées. Quand la feuille fut parfaitement au point, il n'y toucha plus. Il avait des musiques plein la tête, mais il avait beau secouer, il n'en venait pas une note au bec du porte-plume. C'était une musique en images, pas en noires et doubles croches. Il voyait la Cabusselle. Il voyait s'avancer, sur le terre-plein, Rirette au bras d'un prince charmant qui portait un rouleau d'affiches, un pinceau et un pot de colle. Au seuil les attendait Walt Lucas qui déchirait solennellement ses poèmes sous la ferme direction du grand Göttel...

Les annuaires se trouvaient sur une tablette. Il prit celui de Paris, la liste alphabétique, et chercha Paroul. Il n'en trouva qu'un, entre des masses de Parot et quelques Parouty et Parpaillon.

Franck recopia, au-dessus de la première portée de sa page : « Paroul Frères, chemises, 421, rue des Nanettes, XIe. »

Il se récitait une fois de plus, pour sa mortification, quelques lignes du *Neveu de Rameau :* « Vous n'êtes pas musicien ? — Non... — Tant mieux pour vous ; car ce sont de pauvres bougres bien à plaindre. Le sort a voulu que je le fusse, moi ; tandis qu'il y a, à Montmartre peut-être, dans un moulin, un meunier, un valet de meunier qui n'entendra jamais que le bruit du cliquet, et qui aurait trouvé les plus beaux chants. Rameau, au moulin ! Au moulin, c'est là ta place. »

Il prit un taxi pour rentrer plus vite. En route, il demanda au chauffeur s'il connaissait la rue des Nanettes.

— Nous lui tournons le dos. C'est à Belleville. Rien à voir avec Neuilly...

5

Palamède le Parisien

Palamède Paroul, dit « le Loubatié », mourut en 1880. Il livrait la Cabusselle à trois jeunes loups, ses fils : Philibert, vingt-cinq ans, Palamède, vingt-trois et Prosper, vingt et un. Finalement, la raison de l'aîné resta la plus forte, selon la tradition. Prosper partit pour l'Afrique, moitié fou. Palamède débarqua dans la capitale, la main sur son couteau, dans sa poche, et, solidement bandées autour des reins, les pièces d'or qui lui revenaient, la moitié du trésor du Loubatié que l'aîné avait entièrement abandonné à ses deux frères pour garder la Cabusselle à lui tout seul.

Palamède fils, « le Parisien », n'avait que ses sous et ses sages résolutions : trouver le placement sûr et faire fructifier son héritage. Le soir même de son arrivée, il se fit entôler par une pierreuse. Il se réveilla dans la soupente d'un hôtel borgne de la rue de la Grande-Truanderie, le ventre libéré. Sa précieuse ceinture avait disparu. Il se retrouvait sans un dans une ville qu'il ne connaissait pas. Cette mésaventure l'avait sauvé, paradoxalement : rustre et naïf comme il l'était au sortir de sa montagne cévenole, il eût été grugé de son argent dans la légalité, par le moyen des « bons placements » montés de toutes pièces pour ce genre de gogos.

Sur-le-champ, Palamède se mit en quête de la pierreuse. Il ne fut pas long à la retrouver. Il l'entraîna dans une porte cochère, lui mit son couteau sur la gorge et commença de trancher, sans rien demander. La lame n'avait pas encore atteint la carotide qu'il savait le nom du monsieur de la dame et l'endroit où il était. Palamède l'y trouva et le couteau ressortit. Hélas, même la décollation complète n'aurait pu lui tirer un seul napoléon. Ce jobard de petit maquereau avait perdu tout le magot dans la nuit même, aux cartes. Il ne lui restait plus qu'à chercher une autre monnaie pour acheter sa vie. Le couteau avançait toujours. L'escarpe eut vite trouvé. Il ne possédait en tout et pour tout qu'un stock de tissus et de chemises entassés dans un entrepôt, rue des Nanettes, Palamède s'y rendit illico, le couteau d'une main, l'escarpe de l'autre. Le cocher crut à un pari, ils en rirent avec lui. Le Cévenol fut émerveillé. Jamais il n'avait vu autant de tissus et de chemises. Il se crut l'un des maîtres du monde : tout ce qui voudrait porter chemise sur les deux continents serait bien forcé de passer par lui.

— Je prends tout, décréta-t-il.

— Tout quoi ? demanda faiblement l'escarpe en serrant son mouchoir sanglant sur sa gargamelle. Les chemises ou le tissu ?

— Les chemises *et* le tissu *et* la maison, répondit Palamède en rouvrant son couteau.

En quarante-huit heures, Paroul le Parisien avait acquis un fonds, un stock, et une connaissance précieuse des mœurs de la capitale. Il transforma l'entrepôt en magasin : « Paroul — Chemises, maison fondée en 1880 ».

La période de « paix armée » — autrement dit, selon une formule fameuse : « la paix avec toutes les charges de la guerre » — dura de 1871 à 1914. Terrain favorable à la croissance rapide des fortunes. Palamède Paroul se voulait garder honnête homme, il se contenta de gros bénéfices. Il lui fallait une femme. Il sollicita la main de la fille de salle d'un restaurant miteux qu'il fréquentait parce qu'on pouvait y apporter son manger, une souillon carrée dont il avait pu apprécier la force et l'ardeur au travail. Il en fit une dame respectée. Il ne s'était pas trompé sur la bête : neuf mois après, elle lui donnait un fort beau garçon, qu'il prénomma Palamède. Le bambin avait dix ans quand il fut atteint du croup, tout le monde le crut perdu, à commencer par son père, puisque neuf mois après, Mme Paroul mettait au monde un deuxième enfant, un garçon qui fut prénommé... Gédéon (en effet Palamède fils s'en était sorti, le médecin pessimiste fut d'ailleurs congédié sans honoraires). Ses deux fils étaient élevés, quand Mme Paroul mourut devant sa porte, écrasée par une voiture de livraison mal chargée dont elle cherchait à rétablir l'équilibre, en s'arc-boutant, les pieds aux murs, l'échine contre les ridelles. De ce moment, les deux fils qui, malgré leurs dix ans de différence, se ressemblaient comme des jumeaux, avaient accumulé bêtises sur erreurs, sous les yeux sarcastiques, les injures et les ricanements de leur vieux. D'abord, ils épousèrent deux jumelles, Sarah et Rebecca, deux juives de la rue d'Aboukir, les deux noces le même jour : le 27 juillet 1914.

Neuf mois après la première permission de Palamède fils, en 1917, Rébecca mit au monde un enfant... une fille ! qui fut prénommée Amanda. Neuf mois après le retour de Gédéon de Prusse où il était prisonnier, Sarah mit au monde un enfant... une fille ! qui fut prénommée Célie.

« Voilà ce que c'est, d'épouser des jolies femmes ! » grognassait encore quelquefois Palamède, le Vieux. Il vivait toujours, soixante-dix-huit ans ! et son couteau dans la poche, *atténtïou !*

— ... Le patriarche ? et comment qu'il est toujours là, attention ! racontait le titi, et il est tout le temps dans la boutique. Il continue à travailler comme au Moyen Age ! Et pour nous exploiter dix minutes de plus, il truque la pendule...

Franck écoutait avec amusement ce garçon pas très grand, tout en muscles et en nerfs, avec un nez retroussé terminé par une petite boule, un menton rond troué d'une fossette, des yeux bleus, tendres ou railleurs. Le rire était partout en lui.

— Mais... qu'est-ce que vous faites chez « Paroul — Chemises » ?

— En arrivant, j'ouvre les volets. Ensuite je balaye le magasin. Après, je fais l'assortiment des casiers avec toutes les sortes de chemises, deux douzaines de chaque. Ensuite le patron me dicte du courrier, parce que je suis en même temps « le petit dactylo » (je tape sur deux doigts !). Après, je fais les livraisons. Je rentre, je déjeune. L'après-midi...

— Vous mangez avec les patrons ?

— Non, chez ma mère. Je ne suis pas loin : rue de Lappe. Je marche très vite.

— Et l'après-midi ?

— Ben, il y a encore quelques courses, quelques lettres. J'aide à la vente. Les forains viennent se réassortir pour les marchés du samedi et du dimanche. Le vendredi, c'est jour de presse, on fait facilement une ou deux heures supplémentaires, qu'on ne nous paye pas, bien entendu ! A sept heures du soir, je remets les volets...

La symphonie de Bliss et d'abeilles poursuivait Franck. A la sortie de l'École de musique, elle l'avait poussé rue des Nanettes. Il avait trimbalé son violoncelle, dans sa housse, à bout de bras, du XVIIe au XIe. Il était resté un moment, sur le trottoir, à contempler, en face de lui, le magasin Paroul, ses deux vitrines opaques jusqu'à mi-hauteur, sa porte à deux battants...

Le Gavroche était sorti du magasin, accompagné par une voix qui braillait :

— ... Essaye donc voir d'arriver encore avec une heure de retard ! *Pamén !* Je te réponds que tu ne le feras plus, plus chez Paroul en tout cas, *millo dïou !*

Nullement troublé, le titi avait balayé la rue d'un regard curieux ainsi qu'il devait le faire tous les jours à cette heure-ci. Il avait aperçu Franck et s'était dirigé droit sur lui :

— Bonjour monsieur, excusez ma curiosité : vous êtes musicien ?

— Oui.

— Ah ! et vous jouez dans quel orchestre ?

Franck avait tenu pour normal et agréable d'expliquer à l'inconnu sa position véritable dans la musique contemporaine.

— Oh, si ! Laissez-moi le porter, votre violoncelle !

Il s'en saisit avec précaution, et fierté.

— Vous aviez à faire dans le quartier ? Sans indiscrétion ! je le connais bien, et si je peux vous être utile...

Pourquoi pas ? Franck dit la vérité, toute bête : la Cabusselle — un mas, dans son pays — les héritiers farouches du Loubatié, une histoire que sa mamée du Casquillé lui avait plusieurs fois contée, qui faisait toujours son petit effet dans les veillées de la Cévenne : Palamède et Prosper, « le Parisien » et « l'Arabe »...

— Ah ! Prosper, l'Arabe ! l'aventurier de la famille. Ils en parlent encore, avec des cris d'horreur. Sait-on chez vous qu'il n'est pas parti tout seul, mais avec la femme du notaire chargé de la fameuse succession ? Il vivait en Algérie, tantôt dans les villes, tantôt dans le désert. Il s'est essayé dans les branches les plus diverses : les dattes, les pompes funèbres, la peau de mouton, l'irrigation, la naturalisation du lézard des sables, l'acclimatation de la truite dans les oueds... Quel type !

— Vous avez l'air de bien le connaître !

— Les frères Paroul m'ont demandé un jour de classer leur correspondance. Prosper écrivait assez souvent au vieux avant la guerre, presque toujours pour demander de l'argent, sous prétexte qu'il l'avait grugé au partage. Quel style ! Un régal ! Des formules... « Adoncques, frère affectionné, me voici redevenu le marquis de la bourse plate... Laisserez-vous, ô papelard Palamède, ô fils de mon père nonobstant, et vous mes neveux, sang du sang de mon père !... etc. » Cette lettre racontait comment, fortune faite, il avait été dépouillé par un eunuque acheminant un troupeau de femmes vers les harems. Une histoire au poil ! J'aurais voulu en faire un sketch...

Il s'arrêta court, intimidé pour la première fois.

— Vous êtes peut-être pressé ? risqua Franck.
— Moi ? J'ai tout mon temps, annonça-t-il froidement.
— Je croyais que vous recommenciez à treize heures trente, je ne voudrais pas vous priver de repas...
— Je viens d'apprendre à l'instant que je ne travaillais pas cet après-midi.
— Comment ?... Par qui ?...
— Par moi ! Je viens tout juste de me l'annoncer. Je m'en suis même donné l'ordre formel.
Ils éclatèrent du même rire détendu.
— Dans ce cas, je vous invite à déjeuner, lança Franck grand seigneur (il était passé la veille à la Chase Manhattan).
— Au restaurant ? Vous m'invitez ? Moi ?
Ils s'attablèrent, rue de Charonne, dans un bouchon à plat unique rempli d'un parfum de vieille daube.
— Vous avez toujours travaillé dans les chemises ?
— Vous rigolez ! j'ai touché à tout, moi ! J'ai d'abord été manœuvre dans les robinets. Ensuite, employé au service des ventes, puis au calibrage des billes. Après, je suis monté au bureau d'études. Ça me paraissait un luxe extraordinaire : j'avais une table pour moi tout seul, je tirais des plans à la polycopie. Ça me passionnait tellement que j'avais appris toutes les résistances des métaux, tous les alliages, par cœur. Je dessinais moi-même l'outillage qu'il fallait pour fabriquer des robinets d'un nouveau modèle... Tenez, c'est là que j'ai fait ma première grève !
— Vous y êtes resté combien de temps, à votre table à dessiner ?
— J'ai dû rester huit mois. J'avais quatorze ans.
— C'était un travail où vous pouviez envisager de rester plusieurs années ?..
— Ah oui ! ça, c'est un travail que j'aurais pu faire toute ma vie. Il y avait une partie de dessin, très précis, avec des tire-lignes réglables, les mensurations de pièces, les coupes à dessiner pour avoir la composition du métal, oh ! ça me plaisait... Mais j'ai été viré parce que je suis arrivé une fois avec une minute de retard, une minute !
— Et vous aviez fait la grève ?
— Oui. Je suis entré dans cette boîte à treize ans, au décapage des métaux. On plongeait les robinets qui sortaient de la presse dans de grandes cuves d'acide. Les émanations étaient si fortes que les rideaux du bureau d'études étaient brûlés. Alors de vieux ouvriers syndiqués se sont indignés que ce soient des enfants qui travaillent dans ce poison. Ils ont exigé pour nous un litre de lait par jour. On a fait grève, on a gagné, hélas ! Je déteste le lait ! Et il fallait bien, après toute cette histoire, que je m'envoie mon litre de lait par jour, sous la surveillance d'un vieux contremaître qui nous obligeait à le boire.

— Qu'est-ce que vous avez fait, quand vous vous êtes retrouvé sur le sable ?

— Il m'est arrivé de rester des périodes de quatre, cinq mois en chômage. Ce n'était pas grave.

— Comment ?

— Mais non. J'avais moins de quinze ans, les salaires, à ces âges-là... Les allocations de chômage que je touchais étaient presque aussi fortes que mes salaires. Comme soutien de famille au chômage, je touchais pas mal : dans les cent francs par semaine, alors qu'en travaillant, je faisais cent vingt ou cent trente, et encore...

— Vous êtes soutien de famille ?

— Mon père est mort, mon frère doit faire des séjours en préventorium, ma sœur est chez des paysans, et ma mère aussi est malade.

— Ça doit faire tirer, à la maison ?

— C'est dur, oui, mais on ne crève pas vraiment de faim. On n'en a jamais été là. Nous avons une vieille épicière, que nous appelons « la Folle » (elle est un peu bizarre, elle parle seule). Elle nous fait crédit. Ça paraît pas croyable si vous ne connaissez pas certains quartiers de Paris, mais ça dure depuis des années. Elle sait très bien qu'on dépend d'elle...

A son tour, il entreprit Franck. Il voulut des précisions sur ce mas « d'où sort notre roi de la chemise ». Le Cévenol essaya de répondre sans emphase, mais les questions inattendues de ce Parigot suffisaient à provoquer des touches colorées dont l'ensemble formait un tableau bucolique assez différent de la froide et maigre réalité des rancarèdes désertiques et des biens désertés.

— Je ne vais jamais en vacances. Je suis allé une fois à Juvisy-sur-Orge, un de mes copains avait une baraque en bois là-bas. On couchait par terre, tous entassés, et c'était merveilleux, je me souviens : le matin, j'ouvrais la porte de cette cabane, et je voyais un champ... avec des marguerites ! la campagne, quoi !

Ses yeux sensibles étaient vides, il était loin, si loin que sa voix n'était plus qu'un murmure :

— Deux ou trois fois, je suis allé à Noisy-le-Grand, à pied. Je pars le matin, tout seul, sans rien. Le soir, je trouve toujours un copain moins fauché, qui me paye l'autobus. La dernière fois, je n'ai trouvé personne. Je suis rentré à pied. C'est extraordinaire, la nuit, dans la campagne.

— Qu'est-ce que vous faites, là-bas, toute la journée ?

— Je me mets en culotte, je cours. Je vais me jeter dans la Marne... Au fait, vous m'avez dit le nom de votre village ?

— Clerguemort.

— « Clerguemort ». C'est bien ça. Hier matin, on a reçu une lettre de Clerguemort, chez Paroul. Ce n'était pas une commande. Questions familiales, je crois...

— Une lettre de Clerguemort ? Le maire, peut-être ?

— Non, un Matthieu Quelquechose, capitaine en retraite...
— Le Laguerre !
— Non.
— « Laguerre », c'est un surnom. Il s'appelle Ardailhan.
— C'est ça ! Les deux frères Paroul sont allés tout de suite montrer la lettre du capitaine au vieux, qui s'est mis à gueuler, mais à gueuler ! et dans son patois — que ses fils ne parlent pas. Toujours est-il que, lorsqu'ils sont revenus, ils n'étaient pas brillants, les frères Paroul ! L'aîné, Palamède fils, a dit à son cadet : « Gédéon, si le vieux repart en guerre, vaut mieux tout de suite dynamiter la boutique, on souffrira moins longtemps... »

Nathan se réservait un jour ou deux par semaine. Il faut dire qu'il avait tant à faire, dans la vie ! Une fois, sa mère avait eu des palpitations. Une autre fois, il se foulait quelque chose. Les Paroul disaient : « Il n'a pas de veine, qu'est-ce qui a pu lui arriver encore aujourd'hui ? » Le lendemain, Nathan gémissait : « Ma mère est très malade. J'ai dû la soigner. J'ai fait venir le médecin... »

Finalement, tout le monde le plaignait.

Sarah, la femme de Gédéon, lui expliquait :

— Dis à ta mère qu'elle doit rester assise dans son lit, qu'elle ne doit pas s'étendre...

Ils ne sont pas si mauvais, les Paroul. Nathan s'en veut un peu : n'a-t-il pas trop noirci leur image, hier après-midi, auprès de ce jeune musicien cévenol si sympathique ?

Ce matin, il faut trouver autre chose, mais quoi ? Nathan ralentit le pas. Rien. S'il avait seulement un dictionnaire médical ! Il pousse la porte de « Paroul—Chemises », la tête complètement vide.

— Alors ! braille le vieux, monsieur s'est cru permis de s'absenter... Voyons quelle histoire il a trouvée !

Pour se donner encore quelques secondes, Nathan tousse dans son mouchoir, se mouche de toutes ses forces. Il frissonne, blêmit :

— Je crache le sang... bafouille-t-il. Moi aussi !

Il montre le mouchoir englué.

Son père est mort de phtisie, sa mère est tuberculeuse, son frère est en préventorium, le médecin a envoyé sa petite sœur à la campagne, soi-disant pour éviter la contagion, mais Nathan est bien persuadé qu'elle est malade, elle aussi. Sa hantise... Il vit dans un taudis de la rue de Lappe. Pendant des années, son père a craché ses poumons, dans un verre, pour ne pas se lever (il n'y a d'eau que sur le palier), un verre, sous le lit, et il crachait dedans. Nathan a peur, peur... Un soir, il est tombé sur un camelot qui vendait de la résine. C'était en hiver. L'homme, torse nu, montrait ses biceps : « Vous voyez, je suis fort ! j' fais pas d' sport ! j' vais pas à la campagne ! mais voilà ! j' vais à la montagne, ou, plutôt : la montagne vient à moi ! »... Il vendait de la résine : « Puisque vous non plus, vous ne pouvez pas aller à la montagne, laissez la montagne venir à vous ! » Nathan convertit ses économies en résine. Il la cache sous son oreiller, parce que ça le gêne d'en parler à sa mère. La nuit, il se réveille pour sucer ses pastilles, convaincu que ça l'empêchera de devenir tuberculeux.

Il crache encore. C'est brun. C'est ça.

— Nathan, montez. Il fait froid en bas.

C'est Sarah, la femme de Gédéon. La nouvelle a fait le tour des Paroul.

— Tenez, Nathan, enfilez ce tricot molletonné, propose Sarah. Vous ne descendrez pas à la cave aujourd'hui. Restez derrière le comptoir.

Nathan médite sombrement : « Ça y est, je crache le sang, je suis foutu. »

Il va s'enfermer dans les cabinets. Il tousse, tousse le plus fort possible, se racle la gorge plusieurs fois, et vlan ! dans le mouchoir. Il regarde mieux. Il goûte : du chocolat au lait. Mais bien sûr ! Ce matin, il n'a pas pris le café habituel, il a pris du chocolat ! « Chouette alors, se dit-il aussitôt, demain, je ne viendrai pas travailler. Prévert fait un film, j'irai à Joinville, la figuration n'est peut-être pas complète. »

Nathan avait passé son certificat d'études à onze ans et demi. Élève très brillant, il avait été reçu le premier de l'arrondissement. Et pourtant, il manquait souvent. Son rêve était d'entrer dans une école professionnelle de la rue Trousseau où l'on travaillait le bois et le fer, mais il fallait faire vivre la famille, à présent que son frère était en préventorium. Marcel, son aîné, passionné de musique, avait appris le solfège à la fenêtre, la nuit, à la lueur du bec de gaz qui était juste en face, car leur mère coupait le courant par économie. Il promettait, Marcel, et puis, patatras ! les poumons... Il quittait le préventorium trois mois, six, il recommençait à travailler, à chanter, à vivre... Le médecin le renvoyait là-bas : « Un trimestre, pas plus ! Mais aussi, tu n'es pas raisonnable, dès que tu sors, tu fais le fou... »

Pour échapper à la terrible maladie, le petit Nathan avait entrepris de s'endurcir. Il faisait des courses avec les copains du quartier, il arrivait toujours le premier. Il s'était inscrit dans un club sportif, l'Étoile pédestre du XIe Arrondissement. Les mardis et vendredis, il s'entraînait au Champ-de-Mars, deux fois le tour. Le dimanche, il participait à des compétitions.

Nathan n'avait pu choisir sa voie. Dans les vrais métiers, comme l'orfèvrerie ou la maroquinerie, les apprentis ne sont pas payés. Il se mit donc en quête de métiers qui n'en étaient pas : manœuvre, vendeur... Il avait commencé par être garçon de courses dans une bimbeloterie, rue de la Roquette. Cinquante francs par mois. Sa mère croyait qu'il n'en gagnait que quarante, la différence était pour lui, pour sa résine en particulier. Au bout de deux mois, pour quelques francs de plus, il passa dans une papeterie. C'est ensuite qu'il entra dans les robinets. Il y avait deux kilomètres de l'usine à la rue de Lappe. Nathan les couvrait quatre fois par jour, en courant. Un bon entraînement. A quatorze ans, il était champion de Paris du mille mètres, dans la catégorie minimes.

Nathan n'avait pas d'ambitions démesurées. Le travail lui semblait une obligation à laquelle on pouvait difficilement échapper, mais susceptible d'être aménagée agréablement, pour peu qu'on soit futé.

Il ne se lassait jamais de son quartier, de la rue de Lappe qui sentait bon le crottin, avec ses charrois de tonneaux. Les gamins s'asseyaient sur le diable, derrière les charrettes, et se laissaient trimbaler, « ils prenaient un cul ». Il y avait, tout autour, beaucoup de terrains vagues où s'affrontaient les bandes rivales. Les « bleus » et les « rouges » se livraient bataille dans le plus grand, celui de l'avenue Ledru-Rollin.

Nathan habitait au-dessus du *Bal des Trois Colonnes*. Son enfance et son adolescence avaient été bercées par l'accordéon. Il avait connu ses premières insomnies à la campagne, à Juvisy et à Noisy où il avait passé quelques nuits sans java. Entre le travail et la course à pied, Nathan se nourrissait de musique. Il restait figé des heures au seuil des bals musettes, à regarder danser les apaches et les gigolettes. Mais il y avait aussi ce qu'il considérait comme « la musique sérieuse », et « profonde », celle des orchestres qui jouaient aux terrasses des cafés, en plein air. Place de la Bastille, il y en avait trois. De neuf heures du soir à minuit, il restait debout, à écouter pieusement *Le Beau Danube bleu*, un pot-pourri de *Carmen* ou de *La Traviata*... Ça, alors ! c'était le summum de l'art ! Quand il voulait définir un grand artiste, il disait : « Cet accordéoniste, il pourrait jouer à l'Opéra ! »

La rue de Lappe avait aussi ses plaies, comme l'Égypte, les punaises par exemple, un fléau ! Au début de la saison chaude, on s'arrangeait avec une voisine : « On va soufrer. Pendant ce temps-là, on viendra habiter chez vous. » Toute la famille, qui logeait dans deux pièces sans cuisine, se transportait chez la voisine, qui n'était pas mieux lotie. On arrivait à cinq, avec ses matelas, ses couvertures, pleins de punaises bien sûr, et on s'installait. Pendant quatre jours, les deux familles vivaient l'une sur l'autre. On rentrait enfin chez soi pour balayer les cadavres de punaises, mais à ce moment-là, la voisine décidait d'en faire autant. Huit jours après, elle arrivait avec les siens, leurs couvertures et leurs matelas infestés... La mère de Nathan se plaignait de cette voisine : « Elle est sale, elle nous amène des punaises... Il faut trouver un autre système contre cette infection... On va brûler nos sommiers nous-mêmes ! »

On retirait les matelas, on passait du pétrole dans le coin des lits de fer, et on brûlait. Un jour débarqua chez Nathan un vieux réfugié polonais. On lui trouva un coin de soupente. Deux ou trois mois après, en plein été, il vint se plaindre auprès de la mère de Nathan :

« Il y a des drôles de petites bêtes qui me piquent... — C'est rien, c'est des punaises... — Qu'est-ce qu'il faut faire ? — Écoutez, moi, je prends du pétrole, et je brûle... » Deux heures après, les pompiers arrivaient. Le malheureux avait un lit en bois. Il était furieux : « Est-ce qu'on fait des blagues pareilles à un pauvre réfugié ! »

Nathan, son frère Marcel, et un copain de la rue, Marceau, chantaient pour l'immeuble, à l'occasion de certaines fêtes. Ils « louaient » la cour, en offrant un bouquet de fleurs à la concierge. Le marchand de vin leur prêtait deux demi-muids pour la scène. Pendant trois jours, ils chantaient, jouaient. Marcel écrivait les sketches, Marceau chantait « la Toschka » (il avait un cheveu sur la langue, « ... doux baijer, délichieuse ivresche »...), Nathan faisait le comique. Les locataires n'avaient pas à bouger de chez eux. Après le repas de midi, à deux heures, ils commençaient à s'impatienter : « Alors, les mômes ! On vous attend ! » Les baladins ramassaient jusqu'à des quinze francs en trois jours, — les sous qu'on leur balançait des fenêtres. Nathan chantait :

La femm' que j'ai dégottée,
C'est peut-êt' pas une beauté
Mais c' qui me plaît c'est son autorité.
C'est eil' qui commande, c'est ell' qui...

Son frère Marcel, qui avait deux ans de plus, traitait l'actualité politique à la façon des chansonniers. La dévaluation l'avait inspiré :

... Le franc dégringolait,
Il essay' d' r'monter
Mais l'échelle est cassée...

Dans son dos, Nathan faisait une chute spectaculaire, du haut d'une échelle empruntée, Marcel pondait même des textes à prétention philosophique : « ... Arrière, Satan, disparais de ma vue ! Poussière... » Il allait jusqu'à mettre en scène des classiques, de mémoire. Harpagon, d'après ses souvenirs scolaires, avait enthousiasmé l'immeuble.

Gamineries ! Nathan faisait maintenant du théâtre, du vrai, avec des gens sérieux.

L'A.E.A.R. (Association des écrivains et artistes révolutionnaires) avait formé une section théâtre, la F.T.O.F. (Fédération des théâtres ouvriers de France). Dans chaque quartier, la F.T.O.F. avait envoyé un professionnel pour animer un groupe de théâtre amateur. C'est ainsi que Nathan devint l'un des membres du groupe Mars que dirigeait Sylvain Itkine, où il répétait des pièces comme *L'Anglais tel qu'on le parle*. Cependant, Nathan et Marcel, que l'envie de chanter n'abandonnait pas, montèrent un duo. Ils s'habillaient à la façon de Gilles et Julien, qui les avaient profondément impressionnés, et puisaient dans le répertoire des fameux duettistes. Jacques Prévert écrivit la première chanson des deux garçons de la rue de Lappe.

Le poète leur avait dit :
— C'est chouette, ce que vous faites, les petits.
— On aimerait chanter de vos chansons...
— Je vais vous en écrire.

Ils commencèrent à participer à des spectacles populaires. Un soir, ils reçurent vingt francs. Ils en furent pantois : vingt francs, dix heures de travail à deux francs de l'heure !

Le groupe Mars ouvrait à Nathan un monde merveilleux. On côtoyait Jean-Louis Barrault, Prévert, Itkine, O'Brady, Aragon, Jean-Paul Le Chanois, Kosma, Marianne Oswald, Jean Renoir, Bussière, Yves Allégret, Roger Blin, Maurice Baquet... des gens qui semblaient prodigieux au commis des Paroul, et il les tutoyait ! Tout le monde s'appelait camarade, rue de Navarin, au local de l'A.E.A.R. où se rencontraient les membres de son groupe, dont le siège était cours de Vincennes, dans le petit café *Moretta* ; le groupe Douze, avec Renée Lebas, qui était dirigé par Jacques Chabannes, le groupe de Bobigny, les Coquelicots du vingtième, qui, tous, donnaient des spectacles d'une qualité exceptionnelle pour des amateurs. Et cela se faisait si vite ! Un soir, le syndicat de Citroën avait téléphoné à Prévert : « Nous sommes en grève, nous faisons un grand meeting, demain soir, à la Mutualité. On voudrait un chœur parlé. » Dans la nuit, Prévert écrivait le texte que le groupe Octobre mettait en répétition immédiatement et, le soir, devant une salle survoltée, le chœur parlait :

Les ouvriers de chez Citroën réclament du lait !
Du lait ! Ce n'est pas une nourrice !
C'est Citro-ën-ën...
Bénéfices nets : millions !
Qu'est-ce qu'on peut dire à ça ?
Vous savez ce qu'il faut lui dire ?
(*Tous en chœur* :) Merde !

Nathan et son frère avaient fait partie, l'été précédent, de l'un des groupes mobiles de cette « agitation-propagande », comme ils disaient, plein la bouche. Le 14 juillet, ils avaient sillonné les quartiers chics, à huit ou neuf copains, sympathiques, correctement habillés, impeccables. Ils n'emportaient qu'une arme, un texte de Prévert : *14 Juillet*. Ils allaient dans les bals publics, attendaient une pause, se plaçaient au centre, et entonnaient la rengaine à la mode :

Amusez-vous ! Faites les fous,
La vie passera comme un rê-ê-ve...

On faisait cercle autour d'eux. Les musiciens en profitaient pour se désaltérer. Quand tout le monde était là, le chœur parlé commençait :

Camarades ! Écoutez-nous !

Aujourd'hui, c'est l' Quatorze Juillet !
C'est, comme on dit, un' grande fête nationale.
Demain, c'est le quinze juillet : le ter-er-erme !
C'est la fêt' nationale... pour les propriétaires !
Passez la monnaie ! On n' danse pas souvent,
Mais on pay' tout le temps !
Chaqu' jour, les salaires baissent !
Et le coût de la vie augmente !
Les impôts... les impôts si légers pour les gros,
Si lourds pour les p'tits !
Nous dans'rons d'vant l' buffet !
Les huissiers emport'nt les buffets.
On n' sait plus sur quel pied danser !
Nous — dans'rons — sur — l' pied — de — guerr' — puisqu' les — crédits — sont — votés !
Dix milliards ! Dix mille millions de francs !
En plus ! pour la guerre !
Nous dans'rons au pas cadencé la valse bleu horizon !
Nous dans'rons sur nos moignons pour les marchands de canons !
Et puis, quand on s'ra sous terre, ce s'ra l' moment d' se taire : disparu ! ni vu ni connu ! à qui l' tour d'êtr' l' poilu inconnu ?
Demain les lampions s'ront éteints mais l'année prochaine, ce s'ra la même rengaine.
Amusez-vous ! Faites les fous... !
Mais l'année prochaine, ce s'ra peut-être l'année de la prochaine... L'année prochaine, où serez-vous ?
Morts peut-être... Le voulez-vous ?
— Non !
Eh bien alors, défendez-vous ! » (poings dressés).

A ce moment-là, les flics arrivaient et le groupe artistique fonçait vers la sortie, pour aller récidiver dans un autre bal, un peu plus loin.

Pour Nathan, tout était très simple : les ouvriers étaient exploités, et ils voulaient gagner plus. Il n'y avait que deux sortes de gens : ceux qui travaillent et ceux qui les font travailler. Sa philosophie n'allait pas plus loin. La taille du patron importait peu. Pour lui, les père et frères Paroul étaient des patrons au même titre que Citroën, et pourtant les chemisiers se débattaient alors au milieu de tracasseries et de difficultés de toutes sortes, les affaires ne marchaient pas très fort, à cause de la crise économique mondiale, dont les répercussions frappaient durement la France. Nathan le constatait et s'en foutait : « Bien fait pour leurs pieds ! n'ont qu'à pas être patrons ! »

Ses opinions étaient aussi simples sur tous les plans : A bas l'armée ! A bas les flics ! Mort aux vaches ! Il ne faisait pas le détail. Des scandales aussi pittoresques, aussi énormes que l'affaire Stavisky, ne retenaient pas son attention. Il avait participé à la contre-manifestation du 12 février 1934, à Vincennes, en cachette de sa mère qui avait entendu de chez elle les coups de feu du 9 et tremblait encore. Il criait avec les autres que le fascisme ne passerait pas quand un flic l'avait ceinturé.

Une catastrophe ! Une fois déjà, le commissaire de son quartier l'avait averti : « Ne touche pas à la politique ! Tes parents sont étrangers, ne l'oublie pas ! » Sa mère s'était affolée. Il avait dû jurer de ne plus se mêler de toutes ces histoires.

Et ce flic le tenait ! S'il l'emmenait au commissariat, ne serait-ce que pour le contrôle de routine, c'était l'expulsion de sa famille...

Nathan avait bien mesuré son coup. Il avait envoyé la pointe de son soulier, de toutes ses forces, dans le tibia du flic.

— Aïe ! Petit salaud !

Le flic dansait sur un pied, tandis que Nathan filait comme un lapin. Une fois qu'il était lancé, pour le rattraper...

Nathan courait toujours. Toutes ses soirées étaient prises : deux fois par semaine, l'entraînement, deux autres soirs, répétitions, restaient les samedis pour les représentations et les dimanches pour les compétitions. De la rue des Nanettes chez lui, de la rue de Lappe au Champ-de-Mars, de la rue de Navarin au cours de Vincennes, il ne prenait jamais le métro et n'avait pas le temps de lambiner, alors : les grandes foulées !

De la vie, il ne voulait rien laisser perdre, et il trouvait toujours quelque chose de nouveau et de passionnant à faire. Le Bazar de l'Hôtel de Ville exposait en vitrine une table de ping-pong. Avec un copain, il avait proposé au chef de rayon de jouer, afin d'attirer le badaud. Chaque jour, il parvenait à carotter une bonne heure aux chemises Paroul pour sa partie de ping-pong, il suffisait de faire les livraisons en courant.

Il était toujours à l'heure, à peine essoufflé. Parfois il buvait une grenadine ou une limonade, qu'on lui offrait — il ne lui serait pas venu à l'idée de dépenser dix sous pour se désaltérer.

Les soirées sportives mettaient Nathan doublement en vedette : comme elles se terminaient généralement par un petit spectacle ou un vin d'honneur, d'abord il courait, ensuite il chantait. Un vrai petit roi. Il lui arrivait de prendre le départ d'un cross-country quand les autres venaient de s'élancer. Il les rattrapait. Il gagnait. Après il chantait, quelquefois, il dansait, finalement il rentrait dans la nuit, rue de Lappe, au pas de course.

Il échappait ainsi à ce quartier de voyous et de prostituées, où se retrouvaient les vrais durs qui descendaient de la zone, d'où d'autres garçons de son âge et de son milieu n'étaient sortis que pour entrer en prison.

Nathan avait décidé de se livrer à une activité supplémentaire : le piano. Mais les leçons coûtaient cher. On imagine donc sans peine qu'il était bien résolu à cultiver ses relations avec le dénommé Franck. Il était tombé à pic, celui-là ! Néanmoins, Nathan hésitait à en faire son ami. Pour lui, Franck était un bourgeois : un étudiant, ça ne travaille pas. Le problème le préoccupait, tandis qu'il traversait follement le Bois de Vincennes en direction de Joinville. Enfin, il aurait le temps de le résoudre avant sa prochaine rencontre avec l'étudiant cévenol, son futur professeur de musique, après tout... Pour l'heure, l'important était de se faire embaucher dans la figuration. En vue des studios de Joinville, il s'astreignit à marcher au pas, comme tout le monde.

L'un des gardiens sortit de la cage vitrée, l'air mauvais :

— Qu'est-ce que c'est ?

— Je viens de la part de Jacques Prévert.

— Ah ! bon... fit le gardien.

Il lui indiqua où il trouverait M. Prévert, puis il rentra dans la cage vitrée :

— Encore un traîne-lattes de la bande à Prévert, dit-il à son collègue. Dans chacun de ses films, il les case. On finira par les connaître tous.

6

La Môme

Un matin, Cherchemidi fut convoqué au commissariat de police. Il était furieux, inquiet aussi, malgré tout.

Qu'avait-il commis de répréhensible ? Dans sa vie privée... rien. Ses derniers articles ? Voyons... *Les Fusilleurs de Limoges*, évidemment... Mais il s'en prenait moins aux policiers qu'aux fascistes des Croix-de-Feu qui avaient tiré dans la foule. Il y avait bien cette phrase : « Et les forces dites du maintien de l'ordre ? Elles ont laissé faire les voyous à la tête de mort, elles ne sont pas là pour protéger le peuple des travailleurs mais pour veiller à l'application des décrets-lois de misère de M. Laval... »

L'écrivain noua son cache-nez, enfila son pardessus, et descendit. Devant sa voiture, il hésita. Il venait de s'offrir la « traction-avant » 11 légère de Citroën. Il avait, à la conduire, un plaisir croissant. Le commissariat n'était pas loin, à pied, par la rue de Vaugirard, mais il ne serait quand même pas mal d'arriver là-bas au volant de sa « traction ».

— Monsieur Cherchemidi ?

Le scribouillard n'avait pas l'air au courant. Il se renseigna, disparut derrière une double porte, revint :

— Effectivement. Monsieur le commissaire va vous voir dans quelques instants.

L'écrivain s'assit sur le banc, entre une vieille coquette trop parfumée, qui sanglotait, et un plombier qui jetait autour de lui des yeux furibards.

— Très heureux de faire votre connaissance, mon cher maître...

Le commissaire l'accueillait, les deux mains tendues, au seuil de la double porte capitonnée.

— ... Permettez-moi de vous dire que je suis un de vos lecteurs les plus attentifs. Je ne rate pas un seul de vos articles. Vous avez une façon tout à fait personnelle d'aborder les questions... brûlantes de notre époque, un... tour de main — si l'on peut dire — pour les traiter, une vivacité...

— Si nous en venions...

— Oh !... Veuillez ne point me tenir rigueur de vous avoir dérangé. Peut-être me serez-vous reconnaissant d'avoir tenu à régler cette... ces détails en dehors des formes bureaucratiques, d'homme à homme... Voyons...

Il farfouillait dans ses dossiers, il jouait :

— Cherchemidi n'est qu'un pseudonyme, n'est-ce pas ? Votre identité réelle est Larguier, Léon, né le 11 février 1900, à Clerguemort, Gard. Votre maison de famille s'appelle « Le Casquillé » ?

— C'est exact, répondit l'écrivain étonné. Mais je ne vois pas...

Le commissaire finit par expliquer que ses agents avaient appréhendé, à la suite d'une bagarre, un individu curieux qui se prétendait le neveu de l'écrivain :

— ... Vous devez comprendre que le cas nous ait paru douteux : né en Allemagne, portant un nom qui sent l'Europe centrale... et il trimbalait un étui (on n'avait pas encore vérifié que c'était vraiment un violoncelle !). Il se prétendait votre neveu...

— Mais il l'est ! Que lui reprochez-vous exactement ?

— Trois fois rien. Une bagarre d'étudiants. On leur fait un peu peur, vous savez ce que c'est. Tous les autres ont été relâchés, mais lui... Cette curieuse identité... Enfin, vous devez comprendre, vous qui êtes un antifasciste militant, notre attention pour tout ce qui nous vient de là-bas...

— Il en vient surtout des Juifs, des proscrits, des malheureux !

— Oh !... Parmi eux, peuvent se glisser...

— Enfin ! vous le lâchez, mon neveu, ou vous le gardez ? fit Cherchemidi en se levant.

— Mais naturellement, nous le lâchons, vous pensez bien ! Ça m'aura donné le plaisir de vous connaître autrement que par vos articles remarquables...

Il était dix heures du soir. La nuit était froide.

— Mets ton violoncelle derrière. Veux-tu dîner avec moi ?

— Si je ne te dérange pas...

— Au contraire. Nous irons au *Gerny's*. On peut manger jusqu'à trois ou quatre heures du matin. Je voudrais entendre cette petite chanteuse dont on parle beaucoup. J'écrirai peut-être sur elle...

— Tu fais dans le music-hall, maintenant ?

— Pas du tout ! rétorqua l'oncle un peu froissé. Si j'écris, ce sera sur le phénomène... social que représente le succès de cette pauvre gosse... Au fait, qu'est-ce que c'était, cette bagarre ?

— A la sortie d'une soirée ouvrière...

— Tu vas dans les soirées ouvrières, toi, maintenant ?

Franck raconta qu'il donnait quelques leçons de solfège à un petit Parigot, un vrai titi, membre du groupe Mars. C'est là qu'on avait prié le jeune violoncelliste de jouer un morceau, entre un chansonnier amateur et un chœur parlé, au cours d'une soirée bon enfant.

— Ton premier concert public, en quelque sorte ? Et, ça a marché ?

— Ben... Pas tellement. Oh ! ils m'ont terriblement applaudi, comme n'est jamais acclamé un concertiste, mais, pendant que je jouais, je sentais bien que je les ennuyais ; c'était pénible, autant pour moi que pour eux.

— On ne t'y reprendra sans doute plus ?

— Ils sont très chics. Il est difficile de refuser. « Nous faisons une soirée au profit des grévistes, est-ce que, éventuellement, vous ne pourriez pas venir, avec le violoncelle ? » J'étais heureux. Je me rendais utile. Je pense qu'il faut apporter la culture au peuple. Mais, je crois que j'y suis allé trop fort. Je me suis amené avec des extraits des suites de Bach... Au bout de quelques minutes, ils ont commencé à parler entre eux, personne ne faisait plus attention à ce que je jouais. L'un des responsables m'a pris à part : « Tu n'as pas des choses un peu plus... mélodieuses ? » La prochaine fois, j'essayerai *Le Vol du Bourdon*, ou l'*Ave Maria* de Schubert... Il faudrait des trucs qu'ils connaissent, qu'ils peuvent fredonner... Pour commencer.

La traction roulait souplement le long des quais de la rive gauche. L'expérience de son jeune neveu ramenait l'écrivain à l'un de ses principaux sujets de préoccupation. Il évoquait les discussions qu'il avait avec ses amis, littérateurs artistes ou militants de gauche.

— ... Tout dépend du peuple, pourtant. Tout. Léo Lagrange a raison. Sais-tu ce qu'il me disait, pas plus tard qu'hier ? Pour l'instant, les ouvriers savent à peine lire, et le travail ne leur laisse que le temps de parcourir un journal. Le véritable progrès socialiste implique l'enseignement critique des citoyens. Il faut leur apprendre à voir, à entendre, à goûter, à sentir, à comprendre par eux-mêmes l'histoire et l'actualité, la valeur des chefs-d'œuvre. Alors, ce sera merveilleux, le peuple deviendra exigeant. Les temps de la médiocrité seront révolus. En attendant, tu vas voir, Franck, comment s'amuse « l'élite »...

La traction se rangeait dans la rue Pierre-Charron, sous les hautes lettres au néon : « Gerny's — Louis Leplée ».

— Au fait, comment as-tu fini ton concert entre les pattes des flics ?

Franck était sorti en compagnie de quelques garçons et filles du groupe Mars. Ils chantaient une marche révolutionnaire quand une équipe des Jeunesses patriotes les avaient attaqués. Un car de police était arrivé au milieu de la bagarre. Les autres avaient l'habitude, ils n'avaient pas attendu...

— ... Tu me vois, avec mon violoncelle !...

— Tu aurais gardé la trompette !

— Ah ! ce petit Nathan ! Un lièvre...

L'oncle et le neveu étaient d'excellente humeur en entrant au *Gerny's*.

Louis Leplée était un prince des nuits parisiennes.

— Le prince qu'elles méritent, grogne Cherchemidi.

Leplée avait fait une petite carrière au music-hall. Il avait, une saison, donné la réplique au grand Maurice Chevalier, au *Casino de Paris*, mais il était surtout fameux pour sa pédérastie. L'étrange coterie des homosexuels permit au chanteur raté de se lancer dans les boîtes de nuit. Oscar Dufrenne, pédéraste, conseiller municipal de Paris et propriétaire du *Palace*, avait offert à son complice en parties fines les sous-sols de son établissement pour y installer un petit cabaret. C'était l'après-guerre, le triomphe du jazz et du dollar. Leplée fit fortune. Il lança successivement le *Liberty's bar*, place Blanche, le *Gerny's*, rue du Port-Mahon, puis le nouveau *Gerny's*, aux Champs-Élysées. Dans chacun, Leplée, costumé en femme, chantait et présentait, avec son associé « Bobette », un programme habilement épicé ; les snobs accouraient, l'argent aussi.

Dans les milieux du spectacle, on parlait de Leplée avec une indulgence cordiale : il l'était, d'accord, mais il ne s'en cachait pas, lui au moins, et il n'importunait personne. De plus il était généreux et il avait du flair : il aidait les inconnus, en faisait des vedettes, avec un parfait désintéressement.

Un jour que Leplée se promenait dans les rues de Montmartre, il s'était arrêté parmi les badauds qui écoutaient la romance du carrefour. Un homme, assis sur une caisse, accompagnait à l'accordéon une fillette souffreteuse. Le vieux pédéraste au visage flétri, au cœur usé, avait été bouleversé. Il avait engagé la gisquette et l'avait produite le soir même dans sa boîte, telle qu'elle était, miteuse, minable. Depuis, tout Paris courait au *Gerny's*.

— ... Voilà ce que j'ai voulu te montrer, conclut l'écrivain : l'exhibition de la misère devant le luxe et le vice.

Le nouveau *Gerny's* est plein à craquer. Franck et Cherchemidi sont conduits à un coin de table, assez loin de l'étroit espace qui sert de scène, au centre. Ils se frayent un chemin entre les dossiers, bousculés par les serveurs, fusillés par les serpentins. L'écrivain répond à quelques saluts...

— Qui est-ce ?

— Philippe Hériat, un jeune romancier. Là-bas, de l'autre côté de la scène, un député radical dont le nom m'échappe...

Franck reconnaît une actrice de cinéma, un soliste de l'Orchestre national.

Les tables croulent sous les fleurs, les viandes, les seaux à champagne.

— Caviar ? propose le maître d'hôtel.

Les conversations et les rires s'atténuent. Une forte commère occupe la scène. En grand décolleté, une fleur dans les cheveux, des pendeloques aux oreilles, un collier de perles, des mitaines noires montant jusqu'aux coudes, épaisse, trop maquillée, gracieuse néanmoins, elle détaille en diseuse expérimentée les couplets d'un monologue grivois.

— C'est Louis Leplée, souffle Cherchemidi.

Sous les acclamations, le travesti salue, troussant coquettement ses jupons sur sa cheville, puis il envoie la fleur de ses cheveux vers une table du deuxième rang, sur un joli garçon qui l'attrape au vol, l'embrasse et rougit de plaisir tandis que les bravos redoublent.

Une curiosité graveleuse agite les dîneurs : « Qui c'est ? — Un "sujet" des *Folies*... — Un quoi ? — Un figurant, un danseur nu, si vous préférez... »

C'est au tour d'une splendide jeune femme, longue et souple dans sa robe de soie noire.

— Elle est aussi un ?...

— Non. C'est Laure Jarny, une sorte de super-entraîneuse qui seconde Leplée. La reine des Six-Jours, une des « lionnes de Paris ».

Secouant sa crinière rousse, la lionne excitait la salle, orchestrait des cris repris en chœur, interpellait des dîneurs, lançait des calembours ambigus, annonçait astucieusement l'attraction suivante.

Un échotier se penche sur l'épaule de Cherchemidi :

— Tu l'attends, toi aussi, le phénomène ? Tu vas voir, c'est quelque chose ! On croyait que la chanson réaliste était bien finie. Yvonne Georges et Claudine Bonin sont mortes, Damia et Fréhel ne sont plus des poulets de grain, Lucienne Boyer n'a plus grand-chose à nous apprendre... Et cet avorton nous arrive du ruisseau. Ça, c'est du vrai ! elle donne le frisson... Au fait, dis-moi, il paraît que le gouvernement Laval n'en a plus pour longtemps ?...

Des cabotins de sexe mal défini se succèdent sur la petite scène étouffée par les riches dîneurs qui ne prêtent qu'une attention lointaine à leurs histoires « drôles », à leurs couplets « coquins ». Ces gens sont là chez eux, entre eux, sûrs d'eux, tout le monde crie : le brouhaha des conversations, les bribes qu'on en saisit, les attitudes, les parfums masculins et féminins, le prix des mets et des boissons, la qualité des tissus, une présence invisible dans le jour amolli des lumières artificielles, un maléfice, un charme hautain, impitoyable.

Chanteurs en smoking et diseuses en fanfreluches sont assortis, mais cette gosse sous-alimentée dont les journaux ont publié la photo, avec son manteau à col de lapin, son béret de laine, son méchant cache-col, qui marche un peu voûtée, un sac à main élimé à bout de bras...

Cherchemidi observe son neveu, et lui souffle :

— Tu es en colère ? moi aussi. J'ai l'impression de participer à un sale coup. J'aurais voulu ne pas être vu ici.

— On s'en va ?

Un silence, incroyable après tout ça. Le bref gémissement d'un accordéon déboucié. Dans l'étroit espace circulaire, au milieu des robes du soir, des plastrons, des camélias, des perles, s'avance la « môme Piaf ».

— Tant pis. On s'en va.

Elle est plus chétive encore qu'on ne le dit, dans son pull-over sans couleur, sa jupe trop courte sur ses bas de coton. La tête paraît grosse pour le corps, et le visage sans fard, trop large sous les cheveux raides et ternes. Un Charlot féminin, mais qui ne fait plus rire, d'une vérité sordide, insoutenable.

Une ritournelle d'accordéon, et de *cela*, s'élève une voix... Franck et Cherchemidi ne partent plus.

— Franck, je te dépose à ton hôtel ?

Dans la belle traction neuve, ils ne parlaient pas. Ils essayaient mais sans y parvenir. Ils entendaient toujours la voix.

— Tu penses que je me gourais ? demanda Cherchemidi, beau joueur.

Franck ne dit ni oui ni non.

— Mais si, reprit l'écrivain après un silence. C'est tout autre chose que ce que je t'avais annoncé, que ce que j'attendais. Comment expliques-tu ça, toi ?

— Je ne sais trop, fit Franck rêveusement. Il y a encore des choses que nous — nous, qui connaissons Mozart et Beethoven, Villon et Diderot, Velasquez et Rodin — nous ne connaissons pas. Elle les sait.

Ils ne dirent plus un mot jusqu'à Neuilly. L'oncle et le neveu se serraient la main quand l'écrivain retint celle du garçon :

— Vois-tu, Franck, nous sommes peut-être encore un peu présomptueux, nous qui aimons le peuple. Nous l'aimons sincèrement, mais à notre façon. Nous parlons toujours de lui apprendre ce que nous savons, mais nous avons, nous aussi, pas mal de choses à apprendre de lui...

Cherchemidi reprit le volant, mécontent de lui-même, de ce coup de cœur, de cet aveu bébête. Il conduisait inconsciemment, il voyait le pauvre visage s'illuminer, les grands yeux écartés perdre ce regard de chien battu sous les mèches bouclées qui dégringolaient dans le mouvement de la môme Piaf chantant le malheur, se tordant les mains.

La nuit tirait à sa fin quand il arriva dans son studio mansardé de la rue du Cherche-Midi. Il n'avait pas sommeil. Il fit de la place sur son bureau, écarta le dossier qu'il avait préparé sur deux mois de guerre en Éthiopie, ses notes sur *la Guerre de Troie n'aura pas lieu* de Giraudoux, interprétée par Madeleine Ozeray et Louis Jouvet, ses notes sur le dernier film de Charlie Chaplin *les Temps Modernes*, deux spectacles qui l'avaient enchanté, la semaine précédente. Il plaça devant lui une quelconque feuille blanche et griffonna très vite, en vue d'un prochain article :

« On la jette en pâture dans une arène grande comme une assiette pour être sûr qu'elle ne pourra s'échapper. Autour : les fauves affamés et les patriciens impitoyables. Ils ont tout, ils sont tout. L'or et le pouvoir. Elle ne pèse pas lourd. Elle ouvre la bouche, et c'est l'appel de Subure, le cri même de Spartacus. Ils applaudissent, ils sont contents, pourquoi ? Peut-être qu'ils ne se rendent pas compte. Pour eux, cette voix n'est qu'étrange, exotique. Comme celle de Joséphine Baker, elle vient d'un pays qu'ils ne connaissent pas. La misère est plus loin d'eux que la Martinique. Ils ne se rendent même pas compte qu'ils sont écrasés, gommés, qu'ils n'existent plus une fois qu'elle a ouvert la bouche. Elle chante, et d'un coup, elle plante son décor à elle : le trottoir, le taudis, la faim, le prodigieux décor de la misère. Elle n'est rien. Sa voix n'est pas travaillée, elle n'a pas de métier, ses textes ne sont pas signés de grands noms, qu'importe ! Elle n'a rien, mais elle donne tout, elle ! C'est peu de dire que snobs et rupins se taisent, ils disparaissent en fumée : que le Peuple se lève seulement !... Qu'a-t-elle chanté ? Je ne sais plus. Rien ne peut dénaturer cette voix de barricade ! C'est dans la rue qu'elle était chez elle, comme Gavroche. Elle se trompe de public et de répertoire. Un jour, elle entonnera le "Ça ira", le Peuple, son peuple, reprendra en chœur : "Tous les bourgeois à la lanterne !" Alors, les clients du *Gerny's* n'auront plus envie de l'applaudir. Ils fuiront à la recherche des derniers pays où les rues n'ont pas de pavés, les trottoirs pas de lanternes... »

L'écrivain se dit que c'est quand même un peu grandiloquent. Quelques-uns de ses distingués confrères souriraient de ce sentimentalisme niais. Enfin quoi ! si l'on n'est plus capable de tels emballements, y compris les outrances, c'est qu'on n'est plus bon à rien.

L'année 1935 finissait mal pour Nathan. Franck le remarqua d'autant plus qu'il n'eût jamais imaginé un élève aussi attentif.

— J'ai eu un coup dur, répondit l'employé des Paroul quand Franck s'enquit de ses préoccupations.

— Raconte.

— Oh ! tu ne peux pas comprendre.

Comment un étudiant, qui vivait en hôtel, à Neuilly, dans cette chambre confortable où Nathan venait prendre ses leçons, pourrait-il mesurer un drame à deux cents balles ?

La mère de Nathan donnait du travail à l'extérieur, à des tailleurs en chambre. Un jour qu'elle devait reverser, sur l'argent qu'elle venait de recevoir du grossiste, deux cents francs à l'un de ces sous-traitants, elle envoya son fils porter cette somme à Montreuil.

Nathan prit le métro, mais, arrivé chez le tailleur, il fouilla dans sa poche et ne trouva plus l'argent. Il ne voulait pas y croire... Il était trois heures de l'après-midi, jusqu'à huit heures du soir, il courut dans tout Paris, à la Préfecture, aux Objets Trouvés, dans les commissariats...

— Écoute, maman, c'est très embêtant : j'ai perdu les deux cents francs.

Elle commença par rire :

— C'est très drôle ton histoire...

— Maman, je t'assure ! Je les ai perdus !

Ce fut épouvantable. Dix jours après, la pauvre femme était encore tellement obsédée par cette perte qu'elle se conduisait bizarrement. Elle parlait à Nathan de la pluie et du beau temps, puis, soudain : « Rends-moi les deux cents francs ! »

Ils s'étaient assis sur le lit. Afin de lui changer les idées, le musicien parla de son enfance pour laquelle Nathan montrait beaucoup de curiosité.

— ... En Allemagne du Nord, les gens sont grands et blonds pour la plupart. Dès qu'un type est petit, brun, la peau un peu basanée, on lui demande : « Vous n'êtes pas aryen, vous ? » Une fois, je me souviens, c'était juste après la prise du pouvoir par Hitler, ma mère m'envoie à la poste chercher des timbres. L'employé me regarde : « Tourne-toi un peu de profil... — Pourquoi ? — Je te dis : Tourne-toi de profil ! T'es pas juif, toi ? — Non, non, non ! Mon père est hongrois ! — Ah ! bon. Et ben, j'en suis pas si sûr que ça ! » Il m'a donné mon timbre... Mais, tu sais, pour un gosse, c'est assez terrible, ce genre de choses...

— T'as raconté ça à tes vieux ?

— Non. D'abord, ça aurait fait beaucoup de peine à ma mère. Et puis, elle ne m'aurait plus jamais envoyé aux courses. C'est des trucs que tu gardes pour toi, ça...

Nathan découvrait un bonheur : vivre en France. Ses parents avaient dû connaître des vexations analogues, ou même pires, quand ils étaient encore en Russie, bien avant sa naissance.

— Mon père a déserté l'armée du Tsar. Ma mère, elle, est venue directement de Lituanie. Ils se sont mariés à Paris, et se sont installés rue de Lappe. Mon père avait une passion dans la vie : les échecs. C'était un champion, toujours concentré. Il avait la tête pleine de trucs épatants. Je regrette de ne pas l'avoir mieux connu. Il passait sa vie au club des Hongrois de Paris, au Palais-Royal, à deux kilomètres et demi de chez nous. Ma mère en était très malheureuse. Elle lui reprochait de ne pas s'occuper de nous. Parfois, elle était si triste qu'au milieu de la nuit, elle nous réveillait pour nous dire : « Mes enfants, votre père est mort ! » Et elle nous traînait, à pied, jusqu'au cercle des Hongrois de Paris, où nous retrouvions notre père qui n'était pas mort du tout. Il menait de front une douzaine de parties qui duraient depuis plusieurs jours. A quatre heures du matin, il allait et venait entre deux rangées d'échiquiers, six de chaque côté. Il avait une minute pour résoudre le coup, puis il passait au suivant... Ma mère l'arrachait à ça, elle le ramenait. Je me souviens de ces retours à la rue de Lappe, dans le petit jour qui se levait sur Paris désert, mon père et ma mère qui se disputaient, mon frère et moi derrière eux... Nous les suivions, à moitié endormis, comme dans un rêve. Et ça se reproduisait presque chaque semaine, et chaque fois, on le croyait, que notre père était mort, elle nous le disait d'une telle façon ! Notre mère était à bout, elle se sentait seule, nous avions des dettes partout, c'était la morte-saison...

— Tu m'as dit qu'il était tailleur ?

— Oui... Toute la journée sur des manteaux, toute la nuit sur les échiquiers, il est mort jeune, à quarante et un ans, emporté par une phtisie galopante. Il n'avait aucune résistance, il fumait cinquante cigarettes par jour.

— Il travaillait à domicile ?

— Ah ! oui. Accroupi sur la table. Comme il n'y en avait qu'une, on mangeait sur les genoux, et le plus loin possible. Tacher un manteau, tu imagines le drame !

— Il avait un échiquier, chez lui, pour préparer ses coups ?

— Non. Tout dans la tête. Pour exercer sa mémoire, il lisait un journal juif. Il était capable de réciter, à la minute même, ce qu'il y avait par exemple page quatre, colonne deux, huitième ligne...

— C'est phénoménal !

— Oui, et je l'ai si mal connu ! Il était déjà malade... Des cousins, qui sont venus en France récemment, m'ont parlé de sa jeunesse dans son pays natal. Il paraît que son village se souvient encore de lui. Les gens racontent qu'il avait cousu dix-huit poches à son gilet : dans chacune, il glissait des graines d'une espèce différente. Quand il allait se promener, les oiseaux arrivaient de partout, et mon père servait chacun d'eux selon ses préférences.

Franck prit son violoncelle. Il joua un morceau qu'il aimait, pas un des plus faciles. Les premières fois, Nathan ne s'était intéressé qu'à la virtuosité, il en venait maintenant à oublier l'instrument, et l'instrumentiste, pour se laisser emporter par la musique, « la grande musique ».

Le professeur raccompagnait l'élève dans la traversée du Bois de Boulogne. La proximité des arbres était l'unique raison de l'attachement de Franck à Neuilly — il eût trouvé sans peine une chambre plus avantageuse proche de l'École de musique ou dans ces quartiers populaires que ses nouvelles connaissances lui faisaient découvrir.

La nature, les arbres, même ceux du Bois, étonnaient toujours Nathan, provoquant chez lui des remarques ou des réactions inattendues. Un soir, il voulut se déchausser pour mieux sentir l'herbe sous le pied.

— Quelle odeur bizarre, Franck... Ça sent la pharmacie !

— C'est l'herbe, toute cette écorce, et la terre, qui regorgent d'eau !

L'hiver avait des douceurs larmoyantes. Il pleuvait des journées entières.

Nathan ne voulait pas être raccompagné plus loin que la Porte Maillot. Là, il démarrait au galop. Après la musique, le sport.

La tribu des Paroul se composait de trois hommes et de quatre femmes : le patriarche, Palamède père, ses fils, Palamède le jeune et Gédéon, leurs femmes et leurs filles.

Amanda, dix-huit ans, fille de Palamède, était une grande maigre, au visage ingrat. Elle était « bien élevée », elle « disait les formules », prenait les attitudes convenables, « jamais un mot plus haut que l'autre », on la donnait en exemple à sa cousine germaine, à qui elle servait de repoussoir.

Célie, la fille de Gédéon, n'avait pas quinze ans. Petite, bavarde, remuante, tantôt elle avait l'air d'une femme, tantôt d'une enfant. Sa tête avait la forme et la couleur des boules de billard, la blanche ou la rouge selon l'humeur. Frange sur le front et nattes sur les épaules étaient de la même couleur que ses yeux ronds, d'un châtain lumineux tirant sur l'or. Sa bouche était petite, ses lèvres charnues, écarlates.

Nathan osait à peine la regarder, pourtant il l'avait souvent devant lui : à la sortie du collège, ces demoiselles s'installaient dans la boutique pour faire leurs devoirs et apprendre leurs leçons. Il observait sans gêne et sans plaisir Amanda, mais Célie lui paraissait trop belle pour être vraie, c'était une vamp pour dessins animés, Betty Boop.

Chaque jeudi, les deux cousines achetaient un magazine de cinéma qu'elles parcouraient ensemble, que Célie commentait :

— Regarde Clark Gable, ce qu'il est moche ! son oreille est de travers, et Gary Cooper, il est affreux !

Nathan, qui se voyait comme il était, redoublait de timidité.

Le 27 décembre 1935, Célie et Nathan se rencontrèrent par hasard sur le quai, au moment où le métro s'arrêtait. Ils montèrent ensemble. Au départ, Célie perdit l'équilibre, Nathan la reçut dans ses bras. Elle leva sur le jeune homme son regard doré, et lui dit :

— Nathan, je t'aime.

Aussitôt, il aménagea sa vie pour faire de la place à une nouvelle activité. Ses études musicales en souffrirent. Quand Franck lui reprocha de se disperser, Nathan, qui avait déjà fait de son professeur son ami, l'éleva au rang de confident. L'employé des Paroul cherchait toutes les occasions de prouver sa gratitude à l'étudiant cévenol.

— Vous y tenez beaucoup, dans ton village, à cette auberge de jeunesse ? demanda-t-il un soir à Franck. Parce que vous ne l'avez pas encore...

Les Paroul étaient en bagarre, les jeunes contre le vieux, qui continuait à correspondre avec Clerguemort. Le patriarche fulminait à l'idée de laisser perdre un héritage.

— Bah ! un tas de ruines dans la montagne, grognaient les fils.

— Le bien des Paroul ! Le berceau de ma race ! hurlait le vieux.

— Ta Cévenne, nous, on connaît pas ! osaient répondre les jeunes, nous, on est parisiens, nous sommes nés ici, on n'a jamais mis les pieds dans ton pays de sauvages !

— Alors, on va laisser n'importe qui bivouaquer sur la tombe des ancêtres ! On va se laisser dépouiller sans rien dire !

— Parlons-en ! L'héritage payerait pas le train ! Sans compter qu'il faudrait plaider. Un procès à y laisser jusqu'à son dernier sou...

— Mais, monstres ! ce n'est pas l'argent qui compte !

Pour le coup, ils avaient regardé leur vieux avec inquiétude.

Et la discussion n'était pas finie, disait Nathan.

— Qu'est-ce que tu crois qu'ils feront, finalement ?

— Tout dépend de l'ancêtre.

7

Un radical de l'Empire

L'année scolaire 1935-1936 était la dernière avant l'entrée en sixième de Jean Hur.

Cela lui donnerait un an d'avance, calcul maternel à longue portée : étant donné la limite d'âge pour les concours d'entrée aux grandes écoles, cela laissait une marge d'échec.

Mme Hur préparait son fils comme un manager son champion. Elle estimait que M. Pel, le directeur, dans la classe duquel était Jeannot, négligeait un peu l'enseignement de l'orthographe, elle se gardait bien de s'en plaindre ouvertement mais infligeait au petit des dictées clandestines, et primées : dix sous pour zéro faute. Elle choisissait des textes sournois où les pires difficultés de la langue étaient concentrées. Certes, elle lui fournissait mille trucs mnémotechniques mais qui se retournaient comme des chaussettes, au point que Jeannot finissait par ne plus savoir du tout si « embarras » était embarrassé de ses deux R ou, au contraire, de se retrouver avec un seul... Le patois était plus sûr : bâton avec un accent circonflexe, puisque Clerguemort dit *bastou*, tombée avec deux E, puisqu'on dit *toumbado*, et non *toumba*... L'institutrice, qui s'était longtemps méfiée du dialecte pour son rejeton, commençait à lui trouver des avantages.

L'arithmétique, hélas ! c'était, chez Jean Hur, une véritable infirmité. Il fixait d'un air stupide les chiffres alignés au tableau :

— Et alors ? faisait M. Pel.

Jeannot tombait d'un rêve, il se disait en lui-même : « Quelle histoire ! »

Le mal venait du fait que ce fils d'instituteur était allé à l'école à un âge trop tendre. Le ménage n'avait pas de bonne : dès qu'il put trotter, Jeannot suivit son père. Assis dans le fond de la classe, il attendait la récréation, puis onze heures, puis la récréation, puis quatre heures. Il ne reconnaissait son portemanteau qu'au dessin du H majuscule sur l'étiquette. Ne comprenant rien à ce qui se passait autour de lui, il regardait le tableau en se racontant des histoires. Détestable habitude qui devait le poursuivre, s'atténuant à peine, durant toute sa scolarité. Les chiffres étaient devenus des personnages pour lui : le 1 était un jeune homme courageux, de l'espèce de Luc Bradefer, le 2 une charmante jeune fille blonde, le 3 la méchante commère du quartier, le 4 un papa-gâteau qui avait eu des aventures, le 5 était le mari de cette vieille bique de 9, le 6 une adorable et douce tante dont le mari, le 7, un paysan, connaissait la montagne dans les coins...

— Nous disons : $\frac{93}{6} \times 7$, je t'écoute !

L'esprit de Jean Hur ne restait pas inactif, loin de là : la 3 et la 9, ces deux vaches-là, qui sont en train de déblatérer sur le dos de ma douce 6 ! heureusement que 7 n'est pas loin, il scie son bois à portée d'oreille...

— Eh bien ! Hur, j'attends...

Jeannot se disait que 7, ce chic type, devrait tout simplement récupérer sa douce 6, et laisser en plan 9 et 3, ces deux salopes, la meilleure solution, finalement...

— Zéro ! à votre place.

Il entra dans la géométrie comme dans un pays nouveau, c'est l'époque où tout son petit monde s'adonna à l'alpinisme.

Il est assez communément admis, dans le corps enseignant, que le dessin et la gymnastique sont les deux mamelles de la cancrerie. L'École du Quai comptait un génie du crayon et un champion de l'arbre droit : Jean Hur et Arthur Redessac, deux fils d'instituteurs, les meilleurs amis du monde, surtout depuis la raclée mémorable que leur avaient administrée simultanément leurs pères respectifs à la suite des actes de vandalisme commis dans les classes, un soir de vacances. Ils s'entendaient si bien que le commun des cours de récréation les ennuyait. Dès la cloche, ils se défilaient vers la cave de l'école. Creusée sous le quai du Gardon, elle s'enfonçait d'une profondeur de deux étages jusqu'à l'inquiétante rue du Barry sur laquelle ouvrait son portail vermoulu. Ses voûtes majestueuses furent tour à tour voilure de caravelle, forêt vierge, château fort, grotte des Camisards, le fort de Vaux et le *Nautilus*, suivant le programme des cinémas d'Alès, les aventures publiées par *Junior* et l'actualité politique à travers les conversations.

L'émondage des platanes du quai correspondit à la vogue des *Trois Mousquetaires*. Arthur et Jeannot fabriquèrent des épées avec des branches choisies. La garde était confectionnée à partir d'une louche percée dans son centre. Les gosses se bardèrent le bras droit de cache-nez, pour le duel dit « baptême des rapières », dont tout le charme consistait à frapper le plus fort possible. Aucune épée ne pouvait résister. « Le platane, quelle saloperie ! soupiraient-ils, on ne peut compter sur lui pour rien ! » Arthur eut l'idée d'acheter de vraies épées. Ils furent volontaires pour faire les courses de leurs parents le temps nécessaire à rassembler les quarante-cinq francs d'une paire de fleurets qu'ils commandèrent froidement à la Manufacture d'Armes et de Cycles de Saint-Étienne. « Si nos paternels se doutaient de ça ! » se disaient-ils en se relayant pour guetter le facteur dans la rue de la Meunière. Les « lames n° 5, réglementaires, 88 cm » tinrent bon, les gosses eurent la main droite en sang. Mais les fleurets perdirent tout leur intérêt du jour où Arthur et Jeannot virent au Familia les Ritz Brothers dans *Les Trois Louf'quetaires*. Outrés, ils changèrent de jeu. Ils fabriquèrent des bombes.

Les Hur et les Redessac avaient uni leurs capitaux pour se payer un abonnement à *L'Illustration*. Une famille conservait le supplément théâtral, l'autre, le magazine, tout le monde lisait les deux, une belle opération.

La conquête de l'Éthiopie par les troupes de Mussolini fournissait une moisson d'images exaltantes : des photos de tanks et de soldats en campagne, mais surtout les dessins, tellement plus précis : « Attaque de la vallée d'Enda Macael par une escadrille italienne » (composition de notre envoyé spécial Geo Ham) : quatre avions à tête de mort piquent sur des nègres qui s'affolent, au premier plan, un cactus. Et, sur l'autre page : « A bord d'un trimoteur de l'escadrille la "Disperata" pendant un bombardement effectué près de Makallé », dessin de Geo Ham montrant les détails du viseur type STA, les repères, la manette que le bombardier à plat ventre tient en main, et qui déclenchera les bombes que l'on distingue sur la droite dans leurs casiers verticaux... Plus loin, en fac-similé, les dernières lignes écrites par le sergent Birago, blessé mortellement à bord de l'avion n° 7 de la Disperata : « Vive la Disperata qui a du cran. Il y avait beaucoup de monde. J'en ai mitraillé beaucoup. (Au bas de la photo, l'empreinte ensanglantée d'un doigt.) »

— Pour les bombes, dit le fils Redessac, je fournis la poudre, toi les stylomines.

— Si tu veux, répondit le fils Hur, mais, cette fois, nos pères nous tueront.

Jeannot fit une razzia dans les bureaux des maîtres et dans les pupitres des élèves. Pendant une semaine, sur le territoire de l'école, quiconque lâchait du regard son stylomine ne le revoyait jamais. Arthur préleva une ration raisonnable de poudre pyroxylée dans chacune des cartouches de son père. M. Redessac ne s'aperçut de rien, mais il ne fit ni un colvert ni un ramier cette année-là.

La bombe d'Arthur était simple, et diablement efficace. Dans l'extrémité effilée d'un stylomine, on pousse l'amorce rouge des bouchons de pistolet. A la place de la mine, on glisse un clou dont la pointe vient buter sur ce détonateur. Il ne reste plus qu'à bourrer le corps du stylomine de poudre, à bien obturer l'autre extrémité que l'on complétera avec un empennage, plume ou carton découpé.

Quand ils furent munis d'un nombre appréciable de ces bombes de poche, les ingénieux bambins allèrent se poster au bord du toit, côté Barry, ce qui donnait une hauteur de quatre étages.

Premier essai concluant : la bombe pique droit. Au contact du sol, le clou s'enfonce, percute l'amorce qui met le feu à la poudre. Une explosion appréciable et un bon petit trou dans la terre battue de la vieille rue.

Rassurés mais avares de munitions, les bombardiers attendirent de bonnes occasions : un balayeur, un bossu, deux putains, un chiffonnier, une marmaille gitane... Tous les bombardés eurent un coup au cœur... Sans parler de quelques éclats dans des mollets, d'un chandail brûlé, d'une jupe ouverte et d'un sabot fendu.

Les gosses ne furent même pas soupçonnés. Heureusement qu'ils savaient se cacher, et vivement car, si les stylomines en galalithe étaient pulvérisés par l'explosion, les métalliques rejaillissaient vers le toit comme des fusées.

C'était pendant les vacances de Noël et du Nouvel An. Les Hur et les Redessac furent agréablement surpris par la sagesse et le calme de leurs garçons dans une période habituellement redoutable. Son père promit à Arthur un vélo de course s'il décrochait le certificat d'études, son père promit à Jeannot son vieux vélo s'il était reçu à l'examen d'entrée en sixième. Depuis des mois, Jean Hur rêvait, chaque nuit, qu'il avait son vélo enfin à lui, qu'il l'avait là, dans sa chambre. C'était si net que l'enfant se disait : « Je n'ai qu'à me réveiller, je le verrai. » Il allumait, le vélo n'y était pas. La déception était horrible, et pourtant la nuit suivante tout recommençait, le rêve, la certitude, le réveil, la désillusion.

Le vélo promis était un très ancien modèle de Saint-Étienne, à rétropédalage, à guidon haut, avec un cadre lourd, disproportionné...

Bref, le contraire d'un vélo idéal, n'importe, c'est de celui-là que rêvait Jean Hur, parce qu'il était le seul vraisemblable, et il préparait dans sa tête — et dans ses songes — les modifications qu'il pourrait apporter lui-même, immédiatement et sans frais, au vieux clou dès qu'il en hériterait. Le guidon d'abord, qu'on pouvait retourner (la potence le permettait) et qui deviendrait ainsi guidon de course, ou presque. La selle à monter, facile...

Le jeudi et le dimanche, au mas de la Gronde, Jeannot allait rendre visite à la bécane d'avant-guerre, dans la magnanerie où elle se balançait, suspendue aux poutres. Il tâtait les pneus talqués. Quand il y avait du soleil, il entrouvrait le *fenestrou*, et jouait à chevaucher l'ombre squelettique projetée sur le mur chaulé par le vélo pendu. Il avait préparé les itinéraires progressifs de sa monture. Jusqu'à l'embranchement, pas plus, pour la première fois. Puis, jusqu'à Clerguemort, pour aller se montrer. Puis jusqu'au Chambon, etc. Plus d'un mois de sorties raisonnées, toutes prêtes...

— Ne l'abîme pas avant qu'il soit à toi ! lui jetait M. Hur quand il redescendait, l'œil rêveur, de la magnanerie.

Jeannot aimait beaucoup son père, il le dupait parfois, comment faire autrement ? un père est un père. Mais, de ces tromperies, même inoffensives, l'enfant était le premier humilié.

Ainsi, le mois précédent, il s'était porté acquéreur d'un merveilleux revolver : grandeur nature, en fonte — même le poids trompait —, bronzé comme une arme, si parfaitement imité en somme qu'il fallait le regarder de près pour s'apercevoir que ce n'était qu'un jouet. Il voulait s'en amuser ouvertement, mais les questions pleuvraient. Au cours d'une promenade en voiture, il avait attendu le premier arrêt-pipi, pour jeter subrepticement le pistolet dans l'herbe :

— Oh ! papa ! Viens voir ce qu'il y a là !

M. Hur s'était approché, s'était accroupi... A partir de là, son attitude surprit son fils. L'instituteur se redressa, vérifia s'il n'y avait personne dans les environs, ramassa vivement le revolver et le glissa dans sa poche.

— Qu'est-ce que c'est, papa ? demanda-t-il, par souci de vraisemblance.

— Ça ne te regarde pas.

— Qu'est-ce que c'était ? s'enquit Mme Hur.

— Rien, trancha M. Hur, le front soucieux.

La promenade fut écourtée. M. Hur se retira dans le petit salon où se trouvait le bureau contenant les papiers importants. Mme Hur gardait un silence imposant. Enfin, l'instituteur sortit :

— C'est un jouet, dit-il à sa femme, puis, se tournant vers son fils, il lui lança généreux : Je te le donne !

Jean Hur se fabriquait les jouets, les objets qu'il désirait, toujours plus vraisemblables que ceux du commerce, car les déformations étaient les siennes, les détails, ceux qui lui étaient indispensables, à lui. Il avait toujours fait son meilleur temps de la solitude, surtout pendant les vacances, qu'il passait dans le mas familial, son royaume. Il y avait, entre la Gronde et la rivière, une grève embroussaillée d'ajoncs, de vernes, d'abarines, de roseaux, de *viges*, que les branchages, les lianes, les détritus charriés par les crues tressaient comme un tramail sauvage. L'enfant s'y était taillé, à la serpe, des tunnels de verdure. Il passait de longues heures tapi là-dessous, à se rêver Tarzan ou *le Dernier des Mohicans*, si intensément qu'il n'éprouvait même plus le besoin de faire les gestes. Il appelait ce coin de berge sa « jungle ». Sur le Ron de la Gronde, dent de roc qui surplombait Clerguemort, il se blottissait dans une faille, sa tranchée, d'où il pilonnait le village, cette crevasse était son « Verdun ». Il avait commencé la découverte de la bibliothèque de son père par le plus facile : Arsène Lupin. Il avait fait des essais de grimage, s'était confectionné un coffret à poisons, garni de fioles de belladone et de ciguë.

Parfois, quand les Hur rentraient en voiture de Clerguemort sur Alès, ils passaient par la vallée du Gardon. Ils traversaient alors La Grand'Combe, la Royale, Rochebelle. Leur belle Mathis tout cuir passait entre les façades resserrées, hautes et noires, où les fenêtres semblaient n'avoir été prévues que pour sécher les bleus de chauffe. M. Hur ralentissait, décollant du dossier, crispé sur le volant car il surgissait des ruelles d'imprévisibles volées de mistons émaciés et braillards. Mme Hur poussait des cris aigus : « Attention ! quelle peste ! ils cherchent à se faire écraser, je te dis ! »

Les mineurs étaient gens d'une autre race pour le fils Hur. Il n'imaginait pas qu'ils puissent s'amuser, qu'ils puissent avoir des brins de joie, des coups de tendresse. Il ne doutait guère que ces gens-là subissaient une condamnation… Il était persuadé que, s'il ne décrochait pas de diplômes, il tomberait là , sa mère le lui donnait à entendre. L'injure la plus fréquente, dans la cour de récréation, c'était : « Eh ! va donc ! A la mine, Cazot ! » (Pourquoi Cazot ? A cause de la rue Jules-Cazot ? personne ne savait, mais c'était, toujours : « A la mine, Cazot ! »). Le plus souvent c'étaient les fils de mineurs qui jetaient l'anathème. En fait, Jean Hur connaissait des mineurs. Mais on ne lui ferait pas avaler que le Jaurès, le Mèffi, le Libertade et leurs camarades étaient de la même race que les forçats de La Grand'Combe, de la Royale, de Rochebelle… voire de la Vernasse, et pourtant, c'était là, justement, que le Jaurès, le Mèffi, le Libertade et les autres mineurs de Clerguemort descendaient chaque jour.

M. Hur ne recherchait que « la paix et la tranquillité ». Mme Hur, sans le dire, n'aspirait qu'à plus de respectabilité. Elle aimait la ville, il ne se supportait que dans son val perdu. Elle adorait les toilettes, il n'était bien qu'en *peillarot*, en haillons, sa canne à pêche, sa hache ou sa chignole en main. Devant un notable — le médecin, l'inspecteur, le directeur de la Caisse d'Épargne — M. Hur bafouillait, mal à l'aise, Mme Hur frétillait, diserte.

Au demeurant, le plus uni des ménages.

Depuis ses trois ou quatre ans, Jean Hur avait des sympathies, des antipathies instinctives. « Il a ses têtes, déjà ! » disait sa mère non sans fierté. Certaines relations de ses parents le faisaient disparaître sur l'instant, mais, pour d'autres visiteurs, il fallait le mettre au lit de force. Ses penchants étaient, grosso modo, ceux de son père.

Jean Hur était *avec* son père. Il était *devant* sa mère.

Et c'était vrai d'abord physiquement : sa mère l'appelait et il comparaissait. Elle le passait en revue. En promenade ou à table, elle s'arrangeait toujours pour l'avoir sous les yeux. Elle ne le regardait pas, elle le surveillait. Après avoir corrigé sa toilette, sa coiffure, sa démarche, son maintien, elle l'interrogeait afin de corriger le reste. Elle aimait son fils unique d'un amour inquiétant.

Jean Hur et son père marchaient côte à côte, l'un raccourcissant l'enjambée, l'autre l'allongeant, se mettant, sans y penser, au même pas. Ils ne se regardaient pas volontiers, mais, quand leurs yeux se rencontraient, il y avait échange. Néanmoins, quand M. Hur parlait à Jean, ce qui sortait de sa bouche ne correspondait jamais tout à fait à ce qu'il voulait lui dire. De son côté, Jeannot était toujours mécontent de ce qu'il s'entendait confier à son père.

C'est pourquoi leurs entretiens dégageaient une mauvaise humeur. Au total, le père et le fils se parlaient peu, ce qui ne signifie pas, loin de là, qu'ils ne se disaient rien.

C'étaient des complices naturels. Ils sortaient beaucoup ensemble, seuls le plus souvent. Mme Hur, se voulant maîtresse de maison, n'était qu'une ménagère forcenée. Elle s'épuisait à cirer une salle à manger démesurée qui servait deux ou trois fois par an. A leur retour, les promeneurs devaient un compte rendu. Le père comme le fils dissertaient complaisamment sur la rencontre du percepteur et de sa famille, du secrétaire de mairie, du pharmacien... tout naturellement, ils passaient sous silence la rencontre inattendue de l'Edemond qui sortait du Prisunic, du Jaurès qui allait à la sous-préfecture ou de Noël Tarrigues devant la Bourse du Travail, et pourtant l'instituteur avait conversé beaucoup plus longuement avec les gaillards de son village qu'avec les notables qui rendaient le salut d'un doigt au chapeau.

L'homme et l'enfant ne mentaient jamais, enfin, pas carrément. Parfois, quand elle en avait fini avec l'encaustique, Mme Hur demandait des précisions :

— La Bourse du Travail ? Tiens... et vous êtes entrés ?

— Ben oui. Quand on y était, pas vrai ? J'ai reconnu la voix du Fernand Bédel, tu sais, le délégué mineur qui a été élu maire de la Vernasse. Il parle bien, l'animal !

— Et qui y avait-il encore ?

— Tu ne le devineras jamais ! A côté de Bédel, maire communiste de la Vernasse, Saccard, le maire socialiste du Chambon ! Et copains comme cul et chemise ! Qui aurait cru qu'on en viendrait là !

— Mais... si je comprends bien, c'était un meeting ! Qu'est-ce que tu avais besoin d'aller te fourrer là-dedans ! Et avec ton gosse ! c'est du propre...

Il arrivait à l'enfant d'aider son père à suivre ses penchants :

— Oh, Pa ! Regarde ce défilé. En tête, il y a le Luc Roux. On va voir ?

— Si tu veux.

Et M. Hur se faisait un plaisir d'expliquer à son fils ce qu'était une manifestation des Jeunesses communistes.

— Dis, Pa, on les suit ?

L'enfant était appelé par l'élan de ces garçons et de ces filles, l'allure des drapeaux rouges dans le vent, et surtout les accents frappés, telles des balles, de leurs chansons violentes.

M. Hur n'était plus le même quand la rue se mettait à marcher, à chanter. Au retour, l'instituteur tirait allégrement son fils par la main, se retournait sur le passage d'une cycliste qu'il admirait :

— Regarde comme elle est belle, Jeannot !

— Eh dis donc, Pa ! c'est une Alcyon cyclotouriste, montée sur demi-ballons, à guidon plat...

Sur la fin d'une journée d'avril, le père et le fils se promenaient dans les jardins du Bosquet. Un printemps timide, maniéré, efféminait le crépuscule. Les derniers rayons du soleil, le premier parfum des lilas, le contact de la balustrade, le ronron de la cité, le roucoulement des pigeons municipaux, tout cela semblait duveteux. Les Hur passèrent dans le dos de bronze du monument de Pasteur, pour ne pas déranger un jeune couple confondu dans un baiser.

Il n'y avait qu'une personne entre les massifs de la terrasse, sous le fort Vauban. Un vieillard emmitouflé dans une cape, sous un feutre noir à larges bords. Il lisait des papiers, se les commentait, d'une voix basse mais perceptible. Il riait aussi par instants.

M. Hur traîna son fils vers le vieillard qu'il vint regarder sous le nez. Il lâcha, sur un ton enfantin :

— Oh ! Monsieur Chanteau ! Vous ne me reconnaissez pas ? Hur... Hur de Clerguemort !

— Le petit Félix ! s'exclama le vieillard en se levant.

Ils tombèrent dans les bras l'un de l'autre.

Jeannot trouvait que M. Chanteau, sous son grand feutre noir, ressemblait à un très vieux mousquetaire. Une face aristocratique mais minutieusement ridée, comme si l'on n'avait pas voulu laisser le moindre bout de peau sans plis. Des moustaches, une barbichette en pointe, de longs cheveux ondulés derrière les oreilles, tout ce poil très blanc et un peu clairsemé. D'étroites lunettes en forme d'olives, cerclées de fer.

— Et c'est ton fils, mon petit Félix ?

— Oui, monsieur Chanteau, mon fils unique, Jean, qui aura onze ans en juin prochain. Jeannot ! Jeannot ! s'écria M. Hur très excité, je te présente M. Chanteau, mon instituteur ! je t'ai souvent parlé de lui !

M. Chanteau avait été le maître d'école de Clerguemort vers les années 1890. Il avait une jeune femme, belle et serviable. Ce couple sans enfants adoptait l'effectif de la communale. Le père de M. Hur, un simple paysan, avait conçu tant d'estime pour M. Chanteau que, lorsque le maître d'école eut son changement, Hur de la Gronde le pria de prendre son fils en pension, dans le nouveau poste, à une trentaine de kilomètres de Clerguemort.

Le petit Hur avait donc suivi le bon maître à Saint-André. Il y resta deux années pendant lesquelles les Chanteau le soignèrent comme leur propre fils.

M. Chanteau expliquait à son ancien élève qu'il avait dû quitter sa retraite de Saint-André pour la région parisienne où l'avaient appelé des obligations familiales. Cependant, il s'arrangeait pour revenir dans la Cévenne tous les ans. Il passait une quinzaine de jours chez des petits-neveux de sa pauvre femme.

— Mais quel âge ça vous fait, maintenant, monsieur Chanteau ?

— Quatre-vingts passés, mais qu'importe ! rétorqua le vieillard avec un rien d'irritation.

— Excusez-moi, monsieur Chanteau...

— Ce n'est rien, mon petit Félix. Tu es tombé à côté, ce qui peut arriver à tout le monde... J'étais justement en train de me féliciter d'avoir tenu bon jusque-là pour voir le printemps de 1936 ! Les élections sont fixées au 26 avril et au 3 mai, et je vais voter. Il me faudrait encore un trimestre, pour faire bonne mesure, alors je pourrai me coucher tranquille... Tu te souviens de la Chèvre de M. Séguin, mon petit Félix ?

— Oh ! oui, monsieur Chanteau.

Ils s'étaient assis côte à côte sur le banc. Jeannot s'était accroupi sur les talons, devant eux. Il buvait le spectacle, son instituteur de père traité en écolier...

M. Chanteau était radical, un Radical de l'Empire ! Il tenait à l'appellation comme à un blason.

Parisien, natif de la rue des Lions, à deux pas de l'Hôtel de Ville, il avait quinze ans lorsque l'Empire l'avait jeté en prison. La Commune l'avait libéré, il s'était battu pour elle de barricade en barricade, et n'avait échappé que par miracle aux exécutions sommaires de la Semaine sanglante. Hors-la-loi, il avait fui, s'était expatrié... Des années de vagabondage et de misère avant de reprendre du poil de la bête dans un coin perdu, Clerguemort. Quand il arriva, il avait la trentaine mais il mérita aussitôt ce titre : le *père* Chanteau.

Et tout ça, il ne l'avait fait que pour la République, qu'on ne cherche pas à lui brouiller les idées !

Quand son ancien élève l'avait surpris là, il était en train de lire deux tracts récents, le premier signé par « le Centre de propagande des républicains nationaux » :

« Français, souvenez-vous du discours de Hitler !
Il a dit clairement que, si la France votait pour le Front populaire et se donnait un gouvernement favorable à Moscou, il se jetterait sur nous pour empêcher l'encerclement franco-russe... »

Le second n'est qu'une chanson timbrée de la fleur de lys :

Et l'on s'en fout !
A bas la République !
Et l'on s'en fout !
La Gueuse, on la pendra !

Le père Chanteau demande malicieusement :
— Alors, jeune Félix ! ça peut encore servir, un radical ?
Il se lève lentement. M. Hur le suit jusqu'à la balustrade qui surplombe les vieux quartiers, autour de la place du Marché. De l'autre côté de la rivière : la colline de l'Ermitage, Rochebelle, les crassiers, la Royale, Tamaris, les forges, les puits de mine...
— Comme Alès a changé en deux ans, soupire le vieux radical.
— Oh ! changé...
— Si, si ! reprend-il avec un entêtement sénile : Alès a plus changé de 1934 à 1936 qu'en un demi-siècle...
M. Hur écarquille les yeux, et renifle sottement.
Son instituteur lui prend le bras, en murmurant :
— Ne raisonne pas, mon petit Félix. Ne te tarabuste pas les méninges. Écoute ton cœur, et tu comprendras tout, ton cœur de fils de paysan, ton cœur de maître d'école laïque et républicain.
Félix Hur obéit.
Alors, peu à peu, l'âme décille les yeux.

Les platanes ont la vergogne enfin ! Ils se sentent oisifs et exposés, ils envient le châtaignier nourricier, charpentier, le chêne à tout faire, le frêne des timons, et jusqu'à l'humble buis dont on fait les manches de serpes.
Autour des pastis du *Café de la Grosse Aplatane*, les messieurs qui ont du temps à revendre voudraient bien pouvoir le donner aux pauvres, et qu'on le sache.
Le Gardon traverse la ville, l'enlace dans une vieille java, lui murmure, entre quai Jean-Jaurès et faubourg du Soleil, que ce n'est jamais la même eau qui coule sous la passerelle Lénine. La marmaille de la Cayenne n'est toujours pas présentable, le ventre creux, l'œil rapace, la main leste et la dent longue. Mais ses braillements sont un chœur, car la faim n'est plus la faim, la faim est l'appétit, un gargantuesque appétit. On sert la table et les flairs se tendent vers la

bonne viande, l'épaisse, la saignante, la viande qui fait muscles et nerfs...

Les bas-fonds de la Cayenne ont des rêves de vélos, de tandems, d'harmonicas, de siestes dans le sable, de randonnées de rancarèdes, de jeux de boules et de musette...

Les voici tous qui prennent un autre air : les fonderies, les hauts fourneaux, les chevalements, les hautes cheminées, les pylônes semblent des beffrois, des donjons, des balistes, des catapultes. Les baraques Adrian, les cantines de planche, les abris de tôle, les bistrots et le bordel, c'est le cantonnement provisoire de l'invincible armada, pour une fois c'est le peuple ouvrier qui met le siège, l'éternel bouclé serre la vis.

Les grands se font petits, les frontons majestueux cherchent une casquette pour sauver leur tête. Le palais de justice, la chambre de commerce, les banques jalousent les monuments laids mais honnêtes : la gare, l'hôpital et ce bon bougre de Pont-Vieux. La cathédrale voudrait s'enterrer à la Trappe et le fort Vauban dans la ligne Maginot.

De la Fabrerie, du Barry, de la Bouquerie, de la Sabaterie, de la Soubeyranne et de la Galère s'élève l'aigre chant des sauvages. Les Castillans du charbon, les Andalous du travers-banc, les Catalans du boisage, les Cordouans du brai ne peuvent plus dormir, ils triomphent et chantent leur *Frente popular*.

Les mégères mamelues et geignardes, les commères maigrichonnes et criardes se voient déjà belles et respectées dans leur descendance avec de prospères portées d'enfants et de petits-enfants, tous bardés de baccalauréats... Les trieuses polonaises, les bonniches sardes, les serveuses espagnoles, la blanchisseuse croate et les putains d'Auvergne se voient déjà aimées d'amour pour autre chose que leur beauté...

M. Pel, le directeur de M. Hur, lui susurre :

— On a dit que j'étais de droite, hum ! on est même allé jusqu'à dire : d'extrême droite, hum ! hum ! Vous me connaissez bien, vous, mon cher...

La fameuse Maréchale frissonne, elle se sent toute nue là-haut, elle voudrait descendre de son escalier monumental, elle a le vertige, comme l'Immaculée Conception dans sa niche, comme Notre-Dame-des-Mines, comme le Christ noirci, crucifié sur le pont des houillères.

Des pucelles cèdent enfin : ça vaut le coup de s'aimer aujourd'hui... C'est assez de rester de pierre, sur la fontaine Florian, Némorin fait enfin un enfant à Estelle.

Dans les soupentes, sous les appentis, les vieillards sont sur des grabats, les bambins à trois ou quatre par lits-cages, mais on rêve sur les grabats, on prophétise dans les cages.

On peut écouter, sans rougir, les communiqués : « Les chômeurs ayant droit au charbon et au lait sont informés que la distribution de bons ne sera faite qu'une fois par mois. Passé le jour... » Ils auront bientôt le parfum des textes d'un autre temps...

Le vieux théâtre, toujours aussi toqué, s'imagine qu'il va enfin être admis à faire valoir ses droits à une retraite de longtemps méritée. Le mois dernier, c'est à peine s'il a tenu devant les ballets russes de Léon Woïtzikowski...

Jamais on n'a vu de printemps pareil, disent les femmes de mineurs : tous les lits sont bons... Quel printemps ! on respire mieux... disent les silicosés. Un printemps de culture ! dit l'autodidacte des Salles-du-Gardon, mais les maraîchers ne comprennent pas, le printemps, quel printemps ? Nous ramassons toute la merde des Alésiens et les salades ne viennent pas !

Vous pouvez me faire crédit ? Le boucher répond : oui ! On le fait répéter.

Ces cris, ces bruits, ceux-là et tant d'autres montent de la cité qui s'endort, c'est un bruissement curieux, le murmure multiplié de mille fils ténus qui cassent, craquent, pètent... Un bruit de vie, rassurant, le gémissement de délivrance, ce qu'on entend d'une mue gigantesque.

M. Hur repense tendrement à son instituteur.

— Sacré vieux rêveur, murmure-t-il entre ses dents.

— Toi, tu n'es pas dans ton état normal, ce soir !

Mme Hur englobe son époux et son fils dans le même regard soupçonneux :

— Mais qu'est-ce que vous avez fait aujourd'hui, tous les deux ? Vous rentrez à des heures... La soupe est froide !

Soudain, elle a un haut-le-corps. Elle examine son mari, et, dans un cri d'angoisse :

— Tu n'as pas bu, au moins !

8

L'épreuve du couteau

Le coucou chantait. Les merles, les moineaux, les roitelets, les rouges-gorges, les rossignols de muraille nichaient, les hirondelles débarquaient, suivies de peu par les martinets. Cerisiers et pommiers fleurissaient. La vallée de Clerguemort s'habillait d'avril. Le Pétardur passait les journées de chômage dans son jardin au pied de la montagne. Il s'occupait des semis, des salades, des haricots, récoltait les premières laitues, nettoyait son pré, récurait les rigoles d'arrosage...

De longues fumées d'un gris bleuté montaient des Pratelles, du Baranel, du Bajanet, des Bourdas, des Bories, du Ganel, de l'Ajalas : les paysans brûlaient la mauvaise herbe de l'hiver.

Le pays de la terre et du charbon pensait fruits et fêtes. Dans la capitale de la mine, La Grand'Combe, la saison tauromachique s'ouvrirait le dimanche de Pâques. Aux arènes du vélodrome des Taillades, les razeteurs préparaient leurs espadrilles et leur crochet. Paul Artigues, secrétaire du rayon, présidait le meeting communiste. Noël Tarrigues et Luc Roux descendaient de Clerguemort pour le « bal de bienfaisance » organisé par les Jeunesses communistes au profit de l'« Enfance au grand air ».

Fernand Bédel, délégué mineur et maire de la Vernasse, parcourait le pays minier pour faire le compte rendu des congrès de la Fédération du sous-sol qui s'était tenu à Albi les 27, 28 et 29 février, et de la C.G.T. qui s'était tenu à Toulouse les 2, 3, 4 et 5 mars. Chaque soir, à Molières ou à Graissesac, au Martinet ou à Rochessadoule, à La Levade ou à Champclauson, Fernand évoquait l'enthousiasme des deux mille délégués de la C.G.T. et de la C.G.T.U. qui avaient reconstruit l'unité syndicale dans le Palais des sports de Toulouse, au nom de neuf cent mille travailleurs dont le nombre n'allait cesser de croître désormais...

— Hier, s'exclamait-il, vous aviez un motif de déserter l'organisation syndicale, car vous étiez découragés, écœurés par la lutte fratricide entre militants ouvriers. Aujourd'hui, l'unité est réalisée...

M. Hur lisait dans *Le Petit Provençal* :

« Tous les antifascistes, tous les partisans du Front populaire, en un mot toute la population, hommes et femmes, sont invités à venir écouter le brillant orateur Tardénas, à la réunion qui se tiendra jeudi prochain, à quinze heures, salle de la buvette à Clerguemort. »

Ce jeudi, comme tous les jeudis, l'instituteur et son fils allaient passer la journée chez la grand-mère, dans le mas de la Gronde, pendant que Mme Hur, à Alès, s'adonnait au grand nettoyage hebdomadaire.

— Tardénas, sacré phénomène ! on ne s'ennuiera pas !

Noël Tarrigues ne partageait pas l'amusement de l'instituteur. Il se méfiait du sectarisme et du sentimentalisme du vieux remueur de foules. Il décida de le prendre à part, avant la réunion, et de le mettre en garde contre des erreurs irréparables dans la situation actuelle. Mais il fallait mettre des gants. Tardénas était d'une susceptibilité maladive :

— D'accord, les socialistes et les communistes présentent leurs propres candidats au premier tour, ils mènent chacun leur campagne, mais il ne faut pas perdre de vue les désistements du deuxième tour...

Le vétéran des tribunes toisait ce jeunot, l'air excédé :

— Bon, bon ! mais nous ne sommes encore qu'au premier tour, hein ? Il s'agit de faire voter communiste, hein ?

— D'accord, camarade. Ce que je veux dire, c'est qu'il ne faut pas prononcer des paroles... impardonnables. Il faut mener notre propre campagne sans une seule de ces insultes qui empêcheraient les électeurs socialistes de reporter leurs voix sur nos candidats au deuxième tour...

Tardénas arrêta Noël, lui prenant l'épaule d'une poigne solide :

— *Escouto pitchot !* Tu te débrouilles pas mal avec tes Jeunesses, c'est bien. Mais c'est pas parce que tu reviens de Moscou, et que j'y suis jamais allé, moi ! — le Parti n'a jamais pensé à me payer le voyage ! — qu'il te faudrait te croire autorisé à conseiller une vieille bête comme moi ! Tu n'étais pas encore né que je faisais débrayer toute la Vernasse avec trois pelés et un tondu en travers le chemin, chacun une barre de fer à la main. Nous n'avions peut-être pas beaucoup de dialectique, mais nous avions de ça (il montrait ses biceps), et de ça (il se frappait le cœur), *as coumprès, drolé ?*

Noël Tarrigues recommençait à zéro, mais sur un autre ton, hypocritement. Il s'en voulait, mais par où prendre cette vieille bourrique de Tardénas ?

— Cher camarade ! je me suis fait mal comprendre. Il n'a jamais été dans mon idée de te dire ce que tu devais faire, au contraire ! Je dois prendre la parole avant toi, à Clerguemort, et je suis embarrassé. Comment inciter à ne pas voter pour les socialistes au premier tour, mais sans trop les attaquer. Je fais appel à ta grande expérience...

Le bonhomme se rengorgeait :

— Allons. *Siès ün boun drolé !* Tu n'as qu'à bien ouvrir tes yeux et tes oreilles quand je parlerai. Traite la politique étrangère, les questions économiques, et laisse-moi l'appel aux urnes !

Avec une bourrade affectueuse, il planta là le jeune Tarrigues plus inquiet que jamais.

L'affluence est telle que les gens bouchent la Grand-Rue devant la porte de la buvette-boulangerie-épicerie-cabine téléphonique de l'Edemond. Pour faire de la place, tous les meubles transportables ont été sortis. Une immense photo de Staline a été placardée avec des punaises au-dessus du four. Un drapeau rouge timbré de la faucille et du marteau pend sur les étagères de produits alimentaires. Une banderole porte : « Pour sauver la France de la misère et de la ruine, faites payer les riches. » Des touffes de genêts et quelques fleurs décorent les coins de la salle. Il y a même un bouquet sur le comptoir derrière lequel ont pris place le Jaurès, qui préside en qualité de maire du village, le Mèffi, secrétaire de la cellule communiste de Clerguemort, Tardénas, Noël Tarrigues et Alain Doiren.

Les assistants se sont groupés par affinités. Aux premiers rangs, les communistes, les mineurs, le Dévarié, le Sercomalur et ses fils, le Sang-Caillé, le Sec-Sec, le Chicane, le Félobre, le Tarabastier... Le Passevin, le Cagnar et le Vigne forment le carré des culs-blancs, dans le fond à droite. M. Huguet, le Laguerre, M. Hur et son fils marquent la distance, contre l'autre mur. Ils affectent la sérénité de gens venus par courtoisie. L'îlot socialiste est au centre, avec l'Albéric et le Camille Tarrigues. L'anarchiste Libertade s'est perché sur la margelle du four ouvert, le cul dedans.

Le Jaurès coupe par le plus court, il salue tout le monde et se hâte de donner la parole « au camarade Noël Tarrigues, que je ne vous présenterai pas, vu que vous le connaissez bien ! ».

— Depuis cinq années, l'orage de la crise économique dévaste notre beau pays... commence Noël qui a soigneusement préparé son intervention.

Cependant, il se rend compte que l'on écoute plus le son de sa voix que ses paroles. C'est la première fois qu'il parle à Clerguemort. On le regarde encore plus qu'on ne l'écoute : ainsi, le voilà ce petit de notre village, qui est allé à Moscou, qui se lance dans la grande politique, qui organise les Jeunesses... Cette curiosité le pousse à s'écarter de son plan.

Il parle maintenant d'après ses souvenirs scolaires, au lieu de s'inspirer du rapport de Maurice Thorez au VIIIe congrès du Parti qui s'est tenu, en janvier dernier, à Villeurbanne.

— ... Comme on pourrait être heureux dans un pays riche comme le nôtre ! Pourquoi ne le sommes-nous pas ? Par la faute des « 200 familles qui dominent l'économie et la politique de la France » !

Il évoque la dictature des banques, revenant à son plan au chapitre « Conséquences de la crise » : commerçants en faillite, épargnants dépouillés, ingénieurs sans emploi, paysans ruinés par la crise agraire...

Clerguemort écoute le petit avec ennui et admiration. Il est vraiment très fort, on ne comprend pas tout ce qu'il dit, mais où va-t-il donc chercher tout ça ?

— ... Le peuple de France répugne à l'esclavage et à la servitude, à la discipline du troupeau soumis à la dictature d'un seul qui parle au nom des maîtres capitalistes. Car le fascisme, c'est l'avilissement, l'anéantissement de l'individu, le fascisme, c'est la guerre !

Noël conclut avec exaltation :

— Oui, nous, les communistes, nous aimons notre pays ! nous voulons une France forte, libre et heureuse, une France dont le gouvernement ouvrier et paysan sera le plus fort que le pays ait jamais connu, une France qui ne craindra plus les menaces de Hitler ! Nous sommes le grand Parti communiste, aux militants dévoués et pauvres, dont les noms n'ont jamais été mêlés à aucun scandale et que la corruption ne peut atteindre. Nous sommes les partisans du plus pur et du plus noble idéal que puissent se proposer les hommes !

Le jeune Tarrigues est longuement acclamé, puis le Jaurès donne la parole à son gendre : « M. Doiren, directeur du cours complémentaire de la Vernasse, pour une communication importante... »

— Chers amis, j'ai la joie de vous annoncer que, pour Pâques, l'auberge de jeunesse de la Cabusselle sera ouverte. Je tiens à remercier la municipalité de Clerguemort, ainsi que toute la population pour l'aide qu'elles ont apportée à cette magnifique réalisation...

Il fallait définir les auberges de jeunesse. Les paysans, et même les mineurs de la Cévenne, s'en faisaient une idée fausse.

— ... Il ne s'agit pas seulement d'offrir aux jeunes gens des hôtels à bon marché, mais de créer un foyer de vie collective où Clerguemort recevra le jeune intellectuel, le jeune ouvrier, la jeune dactylo venus de Paris, ou d'ailleurs. Nos visiteurs apprendront à mieux connaître notre Cévenne, ses mineurs et ses paysans ; nous, nous apprendrons à mieux connaître le prolétariat des grandes cités.

Clerguemort écoute, attentif, attentiste. Plus se précisent les desseins ajistes, plus on se méfie. L'hospitalité, c'est naturellement qu'on la pratique ici, sans en faire un *patafar* — on n'a de leçon à recevoir de personne ! —, mais, tout ça, c'est des grands mots, les gens qu'on accueille, on aime bien voir la gueule qu'ils ont, d'abord.

La salle s'ébroue, elle attend son Tardénas, et quand le maire annonce enfin le fameux orateur, paysans et mineurs se préparent bruyamment au plaisir.

Le bonhomme prend son temps. Il obtient ses premiers rires en retirant sa veste et en retroussant ses manches.

— Ça va chauffer. Ah ! le bougre... souffle le Sec-Sec au Sang-Caillé.

Ils se frottent les mains, par avance.

— Alors, comme ça, à ce qu'il paraît, dimanche, il va se passer quelque chose, hein ? commence Tardénas.

Il se campe, les poings sur les hanches pour annoncer d'un ton roublard :

— Vous voulez que je vous le dise, moi, ce qui va se passer, dimanche ?

Il se ménage un silence si long qu'une voix angoissée lâche :

— Allez ! dis-le, Tardénas !

C'est le Dévarié, qui marche, comme un enfant. On rit.

— Dimanche, on vote.

Un autre silence. Clerguemort sourit à peine : il n'avait pas vu la chose sous cet angle-là. Ah ! c'est quelqu'un, le Tardénas !

— C'est pas rien, ça, de voter ! reprend-il d'une voix lugubre. Nos aïeux se sont battus pour ! Ils sont morts, assassinés par les rois ! ils sont tombés là ! leur beau sang a coulé sur la place...

Une minute de silence, ou presque : Clerguemort fixe ses cadavres héroïques, un point dans le vide au-dessus des têtes, puis sursaute car l'orateur braille *ex abrupto* :

— Et y aurait des enfants de salauds pour pas aller voter ? *Noum dé dïou !*

Machinalement, des têtes font signe que non.

— Bon. Alors, dimanche matin, vous irez voter. Voyons un peu, dans le détail, comment les choses vont se passer, car nous ne sommes pas n'importe qui, nous sommes des hommes... POLITIQUEMENT avertis !

Il a proféré l'adverbe comme un titre, en remontant son pantalon qui a toujours tendance à glisser sous son petit ventre bien rond.

— Bon. Alors, dimanche matin, vous allez vous lever. Après vous allez vous laver. Vous allez même faire une grande toilette, et vous nipper de vos plus belles frusques — c'est le jour de donner un coup de pied à la malle ! — parce qu'il faut honorer les aïeux qui sont morts pour le suffrage universel. Jusque-là, pas de difficultés majeures. Vous voilà bien propres, tirés à quatre épingles. Vous vous rendez à la mairie. Bon. Vous passez le portillon, mais là, attention ! (Il mime l'arrêt brutal, mains en avant, bras écartés.) Parce que c'est là... Il y a quelque chose, par côté, derrière la porte... (Il ne tourne pas la tête, il montre de l'oreille, le regard devant lui, fixe.) Et qu'est-ce qu'il y a là, hein ? Dites-le-moi !

Il parcourt la salle d'un regard interrogatif. Personne ne sait.

— Il y a une petite table de bois blanc. *Raï* de la petite table ! Mais, dessus, qu'est-ce qu'il y a ? Hein, je vous le demande un peu. Attention, c'est le piège. (Solennellement :) Là se pose la question... POLITIQUE ! (Avec une petite voix de tête qui lie mollement les uns aux autres les mots de la révélation :) Sur la petite table de bois blanc, il y a trois paquets de bulletins. (Il se prend le menton dans la main, se gratte la nuque :) Trois. Hé ! mais, c'est que ça se complique ! Voyons, voyons... Comment qu'ils se présentent, ces paquets de bulletins ? Le premier est blanc, les deux autres sont rouges. (Il agite un index menaçant, et proclame :) C'est le moment ou jamais de se servir de sa conscience de classe ! (Avec des clins d'œil :) Ne nous embrouillons pas, voyons, voyons ! Agissons POLITIQUEMENT !

Il se redresse, reprend son souffle, s'élance, explose :

— *Boun dïou !* Mais ce premier paquet, il est blanc ; alors, pas de question ! *Vïou !* En l'air !

D'une torsion du buste, de ses bras accolés, il balaye les bulletins réactionnaires. Il attend que les rires s'apaisent, joint les mains sous son nez dans le geste de la prière, et là, les claque doucement :

— Restent les deux paquets de bulletins, celui du parti socialiste et celui du PARTI. *Aco's pas aïsit', sas*[1] ! C'est qu'ils sont rouges tous les deux, coquin de sort !

Tardénas jette, par-dessus son épaule, un regard complice et rassurant à Noël transi.

— *Aqui, i sian*[2] ! Vous êtes devant la question la plus délicate. Y en a beaucoup qui s'empatouilleraient les arpions... pas vous ! (Noblement :) Parce que vous, vous êtes des ouvriers et des paysans conscients ! (Ostensiblement finaud :) Vous, vous en avez vu d'autres ! (Un temps.) Alors, qu'est-ce que vous faites, vous, camarades ? (Il mime tout ce qu'il raconte, avec des gestes amples et lents, exagérés à plaisir.) Vous portez la main à votre poche, là où vous tenez votre bon vieux couteau, votre *poudet'*, paysans ! qui vous sert à greffer les arbres, votre Opinel, mineurs ! qui vous sert

1. Ça, c'est pas facile, tu sais !
2. Là, nous y sommes !

à casser la croûte dans les tailles. Vous sortez la lame, et vous vous avancez vers ces deux paquets de bulletins. Oh ! ils sont du même beau rouge, mais vous allez trancher POLITIQUEMENT.

Il ménage son effet. Clerguemort retient son souffle.

— Vous entreprenez le paquet de bulletins socialistes, et vous commencez à gratter le rouge avec la pointe de votre bon couteau. Tiens, tiens ! Mais que se passe-t-il ? On dirait que le rouge s'éclaircit... Mais oui, regardez : le rouge devient rose, ça alors ! Continuons à gratter, on dirait qu'il y a quelque chose sous le rouge... Mais oui, ma parole ! Devinez ce qu'il y a sous le rouge et le rose ! Du blanc ! Alors là, excusez-moi, mais la colère vous prend ! il est blanc comme le premier ! alors, comme pour le premier... *Vïou !*

Ses petites mains grasses papillonnent autour de sa tête : les bulletins socialistes se dispersent.

— Hep ! hep ! attention, l'ami ! On a encore besoin du bon couteau ! Il faut être honnête. (Tardénas recommence de racler, de plus en plus rapidement, de plus en plus sec, en criant de plus en plus fort :) Parce que, le dernier paquet, celui des communistes, vous pouvez toujours racler le rouge, allez-y ! n'ayez pas peur ! Plus vous raclez, plus c'est rouge ! Allez-y ! C'est de plus en plus rouge ! C'est du sang ! Du sang pur ! Alors, celui-là, c'est le bon, celui-là, c'est le vôtre, c'est celui-là qu'il faut aller porter dans l'urne, et tout de suite encore...

Les acclamations ont commencé bien avant ses derniers mots, elles sont si violentes qu'elles l'empêchent de poursuivre. Les communistes se lèvent, dressent le poing et chantent *L'Internationale.* Le père Tardénas jette un regard triomphant sur le petit Tarrigues écrasé.

A la sortie de la réunion, Alain fit un brin de conduite à M. Hur, pour lui parler des auberges — le mouvement s'appuyait d'abord sur les instituteurs laïques.

— ... J'ai eu une conversation avec l'inspecteur primaire. M. Pailheyre est tout à fait partisan de ce genre d'activités...

— Il paraît qu'il est lui-même très sportif, qu'il fait du vélo... remarqua M. Hur mi-figue mi-raisin.

— Oui. De son côté, pas de difficultés. J'ai aussi consulté M. Rousson...

— L'instituteur du Masdieu ?

— Oui. Il a déjà beaucoup d'expérience dans l'organisation des jeunes. Il est de bon conseil...

— C'est lui qui a monté « l'Enfance ouvrière au grand air » ?

— Exactement. Et c'était autrement difficile que ce que j'entreprends ! Les Rousson m'ont raconté...

Alain Doiren gardait un souvenir chaleureux de sa visite aux instituteurs du Masdieu :

— Notre première expérience, à Sète, date de 1931, avait expliqué M. Rousson. Ma femme s'occupait de la soupe populaire. Les mineurs étaient dans une misère ! Quatre jours de chômage par semaine... Il y avait une municipalité communiste à Alès, et elle envoyait ses enfants chez les sœurs et chez les protestants !

— J'y ai été, quand j'étais gosse, avait ajouté sa femme, et une chose m'avait frappée : il y avait deux sortes d'assiettes. Comme j'étais « des pauvres », je mangeais dans l'assiette en fer. Les autres étaient en faïence. Et encore, il faut leur rendre cette justice, aux protestants, avec de petits moyens, ils réalisaient quand même quelque chose.

— Bref, à cette époque, on s'est dit : La misère des mineurs, ce sont les gosses qui en supportent les conséquences. Qu'est-ce qu'on peut faire ? On va essayer de monter une colonie de vacances ! Un libre penseur nous a prêté sa baraquette. Les Jeunesses communistes nous ont aidés. Nous avons planté une tente pour le réfectoire. Nous avons débuté avec trente gosses. Mes anciens élèves nous ont donné un coup de main...

Alain pensait à ses anciens élèves, à Luc, à Gino, à Raoul, à Riquet, à Rafaël, qui auraient pu l'aider, lui aussi... Cependant, les Rousson lui racontaient comment ils ramassaient des sous, une tournée théâtrale, entre autres moyens...

— ... On jouait, ici et là, une pièce de Virgile Barel, *La Robe rouge*. A la Vernasse, c'était dans une vieille remise...

Les Rousson avaient donné l'exemple contagieux d'une heureuse opiniâtreté. Alain les avait quittés regonflé, confiant dans l'avenir de la Cabusselle, animé d'une foi qu'il tentait à son tour de communiquer à M. Hur :

— ... Les pauvres aussi ont droit au soleil, conclut-il, en serrant la main de l'instituteur d'Alès.

— Le soleil, le soleil... marmonnait celui-ci en rentrant dans son mas de la Gronde, ça peut coûter cher, le soleil !

Le savoir-vivre de la Cévenne, c'est l'ombre. Le soleil et le ciel bleu y sont irritants. Les paysans des pentes du Lozère ne peuvent comprendre ces périphrases où le soleil symbolise le bonheur et la joie. Pour eux, l'heure triste est celle de midi, quand le soleil tombe droit, ce soleil qui gâte et pourrit tout. Il faut être fou pour sortir avant la fin de l'après-midi, encore plus fou pour se promener torse nu. Ils ne travaillent jamais sans couvre-chef à larges bords, sans s'être emmitouflés confortablement avant d'aller s'exposer au feu du ciel. Dès que s'annonce l'été, les Cévenols préservent l'ombre et la fraîcheur de leurs mas aux fenêtres étroites. Il fait si bon sortir à l'automne ou au printemps. L'été, c'est la saison à ne pas mettre un chien dehors.

En revenant sur Clerguemort, Alain revoyait ces pauvres filles, dimanche dernier. Il descendait sur Alès, en fin d'après-midi, par le faubourg de Rochebelle...

Le soleil glissait derrière les crassiers. Tout virait au gris. Le dimanche était fini, les filles, par groupes, rentraient lentement chez elles, avec de petits airs navrants. On le sentait, tout d'un coup, à ce moment-là, parce que, demain, c'était lundi, demain, c'était le travail, une semaine qui recommençait... soudain, parce que demain il ferait froid, on pressentait leur pauvre destin : mariées, mères, et leur rapide vieillissement, et l'avachissement, le mari au bistrot, le morne quotidien. La démarche de ces filles trahissait déjà les commères, les petites vieilles qui finiraient dans une sordide pièce d'arrière-cour... Alors que tout à l'heure, au début de ce dimanche après-midi, elles étaient sorties gaiement, fraîches, pomponnées, éclatantes comme des héritières, parce que, tout à l'heure, tout était possible, le dimanche après-midi commençait et tout pouvait encore arriver. Maintenant, c'était fini. Les jupes étaient froissées, les indéfrisables d'un sou dépeignées. Elles rentraient chez elles, dans leurs ruelles noires, traînant la savate, un peu voûtées ; il ne s'était rien passé, le dimanche était fini, et elles savaient qu'il ne se passerait rien, jamais.

M. Hur votait à Alès. En sortant du bureau, il emmena son fils voir la nouvelle Simca 5 en démonstration au garage Monopole.

Dès le lendemain du premier tour, *Le Petit Provençal* avait publié, sous le titre : *Désistement et discipline*, les nouvelles suivantes :

« La section S.F.I.O. apporte au siège du P.C. le désistement du citoyen Léon Castanet. Le camarade Béchard devient ainsi le candidat unique du Front populaire. Et l'on a pu voir, en tête de la manifestation qui suivit le résultat du premier tour, A. Béchard et L. Castanet côte à côte. Sur la place de la Mairie, avant la dislocation de la manifestation, Léon Castanet, aux applaudissements de tous les auditeurs, déclara que le parti socialiste restait fidèle aux engagements pris par les partis membres du Front populaire, et qu'il était certain que tous les suffrages qui s'étaient affirmés sur son nom se retrouveraient sur le nom de Béchard, candidat du Front populaire et de la discipline républicaine. »

Le 3 mai 1936, Alès-la-Rouge sursauta de plaisir aux bombes de joie que les mineurs firent exploser jusqu'à une heure avancée de la nuit.

M. Hur ne tenait plus en place. Il appela son fils, et lui déclara tout à trac :

— Jeannot, je te donne le vélo !

9

Une heure de lion

Aurélien La Chesnay est péremptoire :

— Ce n'est pas une victoire du Front populaire, c'est une victoire du Parti communiste !

La Chesnay n'affirme jamais rien s'il n'est pas en mesure d'étayer ses dires :

— Au premier tour, si l'on compare avec les résultats des législatives de 1932, la droite n'a perdu que 1,50 % de ses suffrages.

— Peut-être, mais au deuxième tour, mon cher !

— Les communistes passent de 11 à 72 élus. Ce sont les grands vainqueurs. C'est bien ce que je disais. Les socialistes ne gagnent que 17 sièges — sur 146 députés, c'est peu. Quant aux radicaux, comme il fallait s'y attendre, ils perdent 53 sièges, un tiers de leurs effectifs. Leurs électeurs ont pris peur : entre les deux tours, le Front popu a perdu près de 300 000 voix. En somme, la gauche ne l'emporte sur la droite que d'une courte tête. Les gros déplacements de suffrages se sont produits à l'intérieur des coalisés du Front, et ce sont les communistes qui en ont bénéficié, picorant des voix dans tous les partis alliés. Beau travail pour Moscou ! voyons, tu ne peux pas ne pas en convenir, entre nous...

Cherchemidi ne peut s'empêcher d'être flatté quand La Chesnay lui dit « entre nous ». « Popu », le jeune homme prononce le mot avec l'élégance qu'on met à souligner une citation méprisante.

— Bah ! tu ris jaune, fait Cherchemidi, trop faiblement.

— Je ne ris pas. L'important n'est pas tellement la majorité, sa faiblesse n'atténue pas le danger ; l'important est la tempête qu'elle soulève. Henri de Kérillis a raison : « Une situation grave est créée : le climat de la capitale, de ses faubourgs, de sa grande banlieue devient révolutionnaire. »

— Te fréquenter m'épargne au moins la lecture de la presse de droite !

C'est un alibi que Cherchemidi se donne, d'abord à lui-même. A dire le vrai, Aurélien La Chesnay est sympathique. Beaucoup d'intellectuels de gauche sont ses amis. Mais chacun se carre sur ses convictions, la discussion ne fait que les confirmer.

Aurélien La Chesnay n'a pas encore trente ans. Il est grand et mince dans ses complets d'une coupe raffinée. Son allure, et jusqu'au moindre de ses gestes, ont l'harmonie, la souplesse et la précision d'un tennisman ou d'un escrimeur. Il est les deux.

— Tu parles comme un bourgeois !

Il a ce charmant sourire à peine attristé qui signifie clairement : « Allons ! Cherchemidi, entre nous, ces quolibets de meeting ! »

— Les bourgeois ne payeront jamais assez cher leur veulerie. Ils ont tremblé devant la populace, ils ont donné des gages aux salopards dans l'espoir d'être épargnés. Je leur souhaite bien du plaisir sous le joug bolchevique !

« Salopards », c'est ainsi que l'extrême droite désigne les communistes, les ouvriers en général. L'insulte indigne l'écrivain cévenol chaque fois qu'il la rencontre dans *L'Action française, Gringoire* ou *Je suis partout*, il ne s'y habitue pas. Dans la bouche de La Chesnay, c'est différent. Cet aristocrate nettoie les mots, en quelque sorte. D'une pâleur soulignée par une chevelure sombre et des favoris de gitan, son visage a le charme froid du *Corrégidor de Sanlucar*, le héros de son livre.

— La France sous le Front popu ? Très bien. Qu'elle y goûte, qu'elle s'en grave, à en vomir. En fin de compte, la leçon sera salutaire, amère aussi. Le salopard l'a voulu. Il va tomber de haut. Il aimait son bistrot familier, sa belote, sa canne à pêche, son bulletin de vote, il en prenait à son aise avec l'horaire de l'usine, il envoyait volontiers le contremaître aux pelotes, il insultait ouvertement le patron. Qu'il essaye donc ces fantaisies sur ses nouveaux maîtres bolcheviques ! Et vous-mêmes, mes distingués amis, les intellectuels de gauche, vous ne finirez plus de compter vos regrets quand les dictateurs rouges veilleront sur vos pontes, et vos coucheries. Vous serez vite mis au pas. Tu l'aimes bien, pourtant, hein ? ton petit studio, et ta petite « traction-avant 11 légère » ?

Aurélien La Chesnay roule en cabriolet Hispano-Suiza 54 CV, carrossé par Franay, la voiture même dont rêve Cherchemidi.

— Le plus drôle, c'est de voir nos communistes faire patte de velours. Plus question du Grand Chambardement, de hisser le patron à la lanterne. Qu'est devenu leur farouche idéal ? Le nouveau mot d'ordre, le voici : « Camarades, tous petits bourgeois ! Pour tous, la patrie, la famille, la Caisse d'Épargne, le vide-ordures, le sac à dos, le vélo, le casse-croûte sur l'herbe laïque et hebdomadaire ! » Tout sucre et tout miel, nos cosaques ! Je les préférais avant.

Il s'en prend avec autant de virulence à l'extrême droite. Les Croix-de-Feu excitent sa verve, il appelle leur chef, le colonel de La Rocque, « Gardavou ». Il est indigné par l'affolement de la Bourse :

— Le Veau d'Or, comme toujours, se tire des flûtes. Le précieux métal passe régulièrement la frontière. Les réserves de la Banque de France s'épuisent. Quatre milliards de francs-or filent en Suisse ou en Hollande. Les soyeux lyonnais achètent des immeubles à Genève. Les rats quittent le navire !

Bourgeois et salopards, communistes et capitalistes, Aurélien La Chesnay les contemple de haut, et plaint sa patrie. Mais qui donc l'habite, la France qu'il chérit ? Révolution ou réaction, patrons ou prolétaires, petites gens ou grands de ce monde, manuels ou intellectuels, il n'est jamais dans le coup. Il juge, avec détachement, et sans aucune affectation, sa nature est ainsi.

— Les murs sont couverts d'un papillon édité par la Jeunesse ouvrière catholique : « Si tu es communiste et intelligent, tu n'es pas sincère. Si tu es intelligent et sincère, tu n'es pas communiste. Si tu es sincère et communiste, tu n'es pas intelligent. » La formule est jolie, elle pourrait être de moi.

Elle l'est peut-être.

Aurélien La Chesnay est « jeune homme de lettres », un titre, et une charge, comme en accordait le roi à ses vassaux méritants, comme en accorde Paris à ses brillants sujets. La Chesnay a peu publié : une plaquette de vers hermétiques, *Le Corbeau d'Assise*, et le pamphlet philosophique du *Corrégidor*. Néanmoins, dans le petit monde littéraire, personne n'oserait douter de son génie, un billet de Léon Daudet a suffi. Peut-être écrit-il secrètement une œuvre énorme, peut-être sera-t-il un écrivain succinct — ses brièvetés n'en auront que plus de force, on ne finira plus d'en faire l'exégèse. Il a la figure de son destin. C'est un écrivain de race, un pur-sang de la littérature. La Plume est de droite, comme la Robe et l'Épée. L'écrivain sorti du peuple n'est qu'un aventurier ou un monstre, l'exception qui confirme la règle. On le tolère comme les amiraux souffraient Surcouf et Jean Bart quand la marine du roi n'osait plus s'aventurer au large. On ne sait pratiquement rien de ses origines. La Chesnay pourrait être un pseudonyme — comme Montherlant —, sa noblesse se justifie d'elle-même. La critique de droite, la seule qui compte, qui peut couler un Victor Hugo, et diviniser un Drumont, a reconnu son sang. Les journaux sont pleins de lui, sous les formes les plus inattendues : « ... Comme dirait La Chesnay » n'est qu'un tic journalistique mais à force de lire ça, les gens imaginent une œuvre et une pensée. La critique de gauche, que torture la peur d'être dépassée par la mode — vieille maladie provinciale —, met les lauriers doubles. Gauche et droite le courtisent, il boude tout le monde. C'est un garçon triste, d'après Cherchemidi qui est l'un de ses rares familiers (La Chesnay choisit bizarrement ses proches).

— A moi, tu peux bien l'avouer, tu n'es pas à ton aise parmi « tes » prolos. Tu n'es pas, non plus, des leurs. C'est une aristocratie, la classe ouvrière ! Et plus sourcilleuse encore que l'autre sur le chapitre des distances. L'argot, les manières, la mise : la casquette, le « culbutant minc' du g'nou et larg' des pattes »... C'est une affectation aussi, donc une affirmation : « Nous n'avons rien à voir, nous, avec les petits bourgeois ! »

Touché ! Cherchemidi, fils d'un affréteur colonial, petit-fils de paysans, écrivain professionnel, a le cul entre deux chaises. Son siège n'est ni dans les académies, ni dans les piquets de grève ; il n'est chez lui ni à la Bourse, ni dans les bourses du travail, et ses livres font tache dans les boudoirs comme dans les taudis. Il n'est pas le seul dans cette pénible posture, à prêter les deux flancs, deux fois humilié, blessé par ses frères et mordu par les autres. Il y a des tentatives navrantes pour se raccrocher à l'un des bords. Untel se met en frais, sans beaucoup d'amour-propre, pour faire figure dans les salons, d'autres, à l'opposé, tapent sur le ventre des ouvriers, se mortifient à la belote et au vin rouge ; deux ou trois de ces pénitents sont allés jusqu'à s'embaucher en usine.

— Je sais que tu fréquentes leurs manifestations, mais ne me dis pas que tu lèves le poing, toi aussi, tu me ferais trop de peine !

La Chesnay lève le poing avec une distinction qui rend odieux le salut révolutionnaire. En effet, Cherchemidi trouve le geste puéril, grotesque même, quand il y pense à froid, mais, dans la chaleur des foules, il se surprend à le faire.

La contradiction était en lui : d'une part, il n'était bien que chez les humbles, attablé *Aux Bons Enfants* de la Vernasse avec les mineurs de Fernand Bédel, dans l'atelier de l'oncle Roure, sous la treille du Jaurès, ou derrière les biques du vieil Esaïe ; mais, d'autre part, refuser des invitations mondaines, mépriser les sollicitations des grands, être désiré par le Faubourg Saint-Germain et convoité par l'Académie ne lui aurait pas déplu. Quand Cherchemidi mettait ainsi le doigt dans une de ses blessures, le petit-fils des *idéïous* du Casquillé soudain se dressait en lui, le soulevait de son strapontin. L'écrivain devait rappeler toute sa maîtrise pour le dominer, ne pas tout planter là et rentrer dans le giron de la Cévenne. Une fois, le petit Larguier s'était dressé si fort que lorsque Cherchemidi reprit enfin le dessus, l'écrivain se trouvait déjà devant les guichets de la gare.

— Pourquoi n'écris-tu rien, Chesnay ? demande-t-il, à brûle-pourpoint, pour se venger.

— Parce que je ne vis pas, répond l'autre, du tac au tac.

— Comment ça, tu ne vis pas ?

— Et je n'ai pas vécu. Ni enfant martyr, ni enfant terrible, ni cancre, ni fort-en-thème. Une douce amie de maman m'a pris mon innocence, après quoi j'ai culbuté la bonne, comme tout le monde. Une adjudant stupide, quelques pécores pulpeuses, quelques bas-bleus névrosés, personnages parfaitement conventionnels, sont passés dans ma petite vie de jeune homme de bonne famille. Il m'a fallu distiller, presser cela, le tarabiscoter, le chantourner, l'espagnoladiser, pour en tirer quatre vers et un semblant de prose dignes d'être imprimés chez un éditeur hypothéqué par mon tonton le banquier.

— Qu'est-ce que tu appelles vivre ?

— Mourir.

— Quoi ?

— Vivre sa mort. Une heure, mais une heure de lion. Tu connais la devise des pièces de monnaie de Mussolini : « Il vaut mieux vivre une heure de lion que cent ans de troupeau ! »

— Qu'attends-tu pour filer en Éthiopie ?

— C'est déjà fini. Nous arrivons trop tard dans un monde trop vieux, comme disait l'un des porte-plume du Roi-Soleil.

— Parce que tu serais allé te battre contre « des tribus plus sauvages que les lions enfermés dans le palais des ras » (c'est ainsi que ton ami de Kérillis appelle les Éthiopiens écrasés sous les bombes), et fier de servir « le drapeau victorieux des fils de Rome », selon l'expression de ton ami Madelin ?

— Peut-être est-il encore temps de mourir en Espagne ?

— Pour qui ? Il n'y a pas la guerre.

— Pas encore. Le *Frente crapular*, c'est la guerre. Mourir pour la Vierge ?

Il n'a pas de doute, lui, l'Espagne vit le calvaire d'une sanglante anarchie, églises incendiées, curés massacrés, religieuses violées.

— Ce serait une belle mort, dit-il rêveusement. Il n'y a qu'un inconvénient, c'est l'adverbe. Les nécrologues ne se priveraient pas d'écrire que je suis mort « chiquement », j'ai une telle horreur de ce mot que je préfère vivre salement, comme tout le monde. Dis-moi, Cherchemidi, tu ne trouves pas que Blum a quelque chose de féminin ? la sensibilité, la séduction, la finesse... Et pas une pétroleuse ! Un joli chef de gouvernement, en vérité !

— Voilà qui devrait te rassurer, toi qui redoutes la poigne de fer de la dictature rouge. Blum, un dictateur ?

— Les communistes en feront ce qu'ils voudront, ce sera pire.

— Tiens, Chesnay ! Pour te changer les idées, pour te les remettre en place, plutôt, tu devrais venir avec moi, dimanche, au Père-Lachaise pour la commémoration du mur des Fédérés.

— Bientôt, c'est toi qui m'y accompagneras.

— Au mur des Fédérés ?

— Non, au Père-Lachaise.

— En attendant, mon vieux Chesnay...

— Ne t'impatiente pas, Cherchemidi ! Je mourrai jeune.

— Tous les fainéants ambitieux disent ça.

10

Le temps des cerises

Franck a rendez-vous au coin de la rue des Pyrénées.

Le soleil de fin mai donne à Paris la pâleur des jeunes tuberculeux.

Une quinzaine d'ouvriers endimanchés, en casquette claire, la boutonnière fleurie, débouchent de la rue des Rigoles et se dirigent vers la rue de Belleville en criant « Les Soviets partout ! » mais gentiment, comme ils lanceraient de loin : « Salut, les gars ! » Les trottoirs rendent le salut en sourires, avec quelques poings tendus par-dessus le marché. Les gens lambinent par familles entières, endimanchées. Un groupe plaisante devant une porte de fer au milieu d'un long mur de briques. Une plaque de cuivre indique : « Direction générale de l'entreprise, entrée interdite sauf motif de service. » Une main a écrit : « On va bien voir ! » à la craie. Cinq camions gravissent la rue avec des rugissements de moteur. Ils ont une chevelure de drapeaux rouges. Ils sont chargés de garçons et de filles qui chantent, poing levé :

... Appliquons la grève aux armées,
Crosse en l'air et rompons les rangs !...

Le dernier camion trimbale, au bout d'une ficelle, un grossier mannequin timbré d'une croix gammée au minium. Un facteur et un électricien discutent de si près qu'ils sont presque enlacés. Ils croisent Franck qui saisit au passage : « ... Moi, les trotzkards, j'y ai dit, et les Anars itou, tu veux savoir où je me les mets ? j'y ai dit... » Sur une vieille affiche du film *Il est charmant,* Henri Garat porte à la boutonnière les trois flèches socialistes au crayon gras. Plus loin, le même Henri Garat, mais cette fois dans l'uniforme du bel officier de *La Valse royale*, porte une croix gammée sur le nez.

— Milou ! demande à ta sœur si elle peut prêter son châle bleu, c'est pour ma sœur ! crie un gosse, planté au milieu de la chaussée.

Un autre gosse est penché à une fenêtre du sixième, où apparaît une jeune fille en bigoudis :

— Attends, Jojo ! Je te le lance, mais dis à Lucette de pas me le salir !

Un taxi évite, au prix d'une embardée, le gosse qui attrape le foulard au vol.

— Eh ! les gonzes ! v'là mon salopard ! s'écrie Rirette en apercevant Franck.

Elle porte un remarquable bibi de paille grossière au sommet duquel est planté un petit drapeau rouge en papier. Elle est vêtue d'une robe à carreaux, qui semble taillée dans un rideau, et qui lui va très bien. Elle règne, Rirette, sur une demi-douzaine de garçons et de filles, qui entonnent à son signal, en l'honneur de Franck, ce couplet qu'ils viennent d'improviser sur l'air du *Père Dupanloup* :

C'est nous qui somm's les salopards
On va leur fout' not' pied quelqu' part !
Quand y z'auront tâté d' nos s'melles
Y vous en diront des nouvelles !

Les garçons et les filles serrent la main de Franck.

— Alors, c'est toi, le maestro ? demande un frétillant rouquin criblé de taches de rousseur, qui louche et zozote.

— Franck ! passe avec moi devant, comme ça on pourra causer, propose Rirette en lui collant une hampe de sa banderole : « Le fascisme ne passera pas ! »

Et ils descendent vers Belleville en chantant :

C'est nous qui somm's les salopards !...

Sur les trottoirs, les badauds font un succès à cette nouveauté. La bande perd deux garçons qui se sont attardés devant une moto rangée contre une boutique de liquoriste :

— La 250 centimètres cubes « Junior » de Gnôme-Rhône !

— Non, c'est la 350 « Major » !

— Eh ! Rirette, attends-nous ! crie une fille aux cheveux filasse qui sort en courant de l'impasse Lauzin.

Une fois qu'elle a rejoint, elle suit à cloche-pied, en tirant ses socquettes vertes.

Un garçon filiforme, que tous appellent « Sardine », se glisse entre Rirette et Franck. Il étale devant eux un journal.

— Ah ! les pourris ! Écoutez ce qu'ils disent là-dedans : « Nous ne sommes pas au pays des moujiks et notre patrie s'appelle la France : un coup de tornade a amené le Front populaire, un coup de balai le renverra à la loge et au ghetto d'où il n'aurait jamais dû sortir ! »

Une clameur lui coupe l'indignation. Ils viennent de déboucher sur le carrefour du boulevard de Belleville. C'est *La Marseillaise* qui monte par le Faubourg du Temple.

— Vache d'eux ! Celle-là, elle descend tout droit de son piédestal, place de la République, déclare Sardine.

— Fais pas attention à Sardine, il peut pas causer comme tout le monde, explique Rirette à Franck, il passe sa vie dans les bouquins, il en a des masses chez lui, peut-être plus de vingt !... Ça, là-bas, c'est tout simplement le Xe qui monte !

— Le dixième quoi ? demande Franck.

— Le Xe arrondissement. Si c'est bath !

Le Faubourg du Temple est rouge, en profondeur, un rouge frissonnant, avec, quand on y regarde de plus près, une écume tricolore.

— Et qu'est-ce qu'il fait, Sardine, dans la vie ?

— Il travaille à la manutention. Il fait des paquets, mais il se prend pour un intellectuel. C'est pour ça qu'il porte un canotier.

— Des intellectuels, il en faut, zézaye le Rouquin.

— Grouillons-nous ! crie Rirette, faut passer avant que le Xe bouche le boulevard.

Ils couvrent une centaine de mètres au pas de course.

— Dis, Rirette, annonce Franck, moi aussi, je suis un intellectuel !

— Tu rigoles, non ? (Et elle corrige :) Toi, Franck, tu es un musicien.

— Grouillons ! crie Sardine, v'là le XIe qui rapplique par la rue Oberkampf !

— Et le XXe par Ménilmuche ! ajoute la fille aux socquettes vertes.

Les abords du Père-Lachaise sont déjà noirs de monde.

— Au fait, Franck, j'ai oublié de te demander : tu sais monter aux arbres ?

— Et comment ! chez moi, dans les Cévennes, pendant les vacances... Mais, au fait, pourquoi ?

— Y a que ce truc pour avoir de bonnes places, explique Rirette. Si on défile avec les autres, on voit rien, ni les dirigeants, ni les personnalités, rien, quoi !

L'air est parfumé de muguet et de lilas. Au-dessus des arbres, des hirondelles jouent à la revue aérienne. Franck fait la courte échelle à Rirette. Une fois qu'elle est solidement perchée sur la première fourche, elle se penche et, pour l'aider à son tour, lui tend sa main de trois doigts. Elle ne porte plus de gants. Les arbres surplombent le rempart couvert de lierre du vieux cimetière parisien.

Une jolie fille potelée débouche en criant de la rue de la Roquette, elle court, souple et vive, montrant des cuisses dorées que saluent des sifflets admiratifs. Elle vient se jeter dans les bras du Rouquin qui l'embrasse fougueusement.

— C'est Mounette, son béguin, explique Rirette.

— Et... ton béguin, à toi ? demande Franck.

— On le verra peut-être tout à l'heure, annonce-t-elle avec orgueil.

— Hep ! Aidez-moi à grimper, quoi ! supplie Sardine du pied de l'arbre.

— Ah ! ces intellectuels... soupire Rirette.

D'un coup d'œil, elle vérifie que toute sa bande, y compris les amoureux, s'est bien casée dans les feuillages.

Un costaud en casquette professionnelle vient se planter sous eux. Il gueule :

— C'est interdit, ça ! Allez, les mômes, faut atterrir !

Il porte l'insigne des P.T.T. mais aussi le brassard rouge du service d'ordre.

— Eh l' bourre ! tu t'es trompé d' crémerie, ricane Sardine, faut aller t'embaucher à la Préfectance !

— La Préfectance, elle va être à nous, bientôt, morveux ! et je te garantis bien...

— Écoute voir, camarade, commence gentiment Rirette, après un coup d'œil qui impose silence à Sardine. On veut voir, c'est pas un crime, hein ? Toi, t'es grand, t'as pas besoin d'arbre. Et pis, t'es pas d' ces flics bouchés à l'émeri — consigne-consigne, veux rien savoir ! T'es là contre les fascistes et les provocateurs. Regarde-nous, camarade ! On n'est rien, nous, rien que des p'tits prolos des Buttes. Alors, toi, tu fais comme si t'avais rien vu. Nous, on fait pas de barouf. Ni vu ni connu j' t'embrouille, et, quand on descend, chaque fille te fait la bise.

Le costaud hausse les épaules mais il rit tout seul en filant vers la Folie-Régnault où un nouvel arrivage crée une inquiétante bousculade.

— Ben toi, alors, t'es quelqu'un ! lâche Franck qui jouit d'une grande facilité pour assimiler un ton.

Chaque groupe débouche avec sa chanson, ses slogans, son style. *La Marseillaise* annonce les radicaux ; *La Jeune Garde*, les jeunes socialistes ; *Allons au-devant de la vie*, les groupes culturels ou sportifs ; l'*Hymne du Dix-septième*, quelques soldats ; il y a même des anciens combattants républicains qui chantent *La Madelon* à la blague, et puis s'attendrissent... Les cris aussi sont des indications. « Le fascism' ne pass'ra pas ! » et « Unité d'action ! » sont à tout le monde, mais il est des mots d'ordre plus rares, étranges : « Unité internationale ! », « *Arriba Frente popular* », certains sont d'une actualité précise : « Blum, embargo sur l'or ! » Des groupes dialoguent en cris, pour patienter ; l'un lance : « La Rocque ! » — « Au poteau ! » répond l'autre. « Blum ! » — « Au pouvoir ! » « La Rocque ! » — « A Sainte-Hélène ! » beugle une voix solitaire.

Tout ça se tasse sur les boulevards de Ménilmontant et de Charonne et ça va, d'après les nouvelles que cette foule se passe avec des airs gourmands, jusqu'à la place de la Nation, jusqu'au cours de Vincennes. Un accordéoniste joue *Le Dénicheur* dans ce tumulte. Il est installé à la terrasse d'un café voisin. Les canettes de bière et de limonade arrivent à la chaîne, comme les seaux d'un incendie villageois, et vont se perdre au cœur de la foule. Dès que pointe un képi, des milliers de voix reprennent : « Les flics, avec nous ! » Le gardien de la paix sourit d'un air complice, ou disparaît.

— A propos, qu'est-ce que c'est, cette fête du mur des Fédérés ? demande Franck, dans son arbre.

— J' vas t'expliquer, commence Sardine. Nous, nous sommes les dignes fils de ces communards, de ces travailleurs qui, selon l'expression de Marx, « montèrent à l'assaut du ciel »...

— On ! toi, finis de ramener ta science, tranche Rirette excédée, tu fais que l'embrouiller. Et d'abord dans trois mots, tu dis quatre conneries !

— Comment ? c'est pas ça ! c'est pas nous !... suffoque l'« intellectuel » en rattrapant de justesse son canotier qui tombait de branche en branche.

— Non ! D'abord, on n'est pas les fils. Les petits-fils, et encore tout juste, si tu comptes bien !

— Pardi ! si tu coupes les mouches en quatre...

— D'abord, c'est pas les mouches qu'on coupe en quatre, c'est les cheveux. Pour les mouches, y a autre chose.

— Bon, bon, dit-il en revissant son couvre-chef. Eh ben ! explique-lui, toi, on verra bien !

— Et comment ! Puisque c'est très simple ! affirme Rirette, péremptoire. Représente-toi bien la chose, Franck : En 70, vers la fin de — comme qui dirait — « l'avant-dernière guerre », les ouvriers se sont pris le pouvoir pour eux, à Paname. Et, pas de mégotage ! tout le pouvoir, et rien que pour eux ! Les premiers soviets, si tu préfères. 89, Robespierre et consorts, c'était de la gnognote à côté. Te dire si c'était fortiche. Marx, ouais, Marx ! il a pris son microscope, pour voir, et il a passé des nuits à gamberger dessus ! Tellement fortiche que les bolcheviks se sont mis à l'école ! Même que Lénine disait tout le temps à ses potes : « Si seulement on était foutu de réussir un coup comme la Commune de Paris, on s'arrangerait pour que ça dure un peu plus... » Parce que, ça a pas duré, sinon, on en serait pas là, dans cette débine... (L'émotion, soudain, assourdit sa voix :) Le temps du printemps, ça a duré, pas plus, le temps des cerises, mais bon Dieu ! on n'est pas près de l'oublier ce petit bout de temps-là ! Parce que, figure-toi, Franck, y avait un os, vu que Paname avait pris le mors aux dents, tout seul. La cambrousse, les péquenots, ils avaient pas suivi. Pendant ce temps les autres, les caïds et les capitalistes, autrement dit les 200 familles, les de La Rocque et les Chiappe de l'époque, ils se mitonnaient une formidable armée, à Versailles. Et, en avant pour la boucherie ! ils ont attaqué Paris comme si c'était la capitale d'un autre pays, une ville ennemie, quoi ! Des Français, tu te rends compte ? On n'est jamais trahi que par les siens... Les ouvriers au pouvoir, ils ont sauté sur les flingots, comme un seul homme, ils se le sont pas fait dire deux fois, et ils ont dressé les barricades, il en a l'habitude, not' sacré vieux putain d' Paname ! Et ils se sont battus, mais battus ! tous, hommes, femmes, enfants ! Ils ont tenu, rue par rue, maison par maison... Ouais, seul'ment, les aut' fumiers, tu penses, ils étaient équipés que les canons leur sortaient de partout, et ils te tiraient dans le bon populo, à bout portant, ils faisaient des cartons comme à la foire du Trône ! Ils fusillaient les prisonniers, ils achevaient les blessés. Les barricades tombaient l'une après l'autre. Les Communards les défendaient toutes, jusqu'au bout des hommes, de la force du dernier, de sa dernière goutte de sang. (Sa voix est rauque, ses yeux pleins de larmes.) Non, ça se pardonne pas, des vacheries pareilles, on a beau être bon bougre, pas vrai, Franck ? « La Semaine Sanglante » que ça s'appelle, c'est même dans les livres d'histoire, y a pas tout, mais ce nom, il y est. Les derniers, les der-des-ders, tous ceux qui pouvaient encore soulever une pétoire — une poignée de malheureux terribles ! —, ils se sont reculés jusqu'ici, jusque dans le Père-Lachaise, ouais, au milieu des tombes, pour être plus vite rendus ; ils se faisaient pas d'illusions, mais fallait ! ils crevaient pour l'histoire, tu piges ? Ça a fini au corps à corps, la méchante bigorne au couteau, ça s'amusait pas. Y avait deux brigades (je sais pas combien ça fait, mais ça en fait, du monde !), deux brigades sur cette poignée de prolos ! Finalement quoi, les derniers survivants ont été poussés contre le mur, çui qu' tu vois là-bas, et on les a tous fusillés, là. Y a encore les marques. C'est le mur des Fédérés, voilà. T'as compris ?

Franck fait « oui » de la tête.

— Oh ! écoutez cette chanson, dit Sardine en montrant, sous leur arbre, une demi-douzaine de garçons, des étudiants d'après l'allure.

Ils ont suivi l'exposé de Rirette, et ils fredonnent, comme pour l'approuver. Quand ils ont fini, le Rouquin leur demande :

— Qui vous l'a fait, votre chanson ?

— Elle est d'Eugène Pottier, répond l'un d'eux. Pottier, c'est aussi l'auteur des paroles de *L'Internationale.*

— Vous voulez pas nous la rechanter ?

Ils reprennent :

On a bien fusillé Varlin,
Flourens, Duval, Millière,
Ferré, Rignault, Tony-Moilin,
Gavé le cimetière.
On croyait lui couper les bras,
Et lui vider l'aorte.
Tout ça n'empêche pas,
Nicolas,
Qu' la Commune n'est pas morte.

L'un des étudiants grimpe dans l'arbre, à côté de Franck qu'il rassure sur ses lacunes historiques :

— Les manuels scolaires, quand ils en arrivent à la Commune, ou ils glissent rapidement, ou ils donnent la version réactionnaire. Moi, il a fallu que je devienne communiste pour la voir sous son vrai jour...

— Mais, on parle surtout des crimes de la Commune...

— Elle a fusillé soixante personnes, les versaillais ont massacré quarante-cinq mille communards, ou supposés tels...

Des mots d'ordre sont lancés à trois voix, harmonieusement scandés : « Pour... UNE FRANCE — Libre ! — Forte ! — Et heureus' ! » et d'autres répondent : « A — Bas ! — La ! — Guerr' ! » Enfin, de loin, parviennent des cris : « Vive le père Bracke ! » « Vive Thorez ! », qui jaillissent par-dessus un immense ronronnement de confiance : « Blum ! Blum ! Blum ! Blum ! Blum... »

Le soleil donne toute la chaleur et la lumière dont il est capable au mois de mai pour tiédir et dorer le vieux cimetière. L'air sent la verdure, la bière, la limonade, l'ail et encore un tout petit peu le lilas et le muguet.

Des centaines de milliers d'hommes, de femmes et d'enfants, des familles entières sur leur trente et un, les dimanches du ciné, du square et des bords de Marne, s'avancent au pas de promenade vers le vieux mur mitraillé.

Le cortège est précédé par les carrés des Jeunesses communistes cravatées de rouge, des Jeunes gardes socialistes, des Faucons, les garçons et les filles des patronages laïques...

Puis les intellectuels, les écrivains et les journalistes groupés derrière le calicot de la publication à laquelle ils collaborent, *Europe, Commune, Soutes, Regards, Vendredi...* Chamson ! Le Corbusier ! Guéhenno ! Gide ! Cassou ! Nizan ! Malraux ! Rivet ! des noms se répandent, répétés naïvement, on croit les reconnaître parce qu'on a vu leur photo quelque part, on les reconnaît parce qu'on lit leurs articles : ils sont là puisqu'on les aime.

Ensuite, les dirigeants des partis, des syndicats, des comités : Thérèse et Léon Blum, Blumel, Rosenfeld, Maurice et Madeleine Paz, Thorez, Bracke, Cachin, Frachon, Duclos, Gabriel Péri, Vaillant-Couturier...

Le futur chef du gouvernement marche dans un halo de silence. Les cris et les chants continuent au large, où on ne voit plus Blum car, au passage, il aimante les regards et les pensées. « Voilà celui que Maurras appelle juif allemand, hircocerf, heimatlos, détritus humain, bon à fusiller, mais dans le dos ! » murmure, ému, l'étudiant communiste à l'oreille de Franck. Rirette tire le musicien par la manche :

— Regarde, c'est lui !

— Qui, lui ?

— Mon béguin. Celui qui marche à côté de Bracke, pour le protéger, oui, çui-là, le jeune garde socialiste...

Un front étroit sous une courte tignasse broussailleuse, de vastes oreilles décollées, les maxillaires très larges, une bouche qui ne parvient pas à contenir toutes ses grandes dents, et une pomme d'Adam qui monte et descend au rythme du pas cadencé. Brassard à trois flèches sur la chemise d'uniforme, manches retroussées, menton levé, le sourcil froncé, l'air important, il scrute les alentours.

Rirette déclame :

— Il s'appelle Louis Litun, mais on lui dit « Tilouis » — petit Louis, quoi ! Il bosse dans la même taule que moi !... Tilouis, il est ajusteur !... C'est pas n'importe qui ! spécialiste qu'il est, Tilouis !

On dirait qu'elle parle d'un maréchal d'Empire.

La pancarte « Pour une enfance forte et heureuse » flotte dans les airs, brandie par des monitrices affolées. La marmaille des patronages municipaux leur échappe, s'égaille dans la foule, joue à chat perché sur les tombes.

Criés, brodés sur tissus ou peints sur bois, « Dissolution des ligues » et « Fascisme assassin » passent et repassent en bourrasque sur le flot des drapeaux, des couronnes et des gerbes.

Cinquante soldats en uniforme, venus de Versailles, défilent pour leur propre compte, ostensiblement. Leur calicot proclame : « La soldatesque versaillaise assassina la Commune. Les soldats de Versailles en 1936 la vengeront. »

— Tout le monde par-dessus la muraille, suivez-moi, je connais les raccourcis ! ordonne Rirette.

La « bande » se laisse choir sur le mur d'enceinte et, de là, saute parmi les tombes. Beaucoup de spectateurs sont déjà installés sur les dalles et les monuments funéraires. Les uns, pour ne rien manquer du défilé, d'autres par devoir, tel le groupe Mars dont c'est la mission et le poste habituels. Le petit Nathan est au premier rang des gars et des filles du cours de Vincennes cassant la croûte et tétant la chopine, mais, attention ! toutes les dix minutes, au chronomètre, ils se dressent au garde-à-vous, bombent la poitrine, tendent le menton et balancent leur chœur parlé au public ambulant qui passe en rangs serrés parmi les tombes sur le chemin du Mur :

Il ne faut pas rire avec ces gens-là !
L'homme rit, le bourgeois ricâ-âne !
Pendant la fameuse dernière avant-dernière grande guerre le président Poincaré rigolait dans les cimetières,
Oh ! pas aux éclats !
un petit rire discret,
un petit gloussement.
C'est le rire de la bourgeoisie,
C'est le rire de la Vach' qui rit !...

Les manifestants rient parmi les tombes, mais ils peuvent, eux, ils ne sont pas des bourgeois. Daladier et quelques autres radicaux sourient seulement.

Franck attend la fin du texte de Prévert, la pause de dix minutes pour proposer à Nathan :

— On se retrouve où, tout à l'heure ?

— Ben... ici ? A la fin. Attends, qu'on se goure pas...

Nathan regarde les lettres d'or gravées dans le marbre blanc du monument funéraire sur lequel est perché le groupe Mars : « Famille Vedel-Eaton. »

De jeunes ouvriers chrétiens, formés en carré, brandissent une croix timbrée de la faucille et du marteau. Ils chantent pieusement *La Jeune Garde*. Des familles étalent des serviettes à carreaux sur les dalles funéraires avant de déballer le panier du casse-croûte. Des jeunes filles costumées en tricoteuses, bonnets phrygiens, longues jupes à rayures blanches et rouges, corsages décolletés en pointe, se poursuivent à saute-tombeaux, grimpent aux grilles du mausolée d'Héloïse et Abélard, et restent suspendues là, grappes volubiles qu'interpellent des manifestants. *La Bandiera rossa* éclate lorsque la délégation des communistes italiens, conduite par Nenni et Modigliani, dépose sa gerbe devant le mur des Fédérés.

Les hommes portent la veste sous le bras ou sur l'épaule. Ils ont desserré la cravate, ouvert la chemise, retroussé les manches. Il y a trop de monde pour les allées étroites de ce jardin des morts, on piétine, on n'avance plus et le groupe Mars ressert pour la troisième fois, au même public, le rire de la Vache qui rit. Un garçon coiffé d'un bonnet phrygien chipé aux tricoteuses circule entre vivants et morts un tronc à la main : « A vot' bon cœur, m'sieurs-dames ! C'est au profit d' ces pauv' patrons ! » Il récite en pleurnichant l'appel du *Canard enchaîné* en faveur des 200 familles sur le pavé, désormais ! obligées de se faire admettre au centre d'hébergement du boulevard Jourdan, où elles font la queue en Hispano et Rolls démodées, datant de 1935 ! grelottant sous des pelisses fourrées, accompagnées de voitures à bras chargées de coffres-forts familiaux pleins de titres défraîchis, sous l'œil railleur des salopards... Et il ramasse des pièces ! mais ne répond que d'un clin d'œil quand on lui demande au profit de quelle organisation... On n'insiste pas, une pareille idée vaut bien dix sous !

Des milliers de travailleurs nord-africains défilent en bon ordre, sous l'emblème de l'étoile algérienne. Leurs calicots réclament l'abolition de l'indigénat et l'amnistie totale en Afrique du Nord.

Rirette ramène sa petite troupe vers l'entrée du cimetière, personne ne comprend pourquoi, mais le Rouquin, tirant Mounette par la main, Sardine et les autres suivent, à contre-foule, ce qui n'est pas facile.

La manifestation a perdu le peu qui lui restait de solennité commémorative. Des gosses soufflent dans des trompettes. De petits marchands se glissent partout pour proposer des réglisses, des berlingots, du coco.

Les discussions s'animent et le ton monte. Franck n'en peut saisir que des bribes au passage :

— Le gouvernement, c'est bien beau, le gouvernement ! mais ça ira pas tout seul !

— Tu sais ce qu'a dit Bracke ? Il a dit : Enfin les difficultés commencent !...

— Alors, il paraît qu'après avoir repris *La Marseillaise*, maintenant, on va récupérer Jeanne d'Arc ! Pourvu qu'elle soit encore pucelle !

— Avec tous les curés qu'elle a fréquentés, ça m'étonnerait !...

— Blum n'est qu'un légaliste empoté ! qu'est-ce qu'il attend pour prendre le pouvoir, que tout le pognon soit filé à l'étranger ? Surtout que les autres, ils ne demandent pas mieux que de lui passer le gouvernail ! Le danger, c'est que la classe ouvrière s'endorme sur ses lauriers !...

— Écoute, mon cher camarade, le peuple est désorienté. C'est le Front populaire depuis le 4 mai, nous sommes le 24, et c'est toujours Sarraut qui commande !

— Enfin, camarade, tu sais fort bien qu'aux termes de la Constitution, la nouvelle chambre ne peut siéger qu'un mois après les élections. Nous sommes donc dans l'interrègne. Il ne faut pas effrayer les classes moyennes, le camarade Blum a parfaitement raison...

— L'interrègne, il va nous coûter cher. La légalité, nous, on n'en a rien à foutre !...

Une main frappe sur l'épaule de Franck, celle de ce responsable qui fait peu de cas de la légalité :

— Eh bonjour, camarade ! Heureux de te retrouver ici...

C'est le voisin de comptoir, au *Dupont-Ternes*, pour le petit déjeuner. Franck l'avait pris jusque-là pour un bureaucrate timoré.

— ... On va pouvoir se tutoyer, maintenant, et discuter un brin entre deux croissants !

Il revient aussitôt à son interlocuteur légaliste :

— Ce qu'il faut, avant tout ! c'est ne pas laisser tomber la température !

La cérémonie devant le mur des Fédérés est terminée. Léon Blum quitte le cimetière mais, par le même chemin, son retour est différent, comme si la foule avait épuisé ses hommages à l'aller. « Vive Blum ! » est devenu « Blum au pouvoir ! » et même « Au boulot, Léon ! ». Avec un sourire las, le chef du Front populaire salue de la tête et monte en voiture avec sa femme.

— Faut pas m'en vouloir, les poteaux, s'écrie Rirette, mais là, vraiment, j' suis obligée d' vous laisser choir comm' de vieilles chaussettes !

Elle tient par la main l'interminable Tilouis qui découvre béatement un triangle, pointe en bas, de dents démesurées. Rirette lui présente rapidement Franck avant de disparaître avec le jeune garde socialiste derrière des cénotaphes de haute futaie.

Pour se faire une idée d'ensemble du Père-Lachaise, Franck se hisse sur une chapelle à vitraux. Des groupes demeurent sur place, à se balancer d'un pied sur l'autre, pour ne pas abandonner la discussion commencée. Son oncle est là-bas, en grande conversation avec les Lagrange et les Spanien. Le neveu l'appelle mais Cherchemidi qui pérore n'entend rien. Franck, gêné, s'assoit sur la noble tête d'une douairière en marbre blanc.

— *Ach ! Kamerad !...*

Franck sursaute, et c'est bien lui qu'on interpelle en allemand. Walt Lucas, Göttel le Sarrois et d'autres émigrés quittent le cimetière en compagnie de la délégation italienne.

— Viens avec nous, Franck ! lance le poète.

— Excuse-moi, Walt, j'ai quelqu'un à voir, je ne suis pas libre ce soir, répond Franck, en français.

Les tombeaux allongent leurs ombres dans l'accablante senteur des fleurs mortes. Quelques maçons éméchés se dirigent vers la sortie en échangeant de macabres plaisanteries. Un poivrot progresse, par bonds successifs, s'appuyant, faute de becs de gaz, sur la croix, l'urne, la stèle, l'étoile juive et la colonne tronquée.

Nathan est toujours sur le perron du monument des Vedel-Eaton. Les membres du groupe Mars l'ont lâché les uns après les autres, mais lui n'est pas pressé. Ça n'a l'air de rien, mais c'est crevant, la Vache qui rit toutes les dix minutes, et dans ce brouhaha ! Franck s'assoit, un bras passé derrière l'urne en bronze d'une veuve Vedel, née du Castel de Wasmes.

Au bout de quelques minutes, Nathan soupire, en bâillant :

— Le Front populaire, quand même, c'est une force ! (Il hésite un peu, et puis ajoute :) Et, cette force, quand même, c'est nous !

Les deux garçons savourent le retour du calme et de la fraîcheur. Les cris des gens qui se cherchent, des groupes qui se rassemblent paraissent venir de beaucoup plus loin que Ménilmontant.

— Tu vois, Franck, il est arrivé un drôle de truc, tout à l'heure. La secrétaire du groupe Mars, crois-moi, ce n'est pas n'importe qui. Elle a l'habitude de rencontrer des gens importants... Quand Léon Blum est passé devant nous, cette fille était tellement émue qu'elle lui a touché la veste, la manche de la veste, comme... comme si elle touchait un dieu. Elle l'a effleuré, tiens, elle a fait comme ça.

Un geste imperceptible, humble.

— Qu'est-ce que c'est ? des retardataires ?

Un petit homme trapu, au faciès puissant sous les boucles désordonnées d'une fantastique chevelure blanche, montait au Mur. Il portait avec solennité un petit drapeau noir. Une jeune femme le suivait, avec un timide sourire.

— C'est Gracchus et sa femme, explique Nathan. Ils viennent chaque année, après tout le monde, exprès ! Son grand-père était communard. Il a été tué par les versaillais.

— Il n'a plus de famille ?

— S'il a une famille ? Personne n'a une famille comme lui ! Il n'arrive même plus à les compter, les siens ! On dit « la tribu Gracchus ».

— Et il vient seul avec sa femme ?

— Il paraît que la plupart de ses enfants, gendres, brus et apparentés sont devenus communistes, alors ils viennent à la commémoration de tout le monde ; lui, c'est un vieil anar, un libertaire irréductible. Il se mélange pas.

Comme par magie, l'arrivée du drapeau noir avait fait disparaître les ombres des monuments funéraires. Le soleil était tombé à cet instant derrière les toits. Le Père-Lachaise s'enfonçait dans une grisaille tiède.

Nathan fixait avec étonnement une silhouette lointaine.

— Oh ! Franck ! Regarde bien ce vieux, là, qui s'en va, après le spectacle. Tu sais qui c'est ? Le vieux Paroul, le Patriarche, l'emmerdeur, l'increvable !

— Il est communiste ?

— Penses-tu ! Mais il habite tout près, la rue des Nanettes est à deux cents mètres. Il faisait beau, c'était dimanche, il n'avait pas le moindre petit commis à tracasser...

Nathan se frappe le front, saute du monument des Vedel-Eaton :

— C'tte bonne blague ! Viens, Franck, on va le lui demander, s'il est communiste !

— Tu cherches les histoires ? Tu es sous sa coupe !

— C'est le Front populaire, oui ou non ? Si on se met à avoir peur des patrons, alors !

Un grand vieux très sec, à peine voûté. Un fort nez qui pend, un menton qui relève, entre les deux, la moustachette en crocs des baronnets anglais. Sous de gros sourcils blancs, dans l'ombre des orbites creusées par l'âge, luisent méchamment deux petits yeux soulignés de rouge.

— B'soir, m'sieu Paroul. On r'vient du Père-Lachaise ?

— Salut, monstre ! Tant que j'ai la force de revenir de ces endroits, faut pas se plaindre !

— Alors... comme ça, vous manifestez, m'sieu Paroul ?

— Penses-tu ! Mais quand on donne le spectacle à ma porte, et qu'il est gratuit !

— Eh ben ! m'sieu Paroul, j' savais pas que vous étiez communiste, vous !

— Fous-moi la paix, *vo-oulur ! Trasso dé drolé ! escamandras ! Qué lou boun dïou t'énfachino ! Qué las tripos ti sourtisso per lous uïels ! Qué la testo ti fouill'ro a chaco fés qué lou kïou mi prus !*

— *Maï toun pébré !* lâche Franck étourdiment.

Le vieux Paroul en reste coi, pétrifié.

— Alors, au revoir, m'sieu Paroul, à demain ! bredouille Nathan qui n'avait jamais vu son patron médusé, jamais vu non plus les mains et le menton du vieux trembler ainsi.

Laissant sur place, parmi les tombes, le vieux Paroul, dont la tête remue d'un petit mouvement répété qui dit « non » trop vite et trop régulièrement, les garçons s'éloignent sur la pointe des pieds, sans demander leur reste. Ils ne sont pas au bout de l'allée qu'une voix terrible les cloue sur place :

— Dis donc, Nathan, elle est pas fameuse, la chemise de ton ami. Tu devrais lui conseiller les nôtres, il me semble !

— Entendu, m'sieu Paroul ! A demain !

— Et tâche de ne pas arriver à huit heures dix, hein ?

— Ça y est, il a déjà récupéré, et c'est toujours comme ça ! Faut jamais s'en faire pour lui, marmonne Nathan, qui apprécie, en sportif, puis ajoute : Pour une fois, je vais savoir ce qu'il m'a balancé, dans son parler ! Vas-y, Franck, n'aie pas peur de me vexer !

— Il t'a traité de voleur, de saleté d'enfant, et de... d'*escamandras !* Ce doit être quelque bête fantastique... et dégoûtante. Qu'est-ce que tu veux ! le patois, on le comprend, on le sent, mais pour le traduire... C'est même pas méchant, chez nous, *vo-oulur, escamandras*, c'est les premiers mots qui viennent à la bouche, c'est presque des mots d'affection, surtout quand on les dit avec colère, là alors, c'est vraiment de la tendresse. Il a pas perdu l'accent, ce vieux, depuis un demi-siècle qu'il a quitté la Cévenne.

— Mais toi, Franck, qu'est-ce que tu lui as répondu : *mailletout... ?*

— *Maï toun pébré !* c'est parti... automatiquement, comme chez nous, c'est la réponse, on n'y peut rien !

— Qu'est-ce que ça veut dire ?

— « Même ton poivre ! » Tu vois, en français, ça ne veut plus rien dire, et pourtant !... Et il y a des variations (il chantonne presque) : *Oï pébré ! pébras ! pébrino !* En somme, on pourrait traduire, très librement : « propos d'ivrogne ! »

— Qu'est-ce qu'il m'a lancé, encore, comme... gentillesses ?

— Mais si, Nathan, j'insiste ! C'est plutôt gentil. Voyons... Il a dit encore : « Que le bon Dieu t'ensorcelle ! Que les tripes te sortent par les yeux ! » Ah... un truc très joli : « Que ta tête se vide... en diarrhée, à chaque fois que le cul me démange ! »

— Eh ben... heureusement que ton... « poivre » l'a assommé ! t'as vu ? Il a dû en prendre un coup, sans quoi, il t'aurait demandé d'où tu le sortais, ce patois. Il est curieux curieux à un point ! Demain il va me mettre sur la sellette !

— Tu n'auras pas d'ennui, à cause de *moun pébré* ?

— Penses-tu !

Ils marchaient dans un crépuscule apaisant.

— C'était quand même une belle journée, soupira Franck.

— Hé ! ça dépend pour qui. Lis les journaux demain !

Au moment de se quitter, Nathan palpa la chemise de Franck :

— C'est qu'il a raison, le vieux ! tu ne sais pas choisir tes chemises ! Là où il se fourre le doigt dans l'œil, c'est que je voudrais bien voir, tiens, que tu les payes, tes chemises ! placé comme je suis, moi ! ton ami !

Nathan réfléchit un instant, sourit, et ajouta :

— Je me demande même si ça aussi, il ne l'a pas prévu, le vieux !

— Prévu quoi ?

— Que tu ne les payeras pas, les chemises Paroul !

Exceptionnellement, Franck acheta les journaux de la presse qui se disait « nationale » par opposition à celle du Front populaire. Il apprit ainsi que le Père-Lachaise avait vécu, le 24 mai, une journée sous le signe de la terreur et du vandalisme bolchevique.

L'Écho de Paris s'indignait de voir des enfants participer à ces horreurs, entre autres : « Une gamine portant encore sa robe de communiante sur laquelle on avait épinglé une églantine rouge... »

Gringoire évoquait les trépassés se retournant dans leurs tombes « livrées tout l'après-midi à des bandes d'énergumènes déchaînés et sans respect pour les morts », par la faute du Front populaire et surtout de Léon Blum que le reporter avait vu ainsi :

« C'est le poing tendu et grimaçant un rictus de haine, que Léon Blum a tenu à se faire photographier au pied du fameux Mur, entre les camarades Cachin et Thorez, et dans le voisinage du policier-gangster Bonny... »

Voilà donc le monstre qui serait le chef du gouvernement de la France dans huit jours.

11

Un coup de soleil

« Le théâtre doit servir aux ouvriers » : depuis longtemps les animateurs du groupe Mars répétaient cette phrase. Nathan la comprenait enfin. Les ouvriers occupaient les usines, les employés les bureaux, les vendeuses les magasins. Les groupes de la F.T.O.F. furent les premiers à se rendre sur place, pour donner des représentations dans des lieux qui n'étaient pas prévus à cet usage. Ils soutenaient les ouvriers en leur apportant des spectacles conçus pour eux.

Les textes de Jacques Prévert prenaient leur vraie résonance dans la cour de l'usine.

> Il veut parler
> il veut crier hurler gueuler
> gueuler
> mais ce n'est pas pour lui tout seul qu'il veut gueuler c'est pour ses camarades du monde entier
> pour ses camarades charpentiers en fer qui fabriquent les maisons de la porte Champerret pour ses camarades cimentiers... ses camarades égoutiers... camarades surmenés... camarades pêcheurs de Douarnenez... camarades exploités... camarades de la T.C.R.P... camarades mal payés... camarades vidangeurs... camarades humiliés... camarades chinois des rizières de Chine... camarades affamés... camarades paysans du Danube... camarades torturés... camarades de Belleville... de Grenelle et de Mexico... camarades sous-alimentés... camarades mineurs du Borinage... camarades mineurs d'Oviedo... camarades décimés... mitraillés... camarades dockers de Hambourg... camarades des faubourgs de Berlin... camarades espionnés... bafoués... trompés... fatigués... découragés... camarades noirs des États-Unis... camarades lynchés... camarades marins des prisons maritimes... camarades emprisonnés... camarades indochinois de Poulo-Condor... camarades matraqués... camarades... camarades...
> c'est pour ses camarades qu'il veut gueuler, le veilleur de nuit, pour ses camarades de toutes les couleurs de tous les pays...

Le groupe Octobre entrait dans les magasins du Louvre occupés par les grévistes et représentait *Le Tableau des Merveilles* au rayon « Communiantes » :

> La voilà bien, la vraie musique saignante, déclamait l'amateur

> déguisé en mendiant, la musique comme quand j'étais petit ! Continue, mon petit, ça me rajeunit, continue la musique... C'est la musique du chien pauvre qui crève à la fourrière, c'est le grincement de la carie dentaire dans la grande gueule de la misère, la gadoue, les punaises, le mégot du condamné, les courants d'air, l'ambulance...

Nathan et son frère avaient beaucoup de succès. Ils imitaient Gilles et Julien. Imiter n'avait rien de péjoratif. Le programme les annonçait ainsi :

« Les célèbres duettistes, surnommés "les chanteurs du peuple", les célèbres imitateurs de Gilles et Julien... »

Même costume, même répertoire, mais, en plus, ils chantaient quelques textes de Prévert mis en musique par Joseph Kosma, leur accompagnateur.

Vaillant-Couturier, qui les avait entendus et appréciés, leur avait envoyé deux chansons : *Le Tandem*, et *Y a trop de tout*.

Un soir, ils eurent vraiment l'impression d'être célèbres ; à leur entrée en scène, ils furent accueillis par des acclamations inusitées. Puis la salle se mit à crier sur l'air des lampions : « La chanson... de Vaillant ! » C'est que *L'Humanité* annonçait depuis quelques jours les duettistes comme interprètes de Vaillant-Couturier. *Y a trop de tout* devint leur cheval de bataille.

Pour Nathan, le Front populaire était un phénomène naturel. L'Espagne avait commencé, il était normal que la France suivît. C'était le début d'un bouleversement pacifique. Il comprenait mal les grèves sur le tas : le peuple l'avait emporté, il allait avoir son gouvernement, c'était gagné, pourquoi ces grèves ? elles étaient inutiles. Le groupe Mars allait jouer à la Samaritaine. C'était la première fois qu'il se produisait dans la journée, pendant les heures de travail, et ailleurs que dans une salle plus ou moins prévue pour le spectacle. Nathan était enthousiasmé d'arriver dans un magasin où les employés ne faisaient rien d'autre qu'improviser une scène sur les comptoirs. Devant ce public, dans ce décor singulier, il interpréta, avec son frère : *Vingt Ans* de Gilles et Julien (« dans le ton, la mise en scène, avec les effets des créateurs ») et *Le Tandem* de Vaillant-Couturier :

> Deux garçons avec deux filles
> Sont partis au bois là, là...
> Sur un beau tandem qui brille
> Sont partis au bois là, là...

Pendant ce mois de juin 1936, ils fournirent de trois à quatre spectacles par jour. Ils sautaient d'un bout à l'autre de Paris dans une vieille camionnette qu'un copain avait mise à la disposition du groupe Mars. Parfois, les agents les arrêtaient, on n'avait pas le droit de transporter autant de monde dans un véhicule de ce type ;

d'ailleurs, pour les transports en commun, faut des permis spéciaux... Ils le savaient bien, qu'ils n'avaient pas le droit, mais ils s'expliquaient : « On va donner une représentation à nos camarades grévistes... » Les flics les laissaient repartir. Rue de Navarin, les demandes arrivaient en foule, des plus imprévues et à toute heure. La secrétaire couchait à côté du téléphone... sous le portrait de Léon Blum.

Le phénomène des grèves sur le tas émerveillait Nathan. Lui, qui avait travaillé en usine, quand il pensait qu'après sept heures du soir, après la fermeture, il y avait des ouvriers qui restaient là, et qui passaient la nuit, et qui se réveillaient là, le matin... « Ils doivent se marrer... » rêvait-il, non sans regret. Il envisagea même de se mettre en grève, mais comment occuper la chemiserie à lui tout seul ? Sans compter que son débrayage ne paralyserait pas une entreprise où la majorité du personnel faisait partie de la famille. Si encore le père en crevait de rage... mais ce vieux birbe ne réagissait jamais comme on s'y attendait. Depuis la rencontre du Père-Lachaise, le patriarche rôdait autour de son commis en grognassant de plaisir. Au lieu d'interroger le gamin sur ce copain qui avait la repartie patoise, le Dernier des Mohicans de la Liquette Empire décochait ce genre de flèches :

— Moi, j'attends qu'ils viennent planter leur drapeau rouge sur mon magasin ! Je serai bien content. Je n'attends que ça ! coquin de sort ! Je suis plus communiste que vous tous, *pitchot !*

« Et s'il disait vrai ? » se demandait parfois Nathan qui restait d'une grande candeur politique. Il avait assisté à une altercation très violente entre un trotskiste et un stalinien. Il n'arrivait pas à comprendre pourquoi il fallait s'engueuler comme ça, étant donné qu'il n'y avait qu'un ennemi : le bourgeois. Donc, à partir du moment où l'on se trouvait du bon côté de la barricade, les petits désaccords n'avaient aucune importance. On eut beau lui expliquer qu'un trotskiste était un ennemi beaucoup plus dangereux qu'un bourgeois...

Les Frères Paroul voyaient de moins en moins leur employé. Ils feignaient de croire à une aggravation permanente de son état de santé. C'était un temps où les patrons ne cherchaient pas la petite bête...

La grève sur le tas était une nouveauté. Elle avait surpris les patrons, mais aussi les dirigeants syndicaux et les responsables politiques du Front populaire.

La première de toutes était passée inaperçue. Le 4 mai précédent, aux usines Bréguet du Havre, deux militants syndicalistes avaient été licenciés. Pour protester, les six cents ouvriers débrayent. La direction reçoit leur délégation, fait durer la discussion dans l'espoir que les plénipotentiaires se sentiront moins sûrs d'eux quand le personnel aura quitté l'usine, le soir. Mais, à l'heure de la sortie, les ouvriers décident de rester sur place. Le directeur s'affole. Il accepte la médiation du maire, un radical, qui se prononce en faveur des ouvriers. Le travail reprend le lendemain sur cette victoire. La presse ne parle pas de cette curieuse expérience. Mais, inexplicablement, à Toulouse, à Courbevoie, à Vénissieux se produisent des débrayages analogues.

Fin mai, les grèves sur le tas gagnent toute la France. Le matin du 1er juin, les ouvriers de Nieuport, à Issy-les-Moulineaux, ceux des établissements Lavalette à Saint-Ouen occupent leurs ateliers. Le soir, ils s'installent pour coucher sur place. A peine les ouvriers de l'usine Hotchkiss, à Levallois, ont-ils résolu d'en faire autant, que la direction capitule devant toutes leurs revendications. Renault s'est mis en grève le 28 mai à neuf heures trente : 35 000 ouvriers dont le débrayage entraîne celui d'une dizaine d'entreprises sous-traitantes. Farman, Fiat, Citroën, Rosengart, Chausson, Gnôme et Rhône, Caudron, Salmson, Brandt, Talbot et Say débrayent à leur tour.

La droite rappelle qu'il n'y a eu, jusque-là, qu'un seul exemple de grèves sur le tas : la Russie de 1917, où elles aboutirent à la constitution des soviets d'usine.

Le 2 juin, le textile, l'alimentation, l'ameublement, les transports et les industries chimiques entrent dans la danse.

Le 4 juin, la grève gagne l'habillement, la pharmacie, le gaz, les restaurants, la serrurerie et les messageries de presse : seuls sont distribués *Le Populaire, L'Humanité* et *L'Œuvre*.

Le 5, le mouvement atteint la campagne, les ouvriers agricoles se croisent les bras. Les fonctionnaires, eux, attendent le 6 juin, le jour où Léon Blum doit présenter le gouvernement du Front populaire aux députés.

Paris manquera de pain dans vingt-quatre heures.

Dans les ruelles des vieux quartiers, dans les voies étroites de la périphérie de Paris, il y a une foule de petites entreprises du type de la fabrique Bodant et Cie, au Pré-Saint-Gervais, qui sont sans histoire, dont tout porte à croire qu'il ne peut jamais rien s'y passer d'étonnant.

Rirette, elle-même, n'en revenait pas. Non qu'elle ait jamais douté de la révolution, mais les autres la feraient, les grands, les ouvriers qui sont par dizaines de milliers chez Renault, Citroën, Michelin... Il s'en trouverait bien trois ou quatre, chez Bodant, les meilleurs, pour aller leur donner un coup de main, mais qu'ils s'y mettent tous ici, et tout seuls, et à l'intérieur même de cette vieille taule, voilà qui dépassait l'imagination. Il fallait les connaître, ce n'était pas la crème de la classe ouvrière, ah non !

Moins de cent ouvriers et employés, autant dire que tout le monde se connaît, et se connaît trop. On sait bien qu'on ne peut compter sur personne, mis à part trois ou quatre copains de quartier, parce qu'on s'est élevés ensemble, et encore...

— Ce Front populaire, c'est comme une insolation, expliquait-elle à Franck, tout le monde en a pris un coup sur le crâne, un coup de barre, quoi ! mais qui vous remet les idées en place. Les voilà tous bons zigues, à c'tte heure, et pourtant...

D'abord, tous ceux qui travaillent dans l'usine Bodant n'ont pas les mêmes intérêts. Un ajusteur-outilleur tient ses distances, en aristocrate, en face des manœuvres de la manutention ou de l'entretien. Les femmes des presses, qui poussent la cadence de leurs machines, ont chaque jour de nouvelles raisons de s'en vouloir. Elles finissent par se haïr comme seules des femmes désespérées peuvent le faire. Les caractères même s'opposent, il n'y a pratiquement que des lâches et des fous, ceux qui font de la lèche, et ceux qui provoquent le patron, pour rien, pour que tout le monde trinque. Les moindres conversations blessent à chaque mot, le mari trompé n'entend parler que de cocu, de cornes, de jaune et de chef de gare, le tuberculeux de redingote en sapin ; le faible, le maladroit, le timide et le bègue deviennent des têtes de Turc. La fraternité, c'est un mot. La vie qu'on mène chez Bodant n'incite pas à la bienveillance ; d'abord, on n'a pas le temps, si l'on s'occupe du voisin, c'est pour lui balancer un mot venimeux, vite fait, bien chaud, bien parisien !

Il n'y avait jamais eu de syndicat.

Comment l'affaire s'était-elle emmanchée ? Le matin, chez Biglette, le bistrot du coin, trois polisseurs et un mécano parlaient de ces fameuses grèves sur le tas. Un truc chouette, quand même... Au moins, on ne va pas se trimbaler dans la rue avec des pancartes jusqu'au moment où les flics viennent vous disperser à coups de matraque. Une fois qu'on est barricadé dans la boîte, ils peuvent toujours y venir, même avec des tanks, c'est le matériel du patron qui prend d'abord...

— Nous aussi, on a nos revendications, a fait le mécano, à la blague.

— Nous, chez Bodant, on est trop cloche, a tranché un polisseur.

Et ils se sont mis à parler de la loterie nationale.

Quand ils sont rentrés, à l'heure, ils se sont placés devant leurs machines, et ils ont attendu, pour les mettre en route. Attendu quoi ? Le ronflement des Bliss. Mais les femmes des presses attendaient aussi. Chaque atelier attendait que l'autre démarre, chaque ouvrier attendait que son voisin mette sa bécane en route. L'usine restait silencieuse, et plus cela durait, plus il semblait difficile d'appuyer sur le bouton rouge. Impossible d'être le premier à casser cette grande et redoutable quiétude.

Les contremaîtres ne demandèrent pas d'explication. Ils dirent le mot : « C'est la grève. »

Il y avait bien quelque magie là-dessous.

Quatre ouvriers qui avaient été syndiqués jadis, dans d'autres usines, avaient pris les affaires en main, au soulagement de tous : cahier de revendications, formation d'une délégation pour aller le porter au patron.

— Me faire ça à moi ! lâcha le père Bodant avant de tirer un verre d'eau pour avaler deux cachets. Voyons, mes amis ! depuis près d'un siècle que la Maison existe...

Remis de sa surprise, il voulut le prendre de haut. Il balaya le cahier d'un revers de main, sortit en bousculant les délégués, s'avança sur le balcon, vit ses ouvriers et ses ouvrières rassemblés dans la cour, avec un air... Il rentra :

— Bon. Laissez-moi le cahier, évacuez l'usine. J'examinerai...

— Nous ne quitterons pas l'usine sans avoir votre réponse !

Patatras ! ils lui faisaient le coup, à lui ! vraiment, c'était la grand-mode ! Et alors, justement, qu'il venait de recevoir des commandes pressées, sa dernière chance ! ses concurrents étrangers n'attendaient que ça, qu'il la laisse passer.

La cour s'impatientait, grondait. Des voix proposaient de boucler le patron, de le garder prisonnier, de lui couper le téléphone, de l'affamer...

— Soyons raisonnables, messieurs. Que chacun retourne à son poste. Quand tout sera rentré dans l'ordre, je vous parlerai, en ami, comme je l'ai toujours fait...

— Les discours, nous, vous savez...

— On préférerait une rallonge...

Ils avaient bouffé du lion.

— Messieurs, si cela ne tenait qu'à moi ! mais il y a mes associés, mon conseil d'administration. Je dois les consulter, le réunir...

Ils l'avaient laissé sortir, mais ils avaient verrouillé les portes derrière lui. Ils se retrouvaient chez eux, dans l'usine figée. Ils ne l'avaient jamais vue, leur usine, à vrai dire. Ils n'avaient jamais regardé que leur machine, et même une pièce précise, le poinçon, par exemple, « l'outil à saigner ». Alors, soudain seuls, ils s'en étaient saoulés, de leur usine. Ils avaient parcouru les ateliers en farandole, chantant, dansant, des gamins sortant de classe, la veille des vacances !

Cette joie, Franck l'avait remarquée dès son arrivée devant la porte gardée par trois ouvriers, dont Tilouis qui l'avait immédiatement reconnu et lui avait donné, avec une superbe féodale, l'autorisation d'entrer. La première chose qu'il entendit dans la cour, ce fut un accordéon, la première chose qu'il vit, c'est un jeune père qui embrassait son bébé...

— Il faut comprendre, Franck, nous étions seuls, chacun sur sa machine, maintenant on est tous comme un seul. Il faudrait que tu puisses comparer, que tu aies entendu le raffut que ça faisait, toutes ces machines qui ronflaient en même temps !

Des groupes cassaient la croûte ou discutaient, ils souriaient à Franck : « Salut, camarade ! » disaient-ils. Rirette ne lui épargnait pas un détail de la visite. Elle lui présentait enfin les Bliss, les bouffeuses de doigts, elle lui expliquait le fonctionnement des meules, au polissage, celui des tours, au décolletage... et aussi le fonctionnement de la grève sur le tas.

Personne ne pouvait sortir, ni téléphoner, sans l'autorisation du comité. Les clés avaient été confisquées au concierge. Une heure ne s'était pas écoulée qu'ils se demandaient comment les autres ouvriers se tiraient de ces fameuses grèves sur le tas : tous ces problèmes à régler ! Des mères devaient rentrer à la maison pour la sortie de leurs écoliers, un ajusteur avait sa femme à l'hôpital, une môme avait un rendez-vous d'amour dont dépendait le bonheur de toute sa vie, elle en pleurait ! On laisserait partir tout le monde ou personne. Finalement, on avait réglé les cas particuliers ; le comité était entré en rapport avec la municipalité pour la question des gosses et pour celle du ravitaillement, quant à ceux qui avaient commencé par enrager de rater le match de football ou le P.M.U., on les avait tellement blagués qu'ils avaient fini par en rire eux-mêmes.

Le comité des chômeurs du Pré-Saint-Gervais avait apporté des paillasses, Biglette avait prêté son matériel à frites et ses jeux de cartes. Chacun prenait son tour dans les corvées de patates, de balayage, d'entretien... car le comité veillait jalousement à ce que l'usine, les machines et le matériel restent en parfait état, prêts à fonctionner sur la minute. Les contrôles à la porte et dans les ateliers étaient sévères.

— Rirette, comment crois-tu que ça va se terminer ?

Elle n'en savait rien. Au part les trois ou quatre anciens militants qui animaient le comité, les ouvriers et ouvrières de Bodant l'ignoraient aussi : on attendait, le patron calerait, son heure était passée, celle du peuple arrivait. Ce qui les préoccupait le plus, pour l'instant, c'était l'organisation de la fête qu'ils donneraient dimanche dans la cour de l'usine.

— Dis, Franck, tu viendras... avec ton violoncelle ?

Juin 36 ! ce mois-là compterait. Cherchemidi en voulait vivre chaque minute. Il ne dormait presque plus. Il était repris par cette fringale d'entendre, de regarder, et d'être au point le plus chaud, à la minute du feu. Voir, vivre, pas pour l'utiliser, pour rien, il n'avait pas envie d'écrire, il n'y pensait même pas.

Il était allé à Boulogne-Billancourt voir Renault en grève. On ne l'avait pas laissé entrer dans l'usine, mais il gardait l'image magnifique de la foule des ouvriers massés sur le pont reliant l'usine au quai de Boulogne et à l'île Séguin.

Il aimait la dignité des travailleurs agissant en maîtres sur les lieux de leur esclavage, et il en souriait. Il y avait un peu de la gravité que les enfants mettent dans leurs jeux, une façon de se prendre au sérieux, d'édicter ses lois, de veiller à leur exécution, en empruntant les formules et les manières qui les courbaient hier. Ici, une pancarte portait ces mots, d'une écriture appliquée, à la plume de ronde :

« Les personnes désirant voir les camarades de l'usine ne sont admises que deux fois par jour. Ne pas rester plus d'un quart d'heure. Défense absolue aux visiteurs de pénétrer dans les ateliers. Un peu de discipline S.V.P. Merci.

Le Comité de Grève. »

Et là, une porte était barrée de ces mots à la craie :

« Parloir autorisé pour les familles des ouvriers et employés en lutte. »

Le siège de la C.G.T. était envahi par les responsables syndicaux venant réclamer de nouvelles cartes. Les adhésions étaient si nombreuses qu'on manquait de carton. Des grévistes arrivaient, joyeux, ignorants :

— On vient de se mettre en grève, qu'est-ce qu'on doit faire maintenant ?

— Vous avez débrayé pourquoi ?

— Comme tout le monde...

Dans les couloirs embouteillés de la centrale syndicale, on racontait l'histoire suivante : A Sallaumines, quinze ouvriers d'une fabrique de poêles arrêtent le travail et annoncent au patron qu'ils restent sur le tas. Leur revendication ? 15 % d'augmentation — Accordé ! répond aussitôt le patron. Vous pouvez reprendre le travail. — Comment ? tout de suite ? — Eh bien, mais... je vous ai accordé satisfaction tout de suite ! — Justement, c'est bizarre, on va réfléchir...

Cherchemidi s'était demandé la raison de ces grèves apparemment inutiles au moment où Blum formait son gouvernement. Il avait trouvé une première explication, politique : les ouvriers tenaient à faire sentir à leurs élus qu'ils étaient derrière eux, pour les pousser, voire les écraser en cas de tergiversation. Mais, maintenant, après avoir beaucoup traîné sur les tas, après avoir observé les vendeuses du Louvre et de la Samaritaine, les métallurgistes de Farman et les employés des Wagons-Lits, l'écrivain penchait pour une raison sentimentale. Depuis la victoire du Front populaire, les ouvriers se sentaient les plus forts, ils voulaient le montrer. Cette joyeuse épidémie de grèves n'était qu'une façon de bomber le torse, de gonfler les biceps, de faire ouf ! de dire : A bon entendeur, salut !

Dans les usines occupées s'élevaient moins de chants révolutionnaires que de complaintes réalistes et de refrains d'amour, on y tenait moins de meetings que de bals. Ce n'était pas un mouvement de lutte, mais la tête d'une victoire dont le style très caractéristique se retrouvait d'une corporation à l'autre, d'une région à l'autre, comme si une seule âme se réjouissait de sa force vitale. Même les actes d'autorité, même les mesures de contrôle n'avaient rien d'agressif, ce qui était prodigieux. Dans ce Paris paralysé qui ne semblait pas souffrir, on tombait sur d'insolites cortèges. Des porteurs de drapeaux rouges, suivis de bourricots clownesques (deux gaillards cousus dans des toiles bariolées), un orchestre de banjos et de mandolines, un diseur de bouts rimés, c'étaient les grévistes qui donnaient l'aubade aux commerçants de leur quartier, autrement dit : une quête.

Au pont du Carrousel, les grévistes du chantier des travaux publics jouaient de l'accordéon. Des quêteurs tendaient leurs troncs aux passants avec cet appel complice : « les salopards aident les salopards ! »

Le gouvernement avait été constitué.

Ministère surprenant : quelques-uns de ses membres sont très jeunes, et il comprend trois femmes : Irène Joliot-Curie, chargée de la Recherche scientifique, Suzanne Lacore à la Protection de l'enfance, et Mme Brunschwicg, sous-secrétaire d'État à l'Éducation nationale. La nouveauté la plus étonnante est la création d'un ministère des Loisirs, titulaire : Léo Lagrange.

Quarante-huit heures plus tard, la chambre votait la confiance au gouvernement Blum par 384 voix contre 210. Le lendemain, un dimanche ! le président du Conseil réunissait autour d'un tapis vert les délégués de la confédération générale du patronat et ceux de la C.G.T. Dans la nuit, les accords Matignon, comme on les nommait, étaient signés. Ils apportaient aux travailleurs la reconnaissance du droit syndical, le principe des contrats collectifs, l'institution de délégués ouvriers élus, enfin un rajustement de salaires allant de 7 % à 15 % pour les catégories les plus défavorisées. Aussitôt Blum faisait entériner, par les députés, ces conquêtes ouvrières, plus deux nouvelles : la semaine de quarante heures et les congés payés.

12

Partances

Le drapeau rouge flottait toujours sur le portail de Bodant et Cie. Deux ouvriers gardaient l'entrée. Ils avaient l'air furieux.

— ... Ce sont les fameux duettistes, nous venons pour la fête, dit Franck en montrant son violoncelle.

— Il n'y a plus de fête.

— La grève est finie ?

— On sait pas.

— Comment ?

— Ça regarde que nous ! trancha l'un des ouvriers.

— T'en prends pas à ces gosses, protesta l'autre. (Puis, se penchant vers eux :) C'est qu'on est en train de discutailler là-dedans, et ça va pas tout seul...

Tilouis et Rirette, appelés, ordonnèrent aux deux gardiens de laisser passer Franck, Nathan et son frère Maurice.

Tous les ouvriers et les ouvrières étaient dans la cour. Les orateurs et le comité de grève se tenaient sur le balcon du premier étage.

— ... Nous sommes entrés dans la lutte pour des revendications économiques, non ? Il faut savoir la terminer dès que satisfaction est obtenue !...

— On est loin d'avoir satisfaction sur toute la ligne ! lança une voix rageuse.

— C'est exact, mais il faut savoir consentir à un compromis quand on a obtenu l'essentiel même si toutes les revendications n'ont pas été satisfaites...

L'orateur, petit homme trapu, s'accrochait à son point de vue, poursuivant malgré les interruptions.

— C'est un envoyé du Comité local des syndicats, expliqua Rirette à l'oreille de Franck, un communiste de la C.G.T. L'autre avec des lunettes, qui trépigne, à côté de lui, c'est un militant du coin. Il s'occupe de notre grève depuis une semaine.

— ... Il faut savoir organiser, préparer l'avenir...

— Tout est possible, maintenant ! cria quelqu'un.

Le syndicaliste à lunettes applaudit farouchement l'interrupteur. Le petit homme décidé se tourna vers lui, souriant : « Tu parleras à ton tour, ne t'énerve pas ! » et il reprit :

— Non, camarades ! Les communistes vous disent : « Non, tout n'est pas possible maintenant ! » C'est clair et franc. C'est ainsi que les communistes parlent à la classe ouvrière.

— Et pourquoi, tout n'est pas possible dès maintenant ?

— Pourquoi ? Parce que nous ne voulons pas que se brise la cohésion des masses, l'unité du Front populaire. Nous devons éviter tout ce qui pourrait conduire à isoler la classe ouvrière, à la séparer de la nation !

Nathan regarda Franck qui regarda Rirette.

— Vous arrivez au milieu, dit-elle. La question est de savoir... finalement... si on reprend le boulot comme avant, à la botte du patron, ou si on garde l'usine pour nous, si on fait la révolution jusqu'au bout, quoi !

Elle était lasse, un peu triste aussi. Les quelque cent ouvriers et ouvrières qui remplissaient la cour de l'usine Bodant écoutaient attentivement tout ce qui se disait. Les décisions n'étaient pas encore prises. Chacun méditait les arguments selon sa situation personnelle.

L'orateur suivant était le jeune homme à lunettes. Il s'efforçait visiblement de ralentir son débit, d'articuler, de maîtriser un enthousiasme qui fusait soudain au détour d'une phrase.

— ... Tout est possible, camarades ! Je suis de l'avis de Marceau Pivert ! Il a raison de dire que ce n'est pas le moment de venir nous chanter des berceuses. Jamais on n'a vu de telles grèves : le prolétariat tout entier est debout, en pleine action ! Les paysans comprennent et soutiennent les ouvriers ! Nous avons aussi des intellectuels et des techniciens acquis à la cause populaire, des anciens combattants révolutionnaires, des boutiquiers ! Nous avons des hommes de notre bord partout, dans toutes les administrations !...

La cour applaudissait. Acclamait-elle l'orateur, ou les forces qu'il passait en revue ? il tendit ses deux poings pour affirmer :

— Rendez-vous compte, camarades, que rien ne peut vous résister ! La petite bourgeoisie est neutralisée, les politiciens tremblent, les fascistes ont disparu dans un trou de souris. Le nouveau pouvoir s'ébauche ! (Il marqua un temps, avant de pointer l'index sur l'orateur précédent.) Il y en a qui n'ont que le mot « révolution » à la bouche mais quand elle se présente, ils ne la reconnaissent plus !

— Je ne te permettrai pas, camarade !...

— Laisse-moi finir, camarade ! Je t'ai laissé parler ! Que s'est-il passé entre nous, hein ? La semaine dernière, nous marchions la main dans la main, nous allions d'une usine à l'autre pour exhorter les grévistes à tenir le coup, et pour les aider. Aujourd'hui, toi tu fais la même tournée pour les exhorter, oui ! mais à reprendre le collier, l'esclavage ! Ce n'est pas moi qui ai changé ! Ce n'est pas moi qui trahis ! Et pourquoi as-tu si vite retourné ta veste ? Par conviction ? Non ! Par réflexion ? Par obéissance. Parce que ton chef a dit : « Il faut savoir terminer une grève ! » D'où vient-il, cet ordre ? Après quels calculs subtils, pour quels intérêts secrets a-t-il été donné ? Si tu veux obéir, c'est ton affaire, mais attention ! mettre au pas les ouvrier, tu n'en as ni le droit, ni le pouvoir !

— C'est bête, marmonnait Rirette, tu vois, Franck, tout à l'heure, je pensais tout à fait comme le premier, maintenant, je serais plutôt de l'avis de çui-là...

La majorité des travailleurs de Bodant, c'était évident, se trouvait pareillement ballottée.

— ... Je finis. Après, tu parleras autant que tu voudras, camarade stalinien ! C'est à vous tous que je m'adresse, pour vous poser une seule question : nous avons pris l'usine, pourquoi la rendrions-nous alors que nous pouvons parfaitement la garder ? pourquoi donner le bâton pour nous faire battre, et plus fort qu'avant ?...

Ni l'un ni l'autre des deux exposés contradictoires n'avait emporté l'unanimité, ni soulevé l'enthousiasme. On n'en était plus là. Les péroraisons avaient été saluées par des grognements satisfaits et des grincements, en égale proportion.

Le premier orateur n'avait pas l'air démonté. Il reprit la parole calmement, d'une voix si basse qu'on devait tendre l'oreille :

— Cet... individu a cru m'insulter en m'accusant d'obéir à mon parti. Il se trompe. Je suis un militant discipliné, et j'en suis fier. Fier aussi parce que je sais que mon parti a raison, une fois de plus. Les anciens me connaissent bien, voilà près de vingt ans que je milite sur le plan local. Vous connaissez mon parti, vous avez suivi ses efforts, et précisément dans la bataille du Front populaire, et dans ces grèves. Je vous pose la question : Vous a-t-il trompé une seule fois ? Vous a-t-il menti ? Toute lutte ouvrière doit se garder sur sa droite et sur sa gauche, d'un côté contre les opportunistes prêts à tout lâcher à la première difficulté, de l'autre côté contre les aventuriers qui promettent la lune et ne parlent que d' « aller jusqu'au bout ». Les lâches et les fous, si vous préférez ! Nous demandons à une grève ce qu'elle peut donner : augmentation des salaires, contrat collectif, semaine de quarante heures et congés payés. Nous les tenons ! La révolution viendra plus tard, à son heure, les communistes ne l'oublient pas, faites-leur confiance ! Les impatients, les fous, peuvent se casser le nez, pourvu qu'ils n'entraînent pas les camarades dans leur chute. Soyons des gens raisonnables, responsables, et non des illuminés !...

Il y eut encore quelques questions, mais sur des points matériels, bien précis, ensuite on passa au vote. Les travailleurs de l'usine Bodant et Cie se prononcèrent pour la fin de la grève, à l'unanimité moins cinq voix, dont celle de Rirette.

— Tu as voté contre ! Pourquoi ? lui demanda Tilouis, furieux.

— Qu'est-ce que tu veux, bafouilla-t-elle, moi, je vois toujours pas pourquoi il faut lui rendre son usine, au Bodant !

Le vote à peine acquis, *L'Internationale* jaillit dans la petite cour, suivie d'une explosion de joie, comme si chacun avait craint un instant que le vote fût autre, comme si chacun se souvenait soudain qu'il allait être augmenté, que ses journées de grève seraient payées, qu'il ne travaillerait plus désormais que quarante heures par semaine, qu'il aurait enfin, pour la première fois de sa vie, quinze jours de congés payés.

L'accordéon jouait déjà la java ravageuse, la danse commençait. Franck se sentait bête avec cet énorme instrument à bout de bras, et les « fameux duettistes » gardaient leurs duos sur l'estomac.

Le petit orateur placide réclama un instant de silence :

— Et maintenant, camarades, les portes vont s'ouvrir ! Mais nous n'allons pas nous séparer comme ça ! Je vous propose un défilé triomphal, nous devons bien ça aux braves gens du quartier qui nous ont ravitaillés, qui nous ont montré une si fraternelle solidarité !

On décrocha drapeaux, guirlandes et fleurs dont la cour avait été décorée en vue de la fête. Le portail s'ouvrit à deux battants. Le défilé triomphal des grévistes de l'usine Bodant et Cie s'engagea dans la rue : drapeaux en tête, banderoles, bicyclettes fleuries, cotillons et lampions, sur un air d'accordéon...

— Où tu vas pour tes congés ? se demandaient-ils l'un à l'autre, manière de rire, sans y croire encore.

Ce n'était en effet pas croyable : leurs semelles usées frappaient le payé, leurs yeux butaient sur un interminable mur de petites briques, sur la denture ébréchée des toits, sur un ciel que les poussières et les fumées ternissaient en toutes saisons, leur nez ne humait que les vieilles poubelles, leurs oreilles ne pouvaient s'emplir que de leurs propres cris.

Nathan prit le violoncelle : « Chacun son tour ! » Franck passa un bras sur les épaules du commis des Paroul, l'autre sur celles de Rirette :

— Vous viendrez à la Cabusselle, maintenant, vous pourrez. Et vous viendrez... tous !

Un beau ministre, oui...

Léo Lagrange écarta les mains, avec une mimique expressive, mais Cherchemidi était au courant : pas de budget, pas de locaux, un ministère sur le papier.

— La moitié des journaux annonce déjà que les congés payés ne profiteront qu'aux bistrots...

— Il faut que les travailleurs puissent partir ! affirma Léo.

Madeleine Lagrange souriait à un souvenir :

— Dans mon enfance, j'apprenais, à l'école, qu'au Moyen Age le serf « était attaché à la glèbe » et je me réjouissais de vivre à une époque où cet esclavage n'existait plus.

— Les patrons des réseaux seront là tout à l'heure, fit soigneusement le ministre, nous n'avons strictement aucun moyen de pression sur eux (comme réveillé en sursaut, c'est en martelant ses mots qu'il continua :) et pourtant il faudra qu'ils y passent !

— Quinze jours de vacances pour se reposer, jouer aux boules ou jardiner, ce n'est déjà pas si mal, fit Madeleine (à l'instar de son mari, elle passa brutalement du rêve à la résolution :) mais, pouvoir partir, c'est tellement mieux ! Pour les travailleurs, ce serait un véritable changement de condition humaine.

La nomination de ce ministre de trente-six ans s'était faite sans tractations. Le jeudi après-midi Léon Blum avait convoqué le jeune député à l'Élysée, Léo était arrivé à temps pour la photo traditionnelle, il était ministre. Quinze jours avant, Blumel avait téléphoné, de la part de Blum : « Les congés payés sont une telle nouveauté ! Le gouvernement se doit d'aider les travailleurs à en tirer le maximum de profit... » Sans plus.

Un ministère dépourvu de tout, un ministre qui ne doute de rien, bouillonnant de projets : Trains spéciaux, billets à tarif réduit, hôtels bon marché, croisières populaires en Méditerranée, week-ends parisiens pour ouvriers agricoles, camping, cinémathèque, bibliobus, théâtre et fêtes populaires, un Institut national et un Conseil supérieur des sports, etc. des stades, deux cents, non : au moins deux cent cinquante. Deux cent cinquante stades !...

— Quel est le budget du ministère ?

L'index et le pouce, en rond : zéro.

— Les crédits seront débloqués... quand ?

Un geste vague.

Madeleine plaisanta :

— Un proverbe anglais dit : « Le gin seul permet de sortir de Manchester. »

— Commençons par ce qui ne coûte rien, avait décidé Léo.

Les dirigeants des compagnies de chemin de fer sont là, ils représentent les grands réseaux, des puissances que tous les gouvernements ont appris à ménager. Ils sont là, presque goguenards (« Alors ce garçon serait ministre, on nous l'avait bien dit ! ministre de quoi, au fait ? C'est quoi, les loisirs, au juste ? »).

Léo expose son projet, la création du billet à tarif réduit pour les salariés et leurs familles, calmement, avec le même naturel que s'il s'agissait du droit au sommeil. Il se tait. Le silence s'écrase après son dernier mot.

Enfin, l'un de ces messieurs déclare :

— Mais... c'est antiferroviaire !

Suit une démonstration gavée de chiffres, accablante : les chemins de fer ne peuvent pas transporter tout ce monde à perte C.Q.F.D. !

Il subsistait donc un léger malentendu, M. le ministre le dissipe : les congés payés n'ont pas été « octroyés » mais « conquis »... (avec on ne sait quoi, dans l'attitude et le regard, qui remplace les statistiques).

— Monsieur le ministre, dans quatre jours, vous aurez le billet Lagrange.

Ah ! les nuances...

Rue de Tilsitt, au 18, un appartement aménagé en bureaux par un imprésario de troisième zone devient sans ménagements le ministère des Loisirs. Madeleine convoque des amis, ils seront le cabinet du ministre ; elle mobilise des bonnes volontés (on demande débrouillards sachant téléphoner !), ce sera le personnel.

— Tu sais ce que m'a lancé un ouvrier, hier, à la sortie d'un meeting ? demande Léo, entre une réunion et une audience : « Alors, Lagrange ? toujours pas de fric ? » (Redevenu sérieux, très vite :) Pour les jeunes, la bonne solution, c'est les auberges !

— Il y en a déjà deux cent cinquante, en France.

— J'en veux mille !

La petite équipe de la rue de Tilsitt écume les mers et les cieux.

— Et cette croisière populaire ?

— Dans le sac ! les Chargeurs Réunis nous lâchent un paquebot. Il appareille pour la Corse dans six jours. Alger, Barcelone...

— Et l'aviation populaire ?

— C'est parti !

— Alors, les ouvriers vont voler de leurs propres ailes ?

— Au fait, tu as toujours ta voiture ? Tu ne pourrais pas faire un saut jusqu'à Villacoublay ?...

Cherchemidi prend, avec un plaisir redoublé, le volant de sa « 11 légère ».

Sur la nuit de Paris se dresse la tour Eiffel louée par Citroën pour sa publicité. Les sept lettres s'allument, s'éteignent, s'allument, s'éteignent... vous reviennent dans les yeux un long moment après.

Sur les joues, dans le cou, sur les épaules, entre les seins, la peau de Célie fraîche et lisse, en un instant, brûlait et frissonnait.

— Mon Dieu, Nathan, qu'est-ce qui t'arrive ? T'as l'air d'un cadavre !

Il éclate de rire : elle a poussé le même cri que sa mère, dans le même sursaut. A court de maladies pour justifier sa longue absence artistico-militante, le duettiste s'était mis de la cendre sur le visage. Son frère l'avait aidé : « Tu en mets quand même un peu trop. Une tête de papier mâché passe encore, mais là, on te donnerait l'extrême-onction ! — Alors c'est au point ! » avait conclu Nathan, rassuré.

— Mon amour, supplie la jeune fille, je veux t'embrasser, mais je veux ta peau, pas la cendre !

— C'est que... Où trouver de l'eau, ici ?

Son copain Bernard, un jeune peintre en bâtiment, lui passait la clé d'une mansarde qu'il tapissait au rabais à temps perdu. Nathan et Célie venaient s'aimer dans ce décor sordide, soupente à vasistas n'ayant servi, des années durant, que de débarras. De répugnants rebuts avaient très lentement pourri là-dedans. Le réduit avait été vidé, mais pas encore nettoyé. Une échelle double, quelques seaux, trois pinceaux et un sac de colle constituaient le mobilier. Nathan et Célie vivaient là une fois par semaine, une heure somptueuse. Ils faisaient l'amour.

Célie venait d'avoir quinze ans, Nathan aurait ses dix-neuf fin novembre.

Elle était vierge, il était « chaste », c'est du moins le mot qu'il employait : « Je m' suis gardé chaste, pour toi, Célie ! » déclarait-il du fond du cœur. Il avait fait l'amour à douze ans et demi, avec une putain. « Il me faut ça, disait-il encore à Célie, chez moi, c'est un besoin, comme le sommeil, les rêves en moins. Jamais je n'ai aimé une fille. Tu es la première ! »

C'est le cœur de Nathan qui était chaste.

Une fois par semaine... Célie ne pouvait pas sécher l'étude plus souvent. Il l'attendait six jours. Enfin, il la voyait arriver, frissonnante, en écolière, son cartable sous le bras. Il l'aimait au point de remettre à tout instant sa réalité en doute. Il n'y croyait vraiment que lorsqu'elle se jetait dans ses bras.

— Tes devoirs d'abord !

Il était sage pour deux, il était l'homme. Les devoirs se font à l'étude... Heureusement, Nathan était doué pour les mathématiques. Un soir pourtant, il buta sur un problème d'algèbre, s'acharna dessus si longtemps qu'ils ne purent faire l'amour. Célie le quitta la larme à l'œil. Elle revint, la semaine suivante, pleine de confusion :

c'était sa faute, elle avait mal copié l'énoncé. Ils firent l'amour deux fois.

Une nuit qu'il rêvait d'elle, Nathan se dit : « Mais... je suis amoureux de la fille de mon patron ! » Il fut réveillé en sursaut par cette découverte qui montrait Célie sous un jour malsain. Il parvint non sans peine à chasser de sa tête cette réflexion obscène. Il ne voulait rien de moche dans cet amour. Leur histoire avait débuté, et se poursuivait, si normalement qu'ils n'y pensaient jamais comme à une histoire qui leur arrivait. Ainsi se rencontrent l'animal et sa coquille. Sans le savoir, avant l'un était nu, l'autre était vide.

Les premiers temps, ils durent se contenter de caresses furtives dans la cave, entre les murailles de chemises. C'était folie pure, dans ce dépôt où l'on venait puiser à chaque instant, surtout que les amoureux ne savaient plus s'arrêter. Le soir enfin où Nathan avait retenu une chambre dans un petit hôtel, quand ils arrivèrent, enlacés, le marchand de sommeil les jeta dehors : « Pas de gamine chez moi ! Voulez-vous que j'appelle un agent, petits dégoûtants ! »

— L'ignoble personnage, dit Célie.

— L'imbécile plutôt, corrigea Nathan. C'est qu'il n'a rien compris.

— Le malheureux, alors, dit Célie, après un moment d'intense réflexion.

Enfin Bernard offrit la soupente. Nathan et Célie firent l'amour, très vite, sans appréhensions, sans timidités. Elle n'en connaissait que ce qu'on montre au cinéma. Elle fut heureuse. Elle demanda à Nathan s'il avait encore beaucoup de choses semblables à lui faire découvrir. Il répondit que non.

Les Paroul, les femmes surtout, s'inquiétèrent un temps de voir leur pétulante Célie muer en fille nonchalante, un peu molle. Avec Nathan, elle restait ainsi, voluptueusement engourdie, mais avec Nathan, un geste, un mot, une pensée, un rien pouvait la réveiller sur la seconde, et la jeter dans une crise de joie, ou de désespoir, tout aussi bien. Elle fondait en sanglots :

— Nathan ! Nathan ! c'est affreux ! tu as cinq ans de plus que moi...

Ils comprenaient qu'ils ne pourraient mourir ensemble au même âge. Ils n'en prenaient pas facilement leur parti.

Leur amour n'était sujet qu'à des hasards de cette sorte.

Pas un de ces problèmes humains ou spirituels, pas une de ces questions physiques ou morales qui déchirent les amants ne troublait jamais Nathan et Célie, mais ils pouvaient souffrir pour un fétu que le commun des couples ignore.

Célie Faroul grimpe si joyeusement l'escalier du merveilleux galetas que ses petits souliers font rire les marches :

— Nathan ! Nathan ! je m'en vais.

— Mon Dieu ! Où ça ?

— En Cévennes, à Clerguemort !

Une seconde interloqué, Nathan rit à son tour :

— Et moi, je pars aussi pour la Cévenne !

— Pardi !

Les grandes vacances étaient devenues pour Célie Paroul la période noire. Plus d'école, donc plus d'études. Le magasin et l'appartement, vingt-quatre heures sur vingt-quatre, entre sa cousine germaine Amanda — vieille fille de dix-huit ans —, sa mère, sa tante, et les chemisiers. Seules sorties en perspective : avec les femmes chez les cousins de la rue d'Aboukir, et les Paroul au complet pour les braderies de fin de saison.

— Raconte !

— Après !

Après, Célie raconte. Ils sont encore allongés sur de vieux journaux froissés, ridés et cornés par l'amour. Ils restent le plus longtemps possible sans se lâcher, ils aiment se parler à souffle portant.

En bref, le grand-père l'a emporté, comme toujours.

— Sacré vieux birbe !

— Nathan, tu n'es pas gentil avec pépé !

Le patriarche leur avait mené la vie dure, à ses fils et brus. Il ferait beau voir qu'on abandonne la Cabusselle, ce n'est pas un bien volé ! Le vieux détenait depuis peu un nouvel argument, et de poids. Sa correspondance avec Clerguemort lui avait appris l'histoire du Déserteur. Depuis, il ne tenait plus en place à la pensée d'avoir eu un neveu de cet acabit, tandis que ses fils, au contraire, se seraient facilement consolés de n'avoir pas à connaître, même à titre posthume, le Clovis en question.

— ... *D'aquel mounstré.* Et il paraît qu'on l'appelait « Jésus » ! Plus de vingt ans, il s'est caché dans notre Cabusselle ! Vous vous rendez compte, un repaire, *couqui dé Diou !* qu'on peut y attendre sa belle mort même si l'on a toute la maréchaussée du royaume à ses trousses ! Eh ! *Digo !* c'est pas à négliger par les temps qui courent, avec les soviets au pouvoir. On a quand même plus de chances de vivre vieux dans ce cagnard entre pinède et castanet, sous la rancarède cévenole, que rue des Nanettes, au mitan d'un quartier rouge, sur des pavés à ressorts, derrière une devanture qui ferait croire qu'on est beaucoup plus riche qu'en réalité, ah ! *misèro dé chi !* Pour vivre heureux, vivons cachés !

Sa décision était prise, il monterait dans « leur » train du P.L.M., il descendrait à la gare du Chambon. Et qu'on n'aille pas imaginer des manigances ! Il se déplaçait pour se rendre compte. Il n'allait pas là-bas pour remettre à feu et à sang un pays qui ne demandait que ça !

— D'abord, je *davale* au pays incog... intog... *Coumo sé dis, asco, én parisién*[1] *?* sans me faire connaître, *aqui !* Et qui me remettrait, *pamén ?* après cinquante années — *ün sassit'*[2] *!* Tous

1. Comment ça se dit, ça, en parisien ?
2. Un bail ! (approximatif).

les conscrits de ma classe, ils sont sous les racines des cyprès depuis des lunes ! Après tout, je suis assez grand garçon, maintenant, pour faire ce qui me pète, sans prendre l'avis de *dïngus !* Je peux partir tranquille, vous êtes sevrés ! Les chemises marchant toutes seules, tout juste si elles se jettent pas au cou des clients ! Ne sortez pas sans cache-nez, et regardez bien des deux côtés avant de traverser !

— Père, risqua timidement l'aîné, tu oublies ton âge !

— Et toi, tu oublies le tien, polisson ! fit le vieux en lui retournant une gifle. *Sïeï pas un pountchu, ïè-ou !* (Je suis pas un Parisien — un « pointu » — moi !)

Gédéon dit tout bas à son frère :

— C'est pas tellement l'héritage qui l' travaille, l' vieux, c'est l'air du pays ! L'est sur sa fin, le pépère !

Les deux frères et les deux sœurs, leurs épouses, tinrent conseil. Il n'était pas prudent de laisser s'embarquer tout seul un homme de cet âge !

— Un original ! Et dans quelle aventure, Sarah !

— Et dans quel pays, Rébecca !

— Il pourrait lui arriver n'importe quoi sur les chemins. Des escrocs pourraient lui faire signer des papiers qui nous mettraient sur la paille.

— Bon ! puisqu'il n'y a rien à faire pour l'empêcher, il faut que quelqu'un se dévoue pour l'accompagner.

— Attention, quelqu'un de la famille !

— Toi, Gédéon !

— Ah !... Ça serait gênant pour le commerce ! Avec ces congés payés, le genre « chemise Lacoste » va s'enlever comme des petits pains...

Quand ils lui sortirent, avec mille précautions, cette histoire de chaperon, le vieux s'étouffa de rire.

Une fois calmé, il leur lança, méprisant :

— Pourquoi pas Célie, quand vous y êtes ?

Au fait, oui pourquoi pas ? Elle était bien jeune, mais finaude ! en cas de malheur, elle saurait trouver le médecin, le prêtre, ou la police...

Et puis, elle ne servait à rien au magasin.

— Célie, ma *drouletto !* fais ton bagage !

Le patriarche des Paroul s'était placé devant les siens pour conclure :

— Après tout, ça lui fera du bien, à cette *pécole*, de respirer l'air de son pays. Parce que *atténtïou !* elle a rien pris dans la rue d'Aboukir, celle-là ! je vous en réponds ! Ça va la sortir un peu de... de...

Il cherchait une méchanceté plus coupante encore, renifla : une odeur de renfermé ! chez lui, ça puait le rance, il s'en apercevait pour la première fois. Il venait de jouir un instant du nez de ses vingt ans, de son flair cévenol. Il prit Célie dans son grand bras d'os et de nerfs, puis il regarda sauvagement ses fils et brus :

— *Peuchérette, vaï !* A force de vivre rien qu'avec vous, elle finirait par devenir... un enfant de vieux !

« Je pars pour la Cévenne », se répétait Nathan. Il était aux anges. Là-bas, il verrait Célie aussi souvent qu'il le voudrait, ce serait tellement plus facile. Le vieux était quand même commode à manœuvrer, sa petite-fille préférée le ferait marcher sur la tête.

Nathan était optimiste pour le séjour, beaucoup moins pour le départ et le voyage.

D'abord, personne n'avait dit qu'il était libre de partir. Il n'avait jamais été question de congés payés chez les Paroul. Il pourrait les plaquer, il ne serait pas en peine de dégotter un boulot moins minable, oui, mais loin de Célie...

Et même si la première question était résolue, qui ferait bouillir la marmite rue de Lappe ? et qui s'occuperait de sa mère, si elle avait une rechute ?

Une fois même ces problèmes réglés, comment irait-il jusque dans les Cévennes ? Sept cents bornes, ça fait loin à pinces ! et il n'avait plus un sou vaillant (il allait manquer de résine des Vosges, il en était là).

C'est rue de Lappe que les choses commencèrent de s'arranger. On a beau dire, le pavé, c'est quand même de la bonne terre !

Nathan fit la rencontre de Pontil, et il pétait des flammes, le grand Pontil.

— Du tonnerre ! Nathan, je pars en voyage ! En Espagne ! Nous sommes tout un groupe, des Jeunesses du Front populaire, communistes, socialistes, étudiants, invités par les Jeunesses du *Frente popular*, nous séjournerons à Barcelone...

Passionné, Nathan demanda :

— Tu emportes ton vélo, Pontil ?

— T'es louf, non ?

— Alors, tu me le prêtes ?

— Pour ce qu'il vaut...

Le matin suivant, Nathan descendait de chez sa mère, quand Fallissiard, le marchand de vin de la cour, celui qui prêtait ses tonneaux pour la scène du 14 Juillet, l'appela, lui montrant le clou de Pontil que l'amant de Célie avait rangé sous la cage d'escalier :

— Eh ! Nathan ! C'est-y vrai ou c'est-y pas vrai, ce qu'on dit, que tu vas dans le Midi sur ce clou ?

Fallissiard avait une telle voix que les fenêtres de la cour s'étaient garnies. Voilà qui devenait très intéressant.

— Parfaitement, c'est vrai ! répondit Nathan. (Il braillait aussi, pour que cette affaire devienne celle de tout l'immeuble.)

— Et tu te dégonfles pas, petit ? (Fallissiard se rengorgeait et braillait de plus belle.) Parce que moi, Fallissiard, je m'y connais ! alors, je peux te dire que sept cents bornes, ça fait plus d'un coup de pédale !

— L'avis d'un champion comme celui que vous avez été, gueula Nathan (il pensait que, dans les affaires, la pommade peut graisser les rouages), un géant de la route, qui a tenu la roue de Christophe dans le Galibier : sauf vot' respect, m'sieu Fallissiard, pour pas écouter vos conseils, faudrait êt' un beau petit trou du cul !

— Bravo ! ça, c'est envoyé, môme ! Eh bien, si toi tu te déballonnes pas, moi non plus !

Toutes les fenêtres sur cour retenaient leur souffle.

— Si toi, Nathan ! tu arrives sur le mont Lozère avec ce clou. Je dis bien : si tu y arrives ! Tu vas à la poste, et tu m'envoies une carte. C'est tout ! Et par retour du courrier, tu reçois cinq cents balles, parole de Fallissiard !

Nathan se dépêcha de prendre l'immeuble à témoin. Jamais le marchand de vin ne pourrait se dérober :

— Parole, m'sieu Fallissiard ?

— Parole, Nathan ! et cochon qui s'en dédit !

Une bécane, sept cents bornes à avaler, cinq cents balles à gagner, et Célie sur la ligne d'arrivée, Célie, tout son saoul...

Avant de prendre le chemin du Sud à grands coups de pédale, Nathan prit celui de Neuilly, coudes au corps. Il mit son ami Franck au courant de ce départ du vieux Paroul qui arrangeait si bien ses affaires de cœur, à lui, mais n'arrangerait sans doute pas celles de l'auberge de jeunesse.

— Tu as pu savoir chez qui il va descendre, à Clerguemort ? demanda le jeune musicien.

— Dans un mas, tout à côté de la Cabusselle, ça s'est arrangé par lettres.

— C'est le Laguerre... le capitaine qui... ?

— Non ! Le vieux n'a plus confiance en lui. Ton capitaine a dû lui écrire quelque chose qui lui a déplu, à propos de la désertion. C'est un arrière-petit-cousin qui s'est occupé de la pension. Célie n'a pas très bien compris : « un berger qui sent la mort ».

— Fachine ?

— C'est ça ! Et il sentirait la mort ?

Franck lui rapporta les dires de la Cévenne : quand Fachine rencontrait quelqu'un qui allait mourir, non seulement ce berger le sentait, mais il en souffrait, et même ça se voyait : son cou se gonflait. C'était affreux ! à en croire ceux qui juraient avoir vu ça, de leurs yeux vu.

— Si je pouvais rendre service, question de la Cabusselle... propose Nathan, pour parler d'autre chose.

— Essaye de tenir au courant M. Doiren, c'est l'instituteur qui s'occupe de monter l'auberge de jeunesse. Parles-en avec lui...

— Je ne peux rien te promettre, Franck, on verra comment ça se présente...

Leurs regards se croisèrent une seconde. Évidemment, par Célie, Nathan avait l'impression d'être un peu de la famille. C'était idiot, enfin... Ils se comprirent dans ce regard et cherchèrent un sujet moins délicat.

— Alors tu te rends compte ! je descends dans ton pays ! et en vélo ! On va se voir, là-bas, hein ?

— Ça... Je pars pour l'Allemagne.

— Quoi ! Après tout ce que tu m'as raconté sur les nazis, tu vas encore traîner tes guêtres là-bas !

— Mes parents m'ont écrit. Ils m'attendent. Il n'y a aucun risque, en ce moment, avec les Jeux olympiques de Berlin. Hitler tient à démontrer devant les représentants du monde entier que le nazisme, c'est la liberté, le bonheur, le rêve et le paradis.

Ils étaient assis au bord du lit. Franck tenait son violoncelle de la seule main gauche. Il continuait à exercer son doigté, machinalement. Chaque corde gémissait à son tour, *piano, dolce*.

— Je vais avoir bonne mine, soupira-t-il, moi qui ai laissé l'adresse de la Cabusselle, et toutes les indications, à Rirette et à ses copains, pour le cas où ils se décideraient à profiter des congés, et des billets à prix réduits...

Nathan ne pouvait s'arracher à cette amicale mélancolie. Comment lui dire, sans insister lourdement, qu'on espérait bien le revoir, le cher Franck, si les petits S.S. ne l'avaient pas mangé en chemin...

— Tu reprends cette chambre, au retour, Franck ?

— Oui, pourquoi ?

— Dans c' cas, tu f'rais peut-êt' bien de dire à ton cloporte qu'il profit' que t'es pas là pour brûler du soufre.

— Comment ? Il n'y a pas de punaises ici !

Nathan bomba le torse, affectant le ton maniéré des beaux quartiers :

— Ton cuir de Cévenol les rebute peut-êt', mais y en a ! ça tu peux me fair' confiance. Pour les punaises, j' suis connu sur la place de Paris, expert agréé !

13

Le camelot

La pendule ne fonctionne que penchée. Il y a des cales sous les deux pieds de gauche, des carrés de bois que le Déserteur a taillés au couteau, égalisés à la lime, polis au papier de verre, soignés comme s'ils avaient dû se voir, mais peut-être le Jésus avait-il pensé aux maniaques de l'ordre qui les retireraient. C'est gênant, cette pendule qui picore le temps avec un air penché. Alain a essayé de la remettre debout : le balancier s'est immobilisé en quelques minutes.

La brise du soir berce la pointe recourbée du grand cèdre. Les fenêtres sont petites. On n'y peut passer qu'une épaule et la tête, on s'y penche sur un coude, le regard de travers. Le soleil descend derrière la crête des Bories, l'ombre coule dans le Vallauzas où les verts et les mauves rosissent puis se violacent avant de se noyer. Il reste quelques pans de neige sur les sommets du Lozère. Le vallon de la Cabusselle se défend contre vents et pluies, ses pentes ne retiennent guère l'humidité, en somme, il ne favorise que le soleil.

Alain Doiren est seul. Milca découvre toujours un travail urgent quand il s'agit de monter à la Cabusselle. Elle ne comprend pas très bien cette histoire d'auberge de la jeunesse, et elle ne fait pas d'effort, pas plus que son père. Au creux du val, au-dessus des ruches désertées, dans ce vieux mas mort, la solitude est compacte. Et le Déserteur avait tenu, là, plus de quinze ans, mais était-il vraiment seul ? Selon le pasteur, il ne l'était pas.

Les grenouilles et les crapauds du Vallauzas commencent leur concert crépusculaire. Une chouette appelle sa commère du soir. Elles sont deux, carrées de part et d'autre du val. Celle de l'Altanier est toujours la première réveillée pour interpeller impatiemment celle des Bories. Le renard ouvre un œil, quelque part. L'intérieur du mas, ses bêtes, ses objets, sa nuit se réveillent beaucoup plus tard, longtemps après qu'on a soufflé la lampe à pétrole, puis la bougie. Cela donne plus de présence encore, et de poids, à la solitude. Alain tente en vain d'imaginer son A.J. bouillonnant de jeunesses lointaines, mais le monde existe-t-il encore ? Il existe : un tintement, du métal, quelque chose d'humain : la Gavotte, du Perdigaud, le mas le plus proche de la Cabusselle, rentre du jardin avec l'eau de la source : quand elle est trop chargée, le seau heurte la murette. Alain sait cela ; il en a appris, des choses, depuis qu'il monte seul ici...

L'auberge de jeunesse de la Cabusselle est prête à recevoir ses hôtes.

La magnanerie et le grenier, débarrassés, constituent deux dortoirs de fortune, avec une douzaine de paillasses dans chacun. Les gosses de Clerguemort ont collecté les tasses sans queue, les bols, les verres, les écuelles ébréchées. De quoi attendre les subventions. Alain a composé un bureau — ça fait plus sérieux — dont les membres sont M. Pailheyre, l'inspecteur primaire, trois instituteurs de Nîmes, condisciples d'Alain à l'École normale, Bagaille, Luvel et Forran, des passionnés de cyclotourisme, ajistes depuis deux ans, et Luc Roux. L'ancien élève d'Alain n'a pas donné son accord sans tergiverser : il milite dans les Jeunesses communistes où les loisirs de plein air ne passent pas pour des tâches primordiales.

Alain a rédigé une sorte de tract touristique :

« A. J. de la Cabusselle
à Clerguemort (Gard)

déclarée légalement et affichée au Centre laïque des auberges de la jeunesse (C.L.A.J.).
Alain Doiren, père aubergiste responsable.
Sont admis tous les jeunes titulaires de la carte C.L.A.J. ou, à défaut, de la carte syndicale des travailleurs.
Moyens d'accès : Train en gare du Chambon, chemin de Clerguemort. A partir du village, la Cabusselle est fléchée.
Cars d'Alès à Villefort, descendre au Chambon,
Cyclistes : Le chemin est carrossable jusqu'à 2 km environ, mais on est autorisé à apporter sa monture jusqu'à l'A.J.
Installations : Lits paysans pour les filles.
Paillasses pour les garçons.
Lavabos de plein air : ruisseau à 150 m, source à 50 m.
Possibilités de ravitaillement : vin, légumes, œufs, fromages, lait, fruits assurés dans les mas voisins mais, ATTENTION : prendre son pain en passant à Clerguemort !
Possibilités d'excursions ou de sorties : randonnées des crêtes, des cimes... Baignades dans la rivière, à Clerguemort (40 mn à l'aller, 1 h 45 au retour).
Et, bien sûr : pêche, chasse, quête des champignons, sans compter les promenades dans les sous-bois de châtaigniers, ou les siestes dans le pré... »

Ce prospectus ronéotypé circule, par les soins des jeunes instituteurs, dans les écoles et dans quelques syndicats. Sur les conseils de son collègue Bagaille, Alain a commandé un tampon de caoutchouc. Il a préparé un livre d'or, simple cahier d'écolier sur la première page duquel il a calligraphié :

« Camarade,
Nous te convions à écrire ici tes impressions sur notre A.J. et sur notre coin des Cévennes. Ne sois pas trop dur pour nous qui faisons ce que nous pouvons pour te rendre le séjour plus agréable.
Salut, camarade, et que les muses t'inspirent !

Le P.A.
Alain Doiren. »

Enfin, il s'est procuré, non sans quelque répugnance, un « Registre pour inscrire les voyageurs » ne comportant pas moins de onze colonnes : numéro d'ordre, numéro de chambre, nom et prénoms, date et lieu de naissance, qualité et profession, nationalité (souligner pour les étrangers), lieu du domicile habituel, pièces d'identité, date d'arrivée et de départ, nombre de nuits de séjour, observations et visa des autorités.

Il fallait aussi une « mère aubergiste ». Alain n'avait pu décider Milca. En un sens, il était préférable de dénicher, dans un mas voisin, une « M.A. » qui serait à demeure et garderait un œil sur l'A.J. toute l'année. Mais comment expliquer une affaire pareille aux grandes veuves noires qui règnent sur les fiefs du Vallauzas ? Il avait bien pensé à la Gavotte du Perdigaud, mais quand il avait prononcé son nom, Clerguemort avait fait la moue, l'air entendu.

Vers la fin du siècle dernier, le plus fier gaillard du pays avait été le Fortuné Clédas, l'héritier du Perdigaud. Buveur, braillard, batailleur, joueur et trousseur de jupes, il courait les foires et les filles, saccageant les cabarets, brisant les cœurs ; du Gévaudan à la Vaunage, on pouvait le suivre à la trace. Un beau matin, le Fortuné ramena, de la fête votive du Bleymard, une gavotte de ce pays de bouses, catholique, et veuve par-dessus le marché ! Il l'installa dans son Perdigaud, et même, il l'épousa. Il avait alors dix-huit ans, sa gavotte en avait trente ! on avait beau s'attendre à tout de sa part... Et ce n'était pas fini ! Et l'on ne savait pas tout ! La veuve, la nouvelle épousée, avait un enfant déjà, une fille qu'elle avait abandonnée là-haut, sur son plateau à vaches. On ne l'apprit que vingt ans après, et dans quelles circonstances ! quand elle vint au Perdigaud pour soigner sa mère. La Gavotte mourut, après de longs mois de souffrances. La fille ne retourna pas dans son pays de gavots, elle s'accrocha au Perdigaud, pour consoler le veuf, ce dont elle s'acquitta si bien qu'un an plus tard l'incorrigible Fortuné l'épousait. Elle avait vingt ans, le veuf, quarante, et il prit quand même pour femme la fille de sa femme !

Elle se nommait Aline mais Clerguemort, dans sa réprobation, l'appela aussi la Gavotte, comme s'il s'agissait toujours de la même !

Alain Doiren avait consacré ses jeudis et dimanches à la préparation de l'auberge de la Cabusselle. Maintenant, il attendait. Il avait beau se dire qu'il n'y aurait guère de passages avant le mois d'août, avant les premiers congés payés, il retardait le moment d'aller au lit, il ne pouvait s'empêcher de guetter le premier pas, la première voix qui appellerait sous la fenêtre du mas pour demander si c'était bien ici l'auberge de jeunesse.

Le pas de ce soir n'est que celui du vieux pasteur. Alain apporte la fouillette de clinton et les verres devant le portail, sur le banc où le ministre fait la pause. Les deux hommes restent un moment silencieux, face à leur vin. Ils regardent le couchant, ils tendent l'oreille, ils hument la fraîcheur.

— Il fera beau demain, monsieur le pasteur.

— Si Dieu le veut, monsieur l'instituteur.

Un crépuscule d'Eldorado dote le ciel du faste impudent des

cathédrales. Les deux hommes, gênés, détournent leurs regards. Le pasteur élève son verre, fait miroiter le vin épais et bleuâtre, le porte à ses narines, le respire. Il mouille ses lèvres. Il prélève une gorgée avec tant de soin qu'on dirait qu'il la choisit, il s'en baigne la bouche, la goûte, la pense, il conclut :

— Ce n'est pas la cuvée... posthume.

— Non. J'ai pris... commence Alain, mais à quoi bon expliquer puisque l'autre sait.

— Il faut quand même que je me rende, soupire le pasteur, à mi-verre.

— Oh ! les jours sont longs maintenant.

— Il faut encore que je m'arrête au Perdigaud.

— Ça ne va pas, chez les Clédas ?

— Oh ! c'est pas ça... Mais si le Fortuné apprend que je suis passé sous son mas sans m'arrêter... et il le saura. Il faut dire qu'il ne voit plus grand monde, depuis que ses jambes ne le portent plus. Sa femme me mettra une assiette. Elle réussit la soupe de haricots comme personne...

— Quel genre de femme est-ce ?

— La Gavotte ?... pardon ! Mme Clédas, du Perdigaud ? Une excellente femme.

Alain lui expose le problème de la mère aubergiste.

— C'est tout à fait la personne qu'il vous faut.

— Vous pourriez peut-être lui poser la question ? Venant de vous, monsieur le pasteur...

Ils savourent en silence un deuxième verre de vin, devant le Vallauzas qui ne leur offre rien, rien qu'une fumée s'élevant, droit au ciel, étonnamment claire.

— Les Donaygues ont brûlé des *bartas* à l'*avès*, explique le pasteur. Le Crébossat vivra quelque temps encore. Pas le Perdigaud. Le Fortuné n'en a plus pour longtemps. Il restera la Gavotte, une veuve, encore. Et pas d'enfants... Et s'il y en avait, ils partiraient...

Il montre au couchant : l'Altanier, une veuve. Au levant : le Casquillé, une veuve...

A bout de bras, l'index dresse, à l'emplacement de chaque mas agonisant, la haute silhouette d'une veuve noire.

— J'ai fait longue route, depuis hier, raconte tristement le pasteur, je suis passé par le Brailhan, les Bories, l'Arboussas, le Tafanar... Même dans ces biens où s'arrachent encore des pommes de terre, même où il reste des hommes, il n'y a plus de bébés, plus un seul bébé dans tout ça...

La remarque tombait juste à ce point précis, entre chien et loup, quand tout se tait, les bêtes, les gens, les insectes, les feuillages, les sources et les vents, juste dans la minute de silence pour le jour mort, l'heure de la dernière tétée, et pas un cri de nourrisson affamé !

— « Quand le Vallauzas *davalait* à la fête de Clerguemort... »

Vous n'avez pas connu ça, monsieur l'instituteur, mais ça sonnait fièrement. Une phrase épique ! « Quand le Vallauzas... » D'ici *davalaient* les trois fils Paroul, Philibert, Palamède et Prosper, les trois *escamandras* de la Cabusselle ! Du Galavard *davalaient* les deux Clédas, le Fortuné et son frère Paulin, celui qui a été tué en Tunisie ; du Bajanet *davalaient* un bouscassier, l'aîne, et un castreur de porcs, le cadet ; du Tafanar *davalaient* quatre rouquins terribles, vifs comme des martres ; les *idéïous davalaient* de leur Casquillé, musique en tête, j'en passe et des plus décidés... Tout ce beau monde se rassemblait au creux du Vallauzas, et s'y formait en bataille pour fondre sur le village qui les attendait ; il faisait chaud à Clerguemort. Ça vivait, quoi !

Le pasteur se tourne vers le jeune instituteur avec un soupir : « Qu'est-ce que vous en connaissez, vous, de toutes ces vies ? de cette belle vie ? »

Alain n'en connaît que les étroits cimetières familiaux, au pied de chaque mas. Il suspend sa respiration. Les grillons ont sonné la fin de la minute de silence. Du sommet des rancarèdes jusqu'au profond de la vallée de Clerguemort, les versants, les combes et les jasses, les sous-bois et les pâtures crissent et frissonnent. Les grillons, les criquets, d'autres insectes, d'autres bestioles de nuit, ce n'est que ça, bien sûr, il faut se le dire, et la brise dans les fougères sèches, et le ruisselet, rien de plus, allons ! C'est, sous la peau de la terre, toutes les vies passées qui s'étirent, se dégourdissent, commencent, par endroits, à crever la peau de la montagne pour reprendre les vieilles palabres. Sous leur cyprès malade, au pied du Bajanet, le bouscassier et le castreur de porcs appellent sourdement leurs voisins de droite, les quatre rouquins terribles qui s'ébrouent sous leurs quatre lauzes du Tafanar, et leur voisin de gauche, le violoneux du Casquillé qui lance la mélopée de ses aïeux *idéïous*... les murmures s'échangent de tombe à tombe, la montagne entière n'est que tressaillements et chuchotis, que frissons et chevrotements, la Cévenne palpite en ressouvenances. Le Déserteur répond présent, tout près, dans sa cage d'arbres, sous sa terre fraîche, avec sa lauze de chevet, bien sûr ce n'est qu'une chouette enrouée, il faut bien que ce ne soit que la chevêche ! Mais pourquoi donc frémissent les roches, comment le sol peut-il ainsi trembler sous le talon, comme si s'agitaient tous les vieux de jadis que l'on croyait mêlés à jamais à cette pierraille, ces vieux palpitant au plaisir de reparler enfin de leurs éternels rhumatismes et de leurs guerres négligées ? Parti le soleil, tombe la nuit des temps où la montagne s'éveille de ces vies innombrables avec lesquelles on n'en finit jamais.

Le pasteur se lève pour prendre son chemin, sans dire au revoir car il est naturel que l'instituteur l'accompagne un peu.

— La Cévenne se réveille toujours, marmonne-t-il, on ne sait ni pourquoi ni comment, c'est pareil chaque fois. On la croyait morte à jamais, on voyait déjà poindre son squelette dans les pans de murs des mas morts, et ça repart... Dieu le veut !

— Cette fois, c'est le Front populaire qui le veut, monsieur le pasteur ! La Cabusselle va revivre grâce au mouvement des auberges de jeunesse. La plus ardente des renaissances ! Les vieux murs vont se recharger de vies, de courage, s'imbiber d'enthousiasme...

Le pasteur s'arrête, embrasse la Cévenne en un geste douloureux, puis il déclare sourdement : « Ce n'est rien, rien qu'un petit pays d'épopées, un tout petit pays où les destins du monde infini se sont croisés, un petit pays incapable de changer, qui se laisse crever, qui ne survit plus qu'à l'état d'âme. On l'a dit prophétique. Ce petit pays est le mien. »

Il tend la main, trop ému pour prendre congé à voix haute. L'instituteur voudrait prolonger cette poignée de main, retenir le pasteur un instant encore, il a quelque chose à lui dire, une réponse, et quelle réponse ! Il le laisse partir, ce n'est qu'en revenant sur la Cabusselle qu'il la trouve, la réponse. Il grogne : « Une âme ! une âme ! Le Front populaire n'a pas une âme, peut-être ? L'âme du peuple, la seule immortelle, la seule invincible... »

Il force le ricanement, rien n'y fait. Il se sent ridicule, il enrage, n'empêche que les criquets et les crapauds sont les plus forts. La montagne frémit sous lui, elle murmure à fleur de sol ; tous ces vieux, ces vieux qui ont le nombre pour eux, qui ne craignent plus rien, les salauds ! tous ces vieux se marrent, et papotent, et se grattent, et grincent, et craquent, ces fumiers de vieux qui n'en finissent plus de crever...

Alain Doiren coucha seul dans le tristet monacal. La cavalcade des rats sous les combles, les claquements secs du bois en travail ne le réveillaient presque plus. Mais, vers la fin de cette nuit, un immense clapotis le tira de son sommeil, un bruit de débâcle. Le mas bougeait. Il tanguait et roulait. Alain recherchait ses esprits, naufragé de quelque déluge, à bord de la Cabusselle. Il se frotta les yeux, tendit l'oreille : la rumeur d'océan s'enflait, de plus en plus réelle. Il se leva d'un bond, claqua le contrevent du *fenestrou*, se pencha : il rêvait ! La Cabusselle flottait sur les vagues argentées d'un fleuve refluant sous la lune.

Alain finit par reconnaître des brebis, deux à trois mille, qui bouillonnaient dans la draille du Lozère : les transhumants. On était à la mi-juin. Les grands troupeaux de la plaine commençaient leur montée vers les pacages d'été, sur les hautes rancarèdes.

Les deux premiers furent, un samedi soir, deux instituteurs, naturellement. Ils arrivaient de Nîmes, ils s'entraînaient en vue de l'ambitieuse randonnée qu'ils entreprendraient au mois d'août avec d'autres collègues :

— On s'est rencontrés à sept. Tous d'accord. C'était à une réunion du syndicat. Rendez-vous le 4 août devant le *Café de la Cigale,* direction : la plaine de la Garonne. Trois garçons et quatre filles... Nous nous lançons ! 1 500 kilomètres, une vingtaine de jours, en vélo !

En attendant, « ils se mettaient en jambes », une centaine de kilomètres chaque fin de semaine. Ils éprouvaient aussi le matériel. L'un avait un sac à dos, l'autre des sacoches, ces dernières l'emportèrent et, comme la mère du premier savait coudre même la toile forte, il aurait son bât à vélo avant le 4 août. Pour les bicyclettes, c'était plus délicat. L'un avait une « Tendil type Bettini » achetée à Nîmes, l'autre une « Super-Hirondelle » commandée à Saint-Étienne. Alain subit la discussion sur les mérites comparés du guidon trial ordinaire et du guidon demi-relevé à potence courbe, des changements de vitesse par dérailleur et par rétropédalage. Visiblement, ces considérations techniques duraient depuis le départ de Nîmes, côtes exceptées. Les deux collègues en salivaient de plaisir, tout leur était prétexte à déballer la sacoche d'outils, à promener la burette autour de la « Petite Reine », une larme ici et là, humant avec gourmandise le point lubrifié.

Ils s'en allèrent le lendemain. Alain les avait entendus jusqu'au milieu de la nuit, dans la magnanerie, au-dessus de sa tête, qui discutaient encore. Ils se réveillèrent émus : ils avaient pris l'importante décision d'échanger leurs vélos au retour, pour voir...

Le nouveau père aubergiste les regarda partir sans regrets, chacun poussant sur le chemin la bécane du copain avec des précautions maternelles.

Le samedi suivant, il en arriva quatre, à pied, des collègues encore, deux instituteurs et deux institutrices dont l'école avait fermé le vendredi soir pour une raison administrative. Ils venaient de Pradeilhes à travers la montagne et tombèrent sur le dos de la Cabusselle. Quatre pédagogues célibataires, encore jeunes mais vieux marcheurs : godasses et cannes ferrées, pantalons de golf, blousons à poches multiples, sacs à dos, casquettes à visière de celluloïd bleuté, ceux-là n'en étaient plus aux discussions d'équipement, ils avaient le pas ample et lourd des chemineaux. Cinq minutes après avoir mis sac à terre, ils étaient parfaitement installés, leur eau chantait déjà sur leur feu, les deux hommes vérifiaient les clous des croquenots tandis que ces dames se plaçaient mutuellement des bigoudis. Chacun allait droit où il fallait, pour faire ce qu'il devait. Alain, ébahi, comprenait qu'on ne s'improvise pas père aubergiste.

Ils l'invitèrent au repas qu'ils avaient préparé avec les provisions tirées de leurs sacs inépuisables. Jamais le P.A. néophyte n'avait aussi bien mangé à la Cabusselle.

« Il faut faire de la cuisine, en finir avec les saucissonneurs... » exposa l'un des marcheurs, avec des arguments fondés assez précisément sur la dignité de la personne humaine. Après une critique détaillée de la journée, ils se levèrent d'un seul mouvement et se séparèrent pour aller se coucher, les femmes dans les lits de la chambre, les hommes sur les paillasses de la magnanerie, après des accolades martiales.

Le lendemain matin, le ciel grimaçait sur le Vallauzas. Alain fredonnait en s'habillant le refrain des récréations :

Il pleut, il fait soleil,
Le diable bat sa femme...

Quand il arriva dans la salle, la vaisselle était faite, le pavé reluisait, c'est en vain qu'il chercha l'araignée familière. L'un des marcheurs coupait du bois, l'autre épluchait les patates. Les femmes n'étaient pas là, Alain supposa qu'elles faisaient leur toilette au torrent.

— Bonjour, camarades ! On me dirait qu'il va pleuvoir avant la nuit que je n'en serais pas autrement surpris.

— Pour un être sain, la pluie ne manque ni de charmes ni d'utilité !...

L'ennemi des saucissonneurs disposait là d'arguments que n'aurait point désavoués l'auteur de *La Nouvelle Héloïse*.

Alain prit place de l'autre côté des pommes de terre, couteau en main, histoire de causer. En fait, les deux marcheurs l'interrogèrent sur la création de l'A.J., sur sa fréquentation...

— ... Eh bien ! jusqu'ici, je n'ai vu que des collègues. Enfin, j'espère qu'avec les premiers congés nous verrons arriver des ouvriers, des employés...

— N'y compte pas trop !

— Pourquoi ?

— Les ouvriers sont casaniers, répondit le coupeur de bois. La nature ne les passionne guère. Ils ne profiteront pas de leurs congés payés. Les meilleurs bricoleront, jardineront, pour les autres ce sera le bistrot à plein temps...

Cependant, le directeur du C.C. du Charbon passait en revue la seule concentration ouvrière qu'il connaissait bien : la Vernasse. Pradeilhes était aussi une bourgade ouvrière...

— C'est peut-être vrai pour les mineurs d'ici, qui sont à moitié paysans, mais le prolétaire parisien — le... prolo ! — ne sera pas emprunté, lui, pour profiter au maximum de ses conquêtes sociales...

Alain rêvait... Quand donc arriveraient-ils, ces Parigots, métallos, midinettes, calicots, dont il était si hautement question depuis le Front populaire, avec ces incroyables grèves sur le tas ?

Alain voyait Gavroche débarquant à la Cabusselle.

— Et l'inauguration, c'est pour quand ?

— On en a parlé avec les copains, on voudrait avoir André Chamson pour présider.

— Pourquoi pas ? il est bien allé à l'A.J. de la Bécédelle, à Saumane... Enfin, vous pouvez toujours avoir Cherchemidi.

— Bien sûr, il est d'ici, mais Chamson, tu comprends !...

L'auteur de *Roux le Bandit* chez le Déserteur de Clerguemort ! Alain rêvait encore.

Les deux marcheurs venaient de quitter la cuisine. Du seuil, Alain les vit disparaître en direction du Perdigaud, appelés par un de ces hululements que l'on utilise dans les jeux scouts. Ils vont se saucer, pensa le P.A., l'œil aux nues.

A trois heures de l'après-midi, ils n'étaient toujours pas rentrés. Alain avait mis les patates à bouillir. Il commençait à crever de faim, et à se faire des cheveux.

Il partit à leur recherche, sous des gouttes flasques, espacées.

— Quand ça va crever, ça pétera salement... grommelait le P.A., et on sera mal parti pour trois jours au moins...

Là-bas, le Perdigaud chantait !

> Couchés dans le foin,
> Avec le soleil pour témoin...

Quatre voix, coupées de rires.

Alain ne comprit qu'en débouchant sur les prés : les ajistes aidaient la Gavotte à rentrer vivement ses foins. Le P.A. se mit à l'ouvrage, la tête basse. Il finissait de gravir la pente du pré, courbé sous le dernier ballot, quand le ciel, d'un violet purulent, qui se gonflait d'humeurs depuis des heures, creva sur le Vallauzas.

Ça tombait si droit, si visqueux, qu'on se demandait pourquoi le vallon n'était pas encore plein à ras bord. Le dos contre tout ce foin neuf et sec, face au portail grand ouvert, les ajistes, le P.A. et la Gavotte regardaient le Très-Haut se vider de ses inflammations, et ils riaient de fatigue.

— Rentrer à la Cabusselle comme ça ! *pamén !* il ferait beau voir !

La Gavotte montait sur ses grands chevaux : le Perdigaud n'était qu'à deux pas, et ces bonnes gens qui n'avaient même pas mangé...

Cette sexagénaire, rondelette et gaie, avait pour tête un brugnon, peau lisse et luisante, rose et rouge, et ronde, ronde ! Elle déploya un « bourrin », vaste toile de sac qui sert à transporter le regain. Tous se mussèrent dessous pour courir de la grange au mas.

La cuisine-salle commune prenait jour par une étroite porte-fenêtre. L'orage la plongeait dans l'obscurité. La cheminée occupait tout un mur. Le manteau descendait jusqu'à un mètre cinquante du sol. Un banc perpendiculaire au contrecœur, côté fenêtre, permettait de veiller à l'intérieur même de la hotte. En face, de l'autre côté du foyer, dans le coin le plus obscur, une grosse masse compacte apparaissait quand le feu lâchait une longue flamme sous la marmite. La Gavotte installa ses invités autour de l'immense table, puis elle cria, vers cette profondeur de la cheminée : « Fortuné ! je t'amène du brave monde ! »

C'est en patois qu'elle rapporta l'affaire. Une voix rouillée, cassée, mais prenante, questionnait : l'organe de cette masse indécise dans le recoin sombre de la cheminée : « Le foin est sauvé, conclut-il. Merci, mes bons messieurs et dames ! Que l'Éternel vous le rende mille fois ! »

La Gavotte excusa gaiement son époux : ses pauvres jambes l'empêchaient de se déplacer, mais il avait du goût pour la conversation... Quand elle ôta la marmite de la crémaillère, trois longues flammes détachèrent l'ombre chinoise d'un phoque hissé dans un fauteil.

L'infirme concevait la conversation comme un interrogatoire, et tout l'intéressait : l'avenir de la Cabusselle, l'idéal des ajistes, le principe des auberges, le nombre des visiteurs probables, leurs qualités, leurs origines, et la grande question enfin : tout ça pour qui, pour le profit de qui ?

Sur le seuil du Perdigaud, au moment de se quitter, la Gavotte dit paisiblement :

— Le ministre m'a parlé, pour la chose... Je pense que mon mari voudra bien, maintenant, monsieur l'instituteur...

Le pasteur avait raison : la soupe du Perdigaud était sans seconde, et l'homme de Dieu n'avait rien dit de l'omelette aux herbes !

Le Vallauzas n'avait jamais ouï de bruit de cette espèce, pétarade vulgaire mais, ici, incongrue, dans l'agréable langueur qui suit les grands orages.

Sur ce chemin déjà roide au marcheur, où les cyclistes mettaient pied à terre pour porter la bécane sur l'épaule, une puissante motocyclette s'obstinait, en première, louvoyant parmi les gerbes d'eau, chevauchée par un forcené, aux jambes en balancier. Le phare balayait follement un demi-cercle des troncs fantastiques de la châtaigneraie séculaire sursautant à ces coups de lune.

Le bolide s'étouffa sur le terre-plein de la Cabusselle. Campé sur ses guibolles bottées de boue, l'énergumène beugla :

— Alors ? C'est-y ça, la crèche pour la jeunesse ? Vous pioncez ou quoi ?

L'amoureux de la Nature jeta :

— Le voilà, P.A., ton Parigot !

L'humiliant registre des voyageurs avait ses avantages :

— Nom et prénoms ?

— Keurdor, Paul, dit « Popaul » !

— Date et lieu de naissance ?

— 5 décembre 1910, à Montmartre, mon poteau !

— Mais... vous êtes... vraiment... un Parisien ?

— Garanti pur ! Se méfier des contrefaçons...

— Lieu et domicile habituel ?

— Montmartre !

— Sans blague ?

Une tête carrée, enfoncée dans les épaules, une belle chevelure châtain clair aux ondulations étudiées ; il y avait bien le nez en trompette mais il était si gros ! du vrai Gavroche ne restaient que l'insolence d'origine et une joie de vivre, de vivre haut, une joie tonitruante.

— Tu as ta carte du C.L.A.J. ?

Il l'avait, mais la question lui parut douteuse. Il explosa !

— Eh ! ma mère était blanchecaille ! — blanchisseuse ! — Je suis un enfant de paumés, moi ! C'est ce qui fait mon état révolutionnaire endémique ! La mère Keurdor nous faisait sucer le bon lait. J'ai lu *La Vague*, mon pote ! J' turbinais à douze ans, dans les leggins, au coin de la rue de Beauregard et de la rue Notre-Dame-de-Recouvrance... Dans le Cuir, y a toujours eu des vieux révoltés, des couseurs à la main qui étaient anars. J'étais avec un type qui avait été mutin dans le Nord. Il me filait *La Vague*. C'était un journal clandestin pendant la guerre... Et Roubitte, mon pote, l'aveugle. Il était père blanc ; il a été enterré vivant sous Verdun, ça lui a donné l'occasion de devenir communiste, comm' qu'i'm dit : « Quand j' voyais clair, j'étais aveugle... » J' me balade avec lui à mon bras...

— Profession ?

— Démonstrateur.

— Ah ?

— Ouais.

Popaul était soigneux de sa personne. Pendant que les quatre ajistes cuisinaient, que le P.A. mettait la table, il était allé faire sa toilette et se changer. Il réapparut dans un costume de bonne coupe, à peine froissé, chemise de soie, cravate avec perle, très à l'aise malgré la rusticité du repas et du service, un appétit de claquedent...

A la veillée, l'enfant de blanchecaille conta « son » Front popu :

— ... Ces défilés, j'y ai perdu ma voix ! On s'appelle « frères »... Je parlais comme ça (le doigt sur la pomme d'Adam, il susurre :) J' pouvais plus jacter, tell'ment j'avais gueulé ! (Très haut :) J' refaisais trois fois le même défilé, comme les figurants du Châtelet. Quelle époque extra-or-di-nai-re...

Il traînait l'adjectif, l'arrondissait, le jouait en homme habitué à vivre du mot. Une tête de mûrier crépitait dans la cheminée, de temps en temps, Alain la chatouillait avec des sarments qui lui rendaient flammes.

— ... Ma maîtresse est mariée à un ingénieur, un garçon qui a le tort de m'aimer trop (il se grattait furieusement le nez), être adoré par le mari de sa maîtresse, c'est une situation épouvantable... Un type pas mal, mais une éducation hautement bourgeoise ! Je l'ai travaillé politiquement à travers sa femme, si bien qu'il en est arrivé à faire la grève sur le tas, un ingénieur ! membre du comité de grève !

— Mais, toi, tu l'as faite ?

— Moi, non... Euh... ça se posait pas. Je suis une profession... « libérale »...

— Comment ? je croyais avoir compris que tu étais... « démonstrateur »...

— Ça, c'est le mot noble pour « camelot ».

— Qu'est-ce que tu vends, toi, alors ?

— Des Larousse, à tempérament.

— Comment ? On peut vendre ça, comme ça ? s'inquiètent les instituteurs.

Paul Keurdor prend sa posture et sa voix de place publique !

— « Remédiez aux lacunes de la matière grise ! » (Un de mes trucs... La Maison Larousse en est tombée sur le cul !) Je fais le Salon de l'Auto. C'est moi qui ai lancé les bouquins à tempérament dans les foires-expositions. (Haussant le ton :) « Le bonheur en ménage grâce au Larousse ménager, madame... Si j'étais votre mari, je vous l'offrirais — Oh ! si je compte sur mon mari ! — Comment ! votre mari ! avec une femme charmante comme vous ! Mais, moi, je pourrais vous offrir autre chose... » Et patatras ! Excusez-moi, mesdames, mais sur mon bout de comptoir, j'aime autant vous dire que j' m'en occupe, de ma bébête...)

— Mais alors... les grèves, qu'est-ce que tu avais à faire là-dedans ?

— De quoi ? Mais j'ai fait débrayer des magasins, moi ! J' vais vous le dire, à vous, mais faut le garder pour soi ! On dévoilerait les batteries, si on leur disait, à ces enfoirés de bourgeois, comment on peut fomenter des grèves ou des révolutions...

— Allons ! Popaul, dis-nous !

— Avenue d'Orléans avec un copain, Raymond, un militant, un vrai, qui est mon pote ! et avec Roubitte, mon aveugle, on entrait dans les grands magasins, on faisait cinq, six rayons, en achetant des trucs à deux ronds, et, même salade à chaque fois, tout bas : « Tiens, vous n'êtes pas fermés, vous ? Ils sont fermés, au-dessus... » Écoutez ! on n'avait pas encore quitté l' magasin... rideau ! On n'était pas sorti qu'ils étaient en grève !

Ils se resservent de vin, allument de nouvelles cigarettes.

— ... Faut avoir vu le Bon Marché en grève ! les gars en redingote, les gonzesses... des vendeuses comme on en voit nulle part ! une clâââsse ! T'as pas envie de leur mettre la main au fion... « Monsieur, votre b... a un goût ! » tu vois le genre ! Et elles ont fait grève... incroyable !

— Tu es communiste, Popaul ?

— Non. J' ne veux pas me faire suer à militer.

— Mais alors ?

— J'ai lu beaucoup parce que j'ai fait du sana. J'étais révolutionnaire de naissance, mais je le suis un peu plus parce qu'un peu plus cultivé. Je suis surtout anti-guerrier. Je fréquente les milieux anars. J'ai fait deux papiers dans l'*En Dehors* d'Aimé Armand, un que j'ai intitulé *Ivresse sociale*, et l'autre sur l'inceste.

Le feu, négligé, se mourait. Le froid quittait les murs, s'avançait sur les instituteurs et le camelot pour les attaquer dans le dos.

Le Parigot s'aperçut qu'il oubliait la montagne : pour n'en rien laisser perdre, il décida de faire quelques pas dehors, avant d'aller se coucher.

— Bon Dieu ! qu'est-ce que c'est ? fit-il, dans un cri d'angoisse.

Ils se précipitèrent.

La lune argentait le Vallauzas.

— La « barbaste »... la gelée blanche.

Paul Keurdor, dit Popaul, bredouillait : « Jamais vu ça, même au ciné !... »

Il faisait le jour des matinées brumeuses, mais cette lumière froide éclairait un univers métallique.

— Bon Dieu ! et ce couinement, qu'est-ce que c'est ?

— La renarde qui chasse.

La nuit était encore froide, mais, du fond du val, montaient les premiers parfums de l'été. Le camelot montmartrois s'élança...

Il bondissait sur un pied, sur l'autre, il riait, il hurlait, dévalant les faïsses — les champs en terrasse — aux reflets de lames.

— Monsieur ! On dit communément que la terre est basse ! Erreur ! C'est vot' faux col qui est trop haut...

Paul Keurdor improvisait follement, comme s'il avait voulu vendre la montagne, à tempérament.

14

La montée des mineurs

L'inspecteur primaire vint dans la classe de M. Hur avant la récréation. Les élèves se dressèrent au garde-à-vous à côté de leur pupitre.

— Asseyez-vous, mes enfants.

M. Pailheyre fit, à l'intention de l'instituteur, un geste bienveillant : il n'était pas là pour l'inspecter ; il tourna même carrément le dos à la classe pour s'intéresser au spectacle que lui offrait la fenêtre ouverte.

M. Hur reprit donc la leçon sur la société féodale :

— « Comme de nos jours, on distingue dans l'Église deux clergés : le clergé séculier et le clergé régulier. Le clergé comprenait les prêtres qui vivaient "dans le siècle", c'est-à-dire dans la société des hommes... (Là, l'inspecteur se retourna vers l'instituteur, le temps d'un bref sourire...) L'évêque, seigneur féodal... »

M. Hur s'appliquait à retrouver le sens de ces formules devenues machinales, cependant il ne pouvait s'empêcher de garder un œil sur le quai, par-dessus l'épaule de M. Pailheyre, comme si l'instituteur était aussi responsable de ce qui se passait dehors : entre deux platanes, le quai, le parapet, le lit du Gardon avec la digue crevée, plus loin l'abattoir, la colline... Paysage quotidien que voilaient trois secondes le car de Nîmes, une traction-avant Citroën, une Delage, tiens : une Simca 5 ! M. Hur était capable de les identifier au seul bruit du moteur. Dans les cris de trois ou quatre cyclistes qui jouaient au Tour de France, il reconnut la voix du Pantellou qu'il portait absent depuis une semaine, quelques élèves regardèrent ostensiblement la place vide. La cloche de récréation ne sonnait toujours pas. L'inspecteur mit à profit la copie du résumé pour prendre à part l'instituteur. Devant la fenêtre, il lui demanda tout bas :

— Alors, monsieur Hur, on fait de la politique dans sa classe ?

Le maître d'école eut un haut-le-corps.

— J'ai reçu une plainte à ce sujet, précisa M. Pailheyre.

Indigné, l'accusé se troublait comme un coupable.

— Quelqu'un prétend vous avoir vu alors que vous dressiez vos élèves à saluer du poing.

M. Hur éclata de rire. Enfin, il interpella sa classe :

— Attention, mes enfants...

Il leva trois doigts au plafond, bras tendu.

— Trois ! cria la classe.

Un seul doigt :

— Un !

Il serra le poing :

— Zéro !

L'inspecteur rit de bon cœur.

— C'est bien de ça qu'il s'agit ? demanda M. Hur. C'est vieux jeu mais je crois à la mémoire visuelle.

Il allait refermer la fenêtre, l'inspecteur le retint :

— Il fait si beau, n'est-ce pas ?

Pendant la récréation, l'inspecteur fit profiter de l'histoire les autres instituteurs, et M. Hur dut mimer encore : trois, un, zéro.

— Quand même, nous sommes à la merci des commérages, de la malveillance... soupira M. Pel, le directeur, avec l'air d'en savoir long qui lui était habituel, comme la flagornerie : ... Par bonheur, nous avons un inspecteur clairvoyant !

— Le salaud qui a écrit cette lettre mériterait qu'on lui casse la gueule, grondait M. Redessac.

— A Rochebelle, l'autre jour, quand je suis arrivé, raconta l'inspecteur, une vingtaine de gosses défilaient dans la cour. Ils tendaient le poing, ils criaient : « Unité ! » Je leur ai demandé à quoi ils jouaient. « Au Front populaire ! monsieur... »

— Je me permettrai de prendre la défense de mes collègues de Rochebelle, commença M. Pel, alors que personne ne songeait à les mettre en cause.

— Vous croyez qu'il vaut mieux jouer à la guerre ? lui demanda brutalement M. Pailheyre.

Puis il fit lire à M. Hur un article de *L'Écho de Paris*, quotidien du Front national : « Il faut en finir avec les instituteurs bolcheviques ou bolchevisants qui, violant effrontément la neutralité scolaire, dressent les élèves à l'école du poing tendu, cet horrible geste de haine. »

La conversation déviait sur les grèves, sur Blum, sur les prochaines nationalisations, quand, apercevant, sur les débris de la digue, des grappes de gamins tout nus, l'inspecteur demanda :

— Ils sont à vous ?

— Eh ! sans doute... On a beau faire, il y en a toujours quelques-uns qui s'échappent de la cour pour aller « piquer un cabus », comme ils disent...

— Plonger... grinça M. Pel, plonger dans cette eau noire où se déversent les égouts de l'abattoir...

— Et trente kilomètres de seaux hygiéniques par les deux rives ! ajouta M. Redessac.

— Que voulez-vous, c'est leur Riviera, bougonna M. Hur.

— Je ne sais pas ce qu'ils ont, cette année... soupira M. Pel.

— Cette année ? Quelques « cabus » pendant la récré, ça s'est fait de tout temps à l'École des Pouilleux ! rectifia M. Hur, impitoyable.

Après discussion, ils convinrent que les gosses n'étaient en somme pas plus durs cette année que les précédentes, à la même époque, l'approche des vacances.

— Plus rigolards, peut-être, fit M. Redessac.

— Et plus vifs, ajouta M. Hur.

— Et l'auberge de jeunesse de Clerguemort, monsieur Hur ? s'enquit l'inspecteur, pendant que le directeur sonnait la fin de la récréation.

— Je ne crois pas qu'il y ait foule...

— Hé, Hur ! c'est pas ton Jeannot, là, dans la vaillante équipe des cabusseurs ?

Jean Hur arrivait au pas de course, sa chemise Lacoste à moitié passée, ses sandales à la main.

— Hé, Redessac ! C'est pas ton Arthur, là, qui revient de la Riviera des Égouts ?

Jeannot fut accueilli par de gros yeux, Arthur par une paire de claques.

Un élève lisait le premier paragraphe, son voisin prenait au second, et ainsi de suite, jusqu'à la cloche de quatre heures. Chacun psalmodiait sur le même air, sans entrer dans l'histoire, sans comprendre un seul mot, avec une sorte de perfection. M. Hur n'écoutait pas non plus, cependant il ne laissait rien passer (« Ceux-là ! pas ceusses-là, bourrique ! »), il savourait l'heure finale de chacun des quelques jours de classe qui le séparaient des grandes vacances à Clerguemort. Des pêcheurs discutaient d'une rive à l'autre du Gardon, par-dessus la gaminaille à poil. Un élégant cycliste, casquette blanche et mains dans les poches, chantait à tue-tête, d'une souple voix d'Italie : « J'aime la mer comme une femme... » Le vagissement des pneus annonçait la fonte des goudrons ; les premières mouches vertes de l'abattoir tentaient la traversée ; les jours étaient longs, voilà. Avant que le soleil soit tout à fait couché, les hommes iraient à la soupe, laissant un léger sillage d'absinthe, des mères et des sœurs courraient alors le long du parapet avec des cris et des gestes de veuves : « *A casa*, Claudio ! *A comer*, Esteban ! Néné, la mère t'appelle ! » Désespoir quotidien, la crise, je vous dis, la crise ! pour récupérer chacune leurs négrillons.

— La statue ! pas la es-tatue, gavot !

M. Hur entrebâilla le tiroir de son bureau ; il s'y accouda, sournois comme un cancre. Le catalogue de Saint-Étienne était ouvert à la bonne page : « Fort vilebrequin à cliquet... » Un surtitre, qu'il n'avait pas remarqué jusque-là, lui rajouta un petit bonheur : « Modèle type pour professionnels. »

A quatre heures, l'École des Pouilleux se vida dans le lit du Gardon.

Toute honte bue, M. Doiren faisait la publicité de son auberge de jeunesse. Il avait exposé ses buts et ses espoirs aux élèves du cours complémentaire du Charbon, et même à ses collègues. Il avait sollicité l'appui des pouvoirs publics, des syndicats, des partis et des organisations du Front populaire. Que ce soit auprès de Fernand Bédel, le délégué mineur, ou de Luc Roux, responsable des Jeunesses communistes de la Vernasse, ou de Noël Tarrigues, qui en était devenu l'un des dirigeants départementaux, son argumentation ne changeait guère : les A.J. ne sont pas destinées aux petits bourgeois — ils ont d'autres possibilités — mais aux ouvriers. Regardez ces jeunes mineurs sur le pavé de la Vernasse. Savez-vous combien d'entre eux sont sortis de ce trou à charbon cacheté de fumées et de poussières ? Un sur dix, je les ai interrogés, et encore c'était parfois pour une démarche ou une consultation à La Grand'Combe, à Alès, deux trous à charbon à peine moins étouffés que le nôtre... Fernand, Luc et Noël partageaient ce point de vue mais l'épanouissement du Front populaire les accablait de tâches urgentes.

Un beau soir, Luc Roux dit à Alain :

— Samedi, je monterai avec mes mineurs.

Comme un tsar eût dit : « Avec mes cosaques ! »

Ils débarquèrent à la Cabusselle sur le crépuscule.

— Il faut le temps de se préparer, à la sortie du poste de jour... expliqua Luc qui les présenta ainsi : Joseph et Michel, les fils d'un mineur polonais, originaire de Katowice, qu'on appelle « Qu'a-du-vice », eux, on dit : « les deux Quadu ». Alphonse, le fils du Maréchaux — comme il est petit, on l'appelle Phonset. Siméon, fils de l'Arsenal : « Mémé » (il a l'air d'une fille). Fissa, fils de Mohamed ben Chose ben Machin. Isidore, ou plutôt Zidore, et Victorin, le seul qui ne soit pas mineur, un fils d'épicier.

Il y avait aussi Rafaël, fils aîné du Libertade, et Riquet, le petit frère de Milca, le « cure-nid » du Jaurès.

Ils étaient encore loin de « l'esprit ajiste », chacun avait apporté sa gamelle, comme pour la mine, et mangeait dans son coin, le nez sur le fricot. La dernière bouchée fut suivie de bâillements voluptueux : ils dormaient debout.

— L'air pur !

— Non. La journée dans le trou.

Alain n'osa même pas proposer le feu de camp, la veillée qui... la veillée que... La grange résonna de leur sommeil massif.

« Ce sont eux, pourtant, qui donneront le sang et le souffle ; c'est par eux, par eux seuls que la vie reviendra dans la Cabusselle, cette maison est la leur », se répétait le père aubergiste. Son dépit devait se voir :

— Mais... pour ce qui est de se lever tôt, ils ont l'habitude ! lui dit Luc, avant d'aller se coucher le dernier, tel un bon capitaine.

Même cette précision irrita le directeur du C.C. du Charbon : « Il parle d'eux comme d'une race à part, comme de sangliers avant la battue... »

Alain fut réveillé vers deux heures du matin. La cause n'en était ni un bruit, ni une odeur, ni le froid, ni les rats sous les combles... Il descendit à pas de loup, recompta ses hôtes. Les lascars dormaient dans la position où le sommeil les avait surpris, ils ne ronflaient même pas. Seul, le petit Arabe soupirait avec un tic du nez.

Alain se recoucha rassuré, souriant, la Cabusselle déjà n'était plus la même. Il ne comprenait rien à ce changement mais, il n'en doutait pas, le vieux mas du Déserteur était chatouillé par ces dix sommeils de seize ans.

Le petit soleil de l'aube est doré. Il passe à travers le feuillage des châtaigniers revernis par la nuit. Une brise maternelle brasse la monnaie des rayons sur les revers du chemin creux. Le nouveau jour gaspille les parfums amassés par les ténèbres, c'est l'éclatement des jeunes réveils montagnards, le bouquet du départ pour la chasse, avec la musette trop lourde qui bat les fesses, sur les pas du père qui porte le fusil, c'est la prenante haleine des feuilles mortes, des genêts, des bruyères, des fougères, du thym, de la menthe sauvage qui se laissent arracher la fraîcheur nocturne, transpirent et gémissent.

— Ça pue, dit le Phonset.

En tête : Alain et Luc, puis Rafaël et Riquet, à quelques pas derrière, les deux Polonais, Mémé, le Phonset, le Zidore, l'Arabe et le fils d'épicier : les Jeunesses communistes de la Vernasse.

Même le bruit des pas diffère, les clous du montagnard se plantent, les clous du mineur griffent la terre. Un coucou du Tafanar interpelle un coucou du Crébossat. Une merlette dérangée s'échappe d'un écheveau de ronces ; ses récriminations vont s'étouffer dans un creux, du côté de l'Arboussas. Un virage du chemin forestier, suspendu sur le Vallauzas, offre le sifflotis solitaire du Négavïn qui répare la murette d'une faïsse, les coups de cognée d'un bûcheron, la trompette du Planteur de Caïffa, dernier bruit de Clerguemort, là-dessous, comme du centre de la terre, et là-dessus, très haut, comme du ciel, l'appel d'un pâtre.

D'un coup, la montagne est bâillonnée par le Zidore qui entonne : « C'est à Capri que je l'ai rencontrée... » Les J.C. de la Vernasse rigolent. Le Victorin continue : « ... De mille fleurs, elle était entourée... » Il imite assez bien Tino Rossi : « ... Au milieu d'un jardin de Capri... »

La troupe débouche sur un étroit plateau. L'herbe y est drue, d'un vert sombre, et la brise la parcourt d'ondulations bleutées. Luc donne le signal de la première pause. Il s'assoit, ses mineurs se couchent, s'étirent avec des grognements, se tortillent, creusent des reins la belle herbe.

— C'est la jasse de la Couadette, commence Alain. On nomme « jasse » un endroit abrité, comme celui-ci, où se repose le troupeau...

— Personne peut battre Sylvère Maès, annonce le Zidore.

— Peuh ! Au sprint, ou, *té !* dans les cols... répond l'aîné des Quadu.

— Sur une étape, *pardine !* mais sur toute une course, comme le Tour, personne, aujourd'hui, peut s'aligner !

Chacun de leurs gestes fait jaillir des sauterelles, des grandes, d'un vert pâle, translucide, des petites, d'un gris de poussière, d'autres, rouges et noires, les meilleures pour pêcher la truite.

— Quelle heure il peut bien être ? demande le Phonset.

— Dans les sept heures.

— L'heure du premier pastis, fait le Zidore, et tous ricanent.

— La Mouquette doit ouvrir ses volets, murmure le plus grand des Polonais.

— J'avais promis au Filoselle une revanche, continue son frère.

— A la belote ? demande Fissa.

— Non, aux quilles.

— Les filles descendent au ruisseau, elles vont faire toilette pour le dimanche, c'est comme si je les voyais, marmonne le Zidore, les yeux fermés.

— Moi, j'aurais mis ma casquette neuve, dit le Phonset.

— Ta Miquette, elle va s'en payer, annonce le Zidore.

— Le grand Bitard a sa chance, ajoute Mémé.

— Elle préfère les sidis, fait Victorin, demande aux frangins de Fissa.

— Allons, camarades ! On repart, ordonne Luc.

La troupe traverse la jasse dans les éclaboussements de sauterelles. Les châtaigniers cèdent le terrain aux chênes verts, eux-mêmes étouffés bientôt par les pins. Les arbres se font de plus en plus petits. Clairsemés, ils laissent voir une butte broussailleuse qui touche le ciel.

— C'est ça, le sommet ? demande Victorin.

— Oh, non ! lance Alain Doiren avec une méchante gaieté, puis il glisse à l'oreille de Luc : Et encore, ce sont des J.C. !... » (sous-entendu : « La classe ouvrière, ben, mon vieux... »)

Un éclair, dans l'œil unique de son ancien élève, l'effraie, mais le borgne se calme aussitôt, il soupire :

— On fait avec ce qu'on a.

Les deux Polonais font sauter leurs tricots, et se les nouent, par les manches, autour de la ceinture. Le Mémé s'arrête pour retrousser sur les mollets les jambes trop longues et trop larges de son pantalon des dimanches. Le Phonset enlève sa musette pour la porter carrément sur l'épaule, comme le cabas du mineur. « Qu'est-ce que ce sera quand les Parisiens vont débarquer !... » dit Alain à Luc, tout bas, de façon à prolonger cette nouvelle complicité qui naît entre eux. Le Zidore sifflote démonstrativement une valse musette : cette butte n'avait l'air de rien... A mi-flanc commence de monter dans le ciel un cône de bronze.

Les J.C. de la Vernasse regardent le directeur du C.C.

— Ça, oui, c'est le sommet, déclare Alain, et il attend, avec un petit sourire.

Les J.C. se regardent.

— Hardi les gars ! braille le Zidore.

Ils se lancent à l'assaut de la butte. Rafaël et Riquet les suivent sans presser beaucoup leur pas montagnard. Alain et Luc ferment l'assaut, sans rien se dire, tout à leur souffle, et à leur réflexion. Le moment vient où ils échangent un bref regard, quand les silhouettes des garçons se détachent sur le ciel, au sommet de la butte, à cet endroit précis où l'œil embrasse d'un coup le monde terraqué, là, pétrifiant sept jeunes mineurs. Quel que soit le versant, la façon de le prendre, chaque montée vous réserve sa *viste* — cette hune terrienne. Il y a toujours — la montagne le veut ! — une crête, un col où l'horizon s'enfuit d'un bond, où la vigie s'écrie : « Mer ! », où l'homme se souvient que la terre est ronde, où le petit homme se mesure à l'univers. Et c'est toujours un tranchant qui coupe la face, et le souffle, et le cœur, où l'air est tel soudain qu'on y donne du front, du nez, qu'on s'y heurte.

— Qu'est-ce que c'est, ce machin ? bredouille le Zidore.

— Une rancarède.

Un océan de rocs, en une seule vague, une tempête pétrifiée. Un peuple de colosses veille là, monstres humains et inhumains à la taille de l'éternité, de l'âge du globe, monolithes des premiers temps géologiques façonnés par les vents, les pluies, les gels, les soleils et les neiges.

Le regard de Luc signifie que c'est l'occasion où jamais de fournir quelques explications. Alain observe les J.C. de la Vernasse. Ils ont repris leur souffle mais ne bougent toujours pas. Sept garçons avaient ici rendez-vous avec les siècles. Ils y sont.

Une plainte.

Ce n'est pas le cri d'un être humain, ni celui d'un animal, ce n'est pas non plus le son d'un instrument.

Un gémissement monocorde, qui commence tout bas, pour s'élever sous la pression accentuée d'un archet dont le poids et la longueur sont démesurés. Mais, ici, les tables de résonance ne sont plus de cèdre ni d'érable, le son s'amplifie entre la terre et le ciel. Cela jaillit d'une poitrine de roc, d'une grotte aux proportions inconcevables, d'une basilique fondamentale.

La montagne gémit.

— C'est le Butor, explique Alain, en le désignant.

Les trois rochers rappellent, par leur forme et leur disposition, une banane debout, adossée à une pomme et portant, comme chapeau, une figue, mais ce sont des fruits de granit hauts de trente mètres. L'équilibre paraît instable, il tient depuis toujours, en point de mire sur ce sommet.

Un seul vent tire une plainte au trio de rocs, la tramontane, dont certains souffles jouent dans les fissures et les trous. « Butor », le nom est bien choisi. A contre-jour, le groupe des trois rocs évoque la silhouette de ce petit cousin du héron lorsqu'il tend le cou. Le cri du mâle et l'effet d'acoustique, l'un comme l'autre sans grâce, ressemblent au beuglement du taureau. Butor, enfin, a d'autres sens.

C'était une bergerie abandonnée. Les murs étaient des blocs de granit, le toit des écailles de schiste qui scintillaient au soleil. La petite troupe s'était tassée là, à l'abri de la tramontane que rien n'arrête plus sur ces hauteurs. Les garçons avaient remis les tricots. Ils parlaient peu. Les quelques paroles qui leur échappaient, c'était l'envers de leur pensée.

— Ce qu'on respire mal... avait soupiré Joseph, l'aîné des Quadu, remplissant ses poumons déjà aux prises avec la silice.

Les autres mineurs l'avaient approuvé. Tous respiraient consciemment, avec une sorte de volupté craintive.

— ... Si encore c'était pour venir à la chasse, encore !... Mais, monter ici, pourquoi ? pour rien !

A les entendre, ils regrettaient leur trou à charbon, la suie des arrière-salles enfumées, les poussières et les puanteurs natales. Jusqu'à un certain point, ils étaient sincères. L'air pur, l'eau de source, le soleil et le ciel leur étaient exil. Ils sursautaient au cri d'un geai, à l'appel lointain d'un berger, la nature leur parlait une langue étrangère.

— A cette heure-ci, je prendrais l'apéro chez l'Armand, aux *Bons Enfants*, imaginait le Phonset.

— Moi, je serais chez mon cousin, celui qui joue de l'accordéon, racontait rêveusement le Zidore. Il m'aurait appris la dernière de Tino. Il sait lire la musique.

— Moi, j'ai laissé ma bécane toute démontée, se plaignait Victorin. Je voulais me bricoler une nouvelle fourchette de dérailleur...

— Personne a pensé à prendre un jeu de cartes ? demanda le Mémé.

Ils parlèrent longuement de vélo, puis de filles, puis, d'un coup, se turent. Alain finit par deviner que c'était à cause de l'odeur de la viande. En cachette de Milca, le directeur du C.C. avait acheté une douzaine de côtelettes. Rafaël avait bâti un foyer avec trois cailloux. Riquet avait cassé des branchettes de cade, pour le feu. Maintenant, la viande grillait sur les braises de genévrier. Après l'œil, après l'oreille, c'est le nez qui imposait silence aux garçons.

Ils saisirent cette viande brûlante avec leurs doigts, ils s'y brûlèrent les lèvres, ils la mâchèrent, ils la gardèrent en bouche, à la tourner, la retourner jusqu'à ce qu'elle fonde, et elle fondait.

Ensuite, le ventre content, ils s'intéressèrent à un brin d'herbe, l'un pour le mâcher, l'autre pour se chatouiller l'oreille.

A leur insu, leurs doigts allaient à la rencontre des pierres taillées contre lesquelles ils étaient adossés. Le toucher de ce grain les entraînait dans un assoupissement frissonnant.

Alain les réveilla au bout d'une heure.

Le Zidore ouvrit un œil, chercha sa bouteille de vin rouge, fit cul sec en deux gorgées, puis grogna.

— C'est vache, ce que vous avez fait là, monsieur Doiren.

— Pourquoi ? Qu'est-ce que j'ai fait ?

— Toi, au moins, tu aurais dû comprendre, ajouta le Phonset, à l'intention de Luc.

— Comprendre quoi ? et pourquoi lui plus que moi ? s'insurgea le directeur du C.C.

— Parce que, monsieur Doiren, moi aussi, comme eux, demain je dois redescendre dans la mine, au charbon, au fond du trou, du trou noir...

Luc insistait, soulignant chaque précision d'un geste qui désignait le ciel (« Oui, monsieur le directeur, au fond du puits... »), le sommet du Lozère (« A 600 mètres sous terre »), les ruisselets (« Dans la boue de charbon »), et l'horizon d'un mouvement de bras qui lui fit faire un tour complet sur lui-même : « Dans un boyau large comme une tombe, à genoux, tête basse. »

M. Doiren se redressa, s'épousseta les fesses, rajusta sa tenue. Il se rendit d'un pas sec vers le ruisseau pour y laver ses mains engluées par la grillade au genévrier. L'eau était si froide qu'il se crut amputé jusqu'au coude. Il agita ses mains lourdes, raides, du granit !

De retour auprès des loustics, il leur jeta :

— Après tout, il n'y a qu'à redescendre ! Pour ce qui reste à voir !

Du menton, dédaigneusement, il désignait le chaos de rocs qui représentait l'un des sommets du vieux mont.

Quelques-uns lui répondirent d'un haussement d'épaules. Joseph et Michel, les deux Polonais, prirent la tête dans la direction des cimes.

« Ils sont pareils à la vierge la nuit de ses noces » se disait Alain. Il songeait sans joie à Milca, à ses noces. « Et ils y vont ! comme s'ils voulaient prouver que la montagne n'effraie pas les mineurs... » Milca, toute une nuit... « Mais quel obscur désir pousse donc les biques blanches à se mesurer avec le loup... ? »

Le directeur du cours complémentaire de la Vernasse se traitait de bel idiot. Il suivait non sans peine les jeunes mineurs dans l'ascension du sommet, grommelant : « Allons donc, ils sont les loups, ils sont les boucs... Avez-vous eu la chance de rencontrer de jeunes boucs ? Rien n'est plus beau, plus fier, plus inquiétant. C'est le jeune mâle à l'état brut, à l'état rut... Le rut, ce point d'orgue de la création, ce point d'orgasme... »

Alain Doiren haletant, furieux, le poète raté se demandait s'il l'était depuis l'an dernier ou s'il le serait seulement l'an prochain. Il se mit à rêver de blanches caravelles, quelle pitié !

Ils se plantèrent sur le plus haut des rocs. Ils questionnèrent sur les quatre points cardinaux, allant de l'un à l'autre, insatiables, avec cette émulation dans l'émerveillement qui est un des traits de l'enfance. Le directeur du C.C. les renseigna, par vengeance :

— ... Les Causses, l'Aigoual, et, derrière lui, la plaine, les étangs, la mer... le Rhône et les Alpes... l'Ardèche et...

Au fur et à mesure que son bras faisait le tour dans le sens inverse des aiguilles d'une montre, il s'attendrissait : ces jeunes mâles avaient le royaume à leurs pieds...

Du haut de ma potence
Je regardais la France...

— Qu'est-ce que c'est, cette chanson ?

— *La Complainte de Mandrin*.

Ils voulaient tout savoir du paysage, même ses légendes, il dut leur raconter Mandrin. Ils avaient de quinze à dix-sept ans, ces quinquagénaires du charbon auxquels les cimes rendaient un peu de leur enfance détournée. Un brigand bien-aimé qui volait les riches et les curés, pour le salut duquel des villages se levaient en armes... C'était le niveau du cours complémentaire. Ils voulaient apprendre la chanson :

... Je vis mes compagnons
A l'ombre d'un buisson...

— Elle est où, la Vernasse, là-dessous ? demanda le Phonset.

— Par là, attendez... le château de Portes, ici le viaduc, suivons la vallée de la rivière, là, le confluent, on remonte l'autre vallée, la plus étroite, ce trou...

Ils se dressèrent (ils s'étaient assis pour savourer Mandrin).

— Le soleil n'est qu'ici, fit le Zidore dans un léger cri, triste mais rageur.

Le Mémé entreprit d'expliquer :

— Soleil ou pas, quand on fait sa journée au fond...

Afin de les tirer d'embarras, Luc, à son tour, essaya :

— Même de jour, même en août, même dehors, dans la rue de la Vernasse, il n'y a jamais de vrai soleil... Le soleil ne fait briller que du noir...

Voilà que l'instituteur se sentait coupable : « ... Non, ils ne le savaient pas ; par ma faute, demain matin, ils sauront que leur trou est noir, irrémédiablement noir... » Il lui revint cet air qui poisse dans la bouche et cette puanteur particulière qui l'avaient surpris à son arrivée dans le trou à charbon ; une odeur de fumée, mais d'une cheminée qui tire mal, d'un foyer aigri ; une émanation sure, maladive.

Cette excursion dont il avait rêvé, à présent il la comparait au festin annuel des clochards : on les traite un soir comme des rois avant de les renvoyer à leurs poubelles pour trois cent soixante-cinq jours.

Les J.C. de la Vernasse n'étaient pas des clochards. Ils crispaient les poings. Ils se raidissaient sur leur roc. Ils voyaient leur trou de misère entre les bouts ronds de leurs godillots comme dans une hausse de tir.

— Alors, là-bas, c'est le puits Ricard ?

— Ouais, Mémé, et ici, les mines de La Grand'Combe et, derrière, celles de Rochebelle.

— Par ici, Bessèges, l'usine des tubes. Derrière : Molières...

Ils voyaient leur pays pour la première fois. Ils embrassaient d'un élan leur domaine de monts et de vals, de combes et de crêtes ; de là-haut, ils le voyaient comme une fortune, un vol, une rapine fabuleuse, car ils le voyaient plus profondément qu'un instituteur, ils le pénétraient jusqu'au charbon, jusqu'aux fourmis.

Et ils se voyaient comme ils ne s'étaient jamais vus : ces fourmis, c'étaient eux.

— Tout le pognon qu'il y a là-dessus, là-dessous...

Ils ne savaient pas le dire, mais ils le sentaient physiquement. Les veines saillaient à leurs tempes, ils avaient la chair de poule.

Luc se mit à parler, à gronder plutôt :

— ... Les fourmis, ça compte ? des fourmis-esclaves. Toutes ces richesses, qui sont celles de la France, de notre pays, et qui ne profitent qu'à quelques-uns ! C'est à nous, à nous ! qu'ils les volent...

Ils le comprenaient, mais, visiblement, d'une étrange façon : ses J.C. comprenaient Luc Roux, le borgne, par les muscles ; ses grognements leur traversaient la peau.

Au comble de l'émotion, le Zidore balbutia :

— Il suffirait de descendre d'ici, de leur tomber sur le râble...

— Leur *davaler* sur le râble... précisa le Mémé avec un soupir de jouissance.

— Avec ce qu'il faut dans les bras... ajouta le plus jeune des Polonais, et il actionnait la culasse d'un fusil imaginaire.

— ... Mon ami ! mon ami !... gazouillait Fissa dans le ravissement.

— Et... pas de pitié ! déclara Joseph, l'aîné des Quadu, avec une calme sauvagerie.

Alain Doiren frémit. Il se sentait à l'écart, roturier. Ces garçons étaient grands de France, les déshérités hautains. Vraiment, il leur suffirait de s'élancer avec des fusils, de fondre sur ce bas monde, pour rentrer dans leurs droits, recouvrer leur patrimoine immémorial.

Ils titubaient dans la descente. Cet air sans poussières leur faisait violence, le crépuscule aussi, balafrant les nues, blessures violacées qui déversaient des flots de sang sur la nuque de la vieille montagne. Ils courbaient l'échine. Ils ne rentraient pas, ils fuyaient, renonçant au combat, oublieux de leurs défis altiers. Ils s'étaient crus grands. Dans le soleil couchant, quelqu'un, ou quelque chose, les ramenait à leurs menues dimensions, leur donnait des claques formidables. Ils ne savaient pas non plus le ciel aussi vaste, jamais ils n'avaient approché la cruauté des soirs d'été. Ils ne s'étaient jamais mesurés à la nature. Ils ne s'étaient mesurés qu'au bistrot, à l'épicerie, à la ruelle, à la galerie, à la salle de bal. Immensité, éternité, infini, autant de mots vides pour eux jusqu'à ce moment : désormais, quand ils les rencontreraient, ils les reconnaîtraient, au flair. Un instinct atavique se réveillait en eux, le sens primitif des puissances naturelles de leur univers, des irrésistibles poussées de la sève, des origines lointaines du roc, du vent, de la source. Ils n'avaient jamais rencontré d'eau pure.

La montagne avait glissé, dans chacun d'eux, la révolution, la sienne. Bouleversés par cette journée, comment se retrouveraient-ils, abattus ou redoutables ?

Alain souhaitait s'entretenir avec Luc sur ce sujet mais il ne savait pas trop comment l'aborder. Il l'avait compris non sans une pointe de jalousie, les lascars de la Vernasse n'étaient venus que pour faire plaisir à leur camarade borgne, ils étaient bel et bien « ses » mineurs.

— Dis-moi, Luc, vous vous êtes un peu exaltés, là-haut ?

— Non. Pourquoi ?

— Fondre sur les mines, fusils en avant...

— Ça viendra, ça viendra.

— Comment ? Et le Front populaire ?

— C'est pas mal. Pour commencer...

— Tu te fais peut-être des illusions !

— Eh ! Voyez ce qui se passe en Espagne... Nos camarades avaient déjà dépassé le *Frente popular*. Pour peu que ces généraux qui se trémoussent au Maroc lui en donnent l'occasion, la république des travailleurs...

— Excuse-moi, Luc, tu vas trop vite pour moi... (Alain rit :) Non, avance ! Je parlais de tes prophéties. Rassure-toi, je suis meilleur marcheur que politicien.

« Politicien »... cela suffisait à courroucer Luc.

— Ah ! vous n'avez pas le sens de l'humour !

— Qui, « nous » ?

— Toi, Luc, et les tiens.

— Nous n'aimons pas qu'on plaisante avec ça !

— On peut plaisanter avec tout.

— Pas quand on a du cœur !

— Ah bon ! Parce que tu mets du cœur dans tout ça... Écoute, Luc, tu sais que je suis de votre côté, et moi, je sais combien tu es intelligent. Alors, si tu veux bien, entre nous, dans les politicailleries...

Luc Roux réagit violemment. Le fait d'être borgne n'affaiblissait en rien ses regards, au contraire. Il arrivait que soudain, quand il était exaspéré, passe dans cet œil unique une lueur très ancienne, presque oubliée, quelque chose de barbare.

— La politique, c'est la vie ! c'est tout !

— Je sais, Luc, et quand le nourrisson revendique son biberon, il fait de la politique. Je connais le raisonnement.

Un silence pénible sépara l'instituteur et son ancien élève. C'était la fin du jour, mais, comme ils n'étaient pas encore rentrés sous le couvert de la châtaigneraie, la silhouette voûtée des jeunes mineurs ressortait sur la prairie sombre de la jasse.

— Je fais fausse route, murmura Doiren, ce qui les intéresse n'est ni la montagne, ni le ciel, ni le monde, c'est leur Vernasse. Leur rêve de conquête, c'est leur trou.

— La mairie de la Vernasse est un objectif plus raisonnable que le trône impérial du Mexique.

Quoi qu'il en eût, cette science, ou cette sagesse, ou cette résolution, ou les trois mêlées donnaient froid dans le dos. Alain réagit par un doigt de provocation :

— Raisonnablement donc, cette petite excursion n'était qu'une coupable diversion ?

— La montée aux cimes ? fit Luc surpris, et peiné.

Alain se tut. L'instinct, qui poussa de tout temps les êtres passionnés des vallées cévenoles à gravir leur montagne, avait été l'un de ses nombreux étonnements lorsqu'il avait quitté son village natal dans la plaine pour venir prendre son poste à Clerguemort. Une tradition ou presque, depuis les Camisards qui, eux aussi, et pas les premiers dans ce farouche petit pays, avaient fini par se réfugier sur les sommets. Et chaque gamin de faire sa fugue... C'était comme en suspens dans les courants d'air au confluent des torrents, une menace et un espoir : « On va prendre la montagne »... l'exaltation naissait, parfois suivait la folie, la vaillance, et une poignée de vilains massacrait une armée royale...

— Luc, si je t'ai froissé, je m'en excuse. Tu sais pour... l'importance de la politique.

Le petit borgne avait dû méditer sa réponse, mais il mit beaucoup de tendresse dans le ton et dans l'expression :

— La politique, c'est la vie, monsieur Doiren. Seulement, cela ne se comprend pas... Il n'est pas possible de le comprendre...

— Je vois parfaitement ce que tu veux dire.

— Non. Je veux dire que ce genre de vérité ne peut pas se comprendre avec l'intelligence. Cela s'apprend. Et c'est payant.

— Payant ?

— Oui. On peut l'apprendre peu à peu, alors on paye en sueur. Il est possible de l'apprendre beaucoup plus vite mais alors, c'est avec du sang qu'il faut payer.

L'altitude les avait tous assommés. Ils cassèrent la croûte à la sauvette dans la vaste cuisine de la Cabusselle. Alain les raccompagna jusqu'au seuil du vallon protégé. Puis il les regarda descendre vers leur Vernasse, leur mine, leur puanteur, leur cher petit trou punais. Il était déconcerté mais pas tellement déçu. Les penseurs fondent l'avenir sur le peuple, la classe ouvrière. Cette confiance n'est pas mal placée, simplement rien ne se passera comme prévu. Le peuple des travailleurs joue le rôle primordial sans doute, mais en suivant des voies ignorées, à sa façon à lui, certainement pas au poste assigné, ni selon les directives tracées, même par les esprits les plus clairvoyants. En tout cas, ce sera passionnant. Qui connaît le peuple ? On peut l'ignorer de l'extérieur, à la façon d'Alain, mais aussi de l'intérieur, à celle de Luc qui en était, qui en vivait. Chacun son image, l'une faussée par l'inexpérience, l'autre par la passion...

Le père aubergiste néophyte les regardait s'enfoncer dans le Vallauzas, conscient de son infériorité.

Ils chantaient en chœur maintenant :

> ... Demain si l' peuple bouge
> Nous descendrons sur les boul'vards,
> La jeune Garde Rouge
> Fera trembler tous les richards...

Alain Doiren se jaugea, comme s'il se soupesait dans le creux de sa main, à son poids de chair et de chaleur. Il se vit tendre et nu.

Il rentra dans la nouvelle auberge de jeunesse pour y passer une nuit encore en solitaire, ainsi remis à sa place.

15

L'odeur de la mort

Fachine avait installé son troupeau confortablement pour la nuit dans la jasse de la Couadette. Il s'était assis dans l'herbe, avait sifflé son chien, un corniaud, jaunâtre de poil, au regard bouleversant. Il lui prit la tête sous les oreilles, bien encadrée entre ses genoux et là, les yeux dans les yeux, tout en le massant d'un mouvement régulier, très lent, à peine appuyé, il lui tint ce discours :

— Mon vieux Pompée, je vais te laisser seul, c'est parce que je suis obligé, tu penses bien. J'ai une commission à faire au Perdigaud. C'est pas loin, tu le sais, je serai de retour avant la mi-nuit, c'est pas de la couche-tard, cette gent. Voilà. Et voici : Pompée, tu me remplaces. S'il arrive quelque chose que tu peux pas y parer, tu aboies le plus fort possible. Du Perdigaud, je crois pas que je t'entendrai, mais je te devinerai. Allez, fais pour le mieux.

Fachine s'était levé. Pompée s'assit aussitôt sur l'herbe froissée par le cul de velours côtelé. Le berger fit une dernière inspection de son bétail endormi. Il prit sa petite musette et chargea sur les épaules la jeune brebis dont il avait lié les pattes. Les grognements câlins de Fachine et la fatigue mirent fin aux bêlements apeurés de l'animal.

De son vrai nom Georges Guilledéol, Fachine avait cinquante-deux ans, en paraissait soixante-dix, jouissait d'un corps et d'un cœur de trente. Il ne ressemblait guère à l'imagerie traditionnelle du pâtre. C'était un vrai berger professionnel. Il portait une casquette moirée par la crasse, et dont la visière, rabattue sur les yeux, avait été soigneusement cassée par le milieu. Il s'en échappait des mèches ondulées d'une blancheur luisante lorsqu'il redescendait du Lozère vers la mi-septembre. Maintenant, il avait le crâne rasé, alors sa casquette retenue par les oreilles tanguait de son nez à sa nuque au rythme de la marche. Chaussé de brodequins de l'armée qu'il graissait avec soin, il était vêtu d'un pantalon et d'une veste de velours à grosses côtes, d'un gilet de velours lisse. Il disposait en outre d'une capote militaire qui avait fait campagne en Crimée, s'il y tenait énormément, c'est parce qu'elle était pratique. Quand il gardait son troupeau, il ne se séparait pas d'un attribut qui ne figure jamais dans les représentations classiques du pâtre, le seul pourtant qui soit commun à tous les bergers du monde : un immense parapluie bleu qu'une ficelle permet de porter dans le dos comme un fusil.

Aux abords du Perdigaud, Fachine toussa, il connaissait les belles manières. La Gavotte sortit devant sa porte : « Eh, bonjour ! Quel bon vent vous amène ? » tout en essuyant ses mains dans son tablier, comme il se doit.

— Un bon vent, eh !... Si je pouvais vous laisser cette bête ? Soyez sûre, elle a pas un mal qui se donne, mais elle s'est fait un tour de hanche qu'elle pourra jamais tenir l'étape demain...

— Eh ! si c'est ça, mettez-la avec mes chèvres, par là... Vous connaissez l'écurie.

Les mas en bordure des drailles prenaient souvent des pensionnaires de transhumance.

Quand il eut fait, Fachine referma le portail et attendit. La Gavotte ressortit sur le seuil :

— *Pamén !* vous entrerez bien un peu !

C'était aussi la coutume. Le berger se confondit en remerciements. La Gavotte l'installa de force devant la table et lui servit un verre de vin rouge.

— Salut, Fachine ! fit la voix du Fortuné, du fond obscur de la cheminée.

Le berger s'enquit longuement de la santé, des nouvelles du Perdigaud, des parents, des voisins, des amis, et même des simples connaissances, d'un certain Boficel ou Focibel qu'ils croyaient bien avoir rencontré, chacun de leur côté, à quelques années de différence, et dont ils avaient parlé par hasard à l'automne précédent. Ils cherchèrent avec délectation s'ils trouvaient quelque chose de nouveau sur ce Bissofel... non : Belfossil ! vainement. Alors, ils parlèrent de la brebis. Fachine supposait qu'elle serait sur pied pour la semaine prochaine, et justement son cousin La Cambuse montait de mardi en huit avec un troupeau de la garrigue, il pourrait la reprendre...

— Vous mangerez bien avec nous, dites ! Quand même...

— Moi aussi, je mangerai à table, ce soir, fit la cheminée de sa voix de tambour. Viens me chercher.

La Gavotte fit la grimace. Elle jeta un bref regard de reproche à Fachine qui baissa les yeux. Il était réellement très malheureux. Il se leva, resta le front contre la vitre tout le temps que dura le déménagement de l'infirme.

La Gavotte eut encore une hésitation douloureuse au moment d'apporter la grosse lampe à pétrole sur la table.

— Pose la lumière entre nous deux ! brailla le Fortuné.

L'infirme n'était plus qu'une énorme enflure. Les traits de sa tête en poire semblaient n'avoir été qu'esquissés d'un pouce négligent dans la chair flasque des bestioles qui hantent les ténèbres humides.

Fortuné fixait Fachine.

— Tu te sens bien ? finit-il par demander, dans un souffle angoissé, après un silence tendu.

Il passait Fachine en revue : son grand nez, sa bouche sans lèvres qui, faute de dents, rentrait comme une cicatrice...

Les yeux de Fortuné, deux boutonnières sanglantes, arrivèrent sur le cou du pâtre :

— Tu n'as pas mal ?

Le berger sourit. Il se rassurait. Il avait eu grand peur :

— Mais non ! vous le voyez bien, monsieur Clédas, je ne sens rien.

Cela ne suffit pas à calmer Fortuné, alors Fachine déboutonna le haut de sa veste, puis le col de sa chemise. Il élargit l'échancrure, il semblait se préparer à la guillotine.

— Vraiment rien ?

— Rien, confirma le berger en se caressant la pomme d'Adam. Touchez si vous voulez !

— Ah non, alors !

Le berger souriait de bon cœur, il était sûr de lui maintenant. Il s'aperçut que la Gavotte, un peu en retrait, debout, fixait son cou, elle aussi.

— Mais, dis, Fachine, ça peut venir encore ?

— Non, monsieur Clédas, plus maintenant.

— Fachine, fais-moi plaisir, te reboutonne pas si vite !

La lampe s'écarta. La Gavotte mit à la place la soupière en grand apparat de brûlante, odorante buée. Le berger engloutit l'assiettée de soupe aux haricots.

— Une autre assiettée, *pamén !*

— Non, je vous remercie, madame Clédas.

Le Fortuné poussa un cri :

— Ça passe pas bien ?

Il écarta brutalement la soupière, pour voir.

— Mais... Ce n'est pas ça, monsieur Clédas...

Il a pas grossi ? Essaye de reboutonner ta chemise !

— *Anén' !* je vais reprendre une assiettée, madame Clédas.

Aubergines à la tomate, fromage... le repas se déroulait, l'infirme s'apaisait mais il demandait encore :

— Reboutonne voir ta chemise... Il te semble pas que ça force un peu ? Le col te serre pas ?

Il essayait même de parler d'autre chose :

— Ta brebis, tu sais, tant que tu voudras, elle dérange pas...

— Justement, à propos de pensionnaire...

Le Fortuné se mit à larmoyer :

— Fachine, Fachine ! le mal commençait à gagner de mes jambes dans mon ventre, je le sentais qui montait...

Il se racontait avec le luxe de détails et la mémoire minutieuse des incurables qui ne vivent que sur leur mal, bref, il en était arrivé à déduire qu'Elle était en lui, déjà, qu'Elle montait, s'installait, prenait son temps...

Sa voix s'affermissait. Il réclama sa pipe.

— Mais dites, alors ? Pour votre brebis ? Il faut que je sache, y a bien des soins...

— Non, merci madame Clédas. Je lui ai remis l'articulation...

Il ne pouvait leur dire qu'il lui aurait été tellement plus pratique de laisser la bête au Baranel, ou au Galavard, les gens, d'ailleurs, le lui avaient offert quand ils l'avaient vu passer, sa brebis sur les épaules.

— A propos de pensionnaire... reprit-il.

Cette fois il resta court parce qu'on ne l'interrompait pas.

— Sacré Fachine ! tu aurais d'autres pensionnaires à me proposer ?

Le Fortuné parlait derechef en maître, sa grosse voix roulant comme un tambour.

— C'est la chose !

Les deux Clédas cessèrent de rire. Ils se consultèrent d'un regard.

— Un grand-père et sa petite-fille, pour un mois. En payant, bien sûr. Et en payant bien.

L'énorme enflure blafarde réussit à prendre les airs d'un propriétaire qui s'y connaît en affaires. Sa femme s'était écartée. Elle s'activait du buffet au feu, du four à l'évier, frémissante, l'oreille tendue ; elle tournait autour des deux hommes, mais ne leur présentait jamais que son dos. Drame guindé, glacial, c'était du pauvre théâtre, celui des humbles, avec ses quelques mines et attitudes, les mêmes, toujours, qu'on ouvre le portefeuille aux titres ou qu'on ferme un cercueil.

— Il ne s'agit plus de plaisanter, Fachine !

Quelle histoire... Le berger la reprit du plus loin possible, rappelant l'existence de sa cousine Yvonne... Mais si ! celle qui a pris en secondes noces un voyageur de commerce en chemiserie de la rue d'Aboukir. Ils étaient montés à Paris, tous les deux. Comment ? Je vous l'avais pas dit ? Ils tenaient un magasin, une succursale. Ils connaissent des gens importants, des patrons — dans leur partie —, alors, de fil en aiguille, c'est le cas de le dire, en parlant du pays...

Fachine pensait à ses brebis, à son vieux Pompée. Il dit tout ce qu'il savait, pas grand-chose. Il se soumit ensuite à l'interrogatoire. Toutes les questions étaient bizarres parce qu'elles n'étaient pas posées par des curieux, mais par des inquiets, des pauvres :

— Et s'il leur arrive quelque chose, au vieux, ou à la gosse, pendant qu'ils sont sous mon toit, qui c'est le responsable... ?

... Des fois, ça serait pas des gens qui ont quelque chose à se reprocher, attention !

... A ton estimation, je serais fondé de leur demander combien ? Ça irait chercher dans quels chiffres, pour tout un mois ?...

Trois heures après, peu avant minuit, le Perdigaud acceptait officiellement les deux pensionnaires supplémentaires, oh ! un « oui » du bout des lèvres, parce qu'on a bon cœur, parce que c'est Fachine... Bien sûr, la Gavotte et le Fortuné exultaient. Et Fachine le savait. Sur le seuil, il ouvrit sa musette : « Dire que j'allais oublier ! » Une boîte de croquants Villaret, une spécialité nîmoise. Il ne pouvait pas leur donner des fromages, ou une peau de mouton, même tannée comme on ne sait pas le faire en montagne. Un cadeau, c'est quelque chose qui s'achète, autrement, ce n'est plus de bonne manière.

Ils montaient courbés, poussant le vélo chargé, ou tirant des épaules sur les bretelles du sac à dos. Ils arrivaient en sueur, narraient aussitôt leurs étonnements, le dernier d'abord :

— ... Quelle trotte ! Là-dessous, y avait un bourricot, avec deux paniers, un de chaque côté comme des sacoches de vélo. Y avait une femme qui était en train de charger du fumier qu'elle pressait avec ses mains. On lui a demandé : « C'est par ici le mas de la Cabusselle ? » Elle nous a renseignés, après elle nous a touché la main. Ça fait rien, pourvu qu'on ait de quoi se laver avant de manger. Quand elle est partie, elle a cogné sur son bourricot en criant : « Hue, Daladier ! »

Les indigènes les intriguaient, les amusaient, ils le disaient en allumant leurs cigarettes.

— ... Y avait avec eux des filles qui fumaient, dehors, sans vergogne, des filles la cigarette au bec, comme ça ! racontait la Gavotte à son Fortuné, et elle imitait la grimace, avec le clin d'œil quand la fumée vous monte par le côté. Des filles qui montrent leurs cuisses, qui portent des culottes de gamin, pas plus longues que ça...

Ces filles se rendaient vite compte qu'il valait mieux, ici, de solides godillots que des escarpins de bal, qu'il est bon de se couvrir les jambes pour passer à travers les ronces, et de s'abstenir de fumer pour monter sur la crête.

Il était arrivé des « naturistes », avec leur chien. Végétariens de surcroît, ils expliquèrent orgueilleusement que leur chien non plus ne mangeait pas de viande. Toutes les peaux de saucisson, tous les os furent subrepticement jetés sous la table... Les naturistes partirent furieux, sifflant le traître.

La plupart des ajistes avaient établi un itinéraire sur lequel la Cabusselle marquait une étape de nuit ou un repos de quarante-huit heures, trois jours au plus. En cours de route s'accomplissait une certaine décantation dans ces pelotons, c'est ainsi qu'« Aventure », un groupe cycliste du Nord, désirait écarter une des filles, parce qu'elle n'épousait pas sa manière de voir. Elle vint d'elle-même en parler au père aubergiste :

— Je sais que vous êtes protestants, dans ce pays, et on dit que les huguenots sont des gens très rigides. J'ai confiance dans votre jugement. Je sens que je suis repoussée du groupe... Nous avons eu des discussions à propos des événements d'Espagne. Moi, je suis très croyante, alors...

Elle lui expliqua les nombreux points de désaccord.

— Écoute, s'il en est ainsi, répondit Alain après réflexion, il vaut mieux que tu rompes avec le groupe, que tu rentres chez toi, que tu retrouves d'autres copains, d'autres copines...

Un père aubergiste assumait de nombreuses responsabilités, dont l'une des moindres n'était pas de maintenir le traditionnel esprit de tolérance des auberges, et cela devenait plus difficile que jamais avec l'afflux des néophytes. Marcel Moreau, dans *Le Cri des auberges de la jeunesse*, conseillait aux ajistes la modération :

« Ne prends pas l'Auberge pour un club politique. Pas de grandiloquentes discussions idéologiques. Mais des rires, des chansons, de l'amabilité, de la camaraderie. »

Alain avait placardé sur les murs de la cuisine :

« Chanter *L'Internationale* en tournant la mayonnaise, comme l'on chanterait *Tout va très bien madame la marquise* ce n'est pas de l'internationalisme. Se réunir à plusieurs de pays différents, de langues différentes, de croyances politiques et religieuses différentes, pour murmurer ensemble un air connu et aimé de tous, oui, c'est de l'internationalisme... Hurler à pleine voix : *La Vierge à l'écurie !* non, ce n'est pas de la laïcité. Accueillir tous les camarades avec un franc sourire et éviter tout ce qui pourrait leur donner quelque gêne, oui, c'est de la laïcité. »

L'affichette elle-même, à cause de la majuscule à « Vierge », fut le prétexte d'une dispute venimeuse entre éplucheurs de patates et laveurs de vaisselle. Alain eut toutes les peines du monde à les retenir au seuil de la bagarre.

La victoire populaire avait enthousiasmé ces garçons et ces filles. Les vacances, la liberté des grands chemins les maintenaient dans un état d'exaltation que la nature et le grand air excitaient encore. Sur ce feu, l'insurrection des fascistes d'Espagne fut de l'huile. En quelques jours, l'horreur inouïe fut atteinte. L'horreur et l'espoir inouïs : les photographies des places jonchées de cadavres, celles des ouvriers en chemisette et en espadrilles s'armant dans les casernes prises d'assaut. Ces images atteignirent au cœur la France du Front populaire à l'aurore des premières vacances.

Dans l'Espagne de ce *Frente popular*, qui apparaissait un peu comme le frère aîné du Front populaire, tout allait si vite ! Sous la direction du gouverneur militaire des îles Canaries, un certain général Franco, les officiers s'étaient rendus maîtres du Maroc espagnol où se trouvaient concentrées les forces militaires les plus importantes, les mieux entraînées et les mieux équipées du pays. Simultanément, dans toutes les garnisons de la péninsule, les officiers supérieurs entreprirent de s'emparer des pouvoirs. Les régiments du Sud devaient investir les ports situés en face du Maroc, assurant ainsi le débarquement de la légion et des troupes indigènes envoyées par la colonie.

D'un côté, les guerriers professionnels armés jusqu'aux dents, de l'autre, un peuple aux mains nues, mais libre et vaillant.

Ainsi commençait la conquête de l'Espagne par le fascisme. La France le comprenait. Ainsi commençait la première des guerres modernes, la guerre des guerres où tout est bon puisque les frères s'entre-tuent. Notre peuple le sentit par ses tripes.

L'auberge de jeunesse, le Vallauzas, le sommet, les vacances, les grands chemins, la liberté, les chansons de marche, tout changeait, se teintait d'Espagne, la nature et le monde étaient transfigurés par un petit jour d'ouragan, une aurore de sang.

On n'attendait plus seulement les nouveaux parce qu'ils arrivaient d'ailleurs, d'une autre province, d'un autre métier, mais parce qu'ils apportaient les journaux.

La petite exclue du groupe « Aventure » avait montré les premières photos d'Espagne parues dans *L'Illustration* du 18 juillet : ruines de l'église de Ferreros, près d'Oviedo (« incendiée en juin, la veille de la Fête-Dieu »), de Saint-Nicolas, à Tellego (« au-dessus de la Vierge était un tableau du Titien estimé à cent mille francs, qui fut détruit par l'incendie »), de Saint-Sauveur, y compris le logement du sacristain (« on remarque une chaise en équilibre sur un vestige du plancher »)...

Alain lut dans le reportage intitulé « Visages d'Espagne » de minutieuses statistiques :

Églises totalement détruites 160
Tentatives contre les églises et incendies étouffés aussitôt ... 251
Morts 266
etc.

— Je suis employée, mais je suis catholique, avait expliqué la petite, alors, vous, qui êtes huguenot...

Alain Doiren allait répondre qu'il n'était pas vraiment protestant, que, d'ailleurs, ce journal avait été imprimé avant le soulèvement fasciste du 17 juillet... Il se tut, il y avait trop à dire, il avait trop à faire, il n'en était plus à susciter de pauvres discussions mais, au contraire, à contrôler des querelles.

En une semaine, la guerre d'Espagne a montré son visage : une population divisée en deux camps. On parle déjà de vingt à vingt-cinq mille morts.

Les insurgés tiennent le Nord jusqu'à Valladolid et Saragosse, et dans le Sud, le triangle Huelva, Almeria, Tolède. Les fascistes occupent donc l'Aragon, la province de Léon et la Vieille-Castille, mais ils ont échoué à Madrid et à Barcelone.

Dans la capitale, les milices populaires ont pris d'assaut les casernes où les troupes s'étaient retranchées. Barcelone s'est battue avec acharnement pendant plusieurs jours. La Catalogne a maté la sédition.

Cependant, un vaste mouvement d'encerclement se dessine autour de Madrid. Deux armées fascistes marchent sur la capitale qu'attaquent déjà des colonnes isolées : les troupes d'Andalousie, commandées par Franco, montent du Sud ; celles du général Mola viennent du Nord par Saragosse, Pampelune, Logroño, Burgos, León, Valladolid, Ségovie... Les milices du *Frente popular* se sont portées à leur rencontre.

Trois étudiants de Montpellier couchèrent une nuit à la Cabusselle. Ils faisaient du cyclotourisme, projetaient de visiter les gorges du Tarn. Alain passa deux heures étranges avec eux. Le banc, une poutre posée sur deux pierres, contre le mur, devant le mas, était placé au-dessus du rucher surplombant le vallon douillet. Assis entre les deux littéraires, un philosophe et un historien, face à l'étudiant en médecine. Alain Doiren pensait au Déserteur, et si fort qu'il croyait sentir la présence du dernier maître de la Cabusselle. Dans l'angle du mur reposaient encore ses *pancels*, des tuteurs tout préparés pour ses haricots grimpants. Une hache, fichée dans un billot, parmi le bois et les copeaux, restait là, comme le Déserteur l'avait plantée, comme il pouvait la reprendre.

Tous trois étaient adossés au mur de schiste, au-dessous de l'étroite fenêtre dans son cadre à la chaux. Le carabin s'était assis face à eux, sur la murette. Il tournait le dos à la vigne du Tafanar, sur l'autre flanc du petit vallon, à mi-hauteur, une grande pièce carrée, parfaitement découpée dans la pinède, huit terrasses de ceps alignés au cordeau.

Ils avaient regardé ensemble les photos d'Espagne. Une place jonchée de cadavres, des corps, des jeunes hommes, tombés bras en croix, jambes ouvertes, tombés régulièrement, chacun à sa place, pas deux morts emmêlés, tombés la face dans la poussière, fauchés à la mitrailleuse.

Des cadavres de chevaux qu'un civil essaye de brûler en les couvrant de chaises, de tables, tandis que des badauds se bouchent le nez.

Des cadavres humains dans un caniveau, hâtivement recouverts, l'un d'un matelas, l'autre d'une couverture, le troisième d'un drapeau...

Les trois étudiants partaient en excursion avec ces images, comme s'ils ne pouvaient les laisser, comme s'ils devaient les traîner toute leur vie.

Elles étaient atroces, il y en avait aussi d'exaltantes.

— On parle d'envoyer là-bas des volontaires étrangers, des Français d'abord, murmurait le philosophe. Il y aurait déjà une organisation à Toulouse...

Les photos de Barcelone montraient une rue pleine de civils volontaires allant en cortège chercher des armes ; des militants du

Frente popular se ruant sur la caserne de la Montana, des officiers prisonniers emmenés par des civils armés, gaillards en costume ou en bras de chemise qui portaient le fusil à la façon des chasseurs ; les miliciens volontaires sautant dans les camions qui les emportaient à l'attaque de Saragosse... Il y avait surtout les images lyriques de garçons en salopette ou en tricot, armés n'importe comment, de filles en jupe ou en pantalon, calot sur l'oreille, fusil sur l'épaule, une cartouchière à la hanche, cohorte juvénile au pas ferme, riant et chantant...

— Enfin, la vie vient de bouger, soupirait le littéraire.

« Dans la fournaise de la bataille, tout se transforme. La Carmencita disparaît. La nouvelle Carmen est la jeune fille du peuple, saine, fraîche, qui, si elle exalte l'ardeur des miliciens, met tout son cœur à rendre la guerre civile moins cruelle... »

Ils se passaient les articles, informations et phrases, comme ils l'avaient fait l'année précédente, mais pour le Tour de France : *La Révolte des mercenaires* de Paul Bringuier, *Du sang sur l'Espagne* de Luc Dornain, des reporters qui étaient sur place.

La nuit ne tombait plus du ciel, c'est le fond du val qu'elle commençait de remplir ; elle montait de la terre dans le coassement des ruisseaux. Le soir était d'une honteuse quiétude. Alain souffrait de son isolement, de cet éloignement des foules ardentes. Il n'était plus d'aucun 14 Juillet...

« Et si nous sommes si joyeux ce soir, c'est peut-être de tant d'échanges fraternels que portaient des sourires, des regards amicaux d'hommes et de femmes inconnus. Nous étions vingt de front, les bras noués les uns aux autres. A la Bastille, l'histoire nous attendait. Elle était évoquée par vingt portraits. Ceux de nos vrais ancêtres, ceux des hommes qui ont fait l'esprit français d'aujourd'hui, de Voltaire à Jaurès. A la Nation, la France elle-même nous accueillit... »

La petite morsure de ce soir, son cœur l'avait déjà ressentie en lisant le reportage de *Vendredi*, signé : « Le Comité directeur, André Chamson, Jean Guéhenno, Andrée Viollis. » La dernière phrase en particulier : « Saint-Just disait que le bonheur était une idée neuve. Nous avons respiré aujourd'hui dans l'air de Paris la nouveauté et la jeunesse de cette idée. »

Heureusement, le carabin se mit à raconter sa vie. Ils y venaient tous, beaucoup commençaient par là.

— Je suis né dans un hôpital. Mon père est rentré de la guerre de 14, gazé et tuberculeux. Ma mère, qui était une sainte femme à tous les points de vue, est devenue copine avec la sœur supérieure de l'hôpital, et j'ai été élevé dans la bigoterie, dans le jupon des religieuses. C'est marrant, hein ?

— Quand on te connaît, oui, fit l'historien.

— Je vivais à l'hôpital. J'y rentrais en sortant de l'école, j'y mangeais. Un vieil infirmier s'occupait de moi... Ce qui fait que j'ai toujours vécu dans le pansement. A partir du moment où j'ai pu traîner mes petites gambettes dans les salles, j'ai suivi l'infirmière... A onze ans, j'étais capable de sonder une prostate. Le vieux m'avait appris : « Tirer sur la quiquette de telle façon, la rabattre sur le ventre, enfoncer la sonde, la remettre droite, ça doit rentrer tout seul... » La vocation est venue comme ça. De ma vie, je n'ai pas une seule fois imaginé que je ferais autre chose. A treize ans, ma mère m'a dit : « Bon, tu vas aller à l'usine ! » J'ai dit : « Non, je veux aller au lycée. » Elle a dit « Ah !... », elle s'est levé la peau, et je suis allé au lycée. Me voilà à la Fac, ça marche tout seul. Je n'éprouve aucune difficulté...

Il racontait cela comme des circonstances atténuantes, personne ne l'accusait ; même en parlant de lui, il parlait de l'Espagne.

— C'est drôle, hier et avant-hier, nous avons traversé Montpellier, Nîmes, Alès, on dirait que les villes dorment, fit rêveusement l'historien.

La nuit était là. Ils se levèrent en s'étirant.

— Ça fait loin, des gorges du Tarn à Toulouse ? demanda le philosophe.

Le 31 juillet 1936, au soir, dans toute la France, les machines s'arrêtèrent pour quinze jours. Les portails des usines, les portes des bureaux, des grands magains et des administrations se fermèrent.

Des millions de travailleurs prenaient leurs premières vacances. Ils allaient être payés pour ne pas travailler, ce qui ne s'était jamais vu.

A la sortie du poste, sur le carreau de la Vernasse, les mineurs roulèrent leurs pantalons jusqu'au-dessus des genoux et firent la ronde, avec le chant de leurs dernières vacances :

Adieu les analyses,
Les verbes et les dictées.
Tout ça c'est des bêtises,
Il vaut mieux s'amuser !
Zon, Zon, Zon !
C'est demain vacances...

Deux jeunes mineurs se tinrent à l'écart de ces transports : Noël Tarrigues et Luc Roux. Ce qui réjouissait leurs camarades les inquiétait : la classe ouvrière se démobilisait, elle allait se disperser dans la nature, à ce moment de l'histoire. Les ennemis du Front populaire pouvaient en profiter, les fascistes espagnols leur montraient la voie...

Luc et Noël pensaient ainsi, en même temps, ils n'avaient plus besoin de se consulter, froncer le sourcil suffisait à leur accord. Ils ne prirent pas le raccourci habituel, le long de la voie ferrée, mais la petite route du village.

Luc Roux travaillait à la mine depuis deux ans, depuis la fin des vendanges de 1934. Cela s'était fait simplement : il avait déposé au bureau d'embauche une demande signée par son père, rempli le formulaire, passé la visite médicale, le tout en quarante-huit heures. Un matin, il avait jeté sur son épaule un cabas tout neuf, doublé de coutil, que sa mère avait préparé, le cœur gros, elle qui se répétait : « Lui au moins, lui ! il n'ira pas au trou. » Dans le cabas, une canette de vin allongé d'eau, une gamelle à deux étages, un pour la viande, l'autre pour les légumes. Il était parti avec son père. La sirène sonnait trois fois, à six heures, six heures trente et sept heures. Sur les six kilomètres de Clerguemort à la Vernasse son père ne lui dit qu'une phrase : « La première fois, les tripes vont te venir derrière les dents, mais t'en fais pas... » Il accompagna son fils aux lavabos, lui expliqua comment monter ses nippes à la chaîne, une fois revêtus les bleus, neufs comme le cabas. A la lampisterie, l'enfant reçut un numéro, de là il se rendit au bureau du chef de poste qui l'affecta à un chantier. Ses premières frayeurs furent causées par le boisage qu'il voyait se gondoler, craquer sous le poids de la montagne, longtemps il ne put s'empêcher d'écouter « parler le bois » selon l'expression des mineurs. Maintenant, il était habitué à ce bruit, comme au gargouillis de l'eau. Il travaillait nu dans la chaleur humide, enterré, étouffé, à la pointe d'une lointaine galerie où parvenait à grand-peine l'air de la vieille soufflerie.

Quinze jours après, il touchait sa première paye : deux cent soixante-quinze francs. Quand il la remit à sa mère, il y eut dispute. Il avait prélevé cent francs par fierté. Sa mère lui en aurait rendu autant, peut-être même plus, mais c'est lui qui donnait sa paye, il n'avait pas à attendre son argent de poche. Avec ces cent francs, il s'abonna aux bibliothèques de l'*Internationale communiste*, aux *Cahiers du Bolchevisme,* à *L'Humanité*, à toutes les revues paraissant aux Éditions sociales internationales.

Une fois par semaine, il passait à la bibliothèque du C.C. où il empruntait Hugo, Zola, Balzac, Flaubert... Dans les premiers temps, M. Doiren fit quelques tentatives pour le maintenir sur la voie des études : « Quand tu lis Voltaire, note les mots, reporte-toi au dictionnaire, demande-moi des explications... »

Deux mois après son entrée dans la mine, Luc Roux adhérait aux Jeunesses communistes. Quand il en était devenu le responsable, il lui avait été conseillé d'adhérer au Parti, ce qu'il avait fait. Il avait suivi l'école du marxisme, deux fois par semaine pendant un mois. Il avait beaucoup étudié seul. Il pouvait maintenant faire quelques cours à son groupe, une quinzaine de J.C., sur « Travail, salariés et capital ». Quatre ou cinq fois par an, le groupe organisait « son » bal aux *Bons Enfants*. En réalité, c'était le bal de chaque samedi, mais, ces soirs-là, l'Armand acceptait que Luc prenne la parole au nom des J. C. pendant l'entracte ; c'était son intérêt, ça lui amenait des jeunes.

Luc Roux profitait des trente minutes pour parler de l'exploitation, de la misère, du « malheur d'être jeune », de l'avenir bouché, de la guerre qui se préparait, de la loi des deux ans, des ligues fascistes...

Il ne dépassait jamais le temps accordé : le repos des musiciens.

— J'ai besoin de toi, lui avait dit Noël. Je te présenterai un camarade qui revient de Barcelone. Je suis embêté pour la question de le coucher. J'ai pensé à l'auberge de jeunesse.

— Ça ne fera pas de difficulté : je l'amènerai moi-même à la Cabusselle.

Ils s'assirent sur le parapet d'un tournant qui surplombait la rivière.

— J'aurais voulu le garder chez moi, mais, tu sais comment c'est ? murmura Noël.

Luc baissa la tête, gêné. Noël ramassa quelques petits cailloux et les jeta un à un vers la rivière.

— Surtout quand je vais annoncer à Emmeline que je pars pour l'Espagne !

— Le Parti t'envoie là-bas ?

— Oui.

— Et moi ?

— Toi, non. On a besoin de toi ici.

Luc devrait assumer une partie des responsabilités que Noël abandonnerait. Sur un autre plan, l'auberge de jeunesse prenait, du fait des événements, une importance nouvelle. Il devrait s'y attacher beaucoup plus. Noël le questionna sur la fréquentation de la Cabusselle et sur l'activité de M. Doiren. Il était primordial d'avoir sous la main un lieu de rencontre et une réserve de jeunesse...

— ... Parce que, tes J.C., hein ? Pour les congés payés...

— Je sais que le Phonset, le Zidore et le Mémé vont au Grau-du-Roi, en vélo. Victorin ira à Sète. Les deux Quadu cherchent un boulot...

— Tu vois. Et ta belle équipe de Clerguemort, qu'est-ce qu'il en reste ?

Luc Roux fit un bilan sans complaisance : Riquet ne posait pas de problèmes, il était mineur et c'était le fils du Jaurès. Rafaël était mineur aussi, mais c'était le fils du Libertade. S'il ne partageait pas l'anarchisme furieux de son père, il ne l'attaquait pas non plus, ce qui tenait peut-être, tout bêtement, au peu de rapports familiaux chez ces Roméro. Gino, lui, restait mystérieux mais pas inquiétant. Le fils des Sarrasins poursuivait ses études au lycée d'Alès. Le reste du temps, il redevenait le fils d'un maçon italien. Raoul, évidemment, c'était le fils du Laguerre, et il passait l'année dans la pépinière des culottes de peau. Pourtant, il n'avait guère changé, toujours emporté, dressé contre son père et son milieu. Franck n'était pas encore rentré au village. Les progrès du fascisme et du racisme le rapprochaient de plus en plus des positions du Parti, toutefois, il ne fallait pas oublier que c'était un intellectuel. Sur la question de l'aide à l'Espagne républicaine, Luc estimait qu'on pouvait compter sur eux, à l'exception de Raoul qu'il faudrait sonder car, avec un type de cette trempe, ce serait tout pour ou tout contre.

— Mais... dis-moi ! fit soudain Luc, si tu vas en Espagne, tu seras porté déserteur... Tu devrais partir bientôt pour le service ?

Noël haussa les épaules et se détourna.

— Voici le camarade Valériane.

Un petit homme dans la trentaine arrivait d'un pas souple par le sentier. Il portait un costume de ville à rayures, une chemise au col ouvert, un béret basque en auvent sur son maigre visage basané.

Il ne perdit pas de temps en politesses.

— C'est confirmé. Il faut que tu partes au plus tôt... fit-il avec une trace d'accent étranger.

— Je suis prêt.

— Peux-tu partir demain ?

— Demain !

— Ta première destination est Barcelone où tu devras voir les bataillons qui se forment...

Valériane donna quelques précisions : des émigrés allemands et italiens, des communistes, des socialistes étaient arrivés à Barcelone pour l' « Olympiade des travailleurs ». Les Italiens avaient formé le Bataillon Gastone Sozzi, les Allemands la Centurie Thaelmann. Quelques Français et Belges le Bataillon de Paris.

— ... Tu ne passeras que le temps de remettre les messages et tu fileras aussitôt sur Madrid. C'est là que le Parti est en train d'organiser quelque chose de vraiment solide, une unité de fer : le Cinquième Régiment. Il compte déjà plus de huit mille soldats. Le recrutement de base, c'est les jeunesses socialo-communistes. La structure est celle d'une unité régulière, mais un commissaire politique est adjoint à tout officier exerçant un commandement à chaque échelon à partir de la compagnie. Dès ton arrivée, tu te présenteras au camarade Contreras...

Valériane lui confia des lettres, dont la première était adressée à Perpignan où Noël devait être le lendemain, dans la soirée au plus tard.

— Dis-moi, fit Noël, pour le reste, tu expliqueras toi-même au camarade Roux.

— Ah ! tu veux rentrer chez toi tout de suite ? Eh bien, va !

— C'est que... Pour partir demain matin, il faut que je prépare... que je me prépare. Mon vieux Luc, je vais te dire au revoir.

Sans le camarade Valériane, les deux mineurs de Clerguemort se seraient peut-être embrassés. Luc regarda partir son ami, clignant son œil unique, serrant et desserrant le poing droit comme pour incruster le souvenir de cette poignée de main.

— Et... il doit revenir quand ? demanda-t-il d'une voix sourde.

— Ça... Le Cinquième Régiment est déjà engagé. Il combat dans les sierras, au nord de Madrid.

— C'est dur, par là ?

— A l'Alto de León et à Somosierra, des deux côtés, on a utilisé l'aviation et on a tué les prisonniers. Les combats sont d'une extraordinaire férocité. Notre colonel Castillo et son fils ont été fusillés par leurs hommes qui leur reprochaient ce crime : ne pas les avoir conduits à la victoire...

Au-dessous d'eux, à la baignade de l'Aubergine, une fille piaillait, des garçons rigolaient, tandis qu'un pipeau maladroit jouait *La Fon dé Nimès* en butant toujours sur la même note. Cela, les clochettes d'une mule, les coups de battoir et le rire gras des lavandières, avec deux ou trois fumées de Clerguemort dans le lointain, avec les vertes senteurs des jardins que l'on arrosait, et, par-dessus le tout, la brise tiède qui s'attardait à fleur de peau, c'était toute la douceur d'un soir d'été que le sifflet de l'express Paris-Clermont-Nîmes griffait au sang.

— Au fait, et moi ? Qu'est-ce qu'on me veut ?

— Des armes.

— Quoi ?

— Il faut trouver des armes, collecter des fusils de guerre, des revolvers, des balles. Tu vas t'occuper de ça...

Il balançait à bout de bras un petit sac de voyage. Luc poussait son vélo. Ils montaient le long du Vallauzas en direction de la Cabusselle, et Valériane se renseignait sur le crédit que l'on pouvait accorder au père aubergiste.

16

Les pigeons de Barcelone

— *As dégu naïtré aou trélus dé luno*, grommelait dans son dos la vieille Tarrigues.

Le *trélus !* La nuit où la lune tourne, les poussins ne sortent pas, ils s'étouffent dans la coquille, ils crèvent. La vieille avait raison : Emmeline avait dû naître par le *trélus* ! Elle se sentait une « sans-lune », celle qui ne peut avoir d'enfants.

Ce vieil abruti d'oncle Albéric racontait à l'occasion : « C'est comme Mme Fandore, de Pradeilhes, qu'on lui dit *la sans-lune*, alors, bien sûr, elle pouvait pas avoir d'enfants. Pour se faire épouser, elle avait fait croire qu'elle était grosse. Plus tard, son mari s'est mis à prendre des maîtresses. Quand elle se plaint, il le lui envoie pas dire : Tu as voulu être Mme Fandore ? Tu l'es. Le reste ne te regarde pas ! »

Emmeline aussi se sentait cocufiée. Si encore c'eût été par une femme, elle aurait pu se battre, comme elle aurait lutté pour garder son Noël !

En quelques semaines, le mariage les avait transformés, tous les deux : l'adolescent farouche était devenu un homme d'action, l'ingrate fillette une amante. Lui, s'était jeté dans les luttes politiques. Elle, s'était mise à l'attendre. Noël lui avait révélé l'amour physique, elle ne pouvait plus s'en passer.

Emmeline n'avait plus que son mari. Son père était mort. Sa mère, devenue gâteuse, était à la charge du frère aîné, Cyprien. Ils demeuraient dans le mas ancestral, l'Altanier, un nid d'aigle. Elle ne les avait pas revus depuis plus d'un an. Après une sale histoire, son frère Raymond avait disparu, à jamais, probablement. Tomber des Mourrail chez les Tarrigues, c'était tout perdre. La vieille ne l'avait aimablement accueillie que pour se venger de son autre belle-fille. Dès que la mère Tarrigues avait appris que la nouvelle était une sans-lune, elle avait mis ses deux brus dans le même sac. Ce rapprochement, avec la complicité qu'il impliquait, les gentillesses de Solange, gênaient atrocement la pauvre Emmeline. Elle ne savait plus où se fourrer quand la belle Niçoise lui susurrait :

— Ces Tarrigues, avec eux, y a que deux biais : ou on les écrase ou on s'aplatit.

Depuis des années, Solange menait Camille par le bout du nez, le ridiculisait. Solide mineur et brave type, l'aîné des Tarrigues tournait en bourrique dès qu'apparaissait son épouse.

Il y avait bien la toute-petite, la vivifiante Claire qui semblait tout comprendre avant tout le monde, droite et brûlante, fille-flamme, mais elle n'avait que huit ans !

Dans la semaine qui suivit les noces, quand Noël lui proposa d'aménager deux pièces avec cuisine dans le grenier de la maison familiale, Emmeline refusa. Elle calculait que, sans logis personnel, ils ne pourraient retrouver leur intimité que dans leur chambre, ils iraient donc plus souvent. Elle était d'un coup devenue femme au point que son foyer c'était son lit.

Elle attendait son mari pour manger, pour se coucher. Elle dormait comme les mineurs. Quand Noël fut du poste de nuit, elle veilla, afin de se mettre au lit l'après-midi, comme lui. Elle ne pouvait trouver le sommeil sans tenir à pleins bras, nue à nu, ce jeune corps de muscles et de chaleurs.

Noël en était parfois écœuré. D'abord éberlué, sa surprise et son désagrément croissaient, il ne parvenait pas à porter au compte d'un amour véritable, d'un bel amour, ces fiers appétits. Il glissait vers le mépris, revoyait sa belle-mère, la coquette Mme Mourrail, repensait à ce salaud de beau-frère, le nervi disparu, *race fait race*, le vieil adage cévenol : *mèno faï mèno* remontait en lui comme une aigreur. La voix guillerette qui le pressait quand il se déshabillait, cet appel du lit le faisait rougir. Ce communiste avait des scrupules de séminariste. Dans la plénitude carrée d'une telle épouse, son flair faussé reniflait la femelle.

L'homme qu'elle avait fait de lui exerçait sa puissance ailleurs, sur d'autres plans, et sans timidités.

Quinze jours après le mariage, il était dans sa taille, au fond de la mine, quand, à côté de lui, un chef de chantier avait collé une amende — cinq francs ! — au Julien, le plus jeune des fils du Sercomalur. Noël avait empoigné le chef et l'avait tancé, avec une force impressionnante. Le maître mineur avait annulé l'amende avant de se retirer humblement. Quelques incidents comparables avaient mis en valeur la rare personnalité du « petit Tarrigues ». D'un bout à l'autre des galeries, dans tous les quartiers, les mineurs l'estimaient, les chefs le redoutaient, le respectaient donc.

Il arrivait que le Sang-Caillé ou le Pétardur, et même une fois le Libertade, lance à Emmeline un compliment du genre : « Ah ! toi, au moins, on peut dire que tu as épousé un homme ! »

Sans aucune ironie.

A la fin de l'été dernier, Noël était revenu de Moscou, après le congrès de l'Internationale communiste, dans un tel état de fièvre, avec tant de rêve dans l'ombre de ses yeux, il s'était confié avec une passion si tendre, dans un tel abandon, qu'elle crut comprendre son infortune. Elle imagina immédiatement la rencontre de quelque Vénus militante d'Ukraine ou d'Ouzbékistan, elle écoutait le ton, les mots, sans pénétrer le sens, mais il était bien question de regards inoubliables, de serments éternels, d'une main, quelle main ! qu'il avait tenue dans la sienne...

Un nom soudain éclaira l'idylle : il s'agissait du charme slave de Georgi Dimitrov, des appels enflammés du discours de clôture, de la poignée de main de Staline.

Elle lui rit au nez.

— ... Mais enfin ! Je ne te quitte pas pour une femme, je te quitte pour l'Espagne !

Emmeline n'a pas la moindre réaction, même pas une moue :

— Je te mets toutes les chemises, demande-t-elle, ou on te les fournit avec l'uniforme ?

Noël s'est préparé à tout, sauf à ça. Il l'aurait consolée, ou grondée, il aurait pu lui expliquer l'importance de la mission, il était armé pour la convaincre, pour l'émouvoir. Il savait aussi combien elle attendait ce soir, les premiers congés payés. Ils avaient projeté d'en profiter ensemble, d'aller voir la mer, de passer quelques jours dans un hôtel, en riches, en amoureux. Il avait envisagé la crise de rage ou de désespoir, il avait fait son deuil du grand vase vernissé — cadeau de noces de la cellule de Clerguemort — et il avait barré le chemin de la fenêtre ouverte sur le gouffre.

— ... Voilà. Je pars pour l'Espagne.

— Ah ? bon.

Rien. Et pas en tournant le dos pour cacher une larme, non, les yeux dans les yeux, sans ciller.

— Qu'est-ce que tu emportes ?

— Comment ?

— Ben ! Tu prends bien une valise ?

— Voyons, Emmeline, mon amour !...

Il s'est même lancé dans l'explication fondamentale : ce n'était pas seulement une république fraternelle qu'il allait défendre à Madrid, mais le bien le plus précieux, ce qui fait que la vie vaut d'être vécue... Il croyait cela, de toute son âme, il l'aurait hurlé sur les toits, et pour le dire ici, il devait se forcer, cela sonnait curieusement faux.

— Je te fais cuire des œufs durs ?

— Hein ? Des œufs durs ?

— Ben, pour le voyage...

Il se laisse tomber au bord du lit, se prend la tête entre les mains, coudes sur les genoux, en soupirant :

— Bon dieu, alors on ne peut pas aimer à la fois un être et l'humanité !

Emmeline continue les préparatifs, sans réagir, ni d'un soupir, ni d'un frisson. Cependant, quelque chose émane d'elle, qui dit à l'époux : « Tu voudrais bien que je te console, n'est-ce pas ? », comme une clameur muette de tout elle-même, qui lui crie : « Lâche ! »

— En te mettant à table tout de suite, pendant que je termine ta valise, propose-t-elle, tu peux attraper le train de onze heures. Ça te ferait presque une journée d'avance.

Noël bondit, il va vers sa femme penchée sur la valise, il la redresse, la retourne. Il la prend dans ses bras, elle ne résiste pas. Il reçoit contre sa poitrine une molle tiédeur.

— Mon amour, tu ne peux quand même pas me laisser partir ainsi. Nous allons nous dire au revoir mieux que ça ?

— Dis-moi ce que tu veux.

— Tant pis pour le vingt-trois heures quinze...

— Bon. Alors ?

— Alors, alors... on pourrait peut-être se coucher, nous deux ?

Emmeline, toujours impassible, va ouvrir le lit et commence à se déshabiller.

— Ah non ! rugit Noël, pas comme ça !

Il se jette sur elle, la serre contre lui, cherche son regard qu'elle ne détourne pas :

— Emmeline, Emmeline ! je t'en supplie, dis-moi quelque chose.

L'expression du regard ne change pas, seuls les yeux bougent ; ils remontent vers la souple chevelure dorée, puis descendent sur le front, sur les cils trop longs, trop courbes, sur le profond regard où ils s'attardent, puis sur les lèvres charnues, sur le menton au rude relief.

Elle dit seulement :

— Noël, tu es beau.

Il la serre à l'étouffer, puis s'en veut, dénoue ses bras, s'excuse, balbutie :

— Je t'en supplie, mon Emmeline, ma femme, mon amour, dis-moi quelque chose, dis-moi quelque chose encore, je ne te demanderai plus rien...

Le regard d'Emmeline refait l'examen du visage aimé, sans se presser. Quand c'est fini, elle dit seulement :

— Tu n'as jamais été aussi beau que ce soir.

Son regard impassible s'attarde sur les yeux de son époux, sur les deux grosses larmes qui s'y gonflent.

Alain Doiren les accueillit avec des récriminations enjouées :

— ... C'est bien joli d'arriver à une heure pareille, mais moi, je viens d'expédier tout mon petit monde sur le Lozère, voyez un peu dans quel état ils ont laissé la baraque ! Alors, si vous voulez bouffer et pioncer, faut donner la main. Luc, attrape un couteau, les patates, et aux pluches ! on va faire des frites. Reste un bout de saucisse aux herbes. Quant à toi, camarade... comment, au fait ?

— Valériane.

— Camarade Valériane, attrape le balai. Après, tu passeras la serpillière sous l'évier.

Depuis les vacances scolaires, le père aubergiste ne quittait plus la Cabusselle. Il y recevait de cinq à douze camarades par jour. Ça prenait !

— Chut ! mais écoutez-les !

D'un geste, il suspendit le couteau de Luc et le balai de Valériane, d'un autre, il les convoqua sur le seuil, où il les pria de tendre l'oreille vers les rancarèdes.

Les deux militants communistes percevaient une chanson au loin, assez vaguement, mais le P.A., qui l'entendait avec son cœur, souligna pour eux le couplet :

Que donneriez-vous belle,
Pour avoir vot' mari ?
— Je donnerais Versailles
Paris et Saint-Denis
Les tours de Notre-Dame
Le clocher d' mon pays...

— Vous vous rendez compte ? Elles étaient culottées les chansons, en ce temps-là. Pour récupérer son mari, qui est prisonnier en Hollande, la belle donne la France, le drapeau, tout le bataclan ! Ça, c'était du pacifisme, ouais ! Ça, c'était de l'antimilitarisme !

Puis il leur montra une coupure de *Vendredi*, qu'il venait de coller sur le panneau d'affichage :

« S'il nous fallait donner un visage au Front populaire, comme les artistes surent en donner un à la liberté, ce serait celui d'un jeune homme bruni de soleil, aux muscles longs, habitué à la marche et aux morsures du ciel, à l'âme candide et pourtant sans naïveté, qui chante en marche à côté d'autres jeunes hommes, semblables à lui-même et différents de lui comme des frères :

Allons au-devant de la vie...
Allons au-devant du matin.

André Chamson. »

— Allez, récréation terminée ! Camarade Valériane, à ton balai !

Après le nettoyage, le camarade Valériane accepta de bonne grâce la corvée de bois.

— Sans vous, je restais seul comme un vieux *croustet*, soupira le P.A. Et pourtant, toute la journée, y en a eu, du vacarme, et du remue-ménage, ici : cinq Marseillais, deux instituteurs, une dactylo et un étudiant. Ils sont allés coucher dans la bergerie de la Tartane ; ils voulaient être à pied d'œuvre pour le lever du soleil. Le spectacle en vaut la peine, d'accord ! mais il faut se gendarmer pour qu'ils acceptent de prendre leurs tricots et leurs couvertures. Pour eux, le Lozère, c'est Notre-Dame-de-la-Garde. Cette nuit, vers trois heures, ils me béniront...

— Quelqu'un du pays les conduit ? s'inquiéta Valériane.

— Oui, Raoul.

— Ah ? Il vient ici, Raoul, fit Luc, agréablement surpris.

— Heureusement que j'ai quelques anciens élèves qui ne me laissent pas tomber. Gino est avec lui.

— Désormais, je serai ici souvent, promit Luc, avec un furtif regard à Valériane. Je vais être libre : les congés payés !

Ils se mirent à rire, tous les trois, de contentement.

— Pas trop de frictions avec les paysans ? demanda Valériane.

— Il faut bien le dire, les gens d'ici, ils ont été choqués, d'abord. Tenez, même cette brave Gavotte, qui a accepté d'être mère aubergiste, et qui me rend de sacrés services ! elle ne peut pas se faire aux filles en short. Pour se laver, il n'y a que le bassin du jardin, ou le torrent, tout en bas. Ils vont faire toilette en bande, filles et gars... Cependant, j'avertis les arrivants. Je leur dis : Pour être bien avec les gens du pays, il faut respecter leur pudeur et leurs préjugés comme leurs jardins. Ils ne vous diront rien si vous allez dans les châtaigniers, dans les brousses, mais si, par exemple, vous trouvez un prunier sur votre chemin, n'allez pas le secouer, jusqu'à ce qu'il ne reste plus un fruit. Si vous en voulez, vous demandez à qui est l'arbre et vous allez trouver le propriétaire... Il n'y a jamais eu de plaintes, jusqu'à présent !

— En somme, c'est surtout sur le plan de la morale ?

— Mettez-vous à la place de l'Ismaël ou du Négavïn, des Bourdas du Tafanar, de la Mélanie Donaygues du Crébossat, de ces gens des mas perdus, devant cette invasion de garçons et de filles qui ne s'habillent pas comme les autres, ne vivent pas comme tout le monde... qu'on ne connaît pas (à Clerguemort, on se connaît depuis des siècles !). Alors, des garçons, des filles, tous jeunes, qui couchent dans la même maison, comme ça, enfin, quoi ! on peut tout supposer... C'est surtout cette histoire de toilette en commun. La Gavotte, notre M.A., ça la hérisse. Quand elle voit les filles se mettre en soutien-gorge au bassin et les garçons leur frictionner le dos, leur savonner les épaules, oh !... Et encore, il n'y a pas ici d'animosité paysanne contre les ouvriers, du fait qu'il y a un mineur au moins dans presque toutes les familles.

— Parce qu'ailleurs ?...

— Oh ! même ici, il reste de ça, intervint Luc. Ma grand-mère, qui était paysanne, trouve que les mineurs vivent trop bien. Elle dit que de son temps, avec un quignon, un bout de lard et une *cèbe* — un oignon —, eh bien, on dînait ! Maintenant, dit-elle, il vous faut du beurre, du sucre ! Vous jetez l'argent par les fenêtres pour votre ventre. Au marché, le dimanche, on voit des femmes de mineurs qui achètent de la viande, même du poulet ! Elle nous rappelle que, chez ses parents, le jour où on achetait le pain, on mangeait du rassis, par économie, pour attendre que le frais soit rassis.

— Ils comprennent vite, quand même, reprit Alain, même ces Bourdas du Tafanar, qui passent pour des rustres, ils finissent par se rendre compte que ces jeunes mènent une vie saine, qui ne prête pas au qu'en-dira-t-on...

— Et puis, ajouta Luc, ils vendent quelques fromages, des fruits, un peu de lait, de vin, bonne affaire ! ça leur apporte un peu d'argent frais sur lequel ils ne comptaient pas...

— Il doit passer de drôles de phénomènes dans les A.J... murmura Valériane.

— Ne m'en parlez pas ! Si vous aviez assisté à l'arrivée de Keurdor, un camelot, un Parigot vrai de vrai ! Il m'a promis qu'il referait étape ici, au retour. J'avoue qu'il me tarde de le revoir...

Et le père aubergiste racontait la grève sur le tas du Bon Marché vue par ce vendeur de vent...

Pendant tout le repas, le camarade Valériane incita l'instituteur à parler, sans l'interroger directement. Après la vaisselle en trio fraternel, ils sortirent pour savourer la nuit du Vallauzas.

— Au fait, je ne t'ai même pas demandé d'où tu venais, camarade Valériane.

— D'Espagne.

— Hein ? Et moi qui tenais le crachoir ! Tu étais où ? Qu'est-ce que tu faisais là-bas ?

— Je suis communiste et je me trouvais à Barcelone quand la bataille a commencé...

— A Barcelone ! Alors, tu étais avec la délégation des Jeunesses socialistes et communistes ?

L'hésitation de Valériane — une seconde à peine — se termina par un grognement d'assentiment.

— Mais raconte, je t'en prie, qu'est-ce que tu as vu d'abord ?

Le camarade Valériane était depuis quelques jours dans la capitale catalane. Des amis l'avaient averti : « On murmure que l'armée va se soulever. Le peuple ne laissera pas faire. Le sang va laver les rues. » Il n'y croyait pas trop. La ville était paisible, si ce n'est que les passants avaient l'air soucieux, et qu'ils s'arrachaient les journaux. Des gardes à cheval patrouillaient place de Catalogne et sur les ramblas. Cette nuit-là, Valériane avait passé la soirée au *Bolichan*, un cabaret nouvellement ouvert, dans le Barrio Chino. Quand il en sortit, vers trois heures du matin, les gardes d'assaut étaient plus nombreux. Ils contrôlaient les voitures, les fouillaient minutieusement. Les ramblas se remplissaient de monde. Des jeunes gens tête nue, en bras de chemise, arrêtaient les taxis pour vérifier l'identité des passagers. A cinq heures, la fusillade et les bombes commençaient. Valériane avoua que, dans les premières heures, il n'arrivait pas à démêler qui était avec qui. Il voyait des insurgés fraterniser avec des troupes loyales, des gardes passer à l'ennemi en nouant un mouchoir blanc à leur bras gauche. Il lui sembla bientôt que le centre de la bataille était la place de Catalogne et l'hôtel Colon, P.C. fasciste, qui se transformait sous ses yeux en bastion fortifié. Fusils, mitrailleuses, grenades redoublaient à chaque instant. Cette rapidité ne laissait pas d'étonner : l'insurrection préméditée atteignait immédiatement au massacre furieux, sans étape, sans préliminaires, sans pourparlers, sans appels à la sagesse... Vers six heures du soir, les trompettes sonnèrent la *Cornetta* : le cessez-le-feu. Valériane vit sortir du Colon, blêmes, les officiers prisonniers. On les emmenait à la citadelle pour les passer par les armes sur l'heure. Une foule en délire ramassait les fusils abandonnés. Le lendemain, la triste guérilla des rues et des toits succédait à la bataille de la place de Catalogne. Les fascistes, cachés dans les étages, derrière les cheminées, tiraient sur les passants, alors des camions et des voitures bardés de matelas, hérissés de fusils, parcoururent sans cesse la ville à pleins gaz, klaxons et sirènes au maximum de puissance.

La nuit ne tombait que très lentement. Il restait dans le ciel une flamme, du gris bleuté des armes neuves. Les cent lauzes du rucher désert luisaient, cent pièces d'argent dans la pénombre. Un vagissement modulé parvenait du Perdigaud.

— La Gavotte appelle ses chats, murmura machinalement Alain.

— Pour leur donner les restes, continua Luc.

Valériane comprenait qu'au même instant l'instituteur et son ancien élève avaient dans les yeux l'image de la paysanne, sur le seuil, secouant une assiette, éparpillant des peaux de saucisson, des bouts de gras, un morceau de couenne peut-être.

— Une guerre fratricide... fit Alain avec un soupir.

— Jamais le mot n'a été plus exact, commença Valériane.

Le cas n'était pas rare, de frères opposés, chacun d'un côté de la barricade, séparés par leurs convictions, ou simplement par le hasard, l'un des deux surpris au cours d'un voyage dans une zone occupée par les fascistes, et enrôlé par eux.

— ... A l'Alto de León, les positions sont rapprochées, chaque soir on entend les hurlements d'un milicien qui appelle son frère. Il lui crie : « Je sais que tu es là ! Tu t'es engagé sur un coup de tête ! Le père et la mère te pardonnent ! Fais-toi muter ailleurs, je ne voudrais pas te tuer ! » Il l'appelle par les diminutifs enfantins connus d'eux seuls...

— Fratricide, reprend Alain. Une telle guerre ne peut durer.

— Tu crois ?

— Bien sûr !

A peine son affirmation formulée, il avait pensé à la guerre des Camisards.

— De toute façon, je suis pacifiste, annonça-t-il avec satisfaction.

— Vous... Tu laisses faire les fascistes ? demanda Valériane.

— Les républicains gagneront.

— Tu leur fais confiance, bon. Ils peuvent mourir tranquilles.

— Ah ! Ne le prends pas sur ce ton...

— Seulement, ils ne gagneront pas ! conclut Valériane, tranchant.

La même lueur, ni jour ni lune, qui métallisait les lauzes du rucher, accrocha ses yeux. Alain Doiren ne leur avait pas prêté attention jusque-là. Ils étaient petits, ternes, ils n'exprimaient ni colère, ni résolution mais une sorte de sagesse un peu triste :

— ... Ils ne gagneront pas si nous ne les aidons pas.

Alain lâcha : « Le peuple est invincible... » et s'attendit, après ce lieu commun, à un haussement d'épaules, mais Valériane étala patiemment ses arguments : les armes, la science militaire, les troupes aguerries, le capital, l'Église, étaient du côté des fascistes. En face : la chair à canons, sans canons. Hitler et Mussolini aident Franco...

— Ça, ce n'est pas prouvé ! s'insurgea l'instituteur.

Cette fois, il eut droit à un léger haussement d'épaules, qui le piqua au vif :

— Bien sûr, s'il en était ainsi, reprit le P.A., le Front populaire volerait au secours de *Frente popular*, et pas seulement la France, mais toutes les démocraties...

— Ça...

Un soupir de Valériane suffit à ébranler Alain. L'instituteur ne pouvait s'empêcher d'imaginer cet homme, insignifiant d'apparence, porteur de secrets, mystérieusement initié, doué de pouvoirs inconnus, dont celui d'éprouver des remords sur l'avenir.

L'instituteur s'ébroua :

— Et qu'est-ce qu'il faudrait faire, à ton avis ?

— Il faut s'occuper immédiatement de faire passer des armes aux camarades d'Espagne. Il faut désigner des ramasseurs. Des armes, il y en a partout ! Nous allons constituer un comité antifasciste. C'est une base. Toutes les armes de 14 partiront pour l'Espagne. Les gens les offriront.

— Non ! s'indigna le père aubergiste, entendre des choses pareilles ici, au-dessus de ces ruches, au pied de ce mur, au seuil de ce mas !

Il évoqua le Déserteur, avec fougue, avec émotion. Un silence recueilli suivit cette biographie. La fraîcheur de la nuit les enveloppait. Valériane murmura :

— Et si le Déserteur lui-même avait son fusil, un fusil de guerre ?

— C'est inimaginable !

— On a cherché ?

— Tu n'as pas écouté ce que je viens de raconter !

— Très attentivement. Ton Jésus était un homme libre ?

— Oh, oui !

— Alors, conclut Valériane, il avait son fusil.

Le ricanement d'Alain retentit dans les ténèbres. Luc intervint pour la première fois de la soirée :

— Le Jésus avait refusé de faire une guerre...

— Il s'était refusé à tuer !

— Ça, il ne l'a jamais dit !

Alain cria de mémoire :

— ... Si encore on se battait pour des choses honorables, pour sa femme, pour la pâture de ses petits...

— Alors, fit Valériane, le Déserteur se serait battu pour l'Espagne.

Il se leva, bâillant, suivi de Luc, puis d'Alain. Ils rentrèrent dans la cuisine.

— En tout cas, tint à réaffirmer Alain, en allumant les bougies, je suis et je reste pacifiste !

— A mon avis, murmura Luc, être pour la paix, c'est tout ce qu'il y a de facile tant qu'il n'y a pas la guerre.

Tous trois étaient penchés sur les bougies et chacun s'apercevait que les courtes flammes donnaient aux deux autres des masques mouvants.

— La question n'est plus : pour ou contre la guerre, fit Valériane d'une voix rêche, sur un ton méprisant. C'est pour ou contre les fascistes !

— Alors, moi, pacifiste, je serais pour ?

— Qui n'est pas contre est pour !

— C'est un peu gros, camarade !

— Les nuances, mon vieux, à Barcelone, à Madrid, en ce moment...

La lueur vacillante déformait la caverne de ses orbites, allongeait, raccourcissait l'ombre de son nez osseux, rajoutait une visière au béret.

— Sais-tu quel est le cri des légionnaires de Franco ? *Viva la muerte !* « Vive la mort ! »

Sur ce, Valériane prit sa bougie et se dirigea vers le dortoir :

— Ils chantent : O Mort, ma seule épouse...

— Si j'ai bien compris, demanda l'instituteur amèrement, pour rester de gauche, il faut accepter de tuer ?

— Oui, répondit Valériane sans une seconde d'hésitation. Et alors ? (Il répéta avec rage :) Et alors ? (Il revint vers le père aubergiste, se planta devant lui, éleva la bougie au-dessus de sa tête, et lui confia tristement :) A Barcelone, j'ai vu des gens qui venaient de tuer. Ils étaient changés.

Sa rage était tombée. Il poursuivit cette confidence :

— Attention, ils venaient de tuer non pas dans la fureur d'une bataille, dans l'inconscience ou l'affolement. Non, ils avaient tué calmement, à froid. En quelques minutes ils avaient plus changé qu'en vingt ans. Tuer, c'est une somme d'expériences.

— Ils avaient vieilli ?

— Non, c'est pas ça, ils avaient quelque chose de plus.

Sans raison, le père aubergiste alla chercher la bouteille de gnôle, servit trois verres, puis il raconta :

— Ça me rappelle une chose qui m'avait frappé, quand j'ai passé le conseil de révision. Nous étions tous à poil, tous pareils, dans la salle d'attente. Il y en avait deux qui avaient quelque chose de plus que les autres, je sentais confusément qu'ils nous étaient supérieurs. Ce n'étaient ni les plus riches ni les plus costauds. L'un avait été enterré vivant par un coup de grisou. Les secours avaient mis trois semaines à parvenir jusqu'à ce tombeau. Le second s'est suicidé quinze jours après.

— Pour ne pas faire son service ? demanda Luc.

— Non. Par amour, à ce qu'on a dit. Je n'ai compris qu'après ce qu'ils avaient de plus, ce rescapé, ce désespéré : quelque chose comme un souffle sur eux, celui de la Mort, l'un en venait, l'autre y allait...

Quand le père aubergiste descend de son tristet, le lendemain matin, le feu pétille dans la cuisine propre qui sent bon le café.

— Tu n'attends pas Raoul et Gino ?

Luc hésite, puis :

— Non, je les verrai plus tard. Je vais raccompagner le camarade jusqu'à la gare.

Alain observe Valériane avec curiosité, avec inquiétude, pourtant il ne peut détourner son regard du petit homme maigre, en béret basque.

— Tu retournes là-bas ?

— Oui.

— A Barcelone ?

— Irun.

Après leur départ, le père aubergiste va et vient vaguement, accablé par un redoublement de solitude.

« On trompe le peuple quand on le pousse à faire la guerre à un autre peuple, avait dit Valériane. A Madrid, le peuple se défend, c'est sa guerre. »

> Ma blonde, entends-tu dans la plaine
> Siffler les fabriqu's et les trains ?...

Ramenés par Raoul et Gino, les Marseillais reviennent ; ils sont fiers de leur nuit sur les cimes.

— ... Quand Félicienne est arrivée devant l'étable, une génisse s'est présentée. Elles ont eu aussi peur l'une que l'autre !

— La vache est partie au galop d'un côté, Félicienne est tombée. Elle s'est fait mal à l'épaule, nous, qu'est-ce qu'on a rit !

— Ils me disaient : tu as peur des vaches au biberon !

— Les nuits sont froides, là-haut !

— Vachement ! Tu peux le dire...

— On a couché dans l'écurie, ça sentait pas la rose, mais faisait chaud ! La chaleur animale, c'est bon...

— Le paysan nous a demandé nos allumettes, avant de nous laisser entrer...

— Nous avons trouvé des myrtilles...

— Et des framboises.

— Des champignons aussi, mais Raoul et Gino nous les ont fait jeter !

— Une grange splendide, on aurait dit une église.

— Ce qui est beau, c'est de voir rentrer l'attelage des bœufs dedans, comme ça, royalement !

— Là où j'ai eu peur, c'est quand le Butor s'est mis à mugir, en pleine nuit !

— Mais c'est sale ! Pourtant l'eau coule de partout. Il y a un ruisseau qui passe juste au-dessus. Ils pourraient installer l'eau courante, non ! Ces gens ne sont pas propres...

— Crasseux, ouais ! Ce berger ! on aurait dit un clochard... Eh, le père aubergiste ! ça ne t'intéresse pas, ce qu'on raconte, ou ça te vexe, tu serais pas un peu chauvin, par hasard ?

« Les pigeons de la place de Catalogne étaient revenus dès la fin de la bataille, avait raconté Valériane. Ils voletaient à la recherche de grains, de miettes. L'un d'eux se désaltérait dans la gorge ouverte d'un caporal du Tercio tué sur le trottoir. Il s'est envolé parce qu'un enfant accourait en criant. Le gosse a trempé ses doigts dans le sang, puis il est allé écrire sur le mur : Mort au fascisme ! Il revenait tremper l'index, dans la gorge ouverte, comme une plume dans l'encrier... »

17

Les sauvages

Les feux de la Saint-Jean ne s'éteignaient plus. L'été conservait leur haleine de cendre, d'audace et de joie, de batailles folles.

Une semaine durant, la marmaille de la Cayenne avait écrémé les caves, les greniers, les entrepôts, les dépotoirs et les terrains vagues, pour élever son bûcher sur la grève du Gardon, entre Rochebelle et fort Vauban. Cette année, les gens n'avaient pas chassé les ramasseurs, au contraire, ils leur avaient donné des caisses et des cageots encore utilisables, des matelas récupérables... L'épicier prêtait son charreton, le boulanger se laissait voler des fagots, chaque quartier ne pensait plus qu'à son feu, qui serait le plus beau, le dernier à s'allumer, les grands étaient plus fous que les petits !

Après le repas du soir, le populo des basses ruelles, de la Bouquerie, de la Sabaterie, de la Galère, de la Meunière, montait sur le quai pour veiller, pour admirer son bûcher qui s'élevait sous la lune. Il était gardé jour et nuit : entre quartiers on se pillait, on garnissait son feu en dégarnissant le rival. La Cayenne était la plus acharnée. Non seulement elle lançait ses *rezzous* chez les voisins, mais elle envoyait des volontaires qui, sous prétexte d'aider à entasser les planches et la paille, glissaient là-dedans des chiffons trempés de pétrole. Le grand soir, quelques brandons jetés de loin embrasaient le bûcher adverse avant même que la nuit soit noire. Le grand chic, l'exploit, c'était d'allumer son feu le dernier.

La Cayenne de 1936 réussit à garder le sien intact jusqu'à onze heures. Tout Alès s'était rapproché pour s'installer sur les parapets, aux premières loges. Le grand spectacle avait commencé au signal des bombes à la dynamite. Le bûcher s'élevait si haut qu'il fallut attendre plus de deux heures avant de tenter le premier saut par-dessus ses flammes. La ville enfumée, éblouie, ne se coucha qu'à l'aube et, depuis, l'odeur du fier incendie, chacun la portait en soi.

Jean Hur s'était grandi de ces bouffées brûlantes. A la Saint-Jean, il avait onze ans et dix jours. Il venait de faire ses adieux à l'école primaire. Le lycée l'attendait à la rentrée. Il regardait Alès, de sa hauteur.

Les gens sortaient de partout et grouillaient, on aurait dit qu'on avait soulevé une fantastique lauze, depuis des siècles tombée d'un toit dans l'herbe grasse où se perd le purin. Ils n'attendaient même plus la nuit, ils montaient de leurs terriers, de leurs trous à rats pour envahir les quais. Ils s'asseyaient sous les platanes, sur les marches des portes, le rebord des fenêtres, les trottoirs. Il ne restait bientôt plus une place sur le parapet. Les groupes allaient et venaient, s'interpellaient en se croisant, chantaient les merveilles de la mer sur les airs de Vincent Scotto : Marseille était leur Terre promise. Ils ne se décidaient plus à se coucher. Jusqu'aux aurores, les nuits bruissaient d'amoureux, d'ivrognes, de clans batailleurs et d'innocents philosophes, elles avaient la saveur du panaché bière-limonade, la senteur poivrée des filles en sueur.

Jean Hur tendait l'oreille à ces nuits comme on écoute aux portes, il présumait qu'il se passait derrière elles des choses fortes et honteuses. Il cherchait les clés du royaume qui s'étale entre la nuit et le jour.

Jean écrivait et dessinait pour son plaisir mais à l'encre, uniquement, parce que le crayon s'estompe avec les siècles. Depuis quelques mois, il ne travaillait plus qu'à l'encre de Chine. C'est ainsi qu'il grandissait.

Accroupi devant l'étalage à même le trottoir du seul bouquiniste des marchés d'Alès, Jean Hur avait parcouru la première page d'un essai du sculpteur Bourdelle. Depuis ce lundi chantait en lui une phrase qui le charmait : « ... De mon ancêtre, le chevrier, j'appris à suivre les sentiers de la pierre... » C'était tout, mais ces quelques mots inexplicablement le gonflaient de bonheur, d'assurance. Pour vaincre la vexation ou l'envie, il lui suffisait de se déclamer *in petto* la formule incantatoire : « ... De mon ancêtre, le chevrier... » L'aîné, brutal et moqueur, reprenait ses dimensions misérables, la vie retrouvait sa saveur, l'avenir ses promesses.

C'est ainsi qu'il s'éleva de l'encre de Chine à la pierre. Les nuits entraient par sa fenêtre ouverte sur le quai. Il entendait l'Yvonne répondre d'une voix chatouillée à la voisine qui la suppliait : « Chante-nous *Couchés dans le foin avec le soleil pour témoin...* — Oh non ! Mme Baturlet, ma maman, elle dit que c'est pas convenable... », des garçons plus jeunes que lui commentant le film qu'ils venaient de voir, ou des cyclistes heureux sur des vélos dont le cliquetis mélodieux signalait un dérailleur nouveau modèle, d'autres qui suivaient des filles en grattant une mandoline ; alors, au fond de son lit, la formule magique le consolait, le vengeait : « ... De mon ancêtre, le chevrier... » c'était l'orgueilleuse contrepartie : quel besoin peut bien avoir de rengaines sous les platanes, de bécanes à triple développement, de Tarzan et de crincrin, celui qui est appelé à suivre les sentiers de la pierre ? L'incantation l'isolait et le hissait ; du haut de cet « ancêtre chevrier », Jean Hur contemplait le monde.

C'est ainsi qu'il apprit seul des choses aussi différentes que nager, lancer le couteau, pêcher à la pipée, ralentir son cœur et sculpter le granit.

Dès le premier jour des vacances, les Hur quittaient leur étroit appartement d'Alès pour s'installer dans le mas ancestral de la Gronde, à Clerguemort.

Au pied de la montagne, au bord de la rivière, c'était pour Jean un empire de solitude et de liberté aux limites infinies dans l'espace et dans le temps.

Aux vacances 35, il avait appris à nager en cachette, avec deux bidons d'huile vides ficelés autour de la taille, puis un seul, qu'il avait perdu, à l'improviste, au milieu du gouffre. Il n'avait pas crié, ne s'était pas affolé : il savait nager.

Un soir, à Alès, il avait surpris des caraques en train de lancer le couteau sur un platane du Prés-Rasclaux. Il avait tout observé, minutieusement : le couteau, à plat sur la paume de la main, le manche dirigé vers la cible, puis le petit coup du bout des doigts, en fin de mouvement, qui redresse le couteau, lui donne force et précision. Tous les matins, pendant une heure au moins, dans une clairière ignorée, au milieu du fouillis d'osiers, de roseaux, de buissons et de ronces du bord de la rivière qu'il nommait « sa jungle », il s'appliquait à lancer un Laguiole dans un tronc d'aune. A deux mètres d'abord, aussi longtemps qu'il fallait pour régler parfaitement le petit coup de doigts qui redresse, puis, quand il ne ratait plus qu'un coup sur dix, en donnant de plus en plus de force et de puissance au lancer. Après une quinzaine de lancers parfaits, il reculait à trois mètres, prenant des marques. Son objectif : douze mètres à pleine puissance (un tiers de lame dans le bois) avec un raté sur vingt, avant la rentrée scolaire.

La bibliothèque campagnarde de M. Hur comprenant la collection complète des *Arsène Lupin*, Jeannot les dévorait. Dans l'une des nouvelles, le gentleman-cambrioleur s'introduit dans un appartement pour voler un diamant. Il avance sans torche, à tâtons, jusque dans la chambre, s'arrête car il n'entend pas la respiration de la femme qui devrait y dormir. Il bute sur une chaise renversée. Il allume : quelqu'un est passé avant lui. La dormeuse est égorgée. Le héros de Maurice Leblanc aperçoit ses empreintes sanglantes sur les meubles, les murs. Chaque fois qu'il est ainsi acculé, Lupin se calme et, pour ce faire, avant toutes choses, il tâte son pouls. Afin de récupérer tous ses moyens, il compte les battements de son cœur, de plus en plus lentement, pour le régulariser...

Deux fois par jour, Jean Hur s'exerçait à prendre son pouls et à le ralentir. Il ne parvint longtemps qu'à des résultats négligeables : une différence de quatre à six battements, pour une heure d'efforts. Il se décourageait quand, à la suite d'une émotion, ce procédé simpliste lui permit de ramener rapidement son cœur au rythme normal. Après trois semaines d'application, il réussit à le ralentir à volonté.

La *pipée* lui fournissait des occasions dignes d'Arsène Lupin. Il était le seul à pratiquer cette pêche autrement nommée *dandinette*. Elle consiste à faire trembler l'appât à la surface de l'eau, ce qui demande le calme, le silence, l'immobilité et l'invisibilité — une pêche de Sioux !

En partant, la canne à la main, Jean secouait une vieille boîte de Kaol percée de trous. S'il entendait les sauterelles réagir avec une vigueur suffisante, il filait directement vers la rivière, sinon il vidait la boîte de sa poussière d'ailes, de pattes et d'abdomens. Souvent, il en restait une entière, qui ralliait à bonds faiblards la première touffe d'herbes. « Bon courage, ma vieille », murmurait-il, réellement attendri. Il ne la ramassait jamais, sans savoir s'il lui accordait cette grâce en sacrifice à quelque puissance occulte ou parce qu'il estimait que la cohabitation avec des cadavres en décomposition l'avait défraîchie, rendue peu appétissante. Il craignait aussi qu'elle ne contaminât les fraîches qu'il allait attraper, qu'elle ne les attristât par le récit de son emprisonnement, de la fin de ses compagnes... L'imagination de l'enfant cavalait beaucoup pendant la préparation de la pêche, et en route. Quand il devait renouveler les sauterelles, il grimpait dans le pré, au-dessus du chemin, sous les fenêtres du mas, où il savait trouver les meilleures, les petites rouges et vertes, à ailes noires. Au fond de ce pré, il y avait le cimetière familial des Hur. Le fait de dénicher là les sauterelles idéales, autour de la tombe de son grand-père, le troublait. En les poursuivant de brin d'herbe en brin d'herbe, Jeannot leur parlait. Si l'une d'elles lui filait entre les doigts plusieurs fois, il mettait un point d'honneur à l'attraper. Il lui attribuait de facto des qualités particulières pour séduire le poisson. Il plongeait, comme un goal. Il lui arrivait, alors qu'il était suffisamment fourni, de perdre un temps précieux avec la dernière si elle était rebelle. Il lui faisait alors l'honneur de l'embrocher la première, et sur place, pour ouvrir la pêche avec elle. Au moment où la pointe de l'hameçon irlandais entrait dans le front de l'insecte, il lui semblait qu'au fond de sa poche redoublait le cliquetis des prisonnières manifestant contre le sort tragique de la meilleure d'entre elles. Il était persuadé que cette protestation collective était moins désespérée quand la première sacrifiée avait été capturée sur un autre terrain.

Jean Hur pêchait avec gravité. Il était pénétré de cette croyance : tout ce qui entoure la pêche doit être soigné méticuleusement, avec une lenteur cérémonieuse.

La saison de la pipée, c'est de juin à septembre, quand les eaux sont basses. Dès le printemps, l'enfant longeait la rivière, muni d'un sécateur, pour préparer les *trapounets* dans les feuillages de la berge ; ces trous lui permettaient de glisser sa ligne en restant invisible. Pendant deux mois, il utilisait les mêmes créneaux, sur ces deux cents mètres de rivière qu'il connaissait, de son côté, aussi bien que les poissons du leur.

Il lui arrivait de rejeter quotidiennement pendant toute une saison, d'un geste qui devenait machinal, la même tige de ronces par-dessus son épaule. Il ne la coupait jamais. Il la laissait, pour piquer les autres. Elle était liée à lui par le sang, devenait sa complice, la gardienne de sa pêche, au même titre que les buissons, les orties, les piquants de toutes sortes qui s'enchevêtraient sur son fief. Il était vêtu de culottes très courtes, d'une chemisette (et encore, pas toujours) et d'espadrilles, il couvrait son aller et retour sans une égratignure.

Le moment favorable étant la fin de l'après-midi, le fils Hur commençait la pêche quand le poste de jour rentrait, sur le chemin, dans son dos. Obligé d'interrompre la danse de l'appât sur l'eau, il attendait le passage du dernier mineur, en pestant contre rires et cris. Jamais les gueules noires ne l'apercevaient. Il se cachait autant des gens que des poissons. Il préférait les amoureux aux mineurs : ils étaient moins bruyants. Les caresses qu'il pouvait surprendre, caché comme il l'était, l'intéressaient moins que la tombée régulière de sa sauterelle à la surface de l'eau.

D'abord arrivaient les vairons, un par un, puis en bande. Jean les engueulait, silencieusement bien sûr. Ils s'excitaient autour de l'appât, bondissaient hors de l'eau, rompaient la belle régularité qu'il fallait imprimer à la relevée et à la retombée. Jean n'arrivait pas à les détester vraiment. Il voyait dans leur présence des preuves rassurantes : qu'il y avait du poisson, que la sauterelle était bien enfilée... Il avait cru remarquer que leur glouton remue-ménage attirait les poissons intéressants dont il devinait l'approche à l'émotion des vairons.

Son cœur se mettait à battre : un client arrivait. Commençait alors un long, un épuisant dialogue. Le cabot passait d'abord au large de la sauterelle, comme s'il l'ignorait, et Jean maîtrisait son émotion pour garder la cadence. Le poisson revenait à reculons, entraîné par le courant. Il dépassait la sauterelle, et disparaissait en aval. Jean ne tournait même pas la tête pour le suivre, obsédé par le ballet régulier de la sauterelle. Il devinait le retour du cabot derrière lui, cela lui donnait des frissons sur la nuque. « Pourvu que personne ne passe sur le chemin ! » Le gros malin se payait encore quelques allées et venues. « Sale hypocrite, tu vas regarder ça de loin pour vérifier si tu ne m'aperçois pas ! mais tu peux toujours courir, je sais me cacher, moi ! Allez, ne joue pas les repus, tu as faim !... » Peu à peu, l'animal s'approchait, à toucher du nez la sauterelle, et il faisait demi-tour d'un air dégoûté. Avant de fuir, il donnait parfois un coup de queue méprisant sur l'appât, détraquant la mécanique de la pipée. Plus que jamais, il fallait maîtriser sa tête et son poignet, amortir le balancier, reprendre le rythme et attendre le bon plaisir de ce monsieur. Avant d'ouvrir sa grande gueule blanche, il pouvait rester presque une minute le nez sous la sauterelle, à se faire chatouiller. Quelquefois, après une sortie apparemment définitive, il jaillissait de quelque cave sous la berge et fonçait sur l'appât. C'est alors qu'il fallait tirer, et vivement ! Une fois ferré, il restait encore à le ramener à travers les ronces sans trop le laisser barboter sur place, sinon le coin était grillé pour la journée.

Jean Hur passait ainsi des heures, seul, enfoui dans la verdure, totalement silencieux et immobile. Il ne s'ennuyait jamais. La conversation des lavandières, des passants, les confidences des amoureux descendaient jusqu'à lui. La voix perçante et toujours courroucée du Cagnar, sur l'autre rive, lui envoyait l'écho des guerres de religion rajeunies par le Front populaire. L'enfant poursuivait le dialogue imaginaire avec les plantes, les pierres et les poissons. Parfois, il acceptait de s'entretenir avec la passante ou la bergère. Leur rôle était celui de la ronce ou de la sauterelle, ni plus ni moins. Elles écoutaient, subjuguées, ses répliques étonnantes, ses propos savants et d'une telle simplicité ! Pourtant, les rares fois où il avait été vu à la pêche, et interpellé, pour des phrases bien courantes, de courtoisie ordinaire, il avait bafouillé, gêné comme s'il était pris la main dans le sac.

Il se sentait bien, tout seul, dans cette zone où personne d'autre que lui ne passait. Il aimait se faufiler entre les piquants dans la fraîcheur des feuillages, avec le bruit familier de la rivière... Là où ses gestes et ses attitudes, par nécessité, rappelaient le plus ses jeux favoris, il ne jouait pas.

Il ne connaissait rien aussi profondément, aussi intimement que ce demi-kilomètre de brousse riveraine. Il savait le détail de la flore, de la faune, des bruits, des odeurs, des sensations, par le menu, pour l'heure et le jour de la saison. D'imperceptibles modifications dans l'humidité de l'air au contact de sa peau l'avertissaient de l'orage, la senteur légèrement plus forte d'une menthe écrasée trahissait le passage d'un promeneur, un changement dans l'écho des clapotis révélait une présence derrière un buisson. Le garçon ne se donnait pas ces explications, même simplifiées ainsi. Son jugement découlait d'une digestion inconsciente des informations fournies par ses cinq sens à la fois et par ses expériences de cet univers étroit. Lui se bornait à penser : « Tiens, il va pleuvoir » ou : « Sous cette pierre, il y a un serpent d'eau. » Il modifiait machinalement la cadence de la sauterelle empalée.

D'une manière semblable, ces heures de silence et d'immobilité, les cinq sens à vif, lui avaient donné de Clerguemort, de ses gens, de ses histoires, une connaissance particulière mais unique. Il mesurait, lui, le Front populaire dans ses conséquences infimes sur les vairons, le cresson, les treize cailloux de la Fon et le frelon velouté dont le ventre est cerclé de noir et de blanc. Sa rivière était en révolution et Jean Hur n'en était pas très satisfait.

Le chemin de Clerguemort — celui des mineurs, de la carriole du Planteur de Caïffa, de la charrette du Barbaste, des petites culs-blancs du dimanche matin, des chèvres du vieil Esaïe et des grandes veuves noires qui vont seules mais régulières, à l'heure du soleil — succombait au mal des quais du Gardon, la vallée grouillait, trou pourri d'un caillou qu'on arrache, on ne pouvait plus s'y fier.

Les sauvages passaient à pied ou à bicyclette, sac au dos, bizarrement accoutrés, mollets à l'air — à ces âges ! — tous poils au vent, dans un frétillement de pompons, de fanions, des étiquettes au bras, des saluts au poing, des chansons à la bouche, interpellant comme un homme le vieux pont en dos d'âne...

« Les sauvages » c'est la terrible Léonie de la Gronde qui avait trouvé le mot, c'était bien d'elle ! qui n'appelait jamais son Jeannot que barbare et sarrasin.

Les sauvages poussaient un rugissement triomphal en découvrant la rivière entre les feuillages. Ils lâchaient leur bécane à la diable, dans le fossé, une roue dans la *gourgue* poissonneuse ; ils faisaient sauter chemisettes, culottes courtes, au bord du chemin, voilà, filles et garçons se trouvaient en maillot, sans doute ils couchaient avec ! Ils se ruaient dans la rivière qui verdissait de toutes ses vases d'après la neige. Ils dansaient, sautaient, s'éclaboussaient, se poursuivaient, se roulaient, se savonnaient, se rinçaient, se vautraient, souillant le royaume délicat des chevesnes, jetant aux fauves, et pour rien ! des sauterelles par douzaines à chacune de leurs gambades. Jean Hur en vit même qui pêchaient à la main dans les baumes connues de lui. De ses yeux, il surprit deux filles à parler pointu, le cul sur des cailloux, face à face, qui s'administraient mutuellement un shampooing.

Il n'était pas le seul curieux : entre ses clairettes, le Pézoullet, sécateur bloqué dans le poing — et ce n'était certes pas la saison de tailler la vigne ; du haut de ses faïsses de châtaigniers, le Cagnar ; du sommet de sa filature fermée, le Moussu ; de sa cheminée — qui attendait depuis dix ans cette réparation —, le Sercomalur ; et Vigne le facteur entre deux boîtes à lettres ; et La Chino, le braconnier négligeant la maréchaussée ; la Marion et la Grande Passevine à rincer vingt fois leur linge ; le Libertade dans le besoin urgent d'une brouettée de sable ; la tante Mélie pour aller qui sait où ; l'Esaïe du Canaan dépassé par ses chèvres, avec la marmaille devant et les vieux dans l'ombre ; tout Clerguemort en somme tenait à l'œil ces Prussiens.

— Paraît que des Parisiennes se sont lavées toutes nues, au gouffre du Moulin, annonce la Musique.

— Ça, c'est pas vrai ! coupe tristement le La Pitance.

— Qu'est-ce que tu en sais ? demande le Sec-Sec.

— Je l'aurais vu, *millo dïou !*

L'oncle Roure avait d'autres curiosités. Il s'était planté devant un jeune homme *empastrouillé* dans le système d'allumage de son vélomoteur.

— Et qui vous êtes, vous, sauf votre respect ?

— Je suis Raffort, de Montreuil.

— Et, si je ne suis pas indiscret, qu'est-ce que vous faites, dans la vie ?

— Ingénieur.

— Ah ? Et dans quelle branche ?

— La télévision ! fit l'autre d'un ton sec, comme si ce mot mystérieux devait être le dernier.

— Dites-moi, reprit l'oncle Roure après un grognement de satisfaction, vous, vous êtes pour l'iconoscope de M. Zworykin ou plutôt pour la caméra électronique de M. Farnsworth ?

Raffort, de Montreuil, leva les yeux pour la première fois sur le vieil indigène et se gratta le nez.

— Si vous voulez pousser votre machine jusque chez moi, proposa l'oncle Roure, je serais plus à mon aise pour régler le volant magnétique. (Il ajouta, pendant que l'ingénieur rassemblait ses outils :) Vous en profiterez pour vous passer un peu d'eau sous le nez, vous avez une moustache de cambouis...

En les voyant venir, discutant déjà, de part et d'autre du vélomoteur défaillant, Clerguemort pensa : « Voici un ajiste qui n'est pas prêt d'arriver jusqu'à la Cabusselle. »

— Car tout ça monte là-haut ! soupira Mme Hur. Ah ! j'ai bien peur que notre jeune collègue ne se soit fourré dans de sales draps. Mais il vise peut-être la carrière politique, il m'a l'air assez ambitieux, ce petit Doiren !

M. Hur prit son fils à part pour lui faire cette remarque malicieuse :

— Dis-moi, Jeannot ! Il me semble que la passion de la pêche te quitte, cette année.

Puis il entreprit de défaire un paquet oblong d'un poids respectable :

— Je te rapporte ça d'Alès. Le ferrailleur du marché me l'a laissé pour une bouchée de pain. Ça provient de la vente sur saisie d'un marbrier...

Un cliquetis salua le déploiement du dernier papier journal : c'était un assortiment de ciseaux et de gradines, l'outillage du tailleur de pierres.

— Oh ! merci, Pa ! Tu es chic !

— Allez, allez, Jeannot, je pense un peu à moi aussi !

Le père et le fils échangèrent un regard entendu : c'est pénible, il faut en convenir, de ne tomber, quand on veut s'en servir, que sur des tournevis ébréchés, des pointeaux et des poinçons qui ne méritent plus leur nom.

— Pa ! Il faudra quand même que tu me prêtes un de tes marteaux...

Jean Hur fila presque aussitôt dans sa jungle. Il s'assit dans la niche qu'il s'était aménagée sous les racines en chevelure d'un arbre à demi déterré par quelque puissante cruc de jadis. Il entreprit de compter les battements de son cœur et fut heureux de constater qu'il parvenait à les ramener à cinquante-cinq en trois quarts d'heure. Il se permit alors d'admirer son trésor des grands chemins de la pierre. Il n'avait jamais vu travailler de sculpteur. Il examina un à un, en prenant son temps, les ébauchoirs, et les gradines à deux, trois, quatre et six dents, les droites à têtes rondes, et les gouges à manche de bois. Il s'efforçait de comprendre les raisons de chaque forme et de retrouver l'usage spécialisé de chaque ciseau.

Jusqu'à présent, il n'avait utilisé que des becs-d'âne de fortune pour attaquer des pierres de rencontre, calcaires pourris, miettes de ruines anonymes, corniauds du Roc.

Il avait aligné les outils, au garde-à-vous. Il sortit son Laguiole, l'ouvrit, et l'affûta longuement sur un fragment de pierre à faux qu'il mouillait de salive.

Il se redressa, face au tronc de verne, puis il accomplit gravement une enjambée vers l'arrière : il passait à sept pas dès aujourd'hui. Il creusa la nouvelle marque. Il rata quatre des six premiers lancers. Il prit alors le temps de réaffûter le Laguiole qui avait rebondi dans le gravier. Deux sur six. Il s'accommodait vite de la nouvelle distance. Un sur six. Au fur et à mesure que ses pensées s'ordonnaient, que son ambition se précisait, sa lame partait plus sûrement.

« ...De mon ancêtre, le chevrier... »

Jean Hur visait très haut. Y atteindre exigerait beaucoup de force et de volonté, ce qui le souciait peu, comme tout ce qui ne dépendait que de lui, mais il faudrait trouver un truc pour quitter ses parents des deux, des trois jours d'affilée...

Au cinquième lancer, il s'arrêta. Il n'avait pas raté une seule fois. Il se coula parmi les buissons, les saules, les osiers et les épaves de plusieurs années d'inondations. Il fit, dans ce milieu bruissant et crépitant au moindre souffle, plus de trente mètres sans aucun bruit. Parvenu au bord de la rivière, il se figea dans une immobilité parfaite. Un couple remontait le courant, pataugeant avec volupté. La fille, grande et carrée d'épaules, troussait à deux bras, sur ses fortes cuisses trop blanches, une ample jupe imprimée de coquelicots. Le garçon la tenait par les épaules. Ils se parlaient bas, nez à nez...

Jean attendit que le couple soit assez loin pour revenir face au tronc. Il lança, de la nouvelle marque, avant même d'avoir assuré son équilibre. La lame s'enfonça plus qu'à moitié, dans le mille. Le lanceur estima qu'il serait déloyal de compter ce coup heureux pour le dernier de la série interrompue. Il en recommença une nouvelle.

« ... j'appris à suivre les sentiers de la pierre. »

L'auberge de la jeunesse offrait des possibilités pour arracher les permissions de longue durée. Franck venait de rentrer à Clerguemort. Il ne refuserait pas de l'aider.

Cinq séries, deux ratés pour la première, puis un seulement, fin du premier jour des sept pas ! Pour ne pas perdre l'acquis, il reprit les cinq, trois et six pas, dans cet ordre, deux séries pour chaque distance.

« ... De mon ancêtre, le chevrier... »

Jean Hur monterait aux cimes, il s'attaquerait au pur granit, il taillerait les mastodontes, les monolithes de la rancarède.

Douze lancers pour chacune des trois distances : trente-trois fois la lame s'enfonça net et droit dans le cœur de l'arbre, coup sec prolongé par un frétillement musical.

18

Les Allemands

Palamède Paroul n'avait fait qu'un achat pour le départ : un couteau, un véritable Opinel. La valise à soufflets sanglée de courroies n'était pas usée, elle. Il n'avait pas quitté le XIe arrondissement depuis l'an 1880. Le deuxième voyage de sa vie n'était qu'un retour.

La rapidité du train le surprit un peu. A partir de Langogne, le grand-père et la petite-fille ne quittèrent plus la fenêtre, l'un présentant à l'autre leur pays. Ils débarquèrent donc au Chambon avec des faciès sénégalais ; l'aïeul, qui avait compté les tunnels, conclut avec satisfaction que les choses ne changeaient pas si vite. Du haut de la gare, il contempla Le Chambon, puis entraîna Célie vers le sentier.

— Comment, pépé ? on pass' pas par le village ?

— Que non, *pardine !* c'est un pays de coquins. On va remonter par la rivière, *droulette*.

— Comm' tu parl' drôl'ment, pépé !

— Tu peux dire, *té !* C'est bien toi que je trouve qui parles d'un drôle de biais ! rétorqua très franchement le vieux Palamède qui venait de recouvrer tous les parfums de son accent.

Le soleil était encore derrière la crête qu'il n'ourlait que d'un galon d'or. C'était à l'aube d'une belle journée d'été. Palamède, debout sur un roc à pic, s'emplissait avidement par le nez, la bouche, les oreilles, les yeux, les pores, comme l'éponge, perdue l'été sur le sable, renaît à la première pluie d'automne.

La petite respectait l'émotion du vieillard, mais elle finit par s'inquiéter :

— Pépé, ça gaz' pas ?

Il se souvint de sa présence, la vit, l'entendit, soupira :

— Je suis un criminel.

— Comment, pépé ?

— Aïe, *drollo !* je veux dire que je te dois la vie.

— J' t'ai sauvé d' rien, moi... commença-t-elle, mais il secouait les épaules.

— Je veux dire, précisa-t-il, qu'on t'a « donné la vie », à les entendre ! on t'aurait « mise au monde » ! Mais on a fait semblant, pauvrette ! on t'a trompé : le monde ? une arrière-boutique, ah ! mais non ! le voici, le monde... (Célie agrippa le pan de la redingote qu'il déployait en épervier sur la vallée) et tu l'as cru, toi, *pétchaïretto !* qu'ils t'avaient donné la vie ? C'est moi qui vais te la donner, je te la dois.

Célie, bouleversée, se blottit dans ses bras, sur la proue de roc.

Le vieux grommela, pour lui seul :

— *Pamèèn !* Ça, il me faut le faire, avant de crever, ça, au moins !

A mi-pente, Palamède s'arrêta pour se tailler une canne dans un *bouscas* de châtaignier. Il se servit de l'Opinel tout neuf. Le soleil sauta la crête, comme à pieds joints, illuminant jusque dans ses détails la vallée que le revenant confronta mètre par mètre avec ses souvenirs.

— ... Incroyable, murmurait-il, tout est resté, même cette *clampé* de rivière dans son lit, *té !* elle se l'est creusé profond dans le rocher. Remarque, ça l'empêche pas d'en sortir, la garce ! Tu vois cette barrière de bois mort, de saletés, au milieu du pré, c'est la marque de sa dernière gambade. La crue laisse ses balayures... Ah, si ! y a quelque chose de neuf, mais *peuchère*...

Le transformateur d'électricité !

Entre la crinière puissante, les sourcils généreux et la moustache en crocs de la même blancheur, autour du grand nez droit, la houle des rides exprimait une sorte de bonheur douloureux.

Pour le Paroul prodigue retournant à la Cabusselle, la minute pesait un demi-siècle : sa vallée lui était toujours fidèle.

Dès lors, le retour ne ressembla plus à celui qu'il avait mûrement prémédité. Qui toiser ? De quel droit ? Paroul *lou Parisién* baissa les yeux pour une silhouette lointaine, un bruit de pas, trois voix derrière des volets en entonnoir.

La minuscule Célie avait l'intuition aiguë de ce tumulte à huis clos. Elle se serrait, soutenait de tout son être l'antique palais barricadé sur ses secousses.

Cherchemidi, Raoul Ardailhan, Franck Joszà, conscrit naïf ou vieux roublard, qu'ils reviennent des Jeux olympiques sous croix gammée, du Prytanée, de Hambourg, d'une caserne coloniale ou du gros négoce parisien, et quel que soit le délai : l'année scolaire ou vingt mois, le temps du service ou le demi-siècle, fleuris ou purulents, ils sont pareils, d'une humble fragilité au seuil de Clerguemort, face au mont Lozère, tout petits devant leur petit pays. Le premier jour c'est déjà trop, ils prennent par la rivière, suivent les sentiers sous les arbres, se glissent derrière les maisons. On n'entre ni ne rentre en Cévennes par des arcs de triomphe.

Il y a la source, la leur, connue d'eux seuls, au secret sous son roc moussu. Sa pureté jaillit des ruts du granit sur les neiges. Déjà rentré dans ses mesures, chaque revenant se prosterne devant elle, plonge sa face dans une eau qui lave d'un coup les cent et quelques deuils des tunnels, et bien d'autres encore, car c'est une eau qui va jusqu'à l'âme.

Avec un cri de douleur, la petite Célie se rejeta en arrière dans une auréole d'étincelles, gouttes qui retombèrent gorgées de soleil matinal. L'enfant s'en voulut de ce cri. Envahie presque aussitôt d'un voluptueux bien-être, elle se retint de se sécher, de s'essuyer, confiant au soleil ses yeux, ses narines, ses lèvres, son nez levés vers le ciel qui se lavait aussi, sortant aussi de son tunnel.

Dans le chemin creux du Vallauzas, les Paroul croisèrent deux couples, garçons et filles en pantalons de golf, chaussettes de laine et godillots ferrés, chacun courbé sous le havresac.

— ... Même pas une glace, je dois avoir une bouille ravissante ! disait l'une des filles, rigolarde, en rajustant ses boucles à tâtons.

— Elle est pas encore au point, l'A.J., qu'est-ce que tu veux ! répondait un garçon.

— Mais la baraque, et le site, pardon ! fit l'autre garçon, pour le cachet, il y a pas mal d'A.J. qui peuvent s'aligner !

— Et puis le P.A., il est chouette quand même, lança la fille.

— Et la mère aubergiste ? pouffa celle qui n'avait rien dit.

Le rire les secouait encore tous les quatre, alors qu'ils disparaissaient dans un lacet inférieur.

Quelques virages plus haut, ce furent trois cyclotouristes bien équipés : selles confort, pneus demi-ballon, dérailleurs trois vitesses, éclairage, deux bidons à la potence, sacoches latérales. Sur chaque phare flottait un petit pavillon blanc timbré d'un écusson fleurdelisé. Des garçons de quatorze à seize ans, coiffés de casquettes à visière de celluloïd bleuté, vêtus de chemises Lacoste blanches, de culottes de sport grises à galon d'argent.

Les deux premiers, de front, chantonnaient :

> Mon ami me délaisse
> O gué, vive la rose !...

Le troisième, derrière eux, leur lança :

— Hé ! compagnons ! Demain, en Lozère, on trouvera des églises partout, on n'aura plus d'excuses pour sécher la messe !...

Puis il reprit en chœur :

> ... Je ne sais pas pourquoi,
> Vive la rose et le lilas !

Ils se laissaient glisser sans hâte, assis sur le cadre, un pied traînant, pour économiser leurs freins. Ils emportaient le parfum des vélos aimés : pétrole, Kaol et huile de burette.

Palamède Paroul ralentit : à gauche s'amorçait le sentier de la Cabusselle. Il suffisait de descendre d'une trentaine de pas dans cette direction pour apercevoir les toits de lauzes du bien ancestral. Mais, cent mètres plus haut, en continuant sur le chemin du Vallauzas, s'ouvrait, sur la droite, le sentier du Perdigaud. Le vieux continua.

— Ça va pas, pépé ?

— Si, pourquoi ?

— Tu tousses !

— Quelle éducation, seigneur ! soupira Palamède.

La Gavotte les espérait sur le seuil, en s'essuyant les mains au tablier. Tout de suite, elle leur balança la bonne nouvelle, la seule dont elle disposait pour eux :

— Eh ! vos bagages sont arrivés d'hier soir, c'est pas vieux, *té !*

Le grand-père et la petite-fille durent prendre leur place à la grande table, avec cérémonie. La Gavotte renouvelait inlassablement ses excuses pour son mari malade, qui ne se montrait guère, dont seuls parvenaient jusqu'aux hôtes des grognements qui soulignaient ces explications.

« Tiens, pensa Palamède, ce forban de Fortuné ne serait pas mort ? » Mais, à mieux regarder cette réjouissante boulotte qui rapportait promptement, des quatre points cardinaux du Perdigaud, le napperon, la liqueur, les verres et les langues-de-chat, il conclut : « L'époux, l'infirme n'est que le fils ou le neveu du brise-tout des foires cévenoles, ah ! l'étalon, mon pauvre Fortuné, *vaï...* »

Ils étaient là, tous les trois — quatre si l'on compte la présence invisible mais pesante de l'infirme dans le manteau de la cheminée —, à rechercher gauchement quelques politesses qui leur auraient échappé, en vain. Pour meubler le silence, l'hôtesse expliquait le genre de nourriture de par ici tandis que de légers gloussements fusaient du coin sombre, lorsque Gino fit irruption. Après un bref salut valable pour tous, le fils des Sarrasins demanda le secours urgent de la M.A. : un grand venait de tomber dans l'eau et il restait raide, pâle, sans connaissance... Pas noyé, non, il ne risquait pas ! dans ce petit ruisseau où ils faisaient la chasse aux grenouilles...

— La chasse aux grenouilles ? fit la Gavotte, comme des gamins ?

— Eh ouais.

— Un refroidissement, sans doute, je prends ce qu'ils faut, et j'arrive.

— Moi, je file vite chercher le docteur. Merci, Bonne mère !

La règle du tutoiement obligatoire, personne n'avait été tenté de l'appliquer à la Gavotte. Comme il fallait une certaine familiarité dans les rapports, « Bonne mère » avait fait fortune, chacun l'utilisait avec un naturel nuancé d'humour, de tendresse aussi.

— Quand même, ils ont dû penser à faire chauffer de l'eau... marmonnait la Gavotte en apportant les pots d'onguent, la farine de lin, la graine de moutarde et les lambeaux de drap pour les cataplasmes, deux cartons de verres à ventouses, des boîtes de tisane...

— Vous n'y arriverez jamais tout' seule, fit Célie, je vais venir avec vous, Bonn' mère !

Même à deux, elles en avaient plein les bras. Le vieux Paroul dut refermer la porte. Il reprit sa place à table, devant la fade liqueur de bienvenue et les langues-de-chat que des générations de visiteurs s'étaient bien gardé de toucher, la grande politesse est parfois une bénédiction du ciel.

Sa maussaderie reprenait Paroul *lou Parisién*. Il eût aimé faire découvrir lui-même la Cabusselle à sa petite. Il éprouvait de la gêne aussi, dans cette cuisine hantée...

Un ricanement énorme éclata sous la cheminée, un rire qui battait la générale, *ün cacalacas'*, comme on dit à Clerguemort.

Puis une voix de tambour proféra dans un beau patois :

— Alors, Palamède, comme ça, on revient renifler son bien ?

— Fortuné ! fit Palamède en un cri joyeux, alors tu es toujours vivant, *pamén !*

— Eh ouais ! qu'il vaudrait mieux pour tous, pour moi le premier ! que je fume les racines avec une bonne lauze à mon chevet. *Té*, le Déserteur aurait pu graver dessus : « Ici gît Fortuné Clédas. Maquignons, volez en paix ! Mères gavottes, dormez tranquilles ! Voici revenu le temps des pucelles ! »

« Le 30 juillet, deux bombardiers Savoia pilotés par des Italiens et destinés à Franco ont fait un atterrissage forcé à Berkane, au Maroc français. Un troisième s'est écrasé au sol, à Saïda, Algérie. »

Alain avait affiché la nouvelle à gauche de la porte, à l'entrée de l'immense cuisine de la Cabusselle, l'endroit le plus passant. Sur le terre-plein, sous la treille de clinton, Bastard, un normalien de Nîmes, coupait du bois avec la hache du Déserteur. Riquet et Rafaël avaient apporté le pain de Clerguemort, et les journaux. *Vendredi* proclamait : « Il n'y a plus de Pyrénées ! » *Marianne*, en revanche, écrivait : « La France a besoin que les Français oublient tout ce qui n'est pas elle. » Les deux hebdomadaires appartenaient au Front populaire, leur contradiction était celle qui divisait la gauche, et jusqu'au ministère Blum. Les adversaires de l'intervention agitaient la menace d'une guerre mondiale.

Josette déboule l'escalier de bois. C'est une petite noiraude, vendeuse dans une bonneterie d'Alès. Elle est arrivée hier avec trois garçons : deux cheminots et un électricien.

— Y a une glace quelque part ?

— Zut ! J'ai encore oublié ! Il faut absolument que je note tout, ici (Alain montre le panneau d'affichage). Une ardoise, par exemple...

— Bah ! Je vais au jardin, je me regarderai dans le bassin...

Des dix doigts, elle ébouriffe sa tignasse noire, pour bien montrer que ça ne fait rien.

— Monsieur Doiren, vous voulez pas des haricots verts ?

La Félicie du Ganel affecte une voix de tête, criarde : une voix commerçante. Elle est sur le seuil, avec sa romaine à cheval sur l'épaule, le fléau par-devant. Elle porte une bannaste en équilibre sur la tête.

— ... Les meilleurs sont par-dessus. Profitez-en, monsieur Doiren, parce que, quand je remonterai de Clerguemort, il ne restera plus que le fond du panier — comme on dit. S'il en reste, parce qu'ils sont fondants, et pas de fil...

Alain en achète cinq kilos. C'est énorme pour la Félicie. Elle s'applique, pour montrer son contentement. Vendre est un acte important, et des quantités pareilles... La Cabusselle deviendrait de la clientèle régulière ?

— ... Vous savez, monsieur Doiren, ça ne me dérange pas du tout de m'arrêter chaque fois. Ni plus ni moins, je passe sur le chemin du Vallauzas. Des fois, je porte des carottes, des aubergines...

A Clerguemort, presque chaque famille a son jardin, néanmoins la Félicie descend de son Ganel, le dernier mas avant la rancarède et le sommet, dans l'espoir de vendre quelques légumes, pour quelques sous.

Un haricot tombe, Alain se baisse :

— Laissez, laissez, monsieur Doiren ! Un haricot de plus ou de moins... s'écrie-t-elle vivement.

Elle n'en pense pas un mot, c'est évident. Elle porte en bandoulière une véritable sacoche de recette, sans proportion avec son chiffre d'affaires, mais qui donne du sérieux, de la dignité à son menu commerce.

Alain l'accompagne jusqu'à l'entrée du sentier, par plaisir. Il la regarde partir, si droite sous le moïse d'osier qui se balance.

— Qui c'est, celle-là ? demande Nathan qui revient du torrent, sa serviette sur l'épaule.

— La Félicie Brailhan du Ganel.

— Mais alors, c'est tous des nobles, par ici ? Clédas du Perdigaud, Roustel des Bories...

— En Cévenne, les mêmes noms se retrouvent souvent dans le même coin. Alors, pour éviter les confusions, on fait suivre le patronyme du nom du mas, du village ou de la profession : Pantel le Sabotier, Pantel le Brûleur — celui qui passe avec l'alambic —, parce qu'ils sont tous les deux du Chambon...

— Ah ! c'est chouette... Nathan de Lappe, marquis de la Mistoufle, seigneur de la Resquille...

Le vrai Gavroche, celui-là ! Avec ses boucles débordantes, son nez bien rond du bout, sa fossette au milieu du menton, l'œil malicieux, la blague toujours prête : le Parigot parigotant de Pantruche tel que l'attendait Alain. Il était arrivé l'autre nuit, à la limite de ses forces. Il était venu de Paris jusqu'ici, tout seul, sur un vieux vélo. Il avait dormi vingt heures d'affilée. Au réveil, le titi n'avait posé qu'une question : « Où peut-on se procurer une carte postale ? » Curieux bonhomme.

— Tiens, Nathan, tu devrais rapporter le bidon de lait chez la Bonne mère.

— Ben... c'est-à-dire... Je pourrais pas plutôt aller à l'eau, ou au bois ?

Le supposé Gavroche se tortille.

— Toi, mon petit, tu as eu des histoires avec les gens du Perdigaud ?

— Non ! J'y suis même jamais allé, seulement... Enfin, ça m'embête d'y aller, comme ça, tout seul. Je suis timide, voilà ! Tiens, Josette, tu veux venir avec moi ?

Et il embauche la petite vendeuse qui remonte du jardin, repeignée de neuf.

Raoul et Gino, chargés de sacs à provisions, arrivaient de Clerguemort.

— Posez ça là, et trouvez-moi Franck, Luc, Riquet et Rafaël. Je veux vous parler, à tous les six. J'organise la bouftance pour aujourd'hui, et on se retrouve... derrière les pins, par exemple, on y sera tranquilles.

Alain avait besoin des six rebelles.

Depuis le mois de juin, au seuil des premiers congés payés, des milliers d'adhésions avaient été enregistrées par les deux organisations d'A.J., la Ligue française, d'inspiration catholique, et le Centre laïque, appuyé par la Gauche, ce qui n'empêchait pas quelques Gros-Jean de débarquer les mains dans les poches, sans carte, même pas celle d'un syndicat — Nathan, par exemple — et on ne pouvait pas jeter dehors un petit prolo parigot qui venait de se taper sept cents bornes à coups de pédale, surtout qu'il ne demandait qu'à s'inscrire sur-le-champ.

Le succès de la Cabusselle était surprenant pour un début. Passe encore d'être connue dans les cercles enseignants et étudiants de la région, mais il arrivait des gars des quatre coins de France, issus de milieux divers, qui avaient entendu parler de la nouvelle A.J. par hasard, en traversant le Massif central, ou même chez eux, avant de partir, comme Nathan par Franck à Paris. Les ajistes se reconnaissaient facilement sur les routes, à l'insigne sur la sacoche ou le havresac. Ils se lançaient le cri de ralliement « A ! J ! », s'arrêtaient : « D'où viens-tu ? Où vas-tu ? » Du moment que c'étaient des ajistes, c'étaient des copains : « Au fait, si tu passes par là, tu as la Cabusselle... » Et allez donc ! Alain n'était pas loin de trouver la mariée trop belle. Il souriait tout seul : les exclamations des marcheurs ou des cyclistes saisis d'admiration, quand ils découvraient le vallon protégé, le toit de lauzes... Les uns venaient de Saint-Front où l'A.J. était la petite gare d'une ligne abandonnée, les autres de Saint-Affrique, dans l'Aveyron, où l'auberge était une prison désaffectée : « Parfaitement ! un grand hall, avec des balcons tout autour et les cellules... »

Alain se félicitait d'avoir conservé le cachet de la Cabusselle. Les voisins lui en savaient gré, sans le dire, mais quand ils passaient, comme la Félicie du Brailhan tout à l'heure, leur premier regard était pour vérifier que le mas du Déserteur avait été respecté.

Derrière la cage d'arbres du cimetière, et abritée par elle, une terrasse en friche était appréciée, par ceux qui recherchaient l'isolement pour une confidence, une belote ou la sieste.

Ses six anciens élèves l'attendent en ligne, debout sur la murette qui soutient la faïsse. Ils sont devenus des hommes, ou presque, en moins de quatre ans.

— Asseyez-vous comme vous pouvez, nous ne sommes plus à l'école, et le P.A. donne l'exemple.

Trois étudiants : un élève officier, un lycéen, un musicien, et trois mineurs.

— Vous vous êtes mis à ma disposition, tous les six, très gentiment. Vous n'imaginez pas combien cela m'a touché. Je voudrais que vous m'aidiez encore plus, chacun selon son caractère et ses penchants, que je connais un peu, que j'ai eu à connaître plutôt, enfin vous n'avez pas tellement changé, je pense, je l'espère même...

Alain rappelle qu'un bureau a été constitué lors de la création de l'auberge, comme il est de règle, avec l'inspecteur primaire et trois instituteurs, ajistes accomplis, des gens qui font honneur, qui inspirent confiance, qui permettront peut-être d'obtenir quelques subventions mais qui n'abattent pas tellement de boulot sur place et pour cause.

L'afflux inespéré des jeunes du Front populaire pose des problèmes auxquels on ne peut faire face avec la meilleure volonté du monde quand on est seul. On en est réduit à expédier les affaires courantes, au jour le jour, sans aucun plan, alors qu'il y a des grandes possibilités, des projets, ne serait-ce que l'inauguration officielle de l'A.J. à préparer...

Ils l'écoutent, les yeux brillants, Luc, le sourcil froncé, vaguement inquiet ; la tournure « conseil de guerre » de l'entretien n'est pas pour leur déplaire.

— ... C'est pourquoi j'ai pensé constituer avec vous un groupe de direction, actif, efficace, une sorte d'état-major (rires). Disons plutôt un ministère...

Un cri joyeux : « Holà ? c'est bien ici l'A.J. ? » Tout se tait : l'harmonica qui jouait *Les Pescadous de la Marsiale* dans le dortoir, les deux cheminots qui se disputaient, le geai, les merles. « Vous êtes arrivés, camarades ! » confirme Bastard, le normalien. « Vous venez d'où ? » demande Josette, la vendeuse.

Le P.A. montre la Cabusselle : du boulot pour les ministres.

— J'aimerais que Luc me seconde, reprend-il. Qu'il accueille les nouveaux, remplisse le registre quand je ne peux le faire. Il pourrait en outre suivre les discussions, veiller à la bonne tenue, s'occuper enfin des relations avec les autres organisations, avec le maire, les autorités. Il serait, en somme, une sorte de vice-président du Conseil qui détiendrait à la fois le portefeuille des Affaires étrangères et celui de l'Intérieur. Hélas ! nous ne pouvons pas nous offrir un cabinet de trente ministres, secrétaires et sous-secrétaires d'État...

Ils éclatent de rire parce qu'on crie là-bas :

— Eh ! le P.A. ! Où s'est-il fourré ? On demande le P.A. !

— J'arrive ! J'arrive ! répond Alain, criant, les mains en porte-voix, puis, revenant aux six garçons assis en tailleur dans l'herbe folle, il reprend : Raoul pourrait s'occuper de tout ce qui est sports, excursions, jeux de plein air, ce serait notre Léo Lagrange...

L'instituteur s'arrête — déformation professionnelle — parce que Raoul se penche vers Luc et lui demande :

— Qui c'est, ce Lagrange ?

— Tu vois, Luc, tu entres en fonctions immédiatement.

Raoul sursaute comme l'élève dissipé, puis il rit avec les autres.

— Franck pourrait s'occuper de tout ce qui est musique, chansons, livres, de la culture en général. S'il le veut bien, Gino administrera les finances. Rafaël et Riquet se débrouilleront avec la question mangeaille, ils ne seront pas trop de deux ! Ils auront, peut-être, une spécialisation : Riquet, pour le ravitaillement, puisqu'il a de la parenté dans tous les mas du coin (c'est un petit Chapon de l'Arboussas, ne l'oublions pas !), Rafaël pour la cuisine. A lui de faire les menus, d'organiser les corvées autour du fourneau et de l'évier... Il a de l'autorité, et puis c'est une fine gueule... Drôle de ministère, n'est-ce pas ? Nous nous passons fort bien de ministre de la Guerre mais il nous faut deux éminences pour occuper un poste qu'aucun gouvernement n'a jamais créé : le portefeuille du Ventre !

Alain leur laisse le temps de plaisanter, parce qu'ils méditent cependant sur leurs nouvelles responsabilités.

— Vous me semblez d'accord ? Pas d'objections, pas de questions ?

— Je pourrais organiser une montée sur le Lozère ? demande Raoul, le plus impulsif.

Le P.A. jubile, chacun de ses ministres a déjà la tête pleine de projets. Riquet et Rafaël agitent un index impatient, comme à l'école.

— Du calme et de la méthode ! Le cabinet pourrait se réunir, le mercredi, par exemple, à l'heure de la sieste. Chacun y présenterait le plan qu'il aurait eu le temps d'étudier. Une fois que celui-ci serait adopté, il aurait toute latitude pour le réaliser. On pourrait aussi se réunir en cas d'urgence. Nous examinerons bien sûr, d'abord, les questions d'intérêt général...

La frimousse de Josette apparaît au-dessus de la murette :

— Excusez-moi de vous déranger ! Les copains voudraient savoir où on pourrait acheter des fromages comme ceux d'hier soir...

— J'arrive dans cinq minutes ! répond aussitôt Riquet.

— Très bien ! murmure le P.A.

Et le premier Conseil des ministres commence dans l'enthousiasme. Grand sujet à l'ordre du jour : l'inauguration officielle fixée au prochain dimanche ; moins une cérémonie qu'une fête offerte au pays pour lui montrer l'A.J., l'y intéresser...

— ... J'ai écrit à André Chamson et à Cherchemidi pour les inviter.

— Je pense que mon oncle sera là, confirme Franck, mais il faudrait un orchestre, pour danser, un petit spectacle, et pourquoi pas un concours de chant ? une sorte de radio-crochet. Nathan m'aidera. Il a l'habitude des soirées populaires...

— Une course cycliste, un championnat de tir, ajoute Raoul.

— J'irai voir les maires du Chambon, de la Vernasse et de Clerguemort, annonce Luc, les Jeunesses communistes et socialistes...

— Il faudrait faire l'aubade, samedi, la tournée des fougasses, propose Gino, pour ramasser des sous. Ça coûte cher, les festivités !

— C'est pour faire bouffer tout ce monde... soupire le Riquet.

— On pourrait mobiliser les vieilles, pour nous cuire des rôties, des barquettes, lance Rafaël. C'est fameux et ça revient pas cher, du pain, des œufs...

— Et ça se vendrait très bien, dit Gino.

— Au profit de l'Espagne, précise Luc.

— Je m'occuperai du fusil, déclare Raoul. Il en faut un vrai, de guerre, un Mauser.

— Question pinard, fait Riquet, songeusement, il en faudra, des barriques...

— Oh, oh !

Il y a débat : Le vin a-t-il sa place dans une auberge de la jeunesse ? Et la gnôle ? L'accord se fait sur ces conclusions : à table, une bonne piquette et, dans un placard, la bouteille de gnôle pour les coups durs. Évidemment, on ne peut empêcher personne d'apporter ses spiritueux mais, enfin, par définition, l'ajiste n'est pas alcoolique.

— Pour la fête, le pinard coulera à flots, on n'y peut rien, affirme Rafaël.

— Alors, autant que ce soit nous qui le vendions, tranche Gino.

Le Conseil est levé par un appel de Nathan :

— Eh, là-haut ! Y a une copine qui a été piquée par une sale bête !

— La Santé, c'est qui ? demande Riquet.

— Toi, bien sûr ! tu connais les tisanes, et puis, le ventre, c'est large...

Devant le mas, ils étaient tous atterrés autour de la nouvelle qui se tordait, gémissait, serrant son bras dont l'enflure croissait à vue d'œil. C'était spectaculaire, douloureux mais inoffensif : le dard d'un frelon doré.

— Et le fusil qui était ici ? demande Raoul en arrivant dans la cuisine.

— Chez le Déserteur ! s'indigne le P.A.

— Pourquoi pas ? Y en a un dans chaque mas, répond le jeune Ardailhan sans se troubler.

Il est devant la fenêtre ouverte sur le vallon, son regard droit devant lui. Soudain, il annonce : « Dans un moment, je vais vous le dire, moi, s'il y en un de fusil, ici ! » et il sort. Un instant après, on l'entend qui déboule en fredonnant sous le mas.

— Est-ce qu'on peut accepter des gosses, de temps en temps, dans les A.J. ? demande Franck.

— Quel âge ?

— Onze ans. Il s'agit du petit Hur. Il voudrait venir passer deux ou trois jours avec nous. Je pense que ses parents l'autoriseraient, surtout si vous veniez le leur demander avec moi...

Un miaulement les fait sursauter : un chat noir et maigre passe la porte, craintif, l'air de s'excuser.

— Qu'est-ce que c'est, celui-là ?

— Sais pas, répond Rafaël. Depuis quelques jours, il vient tous les matins, à la même heure à peu près, pour voir si on lui donne quelque chose. Naturellement, on lui donne.

Ils se regardent, gênés : le matou ressemble à Luc, et pas seulement parce qu'il lui manque un œil, à lui aussi.

— Il doit venir du Tafanar, explique Riquet. Ils sont comme ça, les Bourdas. Leurs chats, leurs chiens, *vïou !* dehors ! va gagner ta vie !

Après s'être assuré que tout le monde avait déjeuné, Rafaël a donné le reste de lait au chat borgne. Ils sont là, silencieux, à regarder l'animal qui lappe ce liquide, après l'avoir longuement flairé comme s'il ne le connaissait pas. Dès que l'assiette est nette, luisante, il s'enfuit, d'un bond, entre les jambes de Raoul qui rentre, tout essoufflé :

— J'en étais sûr ! Y a un fusil ici.

— Qu'est-ce que tu en sais ?

Raoul montre la fenêtre :

— Tout à l'heure, quand on en parlait, je regardais par là, et je me disais : quand on a un fusil, on tire quelquefois... Voyons ! Si je vivais dans ce trou, seul comme un sanglier, je n'irais pas loin pour m'exercer, je choisirais une cible en face. J'ai vu ce tronc de châtaignier, juste au bout de mon regard. (Il ouvre la main, fait danser dans sa paume une balle : Mauser.) Le tronc en est criblé, vachement groupées, un fin fusil !

— Ça date de vingt ans, peut-être plus...

— Non, les derniers impacts n'ont pas plus d'un an. L'écorce n'est pas encore cicatrisée.

— J'ai visité le mas de la cave au grenier...

— Y a des cachettes ! insiste Raoul, j'ai quelques idées là-dessus, si on me laisse chercher...

— Cherche, ordonne Luc, en s'avançant.

Le directeur du cours complémentaire et le secrétaire des Jeunesses communistes de la Vernasse échangent un regard lourd.

— Le Déserteur ! Lui qui avait accepté toutes les hontes, tous les risques pour ne pas faire la guerre, un fusil ! Mais pour tirer sur qui ?

— Sur ceux qui voulaient l'obliger à la faire, peut-être, répond Luc.

— Salut, camarades ! Salut et fraternité !

C'est une grande fille maigre, un peu voûtée, au nez recourbé mais sa chevelure sombre est belle, ses yeux vastes et verts comme des arpents d'herbe.

— Excusez-moi, mais faut c' qui faut ! Le petit coin, c'est où ?

Alain montre les châtaigneraies d'un geste auguste :

— Tu as le choix !

— Même pour les dames ?

— Un petit coin de cent hectares, ça ne te suffit pas ?

— Je ferai, je ferai, passez-moi l'expression ! pouffe-t-elle, avec un demi-tour gracieux.

Elle a les fesses plates.

— Hé ! Comment t'appelles-tu ?

— Reine ! Mais faut pas en vouloir à mes parents, ils ne savaient pas encore : mes penchants républicains ne se sont pas affirmés avant mes cinq ans, je n'étais pas précoce !

Et Reine repart dans un élan d'hirondelle. Le genre de fille lucide, qui sait qu'elle peut avoir un certain charme dans la spontanéité, l'exubérance, qui se moque de son physique, accentue sa voussure, s'abandonne au fou rire, intelligente, quoi ! et charmante à force d'intelligence, excepté dans les moments où elle s'exagère, mais elle le sent vite, d'elle-même, pas si folle, la fofelle !

— Normalienne, de Privas, précise Luc.

Les coups de hache qu'on entendait dans le fond du val s'arrêtent.

— C'est le La Pitance qui vient couper ses *pancels* ici, alors qu'il a de fameux *bouscas* à deux pas de chez lui, explique Riquet, sans indulgence.

Depuis quelque temps, les gens de Clerguemort s'inventent toutes sortes de prétextes pour venir bricoler dans les environs immédiats de la Cabusselle, y compris le La Chino qu'on a vu placer les collets où, à l'évidence, ne passera jamais le moindre lapereau.

Le soleil était net mais pas tellement chaud, et comme immobile. Le ciel était du gris des cendres fines. Le crissement des criquets s'atténuait péniblement, on n'entendait presque plus d'oiseaux.

— Le Fortuné sait ce qu'il dit, murmura Riquet. Quand je suis allé chercher le lait, il m'a annoncé que la grosse canicule est pour demain. « D'un coup ! et ça va tomber... » Ces infirmes ont un sens qui les avertit.

— On devrait installer une cuisine d'été sous l'appentis, expose Rafaël. Et aussi aménager l'autre grange. Si on entre dans les chaleurs, il nous arrivera encore plus de monde...

— Les nouveaux veulent aller à la pêche, rapporte Luc avec embarras.

— Eh bien, qu'ils y aillent !

— C'est qu'ils n'ont jamais pêché, ils voudraient qu'on leur explique...

— Vois Raoul, le sport, c'est son rayon !

— De toute façon, c'est pas jour de friture, grogne Rafaël.

— Ah !... Les trois derniers, des étudiants de Montpellier, s'intéressent au patois, lance Luc à Franck. La culture, ça dépend de tes bureaux.

— Pour le patois, *pamén*, il y en a ici de plus qualifiés ! Enfin, j'y vais quand même.

— Avec cette chaleur, commence Raoul, les excursions en altitude, ça s'impose...

— Ça va, tranche Alain, on n'attendra pas une semaine. Deuxième conseil, ce soir, après la soupe.

Ils continuaient à parler de la canicule comme si elle était déjà là.

— On me dit que vous vous intéressez au folklore...

Franck se tait, pâlit.

Ils portent des culottes courtes, en cuir, dont les bretelles sont reliées sur la poitrine par un empiècement orné d'un edelweiss en os. Ils sont larges d'épaules et minces de hanches, athlétiques avec cette assurance, cet air de santé...

— Kurt ! annonce le plus grand, qui a de petits yeux très clairs, les cheveux blonds taillés en brosse.

— Ernst ! annonce l'autre, plus trapu, qui a des cheveux châtains mais de la même coupe militaire.

Pour se nommer, chacun a joint les talons, raidi le corps, incliné la tête, les trois mouvements esquissés simultanément, atténués par une sorte de discrétion.

Franck est là, muet, figé.

— Deux copains allemands, des étudiants en lettres... bafouille enfin le troisième.

Petit, le nez pointu, des lunettes rondes, il porte, lui, pantalon de golf et chemisette. Il roule les R avec l'accent de Lodève. Consterné, il se retourne vers Gino qui vient d'entrer :

— Ils font leur licence de philologie. Les étudiants allemands ont le choix, pour l'un des certificats, entre un dialecte indo-européen — comme le tokharien, l'hindoustani, l'ossète du Caucase... — et un dialecte de langue d'oc. C'est pour ça qu'ils sont venus à la Fac de Montpellier...

— Excusez-moi, murmure Franck, je dois partir... j'avais oublié...

Dès qu'il a disparu, le Lutévain demande :

— Qu'est-ce qui lui a pris ?

— Oh ! c'est rien ! Il est distrait. C'est un musicien...

— Je m'appelle Jean-Jacques, je fais ma licence d'allemand. J'ai passé la Noël chez Ernst, en Bavière. Nous avons campé. Là-bas, ils campent même dans la neige...

19

Les abeilles et les chauves-souris

Milca descendait sur l'A.J.

Reine commença de l'interpeller gaiement : « Alors, camarade, tu... » Un regard suffit : ce n'était pas une camarade, elle n'était pas de celles qu'on tutoie. Ces yeux...

Bastard, Josette et les cheminots qui chahutaient devant le mas en furent médusés. Riquet et Rafaël, qui transportaient la chaudière à cochon vers la remise, en restèrent là, sans lâcher le poêle de fonte qui leur sciait les doigts et leur arrachait les bras.

Milca, raide comme la justice, traversait cette scène pétrifiée.

— Mais qui c'est ? lâcha Reine.

— L'épouse de M. Doiren ! jeta Milca par-dessus son épaule.

— M. Doiren ?

— Le P.A., souffla Bastard.

— Ben, dis donc, ta sœur... glissa Rafaël à Riquet.

Ils lâchèrent le poêle.

Quand Milca fit son entrée dans la cuisine, Alain affichait sur le tableau mural l'annonce de l'inauguration pour dimanche, ainsi que des consignes sur l'ordre et la propreté. Il eut l'étourderie de lâcher :

— Tiens ! Qu'est-ce que tu viens faire ?

— Je viens voir mon mari.

Il descendit de l'escabeau :

— Mais, j'en suis très heureux !

Il posa le marteau, s'épousseta les mains, prit sa femme dans ses bras...

— Parlons sérieusement, fit-elle en se dégageant.

— Dans mon esprit, ça n'empêchait pas...

Il se carrait dans sa bonne humeur, le P.A.

— Comme tu voudras, Milca. Montons au tristet, nous y serons tranquilles, pour causer, bien sûr.

— Je peux aussi bien te le dire ici.

— A ta fantaisie ! Assieds-toi, au moins...

— Je peux parler debout.

Il avait trop bonne conscience pour ne pas s'irriter.

— Cette fois, j'ai droit à la grande scène, le drame éternel vu de ma fenêtre à Clerguemort !

Il l'examinait sans affection : comme la rancœur l'enlaidissait ! Le faciès de la bobonne estompait déjà la frimousse ; il se sentit volé, devint méchant :

— Quand je repense à l'ardente fille que j'ai connue, à cette

Milca farouche et tendre, il y a de ça, combien ? deux ans, quelle éternité ! Alors, tu comprends, tes attitudes, tes grands mots, ton amour-propre, ton cinéma grandiloquent, c'est *Film-complet*, quatre pages de texte avec six photos sur papier journal, pour vingt ronds. Allez, vas-y, je t'écoute.

— Alain !... Alain, je...

Elle avait dû les préparer, pourtant, ses phrases de feuilleton ! Il venait de lui casser les pattes.

Dehors, à distance respectueuse, les ajistes fredonnaient la complainte de Mandrin, c'était de la discrétion, musique à l'appui.

— Milca ! Tu veux que je te le dise, moi, ce que tu étais venue m'expliquer ?

— Voyons.

— Milca ! Tu étais venue m'annoncer : « Ça ne peut plus durer ! »

— Exactement.

Il s'assit sur le banc, dos contre la table sur laquelle il appuya ses coudes rejetés en arrière :

— Et qu'est-ce qui ne peut plus durer, mon épouse adorée ?

— Comment ! Mais je ne te vois plus !

— Il ne tient qu'à toi. Il y avait même une place à prendre ici. Il est vrai que, lorsque je vois ta grimace et tes grands airs, je la trouve drôlement chouette, la Gavotte, notre Bonne mère !

— Alain ! Tu n'es plus un enfant ! Ta place n'est pas ici ! Tu es un homme marié !...

— Rien ! Tu ne m'épargneras pas un seul des clichés de la jérémiade ! Mais, bon sang ! qu'est-ce que tu voudrais que je fasse ? Que je passe mes vacances à tes pieds ? Je pourrais tricoter, tiens ! voilà une chose, au moins, que tu saurais m'apprendre !

— Alain ! tu pourrais au moins profiter de tes vacances...

— Tu crois que je n'en profite pas ?

— Mais tu as un foyer, un intérieur.

— Ton « intérieur », le grand mot est lâché ! Une fille de maire, une femme d'instituteur se doit d'avoir « son intérieur ».

Il sourit parce qu'il venait de trouver le mot clé qui le réhabilitait à ses propres yeux :

— Voilà ! Ce qui t'intéresse, c'est ton intérieur, moi je cherche les extérieurs. Tu comprends ! Toi, tu rentres et moi je sors. On se croise mais on ne va pas dans le même sens. On ne risque pas de se retrouver...

Il se tut. Elle frémissait, tête haute. Ni cette attitude ni cette expression n'avaient été préparées, plus rien de copié, rien du maintien de circonstance. La vierge insolente ressuscitait sous la face froissée par le chagrin. Comme les filles cévenoles tournent vite et mal ! Elles tournent comme le lait pour quelques gouttes de présure mâle. Des chèvres, il en va de même, vives chevrettes, libres et batailleuses, qu'une seule saillie change en biques efflanquées, hargneuses, avec déjà les grosses mamelles ballottantes qui arquent l'arrière-train et raidissent le cul pour donner le roulis qui est l'allure des mémés du troupeau. Les Milca n'ont qu'un royaume, celui des amours enfantines, il faut les courtiser, pas les épouser, car elles tombent alors de leur vert paradis. Les dernières peut-être, elles sont restées sans défense devant la malédiction originelle, offertes et nues comme aux premiers jours de la Création.

L'harmonica jouait *Les Gars de la Marine*. Le poêle prenait sa place dans la cuisine d'été, à coups de maillet, à force d'injures. Un cliquetis de roue libre couvert par de rageurs ferraillements de chaîne racontait qu'un vélo renversé sur la selle et le guidon, roues en l'air, endurait un réglage de freins. Deux filles conversaient d'une faïsse à l'autre : Reine sur la murette et la vendeuse d'Alès qui lavait la salade en dessous dans le bassin du jardinet. Le La Pitance, au loin, s'était remis à ses piquets.

Tout ça, c'était du latin pour Milca. Elle était seule ici, elle avait peur. Elle s'était ruée, courageuse, pour reprendre son mari en pays étranger, mais c'était sa patrie, à lui ; pourquoi refuser de l'admettre ?

— A toi de voir, soupira-t-il avec lassitude.

Elle secouait la tête, le front bas, le menton sur la poitrine.

Dehors, pas de jeux, pas de chants, pas d'entrain ; l'harmonica, les vélos sur le dos, la salade qui s'oublie dans son bain n'étaient que de mornes activités pour passages à vide. Solidaire, l'A.J. se mettait au train de son P.A.

— Milca, nous n'allons pas en rester là ?

La tendresse qui perçait enfin dans la voix de son mari décida paradoxalement la jeune femme. Elle soupira : « Pauvre Emmeline ! » et prit la porte.

Alain cherchait vite, vite ! le geste, le mot qui la retiendraient. Il imagina le calvaire de ce retour, cette retraversée du terre-plein parmi les ajistes demi-nus devant le mas...

Il bondit sur le seuil :

— Riquet ! Raccompagne ta sœur, je te prie.

Alain avait cru que cette démarche de petite bourgeoise vaniteuse était causée par la jalousie. Il était maintenant persuadé qu'une seule pensée pouvait avoir poussé sa femme à de telles extrémités : la peur qu'il parte, lui aussi, comme Noël, pour l'Espagne.

En réalité, Milca n'était venue que pour lui faire savoir qu'elle était enceinte, et pour jeter cet enfant dans la balance. Dans son malheur, elle avait de la chance : certes son mari promu père l'eût suivie, et ils eussent été réunis jusqu'à la fin, mais pour quel destin misérable et long !

Célie savait s'y prendre :

— Pépé, j' peux aller faire une balade ? J' pourrais peut'êt' bien pousser jusqu'à l'A.J...

Le tonnerre du Fortuné roulait, rigolard :

— *Dé qué !* je leur prête bien ma femme, et tu leur prêterais pas ta petite, ferait beau voir !

Depuis l'arrivée du complice de sa fracassante jeunesse, l'infirme ne se sentait plus. Il avait fallu le tirer de sa cheminée. Maintenant, il voulait qu'on le pousse sur le seuil, décidé qu'il était à liquider ses brouilles avec le soleil, prêt à faire les premiers pas.

La Gavotte rayonnait, elle aimait ce vieux forban qui leur tombait du siècle dernier, et plus encore cette petite qui lui « faisait compagnie » et lui donnait la main dans la patouille, l'écurie, le jardin et la vigne.

Dès qu'ils se retrouvaient seuls, les compères reprenaient l'entretien où ils l'avaient laissé :

— Tu sais ce que c'est, les Espagnoles, *Loubatié ?*

Lou Parisién frissonnait de plaisir quand le Fortuné lui donnait le sobriquet patronymique : Tueur-de-loups.

— ... *Oï !* Mais tu en as connu, des belles, de vraiment belles ! des Espagnoles ? insistait l'infirme.

— Eh, *digo !* y avait celle qui venait servir pour les foires, dans ce café de Florac, comment qu'il s'appelait déjà ?

— *Pissalaïsé !*

— Pisse-à-l'aise ?

— Le vrai nom c'était *Café Modique* mais tout le monde l'appelait *Pissalaïsé* à cause des joueurs de cartes ; ils étaient si tant acharnés, du midi jusqu'au minuit, qu'ils se levaient pas, même pour le besoin. Quand ça les prenait, ils débraguettaient, ils écartaient les genoux, et zou ! contre le pied de la table...

— Elle, c'était la Carmen.

— *Pantaïsés*, Loubatié ! L'Incarnacion, foutral ! un nom pareil... *ti fas viel !*

— Oh, mais je la vois très bien, avec ses cheveux dans les yeux, des cils longs comme ça...

— Du poil partout, tu l'as dit, même où il fallait pas, je l'ai vu !

— C'est ça, que les rouliers du Causse lui disaient *Pel dé lèbré !*

— *Y siès !* Seulement, *Peau de hase*, c'était pas de la vraie, de l'Espagnole premier choix, c'était de la piquette d'Espagne ! Faut connaître le vin de la cuve...

— Oh, Fortuné ! j'en ai connu, de l'Espagnole de derrière les fagots, Paris c'est grand, *sas !* Tu dis du vin pur, toi ? de la carthagène, ouais ! Et même de l'Espagnole d'alambic, *té !* de la gnôle d'Espagnole, c'était, une que j'ai connue, rue de Charonne !

— Oh, *Parisién !* et c'est comment, dis-moi, de la gnôle de Carmen, qui titre en degrés sans perdre le fruité ?

— Fortuné, l'Espagnole, c'est ferme, c'est beau, c'est solide, c'est vif, c'est travailleur, c'est économe.

— Ah ! mon vieux Loubatié, à présent je te reconnais. Voilà toute l'Espagnole, manque rien !

Là, ils marquaient le chapitre par une longue pause, les yeux fermés, dodelinant leurs têtes bourrées à craquer de ménagères voluptueuses, effacées, jouant des castagnettes, enlevées en rondes folles par guitares et tambourins.

— Oh, Loubatié !

— *Oï !*

— Tu sais qu'il y a mieux, beaucoup mieux que l'Espagnole ?

— Quoi ?

— Devine...

Palamède se raclait les bronches et la gorge, rassemblait bruyamment sa récolte dans l'arrière-bouche, la tassait, la modelait entre langue, gencives et palais, la renforçait des apports de quatre ou cinq reniflements avides, ruminait encore, se décidait enfin à lancer le produit manufacturé, tel un boulet, dans le mille d'une cible désignée d'un coup d'œil précis au compère, opération que le patois décrit ainsi, avec précision : *Palamèdo escupissiè.*

— Plus beau que de l'Espagnole à 90 ?

— Ça se compare pas !

— Plus travailleur ?

— L'âne et le bœuf !

— Plus...

etc.

Solution remise au lendemain, jusqu'à l'instant choisi, préparé par un échauffement des esprits au feu des répliques, où le Fortuné se décidait enfin à la révélation :

— Alors, tu l'as trouvé, ce qui passe l'Espagnole ?

— Non, *millo dïou !*

— La Portugaise !

Paroul *lou Parisièn* saisissait à l'évidence qu'un mois au pays, ça fait un peu court, *pamén !* surtout qu'on est son patron...

Son employé, cependant, à un jet de pierre du Perdigaud, appréciait la jeune Cévenole d'origine à même le sol de sa race. Le vin n'est vin que dans sa première cave, dégusté pipette en main, l'échine à la futaille.

Le plus merveilleux des nids amoureux se dissimulait sous un roc dans un renfoncement de la montagne, derrière le mas du Fortuné. Pour y accéder, il fallait écarter un buisson, marcher sur les mains et les genoux, mais attendait là, tapissée de mousse, comme lustrée, une chambrette en granit où deux corps étaient à l'aise pour le diable-à-quatre...

Nathan et Célie comblés étaient loin de se douter qu'ils occupaient indûment la bauge du sanglier.

Kurt et Ernst parlaient un français irréprochable, avec un reste d'accent plutôt plaisant. A chacun, ils se présentaient tout de suite : « Kurt, étudiant allemand, de passage. » Avec, furtive, l'esquisse de courbette. Et pas un ajiste ne demanda : « Allemand ? nazi ou antinazi ? »

Kurt, le plus grand, n'était pas très beau, la tête un peu tassée, un peu large et juchée sur un cou trop long, mais c'était une figure ouverte au regard sensible, presque désuète, celle d'un Werther égaré, « la bouille de la bonne autruche, quoi ! » selon l'image de Reine.

L'arbitraire de Rafaël avait désigné la normalienne de Privas et le philologue de Rosenheim pour le ramassage du linge étendu.

A mi-pente, Kurt s'arrêta pour désigner ce qu'il restait d'horizon entre le ciel et l'encoche en V du petit vallon : pentes, bosses d'herbes et de broussailles, puis, le velours des châtaigneraies, l'ardoise des rancarèdes et le rayon de miel des sommets.

— Ce paysage, il me semble l'avoir déjà vu, dans un tableau, sans doute un primitif flamand. Je pense à Van Eyck...

— Van Eyck, *La Vierge au chancelier Rolin*, précisa Reine. C'est le paysage que l'on aperçoit par la fenêtre ouverte au-dessus du missel.

Les petits yeux d'un gris, d'un brillant d'écaille s'arrondirent et posèrent sur elle un regard effaré mais doux, et même craintif le temps d'un éclair.

— Je détiens des gravures, dit-il, en reprenant le sentier, des reproductions de gravure plus exactement, que j'aimerais qu'on voie ensemble...

— Tu suis des cours de quoi, à Montpellier ?

— Plusieurs. De langue romane et de provençal, il y a un cours libre.

Serviettes et rideaux étalés sur la grève du torrent, tendus par des cailloux posés sur les quatre coins, les occupèrent quelques minutes. Quand le tout fut plié, rangé dans la corbeille d'osier, Kurt s'assit sur les talons, devant le sable fin et humide qui séparait le gravier de l'eau courante.

Avec la paume, il aplanit une portion de l'étroite bande. Ensuite, il s'arma d'une allumette pour illustrer sur le sable une théorie qui lui tenait à cœur, selon laquelle c'est dans la graphie, dans le trait, que se révèle le génie. L'allumette imprimait, d'une ligne, l'épaisseur, le jet, la forme ou la direction, le caractère propre à tel ou tel graveur.

— ... Ce serait bien, si nous regardions ensemble les gravures de Rembrandt, surtout *La Pièce aux cent florins*.

Il dessina le trait de Rembrandt.

— ... Tu vois ce trait ? Si tu m'en présentes quelques-uns comme cela, je te dirai : c'est Rembrandt. Un fragment, un détail suffit, je te dis si c'est lui.

— Après tout, Léonard aussi a un trait qui hurle de génie, protesta-t-elle.

— Certes. Mais ce n'est pas le trait de Rembrandt.

Il jeta l'allumette, égalisa le sable en se redressant. Quand Reine fut à sa hauteur, il lui déclara, de façon abrupte :

— En peinture, le génie vient du Nord. Les maîtres sont les Flamands. Les Italiens n'ont fait que suivre. Certes, ils sont allés parfois plus loin...

Il prit le panier de linge, attaqua la côte :

— Il y a la grande vocation des pays du Nord, enchaîna-t-il, de mon pays en particulier, de l'Allemagne. Elle est en train de se réaliser.

— Et quelle est cette vocation ?

— La vocation réconciliatrice des peuples.

La Cabusselle se dressait au couchant. Kurt montait droit sur le soleil. Reine, qui le suivait, voyait l'étudiant enfoncer sa tête dans la lumière fauve. « Cette lueur qui tombe sur le front de Goethe... » d'où lui revenait donc ce lambeau de texte ?

Elle se mit à fredonner, en sautillant, Kurt lui jeta par-dessus l'épaule un regard déconfit.

La canicule s'abattait...

« Il tombe une lune ! » s'exclamait Clerguemort. « La Cabusselle aura peut-être à faire face au problème de l'eau », songea par réflexe Alain, qui était un homme de la plaine.

L'exaspération de la chaleur voilait la lumière, dévernissait les couleurs, empoussiérait le paysage, étouffait les bruits. L'autre versant du vallon, les crêtes, le Lozère apparaissaient flous. Les lointains gondolaient comme ce que l'on voit au-dessus d'un feu, entre les flammes et la fumée.

On entendit des cris, des injures, mais amollis.

— Pourquoi tout ce bruit ?

Luc revenait avec le courrier. Il avait guetté le facteur à l'entrée du sentier, pour n'avoir pas à le chapitrer publiquement : ce *bartavel* de cul-blanc se répandait, tout au long de sa tournée, en commérages sur l'A.J.

— Qu'est-ce qu'il t'a répondu ?

— Que c'était faux, naturellement. Mais je lui ai mis le nez dans son caca — je suis bien renseigné. Il ne savait plus où se fourrer. Ça m'étonnerait qu'il recommence. Pour se faire pardonner, il fera la réclame de notre fête.

Luc appela Nathan pour lui annoncer qu'un mandat de cinq cents francs l'attendait à la poste du Chambon. On le fit taire, on prêtait l'oreille, on croyait percevoir un faible bourdonnement, mais non, ce n'était qu'un mirage acoustique de même origine que les vagues flottements de l'horizon.

Des journaux, un gros colis, deux lettres seulement : une A.J. est par définition un lieu de passage où on ne fait pas suivre son courrier.

— C'est quand même lourd, estimait Alain soupesant le paquet avant de le déballer. Le facteur nous en veut peut-être pour ce travail supplémentaire.

— Non. Il est là pour ça, quoi ! (et Luc trancha :) C'est un cul-blanc, un point, c'est tout.

— Un jeu d'échecs, ça c'est bath ! s'écria Nathan, qui trouvait tout beau, Fallissiard le premier, ce bougnat, un homme d'honneur !

— Tu sais jouer ? demanda Kurt.

— Et comment !

Le paquet de Saint-Étienne contenait aussi une boîte de jacquet, des raquettes et un filet de ping-pong.

— Oh ! une lettre d'Allemagne, s'écria Kurt, je n'ai pourtant pas donné l'adresse... « Franck Joszà »... Pardon, elle n'est pas pour moi.

— Tu fais une partie d'échecs ?

— Volontiers. C'est une lettre de Hambourg ?

— Oui, les parents de Franck sont là-bas. Son père est un grand chef d'orchestre, un spécialiste de Brahms... expliquait Nathan, l'échiquier sous le bras.

Le « titi parisien » et l'étudiant allemand allaient s'isoler derrière les pins. Ils ne virent même pas, silhouette sombre à l'intérieur de la cage des arbres, Palamède Paroul qui se recueillait sur la dernière tombe du cimetière familial, devant la lauze sans inscription du Déserteur.

Deux filles et trois garçons arrivèrent, en triste état, au fort de la canicule, au pire moment, la sieste. Tout sommeillait en la Cabusselle.

— Nous sommes des amis à Franck, vous d'vez connaître, Franck... annonça la fille au museau pointu.

— Ici, on n'a pas besoin de recommandations ! rétorqua le P.A. mal réveillé, la bouche pâteuse.

— Ouais ! C'est pas le *Lutétia*... fit-elle avec lassitude, en s'affalant sur la murette.

Les autres s'allongeaient sur le terre-plein, exténués, débraillés, luisants de sueur. C'étaient les plus mal équipés qui se soient jamais présentés à l'A.J. : robes et pantalons, souliers de ville, casquettes et canotier, musettes, valises de carton bouilli renforcées de ficelles, un cartable d'écolier et un sac de ménagère par-dessus le marché.

Heureusement surpris, Franck faisait les présentations : Rirette, Louis Litun, ajusteur — ils travaillent dans la même boîte, chez Bodant et Cie —, Tilouis est des Jeunes gardes socialistes. Sardine, qui est manutentionnaire, le Rouquin, et Mounette, sa « copine »...

— Plus maintenant ! on est séparés...

— Officiel ! on s'entend beaucoup mieux...

Ils protestent gaiement. Mounette est souple, dodue. Le rire incendie ses yeux noirs, montre ses dents dont la blancheur resplendit dans le visage encore enfantin, à la peau d'un brun doré. Mounette est la seule qui n'ait pas transpiré.

— Ben, on a tiré la langue, pour monter ici !

— Vous devez crever de soif ! un peu de lait froid ?

— Vous auriez pas quelque chose de plus sérieux ? fait Tilouis.

— Un petit bleu qui râpe, précise Sardine en se pourléchant.

— Quoi ?

— Du jaja, du pive, du pichet, du picton, du piccolo, du pichetegorne... lance Tilouis, extatique.

Litanies que continuent les autres, les yeux fermés, gravement :

— Du sirop de bois tordu, le malaga des boueux, le ça-qui-s'avale...

— Le rouquin, le rouquinos, le rouquemoute...

— L'ouvre-cuisses, le pousse-au-crime, le gros-qui-tache...

L'oraison désarme les ajistes, étouffe leurs pauvres fiertés :

— Mais nous avons une eau de source, mes amis...

— Procure-nous une bonbonne, pour ce soir, lance Alain à Riquet.

— C'est quand même pas des sauvages, les gars, s'écrie Sardine.

— Vous avez apporté du ravitaillement ? Même pas du pain ?

— On n'a pas faim, on est trop crevés...

— *Té !* Vous verrez ça tout à l'heure...

Ils sont tous pareils, c'est au moment de se mettre à table qu'ils se préoccupent des provisions... Si l'on n'y pensait pas pour eux, l'A.J. saucissonnerait matin et soir.

— C'est la faute à Rirette, ça l'a prise d'un coup, elle nous a embarqués... jette Mounette, en secouant ses cheveux ondulés, très noirs, comme ses yeux.

Sa peau paraît couverte d'une poussière dorée.

La réduction sur les billets de congés les a décidés. Ils ne savaient pas où aller, Rirette s'est souvenue de cette A.J. dont Franck lui avait parlé. Excepté Sardine, qui a une tante à Évreux, ils montaient dans le train pour la première fois.

— Vous avez été servis : cent et quelques tunnels.

— La rivière, elle coulait noire...

— Parce que... vous vous êtes baignés ?

— Et alors ! On a fait vite, on avait pas de maillots...

« Ce sont vraiment des travailleurs, des ouvriers d'usine ?... » demande Alain à Franck qu'il a pris à part. Le directeur du C.C. de la Vernasse entend parler des grosses presses Bliss, des bouffeuses de doigts. Son regard cherche discrètement la main droite de Rirette, tombe sur la place vide entre le médius et le pouce. Le P.A. ressent un petit choc douloureux.

— Mais qu'est-ce que c'est que ces sales bêtes... criaille Mounette peureusement.

— Un frelon sans doute.

Elle brasse l'air en reculant.

— Attention, attention !...

Trop tard, la brunette dorée bascule, de dos, jambes en l'air, par-dessus la murette.

Elle geint, se débat. Elle est à proximité des ruches, elle s'affole...

— Calme-toi. Ne bouge pas ! ne crie pas, elles ne te piqueront pas...

Soudain, Alain se retourne vers ses rebelles. Franck, Raoul, Gino, Riquet, Rafaël et Luc, les yeux ronds, partagent son étonnement. Riquet murmure : « Les abeilles sont revenues. » Tous reprennent la nouvelle, s'émerveillent, crient de joie : « Les abeilles du Déserteur sont revenues ! » C'était donc ça, le bourdonnement, tout à l'heure. Luc respire mieux, les mystères lui restent sur l'estomac.

— Et moi, alors ! hurle Mounette, pétrifiée dans un nuage menaçant.

Elle est restée là-dessous, assise entre les ruches, se tenant une cheville à deux mains, grimaçant de douleur.

Une entorse, probablement.

— Faut aller chercher la vieille du Galavard, décrète Riquet. Pour les entorses, elle a le secret. Nathan n'est pas là ? Il court vite, lui !

— Nathan ? Il « procède à des mouvements de fonds », annonce Franck.

— Quoi ? Qu'est-ce que c'est encore ? s'inquiète le P.A., les fonds, c'est Gino...

— Il s'agit de sa fortune personnelle, précise Franck. Nathan est descendu à la poste, pour toucher de l'argent des « Vins et Spiritueux de la Bastille », et pour envoyer un mandat à sa mère...

— J'espère qu'il en restera un peu pour nous, lance Gino, parce que, le Nathan, il a bien pris sa carte du C.L.A.J., mais il a demandé du crédit !

— Ça va, on a compris ! fait Rirette. C'est combien, pour se mettre en carte ?

La première journée de canicule dotait le soir de charmes voluptueux. Le peu de fraîcheur ramené par l'ombre libérait les odeurs et les bruits, rendait l'entrain et l'appétit. Les Parisiens s'étiraient, se massaient le ventre en gloussant de plaisir. Heureusement qu'il y avait les haricots du Ganel ! Sous la haute direction de Rafaël, la corvée des cuisines les avait préparés en salade, avec ce qu'il fallait d'huile, de vinaigre, et des croûtons grillés, frottés d'ail, en abondance, pour utiliser le pain rassis. En se serrant, ils étaient parvenus à se caser autour de la longue table — des planches sur tréteaux — sous le tilleul ; il est vrai que Josette et ses trois copains avaient quitté le mas du Déserteur aux aurores pour l'A.J. de Saumane.

La salade arrive, dans le grand chaudron de cuivre rouge porté par Rafaël et Riquet, triomphalement accueillie par des hurlements alléchés.

— Bourrez-vous avec, avertit Rafaël, c'est tout ce qu'il y a, ou presque. J'ai mis dedans tout ce qui m'est tombé sous la main : des *cèbes*...

— De quoi ?

— Des oignons ! Trois boîtes de sardines, toutes les olives qui restaient, des tomates, des cornichons, des concombres, des poireaux... j'ai touillé avec un manche de pelle. J'ai même mis du *répounchou*...

— Du répountchou ?

— Une salade d'ici. Comment dit-on en français ?

— De la raiponce, avec a, i.

— Et ça s' becte, c' machin ?

— Et comment ! la feuille et la racine ! Ma grand-mère me défend de les arracher avec un couteau, ça les abîme, il faut que je prenne un bâton !

— Y bouff'nt n'import' quoi, dans c'tte cambrousse !

— Dites voir...

— Il faut me tutoyer, moi aussi, rectifie le père aubergiste. Le tutoiement est une des règles ajistes.

Au bout de la table, Franck et Nathan conversent tout bas, en regardant les Allemands.

— ... Je lui ai parlé d' tes parents comme j'aurais parlé d'autr' chose, se défend le titi.

— Tu aurais mieux fait de parler d'autre chose, ou de te taire.

Nathan montre Reine, attablée entre Kurt et Ernst :

— Regarde-la, elle ! Et pourtant, c'est une chic fille, intelligente, instruite — elle va devenir institutrice ; elle n'a pas peur, elle !

— Tu ne sais pas de quoi ils sont capables !

— Comme tu es ! Moi, je les trouve plutôt sympa. Ils ne sont pas forcément nazis !

— Pas forcément, mais ils le sont ! affirme Franck d'une voix sourde. Tu devrais me croire, Nathan, je les sens. Je reviens de là-bas.

— Tu as fait long feu chez tes parents !

— Huit jours. Je n'en pouvais plus. J'ai inventé n'importe quoi pour expliquer que je ne devais pas rester plus. Je crois que mon père a compris la vérité. Hambourg me sortait par les yeux. Quand je pense à la ville de mon enfance ! Ce qui m'a fait le plus souffrir c'est de voir ces étrangers, ces Français, venus pour les Jeux olympiques et qui trouvaient que ce n'était pas si mal. Le pire, Nathan, le pire ! c'est les gens, les braves gens ! qui ne se rendent pas compte...

Cependant, Raffort, l'ingénieur, qui est ajiste depuis trois ans, pontifie sur le tutoiement :

— ... C'est plus important qu'on le croirait. Ça oblige les inconnus à se rapprocher, à se connaître...

— A ce propos, intervient Alain, je voudrais insister sur un point capital : les A.J. ne sont pas des hôtels à bon marché mais des lieux de rencontre où l'on doit apprendre à s'aimer. Il faut éviter de faire bande à part : Parisiens d'un côté, Méridionaux de l'autre, Allemands ailleurs...

— Bravo, s'écrie Mounette. Si vous croyez que j'en ai pas ma claque d' voir toujours les mêmes trombines ! Vous me prendrez avec vous... pardon ! avec toi ?

— Tu seras bien obligée, répond Alain, même si la Galavarde fait des miracles, tu ne pourras pas encore suivre les autres sur la montagne.

— Fais gaffe, père aubergiste ! s'écrie le Rouquin, tu ne sais pas ce que tu risques à rester seul avec elle. Pendant des mois, elle m'a ravagé le tempérament, elle m'a vidé la gamelle et elle se cramponne aux branches ! C'est le ténia du foyer !

Cuisses à l'air, ouvertes à angle droit, sa jambe blessée allongée sur la murette, la brune potelée se tortille. Ce ne sont pas les gaillardises qui la gênent mais leur à-propos.

Nathan glisse à l'oreille de Riquet :

— Tu sais où on trouve de la résine, dans le pays ?

— De la résine ? Donne un coup de couteau dans n'importe lequel de ces pins, que tu vois, là-bas...

— Mais non ! de la « Résine des Vosges », pour sucer, en bonbons.

— Connais pas ce truc. Demande voir à Rafaël, c'est un gourmand, un vrai sucrier.

Rafaël ne sait pas non plus, mais il profite de ce qu'il tient Nathan à l'écart :

— Au fait, tu pourrais pas me prêter vingt balles, je suis un peu à court ?

— Volontiers.

— ... Un exemple ! Je connais un couple qui aurait divorcé sans son tandem !

— Un ménage de pédales, pouah ! s'esclaffe Tilouis.

— T'y es pas, lance le Rouquin, sont pas arrivés à scier le cadre.

— Ne riez pas, c'est vrai ! poursuit l'ingénieur qu'n'a pas compris. Sur le plan physique, ça ne marchait pas. La pratique du tandem leur a appris à se compléter, à se répondre, à se deviner, à se sentir, dans tout leur corps, dans chacun de leurs muscles.

Pédale Marie !
Pédale Lucas !
Pédale Sylvie !
Pédale Colas !...

entonnent trois voix à la blague.

— Faut que tu nous la dises, ta méthode, à Rirette et à moi.

— C'est toi, l'inventeur de la trente-troisième position ?

— Mais non, proteste le pauvre Raffort, je vous dis que c'est arrivé à des amis. Moi, j'ai un vélomoteur...

— Le tas de ferraille qui est là-bas ?
— Dis donc, d'où qu' t'es, toi, l'inventeur, le cycliste à pétrole ?
— De Montreuil !
— Pardi, les mecs ! c'est un péquenot de la cambrousse, cézigue !
Rires énormes et luisants, agrandis par le halo huilé de la fastueuse salade dont ils se resservent largement.
— On voit le fond. Les *fabïo-ou* du Ganel touchent de nulle part, annonce Rafaël.
— Cinq kilos ! soupire le P.A. radieux, moi qui pensais exagérer... Toujours un boyau de vide, ces animaux-là !
— Une chance que les cochons du Perdigaud soient si bien traités... murmure Riquet, avec un clin d'œil. Tu viens m'aider Gino ? Qui finit la salade ? On a besoin du chaudron.
Une demi-douzaine d'assiettes palpitent au bout des bras tendus.
Après la récolte, la Gavotte fait bouillir pour ses porcs les pommes de terre abîmées par le bêchard. Une fois déjà, la Cabusselle, prise de court, est venue puiser dans la marmite des cochons.
— ... Ils finiront par nous en vouloir, dit Gino.
— Ils deviendront fascistes, les porcs !
— Dis, Riquet, tu a bien observé les deux Allemands ? Comment tu les trouves ?
— Je sais pas, plutôt sympa. Ils sembleraient même très chouettes si on ne se disait pas... Enfin, tu comprends, Gino, ils sont comme nous...
— Oui. On se demande bien pourquoi il faudrait leur mettre les tripes au soleil !
Dans la bonbonne, le niveau ne baisse pas aussi vite que le P.A. le craignait, le clinton les a surpris sans les séduire.
— Qu'est-ce que c'est, c' mazout ? C'est noir, c'est épais, ça s' boit comm' de l'eau...
— Attention, camarades ! Quand on se lève, après...
— T'en fais pas, les potes et moi, on a l'œil, tu penses ! les bouseux, on sait ce que ça vaut...
La plaisanterie grince un peu.
— Comment pouvez-vous écouter ça sans bondir !
L'indignation dresse Reine entre les deux Allemands surpris :
— Que vous vouliez plaire au prolétariat parisien, bon ! mais pas à ce prix !
Debout, révoltée par l'injustice, Reine devient belle dans la pâleur du jour finissant : Comment ! ces Parigots, qui n'ont jamais mis le nez hors de leurs fumées d'usine, osent mépriser les paysans qu'ils n'ont jamais vus, se moquer des hommes purs, ceux de la nature, ceux qui tirent leur nourriture de la terre, qui se collettent avec les vents, les grêles, qui tiennent tête aux éléments, qui ont le corps noueux, l'âme droite, qui ne jugent que ce qu'ils connaissent, qui ne parlent que de ce qu'ils ont éprouvé dans leur chair, qui pensent par eux-mêmes...

Raffort l'approuve ardemment.

— Elle était au Contadour, confie-t-il au P.A. Nous étions une quarantaine, avec Giono. Nous sommes partis de Manosque vers la montagne de Lure...

— Les paysans ne sont pas si bons que ça, lâche Luc.

— Oh non ! Ce ne sont pas des anges ! ajoute Alain.

Dans un regard, ils se comprennent. La discussion leur rappelle les histoires de la terre — qu'elle soit la montagne ou la plaine des vignobles — querelles, calomnies, crimes... Quelles annales sordides ! Pour une borne déplacée, pour une poule disparue, pour un mot, la haine du voisin se prolonge et s'aigrit de père en fils, pendant des siècles.

— Allons ! vous dites n'importe quoi... s'insurge Reine accablée comme par une trahison.

— Hélas, non ! intervient Bastard. Moi, je suis de l'Aigoual. Mes parents sont paysans. Depuis toujours, j'entends vilipender de nos voisins, les Tesseyre. Quand on dit ce nom, chez moi, on crache. J'ai interrogé mon père et mon grand-père sur l'origine de la brouille. Ils ne savaient plus. « Les Tesseyre sont des gibiers de potence », voilà qui devait me suffire, comme à eux, si j'étais digne de ma race. Je voulais connaître le fin mot... Je me suis acharné.

Le normalien nîmois termine son verre de clinton avant de continuer :

— J'ai fini par trouver. En 1698, les dragons qui recherchaient un Tesseyre, protestant, se sont trompés de mas, ils ont arrêté mon aïeul, protestant aussi. Le voisin rescapé devait y passer deux mois après, ce qui ne fit qu'alimenter la haine, les familles s'accusant mutuellement de mouchardage. Le Tesseyre et le Bastard sont morts aux galères. Ils ont ramé, rivés au même banc, pendant dix années, en se crachant dessus.

— Et un paysan qui abandonne sa cambrousse, pour se lancer dans le commerce par exemple, dit Nathan, c'est pire.

— On a quand même rajouté du lard, annonce Riquet, en apportant les patates du cochon.

Ils se jettent dessus, et trouvent ça fameux.

— Je sais pas ce que ça veut dire, mais tout est meilleur ici, murmure Tilouis.

— *Té !* c'est déjà meilleur qu'à Clerguemort, pourtant c'est pas loin, hé ? (Le fils du Laguerre ajoute, la bouche pleine :) Chez le Déserteur, on est mieux que chez soi !

Les Parigots sont sceptiques : Il y a eu tellement de déserteurs en Cévenne ?

— ... Presque dans chaque village. Dans le mien, sur l'Aigoual, raconte Bastard, c'était le Bassellur. En 14, il a commencé par très bien se battre. Il a même été décoré. Puis en 17, on n'a jamais su pourquoi, il a déserté. Il s'est caché tout bêtement dans une grotte, à quelques centaines de mètres au-dessus des maisons. Tout le monde le savait, on lui apportait à manger. Pas le pasteur — ils ne sont pas tous bons ! — qui a obligé Philomène, la femme du Bassellur, sa « Philo » comme il dit, à divorcer. Après la guerre, elle l'a reépousé...

Les Parisiens réclament le silence, dressent l'oreille.

— Qu'est-ce que c'est ? demande Mounette d'une voix blanche.

— Des chouettes qui se répondent.

— Ah !... Dites, cette vieille, qu'est-ce qu'elle va me faire ? Parce que ma cheville est assez douloureuse comme ça...

— Elle s'y connaît, sois tranquille, dit Riquet, rassurant. Elle sera bientôt là, c'est qu'elle ne rentre ses chèvres qu'à la nuit...

— On n'y verra bientôt plus assez pour trouver sa bouche, grogne Sardine.

— Tu sauras la trouver pour goûter ce fromage, dit Rafaël en alignant sur la table une douzaine de pélardons.

— Tu te guides au pifomètre, précise Tilouis, quand t'as le blair dessus, tu ouvres le bec et tu mords !

Les Parisiens abordent les petits fromages de chèvre avec méfiance mais ils sont presque aussitôt conquis, au point que Riquet doit retourner à la cave pour y chercher une deuxième douzaine, à tâtons — ce serait dommage d'allumer déjà. On est à court de pain, tant pis ! ils savourent les pélardons comme de la pâtisserie.

— Quel est son truc ? reprend Mounette.

— Je ne l'ai jamais vu faire, avoue Riquet. Elle doit toucher l'enflure, oh ! à peine, en prononçant des formules...

— Mais, elle s'y connaît vraiment ?

— La Galavarde ? Toutes les femmes d'ici sont un peu sorcières... Même notre mère aubergiste, la Gavotte.

— Elle a eu vite fait de guérir Espérandieu, dit Gino.

— Espérandieu ? Qu'est-c' qu' c'est qu' ça ?

— Un camarade qui était tombé dans le torrent. Il tournait de l'œil. On avait peur, on croyait qu'il avait une attaque, qu'il allait nous passer entre les mains. La Bonne mère est venue, elle nous a rassurés tout de suite, c'était rien : Espérandieu avait l'*estouri*.

— L'*estouri* ?

Décidément, ces Parigots qui font si volontiers les malins ne connaissent pas grand-chose. Il faut tout leur expliquer, même les estouris. Ce sont les jaunisses...

— Hé, Toto ! on connaît...

— La jaunisse jaune, oui, mais il y a aussi la blanche, la grise, la noire, d'autres encore. Elles sont causées par des frayeurs.

— Et ça se soigne comment ?

— Avec une tisane de sauge, de serpolet, de petit-chêne, quelquefois on remplace le chêne par de la pariétaire, ça dépend de l'état de la personne.

— Et si ça passe pas, avec des hectolitres de bibine ? ricane Sardine.

— Dans les cas graves, pour les *estouris*, expose doctement Riquet, il faut se rendre chez la guérisseuse, loin du côté des Vans, en Ardèche. Elle prend un morceau de pain, le rompt sous tes yeux, et tu le manges. Après, tu dois faire une neuvaine et, tous les trois jours, un cataplasme de verveine sauvage pilée avec un blanc d'œuf. C'est radical. Le plus important, paraît-il, c'est le morceau de pain qu'il faut manger devant elle...

On les entend s'esclaffer dans l'obscurité.

— Rire de ce qu'on ne comprend pas, s'écrie Reine, c'est du propre !

— Le propre de l'homme ! tranche Bastard.

— Le propre de l'idiot, corrige Reine. Les paysans conservent une partie des sciences perdues par le monde moderne. Ils croient encore au merveilleux...

— Et c'est la science qui leur donne raison, confirme Raffort. Si je vous disais que demain, ici, sur cette table, je vous montrerai les Pyramides en détail, y compris le touriste qui est en train de les photographier, et que vous le verrez d'ici, de Clerguemort, à la seconde même où il opérera ?

— On te répondrait que le Père Noël, on n'y croit plus !

— Voilà le Gaulois auquel on promet l'automobile !

Raffort compare sans indulgence l'ouverture d'esprit des jeunes métallurgistes à celle de vieux paysans comme ce père Roure qui répare les horloges de Clerguemort. Le regard prolongé jusqu'aux Pyramides, et, un jour, beaucoup plus loin : c'est la télévision. L'ingénieur doit participer à des démonstrations d'émission et de réception, dans le cadre du XIIIe salon de la T.S.F., en septembre prochain. Les progrès sont rapides. En moins d'un an, on est passé de l'image directe, soixante lignes sur cent quatre-vingts mètres, à l'image deux cent quarante lignes sur sept mètres, en télécinéma, au Studio Grammont, explique-t-il, tandis que de petites ombres plongent au ras de la table et filent entre les dîneurs, brassant l'air à quelques centimètres des visages.

Rirette et Mounette poussent des cris, Tilouis gronde :

— Nom de Dieu ! Qu'est-ce que c'est que ces outils-là ?

— Des chauves-souris, répond Raoul calmement.

La frayeur des Parigotes redouble. Alain les rassure : Ce sont des animaux inoffensifs, des insectivores très utiles. Il faut seulement faire attention quand on a des cheveux très longs, les chauves-souris peuvent se prendre les pattes dedans, ce qui est désagréable, sans plus...

— En attendant, je vais me taper un peu plus de ce fromage, annonce Tilouis.

L'émoi s'est calmé. Raffort revient à sa démonstration pour laquelle il mobilise, après l'oncle Roure, les chauves-souris :

— ... Ces mammifères ailés se dirigent grâce à un appareil de télégraphie sans fil beaucoup plus perfectionné que tous ceux découverts jusqu'à présent par l'homme, mais il n'est pas sensible aux cheveux...

— En somme, résume Bastard, toute la science du monde s'efforce de hisser l'homme au niveau de la chauve-souris.

— Et de l'abeille, ajoute Alain.

Ils se tournent vers le fantastique rucher du Déserteur, là-dessous, ils l'écoutent et le devinent dans la nuit d'été. Ils sont tous impressionnés, même ceux qui avaient raillé l'émerveillement des *Clerguemortéou* devant le retour des abeilles.

Le Rouquin allume une cigarette et bégaie : « Qu'est-ce que ?... ça... alors ! ve-venez voir !... » Il craque une deuxième allumette.

— Ça, c'est des vers, reconnaît Riquet, placide.

— Dans le fromage ! s'indigne Tilouis.

— *Pardine :* les fromages qui ont des vers, c'est les meilleurs ! expose Rafaël, avec sérieux.

— Et on a bouffé ça, nous ?

Trois, puis quatre allumettes explorent la table au milieu des exclamations coléreuses, des injures.

D'autres flammes éclairent un menton, un décolleté :

— Mais, regarde ! tu en as encore deux qui se tortillent, là...

— Attention, ils vont te glisser entre les seins !

Une lueur tremblotante, là-bas, sur le sentier, annonce l'arrivée de la Galavarde.

Tombée à genoux devant la murette, la poitrine écrasée sur les lauzes, Mounette vomit sur les ruches.

Les deux Allemands, leur ami Jean-Jacques et Reine partirent à l'aube, ensemble. Ils se dirigeaient vers l'Ardèche dans l'intention d'étudier les particularités linguistiques de l'ancien Vivarais. La normalienne s'offrit à les guider dans son pays. Ils repasseraient par la Cabusselle, au retour, bien sûr... promis !

— Quel genre de fille c'est ?... fit Alain, maussade.

— Une très chic fille, répondit Raffort. Ni fasciste ni antifasciste, elle s'en fout éperdument. C'est la joie de vivre faite fille ! Elle ne peut pas s'empêcher de chanter, écoute-la. Elle ne cherche pas l'homme, mais elle ne le refuse pas. Quand un garçon agréable vient lui parler, eh bien ! elle engage la conversation d'une manière très spontanée. Elle n'a pas de ces hypocrisies... Au Contadour, elle ne quittait pas les étrangers — deux prof' espagnols, un peintre italien. — Elle était toujours chic avec eux. Elle m'a dit, très simplement : « Les pauvres ! ils sont tout seuls, moi, si j'étais étrangère, je me sentirais perdue... » On la charriait : La prochaine fois, on t'amènera un Libanais, pour compléter ton échantillonnage.

Le jeune ingénieur harnachait son vélomoteur. Il se dirigeait, lui, sur la Haute-Provence.

— On est trop bien ici. Tu ne manqueras pas de clients...

Comme sa machine démarrait au deuxième tour de pédalier, il cria, du chemin :
— Saluez l'oncle Roure !
Les garçons s'équipaient : foulards, couteaux à la hanche, gourdes au flanc... Ils bouclaient les ceinturons, réglaient les sacs à dos avec satisfaction, ralentissant leurs gestes, se bridant, retenus comme les pur-sang au seuil du galop de charge. Ils agissaient avec ordre et méthode, démonstrativement. Ils conseillaient les Parigots, les passaient en revue... Il y avait dans ces départs de l'aube quelque chose de militaire qui les enchantait.
Raoul commandait les opérations. Il avait eu quelques idées heureuses : prendre, à l'aller, le chemin de Lespinas, plus long mais moins pénible, moins exposé au soleil dans la matinée ; envoyer Riquet en éclaireur pour achever le ravitaillement et préparer les haltes. Tous s'étaient portés volontaires à l'appel des cimes, sauf la blessée, sauf Rafaël et Luc qui devaient redescendre vers « la civilisation », le premier pour des achats de matériel culinaire, le second pour inviter personnalités et organisations à la fête de l'A.J. Franck devait rejoindre par le col avec Jean Hur.
Alain dut venir appuyer de son autorité Raoul qui ne parvenait pas à les convaincre — toujours la même histoire ! — d'emporter vêtements de laine et couvertures, précaution qui semblait grotesque, ici, dans l'aurore empâtée de grosses chaleurs.
Ils partirent enfin, les Parigots encadrés, Raoul en tête, Bastard et Gino en queue. En arrière-garde marchait Nathan, avec Célie, libérée grâce à la complicité de la Gavotte, et d'un peu tout le monde.

Sur le chemin du Vallauzas, en montant vers le sommet, il leur arrivait d'apercevoir une silhouette sombre et immobile qu'ils prenaient pour quelque vieux tronc calciné, ignorant qu'ils étaient tenus à l'œil par la grande veuve noire du mas le plus proche pendant qu'ils traversaient ses biens à l'abandon. Rirette et les siens éprouvaient une inquiétude vague, pas celle du paysan lancé sur les grands boulevards du samedi soir, une angoisse d'essence métaphysique, tout à fait nouvelle pour eux.
« Viens Poupoule, viens Poupoule, viens... » se mit à fredonner Tilouis entraînant Rirette par le bras. Il ne fit sourire personne.
Ils marquèrent une courte pause sur la jasse de la Couadette, à la sortie de laquelle Raoul prendrait sur sa droite le chemin de Lespinas qui contournait la montagne. Le soleil partageait le paysage en deux ; quand on regardait face à la lumière, les forêts et la rancarède s'estompaient sous une brume laiteuse, quand on faisait demi-tour, les verts éclataient sombrement et, tout en haut, la muraille des rocs ressortait en couleurs cuisantes : une balafre.
Riquet leur montra les murettes qui retenaient les faïsses de châtaigniers :

— Elles ont toutes été remontées pendant la crise. Les mineurs chômaient jusqu'à des quatre jours par semaine. C'est à ce moment-là que la Cévenne s'est un peu retapée, que les arbres se sont greffés... (Le fils du Jaurès ajouta :) Les mineurs ne sauront jamais se reposer... Il y a comme un élan dans le bras (il faisait le geste)... ça continue quand même... On peut leur dire : aujourd'hui, pas de mine ! même s'ils sont payés, ils vont traîner, rôder dans la maison, tracasser les femmes, se trimballer dans la rue, chercher pouilles aux copains, jusqu'au moment où ils iront au jardin prendre le bêchard, ou bien à la remise une hache, pour couper du bois...

Sur le tranchant de la crête, au niveau du col, Franck et Jean Hur les attendaient. Dessous, sur la route en lacets, repartait la belle Mathis carrossée cuir.

Franck était allé passer la nuit dans le mas familial, au Casquillé, pour voir si son oncle était arrivé. La vieille finit par lui avouer que « Léon » — elle feignait d'ignorer Cherchemidi — s'était annoncé par télégramme pour le lendemain. Franck laissa un billet insistant : la Cabusselle comptait sur sa haute présidence pour l'inauguration solennelle.

Les Hur, après quelques hésitations, consentirent à lui confier leur fils unique, à lui, Franck, personnellement — n'était-il pas de la famille, ou presque ? « Au fait, c'est bien aujourd'hui que votre oncle, notre écrivain célèbre, arrive au village ? » M. Hur proposa d'épargner aux deux excursionnistes la première partie de l'escalade. « Il est robuste, en dépit de ses airs souffreteux, notre Jeannot, mais, quand même ! ça fait une trotte... » L'instituteur était à l'affût du moindre prétexte pour sortir sa voiture. Sans cette femme économe et autoritaire, il aurait passé les vacances au volant.

Les deux garçons furent en avance au rendez-vous. Lorsque Jeannot entendit les chants lointains, puis les joyeux éclats de voix, quand il aperçut la colonne qui débouchait de la dernière pinède, il fut investi par une force adulte. Ces rires dans la gorge, ces chants lancés, interrompus par d'autres, ces refrains qui se bousculaient par émulation, ce tintamarre de liberté, de jeunesse, combien de fois les avait-il entendus passer sur le chemin, quand lui devait rester sur le lit, dans l'ombre fraîche de la chambre, pour la sieste hygiénique, ou devant la table de la cuisine, cloué sur une analyse logique vicieusement composée par sa mère qui le harcelait, tout en préparant ses pots de confiture : « Si tu crois qu'en sixième on t'accordera tout ce temps pour démonter quelques subordonnées... » Enfin, il allait se joindre à la joie qui passe, enfin, il allait pousser son cri dans les jeunes charivaris de l'été. Le soleil lui appartenait, il courut à perdre haleine vers les ajistes, fuyant la concordance des temps, la sieste, la famille, tous les cachots.

20

Les vieux du sommet

Le 1er mars 1690, des protestants se réunissent à Vialas pour régler la succession Chapelle. Il est dix heures du matin dans le coquet petit bourg perché sur les pentes granitiques de l'éperon de Gourdouze. Ils décident de s'entendre à l'amiable, heureux de se passer des services du juge de M. le marquis de la Fare, un nommé Pierre Vignes dont la réputation est détestable. Celui-ci, qui est également notaire de Nojaret, leur demande de lui confier au moins la rédaction des actes. Nos braves gens refusent et désignent pour ces écritures deux notaires de Chamborigaud, maîtres Daudé et Leyris. Vignes les quitte, furieux, en proférant des menaces.

Quelque temps après, ces protestants sont arrêtés sous l'inculpation mensongère de s'être rendus dans la nuit de ce 1er mars « à une assemblée de la religion prétendue réformée, tenue à l'auberge de Lespinas ». Ils ont été dénoncés par Pierre Vignes.

Le procès dure deux mois : deux condamnations à mort, vingt-quatre aux galères, sans parler d'autres peines diverses. Tous les inculpés ont eu à subir les questions ordinaires et extraordinaires.

L'assemblée de Lespinas ne s'était jamais tenue.

Le dossier de l'affaire conservé aux archives départementales de l'Hérault accable la justice de Louis XIV, ses méthodes comme ses magistrats. Parmi les condamnés se trouvent des voyageurs, clients de l'auberge, des passants arrêtés sur le chemin, et même un bon catholique qui couchait, à l'heure du « crime », chez un curé qui vint en témoigner vainement : le malheureux partit quand même pour les galères. On apprend ainsi qu'étaient considérés comme preuves — ou « adminicules » : le tremblement dans la voix de l'accusé, la proximité de sa maison du lieu du crime, sa « mauvaise physionomie », le « vilain nom qu'il porte », etc.

Au début de notre siècle, un pan de la crête s'éboula sur cette auberge. La famille qui se chauffait devant la cheminée de la salle, au premier, passa à travers le plancher, et resta coincée là, les jambes pendantes dans l'écurie des cochons. Ce n'est que trois jours après qu'un paysan du Cros, hameau voisin, entendit les cris. Quand il arriva, les porcs affamés avaient dévoré les jambes des habitants de l'auberge. Il reçut la médaille de sauvetage et un diplôme qu'il fit encadrer et qu'on pouvait encore voir, il y a quelques années, dans l'arrière-salle du café-tabac, en bordure de la route, à quelques kilomètres de Lespinas.

L'auberge en ruine garde fière allure. Les maîtres murs tiennent toujours. Le four perd ses meilleures pierres, une à une, les vastes écuries se lézardent mais leurs puissantes voûtes sont encore impressionnantes.

Riquet attendait là l'équipe de la Cabusselle.

Il était parti deux heures avant, ce qui lui avait donné tout le temps de faire les provisions.

Quand ils arrivèrent, ils ne chantaient plus. Ils se laissèrent tomber sur l'herbe douce, devant le balcon de Lespinas, entre le four et les écuries, comme entre des bras ouverts, dans l'ombre et les courants d'air de l'auberge tragique.

Riquet, bon prince, entreprit de beurrer pour tous les tranches de pain de seigle.

— C'est du beurre, ça ? demanda Sardine avec un grognement gourmand.

C'était un produit d'altitude, brut, du beurre odorant et fort.

— Je te crois, Riquet, reprit Sardine. Alors, tout ce que j'ai mangé jusqu'ici sous ce nom, c'était pas du beurre.

Pour le saucisson, ils renoncèrent à trouver des mots : l'un après l'autre, ils se mirent à ronronner voluptueusement, dodelinant avec un joli mouvement d'ensemble. Ils apprécièrent aussi l'eau de la source, la splendeur des châtaigniers énormes et la vue qui s'étendait sur les vallons jusqu'à Saint-Andéol, Saint-Frézal-de-Ventalon et Le Collet-de-Dèze.

Un vieux les observait, à une dizaine de mètres, accoutumé peut-être à venir sur le midi boire l'eau de source et goûter l'ombrage des châtaigniers de Lespinas. Riquet se leva pour le saluer selon les usages, puis il lui lança :

— Si c'est de votre bon vouloir de vous mettre à l'ombre, vous nous serez pas une gêne, bien au rebours !

Le vieux ne demandait que ça.

— Et qui tu es, toi, *moun drollé ?*

— Un Chapon, de Clerguemort.

A partir de là, le vieux se permit de continuer en patois :

— Des Chapon de l'Arboussas ou des Chapon de Pennin ?

— Des Chapon de l'Arboussas.

— Mais alors... C'est ton père qu'on lui dit le Jaurès, le maire de Clerguemort, quoi ?

— Eh oui !

— Mais alors, ta grand-mère, la mère de ta mère ? c'était une Pasquier du Mas Bonauro.

— La Félicité, oui.

— Que sa sœur, à cette Félicité, elle s'était mariée avec un Tabusse de Jalcreste qui avait un frère, Léandre, et ce Léandre a pris en secondes noces une petite cousine du côté de la femme de mon germain... Je vais t'expliquer, *Chapounnett' !...*

Raoul et Bastard traduisaient pour que les Parigots sachent

comment la montagne vous remet vite à votre place dans la chaîne des sangs et des siècles.

C'était un vieillard crochu, tout en os et en cuir cassé aux plis. Il était intéressé par cette affaire de la Cabusselle dont tout le pays parlait. Il posait des questions précises mais ce n'était ni de l'indiscrétion ni de la basse curiosité. De l'intérêt seulement, un besoin de savoir. Quand il fut certain d'avoir bien compris, il fut satisfait. Il offrit alors ses fruits sauvages : des pommes vernies à la chair craquante, très juteuses, et des pêches non greffées, à la peau dure et grise, à la saveur violente, les dernières *bergades* et les premiers *pessaigres* de la saison.

C'était le père Taffel, Albéric, dit *lou Piquôfiô* — le Pique-feu du mas de l'Ajalas, le plus haut derrière le sommet de la montagne. Puisqu'ils arriveraient dans ces parages en fin de soirée, pourquoi ne viendraient-ils pas veiller au coin de sa cheminée ? En somme, il les invitait, tout à fait officiellement. Les Parigots furent les premiers à ressentir la valeur du geste. Ils acceptèrent avec émotion.

— Par façon de vous rendre vos bonnes manières, fit le vieux touché, il faudrait, de mon côté, que je vous renseigne un peu. Je vais vous parler de cette auberge...

Et il leur conta l'affaire de Lespinas, puis l'histoire des cochons, à sa façon, avec de ces mots d'excellent français, tombés en désuétude, qu'on n'utilise pas dans le langage quotidien, mais qui reprennent leur place et leur rang grâce à la tradition orale, des mots rares, que tout le monde comprend encore, riches et beaux sans faire les fiers...

« Bonijoli menacé de la torture » devenait dans la bouche d'Albéric Taffel : « Il lui fut remontré la rigueur des tourments qui seraient les siens... » Le vieux de l'Ajalas ne disait pas : « Chez lui, on se faisait du souci », mais : « sa parentèle s'alarmait... »

Conscient d'avoir honoré convenablement, de ses fruits et de son savoir, les jeunes visiteurs de sa montagne, le Pique-feu prit congé d'eux jusqu'à la veillée.

Quand la petite troupe se remit en chemin, Franck vint à côté de Raoul :

— Les Allemands sont partis ?

— Oui. Ce matin, un peu avant nous, pour l'Ardèche, avec Reine...

— Quoi, cette fille est partie avec eux ! Je me demande pourquoi on accepte des types comme ça dans une A.J. !

— Tout simplement parce qu'ils ont leur carte. Luc la leur a demandée.

— Comment ? intervint Nathan, il y a encore des auberges de jeunesse, en Allemagne, sous Hitler ?

— Faut croire, répondit Raoul qui prit Franck par le bras : Tu t'emballes un peu vite, peut-être ? A moins, bien sûr, que tu aies surpris quelque chose. Toi, tu parles allemand...

— Franchement non. Une impression seulement...

Franck s'aperçut que Raoul avait l'air soulagé. Il reprit, plus bas :

— Après tout, je suis peut-être injuste. Qu'est-ce que tu penses, toi ?

— Je peux bien te le dire, maintenant. Ils m'intéressent. J'aimerais discuter plus longtemps avec eux... Enfin, ils ont promis de repasser par la Cabusselle, à leur retour de l'Ardèche.

— Qu'est-ce qu'ils t'ont raconté ? demanda Franck d'une voix rauque.

— Ils m'ont parlé de leur vie, qui ressemble beaucoup à la nôtre. C'est même curieux, tiens ! ils ont été amenés, eux aussi, aux questions philosophiques et sociales par le grand air, la marche, l'amour de la nature, les exercices virils, les épreuves physiques qui endurcissent le corps, purifient l'âme, et vous élèvent au-dessus du grouillement, du pourrissement des populaces par les ploutocrates...

Quand ils franchirent l'arête d'un rocher, une heure après, ils reboutonnèrent leur chemise, sans se consulter. Pour eux, l'accablante canicule finissait là.

La chaleur n'incommode pas les abeilles qui vont et viennent, du jardin au mas, s'envolent, légères, vers les quatre coins du vallon et rallient lourdement leur ruche pour faire la queue devant l'entrée. Leur bourdonnement obstiné, c'est la mélodie de la canicule. Depuis leur retour, les frelons ont disparu.

Dans la fraîcheur sonore de la vaste cuisine aux volets clos, trois mouches suffisent à briser le silence. Alain prépare le repas qu'il va porter à la blessée, dans le tristet qu'il lui a abandonné. La jolie brunette n'en menait pas large, hier soir, quand la Galavarde est arrivée. Il faut reconnaître que la guérisseuse occasionnelle n'inspire pas confiance, avec sa gueule tordue par une hémiplégie, son tablier, ses jupons douteux qui répandent au moindre mouvement des bouffées d'écurie.

Voici comment la Galavarde a opéré : elle s'est paisiblement déchaussée du pied gauche, puis, avec le gros orteil, elle a touché par trois fois l'entorse. Elle prononçait des formules incompréhensibles, sauf le premier mot : « Ante ».

Comme Mounette pouffait, la guérisseuse l'a fixée de ses yeux dont l'un est rond, l'autre bridé, et elle lui a récité d'une seule traite : « Ceux qui s'aviseront d'appeler superstitions ces manières de guérir doivent savoir que de plus habiles gens qu'eux ont approuvé des secrets de médecine, qui tiennent autant compte du merveilleux. » Pour finir, elle a enduit l'enflure avec le liquide visqueux d'une fiole qu'elle rangeait dans la poche de son dernier jupon, l'a chauffé dans ses deux mains, longtemps, l'a massé patiemment pour qu'il pénètre, tandis qu'une odeur acide chassait toutes les autres et piquait les yeux.

Au réveil, c'était à prévoir, l'enflure n'avait en rien diminué.

Deux œufs sur le plat, au jambon et au vinaigre, un pélardon soigneusement gratté, une pêche et un verre de rouge. Faute de plateau, il pose le tout sur la planche à hacher.

— Tu as déjà mangé, toi ? Tant pis ! Tu me tiendras compagnie. Assieds-toi là, en attendant... Je vais pas laisser refroidir mes œufs !

Alain s'assoit à la place indiquée, sur le bord du lit. Mounette est nue sous le drap. Il n'y a pas une mouche dans le tristet, à cause de la chaux. Le Déserteur l'avait badigeonné peu avant sa mort.

Mounette mange gloutonnement, avec de petits rires de satisfaction. Elle marmonne :

— Je les plains, avec cette chaleur !

— Oh ! il fait beaucoup moins chaud, sur ces hauteurs... Dommage pour toi que... bafouille-t-il.

— Crois-moi, reprend-elle sur le ton bonne ménagère, on est rudement mieux ici, tous les deux, moi, je le sais déjà.

Dès la dernière bouchée, elle ordonne :

— Pose ce plateau à la noix par terre, dans le fond, et regarde.

Quand il se retourne, elle bondit du lit, retombe sur ses pieds, debout, nue. Là, elle fait trois petits sauts, sur place, au garde-à-vous, triomphante.

— Alors ? Tu dis rien !

Elle est belle, d'une beauté franche, presque insolente. Elle étale son buste, son bassin, ses hanches, ses cuisses comme un domaine. Elle est si harmonieusement proportionnée qu'elle paraît grande, ainsi seule et nue.

— Eh bien ! mon entorse ? finie, a pa'tie ! Ta sorcière pardon ! C'est pas la Joconde ! Ell' s' parfumerait plutôt à l'essence de gogues, mais question miracle — Lazare, lève-toi ! — l'est champion !

Mounette s'approche maintenant de lui. Son regard change, c'est un ciel où le vent tourne. Ses yeux noirs s'embrument. Ses mots se voilent aussi : « Il fait tellement chaud... On est tellement loin... » Cela ne dépasse guère le fond de sa gorge.

Alain approuve l'alibi, du menton, c'est tout ce qu'il peut faire, médusé par une fille qui s'arroge l'initiative en amour. L'homme et l'époux, le mâle et le P.A. se battent en lui, brièvement, à coups de lieux communs, mais l'aventure est là, qui l'appelle, et puis « il fait tellement chaud... ».

Il entend les mots de son plaidoyer tandis qu'elle le déshabille avec le naturel d'une hôtesse qui connaît les usages, tout en marmonnant, moins pour plaisanter que pour l'aider, pour meubler son silence d'homme timide :

— ... Il faut tout faire par soi-même ! Vous croyez qu'il se déloquerait tout seul ? Ah ! mais non... Eh, dites donc ! c'est qu'on est joli garçon, quand on s'habille chez Tarzan !...

Elle l'entraîne vers le lit et caresse l'homme, utilisant tout ce qui est utilisable dans son corps de velours doré. Consciencieusement, elle poursuit son œuvre de caresses, s'y employant tout entière avec la patience et la minutie de l'artisan passionné.

Ils s'empoignent.

La paillasse crépite de toutes ses fibres de maïs dans le vieux lit paysan qui lâche les grincements, les claquements de chêne d'un char.

Alain Doiren se redresse. Sur le lit, d'où elle l'observe, la lumière lui donne le dense poli des lames. Ses vibrations s'apaisent. Sa peau fine et sèche ne luit que par endroits de l'abondante sueur que le mâle y a plaquée.

Alain est trempé des pieds à la tête, il sort d'un orage étouffant. Elle, est nette, au-dedans comme au-dehors. Nue sans impudeur, elle s'est offerte sans honte, conservant dans toutes les audaces sa clarté, son air fiérot.

L'instituteur cévenol voit en elle la plus étrangère des étrangères. Elle est très jeune, il est beaucoup plus jeune qu'elle. Il retrouve sur sa langue le petit goût amer qu'il a puisé dans le fond de cette bouche éclatée.

Il la contemple et c'est un bonheur d'amour inconnu qui l'envahit par les yeux. Le corps est long, sans rien de maigre, rien des brunettes pète-sec. Il la trouve belle avant de la trouver désirable. Il la désire, bien sûr, mais il pourrait se contenter de la regarder.

— J'aimerais te voir dans les crépuscules d'un pays d'argile, murmure-t-il. Ta peau deviendrait du rouge de la terre, un morceau de terre qu'on aurait choisi pour le modeler...

Mounette tend les bras. Alain s'allonge sur elle, mais il n'est plus surpris, il se lance en amour, il hisse le drapeau dangereux, pour appeler la mitraille et s'offrir au feu dans mille fanfares...

Après, Alain en reprend possession avec les yeux :

— Tu es belle comme un arbre. Sous ta peau, ce n'est pas du sang... Le sang est tragique, sale parfois. C'est de la sève, la sève ! qui n'est que nourrissante, et forte...

Avant de s'assoupir dans ses bras, elle marque son étonnement avec simplicité :

— Dis donc ! Mais t'étais tout neuf !

L'Ajalas est le dernier mas d'un village fantôme. Il se dresse au-dessus de ruines, maisons sans toits, sans portes, sans fenêtres, sans planchers, squelettes formidables ! Ses murs sont intacts, construits en pierres de taille finement ajustées, du granit.

Jadis les hommes aimaient les cimes. Charlemagne avait installé là ses bénédictins, et plus tard les chevaliers de Malte, leur commanderie.

Le dernier mas vivant sur l'Ajalas avait déjà la crève. Les enfants et les petits-enfants du vieil Albéric Taffel étaient descendus dans les vallées, dans les villes, pour des besognes assises, derrière des guichets, toussant, crachotant, tombant de plus en plus bas.

Le Pique-feu avait découvert, ébloui, une jeunesse qui montait. Il avait aussitôt crié la nouvelle sur la montagne.

Deux vieux et une vieille, chacun venant de son mas, le voisinage au grand complet était là, pour cette veillée qui rappellerait peut-être un peu celles de jadis.

— C'est qu'il y en avait du monde, alors, sur les sommets ! Par la fenêtre, je voyais une lanterne au loin, une petite étoile, qui s'éteignait derrière un arbre, qui scintillait dans le bosquet. Le temps qu'elle s'éteignait, pour passer la tranchée du col, je savais si l'homme allait bon pas...

Dans le grand fauteuil taillé au couteau trônait une jolie vieille, mince et pâle, coiffée d'un béguin en dentelles du Puy, et dont la bonne humeur était contagieuse. Toutes ses phrases s'étouffaient dans un fou rire. C'est elle qui menait gaillardement la veillée. Elle se nommait Pulchérie. Elle « allait sur ses nonante ». Sa longue vie n'avait pas dû être drôle tous les jours, néanmoins, Pulchérie tournait la misère et le malheur à sa façon, qui finissait toujours par le rire :

— Dans les temps, on pouvait pas se payer ces « luxes ! » (Elle désignait la lampe à pétrole et la bûche dans la cheminée.) Je m'en souviens comme si c'était hier. J'ai connu des années où on s'endettait sur la récolte des pois chiches ! Mon pauvre mari avait deux paires de sabots, une paire à brides, pour entrer dans la maison de Dieu. En sortant, il les portait à la main. Son autre paire, ça lui faisait rien. Il disait : Pourvu qu'il y ait encore le dessus, le dessous, je m'en fous. Il marchait volontiers pieds nus...

Pour lâcher des mots comme « Je m'en fous », Pulchérie marquait une brève hésitation ; le mot dit, elle rosissait.

— ... Avec ces misères, on continuait de veiller, en rognant sur tout. Pas de lampe, ni de bougie. Le feu suffisait. Et, pour économiser le bois, on allait veiller dans la clède, pour profiter du feu qui séchait les châtaignes, dans cette *fumareste !* On risquait pas de voir les hommes, quand ils débouclaient leurs ceintures, pour rabattre un peu leur pantalon, avant de s'asseoir. Faut vous expliquer que, pour ne pas user le fond de leurs braies... (le rire montait en elle) ils s'asseyaient, oui, les fesses... sur le banc... directement.

Elle avait le rire intempestif des couventines.

— Vous avez beaucoup de neige, par ici ? demande Rirette.

— On est bloqué chaque hiver de trois à quatre mois, répond le Pique-feu. On rentre son bois, ses provisons, et on attend que ça passe. Demandez à Calixte ce qu'on a fait, en février dernier !

Calixte était un énorme vieux, large, épais, rougeaud :

— Ça faisait plus de trois mois qu'on n'avait pas de nouvelles du Roumèje, un sacripant qui vit seul, dans son mas. On se dit : *Pamén !* Il faut aller voir, s'il est pas crevé, ce vieux bandit ! Ça lui fait dans les combien, maintenant ? Voyons, il était de la classe avec le Clotaire ?

— Non, tu mélanges. Le Roumèje, il a tiré au sort avec le Déodat...

Les deux vieux discutent âprement pour un an de plus ou de moins, jusqu'à ce que Pulchérie, comme si elle les avait laissés s'amuser un temps raisonnable, tranche :

— Le Roumèje, il aura ses quatre-vingt-trois pour la Saint-Michel !

— Vous vous rendez compte, reprend Calixte. Seul à cet âge, depuis trois mois ! On se décide, à quelques hommes courageux, et on y va. Une douzaine de kilomètres dans la neige. De loin, on a vu la fumée. On s'est dit : Bon ! s'il est crevé, y a pas longtemps. De son mas, y avait que la cheminée qui dépassait. On a marché sur le toit, et on lui a parlé par le conduit : « Ça va, Roumèje ? — Quand ça va pas, on le pousse ! — Tu as besoin de rien ? — Ah ! peut-être bien que si vous aviez quelques allumettes... Parce que ça fait quinze jours que je dors jamais plus d'une heure, peur que mon feu s'éteigne ! » Voilà. On lui a descendu la boîte avec une ficelle, par la cheminée, et on est repartis.

Le Pique-feu puisait à la louche le vin chaud aromatisé dans une marmite qui vagissait sur la cendre.

Si les temps se rencontrent parfois, ce ne peut être que dans ces moments, entre ces murs, dans cette lumière, à cette chaleur qui n'ont pas d'âge.

Calixte est l'un des géants tailleurs de pierre bâtisseurs de l'Ajalas de granit, le Pique-feu l'un des pâtres de la Montagne éternelle et Dame Pulchérie l'aïeule que rêvent les jouvencelles. La bûche de chêne dans la cheminée flambe sans fin, avec sa chaleur qui rapproche et ses lueurs qui peignent la trogne d'un hercule et le museau d'un pâtre à la façon de Le Nain.

Les minutes sont plus longues ici, soixante ne sont pas assez pour faire une heure et les journées ont tellement d'heures et les mois tellement de jours l'hiver, que les gens du sommet se surprennent à vivre alors que leur siècle est fini, leur temps dépassé.

Quand une chaise craque, c'est important comme les poignées d'étincelles du foyer, les soupirs étoilés du chêne, comme la saveur du vin sucré, comme les odeurs de pipe, de feu de bois, comme le beau parfum d'armoire propre des béguins que les vieilles n'ont pas souvent l'occasion de sortir.

Pulchérie évoque son grand-père, grenadier-vélite de la Garde impériale, rescapé de Waterloo, puis elle parle de son cousin Nicandre qui avait participé en personne à la prise de la Bastille et la lui racontait, mais une de ses amies l'interrompait tout le temps pour dire : « Mon mari, qui était à Fontenoy... »

Les ajistes n'interviennent point, mais ils échangent certains sourires qui n'échappent pas à la vieille dame.

— Vous me croyez simplette, dit-elle gaiement. Mes pauvres petits ! une vie humaine, même aussi longue que la mienne, c'est court, et l'histoire va bien vite. Voulez-vous calculer avec moi ? En 1856, j'avais dix ans. Mes parents avaient recueilli mon cousin Nicandre. C'était un vieillard de quatre-vingt-cinq ans, né en 1771, il avait donc dix-huit ans le jour de la prise de la Bastille. Il m'emmenait en promenade chaque jour ou presque, me charmait avec ses souvenirs, qu'il avait beaucoup de plaisir à rappeler, je le comprends à présent. Dans la forêt où nous nous rendions habituellement, il avait lié connaissance avec une noble veuve qui était de son âge (on parlait même de mariage, à la maison, pour le blaguer). Cette grande dame avait déjà convolé, à l'âge de quinze ans, en 1786, donc. — Ne croyez pas que je calcule si vite, mais j'ai refait si souvent ces soustractions ! — Comme il était d'usage à l'époque, on avait donné pour époux, à cette enfant, un colonel dans la soixantaine qui se retirait sur ses terres avec une pension du roi. Fontenoy, c'était sa première bataille — il avait alors vingt ans — et il ne cessait d'en rabattre les oreilles de sa jeune femme...

Un meuglement parvient du dehors, plainte et menace à la fois, l'appel de la lune à la montagne entêtée.

Cela fait sourire les vieilles gens du sommet :

— Ce n'est quand même pas le Bramarel ! Il pâture vers le Pont Romain...

— Non, c'est le Butor. Le vent vient de tourner à la tramontane, conclut le Pique-feu qui ajoute : Mes pauvres petits, vous allez vous geler pour voir le soleil se lever !

— Qu'est-ce que c'est, le Bramarel ?

Les vieux des cimes rient encore :

— C'est un petit berger de Camargue. Quand il est content — et qu'il se croit seul — il se quille sur un grand rocher, et il hurle sa joie à la lune, comme les loups...

Ce sont les vieux qui convoquent les temps modernes au rendez-vous du Lozère. Rirette doit parler de son travail, Tilouis de sa grève sur le tas, le Rouquin de son quartier, Nathan de la rue de Lappe, Raoul de son école d'officiers, Bastard de son école d'instituteurs... Tous se racontent volontiers, et chacun est amené à parler plus ou moins du Front populaire.

Au tour des vieux d'échanger certains sourires. Les ajistes voudraient bien vaincre leur scepticisme par une démonstration chiffrée aussi probante que celle de Pulchérie. Tilouis les sonde avec précaution. Ils bougonnent.

— Ah ! ma foi... on ne voit pas bien ce que ça donnera !

— Vous ne pensez pas, vous, comme un qui nous disait : « Les ouvriers, on leur balance un tas d'avantages, ils savent pas seulement en profiter. Ils vont tout claquer d'un coup ! »

— Eh bé !... répondent-ils seulement.

Et ils soupirent, résolus à ne pas comprendre.

Nathan les émeut par le biais :

— Que voulez-vous, sans le Front populaire, sans les congés

payés, on n'aurait jamais pu grimper jusqu'ici, on ne se serait jamais rencontré, ce qui aurait été dommage. Enfin, moi, pour mon compte, je l'aurais regretté...

Ils se récrient tous en même temps, les vieux du sommet. Avec bien des réticences, ils finissent par avouer leur appréhension, leur terreur : la dévaluation.

— Mais Blum a promis solennellement, en juin, à la Chambre, qu'il n'y aurait pas de dévaluation, s'écrie Tilouis, le jeune garde.

— Sans parler que Vincent Auriol, le ministre des Finances, vient de le confirmer, ajoute Bastard.

Les vieux du sommet ne répondent pas, ils se contentent de hocher la tête avec un sourire gentil, sous-entendu : « Mes pauvres enfants, que vous êtes naïfs ! votre Blum ne vaut pas plus que les autres... » Leurs bons yeux disent aussi : « Vous êtes plus à plaindre que nous, vous n'êtes pas près d'en avoir fini, pauvrets ! »

Comme les ajistes s'obstinent à jurer leurs grands dieux que le Front populaire ne touchera jamais au franc, le Pique-feu les fait taire en levant sa main tellement usée, tellement plissée qu'on la dirait en laine :

— Écoutez, petits, s'il n'y a pas de dévaluation avant trois mois, vous reviendrez me traiter de vieil imbécile.

— Qu'est-ce que vous en savez, à la fin ? soupire Bastard.

— Rien, mais je le sens, rétorque le Pique-feu, sans se démonter.

Calixte ajoute :

— Le paysan flaire la dévaluation, comme le sanglier le tabac, la sueur et les odeurs de l'homme.

— Il y a des choses ainsi, convient Franck. On les sent, mais pour les expliquer...

Le Pique-feu parle du berger qui renifle la Mort, Fachine, qu'on connaît bien à Clerguemort, de réputation en tout cas :

— Son troupeau n'est pas loin, ces temps-ci, précise-t-il. Tu as dû le voir, Calixte ?

— Moi, proteste l'énorme vieillard, quand je peux faire autrement, je le vois pas, Fachine ! Je suis comme ça, j'aime autant pas savoir l'heure à l'avance ! Je suis pas un condamné, *pamén !*

— Qu'est-ce que tu pourras bien regretter, quand tu partiras ? demande aigrement le Pique-feu.

Le regard des ajistes a changé. Ils voient ces vieux dans leur pauvreté, dans leur propreté. Calixte porte une veste taillée dans un tissu qui n'existe plus, le *cadis*.

— Pendant la guerre de 14, on ramassait des genêts pour en faire des étoffes...

Il y a toujours le moment où la tuerie de 14 remonte à la surface, suivent souvent — et pour cause ! — les parentages infinis...

— ... Par cet oncle Hippolyte, tué à Verdun, nous sommes petits-cousins avec les Hur, explique Calixte à Jeannot. Ton grand-oncle,

Numa, le frère du père de ton père. C'est vrai que tu peux pas l'avoir connu...

La fierté qu'il ressent d'avoir pour cousin ce grand-oncle, dont Jean Hur n'avait jamais entendu parler, s'exprime dans le portrait qu'il en fait :

— Numa Hur, il était d'une force colossale ! Il portait une balle de farine de cent cinquante kilos sous chaque bras. Quand il y avait une bagarre à Clerguemort, son arrivée déblayait... Il s'était bien établi, en Algérie. Il a tout abandonné en 1870 pour venir se battre dans les garibaldiens...

Calixte invite le petit cousin retrouvé à venir passer quelques jours chez lui, derrière la rancarède. L'air de là-haut lui donnera des couleurs. Surtout, qu'il pense à demander l'autorisation de ses parents !

Les ajistes et les vieux du sommet ne savent plus comment se quitter.

— Vous pourrez toujours vous reposer un peu dans ma grange, suggère le Pique-feu, y a de la paille...

— Vous êtes déjà fatigués ! raille Pulchérie, on pourrait bien causer encore une heure ou deux...

— Deux heures du matin, déjà ! si on veut pas rater le lever du soleil...

Ils ont tous envie, en même temps, de laisser quelque chose à leurs hôtes, un cadeau, n'importe quoi... Riquet ouvre le grand sac : il ne reste que des oranges et des bananes. Les autres nourritures, fromage, saucisson, beurre, chacun de ces vieux en vend. Dans un beau mouvement, le fils du Jaurès leur fait l'offrande des fruits. Les vieux en ont les larmes aux yeux. Ils se servent avec une déconcertante avidité, ils prennent d'abord les bananes. Leur excitation est celle des enfants le matin de Noël. Calixte s'oublie au point de lâcher cet aveu : « Des bananes ! j'en ai jamais mangé ! »

Dans le silence, parvient du sommet le mugissement lugubre des trois rocs debout dans la tramontane.

Rirette, Tilouis, Sardine et le Rouquin guettaient en frissonnant le premier fil d'or au levant. Bastard, Raoul, Gino, Riquet, Franck, Nathan, Célie et Jean Hur l'attendaient avec une impatience comparable. Ils avaient la chair de poule, soufflant de froid, salivant d'angoisse. Ils doutaient du soleil, voilà.

Il était quatre heures quarante. L'immense chape noire du monde s'était à leur insu progressivement éclaircie. Ils pouvaient à présent distinguer leurs visages.

A quatre heures cinquante, le ciel fut envahi d'une coulée de grisaille rose.

A cinq heures, de longues traînées de brouillard apparurent sur la rancarède, s'accrochant, s'effilochant aux mastodontes de granit comme les haillons des crues aux racines des berges.

Enfin, le soleil risqua le sommet de son casque rouge sur le parapet de l'horizon.

A cinq heures cinquante-cinq, le disque rouge finissait de sortir entièrement. La grisaille était vaincue, d'un coup, si nettement que leurs douze voix ne firent qu'un cri. Et, sur l'instant, l'univers fut changé en or.

Ils s'en virent le centre.

La tramontane était partie dans les fourgons de la nuit. Ils se sentaient si bien qu'ils appréhendaient le moindre geste, la moindre parole. Nathan et Célie, Rirette et Tilouis, les deux couples, s'étaient isolés, de part et d'autre de la crête. Chacun des autres garçons restait seul. Il est des émotions qui ne se peuvent partager. Apanage de l'individu, elles sont indivisibles. On peut bien lâcher des mots, c'est toujours à soi qu'on parle.

Franck grogna :

— C'est ici qu'il faut venir quand on est décidé à en finir avec la vie.

— ... Les salauds, grommelait Sardine, les pourris, les tantes qui nous prennent ça !

Raoul frappait ses cuisses de ses poings et la terre du talon. Les yeux de Riquet s'embuaient. Gino baissait la tête, gêné devant les autres.

Au ruissellement d'or, Jean Hur avait chancelé. Il s'était appuyé, les deux mains derrière le dos, paumes à plat sur le grain, contre le dolmen. Il était resté là, les yeux au zénith, soutenant le ciel du regard tandis que ses mains s'enfonçaient dans le granit, aspirées par le roc.

Bastard récitait pour lui-même :

> Sur cent ouvriers entrant aux hôpitaux, les médecins qui les examinent ne peuvent plus reconnaître le corps d'un homme à quarante-trois d'entre eux. Les poumons sont devenus quelque chose qui jusqu'à présent n'avait plus de nom, une sorte de monstre anatomique... Sur ces quarante-trois hommes, il n'y a plus rien de vrai : ni cœur, ni sang, ni vue, ni odorat, ni goût. Ce sont les nouveaux habitants de la nouvelle planète de la misère et du malheur des corps...
>
> Vous avez droit aux récoltes, droit à la joie, droit au monde véritable, droit aux vraies richesses ici-bas, tout de suite, maintenant, pour cette vie...
>
> J'ai dressé ce cairn à la fin de mon apprentissage panique, au moment où j'arrivais sur le premier sommet.

Bastard dit encore :

— C'est de Jean Giono.

— C'est quoi, un cairn ? demanda le Rouquin.

— C'est ça.

Et Bastard le montra :

— On dit que ces monticules de pierres ont été élevés par les Celtes.

Les deux couples revenaient, graves et las comme après une cérémonie, le pas alourdi par la mélancolie des minutes uniques.

— Maintenant, dans les lits, nous serons vieux, fit Rirette, faiblement.

Célie se plaignait à l'oreille de Nathan :

— ... Toujours des encoignures, des réduits, des trous de souris, avec toujours ! un toit, quelque chose qui jette le ciel dehors !

Le Rouquin lança aux fils de Clerguemort, comme une injure :

— Veinards !

Ils haussèrent les épaules.

— Nous aussi, c'est la première fois... murmura Riquet.

Les cimes, le soleil levant, l'univers sous le ciel étaient restés jusqu'à cet aurore dans les mystères primitifs de leur enfance.

Ils se décidaient à partir, mais à reculons.

— Il faudrait arranger quelque chose pour pouvoir passer plusieurs jours là-haut, sur le cairn, risqua Raoul.

— Tu veux quand même pas coller une baraque Adrian là-dessus, s'insurgea Bastard.

— Y a peut-être moyen de moyenner, marmonna Riquet songeur. Allons voir !

Ils montèrent sur l'autre versant. Riquet mesura, jaugea, estima, sonda, en mineur confirmé qui utilise ses yeux, ses enjambées, et l'écho des coups sur un roc, sur une butte.

— Entre ces deux parois de bon granit, qui ne risquent pas de bouger, y a que de la mauvaise pierre tassée ; ça, déblaye, tu vois l'abri peinard ? Avec le nord caché, là derrière, et sans rien esquinter de ce qui compte...

— Tu les paieras comment, les trente wagons de Polonais avec des pics et des pioches, qu'il faut, pour ce boulot ?

— Peuh ! qu'est-ce que tu vas chercher ! Un coup de mine...

— Faut savoir, estima Raoul dubitativement, et calculer fin !

— Un coup de mine, c'est quoi ? demanda le Rouquin.

— Dynamite, répondirent ceux de Clerguemort.

— Ben, mon colon, comme vous y allez, dans c'pays, chantonna Tilouis.

— Vous savez avec qui je travaille sur mon chantier ? le Cagarolle ! il est célèbre dans tout le bassin...

Le Cagarolle préparait ses trous, chargeait et annonçait : « Je vais faire sauter quarante-trois tonnes et sept cent cinquante kilos de rocher. » Une fois, l'ingénieur l'a pris au mot. Il a fait peser les berlines de déblai. Le Cagarolle était tombé juste, à vingt kilos près sur cinquante et quelques tonnes. L'ingénieur est revenu avec le directeur. Depuis, il amène les stagiaires, les ingénieurs étrangers, les visiteurs de marque. Il leur fait le coup du pari. Avec le Cagarolle, il gagne toujours.

— ... Et, attention ! ajouta Riquet. Non seulement il prédit le poids de la caillasse, mais il ne se trompe jamais sur rien, le Cagarolle, heureusement pour nous tous ! Il tient compte du volume et de la qualité de la roche, de la solidité du « plafond », de l'état du boisage, de la proximité des autres chantiers, de la ventilation et de mille autres choses...

— Et on entend des pères dire à leur gosse : « Tu n'es bon qu'à faire un mineur... » soupira Bastard.

— Voilà comment qu'ils ont fait, les mineurs des Asturies, pour tenir si longtemps rien qu'avec de la dynamite, en 1934 ? s'écria Tilouis. Je pige enfin !

— En 34, c'était déjà le général Franco qui leur tirait dessus, précisa Sardine.

— On dit qu'ils repiquent au truc en ce moment, les copains espagnols, fit le Rouquin. A la dynamite...

— Du bon temps pour les *cagarolles*, ricana Bastard.

Les Cévenols s'esclaffèrent. Ils durent expliquer :

— *Las cagarollos*, ce sont les escargots. Le mineur, son vrai nom, c'est Dumas.

— Alors, pourquoi vous l'appelez caga... caga... ?

— Parce que, les escargots, ils sont fous de joie quand ils entendent le tonnerre...

Ils firent halte sur le col, pour un dernier regard aux lauzes de l'Ajalas surplombant les pans de mur du hameau bombardé par la misère, puis ils descendirent droit, par l'autre versant, silencieux, tout au souvenir de cette veillée chez des paysans d'une espèce qu'ils connaissaient mal.

Un moment après, Bastard avança quelques explications :

— Nous sommes sur les limites du pays protestant. Stevenson, quand il a franchi, sur son ânesse, la crête du Lozère, pas loin d'ici, a été frappé par des différences brutales, en moins d'une lieue, entre Le Bleymard et Le Pont-de-Monvert. Tout change, le caractère, le patois, les coutumes, les cultures, les maisons...

— Vous vous souvenez, demanda Franck, hier, en arrivant à l'Ajalas, nous nous sommes arrêtés devant un fronton sculpté ? Avez-vous observé les vieux, à ce moment-là ? Ils ont suivi nos yeux et ils ont découvert le fronton. J'ai bien l'impression qu'ils le voyaient pour la première fois.

— Ils vont se renseigner sur la cote en Bourse de l'art roman au mètre cube ! jeta Bastard.

— Pour l'instant, ils le garderont, affirma Tilouis.

— Pourquoi ?

— Hé ! La dévaluation...

Ils se retournèrent vers le cairn, une dernière fois.

— J' te dirais bien un' chose, mais tu m' croirais pas, glissa

Rirette en confidence à Célie. Pourtant c'est vrai, j' te l' jure ! Avant, j'avais jamais remarqué le ciel.

Riquet avait prévu de faire la pause de midi sur le plateau où Fachine faisait paître ses moutons ; il redoutait ce moment depuis les racontars de la veillée sur le pâtre et la Mort mais, hormis quelques regards intrigués, à la dérobée, les ajistes se conduisirent normalement, c'est-à-dire en garçons épuisés, affamés, qu'intéressaient en premier lieu les produits du berger, le lait de brebis et le fromage blanc. Une fois rassasiés, ils n'eurent qu'une envie : dormir. Ils s'allongèrent pour la sieste sous un sapin, dans un cagnard que le pâtre avait habilement aménagé.

Raoul n'arrivait jamais à dormir dans la journée. Il rejoignit Fachine qui posait des collets dans les alentours de la pâture.

— L'animal fait ses trois kilos, estima le berger accroupi, indiquant à Raoul l'empreinte d'un lièvre.

— Vous placez pas le collet ? Entre ces deux bruyères, c'est facile.

— Non. Pas pour une femelle. L'éraflure, là, dans le sable, c'est une tétine.

Plus loin, Fachine s'arrêta quelques instants, perplexe. Il restait debout, à humer le vent :

— Je ne comprends pas ce qui s'est passé cette nuit, murmura-t-il, embarrassé.

— Bah ! y a pas eu la révolution, ici !

— Ne ris pas. A l'échelle de mon petit monde, c'est un événement. Voyons, cette nuit, la tramontane a dû se lever vers une heure...

— Qu'est-ce que c'est, l'événement ? demanda Raoul.

— Le renard aurait dû venir boire à cette source à deux heures du matin.

— Ben, il a changé d'idée.

— Dans la sauvagine, il faut une raison sérieuse pour changer d'idée. Le brigand s'est arrêté là. Il a attendu un peu, et il a fait demi-tour.

— A quoi vous le voyez, qu'il s'est arrêté là ?

— Mon petit ! Et ça ? Trois olives noires déposées sur une petite pierre plate, c'est la crotte du renard. Le vent soufflait dans cette direction, donc, c'est quelqu'un qui venait par là, qui l'a dérangé.

Ils découvrirent les traces de pas, où l'avait dit Fachine.

— C'est sans doute le La Chino qui vient braconner sur vos terres, supposa Raoul, pour le taquiner.

Le berger fit « non » de la tête. Il donna ses raisons :

— Le La Chino a des clous. Il en manque deux à la semelle gauche, et, quand il marche, il enfonce comme ça, par côté, du talon, sauf quand il est chargé, alors, il penche comme ça. Quand il court, il ne laisse que les trois clous de la pointe, il est leste comme une belette...

Raoul l'interrompit :

— Moi qui me demandais comment font les bergers pour ne pas s'ennuyer !

Fachine reprit sa marche apparemment nonchalante. Il énonça :

— J'ai des yeux, des oreilles, un nez... (ce disant, il les promenait, balayant les alentours sur 180°). Une langue, une peau...

Il parut goûter l'air, le palper. A l'évidence, le plateau d'herbe rase, parsemé de cailloux anonymes et de ternes buissons, lui était la plus fourmillante, la plus turbulente des capitales.

— J'ai un livre aussi. Un par saison. Que je relis autant de fois qu'il faut...

— Quel est celui de l'été 36 ?

— L'*Histoire de la Révolution* de Michelet. Et puis je pense. Le plus possible. Là aussi, je me tiens sur un sujet, pour avancer un peu.

— Et quel est le sujet de 36 ?

— La Mort. Celui-là, il risque de me faire pas mal de saisons.

— Ah ! La Mort... et... vous avez avancé ?

— Peut-être un tout petit peu...

— Oh ! dites-moi ! s'écria Raoul.

— Ça t'intéresse vraiment ?

Ils s'assirent sur un roc enterré, dont n'affleurait qu'une surface plate et luisante. Adossés contre un talus d'herbe roussie par les soleils et les vents, Raoul Ardailhan, élève au prytanée militaire de La Flèche, et Georges Guilledéol, dit « Fachine », berger de profession, restèrent les yeux perdus dans le ciel d'été, plus d'une heure, pendant laquelle il fut question de la Mort. Le pâtre ne fit pas un exposé. On eût dit qu'il rêvassait à mi-voix :

— Ça fait des lunes que je m'intéresse à la prise de la Bastille. J'en ai lu là-dessus ! — et moi, quand je dis lire, c'est lire ! Puis je suis tombé presque sur un témoin. Tu me vois venir. Vous avez fait la veillée à l'Ajalas et la bonne Pulchérie n'a pas pu s'empêcher de vous parler de la veuve de Fontenoy et du cousin Nicandre qui avait attaqué, au milieu des Parisiens, les trente Suisses et les quatre-vingt-quinze invalides qui défendaient la Bastille sous les ordres du gouverneur de Launay. Malheureusement, vous arrivez un peu tard. Il y a quelque vingt ans, notre Pulchérie rapportait les confidences de son vieux cousin avec beaucoup plus de détails et de précisions... Attention ! Je sais l'essentiel par les livres. Et ne te fais pas trop d'illusions sur ma science. La prise de la Bastille est de loin ce que je connais le mieux. Pour tout le reste, je suis bête. Sur Jeanne d'Arc ou Napoléon, je me ferais coller par un brigadier de gendarmerie ! Le cousin de Pulchérie était important pour moi parce qu'il n'y avait qu'une personne entre lui, le témoin, et moi. A force d'y repenser tout seul, ici — vivre ici, ça aide ! —, il me semblait que le sans-culotte Nicandre me racontait l'affaire à moi, directement, dès le lendemain, le 15 juillet 1789, à Paris même, dans une taverne du Pont-Neuf, par exemple. On n'aurait pas pu trouver de place côte à côte, il y aurait une femme entre nous. Nicandre me raconte sa bataille derrière un chignon qui bouge sans arrêt... Après ça, j'étais mûr pour comprendre Michelet. Maintenant, la prise de la Bastille, je la connais tellement bien qu'il me semble que j'y étais. Seulement : j'y étais pas. J'étais mort. Attends ! Il ne s'agit plus de dire : après ma mort, ça sera comme avant ma naissance. Non, ça, je m'en suis déjà trop servi. Une idée, c'est une chique, quand on la garde trop en bouche, à la remâcher, elle n'a plus de goût. Tu vas sentir la chose, petit. Suis-moi dans une autre histoire : Je connais très bien, à Lunel, le *Café Troyen*. Je peux te dire les noms des quatre joueurs de belote et ce qu'ils boivent, à cette minute, pendant que la patronne vide les cendriers dans sa pelle à charbon. Ça sent le poisson parce qu'on est vendredi et l'essence parce que c'est jour de livraison à la pompe qui est en face. Je pourrais t'en ajouter mille fois plus. Seulement, au *Café Troyen*, en ce moment, je n'y suis pas. Je suis mort là aussi. Et puis, il y a le reste, le plus important, le pire, ce qu'il vaut mieux ne pas connaître... Allons-y, tes amis se réveillent.

— Comment le savez-vous ? On ne les voit pas d'ici, et on n'entend rien.

— Cette pie qui s'en va ne t'a pas averti ? Qu'est-ce que tu fais de tes yeux ? Elle niche dans le sapin sous lequel ils dorment. S'ils avaient seulement ronflé, ou bougé, ça ne l'aurait pas dérangée. Pour qu'elle s'envole, il a fallu au moins qu'ils se lèvent, à plusieurs, et même qu'ils s'étirent.

— Autre chose a pu l'effrayer, la pie ?

— Elle serait pas partie de cette façon, ni dans cette direction. Et puis, s'il y avait eu autre chose pour lui faire peur, d'autres choses nous l'auraient dit.

Ils reprirent le chemin du retour.

— Au fait, fit soudain Raoul, et quand on est mort... totalement, c'est comment ?

— C'est quand on n'est plus nulle part.

— On est où, alors ?

Fachine s'arrêta, son regard aussi. Ses yeux, braqués devant lui, vers le ciel, dans le vide, voyaient à mi-distance, dans l'air, quelque chose. Les narines du berger frémirent. Une seconde après, il avait repris son pas et son regard ordinaires.

Raoul et Fachine rejoignirent les autres en silence. Pendant que les ajistes ramassaient leurs sacs, le berger examinait discrètement leurs chaussures. Intrigué, Raoul se rapprocha de lui. Fachine lui dit seulement, tout bas, et non sans embarras :

— Les empreintes... J'ai l'impression que c'est pas des souliers français, le talon n'est pas clouté, il est ferré, à la façon des sabots de cheval. Alors je regardais si, par hasard...

Les ajistes de la Cabusselle se lancèrent dans la descente du retour. Moins d'une heure après, ils replongeaient dans la canicule.

21

Comme des caïds

La canicule tape à coups sourds sur la Vernasse, sur le trou d'étouffement, le trou qui ne s'enfonce plus dans le charbon. Quinze jours sans marteaux-piqueurs, sans maîtres mineurs, sans explosions, sans rats, sans boue, quinze jours de peau blanche, l'apéro de ces ripailles de Sainte-Barbe à la table des gueules noires où le soleil enfin se décide à s'asseoir.

Les congés payés ne seraient pas aussi juteux si l'on ne sentait pas tomber les chaînes. Le premier jour de liberté, les mineurs se sont retrouvés sur le carreau : la force de l'habitude. Alors, puisqu'ils étaient là, ils ont manifesté, comme ça, pour rien, d'allégresse. Dafiguet, dit « l'Arsenal », était venu aussi. Il avait été licencié juste avant les élections. Le Front populaire allait le faire réintégrer, aucun doute là-dessus. On parlait autour de lui — on pouvait maintenant — de la fin misérable du père Baptiste, chassé de la mine parce qu'il avait fait grève un mois avant sa retraite, et qui se voyait, après trente ans au charbon, sans un sou de pension, sans rien. Devenu aveugle, il mendiait dans les rues d'Alès ; il était parti pour la ville par vergogne et aussi parce qu'ici les gens ne sont pas riches. L'Arsenal avait sollicité l'honneur de porter le drapeau rouge. Il fallait le voir, en tête de cette manifestation pour le plaisir ! Le Gustet disait : « Avec son drapeau rouge, l'Arsenal, il marche comme une statue ! »

Les mitraillades du rivetage à l'atelier des wagons, les coups de tampon, les sirènes, les sifflets, les hurlements du métal, de la vapeur, de la puissance et de l'autorité avaient cessé. Il traînait toujours quelque part un air d'accordéon, et des romances partout. Des jeunes apprenaient la trompette, le cornet, la clarinette et le saxo. Des gammes écorchées faisaient gémir les chiens errants.

Du matin jusqu'au soir au beau pays de Mireille,
Tout comme des pinsons,
Nous chantons des chansons,
La gaieté nous ensoleille...

Les couplets commençaient à vouloir dire quelque chose. Alibert devenait un maître à penser. On s'aimait pour un refrain :

... Sous notre ciel vermeil,
L'amour et le soleil
Sont deux jumeaux sans pareils !

Entre deux baisers, on essayait de voir le soleil à travers les poussières et les fumées qui s'éclaircissaient. Le soleil était là puisqu'on transpirait.

Le Bébert, le Lulu, le Gi, trois misérables du quartier des Cannibales, s'étaient payé des vélos de course. Sept cent cinquante francs ! Les gens se déplaçaient pour voir les machines neuves. Les champions avaient pris le départ comme pour un Tour de France. Les Cannibales attendaient leurs cartes postales. Quand ces aventuriers parvinrent au Puy, la nouvelle fit l'admiration de la Vernasse où qui revenait d'Alès passait pour grand voyageur. « Ils ont écrit qu'ils dépensent cent francs par jour, pourtant ils couchent dans les fossés... »

On se lançait dans les boules. La société des Joyeux Boulomanes venait de naître. Les membres portaient « la casquette Paulet » à visière courte ; ceux qui ne pouvaient s'en offrir une vraie la confectionnaient avec une vieille et une paire de ciseaux. Les femmes ronchonnaient : « Profite donc plutôt des congés pour faire le jardin ! » Les Joyeux Boulomanes avaient aménagé les terrains de jeu sur la berge du torrent, sous les potagers. Les hommes quittaient la maison, la paire de boules cachée dans l'arrosoir. La fouillette de pastis était en permanence au frais dans le cresson. Les jardins ? toute la journée, les « jardiniers » jouaient aux boules, vieux et jeunes. Quinze jours « de longue ».

— Si les congés durent une semaine de plus, ma mère quitte mon père... disait le fils de L'Artimon, un fin pointeur.

— Pourquoi ?

— On le voit plus à la maison.

Les congés payés leur apparaissaient miraculeux. Ils avaient l'impression de ne s'être pas tellement battus pour les avoir. « On y croyait... sans y croire ! Ça nous est tombé dessus... » Ils se le répétaient. Pour n'en rien perdre, ils se volaient sur le sommeil. La société tirait des fils sur le boulodrome du torrent, pour l'électricité. La grande vogue de la pétanque date de cette époque. Ce fut une découverte ! Elle pouvait se jouer sur n'importe quel terrain. On entendit cogner les boules dans les arrière-cours et jusque dans les couloirs. Sur le boulodrome s'organisaient des concours ; on continuait à jouer au « Lyonnais », noblement.

Bazaine, le garde des houillères, grognassait : « Tâchez moyen de bien vous amuser cette année, parce que l'an prochain... » Il ne le criait pas sur les toits.

Les mineurs n'avaient pas fait la grève sur le tas, mais la production avait beaucoup baissé. Les chefs avaient perdu leur arrogance. Schmilh, l'ingénieur du Nord, disait timidement à Fernand Bédel, le délégué, qui était aussi le maire de la Vernasse depuis les dernières élections :

— Ils n'ont plus de goût au travail. Mais dites-leur !

— C'est à vous de leur dire. Si vous n'y étiez pas allé si fort...

— Je le reconnais...

Le terrible Schmilh se sentait impuissant, il n'osait plus commander les mineurs. Il sortait vingt-cinq ou trente wagons de certains chantiers qui en avaient arraché soixante avant le Front populaire.

— Nous sommes des imbéciles, disait Cyprien Mourrail à ses camarades, ça peut pas durer éternellement. Nous en faisions soixante, pourquoi nous n'en ferions pas quelques-uns de plus, sans être obligés...

Ses camarades lui montraient, goguenards, le maître mineur qui traversait le chantier en baissant les yeux, ce salaud qui leur était toujours sur le râble, avant...

Maintenant on ne travaille plus du tout. Patache fait savoir qu'il organise un car pour aller voir la mer. Les hommes regardent les femmes, même la leur. « Dans neuf mois, y aura des couches à sécher sur toutes les cordes à linge, dit la Mouquette, ce sera comme un 14 Juillet ! » — « Moi, il me semble que j'avais jamais vu une fille avant, lance le grand Irénée. Avant, jamais j'avais vu même la femme d'un curé ! » Parmi les gens qui discutaient paisiblement sur les murettes, on voyait un homme annoncer, en se levant : « Je vais me coucher », il convoquait sa femme : « Toi aussi ! » En plein après-midi. Un printemps.

Le Phonset, le Zidore et le Mémé ne s'appelaient plus que Sylvère, Antonin et Félicien, des prénoms de coureurs, selon le style et la spécialité de chacun dans leur peloton-trio. Ils étaient partis sur leurs vieux vélos minutieusement révisés, leurs « cranques modifiées ». Ils se rendirent en une étape au Grau-du-Roi. Ils tournèrent un peu sur le port, puis décidèrent de prendre pension au *Quai d'Azur*. « Comme des caïds ! » C'était leur expression : dans les draps blancs, comme des caïds ! attablés au restaurant, devant la mer, devant les barques, sur le sable fin... comme des caïds ! Ils allèrent au cinéma, au bal, et même au théâtre le soir des *Deux Orphelines*, comme des caïds ! Ils se risquèrent au *Bal du Casino*, mais leur « dancinge » était le *Bal de la Restauration*, plus populaire, où ils étaient « comme des caïds ». Il y avait très peu de jeunes ouvriers, le trio de la Vernasse éveillait la curiosité, la sympathie. Au restaurant, le Mémé, le Zidore et le Phonset lièrent conversation avec un architecte et avec la famille d'un professeur du lycée de Nîmes. La table des cyclistes était dans le fond de la salle, contre la porte des cuisines. Ils avaient un appétit effrayant, demandaient sans cesse du pain. « Servez-vous vous-mêmes, allez ! » leur dit la bonne. Ils en furent flattés : « comme des caïds »... et les quignons descendaient. Abattre des kilomètres en tirant sur les pédales perdait beaucoup d'attrait, à peine poussaient-ils quelques pointes vers Aigues-Mortes ou Saint-Laurent-d'Aigouze à l'occasion du passage d'un cirque ou de la fête du village. Le Zidore avait une jolie voix ; souvent il chantait avec l'orchestre du bal de la Vernasse. Il se lia d'amitié avec une soprano de Montpellier, qui mangeait à la table voisine. Dans le fond de la salle, il y avait un piano, et la chanteuse, qui était musicienne, accompagnait le Zidore, après le repas du soir. Ils allèrent ensemble voir jouer *La Chaste Suzanne*, au Casino, aux places à trois francs, heureusement qu'ils avaient pris « le » costume sur le porte-bagages ! En s'attablant, ils saluaient gravement l'architecte et la famille du professeur... « Ils sont pas fiers, quand même », murmuraient-ils, satisfaits ; ils ajoutaient : « Ils sont très *populaires*. » Le matin, ils « faisaient » l'arrivée des pêcheurs ; l'après-midi, ils « s'organisaient » une sieste, se baignaient, puis jouaient aux boules ; le soir, ils s'adonnaient au spectacle ou au bal. « Chaque jour est un petit dimanche », soupirait le Mémé.

Toute la Vernasse ne tirait pas autant de profit des congés payés. Pour partir sans raisons, vers l'inconnu, il fallait être jeune, ou un peu... original, comme le Martial, comme le Trophime, mais ni l'un ni l'autre n'avaient d'enfants, il est vrai.

— Si tu m'en crois, ça ne durera pas, avait dit Martial à Trophime. Il faut sauter sur l'occasion. Qu'est-ce que tu dirais d'aller ensemble à Vichy, toi avec ta femme, moi avec la mienne ? En train, puisqu'il y a la réduction...

Ils prirent un hôtel moyen, en plein centre, bien logés, bien nourris : vingt-huit francs par jour. Ils se promenèrent, virent les courses de chevaux, à Bellerive... Quand ils avaient trop chaud, ils se reposaient sur un banc, dans le parc.

— Pourquoi dis-tu que ça ne durera pas ? demandait Trophime, tristement.

— On nous donne beaucoup trop à la fois. Et puis, la majorité qui soutient ce gouvernement est pas solide. A la première occasion... Ce qui arrive en Espagne aura une suite chez nous... Des payes qui passent d'un coup de vingt-huit à trente-trois francs, ça fait peur... Enfin, on aura vu Vichy !

Le bruit courait que Léon Blum séjournait au Mont-Dore, à l'*Hôtel des Sapins*. Les deux couples décidèrent d'y aller. Ils se retrouvèrent au milieu d'une foule de jeunes, sac au dos, venus pour acclamer le dirigeant du Front populaire. Il n'était pas là. Ils ovationnèrent l'hôtel.

Au retour, les grands voyageurs devenaient conférenciers. Florestan narrait son expédition dans les gorges du Tarn :

— ... *Sas qué !* dans les hôtels ou dans les cars, on rencontre pas beaucoup d'ouvriers ! A La Malène, on a mangé à côté de gens qui tiennent une fabrique de porcelaine. On a regardé comment ils faisaient à table, on était des bleus, nous autres ! On a compris tout de suite : quand le maître d'hôtel est venu nous attendre à la porte et nous a demandé où était notre voiture... Raymond a répondu : « On l'a laissée au garage... » Moi, je me pensais : si tu nous voyais travailler au fond, et bouffer avec nos mains noires... On avait l'impression que certains étaient gênés parce qu'on s'alimentait dans la même salle. On s'est baladé dans Millau... On voulait pousser jusqu'à Mende mais, *couillosti !* y avait plus de sous... juste pour rentrer ! Remarque, c'était pas l'hôtel le plus chic, mais on s'envoyait des truites. Le premier jour, on nous a apporté des écrevisses. Je savais pas ce que c'était. Et puis, je savais pas non plus comment les attaquer. On faisait tache, il y avait une grosse différence de costume, et il suffisait de voir comment on s'y prenait... Le garçon nous a pris en pitié : « Allez ! on va faire ça en famille ! » et il nous décortiquait nos écrevisses. On voulait faire la grasse matinée, mais on n'y arrivait pas, on était toujours les premiers levés, même que ça les gênait pour le service du déjeuner...

Les *barulleurs*, on les appelait ainsi, faisaient envie. *Baruller*, c'est un mal contagieux, alors la Vernasse se retourna vers la montagne proche, qui lui restait aussi mystérieuse que la mer. Les Polonais, les Tchèques, les Arméniens, les Italiens s'ébranlaient avec leurs ribambelles de gosses vers les hameaux, où les paysans se hâtaient de rentrer les poules et de ramasser le linge étendu. Le père allait garder les chèvres à la place de la fille, les premiers jours, et puis, comme il ne se passait rien...

Les vacances transforment joliment un village. Les gueules noires sont remplacées par de bonnes bouilles, des billes de clowns, des trognes, des frimousses, des trombines, des binettes, des fioles, des caboches, des tronches... bref, on s'aperçoit que chacun a sa gueule bien à lui. Les bleus de chauffe sont partis avec le travail. Les rues sont sillonnées de garçons et de filles habillés de jeunesse : culottes courtes, chemises flottantes et nu-pieds des baigneurs, casquettes, chemisettes et sandales blanches des danseurs ; la consommation du blanc d'Espagne double, et chaque fenêtre, le soir, arbore ses maillots qui sèchent.

« Attention ! ça ne durera pas. » Justement ! On buvait. Pour un rien, on faisait la noce. On disait : « Tout ce qui me plaît, que je peux me payer, je me le prends. » Toutes les nuits, les rues chantaient en polonais. Tous les jours, on dansait, même l'après-midi. Il y avait trois bals dans les environs, un dans une grange, un sous les châtaigniers, un au bord du torrent. Les rythmes suivaient l'ordre convenu : java, fox-trot, one-step, valse, tango, java, etc., ça recommençait... Les coiffeurs alignaient des chaises de paille dehors, le long du mur, pour l'attente et la conversation. La Mouquette ne débitait presque plus de *Parisiennes*, qui se vendent par cinq, en pochettes, mais des vrais paquets de vingt. L'air sentait la bière ou le pastis, presque plus le charbon.

La 11 légère du dernier salon était parfaitement au point maintenant. Les fameux virages cévenols donnaient à vérifier chaque terme de la publicité : « ... Impossible de capoter : grâce à la traction avant qui tire la voiture, au centre de gravité tout près du sol, on colle littéralement à la route. » Quand Cherchemidi bifurqua vers la descente de la Vernasse, il recommença de chercher ce qui l'obligeait absolument à posséder une voiture ; il éprouvait le besoin de se justifier chaque fois qu'il pénétrait dans un décor criant de misère.

L'heureuse métamorphose du village le frappa. Les gens regardaient passer la voiture sans aucune hargne, deux cyclistes lui souriaient, quatre garçons lui accordèrent un intérêt de futurs automobilistes.

La mairie de la Vernasse n'était qu'une maisonnette à mi-pente, portant l'écusson R.F. en bois peint aux trois couleurs ; une ancienne échoppe sans doute, deux pièces, dont l'arrière-boutique pour le bureau du maire.

Fernand Bédel accueillit l'écrivain avec sa courtoisie, empreinte de timidité. Il paraissait amaigri, las.

— Je suis toujours délégué mineur, alors, avec la mairie en plus ! Je ne voulais pas me présenter, je l'ai dit aux camarades : quand on veut bien faire ce qu'il faut... Chaque victoire apporte des tâches nouvelles...

La pièce n'était pas grande. La fenêtre donnait sur le torrent. Le bureau du maire était sous le plâtre de Marianne, le petit bureau du secrétaire collé par le côté gauche. Le fonctionnaire avait donc sous les yeux le profil du magistrat municipal.

— ... Vous devez quand même être heureux, lança Cherchemidi maladroitement, l'unité vous tenait à cœur !

— Ah !... soupira Fernand, elle est encore bien fragile...

Douze coups sonnent au clocher.

Le secrétaire range ses lorgnons, se lève, retire sa blouse, prend sa veste sur le cintre accroché derrière la porte. C'est un colosse aux cheveux rouges qui toussote avant de parler :

— Messieurs, je vous souhaite bon appétit.

Le maire le regarde sortir : « Ce fonctionnaire nous sert comme il a servi la municipalité réactionnaire. Jamais en retard pour entrer, mais pour sortir non plus. Il fait ce qu'il doit faire mais pas plus, surtout pas plus. » Voilà ce que Cherchemidi lit dans le bref durcissement des yeux clairs.

— Le nouveau gouvernement aussi, lâche l'écrivain, les ministres du Front populaire ont affaire à une administration, à tout un appareil qui tournait pour les autres, qui ronronnait...

Fernand Bédel lui jette un regard surpris : « C'est exactement ce que j'étais en train de penser. »

— Je n'aime vraiment que les gens qui n'entendent pas sonner l'heure de la sortie, dit-il.

— Si vous croyez que les ouvriers n'entendent pas la sirène !

— Les ouvriers, ça n'a rien à voir, répond le délégué vivement. (Puis, radouci :) Beaucoup n'ont pas eu la possibilité de choisir leur métier.

Il est visiblement gêné de se trouver là. Il va et vient. Quand il s'assoit un instant, c'est à la place du secrétaire, jamais dans le fauteuil du maire.

— ... L'unité, on dirait la maison d'un grand malade : les frères ennemis marchent sur la pointe des pieds, surveillent leurs paroles. Quand ils se retrouvent face à face au chevet du père souffrant, les premiers mots qui leur viennent sont des insultes. Ils ravalent vite la salive... Pas toujours. J'ai séparé deux mineurs qui se battaient à mort, un socialiste et un communiste : l'Albéric Tarrigues et le Mèffi. Ils discutaient de l'Espagne...

— La discussion est celle de toute la gauche, de la Vernasse jusqu'au gouvernement. Chez les radicaux, il n'y a que Pierre Cot, Jean Zay, Viollette, le ministre d'État, et Gasnier-Duparc, à la Marine, qui sont favorables à l'intervention.

— Mes deux batailleurs, la question espagnole les atteignait déjà personnellement, dans leur chair, pourrait-on dire... L'Albéric reprochait au Mèffi, le secrétaire de la cellule de Clerguemort, d'avoir tourné la tête à son neveu, Noël, qui vient de partir pour l'Espagne...

— C'est un cas particulier. Blum ne laissera pas écraser le *Frente popular*. Il aime l'Espagne...

— Mais il écoute beaucoup les Anglais.

— C'est un sentimental.

— Il versera une larme sur l'Espagne sacrifiée...

— C'est vrai aussi, qu'une intervention peut provoquer la guerre mondiale...

— Et l'aide allemande et italienne ? Tolérer ça, c'est encourager Hitler et Mussolini. Quand le fascisme aura bouffé l'Espagne, il sera encore plus fort, il aura encore plus faim...

— Le fascisme, en France ? Notre peuple ne laissera pas faire ! On ne pourra rien lui reprendre, même pas ses vacances, maintenant qu'il y a tâté ! Il connaît le goût du bonheur. Notre peuple, il est... magnifique !

— Et le peuple espagnol ?

Mais Cherchemidi est lancé : pour lui, le Front populaire est une renaissance, sur le plan social, sur celui des arts, de l'esprit aussi. Il parle de Jacques Prévert, de Jean-Louis Barrault, des groupes de théâtre et de culture populaires. La création ne sera plus le privilège des fils à papa...

De façon assez abrupte, le délégué mineur se met à parler du rôle de l'écrivain :

— ... Quand je lis je cherche le coupable, mais vous avez des auteurs qui ne situent jamais les responsabilités. Quand il y a quelque chose qui ne tourne pas rond dans la société, il y a quelqu'un de responsable. L'écrivain doit le dire, dix fois, vingt fois, sans arrêt ! Je parle de l'écrivain honnête. S'il ne dit pas ça, il n'a rien dit. Même si c'est un grand artiste, s'il n'a pas dit la vérité à ceux qui souffrent, qui tirent le diable par la queue, même s'il a très bien décrit leur misère, il les a montrés, il ne les a pas aidés.

— De toute façon, ceux-là ne le liront pas. Ils ne lisent pas.

— Je le sais, mais ça les aidera quand même, par d'autres voies...

Tout en exposant les détours que peut suivre une idée pour arriver jusqu'au peuple et devenir, grâce à lui, une force, le maire de la Vernasse feuillette un dossier sur le bureau du secrétaire.

— Excusez-moi, je vous fais perdre votre temps.

— Je ne perds pas mon temps... Fernand allait ajouter : « avec vous », mais le bref regard qu'il jette sur l'écrivain n'a pas la même réserve.

— Vous ne vous demandez pas pourquoi je viens de temps en temps vous faire une visite ?

— Disons... qu'il faut garder les pieds sur la terre. (Mais le délégué mineur, gêné d'être tombé si juste, ajoute doucement :) Vos visites me sont utiles. Si ! (Cherchemidi ne veut pas y croire.) La politique, les idées, moi, je les vis à ras de terre, et même dessous. Parfois, je me demande si la même idée, le même mot, a le même sens à la Vernasse et à Paris, dans la bouche d'un député, puis dans l'oreille des mineurs. Il faudrait presque une traduction...

Fernand montre, pour les congés payés, l'esprit dans lequel le Front populaire les a conçus et leur pratique dans la Vernasse. Jusqu'à présent, les rares qui profitent intelligemment de leurs vacances sont les individualistes et les libertaires...

— Il y a aussi les enseignants, les étudiants...

— Eux, ils sont savants. La classe ouvrière a besoin de se mettre à l'école du bonheur.

La conversation continua pendant le repas qu'ils prirent *Aux Bons Enfants de Germinal*. Ils se quittèrent ensuite, en se donnant rendez-vous à l'inauguration de l'auberge de la jeunesse.

22

Les soldats Paroul

Raoul Ardailhan fit une entrée fracassante dans la cuisine de la Cabusselle. Il jeta sur la table un objet lourd et dur.

Tous se retournèrent : c'était un Mauser, une arme de guerre en parfait état, le fusil du Déserteur.

— J'en étais sûr ! dit le « Léo Lagrange » de l'A.J., en manière d'excuse. (Il ajouta :) Il y a assez de munitions pour soutenir un siège.

Le fusil de guerre passait de main en main. Franck, Riquet, Rafaël, Nathan et les autres approchaient leurs doigts avec une sorte de timidité, soudain, ils se saisissaient du Mauser avidement, le pressaient contre eux, le caressaient...

— Eh ! attention ! il est peut-être chargé. C'est dangereux, ces engins...

Des grognements vexés : comme s'ils ne connaissaient pas... Chacun de ces garçons attendait son tour de prendre l'arme pour s'isoler dans un coin sombre de la cuisine, seul à seul avec elle. Chacun frémissait pour la première fois sous la poussée de l'antique désir. Le poids de l'arme, la douce fraîcheur de son acier, le claquement feutré de sa culasse huilée, la ligne de mire si sensible à la hausse mobile, et les parfums tenaces de la poudre et de la graisse spéciale que l'on respire quand on couche sa joue sur le bois tiède de la crosse, troublaient délicieusement ces garçons. Quand ils rendaient le fusil, à regret, leur visage, un instant encore, restait farouche. L'impression de puissance, la maîtrise que donne un beau fusil de guerre ne les abandonnaient que progressivement ; quelques minutes encore, ils bombaient le torse.

— Ça, c'est un sujet pour la conférence de pré, soupira le P. A. En attendant, vous êtes priés de remiser ce joujou. Au fait, Raoul, où l'as-tu trouvé ?

— Dans une ancienne cheminée de la magnanerie. Il y avait cette boîte aussi, des papiers de famille sans doute.

C'est une ancienne boîte d'épicerie, en fer. Elle contient des lettres ficelées par liasses. Le P. A. reste seul devant ce tas de papiers raides et jaunis. Les ajistes sont retournés sur les chantiers de la fête. Des bruits de bêche, de pelle, de poteaux que l'on taille, que l'on plante, entourent le mas du Déserteur. Alain s'arrange assez vite avec sa discrétion naturelle, puis il fait sauter la ficelle de la première liasse.

« Milan ce 10 Messidor An 8^{e}
Ma Chère Épouse
Je m'empresse de vous écrire la présente pour m'informer de l'état de votre santé ainsi que de nos père et mère et toute notre famille...

La suite, ainsi que les autres lettres de cette liasse sont de la même main, du même style.

Je vous avais écrit une lettre que vous devez avoir reçue, qui est datée du dix floréal, qui est partie de Ragaz. Et depuis ce temps-là, nous avons toujours été en marche. Nous avons été dans la montagne, toutes les plus hautes montagnes que l'homme peut jamais voir, nous avons été à la montagne où que le Rhin et le Rhône prennent leur source, là, il y a de la neige depuis que le monde est monde. Il y a des chemins que nous les avons montés sur nos mains et même les chiens n'y auront pas pu passer.

Ma chère épouse et mes chers père et mère, je suis en inquiétude, que je ne reçus aucune lettre de vous depuis six mois. Je vous prie de me marquer les nouvelles depuis et si mon camarade Clédas est au pays et si les vignes et les blés sont beaux et si la moisson est proche car dans le pays de la Savoie et le Piémont, l'on fait la moisson à force.

Nous avons été au blocus de Roma, mais nous avons eu une bataille à la ville de Alexandrie en Piémont que depuis que la guerre est commencée nous en avons pas encore eu une pareille. Nous avons perdu beaucoup de monde. L'ennemi est ainsi que nous. L'on fait nombre de quarante mille hommes. Nous avons battu en retraite trois fois.

vrai républicain n'a pour père et pour fille que la vertu et la loi de son pays. Rien d'autre chose de nouveau à vous marquer pour le présent. En conséquence ma chère amie, je vous prie de me marquer toutes les nouvelles du pays. Je finis en vous embrassant, ma chère amie et mes chers père et mère et mes frères et sœurs et oncle et tante et sans oublier mon oncle Panetier et ainsi que ma tante.

Je suis, avec la plus sincère amitié et pour la vie, votre mari.

P. Paroul

Salut et respect...

Soldat à la 7e compagnie,
premier bataillon,
102e demi-brigade
d'infanterie de ligne.
Armée d'Italie.
Et suivant l'armée...

Ma chère amie, je vous prie de me donner des nouvelles de mon frère Jean qui a été pris à Mannheim : si il est rendu. »

La seconde lettre est datée de « Calenate, ce 25 Brumaire an 9e ». Alain ne se souvient que vaguement du calendrier républicain : messidor, les moissons, vers août ; brumaire était à cheval sur octobre et novembre. Mais l'année commençait à l'équinoxe de septembre. Le soldat Paroul était donc à Calenate en octobre 1800. Trois à quatre mois séparent les deux lettres...

« Ma chère épouse et mes chers père et mère serais-je donc privé des plus beaux jours de ma vie ! Hélas, mes chers amis, il me semble que absent de vous je le suis de moi-même, car si la vie est le contentement, je ne suis content que auprès de vous. Je puis dire avec raison que j'aime mieux être tout couvert de plaies en votre présence que couvert de gloire en votre éloignement. Chère épouse et chers parents, consolez un pauvre soldat affligé des ennuis que votre absence lui cause.

Pour quant aux nouvelles de l'armée, il y a une amnistie et présentement nous sommes logés chez les paysans dans les villages et nous avons de temps en temps quelques verre de vin dans nos logements, et pour le présent nous sommes assez bien, mais Dieu merci, mes chers amis, j'ai toujours bonne espérance d'aller boire au plus tôt à la bouteille de chez nous. Je vous prie de me marquer ce que vous avez récolté, ainsi que mes chers père et mère, de manière que j'ai appris par une lettre de mon camarade Clédas que la récolte n'était guère abondante.

Je vous prie de m'envoyer mon extrait de mariage et ainsi que mon extrait de naissance, ça n'est que peut-être que ça me servira, mais comme cela ne vous coûte pas grand-chose, et je vous prie de m'envoyer cela que je vous demande.

Le plus affectionné de tout mon cœur... etc. »

Quatre mois passent encore.

« Citadelle, ce 30 Pluviôse an 9e.

Mon cher père,

Je mets la main à la plume pour m'informer de l'état de votre santé ainsi que de celui de ma chère mère et tendre et fidèle épouse. Pour quant à moi, la mienne est très bonne. Je désire du plus profond anéantissement de mon cœur que la présente vous trouve de même.

Mon cher père, je vous prie bien en grâce, si c'était un effet de votre bonté que vous puissiez me faire un certificat pour prouver que voilà vingt-six mois que je suis parti. Comme quoi que vous n'êtes pas dans le fait de faire valoir notre bien, et vous, ainsi que ma chère mère, sage que vous avez été, que vous n'êtes plus dans le cas de rien, et qui soit signé du sous-préfet et que vous avez mon frère qu'il y a du temps qu'il est prisonnier et que vous priez bien les officiers supérieurs de vouloir bien m'accorder une permission de trois mois pour pouvoir vaquer aux affaires de famille. Je vous prie, mon cher père, de me faire passer cela le plus tôt qu'il vous sera possible si cela se peut...

Voilà six semaines que nous sommes assez tranquilles. Pour le présent, je vous prie de me marquer si le blé et le foin est beaucoup cher ? J'ai appris qu'il a été assez renchéri depuis peu de temps et que le sétier valait jusqu'à soixante et soixante-dix livres.

L'on nous fait espérer la paix tous les jours, d'une manière que c'est pour le ouï-dire des soldats, nous n'en savons pas plus... »

Alain ne peut s'empêcher de sauter à la dernière lettre du soldat P. Paroul, aux dernières lignes :

« ... Le temps en ce pays est assez beau, nous avons eu jusqu'à l'heure présente quelques petites gelées blanches, mais de manière que depuis que nous sommes sortis de la montagne de Tyrol nous avons eu très peu de neige. Pour à l'égard des affaires de l'État, je ne puis vous en marquer rien de plus. Je vous écris la présente le jour de Carnaval. Il fait très beau temps. Je finis, mes chers amis. Je vous embrasse du plus profond anéantissement de mon cœur, je suis pour la vie, avec la plus vive amitié, votre époux et fils. Salut et amitié.

P. Paroul,
Soldat à la 7e Cie etc. »

Au verso de cette dernière lettre, une vingtaine de lignes avaient été écrites par une main différente, celle du sergent qui annonçait aux parents et à l'épouse que le soldat P. Paroul avait été tué à l'ennemi, d'un coup de sabre qui lui avait tranché la face.

Les autres liasses étaient d'autres lettres d'autres soldats Paroul qui s'inquiétaient du pays, du temps, réclamaient des nouvelles des êtres chers et des récoltes. Des Pierre, des Paul, des Pascal, des Palamède ? Impossible de savoir le prénom, qui était peut-être le même puisque la coutume est de donner au fils aîné celui du père. Il n'y avait que l'initiale, toujours ce « P » comme si c'était le même fils Paroul, à chaque fois ressuscité pour les besoins de la patrie, qui continuait de guerre en guerre, postant ses pauvres lettres à Sébastopol, à Sedan, tué souvent sans même savoir qu'il avait laissé sa femme enceinte.

Il n'y avait pas de lettres de Verdun.

L'obscurité surprit Alain dans ce dépouillement. Les ajistes étaient entrés et sortis sur la pointe des pieds, assurant les corvées, faisant marcher l'auberge sans déranger le P.A., sans doute parce qu'il semblait parti loin, très loin et qu'il avait les joues luisantes.

Lorsque Alain Doiren, péniblement, réussit à revenir dans le mas du Déserteur, il regarda les murs. Il s'aperçut qu'ils vivaient, qu'ils pouvaient parler.

La conférence de pré naquit d'une habitude. Après le repas de midi, les ajistes allaient s'allonger dans l'herbe sur le pré en terrasse qui s'étendait à l'ombrage des pins. D'une parole à l'autre, de patin en couffin, les conversations d'abord somnolentes tournaient en discussions passionnées. Finalement personne ne fermait l'œil, les vrais amateurs de sieste s'isolaient ou rentraient dans le dortoir où les volets clos et quelques judicieux courants d'air entretenaient une précieuse fraîcheur.

Luc — puisque c'était de son ministère — avait proposé : « Tous ceux qui vont au pré ont envie de discuter, seulement, c'est la pagaye, ils sont les premiers à s'en plaindre. Il faudrait organiser la discussion, autour d'un sujet, par exemple, et même la préparer, par des lectures, les journaux, un livre aussi... »

Ainsi fut fait, à la satisfaction générale. Un camarade lisait la presse pour commencer les dernières nouvelles, un autre étudiait un bouquin choisi pour ses rapports avec l'actualité. On dit d'abord « la conférence de presse », puis « la conf' de pré ».

Le « chargé de presse », aujourd'hui, est Tilouis ; quant au bouquin, c'est Constance qui l'a proposé, apporté, et qui en parlera : *L'Auberge de l'Abîme* d'André Chamson. Elle est prête, impatiente, et serre le roman sur sa poitrine ronde. Constance vient de Paris où son père est fonctionnaire des finances, mais sa famille est originaire du Collet-de-Dèze. Elle y passait les vacances. Elle est venue en voisine, on l'a gardée. Tout en préparant son bac, Constance suit un entraînement régulier : elle est championne universitaire de natation, ce que l'on devinerait presque aux mouvements souples et vifs de son corps tout en longueur, de son corps de truite.

Tilouis commence, gouailleur, par les chroniques locales :

— Sous le titre : *Que fait-on de l'hygiène ?* « ... Des personnes peu soucieuses de la santé publique déversent le contenu de seaux malodorants mais appelés hygiéniques dans les caniveaux de nos rues... »

Luc arrête les rires d'un :

— C'est tout ce que tu as trouvé !

— Camarades ! s'exclame alors Tilouis, j'ai le grand plaisir de vous signaler que notre fête d'inauguration est largement annoncée dans les rubriques départementales, écoutez ça : « L'emplacement est unique pour l'esthétique et sous les frais ombrages des châtaigneraies, permettra de résister aux rayons les plus ardents de Phoebus... »

Appuyé sur un coude, le P.A. contemple les ajistes et pense à ceux qui sont partis, tour à tour : Keurdor le camelot, les instituteurs cyclistes, les instituteurs pédestres, Josette et ses cheminots, les deux étudiants allemands, Reine, Bastard, et d'autres, presque aussitôt remplacés, presque homme pour homme, par des nouveaux, des bleus, destinés à disparaître à leur tour. L'A.J., par là, ressemble à un régiment de ligne, sans cesse décimé, sans cesse reformé. C'est d'une tristesse !

— ... « Au tribunal militaire de la 15e région, Philippe Vernier, un objecteur de conscience, d'une famille de pasteurs protestants du Dauphiné, a été condamné à deux ans de prison. Il était défendu par Me André Philip. » Pour changer un peu, continue Tilouis, en feuilletant d'autres journaux. Il paraît que les usagers des congés payés envoient des cartes postales à Léon Blum et à Léo Lagrange. *Le Popu* et *L'Huma* en publient quelques-unes : au verso, de la Croisette : « Il y a beaucoup de *salopards* à Cannes, si l'on en juge par le succès du *Popu...* » Au verso d'une vue de Biarritz : « Le chic avec lequel nos jeunes *salopardes* portent le short ; à faire pâlir les vieilles *dussèches* tricolores... »

Sous prétexte de s'installer commodément, un garçon allongé prend pour oreiller les cuisses d'une fille qui, visiblement, n'aime pas ça. Ce genre de familiarité ambiguë n'est pas rare ; généralement, le P.A. intervient discrètement, avant que la victime excédée ne provoque un esclandre. Là, il n'ose pas. La fille, c'est Mounette. Dès le retour de sa bande, elle s'est conduite comme s'il ne s'était rien passé entre eux, avec le meilleur naturel. Ils ne se sont jamais plus retrouvés en tête à tête, par hasard eût-on dit. Le P.A. ne le regrettait pas trop, tout à sa gêne, à ses remords, mais à présent les scrupules s'estompent devant le désir renaissant. Il revoit le beau corps doré, il lui revient en bouche un petit goût amer, et savoureux... Un père aubergiste responsable... salaud, va ! ce n'est pas pour ça que tu es là...

— ... « Arrivé par avion du Maroc, Franco assure désormais le commandement effectif de l'armée rassemblée à Séville pour marcher vers le Nord. Il s'agit d'unités composées d'une *bandera* de la légion et d'un *tabor* de deux cent vingt-cinq *regulares* marocains qui se déplacent dans des camions à toute vitesse. Le convoi s'arrête devant chaque village, le bombarde pendant une demi-heure, puis les fantassins avancent. S'ils rencontrent une résistance, légionnaires et Marocains donnent l'assaut. Après, on pourchasse, on fusille, on rouvre les églises et on baptise les enfants nés depuis le *Frente popular*. C'est ainsi que les fascistes ont atteint la ville de Mérida — couvrant plus de trois cents kilomètres en moins d'une semaine. Sur la rivière Guadiana, une poignée de miliciens oppose une résistance désespérée. Ils savent qu'ils sont le dernier rempart entre les Marocains et Badajoz, ville frontière, dont la prise couperait complètement aux républicains l'accès du Portugal... »

Il n'y a plus d'allongés, filles et gars sont assis, ou appuyés sur les coudes, Luc est à genoux, pétrifié alors qu'il se levait. Il gronde :

— Et Blum, pendant ce temps, qu'est-ce qu'il fabrique ?

— Il a pris la parole au grand meeting du parc de Saint-Cloud...

— Des discours, toujours des discours... rage Luc.

— Sur l'Espagne, qu'est-ce qu'il a dit ? demande Mounette.

Le jeune garde socialiste reprend *Le Populaire*, le parcourt en diagonale, bafouillant :

— Rien de bien nouveau, il semble... Mais Émile Kahn s'est écrié : « Nos camarades espagnols se battent pour nous. Sachons risquer quelque chose pour eux. »

— Et Jacques Duclos, il n'a pas parlé ? fait Luc, hargneux.

— Si. Attends... Il a dit : « Nous ne demandons pas qu'on envoie là-bas l'armée. Mais que l'Espagne républicaine ne soit pas victime d'un blocus ; qu'elle puisse acheter des armes où elle voudra. »

— Et nos fascistes à nous ? nos fascistes bien français, qu'est-ce qu'ils font, hein ? pendant que Blum...

— Dis donc, Luc, tu vas pas crier avec eux, toi ! *L'Action française* l'appelle « Blum-la-Guerre » et elle demande à ses militants d'organiser la surveillance des gares, des aérodromes, des ports, pour qu'aucune fourniture ne parte de France, ou ne transite par la France, à destination des « Rouges »...

Gars et filles commencent à s'interpeller mais, dans un bref silence, s'élève la petite voix de Célie :

— ... Si on s'y met, nous, tout le monde s'y mettra, alors ce sera la guerre. Je le comprends, moi, votre Blum...

— Elle a raison, dit calmement un grand gars très maigre, tanné par le soleil.

C'est Juvénal, l'un des trois ajistes de Lyon arrivés hier à la nuit et qui veulent repartir demain matin en direction des Landes. Il se lève sans se presser, dans le silence attentif. On sent qu'il a l'habitude d'intervenir en public.

— Vous en êtes encore là, vous ! des camarades ajistes !

Il a parlé bas, mais tous tendent l'oreille. Il fait durer la pause, éprouvant son emprise sur ses auditeurs :

— Gouverner, c'est mentir !

Tous se regardent, puis regardent Régolf et Veldamor, les deux autres camarades lyonnais, puis Juvénal qui ramasse les journaux :

— Je les ai parcourus, moi aussi. Il semble que nous n'ayons pas le même œil. Je lis, un peu au hasard : « ... Salomon Grumbach s'écrie : La paix se défend en ce moment sur le Guadalquivir et dans la sierra... La foule inlassablement crie : Des canons pour l'Espagne ! Des avions pour l'Espagne ! La fête se termine avec la tombée du jour. Les derniers manifestants regagnent la gare ou la station de métro par petits paquets, en scandant toujours : Des canons pour l'Espagne ! » (Pause). Et savez-vous, camarades, sous quel signe se plaçait ce rassemblement du Front populaire dans le parc de Saint-Cloud pendant lequel une foule excitée n'a cessé de réclamer des canons sur l'air des lampions ? La paix ! c'était le meeting du « Serment de la Paix » !

— Et pourtant c'est vrai, soupire Riquet : en ce moment, la paix se défend en Espagne !

— Exactement ! Ce n'est plus une guerre capitaliste, martèle Luc, une guerre contre un peuple, c'est un peuple en guerre contre le fascisme, c'est-à-dire contre la guerre ! Celle-là, c'est notre guerre à nous, la première peut-être !

Juvénal répond avec un calme qui met en évidence la passion du borgne :

— En 1914, on disait : tu te bats pour que tes enfants ne soient plus jamais soldats. C'est pour ça que les ouvriers, les paysans, tous les pauvres, les braves types sont partis en chantant, la fleur au fusil. Quand les capitalistes ont besoin d'une guerre, ils ont l'art de la présenter à ceux qui doivent la faire comme une chose logique, raisonnable, et même enthousiasmante. Ce n'est qu'une fois bien enfoncés dans la guerre, jusque-là, dans le sang et la boue, que les chanteurs fleuris de la gare de l'Est s'aperçoivent que tout, vous entendez bien, tout ! vaut mieux que la guerre.

Un merle pousse son cri de fuite. Des roues freinées grincent désagréablement, ce sont celles du char à bœufs venu apporter les planches pour le parquet du bal. Le roulier insulte son attelage. Après la Cabusselle, il est monté au Perdigaud livrer le matériel de la buvette que tiendra la Bonne mère. Il ne redescend que maintenant, il a mangé à la table du Fortuné, avec le Palamède, qu'est-ce qu'ils ont dû se raconter, les trois lascars !

— Mes camarades ! Regardez ces pins, voyez les abeilles, voyez la montagne, toutes ces richesses qui sont à nous. La nature et la paix sont les bases de notre mouvement. Nous ne sommes pas venus pour réclamer des canons. Nous n'accepterons jamais de tuer nos camarades de route d'hier. Nous ne serons pas des assassins. Nous avons rencontré des ajistes allemands, dans le Jura, dans le Dauphiné, dans les Basses-Alpes, pas plus tard qu'avant-hier en Ardèche — et ce sont d'ailleurs ces derniers qui nous ont recommandé votre auberge si nouvelle qu'elle n'est pas encore portée sur la carte du C.L.A.J. Nous avons parlé avec nos camarades allemands, nous avons fait des kilomètres ensemble, nous avons bivouaqué dans les mêmes granges, sur les mêmes talus. Nous sommes persuadés qu'ils ont la même horreur de la guerre. Je leur ai dit : « Chez nous, on a peur des Allemands. Vous êtes des soldats formidables... » Ils étaient très surpris : « Comment ? mais c'est nous qui avons peur des Français, du fameux fantassin français ! Vous, Français, vous naissez en uniforme, baïonnette au canon ! » Nous mettions le doigt sur ce que Giono nomme si bien « les mensonges nationaux ».

— Et mourir pour la liberté ? demande Franck.

— Gouverner, c'est mentir, répète ardemment Juvénal, et il scande : Mourir pour la patrie n'est pas le sort le plus beau, qui veut la paix ne prépare pas la guerre, une armée forte n'est pas une garantie mais un stimulant dans la course aux armements, le choix n'est jamais entre vivre libre et mourir, mais entre vivre et mourir, tout simplement.

— Enfin ! s'écrie Tilouis, il faut lever les armes contre l'oppresseur, le bourreau ! c'est pas douteux !

— La seule certitude, la voici, la seule : il vaut mieux être vivant que mort !

Une moue d'écœurement assombrit plusieurs visages.

— Ça s'appelle lâcheté, murmure Raoul.

— L'Andromaque de Giraudoux pose la question : « Où est la pire lâcheté ? Paraître lâche vis-à-vis des autres et assurer la paix ? Ou être lâche vis-à-vis de soi-même et provoquer la guerre ? »

Juvénal aspire, respire avec gourmandise, tous l'imitent, il a senti le premier les odeurs soudaines du foin coupé pour la piste de bal. Le vent vient de tourner.

— Il y a des paix honteuses, lâche Alain, presque malgré lui.

Juvénal répond avec une gravité religieuse :

— « Je n'ai honte d'aucune paix. J'ai honte de toutes les guerres. »

Le malaise ne fait que s'épaissir. Luc sort de son mutisme rageur, il explose :

— Tu tombes mal, tu es dans le pays des rebelles, ici !

Le soulagement se produit. Les lèvres muettes modèlent « rebelles » et c'est le bien-être intense de la minute qui suit la rage de dents.

— « Rebelle » est un mot qui tombe en poussière quand on le met au pluriel.

A leur mine, il voit bien qu'il n'y en a pas deux qui l'ont compris. Il s'explique :

— L'individu seul peut s'en tirer. Entrer dans un groupe, même pour se révolter, c'est accepter la discipline, c'est changer de maître. Toutes les révolutions, de Jésus-Christ à Lénine, ont été l'œuvre d'un homme seul. Dès que les masses s'en emparent, elles deviennent monstrueusement bêtes et sanglantes, du Vatican au Kremlin, de l'Inquisition au Guépéou...

— Sur cette vieille montagne, dit Alain, une poignée de paysans décharnés, armés de leurs fourches et de leurs faux, ont tenu tête à la plus puissante armée du monde d'alors. Ils ont ainsi enfanté, dans le sang, les Droits de l'homme et du citoyen !

Le P.A. s'est dressé pour désigner le Lozère qui donne de l'épaule à son compère l'Aigoual dans un flamboiement d'ors et de métaux comme pour se montrer à la hauteur de l'orgueil qu'il inspire à ses derniers rebelles.

— Allons donc... murmure Juvénal qui consulte, sourcils froncés, les deux autres Lyonnais, visiblement pas plus au courant que lui.

Alain Doiren brosse en quelques traits, pour eux mais aussi pour la bande à Rirette, pour Nathan et Célie, pour le monde entier, la fresque hallucinante des Camisards. Il l'achève ainsi :

— ... En 1789, les délégués de la Gardonnenque se réunissent à Saint-Géniès-de-Malgoirès. Ce sont, pour la plupart, des fils de Camisards. Le nommé Guizot résume leurs rêves en un texte que Saint-Géniès, puis Nîmes, adoptent dans l'enthousiasme. Le pasteur Rabaut Saint-Étienne, élu en tête de la liste du tiers état dans notre région, est chargé de présenter ce texte à la Constituante, qui le fait sien. C'est, à très peu de chose près, la Déclaration des Droits de l'Homme et du Citoyen !

— Voilà de quoi vous clouer le bec ! s'écrie Raoul joyeusement.

— Au contraire ! voilà surtout pourquoi tu peux caqueter, toi, camarade Juvénal ! reprend le P.A. sur le même ton plaisant... Pourquoi tu peux librement proférer tes énormités solennelles et tremblotantes... (Il réfléchit un instant, pouffe, maîtrise son rire et ajoute :) Et sais-tu pourquoi, nous, les rebelles, nous t'avons laissé parler, pourquoi nous t'avons même prêté attention, quand nous avions envie de t'étouffer, quand nous pouvions le faire ?

Les Cévenols se soulèvent un peu, sur un coude, juste pour montrer qu'ils auraient pu.

— Alors, quoi ? Pourquoi ? demande Juvénal, impatient.

Il n'est ni fâché, ni irrité, au contraire, il est heureux d'avoir appris quelque chose, ça l'a mis en appétit.

— C'est encore à Rabaut Saint-Étienne que tu dois la vie, déclare Alain rigolard, puis, sérieusement : Notre délégué ne s'est pas borné à demander la liberté de conscience, il a demandé plus, beaucoup plus. En 1789, Rabaut Saint-Étienne demandait ce qu'à l'heure actuelle aucun régime, même le plus révolutionnaire, ne peut admettre, ne peut même envisager. Rabaut Saint-Étienne, député des rebelles, a dit : « Ce n'est pas la tolérance que je réclame, c'est la liberté. L'erreur n'est point un crime ; celui qui la professe la prend pour la vérité. Il est obligé de la professer et nul homme, nulle société n'a le droit de le lui défendre. »

Ils se levaient, l'un après l'autre, parce qu'il restait encore beaucoup à faire pour l'inauguration, et surtout parce qu'ils pouvaient maintenant suspendre la discussion, ils se savaient assez forts, ils étaient à nouveau fraternels.

Juvénal dit encore, mais sans proclamation, en copain :

— Nous, notre jeunesse, notre cœur, notre esprit, nous ne devons pas les laisser mobiliser, détourner, pour servir à rien, ou servir au pire...

— Hé, hé ! et mon bouquin ? cria Constance indignée de leur sans-façon.

Ils reprirent leur place dans l'herbe, incapables de peiner qui que ce soit, encore moins cette longue fille aux yeux toujours étonnés.

— Bon, je vais pas vous assommer, fit-elle en éclatant d'un rire de droiture. Je ravale mon exposé. Je vais seulement vous lire l'un des passages que j'avais cochés, mon préféré, naturellement. « Pailhan disait : Alors, on va pouvoir vivre un peu tranquilles sans avoir besoin de cacher nos garçons et sans être toujours à regarder si les gendarmes ne viennent pas chez nous ? Depuis dix ans, j'ai toujours deux fusils chargés à balles, pour être sûr de rester chez moi... Il y a dix ans que ça dure et je n'ai pas cédé d'un pouce... Les autres partaient, quittes à revenir un ou deux ans après, déserteurs. Mes petits n'ont rien déserté du tout... Hé, monsieur, avez-vous regardé notre montagne en venant ici ? Tout ce grand tènement de prés et de bois, c'est nous autres qui le gardons. Il y a du travail pour plusieurs hommes. Alors, il aurait fallu que ça redevienne sauvage ? Ça n'a pas de raison, de faire partir les hommes... »

C'est deux à deux, parfois, la main sur l'épaule, et le pas rêveur comme le ton, qu'ils rentrèrent à la Cabusselle si proche.

Le P.A., pressé, qui remontait le cortège, entendit Raoul confier à Juvénal : « D'après mon grand-père, qui est chevrier, c'est dans la Cévenne qu'il y a eu le plus de sergents-recruteurs abattus... Il me raconte ça, à moi, qui suis dans une école militaire, et mine de rien, le vieux malin... »

Et Franck, au Lyonnais Régolf : « C'est Chamson encore qui raconte l'histoire des Cévenols du 43e, le soir de la bataille d'Eylau : ce jour-là, on leur avait tué la moitié de leur monde et quand même, il a voulu les passer en revue. Alors, ils ont attaché un crêpe à leur chapeau, pour faire voir... Ils ont crié : "Vive la France ! Vive la paix ! Du pain et la paix !" C'est véridique... »

Constance parlait en patois avec le fils du Jaurès et Mounette avait pris le bras de « son ancien » comme on dit ici.

— Quelles sont tes impressions, quand tu reviens au pays, après un an ou deux d'absence ? demande le P.A.

— C'est presque indéfinissable, fait Cherchemidi songeusement. Ma grand-mère (ça fait curieux, à trente-six ans passés...), l'Herminie du Casquillé, tu la connais ?

— Je l'ai aperçue quelquefois, c'est bien une grande femme tout en noir, très droite ?...

— Elle ou la Léonie de la Gronde ou la vieille Tarrigues... elles sont toutes semblables, une fois veuves. La mienne, elle m'accueille à leur façon, comme un chien dans un jeu de quilles — la litote : « Va, je ne te hais point... » Je lui demande : « Alors, quoi de neuf dans le pays ? » Elle me répond aussitôt : « Le père Machin est mort. Le vieil Untel est mort... » L'hécatombe dépend de la longueur de mon absence, du nombre d'hivers : ils se débrouillent tous pour ne pas crever à la belle saison... « Le papé Truc est mort aussi, et l'aïeul des Choses... » ainsi de suite, sans m'en épargner un... « et la cousine de Donnarel... » Là, sournoisement, elle me guette, parce que, celle-là, elle s'en fout moins, elle avait le même âge...

— Pourquoi ? parce qu'elle pense que ça t'assomme, ce cimetière ?

— Peut-être, mais, dans ce cas, elle se trompe. Une façon, plutôt, de me reprocher mon absence : les gens ont le temps de mourir avant que tu reviennes. Enfin ! cette fois encore, je n'étais pas de la charrette...

Par la fenêtre ouverte du tristet leur parvient un couplet chanté par Riquet :

La liberté, c'est toute l'existence,
Mais les humains ont créé les prisons,
Les règlements, les lois, les convenances,
Et le travail, les bureaux, les maisons...

— Tiens, la chanson de *A nous la liberté*, un film de René Clair que le cinéma des Ursulines vient de reprendre. Il est de 1932.

... Mon vieux copain, la vie est douce.
Vivons comme vivent les fleurs !
Ne pas en fiche une secousse,
C'est là le secret du bonheur !

— La chanson a été introduite ici par les trois Lyonnais dont je te parlais tout à l'heure...

... Pourquoi faut-il songer au mariage,
Quand on est fait pour courir les chemins ?
En attendant d'être assagi par l'âge,
Contentons-nous d'amours sans lendemains...

— ... Ton laïus pour l'inauguration prendra beaucoup d'importance, explique le P.A. Je ne me rendais pas compte à quel point les jeunes te connaissent et t'estiment...

— A cause de mes articles, surtout...

La belle fille s'est approchée, le cou tendu : « C'est vous, Cherchemidi, l'écrivain ? — C'est moi, tu peux me tutoyer ! » Elle s'est presque jetée à son cou, elle avait tout lu de lui, même le confidentiel *Tam Tam Mail*. Comment s'appelle-t-elle, déjà ? un nom bizarre, un nom de prison, ah ! oui, Constance. Dire qu'il a fallu que se monte une A.J. pour qu'il ait le bonheur de rencontrer des lecteurs dans son village ! A Clerguemort, on le connaît en tant que Cherchemidi, on est même fier quand la presse le cite : « Vous savez, l'écrivain, mais si ! le petit-fils de l'Herminie du Casquillé, Léon, l'enfant que son pauvre Hilaire a fait avec une espèce de Chinoise avant de revenir d'Indochine pour se faire tuer bêtement le premier jour de la guerre. Léon, quoi ! le frère de ce monstre de Lilettei qui s'est enlevée avec un musicastre prussien... »

— ... Je suis très content que tu sois venu la veille, fait le P.A., chaleureux. Ça nous donne le loisir de parler un peu à l'aise. Tu couches à l'A.J. ?

— Si tu veux.

— Alors, je te laisse le tristet... non, non ! c'est la coutume — nous avons déjà nos us et coutumes ! — le tristet du berger, c'est la chambre d'honneur.

— C'est que... de mon côté... Je voudrais t'interroger... en journaliste.

— Hélas, mon œuvre poétique n'a pas progressé d'un seul quatrain.

— C'est sérieux, Alain. Un article pour *Vendredi*, qui pourrait s'intituler : « Heurs et malheurs d'un P.A. néophyte »...

— C'est avec une semaine d'avance qu'il fallait venir...

— Attends ! ce n'est pas un compte rendu d'activité que je te demande, mais l'inattendu, les surprises bonnes ou mauvaises, les idées que tu as dû réviser, et pourquoi ?

— J'avais parfaitement compris, proteste Alain. Il en arrive tous les jours, et plusieurs fois... Tiens, pas plus tard que tout à l'heure, l'histoire du drapeau ! Mais, pour la comprendre, il faut que tu connaisses mon « Conseil des ministres »...

Ils parlent assis, l'écrivain sur le lit, le P.A. sur la table. Devant le mas, les Parigots préparent sous la férule de Rirette un sketch pour le spectacle qui sera donné le soir de la fête, au bénéfice de l'Espagne. Nathan poussera la romance, Franck jouera du violoncelle... D'autres groupes finissent de planter l'estrade des musiciens, de clouer le plancher du bal sur l'une des faïsses qui surplombent la Cabusselle, pas trop loin du chemin, pas trop près des abeilles.

— ... Une auberge comme la nôtre doit avoir son drapeau ! Une idée de Riquet et de Rafaël. Après tout, pourquoi pas ?... Débrouillez-vous pour le dessin, les couleurs, l'étoffe, la hampe, la broderie, veux rien savoir ! Ils se sont débrouillés, ah oui ! Tout à l'heure je mets le nez à la fenêtre, et qu'est-ce que je vois ? flambant neuf, flottant à la cime du tilleul, un magnifique drapeau rouge, avec une faucille et un marteau comme ça, brodés or. (Il regarde l'écrivain avec malice :) Ça, ça ne m'a pas tellement étonné. Mais la suite... Je suis descendu quatre à quatre, tout en battant le rappel des arguments que je devrais employer... Quand je suis arrivé, ils étaient déjà convaincus, la solution était même trouvée. Le rouge, ça va, c'est la couleur ouvrière, mais la faucille et le marteau, on va les remplacer par une bogue de châtaigne, un *pellous !* riche symbole, m'expliquaient-ils d'eux-mêmes : le cœur nourrit, l'extérieur se défend, et puis, le *pellous*, c'est toute la Cévenne... Qui les avait si vite remis dans le droit chemin fleurant la noisette ? Luc Roux — mon ministre de l'Intérieur, tout à fait dans son rôle — mais il est aussi, voici le stupéfiant, le secrétaire des Jeunesses communistes de la Vernasse !

— Il n'y a jamais de drame plus sérieux ?

— Si. La semaine dernière. Un nommé Fredo, un Parisien. Il avait lié connaissance avec une secrétaire, une fille de Florac, venue à la Cabusselle parce qu'elle savait y trouver l'équipe de Fredo. Pendant deux ou trois jours, ils ont filé le parfait amour puis on s'est aperçu qu'il y avait de l'eau dans le gaz. La fille s'est payé une crise de nerfs. Fredo lui avait déclaré que c'était fini, qu'il fallait tourner la page, tout le fourbi, quoi... Le lendemain... plus de fille ! On a pensé : ça y est ! elle s'est supprimée. On a fouillé tous les gouffres de la vallée. On était sur les dents, tous mobilisés... Finalement, on l'a retrouvée sur la route. Elle attendait une occasion pour s'en aller. Le soir : conseil de guerre ! On a fait venir le Fredo : « Nous n'aimons pas ça ! » Il a expliqué qu'il avait fait la connaissance d'une autre, qu'il regrettait mais que... On lui a répondu : « Écoute, c'est bien simple, nous ne te voulons plus. Va ailleurs ! » Pour être sûr qu'il partirait, je l'ai fait embarquer dans le train par Luc, Franck, Raoul et Rafaël.

A mesure que l'histoire avançait, le ton du P.A. s'assourdissait, ralentissait. Depuis, il y avait eu l'épisode Mounette... Raconter maintenant l'histoire de Fredo la donnait à voir sous un angle différent : Alain la revivait, mais dans un rôle qui n'était plus celui d'accusateur.

Cherchemidi demande :

— Et dans le genre idées reçues ?

— Une idée, par exemple... une image plutôt, une image d'Épinal : Gavroche. Je l'attendais, il est venu, tel que je l'attendais, exactement : le titi parigot sur mesure, l'argot, la gouaille, un gosse des caniveaux de la rue de Lappe ! J'apprends que c'est un petit juif, fils d'émigrés polonais, un merveilleux garçon d'ailleurs. Avec des idées bizarres : au début, il cherchait partout des bonbons à la résine, maintenant, il n'y pense plus. Il a touché un mandat quelques jours après son arrivée, depuis, tout le monde le tape, il ne doit pas lui rester lourd ; et on dit que les juifs sont avares ! Il s'appelle Nathan.

— Avec ce prénom, tu aurais dû te douter...

— Élie, Esaïe, Samuel, Jérémie, Élisée... les noms de prophètes juifs courent les familles cévenoles. C'est ton pays ! tu l'as oublié ? Tu vois si ça va vite, le racisme...

Cherchemidi s'aperçoit avec étonnement que le P.A. n'a pas dit cela en manière de plaisanterie. Alain n'est pas gai, chaque minute l'accable davantage. Il saute de sa table, vient jusqu'au lit, s'assied à côté de l'écrivain, lui passe un bras sur les épaules et d'une voix douloureuse, il lui confie :

— J'ai deux problèmes sur les bras, deux casse-tête. Deux questions vitales que tu dois m'aider à résoudre, l'une est matérielle, ô combien ! l'autre est philosophique...

Nathan et Franck avaient expliqué au P.A. les menaces que l'arrivée discrète d'un héritier naturel de la Cabusselle faisait peser sur l'avenir de l'A.J. Le Gavroche polonais était surpris par le mutisme des Cévenols « pourtant pas manchots du crachoir ». L'incognito de l'oncle du Déserteur avait fait long feu ; néanmoins Clerguemort feignait de n'être pas au courant, comme le vieux Paroul d'ignorer la présence de Franck, qu'il avait parfaitement reconnu, et celle de Nathan. Il est vrai que le chemisier et son commis ne s'étaient pas encore trouvés nez à nez. Le titi juif de la rue de Lappe avait même parlé de « loi du silence », ajoutant que cette coutume du milieu joue surtout pour les règlements de comptes.

Le dilemme philosophique était celui de la collecte des armes pour l'Espagne. Acceptation ou refus, c'était la fin de l'unité. Tout serait remis en cause, tout, y compris, selon le directeur du C.C. du Charbon, l'équilibre sentimental et la santé morale des farouches garçons de Clerguemort.

Entre chien et loup, une voix de jeune femme, un organe frémissant et suave, poussa un gémissement qui ne finissait point, sur un souffle inépuisable, cela montait, se modulait... L'écrivain et l'instituteur se ruèrent vers la fenêtre : cela montait sur le petit vallon secret, montait, plus pénétrant, plus mélodieux, c'étaient les doléances de la grande châtaigneraie cévenole, son déchirant appel au cher petit pays.

Ils comprirent enfin qu'il s'agissait d'une mélodie jouée par Franck. Le rejeton des *idéïous* du Casquillé s'était isolé sous les arbres pour se remettre en doigts. *Pamén !* au creux sonore des vallats, à cette heure ! au flanc du vieux mont sabré par le crépuscule, un violoncelle...

23

La Saint Front

« Un théâtre antique »...

L'image vient aux lèvres des étudiants et des enseignants qui découvrent le Vallauzas en fin de matinée, quand les faïsses commencent à grouiller de monde, du parterre au poulailler. Les références, certaines touches diffèrent, mais l'image est la même : « Le théâtre de Dionysos, sur les pentes sud de l'Acropole... » dit un professeur d'histoire. « Taormina ! » tranche un khâgneux. « Vous voulez dire Epidaure ! » Le fils d'un cheminot pense au théâtre romain d'Orange, des kilomètres gratuits pallient son inculture.

— Tu parles d'un escalier, coquin de sort ! s'écrie la petite Claire Tarrigues.

— Punaise ! c'est *chanu !* jette un minot des Cannibales.

Les terrasses qui étagent prés, jardins, vignes, fougères et bruyères, du torrent jusqu'à la lisière des châtaigniers, ont langui longtemps, voici qu'elles fleurissent en fichus, en casquettes, en corsages et chemisettes, toutes frémissantes d'un feuillage de jupes sensibles.

Clerguemort s'est transporté là-haut, y compris les trois familles catholiques, donc réactionnaires, mais, elles, elles avaient besoin d'une excuse à répéter tout au long de la fête : « C'est pas souvent qu'on a le cirque gratis à sa porte ! » Le Chambon ne s'est pas déplacé massivement, mais ses gars, ses filles sont là, ils seraient passés à travers les portes !

La Vernasse a déboulé en force : les pétanqueurs et les aristocrates de la « longue », derrière la bannière des « Joyeux Boulomanes », les danseurs, les baigneurs, les cyclistes du Grau, des Tchèques, des Polaques, des Ritals, des Arméniens, les mineurs, les bouscassiers, les forestiers du charbon de bois, les boiseurs, les dynamiteurs, les jeunes et, parmi les autres, quiconque peut valser et boire. Quant aux jeunesses communistes, socialistes, radicales, sympathisantes ou assimilées, ça va de soi, faudrait bien voir !

Les jeunes gens des villages et hameaux entre Cèze et Gardon sont venus aussi simplement que s'il s'agissait d'une fête votive en prime : « On boira ? on dansera ? bon. Des goûts et des couleurs, vous savez, nous... »

Plus : un de Nîmes et un d'Alès, deux cars d'instituteurs.

Comme dit le Jaurès : « C'est le jour où jamais de tomber en panne d'orthographe ! »

Un rare levain excite la fermentation de ce peuple : c'est dimanche 16 août. Les premiers congés sont terminés depuis hier, demain matin il faudra se renfoncer dans le trou à charbon. Aujourd'hui, c'est le seizième jour des quinze, un jour rabioté, ce qu'il a bon goût ! et ce jour est un dimanche ! et ce dimanche est une fête ! et cette fête n'est ni de Dieu ni du Diable, c'est notre enfant, fruit de nos entrailles, c'est la Saint Front, la Saint Prolo ! Voilà qui n'est pas dit, qui n'est qu'en éclats d'yeux et de gorges, qu'en brise au seuil des nez et des corsages, qui est en suspension dans les mots, dans l'idée, poudre d'or avant les poussières noires.

Sur le terre-plein de la Cabusselle, la tribune d'honneur qui deviendra ce soir les tréteaux du spectacle ; sur les barres supérieures, le public ; sur les deux derniers traversiers, en bordure du chemin, devant le Perdigaud, la buvette de la Bonne mère, la piste de danse et l'estrade pour l'orchestre.

Les terrasses inférieures, entre le mas du Déserteur et le torrent, sont réservées à la quiétude des gens silencieux qui ont le geste lent : cent ruches porte-escadrilles garderont cette paix.

A la cime du grand tilleul flotte le drapeau rouge au *pellous* d'or.

Les personnalités, prises en charge dès le chemin, sont escortées par les forces de l'Intérieur, jeunes mineurs commandés par Luc Roux. Les lascars empruntent un air de grandeur et de servitude qui ne donne à M. l'inspecteur primaire que le choix entre le fou rire et l'éclatement d'une grenouille de fable. Alain et Cherchemidi lui présentent leurs devoirs sur la place du mas.

Rafaël et Riquet tirent le P.A. par les pans du veston ; débordés, ils veulent mobiliser les troupes fraîches qui débarquent des cars de l'enseignement.

Du côté de la buvette, soupirent un accordéon et une clarinette. De la musique avant les discours !

— J'envoie l'Assémaou, dit Luc.

— Tout seul ?

— Regarde, c'est celui qui monte, là-bas.

— Ah ! bon.

Un monstre.

Le Jaurès, maire communiste de Clerguemort, le Fernand, maire communiste de la Vernasse, et le Saccard, maire socialiste du Chambon, arrivent ensemble — jouez, harpes célestes ! —, s'offrant des cigarettes et se donnant du feu.

Mme Hur est mal peignée, elle s'est décidée à accompagner son mari et son fils seulement lorsqu'elle a vu passer l'inspecteur sous ses fenêtres.

— ... Quand même, le coup que vous avez fait à Me Henri Torrès à Saint-Buget, vous croyez que c'est bien ? grommelle Saccard, de méchante humeur : il a avalé trop vite, les quatre œufs au plat de son petit déjeuner se battent avec les deux assiettées de soupe au lard qui tiennent lieu de café noir au maire socialiste.

— Quoi ? Qu'est-ce qu'ils lui ont fait au Torrès, à Saint-Buget ? demande le Jaurès, alléché.

— La réunion publique se tenait dans la clairière, sous les châtaigniers, là où on danse le dimanche. Les orateurs avaient pris place sur l'estrade de l'orchestre, comme ça se fait. Le grand avocat devait parler au nom du Front populaire. Il venait exprès de Paris. Au moment où le maire allait ouvrir la réunion, un type du Parti lui souffle : « Ce Torrès, il est trop fort pour nous. Tu es président, débrouille-toi, coupe-lui la parole à la première occasion... »

— Alors, alors ? fait le Jaurès.

— Laisse, Jaurès, supplie Fernand. Je la connais, je te la raconterai.

— Oh ! lui, qu'est-ce qu'il raconte bien ! fait le maire de Clerguemort, impitoyable.

— Alors, le camarade Campège, maire communiste de Saint-Buget, fait son petit laïus de président, puis il passe la parole à Me Henri Torrès, continue Saccard. L'as du barreau se lève, et commence : « Chers citoyens, chers camarades, du haut de cette tribune... » là, il reprend sa respiration à son aise, en regardant les quatre pins qui soutiennent les quatre planches de l'estrade, et histoire de se relancer, sans mauvaise intention, il continue : « ... Cette tribune qui d'ailleurs n'en est pas une... » Le maire de Saint-Buget se lève comme si on lui piquait les fesses et crie : « Si cette tribune n'en est pas une, tu peux pas faire un discours ! Je te retire la parole... » Me Henri Torrès a repris là-dessus son train pour Paris. Du joli travail, pas vrai ?

Un rire dans la force de l'âge, un rire qui fuse droit... le Jaurès est parti dans la bonne humeur, il en a pour la journée.

— Ce maire est un âne, déclare Fernand froidement, et le type du Parti qui lui a soufflé ça, un salaud.

— Oh ! je peux te dire qui c'est... commence Saccard.

— Holà, rugit le Jaurès, occupe-toi donc de mettre de l'ordre dans ton parti avant de te mêler d'en mettre dans le nôtre !

Son beau rire, coupé net, ne reprend qu'avec peine, ce n'est plus ça.

Les deux Quadu accrochent le P.A. par chaque bras et lui soufflent, affolés, dans chaque oreille : « Les gendarmes ! ils arrivent ! »

— Ben quoi ? On n'a rien fait !

— Ah ! c'est vrai.

Les frères polonais s'en vont un peu calmés, un peu déçus.

Prennent place sur l'estrade : l'écrivain, l'inspecteur, le P.A., Bagaille, Luvel et Forran, les instituteurs membres du bureau fantôme, et quelques représentants de partis et de groupes soutenant le Front populaire.

— Et moi, alors ?

Ils ne l'avaient pas reconnue : tirée à quatre épingles, la Gavotte. La mère aubergiste avait protesté, qu'elle ne viendrait jamais s'aligner avec tous ces messieurs, là-haut, au grand jamais ! Elle y est. L'écrivain et le P.A. se touchent du coude : c'est de bon augure...

Côte à côte sur la tribune, le regard droit, apparemment impassibles, Saccard et Bédel poursuivaient sournoisement leur discussion. Le maire de la Vernasse chuchotait : « ... Vous, les socialistes, tant bons que vous soyez, bien à gauche, et même à cheval sur la révolution, dès qu'on parle de la guerre de 14, vous redevenez nationalistes. Le 11 novembre, tous les porte-drapeaux sont S.F.I.O. »

Les membres du « bureau » conversaient à l'hypocrite, comme les maires : « Paul-Émile Victor est venu faire une conférence à l'A.J... — Chez nous, c'est André Philip qui est venu parler de l'objection de conscience... »

Dans une sainte allégresse
Les jeunes s'élancent en chantant.
Bientôt une nouvelle jeunesse...

Les gars des « Groupes Savoir » débarquaient, et ce n'étaient pas les derniers.

« Antique »... tel était bien le caractère marquant du public vu de la tribune, sorte de chaire surélevée, bricolée en bois de caisse. L'impression était due non seulement à la disposition des spectateurs étagés sur ces terrasses jadis cultivées, mais encore aux attitudes physiques et sentimentales des gens. La « trêve sacrée » avait été proclamée, les guerres arrêtées, les pèlerins avaient pu se rendre ici en toute sécurité. Sur l'amphithéâtre de la Cabusselle, on ne s'était pas installé pour les deux heures d'un spectacle habituel, mais pour la journée, muni de victuailles, de boissons, de couvertures pour la sieste et de cartes pour la belote. On n'aspirait pas seulement aux plaisirs de l'œil, de l'oreille et de l'esprit mais encore aux contentements du palais, du ventre, du corps tout entier, et du cœur. Les harangues n'étaient qu'une partie des grands jeux du cirque, leur prélude après la procession des délégués officiels des cités, en costume, des magistrats, des prêtres, des dieux ; les discours n'étaient, en somme, qu'une sorte de cérémonie religieuse. Et, en effet, les orateurs célébraient l'A.J. avec une ferveur superstitieuse. Ils taisaient leurs inquiétudes, comme si l'ignorance volontaire d'un mal pouvait l'étouffer, ils refusaient leurs appréhensions, ils exaltaient le Front populaire en dévots, suppliant d'instinct quelque dieu, le Peuple, qui sait ?

Le maire de Clerguemort salue la création d'une auberge pour les jeunes sur le territoire de sa commune. Le Jaurès paraît maussade. Il ne monte à la tribune que contraint et forcé, y reste le moins possible. Les prêches l'ennuient toujours, les siens surtout.

Le père aubergiste lui succède. Il raconte la genèse de son œuvre. Emporté par son sujet, inspiré par le lieu, le directeur du cours complémentaire est ramené loin dans le passé. Il évoque la Cévenne éternelle, son petit peuple pastoral et lyrique, les bénédictins de Charlemagne semant les châtaigneraies de l'An Mille. Ses sources ne sont pas très sûres, il puise dans les souvenirs de lectures et de conversations qui affluent sur l'instant, persuadé que l'essentiel est de donner à ces gens simples une idée de leur passé, d'un bien d'héritage qui ne s'estime ni en hectares ni en louis d'or. Retombant d'un coup dans son sujet, il explique les raisons d'être d'une A.J., avec le souci de convaincre Clerguemort que l'innovation ne jure pas avec les traditions et l'esprit de la Cévenne.

Cherchemidi monte ensuite à la tribune. Par coquetterie, il parle toujours sans notes. Sensible au public, aux circonstances, c'est un très bon orateur, pour cette raison surtout qu'il n'attache aucune importance à ses discours, croyant à la légère qu'il ne peut être jugé que sur ses écrits. Dire que Clerguemort va l'apprécier sur cette partie accessoire de son œuvre ! Quand le Jaurès lui a donné la parole, un silence particulier est tombé sur le vallon. Enfin, on va le voir à l'ouvrage, l'écrivain du pays, ce fameux Cherchemidi qui épate les Parisiens et qui n'est, après tout, qu'un des *idéïous* du Casquillé...

La chaire s'élève à un mètre au-dessus de l'estrade, mais cela suffit à grandir le public et le théâtre, à redoubler une anxiété que le tribun occasionnel n'a jamais éprouvée. Le vertige le saisit face à ces barres de vigne où chaque cep est un parent, un ami, un voisin ou une connaissance dont le jugement sera dicté par l'étroit esprit de la montagne. Dans un éblouissement, Cherchemidi voit le vallon surchauffé se peupler de toutes les vies, de tous les siècles, de l'humble gent obstinément continuée malgré les famines et les guerres, la petite gent tenace rejaillie là, devant lui...

— Je te salue, cher petit pays du travail et de la peine, de la solitude et de la méditation, Cévenne éternelle, patrie de la foi, patrie de la révolte !...

L'écho souligne la grandiloquence. Les dimensions de l'amphithéâtre à ciel ouvert obligent à forcer la voix, à grossir la pensée.

— ... Nous autres, Cévenols, nous sommes méfiants. Oh oui ! Nous n'acceptons pas une chose pour vraie avant de l'avoir longtemps ruminée, mais quand nous y croyons enfin, quand elle est bien entrée dans nos têtes dures, elle n'en sort pas facilement. *Avèn la testo bougnudo ! ...*

Un frémissement de plaisir parcourt les faïsses où chacun remue inconsciemment sa « tête de souche » : « Ah ! celui-là, il est bien de chez nous ! Paris lui a pas fait oublier son patois... »

— Il se passe des choses étranges dans notre vieille et douce France. Pour la première fois, le peuple prend des vacances. En revanche, il en est d'autres qui en prenaient toujours, qui en prenaient trop et, qui, pour une fois, n'en prennent pas : les ministres ! Les ministres de notre Front populaire n'ont pas le temps de se reposer, eux. Dans la nuit du 13 au 14 août, la Chambre s'est mise en congé, pendant que le gouvernement s'attelait à la réalisation des lois instituant les grands travaux, la semaine de quarante heures, le plan de détente fiscale, l'amélioration de la condition des paysans et des commerçants, la réforme du fonds national de chômage, de la caisse d'assurance contre les calamités agricoles...

Les traversiers semblent reculer. Il faudrait, ou entrer dans le détail concret, pouvoir dire : toi, Cagnar, en cas de grêle, tu toucheras tant... ou résumer le programme avec d'autres mots, patois peut-être, car ceux-là ressemblent trop à ceux des manifestes électoraux, des promesses jamais tenues, aux vocables ronflants qui servent depuis trop longtemps à berner les peuples.

— ... Le Front populaire avait promis les contrats collectifs ? La loi sur les contrats collectifs est votée ; la nationalisation de la fabrication des armes de guerre ? Cette nationalisation est votée ! La prolongation de la scolarité ? Elle est votée ! La réforme de la Banque de France ? Une première révision des décrets-lois ?...

Le procédé oratoire de la question et de la réponse emprunte à la montagne une grandeur perdue. C'est le Lozère lui-même qui répond : « Vo-tée... ée... EE ! »

— ... Les congés payés ? Non seulement la loi est votée (... ée... EE !), mais elle se vit, en ce moment même, et sous nos yeux ! Il ne s'agit plus de politique lointaine et fumeuse, de poudre aux yeux pour les élections ! En deux mois, le gouvernement de Léon Blum a déjà plus fait que tous les autres, et dans quelles conditions...

Il raconte comment le ministère Léo Lagrange fonctionne sans budget, sans locaux, sans personnel, avec des bouts de ficelle :

— ... La loi existe à peine qu'elle doit entrer dans la vie. Or, c'est une innovation ! Congés payés, ministère des Loisirs, ça n'a jamais existé, il faut tout créer, tout inventer, sur-le-champ. Dans l'appartement qui fait fonction de ministère, la famille et les copains du ministre sont pendus au téléphone. Des secrétaires syndicaux appellent : « Camarades, pourriez-vous nous indiquer un petit trou pas cher ? » Maintenant, on a confiance, on téléphone, comme ça, au camarade-ministre, pour demander un tuyau, on le prend pour une agence de voyages ! Comment ne pas décevoir cette chaleureuse confiance quand on ne dispose d'aucun moyen ? On se débrouille... On téléphone aux hôteliers de Menton : « Combien faites-vous de réduction aux "congés-payés" ? Comment ? mais... les hôteliers de Biarritz font 30 % ! Vous aussi ? Bon. » On téléphone aussitôt à Biarritz : « A Menton, ils font 30 % ; et vous ? » On rappelle le syndicat : « Menton ou Biarritz, ça vous dirait, camarades ?... »

Si Madeleine ou Léo l'entendaient ! ça ne s'est pas passé exactement ainsi... Bah ! *verba volant !* Noir sur blanc, l'anecdote ressemblerait à de l'escroquerie, à du trafic d'influence, ici, ce n'est que belle débrouillardise au profit du peuple, cet éternel escroqué. Ces petites histoires rapprochent les humbles de leurs ministres, allons ! ce n'est pas du mensonge mais de l'exagération lyrique.

Le vallon glousse d'heureuse complicité, il infléchit le discours du poids de ses faïsses assoiffées d'espoir. Parfois, c'est la présence des « connaisseurs » que l'orateur sent, physiquement, dans son dos, le poids des maires, des chefs de partis et d'organisations. Influences contradictoires : le voisinage de Saccard, le maire socialiste du Chambon, l'incite à porter haut le nom de Léon Blum, mais, presque aussitôt, un raidissement sensible des maires communistes l'incline à l'atténuation par périphrases : le chef du gouvernement de Front populaire ou les ministres qui ont reçu leur mandat des masses laborieuses. Jusqu'à la présence du Mèffi, de Luc, qui apportent au discours les durs accents de la lutte. L'arrivée tardive du vieux pasteur sur la tribune nourrit l'exposé d'allusions bibliques, les képis de la maréchaussée dépassant les têtes amènent la précision légaliste : autorité légitime, pouvoir issu de la majorité...

Cherchemidi parle ensuite de la paix. Il dit ce qu'il faut dire. Il se rend compte qu'il prononce des mots vides, desséchés. Les faïsses bourdonnent, avec des flop de bouteilles débouchées, des bruissements de papiers gras. Parler de la paix ennuie. On dirait même que cela les irrite un peu, ces gens volontiers batailleurs. La victoire n'apaise pas les vainqueurs, au contraire... La colère soulève Cherchemidi :

— ... Mais, bon sang ! Essayez d'imaginer concrètement ce qu'est devenue la guerre aujourd'hui ! ce que c'est qu'un bombardement !... La rue sent le chou, la voisine a mal aux dents, la fillette joue sur le pas de la porte avec sa poupée, le gamin fait des huit sur son vélo au milieu de la rue, Tino Rossi chante à la T.S.F., un chat sommeille sur le perron... Vous êtes sortie, vous brave femme, pour acheter trente centimètres de ruban mauve. Un coup de tonnerre, un éclair ! Vous revenez à vous dans la rue qui sent le plâtre. Des hurlements couvrent la romance de Tino Rossi. Un bloc du perron écrase vos jambes. La fillette est aplatit contre le mur, écrasée comme une punaise, au-dessus de sa poupée intacte qui sourit toujours. Le gamin et le vélo ne font plus qu'un tas immonde hérissé de rayons poisseux que flaire le chat surpris. La voisine n'a plus mal aux dents, elle n'a plus de tête, et vous vous demandez alors comment il a pu se faire que vous ayez eu besoin d'un bout de ruban mauve !...

Les traversiers se sont figés comme les gens au bord de la tombe ouverte, qui avaient oublié en conversant tout au long du trajet pourquoi ils étaient endimanchés. « Je leur ai quand même coupé l'appétit ! » se dit l'écrivain, en évoquant le martèlement systématique de chaque village par l'artillerie de Franco.

— ... Demain, ce sera notre tour. Les colonnes fascistes arrêteront leurs camions à l'embranchement du chemin vicinal, mettront les canons en batterie, arroseront Clerguemort trente minutes et donneront l'assaut à la baïonnette. Le maire, les communistes, les socialistes, les républicains seront rassemblés sur la Placette et abattus à la mitrailleuse. La dernière chose qu'ils entendront sera les cris de leurs filles violées par les soudards...

Les gens, les voisins s'observent à la dérobée, apitoyés. Cherchemidi donne lecture des appels au secours de la Catalogne espagnole : « Travailleurs de tous les pays ! Nous, travailleurs espagnols, nous sommes pauvres. Notre combat est votre combat. Notre victoire sera la victoire de la liberté. Nous sommes à l'avant-garde du prolétariat international dans la lutte contre le fascisme. Hommes et femmes de tous les pays, venez à notre aide ! Des armes, des avions pour l'Espagne ! »

L'orateur rencontre le regard affectueux de Fernand, l'homme dont l'avis lui importe le plus en ce moment. Il remarque l'air inquiet du pasteur.

— ... Le petit peuple de nos montagnes est essentiellement pacifique. Il s'est laissé torturer, massacrer pendant un siècle avant de mancher les faux à rebours. Sa patience est longue, sa colère terrible. Il ouvre ses bras et son cœur à qui vient les yeux tendres, les mains vides et le ventre creux, au proscrit, au misérable, mais malheur à qui veut entrer la menace à la bouche et le sabre à la main ! Alors, à vous tous ici, quelles que soient vos convictions politiques, à vous qui êtes les fils de la fière Cévenne, je pose la question : est-ce qu'on doit laisser les loups dévorer son frère parce qu'on aime les animaux ?

« Non, non », gronde sourdement le vallon.

— N'y a-t-il pas des cas où, parce qu'on est un homme pacifique et généreux, on ne peut faire autrement que sauter sur son fusil ?

A chaque fois, la réponse est plus lourde et se prolonge en réflexions, en jurements.

— N'y a-t-il pas des cas où les déserteurs de la tuerie capitaliste se portent volontaires les premiers, et se jettent farouchement dans la bataille de la vie, pour les mêmes raisons qui les avaient empêchés d'être les complices de la guerre injuste ? Quand on nous appelle à tuer des ouvriers et des paysans qui sont nos frères, nous sommes déserteurs ! Quand ce sont nos frères, ouvriers et paysans, qui nous appellent à leur secours, nous sommes volontaires !

Les gens se lèvent et se tournent machinalement vers le cimetière où repose Clovis Paroul.

Après les discours, *L'Internationale* avait éclaté, suivie de *La Marseillaise* pour l'équilibre, mais l'hymne de circonstance, celui qui voletait de groupe en groupe, qui se reprenait à propos de tout et de rien, sur lequel on dansait, la chanson qui convenait parfaitement à l'état d'âme de chacun était le succès de Ray Ventura : *Tout va très bien, madame la marquise*. Les gens éprouvaient une sorte de bonheur inattendu, un plaisir rare à être là ensemble. Même ceux qui n'étaient venus que pour voir, ou, comme les Hur, pour faire acte de présence, ne pensaient plus à partir. Ils rôdaient autour des familles qui pique-niquaient et se laissaient inviter : « Mais si, à la fortune du pot ! Voyez tout ce que nous avons emporté rien que pour nous ! On a toujours les yeux plus gros que le ventre... » Ils acceptaient la tranche de saucisson, rien qu'une ! finissaient par casser la croûte, et, pour « rendre la bonne manière », offraient l'une des fougasses que des gamins vendaient au profit de l'Espagne avec un air de pipeau en guise de monnaie.

Mme Hur avait envie de se montrer aimable envers son jeune collègue : « Voyez les belles couleurs de mon Jeannot, monsieur Doiren. C'est de votre randonnée qu'il les a rapportées. Jamais je n'aurais cru que l'air des hauteurs lui ferait un tel bien ! C'est même ce qui nous a donné l'idée de le confier quelques jours à des petits-cousins que nous avons là-haut... »

L'inspecteur, les maires, le pasteur, l'écrivain étaient conviés à la table de l'A.J. Nathan était l'hôte du Perdigaud. Pendant qu'il écoutait les discours, une lourde main s'était abattue sur son épaule : « Ah ! monstre, je savais bien que je te retrouverais ici ! » C'était Palamède Paroul. « Je sais beaucoup plus de choses que je le montre, avait ajouté le vieux, l'air finaud. Et j'en comprends pas mal d'autres... » A table, le Gavroche de la rue de Lappe dut raconter tout ce qui pouvait faire ressortir l'étonnante réussite parisienne des Paroul. « Mais demandez donc à mon employé ! » répétait Palamède avec la superbe d'un roi de la Chemise. Nathan soupçonnait son patron de ne l'avoir invité que pour servir sa gloire. En réalité, Palamède avait voulu le placer en face de lui, à côté de Célie, pour observer les deux gosses tout à son aise.

Dans la cuisine d'été, sous l'appentis, les femmes, celle du Jaurès, celle du Mèffi, celle du P.A., cuisinaient des rôties à tour de bras. Milca s'était finalement laissé embrigader, Emmeline en revanche avait résisté à toutes les démarches.

Par chance, la canicule avait cessé aussi soudainement qu'elle s'était abattue, les mangeurs s'abritaient quand même sous les proches frondaisons ou sous un toit improvisé avec des branches, des bruyères et des fougères. Des groupes de J.C. allaient d'un casse-croûte à l'autre, ils agitaient un tronc ferraillant de petite monnaie : « *No pasarán !* — ils ne passeront pas ! criaient-ils, et ils ajoutaient : « Pour aider nos camarades espagnols ! contre le fascisme ! » Après leur départ, on parlait de la guerre civile, de la Pasionaria. Les mineurs cévenols évoquaient la grande veuve comme s'ils la connaissaient, comme si elle était là, ils auraient pu dire : « Celle que tu vois, là-bas... » Elle était des leurs, cette ancienne paysanne, femme d'un mineur, député d'Oviedo, mère de cinq enfants, encore plus des leurs depuis que la presse de droite couvrait d'injures « la louve assoiffée de sang », « la tigresse rouge », « l'abominable mégère »...

Certains n'en étaient encore qu'au fromage quand l'orchestre s'installa sur l'estrade. Rirette et Tilouis, le Rouquin et Mounette, Sardine et Constance ouvrirent le bal.

Un étudiant ardéchois, membre des Amis de la nature, parlait de Reine au P.A. :

— ... Nous étions ensemble à l'école primaire. Ce qu'elle pouvait nous faire rire ! Elle pétait d'enthousiasme. Je me souviens d'un jour où l'instituteur avait pris pour exemple, au sujet des inconvénients de la vie moderne, les cités ouvrières du faubourg, où même le balcon, qui court sur toute la façade, est commun. Il expliquait : on entend tout ce qui se dit chez le voisin, on n'est pas chez soi, etc. « Monsieur ! — c'était notre Reine, dressée — monsieur, sur mon balcon, quand ils y sont tous, il y a quarante-cinq enfants ! et s'ils n'y étaient pas monsieur ! moi, je languirais ! » Et la leçon de morale sur le bonheur ? Le maître évoquait ces gens qui n'ont pas de famille, qui peuvent se dévouer, faire du bien... « Monsieur, moi, je veux être heureuse et faire le bien en me mariant, avec une famille ! » Toujours notre Reine, frémissante, debout à côté de son banc. Par la suite, j'ai appris qu'elle avait eu quelques histoires amoureuses qui avaient tourné court. Un jour, je l'ai rencontrée avec un assez beau garçon qu'elle m'a présenté, en riant, comme son « ex-futur fiancé »...

Mineurs ou paysans, les jeunes Cévenols s'arrachaient Rirette, Mounette, Célie, Constance, les Parisiennes et les ajistes, à chaque danse, tandis que Tilouis et ses copains dénichaient quand même quelques filles du pays qui acceptaient leurs invitations, encore plus curieuses que timides.

Raoul avait puisé dans l'A.J. une sorte de bonheur, puisqu'il s'était découvert lui-même. En sa qualité de « ministre des Sports », il avait eu à organiser les expéditions, à diriger ses camarades. Il s'en était parfaitement acquitté. En outre, il en avait éprouvé tant de plaisir qu'il avait senti dans ses fibres intimes qu'il n'était né que pour cela. Néanmoins, il n'était pas à sa place dans le Prytanée militaire. Lui, Raoul Ardailhan, n'était pas fait pour commander des soldats. Il en était sûr à présent, jamais il ne serait officier de la république, ou du roi peu importait ! La grandeur oui, la servitude non ! Il commanderait pour son propre compte, des hommes à lui. L'auberge avait été d'abord un prétexte pour vivre ces vacances avec ses meilleurs amis, Franck, Gino, Luc, Riquet et Rafaël, et loin de son mas du Canaan, loin du Laguerre. Il s'était longtemps désolé de ne pas aimer son père, puis il s'était aperçu que le capitaine de réserve Matthieu Ardailhan n'était pas un phénomène unique en son genre, qu'il s'en rencontrait partout, des trouillards agressifs de son acabit. Raoul avait commencé à mépriser le genre humain, à moins haïr son père, et pourtant... Tout à l'heure encore, le garçon avait observé « l'auteur de ses jours » comme il l'appelait en lui-même, amèrement. Le héros de 14 était venu à la fête, saluant les uns et les autres avec l'intention d'être aimable. Dès les premières phrases, il se montrait odieux, c'était malgré lui, une malédiction. Après le plus affable des coups de chapeau, le Laguerre s'inquiétait du procès perdu, de la maladie cachée, du divorce probable ou de la grossesse honteuse.

Après l'internat militaire, avec sa discipline, et ses rites fossiles, la liberté, les responsabilités de l'A.J., les initiatives à prendre avaient débridé le fils du Laguerre. Il connaissait maintenant ses appétits et ses possibilités. Il était assoiffé de grand air, de larges espaces, il aspirait à des heures brutales mais ardentes, et il était maître de lui-même, prêt à aller jusqu'au bout de ses désirs. A seize ans, Raoul était un homme, d'une taille bien au-dessus de la moyenne, large d'épaules, souple et vif dans le moindre de ses mouvements. Ce que sa tête petite, juchée sur un cou long et puissant, ses yeux minuscules — deux points étincelants — et ce nez insignifiant pouvaient avoir de laid s'effaçait devant l'impression volontaire du front et de la mâchoire carrés. Les filles, effarouchées, le trouvaient presque beau mais elles n'avaient pas le cœur d'aguicher ce sauvage. Raoul, de son côté, ne se liait pas facilement. La familiarité sans hypocrisie de l'auberge lui avait offert des rencontres enrichissantes. Les Allemands, par exemple...

Kurt observait la danseuse espagnole, une trieuse de La Grand-Combe à qui les événements rappelaient ses origines. Elle avait dû faire vite, pour apprendre les castagnettes, la séguédille et le flamenco, pour bricoler sa grande jupe andalouse, très vite, et cela se voyait. Elle avait de longues jambes qui s'apercevaient jusqu'à mi-cuisse dans les pirouettes. « Plus haut » criaient quelques hommes du premier rang. Comme elle faisait « non » en souriant, un gaillard lui jeta : « Qu'est-ce que ça te coûte ? puisque c'est au profit des camarades espagnols ! » Le guitariste amateur marqua une légère hésitation avant d'accélérer le rythme. La danseuse ralentit, sa jupe retomba sur ses souliers. Soudain, la trieuse décidée suivit la musique dans un déchaînement de pirouettes sur place qui, ouvrant jupe et jupons en corolles, dévoilaient toute la jambe, y compris la cuisse dodue et la culotte ravaudée.

Kurt et Raoul eurent la même moue, et s'aperçurent de l'identité de leurs réactions car ils avaient détourné leurs regards à la même seconde.

— Content que tu sois là, dit Raoul. Et les autres ?

— Jean-Jacques, notre ami français, a dû rejoindre sa famille. Nous sommes revenus à trois, Ernst, Reine et moi, puisque c'était promis. Hélas ! c'est « le commencement de la fin », vous dites bien ainsi, en France ? Reine n'a plus qu'une semaine devant elle. Ernst, plus que trois jours avant le retour dans notre Troisième Reich.

— Et toi ?

— J'ai encore du temps devant moi. Alors j'ai décidé de rentrer par le chemin des écoliers, au bonheur des hasards.

Sans se concerter, ils s'écartaient du spectacle, de la foule. Ils montaient par les escaliers de lauzes des murettes. Ils traversaient les étages de plus en plus désertés à mesure qu'ils s'élevaient au-dessus du mas. Ils s'assirent sur le dernier mur de soutènement, jambes pendantes, le petit vallon à leurs pieds.

— Une des choses qui m'ont le plus surpris dans cette promenade en Cévennes, commença Kurt, c'est vos sapins. (Il désigna du menton, avec une sorte de rancune, la crête dentelée.) Ce sont les mêmes arbres qu'en Allemagne mais ici, ils ne donnent jamais de tristesse. Les sapins allemands donnent de la tristesse, comme le pin maritime de la térébenthine.

Le dernier soleil adoucissait les angles de son visage empreint d'une telle nostalgie que Raoul lui dit :

— Mais, puisque rien ne t'appelle ailleurs, tu pourrais rester encore avec nous ?

Kurt ferma les yeux et secoua la tête avec une lenteur douloureuse :

— Je vais traîner quelques jours encore, mais seul. Je vais aller devant moi, dans ce pays. J'en ai besoin pour trouver les solutions. Ce sera peut-être la dernière fois de ma vie que je serai seul.

— Pourquoi ?

— Parce que je me corrige de mes faiblesses.

Il répéta pour lui-même : « seul... » Puis il raconta :

— En revenant de l'Ardèche, nous sommes passés par le Bois des Armes, tu connais cet itinéraire ?

— Bien sûr : la Tête du Bœuf, le bois du Commandeur...

— C'est exact, et nous laissions ainsi le sommet du Lozère sur notre droite. Nous avons bivouaqué là. Dans la nuit, pendant que Reine et Ernst dormaient, je me suis levé, je suis parti seul, vers la cime...

Raoul examina les souliers de marche du jeune Allemand. Le talon n'était pas clouté mais renforcé par une sorte de fer en demi-lune. Il rit sous cape et demanda :

— Et alors, Kurt, cette balade solitaire et nocturne t'a aidé ? Tu as trouvé la solution de tes problèmes ?

— Il ne s'agit pas de problèmes. C'est... un mystère que je respire... Non : ce n'est pas respirer, c'est...

— Renifler... ou mieux : subodorer.

— Ah ! Donc, je su-bo-do-re quelque chose qui m'intrigue... peut-être en moi-même. Mais c'est dans ce pays que j'ai le plus de chances de le découvrir. Je retournerai là-haut...

Dans la fin de l'après-midi, la fête avait changé de ton et d'allure. Les parents, les vieux étaient partis, laissant les jeunes sans trop de craintes, comme si la journée les avait mis en confiance. L'orchestre semblait beaucoup plus bruyant ; c'était, en réalité, les danseurs qui l'étaient moins. Les couples se rapprochaient, les cris le cédaient aux chuchotements. On dansait même pendant l'entracte du spectacle.

— Raoul, connais-tu Hobbes ?

— Non. Qui est-ce ?

— Thomas Hobbes. Un philosophe anglais du XVIIe siècle. C'est lui qui a écrit que l'homme est un loup pour l'homme. Qu'est-ce que tu en penses ?

— Y a de ça, je crois. Et toi, Kurt, quelle est ton idée ?

— Les loups ne se mangent pas entre eux, ou exceptionnellement, tandis que les hommes...

— Dis, Kurt, les anthropophages se font de plus en plus rares !

— Si l'homme ne mange plus directement la chair de l'homme, il mange ses forces, ses sueurs, ses pleurs. Avant d'attaquer son pareil, le loup trouve à se nourrir dans la nature. L'homme ne sait plus. Même pour boire un verre d'eau, l'homme de la ville doit se servir d'une bouteille ou d'un robinet, autrement dit de la chair, de la peine d'autres hommes.

L'orchestre quittait la tribune pour la deuxième partie du spectacle qui débutait par une chansonnette de Nathan. Sa voix ne parvenait pas jusqu'aux deux garçons, ils ne percevaient que la chaleur des rires et des bravos. Le soleil glissait derrière la crête.

— Dans votre belle A.J., j'ai entendu des choses qui m'ont étonné, désagréablement. Je n'ai rien dit, mais...

— Ce n'est pas après l'Allemagne, c'est après Hitler qu'ils en ont ! (Raoul reprit, un peu trop vivement :)... que nous en avons...

— Je n'arrive pas à croire que des camarades voient la création comme un tout harmonieux et bienveillant. Ils en sont restés à Bacon. Pour lui, la nature, la matière passent leur temps à décocher à l'homme des sourires charmants et nourrissants. Sais-tu, Raoul, ce qui leur a fait oublier que la haine est le moteur du monde, que manger y est tuer, que toute vie y est guerre ? Cinquante siècles de civilisation.

Constance et Cherchemidi arrivaient, tellement absorbés par leur conversation qu'ils sursautèrent en découvrant les deux garçons assis sur la murette. Raoul les présenta. Il y eut un moment de gêne qui se dissipa lorsqu'ils en vinrent à parler des Jeux olympiques.

— L'athlétisme a régné en maître sur tous les autres sports, constata Kurt.

— Les Américains se sont taillé la part du lion, précisa Raoul. Ils ont battu les fameux records imbattables. Ils ont enlevé toutes les courses de vitesse, jusqu'au 800 mètres compris, les courses de haies. On se demande comment ils ont fait leur compte pour perdre le quatre fois quatre cents mètres !

— Je peux te le dire, répondit l'écrivain en regardant Kurt : pour aligner quatre Blancs, les États-Unis ont renoncé à leurs deux coureurs noirs Williams et Lu Walle.

— Et pourquoi ? demanda Constance.

— Les Noirs des États-Unis avaient déjà gagné six épreuves tandis que les Blancs de la même équipe n'en avaient enlevé que cinq, expliqua Cherchemidi.

Il avait dit cela à l'intention de Kurt, mais sans méchanceté.

— Ces Jeux auront fourni à beaucoup de gens l'occasion d'aller voir ce qui se passe dans mon pays... lança Kurt.

— Oui, c'était parfaitement organisé, coupa Cherchemidi.

Ils échangèrent quelques remarques sur la progression des records et des possibilités humaines, puis l'écrivain et la nageuse reprirent leur promenade, laissant les deux garçons à leur contemplation songeuse.

— Je suis content qu'on s'intéresse à l'athlétisme, fit Raoul, rêveur. Les voitures et les avions sont de plus en plus rapides, mais l'homme aussi. Certains sports, très simples, ceux qui demandent le moins d'accessoires, font ressortir la fierté, non : la noblesse qui est au cœur de la force, des jeux de la brutalité. Il ne faut pas mépriser la force. Tout dépend comment elle s'exerce, qui elle sert...

— La force, en elle-même, est un bien, *wahrlich !* affirma Kurt, soulignant sa conviction d'un violent mouvement de tête en avant. La force et la vérité peuvent se comparer. Il y en a qu'il faut garder pour les hommes supérieurs, d'autres qui conviennent à tous. Avoir raison n'est pas suffisant. Il faut avoir la force et la vérité. L'autorité grandit, elle est alors à la hauteur de la beauté, de la vertu, du génie...

Ils étaient épaule contre épaule, ils avaient la même taille, la même carrure, la même volonté, plus nerveuse chez le Français, plus sentimentale chez l'Allemand.

— Ils ne sont toujours pas tristes, reprit Kurt, en montrant la crête tout à fait noire à présent. Chez vous, les conifères ne sont jamais tristes. Chez nous, ils le sont sans trêve. Ils ont souvent les pieds dans la neige, des corbeaux leur tournent au-dessus de la tête. Ils font penser à des tueries à l'arme blanche, au sang qui fuit sur la neige par les articulations des cuirasses, à des cadavres gelés que les loups cassent et réchauffent de leur mufle enfiévré. Chez nous, c'est un arbre du Moyen Age, chez vous, c'est un arbre des vacances. Il doit y avoir des raisons profondes à cela...

Le violoncelle éleva jusqu'à eux des accents romantiques :

— Brahms, soupira Kurt : un Allemand du Nord ! (Et, pour devancer toute objection :) Les traces d'influences viennoises, hongroises, ne sont chez lui que des accidents...

Ils écoutaient, fronçant le sourcil pour le cri d'un rossignol dans la châtaigneraie proche.

— C'est Franck qui joue, précisa Raoul, avec fierté. (Après un instant, il ajouta :) Et ils écoutent, regarde, Kurt, comme ils écoutent !

— Quoi qu'il en dise, c'est un Allemand, lui aussi, murmura Kurt, admiratif.

Ils se turent jusqu'à la fin du morceau. Les spectateurs, debout sur la piste du bal, n'étaient pas capables d'une aussi longue attention. Un murmure croissant gagnait sur le silence. Quelques gamins, médusés d'abord par la nouveauté de l'instrument et de la musique, reprenaient leurs jeux de plus en plus librement. Raoul souffrait pour Franck. Kurt ricanait.

— Cette musique, il faut apprendre à l'écouter, comme on apprend à lire... entreprit d'expliquer Raoul, mais il se rendit compte qu'il se méprenait sur le rire amer de Kurt.

En bas, quelques voix réclamaient un autre morceau mais la clameur exigeait la reprise du bal telle une chose due. Le Paul, le Zé, le Sylvestre annoncèrent : « *C'est une petite étoile*, slow fox ! » Les premières mesures furent couvertes par un charivari de satisfaction.

Kurt traduisit son amertume dans un soupir :

— Brahms... au profit des rouges d'Espagne !

Raoul lui mit la main sur l'épaule et lui dit ardemment :

— Il y a l'amitié, Kurt... l'amitié...

— L'amitié, Raoul, trancha le jeune Allemand, c'est l'épée qui n'était pas assez longue.

— Qu'est-ce que c'est que cette histoire ?

— Elle est dans Plutarque : « Un jeune Spartiate disait à sa mère : mon épée est bien courte. — Fais un pas de plus, répondit-elle, elle sera assez longue. »

Je suis t'un pauvre conscrit
De l'an mille huit cent dix :
Faut quitter le Languedô
Avec le sac sur le dos...

Raoul faillit faire du bruit, tenter n'importe quoi pour que Kurt n'entendît pas la complainte, mais, bien obligé, il l'écouta lui-même, et il en fut retourné :

Le maire et aussi le préfet
N'en sont deux jolis cadets :
Ils nous font tirer z'au sort
Pour nous conduire à la mort...

La chanson leur allait bien, aux trois gaillards sac au dos quittant la Cabusselle par le chemin du col :

Adieu, mon père, au revoir,
Et ma mère, adieu, bonsoir !
'Crivez-moi, de temps en temps,
Pour m'envoyer de l'argent...

Il était tout simplement impossible de censurer de tels couplets ici. Les chanteurs passèrent à proximité, trois costauds arborant l'écusson des Amis de la nature. Ils ralentirent en apercevant Kurt et Raoul : « Salut, camarade ! à la prochaine ! » Quelques pas plus loin, le dernier de la file se retourna pour leur crier joyeusement : « *No pasarán* ! »

Une odeur de ragoût arrivait par bouffées jusqu'aux deux garçons. Raoul allait se lever lorsque Kurt reprit songeusement :

— Dis-moi, sais-tu combien étaient les Spartiates ? Huit mille hommes, au Ve siècle, d'après Hérodote. Comment pouvaient-ils rester maîtres de la Laconie, et dominer sans peine la masse de la population des périèques et des ilotes ?

— Je sais, huit mille hommes, huit mille guerriers, et quels guerriers ! ils se préparaient au combat depuis l'enfance.

Kurt remuait la tête :

— Raoul, ils avaient aussi inventé certains procédés, une coutume entre autres qu'on appelait la « cryptie ». Plutarque la rapporte ainsi : « Les magistrats envoyaient de temps à autre les jeunes gens les plus intelligents courir par le pays, n'ayant que des poignards et les vivres nécessaires. Disséminés çà et là, pendant le jour, ils se tenaient blottis dans des cachettes ; la nuit, ils en sortaient et égorgeaient les ilotes qui leur tombaient sous la main. »

Un lacet du chemin ramena au-dessus de Raoul et de Kurt le trio des Amis de la nature. Ils chantaient fort bien, en canon, avec l'aisance de compagnons qui comptent pas mal de couplets et de kilomètres au coude à coude, on s'en rendait mieux compte avec leurs voix qui descendaient maintenant :

Qui qu'a fait cette chanson
N'en sont trois jolis garçons :
Ils étions faiseux de bas
Et à cette heure ils sont soldats.

Le jeune Allemand se leva, s'étira. Il souriait.

— Mon cher Raoul, nous, nous sommes serviles et lourds, nous sommes les premiers à le reconnaître. Goethe, Heine, Nietzsche, et tant d'autres l'ont dit. Pas un seul de nos génies n'a oublié de nous le dire. Raoul, la lourdeur et la servilité de l'Allemagne, c'est sa force, sa grandeur. Regarde ce crépuscule (il ouvrait les bras pour encadrer le petit vallon assombri, tacheté de vapeurs rouille et gris-bleu, sous le ciel barbouillé par l'égorgement des soirs d'été). Regarde ce désordre, cette orgie de sang, ce n'est même pas triste, c'est magnifique. Chez nous, ce serait ordonné, lustré, ciré, rangé. Le soleil couchant n'éclabousserait pas le voisinage, ne laisserait pas traîner son sang sur les tapis, tout ce rouge serait le cuivre astiqué, rassurant, des culs de chaudron, et ce serait dramatique, pire : lugubre.

Dans le sentier, Kurt s'arrêta une fois encore pour montrer la dentelure de la pinède noire sur le rouge du ciel :

— Cela tient peut-être au midi, proposa-t-il. Nous tuons gravement, vous tuez gaiement. Pour nous, la guerre est un sacrement, pour vous, c'est une fête.

Il reprit la descente en chantant, avec un clin d'œil qui dit à Raoul : « Hé ! nous connaissons des chansons, nous aussi. »

Il chantait encore quand ils arrivèrent devant la Cabusselle. Un cri le médusa :

— Ah ! non ! pas ça ! arrête !

C'était Franck.

Kurt se tut, regarda Franck étrangement, puis vint s'attabler. Ils n'étaient pas du même service.

24

Les torches

C'est de la crête qu'il faut voir le coucher du soleil, avait décidé Cherchemidi. Constance l'aurait suivi les yeux fermés.

— Au fait... lança-t-elle, je n'ai pas très bien compris votre attitude, tout à l'heure, devant le jeune Allemand, à propos des Noirs américains.

Cherchemidi l'avait priée plusieurs fois de le tutoyer, répétant que c'était une obligation ajiste. Elle avait répondu tout droit qu'elle ne pouvait pas, que ça ne se commandait pas. Il y avait un peu d'égoïsme dans son insistance à lui, plus d'admiration que de respect, peut-être même un peu d'amour dans sa réponse, à elle.

— Je sais qu'il est allemand, mais je ne sais pas de quel bord, ça m'est venu comme ça, expliqua-t-il, non sans embarras.

— Ah ! je vois... S'il est raciste, c'était lui montrer gentiment qu'il n'est pas le seul, et s'il ne l'est pas, vous lui faisiez comprendre que vous connaissez la question... Ouais.

— Oh ! je n'ai pas calculé tout ça... (Elle l'embêtait à la fin.)

— Je pense bien ! coupa-t-elle d'un cri, mais elle ajouta doucement : A la réflexion, je me demande si ce n'est pas pire. Ces trucs qui vous viennent tout seuls...

L'écrivain aurait voulu qu'elle passe devant lui, mais il était censé lui montrer le sentier de la crête. Il se retournait souvent pour surprendre sa démarche coulée dans un ensemble harmonieux de mouvements des hanches, des bras, des épaules, de la nuque, de la poitrine qui collaboraient efficacement à l'effort. Curieuse fille qui, assise, immobile dans un salon, n'aurait pas éveillé l'admiration, mais qui, dès qu'elle bougeait, devenait merveilleusement belle. Et ce décor lui allait aussi bien que le torrent à la truite...

— ... Je me suis aperçue que personne n'a demandé à ces jeunes Allemands s'ils sont nazis ou non. C'est sans doute aussi une loi de l'A.J., comme à la Légion étrangère ?

— De l'A.J. ? Non. De ce pays plutôt, une des lois tacites de la Cévenne. Vous... tu comprends ? interroger quelqu'un sur sa foi sonne mal dans ces montagnes.

Lui-même devait se forcer pour la tutoyer, ce n'était pas normal.

— Mon cousin Piscre, qui veut être pasteur, m'a raconté qu'à la Faculté de théologie protestante, à Montpellier, il y a des étudiants allemands des deux espèces. L'un rentre dans son pays, le nazi, bien entendu, le second reste en France. C'est un réfugié antinazi. Il y a aussi des Alsaciens nazifiés, mais si ! et d'autres Alsaciens qui ne le sont pas du tout...

On ne pouvait dire qu'elle était bavarde, elle ne disait jamais rien qui n'eût de l'intérêt. Son récit prouvait qu'elle avait dû soumettre son apprenti pasteur de cousin à un interrogatoire implacable. D'après le jeune Piscre, ces étudiants allemands faisaient tout avec un sérieux. Ils bûchaient à fond, chantaient gravement...

— ... Mon cousin dit même : « J'ai l'impression qu'ils doivent faire l'amour en trois temps, en se récitant le manuel ! » Assez souvent, ils se montrent scandalisés par ce qu'ils appellent notre frivolité. Étudiants français et allemands s'accrochent à ce propos.

— A quel propos ?

Par exemple si, au cours des discussions philosophiques, un Français se permettait une plaisanterie, ça leur était intolérable. Il fallait discuter sérieusement ! Il y avait pour eux un temps de la rigolade, généralement quand ils avaient bu, c'était alors sinistre.

— Le réfugié et le nazi, ils n'ont aucun contact ?

— Ils sont bien obligés d'en avoir, ils sont dans le même groupe d'études. Une fois, ils se sont engueulés salement, ils ne pouvaient plus parler, ils étaient verts, paralysés, l'un et l'autre.

— C'est arrivé quand ?

— Dès qu'on les a présentés. Mon cousin m'a dit que c'était effrayant. Depuis, la classe tremble dès que les Allemands se frôlent. Surtout qu'ils sont tous barthiens là-dedans... Vous ne connaissez pas Karl Barth ? C'est un grand théologien protestant, professeur à l'université de Bonn. Il en a été chassé par Hitler. Barth menait le combat des protestants allemands contre le nazisme, il avait défendu les Juifs. Il est en Suisse, et il continue. Il disait aux nazis : « Celui qui s'attaque aux Juifs s'attaque à Jésus-Christ, celui qui s'attaque à Jésus s'attaque à moi ! Pour nous, défendre les Juifs n'est pas une opération humanitaire, c'est une opération essentielle à l'affirmation humaine de notre foi. » De 1930 à 1933, Barth a répété ça, en Allemagne, dans toutes les conférences publiques. Il était attendu à la sortie...

Bêtement, Cherchemidi commençait à regretter de la tutoyer.

— ... Il ne s'est rien passé qui entraîne des sanctions, mais il y a un état de tension latente, très pénible, mon cousin me l'a fait comprendre. Le nazi n'a aucun rapport avec le réfugié. Tout en vivant sous le même toit, ils ne se parlent pas. Il y a un moment presque insoutenable, c'est le service de la sainte cène : « Réconcilie-toi d'abord avec ton frère ! » dit la Parole ; donc, en principe, les gens qui communient ensemble se sont pardonné les uns les autres. « On sent tellement les réticences, on sait tellement que le pardon est impossible... m'a raconté mon cousin. Pourquoi se payer de mots ? Et pourtant, ils font des efforts, même le nazi. Ils essayent de surmonter cette haine terrifiante... »

La crête est en vue. Constance remonte jusqu'à lui, Cherchemidi s'appuie sur ses épaules, hypocritement. Son avant-bras nu frissonne aux charmes contraires d'une peau tiède et rafraîchissante à la fois. Quelques pas encore... Il s'arrête, pour réfléchir à l'aise. La conquête d'une femme était devenue pour lui une côte à gravir : difficultés, pierres, ronces, éboulis, puis la crête à franchir. A partir de là, la femme s'abandonne, roule, descend, de son propre mouvement... Alors que les raidillons bien réels se faisaient plus pénibles, ce genre de côte lui devenait de plus en plus facile, depuis un an ou deux surtout. Maintenant que ses reportages, ses articles et le succès de son dernier bouquin l'avaient signalé à l'attention du public, son incorrigible curiosité de la femme n'avait plus beaucoup d'efforts à fournir pour se satisfaire. Dans les quartiers où il avait traîné ses piètres débuts littéraires, il pouvait s'offrir les filles dont les mères l'avaient superbement dédaigné, ces demoiselles, mais oui, offertes par leur maman, sur un plateau avec les petits fours : « Cher maître, c'est que nous ne sommes pas peu fières de vous avoir connu quand vous n'étiez pas encore connu de tout le monde... » Mais Constance n'a rien à voir avec ces pimbêches de mère en fille. L'écrivain la sent à son bras, solide, souple. Elle fleure bon la nature, c'est la bogue de septembre, qui tient encore à l'arbre cévenol, déjà gorgée de fruits mais pas encore éclatée. Elle est du petit pays des Larguier, de ce refuge qui l'aurait accueilli raté, blessé, misérable, ridiculisé, où l'on aurait cessé de rire de lui dès que les autres s'y seraient mis. Cette ardente présence le replonge dans ses sources, réveille en lui le désir d'être de nouveau vraiment cévenol. Il donnerait beaucoup pour que sa jeune lectrice, oubliant Cherchemidi, n'aime plus que Léon Larguier du Casquillé.

Ils franchissent la crête. Ils se trouvent transportés de l'ombre dans le chambardement triomphal des rouges, des cuivres, des ors, des acajous d'un soleil d'août qui choisit de se coucher en kermesse.

Cherchemidi saisit Constance et l'embrasse. La jeune fille lui rend son baiser avec emportement.

Et voilà. Ils se retrouvent assis au revers de la crête, face à l'horizon dont les bois cirés s'assombrissent à l'heure où la servante au grand cœur tire les rideaux.

Léon Larguier se remue furieusement en Cherchemidi : le réveiller, après si longtemps, uniquement pour lui faire vergogne ! L'écrivain capitule. Il jette un regard voilé de regrets sur la crête à ne pas franchir ; jamais il ne goûtera les paysages qu'elle offrait, les douceurs de l'autre versant... et il retombe sur ses pieds, chancelant :

— Tu sais, Constance, j'aimerais beaucoup rencontrer ton cousin, le futur pasteur...

Ses yeux toujours étonnés s'arrondissent encore, elle veut répondre quelque chose comme : c'est très facile... mais elle s'étrangle. Dans sa gorge la réponse bute sur d'autres mots jaillissant du cœur, tout chauds, qu'elle refoule à grand-peine, avec le souffle et la salive de qui s'est brûlé la langue.

— ... Ton cousin m'aiderait peut-être à comprendre un mystère cruel : comment des garçons et des filles peuvent-ils tomber de cet univers délicat, douillet, qui est celui de leur âge, dans les pires violences d'un quotidien hallucinant ? Comment peuvent-ils quand ils n'ont encore séduit aucune fille, aussi normalement courtiser la Mort... ?

Cherchemidi rapporte l'étonnement de ses amis, à leur retour de Barcelone, où ils avaient pu voir des filles rieuses, en robe d'été, déménager les cadavres atrocement mutilés de l'hôtel Colon ; des jeunes gens passer la revue des religieuses exhumées par les miliciens, squelettes momifiés dressés contre le mur du couvent des Salésiennes. L'allègre familiarité de la jeunesse avec la Mort, dans ce qu'elle a de plus repoussant, tous les observateurs en ont été frappés. Les uns parlent de sadisme, les autres citent Goya. Le caractère espagnol, naturellement excessif, déjà passionné d'amour et de mort, a-t-il été perverti par un catholicisme borné ? Il est plus facile d'imaginer comment un tel clergé a pu concentrer sur lui tant de haine morbide. Jean-Richard Bloch demande : « Par quelle aberration l'Église du Christ et du Poverello se trouve-t-elle obstinément du côté des maîtres, des riches, des puissants ? » L'écrivain catholique José Bergamin a discuté de cet angoissant problème avec Bloch et Nizan. Il leur a confié : « Depuis longtemps, notre clergé a cessé de servir Dieu. Rapaces, fainéants, privés de toute vie religieuse véritable, nos prêtres se sont mis ouvertement au service d'une poignée d'hommes qui exploite le peuple avec une cruauté qui remonte aux pires moments de l'époque féodale. L'Église d'Espagne est une puissance capitaliste qui dispose de milliards... Ce que je vais vous dire vous étonnera peut-être : il m'est plus facile de parler de la doctrine chrétienne avec un communiste qu'avec un prêtre catalan. »

Constance l'écoute, mussée au creux de son épaule.

— Mais cela n'explique pas, reprend-il, l'ardeur à caresser la Mort. Ce ne sont que des raisons de la haine, mais pas la chimie de sa gaieté furieuse. Pourquoi ce besoin, cette jouissance de tremper ses mains dans le sang encore chaud, de se coucher sur le cadavre, de donner le baiser d'amour sur la bouche d'os ? Quand on est jeune et beau, quand on est sain, quand on aime le soleil, les chansons, comment peut-on, soudain... comment, mon Dieu ?

— Il me semble que moi, je pourrais !

Constance regarde passionnément l'écrivain. Il comprend alors que cette effarante affirmation est aussi un aveu d'amour.

Il n'est pas heureux mais il est fier de lui ; pour l'être encore, et l'être encore plus, il dit : « Rentrons, Constance ! » peut-être aussi parce qu'il éprouve une sorte de peur, cette jeunesse... Toujours est-il que Léon Larguier peut se taire en l'écrivain, se rendormir tranquille en son vivant et célèbre séjour.

Tout à l'heure seulement, quand il la verra rejoindre ses torrents, sans une éclaboussure, le doute visitera Cherchemidi : « Non mais, tu vieillis, bonhomme ! »

Au soir de cette journée, Alain Doiren éprouve le besoin de prendre ses distances, de se recueillir avec quelque hauteur. Il gravit les faïsses une à une, ces gradins vidés de leurs spectateurs, dans leur solitude retrouvée sous la pleine lune qui ne s'effrite encore qu'à peine.

Le P.A. comptait sur la nuit pour mettre fin aux réjouissances, mais les gaillards ont déniché des lanternes de charrette et des bougies. Un vieux de la vieille, qui savait encore fabriquer des torches avec des branches de pin, de la cire ou du suif, leur a montré comment s'y prendre. La lune aurait suffi mais, partis comme ils sont, brandir à bout de bras de longues flammes vous a une autre gueule...

Alain contemple son A.J., de là-haut, de la viste du chemin, sous le Perdigaud. Les flambeaux aux quatre coins du bal, autour du terre-plein, sur les jeux, la timide étoile des lanternes aux lueurs jaunes de vieillesse, les secours bienveillants d'une lune qui s'efforce de garder la pleine forme quelques heures encore, voilà qui ressuscite une de ces nuits de jadis que l'on croyait à jamais perdues pour le genre humain. Sur l'estrade perchée entre quatre pins, le Zé annonce :

— *Tout est permis quand on rêve*, fox-trot chanté ! Et la danse continue...

Un bruit de pas fatigués, discrètement accompagné d'un cliquetis de vaisselle : Milca.

— Où vas-tu ?

— Tu le vois bien. Rendre au Perdigaud la vaisselle qu'on nous a prêtée.

Ce « nous » fait du bien à l'instituteur.

— On avait le temps, c'est pas la Gavotte qui...

— Il n'y a pas que la sienne ! Avec ma mère, l'Armance, la Véronique et la tante Mélie, on a emprunté un peu chez chacun, et ils en ont besoin. On rassemble tout au Perdigaud pour que le Barbaste le descende tôt demain, avec sa charrette...

— Je vais t'aider...

— Non. Tes jeunesses ont porté le plus lourd, le plus encombrant. C'est trois fois rien, un peu de délicat, que j'ai gardé, une occasion de remercier le Perdigaud.

« Tes jeunesses »...

— Il doit se faire tard, risque Alain timidement, le temps de redescendre à Clerguemort...

— Si le tristet est libre...

— Bien sûr, Milca, bien sûr, je t'attends ici.

Il a failli dire « ma chérie ». Elle disparaît, allégée, dans la direction du Perdigaud, les bricoles de porcelaine tintent, égayées.

Tout est permis quand on rêve,

On a tous les droits... chante le Zidore.

Des coups de fusil de guerre, Raoul remet ça ! Tant qu'il restera une cartouche... Il doit tirer seul, s'acharner. Il a planté une torche au flanc du vallon d'en face, au-dessus du portrait de Franco, dessiné sur une vieille porte, que les clients du tir ont visé toute la sainte journée, les maladroits.

La Cabusselle ressemble à un bijou de reine, à un diadème, tombé sur des coussins, dont quelques pierres, quelques perles auraient sauté. « Mon petit bijou sur la montagne »... murmure Alain et il sursaute car il l'a dit tout bas, mais il l'a dit, et il a eu le sentiment que ce n'était pas la première fois que la Cabusselle s'entendait ainsi flatter, et de cet endroit précisément.

Le Mauser et l'Accordéon... Le Déserteur est-il satisfait ? Voyait-il ainsi l'avenir de son mas quand il le léguait à Clerguemort ? Alain pense à Milca prise dans les savantes conversations du Perdigaud, entre le Palamède et le Fortuné. Il s'en est dit, aujourd'hui, il s'en est abordé, interpellé, des gens qui ne se voient guère habituellement, d'autres qui n'avaient pas une chance sur un milliard de converser un jour.

Cherchemidi descend par le chemin du Vallauzas. Alain le retient pour le remercier :

— ... Si, si ! ne proteste pas, ton discours aidera beaucoup à maintenir un bon esprit dans l'A.J. Moi, le premier, j'y vois plus clair...

— Et pour l'affaire « héritage Paroul » ? coupe l'écrivain.

— J'en ai touché un mot au maire. Il a rigolé, le Jaurès, tu le connais ? (Alain imite son beau-père :) « Attaquer un héritage, c'est pas facile, et ça coute cher ! Surtout que, *attentiou !* l'héritier, c'est moi, enfin : la commune, c'est tout comme. Qu'il s'y frotte ! le plus emmouscaillé, ce sera bien lui... »

— Et moi, tu sais à qui j'en ai parlé ? demande Cherchemidi.

— A l'inspecteur ?... Au pasteur ?... Au notaire ?...

— Ne cherche plus. A l'Esaïe du Canaan, le chevrier...

— Le grand-père de Raoul ? Tiens... Et qu'est-ce qu'il t'a dit ?

— Une chose curieuse, qui m'a porté à réfléchir : « C'est une affaire entre Paris et Clerguemort dans un homme. »

— Attends voir... Le vieil Esaïe veut dire que si l'oncle du Déserteur n'est pas devenu un Parisien dans l'âme, il nous laissera tranquilles.

— C'est à peu près ça.

L'écrivain reste en contemplation devant la Cabusselle piquetée de flammes mal assurées. Il reprend, avec des hésitations :

— Je me demande si nous ne commençons pas par la fin. Les autorités, le notaire, il sera toujours temps de les alerter. Pratiquement, il n'a pas encore soulevé le lièvre, ce revenant. Tu ne penses pas qu'il serait mieux d'avoir avec lui une petite conversation en tête à tête, d'homme à homme, ne serait-ce que pour voir ce qu'il a dans le ventre ?

— J'y ai pensé, répond Alain, seulement il faudrait le sonder sans en avoir l'air, ne pas aborder la question de l'héritage bille en tête mais finasser, mener la conversation en patois... Tu devrais y aller ! D'abord, tu as du poids dans le pays, surtout après ton discours. Ensuite, tu es reconnu par la capitale, ça compte aussi. Tu toucherais à la fois le Cévenol et le Parisien qui se battent dans cette vieille peau...

— Je ne dis pas non... Tu me passeras les lettres des soldats Paroul.

Des cris interrompent Cherchemidi, un pointillé de flammes inscrit ses notes sur la portée sombre du vallon. C'est l'orchestre et les derniers danseurs, chacun tenant son flambeau, qui descendent par le sentier, sautant d'une faïsse à l'autre.

— C'est vraiment beau... murmure Alain.

— Je ne trouve pas ! tranche l'écrivain, mais il se rend compte qu'il vient de froisser le P.A. : Alain, ne m'en veuille pas. Les torches me rappelleront toujours les manifestations nazies. C'est un élément essentiel des hystéries de masse. La nuit, les étendards, la lueur des flammes, le même cri répété mécaniquement par des milliers d'hommes raidis... C'est une sorte d'envoûtement, un charme épouvantable qui change un peuple en troupeau. Des forces mystérieuses se dégagent des flammes, de la foudre. Les primitifs adorent le feu...

Ils discutent un moment de ce sujet. Alain évoque les dernières assemblées du Désert, à la veille de la rébellion camisarde. Il n'y avait plus de pasteurs. Pour entendre des prédicants illuminés, des enfants moitié fous la plupart du temps, les Cévenols se rassemblaient la nuit dans le cadre hallucinant des hautes rancarèdes. Là, ces pauvres gens traqués et affamés, à bout de nerfs et d'espoirs, restaient agenouillés des heures durant, à se frapper le front contre la terre, en criant « Miséricorde ! » à la lueur des torches. Après, ils étaient capables de tout. Élie Marion rapporte, dans ses Mémoires, qu'à l'issue de telles assemblées, son frère et lui se donnaient des coups de couteau sans avoir mal et sans saigner.

Mais Cherchemidi doit rentrer au Casquillé :

— ... Il y a le courrier, demain matin. Tu m'accompagnes un peu ?

— Non, excuse-moi, répond Alain, j'attends ma femme !

Les pas et l'ombre de l'écrivain se perdent dans la nuit compacte des lacets en sous-bois. Une flamme remonte vers Alain, elle éclaire une ombre double, un couple. Les détonations reprennent. En rangeant les accessoires du stand du tir, Raoul a dû tomber sur un paquet de cartouches oubliées. Cinq coups, tout un chargeur ! le canon doit brûler... Ce tireur est plus efficace en trois minutes que tous les tirailleurs de la journée : Franco baisse du nez. La porte a perdu tout le panneau inférieur et la planche de la serrure.

— C'est Raoul ! annoncent-ils en même temps.
— Je m'en doutais.
Le Rouquin et Mounette sont devant lui dans le halo de leur flambeau comme sous un parapluie.
— ... Vu qu'on s' taille tous d'main, ze pense...
Handicapé déjà pour l'argot quotidien, voici le Rouquin qui se lance dans les civilités !
— C'est une idée à lui, explique Mounette, volant à son secours, pas vrai, Rouquin ? (Il confirme, roulant les yeux, tendant le cou, avançant les lèvres : « vach'ment, vach'ment ! ») Demain matin, avec tout' la bande, on pourra jamais lui causer en douce, qu'il s'est pensé, si qu'on y allait tout seuls, sans la mère Rirette, on est des grands, pas vrai, Rouquin ?
— Vach'ment ! z' vous laisse. Moi, z'étais zuste v'nu dir' qu' z'étais d'accord !
Cela dit, le Rouquin saisit Mounette par les épaules, l'embrasse gravement sur le front, reprend la torche qu'il lui avait confiée afin de s'exprimer plus aisément, fait demi-tour et descend sur le mas.
Pour les beaux yeux de l'A.J., Rirette et ses Parigots vont perdre une journée de travail.
Trois coups de fusil, plus rien... les chargeurs sont pourtant de cinq. Franco a disparu, pulvérisé. Deux détonations, le temps de changer le chargeur, et ça repart. Raoul, opiniâtre, essaye à présent de déquiller la torche.
Mounette se tient, mains jointes, dans la posture de l'écolière qui sèche.
— On voulait te dire, P.A., mon copain et moi, lance-t-elle d'une voix trop forte, on voulait vous dire, Alain, que vous êtes un type épatant, voilà !
— Moi, fait le P.A., éberlué.
— Oui, vous ! On voulait vous remercier en particulier, nous deux, mon copain et moi, pour ce que vous avez fait pour nous, pour notre bonheur.
— Moi ? qu'est-ce que j'ai fait ?
— Allons, Alain, vous le savez bien, répond Mounette, toujours avec cette voix qui porte.
Au deuxième coup de chargeur, la torche saute. Une longue flamme jaillit.
— L'incendie, bon Dieu ! grogne le P.A., mais la flamme décroît presque aussitôt. La torche, éclatée, s'est éteinte en feu d'artifice.
Zidore bisse à la demande générale :

... Sais-tu comment il s'achève
Ce rêve qui m'a grisé ?...
Tout est permis dans un rêve.
Et le mien finit dans un baiser.

— J'allais oublier, de la part de nous !

Mounette saute sur Alain, se pend à son cou, et lui impose un baiser profond, qui se prolonge. Puis, elle se détache de lui, aussi vivement, et repart, fredonnant « Tout est permis quand on rêve », vers le mas, vers son Rouquin, vers leurs valises de carton bardées de ficelles.

— Eh bien, eh bien ! marmonne Alain tout haut, stupidement.

Quelque chose, un timide écho. Il se retourne. Milca est là. Depuis combien de temps ? Assez longtemps sans doute.

L'instituteur regarde sa femme, et ne trouve rien à dire, rien d'autre à faire qu'un geste écartant les bras du corps : voilà, tu l'as vu, c'est comme ça...

Milca s'approche. Alain distingue mal ses traits : un nuage passe sur la lune. Sa femme lui prend le bras en bredouillant : « Vraiment, il me tarde de me coucher, moi... » Elle soupire : « Quelle journée ! » par pudeur, ou pour mieux clore un chapitre ?

Il arrive, en Cévenne, que la foudre tombe ainsi, d'un ciel sans rides. Elle dévaste ou batifole. Les veillées de la Montagne sont nourries de ses histoires qui font rire ou frémir. Chaque vallée se transmet les siennes d'aïeul en petit-fils. Ici, la foudre a tué deux couples de bœufs à la mangeoire, puis elle est montée pour griller la vieille dans son lit, mais, avant de partir, elle a fait un plongeon dans le puits du meunier afin d'éclabousser la fille qui puisait de l'eau. Là, elle est entrée par le trou de la serrure, elle a fait deux fois le tour de la cuisine avant de se décider à bouter le feu dans le chignon de la belle-mère et à déshabiller complètement la bru devant le facteur qui se trouvait là et n'y a perdu que le bout de ses moustaches à la Kaiser. On vous assurera que cela s'est bien passé ainsi, on ne sait plus précisément en quelle année, sous un Louis ou sous un Bonaparte, mais cela fut.

Les foudres qu'engendrent les canicules sont sans conteste les plus dévastatrices ou les plus taquines, les plus vicieuses dans tous les cas.

Une foudre formidable rôdait au-dessus du monde en cet été 1936, immobile et vigilante comme l'aigle du Lozère, cherchant le lieu, attendant le moment de s'abattre tout droit. Pour prendre son temps en patience, elle lançait parfois une de ses langues incandescentes sous une porte, dans le trou d'une serrure, à travers une chambre ou un atelier ; chez des pauvres, toujours.

La foudre mondiale avait ce soir-là planté dans la cuisine de la Cabusselle son épée flamboyante.

Alain se demande pourquoi Raoul reste sur le seuil, tenant son fusil de guerre encore chaud en travers de son corps. Assis, tassé dans l'angle du pas de porte, un être sanglote. Reine. Ni le garçon ni la fille ne sont entrés mais ils entendent, ça gueule assez fort, là dedans...

Un brasier !

Manque de pétrole ou de temps, ils sont entrés avec les torches du bal et des jeux. Ils s'éclairent avec ça, s'enferment dans un cercle de feu, brandissant le grossier flambeau devant leur gueule quand ils parlent, et sous le nez de qui leur répond. Ils attisent les mots.

Kurt et Ernst sont dos à dos, debout, arc-boutés, solidaires. A la dernière étape, ils se sont retrouvés ainsi, chacun reculant devant sa meute, le premier devant Rirette, Riquet et Rafaël pour l'instant, le second devant Tilouis et Gino. Luc va d'un groupe à l'autre, n'articulant que des sons rauques, paralysé de rage.

Les braillements se croisent. Il y a deux querelles simultanées, deux duels, deux terrains, deux armes.

Ernst est le plus calme :

— ... Il est tout à fait normal que les peuples forts, qui sont arrivés à maturité, transmettent leur acquis aux peuples faibles... Je ne comprends pas que des types intelligents comme vous ne voient pas cette évidence : ce sont les peuples forts qui dominent...

— Nous, on est du côté des cloches, toujours, et on en est fiers ! hurle Tilouis. Avec les pauv's-z-honteux, nous, toujours, sys-té-ma-ti-que-ment ! Les forts, on s'en fout...

— On vit le Front populaire, affirme Gino, on sait que le peuple est invincible. Quand on voit défiler dans les rues d'Alès cinq ou six mille grévistes qui lèvent le poing, et qu'on chante *L'Inter* avec eux, on sent jusqu'au fond de ses tripes que c'est une force invincible...

— Vous jetez une vue d'infirmes sur l'histoire ! répond Ernst désolé. Vos dirigeants, vos intellectuels vous trompent !...

— Pourquoi que ça serait pas les tiens qui te tromperaient !

— Parce que les miens me montrent le destin de l'Allemagne...

— Et c'est quoi, son destin ? crache Tilouis.

— La vocation de l'Allemagne est la paix et l'union des peuples...

— Les faux jetons ! mais écoutez donc ça, nom de Dieu ! et toute seule, comme une grande, ta Bochie ?

— Les Allemands avec tous ceux qui accepteront de reconnaître cette vocation, où qu'ils soient, mais surtout en Italie, en Espagne, en France...

— Trop aimables ! Qui est volontaire pour lécher les bottes à Hitler ?

— Il ne s'agit pas de subordination, mais de vous débarrasser d'un système aberrant...

— « Aberrant », c'est quoi ?

— Des systèmes politiques bâtards, voilà vos chaînes ! mais vous êtes les héritiers d'une culture respectable. Vous avez chez vous des gens très bien...

— Pas nous, hein ? Nous, on est des rouges ! des rouges ! vient brailler Tilouis, en lui brandissant la torche sous les trous de nez.

Rouge, communiste, juif, noir, certains mots font sursauter les deux nazis comme s'ils n'avaient plus, vibrante à ces qualificatifs, qu'une seule colonne vertébrale pour deux.

— Vos chefs vous trompent, mais vous ferez comme les rouges d'Allemagne, les communistes et les socialistes de la base, vous finirez par rejoindre le grand parti des travailleurs nationaux-socialistes, votre vrai parti !

Une deuxième torche frôle son oreille, celle de Luc qui profère de brèves injures, et retourne aussitôt dans l'autre arène où la discussion est pire.

Dans un mouvement des flammes fumeuses, Alain aperçoit un fantôme blafard tassé dans le fond de la vaste cuisine de la Cabusselle.

— ... Vous êtes tous gangrenés par les Juifs, les négroïdes, les rouges ! crie Kurt. La France est couverte de Juifs, ils grouillent sur elle...

— Dingues ! Louftingues ! Ils en voient partout... fait Rirette d'une voix de crécelle parcourue d'un rire inquiétant.

— Ils sont partout, depuis toujours, c'est d'eux que vient tout le mal...

Riquet, Rafaël et Rirette sont tellement estomaqués qu'ils le laissent continuer. Luc, lui, est incapable d'exprimer quoi que ce soit, sinon des airs de folie meurtrière.

— Toutes les pestes viennent de l'Orient ! La Réforme allemande, l'anglaise, la française, au XVIe siècle, aux XVIIIe et XIXe siècles, les trois révolutions de France, entre la Terreur et la Commune, et, au XXe, Moscou, Buda, Madrid et Barcelone, sont signées dans le sang par les Juifs ! Luther ? Juif ! Knox ? Juif ! Calvin ? Juif ! Rousseau, Trotski ? Juifs ! Le premier mal de la Russie : Kerenski ? Juif ! Le mal de l'Allemagne : Rosa Luxemburg ? Juive ! et le mal blanc de la Bavière, Kurt Eisner ? Juif ! et le mal de l'Autriche, Otto Bauer ? Juif ! et Béla Kun en Hongrie ? et Claudio Trèves en Italie ? et Moïse Rosenberg en Catalogne ? Juifs ! tous, juifs ! et leur maître unique, à tous ? Marx ! un Juif ! Votre Front populaire ? un nid grouillant de Juifs : Blum, Blumel, Moch, Grunebaum-Ballin, Weil, Salomon, Dreyfus...

— Assez ! hurle Alain de toutes ses forces, assez !

Personne ne l'entend. Derrière Luc et Tilouis, ils avancent sur les deux nazis, torches levées, avec des mains d'étrangleur et des yeux fous.

Le P.A. bondit sur le seuil, arrache le mauser des mains de Raoul pétrifié, rentre, manœuvre la culasse et tire au plafond.

Dans la cuisine sonore, entre les murs puissants de la Cabusselle, le coup de fusil tonne, c'est un 420 de marine sur voie ferrée pour le bruit, le déclic d'un appareil photographique pour l'effet : la scène se fige. Un instantané.

Les torches s'abaissent lentement, premier mouvement timide. Elles éclairent les angles, elles montrent Franck dans l'un, Nathan dans un autre, deux gosses livides, recroquevillés, deux spectres. Deux Juifs. Ils reprennent leurs esprits avec des airs ensommeillés, des regards creux.

— C'est du propre ! lâche une voix de femme inconnue : Milca. Restée dehors, avec Reine, elle était entrée au coup de fusil. Ses yeux rencontrent une seconde ceux de son mari, c'est assez pour qu'Alain Doiren sache qu'il a une compagne.

Un silence de résurrection. Ils tâtent le sol du pied de Lazare.

— Vous n'avez pas honte... ? commence le P.A. mais il n'achève pas, tant il se sent minable.

Des mots d'instituteur pour élèves dissipés, c'est tout ce qu'il a trouvé.

Ernst repose soigneusement sur la table les deux brochures qu'il avait prises là dans le feu de l'algarade pour les brandir. Alain les confisque vivement. Il lit sur l'une : *Petite méthode d'harmonica diatonique* et sur l'autre : *Petite méthode pratique pour apprendre à jouer seul du pipeau*. Il y a bien quinze jours qu'elles traînent autour du mas, les voici butin de maître d'école.

Luc Roux n'a pas retrouvé l'usage de la parole. Ce n'est plus nécessaire. Son œil unique est insoutenable, le rencontrer seulement fait sursauter. Le mineur communiste montre la porte à Kurt et à Ernst avec un seul *vi-ou !* l'onomatopée sifflante qui jette les chiens hors de la maison.

— Un instant, fait le P.A.

Il sort sa « carte individuelle d'usager » délivrée par le Centre laïque des auberges de jeunesse, lit : « Article 2 : Les Auberges... accorderont une hospitalité fraternelle aux jeunes venus de pays étrangers... »

Les Français haussent les épaules avec indifférence. Le P.A. se retourne vers les deux Allemands et continue : « ... autant qu'ils seront animés par le souci de coopérer au rapprochement des peuples et s'abstiendront de toute propagande politique ou confessionnelle. »

Kurt et Ernst ont l'air de dire qu'il n'était question, précisément, que de rapprocher les peuples.

Tilouis, qui a sorti sa carte toute neuve, lit les lignes en caractères gras : « Le père (ou la mère) aubergiste peut rappeler les jeunes voyageurs au respect du présent règlement et, en cas d'inobservation grave, expulser les contrevenants... »

— Il faudrait quand même savoir qui a commencé, bredouille l'instituteur.

— Moi ! répond Luc sans hésitation.

Franck et Nathan s'avancent, Gino et Tilouis, tous font mouvement pour protester, puis s'abstiennent, comprenant que cela n'a vraiment aucune importance.

Luc vrille son œil dans ceux d'Alain :

— Eux ou nous !

Le P.A. n'ose faire l'appel, il sait qu'ils suivront Luc comme un seul homme.

— *Vi-ou !* refait simplement le jeune mineur borgne, avec le même geste.

Kurt et Ernst se lèvent et montent dans la grange-dortoir. On les entend préparer soigneusement leurs sacs. Ils prennent leur temps.

Franck, Nathan, Gino, Tilouis, Riquet, Rafaël, Rirette, Raoul, Alain et Milca ne bougent presque pas, fixant des points vagues sur le mur, sur le sol, attentifs à ne pas croiser leurs regards. Ils pensent aux paysans, aux mineurs, aux garçons et aux filles, aux gens de Clerguemort, du Chambon, de la Vernasse et d'ailleurs, qui sont venus écouter les discours, applaudir, rire, manger, boire, chanter, danser, puis sont repartis dans la nuit d'été, cette belle journée plein le cœur, sans une tache. Ils envient aussi Mounette et son Rouquin qui sont allés une dernière fois faire l'amour sous les étoiles.

Kurt se présente le premier. Il est vêtu de la chemise à poches et à épaulettes, cravaté du foulard. Un ceinturon à baudrier fixe le fourreau d'un court poignard. Une simple fourragère blanche pend de l'épaulette gauche à la poche de la chemise. Il arbore le brassard rouge cerclé de blanc, timbré d'une croix gammée noire sur losange blanc, des Jeunesses hitlériennes. Il a deux sacs à dos, l'un est en place, fixé sur les épaules par les bretelles, l'autre, qu'il tient à la main par une courroie, traîne par terre. Ernst, qui le suit, s'est revêtu du même uniforme, celui de l'organisation qui recrute obligatoirement tous les Allemands de leur âge.

L'âme collective, dans cette cuisine paysanne, évolue sensiblement. Cévenols et Parigots, mineurs, ouvriers, étudiants, c'est comme s'ils assistaient à la mort de copains, d'amis d'enfance atteints les premiers, empoisonnés de loin, silencieusement, assassinés à coups de sarbacane.

En franchissant le seuil, Kurt laisse tomber le sac aux pieds de Reine toujours tassée sur elle-même.

Cette fois, la sarbacane, ils l'entendent siffler.

— Reine ! Reine ! tu vas pas les suivre !

La bonne Rirette s'est précipitée dehors. Les ajistes viennent à ses côtés, sur le terre-plein de la Cabusselle, pour voir, dans le sentier qui mène au chemin du Vallauzas, Reine, son havresac sur l'épaule, plus voûtée que jamais, qui suit les deux Hitlerjugend, à une dizaine de pas.

Luc regarde sa montre et grogne : « C'est pas le tout, faut que dans moins de quatre heures je sois à la mine. » « Moi aussi », dit Riquet. « Moi aussi », dit Rafaël.

25

Du sang sur l'autel

Des mots, n'importe lesquels, mais il fallait qu'il retrouve la furtive émotion qu'il avait éprouvée la veille en quittant Constance à l'entrée de son chemin, en vue du joli mas moussu où vivait sa grand-mère, encore une grande veuve noire. Une phrase de rien, ou deux, qui pouvaient parler d'autre chose, taire le vrai, clamer le faux, mais dont la musique ou le parfum lui ramènerait — même si ce n'était qu'à lui — la saveur cuisante du moment si bref qu'avait mis à mourir sa dernière jeunesse.

Cherchemidi écrivit, d'un élan :

Quand le vent s'est levé,
Il ne restait rien sur la route,
Rien qu'un petit mouchoir froissé,
Rien qu'un petit mouchoir mouillé
Qui ne disait adieu à personne...

Il grimaça sous le coup de griffe au cœur, la même douleur cuisante, trop brève. Enfin, ça y était presque.

Le facteur arrivait au Casquillé, gonflé de l'importance du courrier qu'il apportait quand l'écrivain était là. Cherchemidi négligea la liasse des journaux qu'on lui réexpédiait, pour les trois quotidiens locaux. Il les parcourut, les prit, sauta dans la traction-avant, fit un aller-retour jusqu'à la gare du Chambon où les cheminots chipaient parfois des quotidiens nationaux de la veille aux voyageurs du premier train de Paris. Puis il lança résolument sa belle bagnole sur la caillasse du Vallauzas.

Une autre voiture stationnait à l'entrée du sentier de l'A.J., grimpée de guingois sur le talus, une vieille Peugeot. Une deuxième surprise l'attendait sur le terre-plein de la Cabusselle — il se crut transplanté dans un film de Bunuel : couronne de fleurs d'oranger sur le front et vaporeux atours, une mariée de catalogue, flanquée de son *novio* costumé comme un maître d'hôtel. L'écrivain fut accueilli par une poignée de dragées. Le P.A. s'empressait :

— Deux camarades instituteurs... Ils ont eu la charmante idée de venir passer leur nuit de noces dans l'A. J. Ils n'ont fait qu'un bond de la mairie dans leur voiture... Je leur réserve le tristet. Si j'avais un de mes chimpanzés sous la main, je ferais cravater notre drapeau rouge au blason de *pellous* d'un bout du voile de la mariée qui flotterait là-haut, à la cime du tilleul... Au fait, quel bon vent t'amène ?

— Badajoz est tombée.

Il jeta les journaux en vrac sur les tréteaux. Tout le monde s'attabla, la belle mariée la première. Le marié courut jusqu'à sa *tabazille* chercher un guide de l'Espagne.

Ils s'efforçaient passionnément de la voir, la vieille cité d'Estremadure, enserrée dans ses remparts musulmans, sur les bords d'une large rivière : Badajoz, ancienne capitale d'un petit royaume arabe oublié depuis le XIe siècle, Badajoz dont la tour de Espantaperros et la cathédrale gothique avaient servi de point de mire aux fascistes. Une ville du Sud, bouillante et bouillonnante, bêlant et puant le suint dans la poussière des troupeaux...

La préparation d'artillerie dure toute la matinée, sans plaindre les obus. L'attaque est donnée à quatorze heures. Elle mord en deux points, mais, sur la rivière, des vagues d'assaut nationalistes, ne survivent qu'un capitaine et quatorze légionnaires. Cependant, du côté de la Puerta del Pilar, les assaillants franchissent les remparts. La bataille se poursuit dans les rues, sur la plaza de la Republica, devant la cathédrale. Les miliciens sont refoulés hors de la ville. Alors, tranquillement, les légionnaires tuent tous ceux qui sont soupçonnés d'avoir porté une arme. Ils poursuivent deux garçons dans la cathédrale et les abattent sur les marches du maître-autel.

C'était le 14 août, vendredi dernier. Le samedi, les exécutions par fusillade se déroulent sur la plaza de Toros, durant toute la journée. Le massacre reprend le lendemain dès l'aube, et se prolonge jusqu'à la nuit. C'était le 16 août, un dimanche.

« Tout porte à croire, lisait-on, que les exécutions continuent en ce moment même, à un rythme à peine ralenti... »

La jeune mariée s'était effondrée dans les bras de son époux.

L'écrivain et le P.A. n'étaient pas fiers de leur accueil. Leur gêne toucha le nouveau marié qui bougonna :

— Comme si la nouvelle ne nous aurait pas atteints où que nous fussions !

— Nous sommes à l'affût, vous nous prenez pour qui ? pour des égoïstes ? regimbait la mariée, puis, d'une voix d'enfant punie : Quand même, c'était pas le jour de faire ses noces...

Son époux la consolait comme il pouvait :

— Nous aurions du culot de nous plaindre, quand on pense à l'Espagne...

La chute de Badajoz, une belle tuile sur leur lune de miel ! Mais, l'infortune aussi créant l'émulation, le P.A. leur rapporta comment la foudre était tombée dans l'A.J., comment elle en était ressortie en grand uniforme des Jeunesses hitlériennes.

— Je me doutais qu'ils en étaient, marmonna Cherchemidi. Pourquoi ? Je ne sais. Ah ! si... J'ai participé à une randonnée, avec les camarades de Saumane. Il y avait avec nous un Allemand, un réfugié celui-là, il avait d'autres façons. Il osait à peine parler. Il regardait à droite et à gauche avant de répondre... Il ne racontait pas volontiers ce qui se passait en Allemagne.

Le matin d'une chaude journée remplissait le vallon d'une blancheur laiteuse sous la forme d'une poussière impalpable mais frissonnante. Raoul, puis Franck, puis Nathan s'attablaient sous le tilleul, leur bol de café au lait à la main. Il traînait des relents de sommeil, insistants comme les senteurs suries des bières et des vins de la fête. Bientôt, le soleil tirerait son dernier voile, alors le vallon brillerait et crisserait. La discussion gardait sa lenteur de réveil dominical, s'étirant et bâillant, le cœur lourd.

Les fusillades avaient repris à Badajoz, depuis deux ou trois heures.

Le nouveau marié demanda si l'adhésion aux Jeunesses hitlériennes était vraiment obligatoire.

— Oui.

Franck et Cherchemidi pouvaient répondre.

Dès novembre 1933, Hitler avait proclamé : « Quand un adversaire me dit : "Je ne passerai pas dans votre camp." Je lui réponds calmement : "Votre enfant nous appartient déjà"... » De six à dix ans, le petit Allemand fait son apprentissage dans les Jeunesses hitlériennes en tant que *Jungvolk*. Ensuite, après des épreuves sportives, des examens portant sur le camping et l'histoire nazifiée, il entre dans les *Pimpfen* où il doit prêter ce serment : « En présence de cet étendard de sang, qui représente notre Führer, je jure de consacrer toute mon énergie et toute ma force au sauveur de notre pays, Adolf Hitler. Je suis prêt à donner ma vie pour lui, et je m'en remets à Dieu. » Les parents reconnus coupables d'empêcher leurs enfants d'entrer dans les organisations sont emprisonnés.

— Puisque c'est obligatoire, précisément, insista le marié, des membres peuvent ne pas être nazis dans le fond d'eux-mêmes. L'uniforme ne fait pas le soudard.

— Je l'ai cru aussi, dit Alain. D'autant plus que le mouvement des auberges de la jeunesse avait pris en Allemagne une ampleur considérable. Puis, je me suis renseigné...

En 1933, dix millions de jeunes appartenaient aux organisations de jeunesse du Reich, qui était ainsi le plus puissant mouvement de jeunesse du monde. Les Jeunesses hitlériennes ne dépassaient pas alors cent mille adhérents. En juin 1933, un groupe d'assaut hitlérien occupe de force les bureaux du Comité des Organisations. Les biens sont saisis, ce sont essentiellement des centaines d'A.J. disséminées à travers l'Allemagne. Les ajistes du Reich vont désormais recevoir une instruction nazie, suivant les principes du *Kraft durch Freude* — la Force par la Joie ; leurs randonnées sac au dos seront entrecoupées d'exercices militaires, ils ramperont dans les sous-bois, le fusil à la main...

— Ma stupéfaction de les découvrir nazis, et nazis à ce point ! a été grande, dit Alain, mais c'est surtout parce qu'ils étaient étudiants.

Cultivés, ils ne pouvaient pas être nazis, pour moi, c'était une évidence !

— Tu avais oublié la montagne de livres brûlés solennellement sur la Potsdamer Platz ! jeta le marié.

Depuis le début de la discussion Raoul prêtait au moindre mot une attention qui lui crispait le visage. Quand Alain avoua sa désillusion, le petit-fils du chevrier leva sur lui un regard déchirant.

— Pour *Vendredi*, je suis allé voir le professeur Wilhelm Roepke, chassé de l'université de Marburg, dit Cherchemidi. Là, j'en ai appris de sévères...

Les professeurs étaient, pour la plupart, des nationalistes fanatiques. Les nazis étaient seulement un peu trop tapageurs et violents, à leur goût. La majorité des étudiants s'enthousiasmait pour Hitler. Les nazis n'eurent que très peu de difficultés avec l'université. Dès l'automne 1933, neuf cent soixante professeurs firent publiquement le serment de soutenir Hitler et son régime ; ils avaient à leur tête le philosophe Heidegger et le fameux chirurgien Sauerbruch... D'après le professeur Roepke, « ce fut une scène de prostitution qui entache la vénérable histoire de la science allemande... » Le nouveau recteur de l'université de Berlin est un S.A., vétérinaire de profession. Il vient de créer vingt-cinq cours de *Rassenkunde* — science raciale. Il n'est plus question que de physique *allemande*, chimie *allemande*, mathématiques *allemandes*. Le professeur Philipp Lenard, de l'université de Heidelberg, un savant de renommée mondiale, écrit : « Mais, me dira-t-on, la science est et demeure internationale. C'est faux. En réalité, la science, comme tout autre produit de l'humanité, est raciale et conditionnée par le sang. » Le professeur Tomaschek, directeur de l'Institut de physique de Dresde, affirme que la physique moderne est un instrument de la juiverie mondiale destiné à la destruction de la science nordique. « La vraie physique, écrit-il, est une création de l'esprit allemand... En fait, toute la science européenne est le fruit de la pensée aryenne ou, mieux, allemande. »

— Mais... vous êtes bien sûr de ce que vous affirmez là, s'insurgea soudain le nouveau marié. Ne sentez-vous pas le mensonge, à certaines exagérations : la rapidité avec laquelle des savants se mettent à prêcher des inepties, par exemple ?

Son épouse l'appuya tandis que Raoul fixait le couple avec consternation.

— Ça ressemble furieusement aux plus jolis bourrages de crâne de la guerre de 14 : les Prussiens qui coupaient les mains des enfants, les Boches tellement affamés qu'ils suivaient une tartine, s'écria-t-elle. On a dit ça, on l'a écrit, imprimé, on l'a cru ! C'est avec ça qu'on mène les peuples à la boucherie. On les prépare à la guerre, puis on la leur présente comme inévitable. Bientôt, tout le monde y croit, même les anarchistes... Oh ! Henri, raconte la discussion avec Guillot...

C'était un de leurs amis, un anarchiste, qui revenait de Barcelone, indigné. Il leur avait montré une circulaire adressée par la C. N. T. - F. A. I. à ses membres officiers : « Vous, officiers de l'armée populaire, devez observer une discipline de fer et l'imposer à vos hommes, lesquels, une fois dans les rangs, doivent cesser d'être vos camarades et former l'engrenage de la machine militaire de notre armée, pour en faire une puissante armée qui saura écraser les forces fascistes et faire respecter le nom de l'Espagne ! » Et ce sont des chefs anarchistes qui pondent ça...

— Leur revirement est encore plus rapide et plus frappant que celui des professeurs allemands, glissa le P.A.

— Enfin, quand on se dit anarchiste, on nie l'autorité, on respecte l'individu ! continua le marié. En quelques semaines de guerre, ils se sont laissé posséder comme des enfants. Ils s'expriment déjà en sabreurs : discipline de fer ! plus de camarades, des machines !

— Les anarchistes espagnols se sont dressés contre l'agression fasciste, expliqua Cherchemidi. Ils n'ont pu éviter l'évolution de la guerre.

— Ce n'est pas une raison pour se mettre à aimer l'armée, la guerre, tout ce qu'ils haïssaient !

— Les Maures sont appuyés par l'artillerie et l'aviation. Que peuvent faire les miliciens sans canons et sans avions ? Il faut lutter à armes égales, dit Alain.

— On ne peut pas ne pas vaincre quand on a raison ! proclama la mariée, ardemment.

— Belle phrase... commença Cherchemidi.

— Vaut mieux un canon !

Ils regardèrent Raoul qui venait de lâcher ça d'une voix qui faisait mal.

— Belle phrase, reprit l'écrivain. Phrase criminelle, doivent penser les miliciens quand les fascistes les collent au mur.

— Nous sommes dans une A.J., s'écria soudain le marié, et c'est tout juste si nous ne devrions pas nous défendre d'être pacifistes !

Les Cévenols le calment affectueusement. L'époque oblige à réviser constamment ses convictions. Le pacifisme n'est pas une religion qu'on ne saurait, sans sacrilège, remettre en question...

— Depuis qu'il participe à la Commission de l'armée, Léo Lagrange a été amené à réfléchir sur l'indifférence relative des milieux de gauche qui laissent les mains libres à l'état-major pour créer sa presse, sa politique et ses propres institutions dans tous les domaines — elles constituent un très grave danger (voir l'Espagne). La position pacifiste, même renforcée par l'objection de conscience, ne gêne pas l'état-major. Elle le sert en le dédaignant... Cette position risque de nuire à la popularité de Léo.

— C'est à voir, fait Alain. Le peuple a maintenant son gouvernement, il se battra pour le garder. Il y a un durcissement. Chez les patrons aussi. Ils doivent se rendre compte qu'il faut mater le peuple au plus vite ; en effet, les premiers avantages conquis n'ont fait que lui ouvrir l'appétit !

— C'est gai ! soupire la mariée. Les lendemains qui saignent ! En conclusion, l'Espagne nous précède comme pour le *Frente popular* !

— Je n'ai pas encore entendu un ouvrier émettre un doute sur la nécessité de se battre pour l'Espagne, et Alain martèle : « Les copains se défendent, ils ont raison... »

— Encore une affirmation gratuite, une généralisation plutôt, réplique le marié.

Il cite les propos pacifistes d'un cheminot, et de quelques ouvriers de la métallurgie. Il répète : « Non ! rien ne me fera renier mon pacifisme ! Je ne me laisserai pas prendre par l'engrenage de la violence... » Il raconte dans quelles circonstances il a connu sa femme, à une réunion de normaliens pour la paix. Il rappelle les souvenirs de randonnées avec des lecteurs de *La Patrie humaine*... Son épouse intervient pour ajouter un détail chaleureux, une circonstance significative. Ils continuent sur ce thème pendant qu'on les aide à s'installer dans le tristet. Ils affirment, prouvent, sur le ton chagrin des gens qui doutent déjà. Ils parlent du pacifisme avec nostalgie, comme d'un pays qu'ils quittent à jamais.

Cherchemidi regarde le couple transporter ses bagages de la voiture au mas. Tous deux se hâtent, jettent un œil derrière eux. La mariée tient sa couronne d'une main, son voile de l'autre. On dirait les débris d'un cortège nuptial dispersé par les bombes à la sortie de la mairie.

La pendule marchait sans histoires : Luc était à la mine. Alain avait beau lui expliquer qu'elle ne fonctionnait que penchée, quelques heures après, le borgne retirait la cale, machinalement, comme il repoussait, d'un coup de hanche précis, la table qui n'était pas rigoureusement perpendiculaire au mur.

Les jeunes mariés étaient partis au bout de trois jours, à la recherche d'une chaumière pacifique. Le tristet conservait des traces de patchouli. Avaient-ils raté leur couple ou seulement leur lune de miel ? Les ajistes avaient déployé des trésors de discrétion et de délicatesse, évitant de passer à proximité de la chambre nuptiale tant que les époux n'en étaient pas sortis. Une nuit qu'il avait oublié d'emprunter le détour bienséant, le P.A. s'était aperçu, avec une inquiétude rétrospective, que le tristet sous les toits diffusait les bruits à la manière d'un pavillon acoustique.

Les abeilles se familiarisaient avec le nouveau maître de la Cabusselle. Chaque matin, dès qu'Alain avait ouvert les volets de la cuisine, une délégation du grand rucher venait le saluer à la manière des escadrilles lors des parades militaires. Milca était là pour quarante-huit heures : « Maintenant que les mineurs sont rentrés, vous ne vous en sortirez jamais tous seuls, surtout dans la pagaye que vous a laissée la fête ! "Bonne mère", je veux bien, mais cette pauvre Gavotte n'a pas que ça à faire, avec sa maison à mener, son infirme, ses pensionnaires, ses cochons, ses biques... » Milca viendrait du vendredi jusqu'au lundi, pour affronter l'affluence des fins de semaine, à présent que la Cabusselle était honorablement connue par tout le pays. Amour, bonne volonté, sagesse, jalousie, ou peur des commérages ? un peu de tout sans doute, l'épouse de l'instituteur n'avait rien perdu des finesses de la déconcertante petite Milca. Elle ajoutait, dans un murmure : « Moi, je ne demande pas mieux, tant que mon état me le permettra... »

Alain avait affiché sur le panneau mural un article de François Mauriac, paru dans *Le Figaro*, dont les premières lignes étaient : « Je ne crois pas aux *cas de conscience* insolubles... » et qui parlait ainsi des vainqueurs de Badajoz : « Ils se réclament de *la religion traditionnelle de l'Espagne*. Ils ont célébré à Séville, le jour de l'Assomption, l'humble Reine du ciel et de la terre, la Mère des hommes. Celle qui a jeté ce cri que l'humanité n'oubliera pas : *Deposuit potentes de sede et exaltavit humiles*. Ils n'auraient pas dû, en ce jour de fête, verser une goutte de sang de plus que ce qu'exigeait l'atroce loi de la guerre. Quelle époque, hélas ! que celle où le *camp de concentration* apparaît comme une mesure recommandée par la charité et par la pitié ! » Cherchemidi l'avait apporté à l'A.J., criant de loin : « Ça y est, les gars, Mauriac a pris le virage ! » L'écrivain avait rappelé aux ajistes l'article dans lequel le même Mauriac, sous le titre *L'Internationale de la haine*, menaçait « M. Léon Blum, qui brûle d'intervenir, qui, peut-être, est déjà intervenu dans ce massacre . Faites attention, nous ne vous pardonnerions jamais ce crime ».

— Tu comprends, expliquait gaiement Cherchemidi, la première réaction de François Mauriac a été celle de sa classe, celle d'un homme de droite. Et soudain, le cœur a pris le dessus. Maintenant, il a compris. Désormais, il n'aura plus de virages à prendre, il laissera parler son cœur dès les premières nouvelles. Si ! tu peux me croire, Alain, je connais les hommes, surtout les écrivains, et surtout ce type de catholique.

L'écrivain cévenol parlait avec l'assurance d'un homme qui se voyait confier, par un grand hebdomadaire parisien, un reportage à Madrid.

— Je lirai tes articles, bien sûr, lui avait dit Alain, mais passe quand même me voir à ton retour. Il y a des choses qu'on ne peut écrire, même dans un journal de gauche.

Il avait promis, ils promettaient tous de revenir, certains revenaient, ainsi Popaul Keurdor, le camelot...

Alain avait tressailli de joie en reconnaissant la pétarade de sa grosse moto. Popaul n'était plus Popaul. Il avait des poches sous les yeux, et aucun bon mot ne lui venait, il en avait « gros sur la patate ». Au fond, avec ses grands airs finauds, c'était un homme simple. Quand il était triste, il était triste.

— Je reviens d'Irun. J'ai fait les Pyrénées, puis, ça m'a pris : je suis allé voir la guerre. Je me dégoûte.

Le P.A. sentit qu'il ne fallait pas le presser de questions. Le camelot avait la gorge serrée, mais tout à coup, il demanda : « Ici, vous faites quelque chose pour l'Espagne ? » Il remarquait à peine la transformation du petit vallon qu'il avait connu sous la gelée blanche. Après le repas du soir, sous le tilleul, dans la nuit qui tombait, il se mit à raconter son séjour à Irun, peut-être parce qu'on ne se voyait plus — d'un geste, le P.A. retint Gino qui se levait pour aller chercher la lampe à pétrole. Des chauves-souris frôlaient par instants les ajistes attentifs. Keurdor parlait si bas que les crapauds, inspirés par la douceur nocturne, couvraient certains mots.

Irun est une jolie petite ville frontière, bâtie au flanc d'une colline, sur la rive gauche de la Bidassoa. Un pont la sépare de la France. Il est gardé par des miliciens vêtus de bleus de chauffe, le revolver à la ceinture. Ils ne laissent passer personne, même pas les journalistes, mais l'un d'eux crie : « Eh ! Popaul ! » C'est Grouille, un copain de Montmartre, peintre en bâtiment, Keurdor l'a dépanné plus d'une fois dans ses périodes de chômage. Le camelot franchit le pont : « Viens, que je te présente à Manéchem, le capitaine. » Une Cadillac déglinguée, conduite par un gamin qui porte à l'épaule l'insigne noir et rouge des anarchistes, les amène au siège du comité central, sur le Paseo de Colon. Dans le grand salon à dorures de la maison bourgeoise réquisitionnée, entre les fauteuils protégés par des housses à fleurs, Grouille présente à son copain le capitaine Manéchem, un homme jeune en salopette à fermeture Éclair que gêne sa troisième ficelle : il n'est que lieutenant de réserve. Il a fait son service dans l'infanterie, puis il a bricolé dans le cinéma. C'est le fils d'un commerçant de Clermont-Ferrand, il est socialiste. Quand il est venu offrir ses services, les retranchements n'avaient pas de réseaux de barbelés, la plupart des miliciens ne savaient pas se servir d'une mitrailleuse, maintenant ils savent. Manéchem a fortifié la région de la Puncha. Il commande six cents hommes, des Français, des Belges, des Allemands, des Espagnols surtout. C'est un jour calme. Seul, un vieux canon de 155 TR Rimailho tire à coups réguliers vers le pont international, du côté de Fontarabie. Manéchem est convoqué par le citoyen Margarida, commissaire à la guerre. Popaul et Grouille traversent le Paseo et entrent dans un petit café archiplein où ils boivent du moscatel. Ils rencontrent là des artilleurs, des mitrailleurs et des cheminots du train blindé de la Puncha, Hofman, un communiste allemand qui commande un secteur, un Polonais, un Canadien, un docker de Rouen, deux Français, le père et le fils, un toucheur de bœufs de la Villette arrivé d'hier, des mineurs d'Oviedo qui boivent se montrant leurs blessures, les écorchures qu'ils se sont faites en rampant, en sautant dans les ronces, qui exhibent les balles fascistes sciées en croix, qui se moquent des bombes qui foirent et des tanks ennemis décorés de feuillage comme pour un carnaval, qui boivent encore, crient « Viva la dynamita ! » et reprennent en chœur une rengaine aragonaise. On trinque et on parle des navires de guerre que Franco vient d'envoyer contre San Sebastian et Irun, les croiseurs *España*, *Almirante Cervera* et *Velasco*. Le colonel Ortega, un ancien sergent-major de *carabineros*, qui commande la garnison de San Sebastian, a fait savoir aux fascistes qu'il fusillerait cinq prisonniers — il en détient beaucoup — pour chaque personne tuée par le bombardement. Les bateaux de guerre ouvrent le feu : quatre tués, trente-huit blessés. Ortega fait exécuter huit civils et cinq officiers franquistes. En sortant du café, les deux copains voient un camion de miliciens qui montent en ligne. Ils chantent. Il y a, parmi eux, un gosse tout frisé, très beau, coiffé d'un chapeau de femme orné de trois canaris empaillés. Ses camarades l'appellent *Fuego*, feu...

— C'étaient des gars formidables, j'étais bien avec eux, je trouvais ça chouette, j'étais con.

Le lendemain, c'est mauvais jour. Les mitrailleuses nichées au flanc des crêtes ne respirent que le temps de changer de bande. En France, à Béhobie, les passants s'aplatissent contre les murs. Soudain, le ciel gronde : les escadrilles de Caprani aux couleurs italiennes mitraillent. L'artillerie les appuie, les obus, les bombes pleuvent, la terre tremble. Grouille crie pour se faire entendre : « Popaul ! si tu tiens à garder ton minois qui plaît aux dames, tu ferais bien de rentrer chez maman. Ils attaquent. »

— Le plus dégueulasse, marmonna Keurdor, c'est côté français. On passe de la boucherie aux villégiateurs qui prennent des bains de soleil. Les curieux poussent le barrage des gendarmes français, ils veulent voir mourir. On vend partout des jumelles et des longues-vues. Quand la mitraillade redouble, les nageurs sortent vite pour ne pas manquer ça. Quand ça se tasse, ils repiquent une tête.

Un hôtelier d'Hendaye a fait construire un belvédère. Au bord de la route de Biriatou, se trouve un champ où l'on est aux premières loges, le propriétaire fait payer cinquante centimes ; c'est pas cher, parce que, de là, on voit très bien les carlistes et les légionnaires ramper au bord de la rivière, à travers les maïs, on les voit tirer, lancer des grenades, on voit les miliciens touchés bouler comme des lièvres ; avec une bonne longue-vue, on peut même distinguer la gueule qu'ils font en crevant.

Les crapauds, deux chouettes, un rossignol, les criquets, l'immense fourmillement de la montagne aspirant la fraîche, c'était la délicieuse, la coupable quiétude des vallons protégés.

— Je regretterai toujours ce petit café. Le moscatel y était fameux, les clients étaient des hommes, des vrais, ils m'interrogeaient sur ces wagons d'armes et de munitions qu'on leur envoie de Barcelone, que Cerbère leur annonce, et qui sont retardés pendant le transit, interminablement retardés. Ils répétaient : « Elles sont à nous, elles sont espagnoles, ces balles, et nous en avons rudement besoin ! » Un drame... Ils s'inquiétaient beaucoup parce que les munitions commençaient à manquer. Les fascistes amassaient d'énormes moyens pour l'assaut final. Les copains répétaient qu'ils tiendraient s'ils avaient seulement de quoi charger leurs fusils, et un peu de dynamite pour attendre les chars... Au bout de la salle, il y en avait qui riaient pour une blague que je n'ai pas entendue. D'autres chantaient. Je pourrai jamais plus boire du moscatel. Les romances aragonaises sont tendres, on dirait qu'elles vous tournent autour de l'oreille, avant d'y entrer, elles valsent en caressant, elles font un peu comme ça...

Keurdor devait chanter juste mais dans la nuit de la Cabusselle, ses lalala - lala faisaient piteux. Franck toussa, Raoul murmura :

— Alors ? tu es parti comment ?

— Un camion ramenait des blessés de la Puncha. Trois étaient morts en route, dont Fuego, le gamin tout frisé. Ses camarades avaient posé le chapeau de femme sur sa poitrine, comme un crucifix, avec ses mains croisées dessus. J' pouvais plus le quitter des yeux, ce chapeau. Il ne restait qu'un canari sur les trois. Le petit frisé n'était pas du tout défiguré, seulement très pâle, avec un peu de sang derrière l'oreille. Grouille m'a remis un papier. Il m'a dit : « J'avais acheté un tacot. C'est avec que je suis descendu ici. Tu le vendras, si j'y reste, et tu fileras le fric à ma vieille, elle en aura besoin, c'est moi qui la faisais vivre... » Le billet mentionnait l'adresse d'un garage de Saint-Jean-de-Luz : « Veuillez remettre ma voiture, ainsi que les papiers, à M. Paul Keurdor, porteur de la présente, etc. » J'ai traversé le pont international sur les genoux, en faisant vite. J'apercevais encore Grouille derrière son mur, avec son foulard rouge. Il tiraillait. Il m'a fait un signe. Il me montrait sa cartouchière, pour dire : « Pense aux munitions ! » La première chose que j'ai vue, côté français, c'est un roadster en stationnement, une de ces bagnoles ! toute blanche, décapotée, et une de ces femmes ! des guiboles ! elle était debout sur les coussins de cuir et, avec de grandes jumelles stéréo-prismatiques, elle se rinçait l'œil. Elle m'a demandé : « Le type qui a fait ça ? (elle m'a montré la ceinture de son short à l'endroit où Grouille porte sa cartouchière), vous le connaissiez ? — Oui. Pourquoi ? — Pour rien. » Et elle a braqué ses jumelles dans une autre direction.

26

Reine

Paroul est dans son bien.

Là-haut, sous les combles, son pas est lourd, traînant.

De la cave au grenier, de la cuisine aux chambres, du pailler à la remise, de la clède à la grange, il a tout vu, un meuble après l'autre, longeant les murs pour ne rien passer. Quand le pas s'arrête, grince une serrure, ou claque un tiroir, ou rien ; ce n'est pas bruyant, l'émotion.

Cherchemidi voulait cet entretien avant son départ pour l'Espagne, parce qu'il est un ami du P.A., un partisan des A.J., ça va de soi, mais il est écrivain aussi. Il était intéressé par le personnage, et curieux de l'étudier dans le mas des siens.

Attirer Palamède Paroul dans la Cabusselle, et là, l'entretenir à loisir, en son particulier, sans éveiller sa méfiance, l'entreprise exigeait plus d'invention et de diplomatie que n'en pouvaient montrer les efforts conjugués d'Alain, de Nathan, de Franck et de Cherchemidi.

— L'vieux, il nous met tous dans sa poche, avait soupiré son commis, avec l'intuition d'un poulbot de la Bastille.

L'écrivain l'avait approuvé :

— Finalement, le mieux, c'est d'y aller franco ! Laissez-moi seul dans la Cabusselle tout l'après-midi, qui vivra verra...

Chacun avait donc à faire assez loin de l'A.J. Le dernier parti, Gino, était passé par le Perdigaud. Il avait crié, de la porte : « Paroul ! M. Cherchemidi voudrait vous parler ! Il vous fait dire qu'il vous attend à l'auberge ! » Et il s'était esquivé sans laisser au vieux le temps de dire oui ou non.

Il n'y avait pas d'offense : un écrivain, c'est quelqu'un.

Vingt minutes après, Palamède Paroul franchissait le seuil des siens.

Cherchemidi l'attendait à la table de la cuisine. Il avait ruminé ses attitudes et ses phrases, mais quand la haute silhouette apparut — ce fut bien une apparition — en contre-jour dans le rectangle éblouissant de la porte, l'écrivain n'en menait pas large.

Il invita M. Paroul à s'asseoir, le remerciant d'avoir bien voulu se déranger, puis il servit deux verres de clinton.

— C'est du vin de mon pauvre neveu ?

— Euh... oui.

— De sa dernière cuvée ?

— Oui.

Palamède aussi y allait franco.

Ils burent le clinton en silence, chacun avec ses raisons.

Sous la touffe des sourcils, au fin fond d'orbites ravinées, l'œil était cruel. Le bord des paupières irritées le cernait de sang. Le blanc mordait sur la cornée comme un lait oublié sur le feu. Une pupille de reptile.

Les deux hommes se regardèrent : ils n'auraient pas besoin de longs discours.

Palamède s'était assis naturellement en bout de table, à la place du maître. Son verre savouré avec la lenteur méditative qui sied, il posa ses mains à plat devant lui, étirant ses doigts épissés comme de vieux haubans et il reposa son échine, derrière lui, contre la porte du vieux buffet qui grinça. Ce bruit le fit tressaillir des pieds à la tête. Trois secondes, il resta immobile, retenant sa respiration, puis il se leva et jeta :

— *Saï qué, m'espérarès bé ün paou ?*

Il avait les larmes aux yeux.

— Bien sûr, je vous attendrai un peu !

Alors Palamède Paroul était allé faire le tour du maître.

Cherchemidi prit la place, en bout de table, où il s'étira du même mouvement, et la porte du buffet grinça, comme elle devait grincer depuis des générations, à la poussée d'échines de Paroul successifs régnant, de père en fils, sur la Cabusselle. L'écrivain libéra la place avant le retour du vieux, par respect.

Et voici Palamède Paroul qui redescend par l'antique escalier de bois dont chaque marche pousse un cri particulier qui doit lui trouer le cœur. Si l'on s'en tient aux apparences, en lui rien n'a changé. Il reprend la place, mais sans s'étirer cette fois. Cherche-midi ressert du clinton.

— *An parès touca !*

— Parfaitement ! *ils* n'ont rien touché.

« Ils », le pronom n'existe pas dans la phrase patoise, pourtant, Dieu sait qu'il y est ! « Ils », ce ne sont pas seulement les ajistes, mais aussi son neveu, le Déserteur, et son frère Philibert, tous ceux qui ont régné sur la Cabusselle depuis qu'il l'a quittée.

— *Y a lou couver qué si sériè esbouzèna...*

Oui, le toit se serait effondré si Alain n'avait pas fait remplacer une poutre. Oui, les ajistes ont renforcé, avec du plâtre, le nid d'hirondelles connu du vieux et elles y reviennent, elles, de Paris ou d'Algérie...

— *Anén ! y a pa qué dé trasso dé moundo !*

Allons ! il n'y a pas que de méchantes gens ! Palamède en reste au patois qui dit mieux, qui dit plus, qui nous rend tous égaux : pas d'écrivain, pas de chemisier grossiste dans le parler de la montagne.

— *Me diguès pa qu'aco s'pa aïsit' !...*

Des lambeaux de phrases suffisent : « Ne me dites pas que ce n'est pas commode... » Vu ! Comment ne l'avait-on pas compris ? Il ne faut pas lui jeter que le procès serait sans espoir, et ruineux, ne le mettons surtout pas au défi ! Il ne pourrait plus reculer.

Palamède n'est pas de ceux qui sont battus d'avance, en justice ou ailleurs. Il est de ceux qui donnent, sans qu'on leur demande, qui donnent leur bien, ce qui leur est le plus cher, sinon... *pas vraï ?*

Cela dit en patois, mais en parlant d'autre chose, et tout devient clair, précis. Quelques mots sur l'abeille et le miel révèlent à la fois la philosophie d'une existence et l'avenir de Célie.

— ... *l'abeilho s'maleïrouso, lou méou faï fastit' !*

Quand elle n'aime pas le miel, qu'elle ne travaille pas pour elle, « l'abeille est malheureuse, le miel fait honte » :

Il souhaite à sa petite tout ce qu'il s'est refusé, ça ne coûtait rien ! *rés, pamén si pagavo !* « pourtant ça se payait » : un demi-siècle de tiroir-caisse.

Et Nathan ?

D'aquel taban ! ce frelon ! il en faut un au moins, dans la ruche...

Ils rient.

Le vieux Paroul ne cédera pas comme ça, d'abord ce garçon n'a pas de santé ! Il va les regretter, ses absences — nous parlons du frelon, *anén !*

Le patron s'en cache à sa façon, mais il estime secrètement son commis, l'appréciant pour son ardente vitalité, son courage de petit pauvre, pour ses roueries aussi, et sa débrouillardise, en un mot, Palamède aime Gavroche.

Mais la Cabusselle ?

— *Pamén ! y a pas lou fió !*

« Y a pas le feu », non. Entre nous, papé, entre quat'-z-yeux, chut ! d'un regard seulement : l'important, c'est de sauver la face ?

— *Tan dé rambal per s'én ana coum'ün qué cagarié dïn soun pendoul dé camisó...*

« Tout ce boucan pour s'en aller comme un qui ferait dans sa chemise », voilà qui n'est pas dans la manière d'un Palamède ! Il faut qu'il trouve sa sortie, pas n'importe laquelle, un triomphe...

On peut lui faire confiance.

Cherchemidi remet les lettres des soldats P. Paroul au dernier de la race, qui les reçoit, sans comprendre de quoi il s'agit, ostensiblement, la dignité toujours !

Les petits yeux cruels cherchent ceux de l'écrivain, quoi encore ?

On ne s'est rien dit, on se comprend.

Mais le regard souligné de sang s'estompe. Il y passe un corps étranger, un sentiment, d'ailleurs l'œil cligne.

L'écrivain et le chemisier, déracinés de la Cévenne, sont pareils, et pourtant Cherchemidi a un pouvoir de plus que le vieux Paroul. Leurs grands airs et leur petit esprit, leurs rognes, leurs tripes et leur mal communs peuvent s'épanouir en lui, mûrir, puis éclater. Le monstre ! il peut, lui, les semer aux quatre vents...

Palamède Paroul avait manqué de soleil, il se sentait comme une tomate flétrie, desséchée toute verte.

Un moment après son départ, l'écrivain souriait encore. Il songea qu'il fallait rendre compte de la conversation au P.A., mais au fait, comment ?

En vérité, ils ne s'étaient rien dit.

Ils avaient beau disposer de plus de cent hectares pour ça, ils finissaient par revenir au même endroit, un bout d'herbage triangulaire en éperon au flanc du val, à une cinquantaine de mètres de la Cabusselle. C'était là qu'on se sentait le plus près des étoiles, même accroupi. Par une nuit bien noire, ils s'étaient retrouvés à deux, puis à trois, puis à cinq. Les premiers se taisaient, l'arrivant tombait ses braies en sifflotant, et ce n'est qu'une fois en position qu'il devinait des présences : « Y a quelqu'un ? » Des éclats de rire... et la conversation reprenait. Elle commençait généralement par quelques remarques et commentaires sur le firmament, des lieux communs reposants, puis chacun y allait d'un souvenir, d'une anecdote, d'une plaisanterie, jamais sur l'activité présente ; ce salon ne manquait pas de tenue. Les astres étaient si proches qu'on baissait instinctivement la tête en se redressant. Le meilleur moment était après le repas du soir, avant d'aller se coucher : « Qui vient aux étoiles avec moi ? » Ils étaient toujours plusieurs, l'homme est un animal beaucoup mieux réglé qu'on ne croit.

— Moi, je n'étais pas très informé, faut bien le dire, commençait Nolaire, un étudiant de Montpellier. Des types gueulaient quelque chose comme : « Il faut qu'on vire les pourris ! — Bravo, les gars ! que je fais. — Ah ! je suis content de voir que tu es d'accord avec le sens de notre combat », me lance un costaud, et il me refile un tract. Je regarde l'en-tête : « Jeunesses patriotes ». Je rentre à la maison, et je raconte ça fièrement à mon père. Qu'est-ce qu'il m'a passé ! Après, c'est les Jeunesses bonapartistes qui m'ont invité à une réunion. J'y suis allé. Cette fois, je me suis dit : ceux-là ont raison. Quand j'ai annoncé à mon père que je me faisais inscrire chez Bonaparte, il n'a pas trop gueulé, il a dû croire que c'était du folklore. J'ai assisté à une seconde réunion, et c'est tout. On m'a fait cadeau d'une médaille de Sainte-Hélène que j'ai perdue... Très peu de temps après a commencé la réaction républicaine au coup du 6 février, alors, là, je me suis senti un homme de gauche, et pour toujours. Plus ça va, plus je me crois dans le vrai. En juin, je suis allé apporter le repas à mon père qui faisait la grève sur le tas aux Galeries Lafayette.

— Mon père, les congés payés, il les a consacrés à tapisser, racontait son copain Poliper. Cependant, on a vu rappliquer des cousins qui n'étaient pas venus à la maison depuis ma naissance !... Mon père a écouté André Philip, il y est allé pacifiste à tous crins, il en est revenu batailleur.

— Mon père, à moi, il dit : « Le matin du grand soir, c'est maintenant ! » lançait un employé municipal de Nîmes. Alors, vous êtes étudiants, tous les deux ? C'est drôle, je me suis toujours méfié des étudiants. Ils se disent « vous », ils vont au bordel, ils ont des maîtresses, des vieilles, des femmes de trente ans ou presque...

— Il y en a, répondaient-ils, mais ils sont une minorité, c'est qu'il faut avoir des sous, pour mener cette vie, étudier en amateur... On les connaît, ceux-là : ils portent la faluche, ils font du tennis, du ski. Nous, notre sport principal, c'est la discussion...

Il suffisait de les entendre ! Pour critiquer, ils étaient un peu là... Ils étaient « contre ». Au chapitre « pour », ils nageaient. Suppression du capitalisme d'abord, après on verrait, suppression de la monnaie ? redistribution des terres ? espérantisme ? Ils ne pouvaient croire que l'U.R.S.S. était vraiment le paradis des travailleurs. Quand les camarades communistes l'affirmaient, ils ne voulaient pas leur faire de peine...

— Poliper, tu vois Maxime, des J.C., coupait Nolaire, quand il nous dit : « On ne fait pas d'omelettes sans casser les œufs ! » Je lui réponds : Moi, je préfère les œufs mollets !

Ils en revenaient à ce problème : est-ce qu'une révolution est possible sans violence ? Ils en doutaient de plus en plus. Le Front populaire n'était qu'un apéritif, le plat de résistance appellerait du sang, ce qui les gênait, mais alors ? Ils cherchaient : est-ce qu'il n'y aurait pas une violence légitime et d'autres criminelles ?

Un pet triomphant, suivi de ce commentaire :

— Ça n'empêch' pas le sentiment !

C'était Keurdor, dit « Popaul ».

— A moment donné, j'avais une baraque Collet sur les grands boulevards (c'était pas de la tarte pour obtenir l'autorisation !). Un matin, dis donc ! je me ramène pour ouvrir mon petit stand des merveilles, et là, je vois une affiche épatante : « Parents, n'achetez pas des jouets de guerre à vos enfants ! » C'était une affiche remarquable ! On voyait un bambin qui tirait avec un petit canon en premier plan et, derrière lui, un squelette en uniforme de soldat. Oh ! j'alerte tous mes potes, dont Yves, qui avait sa table à côté de moi — lui, il travaillait au plein air, en postichant. Je lui dis : « Oh ! viens voir ! On croirait qu'ils me connaissaient, de me coller ça, là ! » Je la couvais, cette affiche ! Je répétais à Yves : « Crois-tu qu'elle est belle ! » Elle était sur le côté de ma baraque, juste au coin de la rue Favart, en venant de l'Opéra. J'étais content, c'est que je vendais mes « lacunes de la matière grise » avec l'insigne d'Amsterdam-Pleyel à la boutonnière, moi ! pacifiste à tous crins... Un après-midi, de l'intérieur de ma baraque, j'entends un bruit... On était en train de me déchirer mon affiche ! Je sors... Je tombe sur deux mecs qui faisaient des commentaires (il prend une voix asexuée :) « C'est toi qui déchires l'affiche ? — Oui ! » qu'il me dit. Oh ! les gars ! je lui fous... poff ! une bourre !... Il va valdinguer en plein milieu du boulevard des Italiens. Y avait un autobus qui arrivait, qui s'est arrêté... à un doigt de sa tronche (j'étais très malheureux, entre parenthèses). Je le ramène, et je lui dis : « Toi et ton pote, vous allez pas peser lourd. A coups de marteau, je vais vous crever la gueule ! » Et puis je les traite de tout. Des salopes, des dégonflés, tous ces mecs-là... Ils se barraient en pleurnichant : « Il se dit pacifiste, et il donne des coups de poing dans la figure des gens ! — Oui, je lui réponds, parfaitement ! et puis, tu entends ! l'affiche, je vais la recoller ! et puis je te préviens ! n'y touche pas, ni toi ni tes potes ! parce que je vous éventrerais... » Je hurlais sur le boulevard des Italiens : « Vous pouvez revenir à cent si vous voulez, je prendrai une chaise de fer, je vous casserai la tronche à tous mais vous ne passerez pas ! Vous ne déchirerez pas cette affiche, salopes que vous êtes ! » (Très calme, soudain, comme soulagé, caressant :) Ce pédé qui me dit : « C'est bien ça, vous les pacifistes, vous donnez des coups de poing... » Heureusement que nous, les pacifistes, on veut pas se laisser faire le poil par des fumiers comme ça...

— Les autres, ils l'emploient pas, la violence ? Je m' souviens, pour Thaelmann, à Bullier, commençait Nathan, un très grand meeting, c'est la première fois qu' j'ai vu les gardes mobiles avec leurs boules métalliques, au bout d'longues chaînes. Ils faisaient tournoyer ces boules, et ils chargeaient dans la foule. Des gars, qui étaient habitués à ces manifestations, s'alignaient avec des sacs de billes. La rue descendait un peu... Là, sans perdre leur sang-froid, ils laissaient filer les billes... Les chevaux, les quatre fers en l'air !

— Les A.J., c'est quand même chouette, repartait songeusement Nolaire. Nous, on est étudiants. Je ne dirais pas que le contact du peuple est une question, puisque la plupart d'entre nous sont des enfants du peuple, mais on redécouvre, bizarrement, que nos études nous coupent de la classe, de la condition ouvrière...

— Tu te souviens, à l'A.J. de Ponteils, cette étudiante petite, assez boulotte, un peu cheval ? Pour elle, c'était spécial parce qu'elle était laide. Franchement laide. Une A.J., c'était l'endroit où elle pouvait se promener avec des garçons, sans qu'on soit là pour la regarder. La laideur n'avait plus d'importance. Elle chantait tout le temps...

— C'est féerique, s'exclamait Drévers, un Parigot. Nous, on aimait bien parler de ce qu'on achèterait quand on serait riches. On était tous d'accord : des cabinets personnels chauffés, avec un système de serrure spécial, où personne n'aurait le droit de venir vous déranger. A portée de la main, une petite étagère, avec des bouquins d'histoires courtes... Faut dire qu'on discutait dans la chambre d'un copain, un réduit sans fenêtre, au rez-de-chaussée, rue Tiquetonne. Les cabinets sont sous l'escalier, ils sont triangulaires, ce sont les W.-C. de tout l'immeuble. Il faut guetter le moment où l'occupant sort et courir avant que le suivant arrive. La première fois qu'on s'en sert, on a quelques surprises. On entre, on s'enferme, et on s'aperçoit qu'on ne peut pas se déculotter, alors, on ressort, on se déculotte à la sauvette, on se replie, et on rentre. Quand on tire la chasse, on se fait une bosse...

Le P.A. colla sur le tableau d'affichage les réponses de Buenaventura Durruti à un journaliste canadien qui lui disait : « Si vous êtes vainqueurs vous risquez de vous retrouver sur un morceau de ruines » :

« Nous avons toujours vécu dans des trous et des taudis, nous saurons bien nous en contenter encore durant quelque temps... avait répondu le chef des anarchistes espagnols. Mais nous sommes aussi capables de construire : c'est nous qui avons construit les palais et les villes d'Espagne, d'Amérique et de partout. Nous, les travailleurs, nous pouvons bâtir des villes pour les remplacer. Et nous les construirons bien mieux. C'est pourquoi les ruines ne nous font pas peur... Nous allons recevoir le monde en héritage... La bourgeoisie peut bien faire sauter et démolir son monde à elle avant de quitter la scène de l'histoire, nous portons un monde nouveau dans nos cœurs. »

Alain descendait de l'escabeau quand le maire de la Vernasse entra :

— Monsieur le directeur, j'ai besoin de vous, dit Fernand Bédel, sombrement.

— Monsieur le maire, vous savez bien que je suis à votre disposition, dans la mesure de mes moyens...

— Noël Tarrigues a été tué.

Raoul et Gino discutaient en pelant les patates sous l'appentis. Quelque part dans la châtaigneraie, Franck jouait du violoncelle.

— Mais... tué comment ? finit par demander Alain, stupide. (Il corrigea tristement :) Comme s'il y avait plusieurs façons de mourir !

— Il y a plusieurs façons de mourir, dit Fernand. Il a été tué par une balle républicaine, c'est probable.

— Un traître ?

— Non. Noël défendait des phalangistes.

— Quoi ?

— Et il avait raison.

Avant de s'expliquer, le maire de la Vernasse avertit le directeur de son cours complémentaire que c'était encore un secret, qu'il avait à discuter avec ses camarades pour savoir si l'on devait se borner à annoncer la mort, ou si l'on pouvait, sans crainte de n'être pas compris, révéler les circonstances.

Quand la nouvelle du massacre de Badajoz était arrivée à Madrid, la foule s'était amassée, puis s'était portée vers la prison, avec, à sa tête, des miliciens revenus du front pour une permission de quelques jours. La foule en furie avait envahi les cours de la *Carcel modelo*, réclamant des otages. Quarante détenus, occupés à des besognes diverses autour des bâtiments, avaient été massacrés sur place. C'est en s'opposant à cette folie sanglante que Noël avait trouvé la mort.

Fernand souhaitait qu'Alain l'accompagne pour annoncer la nouvelle à la famille Tarrigues. Le Jaurès les attendait sur le chemin. Il demanda si Milca ne pourrait pas s'occuper d'Emmeline...

Le lendemain était un samedi. Vers six heures du soir, Luc Roux déboula sur la Cabusselle avec un charreton. Il mobilisa Raoul, Gino, Franck et Nathan pour transporter un lourd paquet, enveloppé de toile cirée, qui avait à peu près la taille et la forme d'un cercueil d'adolescent.

— Qu'est-ce que c'est ? s'inquiéta le P.A.

— Des fusils, répondit Luc.

Ils les glissèrent dans la cachette des Paroul, l'ancienne cheminée de la magnanerie : « Le Déserteur avait vu juste, grommela le mineur borgne. C'est au sec. »

Il y avait aussi une caissette.

— On va prendre ce qu'il nous faut pour demain...

De la dynamite.

— On y va quand même ? fit Raoul.

— Naturellement.

Luc avait aussi apporté quelque chose à l'intention d'Alain, des textes à afficher :

« Pour un nationaliste tué, je tuerai dix marxistes. Et s'il ne s'en trouve pas assez je déterrerai des morts pour les fusiller.

Général Queipo de Llano. »

« J'aurai la victoire, dût la moitié de l'Espagne y périr.

Général Mola. »

Franck avait reçu le matin même une lettre de Hambourg. Ses parents lui annonçaient qu'ils étaient obligés de quitter l'Allemagne sans délai. Le chef d'orchestre et sa femme se rendaient en Italie, provisoirement. Ils verraient leur fils au passage, à Bale. Ils ne donnaient aucune précision sur les causes de ce départ brusqué. La lettre était claire, banale, toutefois, ce papier suait l'angoisse, ce voyage puait la fuite.

Dans la soirée, pendant que les autres étaient « aux étoiles », Luc prit Alain à part.

— Pour le fusil du Jaurès, c'est toi qui devrais le lui demander.

— Pourquoi, moi ?

— Tu es son gendre, après tout...

— Écoute, Luc ! La collecte des fusils, c'est un mot d'ordre du Parti, oui ou non ?

— Oui.

— Le Jaurès est bien un communiste, un élu, un maire ? Ce n'est pas une affaire de famille...

— Ça...

Ils entendaient les cris de la troupe qui descendait des W. C. féeriques en continuant les discussions. Le Calut vociférait. C'était un jeune mineur volubile, que les coupeurs de cheveux en quatre mettaient hors de lui.

— ... Moi aussi, je suis pacifiste ! je suis un doux, un tendre même ! beuglait-il, moi non plus j'ai pas envie d'aller me faire casser la pipe à la riflette pour les beaux yeux des coffres-forts ! Mais contre eux, oui ! tout de suite ! Pour cette guerre-là, le plus tôt sera le mieux, y a pas mèche autrement, je vous le dis ! y a pas à tortiller du cul pour chier droit !...

Le P.A. se coucha la tête pleine de rumeurs. Il sourit en se rappelant l'une des préoccupations de l'inspecteur primaire. M. Pailheyre avait insisté : « Les A.J. sont un mouvement laïque. Les ajistes ne sont pas des boy-scouts. Il faut quand même veiller à ce que randonnées, chœurs, feux de camp, toute cette activité grand-enfant-attardé ne tourne pas trop vite en eau de rose, gnangnan et cucul la praline. »

Alain avait le sommeil léger, depuis quelques jours. Il fut réveillé par un bruit de sanglots étouffés, sous la fenêtre du tristet.

C'était Reine.

En traversant la cuisine, il regarda la pendule. Elle était arrêtée. Luc, bien sûr...

— J'ai peur, fit la jeune fille en tombant dans ses bras.

Ils prirent place, coudes sur la table, de part et d'autre de la lampe à pétrole. Le P.A. s'était permis de sortir la bouteille de gnôle.

— ... Qu'est-ce qui m'arrive, mon Dieu ! qu'est-ce qui m'arrive... ressassait Reine, sur un ton maladif.

Ses cheveux étaient embroussaillés. Autour de l'iris vert pâle, ses yeux étaient striés de sang. Sur son visage amaigri, son grand nez doublait de volume. Elle était sale.

Le P.A. tenta de la questionner délicatement. Quand elle l'entendait, elle interrompait ses litanies plaintives pour lâcher : « J'ai peur. »

Alain la força à boire un petit verre de gnôle. Il trempa un gant de toilette dans l'eau froide et il débarbouilla la normalienne comme on le fait pour un blessé. Enfin, il s'assit à côté d'elle.

Reine laissa tomber sa tête sur l'épaule de l'instituteur, se blottit contre lui, et là, par bribes, elle se confessa.

Elle avait aimé Kurt du premier jour. Jamais elle n'avait rencontré un garçon aussi intelligent, dont les goûts correspondaient mieux aux siens, c'était presque de la transmission de pensée. Elle lui avait accordé tout ce qu'il avait désiré, sans hésitations, sans regrets. Elle ne s'était pas posé de question jusqu'à leur retour de l'Ardèche. Elle le suivrait en Allemagne, quand il le jugerait bon. Elle n'avait aucune idée du régime hitlérien. Elle apprendrait sa langue, lui, il avait bien appris le français, et même le patois ! Quelquefois, Kurt, Ernst et Jean-Jacques parlaient en allemand entre eux, en la regardant à la dérobée, avec des sourires. Elle avait cru à des histoires de garçons, qu'ils auraient de toute façon racontées dans son dos... Et puis, peu à peu, elle avait commencé de se demander s'ils se ressemblaient tellement par le cœur, Kurt et elle, s'ils ne s'entendaient pas seulement par les mots, par la surface des mots... Après le départ de Jean-Jacques rentré chez ses parents, Kurt et Ernst changèrent. Chaque fois qu'ils traversaient un endroit désert, un plateau ou une forêt, ils sortaient leurs insignes et leurs petits poignards, ils ne se gênaient pas pour elle. Ils étaient métamorphosés. Avec l'uniforme, ils revêtaient une âme. Elle se sentait alors comme un chien suivant un attelage. Elle ne pouvait pas tout dire, ce n'était pas possible, vraiment pas...

— ... Dégueulasses, ils sont dégueulasses... répétait-elle, reprenant le ton maladif de ses plaintes. Dégueulasses...

Ce mot hideux, qu'elle utilisait instinctivement à la place des points de suspension, elle le prononçait comme si elle ne l'avait jamais su, comme s'il sortait de ses chairs, comme on dit « aïe ! ».

Ce fut pire après leur expulsion de l'A.J. Elle n'était plus l'animal, mais la chose. Cela s'aggrava quand Ernst partit. Avant la séparation des deux camarades, qu'ils avaient transformée en une sorte de cérémonie, Kurt avait exigé qu'elle...

— ... Dégueulasses, ils sont dégueulasses...

Elle vivait dans une sorte de cauchemar, elle avait oublié qu'elle devait rentrer à Privas.

Hier, Kurt l'avait chassée. Froidement. Elle n'avait pas eu un geste, pas un mot de révolte, elle n'avait rien demandé, elle avait obéi. Il lui avait expliqué pourquoi il la répudiait, et en quels termes !

Elle n'était plus qu'une écorce pourrie, desséchée. Là, elle avait appris ce que c'était, l'hitlérisme ! Maintenant, elle savait, elle était sûre que cela ne pourrait jamais se comprendre par des paroles ou des écrits, qu'il fallait y passer. Elle partait, quand il l'avait rattrapée pour lui demander si, naturellement, elle avait... elle avait bien pris ses précautions.

— Non, bien sûr. (Avoir un enfant de l'homme aimé, pour Reine, c'était si naturel !)

— Quoi !

Kurt devint livide. Il voulut la tuer. Il la poursuivit sur la montagne, en hurlant.

Reine lui avait échappé parce qu'elle connaissait le pays. Elle s'était blottie dans un trou de roches. Elle avait attendu la nuit. Les hurlements de Kurt, qui fouillait les alentours en l'appelant, parvenaient jusqu'à son terrier. Tantôt il l'injuriait, la menaçait, tantôt il demandait pardon, la flattait, lui criait des serments...

Si Reine était arrivée jusqu'à la Cabusselle, c'est qu'elle n'avait pas rencontré de gouffre en chemin, et qu'elle n'avait pas de corde.

— J'ai peur.

— Il ne viendra pas te chercher jusqu'ici.

— Si ! J'ai peur.

— Qu'il y vienne, nous avons de quoi le recevoir !

Un grondement fit retourner le P.A. Huit têtes s'encadraient dans la porte de la grange-dortoir : Raoul, Gino, Franck, Nathan, Luc, Rafaël, Riquet, Keurdor.

— Recouchez-vous. Nous parlerons de tout ça demain.

Le lendemain, avant l'aube, ils se préparèrent pour l'expédition des cimes. Reine avait fini par s'endormir, mais elle avait une forte fièvre. Ils décidèrent que Nathan, qui n'était pas indispensable au sommet du Lozère, irait chercher le médecin. Keurdor le conduirait sur sa moto.

Ils voulurent quand même discuter de tout ça, avant de se mettre en route avec leurs paquetages, leurs vivres et la dynamite.

27

Le sacrifice

Kurt Lerchenfeld s'exaltait dans ce paysage à sa mesure. Il venait au monde une deuxième fois. Une terre et une femme étaient son épreuve et son empire. Il s'était maîtrisé, les maîtrisant.

Il pouvait tout affronter maintenant. Il pouvait sans émotion se remémorer son enfance, et même son père, le docteur Lerchenfeld, critique, historien d'art, connu jadis dans le monde entier, dont un article suffisait à introduire un barbouilleur dans la cote internationale des peintres et à lui livrer les cimaises des meilleures galeries de Paris, de Londres, de New York, de Florence et de Madrid, actuellement professeur à Rosenheim.

Kurt Lerchenfeld avait visité les principaux musées de Bruxelles, Anvers, Bruges, La Haye, Amsterdam, le Carlsberg de Copenhague, la National Gallery et le British Museum de Londres, le musée du Prado et celui de l'Armeria à Madrid, le Metropolitan de New York, et presque tous les musées français. En somme, à seize ans, le pays qu'il connaissait le moins était le sien. Il pouvait distinguer entre deux sanguines de Michel-Ange, celle du séjour romain et celle du retour à Florence, mais il ignorait les couleurs d'une aurore en sous-bois autrement qu'en peinture. Il devinait à travers les différentes couches, les brouillons et les repentirs d'un petit maître du Quattrocento mais il était incapable d'allumer un feu de bois. Son Allemagne n'était que celle de Bach, de Schiller, de Haydn, de Winckelmann, de Beethoven, de Heine et de Schumann. Le fils du docteur Lerchenfeld avait alors la grâce maladive des vierges de Cranach, avec le visage de l'Albrecht Dürer au Chardon ; son héros était Malesskircher, singulier surréaliste bavarois du XVe siècle. Jusqu'en 1932, il avait poussé les deux pieds dans ça. Jusqu'à ces jours-là, il avait balancé, un pied de chaque côté.

1932 : « Des œuvres d'art qui ont besoin d'explication, c'est bon pour les névrosés ! Le national-socialisme se donne pour tâche de débarrasser la nation allemande de ce genre de stupidités et d'insolences. C'est la fin de la démence et de la pollution artistiques de notre peuple ! » Six mille cinq cents tableaux sont retirés des musées pour faire place au nouvel art germanique. Depuis cette purification, le docteur Lerchenfeld ne porte plus que des vêtements noirs. Kurt n'avait pas très bien compris, d'abord, le sens profond de cette renaissance. Il avait été affecté par le chagrin contenu de ce brave bonhomme de père qui l'avait si gaiement trimbalé à travers toutes les galeries du monde. Ses études allaient l'éclairer. En effet, elles changèrent, elles aussi, « du jour au lendemain » suivant la propre expression du Dr Rust, ministre des Sciences, des Arts et de l'Enseignement, qui déclara, en février 1933, qu'il avait réussi « à liquider l'école en tant qu'institution d'acrobatie intellectuelle ». Chaque matin, Kurt passait dans un couloir de l'université sous une citation de *Mein Kampf*, en lettres d'or : « Dans un État national, tout l'enseignement doit tendre non pas à entasser les connaissances, mais à bâtir des corps physiquement sains. » Dans le cadre des « sciences raciales », il suivait les cours du professeur Bieberback, lequel tenait Einstein pour « un charlatan étranger », et ceux du professeur Lenard qui exposait : « Le Juif manque de toute évidence d'intelligence de la vérité, contrairement au chercheur aryen, prudent et sérieux. La science juive est, par conséquent, un fantôme et un phénomène de dégénérescence de la physique allemande fondamentale. »

Le pâlot petit Lerchenfeld était enfin sorti de la poussière des musées, il s'était évadé de l'appartement doublé de tentures, de peluches, de dentelles, de broderies aux pieuses sentences, étouffé par les doubles murailles de livres d'art. Il s'était lancé, torse nu, sac au dos, fusil sur l'épaule, avec des garçons et des filles riches ou pauvres, à travers les champs et les bois, loin des familles exsangues ou adipeuses. Il était heureux. Il attendait avec impatience l'échéance des manœuvres ou des six mois dans le service du travail obligatoire à la campagne. L'avorton de Cranach avait échappé à un destin qui était de grandir comme le mendiant du Saint Martin du Greco, de mûrir comme le Saint Jean Chrysostome byzantin de Palerme et de crever comme le Prophète du Cimabué de Florence. Le Kurt Lerchenfeld bronzé par l'été 36, c'est l'Adam de Michel-Ange, ou, mieux : l'Hercule d'Arno Breker, l'écorché de marbre blanc !

Pauvres soleils de Jérôme Bosch, d'Albrecht Altdorfer, de Meindert Hobbema, de Jacob de Wit ! il n'y a qu'une façon de regarder le soleil, celle de Napoléon à Austerlitz !

Kurt Lerchenfeld arpente les cimes. Elles sont à lui. Il revoit, avec un tendre mépris, les promenades dans les rues de Rosenheim, celle qui sent la laine, celle qui sent la sciure, celle qui sent le sel, celle qui sent la tourbe. Il entend le claquement de ses petits pas, et son père qui rêve tout haut, sur les berges minables de l'Inn, d'un panneau du retable de l'Abbaye cistercienne d'Hohenfurth — où un maître du XIVe a peint une Résurrection dont le coup d'œil vaut largement le voyage de Prague —, tandis qu'autour d'eux, pendant qu'ils se promenaient ainsi, l'Allemagne éternelle s'enlisait, se lézardait, vaincue, écrasée par les Français, servante de leurs nègres, jouet des Juifs qui la tournaient, la taillaient, la peinturluraient à la façon des artisans de Rosenheim qui portent le béret de Wagner sur le front et la crinière de Beethoven, aussi myopes qu'il était sourd, derrière les lunettes de Schubert, et qui fabriquent des jouets de bois à partir des barreaux de chaise, sculpteurs d'arrière-cours dont les plus grands voyages vont de l'établi au lit, sans jamais sortir le bout du nez de leurs puantes touffeurs.

— *Heil !* que le nazisme sent bon...

La voix même du Kurt des musées, sensible filet, s'est grandie. Le roucouleur de lieds est devenu stentor de *Heil.*

Les rocs répercutent le cri sans l'altérer, soumis comme un bataillon *Schutzstaffel.* Kurt passe la revue des monstres de granit. Il est l'un d'eux, le plus grand. Il mesure l'espace à leur livrer, vers le Nord, vers l'Océan, vers l'Afrique, vers l'Asie, l'empire à conquérir, il n'y voit pas de limites.

— Puisse le Dieu tout-puissant prendre notre travail dans Sa grâce, orienter notre volonté, bénir notre intelligence et nous combler de la confiance du peuple ! Car nous voulons combattre non pour nous, mais pour l'Allemagne !

Puis il tire de son sac des biscuits et du chocolat. Il s'assoit sur un dolmen. Les couleurs outrées du crépuscule rappellent en lui les restes du vieux sentimentalisme, les maléfices lyriques dont c'est le dernier jour. Kurt se souvient des randonnées dans les Alpes bavaroises, garçons et filles, Hitlerjugend et Bund der Deutschen Mädel, mêlés autour du même feu de camp, dans le même bivouac. Là, on pouvait s'abandonner aux sentimentalités, et sans scrupules ! car il n'y avait qu'une seule âme. Nationale ! Aryenne !

L'instruction de la ligue des filles d'Allemagne est rude sur le plan physique, mais l'enseignement idéologique se résume en un seul point : Préparez-vous à être des mères saines d'enfants sains. On entretient les jeunes Allemandes dans leur devoir moral et patriotique : donner des enfants au Reich, si possible dans le cadre du mariage...

L'indignation le ressaisit :

— La garce ! la truie française ! elle parlait d'amour, et elle m'escroquait un enfant du Reich ! à moi...

Il cherche le mot formidable, le mot définitif :

— ... A moi... un Bavarois !

Il tombe douloureusement de la colère dans la méditation coupable. Il ne peut pas quitter ce pays ainsi, partir en laissant cette part de lui-même, cette part du Reich !

Il escalade le plus haut des rocs, fouille l'horizon. Il n'aperçoit qu'un troupeau, dans une draille. Il le rejoint, s'approche du berger :

— Je vous salue, monsieur, et je souhaite que l'Éternel vous accorde un repos mérité...

Le pâtre ne bouge plus. Des courtes mèches argentées sortent de sa casquette sale et frétillent à la brise. Sa bouche édentée s'est ouverte. Elle rayonne de rides.

— ... Nous étions deux, ma femme et moi, mais nous nous sommes perdus. Vous ne l'auriez pas rencontrée par hasard ?

Le pâtre lâche son bâton. Il porte ses grandes pattes desséchées vers son cou. Sa bouche émet un faible gémissement.

Kurt Lerchenfeld répète sa question en patois. Le vieux crispe les mains sur son cou. On dirait qu'il veut s'étrangler. Il gémit, les yeux fermés. Le chien hurle à la mort, et sautille autour de son maître, comme s'il était réellement malheureux de le voir souffrir.

« Mon patois l'a estomaqué ! » Kurt observe le berger qui continue ses grimaces, se tasse, se tortille et presse son chien contre sa poitrine.

Kurt pense qu'il finira bien par la retrouver tout seul. Il reprendra ses recherches demain dès les premières lueurs de l'aube. Il se prépare à bivouaquer sous le dolmen.

Il se retourne encore une fois pour observer le vieux qui se tord, recroquevillé sur son chien : « Bah ! un de ces innocents de village qu'on emploie pour ramener les bêtes ! »

« On avait dit qu'on irait dimanche là-haut, pour préparer l'abri, je ne vois pas de raisons... » Au rebours, plus il reçoit de coups, plus il s'acharne dans le chemin qu'il s'est tracé, voilà Luc tout entier, qui redresse le destin contraire, machinalement, comme une pendule.

Au moment de partir, il arrivait toujours quelqu'un, et de nouvelles questions se posaient.

Que faire pour la mort de Noël Tarrigues ? Impossible de récupérer le corps pour le moment, alors ? Un enterrement de marin ? Ça aurait l'air de quoi ? C'est la montagne ici, on n'y connaît pas ces coutumes. Un meeting ? Les gens vont dire qu'on se sert de tout, même des morts, après les avoir envoyés au massacre.

— Et Emmeline ? comment elle a pris la chose ?

— Rien ! pas un mot, pas une larme... ou elle est en fer, ou elle s'en fout !

— Allons, Luc ! De telles douleurs assomment, sur le coup... Enfin, Milca reste auprès d'elle.

M. le maire de Clerguermort en personne, qui se hisse jusqu'à la Cabusselle, un jour sans inauguration ! Un Jaurès empoisonné au possible, qui boufferait le monde entier tout cru, le Jaurès malheureux, quoi ? Là-dessus, le docteur, pour Reine...

— Elle dort toujours, ça doit lui faire du bien... Je la réveille ?

— Et alors ! Je me tape de grimper ici, quand j'ai deux

accouchements en train de mûrir sur les deux pentes du Lozère, quatre cents mètres à vol d'oiseau, trente-cinq kilomètres en bagnole !

Le La Chino, maintenant, il ne manquait plus que lui ! Il affiche ses airs « deuxième bureau-Clerguemort » :

— Les gendarmes reniflent par ici, ils ont reçu des instructions du lieutenant. Je le sais par qui ? Je le sais, voilà !

— Tout Clerguemort la connaît, ta « Marthe Richard », c'est la postière !

Le Jaurès se fâche. Le P.A. s'inquiète : les pandores, c'est pour Noël ? pour les fusils ? pour Reine qu'on attendait chez elle, que ses parents rechercheraient ? pour l'Allemand qui aurait commis quelque folie ? Sans parler des choses qu'on oublie, de celles qu'on sait pas, on est toujours en faute, de toute façon.

— Accouche, La Chino !

— *Qué ?* Accouche... Vous êtes bien bons ! Le Laguerre est entré au milieu du coup de téléphone, pour acheter un timbre. Vingt-deux minutes, montre en main ! Elle est ferrée sur le Chemin des Dames, maintenant, la demoiselle des postes !

— Mais aussi, pourquoi elle l'écoute, l'autre *batailhur !* explose le Jaurès.

— Derrière un guichet, comment tu veux te défendre ? et puis elle est payée pour, et même préposée...

— Ah ! le docteur... Dites, c'est grave, pour Reine ?

— Ça, les émotions... Vous ne pouvez toujours pas me dire ce qui s'est passé ?

— On aimerait mieux pas. Alors ?

— Alors, ça peut partir avec un bon gros sommeil ou fêler un cerveau pour la vie... Au revoir.

Luc déboule, dynamite sous le bras :

— Qu'est-ce qu'il a dit, pour Reine ?

Riquet se touche la tempe.

— Elle risque d'en rester comme ça...

— Le salaud ! grommelle Luc.

Il sort en bousculant Popaul qui rentre :

— Le salaud, qui ?

— Le pape !

En plus, il se faisait tard.

— Alors, à six, ils vont s' balader pendant qu' nous, on va s'occuper de tout ! c'est quelque chose... rouspète Nathan.

— Y a pas de raison, dit Luc, en revenant vers la pendule.

— Ah ! non ! je viens de les remettre, gémit Alain.

Le borgne ajustait le coup de pied qui fait sauter les cales.

Si l'on rencontre un individu qui médite, solitaire, devant les pans de mur de l'Ajalas, c'est un original, dans le meilleur des cas. Le désert, l'altitude et les ruines rendent sociable, les présentations qui se font dans ce cadre valent celles de Versailles pour l'emphase et l'orgueil ; c'est une Cour aussi où chacun finit par se connaître :

— ... Doiren, attendez... Alain Doiren, de Lédignan ?

— C'est ça, font les ajistes.

— Mon père lui a fait la classe, à votre instituteur !

Seigneur, que ta Cévenne est petite !

— ... Je monte ici de temps en temps, depuis que je sais ma famille originaire de l'Ajalas. Mes ancêtres étaient paysans. Pendant des siècles, ils ont vécu dans cette maison, là, dont vous voyez les maîtres murs encore debout. Un de mes aïeux s'est rendu propriétaire d'une bergerie près de Felgerolles. Il descendait de mille six cents mètres d'altitude à douze cents. La vie était beaucoup plus facile. Le Pont-de-Montvert n'était pas loin, c'est ainsi que son petit-fils sut lire et écrire. Il en profita, quitta le travail de la terre pour s'occuper du ramassage des cocons dans les vallées, entre Saint-André-de-Lancize et Saint-Frézal-de-Ventalon, jamais à plus de neuf cents mètres. Son fils s'établit au Collet-de-Dèze, son arrière-petit-fils à La Grand'Combe où trois générations des miens furent mineurs, travaillant au-dessous du niveau de la mer. Mon grand-père était vigneron à Saint-Mamert. Mon père est instituteur à Lédignan. Moi, je suis toubib à Aigues-Mortes, depuis un trimestre : j'ai terminé mes études l'an passé, je fais des remplacements. C'est ce qu'on appelle une descendance ! Et encore... Tout dépend du sens de la marche. Si on passe de l'altitude à la hauteur, le médecin du bord de mer baisse les yeux sur le vilain de l'Ajalas, mais d'un autre point de vue, qui m'est particulier, c'est une dégringolade.

Gino calcule que, pour remonter ici, d'Aigues-Mortes, ce n'est pas une petite expédition. Deux changements de train, au moins, et l'autobus...

— J'ai la 350 Major de Gnôme et Rhône.

— Quelle moto ! s'extasie Rafaël.

— Mes bottes de sept lieues (quatre siècles en trois heures). Très supérieur à l'automobile ! On en prend plein la gueule : la tramontane, la poussière noire de Rochebelle, la pestilence des abattoirs, le souffle chaud de la plaine à Saint-Christol, les relents d'alambic, les miasmes paludéens, l'iode marin. A tombeau ouvert, entre genêts et brebis, chênes et vaches, chèvres et châtaigniers, marmailles et crassiers, platanes et pétanqueurs, vignoble et caraques, taureaux et marais salants...

Le toubib motocycliste est invité, lui aussi, à prendre le café chez le père Taffel. C'est avec attendrissement qu'il marmonne, en sirotant la gnôle du Pique-feu :

— Un drôle de petit pays, sans rire, celui de l'aigle et de la sardine, des neiges et des sables, des guerres originales et des religions surréalistes, où chacun, suivant ses besoins, s'établit prêtre ou militaire à son compte, à domicile ; le pays des transhumances de main-d'œuvre où tout s'est passé, qui est passé par tout, qui possède un peu de tout et pas grand-chose de rien ; ce n'est plus un pays, c'est un bouillon de culture. On n'y élève qu'un seul microbe : l'homme.

Calixte arrive avec son cousin, le petit Jean Hur. Le Pique-feu propose une belote, mais le motocycliste se lève aussitôt ; il doit redescendre vers sa machine qu'il a laissé au bout du dernier chemin carrossable :

— Aigues-Mortes se mourrait sans moi ! Adieu, altitude chérie...

— Alors, Jeannot, tu ne t'ennuies pas trop, si près du ciel ?

— S'il s'ennuie, lui, je veux bien que le diable me patafiole ! s'écrie Calixte. On le voit plus que pour manger, dormir, et encore, il emporte son midi ! Je sais pas trop ce qu'il trafique, il a apporté tout un bataclan d'outils, des cure-dents pour éléphants ! et ha ! hie ! dé ! pique que tu piqueras, quelle besogne ? Allez savoir ! On l'entend toute la journée, quand le vent souffle de par ici : tique-tiquetique... Je l'appelle plus que *moun pivertou*, mais, attention ! un pic-vert qui se serait *assadoulé* des troncs d'arbre et qui chercherait sa vie dans les *rouncas*.

Jean Hur s'est trouvé une autre formule d'envoûtement :

Tout passe. L'Art robuste
Seul a l'éternité,
Le buste
Survit à la cité.
Et la médaille austère
Que trouve un laboureur
Sous terre
Révèle un empereur...

Théophile Gautier fera de l'usage, mais tiendra-t-il jusqu'à l'achevement de l'œuvre ?

Jeannot s'est choisi, pas trop loin des cousins, une moraine de glacier phalloïde. L'enfant n'a pas identifié cette forme dans laquelle il voit l'esquisse d'un être humain debout, sans sexe déterminé, c'est pourquoi il a jeté son dévolu sur celle-là parmi des centaines, pour la plupart d'accès plus difficile, c'est vrai.

Le monolithe a dans les trois mètres de haut. Jean se hisse jusqu'au niveau du « cou », qu'il enserre entre ses cuisses. Assis dans cette posture inconfortable, il tape à tour de bras, de l'aube au crépuscule, dans les gerbes d'étincelles, sans entamer beaucoup le granit. Lui qui rêve de colosses en pied, des géants de pierre debout pour l'éternité sur la cime, dans les tempêtes qui leur feraient pousser des chevelures, des barbes, tout un système pileux de mousses et de lichens d'où couleraient des larmes vertes, indélébiles.

Il cognait à s'ankyloser l'épaule sans progrès notable, mais, même s'il passait sa vie sur un seul, sur la tête d'un, sur le nez seulement, quelle vie, mes aïeux ! Il rêvait d'un maître puissant comme un dieu, juste et généreux comme un peuple, qui lui ordonnerait : « Prends cette pierre, tire d'elle un chef-d'œuvre, je repasserai voir où tu en es dans vingt ans. » Et il enfourcherait son granit, ce destrier des grandes chevauchées de l'art.

Il réinventait les bâtisseurs de cathédrales.

... L'Art robuste
Seul a l'éternité...

La rentrée solennelle, la fameuse Sixième... tout cela lui paraissait dérisoire.

... Le buste
Survit à la cité...

La nuque aux tramontanes des cimes, le nez dans les feux du granit, il cognait comme un sourd, du soleil au soleil, il écrasait des pointes d'acier au tungstène qu'il réaffûtait sur la pierre même qui les faisait baver telles de vieilles chandelles. Il refroidissait à la salive, et recognait de plus belle, se durcissait les muscles et les nerfs, se rafraîchissant l'âme d'une rasade de Théophile Gautier ; il ne doutait de rien, il était heureux.

Les bâtons de dynamite sont placés judicieusement, suivant les indications chiffrées sur plan par le génial Cagarolle.

« Quatre tonnes, quatre tonnes zéro un ou deux » avait estimé le fameux mineur, avec l'ennui d'un organiste de cathédrale consulté sur un harmonica diatonique.

Les quatre tonnes rejetées par la libération de la grotte viendraient combler précisément le fossé naturel qui dépare l'entrée de cette future annexe de la Cabusselle.

Raoul finit de placer les détonateurs et d'ajuster les cordons. Luc, Gino, Franck, Riquet et Rafaël descendent vers l'abri avec les sacs et les outils. Luc vérifie les cordons Bickford. Le grand boum solennel est pour la fin de l'après-midi. Franck et Gino ramassent du bois pour la grillade, sans se presser. Rafaël construit le foyer, beaucoup plus bas. Riquet lave la salade au ruisseau, dix mètres en dessous.

Luc, à mi-chemin de la mine et du ruisseau, crie vers le haut, à Raoul : « Dépêche ! On a faim ! » Sans attendre la réponse, il dévale vers le ruisseau. Ils finissent par se retrouver là tous, à l'exception de Raoul. C'est souvent ainsi, dans ces randonnées, quand sonne l'heure des estomacs, pour une raison ou pour une autre, les gaillards se rassemblent autour du feu.

Le Butor brame longuement.

— La tramontane se lève, murmure Franck, le plus impressionnable ; mais tous l'ont pensé en même temps,

— Vous croyez qu'ils arriveraient à faire des fascistes, de nous aussi ? demande Gino.

Leurs têtes travaillent avec la même anxiété.

— Attends ! arrête un peu, fait Franck en posant la main sur le bras de Riquet : en lavant la salade, il fait plus de bruit que trente-six canards.

— C'est plus la tramontane, ça, murmure Rafaël.

— Ni le Butor, ajoute Gino.

La vue, l'ouïe, les cinq sens de Luc sont tendus. Son œil est le chef de cette levée d'armes, il s'avance, on dirait l'objectif qui cherche le point.

Tous, ils escaladent le talus du ruisseau.

Deux statues sur socle sont découpées en plein ciel par le soleil.

Sur le dolmen, deux silhouettes, bras et jambes écartés, deux êtres debout, s'affrontent.

Luc, Gino, Franck, Riquet et Rafaël montent en écarquillant les yeux, les mains en pavillon derrière les oreilles.

Les hurlements deviennent perceptibles en dépit de la tramontane contraire et du Butor qui tient à donner de la voix, lui aussi.

— Kurt et Raoul, vite ! jappe le borgne.

Ils prennent leur course, mais ça grimpe dur. Ils sont dans le cauchemar où l'on fait un pas en avant et deux en arrière au milieu d'un air invisible mais palpable, d'une atmosphère tiède et molle. Et la tramontane s'efforce de les repousser de ses grosses mains à plat sur leur face et leur poitrine, avec les « han » mugissants de son Butor.

A bout de souffle en même temps, sur la même ligne, ils doivent s'arrêter. Ils perçoivent des mots.

— C'est de l'allemand ?

— *Jawohl !* lâche Franck ; aussitôt, il s'essuie la bouche.

L'affrontement sur le piédestal arrache au soleil un violent éclat :

— Le poignard !

Kurt tend son poing droit armé vers le flanc de Raoul.

Ils se relancent à l'assaut, le cœur à crever la poitrine. Rafaël se baisse deux fois, sur la droite, sur la gauche, sans beaucoup ralentir, puisqu'il garde son avance de trois ou quatre mètres sur les autres qui se baissent à leur tour, sur la droite, sur la gauche...

— Qu'est-ce qu'il dit ? fait Luc, haletant.

— Tu le sais bien ! halète Franck.

Tous deux s'étaient penchés en même temps, l'un à gauche, l'autre à droite, et leurs têtes s'étaient touchées.

Une trentaine de mètres encore, qu'ils vont couvrir les jambes molles, dans une course au ralenti ; les gestes d'un galop, la vitesse du pas. Ils serrent tous un bon caillou dans chaque main.

Les hurlements s'arrêtent. Kurt les a vus.

Alors, Raoul bondit sur l'Allemand, tout en écartant le poignard.

Les deux garçons enlacés font deux tours de valse sur les pointes rapprochées de leurs chaussures, puis le couple s'ouvre. Chacun perd pied, tombe du dolmen, Raoul derrière et Kurt devant, du côté de Luc, Gino, Riquet, Franck et Rafaël qui accourent.

Kurt les affronte, rageur, poignard toujours en main. Les autres se sont figés, saisis. Il est très beau.

Kurt se ramasse, lève sa lame, hurle...

Les cinq premiers cailloux sont déjà lancés, cinq autres suivent, dix autres se ramassent, et voici le caillou précis d'un fin tireur : Raoul a contourné le dolmen.

Face à Kurt, ils sont six, les pieds dans la caillasse. Ils n'ont qu'à traîner leurs mains sur le vieil éboulis, sans regarder ce qu'ils font, sans quitter la cible des yeux. Rien ne peut plus les arrêter, ils vont épuiser la montagne.

Kurt se raidit de toute sa taille, écarte les épaules, la tête dressée sur le cou trop long. Il se laisse couvrir de fleurs. De roses rouges. Elles s'épanouissent si vite qu'elles jaillissent miraculeusement de lui-même : la première, sur la tempe, n'est qu'un bouton, la seconde sur le front, vers la tempe opposée, se déploie violemment, s'écartèle et ses pétales fuient en larmes épaisses qui s'allongent sur l'œil, la joue, l'oreille et le menton... Une autre s'épanouit sur l'arcade sourcilière droite, une autre fleurit la pommette gauche, une autre à peine éclose remplace une oreille... D'autres poussent dans les cheveux très courts d'un blond si clair qu'il en devient blanc, un diadème de roses rouges quand il pique du nez...

Sa tête tombe, oreille contre épaule, comme par une charnière soudain débloquée dans le cou. Ses gestes se cassent, sa jambe se plie au genou, au milieu de la cuisse, à la cheville.

Kurt s'affaisse, virant sur lui-même, la tête contre l'épaule, comme s'il cherchait des yeux la bonne place, il tourne suivant les ellipses molles de la toupie à bout d'élan, donnant du corps comme elle donne du ventre ici et là.

Kurt ne s'abat point, il rentre dans la terre. Plus un mouvement, plus un bruit, si ! un tintement métallique, puis quelques chocs sourds, isolés : les derniers cailloux inutiles, qui tombent des mains.

Il y a aussi un cliquetis, mais personne n'y prête attention : de son observatoire, Jean Hur a lâché ses gradines. Il s'était déjà hissé sur son géant monolithe, quand passa le fou qui courait en hurlant, poignard levé. Jean Hur était descendu, puis il s'était approché avec la même habileté que pour poser une sauterelle verte et rouge sur le nez d'un gros cabot méfiant.

Il était juché sur le premier des rocs du cairn avant même que les cinq garçons se soient alarmés. Maintenant qu'ils sont arrivés, Jean Hur ne peut quitter son poste d'observation sans être vu ; il ne pourra plus s'en aller avant que le dernier ne soit parti.

Il a le temps.

Raoul se tourna vers ses camarades. La main droite au milieu de la poitrine, il finit par balbutier :

— Il m'aurait tué... Il aurait pu me tuer avant que vous arriviez. Il a fait durer son plaisir... et vous êtes venus.

Luc passa lentement derrière lui, posa un instant la main sur son épaule. Gino lui toucha le coude, avec un doigt, puis Riquet, puis Rafaël, aussi discrètement. Restait Franck.

Il s'avança et, de son front, souleva le front de Raoul qui murmura :

— Il me plaisait, Kurt. Ce qu'il disait, aussi. Sans l'A.J., sans Reine, sans vous, je serais devenu comme lui. Tu l'avais senti, toi.

Franck l'embrassa.

De temps en temps, le Butor mugissait plus ou moins fort, fidèle aux caprices de la tramontane ; quand il lançait vraiment son appel sinistre, une poussière d'or dévalait la pente, pareille à un troupeau de moutons saisis par le couchant.

Luc, à genoux devant le cadavre de Kurt, essuyait du bout des doigts le sang frais de la tempe droite.

Il vit ce sang sur ses doigts, puis son œil se reporta sur chacun de ses camarades. Alors ils vinrent, l'un après l'autre. Franck essuya le reste du front, Gino, les lèvres, Riquet, une joue, Rafaël, l'autre. Raoul ferma les yeux de Kurt Lerchenfeld, car tous s'étaient fait un devoir de regarder le mort dans les yeux, et tous prenaient conscience de ce sang au bout de leurs doigts.

Un aigle royal, immobile, cloué au zénith, ailes déployées à moins de cent mètres au-dessus de leurs têtes, couvrait les garçons de son envergure.

D'un geste familier, Raoul s'était pris le front, il était marqué au rouge, du même signe que le taureau solaire. Quand ils s'en aperçurent, ils portèrent chacun, instinctivement, et Luc le premier, leurs doigts à leur front.

Ils comprirent qu'ils étaient liés comme jamais êtres humains ne le sont naturellement.

Ils n'avaient même plus besoin de regards pour se comprendre, leur présence suffisait. Ils allaient ensemble au meilleur, au plus grand des actes, suivant leurs élans. Leurs cœurs correspondaient par une onde sensible.

Parce qu'ils étaient des rebelles, issus de ce mont rebelle, ils avaient eu les mêmes pensées :

« Il est mort lapidé, comme dans la Bible, et pas un de nous ne demandera qui a jeté la première pierre. »

Toute parole n'est pas emportée par le vent. Il en est qui résistent aux tramontanes, qui restent là, fidèles, quatre années suspendues sur leur sommet.

« Si j'ai un brin d'herbe, et si un puissant roi me dit : *Donne-moi ce brin d'herbe !* rien au monde ne pourra lui faire avoir mon brin d'herbe. Je le mangerai. Ils me tueront, m'ouvriront, mais j'aurai fait ma chair de mon brin d'herbe. »

Chacun d'eux avait ramassé un brin d'herbe et le portait à sa bouche.

« Rien, ni personne, ne peut rien contre la force qui est en nous, en chacun de nous, rien ! »

Ils étaient accroupis autour de Kurt, ils avalaient leur brin d'herbe, sans se détourner.

« Dieu ! comme nous l'aimons à présent qu'il est mort ! »

Ils durent faire plusieurs voyages jusqu'au ruisselet : ils ne disposaient que de gourdes. Ils achevèrent avec soin la toilette mortuaire. Ils aménagèrent le fossé naturel que devait combler l'explosion. Ils y couchèrent leur frère avec douceur.

Ensuite, ils attendirent patiemment la mort du jour, afin qu'il ne s'en aille pas seul.

Le Butor se tut, la tramontane se retira quand l'horizon mordit le soleil.

L'explosion fut nette, sans écho.

Quatre tonnes de schistes firent à Kurt Lerchenfeld, Bavarois de Rosenheim, un tumulus qu'eussent envié ses modèles, les chevaliers teutoniques. L'Occident, son empire, lui offrit le sacrifice rituel ; sabrant son dernier ciel d'été à coups de serpe d'or, il arrosa de sang la tombe de ce fils de la Grande Allemagne.

28

Une petite veuve noire

La fine pluie de septembre tombe sur le vallon qui brille de plaisir. Luc, Riquet et Rafaël sont à la mine. Gino, Franck et Raoul, chaussés lourdement, vêtus d'imperméables, coiffés de vieux chapeaux de feutre, vont chercher des champignons sous les fougères, dans les feuilles mortes de l'automne précédent. Leur départ silencieux évoque les patrouilles d'une guerre fratricide.

Ces gosses ont changé d'un coup, pense le P.A. Ils ont grandi, sont devenus des hommes, en un jour, et pas n'importe quels hommes. Ils détaillent les atrocités espagnoles crûment, avec une sorte de jalousie. Ils parlent du fascisme comme d'une affaire personnelle. Ils disent : « Ça se réglera un jour, entre eux et nous. » Eux, ce sont les fascistes. Ils ont tenu à raccompagner Reine, dès qu'elle a été suffisamment rétablie pour rentrer chez elle. Ce n'était pas, de leur part, une affectueuse sollicitude, mais, semblait-il, un devoir sacré. Ils veillaient les uns sur les autres avec une vigilance susceptible. Le moindre reproche à l'un allumait le regard des cinq autres. Franck ne s'était absenté que quarante-huit heures mais les siens avaient attendu son retour avec l'impatience d'une famille éprouvée.

— ... Par le train de nuit, je suis arrivé vers neuf heures du matin. Une heure après, mes parents débarquaient du Hambourg-Bâle. Nous sommes allés au restaurant. Nous avons discuté. Mon père m'a raconté les derniers mois. Un nazi lui a signifié brutalement : « Vous ne pouvez plus faire partie de la Reichsmusikkammer. » C'est tout, sans un mot d'explication. La Chambre musicale est un organisme qui dépend directement de Goebbels. Si l'on n'en fait pas partie, on n'a pas le droit de se produire en public. Pour mon père, c'était l'interdiction de toute activité musicale.

— Comment s'est passé cette journée ?

— Dans un restaurant des bords du Rhin. Nous sommes restés longtemps à table, jusqu'à quatre heures. Ma mère a pas mal pleuré. Après, nous sommes allés dans une pâtisserie. Le soir, vers sept heures, je les ai raccompagnés jusqu'à leur train, celui de Gênes.

— Ils t'ont fait des recommandations ?

— Ma mère a beaucoup changé. Elle pleurniche. Elle est devenue ambitieuse pour ses enfants. Elle voudrait que je devienne un grand virtuose. Travaille ! Persévère ! Ne te laisse pas distraire par les femmes. Sois sérieux...

— Ils ont été vendus ? demanda Raoul.

— Sans doute.

— Par des voisins ?

— Non.

A Irun, une poignée d'anarchistes tenait toujours la crête de la Puncha.

L'attaque massive avait commencé le 26 août, suivant la tactique fasciste : l'artillerie de Franco bombardait et, lorsque les positions républicaines paraissaient écrasées, l'infanterie avançait. Mais les défenseurs survivants sortaient des ruines et contre-attaquaient. La Puncha, pilonnée, avait été prise et reprise quatre fois. Les miliciens étaient seuls. Leurs femmes, leurs parents n'étaient plus là pour les aider, les encourager. La population d'Irun avait fui vers Hendaye par le pont international. Sur les berges françaises, des groupes de femmes et d'enfants, debout au milieu de leurs hardes, regardaient la fumée des obus.

Rouge et or, Séville, parée de banderoles proclamant « Arriba España ! » et « Viva el ejercito ! » — Haut l'Espagne ! et Vive l'armée ! —, fête la Vierge des rois et le général Queipo de Llano, dont l'état-major s'est installé dans la rue Jesus del Gran Poder. L'archevêque en personne prend la tête de la procession, devant la statue qui date de saint Ferdinand, conquérant de la capitale andalouse. L'immense cortège défile avec ferveur sous les yeux des *regulares* marocains coiffés de la chéchia, l'image du Sacré-Cœur cousue sur la poitrine. Des enfants de huit à dix ans, en uniforme de *requetes*, calot et baudrier, assurent le service d'ordre. Du balcon de l'hôtel de ville, les généraux Queipo de Llano et Millan Astray hurlent leur foi dans l'Espagne, dans la guerre, dans la *Bandera*, harangues hachées par le cri, que les haut-parleurs amplifient : *Viva la muerte !* vive la mort ! Des ampoules s'allument, elles écrivent, « Vive le Christ-Roi ! »

La presse française commente ces images, détaille ces récits, mais chaque journal a ses héros et ses martyrs, à croire qu'ils ne parlent pas de la même guerre. Roger Salengro, ministre de l'Intérieur, est couvert d'injures et de calomnies par *Gringoire* où Henri Béraud, inspiré par le pitoyable exode des civils d'Irun, écrit : « Par toutes les routes d'accès, transformées en grand collecteur, coule sur nos terres une tourbe de plus en plus grouillante, de plus en plus fétide. C'est l'immense flot de la crasse napolitaine, de la guenille levantine, des tristes puanteurs slaves, de l'affreuse misère andalouse, de la semence d'Abraham et du bitume de Judée... » « Avec Blum, le gentleyoutre... On a le you... pain cher ! » titre *L'Action française* dans laquelle Léon Daudet dénonce inlassablement l'agression juive : « Du fait de la République, régime de l'étranger, nous subissons actuellement une triple invasion : la russe, l'allemande — notamment la juive allemande — et l'espagnole. La crapule de ces trois nations s'infiltre et s'installe chez nous ; elle y pille, elle y corrompt et assassine. Ce mouvement immonde, et qui va s'accélérant, annonce la guerre. Il date de loin, de l'affaire du traître Alfred Dreyfus ; mais la domination d'un Juif rabbinique, Léon Blum, totalement étranger à nos cœurs, multiplie actuellement le danger par dix. » Ces journaux brossent un tel tableau de l'Église espagnole sous le *Frente « crapular »* que l'épouvante saisit le clergé français. Les religieuses de Castelnaudary commandent des vêtements civils. Un moine bénédiction déclare froidement qu'entre un communiste et un catholique, c'est au premier des deux qui tirera, précisant : « La plus grande charité que l'on puisse faire aux Rouges est de les coller contre un mur et de les fusiller... » Dans la Luitpold Halle de Nuremberg, devant cent mille chemises brunes, Hitler consacre vingt mille drapeaux, et définit le communisme en ces termes : « Doctrine du monde des criminels, folie pathologique enseignée par des Juifs et dirigée par des Juifs dans le but d'anéantir les peuples européens et d'établir sur eux une domination juive internationale... » Après tant de démentis rassurants, le gouvernement Blum se résout à une dévaluation, que le ministre des Finances, Vincent Auriol, présente au peuple comme une opération pour arrêter la hausse des prix et accroître le pouvoir d'achat. Léon Blum, hanté par la menace d'une guerre mondiale, défend tristement sa politique de non-intervention : « Quand je lisais, dans les dépêches, le récit de la prise d'Irun et de l'agonie des derniers miliciens, croyez-vous par hasard que mon cœur n'était pas avec eux ?... Vous ne croyez rien de tout cela, n'est-ce pas ? Alors... » Les milliers de personnes réunies à Luna-Park se taisent, bouleversées.

Alain Doiren compte les fusils qui s'amassent dans la magnanerie. Ils ont tous été parfaitement entretenus, mieux que des fusils de chasse. Le maire de Clerguemort a fini par donner le sien, à la signature du pacte de non-intervention. Le Jaurès avait d'abord prétendu n'avoir jamais détenu de Mauser. Devant l'insistance de son gendre, il avait fini par avouer, de mauvaise grâce... Mais il en avait besoin, lui, de ce fusil... Alain avait senti que son beau-père donnait l'arme comme une part de sa liberté, à contrecœur :

— Enfin... avait soupiré le maire communiste, puisque les copains espagnols vont s'en servir tout de suite... (Il avait ajouté :) Écoutez bien ce que je vais vous dire, Alain. Un jour, ils nous feront défaut, à nous, ces fusils !

« Si tu veux la paix, prépare la paix »... rumine le P.A., tout en rangeant ses fusils.

Les pacifistes se cramponnent à leurs illusions, mais les convictions vacillent et chacun se cherche des alibis. Un groupe d'ajistes parisiens a fait étape à la Cabusselle, des pacifistes intégraux qui avaient pris la décision d'effectuer un voyage par semaine à la frontière afin d'apporter des vêtements et des vivres aux réfugiés. Ces fusils eux-mêmes ne sont-ils pas d'une certaine façon, pour les républicains, un alibi qui leur permet de ne pas trouver mauvais goût à leur pastis ? La non-intervention enrage les mineurs. Les parties de pétanque continuent, mais on chasse, en injuriant Léon Blum, les fantômes gênants des miliciens cramponnés à la Puncha.

Le père aubergiste de la Cabusselle « amène les couleurs », il descend du grand tilleul, plie et range le drapeau rouge à bogue d'or. On l'avait un peu oublié là-haut. Sa couleur passait.

La transhumance berce un moment la Cabusselle de sa rumeur d'océan. Les grands troupeaux redescendent vers la plaine par le chemin des pinèdes, des châtaigneraies, par les drailles bordées de vignes où s'achèvent les vendanges.

Palamède Paroul est parti pour le Portugal, chercher femme !

— A soixante-dix-huit ans, il ne faut pas être trop gourmand. Fonder un nouveau foyer n'est pas une petite affaire.

Il se garda bien d'avouer qu'il laissait tomber l'héritage ; le dire carrément c'était abandonner réellement le bien ancestral. Il préféra laisser croire qu'au moment d'atteindre à la félicité conjugale avec une véritable Portugaise, il se retenait superstitieusement de troubler le bonheur des autres.

Palamède craignait surtout de perdre la face devant Fortuné. Il joua les grands seigneurs, les vieillards terribles... Il se plut à tourmenter l'infirme avec ses châteaux en Portugal :

— ... Connaître l'amour avant de mourir, j'ai bien le droit, non ? J'ai assez travaillé toute ma vie pour rigoler un peu ! Toute une vie passée dans la chemise des autres ! Enfin, je vais m'occuper un peu de la mienne... L'amour : une femme qui n'apporte rien, pas de maison, pas de dot, pas un sou, et même qui coûte !

— Mais tes affaires, tes fils ? protestait Fortuné que cet avenir enflammait, soulevait de son fauteuil.

— Mes fils ? Ils feront faillite, et ce sera très bien ! pour moi, pour eux...

Clerguemort ne crut pas un traître mot des inspirations lyriques du « Parisien », quand de solides raisons, sonnantes et trébuchantes, crevaient les yeux : attaquer un testament en bonne et due forme vous ruine une race pour quarante générations, tout ça pour quoi ? la vente de la Cabusselle ne couvrirait pas les frais de justice... Il sait ce qu'il fait, *vaï ! aquel Loubatié*, avec son « grand cœur » ! une Portugaise lui reviendra moins cher, et lui procurera plus de satisfactions !

C'est sans illusions que Palamède jouait les belles âmes, et sans dépit : il ne lui déplaisait pas qu'on le crût plus malin que bon.

A la veille de sa lune de miel ibérique, l'oncle du Déserteur était entré dans la cuisine de la Cabusselle pour jeter sur la table le courrier des soldats Paroul :

— Je vous les rends.

— Mais...

— Il faut qu'elles travaillent, elles *aussi*, ces lettres !

Après cet « aussi », le vieillard avait promené ses petits yeux soulignés de sang autour de la cuisine propre, sur le tableau des articles et citations. Il avait humé le délicat alliage du fumet de la soupe et du feu de bois, et il était sorti, marmonnant :

— *Qué Dïou vous adjudo, paourès pitchots ! N'o-ourès bézoum*[1] *!*

Palamède Paroul n'a même pas raccompagné sa petite-fille jusqu'à Paris, comme s'il craignait que la rue des Nanettes ne le retienne par une patte, entre ses mâchoires de pavés. Il a mis Célie dans le train, puis il a sauté dans le sien prenant la direction opposée.

Fortuné vient de recevoir une carte postale de Lisbonne :

« Pour la question portugaise, tu avais raison, vieux forban ! »

Signé : « Ton fidèle Loubatié. »

L'infirme la montre à tous les passants, avec fierté. Il proclame :

— Nous, *pamén !* on était une race !

Après le départ de Célie, Nathan s'aperçut que Paris lui manquait ; il se rappela soudain qu'il n'avait pas envoyé d'argent à sa mère depuis le mandat de Fallissiard. Il lui restait cent sous en poche — elle lui revenait cher, l'A.J. ! — et il n'avait plus le cœur à faire du vélo. Sept cent cinquante et quelques kilomètres en pédalant, et les cent cinquante premiers en côte ! Il se laissa descendre jusqu'à

1. Que Dieu vous aide, pauvres petits ! Vous en aurez besoin !

Avignon. Là, il attendit un jour, et il eut la chance de trouver un gros camion qui rentrait sur Paris. Il demanda aux chauffeurs : « Est-ce que vous m'emmenez ? — Oui, ça te coûtera cinquante balles. — D'accord ! » Il les aida à charger des barres d'acier et de laiton puis arrima sa bicyclette par-dessus. Arrivé à Paris, Nathan dit aux deux hommes : « Voilà. Les cinquante francs, j' les ai pas, mais j' vous laisse mon vélo en gage. Nous sommes gare de Lyon, j'habite la Bastille. Je vais chercher l' fric. » Il se demandait bien où il allait le trouver. Sa mère, effondrée, le reçut en gémissant : « Tu n'es quand même pas chic, tu m'abandonnes... Je n'ai plus un sou à la maison... — Écoute, maman, comment faire ? Moi, il me reste cinq francs, et j'en dois cinquante... — Je les ai pas... » Nathan descendit chez le marchand de vin : « Pouvez-vous me prêter cinquante francs ? » Fallissiard finit par les lâcher. Nathan courut vers la gare de Lyon où les camionneurs l'attendaient dans un bistrot : « Voici vos cinquante francs ! — Bon. On voulait savoir si t'étais régulier. Tu l'es. Paye-nous l'apéritif, et ça fera la rue Michel ! » Nathan se vit à la tête de cinquante francs. Fallissiard attendrait. L'avenir lui appartenait !

Franck Joszà le retrouva bientôt, quand il revint à Paris pour la rentrée, tandis que Raoul Ardailhan rejoignait le Prytanée militaire et Gino Passola le pensionnat du lycée Jean-Baptiste-Dumas, en Alès.

Au « cours complémentaire du Charbon », Alain Doiren dut affronter les gaillards de la Vernasse que le souffle ardent des congés payés avait exaltés. Ils se croyaient tout permis. « Je ne peux quand même pas commencer l'année scolaire en leur disant : pouce, les gars ! J'ai toujours été du bon côté, moi ! »

Il n'y avait plus beaucoup de passages à la Cabussolle. Les originaux qui ne prenaient pas leurs vacances comme tout le monde lisaient sur la porte les indications nécessaires pour aller chercher la clé dans le mas voisin, chez la mère aubergiste.

Alain Doiren se découvrait toujours quelques bonnes raisons pour y monter le samedi soir et, la plupart du temps, il y couchait. Milca ne l'accompagnait pas, mais elle avait une vraie raison, elle entrait dans le quatrième mois et le chemin du Vallauzas n'est pas tendre...

De ce côté, on plante un clou : bruit de ferraille puis, vers la fin, de ferraille et de bois, quand le marteau touche à la fois la tête du clou et la surface de la poutre. Parfois, le bruit métallique vibre, il est alors suivi de jurons, c'est quand le clou se tord. Deux hommes sur une charpente font ou refont un toit, dans le soleil. Ils s'interpellent avec gaieté, chantent brièvement, mais à tue-tête. Ils sont joyeux. C'est bon, de faire un toit, ce n'est pas n'importe quoi, comme une pièce de métal, toujours la même, dans une usine, ou une feuille de papier dans un bureau. C'est important. Plus tard, dans longtemps, ils passeront avec leurs femmes et leurs enfants, ils marqueront l'arrêt dans le sentier pour dire, avec l'orgueil des vétérans : « Ce toit-là, c'est moi qui l'ai fait. » Ils ne savent pas encore qu'ils agiront ainsi, mais cette fierté fait partie, déjà, de leur entrain dans le petit soleil d'automne.

En face, d'autres coups, mais, à l'oreille, il ne s'agit plus de clous. C'est une hache, qui n'abat ni ne fend. Une hache minutieuse, habile : quelqu'un appointe un pieu.

Tout cela est clair parce qu'il y a le silence du val, la rare pureté d'un air qui porte le moindre son et lui fait un sort digne de lui. Il faut aussi aimer les bruits, leur accorder le temps et l'attention, connaître aussi familièrement la hache et le marteau.

Le chat noir se plante devant Alain et le fixe de son œil mauve, visiblement intrigué. Le P.A. le regarde, le chat détourne la tête et s'en va, sans presse, il est chez lui.

Luc Roux arrive, serre la main d'Alain et s'assoit en face, de l'autre côté des trois planches sur tréteaux qui servent de table sous le tilleul (et qu'il faudrait bien rentrer sous l'appentis jusqu'au retour de la belle saison). La peau de Luc a la pâleur farineuse des mineurs endimanchés. Une écorchure l'a marqué d'un nouveau tatouage bleuâtre sur la tempe droite. Il dit :

— Hier, nous étions à la mairie de Clerguemort, avec le Jaurès et Fernand Bédel. Emmeline est entrée, elle a jeté une lettre sur la table en nous disant : « On me l'a donnée par erreur. Elle est pour vous. » Et elle est sortie, comme ça.

Luc lance l'enveloppe avec le geste d'Emmeline.

— Mais... C'est une lettre de Noël !

— Oui. Il l'avait dans sa poche quand il a été tué. Elle a dû traîner dans des bureaux... Et puis, la poste, là-bas, en ce moment...

« Madrid, le 20 août 1936.

Ma chère épouse,

Si je prends la plume, c'est pour te dire que je vais bien. Il ne faut pas t'inquiéter pour moi, mais pour l'Espagne. Chaque minute qui passe me prouve que j'ai eu raison de venir ici.

La rébellion de Franco n'est que le début de l'agression du fascisme international, pas seulement contre le peuple espagnol mais contre nous, contre la paix. Où que j'aille dès qu'on sait que je suis français, on me demande : est-ce que la France va nous laisser massacrer ? c'est impossible !

Je viens d'apprendre ce que les Maures et les légionnaires font à Badajoz. Comment douter après ça ? Il faut se le dire, et le dire : il n'y a pas de pitié à attendre d'un fasciste, pas non plus à lui donner.

La chose la plus urgente, c'est descendre dans la rue pour crier le plus fort possible : le blocus de la République espagnole est un crime ! Il faut des avions et des armes aux paysans et aux ouvriers espagnols, sans ça, ils ne pourront jamais repousser les fascistes qui reçoivent, eux, autant qu'ils en veulent, des avions, des canons, et même des régiments envoyés par Hitler et Mussolini. Montre-moi tes amis, je te dirai qui tu es !

Cette guerre est notre guerre ! »

Le premier feuillet s'achève ainsi. Alain tourne la page :

« Mon amour, mon épouse, comme je t'aime ! Il me semble parfois que je sens ta peau, là, derrière ton cou... »

Alain, gêné, regard Luc.

— Emmeline n'a pas lu jusque-là, affirme le jeune mineur.

— Qu'est-ce que tu en sais ?

— Tu vois cette tache ? Noël a plié sa lettre avant que l'encre soit sèche. Ce feuillet était encore collé au précédent.

— Elle a dû croire que toute la lettre continuait sur le même ton, soupire le P.A. Et il continue sa lecture :

« ... Je sens aussi ton odeur, alors je ferme les yeux pour te voir, et j'y arrive presque. J'ai beaucoup de temps à te consacrer : je suis au repos à Madrid pour trois jours. Je descends du front qui se trouve au nord de la capitale. Nous avons attaqué sans cesse, et nous n'avons pas encore réussi à reprendre les cols. Depuis quelques jours, les combats se sont ralentis. Mais je n'ai pas envie de t'écrire ce que j'ai vu là-bas. C'est drôle, ce qui me viendrait sous la plume, ce serait pour te parler d'un âne qui s'est mis à braire quelque part dans la nuit, d'un petit garçon qui recousait lui-même un bouton de sa braguette sans quitter son pantalon, alors il bombait le ventre, il était rigolo ! J'ai vu un chien qui sursautait sur ses quatre pattes quand il entendait un coup de fusil. Il aboyait de colère. Il nous traitait d'imbéciles ! Le regard des animaux sous un bombardement, ou dans une mitraillade, est quelque chose de surprenant. J'aurais envie de te parler d'une couleur de la terre d'ici, d'un figuier qui avait vraiment l'air de jouer des castagnettes avec deux figues au bout de chaque branche. Des choses sans importance, tu vois, mais ici, elles deviennent terriblement importantes. Sur le front, je m'intéresse à des riens que je ne vois jamais chez nous. Je comprends que c'est pour ces choses aussi que je me bats, pour que les bourricots ne regardent plus les hommes avec ces yeux.

Je t'écris à la terrasse d'un café. Il y a beaucoup des soldats mais, comme il fait très chaud, ils ont quitté les calots, ils ressemblent à des gens de fêtes votives, et puis ils sont tous un peu comme moi, des civils avec un fusil. Madrid est une ville étouffante. Je n'ai pas encore reçu de lettres de toi, il est vrai que je n'ai pu t'envoyer une adresse qu'au début du mois, et puis, peut-être que la poste ne marche pas très bien. Envoie-moi de tes nouvelles, parle-moi des miens, de Clerguemort, n'aie pas peur de m'écrire en détail, dis-moi ce que raconte l'oncle Albéric, même ce qui ennuie, ce qui irrite, parce que c'est ça, le bonheur.

Je souffre cruellement d'être loin de toi, mon grand amour, et j'ai confiance, je sais que tu finiras par comprendre un jour que c'est notre bonheur que je suis venu défendre ici, que c'est aussi vrai que si je me battais devant notre portail, à Clerguemort, contre des Maures qui chercheraient à entrer pour te violer et t'éventrer, avant de brûler la vieille maison des Tarrigues. Il n'est pas possible que tu ne sois pas bientôt sûre comme je le suis que je te donne en ce moment une preuve d'amour mille fois plus grande et plus belle que les meilleures que j'ai pu te donner dans le chez-nous de notre lit.

Une foule s'amasse devant moi. Les gens sont très excités. Ils parlent des massacres de Badajoz. Je vais voir. Je reprendrai cette lettre plus tard, parce que je me rends compte que je n'en ai pas dit assez, que je n'ai pas fait assez pour toi. Je voudrais tant te convaincre... »

Alain range la lettre inachevée dans l'enveloppe sur laquelle l'adresse est d'une écriture différente.

Luc marmonne :

— Quelle salope !

— Elle n'est pas allée jusqu'au bout... C'est le dépit, la rage... La douleur aussi peut se manifester comme ça...

— Une salope, point final !

Alain baisse la tête. Après un silence, il déclare :

— Tu es dur, Luc, très dur. Tu ne cherches jamais d'excuses, même pas d'explications. Tu as un idéal, tu es prêt à tout — je dis bien : à tout ! — pour son triomphe. Tu es implacable. Emmeline n'est qu'une amoureuse... (Luc a un haut-le-corps, Alain développe sa pensée :) Si ! Emmeline n'avait qu'un dieu : Noël. Elle l'a perdu. Ce n'était pas la foi du catholique moyen, mais celle du prêtre. Moi aussi, j'ai entendu certains ragots sur sa conduite après le départ de son mari...

— C'est un scandale, oui ! Faire ça à un type merveilleux, un camarade comme Noël !

— Tu n'as pas remarqué, Raoul, que les curés défroqués ne donnaient jamais grand-chose de bon par la suite ?

— La femme... et maintenant la veuve de Noël Tarrigues n'a pas le droit de se conduire comme ça ! Je ne le lui ai pas envoyé dire !

— Comment ! tu l'as insultée ?

— Non. Je l'ai prise à part. D'ailleurs, elle n'a pas nié. Elle n'a pas de vergogne. Sais-tu ce qu'elle a trouvé à me répondre ? (Il se lève. Les paroles à venir sont à prononcer debout :) Elle m'a balancé froidement : « Que veux-tu, je ne peux pas me passer de mon mari. Il est parti. J'essaye, pour voir si c'est de Noël que j'ai besoin, ou seulement de l'homme. »

Alain se lève aussi. Ils avancent ensemble, au pas de promenade, vers le cimetière Paroul. Ils parlent des articles de Cherchemidi sur la chute de Talavera de la Reina, des accusations de partialité portées par André Gide contre *Vendredi*, des divisions croissantes au sein du Front populaire, des gavots qui viennent s'embaucher à la mine, à la suite des congés payés. Ils ont vu les ouvriers dans leurs villages de haute montagne, et s'imaginent depuis que les mineurs mènent joyeuse vie...

— Pauvre Emmeline ! fait encore Alain Doiren. Je l'ai aperçue dans la grand-rue de Clerguemort, avant-hier. De loin, je l'aurais prise pour l'Herminie Larguier du Casquillé ou l'Anaïs Mourrail de l'Altanier ou la Léonie Hur de la Gronde ou la Clémence des Tarrigues, n'importe laquelle de nos grandes vieilles en noir. Avec cette différence qu'Emmeline, bien sûr, n'est qu'une petite veuve...

Luc tranche :

— Elle ne sera jamais grande.

Ils sont entrés dans la cage d'arbres. Le vieux soleil de l'automne finissant, le soleil si las des efforts caniculaires, se laisse tailler en pièces par les feuillages et crève en pluie de verroteries colorées, comme un vitrail au souffle d'une explosion, sur le petit cimetière, dont les monticules s'effacent avec le temps, dans une terre qui s'attendrirait au point de permettre à ses morts de s'enfoncer en elle, de plus, sans fin.

A la tête de chaque tombe, à la place de la croix, il y a une lauze. Clovis Paroul, dit « Jésus », dit *Lou Désertur*, avait patiemment gravé sur chacune les simples mots qu'il fallait... « Ici, c'est mon père, Philibert Paroul... », « Ici repose ma mère... », « Ici gît ma sœur... »

La question de Franck renaît sur les lèvres de Luc :

— Qui va lui graver la sienne ?

Jean Hur est à genoux sur la tombe. La lauze était si lourde, si solidement plantée au chevet de Clovis Paroul, qu'il a fallu se résoudre à graver la pierre sans la déplacer. La position est pénible. M. Doiren a tracé lui-même l'inscription en majuscules d'imprimerie, à la craie, comme sur un tableau noir. Jean Hur n'a qu'à suivre. Ce n'est pas de l'art. Il évite de poser ses outils directement sur la tombe. Il se demande si le mort est gêné par les coups de marteau sur la tête des ciseaux d'acier. Jean Hur sait à présent ce qu'est la Mort. Parfois, il lui semble que le Déserteur frémit sous ses genoux, il doit alors s'arrêter pour ralentir son cœur. Puis il reprend le martèlement timide, que le vallon répercute étrangement.

Quand un vieux passe au loin, vers les Bories, le Brailhan ou le Casquillé, ce pépiement singulier lui fait dresser l'oreille ; ce piquetage minutieux lui rappelle quelque chose, il en jurerait, mais il n'arrive pas à trouver quoi. S'il descend sur Clerguemort, en passant devant le monument, il regarde l'inscription « Aux morts », huit lettres profondément gravées dans le granit. Il se dit : « Au fait, ça venait bien du cimetière de ce pauvre Déserteur... » Finalement, il soupire : « Je me fais de plus en plus vieux, moi. »

Et il reprend son chemin, en hochant la tête.

EXTRAITS D'UN LIVRE D'OR

Il y eut d'autres auberges de jeunesse en Cévennes, qui ont connu d'autres histoires et qui tiennent aussi, à la disposition des camarades, un cahier d'écolier. Voici quelques extraits de celui de la Bécédelle, près de Saumane, Gard :

> Quelques jours après le déclenchement de la grande saloperie, 3 copains sont passés là et ont vécu 2 jours librement et simplement avant de devenir des « héros » ou plutôt des assassins.
>
> *Illisible*, son frère
> et Abauzir Maurice
> les 12-14 septembre 1939.

> J'approuve l'attitude des 3 copains. Moi aussi je m'apprête à suivre le « Grand troupeau ». Mais vous saurez, chers ajistes, que la paix est plus forte que la haine. Je vous donne rendez-vous ici quand la tourmente se sera calmée, espérons-le, pour *toujours*.
>
> Un ajiste pacifiste
> J.E.U.N.E.S.
> Pierre Leroy
> 16 septembre 1939.

> En feuilletant le cahier (septembre) ça fait plaisir à un de la prochaine fournée de voir qu'il en reste encore de ceux-là au C.L.A.J.
> Et malgré tout « que ma joie demeure ».
>
> Jacques Boissel 19.3.40.

> Un blessé de la guerre est venu ici en convalescence. Il y a repris des forces pour recommencer la lutte sur un autre front.
>
> Pierre Charpentié
> septembre 40.

LE CRÈVE-CÉVENNE

A Mme Sirven,
à M. Bonnet,
à ma mère,
à Daniel,
au Docteur,
au Curé,
à l'Ami,
aux amis,
à toutes celles et à tous ceux,
morts et vivants,
qui parlent
ou se taisent
ici.

Humblement,

J.-P. C.

Octobre 1972.

CRÈVE-CŒUR : « Grand déplaisir, déboire mêlé de dépit... »

Littré.

1

On entrevoit déjà le sujet général : l'insatiable recherche d'une âme à travers les reflets délicats qu'elle a laissés sur d'autres âmes : d'abord la trace ténue d'un sourire ou d'un mot ; vers la fin, les splendeurs diverses et croissantes de la raison, de l'imagination et du bien. A mesure que les hommes interrogés ont connu de plus près Almotasim, leur portion de divinité est plus grande ; il est bien entendu qu'ils ne sont que des miroirs.

Jorge Luis BORGES
L'Approche d'Almotasim.

C'est long, de mourir. C'est insupportable, une langueur ! Y aurait de quoi se flinguer un bon coup. Surtout quand il ne s'agit pas que de sa propre mort, quand se mourir soi-même ne suffit plus, quand il faut bien, se mourant, mourir aussi son pays. Crever sa mort dans la mort de sa terre. On ne peut que rester le soir au coin de sa cheminée, quand on en a encore une, à regarder flamber les dernières *bougnes* des derniers mûriers. Mais il y a pire, mais il est des soirs, des nuits, l'hiver surtout, par des temps à ne pas mettre un assureur dehors, où personne ne passe, où personne ne vient s'accroupir dans l'autre coin, outre-flammes. Alors, on se résout à sortir, à chercher un toit, un autre feu, un autre coin, un autre agonisant, un mourant veinard qui voit, lui guilleret, quelqu'un venir mourir avec lui dans la crève du vieux pays.

Les feuilles mortes ont un tel poids qu'elles font crier le sol. A ne plus passer sous les arbres. Les voitures ont de bons freins. La rue-route du village, l'artère unique, est une immensité de frissonnantes grisailles. A cette heure, en ce lieu, un cri d'enfant paraît déplacé, choquant même, c'est une atteinte aux bonnes mœurs.

Le vieux Socrate est couché, sans connaissance depuis quatre semaines. Son cousin Platon en est à sa troisième attaque, je l'entends gémir derrière les volets de la fenêtre à gauche de ce cadran solaire qui porte en exergue, sous les heures : « Chacune d'elles blesse, la dernière tue. »

Rivera Manuel Blasco Velasquez Garcia ferme ses contrevents, toussant si péniblement qu'il ne me salue que du menton. Mineur retraité depuis cet été, Rivera est silicosé à 80 %. Nous l'appelons affectueusement : « Crèvera ».

En somme, je broie du noir, tombé de ma bibliothèque attiédie dans la rue cisaillée par des bises contrariées. Maussade. C'est le temps, c'est la saison. Et puis le boulanger m'a dit que Mme Sirven était bien « fatiguée », ce qui signifie, chez nous, qu'elle est à l'article de la mort. Elle a quatre-vingt-cinq ans. Elle a inventé une sorte de métier, qu'elle a exercé tout au long de sa vie.

Aussi loin que remontent mes souvenirs, je la revois toujours au même endroit, toujours pareille : à l'entrée du grand tournant, quand on quitte le village en direction de la montagne. Très maigre, à peine voûtée, toute vêtue de noir, d'étranges yeux, très clairs, bordés de sang. Je ne l'ai jamais vue jeune, je ne l'ai pas vue vieillir.

L'après-midi de ce lundi 5 novembre 1971 tire à sa fin. A l'auberge, il y a le Fossoyeur, le père Louiset, l'Aubergiste et moi. La nuit tombe. Mme Sirven se meurt, et nous parlons.

Notre village était à cinq ou six kilomètres de la mine, selon que l'on empruntait la voie ferrée ou la route. Je dis bien « était », c'était jadis, car la mine est fermée depuis plus de dix ans. Les mineurs avaient droit à cinquante kilos de charbon par semaine. Cette allocation était distribuée à un jour, à une heure et en un lieu fixes. Qui ne se trouvait pas là à point perdait le combustible de la semaine. Les mineurs faisaient les trois-huit, donc une bonne partie d'entre eux, si j'ai bien compris, se trouvaient dans la mine au moment où ils auraient dû prendre livraison de leurs cinquante kilos hebdomadaires.

Mme Sirven ramassait leurs cartes, touchait le charbon à leur place et le transportait chez eux.

— Elle a un an de plus que moi, précise le père Louiset, en bourrant sa pipe. Elle avait jamais été malade. Elle avait jamais vu le médecin que dans la rue.

Il ajoute, avec un soupir de malicieuse satisfaction :

— Ah ! on peut dire qu'elle a travaillé, celle-là !

Le Fossoyeur et l'Aubergiste hochent la tête en fermant les yeux, avec une moue : les lèvres tendues vers l'avant.

— Elle portait une vingtaine de sacs, de la voie jusqu'à la route, en haut…

Je connais ce creux de la vallée. La petite mine blottie au pied des escarpements couverts de grands pins, très droits, les plus beaux de la région. Pas de puits, pas de chevalements. On entrait dans la mine directement par une galerie, un trou au flanc de la pinède. Les wagonnets traversaient la vallée sur un viaduc étroit et haut dont les ferrailleurs ont, depuis, récupéré le tablier métallique. Ne restent plus que les piliers, de belles pierres solides, régulières, vestiges insolites dressés parmi la verdure qui s'empare des bâtiments dynamités, obélisques.

C'est au bout du carreau, près du tunnel de la voie ferrée, devant la maison du garde — encore intacte, elle, destinée sans doute à devenir une « résidence secondaire » pour estivant dès que la verdure aura fini de cicatriser la blessure noire de la montagne —, que se distribuait le charbon des mineurs.

— Elle apportait les sacs vides, je la vois encore. Je suis bien placé. J'ai fait la distribution un temps, dit le Fossoyeur.

Tiens, il a fait ça aussi.

Je lui donne toujours du « Fossoyeur », mais il a pris sa retraite de ça aussi depuis quelque temps. Il a commencé par travailler dans la mine, comme la plupart des gamins d'alors, à treize ans, puis il est sorti du trou pour planter des poteaux électriques, ensuite, il est « monté » à Paris dans les Chemins de Fer. Il a des mains d'assommeur et la moustache de Staline. C'est un gaillard aimable, et même liant. Il a ses habitudes. Chaque jour, vers le milieu de l'après-midi, il vient à l'auberge, commande un demi et bourre sa pipe. Il retrouve là, généralement, le père Louiset.

— ... Une vingtaine de sacs par jour, estime-t-il. Le garde tamponnait les cartes.

Pratiquement, il aurait fallu qu'elle transporte tous ses sacs d'un coup, car le wagon devait être libéré sur-le-champ. Alors, très vite, sans reprendre haleine, elle leur faisait traverser la voie — sautillant va-et-vient — et les alignait là, au pied de la montagne. Ainsi, tout son charbon promptement arraché à la Compagnie, elle avait son temps pour lui faire gravir la montagne.

— Et elle gagnait quoi ?

— Je peux plus te dire. Quelques sous par sac. Elle hissait les cinquante kilos sur ses épaules et grimpait ça jusqu'à la route. Là, un charretier les prenait. Elle s'était arrangée avec lui. Elle devait lui donner un tant par sac. Pour pas arriver trop tard sur le carreau, elle devait se lever très tôt. L'hiver, c'était encore nuit.

Le crépuscule de ce lundi 5 novembre 1971 est l'un de ceux où l'on sent physiquement que le village se meurt, où l'on se laisse aller à parler des morts et des mourants. Les derniers écoliers ne s'égaillent pas dans les rues. Ils rentrent en trois enjambées pour goûter et bâcler devoirs et leçons avant le début des émissions télévisées. Il fait un soleil guilleret, mais dès qu'il est passé derrière la crête, le froid s'installe, un froid modeste encore, mais sûr de lui, sans arrangements possibles, un froid à calfeutrer les ouvertures.

On parle aussi de la neige. Elle a saupoudré les sommets la semaine précédente. Elle n'est pas loin, elle est là-haut, sur notre échine, entre le Finiels et le Cassini, tapie comme une *sauvagine*, un blanc carnassier...

Mais alors, quand il neigeait, sur ce putain de sentier, avec son sac de cinquante kilos sur le râble, comment diable faisait-elle ?

L'Aubergiste rouspète contre le travail. Depuis qu'il ne peut plus travailler, il n'en finit plus d'en vouloir au travail. Il a fait un peu de tout dans sa vie, d'abord mineur, bien sûr, puis planteur de poteaux, boulanger, taxi, cuisinier... Maintenant, il n'a plus de forces, il doit laisser à sa femme les fourneaux et le service. Il traîne, d'une table à l'autre, en patron honoraire, et sa tristesse rageuse ressemble à celle du village qui se sent tout entier trahi, abandonné par le travail. Le travail, le maître mot. La mesure des êtres et des choses. Il y a les travailleurs, et il y a les autres. Non, ce n'est pas un mot, le travail, ça se voit, ça se sue, ça fait mal, ça soulage, ça se touche, ça vous vide et ça vous remplit. Le travail, c'est la vie. La retraite, c'est un truc qui ne trompe personne, bon à prendre quand même, ouais, mais après la mine, il y a la terre, il y a les vignes, les chèvres, le jardin...

Le père Louiset rentre ses neuf cents litres de vin de clinton par an :

— Il est bon, oh ! j'en bois quoi ? un litre par jour, et encore pas tous les jours...

Un moment après, au cours de la conversation, il revient à ses vignes :

— J'ai juste fait la soudure. Quand la vendange est arrivée, il ne me restait qu'un fond de tonneau.

— Vous en vendez ?

— Que non !

— Mais alors ? Sur neuf hectos, ça fait presque du trois litres par jour, ça !

Le vieux se retourne, piqué, et il s'exclame, presque furieux :

— *Dé qué t'y prén dé coumpta tant vité, pitchot !* (Qu'est-ce qui te prend de compter si vite, petit !)

Après les rires, le Fossoyeur rajoute quelques détails qui lui reviennent tout juste en mémoire : ça faisait bien deux douzaines de sacs. Il y avait ceux pour ici, que le charretier prenait sur la route, et les autres, à peu près autant, destinés au hameau de la mine, qu'elle livrait jusque dans les caves. Pour ces derniers elle touchait peut-être un peu plus.

— ... Et puis, tu comprends, elle avait son charbon pour elle, parce qu'il en tombe toujours un peu dans ces manipulations. Et nous, qui la connaissions, quand le garde tournait le dos, on rajoutait quelques morceaux...

Le Fossoyeur raconte comment il truquait pour son compte. Il s'était cousu un sac plus large. On se fait expliquer longuement la combine :

— Ton gros sac, il tenait combien ?

— Quinze kilos de plus ! Un jour, le garde me l'a fait passer sur la pendule électrique...

On requestionne, on fait durer, parce qu'il faut quelques rires encore dans ce crépuscule. Il n'y a pas d'autres clients que nous.

Deux types sont bien venus, en chapeau. Ils ont laissé une commission pour un voyageur de commerce qui doit arriver ce soir, puis ils sont repartis sans même s'asseoir. La salle est éclairée à l'économie. Les voitures qui passent donnent un coup d'accélérateur, parce qu'au niveau de l'auberge, elles aperçoivent la route droite et dégagée jusqu'au bout du village, mais on dirait bien qu'elles s'arrachent vite, d'un coup de reins, à notre petit monde tiédissant, jaunissant, qu'elles le rejettent derrière elles, vieille photo sur carton.

Plus de vingt fois ce raidillon avec cinquante kilos sur les épaules...

Je le connais bien, ce sentier. Je l'empruntais pour aller chercher le pain au hameau, lorsque je passais les mois de juillet chez mon cousin Marceau, le contremaître de la menuiserie des Houillères. Sa pente est raide, mais il zigzague le moins possible. D'ici, de là, il contourne, quand il ne peut faire autrement, un affleurement de roche dure qui dépasse en corne, ou en proue, ou en croc. Il est creux, ce salaud de sentier, voilà que je m'en souviens à l'instant, en creux ! C'est une tranchée, profonde de trente centimètres, à peine plus large, une ornière monstrueuse, et c'est Mme Sirven qui l'a creusé ; pas les chèvres, pas les sangliers, pas même la fonte des neiges ; non, ce sont les deux pieds, en sandales l'été, en sabots l'hiver, d'une femme ni grande ni grosse, d'une jeune femme, d'une femme mûre, d'une vieille femme tout en os... Les pieds menus d'une femme ont creusé ce lit dans le flanc de la montagne, l'usant jusqu'au roc, usant le roc lui-même. L'érosion d'une vie.

— ... Elle a toujours fait ça.

— Moi, je l'ai toujours vue faire, appuie l'Aubergiste.

Le père Louiset insiste :

— Et quand elle n'était pas au charbon, elle était là-haut, sur la montagne, au bois mort ou aux pignes. Elle a tenu du bois à tous ses enfants. Même mariés, jamais ils ne sont allés chercher des bûches ni rien pour le feu...

C'était comme une histoire qu'on m'aurait déjà racontée. Soudain, l'image du bois mort et de la vieille cassée me ramène aux lèvres la chanson de Georges Brassens :

Malgré la bise qui mord,
La pauvre vieille de somme
Va ramasser du bois mort
Pour chauffer bonhom — hom — me...

Non, ça ne colle plus tout à fait. Il y a un mot de trop, une parole malheureuse : « pauvre ». Quand ils parlent d'elle, ils disent : « Mme Sirven », et non « la mère Sirven » ou « la vieille Sirven ». Ils ne la plaignent pas. Ce travail ne les indigne pas plus aujourd'hui que jadis. Pour être précis : ils sont pleins de considération.

Ce creux de montagne, ce sentier creusé à force de vie, je le connaissais bien. Il était la jeunesse et la joie, toute la fête des juillets. Il bruissait de cigales, il sentait la broussaille chaude. Il était bon et clair, il gueulait juste, à la façon des mineurs du premier poste, qui sortaient à quatre heures de l'après-midi, entassés sur les wagonnets qui les tiraient d'outre-tombe et les projetaient sur le pont métallique, au-dessus de la vallée, dans l'éblouissement de notre été.

Je me sens presque coupable de n'être pas resté toutes ces années toute l'année au village, d'avoir à me mettre au courant. Toutes ces fois où Mme Sirven a porté ses sacs sans que je sois là, sans même que j'y pense. Le père Louiset répète : « Ce qu'elle a pu travailler, cette femme... » Il répète ça tout bas, pour lui tout seul, avec une profonde satisfaction.

La sortie de l'auberge, c'est la rêche plongée dans le vent nocturne qui prend la rue en enfilade. Arrêt chez le Primeurs[1], parce qu'on sait qu'il y a là une table ronde, avec un écolier penché sur ses problèmes en face d'une mère encore jeune qui épluche des légumes, sous une lampe de bonne puissance suspendue au-dessus, au centre. Et de la chaleur. Des chaleurs. Un calorifère et des êtres.

Mon ami le Primeurs, qui a été mineur, lui aussi, pendant neuf ans, m'explique :

— Ce charbon, qu'elle transportait, Mme Sirven, c'était même pas du vrai charbon, il n'avait pas la qualité de celui que la Compagnie livrait à ses clients. Le charbon qu'on donnait aux mineurs, ça s'appelait « la chauffe[2] ». Il y avait presque autant de pierres que de vrai charbon.

Jacqueline, sa femme, se souvient :

— Quand j'étais petite, une fois, je lui ai demandé, à Mme Sirven : « Mon Dieu, vous n'avez pas peur, de partir comme ça en pleine nuit, toute seule, à travers la montagne, jusqu'à la mine ? » Tu sais ce qu'elle m'a répondu ? Elle a ri : « Ma pauvre petite, qu'est-ce que tu veux que j'aie peur ! C'est moi qui fais peur au monde ! *Sièï l'Espouvénto* — Je suis l'Épouvante ! »

Pour rentrer au mas, il faut passer devant cette maison aux volets clos derrière lesquels Mme Sirven gravit les derniers mètres de la côte.

Cette nuit, j'ai été réveillé par des pas sur le chemin, des pas solitaires dans la nuit silencieuse et froide. Un instant, j'ai vu la silhouette menue, grandie par la pile des sacs vides. Je me suis rendormi aussitôt, bien heureux de pouvoir le faire.

---

1. Je n'ignore pas que la personne qui fait le commerce des primeurs se nomme « primeuriste », mais comme je n'ai jamais entendu employer ce mot par personne... Rémy, « le Primeurs », mon père l'appelait joyeusement « la Légume », parfois aussi « Ré-mi-fa-sol ».

2. Je me demande si ce mot ne nous vient pas de la marine de guerre où il était courant (« chambre de chauffe », « chef de chauffe ») au temps où croiseurs et cuirassés fonctionnaient à la vapeur et où, pour cette raison, la plupart de nos mineurs accomplissaient leur temps de service militaire à bord des bâtiments de l'État, en qualité de soutiers ou de « chauffeurs ». Ce n'est qu'une hypothèse mais elle est jolie et pas plus surprenante que la découverte dans nos villages des houillères de « Bars de la Marine ».

2

Les Sétois disent : Es maï mor *(il est encore mort). C'est pourquoi nous disons que Sète est le pays où l'on meurt deux fois.*

Maman s'assoit sur le bord de mon canapé comme elle s'assiérait normalement, sur un siège normal, une chaise de son temps, pour une visite en son temps. Elle est, bien sûr, mal à l'aise, les genoux trop en avant de l'aplomb des orteils, les mollets coincés sous le coussin dont le rebord s'écrase. C'est autrement qu'elle a appris à s'asseoir, dans des sièges d'un autre temps, d'une autre façon, et voici ma mère chez moi, aujourd'hui, gênée aux entournures comme une Japonaise débarquant dans un salon parisien.

— Maman, je voudrais que tu m'expliques comment on faisait la lessive, à Avéjan. On la faisait tous les combien ?

— Tous les trois mois.

Elle répond sans inflexion particulière parce que, pour elle, cette lessive *trimestrielle* est demeurée naturelle.

Je n'ai pas très bien compris cette histoire de lessive à la cendre, et je suis décidé ce soir où j'ai le temps à creuser la question. C'est il y a un an, peut-être même deux, que ma mère m'en a parlé pour la première fois, c'est en tout cas après la mort de mon père (4 avril 1970). En effet, tant que son mari vivait, elle pensait rarement à son enfance et je crois qu'elle l'avait un peu oubliée. Puis ses souvenirs les plus lointains lui sont remontés en mémoire par longues bouffées. Voilà l'un des premiers changements produits en elle par le veuvage, mais ce n'est pas le plus impressionnant. Du vivant de mon père et jusque dans ses dernières journées, ma mère n'a jamais cessé de me traiter en enfant. Demandais-je : « Où sont les tenailles ? » qu'elle me rétorquait : « Demande à ton père l'autorisation de t'en servir. » Elle ne manquait pas une occasion de me rappeler : « *Sïès pas qué lou maïstré én ségound !* (Tu n'es que le maître en second !) » Du jour au lendemain, en cet accablant début d'avril 70, maman est redevenue comme une petite fille, soulignant à tout instant et hors de propos qu'à présent c'est moi le maître *(Aro sïès lou maïstré)*, me demandant si elle peut se servir des tenailles ou si je ne verrais pas d'inconvénients à ce qu'elle aille passer un ou deux jours chez son amie Marie.

— Trois mois sans laver de linge ! Comment faisiez-vous pour tenir trois mois ?

— Une lessive à la fin de l'hiver, avant Pâques. Une autre après les vers à soie... Une après les gros travaux, une après les foins...

(Elle réfléchit, reprend :) Les vers à soie, c'était en mai, on mettait la bruyère le 25 mai. Tu te souviens, quand on montait à la magnanerie, là-haut, l'air circulait, n'est-ce pas ? Alors, là, on accrochait sur des cordes les draps de toute la maison. On ne changeait que tous les mois, mais ils ne pourrissaient pas, accrochés dans ces courants d'air...

L'échelle de meunier qui conduisait à la magnanerie sous les toits partait de la terrasse. Je la revois encore très souvent dans mes rêves. En réalité, je crois bien qu'il pendait là toutes sortes de choses, parmi lesquelles, j'en suis presque sûr, des épis de maïs... En écrivant cela, soudainement, le parfum de cet escalier me revient dans les narines, trop subtil pour une analyse exhaustive. Il y avait bien des senteurs de miel, de pomme blette, de paille poussiéreuse, de grande chaleur et, surtout, partout, en permanence, même plus désagréable, l'haleine de l'asphalte déjà beaucoup moins sensible sur la colline d'Avéjan que sur la route du bas, entre les puits et les installations des mines de Saint-Jean-de-Maruéjols.

— ... Et puis, il y avait la lessive d'après la moisson. Quand on avait fini de fouler le grain à l'aire. Et une autre après la vendange.

Je recompte, mentalement pour ne pas froisser ma mère : Pâques, vers à soie, moissons, vendanges : quatre lessives. Je note que chacun de ces quatre grands lavages de linge sale couronnait une période pénible : fin de gros travaux ou fin de l'hiver, bref, la lessive s'entreprenait toujours dans le soulagement.

— Vous aviez assez de linge propre pour fournir pendant trois mois ?

— Oh oui. Il y avait des provisions ! C'était l'époque où il en fallait, du linge ! des armoires bourrées... Quelqu'un qui n'avait pas trois douzaines de draps... (Quitte à ne pas en changer trop pour ne pas les user tous...) On se mariait avec un trousseau complet : deux douzaines de chemises en toile...

A son sourire yeux fermés, je vois qu'elle poursuit in petto l'ébouriffant catalogue de l'épousée. Un soir qu'elle s'entretenait du sujet avec sa vieille amie Marie, j'entendis celle-là s'exclamer : « Moi, j'ai des services de table de maman qui n'ont jamais vu l'eau ! »

— Trois mois ! ça faisait une cargaison de linge sale...

— Oui, mais une lessive — une grande — à ce moment-là durait huit jours.

— Tu m'as raconté que vous alliez au bord de la Cèze ?

— Pour rincer seulement. On commençait à la maison. La lessive coulait tout le jour. On ne se servait pas de lessiveuse. On mettait le linge dans une cuve, d'abord le plus sale, et ainsi de suite. On finissait par les chemises d'hommes et les torchons — les torchons en toile de sac. Par-dessus le tout, on plaçait ce qu'on appelait le *florié*, une sorte de drap très épais — *florié*, je n'ai jamais su pourquoi. Et pour finir, la cendre de bois du four du Papé.

« Le Papé », c'est ainsi que j'ai toujours entendu nommer mon grand-père, le boulanger, et « la Mamée d'Avéjan », pour distinguer sa femme de « la Mamée du Gravas », la terrible veuve Chabrol. De même, mon père c'était, pour ma mère, « le Papa ». — « Va demander au Papa si dimanche on va voir le Papé ! » Maintenant, il lui arrive de plus en plus souvent de dire, parlant de mon père : « mon mari », parlant de mon grand-père : « mon père ».

Le souvenir de « mon papé d'Avéjan », comme je le nommais dans mon cœur d'enfant, est resté le plus vivant de tous. Néanmoins ce n'est pas en boulanger que je le vois mais en berger, en chevrier, tel qu'il était dans les dernières années de son existence alors qu'il avait depuis longtemps laissé son four s'éteindre à jamais. Je ne le revois qu'avec ses chèvres ou lisant sa bible. Il était borgne, à la suite d'un jeu d'écoliers. Son œil blanc lui donnait paradoxalement un air malicieux. Il en jouait, lissant ses moustaches de Gaulois. Il aimait rire, usant de cet humour un peu lent, un peu émoussé, qui est celui des bons vivants pieux.

— ... La cendre de bois qu'on recueillait quand mon père balayait son four, et qu'on tassait un peu. Ça contient du potassium. On commençait par un grand chaudron d'eau froide. On le versait doucement, et cette eau imbibait le linge superposé... Jusqu'à ce que ça coule par le bas. Quand le chaudron qui se trouvait sous la bonde était plein, on repassait cette eau par le haut, après l'avoir fait réchauffer. Ça s'appelait des « chaudes » — des *caoudos*. Il fallait se mettre à deux pour soulever le chaudron. L'eau recueillie en bas, à la bonde, était réchauffée un peu plus à chaque fois, tant et si bien qu'à la fin on versait de l'eau bouillante. Alors, ça commençait à laver. L'eau devenait jaune. Mais ça durait tout le jour ! Tout le jour, on versait, on réchauffait, on reversait...

— Et ça suffisait à laver un linge si sale ?

— Si ça suffisait !

Le ton de ma mère pour protester de cela ! Le ton presque chantant, nuancé d'admiration, de respect, d'étonnement, empreint du désir de convaincre, d'enseigner, presque le ton qu'elle emploie pour citer quelques vers connus d'elle, d'un poème qu'elle place au-dessus de toute poésie.

— Si ça suffisait ! Le linge était merveilleux ! et il sentait bon ! C'était la lessive naturelle. On utilisait des torchons que l'on faisait avec la toile des sacs qui avaient contenu la farine — on s'essuyait les mains avec ça... — après leur passage à la lessive, ils n'avaient plus la couleur de la toile de sac, ils étaient devenus jaunes, jaune d'or ! ils étaient beaux... Tu n'avais qu'à mettre ton linge dans l'eau de la Cèze après.

— Vous partiez en charrette ?

« En charrette. » Le mot projette en moi le tableautin avec tant de détails que j'en suis à me demander si je n'aurais pas assisté moi-même dans ma petite enfance à l'un de ces jolis départs des grandes lessives pour les bords de Cèze. Plus vraisemblablement, il s'agit des souvenirs de mes parents sur lesquels j'ai brodé, comme il m'arrive souvent, et que j'ai parés de couleurs empruntées à d'autres joyeux départs en groupe.

D'abord, la placette d'Avéjan est un décor précieux, avec ses façades à l'air penché, ses murs de pierres sèches, de pierres blafardes, dans la poussière forte et dorée du calcaire bitumeux, et, jaillissant des lézardes, bras tendus d'emmurés mourants, de tremblotants figuiers aux mains grasses.

Butte sans eau où tout a soif. Voici, montant ou descendant, débouchant de chaque ruelle, roulant des hanches et flottant des jupons, paysannes, femmes de mineurs aux démarches de Perrette, à l'allure ennoblie par le port de la pesante corbeille sur la tête, la foule joyeuse de celles qui vont vers l'eau...

Et j'y voyais des fleurs, en colliers comme à Tahiti, et des lampions, et des guirlandes... Des fleurs ? Pourquoi des fleurs ?

— Pardi. Il y avait d'abord notre lessive, qui était bien mouillée quand même, puisqu'on ne l'essorait pas. Et puis il y avait le linge de couleur, les pantalons, tout ce qu'on ne mettait pas dans le chaudron, ce qui aurait déteint, et qu'on gardait pour la Cèze, pour le savonner là-bas. Mon père installait sur la charrette d'abord notre lessive à nous. Mais, comme il y avait une heure de marche, par de mauvais chemins, les femmes du village apportaient aussi leur linge, les femmes de mineurs — les paysannes avaient leurs propres charrettes. C'étaient ses clientes. Il les prévenait. S'il était parti avec sa charrette sans les avertir, ça aurait mal marqué, elles auraient dit : « Nous allons chercher notre pain à Saint-Jean ! » — bien que ce soit à deux kilomètres ! Alors, il ajoutait leurs corbeilles — de ces corbeilles où l'on peut se mettre à genoux, une fois au bord de l'eau, car ces femmes savonnaient là-bas. Elles n'apportaient pas leur linge mouillé, ça aurait fait trop de poids pour la mule. On mettait toutes ces corbeilles, l'une sur l'autre, mon père montait sur la charrette, et tout le monde marchait derrière.

— Il y avait combien de kilomètres jusqu'à la rivière ?

— Oh, maintenant on pourrait le faire en voiture, ils ont arrangé la route. Quatre bons kilomètres. Les femmes de mineurs revenaient avec un linge blanc !

Il y a là, dans le ton de ma mère, une intention particulière que je reconnais, que je suis sans doute le seul encore à pouvoir reconnaître. Des mineurs, maman en a toujours connus, depuis les mineurs d'asphalte et de lignite de son village d'Avéjan, jusqu'aux mineurs de Chamborigaud, mon village à moi, où elle a pris sa retraite d'institutrice publique, en passant par les mineurs cévenols, espagnols, italiens, arabes, tchèques, arméniens, polonais dont elle a « alphabétisé » les enfants (comme on dirait aujourd'hui) dans les différents postes qu'elle a occupés à travers le bassin houiller. Elle en a tellement entendu, sur les mineurs, des vertes et des pas mûres, dont certaines bien sûr n'étaient pas de pures calomnies, que lorsqu'elle voit un biais pour réhabiliter ces parents pourtant querelleurs, elle saute sur l'occasion. Mais, à présent, et je le sens à son élan vite retombé, la réhabilitation n'a plus beaucoup de raison d'être. L'ouvrier n'est plus automatiquement méprisé, l'ouvriérisme au contraire se porte bien dans les milieux les plus chics.

— Une fois arrivé à la Cèze, mon père déchargeait tout ça, et il repartait à cheval sur la mule — il laissait la charrette. Nous, avec ma mère, on commençait à rincer la lessive. On la mettait dans l'eau avec des pierres. Elle se rinçait toute seule. Ensuite, on lavait le linge de couleur, mais si maman me faisait manger avant que j'aie fini, elle ne pouvait plus rien tirer de moi, je ne pouvais plus travailler. Quand j'avais mon ventre plein, j'étais comme ces petits veaux qu'on ramène de la foire. Si on les laisse téter, il faut les porter après. Ma mère le savait, alors quelquefois on finissait à deux heures et demie... Moi, j'aimais travailler dans l'eau. Là où on lavait, il y a la Grotte du Seigneur, c'est là qu'il venait surveiller sa pêche, le seigneur d'Avéjan...

C'est vrai, dans ce village massé autour de son château féodal, on entend encore le mot « seigneur » prononcé par des êtres encore vivants, le mot, le titre « seigneur » prononcé comme il l'était au Moyen Age.

— ... Il y avait des rochers, je m'asseyais sur une pierre qui faisait chaise et je lavais sur une autre. Là, j'étais bien. Ma mère se mettait à genoux le long de la grève, à sa pierre, et toutes les deux, on lavait le couleur et puis on l'étendait sur des pierres, ou alors sous les arbres qui étaient là-bas, devant la ferme de Galinier.

La Cèze. En Avéjan, le nom de la rivière était prononcé avec plus de féodale ferveur que le mot « seigneur ». Avéjan était, je l'ai dit, un village sans eau. Tout à fait sans eau. Pas une source, pas un puits. L'eau du ciel, c'est tout, la pluie, bénédiction ! pieusement recueillie dans les citernes familiales, vastes cuves de ciment objets de tous les soins, dissimulées au creux le plus intime de la maison, sous une cave, à l'abri du soleil et du vent, à l'abri de toute évaporation. Et, à quelques kilomètres : la Cèze ! cette eau, toute cette eau, cette abondance d'eau qui courait pour rien, été comme hiver, qui courait sous les arbres et sous le soleil, qui courait en rigolant...

— On le battait, le linge ?

— Ah oui !

— Mais... à quoi ça sert, de battre le linge ?

— Ben, à sortir le savon qui reste. Quand tu as bien essoré ton linge, tu as beau faire comme ça (elle fait le geste de tordre le linge), il reste toujours du savon, alors on le battait. Évidemment, les boutons pétaient... Et voilà. Et puis, on allait manger. Des omelettes. Des salades de haricots. Des aubergines aux tomates — parce que c'est bon, froid. Et tout était fameux là-bas, quand tu avais travaillé la matinée entière... Enfin, on pliait bien les draps, on se mettait à deux, on enlevait les pierres doucement... Ça sentait bon. On te rangeait ça dans les armoires parfumées à la lavande sauvage... et on tirait de là, pendant trois mois.

Quand on les ouvrait, en plus des senteurs de propre, il sortait du meuble un souffle ardent et frais à la fois : l'haleine de la Cèze.

Une fête. Le mot me vient irrésistiblement, il est à la mode aujourd'hui, dans un sens particulier : « Achète du whisky, j'amène des nanas, on va se faire une fête. » J'exagère ? A peine. Ce sont des fêtes qu'on se fait. Jadis, la fête *était* tout simplement. Au sens ancien, et presque mythologique, la grande lessive trimestrielle sur les berges était une fête.

Mais ma mère revient au bord de la Cèze, au soir, après la journée de savonnages :

— ... Mon père arrivait. On chargeait la charrette en faisant bien attention de ne pas salir ce linge qui était prêt à enfermer — on ne repassait pas. Et c'était fait pour trois mois, oh oui ! mon père, il n'allait pas à la Cèze tous les huit jours. Mais, quand il y allait, il prévenait tout le monde, il disait : « *Déman farén bugado !* (Demain, nous ferons lessive !) »

— Les autres femmes apportaient aussi leur casse-croûte au bord de la Cèze ?

— Certaines. Mais les femmes de mineurs n'avaient pas autant de linge que nous. Nous, c'était à la manière des paysans, tandis que les femmes des mineurs de l'asphalte, qui lavaient chaque semaine, avaient fini assez tôt pour rentrer dîner à leur maison. Souvent, ma mère et moi, nous restions seules à la Cèze, au bord de la rivière. C'étaient des jours que j'aimais, ça...

— J'ai de la peine à comprendre qu'on puisse laver le linge avec de la cendre...

— Ah, mince alors ! Mais tu n'as qu'à savoir la composition de la cendre, c'est du potassium.

— Alors, pourquoi a-t-on abandonné ce procédé ?

— Parce que ça allait trop doucement, tu comprends, les « chaudes » qu'on versait, un chaudron après l'autre, tièdes puis de plus en plus chaudes... Ça dissolvait la saleté. En traversant les épaisseurs, ça nettoyait, ça entraînait les impuretés. La première « chaude » en entraînait un peu, la suivante un peu plus... pense que ça durait tout le jour ! On finissait par de l'eau bouillante. Et tu sais, après, quand tu te couchais dans ces draps... Je me souviens, quand j'arrivais de pension, et que ma mère m'avait fait mon lit, c'était un délice ! L'hiver, elle avait peur que j'aie froid, elle me passait le chauffe-lit, elle me glissait une pierre chaude, *ün o-oubézou* (un petit obus) de la Cèze...

Un galet à peine moins gros qu'un ballon de rugby, que l'on mettait à chauffer dans la braise de la cheminée ou dans le fourneau en début de soirée. Puis on l'enveloppait dans un journal, ce qui permettait de le saisir sans trop se brûler et de ne pas trop salir les draps. « La pierre » — comme l'on disait, et le mot devenait très précis à partir d'une certaine heure de la soirée — était déposée vers le haut du lit, à la place des épaules, un moment avant de se mettre au lit. Quand on se couchait enfin, on repoussait « la pierre » encore très chaude et on gardait les pieds dessus. Me reviennent précisément le doux bruit du papier journal si chaud, froissé par mes orteils, les tièdes bouffées qui remontaient sous les draps, avec, j'en jurerais, des relents de rivière et de feu de bois.

— Et voilà la lessive (sa voix s'imprègne soudain de lassitude). Puis, quand mon père a cessé de faire le boulanger, il y a eu assez d'eau pour rincer le linge, tu comprends : il y a deux citernes dans la maison...

— Dis donc, ça ne revenait pas cher en savon...

— Mais non ! à peine si on en usait un peu pour le couleur, et très peu, on faisait attention, on économisait. Autrement, ça ne coûtait rien cette lessive, c'est bien pour ça que les paysans la pratiquaient, c'était la lessive naturelle. Depuis les premiers temps de l'humanité, on devait laver ainsi. Ah, ce linge, lessivé à la maison, avec les cendres de la maison... Moi, quand j'arrivais de Nîmes, là...

Elle était restée plusieurs années à Nîmes, lorsqu'elle était jeune fille, d'abord pensionnaire à l'École Supérieure, puis à l'École Normale d'Institutrices.

Elle grimace :

— A Nîmes, ce linge lavé en ville, il avait une odeur. A Avéjan, tu étais tranquille : tu changeais tes draps, tu les accrochais là-haut, sur la corde de l'escalier. Et c'est curieux, je n'ai jamais vu les rats s'y attaquer...

— Les rats s'attaquent à ce qui est sale...

Là, j'avais mal compris, je croyais qu'elle parlait encore des draps pliés dans l'armoire, alors qu'elle parlait des draps suspendus dans l'attente de la prochaine lessive trimestrielle.

— Eh ben, ils n'étaient pas propres ! Il fallait voir les draps de la moisson, et les chemises d'homme ! Parce qu'on taillait ces chemises en gros coutil, et on les cousait à la main — il n'y avait pas de machine à coudre. Avant chaque moisson, ma grand-mère et ma mère confectionnaient deux chemises par homme (exception faite pour celles du dimanche, chemises blanches achetées toutes faites que l'on mettait pour aller au temple et que l'on quittait vite au retour...). Après, l'hiver, on les usait jusqu'à la corde, en les raccommodant. Mais, au moment de la moisson, il n'y avait que des chemises neuves. Pendant la moisson, les gros travaux, les femmes n'avaient pas le temps de ravauder : elles allaient garder les chèvres... A ma maison, il y avait la propriété... C'est vrai qu'il y avait le grand-père, la grand-mère, l'oncle Simon — avant que mes frères soient assez grands... Et puis moi, quand je suis venue, mais ce n'était plus tout à fait la même chose...

Sa voix se perd, et son regard... Elle revoit ces images, elle revit un peu de ce temps. Elle a soixante-douze ans.

Je replonge un brin dans la mienne, d'enfance, où tout était arrondi, usé par la paume des mains, et grisonnant. Quand je retombe dans le présent, les angles m'apparaissent nets, les lignes droites, les surfaces laquées, aseptisées, d'un froid d'hôpital.

— Et vous faisiez des vers à soie, malgré tout ce travail, avec la boulangerie ?

— On faisait les vers à soie, là-haut, sous le toit.

— Qui s'en occupait ?

— Tout le monde s'y mettait. Quand une cliente entrait dans la boulangerie, elle tirait sur un fil de fer, ça sonnait dans la magnanerie où il y avait une sorte de *bidourlo* (cloche de vache). Ma mère descendait, elle venait servir. Les vers à soie, c'était du travail ! mais c'était de l'argent liquide... Ma mère prétendait que c'était elle, dans tout le village, qui les réussissait le mieux, parce qu'elle les faisait en avance. Ça évitait les gelées de mai, je crois. Elle prenait la « saquette » que tu as vu, en belle toile ! c'est de la toile pur fil de lin, ça...

Elle m'a prêté ce vieux petit sac une fois pour descendre du mas je ne sais plus quoi, en me recommandant de ne pas le perdre — elle n'osait pas dire « ne pas le jeter » car on jette tout maintenant, et surtout les emballages. Elle a bien fait de me recommander ce simple sac que les magnanarelles se liaient autour des reins pour aller cueillir la feuille de mûrier, je l'ai touché : c'était onctueux et rugueux. Le très, très grand luxe.

— Il faut dire aussi que nous avions les mûriers les mieux placés, à l'abri. Il fallait avoir de la feuille première, pour faire des vers à soie premiers. Ma mère commençait par faire éclore la graine dans son lit. Elle avait un thermomètre, et s'il faisait froid, elle ajoutait une « pierre ». Après, quand elle se couchait, la chaleur du corps assurait la bonne température. Quand la graine allait éclore, ma mère la glissait sur des petits papiers où elle avait fait des trous, des festons. C'est tout menu ! comme une mince fourmi. Elle gardait cela près du fourneau, dans la cuisine, au début. Là, elle leur donnait des petites feuilles bien tendres, des premiers mûriers, souvent c'étaient des mûriers nains, il y en a encore... Et puis, peu à peu, ça grossissait, il fallait dédoubler, donner plus d'espace jusqu'à ce qu'on les monte à la magnanerie, à la première mue. Au mois de mai. Là, il y avait les tréteaux, et on commençait à donner les grandes feuilles. A l'École Normale (en travaux pratiques de sciences), nous avions fait le système nouveau, c'est-à-dire l'élevage au rameau. Tandis que chez nous, à Avéjan, c'était à la feuille. Tu ramassais la branche, tu tirais dans ta main et la feuille venait ainsi.

— Mais, il n'y avait pas de bruyère ?

— Si, mais la bruyère c'était pour le moment où les vers à soie voulaient monter pour faire leurs cocons. Quand ils commencent à grimper aux piquets qui tiennent les planches, il est temps de leur planter la bruyère. On fait des cabanons. C'est joli, la montée. Mais, pour en arriver là... S'il faisait un temps d'orage, ça étouffait la chambrée. Elle devenait jaune, c'était la flacherie. Il n'y avait plus qu'à désinfecter la magnanerie... Et ça puait ! Moi, je n'ai vu qu'une année rater les vers à soie. Ma mère faisait ses soixante kilos de cocons. C'était beaucoup. Deux kilos et demi par gramme. Pour qu'ils réussissent, il fallait ne pas en faire trop à la fois. C'est ma mère qui dirigeait les opérations, de même qu'elle avait la haute main sur le rucher. Il faut dire que lorsqu'elle est arrivée, jeune mariée, ma grand-mère n'était déjà pas dégourdie... C'est la bru qui devait tout faire.

Je ne la voyais pas ainsi, ma petite, toute petite grand-mère. Et pourtant, je l'ai bien connue, cette mère de ma mère, affairée, mais si effacée... Je la revois précisément dans les dernières années de sa vie, au Gravas, chez sa fille et son gendre. Elle n'avait plus bien sûr sa maison à mener, plus de vers à soie, plus de ruches, plus de grandes lessives en bord de Cèze. Elle n'avait plus beaucoup de forces non plus. Elle tricotait, rapetassait, elle ne restait pas une minute oisive, sauf le dimanche où elle lisait sa bible. En dehors des questions d'ordre courant, et même parfois pour celles-là, elle répondait sans élever la voix mais, très curieusement et souvent, par citations, sur un ton de modestie solennelle. Comment expliquer ce paradoxe ? ah si ! elle, humble créature, elle citait l'Éternel !

— Dis-moi, quand le ver à soie avait terminé son cocon, il fallait empêcher le papillon de le percer ?

— Oh oui ! Et alors, le filateur t'en donnait ce qu'il voulait parce que tu n'avais pas d'étouffoir. Quand on décoconnait, je me rappelle, c'était joli : tous ces cocons jaunes... tu sentais crisser la soie quand tu les emballais dans un grand drap bien propre. Mon père les portait vite à Saint-Ambroix. Il y avait là trois filatures. Souvent, on ne lui disait aucun prix. On lui donnait, s'il était pressé, un acompte, mais, ensuite, il était obligé de passer par le prix que le filateur voulait bien lui accorder. Plus tard, les paysans se sont organisés. A la fin, comme au Collet-de-Dèze, ils avaient fondé une coopérative, ils disposaient de leur propre étouffoir, ainsi les paysans regardaient venir le prix de la soie...

Entre le Pompidou et l'Hospitalet, un paysan me l'expliquait encore récemment : « Le paysan est le seul qui ne fait pas son prix, jamais. Je vis de l'élevage. Quand le boucher passe, il fait le prix de mes agneaux. Et je dois l'accepter. Si je refuse, les bêtes me restent sur les bras (les bouchers s'entendent : ils savent quels prix m'ont été offerts). Mais moi, quand j'achète une machine, le représentant ne discute pas. Il m'indique le prix. C'est tant. Et voilà tout. »

Lorsqu'elle revit ce temps où elle subissait au sein de sa famille la loi des filateurs, maman fait sa moue à la Catherine II, la moue que l'on voit sur le portrait que Virgilius Erichsen a peint de la tsarine. Elle n'est pas loin de se dresser, réinvestie de cette noblesse essentielle des paysans : la colère.

— Et si tu refusais de vendre tes cocons ?

— C'était gaspillé. Une fois que la chaîne de la soie était coupée... Après tout le tracas qu'on s'était donné ! N'oublie pas qu'en même temps, il y avait les foins ! Il fallait aller faucher la Guinette, tout en ramassant la feuille... Et quand il pleuvait... Si tu donnes de la feuille mouillée à tes vers à soie, ils crèvent. On suspendait les branches au balcon, on les faisait sécher, puis on tirait la feuille (pour la deuxième fois de la soirée, elle refait le geste jadis familier de tenir la branchette d'une main qui l'enveloppe comme un fourreau, et de la tirer avec l'autre main, pour dégainer le bois ainsi dénudé de ses feuilles). Il ne faut pas la leur donner non plus trop en tas parce que lorsqu'elle est échauffée, elle leur fait mal. Soigner les vers à soie, c'était très délicat.

— Comment se procurait-on la graine ?

— Il existait des marchands de graine.

— On ne pouvait pas, comme pour les haricots, se faire de la graine d'une année sur l'autre ?

— Ah mais non ! Il y avait des éleveurs, tu comprends, qui sélectionnaient leurs graines. C'est ce que leur a appris Pasteur quand il est venu. Avant, beaucoup de chambrées crevaient de la pébrine. Pasteur a étudié cette maladie... A la loupe, ça se voit. Nous avions fait les frais d'une loupe à la maison, à Avéjan. Mes parents avaient dû essayer de trouver tout seuls. Le ver à soie, quand il a la pébrine, on discerne les grains de poivre dans le corps. A mesure, on élimine les vers contaminés. Mais... la maison Roustan, qui avait pris la succession de Laurent de l'Arbousset, a continué longtemps à avoir sa magnanerie modèle...

— Roustan me racontait que son grand-père allait jusqu'en Chine pour chercher la graine de vers à soie. Il reste des boîtes précieuses dans lesquelles on ramenait ces graines. Avec des incrustations. Elle se payait cher, cette graine ?

— Oh... C'était pas tant le prix, mais ils t'en donnaient trop, tu comprends ?

— Non.

— Eh bien, tu en demandais une once, c'est-à-dire trente grammes, il y en avait toujours trente-trois. Alors tu n'avais pas assez de place dans ta magnanerie, et pas assez de feuilles...

— Il n'y avait qu'à jeter ce qui était de reste !

— Eh oui, mais quand tu les avais élevés jusque-là ! Les gens n'avaient pas de balances pour vérifier.

— Une chambrée de vers à soie rapportait combien ?

— Je me rappelle que ça faisait soixante kilos, c'était dans les trois francs par kilo.

— Soixante kilos de cocons, c'était énorme ?

— Ben oui ! ça faisait un ballot dans un grand drap. Et c'était sacré. Il me semble que je les vois, dans la chambre — on ne les laissait pas traîner à la poussière ! Voilà, et quand tout ça était parti, on faisait la lessive. (Elle soupire :) Ah ! ils en ont profité, les filateurs ! Donc, en même temps, il y avait les foins, et les chèvres, et les lapins. Mon père allait faucher, ma mère mangeait un peu puis elle allait lui porter la soupe et le fricot, et elle finissait de dîner avec lui, là-haut, au pré. Et quand elle arrivait de là, elle donnait à manger à ses enfants. Ici, à Pont-de-Rastel, chez ton père, c'était pareil. L'année où il a eu sa scarlatine à l'école supérieure, le directeur lui a dit : « Je vais écrire à tes parents pour qu'ils viennent te voir. — Oh non, ils n'ont pas le temps, mes parents, y a les vers à soie, y a les foins, monsieur, faut pas les déranger... — Oh ! ils trouveront bien un moment pour venir te voir... » Et ils sont bien descendus. Ça, il me l'a raconté pas longtemps avant de mourir. A l'internat, pour soigner cette scarlatine, on lui donnait une bouteille de tisane chaude, qu'il gardait sous ses couvertures, et il a *escouti* (étouffé ?) sa maladie comme ça. Il avait douze ans, je crois. On l'a soigné ainsi. Il avait soif, il avait la fièvre, il buvait toute la nuit sa tisane tiède. Mais alors, c'est ce coup ! « Monsieur, mes parents, ils n'ont pas le temps... » M. Fabre lui a répondu : « Si ! ils viendront, moi, je suis obligé de les avertir. »

Elle attache une grande importance à cette anecdote qu'elle me rapporte pour la trois ou quatrième fois. Ce qu'elle apprécie, c'est la conscience du garçonnet, son respect pour le travail de ses parents, mais aussi la conscience du directeur de l'école supérieure, et enfin, peut-être plus que tout, le sacrifice des parents qui ont tout lâché un jour, y compris leurs vers à soie, pour descendre à Alès, trente kilomètres, un grand voyage alors !

Et ce que j'aime, moi, dans cette historiette, c'est qu'elle sera totalement incompréhensible à la plupart des mortels d'ici très peu d'années.

— Avec tout ce train de la maison, quand arrivait enfin le jour de la lessive, ce devait être une journée de vacances !

— Oh, oh ! il y avait quand même beaucoup de linge sale, car, en plus de mes parents, de mes frères, et de moi, l'oncle Simon et l'oncle Henri étaient là. Ils n'étaient pas mariés. L'oncle Henri était un frère de ma grand-mère, un Ozil, que l'on prenait dans les familles trois mois chacun, trois mois chez les parents du Camille, trois mois là-haut à Vallon chez sa sœur, et...

Le ton a changé. Elle a commencé l'énumération gaiement, comme si l'oncle ainsi transbahuté avait vraiment trouvé la solution pour mener une vie de Cocagne, et puis sa voix est devenue méprisante : un pique-assiette, finalement, non ?

— ... Il faisait le tour, comme ça. Il disait : « *Oun ès bien quand oun ès pas marida*... (On est bien quand on n'est pas marié...) » Tout le monde se l'appuyait, alors... c'était normal. Il n'était pas marié, donc... Et il est mort chez les Ozil. Nous avons été à l'enterrement avec le Papa.

A ces enterrements du pays de plaine entre Saint-Ambroix et le Rhône, on tombe encore sur des gueules splendides, vieilles comme le monde... Voyons, il y a moins de deux ans, c'était aux obsèques de mon oncle Samuel, le frère cadet de ma mère, à Saint-Jean-de-Maruéjols. Parmi toute la parenté endimanchée, il y avait encore beaucoup de ces fortes gueules aplaties et tannées. Certes, ils ont des tracteurs et des coopératives, mais ils passent quand même de longues journées au soleil, dans le vent aussi qui soulève la terre poudreuse autour des puissantes charrues multisocs.

— Je me souviens que le pasteur, en nous touchant la main — il était un peu... mon père disait « *qué rabusavo* » (qu'il battait la campagne) — il nous touche la main : « Et voilà deux bons chrétiens ! » En parlant du Marcel et du Papa ! Nous avons bien rigolé !

Mon oncle Marcel, l'autre frère de maman, instituteur comme mes parents, à une époque où la laïcité était le cheval de bataille des pédagogues républicains.

Maman en rit encore un instant, puis, sérieusement :

— Voilà ce que c'était que les familles !

— Ta mère, maman, toute petite comme elle était, comment faisait-elle pour tenir le coup ? En plus, et même surtout, il y avait la boulangerie !

— Les paysans apportaient leur blé, c'était le plus embêtant. Tant de kilos de blé, tant de kilos de farine, et c'était mon père qui devait aller chez le meunier. Il y avait deux moulins, un à Séménèry, et l'autre à Boisson. Tant de kilos de farine, tant de kilos de pain.

— Du blé contre du pain ? Mais comment vous en sortiez-vous ?

— L'argent liquide, c'était les mineurs d'asphalte qui le donnaient.

— Les paysans ne payaient pas leur pain ?

— Non. Ils payaient en blé, je te l'ai dit, et on réglait à l'année. A l'épicerie, on payait avec des œufs. Oh ! on n'achetait pas grand-chose à l'épicerie ! Il y avait une trentaine de poules, sur l'aire, qui ne coûtaient rien, puisqu'il y avait du grain — avec ce qui restait du van, il y en avait assez pour toute l'année... Alors, quand la marchande de Saint-Ambroix venait, elle allait dans les épiceries où on portait les œufs. Tu achetais du fromage — non, pas du fromage, puisqu'on avait les chèvres. Tu achetais un peu de chocolat pour la fille qui était gourmande (elle sourit), tu achetais de l'huile — non, nous avions de l'huile d'olive qui avait un goût... qui était forte... (Elle fait une moue, yeux fermés, tête secouée vers l'arrière, puis, en confidence :) Il y avait une crasse au fond des tonneaux, des bidons, il me semble que j'ai ce goût encore dans la bouche...

Ça y est ! voilà un relent qui manquait encore à cette odeur d'Avéjan, à ce remugle poussiéreux et sucré : la saveur huileuse qui était celle de la vieille boulangerie de mon grand-père, à l'angle de la placette.

— Tu le sais, que je n'aime pas l'huile d'olive !

— En plus de tous ces travaux, vous faisiez votre huile...

— On avait nos oliviers. Et on portait nos olives au même moulin que le grain. Qu'est-ce qu'on achetait, voyons...

— Le sel ? le sucre ?

— Le pétrole... Ma grand-mère était là. Tout le monde habitait ensemble, ça faisait moins de dépenses... Ma maman combinait chaque jour, pour le repas, ce qui coûterait le moins. Pas ce qu'on aimerait le mieux... Alors... (Maman imite la voix, et surtout le ton un peu onctueux de sa mère :) « *Métrén dé léntilhos*... (Nous mettrons des lentilles.) »

— Les lentilles, vous les faisiez vous-mêmes ?

— Non, mais de temps en temps, quand même... On ne pouvait pas s'en tenir toujours aux pommes de terre. Tu comprends, il n'y avait pas de légumes dans ce pays...

C'est vrai : Avéjan, pays sans eau. Les citernes suffisaient à peine aux besoins ménagers. Il n'était pas question d'arroser un potager.

— Y avait des pois chiches. On en mangeait souvent. On mangeait du gruau, c'est-à-dire du blé décortiqué. On mangeait un peu de morue.

— La morue, quand même, vous l'achetiez ?

— Eh oui. On la payait avec des œufs. C'est te dire s'il fallait faire attention de ne pas les casser en allant à l'épicerie !

La morue. Ces longs triangles gris suspendus dans la fraîcheur des boutiques basses. Aujourd'hui, même dans le Midi, les magasins d'alimentation n'ont plus d'odeur.

— Ma pauvre mère... Lorsque mon frère Marcel voulut aller à l'école, il a fallu mettre des sous de côté pour sa pension. Heureusement qu'il y avait la boulangerie. Après, il a été soldat, il y a eu la guerre de 14. Et puis mon autre frère, le Samuel, est parti aussi, en laissant tout le grain, sur l'aire... Je me rappelle cette voisine qui rigolait parce qu'elle n'avait pas d'enfants, elle, et que les enfants des autres partaient à la tuerie. C'était sa revanche. Elle rigolait là, sur la place, elle, stérile, elle riait ! Samuel lui a crié : « Vous riez parce que vous avez enfermé vos quatre grains, et nous, nous partons ! » Enfin, nous avons fait comme nous avons pu, tous les trois, ma mère, mon père et moi. La nuit, on battait le blé. Au matin ma mère attelait la jardinière. Elle allait porter le pain à Cabiac et à Russargues — c'était à droite en allant à Barjac. (Maman soupire et répète :) Ma mère montait sur la jardinière et elle allait vendre le pain... Je me rappelle la fois où elle n'était pas rentrée. Nous avions peur qu'il lui soit arrivé quelque chose. Je suis partie pour aller à son devant. Quand la nuit est tombée, j'ai eu peur. Et tu m'aurais vue, là, au croisement, à pleurer comme une Madeleine... Soudain, j'ai entendu les grincements de la jardinière. Ma mère m'a lancé : « Mais qu'est-ce qu'il y a ? Qu'est-ce que tu fais là ? — Ben... Tu n'arrivais pas... et maintenant j'ai peur. »

Ces peurs d'enfant, pour un retard du père ou de la mère, pour moins que ça, pour un voisin qui se fâche, pour un client mécontent... Tout s'écroule dans le petit monde intérieur de la fillette : Rien n'est plus vrai, rien n'est plus possible.

— ... Moi, j'ai vu mes parents travailler comme des bêtes. Mon père s'est arrêté de faire le boulanger quand je me suis mariée. — « *Bé,* il a dit, *aro, ma drolo ès maridado, aï ün bon dgéndré...* (Maintenant, ma fille est mariée, j'ai un bon gendre...) » Et il a fermé son four.

— Et il s'est occupé de ses chèvres.

— Parce que, jusque-là, c'était moi qui les gardais. Quand il est mort, pendant quinze jours — pourtant, j'avais quarante-cinq ans ! — il a fallu que je revienne garder ses chèvres ! si je voulais qu'il ne prenne pas la colère dans son lit d'agonisant. Alors les gens me disaient : « *Ma paouro drolo, toun pèro ès bien malaou.* (Ma pauvre fille, ton père est bien malade.) » et tu vas garder les chèvres ! — Ben, je disais, il faut bien que j'y aille ! Parfois, je faisais seulement semblant d'y aller, mais il m'entendait, de son lit de mourant, et il me disait : « *Sès pa anado bien luèn, hé ?* (Tu n'es pas allée bien loin, hein ?) » Quand le marchand de chèvres est venu, mon père a voulu quitter son lit, il est allé à la fenêtre : « Qu'il prenne celle-là, qu'il ne prenne pas celle-là... » Il a discuté le prix, de sa chambre...

— Et il était mourant ?

— Il était mourant ! A partir de quatre heures, il avait le délire. Il y avait dix jours qu'il ne mangeait plus rien. Il a quand même discuté le prix. On avait soufflé au marchand de ne pas l'écouter — c'était un homme de Rochegude, le Banache — mais mon père n'a pas voulu les vendre toutes, et j'ai dû continuer à garder les chèvres, à mon âge, tu te rends compte !

— Ça t'a rappelé quand tu étais petite fille ?

— Et qu'il me faisait retourner, quand j'arrivais trop tôt. Et la fois que je les avais perdues ! — je lisais *Les Misérables*.

— Quel âge avais-tu ?

— Oh, je devais avoir... Je ne sais pas... Je suis partie de la maison à treize ans, je devais avoir onze ans, par là... Le Marcel avait *Les Misérables* en fascicules à deux sous, et quand j'étais avec Fantine, là, je pleurais, je ne pensais plus à mon troupeau. Alors, un jour, j'arrive sans mes chèvres. — « *Eh bé ! M'oun té soun las cabros ?* (Eh bien ! Où sont les chèvres ?) » J'ai dit : « Je ne sais pas... Je lisais. Quand j'ai levé les yeux, il n'y avait plus de chèvres... » Alors, mon père a pris son chemin — qu'est-ce que tu voulais qu'il fasse ? Il ne m'a pas grondée —, il est parti : « *Avès pas vis dé cabros ?* (Vous n'avez pas vu des chèvres ?) » demandait-il. Il les a retrouvées. Il est allé jusqu'à Saint-Jean. Elles avaient pris l'enfilée, le long de l'asphalte, des mines... Elles étaient contentes, tu penses ! Il ne voulait pas que j'aille garder avec les petites voisines. Il n'y avait que Mlle Comte qu'il me permettait. Mes parents n'avaient pas un complexe d'infériorité, hein.

— Ils avaient beau travailler comme des nègres.

— Ah oui, mais... Ma mère, d'abord, se prenait pour la personne la plus cultivée d'Avéjan. Et elle l'était.

— Elle avait son brevet ?

— Elle n'avait peut-être pas le brevet, mais elle était d'un niveau bien supérieur à celui du brevet.

— Pourtant, je me souviens d'un diplôme magnifiquement encadré dans sa chambre, au-dessus du lit. Ce n'était pas le brevet ?

— C'était le premier Certificat d'Études qui s'est passé après les lois de Jules Ferry en 82 ou 84...

— Il était encadré dans sa chambre !

— Si tu vas chez les Lambrisset, dans leur chambre, il y a celui de leur fils. Ce n'est pas perdu, ça. C'est quand même le premier diplôme qu'on a créé quand l'école est devenue obligatoire. De même qu'on encadrait « la marque » au point de croix.

— La quoi ?

— Les lettres de l'alphabet, sur du canevas, en rouge, au point de croix, c'était au programme de la couture pour le certificat. Ma mère avait brodé l'alphabet d'abord en lettres majuscules, puis en minuscules, puis son nom, sa date de naissance, et un verset de la Bible parce qu'elle était à l'école protestante de Molières — les Houillères entretenaient des écoles, et protestantes et catholiques. Je ne sais pas où elle est passée, cette marque... Ma mère savait coudre ! Moi aussi, j'ai fait la mienne, de marque, mais ce n'était plus pareil... Enfin, maman avait beaucoup appris, la preuve, c'est que les enfants venaient faire leurs devoirs à la maison. Elle n'avait pas le temps, mais elle aurait aimé faire ça...

Le village tout entier devait implicitement reconnaître la supériorité intellectuelle de ma petite grand-mère puisque c'est elle qu'il choisit pour défendre ses intérêts contre la Compagnie dans l'affaire des citernes lézardées. Maman m'a souvent raconté cette anecdote avec fierté. Les citernes d'Avéjan s'étaient mises à fuir. Une catastrophe pour le village sans eau. A l'évidence, les fissures étaient produites par les galeries que les mines poussaient dans la colline — le village était sur une coque de noix. Les villageois entreprirent donc un procès contre la Société des Asphaltes, laquelle n'était pas pressée de reconnaître ses torts. Des témoins de plâtre furent scellés sur les lézardes au fond des citernes. Il y avait là du monde et du beau monde, les représentants de la Compagnie, les huissiers... Ma petite mamée d'Avéjan leur a dit, au nom du village : « Oh ! je ne vous laisserai pas descendre là-dedans tout seuls, je n'ai pas confiance, je viendrai avec vous... » Imagine-t-on aujourd'hui ce que cela représentait à une époque où les suffragettes passaient pour des folles ? D'abord, la femme, être faible, avait peur par définition, or ces citernes étaient au fond des caves — j'en connais quelques-unes —, d'immenses caveaux sonores, humides et noirs. Ensuite, il n'y avait là que des hommes, des personnages d'importance, cravatés, bien habillés de sombre, au langage châtié, truffé d'expressions obscures... Je la vois, ma grand-mère minuscule, serrant ses jupes, réclamant le barreau de l'échelle qui s'enfonçait dans ces ténèbres visqueuses en expliquant à tous ces beaux messieurs de Justice et de Compagnie qu'elle se méfiait de leur honnêteté.

« Elle aurait aimé faire ça » : institutrice. Sa fille le devint.

Ma grand-mère d'Avéjan avait donc étudié un peu après le certificat d'études, ce qui était beaucoup à l'époque, surtout pour une fille. Puis elle avait été embauchée par le notaire de Vallon qui l'employait le matin au ménage et l'après-midi aux écritures. Pour le même prix. Et, un jour, ses parents lui avaient annoncé qu'elle allait épouser un garçon qu'elle n'avait jamais vu : mon grand-père maternel. Les pasteurs avaient arrangé ça. A quelque trente kilomètres de là, d'autres parents annonçaient au garçon qu'il allait épouser la jeune demoiselle Lèbre, Esther de son prénom, d'une bonne famille de Vallon. Il ne la connaissait pas non plus, il ne l'avait même pas aperçue, il avait simplement entendu dire qu'elle était toute petite. Il en était curieux, le fiancé, on le serait à moins. Il y avait alors au village des maçons qui travaillaient toute la semaine à Vallon et rentraient chaque dimanche. Et ils étaient occupés justement à des réparations chez ce notaire qui était deux fois le patron de la jeune fille. Mon grand-père leur demanda : « Elle est si petite que ça ? — Oh oui, *és pitchététo, sas !* pour être petite, elle est vraiment petite. — Mais... vous ne pouvez pas me donner une idée plus précise ? — Écoute, Louis, on va essayer de la mesurer sans qu'elle s'en aperçoive et dimanche prochain, on te dira mieux... » La semaine s'étira en longueur pour ce gaillard impatient, ce bouillant Louis qui allait devenir mon grand-père. Enfin, voici le dimanche et les maçons retour de Vallon. « Alors ? — Un mètre cinquante-deux, exactement ! — Comment, exactement ? Vous ne l'avez quand même pas mesurée avec votre mètre pliant ? — Écoute, Louis, voici comment on a fait : en parlant avec elle, mine de rien, on l'a fait reculer vers la cheminée. Son chignon arrivait juste à la hauteur du rebord. Alors cette cheminée : un mètre cinquante-deux ! au millimètre près, c'est nous qui l'avons construite ! »

Mon grand-père Louis était un costaud. Quand je le voyais à côté de ma minuscule grand-mère, j'avais toujours l'impression qu'il allait la mettre dans sa poche avant de partir. Je crois qu'ils furent très heureux. Heureux comme on ne sait plus l'être.

— Vous aviez aussi des abeilles ? Vous faisiez combien de kilos de miel par an ?

— Je ne sais pas... L'extracteur était gros. Mes parents avaient fait venir des pots en paraffine. Ils expédiaient le miel. Ils ne savaient plus quoi en faire. Les premières ruches, ils les avaient eues d'un client qui ne pouvait pas payer, et qui partait dans le Nord. La première bicyclette est aussi venue d'un mineur qui ne pouvait pas payer. Cinq francs, elle coûtait. Je me rappelle, la première fois que mon papa y est monté, ba-ou ! Il s'est *bardé* là-bas, au pont...

— Il y avait beaucoup de crédit ?

— Non. La plupart des gens payaient comptant. Pour les autres, ma mère avait son grand livre où elle marquait le pain, et en même temps, elle le marquait aussi sur le carnet que le client lui apportait... Si par malheur la mère B... oubliait son carnet, après, elle te disait que ce n'était pas vrai ! qu'elle n'avait pas pris le pain alors que ma mère l'avait marqué sur son grand livre. Mon père prenait la colère ! Je me rappelle la cliente qui l'a traité de voleur un jour. Le four brûlait. Si mon frère n'avait pas été là, il la foutait dans le four.

Ces colères, elle se les rappelle mélancoliquement, ce matin où le boulanger d'Avéjan avait jeté dehors toute sa fournée :

— ... A travers la place, une *panette* après l'autre ! Les boulangers, à cette époque, quand ils avaient pétri à la main toute la nuit devant le four, dans cette chaleur difficilement soutenable...

— Elles rataient pourquoi, ces fournées ?

— Il y avait plusieurs causes possibles : l'eau, le four mal préparé, ou pas assez chaud, ou trop... Les pains sortaient plats, ratatinés, *acoutis* comme on dit en patois. Alors, mon père, fou de rage, les balançait à travers la placette. Ma mère ne disait rien, puis elle allait les ramasser, un à un... Moi je la plaignais, de la voir se baisser sur la placette, devant tout le monde, mais elles s'abîmaient dehors, par terre, ces *panettes* chaudes ; alors maman attendait que la colère passe et elle allait les ramasser. Moi j'avais honte. Mon père aussi, finalement.

— D'où venait le bois pour chauffer le four ?

— Ben, du bois en face, là-bas, où j'allais garder les chèvres. Le bois de chênes. On faisait des coupes. Je n'ai jamais vu acheter du bois à ma maison... Mais, il n'était pas grand, le four. L'hiver, on faisait les fagots, puis on allait les chercher avec la charrette. On les faisait sécher, et voilà. On mettait le bois dans le four, puis on tirait les cendres que l'on passait minutieusement au tamis pour garder la *charbonie* (ou *charbonilhe*) que l'on pouvait vendre. Ce *charbon* de chêne était très recherché pour les *potagers*, les réchauds de l'époque.

— Je vois. Un creux dans la pierre de l'évier, avec une grille dessus...

— Le même système que pour les landiers (elle a dit « chenets » mais il s'agit plus précisément de landiers). Un peu de la braise de ton feu et de la *charbonie*, tu mijotais des lapins là, je ne te dis que ça ! Oui, on vendait jusqu'à la cendre du four.

Rêveuse, un court instant : tout ce qui sortait de sa maison ! tout ce qui s'y produisait ! tout ce qui produisait de l'argent, dans cette pauvre maison de boulanger villageois !

Elle me l'explique souvent : rien ! on ne jetait rien. Le petit lait, qui restait lorsque les fromages étaient caillés, on le redonnait aux chèvres. Même la litière des vers à soie — résidus de feuilles de mûriers poissées par les déjections des *magnans*, même ça, pétri avec l'eau de la vaisselle, servait à nourrir les cochons. « Il était formellement interdit d'utiliser du savon dans l'évier ! précise-t-elle. Les eaux grasses auraient rendu malades les porcs et les chèvres. Nous faisions partir la graisse des plats avec un peu de son ou de *repasse* — ça, on en avait au moulin... — mais quel travail ! (Elle regarde ses mains.) Rien que d'en parler, je sens sur mes doigts le gluant de la poêle... »

« Tout ce qui ne tue pas engraisse », c'est, paraît-il, la mère de Napoléon qui disait cela. Elle sourit un peu tristement.

— Et, à ce moment-là, mon père pétrissait à la main. Il se levait à trois heures du matin. A la main. Il tirait la pâte, c'était dur ! il la tirait comme ça (elle mime), puis il faisait des bandes qu'il coupait, et il la passait combien de fois ! J'avais peut-être dix ans quand on a sorti les premiers pétrins mécaniques à l'essence. Tantôt ça marchait, tantôt ça ne marchait pas, quand ça faisait « tchaque tchaque », je savais que mon père se mettrait à pétrir. Et puis je me rappelle le premier moteur électrique. C'était un Leroy. Il l'avait acheté à Bessèges, d'occasion.

— Pétrir à la main...

— Il fallait des muscles. Il était fort, tu sais. L'oncle Simon était faible à côté de lui. On lui laissait le travail le plus léger. Il a élevé le Marcel, l'oncle Simon, le Marcel qui était si pénible. Pétrir, oui, ça prenait des heures, ensuite il fallait faire ce pain, il fallait l'arranger. On faisait de ces grosses panettes de deux kilos...

— Je revois encore le geste. Quand les pains sont formés, avant qu'on les enfourne, le geste pour faire la tranche, avec une sorte de couteau en zinc...

— Non, ce n'était pas des couteaux en zinc, c'était des *sannadous* (« petits saigneurs » : longs couteaux très pointus qui sont utilisés pour saigner les porcs). Mais, pendant la guerre, quand la farine était si mauvaise, les paysans, qui fournissaient du blé, exigeaient du pain blanc mais les mineurs rouspétaient : « Après tout, nous sommes des gens comme les autres... » et mon père leur donnait raison, il expliquait que quelques-uns ne devaient pas avoir tout le bon, qu'il ne pouvait pas faire deux fournées différentes... Il y a eu de ces jalousies, à ce moment-là !

— Ton père faisait de la pâtisserie aussi ?

— Il faisait des genres de machins ronds, des couronnes. Comme des brioches. Avec de bons œufs. Seulement des œufs. Pas de beurre. Les œufs des poules du *claouset*, derrière la maison.

Le *claouset* (le petit clos), où j'ai si souvent joué enfant, entre le cochon, les chèvres, et ces poules qui contribuaient aux maigres pâtisseries d'Avéjan...

— Il ne faisait pas cuire des pommes enrobées de farine ?

— Il faisait des coings. De la pâte, le coing au milieu, et il plaçait ça dans son four.

— Et les clients n'apportaient pas des gâteaux à mettre au four ?

— Non. Quand il y avait une noce, ils apportaient leur rôti.

Quand ils tuaient cochon, ils apportaient les *grotillons* pour qu'on leur cuise des fougasses avec. Dans ces cas, mon père ne se faisait pas payer mais « il prélevait ». Par exemple, pour une fougasse, il prenait quelques *grotillons*, et, pour les rôtis, il prélevait du jus. Il se payait avec ça. Tiens, une dinde, par exemple, ça se prépare bien dans le four du boulanger ! — mon père prélevait tout un bol de jus. Pas plus, hein ! Je dois te dire, avec des pommes de terre, c'était un peu bon, du jus de dinde. Et même, quelquefois, il y avait la moitié d'un mouton pour une noce ! Il faut savoir qu'il n'y avait pas de fourneaux dans les maisons en ce temps, tout se faisait au four du boulanger. Tu voyais arriver les gens avec leur plat... Un plat de pommes de terre, comme ça, coupées en tranches, et la moitié du chevreau dessus, avec du lard ! Je n'ai jamais rien mangé d'aussi bon que ces pommes de terre rissolées... Parce que, attention ! de la viande, on n'en achetait pas ! On achetait... quelquefois, très rarement, une tête de mouton pour faire un bouillon. En règle générale, on mangeait notre cochon, son lard, son pâté, et nos poules, et nos lapins, et nos œufs... Le boucher passait bien, à Avéjan, avec sa *guérite*, mais il n'avait comme clientes que les femmes de mineurs. Les paysans ne pouvaient se permettre la viande. Tu comprends, les mineurs avaient de l'argent frais. Ils gagnaient trois francs par jour à ce moment-là...

— Ce n'était quand même pas le Pérou !

— Oh... en 1923, un mineur de La Jasse ou de La Vernarède gagnait plus qu'un instituteur ! Mais, eux, ils descendaient dans le trou. (Elle soupire, puis :) Eh bien, tu vois, on n'était pas malheureux. Mes parents trouvaient le moyen de nous gâter, de me gâter moi en particulier. Les meilleurs fruits étaient pour mes frères et pour moi, et les gâteaux. Moi, mon père me faisait des bonshommes, ça s'appelait des *Estévès*[1]. Avec de la pâte de brioche. Ça ressemblait aux pains d'épice, mais ce n'était pas du pain d'épice. C'était bon quand même. C'était lui qui pétrissait les *oreillettes* les soirs de Noël. On cuisait des *oreillettes* qui duraient jusqu'au premier janvier. Le boulanger, c'était un personnage à Avéjan. Quand les gendarmes passaient, comme le maire était à Saint-Jean, c'était le boulanger qui signait leur passage. Il était toujours là. Une fois, ils ont attrapé mon frère Samuel. Il dressait des pièges à moineaux dans la neige, sur l'aire, ce polisson ! ça aurait fait une affaire terrible, qui nous aurait coûté chaud, si les protestants d'Alès, les avocats du temple, par pasteurs interposés, n'avaient pas fait casser le procès-verbal. En réalité, les gendarmes avaient sauté dans l'aire dont les murs sont pourtant assez hauts, et ils n'avaient pas le droit. Ils avaient guetté mon Samuel de loin, à la longue-vue, avant de lui tomber

1. « A Génolhac, les *Estévès* (Étiennes ?) étaient représentés par un bonhomme les bras levés, me signale le Docteur. Un *Estévès* de ce style se voit sur une vieille pierre, grande-rue, trente mètres après la mairie, maison de Mme Bonnet. »

dessus. Il ne faisait que des bêtises, le Samuel ! Après cette histoire, mon père signait encore le passage des gendarmes, il y était obligé, mais il ne leur payait plus le coup de vin. Tu penses ! Le fameux jour, ils sont rentrés, ils ont bu notre vin, ils ont fait signer leur registre et puis : « Dites, monsieur Alzas, nous sommes bien obligés de vous le dire, nous venons de prendre votre fils, il a un procès-verbal. » Et il était mineur, il avait douze ou treize ans, le Samuel. Mais ils ont bu d'abord.

J'entends cette histoire depuis mon enfance, depuis que je suis capable d'entendre. J'en ai tour à tour savouré chaque horreur, de chaque point de vue : la neige, les pièges, les gendarmes, l'enfant pincé dans le dos du père, et le père qui leur paye à boire ! si encore ils avaient parlé du procès avant de boire de son vin... Et puis l'amende, la tache sur un enfant tout jeune, déjà ! Horreur ! Et cette masse d'argent à payer, ça représentait combien d'heures à pétrir ? Et enfin toutes ces démarches, ces voyages à la ville pour s'aplatir devant ces messieurs, ces riches protestants si puissants, si protecteurs...

— Pauvres gens, va.

Les yeux fermés, la bouche serrée, maman dit « Pauvres gens », elle le dit comme Hugo l'écrit, elle pense à son père, à sa mère, aux siens, à sa petite race éteinte en Avéjan.

— Quand ton papé est tombé malade, j'ai interrogé le médecin : « Qu'est-ce qu'on pourrait faire ? Il ne veut plus manger. Il n'a plus faim, il rend ce qu'on le force à prendre. » Le médecin m'a répondu : « Qu'est-ce que vous voulez faire ? C'est un homme qui a eu une très bonne santé, qui a beaucoup travaillé. Il est usé. Dans quinze jours, il sera mort. — Vous allez le soigner quand même ? — Pour vous faire plaisir, je vais essayer. » Mais il ne s'était pas trompé.

— Moi, l'image que j'ai du Papé, de ton père, tu veux que je te la dise ? On arrive dans la Mathis, on la range devant les ordures, sur la placette. La Mamée, qui est à la maison, nous dit : « Le Papé garde les chèvres. » Moi, tout gamin, je pars sur le sentier, je vais le chercher dans le petit bois, et je reviens avec lui, en poussant le troupeau. Et je vois les chèvres « engoulir » ce portail et monter par l'escalier de la cour pour aller dans le *claouset*. Je me revois, enfant, courant au-devant du Papé qui est là-haut sous les chênes verts en train de garder ses chèvres. Et on revenait, on prenait son temps, tous les deux, dans ce petit chemin entre les murettes de pierres sèches...

— On ne peut plus y passer dans ce chemin, souffle maman, la voix mouillée de larmes.

— Voilà l'image que j'ai gardée de lui. Il était content quand il me voyait arriver...

— Ton père avait toujours fait la foire du 24 août à Alès. Quand il m'a épousée, il a pris l'habitude d'y emmener mon père qui disait, la veille, à son Esther : « *Vas attapa uno poulo*... (Tu vas attraper une poule...) tu la fais cuire, et *déman vo-ou à la fièïro em moun dgéndré !* (Demain je vais à la foire avec mon gendre !) » Elle étouffe des sanglots : « Pas avec moi, avec son gendre ! » Et mon mari me disait : « Il est heureux ! Nous sommes tous les deux ! Nous allons dîner au Bosquet... »

Le Bosquet n'est pas un restaurant, c'est le jardin public d'Alès. Ils dînaient là, sur un banc, ils mangeaient leur poule, heureux comme des rois...

— Oh, il y en avait beaucoup comme eux qui ne pouvaient se payer l'auberge, qui emportaient leur casse-croûte. Ensuite, ton père et ton grand-père allaient au café, s'offrir un champoreau : un café arrosé de rhum. Enfin, mon père rentrait comme un prince, dans l'automobile de son gendre — à ce moment-là, personne n'avait de voiture à Avéjan. Ils avaient « fait leur 24 août ». A Alès, mon mari demandait : « *Papé, oun t'anan d'üëï ? — Oh ! anan ün paou à la Chaussée*... (Papé, où allons-nous aujourd'hui ? — Oh ! allons un peu à la Chaussée...) » Tu sais qu'il adorait ton père !

— A la Chaussée, il y avait les ferrailleurs, les outils. Qu'est-ce qu'il achetait à la foire ?

— Oh ! pas grand-chose. Quelquefois du *courdil* (cordon) pour faire claquer son fouet... Pas grand-chose. Il avait surtout envie de rôder, d'aller à la foire d'Alès. Parce qu'il n'y avait que les diligences qui s'y rendaient à ce moment-là. Son gendre venait de Chamborigaud et le portait, c'était un événement... Il me semble que je l'entends encore, là. A travers le mur, je l'entendais, la veille de sa mort.

Revenue pour assister son père dans ses derniers instants, ma mère avait retrouvé sa chambrette de jeune fille, une sorte de réduit qu'éclairait maigrement une porte-fenêtre ; seule, une cloison la séparait de la chambre de ses parents.

— ... Maman, même qu'il soit mourant, elle couchait à son côté. Elle n'avait peur de rien. Elle a couché avec lui comme ça, jusqu'à son dernier soupir. Alors, j'entendais le mourant : « *Anaras én toun dgéndré, sas, séras bien, la drolo bado, aco coumpto pa*... (Tu iras avec ton gendre, tu sais, tu seras bien, la fille crie, mais ça ne compte pas...) »

— Il sentait qu'il allait mourir.

— Remarque : il ne lui disait pas : « Tu iras avec ta fille », mais : « Tu iras avec ton gendre ! » Quand il avait dit « son gendre » ! Et toi, après : « *Soun Pierrou* »... Son petit-fils.

— J'allais le voir en vélo, souvent, tu te souviens ?

— Oui, avec ton ami Paquier. Il m'en reparlait récemment...

— Une fois que j'y suis allé en vélo, nous sommes montés sur le cerisier ; celui qui faisait des cerises assez grosses, très blanches sur presque tout leur pourtour, et qui sont juteuses, un peu amères...

— Des « caillettes ».

— Tout d'un coup, le Papé était en haut de l'arbre — il grimpait comme un gamin ! — : « *Saï pa sé qué zaï...* » Et moi non plus je ne savais pas ce que j'avais...

— C'étaient les fourmis !

— Ce cerisier était couvert de fourmis, des rouges, toutes petites, de celles qui piquent. Et on s'est marré, tous les deux ! On a rigolé ! C'était cornélien : les cerises étaient épatantes mais les fourmis nous mettaient au supplice !

Je revis souvent cette scène [1]. Le cerisier planté sur une colline, à mi-pente, juste derrière Avéjan. De là, mon grand-père apercevait nettement son village, et le toit de sa maison. Et c'était bien son village, et c'était bien sa maison : il y était né, y avait grandi, s'y était marié, y avait élevé ses trois enfants, deux gaillards remarquables et une fille, une coquinette, ma mère. Là, il avait été paysan, boulanger puis, sur la fin de ses jours, pour ne rien laisser perdre de son grand courage de vivre, apiculteur et chevrier. De là, du cerisier, il pouvait apercevoir la terrasse de son logis, l'un des plus humbles, mais le sien, qu'il avait fait aussi de ses mains et de sa tendresse.

Il avait ce goût des choses que l'on construit soi-même, qui tiennent le ciment par la sueur. La dernière année de sa vie, il décida de se faire un caveau, à deux places, pour son épouse et pour lui-même, comme celui qu'il avait admiré chez son gendre, au Gravas. Et il avait choisi cet endroit, sous le cerisier. Il y travaillait seul, assez tôt le matin, avant les grandes chaleurs. Quand il lâchait un instant la pioche ou la truelle, il pouvait voir, par-dessus son épaule, l'angle de son logis, et sa petite vieille qui étendait le linge sur la terrasse.

— Quand Mme Jourdan passait par le chemin, raconte maman, elle lançait à ce fossoyeur occasionnel : « Alors, vous creusez votre petit nid ? »

Le jour des cerises et des fourmis, le premier trou commençait à peine, et je ne savais peut-être même pas ce que c'était, ce début de fondation, parce que je n'avais pas posé la question. Nous étions au-dessus du trou, mon grand-père et moi, dans le feuillage du cerisier, à nous débattre contre les fourmis, la bouche pleine, avec ce jus rouge, épais et sombre, qui nous coulait sous le menton. Il ne parlait pas de son tombeau qui se creusait là, sous nos pieds. Il aimait rire. Dur à la douleur, il était incroyablement chatouilleux. Il suffisait de le toucher du bout de l'index, par-derrière, sous le bras, sans qu'il s'y attende, et il bondissait en rugissant. Une fois, racontait-on dans la famille, un grand cri partit de la gloriette dans laquelle il pétrissait. On se précipita. Les yeux hors de la tête, incapable de parler, il crispait le poing sur le genou de son pantalon,

---

1. Et je l'ai racontée plusieurs fois, mais, à chaque fois, il me semble que ce n'est pas assez, que j'ai oublié quelques détails. A chaque fois que j'y pense, je doute, je dois me convaincre en l'écrivant encore que cela s'est ainsi passé — et ce fut ainsi, tout bêtement, à la vérité.

frétillant de la jambe. Quand il ouvrit enfin cette main, une boulette de poils et de viande sanglante glissa et tomba à son pied, ce qu'il restait d'une souris qui, pendant qu'il était penché sur le pétrin, était montée le long de sa jambe.

Mais, ce jour de juin où j'étais allé le voir en vélo, c'étaient les fourmis. Ce n'était pas ma dernière visite en solitaire mais je crois bien qu'il construisait déjà son tombeau. Sans doute était-il monté discrètement dans l'arbre en m'apercevant à l'entrée du sentier. C'était par un jour de beau soleil, tout près de mon anniversaire, en juin, un jour à ne pas attrister un petit-fils. Il m'a invité à « monter au cerisier », ce qui était déjà la bonne blague, puisque l'expression signifie « faire marcher », « monter un bateau ». Nous nous sommes poursuivis de branche en branche, comme des chimpanzés. Les cerises grosses et blanches, mûres sans mollesse, nous craquaient sous les dents et nous jutaient dans tout l'intérieur du corps. Nous avons beaucoup ri. Pourtant l'arbre était infesté de minuscules fourmis qui nous tombaient sur la nuque et d'autres qui nous remontaient le long des mollets à la manière des souris de gloriette.

Son tombeau ressembla à une maison de poupée : quatre murs d'un mètre cinquante de haut à moitié enfoncés dans la terre, un mètre de large sur deux mètres de long, le caveau biplace, très strict, chaulé, couvert d'un toit très simple.

Mon grand-père d'Avéjan est mort en 1945.

On l'a couché dans ce tombeau tout neuf, sa dernière œuvre. Il n'avait pas voulu, lui non plus, que la pluie tombe sur sa dépouille. Le père de mon père avait eu le même souci. Comme il ne pouvait déterrer les simples tombes sagement alignées dans le champ sous la fenêtre, il les avait recouvertes d'un toit de ciment à double pente, très long, ce qui donne à ce tombeau des Chabrol, qui m'attend, un curieux air d'architecture arabe.

En 1945 donc, ma grand-mère, devenue veuve, est allée vivre chez son gendre et sa fille. Quelque temps après, elle est morte à son tour. On a ramené son corps à Avéjan. Ils se sont ainsi retrouvés côte à côte, couchés dans la maisonnette-jouet, sous le cerisier aux fourmis.

— ... Tu vois, toute ma vie, j'ai eu des cerises, dit ma mère. Je n'avais qu'à m'asseoir sous le cerisier et, ou lui ou mes frères... Je n'avais qu'à tendre la main, je mangeais des cerises. Il y avait des figues — il y en avait beaucoup —, on apportait les deux corbeilles, là, je m'asseyais au milieu, et je choisissais mes figues, les plus mûres... Une fois, j'étais toute petite mais on me l'a répété souvent plus tard, je leur ai dit, à mes parents, à mes frères, assise ainsi, en souveraine au milieu de ma famille : « Quand j'aurai toutes ces figues dans mon cœur ! » C'est ainsi. J'étais la plus jeune. J'ai été gâtée. S'il y avait quelque chose de bon, c'était pour moi ! Tu comprends ? Au fond, les paysans, ils n'achètent pas beaucoup, mais ils mangent du bon.

« Bon », le mot, le monosyllabe prend dans sa bouche une importance savoureuse, il s'y enrobe de salive. « Bon », le mot est fondamentalement sincère, et il convient précisément.

— Arrivaient les prunes, c'étaient des prunes, puis c'étaient les pommes, qui descendaient de Beauséjour, parfumées ! de ces pommes rouges, là ! de tout... Il y avait des raisins — des clairettes, des chasselas. Mon oncle arrivait de Vallon, il venait voir sa mère presque tous les quinze jours, l'oncle Simon, et il apportait un tonnelet de vin. Tout ce qui se produisait de bon chez les cousins de Sigaux, il y en avait pour nous...

Je ne suis pas ma mère dans ce dédale de parentés que j'ai si peu connues. J'en reste au Papé, sur son cerisier. En regardant de près les photos que j'ai de lui, je dois me résigner à constater qu'il ne devait pas être aussi grand, physiquement, qu'il l'est dans mon souvenir. Il portait une grosse et fière moustache. Et, quand je lui demandais pourquoi, il me répondait : « Dieu a doté les hommes d'une moustache pour qu'on puisse de loin les distinguer des femmes. »

Je le revois aussi derrière ses chèvres, avec sa musette contenant son casse-croûte et sa bible. Jamais il ne m'avait donné l'impression de tellement travailler. Je n'en finis pas de le découvrir. En fin de compte, ma mère m'avait très peu parlé de son enfance. Depuis la mort de mon père, elle repasse sa vie, en commençant par le début, elle révise, comme avant un examen.

— Oh ! nous ne crevions pas de faim ! Et, tu nous as vus, nous n'étions jamais malades, ni le Marcel ni le Samuel ! Nous avons mangé des choses saines. Des figues sèches, nous en avions tout l'hiver. Mon père les faisait sécher au soleil, puis on les enfarinait. On les mettait en caisse. Cette caisse était dans ma chambrette, sous le portemanteau, derrière mon lit. En me couchant, moi, je mangeais des figues...

Presque toujours, chez nous, que ce soit du côté de mon père ou du côté de ma mère, les souvenirs de parentèle sont liés à la bonne bouftance, à de mémorables ventrées. On se rencontrait aussi beaucoup à l'occasion des foires, des baptêmes, des mariages, les enterrements même étaient prétextes à se mettre à table.

C'est en 1967 que je suis repassé par là. J'étais sur la route entre Barjac et Saint-Ambroix, j'ai fait le petit crochet par Avéjan. J'ai traversé le village, je suis passé devant la vieille maison vide, je suis descendu derrière la colline, vers le grand cerisier...

Le tombeau est vide. Vidé.

La dalle, descellée, a été jetée sur le côté. Devant le trou béant, on a fait un feu. Parmi les cendres, j'identifie quelques clous, une poignée de cercueil en mauvais métal qui a dû être doré ou argenté et qui n'est plus qu'un paquet de rouille.

Une histoire d'héritage, que je n'ai pas envie de raconter. Le petit champ du cerisier, au revers de la colline, a été mis en vente. Sans grand succès. Selon l'agence, les acheteurs éventuels étaient écartés par la présence du tombeau, de ces deux morts.

— Il n'y a qu'à les enlever ! a dit le vendeur.

J'ai déjà raconté cela aussi, mais si je le raconte encore peut-être que je parviendrai à n'en plus rêver, à ne plus m'en réveiller la nuit, trempé de sueurs avec des fourmillements qui ne sont plus ceux, ensoleillés et joyeux, du temps des cerises.

Au revers du vallon, un paysan relève la murette d'un traversier. Pour me mettre au courant, il lâche ses outils, et, lui parlant, moi l'écoutant, nous revenons à petits pas, vers le tombeau vidé, avec des haltes : « ... On a bien essayé de faire comprendre à l'héritier que ces choses-là ne se font pas, mais il est de ces gens qui haussent les épaules : "Tout ça, c'est des vieilleries ! Nous sommes de notre époque, nous..." Il disait : "Il faut aller de l'avant !" Il faut le comprendre, continue le voisin, un peu embarrassé. C'est un fonctionnaire, bien marié, bien installé, dans la ville. Un monsieur. Ces gens ne pensent plus comme nous dans les villages. Il ne revient pratiquement jamais ici, que pour affaires. Pourtant, il en a passé, ici, des vacances, quand il était petit... Maintenant, il a une belle maison, pour vivre, une autre en bois sur la montagne pour les dimanches d'hiver et, je crois bien, une autre pour les dimanches d'été sur les bords de la mer, mais il m'a dit que sa passion, c'était les voyages. Chaque année, il "s'offre" un pays, l'Italie, la Suède... Et, justement, il voulait changer sa voiture. Il avait envie d'une Mercedes parce que, il faut vous dire, il n'avait qu'une Citroën... Une exhumation, ça ne se fait pas du jour au lendemain. Il y a des démarches administratives, des autorisations, l'accord des descendants et leur présence, le jour de l'affaire... »

— ... Oh ! Jean-Pierre... et on a tout mis dans la même caisse, tu entends ! tout ce qui restait des deux cercueils... Il y avait vingt ans que c'était... On a tout mis dans la même caisse et on les a descendus à Saint-Jean. Samuel a porté ça dans sa voiture, qui s'ouvrait par-derrière... Voilà comment ça s'est passé. Mais c'était légal. Il y avait le garde champêtre de Saint-Jean... légal quoi. Les démarches légales avaient été faites. Et ils sont à Saint-Jean à présent, dans le cimetière de tout le monde, dans la même petite caisse noire...

— Tout ça pour vendre ce bout de terrain, pour pouvoir le vendre ?

— Oui ! Je me suis opposée, mais j'étais la seule, j'ai dû m'incliner...

« ... Ils étaient donc là, costumés en dimanche, continue le voisin, pendant que le maçon descellait. J'avais été appelé comme témoin. Il y avait aussi un petit homme en habits noirs, qui enfilait des gants en caoutchouc, des gants qui montent jusqu'aux coudes. C'est lui qui a trié, dans les débris des cercueils — plus de vingt ans, vous imaginez... Ce qui restait, il l'a mis dans une petite caisse noire, pas plus grande que ça, une seule pour les deux. Son ouvrier a brûlé là des bouts de planches. Puis nous sommes partis pour Saint-Jean. Il pleuvait. Le cimetière communal est en pente. La concession est au pied. Il y avait de l'eau au fond du trou. On s'en est aperçu parce que la caissette noire a fait "floc". »

J'y suis revenu, au cours du même été. J'ai suivi le sentier, derrière la colline, en regardant s'il n'y avait personne dans les environs.

C'était par un très beau jour de juin.

Je me suis encore une fois assuré que personne ne pouvait me voir. Je me suis glissé par l'ouverture béante, je suis descendu dans le caveau biplace. Je me suis allongé dans la position exacte...

Je n'avais même pas à relever la tête. Je voyais là-haut, sur la colline, les tuiles rondes du village et, nettement, l'angle du logis, la terrasse où la petite vieille étendait son linge, où le vieux Louis jadis exposait au soleil les rayons de ses ruches, au-dessus de larges bassines qui s'emplissaient d'un miel grumeleux, d'une couleur sombre, tirant sur le roux.

Je suis sorti. Je me suis ébroué. C'était encore un jour de grand soleil, en juin, j'avais froid. Derrière moi, le cerisier crevé dressait un squelette disgracieux. J'ai choisi dans les cendres une des poignées de cercueil et trois ou quatre clous rouillés. J'ai ramassé cela sans le toucher, au creux d'un vieux journal, et je l'ai déposé dans le coffre de ma voiture où c'est resté très longtemps.

Au cimetière de Saint-Jean-de-Maruéjols, la nouvelle sépulture est en contrebas, au pied du mur du fond. Tout autour, la terre est curieusement torturée, toute en tortillons, on dirait qu'une étrange bête la dévore petit à petit puis la rejette, digérée, en spirales minuscules qui ressemblent à ces coquilles qu'empruntent les pagures.

Quand j'ai vendu ma voiture, en vidant le coffre, j'ai retrouvé les clous et la poignée de cercueil. Je les ai *soignés*, toujours sans les toucher, au fond d'une caisse dans la cave du mas. Ils sont toujours là. Parfois encore, en cherchant quelque chose dans la pénombre, mon regard tombe dessus, une fois même, ma peau a touché un bout de cette rouille et j'en ai été longtemps secoué de frissons. J'ai parfois des cauchemars dignes des fresques du charnier des Innocents. J'envie qui n'est pas capable d'imaginer la lente et implacable décomposition des êtres aimés entre quatre planches pourrissantes...

Ne vous croyez pas à l'abri.

Vous y passerez tous.

Et ils disperseront vos cendres !

N'imaginez pas qu'il suffit de mourir pour être tranquille. Dans vos fosses, vous tenez encore trop de place, dans vos cercueils de châtaignier, vous êtes encore trop remuants.

Et tout ça pourquoi ? Pour rien, pour moins que rien.

Je vous en présenterai tant que vous voudrez, de ces gens qui vident leurs ancêtres, vous les verrez, ils ont de bonnes bouilles, ils seraient même plutôt sympathiques, eux, ils sont « dans le vent ».

« Il faut bien vivre avec son temps », répètent-ils, et ils fourguent leur bout de terrain pour changer de voiture.

Avant, quand on vidait un cimetière, c'était pour laisser passer une route — non : les routes contournaient —, une voie ferrée, au moins. Et on en parlait sur plusieurs générations, ça faisait toute une histoire ! Combien de fois ai-je entendu raconter, aux veillées de mon enfance, le déplacement d'un cimetière voisin pour tracer la ligne du Paris-Clermont-Nîmes (la Compagnie du P.L.M. ça ne date pas d'hier !). Le conteur rapportait avec force détails la surprise des fossoyeurs lorsqu'ils exhumèrent barbus les restes de ceux qu'ils avaient connus et enterrés imberbes.

— Car le poil continue à pousser longtemps après la mort.

Mes cauchemars d'enfant furent peuplés de danseurs macabres barbus comme les nains de Blanche-Neige.

Pauvres ossements huguenots — s'ils sont là, c'est qu'on leur refusait jadis la sépulture chrétienne des cimetières. On pourrait croire qu'enfin là, chez eux, on va leur foutre la paix éternelle. Ah mais non ! Des siècles après leur mort, on les expulse encore.

Un jeune cultivateur de la vallée Borgne me confiait le 8 juin 1972 : « A moi aussi, il m'arrive de piétiner des morts sans même m'en apercevoir. »

Nous parlions assis sur la murette de pierres sèches, devant son cimetière familial, à l'ombre étroite des deux cyprès inégaux et plantés pourtant tous deux le même jour. Derrière nous, le mas particulièrement hautain — trois étages ! —, à nos pieds, la vallée du Gardon et la petite cité de Saint-Jean-du Gard.

Je venais de lui raconter l'histoire du tombeau vidé.

— Des morts, vous savez, des morts, chez nous, il y en a partout. L'autre jour, je suis allé donner un coup de main à un voisin pour ses foins. Comme la faucheuse accrochait sur des bosses, je me suis plaint : « Si vous voulez que je revienne vous aider, il faudra aplanir vos prés. — Ces bosses ? c'est des tombes. »

— Mais... Que pensez-vous de ceux qui vendent leurs morts ?...

— Il faut se mettre à leur place...

Une phrase qui commence à me sortir par le nez... G. B. Shaw disait — je le cite de mémoire : « Lorsque quelqu'un fait quelque chose dont il a honte, il dit que c'est son devoir. » Maintenant, « on se met à sa place ».

— ... Il y en a de bons, continua-t-il, qui montrent où sont les tombes à l'acheteur, lequel proteste : « Je ne vais quand même pas y apporter des fleurs à la Toussaint ! — Je ne vous demande pas ça, je ne l'ai jamais fait moi-même. Ce que je souhaite, c'est que vous ne bouleversiez pas la terre à cet endroit. N'y faites rien. Laissez pousser les ronces et les fougères... »

Mais, il en convient, la plupart de nos paysans, au moment de vendre, passent sous silence la présence de leurs aïeux quelque part sous les broussailles de la propriété qui change de mains.

Que penser enfin d'une société qui ne respecte plus ses morts ?

— Bah ! Les vieux nous embêtent ! Nous, nous sommes tournés vers l'avenir, grognait devant moi l'un de ces crétins pleins de morgue, même plus très jeunes, fonctionnaires à peine plus que moyens, serviles devant leurs chefs, implacables pour leurs subordonnés, qui rêvent d'accéder au club rotarien de leur sous-préfecture et, en attendant, bradent leurs terres grasses de morts pour se payer cette nouvelle bagnole dont la photo en couleurs s'étale sur deux pages dans *Match*, présentée par un minet couvert de minettes auquel notre petit-fils de chevrier devenu rond-de-cuir essaye de ressembler aux prix d'efforts grotesques jusque dans cette manière de minauder : « Les vieux ont fait leur temps, qu'on ne nous emmerde plus avec eux. C'est notre temps maintenant. Laissez-nous vivre ! »

Les laisser vivre ? Pour quoi faire ?

Maman continue :

— ... Un jour, en me levant, j'ai pris une pleine poche de figues et je suis partie. Je descends, je vais devant la Clémence. Je ne sais pas comment je me suis arrangée, il y avait un petit mur, je tombe de ma hauteur, je me déplace le coude, là. C'était quelque chose, ça ! Le médecin, on n'allait jamais le chercher. Il y avait un rebouteux qui habitait là-haut sous l'église : le Pradier. Oui, mais comment faire ça tant qu'il y avait la grand-mère ? Pour elle, il ne fallait pas que je pleure, ni que je crie. Interdiction de me faire pleurer ! Elle avait eu trois filles, elles étaient mortes toutes les trois. Trois filles et deux garçons. Maintenant qu'il y avait une fille dans la famille, il fallait qu'elle vive ! Bon, alors, qu'est-ce qu'on a fait ? On a dit au Pradier : « Vous viendrez quand la grand-mère dormira. » A minuit, mon Pradier arrive pour me remettre mon bras en place — et il me l'a bien remis, va, je ne suis pas estropiée ! (Elle tâte ses coudes, l'un après l'autre :) Ah ! c'est celui-là. Et ma grand-mère s'est réveillée ! Elle dormait à côté — à ce moment-là, je couchais au grenier. Elle criait : « *Laïssa-lo, Pradier ! Tant pis s'ès estroupiado, volé pas qué bramo !* (Laisse-la, Pradier, tant pis si elle est estropiée, je ne veux pas qu'elle pleure !) » Quand ma mère m'arrachait mes dents de lait, il fallait aller à l'aire, là-bas, derrière le village.

— Pour pas que ta grand-mère t'entende pleurer ?

— Je pense bien ! Mais c'est qu'elle aurait battu ma mère ! Tu sais, elle a été patiente, maman ! Elle devait me donner des choses, parce qu'il fallait ma complicité, pour aller à l'aire, la nuit, dans la paille. Les pendants d'oreilles d'une aïeule, par exemple, des petites bricoles en or qu'on avait gardées. On attachait tout ça avec une ficelle et je les tenais, j'étais contente de tenir ces bijoux.

— Mais, après l'arrachage de la dent, on te les reprenait ?

— Hé, bien sûr ! (Nous rions.) Mais, pendant le mauvais moment, je les tenais, je les voyais... Parce que c'étaient des choses qu'on ne laissait pas traîner. Ma mère, elle avait le coup pour t'arracher les dents ! Elle les tournait comme ça, puis tac ! elle les faisait bien venir... Elle me tenait entre ses jambes.

Elle revoit la scène, les yeux mi-clos, en souriant, puis elle repense à sa grand-mère :

— ... Je lui montais sa soupe. Pour elle, on achetait un peu de viande, on lui faisait du bouillon. Un peu. De temps en temps. Avec des *lisques* de pain qui trempaient dans le bouillon de viande. J'ai renversé l'assiette. Toute la soupe. Alors ma grand-mère m'a dit en patois : « Essuie vite, *iéou lou diraï pas à ta mère, bailo-mi ün paou dé pan... Aco coumptaro pas...* (Moi, je ne le dirai pas à ta mère, donne-moi un peu de pain... Ça ne comptera pas.) » Elle camouflait mes bêtises. Quand j'en faisais une dans la journée, on ne pouvait pas me corriger, alors ma mère attendait la nuit... Et j'y passais quand même. Le soir, quand je recevais la gifle, je ne me souvenais plus de ce que j'avais fait. Elle était implacable, ma mère. Il avait beau y avoir la grand-mère, elle faisait comme si elle l'écoutait, mais elle agissait comme elle devait le faire vis-à-vis de ses enfants.

— La gifle, c'était pour quel genre de bêtise ?

— Par exemple si, en visite, j'acceptais le bonbon qu'on m'offrait... si je disais « oui ». Nous, nous ne devions rien accepter des autres !

— Mais, toi, le soir, quand la gifle tombait, tu ne te souvenais plus de la bêtise ?

— Non... Non. Et elle ne me disait rien quelquefois. J'attrapais des gifles, dès que j'avais terminé ma prière, et voilà.

La coutume n'est pas tout à fait perdue. Warthouy me racontait : « J'évite de corriger mon fils devant témoins, pour ne pas l'humilier. Lorsqu'il fait une bêtise, et qu'il y a des gens, je lui jette un regard qui signifie : "A ce soir, nous réglerons ça !" Et il me rend un regard qui signifie que c'est d'accord. Parfois, le soir, moi j'ai oublié que je lui dois une gifle. Alors, lui, qui ne pense qu'à ça, il vient me trouver, dès que nous sommes rentrés à la maison, dès que nous avons refermé la porte : "Alors, maman ! cette correction, tu me la donnes, que je sois enfin tranquille..." »

— ... Tu comprends, j'étais venue très tard, il n'y avait jamais eu de filles dans cette maison, et pendant qu'on m'attendait, et même quand je suis née, ma grand-mère répétait : « *Aïssi, aco's pas l'estaou dé las drolos !* (Ici, c'est pas la maison des filles.) *Vivra pas !* » Elle les encourageait comme ça ! Et puis elle se mettait à dire, et ça, je m'en souviens (je devais avoir cinq ou six ans) : « *Caou sa quand la maridarén aquello drolo ?* (Qui sait quand on la mariera, cette fille ?) » Il a fallu attendre qu'elle soit morte pour que j'aille à l'école supérieure !

— Je croyais que c'était ton père qui ne voulait pas que tu ailles à l'école ?

— Ben, c'est-à-dire, lui, ça lui a fait beaucoup de chagrin. J'ai passé mon certificat, puis je suis restée un an sans rien faire, et entre-temps ma grand-mère est morte... onze jours après mon certificat d'études, c'était trop tard pour le concours d'entrée à l'École Supérieure de Nîmes, j'étais prête pourtant !

— Mais ton père ne voulait pas non plus ?

— Mon père... La première année que j'étais en pension à Nîmes, on ne pouvait pas lui parler. J'étais partie... Quand une cliente lui demandait : « *Dé qué fai vostro drolo ?* (Que devient votre fille ?) » il s'enfermait dans sa gloriette, il se gonflait, voilà... (Il pleurait.)

— Le chagrin ?

— Le chagrin... Et SA FILLE ! sa fille... Ma grand-mère regardait mes mains et elle me disait : « *Aco's dé man dé sadjio-féndo* (ça, c'est des mains de sage-femme), tu as des doigts longs comme moi. » Elle m'en disait, ma grand-mère. C'était celle qui a tenu tête à ses parents pour son mariage. C'était rare à l'époque ! Elle aimait l'Abel de Beauséjour, tu comprends ! Et ça a été un amour qui ne s'est jamais démenti ! Quelquefois, il se levait en colère, si les deux femmes s'étaient disputées, il allait trouver mon père à son pétrin, et il lui faisait une scène. Ah ! il fallait que l'entente règne, hein ! parce qu'il était quand même le maître, le grand-père ! Et quand il est mort ! La scène qu'elle a faite, ma grand-mère, parce que son mari était mort avant elle ! alors qu'il lui avait promis de la soigner ! « *Maviè proumès !* » Il me semble que je l'entends. J'avais treize ans. « Il m'avait promis ! » Et l'oncle Auguste, sa colère ! Il était là-bas, du côté de Gravelotte... (C'était pendant la guerre de 1870. Une anecdote que j'ai entendue bien souvent : la colère de l'oncle Auguste quand il a appris que sa sœur épousait l'Abel de Beauséjour...) Ils ne pouvaient pas se voir. A l'école, ils se battaient toujours. « *Quand so-oupéguèro qué la Thasió* — elle s'appelait Anasthasie, ma grand-mère —, *sé maridavo én l'Abel, escampéré moun képi à cïn mestrés dé la coulèro...* (Quand je sus que la Thasie épousait l'Abel, je jetai mon képi à cinq mètres, de la colère...) » Et le coup qu'elles se sont retournées de la foire de Saint-Jean, ma mamée et sa mère ! Sa mère lui disait : « *Anin, Thasió, lou vésès bé, aquel Grioulet és nostré vési, sé sian malaou...* (Allons, Thasie, tu le vois bien, ce Grioulet est notre voisin, si on était malade...) Tu serais à côté. Nous ne serions pas seuls, et toi non plus... » Cependant la colère lui montait, à la mère de ma grand-mère. Avant d'arriver à Saint-Jean, elle lui a crié : « *Hé bé, sé vos pas préndré lou Grioulet, nous virén !* (Eh bien, si tu ne veux pas prendre le Grioulet, nous nous retournons !) *Ni maï ni mén, anén pas à la festo !* (Ni plus ni moins, nous n'allons pas à la fête !) » A la fête de Saint-Jean, on y faisait les accordailles... « *Hé bé nous virén !* (Eh bien, on se retourne !) »

— A l'époque, c'était révolutionnaire !

— Oh oui... Mais, enfin, c'étaient des protestants quand même... On ne se serait pas mésallié de ce point de vue-là. Sur la religion, il n'y avait rien à faire. Moi, mon père m'a toujours dit : « Attention, ne m'amène pas un catholique, il ne franchira pas la porte ! » C'était comme ça, là-bas : ça ne se mélangeait pas. On n'en aurait même pas eu l'idée. Et tu sais, moi, me fâcher avec mon père ! C'était un dieu pour moi. Tu vois, c'est ce qui a fait le malheur de la Julie. Elle aimait un voisin qui était travailleur, qui avait toutes les qualités, mais il était catholique. Elle n'en a même pas parlé aux siens, elle n'a pas demandé... Et elle a épousé une espèce de fainéant que ses parents lui offraient, parce qu'il était protestant et qu'il héritait d'une propriété mitoyenne de la leur. Résultat, elle a été malheureuse toute sa vie.

Maman repart dans les parentés des confins de l'Ardèche où toujours je me perds en route, puis elle revient aux riches propriétés de la plaine, où les terres se concentrent, où les tracteurs se multiplient :

— ... Ils se prennent pas pour des queues de cerise. Tu sais que le temple de Saint-Jean, c'est administré, hein ! « Attention, il faut pas qu'il y ait de déficit, et si nous voulons un pasteur, il n'y a qu'à le payer ! »

Après un moment de réflexion, par réaction peut-être, elle repense à son père :

— Tu te souviens quand tu l'appelais : « Mon pauvre papé ! » il te répondait : « *Moun ritcho pitcho fil !* (Mon riche petit-fils !) »

— Il avait un grand sens de l'humour.

— Il se moquait des clientes, tu sais ! Il sortait de sa gloriette quand une en disait trop... Il ne supportait pas qu'une commère s'asseye dans la boulangerie.

— Pourquoi ?

— Parce que... Ce n'était pas un club. Les clubs les *clu* —, ça ne manquait pas au village. Au coin de chaque rue, des femmes jabotaient. Ma mère ne s'y arrêtait jamais ! Ces femmes cousaient... Elles n'avaient pas plus à faire, c'étaient des femmes d'ouvriers, tu comprends. Mon père ne voulait pas qu'on s'y mêle. Moi, je pouvais aller chez Mlle Comte, la demoiselle qui avait fait la classe bien avant qu'il y ait des écoles, et un peu chez les Lafaye. C'est tout. Tu sais, la « noblesse paysanne », ce n'est pas un vain mot. Je ne sais pas comment dire... Mes parents n'étaient pas orgueilleux, puisqu'ils n'avaient rien, et ils l'étaient un peu quand même. Ils ne devaient rien à personne. Pas question d'acheter à crédit. Quand la facture des farines arrivait, c'était réglé rubis sur l'ongle. Des gens leur devaient à eux, oui... Avant que mon père s'établisse boulanger, il y avait un four banal à Avéjan. Tout le monde faisait sa pâte, on la préparait dans des paillassons qu'on prenait sous le bras et qu'on allait porter au four du village, le four banal, qui existe toujours. Chacun portait des fagots, et on faisait le pain de huit jours. On ne mangeait pas toujours du pain frais, mais c'était du pain qui sentait bon, du pain qui avait goût de pain. A Sigaux, la tante a toujours fait son pain. Il était un peu massif, mais il était bon.

Elle réfléchit un instant, puis :

— Ben, tu vois, moi, je vais pas dormir, maintenant que j'ai remué tout ça. Pourtant, c'est une bonne chose que ça s'oublie pas. (Elle rêve un instant :) Et quand j'avais mal aux dents, on m'emmenait chez le Pradier...

— Toujours le rebouteux ?

— Eh oui ! Alors, il faisait comme ça : Tchett tchett, il crachait sur son doigt, et il me faisait une croix là-bas sur ma grosse molaire, que ça me donnait un haut-le-cœur... « *Aro té fo-ou diré : Maou vaï t'én !* (Maintenant, il te faut dire : Mal va-t'en !) » Il y a des fois où ça endormait ma dent. Mais souvent il fallait que mon père me fasse faire des tours d'Avéjan jusqu'à ce que ma douleur s'apaise. Tout fatigué qu'il était, il se levait et me portait autour du village, toute la nuit, quand je souffrais trop... Tu sais, une auréole, à mes parents ! C'est rien, ce que nous avons fait pour toi ! Nous, on avait ce qu'il fallait !

— Il n'y avait pas de dentiste, à cette époque ?

— Si. A la ville... Mais c'était un ivrogne. Il savait arracher les dents, mais pas les soigner. Il couchait avec l'épicière, alors ça, pour mes parents, c'était un scandale ! Ouh !...

Maman se lève pour aller se coucher. Elle me propose avec insistance :

— Il faut que nous allions à Avéjan, un de ces jours. Tu m'emmèneras. Ce que j'aimerais, c'est monter à Beauséjour, te montrer le vieux mas d'où est sorti le Papé, et l'arrière-grand-père, qui était un ouvrier agricole : il s'est mis à travailler un bout de terre qu'il louait, puis, peu à peu, il s'est fait une maisonnette, il a installé des ruches, et, lorsqu'il avait vendu ses produits à Saint-Jean, il disait aux gens d'en bas : « *Eh bé, vo-ou à moun béou sédjour !* Eh bien, je vais à mon beau séjour... »

3

Voici la première civilisation capable de conquérir toute la terre, mais non d'inventer ses propres temples, ni ses tombeaux.

André MALRAUX
Antimémoires.

« Veillée », « coin du feu » sont des mots à la mode et singulièrement depuis qu'il n'existe plus ni cheminées, ni voisins, que la veillée devient, par la télé, nationale, une et semblable pour tous. Je me laisse dire parfois que je n'y suis pas pour rien, malheur de moi !

Avant cette vogue, je veillais au même titre que les autres présents, je participais, mais depuis j'écoute, pire : je vérifie.

Si je regarde bien chez moi ce soir il y a, au centre : le feu ; en demi-cercle : les gens ; tout autour : le pays ; au-dessus : la nuit.

Chez moi, ce soir, chacun des éléments a son importance. Et j'en oublie — je n'ai pas l'esprit d'analyse —, ainsi, par exemple : entre nous, les gens, mes amis et moi, part infime d'humanité en éveil, entre nous et le pays, notre Cévenne, il y a les murs, il y a le mas construit depuis six siècles : le Gravas. Murs habités. Nous sommes dans un écrin.

L'électricité, car j'ai quand même laissé une lampe allumée, je ne suis pas snob à ce point-là, la soixante bougies sous abat-jour de toile écrue, nous maintient dans notre temps, nous clouant le siècle sur l'échine.

Maman revoit soudain la petite voisine qui étrennait des robes neuves et qu'elle enviait pour cela :

— ... Ma mère me répondait : « Toi, tu n'as pas de robe neuve mais ton frère est à Nîmes, à l'École Normale d'Instituteurs ! »

Il s'agit de son frère aîné, Marcel, celui qui rapportait *Les Misérables* en fascicules dans le fond de sa malle. Maman ajoute fièrement :

— Nous, on était pauvres, mais je lisais Victor Hugo !

Et, comme un grand jet de salive lui emplissant la bouche :

— Ah ! la première fois que j'ai mangé de la viande...

Il n'est question ni des lapins, ni des vieilles poules ne pondant plus que l'on servait parfois à sa table, ni des cabris dont on ne gardait que la tête pour la mettre au bouillon lorsqu'on les vendait, mais de viande vraie, de celle qu'on achète au boucher :

— ... La première fois que j'ai mangé de la viande, c'était pour mon certificat d'études, que l'on allait passer au chef-lieu de canton. Ma mère m'avait acheté une petite côtelette de mouton. Elle me l'avait fait cuire. A midi, je l'ai sortie de mon panier et je l'ai mangée froide — je m'étais assise sur une murette de l'école de Barjac. J'ai trouvé ça bon !

Voyons, cette veillée au vieux mas, c'était, je l'ai marqué, le 21 janvier 1972. Il y avait là le Docteur, l'Ami, le Curé — celui-là ! l'animal, le brontosaure papiste, le dernier curé sans doute à porter la soutane, toujours la même d'ailleurs, chef-d'œuvre de *pétassages*. Nous avons parlé d'abord de l'électricité :

— ... Nous ne l'avons au Gravas que depuis 1941, a précisé maman. Et encore, c'est à la suite d'un tour joué à la grand-mère Chabrol. Il a fallu la guerre de 39, et la défaite, et l'occupation pour que nous puissions avoir l'électricité ! Il y avait des bons pour tout, et pour le pétrole en particulier. Mon mari est allé trouver le maire : « Quand ma mère viendra chercher ses tickets, dites-lui qu'on ne donne plus de pétrole, comme ça, elle sera bien obligée d'accepter l'électricité. »

La grande veuve noire du Gravas faisant non en secouant son maigre visage, et le menton continuait sur l'élan ses oscillations : la vieille n'en finissait plus de refuser. Quand je la voyais faire, moi, tout gamin que j'étais, je pensais fièrement : « Nous, on est si fort pour pas vouloir que, chez nous, *non* se dit *nou(s)* ! » Non, ce n'était pas pour elle, cette lumière qui venait on ne savait d'où, on ne savait comment, mais qui, en fait, attachait votre mas aux autres jusqu'aux villes lointaines par un fil à la patte. Instinctivement, la vieille pressentait que cette clarté sans flamme et sans odeur pénétrerait, insidieuse, jusqu'au plus secret de l'âme pour y empoisonner l'essentiel. Et puis, ça coûtait même quand on n'allumait pas, et puis un homme avait le droit d'entrer chez vous, que vous le vouliez ou non, et c'est lui qui vous disait combien vous deviez, vous ne le saviez pas d'avance... autant d'idées que son esprit ne pouvait même pas concevoir.

Vers 1940-1941, après la débâcle, lorsqu'il fallut lui faire comprendre, même en patois, que les Allemands nos vainqueurs devenaient nos chers amis tandis que nos alliés britanniques devenaient nos ennemis, cela officiellement, mais que, dans le secret de nos cœurs, il fallait se réjouir lorsque les avions anglais bombardaient la France, ma grand-mère Chabrol, après avoir juré tout son saoul (son langage était naturellement ordurier), décida d'en revenir aux Prussiens — l'Ennemi bien éprouvé, celui de son enfance — et n'en démordit plus jusqu'à sa mort. Elle ne fit même pas d'exception pour les Japonais : « *Tout aco s'dé Prussiens !* »

Le Docteur, avec respect comme toujours lorsqu'il s'agit d'une personne âgée, cévenole d'origine :

— Elle ne voulait pas ?

Il sourit rêveusement.

— Elle ne voulait pas l'électricité, confirme ma mère avec une fierté toute neuve.

Alors, le fantôme de la mère de mon père, la vieille hautaine du Gravas, s'installe à la veillée dans son importance considérable. Le Docteur, le Curé, l'Ami, ma mère, moi-même, toutes les têtes travaillent vite, chacun cherche un phénomène comparable, une carrure cévenole à crâne de granit bleuté pour le présenter au feu flambant de la veillée commençante.

— Et le père Machin, celui qui donnait du pétrole à boire à sa femme un matin d'accouchement... finit par lancer le Docteur, faute de mieux.

— Quoi ?

— Une nuit, sa femme a un enfant de plus. Donc, au petit matin, vers sept heures, les gens qui allaient au marché du Pont (c'était un mercredi) lui demandent : « Comment va ta femme ? — *Eh ben, questo nuètt' ma féndo m'a fa ün trasso dé drolé, pièi ès esta couldjado ün mouménét', ma démanda dé li faïro ün paou d'aïguo boulido. Savès qué nantrès, lous homès sén ün paou pataras, mi sièi troumpa, aï mès dé pétrolo...* (Eh bien, cette nuit, ma femme m'a fait un bout d'enfant, puis elle s'est couchée un petit moment, elle m'a demandé de lui faire un peu de soupe à l'eau bouillie, mais vous savez que nous, les hommes, nous sommes un peu maladroits, je me suis trompé, j'y ai mis du pétrole...) — *Mais aro, dé qué faï ? — Es aqui qué fano !* (Et maintenant qu'est-ce qu'elle fait ? — Elle est ici qui fane !) » Elle fanait. Après une soupe de pétrole. Elle fanait, deux heures après l'accouchement et le pétrole.

Pourquoi raconte-t-il cela, qu'aime-t-il dans cette anecdote ? Il n'y voit, j'en mettrais ma main au feu, rien de péjoratif pour le paysan, bien au contraire, sous-entendu : quelle race ! la nôtre... Un accouchement, une soupe au pétrole, on ne se laisse pas émouvoir pour si peu...

Le Curé : C'est l'époque où on faisait les relevés cadastraux dans la commune de Saint-Maurice. J'aidais...

Le Docteur, riant : « Porte-mire. »

Le Curé, pouffant : « Porte-mire. » Je me régalais...

Et pas seulement pour le travail sur le terrain. Le curé court aussi les plans cadastraux qu'il lit à livre ouvert, en Diable Boiteux, perçant les murs, les consciences, les héritages et les hérédités. L'autre matin (16 juin), il m'expliquait ainsi une vague brouille entre voisins : « En 1810, a été dressé le premier cadastre de Nojaret. Fait au millimètre. Un travail remarquable ! Sur la matrice, le géomètre a écrit : *J'ai renoncé à désigner les propriétaires des parcelles de terrain et des immeubles car tout le village est en contestation.* Il avait d'abord écrit *indivis*, il a rayé ce mot pour le remplacer par *en contestation.* »

Ce curé ! Plus de cinquante ans, oh, oui, largement, et un enthousiasme, et une voix d'enfant. Le rire surtout. Une bonne vieille soutane à l'ancienne, brillante aux coudes et aux genoux. Il n'a rien des petits curés modernes couleur anthracite en costume-minet, physiquement, il demeure le curé des paysans pauvres, mais toute la jeunesse de l'Église, il la porte, lui, dans son cœur, et depuis toujours. Il n'a pas attendu qu'un concile décide péniblement qu'on devait être intelligent et vivre parmi ses pareils avec indulgence. Moi qui n'aime pas les curés, quand j'en accepte un, j'aime bien qu'il ressemble à un curé.

— ... Lorsque j'avais un moment, j'allais tenir le truc, là-haut... Porte-mire, je me régalais... Je faisais aussi bien le tableau que le reste. Bon. Alors, un type arrive. Il apportait une horloge, vous entendez bien. Pas une pendule de salon. Une horloge de campagne. Il l'avait portée à Saint-Maurice pour la faire réparer à M. Fonpudie qui, à ce moment-là, était receveur des P.T.T. mais qui faisait aussi l'horloger. Il avait apporté le bois. Vous m'entendez ! Il avait pris l'horloge sur le dos, et il l'avait apportée de son mas perdu là-haut dans la montagne jusqu'à Saint-Maurice.

Le Curé fait des gestes.

Moi : Curieuse silhouette !

Le Curé : Bon. Il nous rattrape. Il appuie la main sur l'épaule du géomètre, et il lui dit en regardant le plan : « Ça, c'est très beau. C'est l'expression de l'individu. Mais la canaille reste. »

Le Docteur : On n'a jamais su exactement ce qu'il avait voulu dire...

Grands rires.

Sa fondamentale honnêteté passe dans le soupir. Il nous voit comme nous sommes, il s'y contraint, et ça lui coûte, car il nous aime, son pays, ses paysans et ses pays.

Il est de plus en plus maigre, mon ami le petit Docteur. Son corps — paquet d'os et de nerfs — souffre la mort de la chère Cévenne et bouillonne d'enthousiasme, en même temps, c'est très curieux. Et encore, depuis deux ou trois ans, il a renoncé à cette barbe ingrate qui lui poussait longue et clairsemée, une barbe de vieux nègre qui le faisait ressembler, squelette souffreteux, à un Christ raté : parvenu sur le Golgotha, les légionnaires romains l'ont regardé, ont regardé la Croix et lui ont dit : « *Pécaïré !* Tu en as assez vu comme ça, on ne va pas, par-dessus le marché, te clouer là-dessus. Allez, rentre chez toi, va... » Alors, notre refusé du martyre est reparti en courbant ses épaules pointues, et il n'y a pas eu de résurrection, pas de christianisme, pas de galas dans les cirques romains, pas de Vatican, pas d'Inquisition et pas de banque du Sacré-Cœur.

Jésus s'est mis toubib au flanc du Lozère, il nous rend bien des services.

Le Curé : Il a dit ça avec une espèce d'air extrêmement visionnaire, tragique même : « Tout ça, c'est très beau. C'est l'expression de l'individu. Mais la canaille reste. » Et c'est depuis que le sobriquet lui est resté, qu'on l'a nommé : « L'Expression de l'Individu. » Remarquez, c'était pas si couillon que ça, son idée. Après coup, on l'a un peu compris, le bonhomme. Il a vu le plan, il a vu que c'était bien, et c'est vrai que c'est joli, ces indications de terrain, on s'y retrouve tout de suite, même sans être initié ! la Route des Crêtes, la Croix-de-Berthel, Saint-Maurice-de-Ventalon, les bois d'Altefage ou de la Méjarie... Mais notre bonhomme, il avait son idée : parce que c'était très beau, c'était l'expression de l'individu — l'individu en question pouvait aussi bien être le pays —, « Mais la canaille reste », c'est-à-dire les mutations de parcelles, les mutations de catégories... et puis les coups qu'on lui faisait, et tout ce fourbi, sur des parcelles qui ne lui appartenaient pas, etc. C'était ça qu'il voulait dire. Les empiétements, et puis les contestations, et les indivis qui n'étaient pas marqués...

Moi : Il y a toute une série d'expressions, qui sont nées sans doute comme cette « Mais la canaille reste », dont on a oublié l'origine, mais que l'on continue à employer, et qui ont gardé comme un charme mystérieux... Je voudrais les recueillir toutes. Il en naît encore constamment...

Le Curé, riant d'avance : Je connais un vieux, sur la montagne, son expression, à lui, quand il a fait la fête, c'est : « Oh putain ! *mandjiabion pa qué dé so-oucissot et bigéssion pas qué d'appellatïou countroulodo !* (Nous n'avons mangé que du saucisson et nous n'avons bu que de l'appellation contrôlée.) »

Le Curé se réfugie brutalement dans un de ses fous rires d'enfant, un peu trop mécaniques parfois, il faut bien le dire. Quand il se calme, ce qui se produit aussi brutalement, il ajoute :

— C'est le même qui disait : « *L'oun dis qué lou signo vo-ou lou cop mais ïéou faraï lou signo mais mi gardaraï bé dé faïré lou cop !* (On dit que le signe vaut le coup — ou, mieux : que l'intention vaut l'action —, mais moi, je ferai le signe mais je me garderai bien de faire le coup !) »

Moi, à l'Ami : Je repense souvent à ce que tu m'as raconté l'autre jour, que, lorsque tu étais enfant, tu accompagnais ton père quand il allait faire les accouchements.

L'Ami : C'était juste après la guerre. Autour d'Alès. En arrivant dans certains mas, la première chose que faisait mon père était de demander deux litres d'eau-de-vie. Et du coton.

Le Docteur : Pour réchauffer un peu la pièce. Un ou deux litres d'alcool à brûler.

L'Ami : Oh mais dis, ce n'était pas de l'alcool à brûler, c'était de la gnole. Papa partait du principe que le paysan cévenol n'est pas un alcoolique — il ne boit pas tellement —, mais que, par contre, s'il a le droit de faire cinq litres d'eau-de-vie, il en fait sept.

Tous, riant : Et un peu plus.

L'Ami : Et qu'il ne les boit pas. Il était donc sûr de trouver cette eau-de-vie là. Il imbibait un coton.

Le Docteur : Pour réchauffer la chemise de l'accouchée. On la disposait en montgolfière au-dessus du brasier...

L'Ami au Docteur : Tu te souviens du jour où je t'ai rencontré à Alès ? Tu avais une tête abominable : « Je viens d'accoucher une femme au col de Portes, tu m'as dit, je conduisais d'une main et... »

Le Docteur : Non, elle avait failli accoucher dans ma voiture. C'était en 67.

L'Ami : En 67, oui. Il y avait beaucoup de neige. Des cars de la mine étaient en travers.

Le Docteur : J'ai vu la femme vers huit heures. Je lui ai dit : « Allez à la maternité ! » Il neigeotait. Vers onze heures et demie, quand elle est partie, il y avait trente centimètres de neige. Un petit moment après, le taxi est revenu : « Nous ne sommes pas allés à la maternité à Alès, on ne peut pas monter la côte de Portes, on ne passe plus à La Tavernole. » A ce moment-là, je constate qu'il y a soixante centimètres d'épaisseur environ. On a averti les Ponts et Chaussées, et la parturiente est repartie avec un chasse-neige devant elle. Il y avait des fils téléphoniques et des fils électriques au milieu de la route. Derrière Portes, on a trouvé du quinze mille volts qui se balançait dans les pins, et s'entrechoquait. Quand on a pu passer, après le Mas Dieu (à vingt-cinq kilomètres du départ), il n'y avait plus rien. Quand on est arrivé à la maternité, on s'est fait charrier : « Vous faites de la réclame pour la montagne, vous voulez faire croire qu'il y a de la neige... » Et ma bonne dame, qui avait eu des contractions alarmantes jusqu'à Alès, arrivée à la maternité, elle a cessé d'en avoir. Le lendemain, j'étais bloqué à la ville. Impossible de remonter. Et je ne pouvais donner des nouvelles à ma famille qu'en utilisant la radio de la gendarmerie. Pendant ce temps, au village, deux femmes, qui attendaient leur enfant pour le mois d'après, se sont affolées à la pensée que leur « homme-miracle » était à Alès. Alors, par des moyens de fortune, en faisant le crochet par Bessèges et Saint-Ambroix, elles sont descendues. Mais sans avoir la moindre contraction. Je me suis donc retrouvé le lendemain avec mes deux expectantes — ça s'appelle comme ça —, qui n'avaient pas le moindre signe de commencement d'accouchement, et l'autre qui avait enfin accouché. Mais, le surlendemain matin, après un jour et demi de découchage de mon domicile légal, je leur ai dit : « Ben, ce n'est pas le tout, mais vous, vous n'accouchez pas, et il n'y a aucune raison pour que vous accouchiez. Là-haut, j'ai d'autres choses à faire, et puis j'ai une famille, tout de même. — Mais on ne peut pas passer ! — Bah... » Il faisait un temps radieux. On est arrivé au puits Lasserre (à mi-côte du col de Portes), et là : route bloquée. Des gendarmes, le lieutenant, la radio, les grandes antennes : « Je passe sur réception ! — Je vous reçois cinq sur cinq... » Enfin, tout le grand cinéma-radio de la gendarmerie : pas question de passer avant cinq heures du soir. On débloquera peut-être la route dans la soirée. Le col de Portes était bouché et bien bouché. Moi j'avais toujours mes deux femmes enceintes et la mère de l'une d'entre elles. En 2 CV. Je leur ai dit : « Écoutez, il est midi et demi, nous allons dîner à La Grand' Combe. » Je m'amène à l'hôtel Planque, et le père Planque me regarde en se demandant : « Qu'est-ce qu'il fait ? » Il me voyait, moi, tout petit, tout maigre, avec deux femmes très-très enceintes abondamment pourvues de tous les manteaux que l'on met l'un par-dessus l'autre dans ces cas, surtout quand il fait froid. Nous venons dîner ! On a fait un bon balthazar à l'hôtel Planque et on est reparti tranquillement pour Portes. Nous avons mis à peu près trois heures à franchir le col, sans parler du trafic inverse, d'un camion-citerne en biais à La Tavernole, enfin, vous voyez... Et mes trois bonnes dames étaient parcourues d'ondes, d'alternatives de désespoir et de rires nerveux, d'euphorie, etc. Elles avaient l'impression que je les ramenais vers un pays sauvage où il n'y avait pas de salut...

— Leur pays...

— Dans ces moments-là, elles s'alarmaient, elles pleurnichaient : « On aurait mieux fait de rester à Alès ! » L'une se mettait à pleurer, communicativement. Je les apaisais en me retournant vers elles, à ce moment un gendarme arrivait : « Poussez-vous un peu, là, il faut que le camion-citerne avance d'un mètre cinquante ! » Ponts et Chaussées, chasse-neige, sifflets des gendarmes, entre des murs de neige : deux mètres dix... Cependant le moral leur revenait : « Quand même ! on s'en souviendra du mois de février 67 ! » Après, nouveau blocage : la 2 CV touchait sur un tas de neige tassée, et les roues tournaient dans le vide : « Ohohoh ! re-sanglotaient-elles, pourquoi qu'on est parti d'Alès ! » A l'arrivée à Génolhac, pour l'une d'elles ce n'était pas fini. Son mas, du côté de Concoules, était inaccessible. A l'entrée du chemin, il y avait la 2 CV de son mari qui était restée là, bloquée en travers, dans une congère, parfaitement à l'abri, hormis le toit.

Moi : Y a-t-il encore des femmes qui accouchent chez elles ?

— Une seule.

Le Curé : Le docteur M..., qui était le plus grand accoucheur de la Lozère — il en était à son six millième accouchement ! —, m'a raconté ceci, vous allez voir : il était appelé sur le mont Lozère — c'est dommage qu'on l'ait laissé partir ce docteur, parce qu'il était d'une génération qui n'est plus la nôtre, et il avait des trucs formidables — il est donc appelé là-haut. Il y avait une femme qui accouchait, et il a assisté au spectacle suivant : toutes les femmes du village étaient rassemblées dans la pièce d'à côté...

Le Docteur : Elles commentaient !

Le Curé : Non ! Elles étaient dans la pièce d'à côté, la porte était ouverte, et elles mimaient les gestes et les gémissements de la femme qui accouchait. Il m'a dit que c'était ahurissant.

Moi : J'ai vu ça en Afrique.

Le Curé, triomphant : En Afrique, ah !... Et puis, quand l'accouchement a été terminé, mon toubib a voulu enlever le drap. On l'en a empêché parce que ça portait malheur.

Le Docteur : Ce que j'ai vu constamment dans la montagne, lors de mes débuts, c'est un parti pris délibéré de n'avoir rien de prêt. Une fois le gosse venu au monde, il y avait une sorte de petite scène de famille parce qu'il manquait quelque chose : « Et que faire, mon Dieu ! » Il y avait une phase d'improvisation voulue où l'on cherchait un panier, un vieux landau tout tordu... Manifestement, on n'avait pas fait les préparatifs, ni mis tout en ordre... Non. Quand on prépare tout bien, ça porte malheur.

Moi : Et pourquoi les femmes n'accouchent-elles plus chez elles ?

Le Docteur : A l'hôpital, il y a tout de même moins de risques en cas d'hémorragies... J'avais hier matin dans mon cabinet une fille de vingt et un ans. Elle est mon premier accouchement difficile, le premier qui m'a vraiment fait peur. C'était trois semaines avant de m'installer, je n'étais encore que le remplaçant de celui à qui j'allais succéder. Par conséquent, le 1er janvier 1950. (Tiens, il y a donc vingt-deux ans qu'il est notre médecin...) Cette fille m'a rappelé les circonstances de cet accouchement que sa mère lui a racontées cinquante fois. La parturiente a fait une hémorragie de tous les diables pendant la délivrance et un peu après. Et là, j'ai dû faire des gestes que je n'avais fait qu'apprendre de façon livresque, là, j'ai dû les accomplir pour de bon... Quand on est tout seul, avec de la neige derrière soi, la voiture à trois kilomètres, le patelin à dix-sept, et la maternité et les confrères et le centre de transfusion à cinquante kilomètres... Voilà un gosse qui est né, une bonne femme qui a tout pour vivre, et elle va te filer dans les doigts parce qu'elle saigne... J'ai eu une pétoche terrible. J'avais quand même du Subtosan, un liquide qu'on n'utilise presque plus maintenant, qui remplaçait le sang pour son volume, donc pour remonter la tension artérielle, et pour sa viscosité, c'est-à-dire qu'il s'éliminait beaucoup moins vite que de l'eau salée. Il permettait d'attendre un peu, de se refabriquer des globules. La femme restait en anémie aiguë quand même, mais elle ne succombait pas d'hypotension. C'était dans un flacon qui avait le même dispositif de suspension que les flacons à transfusion. Et je n'ai appris qu'hier, vingt-deux ans après, de la bouche de la fille qui était née ce jour-là, un détail que j'avais toujours ignoré : quand elle était petite, on avait gardé le flacon de Subtosan qui avait sauvé la vie de sa mère. Ce flacon, étant donné son dispositif, on l'avait suspendu à un arbre fruitier en fleur et comme d'habitude on avait fait pousser deux ou trois poires dans le flacon. Les fruits ont mûri dedans. Ensuite on a rempli avec de la bonne gnole maison, et on s'était bien gardé de la boire parce que c'était le flacon du souvenir de la naissance de la petite. Et la gosse m'a dit : « Hélas, j'ai perdu tous mes souvenirs ! — Qu'est-ce qui est arrivé ? — On a loué la maison, et les gens qu'on a mis chez nous, les estivants, ils ont cassé ça, ils ont tout jeté. »

Maman (qui vient de lire le « Verlaine » de Porché) : C'était pire que les trois fœtus des frères mort-nés de Verlaine que sa mère trimbalait de déménagement en déménagement...

Le Docteur : J'ai attendu vingt-deux ans pour savoir ça, elle me l'a raconté hier matin, la gosse. Elle va se marier d'ailleurs... Tandis que maintenant, quand une femme saigne comme un veau, elle est groupée, on a des flacons, etc.

L'Ami : Je me souviens du jour où mon père avait fait une grande invitation. Il venait d'accoucher une fille qu'il avait jadis mise au monde, qu'il appelait sa « petite fille ».

Le Docteur : Moi, j'ai accouché la fille aînée peu après le dernier accouchement de la mère... Mais je vais y arriver maintenant. Si la petite dont nous parlons, son fiancé peut trouver un boulot par ici, ça y sera, là, à tous les coups... Il me reste une femme dans ma clientèle, qui pour des raisons sentimentales continue à vouloir accoucher chez elle. Elle en est à un grand nombre et s'arrêtera bientôt, je pense... J'accepte pour lui faire plaisir, mais je reconnais que ce n'est pas très raisonnable. Étant donné que nous disposons de moyens supplémentaires pour que les gens n'y laissent pas leur peau... Ne pas recourir à ces moyens est coupable. J'aurais été un médecin du temps de Louis XV, je me serais démerdé avec les moyens du temps de Diderot.

L'Ami : Tu sais ce que disait aussi mon père : accoucher c'est un métier. Les femmes apprennent à accoucher. Le malheur, c'est que, lorsqu'elles ont fini d'apprendre, elles sont trop vieilles pour avoir encore des enfants.

L'Ami m'a raconté, au cours d'une veillée précédente, qu'enfant, il accompagnait son père la nuit, pour les accouchements. Il conduisait la voiture. Certaines images de son récit m'avaient beaucoup impressionné. Ces réveils en pleine nuit, pour rouler par de mauvais chemins vers quelque ferme isolée. L'enfant se rendormait dans la voiture, en attendant que son père ait mis le bébé au monde.

L'Ami : ... Sauf quand il y avait un pépin. Alors, mon père venait m'appeler. Résultat, je n'ai jamais assisté dans ma jeunesse qu'à des accouchements catastrophiques. Quand j'ai vu ceux de ma femme, qui se passent si bien, je me suis dit : « Nom d'un chien ! c'était ce qui se passait quand je dormais, moi ! » Ma femme, elle, elle éternue ses enfants !

Peut-être parce que le Docteur est là, ou peut-être tout simplement parce qu'il n'aime pas se rabâcher, l'Ami ne reprend pas les images des vieilles nuits, quand son père le faisait passer entre le mur et la tête du lit, et que là, dans la lueur dansante de quelques chandelles, à la chaleur intermittente du bassin de gnole, feu follet d'omelette suédoise, il voyait le crâne paternel se pencher entre les fortes cuisses d'une paysanne en douleur hurlant ou mordant les draps ensanglantés...

Le docteur Bissei, « l'ami et le médecin de la maison », tranche la question de savoir s'il doit sauver une tripouille. « ... Guérirez-vous Cartouche ou Nivet ? — ... Si vous m'écartez du lit de Cartouche, un fanatique m'écartera du lit d'un athée. C'est bien assez d'avoir à doser le remède, sans avoir encore à doser la méchanceté qui permettrait ou non de l'administrer... » Telles étaient les questions qui se débattaient à la veillée chez les Diderot (« Entretien d'un père avec ses enfants » ou « Du danger de se mettre au-dessus des lois », vers 1770). Chez moi, l'ami et le médecin de la maison, pour lequel la cause ci-dessus est depuis longtemps entendue, se préoccupe plus modestement de savoir si nos dernières paysannes doivent courir le risque d'accoucher encore chez elles. Question significative. Toute notre veillée est imprégnée d'une nostalgie complice. Nous n'en parlons guère — pour l'instant... mais nous nous accrochons au vieux pays dans lequel nous sommes nés, nous nous cramponnons, crispés, à cette vieille terre devenue stérile, poudreuse, une poussière ! un sable qui nous file entre les doigts, qui fuit nos poings serrés, sable de sablier percé !

Même le feu qui s'enthousiasme dans la puissante cheminée, même le feu de mes derniers mûriers, le feu dont je suis si fier, n'est plus le cœur vivant des foyers d'antan, le mien n'est qu'un luxe — j'ai par ailleurs le chauffage au mazout.

Soudain, la conversation tourne. Nous nous mettons à parler de nos cousinages, comme pour nous rattraper au bord d'un gouffre. Nous nous cherchons des liens de parenté, nous nous recherchons, en fuyant nos regards, dans cette veillée où les mûriers ne sont plus qu'un bois de chauffage pour le plaisir, et nous nous tiendrions par la main si nous osions. Nous parvenons enfin à nous dénicher une cousine très lointaine, une vieille fille, enfin de quoi rire un peu !

— ... N'importe qui mais pas elle, dit l'Ami. C'est bien simple, on ne se connaît plus. On ne se voit pas. On peut se rentrer dedans... « Oh ! zut ! ces poteaux de l'E.D.F... »

On engrène toutes sortes d'anecdotes piteuses à propos de la cousine regrettable, on se venge sur elle, on s'en fait un fouet de ronces contre les fantômes que la braise et la fumée de l'arbre à vers à soie ramènent pourtant de quelque part à mi-cheminée, dans le noir et brûlant.

Et puis, soudain, sur la même, et pour en finir avec elle, une histoire tendre :

— On l'appelle Lysette, mais ce n'est pas son nom, pas du tout, mais on dit « l'Ysette » depuis qu'elle a dix ans. A cet âge, elle a enlevé un petit garçon du village qu'elle avait surnommé Tristan. Ils sont partis à pied, la main dans la main. On les a retrouvés dans la neige, au milieu des bois, à plus de cinq kilomètres du village...

Nous en revenons aux parentés, si pleins de bonne volonté que nous nous retrouvons cousins, et l'Ami :

— ... C'est le macaroni protestant. Jusqu'au siècle dernier, les huguenots étaient d'un tel sectarisme qu'ils ne s'épousaient qu'entre eux. Au bout d'un certain temps, toutes les grandes hordes se sont entremêlées, *il n'y a aucun problème...*

C'est l'une de ses formules favorites. Elle ne lui est pourtant pas tellement utile, il est assez sûr de sa langue. Les humbles incultes s'appuient, eux, sur des chevilles du type : « j'vous cache pas ! » ou « moi, j'vous dis carrément ! » ou « j'vous le dis en toute sincérité ! » qui sont non seulement des respirations de leurs phrases, mais aussi des soutiens dans leur effort pour persuader, car ils sont, eux, toujours dans la crainte de n'être point crus.

— ... Des Leenhart, des Fraissinet, des Peugeot, des Monod, des... (L'Ami continue la litanie patronymique.)

Maman : Je viens de lire qu'un sur quatre des gens haut placés est protestant.

L'Ami : Il faut dire, madame Chabrol, qu'on leur a, pendant longtemps, interdit l'accès à certaines professions. Ils se retrouvent donc tous à la tête des banques...

J'ai déjà entendu plusieurs fois ce raisonnement appliqué aux Juifs. Je vais donc tisonner le feu, pendant que fusent rires et plaisanteries.

Le Docteur : ... Plus on se civilise et plus on se perd. Vous vous souvenez de ce grand incendie qui a éclaté un soir, il y a sept, huit ans ? Dans la vallée de Légal, vers les Ronzières ? Un pin, qui est tombé sur les fils électriques d'une maison inhabitée et qui a mis le feu. Le feu s'est répandu dans la vallée de Légal, a enjambé l'*avès* de Berbon et le *serre* du Croupatas, a redescendu sur le versant d'Altéïrac, a commencé à remonter sur le versant de la Baume Farnaou qui est en direction de Péry, et de Coudoulous. Et, du côté opposé, le même feu s'est propagé : l'Agrevol, la Clédasse, Trémiéjols, etc. Autrement dit, toute la face nord du massif dit « des Crêtes » en direction de Chamborigaud. Bien entendu, on prend le parti délibéré de faire éteindre ce feu — ou plutôt de faire « considérer » ce feu de la manière moderne : déranger un nombre de gens infini : la troupe, les casernes de pompiers du Gard, etc. Grand rassemblement. Toutes les casernes du département, et certaines de l'Hérault, des Bouches-du-Rhône même, se concentrent devant la mairie de Chamborigaud et un peu partout dans le quartier [1]. Et, bien entendu, le grand jeu radio : « Bien reçu, O.K. pour moi, je passe sur réception... » Des manettes et des antennes... Le feu se propageait. Mais on « considérait » le feu. Bon. Et au milieu de la nuit — la deuxième ou la troisième... Quand le feu a eu pris une très large surface, grande émotion ! Dans le *pool-radio* qui recouvre toute l'opération sur un rayon de dix kilomètres, on entend un type annoncer qu'il a roulé sous sa Jeep, qu'il a de la peine à se dégager, qu'il a plus ou moins les jambes écrabouillées, on se prépare à lui porter secours, il n'y a qu'un cheveu, c'est qu'on sait qu'il est dans la région, autour du feu, quelque part, certainement pas où ça brûle mais un peu en dehors... Mais, lui ne sait pas comment s'appelle l'endroit où il se trouve. Il ne connaît pas le nom des routes qu'il a prises, ni les endroits où elles vont, il ne connaît pas le pays. Il est dans la région, il est sous une Jeep, sa radio marche, mais il est perdu.

Il y a moins de dix ans, on laissait encore les villageois s'occuper de leurs feux. Dès que la première fumée suspecte était signalée, tous les hommes se mobilisaient. Ils connaissaient le pays, les vents et même les courants d'air. Les femmes aussi joignaient leurs efforts pour leur apporter le café, le manger... Les incendies du mois d'août n'allaient jamais très loin. En plus, cela soudait le village, renforçait la solidarité montagnarde. Chaque membre de la communauté se sentait responsable du pays.

— ... Cet incendie a été éteint, continue le Docteur, dans son front ouest de propagation par cinq ou six types du pays...

---

1. *Le quartier*. Le Docteur, le Curé, l'Ami, d'autres qui en sont (ni touristes ni vacanciers), qui vivent là toute l'année, le nomment ainsi, tendrement. A mon idée, *notre quartier* va de Vielvic à Alès, du Pont-de-Montvert aux Vans. C'est à la jonction des trois départements : Gard, Lozère, Ardèche. Nous le connaissons dans les coins et, intimement, nous nous sentons *du quartier*.

Le Curé : Le problème, c'était de l'arrêter...

Le Docteur : Vous l'avez arrêté de manière artisanale et traditionnelle, non ?

Le Curé : Sur le front ouest, on n'avait pas la troupe. Elle était restée...

Le Docteur : Vous n'étiez pas gênés...

Le Curé : Parce qu'ils n'avaient pas arrêté le feu à « la rivière dite Luech » (nous rions). Nous, on s'était dit : De toute manière, s'ils n'arrêtent pas le feu là, c'est qu'ils veulent le laisser passer. S'il en est ainsi, ça ne nous intéresse plus. Qu'ils restent où ils sont. On était trois — quatre en me comptant — et une bande de spectateurs affolés. De nous voir faire. On a commencé un contre-feu, à partir de « ladite » rivière, et qui montait en direction de la route des Crêtes. On était sûr de notre coup. Chaque fois qu'on avait éteint une certaine longueur, on y mettait un type — qui était du quartier, quand même — pour surveiller, au cas où ça reprendrait. En haut, au-dessous de Figeyrolles, y avait le drame. Là, personne ne voulait tenter l'expérience, et c'était quand même foutrement risqué. Mimile m'a dit : « Si vous venez, moi, j'y vais... » On n'était pas tellement sûr de notre coup. En bas, il y avait un fourré inextricable, mais si le feu nous échappait du côté de Figeyrolles, il sautait sur un autre fourré, et le village brûlait. On s'est dit : « Maintenant qu'on l'a arrêté sur deux kilomètres, si on ne continue pas, c'est comme si on n'avait rien fait. » On s'est regardé : « Bon. Toi, tu vas prendre un genêt, moi, je vais tenir l'allumette. Et le genêt en flammes, nous le mettrons ensemble. Et on ira en taule ensemble, mon vieux ! »

Nous rions à l'idée de notre curé dans une cellule du fort Vauban, la prison d'Alès.

— ... A peine le feu a été là-dedans, un véritable orage ! Jamais vu ça ! Un bruit ! Les chênes verts se déracinaient, sautaient à des kilomètres ! Il y avait une sorte de condensation, en bas, et, en haut, ça pétait comme une bombe atomique, avec un véritable champignon de fumée... Vous ne pouvez pas vous imaginer ! « Cette fois-ci... Eh bien, mon vieux. » Finalement, les deux feux se sont rencontrés, ça a fait un dernier feu d'artifice, formidable ! Et puis ça s'est arrêté.

Maman : Vous aviez fait la part du feu.

Moi : Les autres, la troupe, les pompiers, ils n'ont rien arrêté ?

Le Curé : Rien ! rien !

Le Docteur, attristé : Ils étaient quatre mille ! Il y avait des camions militaires plein le canton, c'était formidable ! On ne peut plus sauver la baraque qu'en violant la loi...

Oui, la voilà, la grande différence entre le docteur de Diderot et le mien, entre son époque et la mienne ! *Du danger de NE PAS se mettre au-dessus des lois.*

Le Docteur : En 1967, il y a eu un autre feu... Nous allions acheter des chaussures en famille, le dimanche, à Villefort. En voiture, à midi moins le quart. Nous revenons de Villefort, vers midi et demi, une heure, la voiture pleine de petits souliers...

Mon docteur à moi est le père de presque une douzaine d'enfants. Je ne parviens pas à me tenir au courant. D'ici que ce livre voie le jour, sa tendre épouse en aura mis au moins un autre au monde, des jumeaux avec un peu de chance, ou des triplés pourquoi pas ? Je voudrais moi que ce soit à tous les coups des quintuplés, d'abord parce qu'ils sont magnifiques, ensuite parce que cette famille d'abondance nous venge un peu de toutes ces communales qui ferment à jamais, de tous ces vallons sans vagissements à l'heure qui est ailleurs celle des biberons.

— ... Nous franchissons le col que tu connais, à l'embranchement de la route qui monte chez le braconnier. « *Té !* y a une fumée ! — Ah... — Tiens, c'est sur Tourevès ! — Ah bon... — Encore un couillon qui a jeté son mégot. » On mange. Aussitôt après le repas, je dis : « On va voir. » La petite fumée était devenue un feu de six hectares qui, de mi-hauteur du Lozère sur Génolhac, grimpait lentement vers les Bouzèdes dans une rancarède où il n'y avait pas grand-chose à brûler. J'arrive au belvédère des Bouzèdes, à la table d'orientation, j'y trouve : Les pompiers, le garde forestier, toute une bande de spectateurs et de braves gens qui, partant du point de vue qu'il y a la route goudronnée, le vieux chemin des Bouzèdes qui lui fait suite, et au-dessus en deuxième ligne non pas le Canal Albert mais la route que j'ai ouverte en 1960, en concluaient qu'on avait deux fronts de combat, qu'on pouvait donc mouiller entre les deux chemins, allumer au-dessous du plus bas, ourler le feu d'avance et le laisser venir dans cette rancarède, paisiblement, sans aller s'y tordre le pied. Tout le monde approuvait : « Il faut faire ça. » Le garde forestier répétait : « Allez-y ! Une allumette ! » Lui, il avait pitié pour sa forêt. Et moi, pour le cabanon qui était derrière, plus la maison qui était en construction, plus tout le mont Lozère. Le capitaine était là avec une radio, un putain d'émetteur, une espèce de grand machin kaki, militaire, et il protestait : « Il faut rien faire ! — Comment ? Il faut rien faire ? — Heu... Les... Les chefs disent qu'il faut rien faire ! Ils arrivent. Ils viennent de Nîmes. Ils sont du côté de Boucoiran, et ils disent qu'il faut rien faire. » Je lui ai répondu : « Hé ! Ils sont à Boucoiran, nous, nous sommes ici ! » Il s'est fâché tout rouge. « Non ! on va avoir des histoires ! » Et c'était vrai : il est désormais interdit, le contre-feu artisanal, à l'initiative privée et bénévole... Il était trois heures de l'après-midi environ. Jusqu'à cinq heures et demie, on a assisté à la montée du feu, qui progressait tranquillement, et qu'il ne fallait surtout pas arrêter en chemin. Enfin, Nîmes est arrivée ! Le colonel, le lieutenant-colonel, les capitaines, les pompiers d'Arles, d'Aigues-Mortes, les types de Camargue... enfin des gens bien adaptés à notre territoire, et ils commencent à dérouler des lances de pompier sur les chemins. Nous, on les laisse là et on remonte un peu plus haut, à l'étage supérieur. A ce moment-là, les gens qui étaient restés un long moment au belvédère descendent pour demander à cette armée : « Qu'est-ce que vous faites là ? Il y a une route derrière... » Les officiers protestent qu'elle n'existe pas, qu'elle n'est pas sur leurs cartes. Je leur dis : « Certes ! Je l'ai tracée après vos cartes. » A ce moment, j'ai compris qu'ils ne voulaient rien faire, qu'ils voulaient... assister. Je crois savoir maintenant qu'il faut, une fois qu'on a dérangé tout ce monde, qu'on puisse dire que la surface brûlée a été telle que ça valait la peine de déplacer tout ça. Sinon, ça fait mauvais effet au point de vue comptabilité. Il faut que ça brûle. Ils aiment qu'il y ait une bonne surface, tant d'hectares... On prend le périmètre général, pour le communiqué, c'est mieux. Enfin, nous étions avec les gosses sur les six, sept heures, le soir, au chantier, derrière, là-haut, lorsque je m'aperçois que le feu a franchi les deux chemins. Le premier où il a brûlé deux cent cinquante mètres de manche de pompier et manqué mettre le feu à un C.C.I., « une citerne contre incendie » qui n'avait pas le droit de démarrer de là où elle se trouvait... C'est historique ! Et le feu avait franchi la dernière ligne de défense, devant ma maison... Et là, ça allait bon train ! c'est une pente comme ça (il fait le geste, du dos de la main). De très hauts genêts, qui n'avaient pas brûlé depuis longtemps, des genêts de deux mètres...

Ah, saloperie de genêts. Dire qu'il y a des gens pour trouver ça beau, oui j'ai vu, de mes yeux vu, des Parisiens vacanciers s'en tailler des bouquets !

— ... De gros genêts à balais, très serrés... C'est effrayant, quand c'est dans une croupe montante, comme ça, avec un petit vent du midi. Il s'amorce des courants de cheminée là-dedans, ça lance des flammes de vingt mètres de long, et y aurait-il un espace découvert de vingt mètres que ça le franchirait. Et comme chaleur... J'ai dit aux gosses qui étaient par là : « Allez ! allez ! on va sauver la maison, tant pis, on ira en taule. On dira aux amis de nous porter des oranges... » Je dis à Raymond : « Cours là-haut et fais-moi signe si la citerne a été vidangée » — parce qu'il y a des gens qui nous veulent du bien qui de temps en temps vidangent la citerne en tôle qui recueille l'eau de pluie. Raymond fait signe : « Y a de l'eau. » Bon. Alors, on abandonne les bagnoles et on monte. On s'est mis sous les ordres du papé Jullian qui avait l'expérience de ça, Jean-Pierre était là et nous a aidés. On a quadrillé autour de la maison avec des petits arrosages à la casserole sur dix centimètres de large pour découper le gazon sec en petits carrés de quatre mètres sur quatre, on a foutu le feu à ces carrés, on a arrosé les parois de la maison. D..., arrivé cinq minutes après, a choisi un endroit, un *estrangladou* (un étranglement), un chemin et la murette de la limite Gard-Lozère, il a brûlé cet estrangladou sur quinze mètres, puis il a commencé son ourlet côté forêt, côté chemin, côté forêt, côté chemin... A huit heures et demie, les deux feux se...

Il se claque les mains triomphalement.

— ... Ce que racontait le curé, ça s'arrête en trois minutes. Il y a deux fronts de flammes qui arrivent l'un vers l'autre...

Maman : Les anciens faisaient toujours ainsi.

— ... Et on ne voit plus que des coins qui continuent à brûler pendant des heures... C'était illégal. A ce moment-là, les officiels sont arrivés : « Et alors, ça a bien marché ! Qu'est-ce que vous avez fait ? »

Moi : Ils vous ont engueulés ?

Le Docteur : Non, pas du tout. On leur a préparé du café... Enfin, j'ai voulu. J'avais oublié qu'il y avait un nid de rats dans le tuyau de la cheminée, que la pluie avait tassé tout ça et rouillé le tuyau, et j'ai commencé par enfumer consciencieusement trois casernes de pompiers, avant que mon feu consente à démarrer. Tous ces gens venus de si loin : y avait Aigues-Mortes...

Moi : Aigues-Mortes monte jusqu'ici ?

Le Docteur : Oui ! Et le lendemain, ils étaient sur la carte au vingt millième : « Ça doit faire au moins tant d'hectares... — Mais non ! — Mais si, en comptant... »

Le Curé : Dites, Docteur, ça ne vous rappelle rien ? Certain incendie, sur le Bougès ? Deux nuits ?

Le Docteur : Oh si ! Encore une improvisation.

Le Curé : Eh oui. Il y a eu un garde des Eaux et Forêts, tenez-vous bien ! Ce type-là, on devrait le décorer. Là, il a joué un jeu terrifiant. Moi, je l'ai laissé aller, je ne pouvais pas faire autrement. Le gaillard avait un 70 CV Fiat à chenilles. Il m'a demandé :

« Curé, tu viens avec moi ? » Je me régalais d'avance. J'en avais ras le bol, ça faisait deux nuits qu'on passait là-haut. Il fallait en finir. Et lui aussi, il voulait en finir. Comme vous le disiez, on avait la forte impression que les autres ne voulaient pas que ça finisse.

Le Docteur : Il fallait que ça brûle...

Le Curé : Pour d'autres raisons, Docteur. Peut-être cette raison est bonne. L'autre serait beaucoup plus mauvaise, alors je préfère la taire.

Moi : Il faut la dire.

L'Ami : Quelle est l'autre raison ?

Le Curé : Le type, il me dit : « Viens ! — D'accord. » On monte sur cette espèce d'engin énorme qui passe partout, et pire que ça... (Il baisse la voix.) La nuit, à la lumière des phares... A certains moments, on frôlait le précipice... Là, je me cramponnais. J'étais comme ça, et je ne bougeais pas. Mon vieux, le type il fonce dans la futaie. Vous savez ce que c'est la futaie ? Des arbres de vingt mètres de haut... Les arbres tombaient sur cette espèce de monstre à chenilles. Le gaillard me criait : « Baisse-toi, Curé ! » Je vous le garantis, là, vraiment, j'ai eu peur. Je me disais : « Il ne va pas continuer comme ça ! » Il a continué comme ça. Il taillait sa route dans le bois. Alors... et c'est là que je suis descendu. Non... Parce qu'il y avait du monde. Il y avait deux à quatre mille personnes...

Le Docteur : Aux deux hôtels de Jalcreste et de la Croix-de-Berthel, on donnait à manger à tous les gens qui étaient là pour éteindre le feu... Il y avait cinquante fois plus de spectateurs que de types qui collaboraient. Toute une jeunesse dorée de Florac, de La Grand' Combe et de partout pendant deux jours et trois nuits est venue manger et boire aux frais de la princesse dans tous les bistrots environnants...

Le Curé : Alors, le gaillard, sur son engin, il a traversé la futaie. Moi, j'étais descendu. Ça tombait, le tank en vibrait. Dans une petite clairière tapissée de bruyère, avec sa lame de bulldozer, il poussait de côté les types qui dormaient...

Moi : Mais... ils ne se réveillaient pas ?

Le Curé : Même pas !

Le Docteur : Ça pousse en douceur. Quand on est poussé sur de la motte herbeuse, on ne sent rien du tout.

Le Curé : Le gaillard me criait : « C'est uniquement pour dégager la piste ! Si on les réveille, comme ils sont saouls, ils vont nous enquiquiner... »

Le Docteur : Il y avait partout des gens qui avaient bu.

Le Curé : Jean-Pierre, vous voulez que je vous dise le fin mot de l'affaire ?

Moi : Mais pourquoi il avait fait ça ?

Le Docteur : Eh bien, il a tracé une sorte de piste sur laquelle le feu s'est arrêté.

Moi : Allons, curé ! Dis-la donc, la vraie raison pour laquelle, à ton avis, le feu devait durer !

Le Curé : C'est, j'en ai peur, parce que les types étaient payés à l'heure.

Le Docteur : Je me rappelle être resté de faction à côté du bulldozer pour l'empêcher de prendre feu quand il passait trop près du brasier...

Moi : Finalement, les feux étaient beaucoup moins graves quand on laissait les villages s'en occuper ?

Tous : Oh là là ! Bien sûr !

Le Docteur : Écoute, Jean-Pierre, quand le pays était vivant et actif, les sous-bois étaient nettoyés, propres comme des sous neufs. Toutes les bêtes capables de bouffer quelque chose sous les châtaigniers y étaient gardées jusqu'à ce qu'elles aient fini de manger. Il ne faut pas se dire : Mon dieu, que ce pays devait être beau au Moyen Âge. Il ne ressemble plus du tout à ce qu'il était jadis, notre pays.

L'Ami : Un hectare et demi de châtaigneraie que je viens de nettoyer ! Je te garantis que c'est du boulot !

Le Docteur : Évidemment...

La macabre puanteur m'a surpris l'autre après-midi ; je remontais de Montpellier vers le Lozère par le chemin des écoliers : Saint-Jean-du-Gard, Le Pompidou, la Cam de l'Hospitalet, Barre-des-Cévennes, Cassagnas, Saint-Frézal-de-Ventalon, Saint-Andéol-le-Clerguemort... La pénible couleur aussi, car c'est à tort que l'on prend le noir pour la teinture funèbre, la mort en réalité affectionne plusieurs coloris mais en particulier celui-ci, jaune chaud comme un sable d'arène, jaune brillant comme un écu frotté longtemps entre pouce et index, jaune avide de sang, jaune assoiffé d'or, jaune froid, rictus de soleil.

J'étais en moto, j'en avais donc plein le nez, plein les yeux, je franchissais l'Aigoual et passais le Bougès en me disant : D'où vient cette persistante senteur de cimetière ? J'avais beau traverser en vrombissant hameaux en ruine et villages à l'agonie, longer les murs des fabriques ruinées, des filatures empoussiérées, toute cette désolation ne suffisait pas à rendre la Mort si présente, si concrètement pesante aux cinq sens...

Soudainement, j'ai compris : les genêts...

Jamais je n'avais tant vu de genêts dans la vieille Cévenne. Elle en était jaune, horriblement jaune, et puante.

— Ça pousse tout seul, et partout, m'a expliqué la semaine suivante Daniel Travier auquel je confiais mon obsédante découverte. Il y a deux espèces de genêts. Ce sont les petits qui sentent le plus fort, leur odeur entête...

Oui. Je me souviens, ce soir-là, arrivant chez moi, à Chamborigaud, j'avais le cœur au bord des lèvres.

Les morts humains ont leur odeur, elle est connue, et tant mieux pour ceux qui ne la connaissent pas encore. L'odeur, la senteur d'un pays qui meurt, c'est le parfum des genêts, je sais cela, vous pouvez le répéter. Un pays agonisant a déjà sa couleur, celle, jaune, insoutenablement jaune, des genêts en fleur. Le genêt, qui arrive dès la mort du champ, qui se glisse jusqu'aux seuils dès la mort du paysan, qui entre sous les toits crevés dès la mort du mas, les genêts, grappes d'asticots sur les grands cadavres de nos provinces.

L'Ami : Pour nettoyer les châtaigniers, il faut faire tomber ce qui est mort...

Maman se lève. Elle prend congé pour aller se coucher. Elle embrasse affectueusement le Docteur, très émue : « Vous ne vous souvenez pas de certaines nuits ? Tu sais, comment il a soigné ton père ? » me demande-t-elle.

Sacré toubib. Bougre. Il a de ces façons... Un soir mon père était passé très près de la mort. Le Docteur avait fait tout le nécessaire, tout. Enfin, épuisé, il avait vu le mourant revenir à la vie. Alors, il avait demandé : « Madame, maintenant, laissez-moi seul avec votre mari. » Tout le monde s'était retiré. Au bout d'un moment, ma mère inquiète était rentrée doucement dans la chambre. Elle avait trouvé le Docteur à genoux au pied du lit. Il remerciait Dieu d'avoir sauvé mon père.

Il arrive au Docteur de s'adresser à maman à l'impromptu, sur un ton que je n'ai jamais entendu personne employer avec elle, et qui me touche infiniment. Parfois, au cours de la soirée, il réclame le silence parce qu'elle parle : « Écoutez ce que dit la maman Chabrol. » Il n'y a rien dans ce respect d'une politesse apprise. Le Docteur, qu'on me comprenne, est réellement intéressé par ce que peut dire ma mère. Il sollicite son avis comme il en appellerait à une grande voix du passé.

Le Docteur fait semblant d'avoir oublié la terrible nuit, mais peut-être l'a-t-il réellement oubliée, il a tant de fois lutté contre la Camarde, des soirs, des nuits entières, sur les trois pentes du vieux mont chauve...

— Il ne se souvient pas de ses bonnes actions, répète maman, et elle ajoute : ça, c'est le propre des chics types !

Le Docteur : Dormez bien, madame Chabrol.

L'Ami : Faites de beaux rêves.

Maman : J'ai passé un bon moment.

Après son départ, je reviens à la discussion :

— Comment était-il, le pays, jadis ? Tu dis qu'il a beaucoup changé...

Le Docteur : Écoute, j'ai des photos de 1875, je te les ferai voir. C'est un moment de décadence, celui-là. Le dépeuplement était amorcé. C'est raclé. Ça ressemble plus à l'Afrique du Nord qu'à autre chose. Les versants raides que nous connaissons, où poussent maintenant les ronces, les broussailles et les genêts, sont raclés, et on voit le minéral à nu, avec des espèces de grandes rainures comme sur le flanc des volcans. Il y a des coins rayés où il n'y a pas de *faïsses*, pas de murs de soutènement, pas de broussailles, pas de cultures, pas de genêts, pas de châtaigniers. De vastes surfaces, qui forment de grandes pelades. C'est sur ces terrains-là que les Eaux et Forêts ont reboisé en priorité. Mais, même sous les châtaigniers il y avait de l'herbe rase comme ça, les *pellous* (les bogues) enlevés, accumulés, les feuilles utilisées pour les litières, les fougères à autre chose...

Moi : On ramassait les *pellous* ?

L'Ami : On est obligé de le faire. D'abord s'ils y sont, tu ne peux pas mettre les bêtes, et, en second lieu, tu n'es pas à l'aise pour ramasser les châtaignes si tu as les *pellous* de l'année d'avant. Nous, je te le disais, on a une vingtaine d'hectares de châtaigneraies, il y a un hectare et demi qu'on est arrivé à nettoyer, et encore ! pas aussi bien qu'ils le faisaient autrefois !

Le Docteur : Ma clientèle médicale d'il y a vingt ans était en partie sur le plateau du Lozère ou sur ses flancs, sur le secteur de Pont-de-Montvert. Une partie appréciable a glissé vers Génolhac, vers Alès, vers La Grand' Combe...

Chacun cite en exemple les familles paysannes qu'il connaît bien et qui ont suivi ce glissement le long des flancs de la montagne vers les vallées, vers les villes, certaines de ces familles ne passant que l'hiver dans les creux et remontant au printemps vers le mas de haute montagne pour y demeurer jusqu'à l'entrée de l'hiver suivant.

Puis l'Ami me charrie sur mes séjours parisiens.

Moi : Écoute, lorsque je quitte le village, j'ai toujours l'impression de partir au bout d'un élastique, et lorsque mes forces lâchent, l'élastique me ramène brutalement ici...

Le Curé : Il faut absolument que vous voyiez quelque chose, au bord de la Cèze. Docteur, vous êtes bien d'accord ? Nos paysans, c'est ce qu'ils ont fait de plus formidable.

L'Ami : Je repense à ça, chaque fois que je vois ces vieilles voûtes, construites selon les méthodes perdues...

Le Curé : C'est énorme !

Le Docteur : Et on ne sait pas ce que c'est.

Le Curé : Non. De toute manière, mettons que ce soit le travail de paysans, eh bien, ça...

Le Docteur : Vous imaginez des soldats ayant fait ça ? Ou un peuple de paysans ?

Le Curé : En tout cas, quoi que ce soit, tel que c'est, ça défie l'imagination.

Moi : Mais, à la fin, de quoi s'agit-il ?

Le Docteur : Quelque chose d'étrange qui ne peut même pas être nommé. On connaît le nom du lieu-dit, mais quant à dire ce que c'est... Comme on préciserait d'une autre chose : c'est un temple, c'est une église, c'est une caserne, c'est un pont, on ne peut pas le dire de cette chose-là, ça n'a pas de nom précis, on ne sait pas à quoi ça servait. C'est une espèce de construction, de cailloux gigantesques...

Le Curé : Docteur, vous n'en avez vu que la moitié, vous. Le plus beau n'est pas là, encore.

Le Docteur : Ça tient de l'allée couverte, du menhir, du dolmen plutôt, de la...

Le Curé : Jean-Pierre ! Dès que vous avez un moment, téléphonez-moi, je vous y emmènerai. Il faut avoir vu ça !

Le Docteur : C'est absolument étrange. Et ça va disparaître, ça va être noyé par le barrage de Sénéchas.

Le Curé : Oui. En partie. Si c'était à usage agricole, par exemple pour les traversiers, alors c'est sûrement ce qu'il y a de plus formidable dans toutes les Cévennes. Ça comporte 52 — cinquante-deux ! — escaliers de 11 marches, en moyenne, dont certains à double révolution, sans parler d'une galerie couverte de dalles monstrueuses, une galerie de 70 m — soixante-dix mètres ! — de long...

Moi : C'est la première fois que j'en entends parler !

Le Docteur : Mais il n'y a personne qui le connaisse ! (Montrant le Curé :) C'est lui qui nous a révélé ça !

L'Ami : Tu sais que pour le trouver, si tu ne connais pas le chemin...

Le Docteur : C'est perdu, là-bas... C'est un coin où de mémoire de documents du Moyen Age, il n'y a pas de trace de population importante. C'est un coin qui était parcouru par les chasseurs ou les pâtres, mais il n'y a aucune trace d'habitat historique. Tu vois la montagne qui va de Concoules jusqu'au confluent de l'Homol et de la Cèze, sous Sénéchas, par Montredon, la Felgère... c'est cette sorte de grande échine qui termine pointue comme une dent plongée entre les deux rivières, eh bien, dans la presqu'île qui est entre les deux rivières, sur la face nord, en plein *avès*, dans une espèce de grand bois de chênes verts très touffus, il y a des espèces de grandes *faïsses* de pierres sèches et au milieu de tout ça, une sorte d'édifice bizarre.

Le Curé : Avec des escaliers...

Le Docteur : Et on ne peut pas donner de nom à ce machin-là. Est-ce une installation métallurgique, un monument rituel, un dispositif hydraulique, on ne sait pas. Et il y a une allée couverte comme dans certains ensembles de dolmens.

L'Ami : Tu n'as pas un moment, un jour, là ?

Le Curé : Ah ! ça vaut la peine !

Le Docteur : La différence avec certaines allées couvertes que l'on trouve en Bretagne, ou dans le Massif central ou même dans les Cévennes, c'est qu'on les trouve généralement sur des versants relativement doux, où il n'y a pas eu un effet de ravinement récent qui aurait tout emporté. Or, là, c'est un secteur très à pic, où toutes les forces naturelles auraient dû le démolir, et ça tient.

Le Curé : A n'en pas croire ses yeux !

Le Docteur, raidissant sa main droite vers le sol : C'est dans un endroit comme ça, et ça tient.

Moi : Tu sais, il y a de ces rochers énormes bizarrement étagés, encastrés soigneusement les uns dans les autres, tu vois ceux que je veux dire, entre Finiels, Fraissinet, l'Hôpital, on se demande comment ça tient.

Le Docteur : Oui, mais ça, ce sont des amoncellements naturels, on en connaît bien le processus. Et c'est dans le granite[1], là-bas ! La majeure partie d'entre eux sont naturels, quand même.

Moi : C'est naturel ?

Le Docteur : Oui, oui.

Le Curé : Et non glaciaire !

Le Docteur : Tandis qu'ici, c'est du schiste, et ça a tenu.

Chacun raconte ses propres découvertes : cairns, cupules ou croix de Malte creusées en plein granit... On se promet de s'y emmener les uns les autres. Je reparle de ces traces de petits pieds nus imprimées dans un roc quelque part aux alentours du Chamas, et que le cantonnier montrait à ses enfants, expliquant : « *Aqui, las fadettos venou dansa la nuètt'*... (Ici, les petites fées viennent danser

1. Le Docteur, qui n'est pas un minéralogiste pour rire, est le seul d'entre nous à prononcer le E final de GRANITE. « Le GRANIT sans E, c'est, prétend-il, celui des poètes. »

la nuit.) » Le Docteur et le Curé discutent des lieux où l'on découvre ce genre de traces.

Le Docteur : ... Les « petits pieds des fées » du cantonnier sont sur un autre alignement. C'est donc encore près d'un chemin de crête très ancien.

Le Curé : Il y en a certainement ailleurs.

Le Docteur : Il y en a partout, de ces sortes d'empreintes.

Le Curé : Pas partout !

Le Docteur : Non. Mais il y en a un paquet.

Moi : Alors, il disait : Ce sont les fées — *las fadettos* — qui viennent danser.

Le Docteur : Ouais, ouais. Si on rassemblait tout ce qu'on peut entendre par l'un ou par l'autre, on verrait qu'il y en a un paquet...

Le Curé : On finirait par trouver une drôle d'histoire. Mais, ça, là-bas, il faut venir le voir. Vraiment. Il faut faire travailler les imaginations là-dessus. Peut-être, vous, Jean-Pierre, vous qui êtes neuf dans l'affaire, vous apporterez quelque chose.

Le Docteur : Oui, toi qui n'es pas contaminé par des préjugés archéologiques, par des trucs de « précédents », d'interprétations bibliographiques. Parce que, dans ces domaines-là, où l'on ne sait plus très bien où l'on va, tel ou tel type du métier — *les proufessionnels !* — sont sous l'influence des différents cours qu'ils ont subis, imbus d'idées canoniques, les idées bienséantes répandues par la littérature spécialisée. Quelquefois l'idée à la mode est bonne, quelquefois on l'épouse parce que c'est la conception d'une sommité qu'il ne faut pas contrarier...

Il sait de quoi il parle. Il lit tout. Je me demande comment il fait, comment il arrive à bourrer sa vie sans la précipiter, car il vit à la fois sur terre, dessous et dans le ciel, mon petit docteur géologue, archéologue et simplement chrétien.

De constructions mystérieuses en rocs étranges, les pieds tendus vers mon feu de mûrier, l'œil vague, le sourire bienveillant et la parole alanguie, nous parcourons *le quartier*.

Le vent du nord s'est levé sur les minuit. Le voici qui entonne la vallée. Ses bourrasques, sur l'élan qu'elles prennent depuis Vialas par les corridors du Luech, font tanguer le vieux mas. Je rajoute le torse d'un mûrier qui eut à nourrir sans doute ici, dans la pièce où nous veillons, des générations de vers à soie.

Car moi aussi j'ai transformé l'ancestrale magnanerie en « salle de séjour »... Il y a, paraît-il, dans la vallée Borgne, un promoteur parisien qui s'est spécialisé dans cette métamorphose : il rachète systématiquement les magnaneries empoussiérées pour les aménager en résidences secondaires...

Mais qu'en faire d'autre ?

Le filigrane de cette veillée, le voilà bien, à savoir ceci, pour être bref, courant sous la peau du moins nostalgique de nos propos : « Ce temps que nous aimions nous échappe et nous n'y pouvons rien. Il n'y a même pas l'apparence d'une raison pour le défendre. Ce pays que nous aimons se dissout irrémédiablement dans le temps qui vient et nous n'y pouvons rien, rien ! » Mais j'ai envie de crier, de hurler sans répit : « Je ne m'y ferai pas ! Je ne m'y ferai jamais ! » C'est pourquoi je parle à voix basse, et je ne suis pas le seul, devant ce bûcher de nos mûriers lâchement abandonnés.

— Jean-Pierre, il faut que vous trouviez un moment pour descendre à la Cèze !

Le Curé, insistant, revient sur son monument inexpliqué.

Nos préoccupations paraissent dérisoires quand, pour parvenir jusqu'ici, l'on est passé par Fos-sur-Mer, Port-Camargue et La Grande Motte, nous glissant, menus, minables, parmi les bulldozers et les caterpillars, dans le grouillement jaune des colossaux coléoptères d'acier. Et pourtant, mille pardons ! C'est nous qui sommes les seigneurs, les princes du raffinement, oui, nous ! les derniers, nous les clochards magnifiques, nous les Charlots de l'Histoire. Ma mère, enfant, n'avait pas à envier les robes neuves de la petite voisine parce qu'elle lisait Hugo, et moi, son fils, qui ne suis ni ministre ni promoteur, quand on frappe au portail du pauvre vieux Gravas, je vais ouvrir, heureux, confiant, car voici les voyageurs couverts de poussière, Jacques le Fataliste et son maître. J'envoie, moi je le peux, le maître coucher à l'écurie, alors Jacques, s'installant devant ma *bougne* de mûrier, à la place d'honneur, me donne raison :

« Mon maître a peu d'idées dans la tête ; s'il lui arrive de dire quelque chose de sensé, c'est de réminiscence ou d'inspiration. Il a des yeux comme vous et moi ; mais on ne sait la plupart du temps s'il regarde. Il ne dort pas, il ne veille pas non plus ; il se laisse exister : c'est sa fonction habituelle. »

Mon Curé se trémousse :

— Jean-Pierre, quand viendrez-vous au bord de la Cèze ?

Je pense aux lessives de cendres, c'est un soir à tout mélanger.

Mon Docteur se met à parler du gravier que l'on répand sur nos routes :

— ... Certains de ces graviers sont un échantillonnage incroyable de pierres de toutes nos montagnes. De tout un bassin de rivière. Les galets durs pris à un point donné, comme à Ribaute, proviennent d'un périmètre très précis délimité par toutes les montagnes qui entourent le bassin versant.

L'Ami : Un jour que nous nous étions rencontrés, le Docteur et moi, sur la route de Vialas, il m'a fait cette démonstration en plein milieu de la Nationale 598. Il m'a dit : « Regarde... » en saisissant une poignée de graviers. Et nous voilà, accroupis, *accagassounés* au beau mitan. Comme la position est fatigante, on s'installe, on s'assoit. Le toubib entreprend de trier le gravier, de l'*espézir*, à la façon des lentilles : « Tu vois ces roches qui ont roulé de notre mont Lozère jusqu'à la plaine, on nous les remonte concassées, broyées... » Soudain, on entend : « tutt' ! tutt' ! » Un klaxon. On relève la tête pour toiser l'impatient, l'empêcheur de trier en rond... Un enterrement attendait en silence qu'on veuille bien dégager la route. Les gens, les voisins, la famille, les croquemorts et les chevaux nous regardaient, l'œil rond...

Le Docteur : Qui était-ce, déjà, celui qu'on enterrait ?

L'Ami : Je ne sais plus mais, dans ce cortège, nous connaissions pratiquement tout le monde. Quand nous nous sommes écartés, nous les avons passés en revue. Ils nous regardaient curieusement, ils devaient se dire : « Le Docteur et son copain, ça va pas mieux, tous les deux... »

Cette surprise, de la part des gens du *quartier*, je n'y crois pas trop, ils connaissent bien leur médecin. Pour ma part, la plupart des conversations que j'ai eues avec lui se sont également déroulées sur des routes et des chemins, au hasard des rencontres. C'est ainsi que nous devisons, assis sur un talus, les yeux dans une vallée. Parfois, c'est la bagnole du toubib que je repère, comme abandonnée contre un parapet, sa vieille 2 CV dépenaillée, bourrée de pierres picorées ici ou là. Je fouille des yeux les alentours, je tends l'oreille, et je finis par entendre les petits coups de son marteau minéralogique. Certes, il ne frappe point le rocher pour en faire jaillir de l'eau mais il réveille ainsi des fantômes en abondance.

Notre veillée se peuple en ses quatre coins d'ombre.

Les personnages de cette caste sont investis d'un « pouvoir discrétionnaire » infiniment plus étendu que celui du plus puissant des présidents de cour d'assises, et, en vertu de ce pouvoir, ils citent à comparaître les témoins impossibles, vivants ou morts, de grands disparus plus sonores que des cotisants et d'humbles survivants investis de la noblesse antique.

De petits vieux très doux, tout en rides et en sourires, viennent prendre place avec des manières surannées dans les angles lointains.

Elle est revenue s'asseoir, la vieille, la grande, la maîtresse des lieux, la mère de mon père. Elle s'est assise le buste droit, les jambes par côté, les bras de l'autre côté, vers l'eau. C'était sa position au bord du canal, quand elle lavait son « linge du jour » car, chaque matin, elle lavait son mouchoir, son jupon, son corsage et sa chemise. La peau de son visage est tendue par les os, tendue, tendue insoutenablement, sa peau translucide et douce.

Elle est revenue, la vieille, au coin de cette cheminée qui est au-dessus de la sienne, elle est revenue pour me dire : « Pourquoi voudrais-tu, *moun Pierrou*, que notre civilisation ne meure pas, je suis bien morte, moi, morte depuis vingt ans ? » Voilà qu'elle a parlé comme si elle avait été dans les écoles, elle qui jurait, crachait tous les trois mots, dans le vieux parler, avec des *misero de tchi*, des *puto dé vido* et des *mounstré pamén*, elle n'a pas dit autre chose, elle qui ne passait pas une heure sans évoquer la mort qui l'attendait, et la mort des autres, et la mort des choses, elle qui n'allait pas au temple parce que la mort ne la choquait pas, ne l'inquiétait pas, elle qui tuait les lapins d'un seul coup de son poing derrière la tête, elle qui sut tendre la nuque au temps...

Voici que nous parlons à présent d'un qui est peut-être encore vivant mais qui n'appartient déjà plus à ce monde puisqu'il taille le granit, sans machine, seul à seul avec le roc.

L'Ami : On l'appelle « le magicien du granit ». Il déplace des pierres qui pèsent trois fois comme lui...

Le Docteur : Il est tout petit, maigre comme un *pi-ou pi-ou*.

L'Ami : Et il ne force pas. Il attend. Il y a une chose que je ne comprends pas : il mouille et pourtant il emploie des bavettes et un coin... Il faut dire qu'il passe dix bonnes minutes à regarder sa pierre, à la tâter un peu de tous les côtés, donc il sait où il va. Il taille son emboîture. Il tape avec son vieux marteau mais pas très fort et en tenant cet outil très près de la tête, tu vois, comme ça... L'inertie, quoi. Il cogne pas.

Le Docteur : Et au son.

L'Ami : Et là-dessus, il se roule une cigarette. Tout d'un coup ça fait...

Le Docteur : Clac !

L'Ami : Crac ! et la coupure est droite, la tranche parfaitement plate. C'est impeccable. Je n'ai jamais compris comment il y arrivait. Moi, j'ai essayé. Je suis rentré chez moi, après avoir bien regardé comment il s'y prenait, j'ai fait pareil... Un jour, deux jours, j'ai usé des...

Le Docteur : Avec quoi tu l'as vu trouer ?

L'Ami : Avec un poinçon.

Le Docteur : Tu es sûr ? C'est un poinçon ou une vieille lime reforgée ?

L'Ami : Bon, mais, écoute-moi, Jean-Pierre, il a refait le pont des Hortails, à l'entrée de Vialas, quand on a élargi la route. C'est lui qui a refait le tablier. Je lui ai demandé : « Vous avez cassé des pierres ? — Bien sûr, je les ai toutes cassées. — Il vous a fallu combien de temps ? — Oh ! un gros mois quand même. On était deux. Un gros mois pour casser les pierres, et quinze jours pour monter le tablier. — Des pierres de ce poids-là ? — Oh ! Oh ! jamais on les monte, les pierres ! — D'accord, mais même pour les descendre... » Quand tu vois ces mastodontes qui bougent ! Même pour les descendre, il faut pouvoir le faire. Il sait faire marcher les rochers.

Le Docteur : Ah ! Il est bien, ce gars-là !

Moi : Quand ce gaillard sera mort, qui sera encore capable de tailler le granit ?

Le Curé : Voilà le hic !

L'Ami : Je ne sais pas. En tout cas, un gros entrepreneur m'a dit : « Chaque fois que j'ai un problème de granit, je vais le voir. Parce que nous, on n'est pas capable de s'en sortir. »

Le Curé : L'autre jour, je passais là-haut, où les Ponts et Chaussées ont un grand chantier, vous savez ? Ils étaient en train de tailler, suivant la méthode habituelle : un trou, dans lequel ils mettent, vous savez...

L'Ami : De la dynamite.

Le Curé : Oui.

Le Docteur : Ou de la poudre noire.

Le Curé : Oui. Je m'étais arrêté pour les voir faire... Notre tailleur de granit s'était arrêté, lui aussi... Il regardait ça, lui aussi. Il m'a dit une seule phrase (la voix du Curé est très triste), et puis il est parti, il m'a dit : « Ils savent pas s'y prendre. »

Le silence qui suit est long, nous nous en apercevons tous. Le Curé, le Docteur et l'Ami me regardent : il faut que je m'intéresse à leur « magicien du granit », il faut que j'aille le voir, que je l'interroge, que je le filme... Ils sont enthousiastes et plaintifs :

— Il faut aussi, absolument ! trouver un après-midi pour descendre à la Cèze !

Car il y a par là, dans le quartier, l'un des Louksor méconnus de la Cévenne, et menacés...

Jacques Debronckart chante à son enfant :

Toi qui nais cette année,
Grandis, dépêche-toi,
Viens faire nos randonnées
Par les vill's, par les bois.
Ell' vieillit, la contrée (bis)
Et le temps n'attend pas.
Je voudrais tant te montrer ces églises,
Ces châteaux, ces rues, ces vieilles maisons...

L'Ami : Je t'assure, quand tu vois une boule de granit énorme et un petit gars comme lui, qui la fait bouger... Mais je te l'affirme : il marche devant !

L'Ami dit si bien, mains ouvertes vers l'avant, le menton sur l'épaule, et roulant vers l'arrière des regards apeurés, qu'on les voit : le petit bonhomme marchant, et les rocs gigantesques le suivant...

Le Docteur : C'est un type adorable.

Moi : A qui a-t-il appris son métier ?

L'Ami : A personne.

Moi : Cela dit, ce n'est pas en le filmant que...

Le Curé : Oui, mais au moins qu'on ait le témoignage !

L'Ami : Il a raison : voir péter une boule en deux ! c'est un moment, je t'assure... Moi, je l'ai vu faire, et je suis incapable de te l'expliquer.

Moi : J'ai essayé de travailler le granit. Mon père, s'il était encore là, vous raconterait les savons qu'il m'a passés parce qu'il retrouvait toutes ses limes cassées du bout. Je les démanchais, je les aiguisais, je les utilisais à l'envers comme poinçons, je les cassais, alors, je reglissais le moignon dans le manche, mais quand mon père utilisait une lime, le bois lui restait dans la main.

Le Docteur : Ce qui serait très intéressant, c'est de rapprocher un géologue ni flambard ni prétentieux, mais connaissant très bien le granite — il y en a bien quelques-uns qui le connaissent au moins sous l'angle laboratoire ! — et notre bonhomme...

Le Docteur rêve un instant dans notre silence, soudain, il sursaute, s'écriant : « Et les trempes ! »

Moi : Les trempes ?

Le Docteur : Les trempes. Les fers que l'on avait au Moyen Age. Et les types qui ont fait les pierres de taille en granite, de par ici, ils les ont taillées quand même en se servant d'outils de fer. De quel fer ? Et trempé comment ?

L'Ami : Ça, on le retrouverait, c'est pas vieux. Il n'y a pas si longtemps que l'on utilise des outils venant de l'extérieur.

Le Docteur : Les aciers spéciaux, ils se baladent sur le marché depuis quatre-vingts ans, pas plus.

Le Curé : Mais en l'An Mil ? Comment ils ont fait pour tailler ces pierres au rasoir ?

Nous parlons des gens qui collectionnent les outils, de Pierrot Guibert, l'hôtelier de Saint-Cyr-sur-Morin [1].

A propos de la scie des scieurs de long, nous nous remémorons les chansons de métier.

Le Docteur : Il y en a une, locale, une d'ici, pour les scieurs de long, que ma grand-mère me chantait :

Tiro la resso Djan Vidaou
Tiro la tu qué siès plu naou !
La trémpo es bono, lou vïn mèlhou,
Tiro la tu moun coumpagnou !

(Tire la scie, Jean Vidal,
Tire-la, toi qui est plus haut !
La « trempe » [2] est bonne et le vin meilleur
Tire-la toi, mon compagnon !)

Ça, c'était les berceuses de mon enfance !

L'Ami (chantant aussi) :

Quand lou ressaïré béou dé boun vi,
La resso faï titchi-ou titchi-ou !
Quand lou ressaïré béou dé trémpa
La resso faï fla, fla...

(Quand le scieur boit du bon vin,
La scie fait titchi-ou titchi-ou !

---

1. Cf. *Contes d'outre-temps*, Plon : « Objets personnels ».
2. La « trempe » (ou le « serma ») = vin + eau. Je suppose que le patois de la chanson joue sur cette « trempe » et sur la trempe de l'acier.

Quand le scieur boit du trempé,
La scie fait fla, fla...)

Ce titchi-ou titchi-ou, onomatopée fredonnée, c'est si doux, si agréable à la bouche, aux lèvres, que je me le ressers tout seul dans mon coin.

Sur les derniers *titchi-ou titchi-ou* commence le défilé des forgerons de village, des maréchaux-ferrants dont les feux s'éteignent un à un.

Un autre jour, le Curé me parlera de M. Deleuze, ce vieux couvreur du Collet-de-Dèze, l'un des derniers de la Cévenne qui savent encore parfaitement faire un toit de *lauzes* (pierres plates, éclats de schiste) : « Cet artisan incomparable rêve de rencontrer deux jeunes gens que ceci intéresserait pour leur enseigner les secrets de son métier car, précise-t-il lui-même avec consternation, sans ça, je les emporterai dans la tombe... »

Le Docteur : ... Et vont se perdre à jamais le savoir-faire et le coup de main du René Bertrand de Génolhac !

L'Ami : Un jour, je me suis trouvé tout bête devant lui. « Mais, mon Dieu, monsieur Bertrand, vous avez des fenêtres qui donnent sur la rivière, et vous restez dans le noir. Mais lavez donc vos vitres ! — Hé, couillon, je ne verrai plus la couleur, après, pour tremper ! » J'ai dit : « Pardon, excusez-moi, dorénavant, je ferai attention avant de parler ! »

Le Docteur : Il travaille au fond d'une espèce de tanière... Et les fers de *béchard* ? Il refait les pointes en utilisant un fer pinçant qui prend sur les bouts usés.

L'Ami, littéralement soulevé d'enthousiasme : Exactement ! Il te fait une pince dans l'acier, qu'il rajoute au bout usé. Il te monte les deux à la même température, et (chuchotant d'admiration) il te les soude ! Après quoi (voix normale) il te porte le tout à une certaine température et il trempe très sec. La pointe. Il trempe un peu moins sec le reste... Tu vois ? Tu as quatre ou cinq aciers différents dans la seule pointe du *béchard*. Quand c'est fini, tu dirais un outil qui sort flambant neuf de Manufrance.

Moi : Quand je travaillais sur les documents de l'époque des camisards pour écrire *Les Fous de Dieu*, je lisais souvent « faux manchées à rebours ». L'expression revient constamment dans toutes les jacqueries. Lorsque les paysans, les gueux, ne sont pas contents, ils parlent de « mancher les faux à rebours », j'ai entendu encore cette expression dans mon enfance, et très sérieusement proférée. Alors j'ai voulu savoir ce que c'était, exactement, une faux « manchée à rebours ». J'ai pris une vieille faux dans la remise et je l'ai apportée au maréchal-ferrant de Saint-Cyr-sur-Morin : « Vous savez ce que c'est, une faux manchée à rebours ? — Oui. — Celle-ci, pourriez-vous me la mancher à rebours ? — Donnez. » Il a frappé un petit coup sur le coin qui tient le manche serré dans le collier. Il a ramassé le fer de la faux, il l'a saisi par la pointe, l'a plongé dans le foyer de sa forge. Deux coups de marteau. Dans l'eau. Il a replacé la lame sur le manche, remis le coin : « Voici votre faux manchée à rebours. » On aurait dit que ces gestes, il les faisait tous les jours, qu'il n'avait jamais cessé, depuis le Moyen Age, de travailler pour les jacques.

Le Curé nous rapporte que, près de Marvejols, un moulin a repris son activité depuis trois mois :

— ... Il moud du blé. Et il n'arrive plus à fournir assez de farine pour les boulangers du coin. Ils n'en veulent plus d'autre. Ce moulin tourne suivant le vieux système, avec l'eau du Lot. Et moi je me dis : Nom de nom ! Tant qu'il y a des types qui reviennent, et qui recommencent, comme ça, c'est pas foutu !

Le Docteur : Ce sont des blés du pays ?

Le Curé : Oui. Des froments du Causse.

Il a beau répéter allégrement : « Ça donne à réfléchir ! » il le sait bien, nous le savons tous, cet exemple isolé, ce n'est qu'un « combat de retardement », comme diraient les militaires. Le Docteur demande néanmoins : « Et vous en faites un signe des temps ? »

Le Curé : J'en fais un signe, oui, surtout que remonter tout ça avait coûté des millions : les tamis, les pierres de meule, c'est pas rien. Les boulangers, il faut les comprendre : d'abord, on leur avait enlevé tout ce qui était germe dans le blé — il y avait tellement de triages qu'on ne leur donnait plus qu'une espèce de farine extrêmement fine, qui était très dure à mettre en pâte. Enfin c'était un mélange d'un peu n'importe quoi, des fèves, du maïs, de tout, et presque plus de blé... Lui, il a repris avec du froment, puis avec du seigle, puis avec les deux, et il fait des farines ! (Le Curé soupire :) Peut-être que, des fois, à force d'appuyer dans un sens, ils finiront par provoquer une espèce de retour...

Et nous revoilà donc à parler boulangerie, à parler four. Je repense aux confidences de maman sur ses jeunes années. Le pain ! De nos jours, on en mange de moins en moins. Les boulangers, les vrais, disparaissent un à un. On achète des biscottes, du pain sous plastique, dans des dépôts de pain, au rayon boulangerie de supermarchés qui ne disposent, eux, d'aucun four et font venir leur produit d'usines boulangères. D'ailleurs, la plupart des gens ne travaillant plus physiquement, le pain a pris mauvaise réputation, il fait grossir... Bientôt, les curés eux-mêmes n'oseront plus le donner en communion.

Je leur raconte une visite que j'ai reçue ici, au mas, l'été dernier. Un groupe de jeunes, une demi-douzaine, qui étaient venus camper dans les Cévennes pour la première fois. Ils étaient là depuis moins d'une semaine, ils avaient à me parler. Je les ai écoutés. Ils ont ainsi commencé : « Voici ce que nous pensons qu'il faut faire pour sauver ce pays... »

Le Curé : Et votre entretien s'est terminé comment ? Très vite, je gage ?

L'Ami : Et très mal, non ? Ça, le nombre de gens qui débarquent pour nous expliquer comment il faut vivre en Cévennes, c'est incroyable. Ils me rappellent le gars qui se fait soigner par un bon psychiatre qui lui dit, finalement : « Écoutez, je peux vous rassurer, vous ne souffrez pas d'un complexe d'infériorité, vous êtes inférieur. »

C'est aux Vans en Ardèche qu'on m'a conté ceci : un ancien colon, ou colonial, ou colonel fait sur le tard un retour à la terre par le biais des abeilles. Comme il a beaucoup voyagé, il a des idées sur la question : une ruche révolutionnaire précisément, moulée dans la terre cuite. Quand il faut recueillir le miel, on retourne l'engin, on le couvre d'une vitre, le soleil fait le reste.

Péremptoire, le colonel expose sa trouvaille devant son rucher dernier cri. Les paysans l'écoutent silencieusement mais, après le laïus, au cours de la dispersion, deux d'entre eux échangent un regard, un soupir : « Quel dommage qu'il ait mis ses ruches au nord ! »

Nous évoquons l'implantation de deux ou trois petites usines à Alès...

Le Curé : En tout cas, on devrait en profiter pour évacuer certains trous à population, près des mines.

L'Ami : Tu te souviens de ce qu'on nous avait raconté ? Un délégué mineur, je crois, qui avait demandé au directeur des Houillères pourquoi les logements ouvriers étaient disposés au fond de ces trous de vallées, et le directeur avait répondu : « Il ne faut pas qu'ils sortent tout à fait. »

Le Docteur : Un temps, il y a eu un urbanisme du malheur.

Nous fermons les yeux, nous les voyons, ces bourgs de suie, ces hameaux trop bien alignés le long de ruisseaux roulant leurs eaux visqueuses et noires, trop brillants de givres superposés sous l'édredon jaune soufre de fumées *usées* (comme on parle des eaux *usées)*... Mais, Dieu ! que les gamins y sont heureux, que les vertes amours y sont folles, sauvages, et belles les révoltes, que la vie y était forte jadis !

Moi : Les mines, c'est une saison du pays. L'important reste les villages. Et plus ça va, plus nous devenons un pays de retraités. Les gens sont obligés d'aller gagner leur croûte ailleurs.

Mon ami, le mineur retraité Franz Sirven, l'un des fils de Mme Sirven, explique : « Nos enfants sont comme ces lièvres que lâchent les sociétés de chasse, et qui ne restent pas dans le pays parce qu'il n'y a plus de blé. Ils sautent, ils sautent jusqu'à ce qu'ils tombent sur les cultures. »

Franz tenait ces propos à la mi-juin, chez moi, au mas, en prenant l'apéritif. Les martinets en escadrilles menaient autour de mon toit romain une ronde étourdissante, dans un enthousiasme de vitesse et de cris.

Tout s'enchaîne implacablement : moins à manger, moins de gens, plus de genêts. Le feu prend plus facilement dans les châtaigneraies non nettoyées et les pinèdes à l'abandon, mais il y a moins de villageois pour l'éteindre — et les derniers vieux qui connaissaient l'ancestrale science des coupe-feu sont en train de disparaître sans avoir eu l'occasion de la transmettre à des jeunes. Allons ! Si l'on fait venir les pompiers de Tarascon, c'est qu'il n'y a plus personne dans les montagnes...

Le Docteur : Dans la commune, il reste entre quinze et dix-sept agriculteurs à temps plein — c'est-à-dire des gens assujettis à la Mutualité sociale agricole au titre d'exploitants. Les autres, c'est la S.N.C.F., c'est les mines, c'est la Caisse nationale de sécurité sociale militaire — soit pour des actifs, soit pour des retraités — et en tant qu'actifs, il s'agit des éléments de base qui font qu'un coin est encore en France : les postiers, les facteurs, les types des Ponts et Chaussées... Même quand il ne reste plus grand monde, il reste encore les cantonniers et les facteurs...

Cette dernière phrase n'explique pas la curieuse formule qu'il a employée, sans la souligner, sans même se rendre compte qu'elle est non seulement insolite mais tragiquement révélatrice : « ... qui font qu'un coin est encore en France. »

L'Ami évoque un hameau perdu sous les crêtes, où survivent quelques très vieux :

— ... le Facteur me dit : « Ah, faut que je monte là-haut... — Ils reçoivent donc encore du courrier ? — Non, qu'il me fait, mais j'aime bien de temps en temps les recompter. »

Le Docteur : C'est la fonction sociale du facteur.

Avec le Curé, avec l'Ami, nous recensons de mémoire les autres « paysans à temps complet ». Le Docteur vérifie, fermant les yeux pour se rappeler s'il a vu « la feuille jaune » de la Mutualité sociale agricole [1].

Moi : Dis donc, qu'est-ce qu'il est devenu, le vieux chez lequel tu m'avais emmené un jour, par le petit chemin de terre qui longe le Luech sur l'autre rive...

J'avais rencontré le Docteur quelque part du côté du col de la Rize. Il m'avait invité : « Si tu n'as rien de mieux à faire, accompagne-moi. Je dois une visite à un vieux... » J'étais monté dans sa 2 CV miraculée. Dans les virages sournois, les pierres ramassées le long des routes traversaient le plancher d'une portière à l'autre et tant pis pour les chevilles...

C'était encore l'époque où mon Docteur trimbalait ses outils professionnels dans une petite mallette de carton bouilli qui avait dû contenir un jeu-dînette pour ses filles bien des Noëls auparavant, et qu'il tenait fermée tant bien que mal avec une vieille ceinture de bon cuir. Un touriste blessé, voyant arriver ce médecin indigène à l'allure de clochard illuminé, le voyant tirer son stéthoscope du

1. Agricole-Lozère ! parce que dans le Gard la feuille est verte (et encore, pour l'« Exploitant », parce que pour le « Salarié » elle est blanche dans le Gard comme en Lozère).

carton-jouet, s'était affolé : « Je ne veux pas qu'il me touche ! faites-moi transporter dans un hôpital, à Nîmes ou à Montpellier ! »

Le Docteur : Ah... au Fesc ! Le père Platon ? Eh bien, il est mort.

Le Curé : Ah ! Le pauvre, oui.

Moi : Et qui a repris le mas ?

Le Docteur et le Curé, d'une seule voix : Personne !

Silence.

Le demi-tronc de vieux mûrier se tord, fendu, refendu par le feu, crissant de douleurs. Par les zigzags rougeoyants et grésillants coulent des armées de grosses fourmis noires, qui crépitent, étincellent. Soudain, dans un soubresaut, la bûche s'écrase et fuit comme un cataplasme éventré.

Le Docteur a bourré sa pipe. Il l'allume à une braise, tire de courtes bouffées. Entre chacune, il fait lentement l'appel des mas qui se vident à jamais, et il claque la langue comme s'il se régalait, tandis qu'une fourmi noire mal grillée se tortille sur le fourneau de sa bouffarde.

Les éclats de flammes font reluire comme un quartier de selle les pommettes de la vieille qui est revenue tout à l'heure s'asseoir ici, au-dessus de sa cheminée, la vieille qui fait non, non, de la tête, non du menton et non du front, tout en marmonnant : « *Crébaran toutès, crébarén et crébaraï !* (Ils crèveront tous, nous crèverons et je crèverai !) » Car, voilà que ça me revient, elle ne parlait jamais de *mourir* mais de *crever*, un instinct en elle fuyait la grandiloquence. Elle avait le goût de la ruine, mais de la ruine totale. Je crois que cela ne l'avait pris que longtemps après la mort de son mari, et, je le suppose, à la première murette effondrée qu'elle avait dû renoncer à remonter de ses propres mains, à la première *faïsse* qu'elle a abandonnée aux ronces : Bon ! Mais alors que tout crève ! Tout, et tous, *crébaraï bé, ïéou !* Je crèverai bien, moi !

Le feu s'est apaisé. Quelques fourmis rescapées s'organisent en colonne, déjà.

Nous nous raccrochons à quelques exemples « positifs » selon le mot des autorités : des industriels ont monté ici et là des petites fabriques employant une à trois douzaines d'ouvrières.

— Quel est leur intérêt ?

Le Docteur : Une histoire de zone. Les salaires sont nettement inférieurs. Et pourtant, les quelques filles qu'ils emploient sont bien contentes, elles ont à choisir entre ça et rien. Notez qu'en plus de tous les avantages qui lui sont faits parce qu'il veut bien s'installer chez nous, le patron reçoit une prime par tête de salarié...

Mais nous en revenons aux paysans, aux rares qui survivent, parce qu'ils vivent de peu...

L'Ami : Les Larguier, tu les connaissais bien ?

Le Docteur : Tu y as monté la garde au téléphone en 1944. C'est Deleuse qui me l'a raconté...

L'Ami : Et, en attendant, tu as griffonné, tu as fait un croquis de leur fille...

Mais oui, c'était au cours du flamboyant été de la Libération, en juin ou en juillet. Je me revois, transpirant sous les bleus des mineurs qui étaient notre seul uniforme, après une épuisante marche parmi les bruyères sous un soleil lourd, inamovible. La fraîcheur de la cuisine des Larguier. Les volets entrebâillés à peine, le ciment du parquet sombre, arrosé à grande eau. Mon mousqueton de gendarmerie contre ma cuisse. Quel était le message ? qui m'avait envoyé là ? Les paysans m'ont offert à boire, et à manger aussi : nous avions toujours faim à l'époque et j'étais si maigre qu'on m'appelait « fil de fer ». C'était juste avant les grandes batailles. Je ne me souviens de rien, si ce n'est d'une mouche solitaire qui ratait obstinément l'entonnoir des volets, et des cigales dehors, et d'une chèvre qui bêlait quelque part sous la maison.

Le vent du nord secoue toujours le mas mais il a dû légèrement tourner. Un volet clapote quelque part. Des souffles curieux trouvent l'angle de la cheminée pour descendre et chatouiller les tisons du mûrier.

— Jamais on n'a été aussi près de la rupture totale avec le passé...

Lequel d'entre nous vient de lâcher ça ? Soupir ou truisme, l'affirmation paraît dérisoire ici, à présent, noir sur blanc. Au coin du feu, dans ce versant de la nuit, alors qu'imperceptiblement le vent tournait, elle apparaissait énorme, c'était une découverte capitale.

Nous saluons la disparition du marchand, celui qui s'enquiert de votre santé, qui vous parle, quoi ! qui vous traite en être humain, en client, et non en consommateur, le Marchand englouti dans les sables mouvants des « grandes surfaces ».

L'Ami : Ici, dans le quartier, dans ce pays granitique où il n'y a pas un pet de calcaire, où on est obligé d'en fournir aux bêtes, toutes les lessives en vente dans le commerce sont « anticalcaires ».

Le Docteur : Et je reçois, à raison de vingt par an, les publicités pour des appareils adoucisseurs d'eau.

Bref, nous tombons d'accord pour définir ainsi la publicité : l'art coupable de faire acheter par des gens qui n'en ont pas les moyens des choses dont ils n'ont pas besoin.

Le Curé lâche son rire qui est à la fois un rugissement triomphal et un gémissement de jubilation enfantine, je sais, le mélange ne semble pas possible, aussi bien n'ai-je jamais entendu personne avant lui rire de cette façon.

Car il faut bien le dire : nous ne sommes pas tellement tristes.

Cependant, l'Ami grogne contre les jeunes parmi ceux qui se maintiennent encore dans les vallons :

— Ils se plaignent de la rudesse et de la simplicité de leur vie. Ils jalousent ceux qui sont déjà partis pour les villes. Je voudrais les emmener en car à Paris, tous ceux-là, de ma poche ! Cinq jours, pas plus. Les deux premiers, bon, on regarde la tour Eiffel, Notre-Dame, la Sainte-Chapelle, les quais de la Seine, on visite le Louvre... et, les trois autres jours...

Moi : Cinq jours à Paris, ça te donne une envie irrésistible d'y vivre. Cinq ans de travail à Paris te donnent une envie terrible de foutre le camp à jamais.

L'Ami : Oui. Seulement cinq ans à Paris et, quand ils reviennent, la ferme n'est plus récupérable. Écoute, j'ai l'habitude de ces jeunes gars qui pleurent parce qu'ils veulent monter à Paris. Leur rêve ? Être guichetier à la Sécurité sociale ou à la Poste, pour gagner une misère et s'apercevoir qu'ils ne peuvent s'en sortir... Mais, en attendant, si tu les entendais parler de « promotion sociale » ! Ce que je voudrais, moi, c'est qu'ils voient autre chose de Paris que ce qu'on leur montre à la télévision.

Moi : Prenons un exemple concret. Dans un village voisin, il y a une jeune fille qui s'est mariée avec un garçon du canton. Leurs pères à tous deux étaient mineurs et leurs grands-pères paysans. Après les noces, ils sont partis chercher fortune dans la capitale. Il y a quatre ou cinq ans de ça. A présent, le mari est poinçonneur au métro. Elle, elle est femme de ménage. Heureux ! HEUREUX ! Maintenant, ils viennent en vacances avec leur petite voiture, ils font arranger le vieux mas, ils racontent ce qui se passe dans la capitale... HEUREUX ! Tout le village dit...

Le Docteur : « Ceux-là, ils ont bien réussi. »

La nuit s'étire et se perd dans le vent qui s'amollit contre les murs. Il est question de types et de caractères, de gens qu'on admire encore et de choses qu'on ne trouve plus même chez les antiquaires car elles n'ont vraiment plus aucune valeur pour personne.

L'Ami évoque le siège antique des ses W.-C., que nous connaissons tous.

Le Docteur : Il est historié, me semble-t-il ? Une cuvette façon Vieux Rouen, et des bleus camaïeu...

Le Curé, qui se lève, puis se rassoit après deux tours de pièce au pas de charge : *Mous péquellous, je ne voudrais pas vous percipiter mais és l'houro !* (Mes tout petits, je ne voudrais pas vous bousculer mais c'est l'heure — mélange voulu de patois et de français qui, je le suppose, raillait jadis le langage du Cévenol après un séjour à la ville.)

Nous évoquons cette petite vieille à l'heure de sa mort qui jouait à mourir quand on ne s'occupait plus assez d'elle à son gré : elle se raidissait sur son lit, l'œil fixe, râlant... Jusqu'à ce qu'on ait appelé tout le monde autour d'elle et qu'on lui tende son vin chaud sucré sur un plateau.

Le Docteur, attendri : Elle jouait à mourir. Ce jeu n'est pas si rare. Et puis, un jour, elle est morte ?

Moi : Oui. Vraiment morte.

La nuit a pris sa pente la plus rapide sur un petit jour frissonnant et grésillant de givre. Une foule silencieuse et sombre s'est rangée le long des trois murs d'ombre pour nous écouter, nous entendre, nous, philosophes, preux, pairs de Confucius et reîtres du baron Ungern, Mandrin et Vercingétorix, redresseurs de torts, voleurs de riches, législateurs et sauveurs de la Gaule. L'heure et l'alcool ne sont pas pour rien dans la conscience superbe que j'ai de notre grandeur et de nos missions.

En poussant sur les talons, je parviens à me remonter dans mon fauteuil, assez pour pouvoir passer mes bras sur les accoudoirs. Le Curé refait deux galops autour de la pièce. Le Docteur me parlait :

— ... Tiens, je te passerai un bouquin d'un nommé Chauvin là-dessus. Une thèse, faite avec des confidences de Pierre Richard, de moi-même, et d'un ou deux autres médecins du quartier : « Les Dépressions en milieu rural. » D'où il semble ressortir qu'il y a les dépressions des gens de la ville, dans une densité humaine au-dessus du supportable, avec cette absence de contacts, de rencontres dont nous parlions, et tu en as d'autres là où il ne reste plus la densité de gens nécessaire pour qu'il y ait des contacts. Le gars trop seul à Trémiéjols et le gars trop perdu à Sarcelles. Le juste milieu n'est ni Sarcelles ni Trémiéjols. Enfin, il ne s'agit pas de « juste milieu », je n'aime pas ce mot-là. L'ermite forcé n'est pas heureux non plus. Il y en a pas mal, de dépressions, dans les coins perdus.

Nous visitons très vite à ce propos ces appartements « grand standing », dans le genre « Hauts-de-Belleville », au creux desquels on ne peut pas vivre non plus parce qu'ils sont parfaitement insonorisés, trop parfaitement, et que la vie dans le silence total devient angoissante.

— Je connais une dame qui habite là, qui est devenue complètement folle.

— Il paraît que l'on est obligé de réinjecter des sons. Il y a des gens qui travaillent à recréer, assourdis, des bruits de ville. Des ronflements de voiture au lointain, des coups de klaxon...

Que ce soit pour nous faire acheter une cigarette, une lessive, un vermouth, un mobilier de jardin ou un séjour de vacances, la publicité nous balance en noir et en couleurs, dans la presse ou sur les écrans, petits et grands, une image qui revient souvent à quelques variantes près : deux ou trois couples élégants réunis pour l'apéritif ou le café dans un décor plus ou moins rustique. Ce moment nous est présenté comme exceptionnel, comme un but à atteindre, une sorte d'idéal pour lequel il faut disposer de temps, de volonté, d'argent et même d'une sorte de chance. Cette semaine (du lundi 12 juin 1972), je tombe sur deux photos en couleurs, de même inspiration, généreusement reproduites dans la presse hebdomadaire (j'ai notamment sur ma table L'Express, Le Nouvel Observateur, Paris-Match, Télé-7 jours), *réclames pour deux produits aussi dissemblables qu'une banque et une pellicule.*

B.N.P. : le client idéal fume sa pipe dans un fauteuil. Sur la table : ses lunettes, un livre, un verre. Décor de verdure. Arbres à proximité. Atmosphère d'heureuse détente. Slogan : « La fortune vient en dormant... C'est presque vrai avec les bons d'épargne B.N.P. »

Quant aux films Kodachrome, ils photographient même les odeurs : « Comment ne pas sentir, échappés de cette cuisine aux vertus si provinciales, les parfums subtils de chaque journée : un carrelage tout frais lavé, les cuivres faits, une odeur de cire mariée à l'arôme rustique de quelques fleurs du jardin, toutes simples, avec un bon gros pichet de faïence... ce pouvoir d'évocation, c'est la performance des films Kodachrome... »

Toutes ces réclames me sont revenues d'un coup en mémoire l'autre soir alors que je descendais en moto de Chamborigaud sur Saint-Ambroix. C'était plus précisément, sur la fin de l'après-midi, à l'entrée de Bessèges. Je roulais assez lentement pour passer la revue des treilles et des tonnelles où, sur les tréteaux, s'embuaient les brocs d'eau fraîche pour le cran *(le pastis) du soir. Là se prélassaient, après leur journée d'efforts au soleil, des femmes et des hommes, à l'aise, béant et bavardant à la fraîche, bien chez eux, dans leur pays, dans leur maison, tout à fait bien chez eux dans leur peau, ménagères, ouvriers, mineurs, retraités, pas mal d'entre eux notablement silicosés, tous enfin pauvres, très pauvres même.*

Ils étaient, passez-moi le mot, COOL, parfaitement COOL[1].

Le Docteur : ... A un quart d'heure de distance, dans le fauteuil de mon cabinet, une Parisienne de passage me disait : « Ah ! la vie à la ville, ce n'est plus supportable... » Vous connaissez le refrain. Ensuite, une fille d'ici : « Docteur, je ne sais pas si je pourrai supporter longtemps la grande tranquillité qu'il y a dans mon coin... » Elle y vit toujours, et elle a tout un tas de problèmes.

Moi : Au fait, savez-vous qu'on vend aussi du parfum de voitures neuves ?

L'Ami : Quand même, chapeau au gars qui a pensé à ça !

Le Docteur : Dans les Pyrénées-Orientales, il y en a un qui vend de la tramontane en boîte. En boîte de conserve...

Moi : On te vend bien de l'eau en bouteille ! Tu aurais dit ça à ma grand-mère, elle t'aurait traité de menteur. Elle aurait même été furieuse, persuadée que tu te moquais d'elle ! Et si tu avais ajouté que certaines de ces eaux en bouteille coûtent plus cher que du vin courant...

L'Ami : Il y a une vieille ici qui a un gendre dans cette industrie. Et elle le croit très malin. Quand on lui demande : « Qu'est-ce qu'il fait, votre gendre ? » Elle répond : « Il vend de l'eau... Et, vous

---

1. D'une page publicitaire S.E.I.T.A. pour les « MILD MENTHOL CIGARETTES FILTER RINKS » : « Le COOL, un nouveau mot. Un mot international. Un mot réservé à ceux qui choisissent d'instinct le meilleur dans tous les domaines... »

savez, pour arriver à gagner les sous qu'il gagne en vendant de l'eau, il faut qu'il soit drôlement fort ! » Parce que, autour de chez elle, ça ruisselle de partout, torrents, sources, rivières, cascades, et elle n'est jamais arrivée, elle, à en vendre une goutte.

Le Docteur : On ne pourrait pas inventer quelque chose, nous ?

Le Curé, arrêtant net son galop, mais devant la porte cette fois, pour partir vraiment :

— Jean-Pierre, il faut trouver un après-midi pour descendre à la Cèze voir cette chose fabuleuse !

4

Nous avons exagéré le superflu, nous n'avons plus le nécessaire.

PROUDHON
La Guerre et la Paix, 1861.

Samedi 3 juin 1972

Jacques Trébouta débarque dans les Cévennes pour y réaliser une émission de télévision de la série « Inventaire ».

— Il s'agit, m'explique-t-il, d'inventorier les choses, les objets, les outils de travail par exemple, dont on ne se sert plus, qui risquent donc de disparaître...

— Chez nous, tu n'as que l'embarras du choix.

Nous nous rendons à l'école communale de Chamborigaud pour étudier les cartes murales, et plus précisément la carte économique du Massif central. Entre Rhône et Causses, on lit « vers à soie », mention illustrée par le dessin d'une chenille de bombyx sur une feuille de mûrier.

— Le ver à soie, c'est fini, Jacques.

Vers Millau, la mention « Gants » illustrée d'un gant beurre frais.

— Finis aussi, les gants.

Sur Alès, un wagonnet chargé de charbon.

— Les derniers puits du bassin houiller cévenol doivent fermer, Jacques, en 1975 au plus tard.

Plus haut, une bogue verte bâillant sur trois châtaignes.

— ... La châtaigneraie cévenole est presque totalement abandonnée. Les arbres crèvent de maladie, ou d'abandon...

Au-dessus : un bélier, magnifique...

— Pour la transhumance, c'est la dernière année.

La carte n'est pas si vieille, elle est « plastifiée ». Serait-ce donc toujours ainsi que l'on apprend aux petits Cévenols les richesses de leur contrée natale ? La grande carte murale (1,40 m sur 1,20 m) du département du Gard, « dressée par E. Sals, instituteur (palmes académiques), publiée sous les auspices du Conseil général, approuvée par l'Inspection académique », comporte dans son coin inférieur gauche un petit Gard économique où le dessinateur, à court de place sur les lieux mêmes, s'est livré en suivant les frontières du département à une farandole de richesses en mots bleus et rouges qui se poursuivent en gambadant : « Châtaignes — Soie — Fonte — Fer — Acier — Rails — Fers pour constructions — Pièces mécaniques — Houille — Coke — Agglomérés — Arbres fruitiers et d'ornement — Sorgho — Pierres lithographiques — Chaussures — Vêtements — Bonneterie — Tanin — etc. »

— Rien, Jacques, il ne reste rien de tout ça, plus rien, que ce que tu cherches : de vieux outils, des choses abandonnées à la rouille et à la poussière...

Avant de quitter l'école communale, nous avons jeté quelques coups d'œil, à la dérobée, sur les autres cartes murales de la France, celles qui proclament encore qu'il y a du Fer en Lorraine, de la Soie à Lyon, des Chevaux en Bretagne (et du Seigle, et du Sarrasin, et du Lin), des usines à Decazeville...

Jacques Trébouta est parti sur les traces des magnaneries, des filatures, des pacages, des châtaigneraies, en « repérage » comme on dit quand on est du métier.

En quarante-huit heures, le dimanche et le lundi, le réalisateur va rencontrer, de l'Aigoual aux Causses, quelques particuliers assez inattendus, des artisans, des bricoleurs, des vieux ronchons et des vieilles superbes. Beaucoup travaillent le bois sur leurs genoux avec des couteaux aux lames réduites à un fil par des soirées d'affûtage. L'un fabrique ainsi des colliers de mouton, du modèle traditionnel, qui sont achetés par les touristes, et non par les bergers — ces derniers ont tout le temps de confectionner eux-mêmes les bricoles dont ils ont besoin. Un autre, sur le mont Lozère, fabrique des quilles. Une partie de sa production est exportée (grosses ventes sur Bruxelles). Un ancien sabotier, qui ne trouve depuis bien longtemps plus personne à chausser sur mesure, est devenu sculpteur animalier. Parties forcément de la même ébauche, ses œuvres sont touchantes. Les quadrupèdes de ce Pompon de la Cévenne ressemblent toujours, irrésistiblement, à des sabots.

Car on relance (on *lance* plutôt) l' « artisanat » ! Puisque tout meurt dans ces bleds. Et l'État, semble-t-il, s'en occupe sérieusement. Il y aura bientôt des « souvenirs » de fabrication garantie locale en vente dans le moindre de nos hameaux désertés, sur ce point nous nous hisserons au niveau des Espagnols, voire des Indiens iroquois de la réserve de Pointe-Bleue, au nord du Québec.

Et tout cela n'est pas très bien payé mais c'est « en plus », n'est-ce pas, cela, c'est « pour arrondir la retraite, mettre un peu de beurre dans les épinards ». On taille le bois à la veillée, au coin du feu...

— Ça fait digérer. C'est très mauvais de se coucher dès qu'on se lève de table...

Sa femme était fileuse. Elle a donc ressorti le rouet. Elle, pourtant, se plaint un peu, oh ! pas question argent :

— On me demande de filer moins bien, parce que ça fait plus rude, plus rustique, alors ça plaît mieux aux touristes. Moi, ça m'embête un peu, parce que j'étais une bonne fileuse, et que je peux faire du beau travail, bien net...

Et cette vieille, qui confectionne des sacs de chanvre, on la pousse à fabriquer les mêmes objets, de même forme, de même façon, mais en plastique : « Le client préfère ça, c'est plus solide, ça se lave... »

5

Mardi 6 juin 1972

Nous sommes chez M. Roumier, Auguste, un paysan des frontières du Causse. Je suis chargé de l'interviewer, mais je ne comprends pas son attitude, cet homme de mon pays me pose une énigme.

Roumier... ce patronyme ne m'est pas inconnu. En farfouillant dans des notes griffonnées en 1959, je remets la main sur cet extrait du registre d'écrou des galères :

« Du 30 août 1685, arrivé de Nismes par Laurens Desmoulins et Pierre Foucard, archers en la maréchaussée dudit lieu *(cette suscription concerne trois forçats)* :

ROUMIER Louis

18349. — Louis Roumier, de la paroisse du Fraissinet-de-Fourques en Sévennes, cy-devant de la R.P.R. (Religion Prétendue Réformée), travailleur de terre âgé de 66 ans, de moyenne taille, visage long, poil grizon, condamné par sentence rendue au Présidial de Nîmes le 7e may 1685 pour assemblée illicite avec port d'armes.

A vie. »

Le registre porte en marge ces trois mentions successives :

« Sur *la Magnanime*. »

« Subit la bastonnade de 80 coups, le 19e septembre 1685. »

« Mort à l'hospital le 21e du même mois. »

Mais il ne s'agit peut-être pas de la même lignée.

Au flanc d'un vallon encaissé, le mas et les terres de M. Roumier, son bien familial, sont comme un trou frais, comme une bonne blessure dans tout le jaune des genêts.

Hier ou avant-hier, Jacques Trébouta repérant a repéré M. Roumier.

— Un homme long et sec, dans les 45 ans, m'a expliqué le réalisateur. Pour tondre ses moutons, il se sert encore de ces grands ciseaux appelés « forces » dont tu m'as parlé. Il lui reste une dizaine de bêtes à tondre, et il accepte de le faire devant notre caméra. J'ai parlé longuement avec lui. C'est un homme qui en a gros sur la patate. Il est très monté contre le Parc National. Il m'a dit des choses étonnantes et belles sur la mort de la Cévenne, par exemple que le Châtaignier, pour vivre, a autant besoin de l'Homme que l'Homme avait besoin du Châtaignier. Par ailleurs, il désapprouve l'école obligatoire jusqu'à seize ans : « Il vaut mieux apprendre un bon métier... » C'est un pessimiste rageur. Il montre du menton son fusil de chasse suspendu derrière la porte et il parle du feu sur un ton menaçant. Quand je lui ai proposé l'interview, il m'a d'abord répondu : « A quoi bon ? La télé, c'est pour les gros, les ministres, les patrons... — Raison de plus, pour une fois qu'on vous donne l'occasion de vous exprimer, profitez-en ! — D'accord, je vais en profiter !... »

Bref, je m'attendais à un rebelle.

Pourtant, ni la caméra, ni le micro, ni les techniciens ne paraissent intimider M. Roumier qui répond paisiblement aux premières questions : oui, il est marié, oui, il a des enfants, deux garçons et deux fillettes, oui, il vit de l'élevage (320 moutons, 5 vaches), seul dans ce hameau.

— Les moutons, c'est pour la laine ou pour la boucherie ?

— Je vends les agneaux. La laine, vous savez, l'an passé nous l'avons vendue un franc vingt le kilo, et on paye deux francs pour tondre une bête qui produit au plus huit cents grammes.

Cela dit sans colère, et même sans amertume.

— Mais alors, vous y êtes de votre poche ?

— Sur beaucoup d'animaux. Ici, on ne vit que de l'élevage, et quand il y a des pertes, on les supporte.

M. Roumier est né ici. Il a pris la suite de son père, qui avait pris la suite du sien, « tous travailleurs de terre », pour employer le vocabulaire du greffier des galères.

— ... Avant, ça allait mieux ici. Le travail n'était pas le même. On était plus groupés. Il y avait quatre ou cinq familles. Les anciens ne faisaient pas le travail comme nous, ils le faisaient plutôt pour l'amour du travail. C'était la bêche ou la faux. Moi, j'ai un tracteur, une faucheuse, une emballeuse, mais ce n'est plus pareil.

— Votre fils prendra la suite ?

— Ça, je peux pas vous le dire.

— Les autres familles du hameau, elles sont parties comment ?

— La dernière, c'était un pauvre bougre. Il a travaillé tant qu'il a pu, et puis il a... il a vendu à la S.A.F.E.R. [1]...

— Mais vous, comment voyez-vous l'avenir ?

---

1. *Société d'Aménagement Foncier et d'Établissement Rural* : « Sociétés anonymes agricoles, créées à l'initiative des organisations professionnelles », jouissant d'un privilège quasi féodal de préemption « dans le but d'améliorer les structures des exploitations agricoles... avec l'agrément, l'aide et le contrôle de l'État. »

— L'avenir, pour la Cévenne, je « la » vois « opiniâtre ».
— Ça va continuer à se dépeupler ?
— Sûrement.
— Pourquoi ?
— Je peux pas bien vous expliquer là-dessus. Nous ne pouvons plus. Il y a un régime maintenant qui tourne trop vite pour nous, une évolution du temps.

Où est, mais où est donc la rage dont me parlait Jacques ?
— ... On reste. A cinquante ans, où on irait se recycler ?

Ce mot à la mode, pauvrement prétentieux, est, dans sa bouche, une incongruité qui m'écarte, physiquement, de trente bons centimètres.

Je le lance sur le Châtaignier mais il ne me répète rien des jolies choses qu'il a dites à Jacques, entre quat'z'yeux, sur les liens vitaux de l'Arbre et de l'Homme. C'est tout juste s'il ne bat pas sa coulpe, M. Roumier. Il insiste seulement sur le fait qu'aujourd'hui on ne s'échine que par nécessité :

— ... Les anciens travaillaient plutôt par orgueil. Ils voulaient avoir les plus beaux moutons. Tandis que maintenant, on est seul dans le village, vous avez pas cette... ce caprice. Tandis qu'à l'époque, vous *capriciez* pour faire votre travail plus vite qu'un autre ou mieux qu'un autre, ainsi de suite... Je vous dis bien, maintenant la situation de la Cévenne est... elle est cuite ; il y aura que le touriste, en maison secondaire.

Là non plus, il ne reste rien de la colère qu'il avait laissé exploser devant Jacques. Rien, même pas un bout de rage contenue, même pas cette remarque : « Il faut pourtant bien qu'il survive encore un paysan comme moi par-ci par-là pour couper les ronces de leurs seuils, sans ça, ils ne pourraient plus rentrer dans leur maison de campagne au mois d'août ! »

Ensuite, il s'embarbouille dans un tas de contradictions : lui, il est libre de son temps, il n'est pas un ouvrier qui doit pointer, un bureaucrate qui doit arriver à l'heure, mais il n'a ni dimanche ni fêtes — les bêtes mangent chaque jour —, pas de vacances et pas de « week-end », « nous, précise M. Roumier, on se repose quand on dort ! » Le prolétaire et le fonctionnaire n'ont pas de souci à se faire, eux, la paye tombe quelque temps qu'il fasse (on connaît ce vieux raisonnement...), mais alors pourquoi M. Roumier, se disant esclave de ses bêtes, de ses biens et des autans, se considère-t-il, lui, par rapport à ces privilégiés de la ville, comme un homme libre ?

Deux de ces corniauds peladeux qui sont les plus fins des chiens de berger rôdent derrière la caméra, le magnétophone et les panneaux réflecteurs.

Le mas s'étale sur le terre-plein au-dessous de nous avec son vaste toit de pierres plates qui le plaque au flanc du vallon, le mas que l'antenne de T.V. écrase, que l'antenne appauvrit, paradoxalement. Comme il va se sentir perdu, abandonné des vivants, M. Roumier, quand nous aurons remballé notre matériel, bouclé nos malles, quand nos voitures auront disparu par le collet, là-haut ! Apitoiement injuste, idiot même, néanmoins pas un de ceux qui sont là ne voudrait y rester à jamais, y attendre la crève, y crever à la place de M. Roumier, même pas ceux qui proclamaient pendant la « pause-café » dans un bar proche de la rue Cognacq-Jay : « Ah ! tout plaquer ! Se trouver un trou perdu dans les montagnes, quatre moutons... »

J'ai beau mettre la conversation sur ces touristes qui passent et sur ces vacanciers qui ne restent jamais plus d'un mois par an, M. Roumier ne ressort aucun des griefs bien réels qu'il a contre eux et qu'il avait exposés furieusement dans son tête-à-tête avec Jacques.

Cette papelardise commence à m'échauffer :

— Beaucoup de paysans en ont, comme on dit, « gros sur la patate » et vous êtes de ceux-là, je le sais. Mais, maintenant qu'on vous enregistre, vous ne dites plus rien, vous vous censurez vous-même !

— Ben... non, seulement on n'est pas assez informé de ce qui se passe, alors on ne peut pas...

— Vous êtes quand même informé de ce qui se passe chez vous ?

— Oui, d'accord.

— Alors, vous avez peur de quoi ? de moi ? de la télévision ?

Une sorte de politesse, tout bêtement. Un vieux savoir-vivre qui devient un *savoir-crever*. Il y a des choses qui ne se disent point. La colère est un chagrin, vous ne verrez point mes larmes ! Vite un trou, un trou caché pour crever tranquille, je vous en prie : éloignez la lumière... Sur votre tombe, M. Roumier, ils diront que vous aviez de la tenue, ils prôneront votre dignité, ceux qui vous font crever et qui en vivent.

— ... Eh, je vous l'ai dit tout à l'heure, même je vous le dirai encore, ce qui nous manque, c'est que jusqu'à présent on a vendu les bêtes, eh ! au prix inférieur à ce qu'on achète le matériel. Le commerçant a toujours fait son prix, nous jamais...

Il se dérobe.

Alors je lui pose carrément la question du Parc National des Cévennes. Là encore, il hésite, bafouille, parle des droits de chasse, de passage... Il m'enrage.

— Enfin ! Vous êtes pour ou vous êtes contre ?

— Oh ! J'en pense qu'on n'en est pas bien informé...

— Mille dieux ! Vous ne manquez pas de culot, monsieur Roumier, vous êtes conseiller municipal, et vous avez démissionné, vous, et tout votre conseil, maire en tête, pour protester contre l'installation du Parc National, alors ?

— Eh bien, on était contre.

— Vous êtes conseiller municipal, vous avez siégé pour débattre sur le Parc National, vous en avez discuté, vous avez voté, vous avez démissionné, et quand je vous demande ce que vous en pensez, vous n'êtes même pas foutu de me dire que vous êtes contre ! Ah, il est bien fini, le temps des rebelles !

Je n'ai pas plutôt lâché ça que je le regrette.

M. Roumier a la gueule émaciée des prophètes castreurs de porcs : l'os qui tend le cuir à le percer, la bouche démeublée qui s'enfonce, l'œil usé d'un bleu presque blanc qui luit au fond d'orbites rougeoyantes. Il a souffert un siècle les galères et la roue, un siècle il a gravi les bûchers en chantant, avant d'exploser un jour de juillet 1702 pour devenir deux ans durant un fauve irréductible...

— Quand vous avez démissionné, le préfet a quand même fait quelque chose ?

— Rien. Il n'a pas dû accepter notre démission, il ne nous a même rien envoyé...

Je la vois d'ici, la mairie, la salle du conseil : une piécette chaulée, une table bancale couverte d'un tapis vert mité, quatre chaises dépaillées, trois pelés et un tondu sous le regard poussiéreux d'une Marianne de plâtre écaillé, est-ce que ça compte, ça ? Il suffit d'attendre qu'ils crèvent, en faisant la sourde oreille.

— Nous sommes été cinq ou six communes à démissionner comme ça. Puis c'est tombé à l'eau.

— Et vous avez laissé noyer le poisson ?

— Pour le moment, on n'en sait pas plus. On ne sait pas ce qu'ils veulent faire de nous, nous protéger ou nous faire disparaître.

— Vous ne le savez vraiment pas ?

— Eh non. Ils ne nous disent rien.

— Parce qu'il faut qu'on vous le dise !

— Tout le monde disparaît un jour ou l'autre. Depuis vingt ans, tout disparaît ici.

Au-dessous de nous, une de ses brebis bêle lamentablement.

« Tenez, vive la philosophie, me souffle le neveu de Rameau, vive la sagesse de Salomon : boire de bons vins, se gorger de mets délicats, se rouler sur de jolies femmes, se reposer dans des lits bien mollets ; excepté cela, le reste n'est que vanité.

Moi : Quoi ! défendre sa patrie ?

Lui : Vanité ! Il n'y a plus de patrie ; je ne vois d'un pôle à l'autre que des tyrans et des esclaves... »

6

> — *Et votre* Jacques *n'est qu'une insipide rapsodie de faits les uns réels, les autres imaginés, écrits sans grâce et distribués sans ordre. — Tant mieux, mon* Jacques *en sera moins lu. De quelque côté que vous vous tourniez, vous avez tort. Si mon ouvrage est bon, il vous fera plaisir ; s'il est mauvais, il ne fera point de mal. Point de livre plus innocent qu'un mauvais livre. Je m'amuse à écrire sous des noms empruntés les sottises que vous faites...*
>
> DIDEROT
> *Jacques le Fataliste.*

Je le nommerai Cadel, il a vingt-sept ans, une bonne bouille ronde, le regard éveillé des élèves ponctuels et une volonté de clarté, de fermeté. Il travaille le bien familial, avec son père, mais c'est bien lui qui mène la barque. Il a pris la barre à son retour du régiment. Il élève des vaches et vend du lait. Sa femme est institutrice, mais il ne tient pas à ce qu'on le dise. Il se veut paysan et parle volontiers du « monde rural ».

Il en convient, l'élevage « c'est l'esclavage, puisque l'idéal pour vivre bien, c'est, paraît-il, d'avoir son week-end tranquille ».

— En somme, vous n'êtes pas libres ?

— Libres comme les autres ? Non. Nous n'avons pas la liberté codifiée : le samedi après-midi et le dimanche, à coup sûr, qu'il fasse beau ou pas, que la vache fasse le veau ou pas, libres d'aller tous sur l'autoroute où l'on meurt si bien !

Cadel vend le lait de ses vaches à la coopérative, mais les gens de son propre village préfèrent acheter à l'épicerie du lait traité, conditionné, « qui passe à la télé ». L'été, quand il y a beaucoup d'estivants, la coopérative vend tout de même cinq fois plus de lait local.

— ... Tout ça est assez décevant. On oblige la coopérative à mettre notre lait cru dans un sac de plastique, parce que le client ne veut plus porter la bouteille, qu'il trouve lourde, fragile. Tant pis pour lui : ce lait qu'il pouvait se permettre de boire cinq heures après que je l'ai trait, il ne peut plus le boire que vingt-cinq heures après, le temps que le bonhomme de la coopérative l'enfile dans son plastique et le mette dans le frigo jusqu'au lendemain matin... Ah ! ils ne veulent plus faire l'effort de porter la bouteille ou la casserole...

A chaque coin de phrase, il jette par-dessus une épaule un regard qui porte jusqu'aux limites de sa propriété.

— Vous avez l'air traqué. Votre terre, on ne vous la prendra pas de force...

— Non. On me l'achètera. Et attention ! si j'étais près de la ville, on me la prendrait de force, on m'exproprierait pour y mettre, je ne sais pas, une piscine ou enfin quelque chose... On la convoite tellement qu'on me l'achètera, à moi ou à mes voisins, à des prix auxquels je ne pourrai plus résister [1]. Ce champ, qui est devant votre porte, si on vous en offre tout le salaire et tout l'argent que vous pouvez gagner pendant les quinze ans qui vous restent à vivre, ah, alors vous vous dites : « Allez, je laisse tomber, je vends et puis je vais m'installer au village, contre le café, là je serai mieux, ah ! »

Cadel peste contre les gens qui font édifier des villas au milieu de grasses prairies.

— ... Ici, on a toujours construit les maisons d'habitation sur le rocher, dans le coin de la propriété où l'on ne pouvait rien cultiver. Maintenant, ils bâtissent en plein limon ! Si je détenais un pouvoir quelconque, j'interdirais de planter des peupliers dans un endroit où l'on peut faire pousser de la nourriture.

Il désigne, autour de son bien et le cernant, les propriétés qui se sont vendues à des « étrangers » : un potier, un cinéaste, un P.-D.G., les Rolling Stones [2]. Des gens avec lesquels il ne peut parler boulot, il ne peut parler vie :

— ... Mes nouveaux voisins, je m'entends très bien avec eux, mais, vous comprenez, ce ne sont pas des compagnons de travail, des gens avec qui on puisse coopérer. Vous vous voyez travailler tout seul ? C'est comme s'il ne restait qu'un ouvrier, travaillant à son tour, au milieu d'un atelier, au milieu des ateliers de l'usine Renault désertée... Le gars serait tout seul à faire sa voiture, eh bien, ça n'irait pas : il sortirait dingue. Ces gens, qui sont là pour se reposer, en vacances, je les vois passer. Ils disent : « Vous mettez vos vaches dans ce joli pré où moi je construirais une jolie maison ! » Je réponds : « C'est mon droit, non ? d'élever des vaches et d'en vivre ! — Oui, mais moi, j'y ferais une jolie maison, ça serait quand

---

1. « A eux seuls, deux agents immobiliers se sont rendus acquéreurs dans ce secteur *(Olargues-Saint-Pons)*, avec l'aide de rabatteurs du cru, de trois mille hectares. Sans éveiller l'attention... M. Thomas (directeur de l'Essor immobilier à Bruxelles) fait à présent la moitié de son chiffre d'affaires avec les Cévennes. "Mon rêve, dit-il, est de pouvoir offrir ici, aux Belges, une propriété au prix de l'Espagne." Dans les Cévennes, en six ans, les prix ont triplé. Les premiers acheteurs commencent à revendre — cher — après avoir restauré... »

Jacques Molenat
Le Languedoc et le Roussillon aux enchères,
in *L'Express-Méditerranée* - octobre 1972.

2. « Dans le Vallespir, sur la commune de Corsavy, un jeune paysan de 32 ans, M. Guy Baills, désigne le versant de la vallée du Riu Ferrer qui fait face à sa propriété : "Tout cela appartient aux Belges." Son exploitation est devenue une sorte d'enclave française en territoire étranger : "Je suis encerclé de propriétaires belges."

Jacques Molenat, *op. cit.*

même mieux, ça rapporterait à l'État, des impôts, des taxes... Je pourrais même construire une H.L.M. de vacances... »

— Une H.L.M. ? Pourquoi ?

— Parce que les gens aiment se tasser. Les campeurs qui passent par ici recherchent les campings payants les plus peuplés qui se puissent trouver. Et pourtant, je ne connais pas un agriculteur dans la vallée qui ferait payer le touriste qui lui demanderait l'autorisation de camper, à condition bien sûr que ce ne soit pas un gars qui rumine : « Aujourd'hui, j'y plante ma tente, mais si je pouvais acheter un coin pour y planter une H.L.M... »

A la sortie du Pradel, à mi-chemin entre Alès et Chamborigaud, au bas d'un grand pré ombragé de pins, en bordure de la route, très visible, très lisible, une plaque émaillée porte cette jolie inscription en lettres bleues sur fond jaune : « Prairie à camper gratuite. » La prairie est presque toujours vide alors que, dans les campings payants du voisinage, les tentes se croisent les piquets [1].

Les Cadel ont fait des vers à soie jusqu'à la fin, jusqu'en 1965, et ils aimaient ça, et ils y croyaient — ils s'étaient même modernisés dans les toutes dernières années.

— La mentalité paysanne a changé, affirme le jeune Cadel. Les anciens avaient beaucoup plus d'assurance sur l'avenir. Si vous aviez dit à mon grand-père, à mon âge, qu'un jour on ne ferait plus de vers à soie dans sa ferme, il vous aurait ri au nez ! « C'est pas vrai ! » Or maintenant, moi, j'ai assez d'expérience pour me dire : « Après tout, dans cinq ans je ne ferai peut-être plus de vaches, je me suis bien arrêté de faire des vers à soie. » Ça, c'est grave. La... la continuité des agriculteurs en faisait une race très... très sûre. Le changement des outils de travail aussi a modifié l'homme. Le cheval était fatigué, et donc on s'arrêtait, on prenait aussi le temps de respirer, et de penser. Les agriculteurs du coin étaient, dans la moyenne, des hommes cultivés. Le tracteur n'est pas fatigué, lui. L'homme qui est dessus ne peut pas s'arrêter non plus, parce qu'il perdrait sa journée. Tout ça nous amène à changer notre forme de vie, d'expression...

— En somme, vous vous cultivez moins que vos grands-parents ?

— Disons : notre culture n'est plus la même. Elle est beaucoup plus, euh, réceptive...

— Qu'est-ce qui reste en vous du rebelle cévenol du type Abraham Mazel, du camisard ?

— Pas grand-chose, étant donné que je ne suis pas traqué, que j'ai quand même la liberté d'expression même au point de vue religieux...

Il a, ce disant, le même regard anxieux derrière lui, vers les bornes de son domaine.

1. On me dit qu'à cet endroit se construit un hôtel. L'annonce ne serait donc qu'un appât en vue des prochaines saisons touristiques. En attendant, l'exemple n'en est pas moins frappant.

— Et pourtant, il y a bien en vous quelque chose de traqué !

— Je le suis peut-être d'une façon plus sournoise. Quand on est traqué avec un fusil, on sait où est l'ennemi. Mais là, l'ennemi vient avec un beau sourire et de l'argent dans sa poche...

— J'ai remarqué ceci, chez des amis paysans briards : quand ils ont équipé leur étable de trayeuses électriques, ils ont dû se lever encore plus tôt, et travailler plus longtemps...

— Vous mélangez la cause et l'effet. S'ils avaient une trayeuse électrique, c'est qu'ils avaient plus de vaches, il fallait donc qu'ils fournissent plus de fourrage...

— C'est un cercle infernal, non ?

— Enfin... je peux vous dire que mon grand-père, le mardi, jour du marché, revêtait son beau costume noir, coiffait son grand chapeau, là, et descendait au village, c'était son deuxième dimanche. Il faisait ses affaires, puis il s'attablait au café du coin pour un bon repas et, ainsi, il discutait avec ses compagnons paysans jusqu'au soir quatre heures... Moi, ça ne m'est plus possible, je descends au marché, toc, toc, je bâcle mes quatre affaires, toc, et à dix heures, j'ai changé de tenue, je suis déjà sur mon tracteur.

J'ai envie de l'aimer, Cadel, malgré ses foucades et ses néologismes dans le vent (il se dit « antifolklo »). Il a peur qu'on vienne lui en conter, il n'est pas anti-ouvrier mais...

— ... Je lui dis : bon, mets ta caravane dans mon pré, et fous-moi la paix !

Cadel ne l'avoue pas, mais il se sent regardé, c'est pour ça qu'il en veut aux touristes, aux vacanciers, regardé pendant qu'il fauche et qu'il fane par ces gens qui flânent, friands de rusticités... « authentiques, surtout ! »

— Le vieux, là, mon voisin, il arrive à leur vendre ses fromages de chèvre un franc cinquante la pièce[1]. Il a bien raison, du moment qu'il les vend ! Un franc cinquante...

Le prix lui paraît exorbitant, à lui. Le *pélardon* de son vieux voisin paraît bon marché au touriste dès que celui-ci y a goûté.

— Et encore, cet estampage n'est qu'une demi-mesure de gagne-petit. J'en connais un qui soignait quinze vaches. Il les a bazardées, maintenant il prend cinq touristes : « Ça me rapporte autant, et ça donne moins de travail. Pour manger, ils se débrouillent, et puis, ils nettoient eux-mêmes leur écurie... »

— Pourtant, convient Cadel, la pauvre Cévenne a bien besoin de l'argent des touristes.

— Ils n'ont qu'à l'envoyer par la poste !

Nous rions tous deux, sans méchanceté, j'en jurerais sur la tête de Trigano.

1. Le prix courant était alors un franc.

7

C'est un panier presque rond, à peine ventru. Vannerie de châtaignier avec bordure en amarinier, très courante en Cévenne.

— Il a une histoire, ce panier, me dit Daniel Travier. C'est un « desquou » (une petite « desque ») mais on le nomme « le panier de la terre » — le *terraïrou*. On l'utilise encore de nos jours, pour monter le fumier au jardin et en rapporter des légumes par exemple, mais, au départ, il servait de mesure et c'est pourquoi on l'appelle toujours « le panier de la terre ». Jadis, le travailleur qui faisait une journée chez le seigneur ou le curé, chez un notable, était payé en nourriture — quelques châtaignes — et en terre. Ce panier était la mesure. Il le remplissait avec de la terre prise chez son employeur, dans un coin difficilement cultivable des biens de celui-ci, et le rapportait chez lui, sur sa maigre propriété ! Là, il vidait le panier sur un versant rocailleux où, retenue par une murette de pierres sèches, la terre apportée ainsi, panier par panier au jour le jour, finissait par constituer un petit champ artificiel, vigne ou jardin suspendu, l'une de ces merveilleuses terrasses de culture que l'on nomme « traversiers » ici, « barres » à Chamborigaud, « accols » vers l'Ardèche, « bancels » ailleurs et « faïsses » un peu partout dans la Cévenne.

Quand on sait cela et qu'on regarde mieux tous ces versants étagés, tous ces champs gagnés sur le roc, le paysage devient vertigineux. Combien de journées de labeur, combien de ces paniers de terre représente chacun de ces mètres carrés ?

— Les murettes elles-mêmes, qui retiennent cette terre rapportée, étaient souvent construites par des Gavots, au clair de lune. Les Gavots, ces gaillards de haute Lozère, encore plus misérables que les Cévenols d'alors, descendaient chaque été louer leurs bras dans les bas pays du Rhône pour les moissons et les vendanges. Au retour, ils s'arrêtaient dans nos vallées pour la cueillette des châtaignes. Ils faisaient ce travail gratuitement, pour la nourriture seulement, et sans doute aussi pour avoir le droit de dormir dans le foin des paillers. Ils ramassaient les châtaignes le jour, gratis, mais, pour se faire quelques sous, les nuits de pleine lune, ils allaient monter les murettes de pierres sèches de nos faïsses...

— Ce salaire payé en paniers de terre, c'est une coutume moyenâgeuse, tombée en désuétude depuis longtemps ?

— Oh, pas si longtemps ! (Et Daniel Travier précise :) J'ai retrouvé les documents prouvant que cela se pratiquait encore à Monteil, au-dessus des Plantiers, près de Saint-Jean-du-Gard, juste avant la Révolution.

A Saint-Jean-du-Gard et dans les alentours, de nombreuses familles continuent à « faire quelques vers à soie ». Mme D... qui a travaillé comme fileuse de 1920 à 1965 m'a dit : « Cette année, j'avais sept vers à soie, il y en a six qui ont fait leur cocon, vous voyez comme ils ont bien réussi ! » Son rire est tout de même un peu amer. Elle a travaillé plus de quarante années en filature et lorsque je lui demande ce qu'elle possède, chez elle, en soie, elle paraît très étonnée :

— Je vois rien...

— Rien, de toute cette soie que vous avez filée pendant si longtemps !

— J'ai filé pour d'autres... (Elle rit, du même rire.) Rien, j'en ai même pas un morceau, de soie, voyez !

Daniel insiste sur le fait que les gens s'obstinent à faire quelques cocons :

— Dix, quinze, vingt, comme ça, pour faire voir aux enfants, soi-disant. En fait, je crois que c'est surtout parce que ça leur fait plaisir : ils les ont toujours faits et il faut toujours en faire.

Il évoque avec chaleur le temps « où ça donnait à fond... Pour recueillir les cocons et les emballer dans des draps bien propres, on se groupait dans la cour du mas, parce que les magnaneries étaient trop petites, et bien trop encombrées. Tout le monde travaillait là, ensemble, les voisins, les parents venaient prêter main-forte. On allait décoconner les uns chez les autres. Ça faisait un bruit soyeux, très agréable. Puis on hissait les ballots sur les charrettes pour les emporter à la filature, et même, en certains endroits, on décorait les véhicules avec des rameaux dont on n'avait pas enlevé les cocons. Toute une fête ! C'était le symbole de l'argent frais pour la ferme qui vivait en cercle fermé, en autarcie complète. On pouvait faire un festin familial. Tuer cochon et décoconner, c'étaient les deux fêtes de l'année. »

Daniel m'explique qu'un cocon, ce n'est rien d'autre qu'un seul fil de soie de trois cents à quinze cents mètres de long, un fil continu.

— Si l'on tarde à étouffer les cocons, le papillon sort, il perce, tranchant le fil en beaucoup d'endroits. On n'a plus que des petits bouts, c'est fichu, fichu pour la filature, parce que le paysan, lui, récupérait ces déchets, sa femme filait cela comme de la laine, au rouet, ou au fuseau, et cela donnait « la filoselle », ce tissu rude, bien bon pour les gens d'ici. Les nôtres n'avaient droit qu'à ce tissu de récupération, la belle soie, elle, partait ailleurs, pour les riches.

Le ver à soie a marqué la Cévenne dans sa profondeur, jusque dans son langage, dans ses dictons :

— Il y avait des cocons gâchés, ceux qui étaient doubles, deux dans un seul cocon, ceux qui ne s'enfermaient pas mais tissaient une toile comme les araignées — tout ça s'utilisait pour la filoselle. Le cocon se nomme « fourel » ou « fusel » suivant la région. Certains vers malades montaient sur la bruyère sans faire de cocons. Ils faisaient donc « *ün blazas* », c'est-à-dire rien du tout. Alors de quelqu'un dont on ne sait trop ce qu'il va devenir, d'un beau cancre par exemple, on dit : « *aquel fourel fara ün blazas !* » Mais une chambrée de vers à soie réussis, c'était la joie de la famille. On attendait l'argent pour renouveler le seau de fer qui montait l'eau du puits. Vers le milieu du dix-huitième, où ça donnait à fond, avant les maladies, on faisait des chambrées extraordinaires, c'est alors qu'on a crépi les mas, on a fait des enduits de toute beauté, parce qu'on avait l'argent pour le faire mais aussi pour montrer que cette année on avait bien réussi ses « magnans ». Rac ! On collait un bel enduit sur la maison.

Daniel revient sur ce fait : les vers à soie, c'est bien fini depuis une dizaine d'années à Saint-Jean-du-Gard et pourtant, chaque année, dans chaque famille, s'élèvent quelques « magnans » :

— ... Ma mère continue. Quand nous étions petits, mon frère et moi, c'était pour nous montrer... Maintenant, c'est pour son plaisir. Elle passe des heures à les regarder, à les écouter, parce que ça fait un bruit merveilleux, toutes ces bestioles qui rongent ces feuilles, un bruit... on dirait la pluie qui tombe sur des tôles... Rien que pour les voir, pour les entendre, ma mère fait partie de ces gens qui font chaque année six ou sept vers à soie.

8

Je l'ai rencontré début juin 72 sur la Grand-Place. Il avait rendez-vous là, avec deux clientes parisiennes auxquelles il devait montrer un mas à vendre.

Mon imagination le voit maintenant frisé comme un mouton rouquin, d'un roux flamboyant, portant monocle, fumant des havanes format manche de pioche, croisant des doigts bagousés sur une brioche en sac d'or, haut en couleurs d'Épinal et beau comme une couverture de *L'Assiette au Beurre* 1906, c'est une personnalité, comme on dit — d'intérêt local, n'exagérons rien. Nous sommes amis, ce qu'on appelle « amis » dans les sous-préfectures, c'est-à-dire que nous avons en trente ans pris une douzaine de fois l'apéritif ensemble à la terrasse du principal café de la ville, moyennant quoi nous nous tutoyons, nous nous interpellons d'un bout à l'autre de la rue et même à l'occasion nous donnons en force l'accolade espagnole.

Je croyais que je l'aimais bien.

C'est que je ne m'étais jamais trop interrogé sur ses activités jusqu'à ces derniers temps.

Il est marchand de biens.

— Dis-moi, tous ces mas qui se vendent... Tu crois que c'est une bonne chose ?

— Une bonne et une mauvaise. Le paysan obtient de mes acheteurs dix ou vingt fois le prix que vaut réellement sa propriété — son prix eu égard au revenu qu'elle donne. Et, ce qui est très drôle, c'est que nous avons beaucoup plus d'acheteurs pour de vieux mas que j'appelle « de première main », qui viennent directement du paysan, que pour des maisons neuves.

Et ainsi, tout ce qu'il dit se tient, paraît logique, inévitable. Lui n'est pas un salaud, il n'y a pas de salaud, pas moyen de mettre la main au collet d'un seul, pas un salaud à clouer de ma plume sur cette feuille blanche !

— ... Ce qui est très amusant, continue-t-il, c'est de constater que les Parisiens et, plus généralement, les gens qui habitent dans les villes, qui logent dans de grands ensembles où ils ont le chauffage central, le confort, la salle de bains, le parking, etc., ces gens-là ne rêvent que de revenir dans nos pays pour vivre comme vivaient nos aïeux il y a cinquante ou cent ans, alors que les vendeurs, eux, les paysans de par ici, ne rêvent au contraire que de vivre dans des appartements sains et modernes, avec le confort, équipés de tout ce qui facilite la vie journalière...

Il dit vrai. Et je ne peux pas dire qu'il ment :

— Bon. Mais comment expliques-tu que les paysans vendent si facilement leur mas ?

— Mais... ils sont atteints par le désespoir, ces gens-là ! Ils se rendent compte que leurs forces sont usées, que les jeunes ne restent pas au pays, que l'économie de la Cévenne est à peu près finie si l'on ne crée pas très vite des *petits* ateliers et des *petites* usines, et une industrie hôtelière...

Il insiste sur l'adjectif *petit*. Il est cévenol, quand même, lui aussi. Il a beau vivre, et vivre bien, d'acheter, de vendre et de revendre les vieilles propriétés ancestrales...

— Ça ne te gêne pas, de faire ce métier, ici ?

— Pas du tout. (Il ne s'attendait point à la question, de front, alors il a nié, sans savoir comment il allait s'en expliquer mais en vieux routier de conférences et de congrès, il lui suffit de quelques mots pour opérer le rétablissement :) Ça ne me gêne pas, je vais te dire pourquoi : parce que d'abord je suis cévenol et que je considère que c'est un devoir de ma part d'apporter un peu de richesses à ces gens-là !

— Mais, dis, comment arrives-tu à concilier tes fonctions de marchand de biens et de président du tourisme local ?

— Très bien ! Parce que, tout de même, nous n'amenons pas n'importe qui dans nos montagnes. Il se fait une sélection qui est magnifique. Nous n'avons que des gens d'un certain milieu qui viennent se reposer chez nous, des gens lassés du bruit, de l'énervement des villes, lassés des pots d'échappement, lassés de l'esclavage...

Il est lancé, ma question a placé sur le plateau du *juke-box* un disque éprouvé à la tribune des « séminaires » de l'immobilier ou des « colloques du loisir », des deux vraisemblablement.

— ... Ces gens, lassés par la Ville, sont gagnés par la beauté de nos sites, beauté que nos paysans, eux, n'apprécient pas pareillement...

— Ça !

— Jamais un paysan, en faisant visiter sa propriété, ne nous dira : « Oh ! que ce site est magnifique ! Regardez, madame, si ma maison est bien placée... » Il ne voit pas cela, lui, et c'est pourtant cela qui fait ma force auprès de l'acheteur : je vends quelque chose que ne possède pas le paysan. Tiens, je vais te raconter une histoire très courte : un jour, j'ouvre les volets d'une ferme et je dis à mon client : « Regardez la vue qu'on a d'ici ! » Et le paysan qui m'accompagnait me dit : « *Moussu, la vista faï pa mandja...* [1] » Voilà. C'est cette vue que je vends.

— Bon, mais ce paysan dont tu viens de vendre le mas, qu'est-ce qu'il devient, lui ?

— Eh bien, il rejoint ses enfants qui sont à la ville. Quelquefois, il achète lui-même une petite maison où il va finir ses jours tranquillement, entouré de quelques vieux amis de son âge avec lesquels il parlera du passé. Et c'est tout... Euh... S'il veut rester dans le folklore, il restera dans son canton... Euh... Quelquefois même, il ira dans une maison de retraite. Ah, oui ! C'est malheureux mais il y a énormément (il n'appuie pas sur l'adverbe. *Énormément* lui a échappé, en quelque sorte, est ressorti de son fin fond de *petit* Cévenol), énormément (donc) de nos amis paysans qui finissent leurs jours dans une maison de retraite (euphémisme. Jadis on disait : « l'Hospice », et les vieillards en question usent encore de ce mot). C'est épouvantable, mais que faire ? Moi, je prétends servir la cause de mes... de mes amis cévenols en leur amenant des gens d'un peu partout, qui achètent les mas bien cher et qui enrichissent les commerçants et les gens qui restent dans nos vallées. C'est cette masse de gens que nous amenons (*nous* : les marchands de biens) qui enrichit ceux qui restent. Comment me reprocher, à moi, de vendre des mas, quand je pense que j'ai vendu des villages entiers dans lesquels il n'y avait plus qu'un ou deux toits intacts. J'ai vendu des maisons dont il ne restait plus que les quatre murs. C'était désolant à voir ! Je te citerai le cas de Mangogul pour ne citer que celui-là, et je te parlerai du Vallon de Zélès, du Vallon des Tanzaï et je te parlerai des Chéchianées, et je te citerai quantité d'autres villages que nous avons sauvés d'une ruine matérielle, d'une ruine déjà si avancée que les paysans étaient surpris que nous allions acheter les quatre murs qui restaient. Pense que du côté de Zulmis, par exemple...

— Écoute, je viens de voir un jeune paysan, tout près d'ici, et ce n'est pas le premier, qui m'a dit : « J'ai l'impression d'être traqué. Les marchands de biens me guettent... »

— Oh ! non, non et non ! On n'a pas besoin de les traquer ! Ce

1. « Monsieur, la vue ne fait pas manger. »

sont eux qui viennent nous demander, nous supplier même, de vendre. Il ne faudrait tout de même pas croire que c'est un travail facile pour nous ! La moindre propriété que nous avons à vendre nous demande des douzaines de déplacements...

— Écoute ! Tu vends un pays qui est la Cévenne mais, à partir du moment où il est vendu, il n'est plus la Cévenne !

— Ah mais pardon ! Là, tu vas un peu fort ! Sans la clientèle que nous amenons, la Cévenne serait devenue un désert !

— Allons, dis-moi, il n'y a pas de paysans qui se repentent d'avoir vendu ? Qui, au dernier moment, ont un regret ?

— C'est pas douteux. Chaque fois que nous établissons un compromis ou une vente, euh... nous sentons chez l'individu qui signe, nous sentons quelque chose, nous sentons comme un déchirement. Et surtout lorsque ce quelqu'un laisse dans les lieux, dans la propriété, un vieux tombeau... euh... un vieux tombeau dans lequel sont ses aïeux, son grand-père, son père, sa mère souvent ; ça, c'est... il n'y a pas de doute que c'est un déchirement. Mais c'est contraint et forcé par les événements — et non par les pressions qu'on exerce sur lui —, par les événements et par le besoin que le paysan signe, le cœur déchiré.

J'ai rapporté la conversation très fidèlement. A l'évidence, mes questions ne l'ont pas tellement décontenancé. Il les connaissait depuis belle lurette, il avait été sans doute le premier à se les poser. S'en sort-il avec le beau rôle ? Ai-je l'air d'être par trop complaisant à son endroit ? Je ne sais plus, j'en conviens. Où est-il le temps où l'on pouvait sans nuances haïr les rapaces ? Ils sont aujourd'hui réhabilités, et j'en suis d'accord, et je trouve cela très bien. Oui, ils sont utiles, indispensables à l'équilibre de la nature, oui, ils débarrassent le terrain des charognes, oui, ils achèvent, dévorent et digèrent les animaux malades et mourants qui pourraient contaminer le pays, et, ce faisant, ils en vivent, s'en nourrissent, engraissent, mais oui, c'est très bien.

Vite, je vous prie, expliquez-vous encore, finissez de tout nous expliquer bien pour qu'il n'y ait plus autour de nous, qu'il n'y ait plus en nous ni méchants ni bons.

Sur ces entrefaites arrivent ses clientes, deux Parisiennes, des « femmes délicieuses, précise-t-il, et qui vont te dire si elles ont l'impression de violer le pays en venant l'habiter et de changer quelque chose à quoi que ce soit de l'ordre établi par nos aïeux ».

Ses propres mots de présentation.

Deux femmes dans la trentaine, ni belles ni laides, blue-jeans coûteusement délavés, et cette allure vaillante et triste des étudiantes attardées qui ont des positions politiques et une conception de l'existence situées entre un *poster* du Che et une interview de Jane Fonda.

— ... Ces dames que tu vois, continue-t-il, disert, galant, ces dames sont des clientes comme tant d'autres, qui veulent un mas rustique, qui ait justement la rusticité des mas très anciens, mais qui ait un cadre, un environnement, un arbre, deux arbres, un jardin, un...

— Laisse-les s'expliquer elles-mêmes !

— Oh, je ne pense pas qu'on n'ait pas notre place dans ce pays, répond l'aînée, apparemment, la meneuse de la paire en tout cas. Nous apportons un changement radical. Enfin, on a d'autant moins l'impression de déposséder les gens, qu'on connaît maintenant quelques paysans qui nous ont paru tout à fait contents qu'on vienne un peu, je ne dirai pas régénérer...

— Si, si ! régénérer ! s'exclame avec enthousiasme mon marchand de biens.

— Une vieille paysanne nous a même dit : « Oh ! achetez ma maison, je ne voudrais pas que mon beau pays meure ! »

— Voilà, voilà ! triomphe-t-il.

— Puis-je me permettre de vous demander quelle est votre profession ?

— Je suis critique d'art et j'ai une galerie.

— Moi, je suis sans profession, mais je fais un peu de peinture.

— Et vous avez l'impression que vous allez faire affaire avec ce vautour ?

A ce moment, le soi-disant vautour, secouant les boucles de sa tignasse fauve, éclate d'un rire énorme, un rire qui n'en finit plus, qui se répercute de combes en vallons dans la vallée Borgne vers l'Aigoual, vers le Bougès et le Lozère.

9

Le jour semble proche où les Occitans, en nombre minimum et en costume traditionnel, constitueront ces réserves indiennes alibi indispensable à l'amusement du touriste avide d'exotisme, où l'Occitan ne servira plus qu'à donner un nom à un restaurant « la braso caoudo », à un fromage « le fumagou », à un vin « lou clapas »...

Le désert et la mort avec cabrettes et coiffes d'Arlésiennes.

Marie ROUANET
introduction à *Occitanie 70*
J.P. Oswald éd.

— Oui, dit mon ami Daniel, oui, nous sommes les Indiens. Même pas les vrais Indiens, parce que les vrais, ils sont finis, ils sont foutus. Des Indiens pour touristes. Les Cévennes revivront peut-être économiquement, mais la Cévenne, son esprit, son âme, c'est-à-dire ses hommes, la Cévenne est foutue. Le marchand de biens ouvre la fenêtre sur la vallée, il dit : « Voyez si c'est beau ! Sentez cet air pur ! » Mais est-ce qu'il parle à son client de l'homme qui a vécu là-dedans ? Jamais ! Il s'en garde bien. La Cévenne n'existe plus parce que les hommes n'y sont plus. Enfin, peut-être qu'à l'heure actuelle il en reste quelques-uns mais demain il n'y en aura plus. Et sans les hommes, il n'y a pas de vie[1]. Les arbres, c'est pareil. Le châtaignier représente deux mille ans de vie et de civilisation, deux mille ans d'intimité avec l'homme, deux mille ans pendant lesquels l'homme n'a pas pu se passer de l'arbre dont il utilisait tout, le fruit, le bois, la feuille, deux mille ans pendant lesquels l'arbre n'a pu se passer de l'homme. Le Cévenol aime à dire : « Le châtaignier aime le fer, le châtaignier se fume à la hache. » Presque toutes les châtaigneraies meurent. On voit les arbres qui commencent à sécher par la cime et puis... puis c'est fini. D'ici dix ans, vingt ans, il n'y aura plus un châtaignier en Cévenne. Certains savants de l'agriculture expliquent que nos châtaigniers ont des maladies cryptogamiques, mais les mêmes reconnaissent que ces maladies ne s'y seraient pas mises si les Cévenols avaient continué à soigner leurs arbres. Le châtaignier meurt parce que le Cévenol est mort, l'arbre et l'homme allaient ensemble comme deux vieux compagnons.

» Les gens vont aussi avec leurs maisons, continue Daniel. Je pense à un homme de Saint-André-de-Valborgne à qui l'on a dit : « Votre maison menace ruine, il faut partir ! » Il avait toujours vécu là. Et alors la camionnette est venue. On a entassé les meubles, tous les objets. Puis le gars est sorti sur le pas de sa porte — il était sabotier —, puis il a regardé sa maison, une dernière fois, et il est mort, là, sur place. Il y a tous ceux qui vendent parce qu'ils ont besoin d'argent, soi-disant, *parce qu'on leur fait croire qu'ils ont besoin d'argent*, et qui meurent aussi, plus ou moins vite. Enfin, il y a tous ceux qui sont expulsés après leur mort. C'est si beau, quand on regarde du haut d'une crête dans nos vallées, toutes les maisons, toutes ont leur cyprès, leur tombe familiale. L'acheteur, lui, ce cyprès devant sa porte, ça l'emmerde, il trouve que c'est affreux, que ça fait triste. Mais justement ce qu'il y a d'extraordinaire chez nous, c'est que nos gens n'ont pas peur de leurs morts. Ils continuent à vivre avec eux, alors que l'étranger qui vient habiter ici, les morts, lui, ça l'impressionne. La Cévenne est un pays où l'on aime les morts, où ils ont leur place bien définie, et on ne peut pas supporter qu'ils soient ailleurs. Un exemple : il y avait dans un hameau de

---

1. « Même sur le plan économique, il est à mon sens plus rentable d'avoir des terres habitées et cultivées par des hommes, fût-on obligé d'aider ces hommes, que d'avoir de vastes réserves nationales, entretenues, conservées et protégées fatalement par un grand nombre de fonctionnaires. »

Georges POMPIDOU.

(Le président de la République parlait, il n'est pas superflu de le préciser, *à Saint-Flour*, le 26 juin 1971, et non sur le mont Lozère pour l'inauguration du *Parc National des Cévennes*...)

Saint-André une vieille (elle est morte il y a quelques années à l'âge de quatre-vingt-quinze ans). En 1914, ses deux fils sont partis pour la guerre. En 1915, l'aîné a été tué sur le front. C'était à une période où l'on ne rapatriait pas les corps à la maison. Alors cette dame est partie pour le front. Elle s'appelait Noémie. Elle est partie avec son mari ; ils avaient emporté une grande valise vide dans laquelle ils ont rapporté le corps de leur enfant. Au retour, à la sortie de la zone des armées, il y avait une sorte de douane. On leur a demandé ce qu'ils transportaient dans cette grande valise. Noémie a répondu : « Souvenir du front ! » Rentrés chez eux, comme ils ne pouvaient pas procéder aux obsèques, ils ont entreposé le cadavre dans leur magnanerie. Et ils ont attendu. Huit ou neuf mois plus tard, leur second fils a été tué à son tour. Alors, le rapatriement des corps était devenu possible. Pendant la veillée funèbre, Noémie et son mari ont ouvert le cercueil de leur second fils et ils y ont joint les restes de l'aîné. Le lendemain, sans que personne le sache, ils enterraient leurs deux fils à la fois. Chez eux. Pour eux, la place du mort était là, à côté de la maison, à vingt mètres.

Quand on a enterré la tante Marie, une des sœurs de ma grand-mère paternelle, l'oncle, son époux, attendait les gens devant la porte, assis la tête basse sur le banc qui était, je crois, fait d'une vieille traverse de chemin de fer posée sur deux pierres. Les parents, les amis, les voisins passaient devant lui, osant à peine le saluer. Il ne s'était pas rasé, l'oncle, il n'avait pas mis ses beaux habits, il était même resté en sabots. Quand le cercueil de sa femme est sorti de la maison, porté sur les épaules de quatre compères, l'oncle s'est levé pour le suivre jusqu'à la fosse fraîchement creusée sous le cyprès familial, à vingt mètres de là.

C'était au mas Soubeyran, un des mas perdus dans les replis de la montagne entre le Collet-de-Dèze et Saint-Frézal-de-Ventalon.

Je crois encore entendre ces sabots racler les quelques mètres de sentier. Je n'y étais pourtant pas.

— ... Car, il n'avait même pas mis ses souliers, répète, insistante, ma mère qui me raconte souvent les obsèques de la tante Marie.

Et elle veut dire par là, ma mère, que la mort est naturelle, que l'oncle était très triste, mais que c'était un homme très dur, et que ce jour-là était en somme un jour comme les autres.

10

Nous sommes le mardi 13 juin 1972, au tout début de l'après-midi, à Saint-Jean-du-Gard. De l'autre côté de la rivière, une rumeur insolite descend sur la ville, un rare bruissement, comme une lente, une écumeuse avalanche. Un frisson parcourt Saint-Jean : ce sont les transhumants.

Quatorze cents brebis suivant un jeune berger long et crochu, pâtre en guisarme, et suivies d'une paire de bons vieux bardés de musettes et de couvertures. Chacun des trois hommes porte bien sûr un vaste parapluie d'un bleu passé, tenu en bandoulière par une bretelle de ficelle. Trois ou quatre chiens tourbillonnent autour des bêtes.

Le troupeau se presse et force et coule enfin au-dessus du Gardon par l'étroit pont en dos d'âne avant de s'épanouir sur la place entre le parapet, le temple et l'école communale.

Les deux vieux s'installent à la terrasse du bistrot à gauche du pont tandis que le jeune reste sur la place pour surveiller les brebis. Là-bas, les écoliers échappent aux institutrices et sortent des classes et de la cour de récréation par toutes les issues, grilles et portes, on dirait que l'école fuit.

Ce troupeau vient de Saint-Hippolyte-du-Fort et se dirige vers le mont Lozère où il pâturera dans la fraîcheur des sommets jusqu'à la mi-septembre. Les deux vieux bergers transhument ainsi depuis plus de quarante ans. Ils couvrent vingt kilomètres par jour, vingt-cinq en forçant un peu. Ce soir, ils seront aux Martinets, demain au col de Jalcreste, ensuite ce sera le Grand Bougès, puis le col de la Croix-de-Berthel, enfin l'Aubaret, la Vialasse, Pierrefroide et Gourdouze.

En attendant, ils poussent leurs gros genoux côtelés de velours odorant sous le guéridon et boivent leurs demis de bière, l'œil aux aguets, redoutant l'arrivée du garde champêtre car, si les troupeaux transhumants ont encore le droit de traverser Saint-Jean, il leur est interdit d'y stationner.

C'est la dernière année, c'est leur dernière transhumance. Évidemment, ils pourraient peut-être faire transporter leur troupeau par camions mais cela revient très cher [1] et puis la transition est trop rapide pour les bêtes :

— ... Arrivés là-haut, quand vous les sortez du camion, pour un peu qu'il fasse mauvais temps vous en perdez la moitié ! Rien n'a remplacé la marche à pied...

Ce sont des hommes posés, aux gestes lents, aux regards lourds et s'ils élèvent le ton c'est à cause de ce bruissement infini, pattes et bêlements, clochettes et abois, cette rumeur océane qui bouillonne sur la place entre les touristes et les écoliers.

---

1. Le ministre des Transports, M. Galley, a « refusé de rétablir en Provence les tarifs spéciaux (S.N.C.F.) consentis depuis toujours, puis récemment supprimés, applicables aux troupeaux transhumants... Les moutons paieront donc plein tarif — ce qui ne fera pas baisser le prix de la viande... » *Le Canard enchaîné*, 6 septembre 1972.

Ils suivent toujours les *drailhes* antiques [1], chemins toujours pareils creusés dans le roc par des siècles de transhumants, ils les suivent pour la dernière fois.

— ... C'est bon presque partout, mais là, maintenant, il y a trois kilomètres de mauvais.

Leurs mots, leurs idées sont à l'envers des nôtres et le mauvais, pour eux, c'est le goudron.

Je suppose que c'est pour ne pas gêner (deux fois par an ! quelques jours durant !) l'envahissante circulation des automobiles que l'on a supprimé celle des moutons. Que l'on puisse commettre ça sans que la France entière s'en émeuve me laisse pantois. Les gens (des amis, bien sûr) auxquels j'annonce cette suppression demeurent sceptiques. Pourtant j'en ai longuement écrit [2] sans recevoir, hélas ! de démenti. Et ce jour-là, à Saint-Jean-du-Gard, devant cette paire de vieux bergers accomplissant leur dernier voyage, je le quêtais, ce démenti :

— Est-il possible d'interdire la transhumance, après tant de siècles...

— Tout est possible maintenant.

— Votre père la faisait déjà ?

— Mon père, mon grand-père... et mon fils.

Il crie presque, car les quatorze cents moutons et les chiens s'ébrouent comme s'ils savaient que l'on parle d'eux. Du coup, les deux vieux s'ébrouent aussi, ils sentent bon le cuir, le velours, la laine, le suint et le tabac noir, roulé main.

— Enfin, dites, les gens vont bien continuer à manger du mouton ?

— Ben, on nous enverra des moutons anglais ! rétorque l'un des vieux.

— Non, tranche l'autre, mais on va faire les côtelettes en plastique maintenant.

— Sans blague !

— Oui ! Et elles sont bonnes. Je les ai goûtées.

Il s'exprime calmement, avec un sourire, et pourtant il vous met mal à l'aise.

Tous deux se lancent des regards entendus, et des mots méchants pour le Marché commun et pour les moutons anglais...

— ... Les Anglais ? Cette année, ils nous ont fait bouffer deux mille francs par bête.

Ils se lèvent, payent, rebouclent leur harnachement de musettes et vont reprendre leur place derrière le troupeau qui, suivant le jeune, le fils, s'engouffre déjà dans la longue rue montant vers le nord. Les derniers transhumants vont disparaître à mes yeux. Sur ma gauche le troupeau se fait tout petit dans le sombre de la ruelle, poussé par les deux bergers et par leurs chiens, tandis que, sur ma

1. Au milieu du siècle dernier, plus de 300 000 brebis empruntaient chaque année les drailles qui les menaient du bas Languedoc vers les pâturages lozériens. L'été 1971, encore 28 000 transhumants sont venus, dont 20 000 sur le mont Lozère.

2. *Les chevaux l'aimaient* (roman, Gallimard, éd.), paru en juin 1972.

droite, des mêmes mouvements rassembleurs, les institutrices poussent leurs écoliers vers la communale dans laquelle ils s'engouffrent et disparaissent.

Sur la place, entre la rivière et le temple, la poussière retombe sur quelques crottes et sur un grand vide.

Le lendemain, mercredi 14 juin donc, entre huit et neuf heures du matin, à mi-chemin entre Alès et Chamborigaud, à l'entrée du Pradel, sur la gauche, à cent mètres de ce panneau qui porte « Prairie à camper gratuite » : un autre troupeau de transhumants. Il y a eu de terribles orages cette nuit, cinq brebis en sont mortes [1]. Le berger est là, qui attend. Il faudrait appeler son patron, qui habite du côté de Bagnols, à Goudargues, pour qu'il vienne au plus vite avec la camionnette. Mais lui ne peut abandonner le troupeau pour se rendre jusqu'à un téléphone. J'accepte la commission et lui laisse la Thermos de café brûlant que j'avais emporté dans une des sacoches de ma moto.

Toute la matinée, j'enrage sur le téléphone. Impossible d'obtenir le numéro en question, ni le second de secours (le berger méfiant m'en avait donné deux) : tout le coin est bloqué, on y installe le téléphone automatique. J'appelle les gendarmes de Génolhac, imaginant qu'avec leur radio ils pourront alerter la gendarmerie la plus proche. Impossible, leur émetteur ne porte pas aussi loin...

Je pense au berger sur le bord de la route, au Pradel, battant la semelle sous l'averse, devant son troupeau naufragé, et les voitures qui passent dans son dos, indifférentes, battant des essuie-glaces...

Peu après midi sonné, j'obtiens enfin le numéro de Goudargues. Les installateurs de l'automatique sont sans doute allés manger.

---

1. Ce qui n'a rien d'exceptionnel : de *Midi Libre* (4 septembre 1972) : « La foudre est tombée sur un arbre près du hameau de La Chaze, sur un territoire de La Salle-Prunet (Lozère). Un troupeau communal composé d'environ 140 chèvres et moutons s'était abrité sous l'arbre. Vingt bêtes : 11 chèvres et 9 moutons, ont été foudroyées. Le berger communal, M. Élie Cabanel, 65 ans, qui gardait le troupeau, a été violemment jeté à terre, mais n'a pas été blessé. »

Contrairement aux idées reçues, le métier de berger est assez dangereux. Il y a une dizaine d'années, le jeune pasteur de La Salle me rapportait qu'il avait enterré en quelques mois quatre bergers tous morts de mort violente (foudre, chute, vipère, assassin).

11

De cette façon finit le monde, non par une détonation brutale mais en geignant doucement.

T. S. Eliot
cité par Sicco Mansholt en juin 1972.

— Vous êtes paysan, monsieur Espasse ?

— Je ne mérite plus ce beau titre. Je suis seulement éleveur.

Sur le moment, je n'avais pas attaché d'importance à la nuance, d'autant plus que pour moi la qualité d' « éleveur » n'avait jamais rien comporté de péjoratif, jusque-là.

C'est un quadragénaire grisonnant, très droit, au visage carré, à l'air serein, avec ce sourire permanent, très doux, un peu béat, des militants du protestantisme.

Son mas est l'un des plus beaux, des plus fidèles à la tradition cévenole. On y arrive par un chemin creux traversant des prés entretenus et surplombant un grand jardin potager. On chemine sous de hautes treilles de clinton et d'isabelle jusqu'au portail qui donne sur une cour pavée de *lauzes*. Je ressens en arrivant chez cet « éleveur » un bien-être rare : il n'y a pas eu de cassure des temps ici, le bien n'a jamais été abandonné, il n'a donc jamais été retapé par d'autres, il est resté l'abri et le nourricier.

Les Espasse sont ici de père en fils depuis des siècles et ces *faïsses* bien entretenues, aux murettes quotidiennement surveillées, les ont fait naître et grandir, puis les ont récupérés.

— ... Oui, nous avons, nous aussi, notre petit cimetière familial tout près. Il date du temps où les huguenots n'avaient pas droit à la terre bénite du cimetière communal car nous sommes protestants, naturellement, et pratiquants... Mais, dans le temps, on s'enterrait un peu partout, où l'on pouvait, plus ou moins secrètement, et jusque dans l'intérieur des maisons. Là, dans mon garage, quand j'ai fait le cimentage actuel, j'ai découvert des corps sous le pavé de *lauzes*, des corps bien alignés. C'étaient des fosses effondrées. Et dans ma cave, quand j'ai fait une cuve pour le vin, j'ai encore découvert des corps...

Lorsque j'aborde ses moyens d'existence, M. Espasse répond d'un ton rassurant, mais son sourire se fait infiniment triste :

— Ah ! Je m'en tire...

— Mais... Vous êtes paysan ?

— Euh... j'ai été paysan.

— Agriculteur, disons.

— J'ai été agriculteur. Maintenant, j'ai tourné la page.

Pourtant, autour de nous, les cris sont bien ceux de la terre : caquètements, gloussements, bêlements, abois des chiens...

— « Tourné la page », comment ça ?

— Eh bé, je... je ne me considère plus comme agriculteur.

— Vous êtes quoi ?

— Comprenez-moi, je ne vis pas vraiment du travail de la terre. Certes, j'ai mon jardin familial, ma vigne familiale, mais... mon revenu principal me vient d'un élevage que j'ai créé, là...

— On a toujours fait plus ou moins de l'élevage, dans les mas cévenols, c'est traditionnel.

— Ah ! non, non, non, ça, c'est tout nouveau, c'est le... c'est même le seul qu'il y ait dans la Vallée.

— Et ça rapporte ?

— Je suis à mes débuts.

Nous continuons notre marche alourdie, mais en silence. Il me semble bien apercevoir, à quelques *faïsses* en dessous, un bout de toit en tôle ondulée, mais sur l'instant je n'y prête guère attention et, presque aussitôt, le sentier du jardin nous fait tourner le dos.

— Il a fallu se reconvertir, reprend enfin M. Espasse sans même un soupir. Je suis passé du travail traditionnel à l'élevage, la vache d'abord, pour le lait, puis je suis passé aux chèvres, à la fabrication du fromage, le *pélardon*... Tout ça n'a pas marché. J'en suis arrivé là...

— Et si, encore une fois, ça ne marchait pas ?

— Je ne l'ai pas envisagé, parce que j'espère que ça marchera.

Il a de jeunes enfants, des écoliers, et il se refuse à envisager l'avenir, il continue de sourire et il est sincère, j'en témoigne, il n'est qu'à peine triste, il fait confiance d'abord, il fait confiance depuis des siècles, depuis tant de siècles.

— Je crois que ça va marcher, que voulez-vous.

Il s'arrête au tournant, son regard va lentement d'un flanc du vallon à l'autre, d'une crête à l'autre.

— Quitter cette terre qui m'a vu naître, où je suis depuis ? murmure-t-il. Pour le travail comme il s'est fait jusqu'à maintenant, hein, c'est terminé, ça, maintenant, question euh, économique ! Tous ces mas deviennent des résidences secondaires, toute la Cévenne devient un pays de villégiature...

— Et vous dites ça avec le sourire !

— Parce que je vois que c'est ainsi que ça va se passer, que ça se passe déjà, et ça grandira...

— Mais ce n'est pas un avenir, ça !

— Ah ! pas pour nous, oh ! pas pour nous.

D'un grand mouvement du bras droit, il désigne tous ces mas retapés de façon plus ou moins heureuse mais toujours très coûteuse pour un mois de l'année, plus les « week-ends » dans le meilleur des cas.

— Et vous restez le seul ?

— Ah ! oui, oui, oui, bien sûr, le seul.

— Le seul qui tire ses ressources de son sol.

— De son sol, enfin...

Alors qu'il me raccompagne jusqu'à la route, une grosse pluie de juin commence à tomber. Les gouttes rares mais grasses s'écrasent sur les *faïsses* surchauffées, dégageant une enivrante odeur de foins coupés.

En guise d'au revoir, en politesse, en affection, en guise de consolation quoi, lâchons le mot, je dis, embrassant du regard le beau mas traditionnel à flanc de montagne :

— Enfin, c'est quand même de ça que vous vivez encore ?

— Comment ? s'inquiète M. Espasse.

— Eh bien mais, pour votre élevage, vous faites bien pousser, sur vos terres...

— Ah mais non, pas du tout.

Je n'avais rien compris. M. Espasse nourrit ses bêtes avec des granulés livrés chaque mois en sacs de plastique par un industriel, le même sans doute qui lui achète les animaux prêts à la consommation [1]. L'élevage se fait en batterie, dans ce long bâtiment de parpaings qu'on ne m'a pas trop laissé voir, là-dessous, et dont je n'ai deviné qu'un bout de tôle ondulée. Je comprends tout et ne pose donc plus une seule question. En somme, M. Espasse pourrait aussi bien faire son élevage dans un entrepôt de Cormeilles-en-Parisis ou de Boulogne-Billancourt.

Je le vois qui rentre dans son mas auguste. Il se hâte sous les gouttes grasses, précises comme des balles. Pour la première fois depuis tant de siècles un Espasse apprend à craindre la pluie.

---

1. Le même aussi, je viens de l'apprendre, qui a fait construire ces installations d'élevage dernier cri, dont il reste propriétaire et que M. Espasse n'a pas le droit de faire visiter, dans lesquelles il ne peut lui-même pénétrer que sous certaines conditions.

12

... Ces moments où l'énigme fondamentale de la vie apparaît à chacun de nous comme elle apparaît à presque toutes les femmes devant un visage d'enfant, à presque tous les hommes devant un visage de mort. Dans toutes les formes de ce qui nous entraîne, dans tout ce que j'ai vu lutter contre l'humiliation, et même en toi, douceur dont on se demande ce que tu fais sur la terre, la vie semblable aux dieux des religions disparues m'apparaît parfois comme le livret d'une musique inconnue.

André MALRAUX
Antimémoires.

Je me suis quand même décidé à aller la voir, depuis que je tourne autour de sa maison, autour de cette idée, de cette image...

C'était dans le beau versant du mois de juin 1972, Mme Sirven avait quatre-vingt-six ans. Ma mère lui avait rendu visite le mois précédent :

— Je l'ai trouvée couchée mais en assez bonne forme quand même. Tu devrais aller la voir aussi, les visites lui font grand plaisir. Tu verras comme elle est belle, étalée dans ce grand lit tout blanc, avec sa jolie coiffe.

Pour me recevoir, Mme Sirven s'est levée, mais peut-être pas seulement pour cela, depuis une quinzaine elle se sent beaucoup mieux. Toute vêtue de noir, elle m'attend, assise devant la table, dans la salle à manger d'Aimé, l'un de ses gendres.

Les nuances et les futilités se sont estompées. Le beau visage de Mme Sirven atteint à la rare simplicité des galets de torrent, trois quarts de siècle de crues et de sécheresses l'ont affiné. Entre les paupières dévorées par le temps, le bleu des yeux a viré au gris, lequel à son tour a pâli, pourtant le regard est resté aigu, passionné, c'est un regard qui n'a rien perdu de son autorité.

Après quelques propos de bienvenue sans apitoiements incongrus, j'en viens à ces sacs de cinquante kilos qu'elle portait sur son échine :

— ... Vous en portiez combien par jour ?

— Ça dépendait. Des fois dix, des fois quinze. Et quand on avait besoin de beaucoup d'argent, on portait vingt sacs.

— Vingt sacs !

— De cinquante kilos, oui.

— Et ça vous prenait combien de temps ?

— Oh, on partait le matin vers six heures et on rentrait que c'était midi passé !

— Et vous gagniez combien par sac ?

— Cinq sous, mais la moitié des gens ne nous payaient pas.

— Pourquoi diable ?

— Ah ! Parce qu'il n'y avait pas d'argent ! Vous croyez, l'argent n'était pas comme maintenant, maintenant on le jette !

— Vous aviez donc dans les cinq kilomètres aller et autant pour le retour ?

— Bah ! On y allait à pied. On passait par le tunnel. Quelquefois on attendait les trains (qui transportaient le charbon de la mine) mais ça dépendait des voyageurs (des convoyeurs), il y en avait qui nous prenaient, d'autres nous criaient : « Marchez à pied ! »

Elle essaye un instant de se rappeler le nom des femmes qui s'étaient mises au même travail, elle cite trois, quatre noms...

— Cinquante kilos sur le dos, ce n'était pas un ouvrage de dames !

— Eh ! des fois, pour gagner du temps, on en portait soixante-quinze ! Combien de fois, moi, j'en ai monté soixante-quinze kilos à La Jasse, sur mon dos !

— Vous le posiez combien de fois, ce sac ?

— Une seule fois. Sur un rocher bien commode qui se trouvait au milieu de la côte. Un grand rocher. On faisait la pause là.

— Il était de quelle qualité, ce charbon ?

— Des mottes. Il y avait des pierres mélangées. Des fois je les triais un peu mais ça faisait plus le poids, alors, il fallait laisser le sac comme il était. Monter les pierres avec le charbon.

— Et comment vous est venue l'idée de faire ça ?

— Ben, il fallait manger. J'ai dit : « Je vais essayer. Si je peux... » Puis alors j'ai continué. J'avais un oncle à La Jasse, qui travaillait chez le boulanger, alors, des fois, quand j'avais fini, j'emportais un pain. Avant, lorsque les vers à soie donnaient, j'étais fileuse. J'ai commencé à travailler à douze ans à la filature du Pont-de-Rastel. A douze ans, quand mon père est mort. Il n'y avait pas de pension alors. M. Larguier, le filateur, a dit à ma mère : « Je te la prendrai, ta fille, tu n'as qu'à me l'envoyer. » Et comme j'étais trop petite, comme je n'arrivais pas au bassin où l'on trempait les cocons, il m'a fait faire un petit banc...

Jacques Pibarot m'a raconté que sa grand-mère d'Alès, celle qu'il m'avait présentée, qui habitait près de feu la place du Vieux-Marché, presque en face de la passerelle Lénine, avait été si longtemps fileuse qu'elle pouvait tremper ses doigts dans l'eau bouillante : « Elle a commencé à travailler comme fileuse à dix ans, et fameusement contente d'aller enfin au boulot ! A l'époque, déjà, le travail des enfants était interdit, on ne pouvait les embaucher avant douze ans révolus, mais quand un inspecteur passait, on la cachait dans un panier, il y avait un grand panier exprès pour cela dans l'atelier[1]. *On la cachait donc avec la complicité de tous, patron et ouvrières... »*

Et comme elles savent mourir, ces vieilles fileuses !

Celle-là produisait un grondement insolite, assoupie dans le fauteuil de sa sieste.

— Qu'est-ce que tu as, qu'est-ce qui te prend ? lui demande sa fille.

— Ben, je vais mourir, tu ne le vois pas ?

— Allons, allons ! proteste mollement sa fille, incrédule.

— Mais si. C'est l'heure. Je vais aller au cabinet, puis je me laverai, puis je me changerai pour que ma mort ne te donne pas trop de travail et de désagrément...

La fille a souri, la vieille fileuse a fait comme elle a dit, puis elle est allée s'allonger sur son lit où elle est morte, sa tâche achevée.

Il creusa lui-même sa tombe...
Et s'y étendit sans rien dire
Pour ne pas déranger les gens.
Pauvre Martin, pauvre misère,
Dors sous la terre,
Dors sous le temps[2].

Pauvre Cévenne trop bien élevée pour déranger les gens !

Mme Sirven me raconte qu'elle travaillait huit heures par jour dans la filature de M. Larguier :

— Quand je sortais, ma mère m'attendait. Elle était là-haut sur le pont. Elle me portait un morceau de pain et la moitié d'une barre de chocolat. Elle me disait : « C'est pas la peine que tu perdes du temps à passer par la maison, va directement faire du bois dans la montagne. »

Après la filature, Mme Sirven a travaillé dans la confiturerie de M. Faget.

— Le travail était plus dur ?

— Écoutez, rien n'était dur. Il s'agit d'avoir de la patience.

— C'est quand la confiturerie a fermé que vous vous êtes mise à porter le charbon ?

— Oui.

— Et ça, c'était plus pénible ?

— Que de filer ou de faire de la confiture ? oh oui ! oui, oui... Cinquante kilos de charbon sur le dos ! Le tout, c'était de trouver quelqu'un pour vous aider à les charger sur l'épaule. Des fois vous tombiez sur du monde sympathique, des fois non : « On n'a pas le temps ! » Certains s'arrangeaient... ils étaient gentils, mais c'est comme partout, vous savez.

---

1. Daniel Travier me suggère qu'il devait s'agir d'un *gourbin*, sorte de hotte utilisée pour le transport des cocons.
2. Georges Brassens : *Pauvre Martin*.

— Et une fois que le sac était sur l'épaule ?

— Ben, on filait ! On filait jusqu'au rocher là-haut où on le déposait. On se dépêchait quand on voyait que c'était l'heure de la sortie, on se dépêchait tant qu'on pouvait. On le portait presque en courant. Ah ! vous savez, ce qu'on a peiné, c'est rien de le dire... Et pour notre dimanche, on allait sur les crassiers grappiller du charbon pour nous, c'était notre sortie. Il y avait Mlle Teissier, la Marie qu'on l'appelait, elle me disait : « Té, aujourd'hui il fait beau, il faut aller au remblai. » Le remblai, vous le connaissez, c'était au fond du ruisseau. Là, le dimanche, on faisait notre charbon de la semaine.

— Au pied du terril ? et vous trouviez là assez de charbon ?

— Oh, assez... On avait des combines, vous comprenez. On le faisait savoir aux trieuses, à celles qui triaient les wagonnets : « Dimanche, nous irons chercher du charbon », alors... Au fond du ruisseau, il y avait toujours quelques bonnes grosses mottes qui avaient glissé...

— Et les autres dimanches ?

— Oh, les dimanches qu'on avait un peu de repos, c'est à la rivière qu'il fallait descendre pour laver le linge.

Je suis allé me promener sur ce terril en compagnie de Franz, l'un des fils de Mme Sirven. Le crassier de la mine abandonnée depuis vingt ans fumait comme un volcan, réveillé par les dernières averses. Il dégage parfois une chaleur telle qu'on ne peut l'approcher. Parfois sa peau se déchire éclairant la nuit de sanglantes cicatrices. Une chèvre égarée s'est prise dernièrement dans l'un de ces pièges où elle est morte carbonisée.

Nous marchons, Franz et moi, au large de ces inquiétantes fumerolles dans lesquelles un vif soleil d'après orage se crible en vitraux sulfureux.

— Avant de descendre travailler dans la mine, me raconte Franz Sirven, j'ai travaillé dans le bâtiment. Une année, comme il y avait de la neige, je suis venu aider ma mère une fois ou deux pour mettre son sac sur son dos.

— Les mineurs, qu'est-ce qu'ils en disaient, de voir des femmes, des vieilles femmes, faire un travail pareil ?

— C'était l'habitude. Ils trouvaient ça normal.

13

Il lui semblait que la bonne littérature est assez commune et que c'est à peine si le dialogue de la rue ne la vaut pas.

Jorge Luis BORGES
Examen de l'œuvre d'Herbert Quain.

Ma chanson, la chanson irréfutable, c'est l'écoute pieuse de ces gens et la retranscription filiale de leurs propos.

Pendant que son mari choisit ses outils à tailler le granit, Mme Bonnet évoque pour moi son enfance :

— ... A la maison, nous ne parlions que le patois. Quand je suis allée pour la première fois à l'école, à la rentrée d'octobre, mon grand souci était : « Comment je dirai bonjour en français à l'institutrice ? » Je posais sans cesse la question à ma mère tout le long du chemin. Au village, on se moquait des enfants qui parlaient français, on disait : « A quoi bon leur apprendre le français pour garder les chèvres ? »

Mme Bonnet regrette toujours son patois si facile, si nuancé. Elle se souvient qu'à l'école, pendant la récréation, c'était le patois qui leur revenait, naturellement, mais lorsque l'institutrice en entendait un mot, elle punissait l'élève qui l'avait lâché.

Quand je vois M. Bonnet travailler, quand je le vois choisir son granit, choisir la face la plus belle, quand je le vois placer la pierre, l'orienter, la caler, utiliser le poids, la force du roc, puis aligner ses outils, les installer, les soupeser, quand je vois M. Bonnet se mettre à l'ouvrage, je voudrais savoir ainsi choisir mes mots, les placer, caler la phrase et tailler la strophe et dresser le monument...

Je les envie, tous, les menuisiers, les forgerons, et leurs compagnons, tous ceux qui travaillent à l'établi. Je voudrais œuvrer ainsi à la façon du plus humble d'entre eux, le cordonnier, accroupi, le front contre une fenêtre basse, et ressemeler à petits coups, réparer ma littérature, en redresser la tige, en ferrer les talons, dans l'odeur des cuirs, la bouche pleine de clous.

— Il faut le faire pour le faire, c'est ce que m'enseignait mon père, m'expliquait André Marti. Mon père me disait : « Il faut faire quelque chose. Va voir le menuisier, fais-toi expliquer. Apprends ! Pas pour gagner des sous, pas pour se vanter, même pas pour créer. *Il faut faire pour faire*. »

Le Curé, le Docteur et l'Ami m'ont longuement parlé de leur

« magicien du granit » mais ils ne me l'ont pas décrit physiquement, pourtant je ne suis pas surpris, j'aurais reconnu ce petit bonhomme grave aux gestes lents et précis, aux mots savoureux et précis, aux regards tendres, fureteurs et précis.

Il a choisi pour moi un œuf de granit qui paraît d'un poids considérable, un bloc que deux hommes de ma taille se donnant les mains ceintureraient à peine. Il va le tailler en deux pour moi. Il creuse un trou avec un petit marteau frappant un petit ciseau. Cela commence donc par un menu picotement que répercute mollement le val de Nojaret.

— Pourquoi creusez-vous là plutôt qu'ailleurs ?

— J'ai tracé mon alignement. Je trace l'emboîture, c'est-à-dire une petite mortaise à la forme de coin. Ces emboîtures, j'en ferai quatre. Il faut surtout qu'elles soient en ligne droite, qu'elles se regardent bien, qu'il n'y en ait pas une qui regarde à droite, l'autre à gauche.

— Le granit est la plus dure des pierres, n'est-ce pas ?

— En principe. Et celui qui se colore de rouge est encore plus dur que celui-là.

L'œuf gigantesque tire sur les gris, les gris de toutes tendances, avec des reflets bleus, des veines vertes et les grosses taches des mousses mortes.

— Celui-là, c'est du granit ordinaire, c'est descendu de là-haut, du Roc de Trenze.

— Les ciseaux dont vous vous servez sont d'une trempe spéciale.

— Non. C'est de l'acier ordinaire, une trempe ordinaire, que je fais moi-même. Je ne les réussis pas toutes. Il y en a qui sont trop vives, aussi bien ça casse, surtout à l'abord, quand on les met à la pierre. Il faut les habituer petit à petit, en tapant pas trop fort au début. Ainsi l'acier se durcit, ou s'assouplit dit-on, moi, je dis qu'il se durcit, parce que j'ai des outils sur lesquels j'ai tapé pendant des journées entières ; il y a longtemps que je m'en sers, et ils sont toujours les mêmes, ils ne sont pas abîmés. Alors je suppose que l'acier s'est durci au travail. Je vous les ferai voir tout à l'heure, ce sont de tout petits outils.

M. Bonnet était l'aîné de quatre et, comme il le souligne :

— ... Le chômage n'existe pas d'aujourd'hui. Je suis parti pour Marseille comme apprenti boulanger. Mais je n'ai pas pu supporter l'atmosphère de l'intérieur (du fournil, de la boutique, de la rue, de la ville ?). Ça m'engorgeait le poumon. Au bout de trois ou quatre mois, il me faisait mal, je l'entendais même grogner, mon poumon. J'ai perdu assez de jours. J'ai vu un docteur de Marseille, le premier venu, il m'a mis à un régime, très sévère, mais ça n'allait pas mieux. Alors mon cousin m'a conseillé : « Va voir le docteur Platon, qui est de chez nous ! » J'y suis allé le même jour. Il m'a un peu questionné, puis : « Moi, je vois ton mal. Tu es comme un pot de fleurs qu'on a élevé dehors et qu'on a voulu mettre dedans, tu es en train de t'étioler. Alors, si j'ai un conseil à te donner : pas de remèdes, rien du tout. Remonte au Mazet, auprès du Pont-de-Montvert, garde un mois les moutons de ton père, et tu seras guéri. » Ce que j'ai fait. Au début, je ne pouvais faire aucun mouvement tellement j'étais mal, mes poumons me faisaient souffrir, puis, insensiblement ça m'a passé. En rentrant, je m'étais promis : « Quand tu seras guéri, tu retourneras à Marseille. » Une fois guéri, je me suis dit : « Tu as été malade une fois, pourquoi tu le serais pas deux si tu retournes à Marseille ? » Alors, je me suis mis à bricoler, là-haut, sur la montagne...

Au départ, M. Bonnet a donc exercé plusieurs professions, donnant un coup de main ici et là : maçon, scieur de long... Il apprenait les métiers en regardant faire...

— Mais là, pour trancher le granit, c'est quand même un professionnel qui m'a appris... J'ai eu plusieurs maîtres. Le premier était un Espagnol, mais celui-là était déjà vieux, alors je ne me rappelle plus son nom, il est sûrement mort. Le deuxième était quelqu'un de La Grand' Combe dont vous pourriez avoir entendu parler, il s'appelait Verdoire. J'ai travaillé pour une entreprise de routes qui s'appelait Lorca, à construire des aqueducs. L'entrepreneur m'a conduit vers une tranchée, là. C'était prêt à bâtir, ils avaient fait les fouilles. Il me dit : « Voilà, tu fais l'aqueduc tout seul, comme tu peux, je te donne cinq francs de l'heure. » A ce moment-là, j'ai été emballé par ce prix-là...

Tout en parlant, il continue son picotement. Il attaque le dernier des quatre trous rectangulaires, égaux : environ quatre centimètres de long, trois de large, cinq de profondeur. Les mots et les coups de marteau se complètent et s'allient harmonieusement. Il parle et travaille mêmement, à petits coups de langue, il se régale :

— On va mettre les coins.

Il les enfonce à peine, sans marteler beaucoup, dans les quatre emboîtures. Il les enfonce en écoutant le bruit que produit le marteau sur chaque tête de fer. Il va ainsi de l'un à l'autre des quatre fers pour obtenir l'exacte tonalité, il tend l'oreille et ferme les yeux comme Sébastien Maroto lorsqu'il accorde sa guitare.

— Je croyais que vous utilisiez des coins en bois.

— Ah non ! C'est pour le marbre, les coins en bois.

— La pierre va se trancher bientôt ?

— C'est la pierre qui vous le dira.

A présent, il tapote doucement sur le granit même, autour des coins. Il ne travaille plus la pierre, il l'ausculte.

— Je crois bien qu'il a envie de parler, là, maintenant, le granit.

Il mouille chaque trou, chaque coin, avec un brin de genêt qui trempe dans l'eau d'une vieille boîte de thon en miettes. Il corrige l'emboîture de l'un des ciseaux qui ne travaillait pas à la façon des autres.

— C'est le moment délicat.

— A quoi le voyez-vous ?

— Je le sens.

Il retrempe le genêt pour bénir encore.

— Voilà, maintenant, fais ta cigarette, s'ordonne-t-il gravement.

— Pourquoi la cigarette à présent, elle fait partie de l'opération ?

— Oui. Il faut attendre le temps de faire une cigarette. Les coins forcent. La fente se fait. Si on est trop pressé, ça risque de faire un éclat, ou une poche... Vous entendez ces petits craquements ?

Ce disant, à gestes réguliers, il roule une cigarette de tabac gris dans une feuille de papier non gommé. Ses gestes sont beaux, là aussi. Ce n'est pas la première fois que j'entends utiliser la cigarette roulée comme unité de temps — et pas seulement par des travailleurs manuels, ainsi le pêcheur de brochets prétend que lorsque le poisson carnassier a avalé le vif, il ne faut surtout pas ferrer avant d'avoir roulé une cigarette, de l'avoir allumée, d'en avoir tiré la première bouffée.

— Approchez votre oreille de la pierre. (Lui, ostensiblement, ne se dérange plus.) Écoutez les craquements à l'intérieur. Vous entendez ?

— Un peu.

— Alors, c'est bonne marque ! Penchez-vous. Vous ne voyez pas une petite fente qui s'allonge là-dessous ?

— Si.

A petits coups de langue comptés, il colle sa maigre cigarette, la retourne, se la plante au bec, l'allume, tire une bouffée qu'il souffle en relevant le nez vers le ciel pur de la Cévenne.

Le gros œuf de granit s'ouvre sans un craquement, s'ouvre par le milieu, comme tranché d'un seul coup d'invisible hachoir, en deux hémisphères qui retombent sur le dos et oscillent un moment à la façon des magots. La cassure d'une netteté de rasoir a séparé deux surfaces parfaites d'un gris tout neuf pailleté d'argent.

— Voyez, c'est droit, complètement, parce que c'est une pierre tout à fait de la bonne espèce.

Les deux hémisphères s'apaisent sous le compliment.

Il compte en moyenne cinq minutes par trous, un peu plus d'un quart d'heure par pierre.

Tout en fumant la cigarette, le tailleur de granit manie sans nécessité, mais avec infiniment de délicatesse, un ciseau d'acier long comme l'index et à peine plus gros :

— C'est le plus vieux. Et il tient toujours. C'est celui-là qui s'est si bien habitué à la pierre qu'il ne s'use plus du tout. J'en ai fabriqué un autre, pour le cas où celui-là claquerait, mais comme il tient toujours, comme il est toujours le même, c'est toujours lui qui est à l'œuvre.

L'humble morceau de métal passe à gué, sur les doigts, d'une main dans l'autre tandis que partout ailleurs on jette des tonnes et des tonnes de ferraille, qu'on s'en débarrasse lâchement, qu'on ne sait plus qu'en faire.

— Mais comment avez-vous appris ?

— Comme on apprend à manger du pain dur, par la force des choses, par la force des *bielles* comme on dit ici. Vous êtes en train de poser une pierre, elle est trop grosse, vous ne pouvez pas la bouger, il faut la casser en deux. Vous avez vu faire ça. Vous vous dites : « Un tel le faisait, moi je peux bien le faire aussi. »

Il travaille toujours avec le même marteau, un marteau si vieux, si écrasé, si mâchouillé, si arrondi par les coups, qu'on ne le reconnaît pas tout de suite pour marteau, qu'il faut le voir travailler pour le remettre :

— ... Il appartenait à mon père. Le forgeron le lui avait donné pour qu'il bricole avec, parce que c'était déjà un très vieux marteau, inutilisable à la forge. Il était moins usé qu'à présent, mais très usé déjà. Moi, j'en ai hérité, ce marteau est de la succession de mon père. J'en ai eu d'autres. J'ai eu des massettes, des marteaux à angle vif mais j'ai toujours trouvé celui-là plus commode, parce qu'il n'a pas d'angles et qu'il tape bien mieux. J'ai habitué celui-là.

Au rez-de-chaussée de sa maison, dans une étroite pièce basse de plafond, une ancienne écurie semble-t-il, le tailleur de pierre a installé sa forge et ses outils. Un lieu enchanté ! Chaque chose y est à sa place, c'est-à-dire qu'elle occupe le moins de place possible, à portée de la main, et chaque chose vit là sa deuxième ou troisième vie d'outil. Je n'ai jamais rien vu d'aussi précieusement rangé si ce n'est les grandes casses d'imprimerie du temps où les caractères de cuivre brillaient comme de l'or. Il y a ici aussi les *hauts de casse* pour les outils les moins employés — capitales et lettres accentuées de l'artisan — et les bas de casse pour l'usage courant, sans oublier les casses de réserve, les cassetins, et les espaces, cadrats et cadratins. Qu'il doit être bien ici, par les jours de sombre automne, la porte ouverte sur la pluie qui embaume les cèpes et la fermentation des cuves, chez lui, à l'œuvre, à l'établi, avec le temps, la joie, la jouissance du labeur que l'on décide soi-même.

— ... Le poinçon, c'est l'outil principal pour la taille de la pierre. Quand il est usé, il faut le reforger. Un tailleur de pierre professionnel refait tous ses outils chaque matin. Il lui faut une trentaine de poinçons pour la journée. Il ne travaille qu'avec des outils très pointus. Aussitôt qu'ils sont émoussés, il en prend d'autres. Tandis que moi, en amateur, je les use un peu plus. Bien souvent la forge ne se trouve pas sur le chantier, quand celui-ci n'est pas très important. En principe, tous les tailleurs de pierre professionnels sont aussi forgerons...

Cependant, il tourne la manivelle du soufflet à pales. Avec une ancienne louche transformée en pelle de forgeron, il rajoute un peu de poussière de charbon, reforme le cratère du foyer. Cela sent très bon, c'est une fruste odeur d'enfance, la senteur perdue des après-midi pluvieux où la gaminaille s'abrite chez les maréchaux-ferrants. C'est avec d'anciennes tenailles de forme courante dont il a reforgé en palettes creuses les mâchoires cassées jadis qu'il saisit le poinçon pour juger de sa couleur :

— ... Selon la qualité de l'acier, on peut le chauffer plus ou moins. (A le voir manier ça dans les mâchoires reforgées, à le voir estimer en artiste la nuance du métal porté rouge-blanc, l'envie vous prend de repartir sur le chemin, mais à pied, en scrutant le sol devant vous pour y trouver un vieux bout de métal rouillé, une ferraille usée, mutilée, au rebut, afin de la rapporter chez vous comme un voleur et là, vous pencher dessus, l'ausculter, la sonder, en faire avec lenteur, avec soin, en faire quelque chose...) Il y a des aciers qui se laissent chauffer, pas au blanc tout à fait, mais enfin plus que d'autres. Il y a des aciers qui sont très... très jaloux. Par exemple, je fais des poinçons avec de vieilles limes qu'il faut très peu chauffer, à peine au rouge, car elles sont très susceptibles... Là, je trempe la pointe. C'est le plus important. Si l'acier est mal trempé, il est ou trop cassant ou trop mou, il faut voir monter la couleur, c'est seulement à la couleur qu'on juge. Il ne faut pas trop de jour. Je profite de faire mes outils quand il pleut parce que c'est obscur. J'ai remarqué que mes outils étaient bien meilleurs quand je n'étais pas pressé ! Il faut attendre un jour de bonne lumière, un jour sombre pour mieux voir la couleur du fer, le rouge cerise, le rouge-blanc, le gorge-de-pigeon...

— Comment avez-vous appris à forger ?

— En forgeant. J'ai regardé plusieurs forgerons et aucun n'avait les mêmes principes. Alors, je me suis inspiré de celui qui faisait les meilleurs outils, un forgeron du Pont-de-Montvert. Il était réputé pour être le meilleur, alors j'ai dit : « C'est à celui-là qu'il faut croire. »

Il plonge la pointe du fer seulement dans l'eau où elle crie puis s'apaise :

— Si on laisse la chaleur remonter jusqu'à la cime, le fer est détrempé malgré qu'on l'ait trempé. Là je le surveille encore à la couleur. (Il reprend le poinçon, le replace dans le cratère de la forge, le ressort, le regarde, lui donne deux ou trois coups de lime :) Ça vient jaune, alors je le blanchis à la lime. La chaleur fait petit à petit remonter la couleur. Le jaune saute. Après vient le violet, et puis le bleu. Quand il est noir, il est détrempé.

Nous passons encore un bon moment, un heureux moment à parler des humeurs de la pierre.

— ... Chez certains granits, pas tous, on remarque la formation de stries quand on tapote la pierre. Les poussières se figurent en petits sillons comme si des courants magnétiques les commandaient. Je me suis souvent posé la question : « Pourquoi ces sillons se forment-ils toujours dans un sens, un seul, alors que les vibrations vont en tous sens ? » En tout cas, c'est dans le sens des stries que le granit fend très droit...

M. Bonnet me parle avec passion des monuments antiques, des Pyramides, du Temple de Louksor et des problèmes que posaient la taille et le transport de ces pierres gigantesques.

— ... Quand je tombe sur un livre ou une revue traitant de ces sujets, je mange et je bois !

Puis il revient à la pierre, à la façon de l'aborder, de l'étudier, de la deviner. Il s'exprime avec tant de connaissances intuitives, avec une sorte d'instinct si impressionnant que je lâche gauchement :

— On dirait qu'il y a une complicité entre la pierre et vous, qu'il se passe quelque chose entre vous deux...

— Ah non ! pas du tout, ça, c'est pas possible !

— Il n'y a pas des pierres qui vous sont plus sympathiques que d'autres ?

— Ah ! si. J'admire la pierre dure. D'ailleurs, je ne peux pas supporter, quand je bâtis, de voir mettre une belle pierre d'une bonne qualité à l'intérieur du mur.

— La pierre peut mourir ?

M. Bonnet fait la moue :

— Les pierres meurent par décomposition, elles se désagrègent. Mais, les granits très durs, je me demande s'ils se désagrègent beaucoup. En haute montagne, par le gel, peut-être... Mais le lichen les protège. Les ingénieurs à qui j'ai posé la question me disent : « La pierre va en se désagrégeant, malgré que ce soit du granit. » Moi, je suis un peu incrédule de ce côté. Je le dis, il n'est pas possible qu'une pierre recouverte de lichen se désagrège. Je ne pense pas.

Oui, c'était à la mi-juin. Quelques vacanciers arrivaient déjà, les primeurs de la mode *kitch* : *bermudas* fleuris et surplis ecclésiastiques, avec cette couleur dominante, jaune genêt.

Le plus pourri des étés surpeupla nos vallées, la Cévenne jaunit, jaune du rire, couleur genêt *unisex*. Tout un peuple en uniforme, une écrasante majorité sur rythmes *pop-corn*, dont les sentiments ne coïncidaient pas forcément sur l'instant avec la minorité agissante des indigènes. Les premiers s'amusaient, ou plutôt voulaient s'amuser, *mettez-vous à leur place*, comme on dit, puisqu'ils n'ont droit annuellement qu'à un douzième d'année bien à eux, *laissez-les vivre !* comme on répète, dommage que ce mois de leur amusement corresponde justement à celui des foins, des moissons et des jardins. « Comme tout ça manque de *planning*, ce n'est pas *synchrone*, très cher ! tant qu'on n'aura pas *structuré* le pécore qui a, il faut bien le dire, un côté *taré*, un rien *débile*, tant qu'il ne sera pas *conscientisé*, il ne sera pas non plus *sécurisé au niveau* des *pollueurs* de son *environnement*, les vacances même si l'on ne se laisse pas *récupérer* par les *masos* des clubs genre Méditerranée et *manipuler* par eux, c'est la *fête* d'accord, mais c'est pas chaque minute *le pied...* »

Bref, il y eut quelques accrochages.

En ce dégueulasse juillet 1972, étaient justement sorties quelques nouvelles petites bagnoles genre Jeep, genre *bull*, genre *drag*, très rigolotes pour bien s'amuser en tout-terrain...

— Le citadin, m'expliquait l'ami Cadel, qui dans sa ville ne marchera pas sur les pelouses, croit de bonne foi que, dans nos cambrousses, tout est permis, que la montagne appartient à tout le monde, et à lui en particulier.

« Le dimanche 16 juillet, vers 9 heures, M. Gilbert Nicolas, exploitant agricole, voulut faire une observation à trois vacanciers au hameau de Martinenches, lesquels passaient en voiture au milieu de son pré. Ceux-ci partirent en proférant de sérieuses menaces. Ce même jour, à 18 heures, deux villégiateurs de la région de Saint-Martin vinrent chez lui pour le frapper dans son propre garage, l'un à coups de poing, l'autre muni d'une barre. Touché au crâne, M. Gilbert Nicolas tombait sans connaissance... Transporté d'urgence à Montpellier, service du professeur Gros, il fut diagnostiqué une fracture du crâne avec paralysie partielle du bras gauche... » *Midi Libre* (rubrique de Sénéchas).

J'entends du bruit en provenance de mon cimetière familial sous la fenêtre, c'est feu mon bonhomme de père qui se retourne dans son plumier de vrai châtaignier, bougonnant comme il y a trois ans : « Vivement septembre, qu'on respire un peu ! »

Par bonheur, pendant ce passage pénible, l'illustre Neveu me visitait souvent :

« ... A votre avis, la société ne serait-elle pas fort amusante, si chacun y était à sa chose ?

Moi : Pourquoi pas ? La soirée n'est jamais plus belle pour moi que quand je suis content de ma matinée.

Lui : Et pour moi aussi.

Moi : Ce qui rend les gens du monde si délicats sur leurs amusements, c'est leur profonde oisiveté.

Lui : Ne croyez pas cela, ils s'agitent beaucoup.

Moi : Comme ils ne se lassent jamais, ils ne se délassent jamais.

Lui : Ne croyez pas cela : ils sont sans cesse excédés.

Moi : Le plaisir est toujours une affaire pour eux, et jamais un besoin.

Lui : Tant mieux ; le besoin est toujours une peine.

Moi : Ils usent tout. Leur âme s'hébète, l'ennui s'en empare. Celui qui leur ôterait la vie, au milieu de leur abondance accablante, les servirait. C'est qu'ils ne connaissent du bonheur que la partie qui s'émousse le plus vite... »

Et un jour, brutalement, c'est l'exode. Ils partent, tous, ils foutent le camp comme s'ils avaient le Patron à leurs trousses, tous, adieu ! à l'année prochaine, les gars !

Il commence à faire frisquet, dis.

Le premier septembre à l'aube, nous, les naturels, nous les

permanents, nous sommes les hommes de peine et les femmes de ménage de l'usine qui ouvrent dans le petit matin glacial les portes de l'immense cantine au lendemain de la fête pour le Noël des enfants du personnel. Empêtrés dans nos balais et nos poubelles à roulettes caoutchoutées, nous n'en revenons pas : une cathédrale de vide parsemée de papiers gras, de bâtons d'esquimaux, de papillotes, de bouteilles de soda et de cotillons froissés, ça pue l'aigre, le mégot et le pipi de nourrisson, mais rien, jamais, n'a été aussi vide, surtout que s'accrochent encore, parmi les serpentins retombés sur les lustres et les dossiers, quelques ritournelles d'accordéon, surtout, surtout que les soudains courants d'air de l'hiver soulèvent parmi quelques confettis empoussiérés trois pleurs, un vagissement, et des bouffées de rire, des bouffées de fous rires d'enfant.

C'est triste, et très sale.

14

Le lundi 17 juillet 1972, vers seize heures, j'ai trouvé, glissée sous le portail du mas, une feuille à en-tête de mon ami le Docteur :

« Mme Sirven est morte vers 2 h 30 après une fin de nuit et une matinée d'agonie... »

Nous l'avons portée en terre un curieux jour de cette mi-juillet 1972, le mercredi 19, vers cinq heures de l'après-midi. Alors que, depuis une semaine, le temps avait enfin viré à l'étouffoir comme il se devait pour la saison, ce matin-là le bon gros orage grommelant depuis la veille avait éclaté avec netteté, avec violence. Deux heures durant, des éclairs bibliques et ces puissants tonnerres qui se donnent de la tête et des épaules à tous les flancs de coteaux puis embouchent notre vallée comme une trompette, avaient rapetissé les campeurs du Martinet réduits aux frémissantes nudités de vers blancs.

La lourde pluie, son artillerie, ses charges se sont arrêtées presque subitement sur le coup de midi. Mais le soleil n'a pas reparu pour autant. La vallée luisait, paysage estival demeuré dans un coin sombre du musée, primitif reverni de frais. Dans toutes les maisons déjà l'on s'endimanchait. Déjà le pays entier se réchauffant, se séchant, dégageait de fortes senteurs de chapelle.

Sur le chemin du village, sur le pont, dans la rue principale, des groupes de femmes et des groupes d'hommes se dirigeaient à pas lents vers la maison mortuaire sous les grands platanes qui pleuraient. En chapeaux, vernis, cravates, voilettes, sacs à main, dans un sombre silence, ces gens passaient parmi les groupes bariolés et criaillants des touristes et vacanciers. Le peuple éternel parmi la population saisonnière, les pays parmi les passagers. Parenthèse d'une heure dans la vie laborieuse de la vallée. Il y a un moment, ces « gens d'enterrement » en costume de travail maçonnaient, jardinaient, cuisinaient, lessivaient. Tout à l'heure, ils quitteront leur trente et un pour remettre les bleus et les tabliers, et ils reprendront la truelle, la bêche, la poêle ou le battoir...

Dans l'enceinte du petit cimetière en pente, au flanc de la colline, il n'y avait plus un seul visage inconnu. Les gens sont restés debout parmi leurs tombes, ils semblaient être poussés sur le carré de leurs défunts.

Notre maire a retracé brièvement la vie de Mme Sirven. Sans effets oratoires, et c'était bouleversant. J'ai ainsi appris quatre choses que j'ignorais encore sur notre noble vieille de somme : elle avait recueilli et élevé, en plus de ses six enfants, deux neveux ; elle était protestante, croyante ; elle était restée jusqu'à sa mort membre du Parti communiste ; elle n'avait cessé de travailler que depuis un an.

Le pasteur n'est pas dans le coup. Un homme d'ailleurs qui passait ses vacances dans *le quartier* et qu'on est allé chercher parce qu'on n'a pas trouvé le pasteur du pays qui devait, lui, passer ses vacances ailleurs.

« Notre sœur, que je n'ai connue que sur son lit de mort », avoue-t-il loyalement. Un professionnel consciencieux. Il a dû se renseigner, on a dû lui dire que la défunte avait passé sa vie à porter du charbon, « sur ses épaules, oui, monsieur le Pasteur », et, normalement, parce qu'il est d'ailleurs, il en a déduit que c'était une pauvresse, un peu simple sans doute, et il a choisi dans les Écritures, pour l'enterrement de cette Altesse : « Heureux les simples d'esprit, car le royaume des cieux leur est ouvert. »

Derrière lui, se dresse le bloc compact des Sirven, sombres et raides, fils, filles, gendres, brus, petits-fils, petites-filles, neveux, les meilleurs de la Cévenne, qui serrent les poings, qui serrent les dents et baissent leur front buté vers la terre entrouverte.

Le sermon est au-dessous du niveau cancre de sixième dissertant sur des pensées de Paul Bert. Il est scandaleusement ennuyeux. On croit que c'est fini qu'il remet un verset, craignant d'avoir fait trop court, crainte de cancre. Dans ce fatras à décourager les plus simples, à déconsidérer toute religion, un soupir quand même lui échappe à la vue de ce petit peuple présent : « Je ne connais que les enterrements dans les villes, ah ! ici, vous avez de la veine, vous ne mourez pas tout seuls ! »

Le cimetière se vide très doucement. Chacun s'attarde devant la tombe des siens pour une prière ou une pensée, tout en bricolant les fleurs de plastique.

Et c'est ainsi encore dans mon village : quand un vivant s'en va, les autres l'accompagnent le plus loin possible, quand un mort arrive, tous les morts en profitent.

Le Gravas, octobre 1972.

Œuvres de Jean-Pierre Chabrol

ROMANS

La Dernière Cartouche, E.F.R., 1953.
Le Bout-Galeux, Amiot-Dumont, 1955 ; Gallimard, 1965.
Fleur d'épine, Gallimard, 1957.
Un homme de trop, Gallimard, 1958.
Les Innocents de mars, Gallimard, 1959.
Les Fous de Dieu, Gallimard, 1961.
La Chatte rouge, Gallimard, 1963.
Je t'aimerai sans vergogne, Gallimard, 1967.
Le Canon Fraternité, Gallimard, 1970.
Les Chevaux l'aimaient, Gallimard, 1972.
Le Bouc du désert, Gallimard, 1975.
La Folie des miens, Gallimard, 1977.
Vladimir et les jacques, Grasset, 1980.
Le Lion est mort ce soir, Grasset, 1982.
Les Rebelles :
— *Les Rebelles,* Plon, 1965.
— *La Gueuse,* Plon, 1966.
— *L'Embellie,* Plon, 1968.
En collaboration avec Claude Marti :
Caminarem, R. Laffont, 1978.
Les Petites Espagnes, Grasset, 1984.

DIVERS

Titane et Bougrenette, album illustré par l'auteur, O.D.E.J. Presse, 1966.
L'Illustre Fauteuil et autres récits, Gallimard, 1967.
Ma Déchirure, conte dramatique en seize tableaux, Gallimard, 1968.
Les Contes d'outre-temps, Plon, 1969.
Mille millions de Nippons, illustré par l'auteur, Plon, 1964 ; Julliard, 1971.
Le Crève-Cévenne, Plon, 1972.
La Cévenne par ses gens, sur des photos d'Alain Gas et une enquête de Kikou, Arthaud, 1976.
Le Balafré, imagé par Marcel Tillard, La Farandole, 1978.
L'est pas très mort, avec le théâtre de la Jacquerie et les photos de Claude Cugny, Galilée, 1979.
Lumpen, avec le théâtre de la Jacquerie, Grasset, 1980.
Portes d'embarquement, Plon-Inter, 1983.
Contes à mi-voix, Grasset/France-Inter, 1985.
La Fluviale, sur des photos de Bernard Lesaing, Denoël, 1986.
La Felouque des copains, sur des photos de Daniel Faure, Les Presses du Languedoc, 1987.

Le Petit Chabrol, illustré par lui-même, Les Presses du Languedoc, 1989.

POUR LE THÉÂTRE

En collaboration avec le Théâtre de la Jacquerie : *Tit'Bonhomme l'est pas mort, Lumpen, Le Balthazar* (d'après Ch.-L. Philippe), *Citoyen Miracle*.

Interprétés par l'auteur : *Chabrol joue, La Folie des miens, Les Soirs d'été.*

POUR LE CINÉMA

Mon Ami Pierre (sur les pêcheurs bretons), Lion de Saint-Marc au Festival de Venise.
Ma Jeannette et mes copains (sur les mineurs cévenols).
Un homme de trop (réalisation : Costa-Gavras).

POUR LA TÉLÉVISION

Les Rebelles (réalisation : Pierre Badel).
Les Fous de Dieu (réalisation : Jean L'Hôte).
De nombreuses émissions dont les séries : *Les Conteurs, La Nuit écoute, Les Marginales, La Mâle Parole.*
Des reportages, notamment dans « Cinq Colonnes à la Une »

POUR LA RADIO

Chroniques quotidiennes sur Europe N° 1, puis sur France-Inter (*Saludas de Midi Trente*).
Sur cette même antenne, la série des *Portes d'embarquement*.
Reportages sur RTL.
Adaptation de *Kaputt* de Malaparte sur France Culture...

DISCOGRAPHIE

Trois albums, primés chacun par l'Académie du Disque français et l'Académie Charles-Cros : *Jean-Pierre Chabrol raconte..., Titane et Bougrenette, Les Histoires naturelles de Jean-Pierre Chabrol.*
Compacts et cassettes du spectacle *Chabrol en scène*.

Edition exclusivement réservée aux adhérents du Club
Le Grand Livre du Mois
15, rue des Sablons
75116 Paris

Composé par Nord Compo, Villeneuve-d'Ascq, Nord
Imprimé par Normandie Roto Impression s.a., 61250 Lonrai, France
en février 1999 - N° d'impression : 990378 - Dépôt légal : juin 1998
pour Omnibus, 12, avenue d'Italie, 75013 Paris